自由中國

FREE CHINA

合訂本 第十二集

（第十三卷）

中華民國四十五年二月一日合訂

社址：臺北市和平東路二段十八巷一號

自由中國合訂本第十二集要目

第十三卷　第一期

第十三卷　第二期

第十三卷　第三期

第十三卷　第四期

第十三卷　第五期

第十三卷　第六期

第十三卷　第七期

第十三卷　第八期

第十三卷　第九期

第十三卷　第十期

第十三卷　第十一期

第十三卷　第十二期

定價：精裝每册六十元　平裝每册五十元

自由中國

FREE CHINA

第十三卷第一期

要目

中華民國四十四年七月一日出版

社址：臺北市和平東路二段十八巷一號

半月大事記

六月十一日（星期六）

美政府公佈下一會計年度對華經援一億餘美元的使用計劃。

六月十二日（星期日）

蔣總統發表談話，警告西方國家，四國會談充滿危險。

西德總理艾德諾啓程赴美，與西方國家會談對付俄帝的和平攻勢。

六月十三日（星期一）

全體國大代表分電艾森豪、艾登、傅爾，聲明我對四國會議立場，促自由世界提高警覺。

雷德福不認共黨內部有裂痕，謂匪俄狼狽爲奸，隨時可以發動大戰。

西德總理艾德諾抵華府。

新嘉坡工潮擴大，全市交通癱瘓。

六月十四日（星期二）

雷德福在美參議院作證稱，中韓兩國軍力配合美援之後，已構成西太平洋的實力屛障。

美原子能委員會通過下年度原子能計劃經費爲兩億七千萬元。

六月十五日（星期三）

中美兩國在華府初簽協定，合作研究原子用途，美將給予我國工具與知識。

葉外長啓程赴美，出席聯合國成立十週年紀念。

監察院集會慶祝行憲第七年。

美國與西德會談結束，發表聯合聲明，駁斥中立德國謬說，强調美德友好關係。艾德諾稱已獲艾森豪同意，準備四國會議後訪俄。

美五十五城市舉行大規模核子武器空襲演習。

美與英、比、日、加等國分別簽訂原子協定。

六月十六日（星期四）

葉外長過東京發表談話，揭發匪俄陰謀，指出四國會議不能解決任何問題。葉氏會晤重光、鳩山後，當晚離日。

西方三外長集議，策劃共同對俄戰略，爲舊金山及日內瓦會議預作部署。

日俄和談遭遇困難，俄提苛刻條件，圖將美軍逐出日本與琉球，要求准匪俄軍艦駛過日海峽。

越南皇室會議宣佈解除保大元首職務，要求吳廷琰作首任總統。

六月十七日（星期五）

蔣廷黻在舊金山演說，抨擊國際間對中國陰謀，認自由中國反共戰鬪爲東南亞最佳防禦。

美第十三航空隊司令李咸廉抵臺視察噴射機隊，並與戴維斯有所會商。

西方三外長會議決定，對四國會議避免任何嚴格議程。

阿根廷總統宣佈叛亂業已敉平，叛亂份子逃往烏拉圭。

美參議員麥加錫、樂蒙德兩人堅決主張未來四國會議不應討論遠東問題及中共加入聯合國問題。

六月十八日（星期六）

葉外長抵達舊金山。顧大使三訪美國務院，探詢梅嫩鬼計。

西方三外長會議結束，發表聲明稱，已獲致四項重要協議。決於四國會舉行前，召開北大西洋公約會議。

艾德諾告三外長，除非蘇俄承諾釋放德俘，艾氏將不訪俄。

美參院以壓倒多數批准奧國獨立條約。

六月十九日（星期日）

國防部定七月一日實施預備軍官臨時召集。

葉外長在美表示，願與梅嫩一談。

西德總理艾德諾自美返國途中，在英倫與艾登密談。

六月二十日（星期一）

聯合國十週年紀念，各國代表在舊金山舉行慶祝大會，美總統艾森豪致開會詞。

蔣總統特任彭孟緝爲參謀總長，黃仁霖爲聯勤司令。

美軍援顧問團長蔡斯退休，遺缺由史邁斯繼任。

美英法俄四國外長在舊金山會談四國會議議程問題。

艾德諾返德，表示對四國會議與美英法意見一致。

六月廿一日（星期二）

世界道德重整運動訪華團抵臺。

美大使藍欽返國度假，三月後返任。

葉外長在舊金山與埃及外長會談，交換遠東局勢意見。

六月廿三日（星期四）

美參院通過三百餘億的軍事預算案。

新任美軍援顧問團長史邁斯首次訪問馬祖，由俞大維、余伯泉陪同。

美衆院外委會通過三十二億餘元的援外法案。

尼赫魯與布加寧發表聯合聲明，對遠東提出荒謬建議。

六月廿四日（星期五）

葉外長在聯合國紀念會上演說，痛斥共匪威脅世界和平。

杜勒斯坦率告俄帝，結束冷戰之道，在停止武力侵略，不再支持顚覆行動。

蘇俄同意西方國家所提四國會議的程序建議，將在七月十八日於日內瓦開會。

美衆院通過譴責任何形式的殖民主義。

六月廿五日（星期六）

白令海峽上空，俄機無端挑釁，襲擊美海軍巡邏機。

艾森豪批准奧國獨立條約。

諾蘭談話，痛斥尼赫魯成爲俄帝政治掮客。

漢城紀念韓戰五週年。

『自由中國的宗旨』

第一、我們要向全國國民宣傳自由與民主的真實價值，並且要督促政府（各級的政府），切實改革政治經濟，努力建立自由民主的社會。

第二、我們要支持並督促政府用種種力量抵抗共產黨鐵幕之下剝奪一切自由的極權政治，不讓他擴張他的勢力範圍。

第三、我們要盡我們的努力，援助淪陷區域的同胞，幫助他們早日恢復自由。

第四、我們的最後目標是要使整個中華民國成爲自由的中國。

社論

小事體，大問題

臺北市，是中央政府所在地，同時還有臺灣省政府、臺北市政府的許多機關；學校，除中小學以外，大學有兩個（省立師範學院最近改名師範大學）。這些機關，皆有公共宿舍，供給單身職員住宿（有的公共宿舍也住有眷屬）。這些宿舍的門前，大多懸有一塊很明顯的木牌，牌上寫着或刻着某某機關或某某學校職員宿舍等字樣，使人一望而知，這個宿舍是屬於甲機關的，那個宿舍是屬於乙機關的。

屬於政府機關的職員宿舍，其內部管理，當爲該機關的行政之一部份，這是自明之理。可是，這一自明之理，我們眞不敢，也不忍相信。如果相信的話——即是說，如果我們從那些公共宿舍來看政府機關的行政，那末，中華民國的前途，不堪想像。

事情嚴重到這等地步嗎？如不信，請你隨便找幾個公共宿舍走走看，是不是十之八九像下面所寫的？

一進門，首先觸進眼簾的，是破爛的門窗。接着，就是灰塊剝落的墻壁，透視屋瓦的天花板，屋角裏一層層的蛛網塵封。走道上，煤灰、紙屑、香蕉皮、花生殼、以及乾乾濕濕各色各樣的垃圾，或厚或薄地散在這裏那裏。捕蠅的壁虎到處是，綠頭蒼蠅還是不少。如果你要小便的話，厠所還沒有走近，鼻子就要緊緊地揑起。一開門，往地下一看，天呀！何處下脚呢？鞋子弄髒可不管，褲脚怎辦呢？把它雙雙提起吧，鼻子又沒有第三隻手來揑。

如果這個宿舍有樓房，上樓的扶梯，準有幾根欄杆是斷缺的。扶梯，你切莫眞的去扶它。一扶，就會扶得你滿手汚黑。上得樓來，眼睛千萬要看在脚前，脚步放輕些。不然的話，也許踏破一塊腐朽了的地板，你的脚就會嵌進去，弄得你跌一大交。

如果這裏住有眷屬，更糟。這個房門口有座煤爐，那個房門口有隻水缸。大大小小的木盆，東一個、西一個，有的裝滿了未洗完的衣服，有的剩着汚黑的泡沫水。擺着這些盆子的處所，不待言，成了沼澤地區。走廊裏通風的地方，晾着白的襯衫、紅的褲子、以及花花綠綠的旗袍、童裝。你走進這種宿舍的時候，切莫抬頭去欣賞這些迎風招展的東西，要低頭向地上看，不要踐踏了小孩們的糞便。

我們不敢說，每個機關的公共宿舍，統統具備了這所有的醜惡像，但我們可以說，這種醜惡像一點兒也沒有的公共宿舍，在臺北市難得找出一個。這才構成一個不可輕視的問題了。

問題發生在那裏呢？住在這裏面的人，多少是有責任的；但最有直接關係的，大家都說是主管總務的人員。修理房舍，是總務的事；公共衞生，是總務的事；督促勤務，也是總務的事。如果這些事都做得好，公共宿舍內何致有那般醜惡的情形呢？所以一般人提到這些事，每每會駡一聲，「辦總務的該死！」

但是，再進一步想想，辦總務的也是和我們一樣的人，有頭腦，也有心肝。他們對於自己份內的工作，何嘗不想做好？對於同事們的福利，何嘗漠不關心？不過，他們也和其他的官兒們一樣，最要緊的，最不能疏忽的一個想頭，是如何才可以保持位置，如何才可以晉級加薪。如果份內的工作，就是保持位置與晉級加薪的不二法門，除非傻子，誰個不努力工作以求上進？只因事實上固位陞官的法門不在此而別有所在，所以他們就無暇於自己份內的工作了。何況辦總務的人，爲固位、爲陞官，要做的事比任何其他部門的人所要做的還多得多。如果長官的太太是一位有「佐夫之才」的人，那末，辦總務的就更吃不消了。例如，某局長的太太，放債放塌了，急忙中調兵遣將，就遣到局裏的總務處長。她要他拿便當到債主家去終日坐索。這一索，就索掉了這位總務處長三天的時間與精力！又例如：上午公館裏來個電話，要買十斤日本蘋菓，下午來個電話要買三瓶法國白蘭地，辦總務的除掉馬上買好送去以外，回頭來還要費很多的時間來想如何報銷，如何造單據。如果花的錢數目太大，還得與會計人員密商密商，商出一個彌縫的方法。方法想好了，還得自己去做。這些事都要花很多的時間和精力。再說：預算中的經費也有一定。暗的開支多了，明的開支就要縮減。明白了這些道理，對於公共宿舍之所以無人管理、之所以無錢修繕，雖不敢說完全明白了，但也可以「思過半矣。」

這裏，我們可以得到一個結論：在公務機關作事的人，第一個考慮，在於固位陞官，這是人之恒情。這種恒情，是實實在在的；說它好也好，說它壞也好，但你不能不承認它的存在。辦總務的人，也是要以固位陞官爲第一想頭的。如果他努力做好分內的事，正可以固位陞官，或者至少是不妨碍他固位陞官，他當然會把分內的事做好。如果相反地，做好了分內的事，他就沒有時間和精力去做那些有關固位陞官的事，那末、我們就沒有充分的理由要他一定把分內的事做好。所以我們看到那些公共宿舍汚七八糟的情形，不要太天眞地去責駡辦總務的人。要駡，就得駡那些握有賞罰黜陟之權的機關首長。因爲他們運用賞罰黜陟之權，不是基於工作成績的考核；而基於個人的利害與愛憎。所以賞其所當罰，罰其所當賞，黜其所當陟，陟其所當黜了。在這種情形下，你能怪總務人員勤於公館服務而疏於公共宿舍的管理嗎？

公共宿舍這件事，其事小；從這件事看出的問題，問題大。掌握賞罰黜陟之權的人，賞其所當罰，罰其所當賞，黜其所當陟，陟其所當黜，這是大陸時期政治上的毒癌，我們能讓它在臺灣復發嗎？政治當局也該及時猛省吧！

如何瞭解美國外交政策

饒大衛

饒博士(Dr. David N. Rowe)係美國耶魯大學政治系教授，國際問題專家，現請假來臺任亞洲協會代表，本文是他最近在北投政工幹部學校所發表之演說，所論各點僅代表其個人見解。——編者

外交政策的最基本目的是促進國家權益，問題是如何發現這國家利益及如何去達到目的。

國家的權益往往在事情發生後以回顧的眼光來看比較容易，然而在當時確實難以斷定。例如美國最初的外交政策是脫離英國而獨立，到今日史家仍在辯論當初新大陸的人的獨立動機究竟是什麼？

獨立的動機究竟在經濟抑在政治，或是二者兼而有之？

不過現在大部份的人同意：當初美國三分之一殖民者贊成獨立，三分之一反對，另外三分之一沒有意見。所以，我們可以看出美國最初的對外政策也是由三分之一少數的人來決定！今日情形也復如此。

美國次一步的外交政策是領土的擴展，美國在獨立之後，從北美洲東海岸的各州起沿着海岸發展。一部份的擴展是經由戰爭——對紅印度人，對英國，對西班牙及墨西哥。一部份是買賣式的，像北美中部龐大土地，以及從俄國人手中買來的阿拉斯加。另一部份的領土擴充是經由大陸領土以外戰爭及併吞的結果，如夏威夷及菲律賓。

美國一方面擴展疆土，另一方面同時爲國家安全而努力。第一步，美國欲避免被拖入不直接影響本身權益的戰爭，採取不和歐洲有任何聯盟或政治關係的政策。一七九六年，華盛頓總統對該消極的防禦的政策曾有充分說明，然而後來事實證明，這種置身事外的政策行不通。這種政策，正像今日有些國家高唱「中立」一樣，是根本不可能的。

安全政策第二步是積極的門羅主義，反對歐洲在南北美洲的殖民地主義，將歐洲的勢力逐出南北美洲。當時美國國力衰弱，祇有英國的艦隊加以支持，英國所以採取是項政策是原在希望和所有南美國家展開貿易，歐洲的殖民覇佔當然會把英國的貿易路線阻斷，當時美國本身的想法也是如此。

當美國從事一方面建國及保障自身安全的時候，另一方面積極展開商業活動。於是導致美國的反殖民主義。首見於美國革命，後見於强調世界各地自由貿易權利的門羅主義。

對遠東，美國也漸漸地形成一基本政策，贊成各國對遠東國家貿易權利均等，換句話說，就是反對任何國家享受特殊權利。

一八三二年美國和暹羅所簽的條約就是該項貿易權利均等政策的結晶。暹羅所給予任何國家的貿易權利保證美國獲得同等待遇。

美國推行是項政策也包涵一項政治因素，就是反對非亞洲國家享受特殊權利而侵害亞洲國家的權益。

該項政策經過六十年演變，到了一八九九年達到最高潮——就是門戶開放政策。因爲門戶開放政策是美國對中國的傳統政策，本人願略作詳細解釋。

自從鴉片戰爭以後，中國好幾次和西方列强作戰失敗，顯示出滿清的軟弱無能。因內亂的興起使滿清的弱點暴露無遺，最大的一次內亂是洪秀全太平軍的興起。

這些內亂一方面固然顯出滿清的政權不穩，而另一方面則導致滿清進入一個更混亂的局面。滿清鎮壓這種武裝的反抗一次比一次更形艱難，政府官員疲於奔命，經濟力量亦形竭涸，華南一帶遭太平軍摧毁最烈，生靈塗炭達二千萬之衆，外患內憂使得中國面臨崩潰，而外國列强更利用時機加緊壓榨。他們已經因戰爭的結果侵害了中國的主權和領土的完整。當然這也是削弱清廷的重要因素。到了一九〇〇年西方國家都有一個感覺，就是中國的崩潰旦夕可待，他們開始準備瓜分中國，在中國的地圖上他們劃分了自己的勢力圈，一等中國完全瓦解，他們則可進而奪之。當年英國政策對中國影響最大，英國在亞洲的殖民地據點已在印度打好基礎。

俄國當時對印度的威脅從西北的阿富汗和北方的西藏過來，英國經戰爭及外交折衝做到了阻止俄國的這種威脅。

然而在中國，俄人的勢力逐步進展，中國東北領土大部份被其割據，清廷非但不加反對反而給俄國最優惠的條件，如果俄國朝南向中國沿海發展，就要危及英國在印度及東南亞的地位。

英國商人當時竭力建議英國政府將中國瓜分而將最好的部份佔爲殖民地。他們對於揚子流域一帶最感興趣，因爲這地區是最好的市場，現成的揚子江水路直通內地，包括富庶的華中地帶。

然而英國政府沒有這樣做，爲什麼？英國政府所考慮的是這樣做是否值得，英國看整個中國是一個大市場，即使獲得一塊最肥的土地仍感不足，因此

英國商人的建議始終沒有被採納。

同時中國已是病入膏肓，隨時有被列强併吞的危險。英國劃出揚子流域爲其「勢力圈」，同時又想找出一個方案不讓列强瓜分。於是英人向美國建議門戶開放政策，這政策本來是英國的意見。

一八九九年美國就以「門戶開放方案」送給各有關國家。德國第一個收到通知，其他歐洲方面與中國有領土政治牽涉的國家也收到該方案。簡單地說，這方案希望列强不要將自己的「勢力圈」完全佔爲已有，仍給各國同等的貿易機會，這個方案阻止了特殊「勢力圈」的形成，其目的在避免列强獨佔任何一個地區。

除了英美二國，大部份的外國並不贊成該方案，最持異見的是俄國，所以對該方案不加可否，然而門戶開放政策終究變成英美對華的外交政策的基礎，主要雖爲商業利益，然而對政治上發生非常重要的影響。

我們要問政治的影響在那裏？

簡單地說，門戶開放政策要求各國對華不作進一步的殖民政策，使中國成爲一個共同市場，中國繼續保持爲一個國家，已遭侵害的領土和行政主權不再遭受繼續破壞。

一九〇〇年，中國興起武力排外的義和團，美國宣佈其政策稱：「……要尋求一個辦法使中國得到永久和平與安全，保持中國領土與行政本質，保護各友邦根據國際公法及條約之應有權利，並保證大清帝國和世界各國平等公平的貿易。」同年七月三日美國將該項意思書面通知所有抵抗義和團的外國政府。

威脅該項政策最烈的是帝俄在東三省的迅速擴展，大有侵佔朝鮮之勢，美國無法阻止。英國則企圖增强中國和日本的軍力，一方面在中國和日本建立海軍，同時也幫助該二國增强海軍力量。當時英國尚無法預測這二國的眞正實力，後來一八九五年甲午之戰爆發，中國海軍慘遭痛擊，慈禧太后將預備建立海軍的七千五百萬兩銀子浪費了，結果日本戰勝。

英日聯盟針對俄國，結果日俄戰爭，一九〇五年日本戰勝，然而去了俄國又來日本，而日本從一九〇五到一九四五的四十年中給予中國生存以最大威脅。而俄國對印度自東北方來的威脅也暫形消失。

美國的注意力從中國轉到日本。而第一次世界大戰給美國許多基本因素使成爲一個軍事强國——特別是海軍及工業的發展。第一次大戰英國大傷元氣，而美國反而實力大增，於是美國主動推進英美對華的政策。

美國和英國聯合强迫日本在一九二二年在華盛頓簽訂海軍擴充限制條約，接着就要九强公約保證中國主權獨立、領土與行政的完整。

九年以後，日本悍然毁約，進而佔領東三省，並繼續其侵略，直到第二次世界大戰日本失敗投降。

我們今天大致分析了美國歷史上外交政策的來龍去脈，很可能這種分析過形簡單，因爲時間的限制，我們或者已得到一個浮面的印象，就是美國外交政策一直是平穩地，一致地發展以本身利益爲最後目的。然而，我們必需知道事實並非如此。

美國外交政策的最大特徵之一，是隨時間及空間的轉變而轉變。譬如美國最早對歐洲採取孤立政策，第一次世界大戰使我們不能隔岸觀火，大戰結束到第二次大戰發生的一段時期內，又回復到孤立主義。然而國際事務錯綜複雜，孤立主義行不通，所以到今天孤立思想已不足考慮！

當美國對歐洲採取孤立主義的時候。對亞洲及南美確是採取相反的政策——既不孤立又加干涉。對南美洲一百卅年前即採行干涉政策——如門羅主義阻止歐洲列强在南美建立殖民地。美國一方面阻止歐洲干涉拉丁美洲國家的內政，自己卻加以干涉，時時引起南美各國的惡感。

羅斯福總統企圖施行睦鄰政策，以對過去的干涉政策作一百八十度的轉變，希望以互助來促進友好關係。

我們不能怪別的國家人民被善變的美國政策攪得眼花撩亂，事實上，歷史告訴我們各國的政策都是隨時變動的。

在大部份的情形之下，這種轉變正表示世局的白雲蒼狗，變幻萬千，政府需用不同的新的方法來推行老的政策，方法變了，政策未變。另外一個因素是內部的政局及外交政策決定者意見的轉變。

沒有一個國家能保持其政策長久不變，除非有二個條件：第一，國家的利益有一實際的現實的形態，根據這個形態來決定外交政策。第二，在比較安定的社會和文化環境之下，大部份人的意見相同，而沒有不團結不和諧的情形。

美國政策最一致的時候也是權益最明顯的時候，例如早期美國在北美洲集中力量擴充建設。當年人民沒有像現在複雜，當時大部份來自英國，少數來自北歐，文化上的高度和諧卻像曇花一現再也找不到了。我前面已提過，美國革命在發動的時候還不是大部份人的意見。

讓我們再來看十九世紀中英國的情形，英國是地球上最强大的帝國，國內安定團結，外交方面着重如何保障及促進大英帝國在世界各地既得的利益。這裏我們就看出英國權益的形態，依據這形態而成的前後一致的外交政策。英國雖然在前後二次大戰中損失慘重，而近年來海外殖民地紛紛樹起獨立旗幟，然其外交政策對於大不列顛聯邦的保持是成功的。美國早期領土擴展及英殖民帝國興起至少有一共同點，就是二國政策都是積極的，不是消極的防守的。積極性的政策永遠比消極性的容易。

再者，英國的社會組織經過幾世紀的磨練，文化成熟，人民有共同信仰。這種文化及共同思想的團結可能是因爲英國有貴族平民階級之分，民主政治在英國抬頭與貴族階級領導政治相輔而行，誰是國家的領導者極易辨別，而領導者亦容易在對外事務中領導人民，俗語說：「沒有一件事比成功更成功」，種種條件使英國國運亨通，國力昌盛。

我在此地所稱的領導者不單指外交政策制定者，乃包括所有在本國及海外的政府工作人員，他們都來自所謂英國的「上流階級」，經濟及社會環境使他們有良好的敎育及社會的地位，他們相互間保持密切聯繫，代表極清楚的階級利益。雖然二次世界大戰均多少破壞英國的階級制度，許多以前有財富的人窮了下來，但這一領導階級至今依然存在。

勞工羣衆的抬頭雖然也影響級階制度，然其影響尙不及戰爭中財產的損失及人命的犧牲。

美國情形剛巧相反，我們雖然將安哥羅薩克遜民族的文化及傳統使從別地來的數百萬的移民接受，但是仍需要產生文化及社會的共同一致的概念。美國種族分歧，思想分歧，南北戰爭雖在一百年前結束，至今美國社會及政治方面依然留着創傷。黑人問題慢慢地在解決，這一種族問題一直是美國一個汚點，阻礙着美國社會及文化的取得一致。

無論如何，我們承認，美國在北美洲建立了一個强大的國家，有許多帝國的特徵——如領土和力量。經濟上的輝煌成就惠及庶民更是史無先例——這一切都在這短短的時期內建立起來。

然而今天一個國家沒有一個統一的共同理想不足以抵抗共產黨破壞性的煽惑和傾覆的陰謀。美國面臨歷史上最大的外來壓力，現正迎頭趕上，以求得大衆能接受的思想路線，此種努力美國歷史上也無先例。

不像英國，美國今日沒有所謂領導階級，沒有因財富職業、收入、教育及訓練等因素造成特殊階級，我們的公務員來自各種社會，受各種敎育，雖然這種現象正表現出美國人人機會均等的原則，事實上，我們沒有一羣領袖人才，有先天的社會結合力及同一水準的教育而隨時可以負起國家的大任。可能將來我們的社會制度也會產生這一種階級的人，不過必須先要大部份的人漸漸地覺得需要專門人才來替政府服務，需要赤膽忠心的人來擔任公職，公務員多少必需享有特權或被人尊敬，因他們爲政府服務是相當犧牲的。

美國的社會給有能力的人的機會遠超過政府，而政府也沒有一種方法可以使有才幹的人在政府裏作長期的犧牲。況且，美國經濟力量擴充似乎永無止境，有才幹的人不必一定要向政府求職，像英國的「上層階級」一樣。（英國人過去如此，現在仍如此。）

因物質文明的高度進步，美國人不免仍有一種陳腐的念頭——少管世上閒事。美國人並不公開宣揚這種思想，他們若一說出口馬上會覺得不通。他們讓安定的生活或物質享受操縱他們的思想——這思想就是不願面對國外許多的不愉快的事情。孤立主義雖然已經淘汰，取而代之的是規避的心理，不願參與國際政治上「汚濁的工作」。除非事情發展到非直接參與不可的程度，美國人是不願涉足的。因國內情形關係，美國人比任何其他民族更希望天下太平。不過，這不是說美國人不敢作戰或不肯作戰。自珍珠港事變後，日本人發現了美國的戰鬬力，然而已經悔恨莫及！

美國人受了珍珠港這種嚴重的打擊才舉起義旗向侵略者作戰，雖然侵略者在歐洲和亞洲的進展早已危及美國未來的安全。

再說到羅斯福總統，雖然他有不少錯誤，他的反侵略的態度比一般美國人强得多，我相信將來史家會指出當大部份人正不知走向何方的時候，羅斯福——或對或錯，或好或壞——已經將美國牽進大戰。

一九三七年八月我又到中國，我抵達上海二天以後，日本軍隊開始攻打上海，三星期後，我又到北平，直到一九三八年夏天才離開，北平那時候被日軍佔領。

我觀察日軍在北平的作爲，加上我早年在中國看到的一連串日本的行動，在一九三八年的夏天我相信美國和日本作戰終有一天會爆發！次年十月，我在普林司登大學執敎，對學生預言：假使美國在二年內又對外作戰，這戰爭一定爆發在太平洋而不在歐洲，然而我的預言當時被人認爲錯亂。

我現在覺得，美國人當年想法是「美國不會主動挑起戰火，日本人深悉如果他們發動戰爭，一定會被美國打敗，所以不會有戰爭。」

到今天，我們似乎不顧歷史教訓，仍作此種想法。

從羅斯福領導美國人民參戰這一事實來看，可以發現另一種美國政治心理的特點，如果我們要瞭解美國外交政策，必需牢記這一點：國家領袖能以權力來影響外交路線，這種特點時時引起爭論，美國歷史上，對總統的權柄問題曾有激烈爭論，到底總統應握大權或聽任國會指揮，傑佛遜在未任總統以前稱總統不應當站在領導地位自作主張，一做總統，傑佛遜的論調立刻轉變，他盡量擴充權力，美國總統大都如此。

特別在戰時，美國總統是世上最有力量的領袖之一，手握大權，並有足够國力來扭轉世局。任何人一旦坐上總統位置，在四年任期內，他有權作重大決定，此決定往往能左右世局。至於種種因外交路線引起的爭論，根本顯得膚淺。原則上，總統決定的外交政策，人民一定支持，美國人素以民主自傲，素以熱心國事自慰，然而政治制度却給一個人如此龐大權力，實令人驚奇！

假使一位總統一方面善用權力，一方面又能獲得選民擁護連任，那麼在外交方面，他可以隨心所欲。他不可公開宣告他的政策是個人獨立的意見，如此必引起人民反對。然而事實上總統的確掌握國家的命運。

美國公衆政見對外交政策的影響程度是一個值得研究的課題，從公開言論中，報章雜誌中，從代表人民的國會議員言論中，都可反映出人民的意見。然而公衆意見究竟有多少份量常常被人誤解。

往往有所謂消息靈通的美國人會對你說，某一政策絕對不可能，因爲人民不會贊成的。你應當抱懷疑的態度，你不能完全相信他。事實上，公衆意見可能成爲一種阻力，假使外交路線過份脫離傳統，舉一個事實上不可能的例子來說，艾森豪總統如果建議美蘇聯盟來對付世上其他各國，美國人是絕對不會同意的。當然艾森豪總統或美國人民絕不會想到這一着棋子。

人民意見對外交政策的意見變成一個完全理論上的問題。美國總統往往決定人民不同意見的外交政策。（雖然我們現在還有一個理想的辦法來測知公衆對某件事在某一時間內眞正的意見。）而這些外交政策最後還是得到人民的同意，不論人民是如何的不願意。

我舉一個例來說明這一點，羅斯福總統曾發表一著名的演講，鼓吹「隔離侵略者」的政策，是針對日本人的，當時離珍珠港事件爲時尙遠，這篇演說在國內備受批評，然而到後來美國終於昂然參戰，不顧民衆的反對意見。威爾森總統亦曾有同樣情形，他答應人民決不參戰而得連任總統，結果他上任後不久，美國就參加第一次世界大戰了。

以上的例子可以幫助我們瞭解人民意見和外交政策之間的關係。

美國總統往往先向相反的調論來透露他的政策，他要知道人民的反映，不過他說他是「不贊成」這種政策的。事實上歷史證明，美國人民在外交政策上是由政府帶領的，珍珠港事變前是如此，今日臺灣海峽問題也是如此。

美國總統，擅大權而負重任，無法卸脫其對外交政策決定的責任，而諉諸於所謂公衆言論的。

我們聽到很多辯論關於公衆對外交政策的意見，這些辯論實在是政客的玩意兒。他們假借民意來作辯論。我們要知道作此種辯論的人往往不是有決策權的高級人員。

我特別指出這一點，因爲現在有一種顧問，就是把外交路線決定的責任諉諸美國人民身上，無用否認，美國過去外交政策有不少錯誤，然而我們不能怪美國人民，政策決定者祇不過把責任推到人民頭上而已！

美國對華政策從一九四五到一九五一，錯誤特別多，我個人早在一九四七年主張美國應當武裝干涉，對付中共，然而人罵我爲好戰份子，又稱我這種主張美國人民絕不會接受。

這種譴責實在沒有根據，一九五〇年杜魯門總統和艾契遜國務卿終於下令在韓國參戰，人民一致擁護，如果總統不受英國的勸告，在一九五〇年的秋天，韓戰可以打勝。

很多人說，韓戰非停不可，因爲美國人實在不願再打，而願意付任何代價把韓戰結束。事實上，美國人恨韓戰，因爲他們不能放手去和敵人作戰，這種方式的戰爭美國人是從來沒有經歷過的。

目前又有人說，美國人民絕不會因金門馬祖二地的得失而作戰。然而我相信，祇要艾森豪總統決定爲金馬而戰，美國人一定會接受他的決定和領導。

我前面說過，美國人有很多理由不希望有戰爭。我們的國家是從流血的戰爭中建立起來的——我驕傲地告訴諸位，我的祖先也在這些戰爭中負起一些小的使命——美國人並不認爲戰爭是世上最壞的東西，他們相信奴役比死亡更可怕，他們永遠不會接受奴役！

假使有一天，美國和友邦走上被奴役的路，美國的領袖者應負大部份的責任！我們必需面對這一嚴重的眞理，這也是今日人類面臨的現實！

那麼我們要問：「美國總統和他高級顧問是怎樣性質的人？」他們是美國的決策人！

希望今天我所說的能幫助諸位了解美國外交政策，主題範圍實在太大，有不詳盡的地方，請諸位原諒，在一個多鐘點內實無法詳細解釋，同時我希望我們都能在討論這些問題時得到益處，謝謝諸位先生。

（上接第10頁）

在此須要加以說明的，即總統及副總統候選人提名大會的代表產生方式，稍有不同；這些代表，有一部份是用上述第三種方式產生的，有一部份是用上述第四種方式產生的，有一部份是由黨的州委員會產生的。

提名的競爭，極爲激烈，不亞於公職競選；競爭雙方的擁護者，往往大打出手(不用武器)，但一經決定，彼此卽全力合作，以爭取與他黨競選的勝利，充分表現其民主的精神。

提名完成後卽展開競選運動。競選的方式很多，可儘量利用報紙、雜誌、傳單、圖畫、廣播、電視、演講等所有現代的傳遞意思的工具，作競選活動；但須受左列六種限制：

①自中央以至地方的各級政府官員，其薪金之全部或一部係美國政府供給者，均不得以政府職位爲酬勞或以革職爲要脅，使任何人投票或參加政治活動；不得接受領取政府救濟金者或依賴政府救濟工作者所捐獻的欵項；亦不得以權勢影響聯邦政府的選舉。

②前述官員，除由選舉產生者外，都不准實際參加競選活動。

③禁止一切賄賂行爲，包括以送禮方式去運動投票人等行爲。

④報紙雜誌及其他刋物，不得免費爲競選者刋登廣告，並須註明廣告二字。

⑤競選文字與圖畫，必須要有人簽名。

⑥競選費用，不得超過規定數額（見第六節黨費部份）。

美國政黨之組織與活動

李宗澤

一、政黨之歷史

美國的民主政治，自一七八九年四月三十日憲法生效起，迄今已有一百六十六年的歷史。在憲法上，雖然沒有關於政黨的任何規定，而華盛頓等又極力反對有政黨，但美國的第一個政黨——聯邦黨，却於憲法生效後不到三年便產生了；且其後還陸續產生了其他政黨。時至今日，美國已有十三個政黨了；它們的名稱如左：

民主黨 (Democratic Party)
共和黨 (Republican Party)
進步黨 (Progressive Party)
社會黨 (Socialist Party)
社會工人黨 (Socialist-workers Party)
社會勞工黨 (Socialist-labor Party)
基督教國民黨(Christian Nationalist Party)
禁酒黨 (Prohibition Party)
窮人黨 (Poor Man's Party)
綠背黨 (Green Back Party)
素食黨 (Vegetarian Party)
美國黨 (American Party)
美國集合黨 (American Rally Party)
反梅遜黨 (Anti-masons)——業已解散

右列各黨中，民主共和兩黨是最有力量的能够左右美國政治的大黨，其餘都是小黨。這些小黨，雖然沒有左右美國政治的力量，但對于民主共和兩黨的選舉，却有舉足輕重的影響力。譬如：一九一二年的選舉，如果不是老羅斯福的進步黨攫取了數百萬張選票，民主黨的威爾遜就沒有當選的希望了；因爲這數百萬選票很可能投共和黨的老塔虎脫。此外，小黨還有其他更重大的價值；它們能够時常提出新的觀念，並能使人民逐漸信仰這些新觀念，直至大黨不能置之不理的地步。到了這個地步時，大黨便得將這些新觀念接受過去，作爲自己的觀念，重新提出來，才能保持力量之强大。曾經當過六次社會黨總統候選人的諾曼湯姆斯(Norman Thomas)，對于這種事情，更經抗議過不止一次。他說：「大黨從我的政綱中實行偷竊」。其次，業已解散了的反梅遜黨曾於一八三〇年發明了一種召開全國黨代表大會提名總統候選人的辦法，今爲共和民主兩黨所採用，對于民主政治，貢獻良多。

現在且把兩個大黨的歷史簡略介紹如下；因篇幅所限，其他小黨從略。

民主黨——該黨成立於華盛頓執政時期；由當時的國務卿傑佛遜所領導；最初叫做反聯邦黨(Anti-federalist Party)。到了一八〇一年，改爲共和黨；一八二九年，又改爲民主共和黨 (Democratic Republican Party)；到了一八三三年，才改爲今名。在反聯邦黨時期，該黨主張：①憲法的解釋要嚴格；②地方政府的權力要比中央政府的權力大；③允許個人享有充分的自由。當時，漢密爾頓所領導的聯邦黨，是它的惟一反對黨。自一八一六年聯邦黨瓦解後，一直到一八三二年自由黨出現時爲止，十六年間都沒有反對黨。到了內戰時期，該黨分裂，力量削弱，一直到一九三三年，七十餘年間，只有二個民主黨黨員當選總統；一個是克利夫蘭，一個是威爾遜，共爲四任。由於一九二九年開始全面經濟恐慌，又使民主黨重掌政權；維持至一九五二年艾森豪當選總統時爲止。

共和黨——該黨成立於一八五四年；但有二個前身：一個是一七九二年成立由漢密爾頓領導的聯邦黨 (Federalist Party)。該黨主張：①憲法的解釋要寬大；②中央政府的權力要大過地方政府的權力；③政府要扶助工商業。到了一八一六年，漢密爾頓在一次決鬪中被殺身死，該黨因無適當的領導人物而解散。一個是在一八二五年由阿當斯所領導的國家共和黨(National Republican Party)，後來(一八三二年)改稱爲自由黨 (Whig Party)。自一八六〇年林肯當選總統時起，直至一九三二年羅斯福當選總統時止，雖然中間有三任總統是民主黨的，但美國的政治舞臺，是該黨的天下 (國會至一九三〇年爲止)。衰弱了一個時期後，至一九五二年艾森豪當選總統，該黨又重握政權。

美國歷屆總統姓名及黨籍表

黨別	時間	姓名	時間	姓名
民主黨	一八〇一年至一八〇八年止	傑佛遜	一八〇九年至一八一六年止	麥廸遜
民主黨	一八一七年至一八二四年止	門羅	一八二九年至一八三六年止	傑克遜
民主黨	一八三七年至一八四〇年止	柏爾仁	一八四五年至一八四八年止	坡爾克
民主黨	一八五三年至一八五六年止	皮爾士	一八五七年至一八六〇年止	布卡南
民主黨	一八八五年至一八八八年止	克利夫蘭	一八九三年至一八九六年止	克利夫蘭
民主黨	一九一三年至一九二〇年止	威爾遜	一九三三年至一九四四年止	羅斯福
民主黨	一九四五年至一九四八年止	羅斯福 杜魯門	一九四九年至一九五二年止	杜魯門
共和黨	一七九七年至一八〇〇年止	亞丹姆斯	一八二五年至一八二八年止	阿當斯
共和黨	一八四一年止 一八四四年止	哈立生 泰勒	一八四九年至一八五二年止	泰羅 費爾摩
共和黨	一八六一年至一八六四年止	林肯	一八六五年至一八六八年止	林肯 約翰森
共和黨	一八六九年至一八七六年止	格蘭特	一八七九年至一八八〇年止	海斯
共和黨	一八八一年至一八八四年止	阿瑟	一八八九年至一八九二年止	哈里遜
共和黨	一八九七年至一九〇〇年止	麥肯萊	一九〇一年至一九〇四年止	麥肯萊 老羅斯福
共和黨	一九〇五年至一九〇八年止	老羅斯福	一九〇九年至一九一二年止	老塔虎脫
共和黨	一九二一年至一九二四年止	哈定 柯立芝	一九二五年至一九二八年止	柯立芝
共和黨	一九二九年至一九三二年止	胡佛	一九五三年至一九五六年止	艾森豪

附註：①同一人連二任以上者，或二人共一任者，均各共塡一格。
②每一任期爲四年。今年十一月當選，次年一月就任，(就任日期過去有在三月者，有在四月者，也有在六月者，現已定爲一月二十日)
③一七八九年至一七九六年之二任總統，係無黨派之華盛頓。

二、政綱

各黨的政綱，均先由黨內各派領袖和總統候選人共同擬訂，然後交全國代表大會討論並宣佈之；每四年照此辦理一次。政綱的內容，必須包含黨內各派的意見；如果某二派的意見不能調和時，政綱中便採用模稜兩可的字眼，以免引起某一派的不滿。政綱中須要詳細聲明該黨在未來四年中對內政外交的政策和主張。為要爭取選民，往往許下很多諾言，但它們是否能兌現，卻要看黨的領袖們和總統候選人的作風而定。

三、黨員

美國各政黨的入黨手續，至為簡單。凡是想入某一黨的人，可到該黨當地黨部辦理登記手續，既不要繳納費用，也不要舉行宣誓，就取得正式黨員的資格。有些人連登記手續都不辦，就算是某黨黨員，而被認為他也是某黨黨員。入黨之後，既不須要繳納黨費，也不須要替黨工作——自願者當然例外。要想脫黨，可隨時脫離，手續和入黨一樣簡單。無所謂黨紀，在黨內甚至在黨外公開反對黨的措施或不聽從黨的指揮，都不會受到懲罰。他們入黨的理由，有些是因為認為這個黨能夠增加他們的收入；有些是為地域關係，例如南部各州大多數人入民主黨；有些是因為想在政治舞臺上一顯身手；當然也有人不存什麼利害觀念，而只是為了篤信該黨的政治主張而已。所以，各黨究有多少黨員？其職業年齡性別籍貫等成分又如何？都無法統計。

四、代表大會

各黨於每屆總統任期的最後一年的夏天，召開一次全國代表大會。開會的地點和日期，及各州代表的名額，都由全國委員會（相當於我國各黨的中央黨部，其組織詳下）決定。各大城市都爭着要求在該城市舉行，因為任何一黨一經決定在該城市召開全國代表大會，不但對該城市的商業大有裨益，而且可以提高該城市的地位。所以，獲選的城市，須付給黨庫一筆很大的欵子。

代表的名額，各州不同。代表產生的方式，亦因州而異。約莫有半數的州，是用直接初選方式產生的。其餘各州，或分區或召開全州代表大會選舉之。直接初選會和州代表大會，往往「指示」所選出的代表必須支持某人為總統候選人，並須堅持某些政策應列入黨的政綱中。

全國代表大會開幕時，先由全國委員會的主席宣佈開會；次由該委員會的秘書（等於我國各黨中央黨部的秘書長）宣讀正式召開大會書；繼之全體祈禱；然後由全國委員會主席提出大會的臨時主席和其他職員名單，請大會表決。大會臨時主席選出後，就由委員會主席陪伴至主席座位，隨即發表一長篇演說，抨擊反對黨的錯誤，頌揚本黨的功績，並要求全體黨員團結。接着，選舉下列各委員會的委員。

①永久組織委員會 (Committee on Permanent Organization)。其任務為提名下屆全國委員會的永久性主席和其他永久性職員。此永久性主席當選之後，即被伴送至大會主席座位，兼任大會主席（上述臨時主席即退位），並即席發表一長篇演說，說明競選的計劃。

②證件委員會 (Committee on Credentials)。其任務為審查出席大會的代表資格。

③規則與議程委員會 (Committee on Rules and Order of Business)。其任務為向大會建議一種會務進行計劃或議程，並經常建議採用最適合的會場規則。

④政綱及決議委員會 Committee on Platform and Resolutions)。其任務為向大會提供修正之意見，即各委員如對政綱的措詞或觀點有爭執時，出席大會進行辯論；其次為整理各項決議案。

以上四個委員會的委員，係由每州代表團各推出一人充任之。當各州的名字依字母次序被呼喚時，被喚到的州代表團的主席便提出該代表團所選出的委員（四個委員會的委員同時提出）。四個委員會的委員選舉完畢時，大會的第一會期就算終了。

大會的第二會期，通常是全部用於聽取上述各委員會的報告，和討論政綱與提案；永久組織的永久性職員，包括全國委員會的主席，也在此會期中選舉。

大會的第三會期，是提名總統和副總統候選人。由大會秘書依照前述次序呼喚各州名字，被喚到的州代表團即提出該州所指定的候選人，並即席發表頌揚性的演說；同時，任何一個代表都可以發表演說支持他。所有的總統候選人都已推薦過後，大會秘書再依照前述次序呼喚州的名字，加以表決。表決權，有以州為單位的，有以國會議員選舉區為單位的；但其票數，則以實際出席之代表人數計算。得贊成票最多者，便被提名為該黨總統候選人。

接着，進行副總統候選人之提名；其辦法與總統候選人之提名相同。總統副總統提名完成後，二個候選人即到大會會場致謝，每人並即席發表一篇「接受提名之演說」。大會任務，至此遂告完成，即行閉幕。

五、永久組織

美國各黨，均有永久性的組織，彼此大同小異；不過，地方性的政黨，沒有設立全國性的組織，而全國性的政黨，卻設有地方性的黨部，負責推動地方黨務，籌劃地方性選舉。下面是民主共和兩黨的各級黨部組織法。

全國委員會——全國委員會是由每州及每個統治地各選出男委員一人及女委員一人合組而成。有些州的委員，是用直接初選法選舉的；有些州的委員，是用召開州代表大會的方式選舉的；有些州的委員，則由代表團在全國代表大會中當場選舉的。全國委員會是實際負責推動全國黨務的機構，設有主席一人，名義上是由委員們互選的，實際上卻是聽從總統候選人的意見。這位主席，是全國委員會的首腦，在競選時，等於全國黨務的經理。全國委員會之內設有許多小組委員會，例如行政小組委員會，演說發表小組委員會，新聞發佈小組委員會，文件分發小組委員會等。全國委員會的任務如左。

①決定召開全國代表大會的時間與地點。

②決定各州的代表名額。

③主持全國代表大會的開幕禮。
④指揮全國性之競選工作。
⑤籌措黨費。
⑥隨時改善黨的政治立場，以適應環境。
⑦在非選舉時期，拉攏選民。
⑧團結國會中的黨員，一致對外。
⑨揭發反對黨之短處。
⑩用演講及文字，啓發選民對政治之認識。
⑪引起人民對公共問題之興趣。

國會競選委員會——各黨在參衆兩院中，都設有競選委員會；其組織，民主共和二黨稍有不同。民主黨的衆院競選委員會，係由各州的該黨籍衆議員及各統治地的該黨籍衆院代表分別選舉，每州每統治地各選出委員一人合組而成。沒有該黨籍衆議員的州，或沒有該黨籍衆院代表的統治地，則由競選委員會的主席選派一人代表之。共和黨的衆院競選委員會，則有該黨籍衆議員或衆院代表的州或統治地，各選舉一人爲委員，沒有該黨籍衆議員或衆院代表的州或統治地則從缺。此外，兩黨的衆院競選委員會，根據委員個人的推薦，委派非國會議員的婦女黨員爲委員。至於參院的競選委員會，其委員名額，兩黨均固定爲七名；由參院各該黨領袖選派之，任期爲二年。

兩院的競選委員會，都非常活動，尤其在非大選年；委員們都有本黨籍的義務職員協助工作。兩院競選委員會與國會外的本黨其他競選團體，都沒有正式的關係，但彼此合作，極爲密切。

州以下的委員會——各黨在各州都設有州委員會。州委員會的組織與權力，各州不同；委員的產生，亦因州而異。有些州的委員會，其委員係由州代表大會選舉的；有些州則用直接初選法選舉的；有些州則依照國會議員選舉區選舉的；有些州却依照州議員選舉區選舉的；有些州係各縣選舉的。州委員會負責推動全州的黨務，猶如全國委員會負責推動全國黨務一樣。

縣市有縣市委員會，鎮、區、及分區、有區或分區委員會，村街則設隊。縣市委員會設主席，區或分區委員會則設主任，隊設隊長。挨門逐戶的競選工作，就是由這些隊長去負責。大多數替黨工作的人，都分佈在這些隊裏；他們多半是自動的義務的，可以說是維持黨的生命的血液。

六、黨費

民主共和兩黨，都不向其黨員徵收黨費。它們的經費有左列五種來源：

①個人或家庭的捐獻。這些個人或家庭，有些是篤信該黨的主張的；有些是與該黨候選人有私人感情的；但多半是有利害觀念的人，例如：想從保護關稅政策中、獲取利益的人。上述這些個人或家庭，有些是本黨黨員，有些是他黨黨員，有些甚至是反對黨的黨員，但大部份是無黨籍的。
②獨立的無黨派的團體的捐獻。
③現任政府官吏，或謀求政府職位者的捐獻。
④黨的社會活動，例如：傑佛遜日、傑克遜日、林肯日等所舉行的餐會或舞會的收入。
⑤本黨州委員會的捐獻。

但美國政府對于各黨經費的收支，有左列八種限制：

①任何個人，捐獻給任何政黨的全國委員會的欵額，在一年內不得超過五千元。
②任何個人，捐助給競選聯邦政府官員的候選人的欵額，在一次選舉期間或一年內不得超過五千元。
③凡是與聯邦政府任何機構訂有合同的個人或公司，都不得捐欵給甚至不得承諾捐欵給任何政黨或其候選人。
④每一政黨的全國委員會所接受的捐欵，在一年之內，不得超過三百萬元。（州以下各級委員會在同一時期內所接受的捐欵，不包括在此限額內。）也不得使用超出此數額之經費。
⑤任何大公司或勞工團體，不得捐欵給任何一次總統副總統或國會參衆議員的競選者。
⑥各黨各種公職候選人之競選費用，每人每次不得超過下列數額：(甲)衆議員五千元；(乙)參議員二萬五千元；(丙)其他官員則以該職位上屆選舉時全體候選人所得票數之總和乘以三分錢的數目。
⑦每一競選者，必須於選舉完畢後三十天內，將競選費用的詳細帳目，報告參院秘書或衆院書記。
⑧各政黨的全國委員會的會計人員，必須每年每季每旬每五日，將該黨的經費收支情形，詳細報告衆院書記。

七、提名與競選

組織政黨之目的，在奪取政權，以便推行其政策，實現其政治理想。政黨奪取政權之手段爲競選，而非武力。但在競選之前，須要完成提名工作。故黨政之活動，主要的是提名與競選。美國政黨提名的方式，約有左列五種：

①自己宣佈競選：這種方式，亦稱爲自己提名；很少見。採取這種方式的人，不是由於黨內無人競爭，便是由於黨內不承認其爲正當候選人而表不滿。
②預選會提名：預選會又名黨內部會議，即全體有選舉權的黨員大會。各鎮、區、及分區的公職候選人，和鎮、區及分區的黨部委員，都由這種方式產生。至於縣以上的公職候選人，則交由該預選會選出的代表去提名。
③代表大會提名：縣市代表大會，係由上述預選會選出的代表組成的。州及全國代表大會，則係分別由下一級代表大會所選出的代表組成的。各級政府的公職候選人，即係由同級代表大會提名。
④直接初選會提名：這種方式，是先由各級黨部提出同級政府的公職候選人名單，印成選舉票(印刷費由黨部或政府負擔，各地不同。)，然後交全體黨員直接投票決定之。採取這種方式時，須受正式選舉(即公職之選舉)時的種種限制；例如黨員登記，秘密投票，及懲罰賄賂行爲等。
⑤選民申請提名：這種方式，係由選民以個人名義，用簽署書申請負責選務的官員予以提名；簽署者的人數，足够法定數目時，被簽署的人便成爲正式候選人。這種方式，特別適用於須要避免政黨干涉的縣市等地方性選舉。

（下轉第7頁）

巴黎協定批准後的國際局勢

龍平甫

(一)巴黎協定的批准與換文

巴黎協定自去年十二月先後由意大利、法國及比利時國會下院批准，並經西德國會下院完成一讀手續。至本年二月間，法國因閣潮，西德因軍備管制不同意法國的提案，遂拖延批准的程序。自三月起各有關國家加强了批准的程序推動。

(甲)西德國會的批准——西德國會在野政黨社會民主黨並不是絕對反對西德整軍，但是反對主權受限制下的整軍。同時它將德國統一的實現作為第一目標。這種本末倒置的看法，自為其他政黨所反對。在朝的政黨雖在整軍及恢復主權方面意見一致，但在薩爾問題方面却意見頗有出入。尤其是難民黨及自由民主黨，因為薩爾是德國領土，地方雖小，經濟價值却很大，德國人自然難以容許它脫離德國，以國際共管為名，在法國控制下實行自治。何况難民黨是由波蘭及蘇俄佔領的德國地區逃來的人所組織而成，他們身受流浪之苦，在原則上與情感上是不能同意薩爾協定的。但是在事實上薩爾問題隨法國意向而解決是法國批准西德整軍的必要條件。因此西德政府總理阿德諾 (K. Adenauer) 在國會中對薩爾問題質詢的解答煞費苦心。但是要達到安撫反對的議員而不引起法國某些議員的不良反應則是不可能的。經過困難的辯論，到二月二十八日西德國會下院完成三讀的手續，通過了巴黎協定。茲將二讀及三讀投票結果列表於上。

投票事項		投票結果(票數) 二讀	三讀
(1)結束佔領局面及恢復主權議定書	贊成	三二七	三二五
	反對	一五一	一五一
(2)西德加入北大西洋公約組織議定書	贊成	三一五	三一四
	反對	一五三	一五七
(3)關於外軍屯駐德境的協定	贊成	三二三	三二一
	反對	一五〇	一五三
(4)薩爾協定	贊成	二六四	二六三
	反對	二〇四	二〇二
	棄權	九	九

關於薩爾協定在投票之前，基督教民主黨、自由民主黨及德意志黨提出一個共同議案，其大要為：㊀關於薩爾的協定不能影響一九三七年十二月三十一日德國的疆界，及薩爾的附屬於德國，也不能因此影響薩爾人的屬於德意志民族；德國的疆界應在和約簽訂時確定；㊁應充分建立薩爾的政治、言論與新聞自由，並應在公民投票之後繼續維持，薩爾高級專員應視上述自由的維持為其基本責任；㊂關於人權及基本自由的各項規定應在薩爾實施。難民黨拒絕參加這個議案。西德國會通過這個議案是對薩爾的主權作一保留。

三月十八日西德國會上院辯論巴黎協定，並以二十九票對九票通過。至是西德國會已完成巴黎協定的批准手續。

(乙)法國參議院的批准——西德政府總理阿德諾在國會答覆反對薩爾協定的議員所提出的質詢時曾說：「自權威方面獲得消息，英美在未來談判和平條約時將不再支持法國對薩爾的要求。」加以西德國會對薩爾問題通過議決案。這兩件事引起少數法國民族主義者的反感。三月七日社會共和派議員萬德路 (Vendroux) 向國會提出議案，要求政府向英美交涉，「俾在參議院批准巴黎協定之前，對德國人解釋薩爾協定予以否認的聲明」。換言之，他要求英美對法國關於薩爾的要求再度予以支持的保證。法國政府認為以此事向英美交涉，困難甚多。西德政府也極力將大事化小。結果法國國會僅通過外交委員會修正的萬德路提案，認為「政府得及早自盟國政府獲得關於解決薩爾問題的過去諾言的證實」。

美國為促使巴黎協定的批准，因有三月十日艾森豪總統致西歐聯盟七國政府首長一件照會，申述美國繼續在歐洲駐軍以保障西歐的安全決心。太晤士報對此舉予以這樣的評論：「如果法國不批准巴黎協定，則法國的獨立及其影響將無由獲得保障」。太晤士報的社論是有根據的。因為三月十日法國現任外交部長畢奈 (Antoine Pinay) 在參議院的外交及國防委員會答覆關於巴黎協定的若干問題，提及本年一月十二日邱吉爾答覆當時法國內閣孟德斯法郎士的信說：「如果法國不批准巴黎協定，則迫不得已將有實行『空椅』(Empty chair) 的可能」。邱吉爾又說：「英美及西德的力量足以保障西歐」。(孟邱二人往來信件於三月二十一日公佈)。換言之，如法國不批准巴黎協定，英美將斷然使西德武裝，而法國在國際會議中席位的久虛，可能由西德佔據。邱吉爾的「空椅」威脅，雖然在法國輿論界引起一些不良反應，但也加强了擁護巴黎協定者的力量，頗有助於巴黎協定在參議院的通過。

法國參議院自三月二十三日起開始辯論巴黎協定的批准。一些反對者企圖通過若干修正案以達到巴黎協定在下議院二讀的結果。三月二十七日參議院表決，拒絕五個修正案，並將巴黎協定各部份分別通過。其投票結果如下：㊀修改布魯塞爾公約(即西德整軍及加入西歐聯盟)，以一八四票對一一〇票通過；㊁終止西德佔領局面及外軍在德境屯駐(修改後的波恩協定)，以二三四票對七十五票通過；㊂西德加入北大西洋公約組織，以二百票對一一四票通過；㊃薩爾協定，以二一七票對九十二票通過。參議院並通過一個議決案認為「政府對外政策的聲明是政府和參議院的契約」。這個聲明的要點是：㈠薩爾的歐洲地位實現之前，應締結法薩經濟協定；㈡成立西歐聯盟國家軍火生產機關；㈢西歐聯盟理事會確定原子武器的管制辦法；㈣擴大北大西洋集團的互助合作；㈤協同盟國籌備與東方談判，以求解決可能解決的懸案。

繼法國參議院之後，荷蘭的國會下院在三月三十日以七十一票對六票批准巴黎協定，其他有關的北大西洋公約國家也先後完成批准手續。批准後的問題是批准文書的存放及互換問題，法國在這方面於四月初提出兩個先決條件：㈠法薩關稅聯盟議定書的確切簽字；㈡薩爾羅士林（Roechling）家族工廠問題的解決。關於法薩經濟關係問題，薩爾政府總理荷夫曼（Hoffmann）自三月八日起和法國外交部長畢奈從事談判，三月二十一日簽訂「法薩經濟議定書」，規定法薩實行關稅及貨幣聯盟，卽在薩爾實施法國的關稅與貨幣制度。五月二日法薩簽訂「經濟合作協定」。法國爲解決薩爾問題，由畢奈到波恩去和阿德諾談判，經過四月二十九日及三十日的會談後，薩爾羅士林家族的佛爾克林恩（Voelklingen）的鋼鐵工廠（原由法政府徵用經營），由德法各出一半資本經營，至於羅士林家族則獲得二億瑞士佛郎（一百六十億法國佛郎）的賠償。首任的董事長是法國人，繼任的由雙方協議任命。至是法國所提出的批准文件的存放及互換條件也實現了。

美國因蘇俄阻撓西德整軍的外交攻勢頗烈，恐怕拖延生變，爲避免功虧一簣，因於四月二十日由美國駐西德高級專員柯南特（James B. Conant）向德政府存放終止佔領局面及外軍屯駐議定書的批准文書。同日德國也向美國政府存放有關的批准書；意大利駐華盛頓大使存放批准西德加入北大西洋公約的批准書。法國原要求各國同時存放及互換批准書，美德的行動使法國着急，畢奈匆匆地於四月二十一日到倫敦和新任英國外交部長馬克米蘭（Mac Millan）會商各項問題，事後他聲明：法國將於五月五日存放各批准書。

五月五日英法駐波恩的高級專員向德政府存放終止佔領局面協定的批准書；同日在華盛頓那些尚未存放批准西德加入北大西洋公約的國家履行其最後一道手續；在布魯塞爾則參加西歐聯盟的國家存放修改布魯塞爾公約的批准書，而德法之間則對薩爾協定實行換文。因各協定書批准書的存放與互換，西德自五月五日起正式成爲獨立的主權國家。三佔領國的高級專員自卽日起改稱大使，西德駐三國的外交代表也改稱大使，五月九日阿德諾正式參加在巴黎舉行的北大西洋公約組織第十六次會議，同日西德將領史帕德（Speidel）身着便服參加北大西洋公約組織的軍事委員會。西歐聯盟組織也正式成立：㈠秘書長爲哥芬（Goffin）（原爲比國駐伊朗大使）；㈡副秘書長兼軍備委員會事務克利士多非尼（Cristofini）（原爲法國防部的主任）；㈢軍備管制委員會主任費勒里（Ferreri）（原爲意大利艦隊參謀長）；㈣助理秘書長佛拉賽（Fraser）（英），埃茲多夫（Von Etzdorf）（德）。

西德的恢復主權及整軍是美國近幾年對歐外交的主要目標。巴黎協定的批准使上述目標得以實現，美國幾年來不斷地努力終如願以償。這不但是美國的成功，同時也是自由世界的成功；相反的，蘇俄却遭受重大的失敗。自一九四五年五月七日納粹德國簽訂無條件投降，迄今已逾十年，由於世局演變的三湊六合，新興民主的西德在德國投降十週年紀念日重新獲得主權及武裝的權利。時日的偶合，使一些法國人不免感覺到世變滄桑的諷刺。我們奉勸他們在共同敵人之前忘記那些舊賬，團結一切自由戰士以保障自由世界及解放關在鐵幕內的民族。本着這個前提，我們對西德的正式以主權獨立的身份加入自由世界予以熱烈的歡迎。

（二）蘇俄的新外交陰謀與運用

幾月以來，蘇俄用盡恐嚇手段以防止巴黎協定的批准，它宣傳說：「巴黎協定批准後卽宣佈廢棄蘇法及蘇英條約；同時沒有四國會議討論德國問題的可能。」巴黎協定批准後，蘇俄宣佈廢棄早已成爲廢紙的蘇法與蘇英條約。並在外交上玩了許多新花樣，使許多人認爲這是蘇俄企圖打開冷戰僵局，緩和國際局勢的辦法。其實這是蘇俄的陰謀詭計，因爲冷戰以來，它的縱橫外交已告失敗，不能不改變策略，其基本政策是不變的。現在我們試行分析巴黎協定批准以來的蘇俄的外交陰謀與運用。

（甲）華沙協定的締結——蘇俄和其附庸國之間早已存在着一些雙邊軍事協定，而事實上蘇俄又控制着各附庸國的軍事。華沙協定的是否簽訂，對今後世界局勢並不發生影響。但是蘇俄早已威脅法國，如巴黎協定批准則將成立所謂共同防禦組織，現在它自不好罷休，因此蘇俄政權的頭目及附庸國的嘍囉（捷克、匈牙利、羅馬尼亞、保加利亞、阿爾巴尼亞、東德、波蘭）自五月十一日起在華沙集會，十四日簽訂所謂友好合作互助條約，成立統一的軍事組織，以蘇俄元帥康涅夫（Koniev）爲統帥，統轄附庸國的軍隊（東德的武力暫不在內）。蘇俄此舉固然在恐嚇西方，但也在安定各附庸國的傀儡政權。並準備在奧國條約簽字後藉口華沙協定，繼續佔領各附庸國。

（乙）奧國條約的簽字——巴黎協定批准後的最大效果便是蘇俄要求簽訂奧國條約。奧地利於一九三八年爲希特勒政權合併，一九四三年十月三十日英美蘇莫斯科宣言，認爲奧地利是納粹侵略的受害者；因而決定恢復其獨立。一九四五年四月蘇軍佔領維也納。奧人倫頼（Renner）成立臨時政府，十月二十日獲得美、英、法、蘇四國承認。次年三月普選，六月二十八日奧國恢復相當部份的主權。但自戰爭結束後奧國一直爲四國佔領。一九四七年英、美、法、蘇四國外交部長代表談判奧國條約，至三月終，三十二條已完全獲得協議，二十二條或是局部的協議，或無協議，主要爭執之點是奧國境內德國資產的處理問題。於是四外長任命一個委員會在維也納談判，由五月至十月開會八十餘次，無任何進展。次年二月四國雖對經濟問題獲得協議，但因蘇俄支持南斯拉夫對奧國的土地要求，使談判停頓。此後雖間或開會，盟國並對德國資產問題予以讓步，仍不能使問題解決。此後因冷戰加强，西方盟國於一九五二年三月提出奧國條約「簡案」，爲蘇俄拒絕。次年四月，西方三强放棄簡案，再就原條約草案談判，仍無結果。一九五四年柏林會議時，西方接受蘇俄一切要求，希望能實現簽字，仍未成功。

當時奧國條約草案要點如下：㊀聯盟國家承認奧地利爲主權獨立民主的國家（第一條）；㊁禁止德奧「合併」(Anschluss)；奧國承諾不從事任何有利於德國的經濟或政治聯盟，並在其領土內禁止任何企圖德奧合併的活動（第四條）；㊂奧國疆土爲一九三八年一月一日的疆土（共八三八五〇方公里）（第五條）；㊃奧國推行普遍而秘密的選舉制（第八條）；㊄奧國政府儘力設法遣送自願返國的難民，並禁止在難民營實行反盟國的宣傳（第十六條）；㊅奧國陸軍（包括憲兵及邊防部隊）不得超過五萬三千人；空軍限於九十架飛機及五千人（第十七條）；㊆前納粹及非奧籍人民與曾在德軍服務而位於上校以上的奧籍人民不得參加奧國軍隊（第十八條）；㊇奧國不能製造、實驗、及保有大規模破壞的武器、受無線電操縱的武器、水雷、射程超過三十公里的大砲（第二十一條）；㊈奧地利不能製造、獲得、或保存超過需要量的武器（第二十五條）；㊉解除盟國管制，並在條約生效後九十日撤退佔領軍隊（第三十三條），盟國不向奧國要求戰爭賠償（第三十四條）；⑪蘇俄在奧國保有重大經濟利益（如石油資源的百分之六十），參加多惱河航運公司，及獲得一億五千萬美元的現欵（第三十五條）；⑫多惱河航運對各國開放，一視同仁（第五十條）。

這個條約草案對蘇俄非常有利，它使奧國成爲蘇俄的經濟附庸，蘇俄並可藉以干涉其內政。但是蘇俄還不滿足，要求德奧問題一併解決。巴黎協定簽訂後，蘇俄再三聲明巴黎協定一旦批准，即無四國會議談判德國問題的可能。及至巴黎協定的批准勢在必然，蘇俄不能不在外交上找出路，於是在奧國條約上作重大讓步。三月二十四日莫洛托夫邀請奧總理拉布(Raab)到莫斯科去談判。四月十一日拉布一行到莫斯科，十五日談判結束，簽訂蘇奧備忘錄，說明「奧國將由國會宣佈中立，並將請四强擔保」。雙方並協議：㊀奧政府在六年以內給蘇俄價值一億五千萬美元的貨物以爲蘇俄放棄在奧企業的報償；㊁奧政府爲接收齊斯特多夫(Zisterdorf)油田及石油工業，在十年之內每年交付蘇俄一百萬噸的粗油；㊂蘇俄交還多惱河航運公司的資產，由奧國報償二百萬美元；㊃奧蘇將締結五年貿易協定。

至此奧國條約的簽訂已近成熟階段，爲準備簽約，西方三國駐奧大使奉命自五月二日起和蘇俄大使會議，經多日談判，雙方同意就原條約草案多條予以全部或局部刪除：㊀全部刪除的條欵有第六條（德國公民在奧境歸化及居住問題），第十一條（戰犯問題），第十三條（國際聯盟等機關清理問題），第十五條（歸還檔案），第十六條（關於流亡難民），第十六條附一條（德國人民的移轉），第十七條（奧軍人數的限制），第十九條（禁止軍事訓練），第二十五條（禁止軍用品存儲逾需要量），第三十六條（奧國歸還物資），第四十八條附件（戰後債欵）；㊁局部刪除的有第十八條最後一欵（禁止前納粹等組織份子參加軍隊）與附件一（陸空軍訓練的定義），附件八（對某些資產的特別規定），及附件十（裁判）。

關於第三十五條雙方迄無協議，西方要求根據莫斯科的蘇奧備忘錄予以修改，蘇俄反對。西方有充分理由懷疑蘇俄居心叵測，因此杜勒斯國務卿表示如果第三十五條不得滿意解決，則不去維也納簽字，結果蘇俄允許在第三十五條加一段提及蘇奧備忘錄，並將備忘錄作爲附件。於是四國外交部長在五月十五日於維也納簽訂奧國條約。奧國經過十年的軍事佔領及蘇俄的經濟榨取，終於重獲獨立，但軍事中立的諾言却限制了奧國的外交自由。

蘇俄在奧國條約願意讓步的原因並不簡單，我們該作如下的分析：㊀蘇俄企圖打開外交的僵局，以奧國問題的解決爲引子，設法促成四國會議的召開；㊁自奧撤軍於蘇俄有利，因撤軍之後，盟軍的防線出現一個眞空地區，在戰時不能利用阿爾卑斯山根據地，而蘇俄則防守面縮短，可以收節約兵力之效；㊂對奧條約簽字後，蘇俄可藉口華沙協定繼續在東歐附庸國駐兵；㊃奧國中立後可以成爲戰略物資走私之道；㊄以奧國條約的簽訂宣傳所謂國際局勢的鬆弛，藉以阻撓德國的整軍及自由世界的一般軍事自衞的努力；㊅以奧國的中立爲題，傳播中立思想，並企圖建立一「中立帶」以破壞西方的防禦；㊆蘇俄企圖以奧國爲例，誘使西德上當。

(丙)蘇南的和解——繼奧國條約的簽訂，蘇俄政權的頭目們宣佈將作南斯拉夫謝罪之行。南斯拉夫在一九四八年六月二十八日爲蘇俄自共產國際情報局開除，於是蘇南關係惡化，由於美英法的經濟及軍事援助，幾年來狄托政權得在東西冷戰的邊緣地帶生存着。狄托雖受西方支援，並參加巴爾幹聯防，但在思想方面和莫斯科一脈相承，標榜所謂中立政策。史大林死後，蘇南恢復邦交，關係日趨好轉。狄托在自由世界中企圖聯絡一些國家，形成一個親共的「中立集團」。實行其所謂「積極的共存政策」；同時頻頻向莫斯科送秋波。狄托的所謂中立及積極的共存是目前莫斯科所最需要的，它自然要積極拉攏狄托。據說曾先要求狄托訪蘇，爲狄托拒絕，因而莫斯科政權的頭目們厚着臉皮，成羣的到南國去謝罪。這種國與國之間的和解方式恐怕是歷史上少見的。由赫魯雪夫及布爾加寧率領的代表團於五月二十七日至六月二日期間訪問南斯拉夫。謝罪訪問的結果，雙方發表一篇很長的公報，除了蘇俄承認所謂「發展社會主義的道路並不相同」，及南斯拉夫的「反對集團政策」之外，其他都是蘇俄近來在國際上所宣傳的那一套。在蘇俄代表團訪狄托時，西方國家很擔心狄托會再回到莫斯科的懷抱中，現在他們認爲很滿意。例如英國外交部說：「狄托仍遵守對西方的諾言」。我們認爲：如果這不是外交詞令，則是膚淺的看法。我們懷疑狄托在替莫斯科作外圍活動。狄托與莫斯科和解也罷，不和解也罷，他的活動對莫斯科及共產集團是有利的。狄托不正式重返莫斯科集團而可爲它作工作，同時可領美援，他何樂不爲呢？前法國外交部長皮杜著論批評蘇南的和解說：「狄托的聲望增加，莫斯科有實際收穫，失敗者却是缺席者，缺席者正是出錢者。」換句話說失敗者是幾年來出錢支持狄托的美英法三國。但西方與論界却有一種看法，認爲「蘇俄頭目向狄托厚顏謝罪，足以助長其他附庸國內潛在的狄托主義者，可能促成其他附庸國的叛離」(註)。狄托主義的發展可能對蘇俄不利。但是幻想它的發展會有利於自由世界，則是危險的看法。蘇南的言歸於好，卽是一個明證。同時我們要記得：共產思想及其政權是自由世界的公敵，是一種企圖摧毀自由世界的邪教，不管它有一個宗派，或兩三個宗派，對世界自由的仇視與威脅則是一樣的；㊁狄托在國內的作爲並不稍異於其他共產國家，南斯拉夫人選擇自由的事時見報紙；㊂這次狄托和莫斯科和解應使那些對狄托主義存幻想的人清醒一些，更不要對中共存相似的幻想。問題的重點是在如何鞏固並加强自由世界的陣營，分化敵人的策略並不是不可利用，但是要防備敵人混入自己的陣營，造成裏應外合的危險局面。

（丁）對西德的陰謀——蘇俄爲了建立中立帶，不惜讓步簽訂奧國條約及向南斯拉夫謝罪，它的第三步驟便是拉攏西德。不久之前，據說某中立國曾轉達蘇俄政權向西德政府的提議。內容如何不得而知。但蘇俄對德國的政策則相當明顯，卽企圖以奧國的例子誘惑西德的輿論，以所謂中立交換德國的統一。蘇俄的中立主義宣傳已在西歐發生相當效果，近來西歐中立主義者較前活動，蘇俄的策略使西方各國政府感覺不安。西德政府也公開指斥德國中立化論調。

但是蘇俄並不因此罷休，六月七日蘇駐法大使奉命向西德政府的照會，開首一段便是：「蘇俄政府很榮幸地以下述一切陳述於德意志聯邦政府」。接着便要求德蘇合作保障「和平」，並要求建立正常的外交商業與文化關係。文末請求阿德諾帶其「所欲携帶的人員儘速到莫斯科」去談判。阿德諾是多年來蘇俄宣傳攻擊辱罵的對象。今日他却被莫斯科政權恭恭敬敬地請去作座上賓。此事和南斯拉夫之行看來都很滑稽。但是共產黨的座右銘是「祇達目的，不擇手段」。它越是笑臉迎人，越使人恐懼它的陰謀。今日莫斯科政權企圖建立一個「中立帶」，並且要設法使西德加入這個「中立帶」。爲要達到這個目的，它要用儘一切方法。

迄今西德政府對莫斯科的邀請尚無正式的答覆。阿德諾要在訪問美英之後始能決定。如決定要去莫斯科也要待至四强會議之後。使阿德諾去莫斯科的唯一重大理由便是德國統一問題。統一是德國人一般的願望。然而談到統一，蘇俄必定要很高而爲西德政府所不能接受的代價。若是談判建立邦交，阿德諾沒有必要去莫斯科。西德政府在正式和蘇俄談判之前，可能先要求蘇俄闡明下列各點：㊀蘇俄是否欲與東德維持外交關係？㊁蘇俄與西德建立外交關係，是否承認其爲全德的合法代表？㊂蘇俄建立外交關係是否企圖使德國的分裂正常化？㊃蘇俄是否欲使西德與北大西洋公約組織及西歐聯盟的關係疏遠？㊄蘇俄對德國的統一及統一後的德國政府意向若何？在上述各點獲得清楚解答後，阿德諾始決定是否去莫斯科。就作者的意見，德蘇建立邦交有許多事實上的及法律上的困難問題，其實現並不是容易的。蘇俄的現時目的是在東西德分裂的正常化，長久的目標則是使德國中立化，甚至加入蘇俄陣營。它的照會在使阿德諾處境困難，使其感覺拒絕或接受邀請均有重大不便。但主要目的在宣傳方面，企圖影響西德輿論，傳播德國如欲統一必須如奧國中立的思想，然後將西德從西方世界拖出來。東西世界對德意志的外交爭奪戰並不因巴黎協定的批准而終止，德意志民族仍是雙方今後爭奪的對象。

（三）論四巨頭會議

許多人不顧第二次世界大戰末期巨頭會議造成的惡果，對這種會議戀戀不能忘情，認爲可以造成奇蹟。英、法政府各爲其內政上的考慮在五月上旬三外長會議時，要求召開美、英、法、蘇四國「最高階層」會議。英外長馬克米蘭主張最高階層會議不需要詳細的議程，先由各政府首領舉行簡單的聚會，再由各外交部長談判技術問題，最後由各政府首領作結束會議。美國本來是反對召開巨頭會議的，但是英國大選在卽，法國已批准了巴黎協定，祇好接受英法的請求。五月二十六日蘇俄正式接受參加「四巨頭」會議，但要求以維也納爲會址，西方三國則主張在瑞士的洛桑（Lausanne）城召開。前法國外交部長皮杜是反對召開四巨頭會議的，他在「十字街頭」（Carrefour）報撰文說：「奧國的中立是西方的失敗，西方的防禦佈置因之解體，如以此爲開端，則後果將不可想像。現在雙方既爲會議場所而爭執，則不妨選擇慕尼里以爲妥協。」西方三國經過會商後向蘇俄建議自七月十九日起在日內瓦開會。看來蘇俄是會接受的。無論如何，維也納是不祥之地，因爲一到維也納等於西方三强贊同中立地帶的建立運動，一個新的慕尼黑。

我們是堅決反對召開所謂四巨頭會議以處理世界問題的，因爲過去的類似會議給我們的痛苦經驗太大了。我們希望美國當局不要忘記歷史的教訓，堅持定見，不要受蘇俄宣傳及一部份歐洲與論的壓力，也不要受蘇俄外交所變戲法的迷惑。如此方不致於在將來的巨頭會議中鬧出亂子。最近報載美國將提出蘇俄的附庸國問題，這是一個應有的步驟。因爲要保障世界和平及自由世界的安全，得先解放被蘇俄奴役下的亞洲的及歐洲的民族。在這些民族未重獲自由之前，自由世界不但不應放鬆任何自衛的準備，而且應該加倍努力，蘇俄外交的前踞後恭正不是自由世界初步整軍的結果嗎？

一九五五、六、十二草竣

（註）據最近來自鐵幕國家的旅客所得印象：東歐各國人民認爲蘇俄簽訂奧國條約及訪問南斯拉夫爲其失敗，並爲自東歐退却的開端，因此反共情緒加强，而共產政權內部則呈混亂不安現象。

谷錫五先生事略

周德偉

余識君於民國十年肄業北京大學時，君方任教務長室秘書。教務長則顧孟餘先生也。凡生徒有請於教務長者，必先與君接。迄十四年君繼顧公南下，所知尚淺。惟見所從教務長，歷顧孟餘、胡適之、陶孟和、王雪艇諸先生，無不稱君之賢，必諸先生足信，而君足重也。

民國十六年春，余著文反共，中央宣傳部招往工作，君任職秘書，遂得與共事。好尚相同，過從亦密，於是知君爲最切。今君困阨謝世，老友狄君君武，强余爲作事略，惟君居恒寡言笑，每與論事不及其私，故所知甚簡，而文又陋，尚乞君之交好，有以補其闕焉。

君名源瑞，字錫五，以字行，山東威海衞人也。世商，君父新德公，目睹膠州青島威海衞之租讓，胡騎橫行，藩籬盡失，憤清政之不綱，發憤讀書，遣其三子棄商就學。君以民國二年考入北京大學文科，七年畢業於哲學系。君本落落寡合，既耽哲理，益卑視世俗之事。愼交遊，凡人品之低者，志趣之卑者，行檢之劣者，恒不假以辭色。常終日靜處，不發一言，不訪一友，幾於此身之外，無一物也。校長蔡公孑民，識君之高潔，擢爲教務長室秘書。民國八年五四運動起，君投袂加入，凡大會之紀錄，文件之典守，各方之聯絡，君一身當之。君居無定所，食無定時，行無定跡，胼手胝足，任勞任怨。所遭遇之艱危，人不盡知，君則安之若素，履之如夷。大會主席如傅君斯年，段君錫朋，羅君家倫，周君炳琳，既享其名，君則司其實居其難，其後絕口不言當日之事，憶民國三十年五月四日北大同學集會於重慶。余亦與焉。徐炳昶教授持君起立而言曰，公等知五四運動之眞英雄乎？亦尚憶五四運動之眞英雄乎？其人在是，谷君錫五是也。會場歡聲雷動，無不謂徐君知言。而君始終默然。事後君告余曰，以五四運動方宇宙之大，豈能擬於微塵。況余不過運動之一小卒，有何可言。徐君熱情可感，亦多事耳！如是乎見君之胸襟矣。

民國十三年，以顧孟餘先生之介紹加入國民黨，顧公任北京黨部常務委員，君擘助盡力，同志皆稱之矣！十四年三一八北京學生反抗軍閥之大運動，其主席李煜瀛、吳敬恒、徐謙、顧孟餘、易培基、暨其領導朱家驊，以及其他死難先烈，均爲世人所熟知，史傳應有紀載，君司典守機密傳達消息之樞紐，秘無人知，君亦不求知，一如五四運動時，而蒙危履難則過之。

十四年夏顧孟餘先生脫險抵粵，任職中央，招君爲中山大學及中央宣傳部秘書。此後三十年致力革命，不雜絲毫功利，負機密之責，務隱其名，不以盛衰改節，不以貧賤易心，直至易簣而止。

十五年夏，中央自粵遷武漢，顧公初隨革命軍總司令今總統蔣公駐南昌，君奉命先發，部署部務。十六年春余避湖南之共禍至漢口，著蘇聯與中國、國民革命之本質及途徑等文，主張反共，以筆名公開發行，時中央猶未決策，地方黨部呈請中央及政府緝余甚亟。君持余文告於顧公，顧公閱而善之，徧詢乃知爲余所作。中央分共之次日，君突訪余寓，出余意外。先是余既被緝，每逾日必變其姓名，移其寓所，無有知者。見君，始悟在有力者掩護之下，掩護者既不自言，余亦弗問。君邀余立見顧公，見則任余爲中央宣傳部總幹事，余之參加中央工作自此始。君見善必舉，實不止余一人。是日君邀余飲，謂曰：共黨已完全排出矣，一如數月來君之主張。中宣部事繁人簡，文字宣傳，君爲巨擘矣，君必有以自見。當時黨部組織狹小，中宣部及其隸屬機關人員最整齊。如陳啓修、許孝炎、陶希聖、林語堂、鮑靜安、楊綿仲、范予遂、孫伏園、趙太伴、胡耐安等。分共後余與王君文彬，亦得遊翔其中。始終爲革命之幹部，大都淡於名利，經數十年之人事離合，能保其士君子之度，不隨時俗浮沉。學人長部，自能精於抉擇，君獻替可否，實與有力。當時許林陳陶等既各有專責于役於外，顧公所與斟酌進退者唯君一人。民國十六年冬寧漢黨部籌議合併，京滬各地黨員對武漢中央情形尚多誤解，中央擬派幹員至長江下游調查，一時頗難其人選，幕府籌商，舉及余名，君進言曰，周君文士，行動不成熟，未能勝任，後乃以王君文彬任之，事後離間者甚其辭以告，余則服君之知人。

中央遷京後，武漢設政治分會，君與余均任秘書。此外趙君太伴，朱君化魯，范君予遂，賴君特才，石君信嘉，均秘書也。以君及范君與余交誼最篤。二君均訥於言，謹於行，與余之性格極不類，獨樂與余近。十七年春，中央改組，君調任中央秘書處檔案整理處主任。余來京較晚，漢方領導諸公，僅朱公霽青在京，過去亦不余識，畀予幹事。遂拂袖去，貨其行裝出京他適。發之前夕，君持銀元五十枚贈余曰，君豪傑之士，何處不可安身立命，贈此以壯行色。余受之略無遜謝。是年夏余隨軍北伐，登山海關，君有書來謂「軍事雖已成功，各方意志不齊，大難似未有已，君其勉之，余亦他適矣。」君旋辭職赴東京留學。揣君之意，樂與顧公共事，黨內派系之爭一起，君望望然去之矣。居東京二年，徧讀梵典，君獻身革命，歷經艱危，政象不如君之預期，遂究心出世之學，殆不凝滯於物能出能入者歟。

十七年冬，余因編遣落職，十八年春又因政治關係削除黨籍，遁之上海。君自東京遺書曰，聞君遭遇，略無不平，政治活動能爭取主動固佳，否則日混三餐耳，三餐豈不易解決，托缽亦可，殆規余圖其遠者大者。十八年十九年二屆中委主動各役，以君與領導者關係之深，竟不與焉。當國內兵戈擾攘之際，派系喧爭，君正在東京潛心哲理，所謂超然物外，不隨時俗俛仰也。誰得謂君有所私哉？十九年冬君資盡返國，賃居上海，余則任教於山東高級學校，君函約余辦民間評論，以闡發民生疾苦提倡民主自由爲職志，君爲主編，余亦偶爲撰文。廿年春相見於上海，招余飲，盡酒六瓶，余大醉不能與，君興正豪，仍大呼買酒，范君予遂力遏之，君斥之曰，今日怕酒，明日必怕死，君之謂也。嗚乎范君果抱失敗主義怕死而附共矣。秋，君返魯省親，過歷城，訪余，余知其無以寧家，乘其醉納百元於君懷，君朦朧呼曰是何可！是何可！余曰，朋友不可通有無乎？何效俗士之爲。君曰不受餽贈是俗士乎？余曰，不受窮朋友之贈，眞俗士耳。君無以應。廿年冬國民黨全國代表大會分別開會於南京、上海、廣州。君復入顧公之幕，來書相招，促余南下。余不忍荒廢生徒之學業，至寒假結業後方赴京，至則中央全體會議正開會於南京，時蔣公在奉化，汪精衞在上海，胡展堂則立異赴廣州，主持人員中顧公實爲巨擘。凡黨中政策，幕後決定，君皆與聞之。賓客滿座，均欲自君處得消息或爲之進言者，雖黨國大員莫不降心相結，君夷然處之。全會既復余之黨籍，並議以余任中央政治會議秘書，余告君曰，連年奔走，學殖早荒，安能負國家之重，此生如是已矣乎，因政爭而入黨部，短期內義不復出，亦不容復出，何如愼之於始，以顧公之重，豈不能爲余覓一留學機會乎。次日人事分配，果無余名。厥後顧公任鐵道部長，擬以君領秘書廳事，君曰，生平不慣官署生活，奈何！卒薦陳君仲瑜爲之，已則以專員名義駐部長官舍。顧公不樂煩囂，更憚接待。於部外賃室獨居，無有知者，雖黨國大員莫之能訪，唯君能逕入白事。君連繫各方，處事公正，不亢不卑，人皆敬憚之。部內自次長以次均就詢焉，其事類龐士元之爲南郡功曹，左季高之在湖南撫署。其不入官署則又過之，雖時會有異，成就不同，未可以第其人品之高下也。略舉一二瑣事，以明其高潔，是年端午，余訪君官舍，君曰同出痛飲可乎？余曰，某大員不曾招君飲乎？君曰是不可赴。彼有所求，赴則有後患。其處事處人皆類是。鄧君飛黃時以中委任部內職工教育委員會委員長，一日同會於官舍，鄧君曰預算久未核定，我只有辭職，君謂之曰，此地只許朋友談天，不許牢騷。辭職自有主者，亦有正常手續，何必向我言。鄧君悻悻而退，君不之顧也。人皆怪君以一專員何能高亢如是。蓋君淡泊明志，不示惠於人，亦無求於人，獨來獨往，不受牽制，有古俠士之風焉。

二十二年春，部議以余副平漢路局事，余謂君曰，君忘余年前留學之言乎？逾日果獲公費留英之命，此爲余畢生命運之轉捩點，今能略有知識，置身學術之林，政府培植之德，亦君贊助之功也。

二十五年顧公離職前，對相隨久及黨內有爲之同志思作久遠安排，於是黃君少谷，范君予遂，鄧君飛黃，王君禮錫及其他三數人均以公費留英。君本入首選，乃請於顧公曰，留學經費及人員既均有限制，余曾留日，彼邦生活低廉，可自力任之，毋煩關注也，謙讓出自本心，無絲毫勉强。最可異者，事後不表暴於外，若無其事者，余僅聞之於顧公。其德量視見名則爭見利則趨者不高出萬萬耶。

廿七年余已返國任教國立湖南大學，君則任國民參政會秘書，時有函來往，余與李君壽雍創辦中國之路半月刊，君好余文，每一刊出必索數十份代爲傳佈。廿九年余膺選參政員，乃復與君見。

卅六年君由黨提名競選立法委員，君日肆豪飲不問選事，致以數十票之差落選。事後君告余曰，參加政治舞臺已數十年，自揣生末醜淨無一可任，只得讓有能者爲之。卅七年君轉任立法院主任秘書。卅八年復相會於廣州，時余長廣州金融管理局，常相過從。一日莞爾謂余曰，君陷入糞坑矣，余曰變糞坑爲衞生設備，不亦可乎？余日與豪商悪勢力鬪，報章交騰，每釀一事，君必招余痛飲，曰藉此壯君志，凡余之作風不容於流俗者，君皆鼓舞之。信乎君子進德成業有賴於朋友切磋琢磨也。大陸淪陷後，君隻身逃香港。

卅九年春，余因公赴香港，邀君來臺，君曰顧公年老矣，猶策劃反共，何忍離之！年來余有著作，必以遺君，君必詳覽，並有函商討。去年夏忽來函曰，欲買米炊粥，無資奈何！君敝衣苦行數十年矣，向不稱貸，以是知其急，乃電許君孝炎就近濟之。不數月又來函曰，將避地長洲荒村。余持函謀之錢君公來，狄君君武曰，谷君貞士，今不支矣。乃由錢狄二君請於政府，獲准來臺，余迎之於港埠，見其老態龍鍾，舉動艱難，行裝不整，唯梵典若干卷而已。初舍余寓，嗣送中心診所就醫，血壓二百卅度，神經已傷於酒，後入臺大醫院，校長錢君命院優待，半年以來，王公雪艇，谷君正鼎，狄君君武，雷君震，孟君廣厚暨余及舊日同事濟助其醫藥所需，均不以告，只云一切免費，君生平毋求於人，不欲君之精神有負於人也。

君易簀之前數週，神志尚清，强自病榻坐起，謂余曰，余來此看反攻耳，看復國耳，能者在位，賢者在朝，士能知奮，人民安排得所，方能反攻，今不及見矣！無一語及私，此爲君之最後遺言。聞其同鄉張夢九君云，病中曾頻呼其公子，君與余相約不談私事，臨死尚能克制，余之知君家事，竟以夢九也。

君深沉隱秘，凡所典守世莫得而知。歷史人物具是類性格者大都陰鷙猜忍，惟君秉氷霜之姿，而內心熱情，則如熊熊之火，公正無私，卑視名利，則純自學養而來，故可大可久，其表現於外者，猶泰山之一毫毛也。李君壽雍論曰，「遇事淡然視之，事過不留痕跡，是佛性也，非故爲隱秘也，陰鷙者之隱秘，自私也，空視一切者，無所私，故無可說。」可謂知言。

君手不釋卷，治哲理梵典數十年，余常勸其著書，君曰，余之所見無過於前人，余徒生耳，何必留痕跡於世。其謙也正顯其大也。余常謂君曰，佛自了耳，不能救世。君曰，余未見不能自了者能了人也。是其所著不僅佛也。

君工書法，擅魏晉各家之體，變態百出，以余觀之，賢於今之名家遠矣。生平不爲人作書，余叩其故，君曰書法文章純憑天籟，無所爲而爲，方能入神脫俗，應人之求是有所爲，不能佳也。

君在黨在官歷數十年，不以家室自隨，每逾二三年返籍一視而已。俸薪所入，輒以濟人，無成算，至不能給家用，此雖細事，亦異於人也。君體格強健，精神充沛，惟自十五年君已爲黨中樞幹，厥後人事升沉凡躁進者，依附權貴者，翻雲覆雨者，無不立致顯達，君伍絳灌，憂國心切，恥與人爭，日惟飲酒自遣，遂戕賊其身軀，嗚乎此國家民族之悲運，陷於君之同等悲劇者吾不知幾何人！

君隨顧公久，爲世所目指，以君淡於名位，方其奮然爲五四運動及三一八運動之中堅，厥後參加國民革命，無死生安危之考慮，不以其勞之未酬也而有怨艾之情，不以其議之未採也而有悻悻之色，更不以其位之不益也而有不平之鳴。此其人品豈私於一人亦豈一人所得而私哉。君典機要久，當世名公巨人幾無不識，無所求，少所許，獨與寒士共艱危，至死靡他，豈不足以照耀古今乎？世之大人先生豢畜徒衆，厚之以資財，縻之以爵祿，意若曰，不如是不爲我用也。及其遭遇危難，其不作鳥獸散者幾何？至於倒戈相向，反唇相毀者亦比比是也。余以是知用人不以其德，馭人不以其道，猶無人也。今當天地晦塞，挽救國難，開致太平，有待於移風易俗，君其典型矣。

國家人才原不限於政治事功，史公立傳，凡文章道德、隱逸名賢、貨殖技藝、無不具備，與事功比烈，後世垂爲典範，特立獨行之士繫一代之風氣者史傳不絕於書，其裨益教化、維繫人心，有非名公巨人所能者。君大德無形，資料搜集維艱，余故列次其人品修養並與余交往之故實以告於世，且以遺之史官，庶豐功偉業而外，不遺碩德名賢。嚮使國史所載盡爲勛名閥閱，社會所重，盡爲權位富厚，而山林隱逸篤行君子，無一席之地，末流之弊，將有不可勝言者。孔子曰「爲政以德」，中庸舉：爲天下國家有九經，尙功不與焉。堯之舉舜以其化行俗美，禹之興也以平水土之功，雖能康濟生民亦次於堯舜矣。太公治齊，首尙功勛。周公曰後世必有簒弒之臣。蓋功高不賞，必至於簒，勢之漸也。導全國於功名，必致於亂，亦勢之漸也。秦以上首功亡其國。賞罰必信豈非治國之一途哉，顧不足以與教化風俗比，卓茂一休職縣令耳，教化於鄉，卓行遠聞，光武戎衣未卸，即安車駟馬迎爲太傅，位冠羣臣百僚，故東漢一代，士風超越往古。迨其亡也，黨錮諸賢仍不下數千，散而之野者，仍開三國之盛，此豈雲臺將士赳赳武夫所得而致哉。賈生籌策治安，曾不擧及教化，是猶李斯餘粕，不足尙也。今之爲條陳取大位者，所見多謬，又距賈生遠矣。余常論斷史事曰，是非顚倒，功罪不分，亡國之政也，專奬功名，亂國之政也，惟禮樂教化，政之根本，未可一日忽也。今因敍谷君行事，擴而充之而三致意焉，有天下國家之權者其識之。

君以民國紀元前廿年壬辰八月生，其逝也以民國四十四年六月十二日，春秋六十有四，夫人戚氏，與君同邑。弟源增，國立北京大學畢業；源初國立法政大學畢業，對日抗戰期中被共黨所戕。子日昭，明昭，均華西大學醫科畢業。侍母陷於九江。元昭，大昭，高中畢業，服務香港某輪船公司，聞張夢九君云，諸子均秉父德，是必能世其家者。君之喪葬，由中央黨部、教育部、大陸救災總會、暨友好黃少谷、谷正綱、羅家倫、狄君武、錢公來、雷震等百餘人共理之。

民國四十四年六月十五日長沙周德偉謹述

（上接第26頁）

張　我是說的眞話。離婚不過是一種形式罷了。像從前三妻四妾，都沒什麼。不過現在，像愛芙蘭這樣的新女性，就非要我先辦離婚手續不可。（走前撫史肩。）坤儀，你別哭罷。我明天把律師請來再說。

史　你少麻煩！我不見！

張　你不見怎麼行呀？我特別從香港趕回來，就是專爲解決這個問題，總要有個結果呀！你想想，坤儀，這也並不是爲着我自己，也是爲國家爭體面呀。

史　別東拉西扯！你乾脆說不喜歡我，不要我便得了。何必兜這麼許多圈子？

張　我不兜圈子，我坦白的說。那麼你答應我簽離婚書？坤儀，你到底怎麼說？

史　我不怎麼說！你走罷！

張　眞的，坤儀，我求你！只要你簽一個字，什麼都解決了。我給你五萬塊錢，六萬，七萬。你要蓋房子也可以，存銀行也可以，都隨你。（掏出錢來，數了一疊。）這是五千塊錢，你先拿着，其餘的，等你簽了字，我馬上付。坤儀，你拿着罷。

史　（良久，突然轉過臉來。她再也不能遏止她的憤怒了。她把鈔票拿過來，欲撕，撕不斷，便大力向張的面上扔過去。）錢！錢！你以爲你的錢就能解決一切！當你山盟海誓的時候，何嘗嫌我沒有才沒有學，又何嘗嫌我不會說英文，不懂得交際？只怨我有眼無珠，只怨我太相信愛情，認錯了人！愛錯了人！

張　你何必這樣？我還是愛你的，我們還可以像從前一樣。你不相信，我可以向你發誓。

史　不要！不要！你走罷！走！

張　那麼我明天再來。坤儀，你是個懂大體的人，你再想想。千萬不要鬧得太難看。我走了。坤儀，明天再見。（他屹立移時，欲進不前，欲言復止，未免難堪。如是站了半晌，便決然轉身走出去。史坤儀回頭，看他已經走了，追到門口。）

史　公普！（扶門痛哭。外邊傳來汽車鳴笛駛去聲。她抬頭，捧心哀號，幾乎昏厥。）

—幕—

羅馬通訊・六月六日

蘇俄向狄托進香

方及

五月廿六日正是狄托元帥的六十三歲壽辰。七年以來，他從沒有今天這樣興奮。他二十年來的同志，七年前將他棄絕並開除黨籍。今天又不恥下問，來拜見他了。以赫魯雪夫及布加寧爲首的蘇俄代表團訪問南斯拉夫，實在是一件最驚人的消息。原來西方各國通過西歐聯防、重整西德武裝之後，蘇俄外交方針立刻改變，先是與奧國中立性的獨立，然後促使西德及南斯拉夫中立，希望因此達成一個歐洲中部的緩衝地帶，無形中將蘇俄保衞起來，而西方費九牛二虎之力所通過的聯防也就等於虛設，至少不會危及蘇俄。爲此蘇俄才不惜降尊就卑來拜訪「叛徒」狄托。

另一件巧合的事，就是當天上午，中共大使向狄托呈遞「國書」，這就更加增了事件的微妙，看後來俄南雙方所發表的會談公報，竟提到雙方將支持中共「解放」臺灣，這已是預先按排的花樣。

數年來狄托的態度始終曖昧不明，美國爲了爭取狄托花去了十億美援。而今狄托竟又和蘇俄勾結，於是怨聲四起，悔不當初。美國提出警告，狄托提出保證獨立不偏，始稍緩和了一下緊張的空氣。

廿六日的下午，神秘的蘇俄代表團，終於乘飛機降落在伯爾格來德，赫魯雪夫先下飛機，簡直像是坐了三等客機，衣服的折紋已再看不出，褲子一直拖到地上，看不見皮鞋，一頂禮帽，不知放在何處是好，就只好拿在手裏，語云：看他怎樣拿禮帽，就知道他是否懂得禮貌。這還不够，他一下飛機，立刻現出不是一個紅潤的胖子，却是一個地道的禿老，他向空中揮手，機場中只有一片寂靜，和百多雙好奇的眼睛。他習慣了向歡呼的羣衆招手，却忘記他現在已置身鐵幕以外了。隨後才是布加寧總理下機，山羊鬍子更顯得蒼老，只像是一個隨行的秘書，或提皮包的跟班者，那裏像是一個大國的首領。他沒有帶一個勳章，同樣也是被禮帽忙壞了他。再後是米高揚，細長的身體，陰森的臉，鷹鼻，完全是一副美國電影中的間諜角色。隨行的還有「眞理報」主筆西比洛夫 (Sepilov)，客洛米高 (Gromiko)，和古米金 (Kumikin)。這是全班史大林的繼承人的嘴臉，今日克里姆林宮的主人。另一方面狄托却着了筆挺的禮服，和來賓握手。接着是赫魯雪夫一篇演講，謂俄南二國始終是友好的，過去的隔閡完全是貝利亞和帝國主義者的錯誤。大家都弄得啼笑皆非，狄托幾乎神遊天外，木人兒似的站立不動，不知如何開口，只說了一聲：「同志！上車」，遂驅車進城去了。

如此的外交陣容，却沒有莫洛托夫出面，原因是他當年曾經參與棄絕狄托的勾當，並且簽字，自然不好意思。不過布加寧何嘗沒有發表過反狄托的言論，他在國防部長任內曾對三軍表示，共產主義的叛徒狄托將有一天逃不出人民的公審。曾幾何時，他竟和叛徒握手言歡，彼此心內應該是怎樣的感覺呢？

第二天(廿七日)上午十時半，雙方在郊外風景區開會，先讓新聞記者照相，然後大門深鎖，狄托和赫魯雪夫對坐，前者正式發言，內容不詳，相信當是答覆赫氏昨日在機場的談話，當晚的公報僅含糊其詞。狄托可能提出此次談判是國與國間，而非黨與黨間會議，並提出他新近發明的「積極共存」，不但不參加東西任何一集團，而且要和任何一國設法合作。如果赫氏想使狄托「悔改」而來，第一次會談即已失敗。

廿八日二次會議仍不見有什麼結果。廿九日雙方代表團乘火車至亞得里亞海濱的 Brione 小島上繼續秘密會談。此時伯爾格來德的報界，打破了三日來的沈默，強調「積極共存」，反對奧國式的中立，主張獨立的武裝的中立。在小島上的會議，一樣不見得有何顯著的進展，倒是狄托代表西方試探蘇俄對和平的誠意和討價。而蘇俄也急欲由狄托口中探聽西方的討價，狄托此時正成了東西兩方的橋梁，一時聲價十倍。

一邊俄南會議正在秘密進行，亞得里亞海的另一邊，的里亞斯德城的意共支部書記衞達理 (Vidali) 突然放起大炮，這位共產主義信徒曾經爲了蘇俄，不遠千里去參加西班牙和墨西哥內戰，而今忽然攻擊蘇俄共產黨秘書赫魯雪夫，說他在伯爾格來德機場所言，完全是欺人之談。原來在一九四七年莫斯科已經看出狄托不穩，遂將意共得力的幹部衞達理派駐的港，專門收集有關狄托的情報，最後莫斯科開除狄托，大部根據衞氏的報告，近年來衞氏仍一直反對狄托，但是赫魯雪夫在伯爾格來德機場竟謂開除狄托是貝利亞和帝國主義者的勾當，這使衞達理不能不光火，說他的「經驗」完全根據事實，赫氏的話完全抹殺事實，使他不能接受。新聞記者問他怕不怕貝利亞的結局，他說從不知貝利亞爲何物。一時轟動整個新聞界。有人以爲他是和莫斯科唱雙簧，有人以爲又出了「叛徒」。意共總部壓迫衞氏收回其「謬論」，但他仍舊倔強，勢要領導的港整個支部造反。待俄南會議完結，赫魯雪夫一行離開南國，衞氏却又一紙聲明，大讚俄南會議的成就和兩國的友誼。這一幕喜劇插曲遂告結束。

蘇俄代表團和南國陪行人員在海濱休息了一天，狄托竟告「失陪」，先自乘車到伯來 (Bled)，只留下二等陪客和客人相隨。晚間，赫魯雪夫、布加寧及南國二位副總理，到了伯來時，狄托剛剛離去，獨自直奔首都。客洛米高及西比洛夫和南國外交部長等則乘飛機返首都，預備最後的公告。如此雙方原子式的分裂，頗使人難解，如果後者一批共產理論專家的離去是爲起草公告尚可原諒的話，則狄托的「失陪」，無論如何，是無法推諉的，爲歡迎印度議員代表顯然只是一種借口，狄托的無禮及赫魯雪夫的難堪，可見一斑。

赫氏等繼續在南斯拉夫的西北部觀光，曾經參觀盧布雅那(Ljubjana)和薩格來布(Zagreb)一帶的重工業區，會議煞費心機，理應休息消遣，而今却如此長途勞頓。於是有記者問赫氏是否疲乏，他回答：「不可能疲倦，也不應該疲倦，人生無幾，應充分利用。」這位槍決貝利亞的儈子手，在克里姆林宮內仍不得閒息，此番正表明了他的心跡。

代表團返回伯爾格來德之後，再作最後的商權，於六月二日發表最後的正式會議公報。文內毫未提及俄南兩國的確實關係，僅表明文化及通訊上的合作；對政治及經濟的關係，公報僅提及雙方的相互瞭解，詳細的辦法仍留待將來的發展；公報沒有涉及軍事問題，却主張懲罰戰爭和侵略；及更沒有提到雙方理念上的修好，却承認社會主義可在不同形式下發展，尊重各國的特性。

至此已可明顯的看出，俄南的關係，沒有達到預期的程度，予人的感覺是赫魯雪夫全盤的失敗，他從開始即堅持兩個黨部間的會談，而非兩個獨立國之間交涉的態度，因而願從主義的理論方面挽回狄托的叛逆。南國方面却始終拒絕這樣作，最後終於勝利；因爲公報內對狄托回歸蘇俄共產主義集團一事，隻字未提。尤其會議以來俄方始終以赫氏爲主持人，布加寧僅是二等角色，到會議結束時，却是布氏代表俄方簽字，而非赫氏。這說明狄托主義的勝利。有人說，史大林時代，從那天正式安葬於伯爾格來德俄南簽字的桌下了。

公報另一部分，聲明雙方的外交政策以緩和國際局勢及建立和平爲目的。在這方面蘇俄略有收獲。狄托的「武裝中立」對蘇俄的和平宣傳正能異曲同工，這已提前示表了蘇俄在未來四强會議中要採取的態度。雙方同意限制軍火，禁止原子彈(公報未提及輕彈及「核子武器」，頗使人詫異)，維持全世界的集體安全，和平應用原子能等。

公報以爲緩和國際局面，應解決德國問題，應承認「中國人民政府」，支持其入聯合國，並完成「中國人民政府」對臺灣的「合法權利」。

對南國的「積極共存」，公報內僅提到「和平共存」，尊重各國的獨立平等，無論其政體、理念和社會的不同，不干涉他國內政，於此已看出蘇俄接受社會主義在不同方式下發展的可能，等於承認國家共產主義，以及狄托主義。此外，又强調剷除國際經濟的障碍，懲罰任何形式的侵略行爲，及政治經濟的壓迫。最後雙方同意消除妨碍和平共存的輿論及宣傳。

以上即是此次莫明其妙的俄南會議的成果。雙方對未來的四强會議的態度，乃是蘇俄代表團此行最主要的目的，可是「敗子回頭」的想法却完全落空。此爲蘇俄在冷戰史上最嚴重的失敗，公報雖由布加寧簽字，却應由赫魯雪夫來負責，從此被人知道這位蘇俄第一號人物的外交天才不過只是「吃才」而已。令人驚訝現在克里姆林宮內那一羣的低能。

六月三日蘇俄代表團乘原來飛機，離開伯爾格來德，狄托及整個外交團，包括美國及其他西方大使均至機場相送。一點鐘以後，飛機在保加利亞首都索非亞降落。赫魯雪夫急需向附庸國解釋此行的意義，因爲如果狄托主義被莫斯科認爲合法，則其他衞星國也躍躍欲試，赫氏宣稱此次俄南諒解獲得新的成就，將兩方的關係納入正規，過去兩方的不和僅與帝國主義有利。次日飛抵布加勒斯特，召集羅馬尼亞、匈牙利及捷克的共黨首領，加以安撫，並指示今後對南斯拉夫的態度，然後飛返莫斯科去了。

此番會議表面的經過略如上述，內中實情頗爲西方各國所關心，美國駐南大使立刻被召返國報告，南國外長也答允美英法三國大使於月內在伯格來德舉行會商，交換意見。無疑的，這次蘇俄向南國來作贖罪的進香，狄托不但因此抬高了身價，且憑其共產主義的經驗，對蘇俄最近的確實態度，有了更深的認識，這是西方在四强會議之前，急欲由狄托口中探聽的消息。

總之，蘇俄的外交在變，先是奧國獨立，後是俄南會議，以後自然還有花樣，葫蘆裏究竟賣的什麼藥，尚未揭曉，自由世界自當愼審應付。

六月六日於羅馬

緬甸對反共軍的煩惱

石　佛

一

本年三月間，緬甸政府出動步兵三團，機械化部隊和騎兵各一營，炮兵一營，輜重部隊一團，並有空軍協同，到南揮邦圍攻東南亞反共聯軍。出師不利，剛剛渡過薩爾溫江，在打壠渡口，便遭到反共軍某部一場襲擊，損兵折將，士氣沮喪，雖然在這以後一段很長期間，反共軍是步步退讓，但退讓並不等于失敗，等到聯軍統帥唐得華將軍，致函宇汝總理，表示願以和平商談代替戰爭而被拒絕，緬軍又遭到不斷的反擊。

緬甸這一次的圍攻反共軍，是經過週密的計劃和長期的準備，並有一舉殲滅這枝部隊的決心。從軍事上看：緬甸全部陸軍不過二十團，此次出動的步騎炮輜各特種兵要佔全國陸軍兵力四分之一，空軍更是全部集中于景棟和東枝機場，在政治方面：緬政府不惜接受自稱民族派白旗緬共的停戰要求，撤出剿共的兵力來對付反共軍；在外交方面：宇汝總理因此訪泰，要求泰國出兵協助封鎖反共軍的物資供應線，並親赴泰緬邊境指示機宜。

緬總理在曼谷招待記者席上，公開聲明：不與反共軍談任何條件，緬政府有剿滅他們的決心和力量，有人問及緬方將精銳都用以對付反共軍，是否會讓被困已久的緬共乘機坐大，是否會得不償失？這一個有點近于唐突的問題，使宇汝總理在面紅耳赤的情況下，幾乎不知如何作答，最後，只得聲明緬共已成了歷史上的名詞。

其實緬甸此次對反共軍作戰，在政略上首先便已失敗。本來這一年多以來，緬軍集中全力剿共——以受着共產國際直接指揮的紅旗緬共為主要目標，以自稱民族派的白旗緬共為次要目標。去年年底，紅旗緬共的主力被完全擊潰，到處流竄，一度謠傳往欽梭將率領殘部竄入雲南，當時緬軍正準備轉移主力，用以圍剿白旗緬共，不料左派人士，重新提起反共軍問題。

首先是發動宣傳攻勢，報告反共軍又在揮邦迅速成長，而雲南邊境的反共游擊隊，也紛紛進入緬邊，接着是敦促政府應該出兵驅逐這些外軍，以維持領土主權。甚至有人建議緬共武裝，應服從政府為驅逐外軍而盡愛國的義務。

由與論的力量，進而伸入國會，一般議員都主張敦促政府出兵揮邦，將反共軍完全驅逐出境，或全部剿滅，在愛國和維護獨立主權的大前題煽動之下，這一議案自然無異議通過。

可是當時緬政府面臨的問題是：紅旗緬共武裝的主力雖已擊潰，而白旗的圍剿工作，幾乎牽制了全國可用的兵力，再要掀起和反共軍的戰爭這一勁敵，實在無法抽調重兵。

正在這一期間，白旗緬共提出與政府合作的呼籲。他們聲明願意接受政府指揮，將其全部力量調到揮邦擔任驅逐反共軍的任務，甚至取消他們原有的番號。可是這其間含有重大陰謀，只要緬共到達了中緬接壤的南揮邦，便可取得中共匪幫直接的援助，其情勢恰和越盟相仿，緬甸的前途將因此而不堪想像。

幸虧緬政府對這一自稱民族派的緬共武裝不大放心，經過審慎的考慮後，毅然拒絕了他出兵揮邦的要求；但在與論的壓迫下，終于接受了他們的所謂服從政府。其實這只是申明改變與政府敵對的態度，並取消其共產名義，依然據守原防，和當年共匪在延安的情勢相仿佛。一旦時機成熟，又將掀起叛亂，所以緬軍對反共軍的戰爭，只是給緬共休養坐大的機會。站在緬政府的立場，這次出兵，實在是鑄成了大錯。

二

緬軍驅逐反共軍的戰果如何？照幾個月的情形看起來，已顯出完全是徒勞無功。最初是到處捕捉，其間，曾一度在黑山地區包圍過一枝反共軍，據緬方宣稱，這便是反共軍的主力，不料突然之間，緬軍又遭到反共軍的反包圍，原來被緬軍所困的反共軍向機突圍，裏應外合，把緬軍截成四股。其中一股約有千餘人的緬軍竟至繳械投降，這是第一個會戰的情形。

戰事延至上月初，反共軍一直退守到緬泰寮三國交界的大山區，泰寮的封鎖，緬軍的圍攻，顯然緬方是要斷絕他們的給養，而且這一地區，緬軍只要擔任兩面的危圍。其餘兩面有泰寮兩國的封鎖線，要長期圍困下去，緬方是有利的，反共軍在補給上勢難作長久的支持。不料這一期間，雲南邊境突然有兩枝反共游擊部隊進入緬境，直攻圍困反共軍的緬軍後方，銳不可當，迫使緬軍不得不調轉槍頭，對付這枝新來的勁旅，原來被圍的反攻軍也乘機發動攻勢，合力反包圍緬軍，並截斷景棟至大其力的公路。緬軍在補給線截斷後，只有靠空軍輸送給養，結果，這些空投的給養多被反共軍所獲得。因此，緬方不得不再度增兵，將補給線打通。

目前大雨季已到，緬軍既無力進攻，縱使增兵，也不是進攻的時候，一定要等到十月以後才能與師動衆。最近，緬空軍在向反共軍投下大批傳單，內容是勸這些反共英雄們離開緬境，語氣是和婉得很，並且聲明：無論他們撤到那裏？無論經過緬甸任何地區？緬軍不僅不取敵對行動，並願竭力協助。這一傳單包含了那些意義？緬方知道這批反共健兒是不會退到泰境和寮境的。因爲他們是要打回雲南和抵抗共匪不能進入撣邦的，到泰寮境內都無法實現他們的目的。明眼人不難看出，這傳單無異是要他們打回雲南邊區。

三

也許緬甸是由圍攻反共軍的屢次失敗，有着新的覺悟——尤其是這一期間，當政府軍的兵力在大量消耗時，緬共紅白旗都乘機坐大，且由中共匪黨策動，紅白旗和羅相部三部份緬共，已訂結了三角同盟。緬政府先前之所以決定必須把紅旗部肅清，以後又容納白旗緬共，原是以爲白旗沒有國際背景。三角同盟的訂立，白旗緬共便接受了當日紅旗緬共的國際共黨侵緬使命。如當緬軍主力要長此被反共軍所牽制，一旦緬共重新掀起叛亂，那就無法應付，要反共軍重回滇邊，正說明緬方在血的教訓中，已認清敵友。

本來反共軍和緬軍和平相處多年，自卅九年大其力一戰之後，緬軍感到這一枝部隊不僅反共意志堅強，而且有着銳不可當的戰鬥的力量。讓他們守住滇邊，擋住共匪侵緬的大門——使他不能直入空虛的撣邦，這是緬政府當時的策略。因此透過景棟王，和反共軍秘密訂結了君子協定，彼此一直友好相處到四十一年底。

戰事的第二次開端，是民國四十二年。這一期間，由于緬政府「軍事剿滅緬共，政治解決其他叛軍」決策得到了良好的效果，緬共已臨到了無生路的絕境。不料中共匪黨來了一劑救命湯——向緬甸政府提出抗議，說是撣邦土司協助反共軍，要求撤換這些不「友好」的官吏。

本來緬甸那些年輕當政者，早就有着中央集權的決心，有此藉口，要廢除這些世襲的土司由政府委派官吏代替他們使行政權，這當然是求之不得的。因此把共匪的抗議移到國會，想不到左派議員，早就得到緬共的指示，竟至通過了撣邦土司改土歸流的議案。當然，內政部樂得派出大批新官員，可是撣邦那些世襲的土司們，不僅擁有自衞武力，而且得到人民的無條件擁戴。

緬政府派去的官吏第一次被逐回仰光，接着遣派大軍，保護着這批新官去武裝接收政權，可是撣邦的土司帶着自衞武裝上山，所屬的民衆也全體棄家跟着土司官進入深山，使政府的新官們找不到老百姓，又不及自動掛冠而去。可是緬共和左傾份子乘機散佈謠言，說是反共軍正在支持撣邦土司獨立。

緬政府惱火了，認爲反共軍違反了君子協議——居然干涉到內政，其實反共軍根本不知到這回事，你想這些世襲幾百年的土司，在緬甸獨立時，憲法上明文規定了他們的自治權，一紙公文，那能叫他拱手把政權交出？何況緬甸武裝護送新官的緬軍，一到撣邦便擾害民衆，尤其是強徵婦女陪宿，撣邦人民，一向是生活有些近于游牧，自然只有望風而逃。這些都是反共軍無能爲力的。

緬甸當政者沒有考慮到這些原因，終于受了共黨「要接收撣邦政權，必先驅逐反共軍」口號的播弄，冒然掀起了戰端。反共軍本來大多數駐在滇邊的，只有小部份整訓的部隊駐在撣邦。這些拿着竹槍的人突然受到緬軍的圍攻，滇邊的部隊自不能不入緬援救。戰局一天天的擴大，兩方使用的兵力也就一天天的增加。終于使緬軍只得把所有剿共的兵力都用到這一戰場，緬共已達到了解圍的目的。從此又死灰復燃。

沙拉一戰，緬軍損傷到無力再行進攻，也深切認識要這些反共軍離緬，不是緬軍的力量所能達成的。「向聯合國控訴」，緬政府又不得不實現共黨的下一陰謀。這一場戰禍，緬甸用去了三年的國防經費，七年的外交預算，雖然中國反共軍是完全撤出了緬甸，但與起的又有一枝東南亞反共聯軍，原因是緬甸既不能以兵力來防守撣邦，撣邦人民爲了保護田園家室，自不能不武裝團結，抵抗來自滇邊的共匪，而與雲南邊境的反共游擊隊合作。

眞想不到緬甸上次進攻反共軍的教訓記憶猶新，這一次又重啓戰禍，其實不管誰勝誰負？受惠的總是緬共和他幕後的指使人，何況反共軍是永遠剿不絕，驅不盡的，讓這些武裝保護自由的人們，進入滇邊，以緬邊作後方，和緬軍和平相處，這是最高明的策略，我們希望緬甸當政者在新的覺悟中，仍恢復三年前對反共軍的態度。

女畫家

（五幕悲劇）（一）

雨　初

本劇是李曼瑰教授（筆名雨初）舊作「天問」（亦名女畫家）改編本。「天問」原是一齣悲喜劇，而本劇則為純悲劇。劇情的發展，前三場照舊作略有改變，其餘各場，則完全不同。李曼瑰教授研究戲劇近三十年，中英文著作均多。廿年前留學美國時，所著英文劇本「大觀園」(The Grand Garden)曾獲得哈柏伍德(Hopwood)劇本比賽第一名獎金。其他著作尚有「時代插曲」、「王莽篡漢」、「光武中興」、「皇天后土」等。—編者—

人物：

史坤儀　女畫家
張公普　其夫，國際企業家
潘乾生　青年畫家
潘　母　其母
廖無雙　潘乾生之未婚妻
廖敬儒　其父，名士
鄭士英　中醫
鄭　妻　其妻
王　嫂　史坤儀女傭

地點：成都
時間：民國三十年秋至三十三年春

第一幕

時間　民國三十年深秋（中日戰爭第四年。）
地點　成都
佈景　景是史坤儀的客廳，在成都的一家院落內。正中一門通走廊，左右各一窗，可以看見院子外的花木。左邊一門通臥室，右邊窗下一張書桌，桌上硯、盂、筆、墨、花瓶，都很精緻。室內的家具，也陳設得極其雅觀。牆上掛着國際政壇上的名人照片；桌上放着一幅國畫稿。

幕開時，王嫂正在擦桌子。潘母上。

母　王嫂，還在擦呀？
王　（抬頭）哦。是呀，潘老太太，說我們這位老爺很愛乾淨；所以太太叫我一個個角落都要擦得乾乾淨淨才行。
母　你們這位老爺啥子時候才到呀？
王　今天總該到了罷。
母　不是說昨兒就到了嗎？
王　信上是那樣說的，初二就由重慶動身。今天都初五了。所以急的我們那位，昨兒晚上一夜沒睡。今天一大早，又跑到車站去等了。
母　人不來，跑到啥子地方去等也沒得用。（笑了一笑。）我看你們這位老爺，恐怕根本就不會來了。
王　不會不來的。離別三年了。眞是一日不見，如……如多少秋來着。他們自從在漢口分首，男的到香港去當外交官，女的跟政府搬到內地來。恩愛夫妻，三年不見，好容易才回國，怎麼不要夫妻團圓呢？
母　哈，王嫂！你也像你太太一樣，還蒙在鼓裏，啥子也不知道！
王　什麼事呀，潘老太太？
母　我也不知道是眞是假，不過街坊上都是這樣說。

王　說什麼呀？
母　說你們這位老爺呀，有了二房了。
王　有了二房？不會罷？
母　會不會由他，信不信由你。都是這樣說的了。
王　那麼現在在那裏呀，那個二房？
母　也許在香港，也許帶回來了。誰知道呀？
王　可是她告訴我，他們從前可好着呢，不知多麼恩愛。他跟她發過多少誓，當她是個仙女一樣，她要什麼他給她買什麼。恐怕她要天上的月亮，星星，他也要給她摘下來。還常常寄信到外國去給她買東西。
母　那是從前呀。唉！男人心，海底針！誰捉摸得住喲？
王　難道離開了這麼三年，就變了？（史坤儀在外邊叫：『王嫂！王嫂！』她經過窗口外邊進來。她年約三十，是一個出自詩書門第，溫柔賢淑，半新半舊的少奶奶。她輕快的步伐，充分表現她心裏的快樂，但精神有點不寧靜。）
史　王嫂，老爺來了沒有呀？
王　沒呢。太太不是到車站去接的嗎？
史　今天又沒有班車。（看見潘母。）哦，潘老太太！請坐，請坐。（忙着收拾屋裏的東西。）
母　張太太，那天你答應我，勸勸乾生。你跟他說了沒有呀？
史　哦！是的，潘老太太，我是要找個機會勸潘先生的。可是這幾天他不在家。
母　他拿畫去賣，三天沒回家了。
史　對了。潘先生那幾幅畫很好。一定可以賣好幾千塊錢罷。
母　好幾千？他能夠賣的幾十塊就不錯了。唉！人家養兒子，我養兒子！跟他一樣大的都比他强，不是升官發財，也都成家立業了。只有他，天天就知道對着那塊板畫畫，連個老母親也養不活！
史　您老人家不要着急。潘先生的畫一定有一天成名的。我看了多少人的畫，就沒有比得上他的。

母　只有張太太你誇獎他，所以他更死心眼拼命去畫了。（又嘆息。）其實做了廖老頭的女婿，也不必賣畫才有飯吃。

王　聽說廖老太爺的財產眞不少。算起來，可以說是個百萬富翁哪！

母　可不是嗎？老頭子只有雙姑娘這一個女兒，將來那筆財產不給她給誰？就怨我這個好兒子脾氣壞，把老頭子得罪了，親事就這樣就擱下來。

史　他們定了親好幾年了罷？

母　足足十年了。那時候雙姑娘才十歲，乾生十六，廖老太太也還活着。他們喜歡乾生聰明，就把女兒定給他。

王　眞是郎才女貌，天生一對兒。

母　張太太，等會兒我那個好兒子回來，你就勸勸他罷。他還聽你的話。叫他去見見廖老頭，賠個罪，早日把這婚事辦了，大家放心。

史　好的，老太太。等我們張先生回來，我們請廖老太爺來吃飯，也請您老人家和潘先生，大家見了面，有人在中間說幾句話，就沒事了。

母　那好極了！眞是謝天謝地！張太太，你眞是個好人。怪不得我們乾生天天念着你，說女太太們要像你這樣就好。你們張先生也一定是個好人。等我到門口去看看，也接接他。我說他是要來的嘛……（看王嫂一眼，不好意思再說下去。下。王嫂以目送她，掩嘴微笑。）

史　王嫂，你再到那花舖看紅玫瑰拿來了沒有。

王　我早上去過了，但人家都笑我。這時候，那裏去找紅玫瑰呀？

史　可是老闆答應我，一定給找來。你再去問問。

王　別的花不行嗎？爲什麼一定要紅玫瑰？

史　一種花有一種花的意義。紅玫瑰是我們的花。從前我們沒結婚的時候，老爺常常送我紅玫瑰。結婚之後，不管紅玫瑰是多麼貴，我總是想辦法找來，擺在屋裏。

王　所以今天也一定要紅玫瑰來歡迎老爺？（二人相對微笑。王嫂轉身欲下。）

史　王嫂，你回頭換過一件乾淨點的衣服。老爺是一點骯髒也看不慣的。

王　我這衣服昨天才換的呀。

史　得天天換。他自己有時候一天換幾次衣服呢。

王　我的媽喲！（下。史坤儀走到桌前，拿起上邊的那張畫，欣賞了一回。後來把畫釘在牆上。又欣賞一回。廖無雙上。她年約二十，天眞活潑，是一個倔强任性，嬌生慣養的富家小姐。）

雙　哦，都改樣了。

史　廖妹妹！（上前迎。）你幾天沒來看我了。

雙　（站在門口笑）我怎麼好意思來呀？你們張先生要回來了，還不如膠似漆，如影隨形嗎？我怎好來做蘿蔔乾呀？

史　（也笑，拉她進屋。）瞧你這小嘴！

雙　（望着牆上的照片。）都換上照片了？

史　是呀。公普最崇拜這幾個名人了。在北平的時候，他書房裏總是掛着這幾個人的照片。

雙　都是洋人。哦，張先生是外交官。聽說他還要到外國去呢。

史　他信上却沒有說。

雙　這幾天街坊上的人都鬧翻了，都要等着看張太太的張先生。家家戶戶都在咕咕噥噥的，不是說你怎麼好，怎麼漂亮，就是猜張先生一定也是個美男子。（史微笑。無雙看見牆上的畫。）又畫了什麼好畫了？『枝頭待曉』。好！我喜歡這個小鳥。有意思極了。這棵桃花也含苞待放。什麼時候畫的呀？

史　今天早上。昨兒晚上睡不着，快天亮的時候，聽見一個小鳥在唱，唱得很好聽，很快活。

雙　正好像你一樣快活，等着張先生回來。

史　這鳥唱的眞好聽。可惜我不會作曲。

雙　這畫中也有曲呀。上次我父親讚你送給我那一張，說：「畫中有詩，」這一張又可以說畫中有曲了。

史　你眞會說話，廖妹妹。

雙　不是我會說話。是我爸爸說的：「這畫中有詩。王維倪瓚再世，也不過如此。得好好的裱糊，別糟塌好畫。」他還親自拿出去替我裱起來。我不是掛在我的床頭上嗎？

史　那是你們老太爺過獎了。

雙　張太太，這小鳥也有點像你。

史　像我？

雙　特別是這眼睛。我並不是說你長的一副鳥眼。不過你們的眼睛都發亮。（凝視史的眼睛。）可不是發亮嗎？（欣賞史的美貌。）張太太，你今天眞漂亮。我不是說你平日就不漂亮。可是今天更美了。眞好看！（突然）張先生一定很愛你。

史　（有點難爲情。）都老夫老妻了。

雙　你們離別三年，馬上要見面了，心裏一定很快樂。簡直快樂極了罷？

史　當然快樂的。久別重逢，就是相識的朋友，也很高興的。

雙　你們是文明結婚的罷？

史　也是父母同意的。

雙　你們一定很相愛。

史　夫妻總會相愛的。

雙　可是你們並不是平常的夫妻。我覺得你對於張先生眞是無微不至。張先生對於你，一定也是情深義重。是不是愛情越深，快樂就越大？

史　（很溫柔）廖妹妹，世界上的快樂，再沒有比得上夫妻間的恩愛了。

雙　是怎麼樣的呀？告訴我一點。我從來沒有看見過一個人好像你今天這麼快樂。這個愛情一定很神秘的。

史　好妹妹，等到你和潘先生結了婚，你就明白了。

雙　（她一直是持着客觀而好奇的態度來欣賞史夫婦間的愛情，猛不防史把題目轉到自己身上，登時感到很難爲情。）怎麼又說到我啦？

史　可不是嗎？總有那一天呀。

雙　（提起自己和潘乾生的事來，不禁愴然。剛才天眞的神態，一時退了一半。）不會的，根本就不會。

史　怎麼不會呢？定了親，早晚總會結婚的呀。

雙　你不知道。

史　我很知道。那不過是你們老太爺跟潘先生一時鬧了點意見罷了。等大家氣平了就好了。

雙　不關跟我父親鬧脾氣的事。乾生這個人好沒良心。他的心變了！

史　這是那來的話？廖妹妹，想不到你這個爽快人也這麼多心。我看潘先生天天只顧畫畫，什麼嗜好都沒有，人也不多見一個。他的心變到那裏去呀？

雙　你不知道。我從小跟他一塊兒長大，還不清楚嗎？近來——他簡直是前後兩個人了，看見我就好像碰到眼中釘，不是冷言冷語叫我嘔氣，就是漫然不理。

史　廖妹妹，(撫着她，安慰)你千萬不要這樣想。這些事是越想越壞的。我看潘先生也很苦。一個人孤孤單單的自己掙扎起來，也很不容易。他常常對我說煩悶，苦惱，是很需要有人安慰鼓勵的。現在你們老太爺跟他過不去，除了你，還有誰安慰他，體貼他呢？

雙　爲什麼他不來安慰我，體貼我？他簡直就不把我當個人看待！

史　事情都是你來我往的。總有一個要先吃點虧，尤其是我們女人，在這些事情上頭，更免不了要忍耐一點。你剛才問我和張先生怎樣相愛，怎樣快樂，誰知快樂也是由苦裏換來的。總之，男人有男人的脾氣。好妹妹，在愛情上是不能擺什麼小姐架子的。

雙　我也從來沒有擺過小姐架子。他若待我好呢，我一定也待他好。我問良心，對得起他。這些年來，多少男孩子給我寫過信，可是我從來就沒有動過心。

史　是這樣才對呀。等公普回來，我們多找點機會在一塊兒玩玩：划划船，看看戲。我還可以叫公普常常勸勸潘先生。他回來，一切就方便得多了。

(潘乾生從外邊匆匆跑進來。他是一個青年畫家，富有天才，秉賦傲慢，熱情任性，但誠摯可愛。)

潘　張太太！張太太！我的畫賣了！賣的兩千塊錢！

史　是嗎？眞恭喜你了！廖妹妹和我也正在談着你呢。

潘　(冷然看了無雙一眼。)告訴你們老頭子罷。他說我的畫拿去糊牆也沒有人要。現在却有人出兩千塊大洋錢買我三幅畫！

史　快去告訴你們老太太罷。她老人家知道了，不知多麼高興。

潘　(周圍望望，很驚訝的樣子。)你這屋子怎麼變了這個樣子？

史　是的，我把它收拾了一下。

潘　牆上的畫呢？你的畫具呢？怎麼完全改樣了？

雙　人家張先生要從香港回來了。

潘　(驚異，忽有所感。)張先生？

史　是的，公普要回來，大概今天就會到。

潘　爲什麼這屋子……爲什麼要這樣呢？

史　這樣不好嗎？

潘　簡直像個照相館子！

雙　人家張先生愛乾淨，愛整齊。人家張先生就不喜歡骯骯髒髒的樣子。

潘　廖無雙！我又不是跟你說話，用不着你來教訓我。

雙　誰教訓你？

潘　不是明明說嗎？人家張先生就乾淨，就整齊；我却是骯骯髒髒，像個叫化子！

雙　你不是叫化子，怕什麼人家叫你做叫化子？

潘　你總想把我放在你的手裏，隨你擺佈……人家怎樣！我怎樣！

雙　潘乾生！你靑天白日少冤枉人！

潘　一點也不冤枉。哼！自作多情！

雙　誰自作多情？誰寫的情詩？誰畫的情畫？我還不知道？你的心變了！(哭。)

史　好了！好了！大家不要再吵了！我常常在信上告訴公普，說你們兩個怎麼好，怎麼可愛，可羨慕。別叫他一回來就看見你們在吵架。廖妹妹，別哭，別哭。

雙　張太太，這次是你親眼看見的。你評評，我說錯了什麼？做錯了什麼？

史　不要介意。大家好好的。潘先生，你送廖妹妹回家去歇歇罷。

雙　不要！我不要他送！(站起來，望一望潘，脫身就跑。下。)

史　潘先生，快去安慰安慰她罷。

潘　(良久)讓她去罷。

史　潘先生，恕我冒昧，讓我做一個大姐姐來勸勸你。你爲什麼老這樣跟廖妹妹發脾氣呢？

潘　我也沒有辦法！你不知道我的心多麼苦惱！人生眞是矛盾得很！(大聲嘆息，發洩心中無限的痛苦。)

史　你眞是一個小弟弟。有什麼苦惱呢？大家互相了解，互相體諒就是了。世界上沒有沒辦法的事情。

潘　(走近前，很狂烈的望着她。)那麼爲什麼我們又要遇在一起？既然遇在一起，又……(聲音很痛苦。)

史　遇在一起正是一種緣份呀。街坊上誰不說你們是天生的一對兒？只要你自己的眼光不要太高，廖妹妹總算是個很好的小姐，將來很可以做你一個賢內助。

潘　我不是說她！(又長嘆。)你不明白我！

史　(很懷疑的看着他。)潘先生，你也累了。回家歇歇罷。

潘　是的。(良久)你的張先生回來了；從此我們更隔膜了。

史　(笑)這什麼話？張先生回來，我們更要熱鬧了。他很喜歡朋友。剛才我還跟廖妹妹說，公普回來，一切就方便了，我們可以自自由由的大家在一塊兒玩。人生能夠享受像我們這樣的友誼，眞是一種幸福。

潘　你不準備畫畫了嗎？

史　也可以畫的。不過公普回來，恐怕就沒有工夫了。

潘　爲什麼？

史　他來了，我就沒有這種淸閒了。我要替他弄吃的，穿的，又要替他招待這個同事，那個朋友。他是那麼愛熱鬧，愛應酬的！

潘　你覺得熱鬧應酬比畫畫重要嗎？

史　這也很難說。只要公普喜歡的事，我都覺得重要。

潘　你對於畫畫，到底沒有什麼熱心！

史　從前我做女孩子的時候，倒是很熱心。我祖父是畫畫的，我整天就在他的書房亂塗，連飯也不肯吃；眞是愛畫愛到要發狂。後來進了學校，接着又結婚。等到生了孩子，更把畫放在一邊了。

潘　現在你不是又要把它放在一邊了？

史　這兩年我一個人在成都，公普老在香港，孩子又死了，我便又重新畫起畫來。當然這也是潘先生您的鼓勵。

潘　我的鼓勵！我的鼓勵有什麼用？你根本就不當畫畫是一件神聖的工作。

史　(微笑)潘先生，你是一個畫家，自然當畫畫是神聖的工作。

潘　那麼你呢？你不也是個畫家？我不是常說你很有藝術的天才？

史　我那裏有什麼天才？我們女人，閒着的時候，寂寞的時候，也會畫畫，寫寫文章，可是那裏就成爲一個什麼家呢？

潘　那是因爲你們不肯努力，沒有耐性，沒有進取心。

史　我們有進取心也沒什麼用處。我相信公普喜歡我現在這樣，把我們的家庭生活，畫成一幅美麗的人生圖畫就够了。他倒不希罕我成爲什麼家。

潘　你來去就爲着一個公普！只爲着他喜歡不喜歡。怪不得你們女人沒有長進，受人欺負！原來你們不過是爲男人而活着！

史　潘先生，你不是一個女人，你是不明白的。而且我相信你沒有愛過一個人，那你就更不懂了。

潘　誰說我沒有愛過？

史　你若眞心愛一個人的話，不獨你的畫可以爲她犧牲，就是自己的生命，也可以爲她犧牲。

潘　你就爲着這個張先生這樣犧牲？(帶着憤而嫉的聲調。)

史　當然是的。潘先生，我們談點別的罷。

潘　那麼你爲着他，下星期的峨眉旅行，你也不去了？兪教授他們是很器重你，才請你參加的。

史　哦！我都忘了。我想多半不能去了。公普和兪教授這些畫家一定合不來，還是請你替我向他們道歉罷。

潘　我把我三幅最得意的畫賣了，爲的是要三兩千塊錢，好好的去逛一趟峨眉。現在你又不去了！

史　你們還可以去呀。兪教授，兪太太，馮平山，魯惠蓮，還有廖妹妹。

潘　我爲什麼要把那幾幅畫賣了呢？我要這兩千塊錢做什麼？做什麼？(憤然跑出去。史望着他的後影，搖搖頭，後來又回頭看看桌上的鈔票。)

史　(把鈔票拿着，走前兩步，想把錢給回他。)潘先生！(外邊傳來汽笛聲。王嫂捧着一束紅玫瑰跑上。)

王　太太！那一定是老爺的汽車了！停在門口。

史　一定是了！玫瑰也有啦！(拿過玫瑰。)你快去泡茶。還有那松花糕！(王嫂下。史把花瓶上的黃菊花取出，換上紅玫瑰。正在攏頭髮，整頓衣裳，張公普上。他儀態翩翩，衣冠楚楚，手提一個公事包。史跑前緊緊握着他的手。)公普！(倚在他的肩上。)

張　坤儀！

史　你到底回來了！

張　我到底回來了。

史　你爲什麼現在纔到？

張　我昨天就到了。

史　昨天？

張　我是坐的美國大使館的車。因爲有點事，所以今天才來。

史　路上辛苦罷？

張　還好。(周圍觀看。)

史　你覺得這屋子還好嗎？

張　很好。

史　比從前咱們北平的房子當然就差得多了。

張　還好，不錯。

史　(替他拿下皮包。)你的行李呢？

張　放在旅館沒有拿來。

史　爲什麼放在旅館？

張　方便些。放着再說罷。(又周圍看着屋裏的一切。)你還掛着這些照片。

史　是呀。還是從北平帶出來的呢。用棉花包着，好容易保留到現在，框子和玻璃都沒有破。

張　(有點取笑她的樣子。)可是國際舞臺上的角色早已換班了，有的死了，有的下了臺。

史　那麼你說現在的角色是誰，我明天去把他們的照片找來掛上。

張　不要了。這些掛着也可以。

史　你看，公普，我還替你找到紅玫瑰——我們的花。

張　(遠遠的看了一眼，也不走前去欣賞。)很好，很好。成都到處都是玫瑰花。

史　現在可不然了。我費了多少事纔找到這幾朶。

張　你眞能幹。(王嫂捧茶上。)

王　太太，要吃點心罷？

史　要吃的，快拿來。(她遞一杯給張，自己也拿了一杯。王嫂下。)這香片是從一家北平店買的。成都就只有這一家算是眞正的香片。你嚐嚐，還香罷？

張　很好 Good, Very good。

史　(拿了一塊點心給他。)你還認得這個嗎？

張　松花糕。從前你常做這個給我吃。

史　(很高興。)你還記得。這個恐怕不如北平的了。松子不容易找，也沒有北平的好。

張　還好，不錯。Not bad。

史　(笑)總之，還是我做的呀。還吃點嗎？

張　不吃了。(把杯子放下，又周圍看着，好像找不出什麼話說似的。)這房子還不錯。Quite comfortable。

史　是二房東潘老太太從廖家租來的。只分給我這邊兩間廂房。你看看，不喜歡的話，我們另外再找好的。

張　不必了。很好，很好。

史　你什麼都是很好很好的！這會兒你回來，什麼都是你作主了。我什麼都不管了。

張　我還要走呢。

史　你——我可不讓你走了！公普，你不知道我這三年是怎麼過的。自從你離開漢口到了香港，情形就大變了。敵人的飛機天天來炸。我們走的時候，擠的連船票都買不着。我抱着孩子坐在船邊，風吹雨打，好容易到了四川，可是孩子已經不行了！到這裏一個月就死了！

張　不要哭，坤儀，不要傷心罷。

史　那時候我的心眞的要碎了！一個人孤零零的，連朋友也沒有一個！本來是在城北住的，可是我看見什麼都想起孩子，所以又搬到這裏來。

張　你近來不是很好嗎？有朋友，又重新畫起畫來了。

史　那不過是我信上的話，恐怕你掛心，所以從來不敢把不快活的事情告訴你。其實沒有你在旁邊，我那一天是快樂的呢？(靜默。後來又打起精神來，笑。)我眞不好。你一回來，我就把這些不好聽的話說給你聽。你再吃點吧？

張　不吃了。

史　洗個臉好不好？洗完臉歇歇就吃飯。我替你做了幾樣好菜，算是替你洗塵罷。

張　(躊躇)我今晚恐怕不能在這裏吃飯。

史　爲什麼？一回來就去應酬，也太累了。是誰請呀？我去替你回掉。

張　坤儀，我們來正正經經商量一件事好不好？

史　什麼事？

張　你信上不是常說希望自己有一所小房子，像我們在北平一樣？

史　可不是？這兩間屋子，吃也在這裏，睡也在這裏，看書寫字，見客，也都在這裏；眞是不方便得很！

張　你挑個地方，我來替你蓋一所最新式的洋房。

史　爲什麼在這裏蓋洋房呢？你這次眞是調回來了嗎？

張　不。是替你蓋的。

史　替我蓋的？那麼你呢？

張　我——我還要到新加坡去。

史　那麼我一個人在這裏做什麼？我也跟你到新加坡去。這次無論如何，我們不能再離開了。公普，你知道，我是你的影子，你走到那裏，我跟到那裏。

張　你還是在這裏好。我給你五萬塊錢蓋這所房子。不够，多一點也可以。你不是最喜歡畫畫嗎？你就可以在你自己的房子，畫你自己的畫。

史　公普！你這是什麼意思？

張　這件事我老早就想告訴你的。可是恐怕你……信上又說不明白；所以這次特別坐飛機回來向你解釋。

史　解釋什麼？我眞不明白！

張　坤儀，你安靜點，我給你講。你知道，外交部那個小差事，我已經辭掉了。我現在是從事國際貿易。已經有點國際地位，來來往往的全都是外國人了。吃外國人的飯，要看外國人的臉色，談的又都是國際大事。而你……你的英文……

史　我的英文……那我可以學呀。從前你那些外國朋友，我不也一樣跟他們應酬嗎？

張　可是一個國際人物的太太，不單獨要會說英文，還要擅長交際，懂得國情，懂得外交，懂得應接上一切的禮儀和規矩。

史　(傷感)是的！我不懂得這一切。你是說我沒有資格做你的太太！

史　Oh no, no! 不是這個意思。(走近她)我不過是說……當然你也有你的好處。

史　你不要這樣吞吞吐吐！有什麼話坦白說罷！

張　All right、我就坦白說。是這樣的：這次我能够到新加坡去，完全是靠一位林老先生的保薦。他有一個女兒，才學好極了，英文說得又漂亮……

史　所以你便愛上他那個女兒？

張　Well、事情也不這麼簡單。我初到香港的時候，人地生疏。愛芙蘭 Evelyn，這位林小姐，幫了我許多忙。她們家裏很文明，父親母親都會說英文。你知道她的父親是誰？是美國潘斯 Ponds 公司的遠東總代理。這次也就是因爲他女兒的關係，他纔肯保薦我到新加坡去。坤儀，請你用很客觀，很理智的態度來看這件事，諒解我。只要你肯讓我自由，我什麼條件都可以答應你。(史泣不可仰。)坤儀，你怎麼說？坤儀？

史　我沒有話說！

張　你眞的沒有話說？

史　(正面對張)我本來以爲你回國來，是要大家同甘共苦的，而你却是要做國際上的紅人，要一個擅長英文、懂得交際的女人替你拉關係，我還有什麼話可說？

張　那麼你是答應了？坤儀，我知道你是極够大量的。我常常對 Evelyn 稱讚你，說你是一個最賢淑的女子。而且，你是愛我的，絕不會想把我拖累着罷？

史　不要說了！不要說了！(哀泣。)

張　坤儀，你別覺得這麼 serious，這麼嚴重。我們的愛情還是一樣的，絕不會因爲離婚而割斷。我們一樣可以保持我們的友誼，一樣通信，一樣來往，我一樣給你寄錢。而且，正所謂「新不間舊」，我的心當然還是向你的。

史　別鬼話！我不聽！

(下轉第17頁)

旅美小簡之九

失根的蘭花

陳之藩

顧先生一家約我去費城郊區一個小的大學裏看花，汽車走了一個鐘頭的樣子，到了校園，校園美得像首詩，也像幅畫，依山起伏，古樹成蔭，綠藤爬滿了一幢一幢的小樓，綠草爬滿了一片一片的坡地，除了鳥語，沒有聲音。像一個夢，一個安靜的夢。

花圃有兩片，裏面的花，種子是從中國來的。一片是白色的牡丹，一片是白色的雪球，在如海的樹叢裏，閃爍着如星光的丁香，這些花全是從中國來的吧。

由於這些花，我自然而然的想起北平的公園裏的花花朵朵，與這些簡直沒有兩樣，然而，我怎樣也不能把童年時的情感再回憶起來。我不知爲什麼，總覺得這些花不該出現在這裏。它們的背景應該是來今雨軒，應該是諧趣園，應該是故宮的石堦，或亭閣的栅欄。因爲背景變了，花的顏色也褪了，人的情感也落了。淚，不知爲什麼流下來。——

十幾歲，就在外面飄流，淚從來也未這樣不知不覺的流過。在異鄉見過與童年完全相異的東西，也見過完全相同的花草，同也好，不同也好，我總未因異鄉事物而想過家，到渭水濱，那水，是我從來沒有看過的，我只感到新奇，並不感覺陌生；到咸陽城，那城，是我從來沒有看過的，我只感覺它古老，並不感覺傷感。我曾在秦嶺中揀過與香山上同樣紅的楓葉；在蜀中我也曾看到與太廟中同樣老的古松，我也並未因而想起過家，雖然那些時候，我曾窮苦的像個乞丐，而胸中却總是有嚼菜根用以自勵的精神，我曾驕傲的說過自己：「我，到處可以爲家。」

然而，自至美國，情感突然變了。在夜裏的夢中，常常是家裏的小屋在風雨中坍塌了，或是母親的頭髮一根一根的白了，在白天的生活中，常常是不愛看與故鄉不同的東西，而又不敢看與故鄉相同的東西。我這時才恍然悟到，我所謂的到處可以爲家，是因爲蠶未離開那片桑葉，等到離開國土一步，即到處均不可以爲家了。

美國有本很著名的小說，上面穿插着一個中國人，這個中國人是生在美國的，然而長大之後，他却留着辮子，說不通的英文，其實他英文說的非常好。有一次，一不小心，將英文很流利的說出來，美國人自然因此知道他是生在美國的，即問他，爲什麼偏要裝成中國人呢。

他說：「我曾經剪過辮子，穿起西裝，說着流利的英語，然而，我依然不能與你們混合，你們拿另一種眼光看我，我感覺苦痛……」

花搬到美國來，我們看着不順眼，人搬到美國來，也是同樣不安心，這時候才憶起，故鄉土地之芬芳，與故鄉花草的艷麗。我曾記得，八歲時肩起小鐮刀跟着叔父下地去割，金黃的麥穗，而今這童年的彩色版畫，成了我一生中不朽的繪圖。

在沁涼如水的夏夜中，有牛郎識女的故事，才顯得星光晶亮；在羣山萬壑中，有竹籬茅舍，才顯得詩意盎然。在晨曦的原野中，有拙重的老牛，才顯得純樸可愛。祖國的山河，不僅是花木，還有可感可泣的故事；可吟可咏的詩歌，是兒童的喧嘩笑語與祖宗的靜肅墓廬，把它點綴美麗了。

古人說，人生如萍，在水上亂流，那是因爲古人未出國門，沒有感覺離國之苦，萍總還有水流可藉，以我看，人生如絮，飄零在此萬紫千紅的春天。

宋朝畫家，思肖畫蘭，連根帶葉，均飄於空中，人問其故，他說：「國土淪亡，根着何處？」國，就是根，沒有國的人，是沒有根的草，不待風雨折磨，即形枯萎了。

我十幾歲，即無家可歸，並未覺其苦，十幾年後，祖國已破，却深覺出個中滋味了。不是有人說，「頭可斷，血可流，身不可辱嗎？」我覺得，應該是，「身可辱，家可破，國不可亡。

四四年五月十五日於費城

(上接第28頁)

作者指出：「俄國共產黨一九一八至一九一九年間的黨員，到了一九三六至一九三七年已經有了百分之九十八，遭受了清算。」(頁五十)這是一個有趣的統計，因爲倘若共產黨中的老同志甚至元老們都一一遭受清算，那麼那些妖魔小醜、同路人、或靠攏份子，當然是難逃刼數的了。

作者把英國工黨左翼份子貝萬所領導的貝萬路線(Bevanism)，稱之爲「那個時髦的思想派別，他們希冀以對美國鬪爭爲對共產主義鬪爭的不二法門」("That fashionable school of thought which hopes to fight communism by fighting America")(頁五十)，眞把英國一大部份人的糊塗思想，一語道破。

本書全書分爲兩篇。第一篇論「原則」(Principles)，包括論文三篇，分別討論「甘地主義的基本主張」，「甘地主義與共產主義」，和「印度在世界鬪爭中的任務。」第二篇論「技術」(Technique)，也包括論文三篇，名爲「第四個力量的前題」，「帶來自由的和平」，和「愛對恨」。所謂「第四個力量」，似指甘地主義的忠實信徒而言，而尼赫魯之流是不在內的。

全書關於「原則」方面的議論甚爲精彩，但關於「技術」方面的主張，從我們自由中國人的觀點看來，則未能完全同意。但作者澈頭澈尾的反共立場，却是我們所贊佩的。

書刊評介

藍斯瓦拉卜著：「甘地主義與共產主義」

Gandhism and Communism by Ramswarup. 印度新德里 Jyoti Prakashan 出版。
全書共五十七頁，售價十二安拉。一九五五年一月初版。

陳石孚

本書作者是一位甘地的忠實信徒，也是一個反共的鬪士。他用這雙重立場，寫出了一本動人而富於時代意義的著作。

藍斯瓦拉卜既然篤信甘地主義，所以對於曲解甘地主義者，無不深惡痛絕。全書列舉曲解甘地主義的種種謬論，一一加以駁斥，其中最荒謬的一種，竟把甘地主義和共產主義相提並論。主張此種說法者，認爲「甘地主義加暴力就是共產主義，共產主義減去暴力就是甘地主義。」(頁廿一)對於此種觀點，著者批評道：「沒有比這更離奇的了。甘地主義和共產主義並非代表算術上的數量，所以我們不能說只要這邊減一分，或那邊加一分，便可使其相等。它們代表着兩種不同的態度，兩種生活方式，兩種互不相容的世界觀和人生觀。甘地主義是以上帝爲基礎，而共產主義却根本否定上帝。這點差別是最基本的。」(頁廿一至廿二)

甘地主義和共產主義的基本立場既不相同，它們的目的當然不會一致。著者說得好：「共產主義的目的和甘地主義或社會民主派的目的，迥不相同。……共產主義所主張的是狄克推多，是文化統制，是由國家控制一切思想，是生活各方面的全盤控制，是積極地否定人類的神性。」(頁廿三)

共產主義不僅主張暴力，而且它所採用的暴力是史無前例的。著者對於此點的觀察，非常深刻，因此他說來也就痛快淋漓。他說：「共產主義式的暴力，並非憑着一時的衝動而發洩出來的；它是有機體的，內在的，有意培養起來的，經過周密打算的，苦心計劃出來的。在共產黨奪取政權以後，他們繼續使用暴力，並且把它制度化。……它的運用不僅透過全世界最龐大的軍隊組織，而且在世界各處維持着一支強有力的第五縱隊，利用意識形態，利用它的被害人之間的相互衝突而使其愈益尖銳化，製造混亂和猜疑，玷污它的敵人的名譽。共產主義式的暴力是粗魯的也是細膩的，是公開的也是隱藏着的。它是一個整個的，不分晝夜的工作。」(頁廿三至廿四)

共產主義不僅主張無神論，而且它的無神論比較其他各派無神論，也更加激烈，更有組織，並具備着一套完整的宣傳機構。著者暢快地說道：「共產主義式的無神論是一種全國的信條，它在政治上有組織，在心理上被共產黨所操縱，在實施上受着警察的協助。它意味着興盛的出版事業，數百萬訓練有素的宣傳人員，有組織的社會褒貶，獎勵與懲罰，大規模的思想改造，以及一切敵對觀點的全部肅清。現代機械文明所能給與的高度宣傳技巧，無不用來作爲傳播無神論的工具。教育、新聞事業、無線電、電影、都是用來達到同一的目的。」(頁卅三)

著者深切認識共產主義的禍害，所以方能寫出這樣親切的一段文字：「戰爭威脅人類的生命，而共產主義則威脅人類的精神——它完全違背並否定人類的精神。對於這一點，我們必須澈底明瞭。共產主義的害處，並非像我們通常所了解的意義，例如違反某種社會習慣，無論是一夫一妻制或私有財產制之類。共產主義的可怕，是更深一層的，它的禍害是比任何肉體痛苦更爲嚴厲。它危害着人類的整個精神進化。」(頁四十)

著者認爲目前世界上的鬪爭，主要地是一個思想上的鬪爭，在這個思想鬪爭之中，絕對沒有保持中立的餘地。他嚴正地指斥尼赫魯的中立主義，因爲那是「已經變爲親蘇的了」。(頁五三)事實是這樣的：「關於任何重大問題的具體政策，無論是大西洋聯盟也好，中東防衛組織，或東南亞公約也好，無論是李承晚也好，蔣總統、或保大也好，中立主義者的立場總是與莫斯科的立場甚相類似。」(頁五四)

著者認爲無論任何人對於現時的思想鬪爭，俱不可漠不關心。因爲「倘若共產主義獲得了勝利，人類便將變爲蘇俄型的，既無上帝，又無靈魂。反之，倘若民主國家獲得了勝利，我們就總有機會去實驗我們所願選擇的生活方式，或去擔起擺在我們面前的使命。」(頁卅四)即印度本身也不能置身事外，因爲「倘若俄國勝利了，印度——我們所熟知的，敬愛的，和將來希望建立起來的印度——就會滅亡。人類本身就要死亡，至少在精神上將要死亡。沒有任何災害是比這個結果，還更嚴重的。」(頁卅五)

作者明白地說：「鐵幕的存在，便是現時世局緊張的主要原因。」(頁五五)因此，他肯定地告訴讀者們：「除非鐵幕墜毀，並且共產主義國家的極權政權覆亡，否則和平終久是一個不可靠的、遼遠的目標。」(頁四七)作者對於和平與戰爭的主張，可以用一句話總結起來：「蘇俄與中國兩國內部的自由，是世界和平的關鍵。」(頁五六)換言之，如果中俄兩國的人民獲得了自由，世界和平便有了保障。否則如果中俄兩國的人民繼續受着共產黨的壓迫和支配，那麼世界和平便要繼續遭受威脅。對於作者的這個看法，我們是十分的欽佩，並且完全同意。

(下轉第27頁)

讀者投書

觀「永恆之島」後

陳立人

「自由中國」編輯先生：

我是貴刊五年來一個忠實的讀者。不僅從未間斷，而且把過去讀過的貴刊裝訂成册，藏之書架。你們確實是能代表人民說幾句良心上的話，稱爲「民之喉舌」，可以當之無愧，儘管你們尙未做到知無不言，言無不盡的地步，也和我們所期望的境界相距仍遠。

我這次看到世界道德重整會訪問團的偉大陣容和昨晚參觀他們演出的「永恆之島」三幕歌舞劇的深刻意義，我有幾點很大的感觸，特借貴刊一角之地，一述所懷。

第一　我們今天的國策是反共抗俄的。這是何人用不着懷疑的，我個人自然也不會有絲毫懷疑：不過我們所用以反共的方法，以及產生此方法的「意識形態」(ideology)究竟是那一種意識形態，我看了這個歌劇之後，我深深感到惶惑與不安。就是說我們反共工作，在意識形態上是不是很堅決的一反共產黨的意識形態。上次亞盟因第二屆會議未能舉行而招待原已邀請之觀察員來臺交換意見，其中有「自由俄聯」(The National Alliance of Russian Salidarists) 的主席波倫斯基博士 (Dr. Vladimir Poremsky)。他在臺灣各處講演中，曾重複的說了左列一般話：

「我們決不贊成用共產黨的方法反共，更不能用法西斯主義來反共。因爲那樣，人民會厭棄我們，像厭棄共產黨一樣的厭棄我們」。

這是貴刊五年來一貫的主張，曾不斷的向世人大聲疾呼過，也是眞正反共人士們的「人同此心」和「心同此理」，不過今天許多設施，是不是都無背於此種主張，尤其是在意識形態上。大家似乎應該反省一下和檢討一下。

第二　昨天看到「永恆之島」一劇終了時，曾由劇團中的演員蝦蟆首相向觀衆介紹說：這次參加道德重整會，中國有一位會員劉毓棠先生。但是劇中有白人，有黑人，有印度人，甚至有日本人，而獨獨沒有一個中國人，觀衆眞是失望之至。我們這個頭號的反共國家，在這個偉大的戲劇陣容裏面竟沒有我們的代表，我看到後心中感到十分難過，我們事事不如人，難道反共也不如人麼？尤其當日本女演員出場的時候（日本演員穿的和服，格外刺眼），大家異口同聲詫異的說：「爲什麼沒有中國人參加呢？中國人不是頂反共麼？」

在這個反共大聯合的當兒，我們應該事事與自由國家合作，同一步驟，不要自外於人。這決不能看做是一件小事，因爲這個歌劇要到菲律賓，泰國等東南亞各國去表演，我們的華僑看到這個反共戲劇上竟沒有中國人參加，他們心中該是如何的難過，因而發生如何的反應！聞說過去每年道德重整會開大會的時候，總是邀請我國人士參加，只因政府不讓他們去，就沒有人從臺灣去參加，劉毓棠先生原在外國，只不過就近參加，也許因爲要招待他們來臺，纔請劉君參加耳。這種關閉政策，在今天反共世界大聯合的時候，絕對應該予以揚棄。反共要積極從事，要從各方面工作，要把所有的反共人士聯合起來共同奮鬪。

今天共匪在大陸上慘無人道的暴行，我們的父兄姊妹受之旣慘，我們知之且深，我們應該實實在在的向全世界宣佈，要列舉事實，不誇張，不渲染。這種工作僅僅靠報紙與小册子是不够的。今天不僅美英等國人民，除極少數外，大都不曉得共匪之殘暴行爲，連日本人民及東南亞華僑對共匪在大陸上之淸算鬪爭，尙且半信半疑，竟有茫然不知者，無怪今日大部份華僑竟眩於共匪之能發揚國威，連美國人尙要退避三舍，今日正是中國人排百年之積憤而揚眉吐氣之時，爲甚麼國民政府及其人民要反共呢？或從通訊中，或從海外回來的人，這類話我們聽到得很多。眞是諷刺之至。但是，這種結果的造成，我們是不能辭其咎的。因爲我們過去沒有致力於這種工作，能够往外的，多屬政府派遣的人員，他們講的話，聽的人把它當做宣傳，是要打點折扣的。我們今天是要集中一切力量，從事反共工作，成功不必自我居，在其在共匪打倒以後，有沒有我的份那更是沒有關係的。

說到這裏，我們的出入境辦法是有問題的。限制入境因可說是爲防止匪諜滲透，不得不從嚴考慮，惟嚴格限制出境，不知有何用處，除在兵役年齡一事之外。因此，希望政府對這個問題從新加以考慮，多有幾個民間志士出國走，走是大有用處的。

讀者　陳立人上

四四、六、廿六。

臺南農職教員來函

自由中國編輯先生大鑒：逕啓者，頃閱貴刊第十二卷十二期讀者投書欄內，有自稱本校教員（匿名）來函內稱：本校將貴刊列入言論不正確之雜誌類，並剝奪我們同仁閱覽書刊的自由等語，顯與事實不符。查本校所訂報章雜誌，曾有分置於毘接教務處之教員休息室陳覽，貴刊亦陳列於該室公開供人閱讀，均由教務處保管，凡我同人，有目共睹，更無所謂封存之事實，同人等爲免混淆視聽，用特一致列名，函請查照更正，敬祈賜予披露，無任感荷！並頌
撰安

臺灣省立臺南農業職業學校教員　鄭禮需　蘇鳴琦　郭金江　鄭瑞應
張性之　董有讀　韓榮齡　倪仲黎　王修功　張久中　王清江　姜文治
秦　鏡　劉基棨　陳　鵠　史坤富　陳行德　羅學道　晏雲壽　李國源
周龍章　戴　啓　王　瑜　許振江　盧瑞邦　宋仕煌　李夢寰　曾憲光
邵永耀　于聞遠　陸思明　羅四維　顏蒼江　陳君適　秦　瑜　眭國彥
施育芳　褚永穆　鄭遠釗　翁袁一　崔銘昌　常安國　何啓生　李勁秋
張烈藩　尉遲華章　葛文安　等謹啓

（註：以上姓名因簽字潦草，容有排誤。）

編者按

對於這件集體簽名的來信，我們要指出下列幾點：

一、本刊上期讀者投書欄登載的該校四十三學年度第二學期第一次圖書審查委員會紀錄，係根據該校一教師寄來的原件。這個原始文件是打字油印的（現仍存本社檔案中），決不會是假。本刊被該校校長滕詠延主持下的會議判定爲「言論不正確之雜誌」，是紀錄中的決議之一。鐵證在此，無法否認。來信對於會議紀錄這件事，一字不提，這是躲閃的辦法；但又說：「本校將貴刊列入言論不正確之雜誌類，……顯與事實不符。」這又明明白白地是在說謊。爲人師表的教育界的人士，竟可以說謊！竟可以用書面來說謊！

二、關於查禁本刊，不讓員生自由閱讀這一節，來書是這樣說的：「查本校所訂報章雜誌，曾有分置於毘接教務處之教員休息室陳覽，貴刊亦陳列於該室公開供人閱讀，均由教務處保管。」請看這幾句話寫得如何蹩扭！「作僞心勞日拙」，這正證明這篇來信是在作僞的心情下寫的。關於這一節，請讀者參考本刊上一期的讀者投書（一）及其附件，就可知道來信中這幾句話何以弄得這樣蹩扭。

三、本刊上期社論（三）爲此事提出的四點抗議（也是質問），是向滕校長提出的。現在我們接到的來信，是該校四十七位教師簽名，而該校長並不出面。簽名的教師，是不是有不得已的苦衷呢？如果有的話，我們除掉很沉痛地向諸位簽名者表示同情以外，要大聲疾呼，澈底消滅這種作風——要挾別人一同說謊、作僞的作風。我們自由中國要做到名實相符的自由中國，決不能容許有這種作風，決不能容許這種作風發生於教育界。

本刊上一期出版的第二天，教育廳長劉先雲先生看到那篇讀者投書及本刊社論（三）以後，曾與本刊負責人在電話內接談過一次。我們很欽佩劉廳長對於這件事所採的態度。現在由於這件來信，問題發展到另一階段。這一階段的問題我們已在這裏指出了如上的三點。除請明智的讀者評判以外，我們將把本刊上期及這一期各檢一本，正式申請教育廳查辦。我們認爲，這件事發展到現在，已經不僅是關於本刊的問題，而是關於自由中國教育界的風氣問題，自由中國教育界應不應該讓它有說謊、作僞，乃至於要挾的風氣？這個，關係太大，我們側身於輿論界，不能輕輕放過。

服務東方的
民航空運公司
THE ORIENT'S OWN
CAT
CIVIL AIR TRANSPORT
釜山
東京
岩國
沖繩
台北
香港
曼谷
馬尼剌
沿島航綫
迅速安全
台北營業處：青島西路七號　電話：二二三四〇

自由中國　第十三卷　第一期　內政部雜誌登記證內警臺誌字第三八二號　臺灣省雜誌事業協會會員　三二

給讀者的報告

本刊是半月刊，每半月發行一期，每半年集成一卷。從創刊迄今，我們已經出滿了十二卷。七月一日是本年下半年度的開始，自此，本刊的發行也就隨而進入第十三卷了。在此新卷發行之始，我們得向讀者們致意的是：我們今後仍將一本過去一貫的宗旨與立場繼續努力，更盼望讀者作者們不時給予我們督責與鼓勵。

本期我們的社論在論一件為一般人習見而忽視的問題——即是一般機關的公共宿舍之管理問題。這件事的本身事體甚小，但其間所蘊含的問題却是一個不可輕視的大問題。一個國家或社會不可以無賞罰陟黜，而賞罰陟黜則必須有一公正的標準。一個國家或社會失去賞罰陟黜的公正標準，必將遭致十分危險的後果。公共宿舍事件，我們如從深處發掘，正是由於「賞其所當罰，罰其所當賞，陟其所當黜，黜其所當陟」的政治原因所造成。對此，我們能不警惕反省嗎？

美國是自由世界的領袖國家，美國的決策足以影響世界的命運。本期承亞洲協會駐臺代表饒大衛博士將其最近所發表的演辭，送交本刊發表，以贊助讀者「瞭解美國外交政策」。饒博士是美國著名的耶魯大學政治系的名教授，國際問題專家，他的意見是極具權威的，文中若干見解，如對門戶開放政策的解釋等，均是客觀而獨到的分析。

民主政治是政黨政治。必須有民主的政黨才能走上民主政治之路。李宗澤先生為文介紹「美國政黨之組織與活動」，可供我們借鑑。

在盟國佔領十年之後的德國，終於因巴黎協定的批准而獲得獨立，並參加了北大西洋公約。歐洲對抗共黨的形勢自是益居有利的地位。因此迫使共黨不得不轉而採取和平攻勢與中立地帶的陰謀。故巴黎協定實是當前國際局勢的重要關鍵。龍平甫先生特為我們撰文綜析大局的情勢，關心世事者不可不讀。

「谷錫五先生事略」是本刊數年來首次登載這類的文字。谷先生非名公巨人，但知之者無不仰其高風亮節。我們之所以登載此文，正如作者所說，期於「豐功偉業而外，不遺碩德名賢」也。

本期通訊兩篇，一以剖析蘇俄巨頭訪南之內幕，一以報導緬甸反共軍的近況。因篇幅所限「今日印尼」之三，將延於下期發表。

本刊文藝欄自本期起連載李曼瑰教授（筆名雨初）的「女畫家」五幕悲劇。本劇係「天問」一劇改寫而成，但劇情內容則與舊作迥異。李教授研究戲劇垂三十年，其作品自不同凡響。

自由中國　半月刊　總第一三六號　第十三卷第一期

中華民國四十四年七月一日出版

發行人兼主編　『自由中國』編輯委員會

編輯委員（以姓氏筆劃為序）：
毛子水　申思聰　杭立武　金承藝
胡適　殷海光　夏道平　張佛泉
黃中　雷震　戴杜衡　聶華苓
瞿荊洲　羅鴻詔

出版者　自由中國社
社址：臺北市和平東路二段十八巷一號
電話：二八五七〇

航空版　香港辦事處
友聯書報發行公司
Union Press Circulation Company, No. 26-A, Des Voeux Rd. C., 1st Fl. Hong Kong

總經銷
臺灣　自由中國社發行部
美國　中國書報發行所
自由中國日報
Free China Perss
719 Sacramento St., San Francisco 8, Calif. U.S.A.

經售者
日本　韓國　馬尼剌　印尼　緬甸　印度　澳洲　北婆羅洲　新加坡
東京僑豐企業公司
漢城裕昌德號
大中華日報社
新疆書店
椰嘉達天聲日報
仰光振成書報店
加爾各答塔梅學校
雪梨瑞田公司
西利亞坡青年書店
檳榔嶼、吉打邦均有出售

印刷者　精華印書館
廠址：臺北市長沙街二段六〇號
電話：二三四二九號

本刊經中華郵政登記認為第一類新聞紙類　臺灣郵政管理局新聞紙類登記執照第五九七號　臺灣郵政劃撥儲金帳戶第八一三九號（每份臺幣四元，美金三角）

自由中國

FREE CHINA

第十三卷第二期

要目

社論

中華民國四十四年七月十六日出版

社址:臺北市和平東路二段十八巷一號

（２）

半月大事記

六月廿六日　(星期日)

美衆院外委會聲明，美國堅持既定政策，反對共匪進入聯合國。

莫洛托夫爲美機被擊事，提出備忘錄，向杜勒斯表示遺憾，並願賠償一半損失。

六月廿七日　(星期一)

匪機八架在閩海上空兩度向我攻擊，我非武裝巡邏機一架不幸中彈起火墜海，復興民航機一架受傷。

臺省臨時省議會第二屆第三次大會揭幕。

聯合國十週年紀念會結束，大會發表宣言，重申和平願望。

美英法南會議結束，發表公報，對各項問題意見一致。

六月廿八日　(星期二)

總統在省警政會議致詞，勉警政人員「親民守法」，並望全國上下遵重警察職權。

美新任海軍軍令部長勃克少將抵臺訪問。

美軍援顧問團卸任團長蔡斯離臺返美。

美衆院通過二十三億元軍事基地建立計劃，及兩億六千餘萬元的原子建設法案。

狄托接受訪問蘇俄之邀請。

六月廿九日　(星期三)

艾森豪舉行記者招待會，闡釋當前外交政策，對四國會議仍不抱太多期望。

美駐日大使艾理生在漢城訪李承晚，商談調處日韓關係。

六月三十日　(星期四)

農復會繼續助我農業建設，新會計年度預算臺幣一億四千萬元。

我官方表示，政府關閉大陸沿海港口的政策不變，英竟聲明，將以軍艦護航。

美衆院通過三百廿億國防預算案，交參院通過後再由總統簽署。

泰勒將軍接任美陸軍參謀長。

七月一日　(星期五)

蔣總統答覆菲記者詢問時表示，對所謂海峽停火說絕難同意。

石門水庫設建籌委會正式成立，陳副總統兼任主委。

參謀總長彭孟緝、聯勤司令黃仁霖、副參謀總長羅列，宣誓就職，蔣總統親臨監誓。

美第七艦隊在澎湖列島附近，舉行大規模巡邏演習。

美衆通過卅二億援外法案。

美國外業務署宣佈結束，援外業務交國務院國際合作總署接管。

巴基斯坦正式宣佈參加土伊英三國的中東防禦同盟。

七月二日　(星期六)

中日兩國簽議定書，將四十一年所訂中日商務航業辦法延長有效期間一年。

葉外長離舊金山，將經日本返國。

越南與法國談判結束，法總理傅爾表示，法政府準備應請撤退駐越派遣軍。

美參院通過廿三億全球性軍事建設法案。

霍利斯德就任美國際合作署長。

七月三日　(星期日)

英國已就德國統一問題爲基礎，擬定結束冷戰的三點計劃。

美參院外委會主席喬治主張，美對自治政府應滿足其獨立願望。

七月四日　(星期一)

葉外長抵東京談稱，緩和世界緊張局勢，不能期諸四國會議。

美菲兩國國慶，蔣總統致電兩國總統申賀。

路透社香港電，長江及洞庭湖洪水泛濫，華中湘皖等省受災甚重。

諾蘭演說，認蘇俄圖利用四國會議，實現其中立地區的陰謀。

七月五日　(星期二)

聯總抗議共黨破壞停戰協定，在北韓非法擴建空軍力量。

『自由中國』的宗旨

第一、我們要向全國國民宣傳自由與民主的真實價值，並且要督促政府(各級的政府)，切實改革政治經濟，努力建立自由民主的社會。

第二、我們要支持並督促政府用種種力量抵抗共產黨鐵幕之下剝奪一切自由的極權政治，不讓他擴張他的勢力範圍。

第三、我們要盡我們的努力，援助淪陷區域的同胞，幫助他們早日恢復自由。

第四、我們的最後目標是要使整個中華民國成爲自由的中國。

赫魯雪夫參加莫斯科美大使的國慶酒會時發表聲明，表示對四國會議具有誠意。

七月六日　(星期三)

東南亞公約組織的八國軍事人員，在曼谷舉行爲期三日的軍事會議。

艾森豪表示美將在日內瓦以誠信從事談判。

塞格尼組成義大利聯合內閣。

美參衆兩院聯席會議通過卅二億美元軍經援外計劃。

七月七日　(星期四)

石門水庫在中壢舉行開工典禮。

美遠東空軍總司令庫特上將抵臺訪問。

中美聯絡中心參謀長芬諾偕高級軍官飛金門最前線視察。

七月八日　(星期五)

葉外長返抵臺北，斷言四國會議不會有何成就。

共匪與越盟加緊勾結，匪以八億僞幣協助建設越盟經濟。

教育部舉辦之本年四項留學考試放榜。

七月九日　(星期六)

美遠東空軍司令庫特上將離臺飛日。

美總艾森豪簽署軍經援外法案，同意所附拒匪入聯合國之條款。

共黨對寮國發動侵略，美國務院認爲情勢嚴重。

聯合國秘書長哈瑪紹稱，將在下月召開的原子能和平用途會議將由六十六國參加。

緬總理宇奴發表荒謬聲明，預言美將同意匪入聯合國。美國朝野一致指責。

七月十日　(星期日)

我青年訪問團首途赴港轉歐，訪問土西等國。

寮國總理指責越盟公開援助共軍入侵寮國，表示即將向停戰委員會提出控訴。

三名變節美俘抵達香港。

社論

（一）

四國會議的展望

醞釀多時的美英法蘇四國最高層會議，將於本月十八日在日內瓦舉行。這些時，中外報紙雜誌對這一會議諸多報導與推測。蘇俄眞的需要和平嗎？四國會議將談些甚麼？這個會議的結果是成功抑或失敗？這三個問題，可以概括大家對於這件事的挂念。

蘇俄眞的需要和平嗎？這個問題，不是一個「是」或「否」字所可簡單答覆的。這裏，須要了解共產黨的本質。共產主義者的宇宙觀、歷史觀、人生觀，都是從矛盾、衝突、鬪爭等觀念出發的；因而他們的政治哲學與政治實現，統統是鬪爭性的。階級鬪爭、國家鬪爭、民族鬪爭、黨內黨外的鬪爭，鬪爭的形式有時轉變，但鬪爭是永不停止的。共產黨有所謂不斷革命論，他們所謂的革命，就是血淋淋的鬪爭。共產黨靠鬪爭成長、靠鬪爭壯大，也靠鬪爭來維持其政權。鬪爭是共產黨的本質，抽掉這一鬪爭性，共產黨也就不成其爲共產黨了。因此，我們可以說蘇俄不需要和平，永久不需要和平。但是，我們也得知道，共產黨在他們的思維與行徑方面，有他們那一套詭辯式的辯證法。他們可以把許多相反的事物，譸張爲幻地來運用。他們可以把專政當作民主，他們把奴役說成自由。鬪爭與和平，本爲相反而不相容的，但爲鬪爭而和平，以和平來達到有利的鬪爭。這在共產黨國家本不稀奇，而目前正是這樣。因此，我們也可說蘇俄是需要和平，需要今天的和平。

最近幾月來，蘇俄及其傀儡國家示好於自由世界的技倆，確實不少了。比較過去的作風，顯然有了很大而且一致的轉變。這一轉變，動機在那裏？換言之，爲甚麼他們要在今天這樣表示需要和平？這自然有他們內在和外在的原因。這些原因的探尋與分析，大家已經做得很多。我們認爲，最要緊的是在探尋與分析的過程中，有一個不可一刻稍忘的前提，即共黨國家是以戰鬪性爲其本質的。由邱吉爾所說的「冷的戰爭」，到諾蘭所說的「熱的和平」，時代的名稱改變了，事象也許有點不同，但共黨國家的本質還是它的本質：戰鬪、戰鬪、永久戰鬪，今天所需要的和平，也爲的是明天的戰鬪。

與共產黨打交道，有經驗的人是會預存戒心的。西方國家這次同意與蘇俄會談，但艾森豪等人的心情，從這些時的外電看來，並不輕鬆。因此、我們可以想到，他們是不會輕易落進蘇俄陷阱的。至於他們在這次會議將談些什麼？關於這一點，自去年十一月廿三日艾森豪首次表示同意舉行四巨頭會議之日起，一直到今天開會的前夕，大家還不能確定知道。上月下旬聯合國十週年紀念會中，莫洛托夫的演說曾提到七點，第三天（六月廿四日）杜勒斯則暗示，日內瓦會議可能涉及五大問題：㈠德國統一問題，㈡蘇俄的東歐附庸國問題，㈢中共對韓國、越、棉、寮、以及臺灣使用武力以及武力之威脅問題，㈣國際共產主義以陰謀推翻各國政府問題，㈤裁軍問題。但這七點和五點，都不是該會議的正式議程。照艾森豪的表示，這次會議，只是對某些問題商談一個可以獲致解決的途徑，至於進一步的解法辦法，則留待次一層的外長會議來談。由此，我們可以想到，在這一會議中觸及的問題可能很廣泛，但不會談得接近於具體。高度抽象的原則，比較易於獲致協議，問題的發生，將發生於向後的次階層會議。在這個最高層會議中，大致可以通過一篇和平氣氛的聯合宣言而閉幕。在這裏，我們所特別關心的，是遠東問題，尤其是危害自由中國的所謂「兩個中國」問題，會不會提出？關於這一層，我們有充分的根據可以相信，艾森豪總統不會讓這等問題提出討論，至多只聽聽蘇俄方面片面的意見而已。蘇俄可能提議，另外召集一個包括中共的所謂「五强會議」，來討論這一類的問題，但西方國家決不會同意由一個沒有自由中國政府參加的會議來討論有關中國的問題。美國對於這一點已經一再地表示過。而且我們政府亦經嚴正聲明，任何國際會議，凡無中華民國代表參加者，其涉及中國之任何決議，對中華民國均無拘束力。

整整一年以前，在這同一地方——日內瓦，舉行過一次國際會議。那次會議所簽訂的越南停戰協定，是西方國家對國際共產集團之一大失敗，儘管美國未簽字於該項協定，亦無補於實際。今天的日內瓦會議，就自由世界來看，恐怕又是一次失敗，好在艾森豪、杜勒斯等人已深信蘇俄不會放棄世界革命的企圖，因而對於這次會議，也不會存甚麼永久和平的幻想；英國是比較更熱心於這次四巨頭會議的，但艾登政府以及傅爾政府並非無視共黨政權的本質。他們也不過想求暫時的和平，一方面用以自勵，一方面在安定中再找出進一步解決問題的途徑而已。他們決不會愚蠢到想從這次會議中造就一個安枕無憂的太平之局。既然如此，我們就可相信，即令這次會議對自由世界言將會失敗，也不會失敗到不可救藥的程度。那末，我們是不是可以期望有甚麼成功呢？關於這一層，我們確可斷言，與共產黨談判永久不會有甚麼成功。談判的目的是要對於某些問題獲致協議。可是經驗告訴我們：共產黨國家是不講國際信義，不守國際條約的，任何國際協定，一到無利於它的時候，它可毫無顧忌地單方面撕毀。蘇俄在過去五十二件國際條約和協定中，已經單方面撕毀了四十件。從這一紀錄看，我們可以說，以蘇俄爲對手的國際會議，無論其結果如何，都說不上成功。過去如此，今天的日內瓦會議，也決不例外。

社論

（二）大學聯合招考依系科志願分配新生之不合理

本年度臺灣三所大學（臺灣大學、師範大學、政治大學）兩個獨立學院（農學院及工學院）的聯合招考卽將舉行，全省各高級中學的畢業生，剛才從畢業考場退出，又擠着趕辦大學的集體報名手續了。此外尚有報考的僑生、師範生、同等學力者、普通文官考試及格者、國防部核發之知識青年士兵等等，都各別奔忙於同樣的事務。不僅考生自己，還有他們的家長、教師、親友，腦海裏大都縈繞着同樣的問題：「考那一個學校？報那一個科系？」

這樣嚴肅重大的事件，是百年樹人的教育事務的一部份。雖其影響力一時僅及社會一部份，而其久遠却及於社會全體。現在我們試看五院校的聯合招生簡章，其中第五項第三欵這樣寫着：

「塡寫之系科志願中，如有二校相同之學系，概視作向該二校之該系報考論。」（其下列舉五院校中二院校五同之學系凡十五）

同項第四欵解釋「願入學校」之次序時稱：「願入之系科……倘屬前項所列二校共有之系科，卽須參照所塡願入學校先後次序分配學校，如其成績不能分入甲校之某系而合於乙校之該系時，不論是否塡有乙校之志願，應予編入乙校之該系，除非乙校該系亦已滿額，不予考慮其次一系科志願。」

這個規定，驟視之似甚合理：第一、依照所塡系科之志願編定學校，以滿足學生的研究志趣；第二、（容許我們推論的話）則是五院校中凡二校具有相同系科者，應使，且必須使考生視此二院校的地位彼此絕對平等。惟稍一思量，便知這個規定，對考生的志願言，是武斷而且強制的。估擬二例以明之：

一、且不論臺灣大學的中國文學系與師範大學的國文學系，以及臺灣大學的外國語文學系和師範大學的英語學系，在性質上是否可視爲同一；臺灣大學的性質却與師範大學的性質絕不相同，至爲明顯。假若考生報臺大的外文系而並未願入師大的英語系，結果成績不足以入臺大而被編入師大，豈不是連考生將來的職業也代爲決定了嗎？

二、且不論臺南工學院的四系和臺大工學院的四系如何相同，但一在臺南，一在臺北，殊不容混淆。假定一普通公教人員，月入不過新臺幣五百元，其子弟投考臺大土木系不取而被錄入臺南工學院的土木系，可謂已使學生的志趣，獲得滿足；可是入學後除了應繳的各項費用外，尙須自賃屋以居，自備食以食，合計月支至少四百元。其家長如何能負擔得了？

事實上以上兩例均有發生之可能；由於其他任何類似的原因，當可導致其他同類的後果，而均與考生的意願相違。那麼聯合五院校此項決定所影響者僅爲報考所列二校相同之十五學系的學生，抑或及於考生的全體？聯合投生簡章規定：考試成績合於筆試錄取標準者，卽按所塡志願次序依照成績及系科名額錄取。筆試錄取標準係按五院校所能容納之新生總數而決定的，事先已成定案。變易學校，及系科的因素是所塡志願的次序，及筆試成績。各考生在報考表上於擇定一組後，所塡系科志願可多達二十之數，此外尙有「如不能取入原報組別，願入其他何組何系」一欄的八個空格可塡。至於按各系科性質所分之甲乙丙三組中，僅甲組（理、工、醫）包括二十一個系科，丙組（農）則不足二十，且每組均含有二校相同之系科。是以每一考生既必須塡寫二十幾個系科，卽無法避免二校相同之系科；旣塡寫二校相同之系科，設被錄取，卽有被編入非已願所入學校之可能。每一考生既有一被錄取之希望，亦有一被編入非已願所入學校之憂慮。

我們誠然可以假定，有許多考生對於院校的選擇一如對於系科的選擇持無所謂態度的。但我們至少也要假定同樣多的學生，選擇系科、選擇院校的態度非常謹愼，非常鄭重，或對於後者的重視程度尤過於前者。系科選擇的範圍相當廣泛，如土木系不取，礦冶系亦所願；工學院不成，理學院亦所願；原報之組系不取，尙有後備之組系可供裁決；然而爲什麼不稍假考生以選擇學校的自由？今聯合五院校不顧學生對於院校之選擇，凡報考甲校之某系，「概視作」向乙校相同之一系報考，實是一種武斷的決定；由此武斷的決定而將不願或不能入某校之考生，錄入某校，則是一種強制的行爲。

或者聯合五院校的這個決定是基於一項基本的假定，便是：所謂志願者，卽等於系科的選擇，所以稱爲「系科志願」。果如此，也極爲謬誤。因爲學生報考某校某系的決定，其形成的因素相當衆多，而過程也是非常複雜的。與趣、志向、經濟能力、心理狀態等等個人因素，學校的性質、設備、師資、所在地區、歷史和校風等環境條件，使之相互對比、調和而得一最後結論，顯非「系科志願」一語所能概括。古者，學子僕僕風塵，負笈千里，爲求名師；今日學術精進，科學發達，尤着重圖書，儀器的設備。從這一方面看，院校的選擇較之系科的選擇或更重要。退一步說，五院校是眞的特別注重系科的選擇嗎？考生塡寫的系科多至二十八種，由於筆試成績一分兩分之差，可從第一志願降到第二十八志願，便知所謂系科志願差不多直等於無志願。

我們不相信五院校的行政當局對於考生的志願竟持如所規定的那樣簡單的看法，這是不能讓人理解的。他們作此規定必然有此規定背後的心理原因——不是基於理性的，只能說是基於心理的——一種不正常的心理。那便是他們懷抱着一個虛懸的學校榮譽，是深以錄取他校挑選後的學生爲恥辱，於是藉聯合招考的辦法，假系科相同的美名，以來爭取成績優異的考生，而不考慮其他正當的途徑和手段。總之，他們極重視自己學校的地位，殊少考慮學生的志願。這代表大學精神的墮落，代表負責校政者的理想的墮落。

若干年來，不合法不合理的武斷和強制，見於社會各方面者，比比皆是，但幸而很少是出於高等的學府。現在五院校聯合招生，不知聯合招生祇能說是一種方便的辦法，並非一理想的制度；然若竟以此藐視考生的選擇自由，強以「系科志願」分配之，實開中國大學教育史上的惡例。願各院校的行政主持者能有見及此，而迅予改正。

論輿論之本質（上）

——為欲糾正幾種似是而非的觀念而作——

雷　震

一

為要糾正世間對於解釋輿論的幾種錯誤的、似是而非的說法，我們先要把輿論的意義和其作用，以及其對於民主政治的關係說個明白。而且需要說得相當透澈。不然，人們對於這些錯誤的、而又流傳很廣、印象很深的觀念，是不容易一下子洗刷乾淨的。

甚麼叫做「輿論」呢？

對於輿論這個概念的涵義，和其引伸的解釋，在今天民主國家裏面，已有一個很明確的界說，大家自然心領神會，已成自明之理，既不容任意混淆，也不能歪曲解釋。其實，不僅今天民主國家是如此，卽遠在我國過去的專制時代，人們對於輿論的意義，也是非常明白的。「輿論乃是人民的聲音」，就是說人民對於執政者所表示的願望或意見。其意義正與今日民主國家所用的完全相同。可是，在今天社會裏面，對於輿論的涵義，居然尚有若干很流行的、也很動聽的「似是而非」的觀念在廣汎的傳播着。這些觀念使人乍聽之下，覺其說得很有道理；尤其說給那些對於民主政治不甚了悟的人們聽，很可收到相當的共鳴。他們不僅聞之而不以為異，還會跟在後面一唱百和。惟這些觀念若進一步加以研究分析，我們立可發覺其為絕對謬誤的見解，如任其流行傳播下去，不僅使人們對於輿論的意義生出錯誤的認識；由於以訛傳訛的誤會，勢必造成更進一步的惡果。卽對於流行這類概念的社會所行的民主政治，則給予莫大的災害。換一句話說，在這種似是而非的錯誤觀念之下所行的民主政治，可能只有民主政治之名，而無民主政治之實。因為民主政治之所以能够實行、之所以能够發揚光大，無時無刻不賴有輿論以督促之、鞭策之、甚至可以說是，賴有輿論以提醒之、指導之，使實際政治不致與人民之意見、之利害背道而馳，執政者不能不顧及人民的意向而為所欲為。有人說：「民主政治就是輿論政治」，就是基於這個出發點而作的解釋、而下的定義。故輿論之為物，在民主政治社會裏面，既是非常重要的因素，因而輿論之謂何？也就需要有一個正確明朗的解釋了。天下的事情，往往起因僅差之毫釐，而演變的結果則謬以千里，故命名立論均不可不慎也。

先把輿論的涵義及其作用略加闡釋，然後再對幾個錯誤的觀念，逐一加以辯正，以期糾正人們的視聽。

二

「輿論」(public opinion) 的正確涵義如何？

輿論之為物，乃是某個特定的社會裏面對於某一問題的集合意識的表現。換一句話說，卽是某個社會裏面，其成員之間，對於某一問題所持的若干共同的意見或見解。簡言之，輿論就是某個社會對某個問題所發出的「衆人的意見」。為求作更進一步的說明，玆再詳析之如下：

（一）因為是「衆人的」，故輿論是含有「公共」的意見，而不是某一個人的私見。外國話稱做 Public opinion 者，更足道出這一層意思。

（二）因為只是若干共同的，故輿論只是代表「一部分」人的意見，而不是代表全體成員的意見。一個社會之內，成員們天賦的個性不同，所處的環境不同，生活的習慣不同，尤其重要的是所受的教養不同，因而利害關係、倫理觀念、主觀意識、和情感興趣等等，就自然而然的不會相同了。故成員們彼此之間，意見必然參差歧異，「全體一致」則是反乎天性的要求，自為不可能之事。如勉强要求一致，不是被迫所致，就是虛與委蛇。換一句話說，都是在玩假把戲，口是心非，虛應故事而已。這樣作法，如希望政治上有進步，那不啻是緣木而求魚也。

（三）因為只是意見，有時不免有錯誤或偏見發生，也可以說錯誤和偏見乃是常有的事情，毫不足怪。於是則有「是非」、「曲直」和「眞僞」的問題發生。大家要喋喋不休者，為的是希望各自的意見能够獲得大多數的贊同而變為大多數人的意見，最後能够成為國家的政策或社會的規範。

（四）因為只是意見，故輿論只有影響力而無拘束力，只有道義的力量而無法律的力量。輿論既不能强迫政府以從同，政府儘可置之不理。惟主政者常希望其政策能够獲得大多人的支持而易於推行，當其決定政策和執行政策的時候，自不能不顧及輿論之向背以定行止。故輿論及於實際政治的影響力，則是很大很大的。尤其是人民握有控制政府的權力的場合，如以選舉來改組政府，如以質詢和不信任投票來更換政府，如以彈劾使政府人員遭受懲處等等，輿論更可發揮其舉足輕重的力量。故在民主政制之下，政府的行動常要受到輿論的牽制，常為輿論所左右。

（五）因為輿論乃是衆人所發表的意見，當其形成的時候，必須是在「自由討論」的環境中所反映出來的意見，既不能出之以欺詐的方式，亦不能臨之以壓迫的手段。故在有眞正輿論的社會裏，凡事是重討論而反對專斷獨行的。

輿論就是對於某個問題，大家互相討論，彼此反復爭辯，不受任何的監視，使某個問題的經過和眞象逐漸暴露出來，而孰是孰非和誰曲誰直也就原形畢露了。這個時候，比較多數贊同的意見自然而然的就會形成了。

(六)　輿論乃是人們對其周圍所發生的事情所表示的意見，故無論對甚麼問題都可作爲講話的對象，只要是有關公共性質的。因此，輿論不一定是專對政府說話的。如在舉行選舉的時候，可對選民講話；如法案或預算案在立法機關進行討論的時候，可對立法委員講話；如政黨在操縱民意而有不當的時候，可抨擊黨部之行動。從這一點來講，輿論纔是眞正表達民意——人民的聲音，人民的呼喊——的有效工具。故在眞正實行民主政治的地區，報紙、雜誌、通訊社、無線電廣播和電視等等都是自由經營——民營——而不受政府一點控制的。政府或黨部也不得對報刊發出指示：何者應該登，何者不應該登。

三

輿論的涵義既如上文所述，其形成的要件，這裏亦應略加說明，務使問題的中心得以澈底明瞭。縱然是多說了幾句話，也不算得是浪費筆墨吧！我們今日一切尙在「啓蒙」(enlighten) 時代，解說應該是不厭求詳的。

輿論的形成必須同時具備左列三個要件，缺一則不會造成眞正輿論的。

(一)　輿論必須是在「自由討論」的環境中形成的。當某社會對某問題尙未決定態度的時候，爭論的各方均欲擴大各自意見的贊成圈，而希望自己這一方面的意見能够成爲大多數的意見，所以各方要儘量攻擊對方的弱點，指出對方的錯誤，以反映自己的意見是如何的盡善而又盡美。此時爭論的各方在精神上和心理上，絕對需要有「毋虞恐懼」(Freedom from Fear) 的自由。故輿論的形成，自由討論的制度是非常重要的。英國政治學者巴佐特 (W. Bagehot) 嘗說，我們今日的社會，已由「直接行動」——意卽革命之類——的時代，進步發展而入於「坐而論道」的時代。凡事一經討論，卽足爲變革改進的張本。這個討論問題的時代心理，實爲輿論賴以成立的心理基礎。巴佐特說：

「一個國家之有討論的政治制度，則思想爲之增高，精神爲之振奮，使人人皆知深思默想未嘗有傷，才智之士均用心於此，而不欲浪費精力於他途」。

又說：

「若一個民族而能有此習慣，悉將政治上的事情，任人自由討論，而取決於大衆的好尙，則他種文明之進步，當可預卜了」。

(二)　討論要能打破沙鍋問到底。討論必須是反復爭辯，彼此詰難，然後事件的眞相纔可明白，問題的結論纔可形成。故當討論爭辯之際，醜惡也好，美善也好，都須源源本本的把眞相暴露出來，讓大家自由參觀而作評價，任何人也不能一手遮蓋的。權威也好，神聖也好，此時亦無法施展其技而隱藏起來，猶如剝筍子一樣，非把筍籜一層一層的剝到最後不可。故巴佐特說：

「其事旣付之討論，則一次之後，必有二次，二次之後，必有三次四次，繼續無已，則討論之習成，而神聖之威滅矣。近人有言：『民治者有同墳墓，有取而無交』。我觀討論，亦同此理。今旣以其事付之討論，則又不能索而還之，或再飾以幽秘之衣，圍以犧牲之敬。蓋其屍身所在，旣一任衆人之取舍，與議論之抑揚矣」。

(三)　討論必須有「容忍」的精神。自由討論與容忍精神實爲建立輿論的兩個先決條件。蓋無自由討論的社會，就不會有眞正的輿論存在；無容忍精神的社會，又不會引起自由的討論。因爲有了「容忍」的精神，則討論爭辯之後，方可獲得比較滿意的結論，而不致爲權威或神聖的氣氛所窒息或懾伏。我再引巴佐特之言，以說明在辯論中容忍精神之重要：

「容忍者，亦惟於辯論中始能得之。欲求討論之有用，必不能不有容忍。自己所不喜悅之事，則禁止他人發言，試問討論之舉，又有何用。集思廣益，不必再存固執之心，上下其辭，何須再强分彼此」。

綜觀上述的分析，我們對於輿論一詞，可作如下的定義：

「在一個社會裏面，其成員的一部分，對於某個問題，經過自由討論和爭辯，自然而然的形成一個比較共同的意見，這就叫做輿論 Public opinion」。

四

輿論與政治的關係，我想略加說明，對於要討論的中心問題的了解，是不無驀助的。

「民之有口也，猶土之有山川也，財用於是乎出；猶其有原隰衍沃也，衣食於是乎生。口之宣言也，善敗於是乎興；行善而備敗，所以阜財用衣食者也」。

故召公作結論說：「夫民慮之於心而宣之於口，成而行之，胡可壅也。若壅其口，其與能幾何！」這幾句簡單的比喩，其說明輿論對於實際政治的關係，再恰當也沒有了。

輿論的起源，在中外雖均甚早，惟其成長發達而能對於執政當局的行動發生決定性的影響者，則爲近代的事情。可以說，這是民主政治發達以後的事情。因爲只有在實行眞正的民主政治的社會裏面，輿論纔能發展和進步。也可以說，眞正的、名符其實的輿論纔有存在的餘地。至在獨裁國家、或其同類型的國家裏面，報紙連篇累幅登載的，只是一片歌功頌德的效忠和致敬之詞，很少有眞正的輿論出現。至於不顧權威的詞嚴義正的批評，簡直是鳳毛麟角、絕無而僅有的了。因爲政府對於刊載他們所不喜歡的批評和言論的報刊，隨時可以假借名義，勒令停刊，或禁止發賣，或不許一部分人閱讀，極焉者可以逮捕作者下獄。社會上滿佈了這樣的顧慮和恐懼，故報刊的編者和言論的撰者，都是提心吊膽，生怕出了岔子，因而小心翼翼，自行檢査，而不敢暢所欲言。他們爲免掉不必要的麻煩起見，對於凡與權威有關的問題，盡量想法避免；有時覺得良心上非說幾句話不可的時候，也是一再修辭，緩和語氣，務希做到爐火純靑，四平八穩。更妙的是用轉彎抹角的辦法，找些不相干的話語，先行恭維一番，然後再敷陳大義，進獻箴言，以說出良心上不得不要說的話。其用心之苦，固可想而知，因而坦白率直的輿論，則變爲稀世之珍了。批評既不能戳到對方的痛處，而擊中其要害，對方也就漠不相關，或竟視若無睹了。評論要使其發生靈效，必須是眞刀眞槍的對着要害加以攻擊，使受之者感到周章狼狽而不得不予以改正也。

物以稀爲貴，坦白率直的輿論的出現，舉世每每珍之爲至寶，其實，他們並非獨出心裁，也不是有超人的見解，不過說出人人心坎中要說的話，而言人之所未言耳。

前幾年有人很感慨的說：「我發覺近來辦刊物的人，多努力於寫國際問題的文章。以爲這樣可以避免觸及現實政治，少出一些亂子，自己可省却若干麻煩。因爲罵罵外國是不會出問題的」。果如所說，則輿論之意義已失去其泰半矣。

× × × × × ×

爲便於後面的敍述起見，甚麼纔是眞正的民主政治，這裏也應該作個極簡括的說明。

民主政治係指政府的權力，由人民自己或其代表，根據人民的意見而行使的政治制度之謂。換一句話說，民主政治乃是有關人民日常生活的運營的政治權力的行使，必須通過屬於這個社會的全體成員所參與的政治機構之意。簡言之，即「人民自己統治自己」之謂。由於全體成員(人民)乃是政治的原動力，故一般人常稱此種現象爲「人民主權」、或「主權屬於人民全體」。國父中山先生的定義說：「人民管理政事的政治制度，便叫做民權政治」。

民主政治既是由人民自己或其代表依照人民的意思管理政事的政治制度，那麼，人民的意思應該怎樣的表現出來，使其在實際政治上發生決定性的作用，乃是民主政治在制度上一個最關重要的問題。這個問題如得不到有效的方法來解決，民主政治必會完全落空。這就是說，一切政事必須照着人民自己的意思來管理的政治，纔算是眞正的民主政治。有人專從這一角度來論民主政治，便說民主政治就是「民意政治」。柯爾 (Coyle) 說：「何者爲是，何者爲非，何者爲智，何者爲愚，由人民自行決定。人們常說，人民的聲音就是上帝的聲音。其實這句話可以解釋爲：創立美國社會的眞正力量，是人民表示其主權意志的聲音」。(見柯爾著 The United States Political System And How It Works，王世憲譯。)

表現民意的具體方法有二：一爲選舉、罷免、創制、複決諸權的運用；一爲輿論的發揮。

人民用以表現自己意見的最常用的辦法，就是用選舉來組織政府，使其管理政事，用選舉來設置代議機關，使其監督政府。惟選舉須有一定的期間，在此「間隔」(interval) 的期間之內，人民又恐怕他們的代表不克盡職，故政治學者又發明了「直接民權」的工具，想用罷免、創制和複決諸種辦法來直接管理政事，以防止代表們之不能代表民意，以補救間接民權之不能有效的控制政府。惟在地廣民衆的國家，直接民權是不容易實行的，儘管在理論上說得頭頭是道。

選舉既不能常常舉行，而罷免、創制和複決諸制在實行的方法上又復困難重重，於是，人民對於每一問題而眞能發揮自己之意見者，端賴在言論自由政制下所反映之輿論。這是發揮民意的唯一有效的工具。因爲有了言論自由的政制，人民對於一切問題，均可自由表示意見，均可知無不言，言無不盡。由於互相討論，反復爭辯，使許多黑暗醜惡事情的眞相，均可暴露無遺，使許多紛歧不同的意見，可以漸漸消失，而趨歸於一種或數種意見。

不僅此也，卽令在舉行選舉、罷免、創制和複決的時候，許多複雜微妙的政治問題，許多利害錯綜的政治問題，尤其是經緯萬端、瞬息萬變的國際問題，一般老百姓往往摸不清其來龍去脈，此時端賴有輿論的解說和分析，使各項問題的眞相一覽無遺，俾他們行使此項權力時有所參考，有所抉擇。茲以選舉爲例，如某黨對某問題的政策如何，某候選人的政見和才識如何，在在均賴有輿論的闡發和指示，俾各種問題的眞相赤裸裸的暴露出來，選民乃能知所取捨。威爾士 (H. G. Wells) 嘗說：「在一個人能選舉之前，必須知道事實的眞相，在他能決定之前，必須明瞭。……選舉票本身是無用的東西」。威氏之言，最能道出這一層意思。

尤其當代議機關間接的行使民權的時候，更須靠着輿論的發揮，以反映人民之眞意所在。否則，人民的意思是甚麼，人民的希望和厭惡又是甚麼，旣無從獲悉，而代表們只有盲人騎瞎馬、夜半臨深池了。那麼，不僅代表之所以爲代表失去其意義，而民主政治亦變爲有名無實了。所以，輿論正等於選民和其代表之燈塔或指路碑，使他們在行使權力時有所適從。麥格魯德 (Frank A. Magruder) 在其所著「美國政治制度」American Government, 1953) 一書中說：

「美國的民主政治並不僅是代議制的民治政府。嚴格的說，美國的民主政治是由民衆意見所控制的政府。議員們的主要任務，實在只是將人民的意思轉變爲公共的政策而已」。

輿論對於民主政治的重要性，觀此更可明瞭了。

從另一方面來看，輿論也常有五花八門之感，令人如墜五里霧中，可能也有歪曲事實之處，接觸者易受其蠱惑和矇蔽。故有利亦復有弊。因此，人民當接觸到輿論的時候，必須辯別甚麼是宣傳，甚麼是事實，那些是政黨的辯論，那些是客觀的分析。輿論乃是一種經常的政治教育，可幫助人民對於各種事物之了解，久而久之，感染既深，人民自易辨識其是非和曲直所在。人民由於受着經常不斷的政治教育，其自治能力自然提高，對於一切事物之判斷自會比較正確，而不易爲宣傳或煽動所矇惑了。

綜觀以上的說明，可知輿論乃是民主政治的原動力，凡無眞正的輿論的地方，就不會有眞正的民主政治存在。同樣的，若不是眞正的民主政治的社會，也就不會有眞正的輿論出現。這二者是相互爲用，互爲因果的，所以說，民主與非民主、眞民主和假民主之分，就看這個社會裏有沒有「自由討論」的眞正的輿論。鮑恩斯 (Burns, C. Delisle) 說：

「民主政治就是人民對於政府的一切計劃和法案的公開討論，以及對於權威的不斷的自由批評，其目的在於促使人類更易於共同生活」。

五

輿論的正確涵義和他的廣大效用，上文已經約略說明了，現在對於流行的解釋輿論意義的若干似是而非的觀念，進而予以檢討，以期糾正這些謬誤的觀點。因爲這類觀點的傳播，不僅對於言論自由，不僅對於輿論效用，給予莫大的災害，而且是一種「擾亂性」的觀念，易使人們對於言論自由和輿論效用生出一種似是而非的不正確的觀念。所謂「似是而非」者，乃是這些觀念，乍聽乍視之下，覺得說得頭頭是道，易使人們信以爲是，反把正確的意義誤以爲非。我們若希望輿論之能夠達成正常的發展，以助於民主政治之推進和社會生活之增進，及由此而使人類文化得以增高者，對於這些錯誤的似是而非的觀念，實不能不切實的予以糾正。這是我們編輯刊物的人的義務，也是我們應盡的責任。

上述這些似是而非的「歪曲觀念」，在今天社會上流行得最爲普遍的，主要的有以下三種：

一、批評是要有建設性的批評或建議；
二、評論不可使家醜外揚或爲匪張目；
三、評論要有恕道。

以下特分別論之。

六

近來常常聽到有人這樣說：「批評應該是建設性的批評或建議，這樣纔可以幫助政府解決問題，不致亂人心意。尤其是在反共復國的時候，大家對於政府施政的批評，應該提出建設性的建議或積極性的建議，使政府有所參考，這樣纔能齊一意志，集中力量，爲反共復國而奮鬪」。這種論調說的人固覺言之成理，而聽的人也點頭稱善，且有隨聲附和者。但是，這種說法究竟正確不正確，現在讓我們來澈底檢討一下。

第一、甚麼叫做「建設性」呢？
第二、甚麼叫做「建議」呢？

先從第二點說起吧！批評與建議二者，其範圍應不一致。我們當批評某一問題時，有時附有建議，作爲評者對於這個問題所提供的改進辦法。大多數的評論確係這樣構成的。但是，有時僅僅止於批評，如指摘某一政策之不妥，或泛論某種行爲之失檢，而未附具任何的建議。因爲評者僅知某某政策的不妥，或某某行爲之失檢，至於應該怎樣的改進，或怎樣的矯正，尙無成竹在胸，而只是想拋磚引玉，喚起人們的討論和注意而已。有時先不欲提出自己意見，只想看看社會對此問題之反響如何，然後再作進一步的研討。這種評論之具有評論的價值，當毫無疑義。故批評究不同於建議，二者應該各有各自的範圍，不過有時交相爲用（就是說，提案常夾有批評，而批評時附有建議），人們特不覺察耳。如指摘包啓黃利用職權，貪贓枉法，草菅人命；如批評國家金融機關過去對於揚子木材公司貸欵之失檢等等，裏面不含有任何建議，僅僅指出謬誤的地方，促請政府今後加以注意而已。至於說司法機關對這些事件應該認眞處理，務使毋枉毋縱，那是司法職權內當然之事，批評文字中縱然夾敍有這類的話，應不包括在建議範圍之內。故批評不是「提案」，批評的文字有無附具建議，那是毫無關係的。故此，評論應該是如何如何的建議云云，這句話是講不通的，徒使人們發生不必要之誤解與紛亂耳。

再說第一點所謂建設性的問題。

這裏所稱的建設性，當然係針對「破壞性」而言。有時則稱建設性爲「積極性」。

建設性這句口號是極富「誘惑性」的。不僅非常動聽，而且正是大家渴求之而不可得的。蓋我國自從民元鼎革之後，嚴格的說，應是自從清末對外屢戰屢敗之後，全國上下都想把這個衰老殘破的國家，建設成爲一個現代化的國家，建設成爲一個國强民富的國家。正在百廢待「建」之際，有人喊出「建設性」的口號，任何人都是竭誠歡迎而無暇深思其故的。然而，建設自然離不開破壞，有時建設與破壞乃一事之二面，兩者很難明白劃分。蓋有許多事情必須先有破壞，然後纔有建設。記得民國初年國民黨的報紙，對於北洋政府和軍閥的腐敗政治，常有很嚴峻的批評，當時北洋政府及軍閥們常罵國民黨爲破壞分子，爲搗亂分子，並呼國民黨爲「亂黨」。對於亂黨黨人可以任意逮捕下獄，可以格殺不論。當時國民黨總理孫中山先生常常答復的說：「必須先有破壞，然後纔有建設」。「今日的破壞，爲的是將來的建設」。這正是說明建設與破壞乃有不可劃分的關係。除舊纔可以佈新，有破壞纔能有建設，兩者常是連帶發生的。

職是之故，每一評論必須是建設性的，這個要求是極不合理，也是不可能的。我們對於某一評論，設要評定其爲建設性抑爲破壞性，不僅不易說明二者的界線所在，如要勉强劃分，也是徒勞無功的。有時要建設必須先有破壞，有時有了破壞纔能引起各種建設，故批評縱令是破壞性的，事實上也常有其必要。

評論之目的，在於說明某某事件的是非和眞僞所在，使大家明瞭其眞實情況而作判斷，建設性與破壞性則不與焉。例如，批評「臺北市陰溝年來失疏，以致汚水橫流，臭氣四溢，有碍市民衞生」。這是責備市府對於疏濬陰溝之不力，評論可以至此爲止。指責其不力之處，當然冀其有所改進。因其與市民的健康有關，故於評論後面可以加上這樣一段：「希望市府趕快疏濬，以重市民健康」。可是這段話加不加沒有關係，前段評論之可以成立，則是絕無問題的。我們現在對這節評論來作一番評價，看看評論是否需要有建設性或積極性。

這節批評是不是對的，只要執臺北市居民而詢之，卽可明瞭。如果大多數的市民甚至一小部份市民都異口同聲的說：「這節批評眞是要得，實獲我心」。那麼，這節批評是合理的，固不必問其是否含有建設性。這裏也不必要人人贊同纔算是對的，只要有若干人同意卽可。臺北市陰溝淤塞，平時製造蚊蠅，雨時臭水汎濫，市民咸感痛苦而正呼籲無門，現在某一報刊正把他們心坎中要說的話說出來，他們當然齊聲喝采，稱讚不置，但若詢問他們，這節批評是不是含有建設性呢，我想誰也不敢作決定性的答復。

指出「臭氣四溢」，應該屬於破壞性一方面。但是，若不指出臭氣四溢，又怎能希望市府趕快來疏濬呢！從希望市府疏濬一點來看，又可說這節批評是含有建設性的。建設性如果照這樣來解釋，不論那一條批評都可說是含有建設性的。觀此亦可瞭解建設與破壞之不可截然的劃分了。自嚴格來說，這個場合所謂建設性，應該是說出陰溝要如何如何的疏濬纔對。那是土木工程專家的工作，當非一般評論家所能爲力了。所以說，要求評論要有建設性云云，不僅是不合理，而且是不可能的。

因此，對於一條評論的評價，只能問其所指責的事情是不是事實，如說陰溝汚水橫流是不是事實，如講陰溝臭氣四溢是不是事實，而不必過問這一節評論是不是含有建設性與非建設性。

再舉一個例子來說一說，看看要求評論必須有建設性是不是合理。近來（五月初）在臺北市公共汽車內看到左列一張保密標語，貼在車廂裏面（據說當時在臺灣省境內各電影院及公共場所，也有類似的標語）：

「能保守國家機密，纔能配做一個現代國民」。

對於這張標語，有左列一則評論：

「這張標語乍看之下，覺得用意很對，不過文法有點問題罷了（下面句子用了「配」字，就不應再加上一個「能」字。因爲配字就是能的意思。「纔能配做」這句話，不僅讀起來佶屈聱牙，文法也有點欠通）。凡屬現代國民都有保守國家機密的義務，誰還敢說這是不應該的呢！尤其是在反共復國的重要關頭。如若加以分析，我們立可發現這張標語是有問題的，是說不通的。試問「國家機密」是甚麼？其內涵一定要搞明白，不然的話，大家會動輒得咎的。

國家機密云云，應該是政府機關的某種政策（包括執行部份）而有關國家重大利益者，如軍事佈置和外交談判等等。這些事情在某一特定時間之內，應該不讓敵人知道，以免他們想法破壞或從中利用而陷我們於不利。故甚麼纔是國家機密，甚麼不是國家機密，只有這些政策的制定人、參與人和其執行人纔會知道。譬如勞勃森和雷德福上次來臺和我們政府談些甚麼，只有參與談判的人和其執行的人纔會知道，老百姓根本無法獲悉其內容，保守國家機密云云，眞不知從何做起。因此，保守國家機密的義務，應該是政策的制定人、參與人和其執行人，最多只能包括有關機關的政府官吏。如果這一點能做到，國家機密根本就不會外洩了。

羅斯福總統於一九四五年二月八日在雅爾達會議對史達林說：「他尚無機會和蔣委員長商談，他覺得和中國人商談的一個困難是：不論和他們談甚麼事情，在二十四個鐘頭內，全世界卽將獲悉此事。」這當然是指責中國政府官吏不守機密，並無意思說中國人民不守秘密。

至於老百姓，他們所獲悉的，只是每日報刊上所記載的消息和一些馬路新聞而已。國家機密如果傳給老百姓知道，那就已經不是機密了。因爲國家機密不僅不應使敵人知道，卽政策制定人、參與人和其執行人以外的人——包括政府官吏在內——都不應使其知道。故一般國民是不負保密責任的，因爲他們根本就不能判定那些是機密，那些不是機密。那麼，國家機密如果洩漏了，只能說是上述人員的責任。因此這張標語至多只能改爲：『能保守國家機密，纔配做一個現代官吏。』

可是，這一層意思在公務員服務法第四條內已經規定得很明白，當然用不着在車廂和公共場所再張貼標語，而車廂和公共場所所張貼的標語，應是專給一般老百姓看的。所以說：

「能保守國家機密，纔能配做一個現代國民」的標語是有問題的，是說不通的。制定這張標語的人，應該予以申斥，敎訓他們以後辦事要多用腦筋，少發糊塗文告，以免人家笑我們無知，只曉得亂貼標語。

此外還有一張標語，叫做「事事保密，人人防諜」。人人防諜還可說，事事保密就說不通了。第一、不會樣樣事情都要秘密的。第二、如果樣樣事情都要秘密，那是做不通的。秘密必須限制在必要的範圍以內，而且範圍要愈小愈好，然後纔能遵守無誤。天下事都要秘密，其結果天下事都不會秘密了。第三、秘密不秘密必須辨別清楚，分清界限，不可囫圇吞棗的說：「事事保密」。

中國政府的公文書，包括印刷品在內，動不動就在封面上加上一個「極機密」字樣，不審愼的辨別其內容是不是眞眞應該秘密。由於司空見慣，大家對於機密事件，都視若無足輕重了。羅斯福總統所指責的，就是由於這種不用腦筋、不負責任的官僚作風所造成，並不是中國人不會守秘密的。前一些時聽說某中央機關對於四年工業計劃的設計事項，用鉛印排印成一巨册，在封面上則印有極機密字樣。某次將這册子交一本與經援機關某外國人看，那個外國人見到計劃書是用鉛印印成的，在封面上則印有極機密字樣，於是不肯接受。他說這樣鉛印的，可能有幾百本（事實上印了二千本），將來誰人把機密洩漏出來，根本無法查悉，他不願擔負這個責任。這不過是說把機密看做「兒戲」的一個例子而已。

因此，某一官文書要不要秘密，應該加以充分考慮，不能隨隨便便的蓋上極秘密的圖章就算完事」。

上面這段評論是不是含有建設性呢？我想誰也無法作肯定的答覆。對於這段評論的評價，只有是非的問題，而無建設性或破壞性的問題。就是說，只要問這段評論的意思對不對，如果認爲是對的，評得非常合理的，主管機關今後就應該加以注意，加以反省，既不必問其有無建設性，也不要過問批評人的動機是如何的。

（下期續完）

民主必需有個人自由

龍一譯

一

由於共匪曾經嚷過「新民主」「人民民主專政」，民主似乎鬧出雙包案，使有些人發生惶惑之感。其實民主與非民主，界線非常淸楚，許多書刋已一再說明，但在若干人的觀念仍是相當模糊的今日（筆者曾數次恭聆別人貶責民主的宏論，無法贊一詞，因其毫無體認，所論皆不入題故也。），强聒不捨地將民主的意義，一再譬解，似乎還是十分需要的。

民主沒有專利商標，任何人都可以拿去裝點門面，但很容易辨認：只要看它有沒有個人自由，就可以分別它是不是民主。（它的分別當然不止這一點，但這是最基本最主要的。）民主不專看形式而要看內容：英國有女王沒有成文憲法也是民主，蘇俄有成文憲法沒有王室也是不民主，就是因爲英國有個人自由而蘇俄沒有。當前反共黨、反極權的戰鬪，不僅是消極的反抗，而是要解救世界上被奴役的五分之二的人類，使其獲得自由；共黨近雖感到崩潰將至而呼籲「和平共存」，但其思想、其敎條、其政治經濟體制，無一而能與自由世界並存。奴役與自由，二者祇能擇一，絕無共存之理。中俄共黨爲欺騙世人，雖可欽定一部憲法，指派一批代表，强迫人民投一張選票，甚至可以讓它的嘍囉組織尾巴黨，以冒充民主；然而它不敢提及個人自由。因爲有個人自由，鐵幕就非鑒個解體不可，奴役人民的暴君就非完蛋不可。

民主國家則必需有個人自由，包括身體、信仰、言論、講學、著作、出版、集會、結社、居住、遷徙等等自由。卽是尊重個人人格的尊嚴和獨立。在行爲方面不受非法的干涉，在知識的探討方面不受獨斷論的約制。然則個人自由何以爲必需？因爲社會國家係由個人組成，個人是國家社會的基礎。每個人均有其不可侵奪不可讓與的基本權利，國家政府以及各種社團，係爲保障個人的自由權利而設，非爲限制自由權利而設——祇有爲防止侵害他人自由、妨害公共安寧或避免緊急危難時，纔得以法律限制之。個人的自由與人格，並不爲國家組織所湮沒，而應在國家組織的保障下得到更合理的發展。民主最簡單的涵義是由人民作主，人民卽一個一個具體的人，必需具體的個人獲得基本的自由，作他自己的主人，纔能談得到作國家的主人。這就是民主必需有個人自由的最淺明的理由。

二

雖然如此，個人自由在理論上仍引起爭辨。

對個人自由持異議的日爾曼傳統觀念，認爲只有聽命於理念（最高觀念）的裁制而管束自己的纔算是自由，否則卽非自由。黑格爾代表這種看法，認爲國家係以實現羣體生活的理念爲目的，犧牲個體利益在所不惜。祇有國家纔能代表理念、代表普遍、代表客觀精神，至於家庭與社會，則不過爲實現國家觀念的方術途徑。故國家爲至上。而國家的理念，由君主具體實現；君主自由施行統治權，非人格的理性藉君主而變爲有意識的理性；普遍意志通過君主而變爲最高意志。黑氏自認其哲學，爲最後的哲學；當時德國政體，爲最高的政體。以君主爲國家代表，應有絕對自由，個人則應爲國家理念犧牲自由。

黑格爾的哲學，後來分爲血緣一貫而面貌不同的兩派，一爲左派的費爾巴哈等，一爲右派的葛瑟爾等，强調神的人格不減基督爲上帝化身的唯心論。一爲左派的費爾巴哈等，將黑氏的學說來一個百八十度的轉變，而倡導唯物論，至馬克思而集謬說之大成。納粹主義卽承襲黑格爾右派之說，認爲民主政治使個人生活混亂，沒有秩序，缺乏紀律，不能得到自由，惟有極權政治纔可以給人民比民主更高的自由；所以反對民主，要人民服從納粹領袖，以便得救。馬克思共產主義，則將黑格爾的唯心辨證法，改爲唯物辨證法；認爲一切都在矛盾對立，一個否定一個；由是共黨的清算鬪爭奴役屠殺否定個人自由，全都有了「哲學」的論據。

唯心一元論者認爲個人自由破壞了「國家理念」「普遍意志」，唯物一元論者認爲個人自由破壞了「組織控制」「階級利益」；而民主必需有個人自由，於是右派的納粹乾脆反對民主，鼓吹德意志之統一與團結，一切權力與責任均集中於領袖之手。左派的俄帝附庸却異想天開地竊盜民主招牌，（但不倫不類地綴以「新」字或「專政」字樣，以彰其蹩扭。）議會、選舉、憲法、樣樣都有，祇是聞不到一點個人自由的氣息。

唯心一元論或唯物一元論之所以大受左右極權者的寵愛，即由於其能提供扼殺個人自由的理論。因不論何種一元論，都要建立一個嚴格劃一的宇宙，在它所建立的宇宙中，所有事物，均係爲達成一定的目的，循必然的法則發展，固定不可改移；它們認爲各種具體而複雜的多樣性的個別的事物，均應爲構造這個單一與崇高的宇宙而犧牲，於是個人自由乃成爲罪惡。一元論者以橫蠻而武斷的態度，說它們說的就是絕對的眞理；纏夾不清，信口開河。黑格爾的哲學寫了十九厚册，馬克思的資本論寫了三大卷。用些晦澀的詞句，旣艱深又固陋。如果你鑽進他的迷魂陣，一輩子也爬不出來，因爲你讀完十九厚册三大卷，不怕你不頭昏腦脹，胡里胡塗地接受他的觀點。

很不幸的，我國近幾十年的思想界，由於納粹和國際共黨組織在各方面的滲透與疲勞宣傳，許多人在無意間都看了或聽了一些黑格爾或馬克思的理論，他們雖一個唯心一個唯物，但其爲自由民主思想的反對者則同。而若干人由於有一種思想先入爲主，基於惰性的原因，在反唯物一元論的時候，不願去找一種合理的可實證的哲學來作思想戰的武器，却順便將唯心論搬出來，作爲攻擊唯物論的哲學基礎。這等於將這個瓶子的酒倒進那個瓶子，兩個瓶子雖貼了不同的標記，酒總是一樣的。所以我們反共剿共已有許多年，而似乎僅是行動，在思想上缺乏鮮明有力的號召，亦即缺乏對個人自由理論的發揚與倡導。

三

個人自由的觀念，導源於英國的洛克，而實現於英美的政治與經濟，在現代則以實證的多元論爲其理論的根據。一元論有一個嚴整而規律的宇宙，一切循正反合或矛盾否定的必然法則發展；實證的多元論却攻垮了一切都在矛盾鬪爭的鬼話，證明宇宙間所有事物都有連續性，彼此交互影響。宇宙祇是一個交互影響的大組織。在交互影響的宇宙中的每件東西，都是單獨存在的完整的東西。這個東西之內，又有許多事物在交互影響；但每個東西均個別地存在，有其個性；與較大環境中別的東西，發生了交互影響，非但不減少個性，而且增加其個性。每個個別的東西，在性質上都是交互影響的許多性質的全體，應該個別自由發展，而不相妨害。因之一元論向我們要求一種單一的經常而一般的習慣，以應付未來的生存；多元論則要求我們必需形成幾種彼此互不相同，而且也不能互相變化的習慣，以應付世界上的事變，並掌握它們。

多元論贊美新奇、冒險、機會、以及一種多彩的美學的實在，給予偶然性、自由、新事物以地位；並對實證的方法，給以行動的完全自由。這種實證的方法，能大量擴張。當它看到統一時，接受統一性；但決不將各種事物的廣大複雜性，硬納入一單一的唯理模式中。認爲可以實證的纔是眞理，而普遍絕對的眞理僅是一種理想；以現在的宇宙是一個生長過程中的宇宙，一個在若干部份還是可塑的宇宙。由是說明個人自由爲宇宙間自然之理，個人個性的發展是宇宙生長過程中所必需。這種理論與愛因斯坦的物理學及現代科學互相印證，而確定其堅強穩固的基礎。因之黑格爾的唯心論及馬克思的唯物論所建立的嚴整有規律的宇宙，所臆造的僞妄眞理，在實證多元論之前，不能不崩潰解體。從而基於此等理論演繹出來控制個人自由犧牲個人自由的說法，也根本難於立足了。

作爲個體自由之理論依據的多元論，最早出現於古代希臘哲人，我國儒家也有「道並行而不相悖、萬物並育而不相害」之說。本來宇宙是無始無終、無涯無際、連續性的浩瀚長流，在生生不已地創造發展。各種具體的個別事物，於生生不已中交互影響，以促成整個宇宙的運行，而達到「天行健，君子以自强不息。」（天指自然現象，君子指個人。）在這個宇宙中，個體的個性自不爲宇宙全體所湮沒，全體也不因個體個性的存在發展而渙散；反而正因個性的自由發展，促進全體的無限發展。宇宙間的一切只在交互影響互相依存，需要互助合作共同競爭發展；絕不是如黑格爾馬克思所說，一切在鬪爭衝突，一個否定一個，——鬪爭衝突的現象只是變態的，暫時的，特別的，而非正常的普遍的永遠的。

可是我國雖有並行並育的傳統觀念，事實上也是各種宗教各種學說兼容並包的國家。然而自秦代奉行荀卿李斯之說，以大一統的觀念箝制學術思想。（此係以荀卿「立隆正」之說爲根據。）以後漢武師秦皇之故智，定儒家於一尊，伴崇儒而實用法術，以尊王的春秋爲大法，並倡孔子代漢制作的怪論，使儒家的微言大義，由於尊孔而盡亡。帝王專制，因公孫宏董仲舒而得到形式上的儀制與理論上的依據。雖那時政治上的控制，遠不如今日匪俄的嚴密，人民在事實上仍有甚多的自由；但在理論上，思想應以儒家之說爲依歸，行動應以君父之令爲準據，個人的自由與獨立人格是不存在的。個人在家庭是子弟，在國家是子民。父要子死，不得不死，君要臣亡，不得不亡，（不能問君父「要」不要得合理合法，都只有絕對服從。）每個人的人格，爲家或國所湮沒所犧牲；個人既不能自由獨立發展，積個人而成的國家，乃亦無法健全發展。因之我國自漢唐而後，整個民族呈現衰老氣象，與春秋戰國那種活潑騰躍的民族性比較，差得太遠了。（唐初的發展，應是魏晉六朝思想開放後的結果，而非完全由於唐太宗個人的聖文神武。同樣拿破崙之橫掃歐陸，亦是當時法蘭西民族爭取自由的勝利，而非由於拿氏之軍事天才，故稱帝後即一蹶不振。）

四

若干人主張個人自由應該犧牲的最大理由，是為了加强組織，鞏固團結；認為個人自由足以使團結解體，組織渙散。這可說全是誤解個人自由的說法。

前面已經說過：整個宇宙是各個事物連續性的交互影響的全體，每個事物在交互影響中獨立存在，自由發展。但它不可能脫離這個交互影響的全體，更不可能使這個全體渙散或解體。是故個體固然影響全體，全體更影響個體。有個體的相互影響及發展，纔能促進全體的發展；有全體的發展，纔能誘導個體的發展。由是在人類社會中，個人自由實在需從團體組織中實現，從個人與個人、個人與團體組織的交互影響中實現。（如飄流在孤島中的魯濱遜，則個人自由殊無意義。）個人藉團體組織的保障而得以自由發展，團體組織藉個人自由發展而得以擴張生機，加强力量。如果加入團體組織便需犧牲個人自由，消滅個性，則所謂團體組織，即將變成一潭無生命的死水，除開接受上級命令之外，毫無活力可言。是故英美自由放任的結果，其國家團體的組織不但不見渙散，而且日趨强盛；而極權國家箝制個人自由的結果，却使其組織整個崩潰，希特勒、墨索里尼已是如此，匪俄政權的結果自必如此。

然而個人自由也不是毫無限制，其唯一的限制是不侵害他人自由及妨害公共安寧秩序。（這是法律上所定的名詞，其實可統攝於妨害他人自由的範圍之內。）因為每個人都有自由發展的權利，如果你妨害了別人自由，別人就同樣可以妨害你的自由。所有的鬪爭衝突便將由此而起，社會國家以及世界也就永遠得不到安寧。美國的諺語說：「個人自由的終點，應在公衆受到損害的起點。」極權國家對人民自由的限制，却不是避免妨害他人自由，而是獨裁者把所有人民的自由收歸他個人所有。混沌乾坤一口包。他代表眞理，代表普遍意志，代表紀律及階級；他雖然一樣要穿衣、吃飯、痾屎、呼吸人間空氣，但儼然是擁有絕對權威永無錯誤的神。於是侵犯人民自由，犧牲人民自由，都是其權力範圍以內的事；結果不僅人民深受荼毒，極權者自己亦終於為權力的重擔所壓倒。

民主政治中的個人自由在尊重個人人格獨立，與發展個人無限潛能。故以不得妨害他人自由為唯一限制。個人自由須從人與人間和善相處，互助合作共同發展中表現，因之有極崇高的道德價值，與孔門心傳的忠恕之道相通。其效果是促進國家組織的發展，而絕不會妨礙國家組織的發展。英美的個人自由，現仍未達理想境界，有一個哲人曾感慨地說：「自由如愛情，常在喪失之中。」尤其是在社會主義思想四處傳播的時候，自由的空氣常為之混濁。

我國對個人自由的保障，載在憲法。事實上每個人都有甚多的自由。全世界各種宗教，差不多在我國都有，對人民的信仰亦從未加以限制，而且原有的多神教亦近乎多元論。但理論上却尚少人提倡個人自由闡釋個人自由。大抵由於儒家重視家與宗族，輕視個人，談個人自由幾有離經叛道之嫌。再加上外來的唯心一元論及唯物一元論的影響，於是就常聽到犧牲個人自由爭取國家自由之說。殊不知「國者人之積」，個人若不能自由發展其聰明才智，則其所積成的國亦必毫無力量。現在要使國家組織强大並走上民主的正軌，進而喚起鐵幕內被奴役人民的自由覺知，起而推翻中共偽政權，便必需闡揚個人自由的正確理論。在民主政治中發展正當的個人自由，使每一個人都能充分地自由發展其天賦潛能：智者竭謀，勇者盡力，學者貢獻其高度的知慧，言者無保留地發揮其見解，百工技藝各就其所學所能而發展。社會各階層各行業的人員，如千崖競秀，萬壑爭流，交互影響，各展所長，互助協進，則國家組織的力量，必為之蓬勃發展，反攻復國的大業，必可早日獲致完成。

四十四年七月三日

亞洲反共人民的團結問題

包時學

一般西方人雖然尚不澈底了解，但是亞洲人無不洞悉國際共產黨征服世界的策略是從控制亞洲入手。不僅列寧早就說過，到歐洲的捷徑是由北平取道加爾各答，史達林也指示他的徒子徒孫，「問題是在東方，……若不重視東方，社會主義是不會成功的。」而這三十餘年來的事實演變，尤其是第二次世界大戰後國際局勢的變化，不僅證實了共黨征服世界、奴役人羣的策略，並且也充分說明了亞洲的重要以及亞洲所受的犧牲。在赤禍的橫流中，亞洲人既然受的痛苦最大，而了解也最深，亞洲愛好自由民主的人民以至政府似應早有堅强反共的團結與聯盟。然而，事實上，這八年來其他自由世界國家在美國領導下已分別組成反共的聯盟，但在亞洲則除去年始行形成的東南亞公約外，尚有不少的國家耽迷於中立主義的幻想，更有堅決反共的國家而至今尚不能與其他反共的國家密切合作。就是亞洲人民自身的反共運動雖已開始，也不能依照計畫順利的推進。其中原因實有探討的必要。據個人的看法，目前延遲或阻撓亞洲反共團結的因素，約有下列四項：

第一、狹義的國家主義——亞洲各民族不僅有悠久的歷史，且各有不同的風俗習慣與民族性。在工商業未普遍發達，及交通運輸未完全現代化以前，各民族間的彼此認識、了解以至互信，自較其他工業化的社會為難。而亞洲各民族在近代史中均各求反抗殖民地主義，以謀求各民族的自主與獨立，因此均倡導民族主義或愛國主義。此種思潮乃極自然的現象，不能加以責難，且實有予以鼓勵的必要。但倡導民族主義或愛國主義若不得其道，不僅加深各民族間的差異與誤解，且對於各民族間彼此急需的互信與合作亦可能產生一時不易克服的困難與阻礙。有人說尼赫魯所主張的中立主義是懷有自卑感的國家主義，因爲尼赫魯之流一面要想遇事都能獨立自主，不受別人的干預與影響，而他方面對於自由與共產兩個世界的對壘又不敢有所主張，遂出而倡導不明是非、不分黑白、自欺欺人、自誤誤人的中立主義。這不能不說是狹義國家主義的錯誤。同樣的，狂妄盲動的愛國主義（Chauvinism）也可以說是誇大狂的國家主義，一切以本國爲中心，旣念舊惡，更記新怨，親我者厚，離我者仇，雖然反共甚爲堅決，但很難因爲抵抗或打擊當前共同敵人而能開誠相讓與人合作。此兩種狹義的國家主義，在當前的亞洲民族中不能不說是相當的流行。因此，亞洲反共的運動在短時期內不能不遇着若干的阻礙與挫拆。

第二、亞洲民族間尚無彼此合作的經驗——亞洲各民族在與西方國家接觸以前，因交通運輸的阻礙等因素，彼此間甚少往還，縱使有國交的關係，多是宗主國與藩屬的關係，很少有平等互惠的交往。因此，亞洲民族彼此間不僅缺乏合作上必需的經驗，更缺少合作上應有的互信。海運發達，交通利便後，亞洲各民族間自可增進合作。不幸大多數亞洲的國家或地區先後淪爲西方的殖民地或次殖民地，亞洲各地區與西方國家的關係自然加强，與西方人合作的機會因而增加，但亞洲民族間彼此的合作不僅不能因近代交通運輸的進步而加多，反因近代西方帝國主義在亞洲的橫行而減少。此一現象在高棉某一高級官吏對 Delia and Ferdinand Kuhn 兩人所發表的談話中，可以獲得充分的證實與說明。他說：「在近一百年來我們除了邊境的衝突外，很少與鄰邦有接觸的機會。我們殖民地的統治者設法使我們亞洲人彼此不相認識。他們的做法也很合於實際。他們僅建設殖民地與宗主國間的交通線，因此高棉人在商業、語言及教育上與法國的聯繫遠較與隣邦泰國爲强。」（見所著 Who Can Save Asia ? 載本年四月一日出版的 Collier's）這種情況不僅高棉如此，其他亞洲以前曾爲殖民地與次殖民地的地區均有類似的情形。第二次世界大戰後，亞洲絕大多數的國家或地區雖然先後獲得自主或獨立，但爲時不迨十年左右，這短暫的時間，自然不能培養民族間彼此平等合作上必需的經驗與互信。在這樣的環境下，雖有共同的敵人當前，欲不費大力、不花時間，而能獲得亞洲各國反共人民的精誠合作，當然不是一件容易的事情。

第三、亞洲國家普遍的貧弱——不容否認的是一般亞洲國家均甚貧弱，這一普遍的貧弱不僅成爲共產主義的溫床，也使亞洲自由國家不能單獨或聯合數國的力量可以對抗國際共產集團。今天亞洲自由國家或地區要想抵抗或消滅共產主義，必須獲得其他自由世界各國，尤其是美國的幫助與扶持。然而，直到今天，自由世界對於反共僅能說是消極上的應付，就是美國似乎還沒有全盤的具體方略。雖然，在歐洲美洲方面美國比較積極，但對於亞洲，僅在最近數年來始行加以重視，但至今尙無積極的辦法。在這樣的情況下，一般亞洲的國家既然「地醜德齊」，不能獲得一個比較强有力的國家出而領導其他亞洲國家進行反共，則只有羣策羣力，共同爲反共而合作。這是如何艱難的一項工作！自然不是短時期內可以一氣呵成的。

並且，在貧弱的國家內，很難造成强有力的輿論，也很難建立眞正的民主政治。因此，在亞洲從然反共的人民亟欲團結一致，共同爲反共而努力，但這種國民外交不僅不容易影響有關當局的決策，有時有關當局的態度反而可以左右人民的反共運動。同時，在貧弱的地區內，多數人均急功好利，很難有深謀遠慮的人才。在亞洲貧弱的國家內，很可能產生革命志士以至英雄豪傑，但是很難培養眼光遠大氣度恢宏的政治家。這當然也增添了亞洲反共運動的不少阻礙與困難。

第四、亞洲易受外力的干預與離間——動盪中的亞洲是很容易受外面的影響。國際共產集團當前的企圖既在赤化亞洲，對於亞洲的反共運動自然要設法加以阻撓與破壞。去年爲越南停戰所締結的日內瓦協定，竟依照中共匪黨的要求，不許越南三邦政府參加反共組織，卽此可見共黨是如何懼怕亞洲的反共運動，以及其如何設法阻撓這一運動。共黨的活動素來是地下工作重於公開的活動。在公開行動中共黨旣設法阻止亞洲的反共運動，在秘密的工作中，我們可以推斷共匪必然採用各種詭計與手段以打擊及破壞亞洲的反共運動。挑撥與離間必然是他們所要使用的方法。在反共陣營中沒有裂痕，共匪必然盡力設法造成裂痕；若有細微的破綻，共匪絕對設法擴大而盡量予以利用。列寧在左傾幼稚病書中，卽說：「要戰敗敵人，其唯一的方法是盡量的、謹愼的、與有意識的利用敵人羣衆中的微小裂痕。」此一泛論絕無意暗示某一事件中必定有共匪在從中作祟，但我們爲亞洲反共運動的成功，不能不指出這一危機，而增加我們的注意與警覺。

除共匪的挑撥離間外，另一種對亞洲反共運動的外力干涉，卽是殖民地主義的殘餘勢力。目前的亞洲雖然大部份的國家與地區均已先後獲得自主與獨立，但仍有少數地區還是受着別國的統治，在這些地區中，縱然居民是堅決反共，但是常因當地政府的阻撓留難而無法參加亞洲人民共同反共的組織。在有些亞洲的國家內，雖然是獲得了獨立，但殘餘的帝國主義力量仍然對亞洲人自發自動的組織表示歧視與不滿，常常利用其地位以影響當地人民的態度。

以上所舉四種因素，僅是當前亞洲反共運動上的較大阻礙，其他恕不贅論。這些因素在目前看來似乎不易克服；但是，在大敵當前，亞洲人面臨生死存續的時候，任何一種刺激或挑釁自應引起適當的反應以克服之。我們對亞洲人民的智慧與毅力是有絕對的信心，因此，我們毫不遲疑的相信，在短時期內亞洲的反共運動必能克服亞洲反共團結上的一切阻礙與困難，而向成功的大道邁進！抱着這種信心，個人始敢指出當前亞洲反共人民在團結上所要遭遇的困難，一方面使我們有所警惕，謹愼的從事反共的團結運動，他方面也使我們有耐心的去克服所有的困難。任何偉大的事業必然有若干的挫拆，要能因頓挫而加倍努力，始能獲得最後的成功！

香港通訊

如何加強華僑聯繫、團結反共人士

陶志俠

自由中國列位編輯先生：

我們是貴刊多年來的忠實讀者，對貴刊之發聵振聾、和言人之所不敢言的地方，非常感到欣慰與敬佩。同時我們也常常覺得難過，因爲在民主國家裏面，在法律範圍之內，應該是沒有甚麼話不可以講的。如果還有忌諱的話，那民主國家的頭銜是要打個折扣的。

我們這一羣海外的反共人士，一直對現政府所抱持的反共政策——關閉政策——是不能了解的。反共而又採取「關閉政策」（關閉政策這句話，是襲用陳君的話，措辭雖覺生硬，其用意則是很明白的），於是就產生矛盾了。而且正是矛盾百出了。政府爲甚麼對這些矛盾竟不自覺，竟視若無睹呢！而這些矛盾雖經海內外人士一再指出，迄今仍不想法解除呢，我們眞是百思而不得其解的。也許只知愛國而無其他私念的我們，心眼太笨了吧！我說矛盾百出，立委成舍我於本年三月四日在立法院對政府的質詢，只不過是這些矛盾中之一端而已！政府對這些質詢的答覆，顯然無法自圓其說，當然不會令人滿意的。這樣作法，只有增加人們的離心力罷了，其他似乎一無所獲也。

× × × ×

現在讀了七月一日出版的貴刊第十三卷第一期刊載的陳立人君「觀永恆之島後」的投書，對陳君情詞懇切的熱烈呼籲，我們深有同感。我們彼此的意見，可以說是完全一致的。就是認爲我們的祖國——反共中心的自由中國——現政府的反共政策已面臨到「非改不可」的階段了。如果眞這樣不自覺的、任性的繼續下去，將是自己孤立自己罷了。古人說得好，「窮則變，變則通」，我們已面臨到非變不通的時候了。

現在我特地把我們的綜合意見寫在下面，希望貴刊本着愛國家愛民族的大無畏的精神予以發表，以喚起政府的注意。這裏所稱的「我們」，這裏所稱的「綜合意見」，是表示這些意見乃是一羣海外反共人士的共同意見，儘管人微而言輕，但決不是那一個人的私見。請你們本着愛國家愛民族的大無畏的精神予以發表者，這篇文章可能有觸犯當局忌諱之處，希望你們不要顧慮太多，因爲國家已到了如此的田地，覆巢之下決無完卵的。我們這羣人年來在海外茹苦含辛，努力從事反共工作，我們別無所求，只希望早日打回大陸，消滅共匪，重返家園，正如左舜生先生所說的：

「今天海外一般流亡人士的心理，我們大致是清楚的：他們決不以確保臺澎及中國沿海若干島嶼爲滿足，他們所熱烈期待的，是終有一天能夠返回大陸」（見四四年七月二日自由人報）。

× × × ×

現在絕對不要否認的，是自由中國政府——中華民國政府——的聲威，在華僑中間是普遍的日趨低落。同時，在其相反的一方面，共匪的「市價」，除香港外，（香港人士之轉變反共，是由於共匪在大陸之作惡所造成，惟近來受到共匪統戰工作的影響很大，衞立煌的投匪不過其中一例耳。）在華僑心目中，是一天的上漲一天。有的更以爲共匪眞正是了不起的傢伙。他們認爲共匪才是中國近百年來唯一能與白種人分庭抗禮、能使白種人一讓再讓的强大國家。這絕不是長他人的志氣，滅自己的威風。這是事實。我們面對這些事實，要能坦白承認而思有以改善。惟有虛心接受事實的人，才有改正自新的可能，終日妄自尊大，終究會歸失敗的。我們在不久之前，因業務關係，會到東南亞一帶旅行，如新加坡、椰加達、萬隆、曼谷和仰光等地走了一趟，因爲我們談話比較客觀，故能觀察入微；而我們又不是甚麼大員，甚麼黨委，他們也願意盡情吐露。因此，我們知道華僑在內心上是十分痛苦的，是徬徨歧途的。

× × × ×

華僑之所以變成今日這個樣子，其理由約如下述：

第一　共匪在華僑中的偶像，主要的是去年日內瓦會議造成的。日內瓦會議的召開，迫使民主國家一讓再讓，其結果把越南弄得四分五裂，共產主義陣營却大大的成功了。法國人那一幅殖民主義者的面孔，在東方簡直看不起黃色面孔的人，可是當時對共匪簡直像奴才伺候主子一樣。美國在胡志明圍攻奠邊府之際，雖由國務卿杜勒斯扯了幾聲空大砲，虛張了一下聲勢，可是在整個會議的階段中，則一無表現，最後只不過是烏龜縮頭式的不在協定上簽字而已，但仍然發表了一個聲明，說明美國不加阻撓耳。由於這一齣有聲有色的國際表演，華僑——天眞的華僑——竟覺得共匪已把中國變成了世界上一個大大的强國。你說他們這些想法是幼稚可笑嗎？可是在那個時候華僑居留各地的報紙（不僅左傾報紙是如此），天天登載共匪代表團如何的活動；孟德士法朗斯如何奴顏婢膝的伺候周恩來，艾登如何僕僕風塵的來做和事老。不僅此也，等到周匪一羣訪問印緬的時候，尼赫魯和宇汝這班小丑，率領了一大羣蝦兵蟹將，如何的夾道歡迎，如何竭誠欵待，猶如接待天朝上國的大員一樣。報紙連篇累幅登載的，極盡歌頌宣揚之能事。你們要曉得華僑們是多年來受了帝國主義者的欺凌侮辱，遭了殖民主義者的壓迫蹂躪，對於白色鬼子，早已恨之切骨，總希望中國有一天變强起來，他們可以揚眉吐氣，過去之幫助孫總理來革命，也是出於同一的心理。今見共黨之所爲，白色鬼子居然低聲下氣，奴顏婢膝；共匪足跡之所至，備受這些接待國家之歡迎，卽艾森豪和丘吉爾訪問這些國家，其能享受之接待，當亦不過如此吧！怎能怪華僑不感到高興而眉飛色舞啊！

× × × ×

第二　共匪今日在華僑的地位，亞非會議乃是造成的次一因素。正當華僑崇拜共匪之際，今年又憑空的來了一個甚麼亞非會議，更把共匪捧上天去了。只看印尼總統蘇加諾之接待周匪，其他與會國家則是望塵莫及的。這個會議，印尼原想以她爲中心的，而尼赫魯以拉攏有功，更想做領導的人物，不料各國代表爭予周匪攀交情，想和共匪拉關係，把個尼丑冷落得了不得。在會議中間，印尼政府還與共匪簽定了一個華僑國籍協定，其他東南亞國家，想如法泡製的也大有國家在。

華僑對一切事物，也會比較觀察的，何況人總是感情的動物，有時不免從感情來觀察事物。因爲他們看到民主國家不僅不能聯合起來對付共匪的侵略，反而各自爲政，想與共匪打交道；甚至對共匪表示好感起見，還要贊成共匪吞併臺灣。客觀情形如此，怎能怪他們不對共匪嚮往呢！有些人，眼看大勢已去，還想找門路與共匪要好，爲他日倚身之靠。大陸淪陷前，許多不能離開的人，紛紛找關係以求與共匪接近的一幕，正在華僑各地展開啊！

至於共匪在大陸上之殘酷暴行，淸算鬪爭等等傷天害理的事情，因爲距離他們很遠，他們旣未目擊，而且聽到的也不多，何況共匪每次殺人，總是鄭重其事的宣布說：是殺的搗亂破壞的國特，是殺的過去榨取人民的貪腐份子，淸算的：都是反動份子，都是惡霸土豪。你們要曉得，華僑的讀物中，大部份都是替共匪宣揚的報刊，都是爲共匪鼓吹的書籍，天天歌頌他們的政治如何有進步，建設如何有成績，導准如何成功，築路如何迅速。並且說，國民黨政府計劃建設多年而未完成之成渝、天水等等鐵路，他們竟接二連三的完成了。他們還要計劃修建揚子江鐵橋，他們還要計劃開發西北。總之，他們宣稱時刻在求進步。你能說他們都是在吹牛麼？可是他們偏偏編有畫報爲憑，詳細說明，有條不紊，按圖索眞，可以使人們深信不疑。至此，你又怎能怪華僑相信共匪確實在苦幹建國呢！

我們到南洋各埠之初，特地到各處査看臺灣出版的刊物。可是使我們失望得很，此間可經常看到的臺灣出版物，眞是可憐得很，除了貴刊之外，只有正中書局出版的幾本書籍。臺灣出版的畫報則一本也沒有。香港出版的有祖國周刊、新聞天地、自由陣線和亞洲畫報、以及美國新聞處印行的今日世界，全部合起來比起紅色刊物，簡直無法比擬。華僑天眞得很，在這種形勢懸殊之下，那能不使他們傾向共匪呢！

第三　共匪的滲透和統戰工作，也是造成華僑靠攏的原因。共匪的滲透工作，眞如水銀瀉地，無孔不入。華僑各階層、各學校和各工會中，都有共匪份子或其同路人肆意活動。其中尤以學生團體和職工會爲共匪活動的大本營。其實，這些團體中，眞正共產黨員並不多，在某些場合，共產黨員並不比國民黨員來得多，不過他們活動力很强，儘管人數雖少，却可以操縱這些團體。共匪利用的口號，並不一定都是唯物辨證法，或階級鬪爭的法寶。他們是隨時隨地在矛盾中找辦法，正如殷海光先生所下的定義：「共產黨對於未控制的地區，是一毛病尋求者（A fault-finder)」（見祖國周刊第一一九號）。從這些毛病上來危言聳聽和顚倒黑白，以破壞現在的秩序和政府的力量，以增加附和自己的徒衆。

最近共匪又在東南亞各地搞什麼「統一戰線」工作，派人到處活動、訪問、遊說，不問對方是反共的或中立的，甚至是討厭共匪透頂的，他們總是厚着臉皮的登門請敎，以鼓其如簧之舌，說得天花亂墜。其態度之謙恭，談話之和氣，簡直使你想像不到他們是面目猙獰的共產黨，也使你不忍相信他們是口蜜腹劍、殺人不眨眼的共產黨。尤其使你不疑有他的，他們(共匪)開始並不同你們談政治，說共產黨好，也不說國民黨或臺灣壞，只是談人情，說家常，以及風花雪月，球賽歌舞之類。最後才說出美國是個帝國主義者，是個侵略者，英國則唯利是視，法國則亂七八糟，然後說出共產黨是人類的救星，是弱小民族的扶持者，（他們在這裏不說共產黨是勞苦大衆的扶持者，因對方常是有錢有地位的人）是復興中國的人。而國民黨則專事仰人鼻息，是帝國主義的××，是美國的××，總是跟着美國人打自己。他們的談話，常常要繞上三百六十度的大圈子，然後方轉到本題，說出他們要說出的話。而且可能不一次講出心中要說的話，三日一訪，五日一談，裝得非常親暱的樣子，使你絕對不會相信他們是爲共匪作說客的。初次來訪，常是經人介紹，並且得你許可之後再來，決不是冒冒失失的造次上門。

最厲利的是：他們不避艱苦，不計成敗，一而再，再而三，縱不能說得你跟着他們同走，最小限度可以使你中立化，使你不同情國民黨或國民政府，更進一步使你討厭國民黨或國民政府。

可是在另外一方面，未見國民黨員有怎樣積極的活動。不要說，未聽到臺灣方面有人來工作，卽當地的國民黨員，儘管人數並不少，多是藏頭縮尾，甚至不敢公開活動，好像自漸形穢的樣子，正如大陸淪陷的前夕，上焉者深居簡出，下焉者拉攏關係。這樣任其一面倒下去，華僑中還有幾人會挺身出來反共呢？

共匪今日在華僑中的地位，無疑的是一些中立主義者爲之塑成的，無疑的是一些退縮主義者釀造促致的，而我們自己之無能失職，則是不容否認的。過去在大陸之失敗，絕不是共產黨之有辦法，而是我們自己之無能所致。華僑今日之傾向共產黨，旣是由於這個緣故所造成，時至今日，我們還不痛改前非，急起直追麼？

× × × ×

有人說，我們政府對這些地方沒有邦交，活動是很困難的。這些話也未必盡然。過去華僑中就有多數的國民黨員，而同情國民黨的人又居多數，如果國民黨人認眞工作，何至失敗至此。何況東南亞各地政府，大多數仍是反共的。故不能以沒有邦交來解脫自己之無能。埃及不是與中華民國有邦交麼？何以又與共匪簽訂甚麼文化協定啊！說到此地，我常想到我們在有邦交的國家，也未必都有工作表現啊！我國駐比大使金問泗在美養病已有二年，仍舊掛着大使頭銜支取薪金。這究竟是甚麼作風啊！恐怕世界上很少有這樣的例子吧！政府官吏是爲人民服務的，是要做事的，且要有新陳代謝，不能專講人事關係。或謂金問泗辭職之後，再派大使比國政府可能不會同意。果如此，乾脆不派大使亦無不可，橫直有汪公使任代辦就行了。現在名義上雖有大使，事實上還不是等於沒有麼？此外，聽說美國芝加哥領事館很不盡職，有人找領事館找了幾天才找到，會面更不容易。這些傳聞很多，不知外交部聽到沒有？有沒有想辦法來糾正？據說顧維鈞大使一星期也有二天不在華盛頓而在紐約，××××××。總之，國民政府在大陸上之失敗，就是賞罰不明，用人失去標準，圈子裏面的人都是好的，一人成佛，鷄犬升天，其結果所致，官吏無能，士無鬭志，人心乃隨之以去了。這些毛病，人人皆知，今日再不切實糾正，刷新政治，怎能收攬人心，反攻大陸啊！

× × × ×

我們一行在東南亞各地觀察結果，還發現一件怪事，就是國民黨員(也許不全是如此)，對於反共而不與他們接近的人士，對於反共而有批評國民政府的人士，不僅不像共產黨一樣，千方百計的去爭取，反而視爲仇敵，背後罵不絕口，說他們是反政府的，說他們是第三勢力——。不曉得這是一種甚麼作風。我們這些人——不問甚麼勢力，只想打回大陸，消滅共匪的人——對於這種作風，眞是無法了解。這眞是爲淵驅魚的作法。有人說這是受了臺灣國民黨的影響，不知究竟對不對？上有好者，下必有甚焉，國民黨的中央如有這種想法，效尤者自會接踵而來，那就難怪海外黨員的胸襟之窄小了。

今日共匪聲勢之浩大，影響之深廣，把海內外所有反共人士，不論他是甚麼派別，一齊聯合起來，尚且不易與之抗衡，還能各自爲政，自相詆毀，自相抵消麼？這個內訌國民黨及國民政府固應負責，而號稱第三勢力的人們，也是不能辭其咎的。今日何日，大家還不痛自懺悔而洗心革面啊！

× × × ×

爲今之計，我們大家，主要的是我們政府（包括國民黨）要針對現實，趕緊想辦法來改善這個局面。亡羊而不補牢，前途更是不堪設想的。我特地貢獻出我們的聯合意見，是否可用，你們卓裁吧！

第一　臺灣方面要多多派人（要用各種身份出去，如新聞記者、文化人、商人，避免是政府派的或支持的），到東南亞各處走走。這些人要不動聲色，姓名少見報紙，不要對新聞記者發表談話。最好派國民黨色彩較淡的人員前往（爲甚麼要建議政府應少派黨部工作人員出去呢！我們一行最近在新加坡碰到一位由臺灣國民黨海外部派來的該部主任秘書李菊休其人者，到處大模大樣，自以爲是中央派的大員，說話總是教訓人的口脗，動不動說人家不懂。許多人都不敢接近他，也不願接近他。有一次在一個地方談話。有人向他建議的說：以與民主國家爲陣營而共同反共的今日，臺灣的政治作風，還有許多地方要改善，還要更民主一些；言論自由的尺度也要再放寬些。你曉得他怎樣的回答囉。他竟乾脆的說：「我主張獨裁，甚麼民主，自由！」你們想想，海外僑胞聽到這些話作何感想！這樣的人多到海外去一個，就是替你們面孔上多塗一層狗屎）。如能派民主人士更佳，因爲他們說的話，中立人士比較容易接受。臺灣有的是立監委員和國大代表，其中合此條件而能勝任的人一定不少。女士尤勝於男士，她們說話易於收效。其任務：一方面把臺灣的政治、經濟、軍事情況，和各種建設的成績，詳細說給他們聽。如能輔以各種照片，如三七五減租、耕者有其田和各種建設（如天冷電廠、西螺大橋）的照片，以及三軍訓練和工人生活改善的照片，繪影繪聲的講給他們聽，更可加深他們的了解。因爲口說究竟是無憑的。另一方面可把共匪在大陸上作惡的情形，匪諜在臺灣的破壞工作和滲透活動，輔以大鼻子（俄寇）的操縱把持和作威作福的情形，用比較客觀的方法說給他們聽。如有眞實照片給他們看，或用幻燈映給他們看，更可使他們明瞭這是實情，不是政府或反共人士爲反共而特意編造出來的。這些照片臺灣政府手中一定很多，收集當是輕而易舉之事。惟請特別注意的，這些講話至多只能用座談會，切忌用講演會方式。因爲既不可能使人人知道，我們的目的，要使各方領袖明白敵我情形，由他們自己轉述傳播，其收效自比大聲疾呼而力竭聲嘶的更爲有效。

這裏尚須指出的：宣傳八股、反共八股的那一套，他們實在聽厭了。尤其聽到「宣傳」二字，即生厭惡之情。故說話要客觀，縱然敍述共匪暴行，也不可過甚其辭。尤須避用共匪毛匪字樣（我這篇文章要請貴刊發表，故特用共匪字樣）。不僅態度要謙虛，措詞要愼重，尤其不可開口說華僑不懂，把他們當作糊塗蟲一樣。這是最壞的行徑，說的人往往不自覺也。其實，有若干華僑明知共匪是罪大惡極，但求自保而相安無事，不願意得罪匪黨，所以虛與委蛇。他們情非得已，而內心則痛苦萬分。

你們和華僑談話的時候，他們如有對政府的建議或批評，應該虛心接受，儘管可以釋疑，但不可逞詞强辯。稍爲强詞奪理，他們必定認爲你們是沒有誠意的。最好，立刻把他們的意見轉達政府，政府擇其可行者立付實行，不能行者予以坦白的說明。這樣下去，他們自會一天一天的轉向我們的。

第二　臺灣如有藝術團體，如平劇，如話劇，如歌舞團等等，應立刻組成往各處表演。這樣最爲有效，可以增加華僑對自由中國的印象。他們的生活極爲枯燥，正需要祖國的文化去灌漑的。這些團體應採用商營方式，演出時仍須出售票子，一則可避免人家的注意，二則可減輕經費的支出。但也不可以賺錢爲目的，只要够得上開支或少賠幾文就算了。此外，如有國畫（不是嚴格的）和攝影，均可到各地展覽，使他們與祖國息息相通，但千萬不可藉此去募捐。華僑儘管有錢的人很多，可是他們最怕募捐的人上門。過去這類事情太多了，他們竟應接不暇，故共匪就不做這類的事情。共匪在爭取人們同情的時候，一切作法頗高明，凡屬他人不願意的事情，他們自己絕不去做，亦不勉强他人去做。語云「知己知彼，百戰百勝」。我們過去有好些作爲是與這個敎訓背道而馳的，往往只知有己，而不知有人，最後連自己也就同歸於盡。今後在這些地方，要能大大的矯正一番，才能在這場惡鬪中獲勝。

第三　華僑社會最缺乏精神食糧，你們要多多贈送讀物給他們閱讀。這不僅在反共抗俄的鬪爭上有此必要，即在使華僑內向祖國的心理上，也有此必要。今日臺灣有的是報刊，聞說雜誌已有幾百種，黨報亦有二種。你們應經常以廉價向華僑各地推銷，能長期贈送更好。因有若干華僑，未必願意購買反共的刊物。這裏應請注意的，給華僑閱讀的文字要淺顯，意思要通俗。

你們在黨部有宣傳機構，在政府有新聞局，應該把眼睛向外看，把宣傳工作向外發展，不要一天到晚只注意內部的事情。華僑的人數遠比臺灣的人數來得多。

第四　我們政府爲團結海外的反共人士，應該趕快來一個新的號召。團結就是力量，這是誰都知道的事情。從前小學敎科書上就有一枝箭易折，十枝箭捆起來不易折的故事，爲甚麼我們過去只知空喊，而不切實去做呢？今後政府再不要爲淵驅魚了。儘管政府無此意念，可是現政府的現行政策，自會招致這種後果的。陳君立人在前文中說：「我們今天是要集中一切力量，從事反共工作，成功不必自我居，在共匪打倒之後，有沒有我的份，那是沒有關係的」。這是反共人士應有的懷抱，我們要切記此言，一切以反共抗俄爲中心，不要以「自我」爲中心。共匪打倒了，事實上自然會有我的份，最少可以回家種田，共匪打不倒，生存且不保，遑論其他啊！

關於團結反共人士，聯合反共黨派，這些話過去海內外人士說得太多了。貴刊及香港自由人報、工商日報、新聞天地等都一再陳辭，爲什麼政府不肯積極去做，這眞是我們這一羣海外的反共人士所不能了解的。「來日不長」，希望不要因循延悞。至其具體辦法，政府不是一再唱導過：「反共救國會議」麽？貴刊第十一卷第十期登載陳啓天先生的「今後反共抗俄的三大方略」中所提出的「超黨派的自由中國運動」，也是一種很好的團結方法。

反共救國會議，老題可以新做，在今日仍不失爲一個團結反共人士的新號召。誠然，這個會議的召開，不會立刻有很大的成果，惟當「巨頭會議」、「和平共存」、「臺灣海峽停火」、「兩個中國」這些大大的棍棒之下，反共人心確實疲敝不堪，正在這個當兒，來這樣一個會議，實可以振衰起敝而淬厲人心。團結的工作，其要旨在於時時刻刻去做，不能希望立奏膚功而可以起死回生的。共匪在抗戰期間搞的民主政團同盟（後改爲民主同盟）運動，其功績也是點滴湊成的。在開始的時候，他也未預料到日後有這樣大的收穫。天下的事情，只要問耕耘，不要問收穫，種瓜得瓜，種豆得豆，只要努力做去，自然會有結果的。只怕我們不肯去做，或不屑去做，只想坐以待成，那就糟天下之大糕了。今日之事，自己不肯虛心下懷，仍舊妄自尊大，而希望萬流歸宗是不會有的。政府要明白，當權的人若不能禮賢下士遷就他人，有骨氣的人是不會站攏來的。

關於「超黨派的自由中國運動」一事，我記得在民國三十八年裏，好像你們也有過詳細計劃，你們刊物的宗旨，也是在這個含意之下起草的，不悉以後何以無聲無臭的壽終正寢啊？爲打倒共匪計，這個運動仍是有其很大的功用，値得大家努力去做。這與政府的救國會議可以並行不悖、相輔而相成的。我們希望你們起來推動，大家自會響應的。同時希望政府和國民黨，對於所有反共運動，應該予以大力援助，不要專做折散的工夫。

×　×　×　×

我們從東南亞各地旅行歸來，目擊各地情形，眞是寢食難安，乃遵照同人之囑，特就記憶所及和見解所及，寫上如上的意見，因愛國心切而所言也許過於率直，可是無一字是假話，無一句發牢騷，責我罪我，自非所計。

四四、七、七、於香港九龍塘

代郵

一、「多事人」先生：謝謝你告訴我們關於查禁本刊的實情，來信除已抄轉有關當局處理外，本刊擬暫不置論。

二、長木先生：大函已無登載之必要，但我們仍得感謝先生對本刊的關懷。

「自由中國」編輯部敬啓

馬共的「和平攻勢」

吉隆坡航訊・六月廿三日

葉泛

馬來亞聯合邦在大選的前夕，行將步入自治獨立之途，聯合邦政府忽然在六月十日，通過馬來亞聯合種植人協會（United Planting Association of Malaya）收到「馬來亞各民族解放軍總部」代表吳興簽署的一封信，要求與馬來亞政府和平談判，結束共黨暴亂之建議。這封信是在本年五月一日在南暹合艾（Haadyai）寄出。合艾位於南暹和北馬的邊境地帶，該地多山，且是原始森林地帶，馬共總部一度由馬來亞彭亨山區遷至該處附近的勿洞（Betong），自設學校和軍事訓練機構，以及關卡抽稅等事。他們自認勿洞是馬來亞的「延安」。

這封信是用中文書寫的。但是此項建議已遭馬來亞政府斷然拒絕。聯邦當局繼續清剿馬共。據本刊記者從關係方面獲悉上項消息，當聯合邦欽差大臣麥基里萊爵士在旬日以前返倫敦述職，行經新加坡時，曾與英駐東南亞最高專員麥唐納會談此事。麥隸於英國國防及外交兩部，指出馬共這個企圖乃是獲得莫斯科或北平方面之指示。因為現在國際共產正在全世界發動和平攻勢，其所欲和者乃是列寧路線「退一步進兩步」的戰術。麥氏認為這是打擊目前馬來亞之大選。況且現在政府實行的禁止糧食，政府已獲得相當成效，使馬共這三年來，已經無法得逞，因此斷然拒絕。據說拒絕與馬共圓桌會議之決定，乃是取決於艾登首相本人。

聯合邦政府正式向中外記者公佈上項消息是在六月廿三日。馬共函中建議儘速召集各民族、政黨及團體之代表，舉行一圓桌會議，以澈底討論關於結束戰爭及獲致和平與獨立的問題，俾在符合馬來亞實際的情況下，對於此項問題達到一致的協議。

該函又指出：「華巫印聯盟（按「華」者指馬華公會，「巫」者指巫人總會，「印」者指印人協會）領袖所提出大赦建議是不能令人滿意的（按不久以前該盟曾經提出政府應該大赦共黨，馬華公會會長陳禎祿爵士並表示自願與馬共談判）。為圖結束這場戰爭，並證明我們對於這個問題的誠意起見，我們準備讓步，而根據此項建議，與英政府舉行談判，俾達到合理的協議，同時我們願意與巫總、馬華公會、馬來亞印度國大黨，用談判的方式結束目前的戰爭，也願意與支持結束此場戰爭之任何黨派會談。」

該函又說：「我們願意派代表至吉隆坡（Kuala Lumpur 按為馬來亞聯邦之首都，剿匪總部，情報總部皆設於此）商量舉行此會議之事宜。但是英政府必須保證我方代表的安全，如果英政府同意和我們直接談判，或者准許負責的政黨和我們舉行商談，你（指馬來亞種植人協會）可以隨時通過廣播電臺或報章通知我（指馬共代表吳興），接到你的通知後，我將立刻起程，前赴吉隆坡。」

該函結論稱：「在我們這一方面，不論是過去、現在、或者將來，談判之門都是敞開着的。」

馬共寄出上述內容相同的函件，共計三封，另外還有二封，一封是給現在在馬六甲中央醫院療治骨疾的馬華公會會長陳禎祿爵士，另一封是給巫總主席東姑・阿都拉曼。據說上述二函都已交給馬來亞政府當局。至於馬共給馬來亞種植人協會的那封信，是由該協會秘書狄毛林首先收到拆閱，乃立卽交給政府。

六月廿三日下午聯合邦政府當局，通過情報部，指出政府深信上項建議是由共黨領袖所提出者，政府亦加以考慮，但經過剿匪總司令波恩中將之指示，作如下之公開聲明。

其聲明全部是英文的，中譯意思是：「根據該信，馬共自稱並未失敗，事實上馬共已在彭亨遭受慘痛之失敗，結果內部分裂，對於各支部，已失去控制。馬共人員幾每日都有人反正，向政府自首。馬共甚明白，此對其人員與士氣，均受甚大之打擊，倘繼續其恐怖之手段，及所謂武裝鬬爭將無法實現其目的」。

「因此馬共領袖們寄出此信，希望利用人民愛好和平之天賦願望，來勸人民放鬆抵抗共產主義之鬬爭，如此，馬共便想藉此改變其戰術。」

「此為共產黨典型之『和平攻勢』。共產主義最終之目的，是永遠不變的。卽是儘速推翻執政的政府。吾人皆知此非和平之途。共產黨對於將臨舉行大選及民選代表爭取自治政體之運動，心感不滿。目前，馬共似乎是在各政府承認之政黨未競選以前，暫時停止其武裝鬬爭，而採用他種傾覆活動，同時候機再度實行其恐怖主義。所以馬共此函是一種最後之企圖，藉以在各政黨中傳播混亂與猜疑。曾與人民為敵、並向人民施行無數次暴行之馬共，今竟然偽裝和平矣。」

「馬共此種突然改變之政策，吾人以前已有所見；吾人斷不為馬共此番之花樣所騙。馬共在一九四五年至一九四八年之間所企圖製造之混亂，吾人並未忘懷也。」

「政府既瞭解馬共建議之作用及其動機，因此完全絕拒之。政府無意與共黨暴徒談判。假如馬共眞欲結束緊急狀態，彼等實可以於今日實行，蓋政府多年來已向馬共提出寬大之召降條件；此係人所共知者，而且甚多馬共人員已接受此等條件而自首矣。馬共知道，自一九四九年七月以來，凡自動投誠者，未曾有一個被判死罪，反之，所有自首者均獲當局之公平處置及良好待遇，政府已於本年一月十七日聲明，謂將經常檢討召降政策，並根據寬恕需要程度而隨時加以修改，以收早日結束緊急狀態之效。」

「政府重申其和平願望，但不願接受共黨型式之和平。政府所負之責乃爲保障馬來亞目前之情況，使人民能够向獨立目標前進，而不受任何型式之共黨恐怖控制所影響。」

政府發表上項聲明後，本刊記者，乃於當晚走訪劉匪總司令波恩中將。波氏向記者發表談話稱：「關於此次政府斷然拒絕與共黨會談，不但在六月廿一日聯合邦行政會議中已經通過，而且事先已和殖民部洽商，聲明稿件亦經英廷批准者，相信日內英廷對此亦有一項重要聲明。」

波氏又指出：「馬共恐怖份子提出此項建議，其目的之一是企圖造成政府與巫總、馬華公會及馬國民黨之間的分裂，從這一點，看出馬共武裝鬭爭之失敗，同時，證明軍警聯合戡亂的行動，已把他們擊敗了。很顯然的，他們是在外來壓力之下，提出此項建議。但是，這壓力來自何方，則不得而知。」他又說：「政府現在各森林地帶中散發傳單，以該函的內容告訴暴動者，並解釋政府爲何拒絕他們的理由。」他最後表示：「因爲政府斷然拒絕馬共之要求，可能馬共今後採取攻勢，但政府已有充分準備，而加以迎頭痛擊。」

馬共發出的「和平」函件，是中文，但採行橫寫的方式。該函之全文：「本人根據總部的命令，對有關以談判方式結束戰爭及實現馬來亞獨立的問題發表聲明如下：

「（一）我們的奮鬭目標是，而且僅僅是、和平、民主、獨立的馬來亞。只要有可能，我們向來都願以和平方式爭取實現上述目標。不言而喻，和平實現馬來亞獨立，不僅對馬來亞人民，而且對英國政府及英國人民也是有利的。

「但是不能不指出的，直到目前，英國政府還在各種藉口下繼續其殖民統治，對亞非會議關於人權和自決，關於附屬國人民問題的決議，則採取緘默態度。目前在星加坡與聯合邦實行的憲制，有一個共同的基本特點：英國政府控制了國防、外交、財政等大權，英人總督或欽差大臣有權否決立法機關通過之法令，外國軍隊有權繼續駐紮在馬來亞全境，並且有權在馬來亞各地建設和擴建只是爲外國利益服務的軍事基地。只要上述情況一天不改變，馬來亞便一天不能獲得獨立，人民的民主自由權就一天也沒有獲得可靠的保障，馬來亞也就很可能被拖入爲外國利益而進行的一場亞洲人殺亞洲人的戰爭！人民已無權過問，又絲毫不符合其切身利益的戰爭，要人民付出慘重代價的戰爭。立法議員的部份民選或將來全部民選，都不能掩蓋這些鐵的事實。

「（二）爲了爭取和平、實現馬來亞獨立，必須首先結束戰爭，廢除緊急條例，保障人民的民主自由權利，以便在和平民主的氣氛中擧行全國大選。馬來亞各政黨、團體及一切人們，凡是眞正要爭取獨立的，不論其屬於什麼階層，不論其對獨立持有什麼見解，也不論其過去的行爲如何，都可以而且應該在爭取實行共同目標的旗幟下團結起來，爲爭取結束戰爭、和平實現馬來亞獨立而努力。

「因此我們認爲各黨派、團體及各界代表人士，應爭取儘早擧行圓桌會議，對有關結束戰爭、和平實現馬來亞獨立問題進行充分討論，以求達成符合馬來亞實際情況的一致協議。這樣一個協議必將對促成早日結束戰爭，和平實現馬來亞獨立的事業！符合全國各民族、各階層人民的切身利益的事業作出重大貢獻。我們將對這個會議採取積極合作的態度。毫無疑問由於各民族各有其特殊關心的一些問題，由於各種的政治見解不同，與會之間的意見必然會有很大的歧異。但是，由於大家具有共同目標，只要大家採取互相諒解，互相尊重的態度，以尋求共同觀點，而又允許保存不同觀點的民主精神進行討論，會議一定能够對重大問題達成一致協議的。在這方面，亞非會議的成就以及中國和印尼政府就雙重國籍問題的談判的成就，都向馬來亞人民提供了良好的模範。

「（三）華巫印聯盟的領袖們提出的大赦建議，並不是我們認爲滿意的建議。爲了達成早日結束戰爭，爲了表明我們的誠意，我們願作讓步，以這個建議作爲談判的基礎，與英政府進行談判，以求達成合理的一致協議。同樣底，我們也願與華巫印聯盟及其他主張以談判方式結束戰爭的政黨、團體，進行會商。必須指出誘迫投降的任何企圖都是完全不合理的、不現實的幻想，現在的實際情況是，最近七年來，英國政府用盡千方百計要消滅我們，但是在廣大人民羣衆支援下，我們並沒有消滅，也沒有被戰敗，也將永遠不會被戰敗。關於這點，前英國殖民部大臣李特頓氏也不能不用『可能』的語氣，在去年三月廿四日在倫敦的英國膠品製造業公會會議上公開指出『我們可能永無獲得完全勝利的日子』。他所指的是類似歐戰勝利日及戰勝日本勝利日一樣的所謂『完全勝利的日子』。我們深信，由於國內外形勢的日益向對馬來亞獨立有利的方向發展，時間是有利於馬來亞人民而不利於堅持繼續殖民統治的人民的。

「（四）鑒於在森林中的會面，特別是安排第一次會面，對於雙方都會產生許多困難與不便，我們願在英國政府保證我方代表的人身安全與自由的條件下，派代表直接到吉隆坡接洽關於談判的安排事宜。英國政府如果同意進行直接談判或者同意由有關政黨進行會面的話。可以隨時在廣播電臺或報章上通知本人，本人在收到通知後，當即起程。在我們這一方面，談判之門，過去、現在和將來都是敞開着的，現在，我們又已向前走了一大步，因此，談判的是否實現，完全取決於英國政府的態度。馬來亞民族解放軍部代表吳興。一九五五年五月一日。」

自從聯合邦政府獲得這封信以後，情報人員對於吳興其人，都在紛紛調查。因爲過去從未聽見過此人之姓名。有人認爲一定是馬共書記陳平之

今日印尼（三）

印尼通訊・四四・五・二七

史信

萬隆會議以後的第三天，我坐了一輛非常陳舊的破車，大約是一九三〇年左右的老福特，朝朱格雅迦答(Jogjakarta)南邊沿海駛着。這朱格雅迦答是印尼宗教上的首都，是回教的中心，一如峨嵋，五臺爲我國佛教之勝地。當車子快要開到那裏的時候，忽然有一位穿着整潔卡其制服，腰際掛着左輪的一位警官，很有禮貌底用不甚流利的英語（按英語在印尼中學中已爲必修之外國語）向我道：「前面是暴徒地區，請你不要前進。」我給他看了記者的特別通行證，他才放我進入這海邊的原始大森林。

我在雅迦答便聽到幾位僑胞告訴我，暴徒們不但掠刼，有時還要勒索。暴徒究有多少數目，不得而知，但他們武裝的力量相當大，武器也十分精良。印尼的暴徒份子，和東南亞其他國家的動亂份子不同，他們不是共產黨發動的，他們是回教徒，熱情的回教瘋狂者。他們和其他的職業盜匪，橫行於大原始森林內，自成一個王國，政府的軍力不但不能進去，而且過去進入清剿者，全部吃光爲止。

本年三月一日，西爪哇總督向雅迦答中央報告，該地今年受暴徒之襲擊，遠甚於去年，單以柏靈甘(Priangan)一地論，難民達一百五十萬之多。柏靈甘每月遭受暴徒洗刼之物質損失約三百萬印盾。去年度被殺死之人民計一千五百人，被燒燬之房屋計一萬二千所。從北蘇門答臘之陸軍報告稱，平息阿齊(Atjeh)之回亂，計劃全告失敗（按已於五月初成立北蘇回教印尼共和國，自發通貨，分五百盾，一千盾。上項通貨，在紐約印製，十分精良），希望政府立刻增援。

在中爪哇一帶，總計有四百間學校被迫停辦，因爲學校不是被火燒，便是教員被殺害。人民之恐怖回亂，一如中古世紀回教軍與十字軍之惡戰。政府雖然用飛機遍散良民證，但眞正棄械投誠者，不足二千之數。本年二月中，中央政府曾舉行非常會議，商討大規模之清剿。但是有些地區，駐軍因爲沒有辦法消滅他們，竟和他們訂立「互不侵犯條約」，雙方各不相犯。印尼政府雖未明言指責這一些暴徒是受荷蘭或美國在暗中支持，但他們確有此意，指責上述中之任何一國，多半說是荷蘭攪起來的。

爲什麼回教徒之暴動在北蘇門答臘及阿齊一帶，特別猖獗，我曾仔細研究，我發現這一個地區的人民，完全是回教徒，他們有一種强烈的排外感，不要說不歡喜荷蘭人去管他們，連印尼人去管他們，他們都要起來反抗。民性十分慓悍，三句話不對，隨時可以動刀子，頗有原始先民之遺風。他們相信的回教，據說在回教中最古的一個支派。他們的政治的目的，是推翻現行的政府，用一切力量，甚至武力，建立一個眞正清一色的回教國。這一個回教國完全奉行可蘭經的教條，一點也不能隨便。一隨便，要遭到殺身之禍。這一種回教運動，反共意識很强，憎恨一切妥協和西方人的物質生活。這一個運動，現在已彌漫至全印尼，使雅迦答當局十分痛苦。

他們力量之大，其基本原因，便是手中掌握着許多男女青年，他們願意放棄外面優良的物質生活，進入原始的森林，爲宗教殉道。許多印尼左傾份子死在他們手中。這個運動的成立，早在荷蘭殖民當局統治之時，許多青年一離開學校，便進入森林，學習施放洋槍之術。這個回教運動，力量最大的地區是中爪哇，西爪哇，每次出刼時總在一百人至一百五十人左右，晝伏夜行，出沒無常。印尼人士談之，莫不色變。他們的武器除步槍外，還有輕機關槍和小炮。

他們的行爲有些像海盜，襲擊軍部警局，打刼鄉村，銀行，折毁鐵道公路，切斷電話線，以及燒毁屋宇，和田中的穀子。殺人更是常事。但他們不殺降者，不姦女人，不殺小孩。

左右手。陳平是抗日時代森林中民抗軍的領袖，今年不過三十多歲，能操流俐之英語，勝利後代表馬來亞參加倫敦勝利大遊行。一九五一年即傳說已離馬，一說在海南，一說在南寧，又有一說在北平，最近傳說在泰馬邊境。最近泰國總理鑾披汶元帥來馬來亞訪問，尤不斷查詢陳平之下落。所以上項傳說皆無法證實。

關於馬共之人數，一九四九年統計在七千人左右，連年清剿，照政府發表殺斃之紀錄，應該全殺光了。但現在事實證明還有不少人。馬共吸收青年份子的宣傳，非常活躍。相信現在還有四千多人。在柔佛州森林地帶尚有一千多名武裝馬共，天天和政府打仗，但英國方面迄今仍無辦法肅清，每天用於剿匪的經費計叻幣三十萬元之鉅。政府方面宣佈現在馬共只有一千多人，相信是指柔佛州一批而言。至於在泰馬邊境爲勿洞(Betong)，馬來亞彭亨、霹靂、檳城等地，還有大批馬共，藏在森林內。他們在那裏自成一個天地。

記者於深夜離開波恩中將之司令部，知道他已經下令森林部隊，採取一種新的戰術，不論在冷戰和熱戰，這位獨臂將軍決定來一次惡戰，相信不久一定有戰報傳達於世界各地。

（六月廿三日於吉隆坡）

據說這也是回教的規律。

回教徒自建的軍隊稱爲「依斯蘭人民自安軍」。總數據非正式之估計，約在五萬至十萬人左右。以現在印尼政府之實力估計，如果眞正完全安內，未始不可以肅淸。因爲政府的軍隊總數二十萬人，警察總數十萬人，但士無鬥志，正好似共軍渡江前夕，國軍簡直無法招架。印尼的軍隊素質並不太高，一方面沒有訓練，另一方面也沒有作戰的經驗，印尼軍人出生以來，從事第一次戰爭，便是一九四五年至四六年打荷蘭人。當時共有五十萬人，後來縮編爲廿萬人，其實這廿萬人中，眞正戰鬪員不過十五萬人左右而已。

我有一次在爪哇島看一個團作一千哩的急行軍，這一團人不但配備現代化，而且紀律也相當嚴明，可算是夠素質的好兵。他們吃苦的精神，不下於當年傅作義在北方練兵時的苦幹。

印尼的軍隊和越南的軍隊，他們缺少優良的中級和下級軍官，更缺乏重武器。因此在國防上說，根本是不夠的，但用於安內，那是相當有餘了。陸軍全印尼分成七個軍區，每一個軍區司令，由上校階級的軍官充任。他們似乎還是具有十八世紀的軍閥頭腦，常常把政府的命令置之腦後不顧，政府因爲他們手中有實力，也拿他們沒有辦法。識者無不爲此，而爲印尼陸軍之前途擔憂。

今年二月全印尼舉行軍事會議，七個軍區司令曾一致同意擁護政府，但究竟他們是否能切身履行，則不得而知。據悉其中有兩個軍區司令還是無法與政府合作。另外兩個是騎牆派，三個是忠於政府的民主人士。

至於印尼政府其他的實力，海軍方面僅一個「蚊式」的艦隊，一艘輕級驅逐艦和十二艘炮艇，海軍人員連陸戰隊在一起，不足九千人。至於空軍方面，能夠作戰的飛機不過四十架，而且其中已有不少是超齡的了。

(四)印尼天然的富饒是她唯一的出路，可是也是她的問題

記者在東南亞各地，沒有看見一個地方的土地，像印尼那樣肥沃，出產像印尼那樣豐富。不說別的，印尼米糧之出產，一年三熟，而且印尼人種田，根本就是隨隨便便不當一會事的。樹膠、茶葉、甘蔗，更是年年豐收。棉織品的生產，僅次於印度。馬來亞、泰國、緬甸的女人都是喜歡穿巴利島女人的沙籠。

有上述這許多資源，使印尼人永遠免於饑餓，事實上印尼人民也根本不知有饑餓之事；問題的是因爲物產太豐富，於是人民疏懶成性，全國人口生殖率特別高，人口不斷增加，將永爲印尼之患。

印尼現在的人口是八千萬，每年增加一百萬人，其人口生殖率之速，和印度一樣。印度全國三億六千萬人口中，其人口生殖率也是每年一百萬，然以印度地方面積比印尼大了不知多少，印尼人口生殖如此之速，可謂甲於世界矣。

根據現在全印尼七十三萬另三千平方哩的面積，共計一萬三千個小島，住上八千萬人，並不算多。但人口的集中太沒有分配了，人多的地方，簡直有人滿之患，人少的地方，簡直荒島上一無人煙。三分之一的人口全集中在爪哇島，這是以前荷蘭人開發該島時，便把他們移殖在那裏，但後來並未疏散。總計在爪哇島上的人口約有五千萬之多，每一平方哩要擠上八百十七個人，蘇門答臘每一平方哩住四十四人，西利伯(Celebes)每一平方哩住五十八人，北婆羅洲最富的地方，每一平方哩只有十二人。

可是這麼一來，乃發生一個非常嚴重的經濟問題。爪哇島上農民固然是年年豐收，但因爲人口太多，每人耕種的土地僅及四份之一平方哩，在這種情形之下，個人出產少，人口擁擠在一個城市內，工業又不發達，工業製成品，不但不敷分配，而且價格又特別高昂，農民們爲了要滿足他們生活上的必需，乃不得不向人高利貸款。雅迦答農業部非常瞭解這一種內在的危機，唯一解決的辦法，便是疏散人口，實行移殖計劃，政府決定把他們送至蘇門答臘及其他各島實行屯墾增產。專家設計，每年至少要移民廿萬戶至其他各島。

這一個移民工作，在現政府的能力下，幾乎是無能爲力的。因爲移民的工作，一切具備的條件都沒有。另外還有一個問題便是外國人在印尼經營的事業，尤其是在爪哇島的樹膠園錫鑛業。印尼人本身並不若蘇門答臘人或阿齊人之排外。我在爪哇島旅行了近一千哩路程，所看到的印尼人都是和顏悅色的，進入他們的農村，男男女女都很熱情招待你。可是現在的共產黨正利用排外心理，煽動印尼人仇視外國人（指西方人士及中國華僑而言），這使外國人相當頭痛，華僑處境日見困難，這也是一個原因。

共產黨要印尼人排外，他們手上控制着一個有利的武器，乃是掌握了各級職工會，煽動他們怠工，使出產量降低，甚至於鼓勵罷工。共產黨們甚至於拿金錢來收買工人，凡是工人在膠園或錫鑛參加怠工的，每人可以獲印幣十二盾半之生活津貼。因此，不論膠園茶園……，怠工之現狀，一天加緊一天。我從萬隆回雅迦答之中途，在蘇萬(Subang)的一個英國人的膠園內宿了一夜，這位英國老先生，在那裏經營膠業達廿多年之久，晚間我與他和他的家人，挑燈閒話，他嘆息着好景不常了。

這一家樹膠公司建立了已經有一百多年了，創於一八一二年。業務相當大，它除了經營樹膠外，還有柚木，茶葉等。我和許多西商談，他們一致認爲如果明年回教黨當選，他們或者還有一線希望，因爲以哈達副總統爲首的回教領袖，他是比較開明。民間也把希望寄託在哈達博士身上，一切的一切，都得看明年了。

（全文完）

桃源小品之二

海員的故事

蕭立坤

南美洲的巴雷納河 (Rio Paraná) 長達二千四百五十哩，從南緯十五度直下三十五度，穿過溫帶大平原的中心，下游三百哩，可航行萬噸以上的海輪，我們的鋼鐵廠，位于河的南岸，有自己的碼頭，東西洋貨船，經常直泊卸貨。

日前來了一艘荷蘭船，上有五十名華籍船員，他們第一次由日本經香港直駛本廠。我家既是這一區唯一的華僑，當然邀請他們到家裏吃茶。

他們大部分神色慌張，寒暄之後，有幾位才慢慢吐出他們的眞實故事。

這是一艘新船。現在香港欲找一個船員職位，並非易事，必須由經紀人介紹，船員月薪港幣一百六十元，但介紹費可能一次要五百元，以後每月付佣金二十元，一直付到死爲止。但因香港謀生困難，仍有許多人自願接受這苛刻的條件。

船上白種人及唐人一切待遇都不同，唐人一日工作十小時，或十二小時，沒有星期日，假期，伙食很壞，一切福利如養老金，保險，傷病津貼都無。每逢六個月須X光檢查身體一次。如不送包袱，則健康者也有肺病，必須革職。如送包袱（一百二百元不定），有肺病也可繼續工作。

這些介紹費，佣金，包袱，都是唐人經手收取，究竟荷蘭高級人員有沒有份，則不得而知。但那些不平等的待遇，自係公司明文規定。荷蘭人在遠東刮了幾百年，今天仍在刮，刮的對象主要是唐人，不知我國駐聯合國代表，面對人權宣言，作何感想？

海員們忍受如此非人的待遇，仍工作下去，究竟爲了什麼呢？他們多數都有妻子兒女，有些更負擔舊式大家庭父母伯叔兄弟姪媳的生活，絕不是一百多元的工資可以解決的。爲了吃飯，任何挺而走險的事，也不得不幹。

他們主要的希望是走私。香港專門有一種資本家，拿出資本，在港購買大批免稅私貨，如美國香烟，日本打火機，汕頭抽紗，瑞士手錶，交船員帶南美銷售。如不被海關水警破獲，可有二倍至四倍的利息。比如一次帶了五百打（六千只）打火機，每只成本一元，售出四元，即賺了一萬八千元，回港後雙方平分，帶貨者一次即賺了九千元，等于五年工資了。

如被水警抄破，則資方損失了六千元，帶貨人被拘捕，當地報紙必予登載，憑此向資方銷帳，無須賠償。帶貨人自己坐牢，受刑，失業，也與資方無關。

因此船員抵埠第一件事是出貨。可惜這次泊在私家工廠，附近沒有城市，找不到僱主。航行一次，費時半年，如不能出貨，豈不白做了半年苦工！這正是他們神色慌張的原因。

據說各大埠有專門接應私貨的人，也是專門職業：他們有種種方法，聯絡，蒙蔽，越過海關的防線，而大家分贓。但報紙上仍常有中國海員走私的消息，使華僑蒙上汚名。

這幾年香港謀生困難，大陸去不得，英政府稅捐日重，不管唐人如何窮苦，英國人必先刮一層。所以唐人中有拾彈殼爲生的，有拾拉雜的，有脫衣舞的：……一切爲了吃飯！

我時常想，中華民族的生路，已走到了盡頭。我們必須從基本觀念起，全盤檢討一下。爲何我們過去的副總統、院長、部長、大使、在外國只能開飯館，賣古董？我們的海員，離不了走私？猶太人，白俄，不是同樣無祖國政府的保護嗎？他們爲何可做大老板，開工廠，當教授？

我們的華僑，處處遭人歧視，替人流血汗的海員，處處冒險犯法，表面的原因何在？基本的原因何在？五月十六日本刊李俞先生「權威及權威統治」一文，提出了最基本的答覆。請讀者三思之，怎樣將李先生所論的一般原則應用到華僑問題上去！

栗色馬

張秀亞

那正是北方軍閥混戰的時候，父親才去世不久，我自×城被送回故鄉，偎依在我唯一的親人——祖父的身邊，在那盜匪如毛，有苦海鹽灘之稱的小縣城的鄉下，住了下來。

記得那是一個炎熱的六月天傍晚，蟬兒在柳梢無力的嘶鳴着，村人們在燃燒蓬蒿，驅除蚊子，那苦澀的氣息，在微風中飄散着，落日已沉到村前的叢林裏，大如車輪，閃發着病態的暈紅，看來竟有幾分可怖。

祖父和我正坐在門前的青色石碾上，他搖着一柄蒲扇，靜靜的吸着他的烟管，看着幾個佃戶自那一輛輛的牛車上卸下麥捆。那些淡金的麥穗上，似是透發出一股輕微的芳香來。旁邊的一截老槐樹樁上，繫着我那匹栗色的馬，——平時，我呼牠為「栗子」的，牠是祖父一年前特為我買了練習騎射的，每當我昂揚的跨在馬背上，祖父總是笑着呼我為「神氣的小騎兵」。長工老李適才已帶牠到河邊飲過水了，此刻，牠正噓着氣，咀嚼着黃豆拌乾草的飼料，牠的整齊鼠毛，浴在落日的光輝裏，閃發着古銅般的光彩，牠更輕輕的甩動着那拂塵似的美麗長尾，頸間一串黃澄澄的小銅鈴，也不時發出清脆的微響。我凝望着牠，手中揑着那根短小精緻纏有金線繐的馬鞭，充滿了喜悅與驕傲。

祖父自荷包中掏出一把烟葉來，按在旱烟袋鍋上，輕輕噴吐着青色的烟紋，他更笑吟吟的為我講了下去：

「那個綽號叫『沒耳朵』的搶匪，聽說是因為報仇才落了草……，據說他實際上却是個心地很好的俠義的漢子……。」

我納罕的追問着：

「爺爺，是不是他生下來就沒有耳朵？」

「我也沒看見過這個人，人家都說有一次他被官兵捉住了，削掉了他的一隻耳朵，人們還說，因為他丟了一隻耳朵，所以總愛歪戴了帽子遮掩着，還有，他總愛穿一件黑色的緊身衣，身手矯健，神態瀟洒……。」

我安靜的聽着，一邊用自己童稚的想像力在心上摹描起這個盜魁的模樣來。

暮色漸漸加深了，星星像一口口清亮的水井般，閃着淒冷的光芒，遠處的種植大麻的水田同池塘裏，送來了一陣聒噪的蛙鳴……。忽然長工老李臉膛紅脹着自村外飛奔而來，滿頭是淋淋的汗水，他衝到祖父的身邊，一壁摘下他的斗笠：

「老爺子，搶匪們自孟莊向我們村子湧來了，大約還有一里路的光景，……我看你老人家還是帶着哥兒趕快逃吧。」

祖父驚惶的站了起來，一把拉住了我，更走到樹樁前把那匹馬「栗子」的拴繩解了下來，他回頭向着老李說：

「我帶着哥兒先走了，你把大門關好，下了栓，然後跳牆出來，到村外去找我吧，不要守在屋子裏，我們也沒有什麼東西，隨他去好了。」說着，一手拉了我，另隻手牽了馬踉蹌的向村外走去。

村外不遠正好有一座很大的穀草堆，像一間屋子大小，緊傍着一片瓜田，瓜已熟透摘淨了，此刻只有凌亂縱橫的一些枯秧敗葉，看守瓜的人搭築的小棚子，也被荒涼的棄置在那兒，祖父把那栗色的馬趕入棚內，外面又用一些枯草掩了，然後拉了我一同隱藏在那穀草堆的後面，一片陰暗清涼的影子遮蔽了我們。

呆坐在那兒半晌，並不曾聽到什麼動靜，長工老李也沒見影子，我變得不耐煩了，站起身來，輕輕的向穀草堆上爬去，自它那尖頂子後面，我向四周瞭望着，我看見田間的路上，正有一些輛板車，向我們村中疾馳，塵土在夕陽的光影中飛揚着，竟像是滾滾的濁浪，我不禁驚懼的呼喊：

「爺爺，這些車子上的人就是搶匪麼？」

祖父聞聲也爬上了那穀草堆，伸出一隻手來按住了我那昂起的小小的頭，更將我拉扯到地上：

「淘氣的孩子，你真不要命了，別亂嚷，看樣子他們是要自村南圍子牆的缺口處進來，我們藏在這兒，大約不會被他們看到吧，可是，你記着，千萬別再巴望了，他們是有槍的呢。」

我像尊泥菩薩似的重又呆坐在那片黝暗的陰影裏，聽到那匹栗色馬孤單的在棚子裏低聲的咻咻而鳴，我感到窒悶而又焦躁，溫熱的向晚的空氣，竟漸漸的將我催眠了。

醒來我發現自己睡在村中一個劉姓老好的磚匟上，祖父踞坐在一旁，匟沿的木條上，擺着一盞豆油燈，……如今，事隔多年，每憶起那淒苦的暗夜，那微弱的光燄，猶似在我的心頭顫抖。

我隔了窗紙的破洞，向外巴望着，天邊的星子更多了，如同誰散了一把碎米，簷頭的草葉在輕輕飄動着，夜風已微有幾分涼意。我轉過身來撼動着正在打瞌睡的祖父：

「爺爺，我們那匹馬呢？」

祖父以溫熱的手梳理着我短短的額髮：

「我已叫老李把牠帶到高粱地裏去了，關在那棚子裏並不安全，因為牠總愛嘶叫。」

我揉揉惺忪的眼睛，迷茫的問着：

「那不會丟麼？」

「不會的，高粱已長得很高很密了，馬藏在裏面，誰也看不見的。說話小點聲，聽說搶匪們已在村中搜索我們好久了，他們要逼我們交出那匹馬。我方才已囑託過這家的老太太，萬一他們到這兒來了，千萬別說出我們的眞姓名……。」祖父以那黯淡無光的眼睛望着我：

「你今天竟是穿了一件綢衫呢！」說着他伸出顫抖的手將我那衫子的前襟撕破了。我伏在他懷裏低聲的啜泣，這悽慘的情景使我痛苦，迷惑。但在我的內心深處，同時又不禁生出了一種好奇，我渴望知道搶匪倒底是什麼猙獰的面目，還有那神秘的人物「沒耳朵」……我拭拭眼角的淚珠，悄悄的拉着祖父的衣襟：

「爺爺，他們會不會到這兒來呢？」

祖父並沒回答我，只用手掌將我的嘴堵住了，這時，屋外傳來了噪雜的人語同脚步聲。

屋子突然照耀得通明了，我眨眨眼睛，童心裏感到悸怖却又感到新鮮，這就是故事中綠林的人物麼？我多失望呵，幾個彪形的莊稼漢，出現在我們的磚匠前面，手中執了火把和土槍，槍上還繫了一條搶來的花綢子。其中有一個面目黧黑，濃眉毛的，怒聲呵問着隱在屋角的劉姓老婦：

「快說，這兩人是不是×家的老頭子同他的孫兒？」

祖父和我怔怔的望着那個老婦人，我的心劇烈的跳動着……。她是多麼仁慈，又是多麼勇敢呵，我們聽到她嗄啞的，斷續的聲音：

「你說的什麼？我的耳朵有點聾呢。」她在敷衍搪塞着。

「快說，別裝傻，這一老一少是不是姓×？」

「老爺們，這那兒是×家的人呢，他們早逃掉啦，這孩子是我的外孫兒，在我這裏住幾天，那個糟老頭呢，你們難道還不知道，就是村子裏賣舊銅爛鐵的那個嗎？」聰明的老婦人用衣袖擦拭着眼角，更假裝不經意的打着呵欠。

「小心，若是我們查了出來，不會輕饒你這個老太婆的。我們的頭目，想向他們借那匹栗子色的馬，他們却這麼嗇苛，藏起來了，哼，看他藏在哪兒！」說着，那漢子舉起了那枝土槍，拍的一聲，一粒子彈自祖父的耳邊穿了過去。我看到他雙目緊閉，面色死白，我伏在他身上大哭：

「爺爺，醒醒，他們已經走了。」

祖父半晌張開了那雙愁慘的眼睛，緊緊的摟住了我瑟瑟的小身軀：

「孩子，孩子，說呵，你的爺爺還是活着的嗎？」

我已哽咽得回答不上來，只癡癡的點着頭。那個好心腸的劉姓老婦站在一邊淌着眼淚：

「天哪，什麼年月！」

她轉眼看到我身旁那一條精緻的小馬鞭，像發現一條毒蛇似的驚叫起來：

「小禍害，這時候還帶着這個做什麼，如果萬一被他們看見了，你還能說不是那匹馬的主人麼？」她揑起那根鞭子走出去了，我也沒有勇氣詢問她要扔在什麼地方。

一鉤上弦月，不知什麼時候已照上了窗櫺，慘白得如同紙剪的，村中有稀疏的槍聲，遠處更不時傳來斷續的夜鳩啼喚，我又惦念起那栗色的愛馬，在高粱田的露水下，她是否覺得淒冷呢？……忽然，暗黑的夜空被熊熊的水光燒紅了，一條條黑齡似的烟柱升騰起來，那鉤慘白的月亮不知是躲藏起來了，還是被燃成灰燼了，已消失得無影無踪。

祖父向窗外探首而望，他嘆息着：

「但願天保佑，着火的不是我們的宅子……。」那個老好人幽靈似的悄悄走進來，她嗄聲的向祖父低語：

「你家的房子被土匪燒了。」

祖父嗒然的低垂下頭，在微弱的燈影裏，我看到淚珠流到他的消瘦的頰邊，他像是在自語：

「可嘆，那房子還是我們的祖先留下來的。」

懵懂無知的我，頭一歪却睡倒在祖父的身邊，睜開眼睛，黎明的銀光，已浸透了窗紙，只見長工老李頭髮蓬亂的叫嚷着衝了進來：

「老爺子，賊走了，我們家的房子燒掉了一半，幸虧昨晚的風不大，只東邊幾間廂房燒光了，火起時，我斗着膽子跑了進去，把神主匣子搶了出來，放在對門王家了。才慘呢，我家養的那幾隻大肥鵝也被他們殺着吃了，你老人家趕快回去看看吧。」

「回去不見得安全吧，他們會不會再來呢？」祖父在遲疑着。

「不會再來了吧　村裏不知哪裏傳來的訊兒，說是直奉戰爭中潰退下來的李督辦的兵也許要自我們村中經過，只要供應茶水就好了，沒有什麼了不起的。」

老李說着，將我輕輕的一舉，揹在身後，一隻手又去攙扶祖父：

「回家去吧！」

我伏在他的頸頸上：

「老李，咱們的馬『栗子』呢？」

他咯咯的爽朗的笑了起來：

「你放心好了，哥兒，我的兄弟在田裏餵牠草呢，水也沒短着牠的。一會兒咱們就把牠牽回來，你騎着，到村外去跑個圈兒，散散悶氣。」

祖父自衣袋中掏出了幾塊銀洋，道謝了劉姓的老婦人，我們便跨出那低矮的柴門。

刼後村中的清晨，仍是那麼可愛，那片棗樹依然吐放着細碎的小花，在露水下閃爍着一片青碧。同村一些出去避難的人，陸續自外面回來了，大家都以含淚的眼睛相望着，彷彿自一場噩夢中醒來。

我家的院牆，只餘了焦黑的半截，一株無恙的老柳樹探出了身子，我不禁嚎啕大哭起來。

老李掏出他那粗布的巾子，頻頻爲我拭着眼淚：

「哥兒別哭，你哭，爺爺就更傷心了。等到那打直奉戰的李景林督辦的兵來了，我們就不怕了。」說着他遙指着村前一小隊蠕動的黑影：「看哪，那不是來了。」

祖父蹣跚的走了上去，他向那一支兵隊深深一揖，道了辛苦，他更絮絮的向他們訴說着遭匪刼的經過，請他們爲我家申怨。這時候，我却興高采烈的拉着老李逕向高粱地去找那匹馬了。

當我滿懷抱着餵馬的青草，興匆匆的跟在栗色馬的後面，走向那敗瓦殘垣的家宅時，只見那一小隊兵正坐在我家門前的長凳上喝茶。其中有一個細長個子的，見了那匹馬便驀的站了起來，面上閃着喜悅的光輝，他以手輕輕的拍撫着馬背：

「好漂亮的一匹駿馬。」

我站在一旁誇耀的說：

「是我的馬，爺爺爲我買的，他要我做個小騎兵哩。」

（ 25 ）

那人不言語，仍繼續撫摸着那匹馬，他的面色突然變得沉鬱而可怕了：

「這分明是我們走失的一匹戰馬！」

老李機警的趕快駁他：

「總爺，這馬是我們哥兒的，你是和我們鄉下人開玩笑吧，我們餵養牠快一年了，村子的人都知道。」

「閉嘴！」那人說着擧起他的搶來，我看到是一枝土槍，我囁嚅着：

「馬兒是我的，牠是栗子色的，我們都叫牠栗子。」

祖父先是惶惑的在一旁觀望着，末了，他忍不住了以極溫和的調子說：

「總爺，我看就那麼辦，我們用鞭子抽撻這馬幾下，如果牠向我的門口走去，就是我家的，不然的話，就算是你們的。」

那個身材細長的潰兵，冷酷的點點頭：

「也好。」

嗖嗖幾聲，祖父揮起了那長長的鞭子，我不禁心跳着在旁邊唸叨：

「栗子，栗子，回家去呀！」

多感人的情景呵，那匹可愛的馬兒引頸嘯鳴了兩聲，一溜烟的躥進了我們那遭過火焚的傾斜的門楹。祖父高興的咬着他那枝旱烟管，老李望着那個潰兵發出了嘲弄的微笑，我則跑進院子，把馬拉在手裏，親暱的以面頰貼着溫熱的馬腹，我輕輕的向牠說：

「栗子，可愛的栗子！」我看到馬兒向我眨動着牠晶亮的眼睛，似乎也要流淚了，牠好像在說：

「小主人，我是捨不得離開你們的。」

但我驀的被一隻瘦嶙嶙的大手推搡開了，那個細長身材的潰兵一躍上馬，當他才抽出一把短刀預備向馬臀刺去，催促牠快跑時，我聽見祖父在旁邊嘆息着：

「唉，如果那個綽號『沒耳朵』的搶匪頭兒來了，他也不會硬搶我們的馬呀，我聽說他是一個俠義的漢子呢，可嘆你們却……。」

祖父的話還沒有說完，一個奇蹟却出現了，馬背上的人受了魔咒似的跳了下來，他因爲內心激動，面部的肌肉似也在抽搐了，兩撇濃黑的眉毛下，那雙深沈的眼睛，射發出那麼感人的光芒，他緩緩的走到祖父面前，把馬韁繩塞在他的手中：

「老先生，我送還你的馬，我眞是太下流了，不該喬裝軍閥的潰兵來騙你們自田中牽回了馬，昨夜，也是我的弟兄們幹的事，……你的話，感動了我……。」他並沒有流淚，但是他的言語却比眼淚更激動人。

祖父怔怔的望着他：

「啊，你是……。」

那個人並不言語，只慢慢的拉下了他那歪戴在一邊的帽子，我們這才看清楚，他穿了一身黑色的緊身衣，整齊，利落，瀟灑。他左邊的一隻耳朵，是沒有了的。

讀者投書

（二）製漆原料輸入管制辦法應速改革

洪洋

年來僑委會對于港澳僑胞大力宣傳，希望僑胞回國投資設廠，儘量給予利便，使港澳僑胞，寄着無限之希望。我曾參加回國考察團考察情形，發現其中製漆業之困難，特爲當局提出下列問題。並請改革：

（一）漆油品質問題——漆油出品種類甚多，而原料亦至複雜，有些漆油之製成，有用十餘種原料者，最單純的，都需五、六種原料始能製成，不像其他一般之出品廠（如五金、鋼鐵、食品、布疋等）所用原料之單純。若原料不全，則停工待料；若爲開支計，勉强製成之出品，則質品必劣。依當局目前申請輸入原料之辦法，雖經商有外滙之配給，而申請原料不能自由運用。經當局規定：甲類者，僅能申請甲類，乙類者，申請乙類；若某種原料申請已滿額，則無法申請。此種情形，雖當局係依需要量爲有計劃之管制。然製漆業，除製普通漆油所用之原料相差無幾外，若製上等漆油，則所用之原料，各有不同，一經缺少，當地無從採購，又無出產可代替，故影響漆油出品之品質甚大。

（二）外滙運用問題——有自由外滙、美援外滙、易貨外滙三種。自由外滙雖准向香港採購，但其欵額甚少，而申請種類又爲當局指定。其製上等漆油需要用之原料，爲主要之各種溶劑、人造杜香、硝棉等，不得向港採購，必須美援或易貨外滙，向美援區採購。美援區域，如美、德、日、荷等國，依時間計算，若向美、荷、德採購，須費時間約五至七個月，才能到達，向日採購，須時二月以上，且日本原料亦缺不全，由香港採購，約時僅半月而已。但自由外滙向港採購，當局又指定類別，無法申請製上等漆油需用之原料。因此製漆業受到致命之打擊，應宜及時改進。

（三）申請原料輸入之手續——原料之申請表，送呈當局審核，必須經過三、五之機構。廠商爲送呈申請表之手續，必須由專人辦理，審核機關，每次到了申請時期，必須排隊申請人有如排長龍之象，須時數日。每一申請表已須經過數機關之審核，何不將各機關之審核負責人合併爲一處辦公？直接減少當局及工商業之麻煩，且可節省時間，間接即助增加工業生產也。

（四）漆油品質與舶來品競爭之條件——漆油品質，能否與外貨競爭？原料輸入必須利便，若原料有此無彼，則品質始終落後。政府政策，如欲確保本國工業之進步，則指定原料輸入之辦法及區域，必須廢除。否則本國工業始終無法抬頭。而國人崇拜舶來品之心理，始終存在，所關非小。能否發奮圖强，全賴當局依實際環境之需要，而配合改革。如果國內工業出品能與舶來爭衡，即可袪除國人之自卑心，香港之製漆業，是一個好例子。本港出品各種漆油，非但奪回舶來市場，且爭霸于南洋、菲洲、菲律賓等地。此無他，全賴原料供應之自由選擇，及當局之扶助而已。

女畫家

（五幕悲劇）（二）

雨初

第二幕　第一場

一個月以後，史坤儀的客廳。牆上的照片已經不見，掛上幾幅畫。其餘佈置，一如前幕。幕開時，史坤儀伏案畫畫，廖無雙站在旁邊，翻看桌上疊着的幾張畫稿。

雙　（拿起一張。）這個女人，好可憐喲！抬着頭，對着天，放聲大哭，是在向天呼籲哪！（又拿起一張。）又是這個女人，不過畫的含蓄多了。她只是對天流淚。（又拿起一張。）還是這個女人……

史　（不讓她再看。）這些都是不行的。你看這一幅，怎麼樣？（指牆上裱好的一幅。）

雙　（看牆上掛着的。）哦，這幅好！畫的她……已經欲哭無淚。可就更慘了！（史忍不住眼淚，哭起來。）坤儀姐，你又來了。何必呢？（半晌）也眞可氣！你就讓他那麼容易離婚！也不給他提出幾個條件，好爲難爲難他！你却連錢也不要他的！

史　拿了他的錢，豈不是更覺得受侮辱？

雙　倒也是。不過，要是我，我就死也不肯簽字。我一定跟他拼命，拼個你死我活，大家死了完事！坤儀姐，你太好了，太老實了！

史　反正他的心已經變了，一切還有什麼可說的呢？（王嫂上）

王　太太，廖老太爺來了。雙小姐，是您的老太爺來了。（廖敬儒上。他是一個富有家產的名士，年約七十，鶴髮童顏，豁達豪放，並帶固執。）

雙　爸爸，你來了。

廖　（上前作揖。）我是特來拜望張夫人的。

史　（連忙還禮）廖老太爺，怎麼能勞您的尊駕，到我這兒來？（讓坐。王嫂奉茶，下。）

廖　老夫常常想來看望張夫人的。夫人近來身體可好？

史　托您老人家的福，很好。您老人家可好？

廖　托福，托福。近來畫畫沒有呀？

雙　爸爸看她最近這一幅。（指牆上的畫）你說好不好？

廖　（驚訝）這幅畫？這幅畫眞是夫人畫的嗎？（走前欣賞那畫。）

雙　（笑）怎麼不是？剛纔裱好的嘛。

廖　眞是老手！眞是老手！這幅畫要是拿出去，絕沒人會想到是閨閣中弱女子的作品，必定說是出自名家手筆。

雙　（對史）是不是呀？我沒有說錯罷？

廖　這幅畫掛在牆上，別的畫都要一齊放下來。神韻好，骨格好，顏色又調得極和諧。

史　老太爺不要儘誇獎。務請不吝指敎，批評，批評。平常從無雙妹妹的言語中，知道老太爺對於繪畫，很有研究。

廖　那裏？那裏？說不上研究。不過老夫生平最愛收藏字畫，看得多了，就隨便說幾句罷。夫人這幅畫還帶了一點西洋畫的風格，就是他們所謂表情。他們說中國畫沒有表情。誰說沒有呢？夫人這裏的表情就描摹得很好。近來這班學西洋畫的人，把國粹看的一文不值。比如潘乾生罷，就是這一類的人，學了西洋人一點皮毛，就自高自大，以爲了不起。他們殊不知自己畫的非驢非馬，實在叫人作三日之嘔。我是主張中學爲體，西學爲用的。畫畫也是一樣，也得有我們華夏的精神，纔堪稱爲黃帝的子孫。

史　老太爺這番議論，眞是至理名言。中國人從事藝術，本應如此。聽說近來畫西洋畫的人，也漸漸這樣主張了。

廖　我四十年前就這樣主張。他們却笑我落伍，罵我頑固。而他們畫的什麼呢？不是畫一隻洋狗，一座洋樓，就是畫一盤西菜，一個洋娃兒。還有的竟畫那些無聊的裸體女人像，眞是莫名其妙，斯文掃地！

史　是的。現在他們也畫本國東西了。比如抗戰畫，國內風景畫，都畫的不少。最近還常組織旅行團，到處遊覽觀光。

雙　前幾天兪教授他們不是到峨眉去嗎？

廖　哼！特別跑到峨眉去找材料，那裏會畫出什麼好畫來？畫裏的境界須從內在的靈性創造，不是靠外界供應的。沒有靈性，沒有修養，跑到峨眉去做什麼？見山畫山，見雲畫雲，就是畫啦嗎？買一架西洋照相機，一天都可以照來了。

雙　有了靈性，又添上外界的天然風景，豈不更好？

廖　惟有他們這班人，根本就沒有什麼靈性。（又欣賞史坤儀的畫。）我看夫人這幅畫便得了西洋畫的好處，體會了中學爲體，西學爲用的意義。夫人準備用個什麼命題？

雙　我來起個題目。

廖　你？什麼題目？

雙　「問蒼天」。

廖　「問蒼天」？太露骨了。

雙　除了這個題目，還有什麼字眼足以表現出這幅畫的意義呢？正所謂「彼蒼者天，曷其有極！」也得有人去問問天公，爲什麼老是叫女人這麼受氣。

廖　受氣？你受什麼氣呀？

雙　怎麼不受氣？男人就可以做大事，做大人物。男人高升了，就隨便欺負女人。

廖　你不要叫人欺負，為什麼你不好好的讀書？為什麼送你進華美女中不到一年就跑回來？

雙　我不高興那園洋氣兒。再說我不過拿一枝鳥槍到學校去打個麻雀玩玩罷了，就硬記了我一個大過！

廖　你就知道玩槍耍刀！你不提起來我倒忘了。你還拿了我一枝手槍呢。快給我拿回來。女孩子玩什麼手槍？

雙　哪！爸爸還是看不起女人！男人就可以有手槍，女孩子就玩不得！

廖　你以為女人有一枝手槍就可以和男人平等了嗎？我常常告訴你，好好的讀書成名，將來女子一樣可以成大功，立大業。誰還敢來欺負你？

雙　那麼坤儀姐總算是個女才子了，畫畫得那麼好。為什麼也這樣受人欺負呢？

廖　這你就不懂了。孟子曰：「天將降大任於斯人也，必先苦其心志，勞其筋骨，餓其體膚，空乏其身，行拂亂其所為，所以動心忍性，增益其所不能。」天是有主意的，天也很公道。事在人為而已。比如張夫人罷，要不是蒙受這場大難，又安能畫出這幅好畫來？

雙　那麼就題它做「天問男人」！

廖　「天問」兩個字倒好，是個現成的命題。其實人間的成敗榮辱，悲歡離合，許多寃屈，許多憂傷苦惱，都是這些臭皮囊自己造出來的。關天什麼事？動不動就去怨天尤人，未免太寃枉天公了！但願有那麼一天，老天也張開口來問問這塵世上的人。

史　老太爺！您這一席話眞是給我很大的啓示，聽了頓開茅塞，若是老太爺不嫌棄，坤儀就拜您做老師罷。（向廖揖拜。）

廖　豈敢？豈敢？以後大家互相討論討論就是。我今天奉謁，還有一件事要拜托夫人的。無雙，你先出去，讓我跟張夫人一個人談談。（無雙下。）

史　老師有什麼指示？

廖　夫人知道，老夫家裏只有無雙這個女兒。我本來一心希望她能好好讀書，將來也像個兒子一樣，支撐我廖氏這一家門戶。可是我看錯了。這孩子不成器！不成器！至於乾生呢，我從小看他聰明，便把這門親事定了。但是他因為沒有父親，母親又不會管教，變成這樣的乖張脾氣。近來越弄越壞，以為自己會畫幾筆畫，就以名士自居，目中無人，經我責備了幾句，便當我是個仇人，跟我大鬧，從此不上我廖家的門了！

史　潘先生的脾氣是燥了一點。青年人血氣盛，不免犯這毛病。還是請老師寬容包涵，教訓後輩纔是。

廖　我何嘗不想盡我的力量去教導他？可是這後生眞叫我嘔氣！現在無雙也大了，又不進學校讀書。潘老太太幾次叫人來提完婚的事。但是叫我怎辦呢？最少乾生自己也應當來看看我。難道叫我這個頭髮都白了的人，去向他請罪不行？

史　當然是他來向老師請罪。

廖　聽無雙說，他很聽夫人的話。

史　也不見得。不過是因為我也會畫幾筆，他倒常常喜歡到這裏來，大家談談罷了。

廖　可否請便中勸勸他？只要他來見我，我那會不饒恕他？你看我已經是個將近古稀的人了，就是要管他，也管不了多久。早晚完了這頭親事，我這為人之父的，也算了啦一樁心事。

史　我一定把老師的話轉達潘先生。

廖　我還有一句話。俗語說得好：遠親不如近鄰。夫人又當我是老師看，我也當自家人來問一聲。你以後的生活怎樣呢？需要什麼的時候，儘管告訴我。千萬不要見外才好。

史　謝謝老師關心。我打算在學校裏找個工作，教教圖畫。（廖無雙和潘乾生在門外爭吵。）

雙　乾生，我叫你等一等！我爸爸有事，在跟坤儀姐談話！

潘　我也有事呀！（潘上。無雙也追上。）

雙　乾生！我告訴你！等一等！

潘　我不高興等！（看一看廖敬儒，掉頭不理。）坤儀姐，我已經替你找着一個工作了。是在省立女師，教手工跟圖畫。

史　謝謝你，潘先生。廖老太爺正在這裏談畫呢。你坐下，我們大家再請老太爺指教指教。（潘無言，仍站着。）廖妹妹，你也坐呵。大家都坐下。我去叫王嫂再泡點好茶。

廖　（怒目視潘。）夫人，不要泡茶了。我們要告辭了。無雙，來，向夫人告辭。

史　坐坐罷。潘先生，你也請老太爺坐呀。（潘仍無言。）

廖　（更生氣。）夫人再見了。

史　再見。改天專誠拜見老師。（廖父女下。）潘先生，我說你也太過份了！至少也應該招呼一聲才對呀。

潘　我招呼他，他也未必理我。你瞧他那怪樣，開始不讓我進來，看見我進來又馬上就走。我在他的眼裏簡直就是一條毒蛇了。

史　那是你誤會了。他剛才對我說，只要你去見他一趟，他馬上就饒恕你。

潘　我什麼時候得罪他啦？我犯了什麼罪？叫他饒恕我？笑話！

史　你這樣便不對了。他想跟你和好，是他的美意，也是他讓步了。你到底是後一輩，低低頭去見見他，又有什麼不可以呢？潘先生，我看你不必這麼驕傲。

潘　我天生就是這副傲骨頭！

史　這一趟總算是看我的面子罷。你知道，我才拜了他做老師。他頭一件事托我，我得替他辦到呀。

潘　你拜他做老師？他有什麼東西能教你？

史　多着呢。你得不着他的教訓，是因為你太驕傲了。我的話說得太直了罷？

潘　一點也不。這倒是我的毛病。

史　那麼你就去看他？

潘　也可以。

史　你眞是一個爽快的人！

潘　好罷。去看他一趟，早點解決了這件事也好。我跟他女兒的婚約解除了，也就省得他以老丈人的資格來生我的氣了。

史　這是什麼話？他叫你去見他，是要讓你們早點結婚。

潘　可是我不能跟她結婚。這婚約我早就要解除的。

史　這怎麼行呢？婚姻大事不是兒戲。婚約是隨便可以解除的嗎？

潘　爲什麼不可以？結了婚，還可以離婚。難道訂了婚，就不能退婚？（史悽然緘默。潘自覺失言。）坤儀姐，這話……我說錯了。請你原諒。

史　你倒不必替我忌諱。不過，你也太對不起廖妹妹了。

潘　對她不起也沒有辦法。

史　爲什麼呢？我看你近來不是待她很好嗎？

潘　那是因爲你叫我待她好，我就跟她客客氣氣的。

史　那麼你爲什麼又跟她鬧彆扭呢？（潘看她一眼，欲言復止，嘆息一聲。）你爲什麼要跟她這樣過不去？

潘　因爲我不愛她！

史　怎麼見得呢？天天見面，就是神仙也變成平凡，不覺得有什麼可愛了。你到底嫌她什麼？

潘　沒有嫌她什麼。

史　那爲什麼？

潘　因爲——因爲我發現了一個女子比她可愛到……十倍，一百倍，簡直沒得比！

史　（驚奇傷痛）什麼！原來……你也是這樣！你們都是這樣！

潘　請你不要把我放在他們那一堆。我爲的是愛，不是爲名，也不是爲利。爲了這愛，我不知嘗盡多少煩悶苦惱。

史　你們總有理由原諒自己的。我只可憐無雙，白花了十年的心事。想不到你也是個負心的人。

潘　坤儀姐，你聽我解釋；這個女子又不是別人。

史　不要解釋！還不是那一套！（流淚。）

潘　坤儀姐，你不要生氣罷。只要你高興，你叫我怎樣，就怎樣，叫我不怎樣，我就不怎樣。我聽你的話就是。

史　（不禁失笑。）你眞是一個小弟弟！

潘　（感到侮辱。）你那裏知道我的心！你竟一點也不明白我！（傷心，倒在一張椅子上，哭。）

史　（安慰他。）不要這樣，潘弟弟。何必這樣難過呢？

潘　（熱情地望着她。）我不難過。我近來也很快樂。其實我也不要求什麼。本來這樣下去也很好。

史　是呀。廖妹妹的確是個很好的女孩子。

潘　我不是說她！

史　那你還是說那位小姐？到底是誰呀？怎麼總沒有聽見你提過她？

潘　我天天提着她。

史　你就不肯告訴我。

潘　我怎麼不肯告訴你？只要你肯讓我說明白。只要你不生氣。（逼上前，拉着她的手，熱情地。）坤儀姐！坤儀姐！我的心，你並不是一點也不知道罷？

史　（有所覺察，避開。）潘先生！我要告訴那位小姐，你已經定了親，而且你的未婚妻很好，很愛你。我要勸她，以後不要理你。

潘　可是我愛她。她怎樣不理我，我還是愛她。

史　她不會愛你的。她絕不肯搶奪別一個女子的愛，傷了別一個女子的心，毁了別一個女子的幸福。

潘　要是別一個女子也搶了她的愛，毁了她的幸福，她不是一樣可以……

史　（嚴詞）潘先生！話不能這樣說！「己所不欲，勿施於人」，越是受過委屈的人，越是不忍看見別人受同樣的委屈。她若眞是一個過來人，她就更會明白廖妹妹的苦痛。

潘　（悲嘆。）你的道德標準太高了！

史　不要高，難道要低嗎？道德不也是一種最高的藝術？藝術家的人格，豈不是要最高尙，最純潔？

潘　藝術家？藝術家的高尙純潔是與衆不同的。藝術家另外有一種道德標準。況且，在愛情的圈子裏，是沒有道德可言的。

史　爲什麼愛情就不講道德？談愛的人，可以不講道德；藝術家又另外有一種道德標準；那些成大功，立大業的大人物，更可以用他們的豐功偉業去彌補他們道德上的缺憾。愛情和品行脫節，藝術和生活脫節，功業和人格脫節。有才幹，有創造的，都不肯講道德，那麼誰去講道德呢？難道只逼着那一班平凡的人，去苦守那些死教條嗎？怪不得世界鬧的這麼紛亂，人生變成這麼苦惱！（泣）

潘　坤儀姐！

史　潘先生，你聽我的話，不要這樣見異思遷，喜新厭舊。女人的心眞正苦呀！（又傷心流淚。）

潘　坤儀姐，不要傷心罷。我以後不再提這件事就是了。

史　這纔算是一個眞正的藝術家。（稍停。）你剛才替我找的那個事——

潘　是在女子師範學校。不過要教四班手工，四班圖畫，每個星期二十多個鐘點，太辛苦了。

史　辛苦？不。

潘　我看……還是不要去教罷。

史　我要去的。從前公普……從前你們都說我是女性的典型，現在，我也能够自力更生了。——幕——

（本場完，本幕未完。）

旅美小簡之十

愛因斯坦的苦悶

陳之藩

朋友來信說，愛因斯坦死了，你應該寫一段紀念他的文章，不是你還譯過一本「宇宙與愛因斯坦」嗎？是的。富蘭克曾經寫過一本書叫做「愛因斯坦與他的時代」，這本書幾乎把愛氏的思想與路線，和盤托出。以一個物理學家兼哲學家，寫另一個物理學家兼哲學家，是再適切沒有的了。在此，我只寫，到了晚年，愛因斯坦的苦悶在那裏。

心理學家曾經作過一個狗的實驗，放上一塊肉，又通上些電，狗一吃肉，即遭電一擊，久之，狗既不吃，也不走，在那裏汪汪的叫，這是狗的苦悶，狗想吃肉，所以不走，又怕電擊，所以不吃，唯一的出路是在那裏叫。當人遇到這種無所適從的環境就自然而然的產生一種感覺——苦悶。

愛因斯坦，到了晚年是有其苦悶的。

前天有一張報，登載着一條新聞，是一個教授在紀念愛氏的會上說，他曾於去年十一月見了愛因斯坦一次面，愛氏向他說：「我後悔寫信給羅斯福總統了，不應該建議他製原子彈；不過，我當時的動機是怕德國先製出來，那人類就完了。」這是愛因斯坦苦悶的一個象徵。

歐本海默事件鬧得如火如荼時，有人訪愛因斯坦，愛氏說：「我寧願作一個弄水管的工人」他老人家幾乎都憤怒了。我們於此，恐怕要源源本本的說起。

歐本海默事件最終的判決是忠誠而危險。既是忠誠，何來危險；既是危險，又怎麼會忠誠，這個五個科學家所組成的審議會中，五個人的頭腦中也是有其苦悶的，由於苦悶，表現出如是矛盾的形容詞。

苦悶在那裏呢？

以歐本海默為例，歐本海默是娶了個曾經當過共產黨的太太，也曾經與共產黨有過聯繫，但這是在共產黨思想最風行的時代，好人上的當。有了這樣一段歷史，五個科學家可以說他危險的；但已事隔多年，現在則沒有這回事情，所以五個科學家可以說他忠誠。就因為這樣，歐氏被革除了。在歐氏這方面，如果再沒有了原子科學進展的消息，無異宣布了他學術的死刑；他沒有犯罪，為什麼要宣布學術上的死刑呢。在政府這方面，則是有不得已的苦衷的，萬一歐氏是危險而不是忠誠，再讓他繼續在原子能委員會作下去，豈不是把整個一個新大陸置於敵人的原子彈的陰影之中？

然，學術因而受到的摧殘，是無可懷疑的，愛因斯坦於是苦悶產生了，何去何從呢。學術如果失掉了自由研究的園地，還叫什麼學術？可是當着整個人類在原子彈陰影之中，你試原子，我也試原子之下，不求安全之策，又該如何？

愛因斯坦，是一個源，苦悶的浪潮沸騰在美國。我來此僅三個月，學校裏常出些莫明其妙的事情：華盛頓大學召開的生物物理學家會議，邀歐本海默參加，華盛頓大學校長不幹，說這個人有問題，於是參加的人全不去了。哥倫比亞大學校長正在辦公，有人送來一本擁護學術自由的宣言，讓他簽字，他拒絕簽字，來人說：你不擁護學術自由嗎？他說：我當然擁護學術自由，不過你們這個宣言是政客搞的，在搞政治的事情。

左派仁兄們專會利用時機來分化與滲透，乃是不容懷疑的。然而問題依然是問題。

現在到了這樣一個階段，科學家的任何一個小改進，其力量都足以震撼整個地球。埋首的科學家於此不能不有所思考了。因為整個人類的命運把握在他的手裏。所以在一九五二年，愛因斯坦曾慨乎言之的說：現在的專家教育不是教育，專家豈不是一個訓練有素的狗，他恨教育不能太專門的原因，即是怕整個人類會因他的無意識的行為而受害。然而什麼才是通才教育，他沒有說，因為他想不出一個方案來。

因為科學本身的影響太嚴重，所以研究的園地也越來越不自由，商人要保持利益的工廠，當然是秘密的；國家要保持安全的工廠，也需要是秘密的，既然這種情勢因科學之本身而形成，當然隨科學本身之存在而存在。於是愛好自由的人苦悶了，愛好學術的人也苦悶了。

羅素在「論科學對社會的衝擊」裏說，自由世界是有希望的，因為它自由，自由即可促使科學進步，而科學進步，就是安全的保障。納粹如果不趕走理論科學家，他也許勝利了；蘇俄如果不提倡米邱林，也許小麥產生的多些。

美國是世界上最自由的天地，於今自由的天地有一部份不是自由的了。對於一個愛好自由的人，還有比這件事再令人悲哀的嗎？

然而，不如此，又如何呢？原子能之父歐本海默不在原子能委員會工作，因而在進步上也許有鉅大的遲滯，但美國寧受這種損失，而不能冒原子能洩露的危險。

愛因斯坦苦悶了。

科學如阿麗思那塊餅干，吃下去以後，自己即不能控制的膨脹起來，餅干原是解餓的，餓是解了，但整個身體已成畸形。始作俑者，又想不出再使阿麗思瘦下來的汁水，不苦悶嗎？

愛因斯坦在一九五〇年完成他的統一場論，在物理學中的局面已屬大功竟成，他可以無憾而瞑目的。然而，在易簀時的心情，也許像那隻狗，肉上有電，又想吃，又怕電；苦悶的逝去。

四四年六月三日於費城

讀者投書

（一）不公平的就業考試成績計算法

翟宗泉　葉家梧

編者先生：

關係一萬三千人就業問題之本年度就業考試辦法，經有關當局一再會商，三波四折，終於月前公佈。其中計算成績方法一項，規定已受軍訓之大專畢業生參加考試者，軍訓成績佔總成績百分之四十，就業考試本身成績佔總成績百分之六十。此項規定於法無據，於理不合；不僅有違公平之原則，全失考選眞才之意義，而且流弊橫生，助長投機倖進之風氣。茲就所知略述如下：

一、就業考試爲特種考試，受考試法之限制。考試法所規定之各種考試爲文官任用及技術人員執業之考試，目的在察應試者有無爲文官及技術人員之知識，自不應滲雜考試法外其他不相干之限制條件。否則，卽與考試法不合。

二、將軍訓成績加入就業考試成績而平均計算之，與文官考試之性質絕不相合。蓋軍訓成績所表現者爲能否做一軍人，其與能否爲一文官毫無相干之處。

三、此項規定之目的如在提高大專畢業生對預備軍官制度之重視，未免捨本而逐末。軍訓之受尊重，應以軍訓本身値得尊重方妥，軍訓如不受尊重，亦惟有改進軍訓本身始能有效。若以就業爲餌，固能收一時的表面之功，然軍訓本身或不免因此貽無窮之患。不擇手段雖然也是一種手段，其能否達到目的固已成問題，而與民主精神更屬相反。

四、如謂此辦法係爲優待受軍訓之應試者而訂（本期受訓者之一般平均成績皆在八十分左右，以百分之四十計算得三十二分，如錄取標準爲六十分，則受訓者於就業試中僅考四十七分卽合及格之數。如此，受訓者卽較未受訓者平均受十四分之優待。），亦屬不當。按服兵役爲國民應盡之義務，而官職爲國家之名位，以國家隆重之名位作爲優待國民應盡義務之對象，其不合理無容贅言。且應參加受訓尚未參加受訓者，多係體格特弱，依法免訓緩訓，此項規定對彼等而言，顯失公平，殊難逃虐待弱者之非議。

五、本年就業考試之應試者，包括今暑畢業將受軍訓而尚未受軍訓之畢業生，彼等自無軍訓成績可資平均。如此項規定之目的爲優待受軍訓者，則同爲受軍訓者，僅因時間之先後，有受優待，有不受優待，亦失公平。

六、軍訓成績之記算方法，國防部並無詳細規定，僅指示以入伍教育及綜合教育之平均成績爲準，現每一受軍訓學生皆有三項成績：一爲軍事學術科成績、一爲政治科成績、一爲考核成績，因無統一規定故各隊呈報之成績，標準各異，難免失公。且考核成績依隊職官主觀標準所給之分數，政治科成績亦包括指導員之思想考核，此二者與考試之客觀標準迥異，其易滋流弊，顯而易見。

問題癥結，在於文官考試受軍訓成績之干擾。根榦一立，枝節橫生，自屬當然也。

素仰貴刊崇尙法治，言論公正。以上所述擬借一角刊出，供有關當局參考。敬祝

編安

讀者　翟宗泉　葉家梧上　七、六

註：（讀者投書（二）排在第25頁）

臺南農職教員來函二件

（一）

關於臺南農校圖書審查委員會，前議決貴刊及自由人言論不正確由圖書館閱覽室移到教務處保管事，貴刊已於上期提出嚴正的抗議，滕校長遂於六月十七日下午四時召開訓導會議，通知上說是討論畢業班學生的操行，當時筆者因非畢業班導師不想出席，及入座見有兩本簽到簿，才知是教務訓導聯席會議，校長（主席）報告約一分鐘後，便講到如何向貴刊及自由人聲明辨正的問題上面，中間討論了許多，其中有位姜文治先生自稱對這個問題特別有興趣，先後發言三次，共約十五分鐘。發言的人分兩派，一主張去函兩個刊物辨正。一主張除辨正外，還要向各大報登啓事。結果通過了第一個辦法，由學校寫信，分請教員簽名。這就是致函貴刊的緣起。

在討論時，根本沒有時間提到「操行」二字，教員分爲兩派，凡曾在動員月會發言指責過校務瑕疵的同事，都主張澈查那封匿名信，以免自己遭別人無謂的誤會。另一派主張寬大，不咎既往，校長也站在這一派，含有息事寧人的意思。討論到最高潮時，竟有人懷疑這一定是共黨匪徒所爲，因有離間同事間感情的作用。這時有位于老師因誤會一位年近六十的尉遲老師的發言，竟揮了一拳，幸尉遲先生爲主的忠實信徒，打他的左臉連右臉也伸出來不予還手，只要求保證于君以後不再有類此行爲，因老骨頭不易醫治，可是打不平的姜先生却咆哮起來，也有聲援于先生的，會場十分混亂，窗外還有幾個學生在偷看呢！直到六時多才宣佈散會，說句良心話，南農的同事一向合作無間，和平相處，寫匿名信的那位仁兄眞害人不淺！散會前校長接到教廳劉廳長的長途電話，也是爲了這件事。

總之，這一封辨正信，確是經會議通過，學校對教員無任何要挾的表示，簽名出於自願，也不是貴刊所謂

有隱痛（筆者按：隱痛者，爲保全飯碗而簽名之謂也。）在焉，而且滕校長是一位十足的「學者」，在校確實處處標榜民主的，不過我們替滕校長辨明的只是貴刊和自由人確經常挂在教務處旁教員休息室的壁上，讓教職員自由閱讀，而非保管收藏起來這一點。至於其他不負辨正責任。因爲，貴刊檔案中有南農的原始議決案，稍有智慧的人也能判斷眞假，我們決不那樣子蠢。其實在我想來，滕校長在當時對這件事眞有點兒考慮不周，何必自討煩惱？我認爲，貴刊也應原諒爲人師表一校之長不好意思向人致歉的苦心。「夫過者，聖賢所不能免，然卒不害其爲聖賢者，爲其能改也。」今日社會，立志做聖賢的人畢竟不多啊！

言論正確與否，在貴刊與自由人，有事實爲證。要知道，現在有些人衡量言論的標準是很奇特的。一次，某著名中學的一位訓導主任看到某生一篇「遊大貝湖記」，本寫得很流暢的，當他看後，即走向國文老師說，這篇文章寫得很好，如果再加上一點兒「反共抗俄」就更好了。今天不犯這毛病者鮮矣！何況貴刊有意作政府的諍臣，愛國心切，怎能不受人責爲何每一篇文章不加「反共抗俄」呢！

由這一問題，引出另外一問題，就是當前的「禁書問題」，如呂叔湘的「文言虛字」，華汝成的「無線電淺說」，朱自清葉聖陶的「國文精讀舉隅」……，均依法列爲禁書，想政府也經過考慮的；不過筆者認爲現在自由中國的人才的確有限，即或著了足夠教師們參考的書，但因銷路問題未必能付印，有人說「辭源」「辭海」的編者也十九尚留在大陸，照例大家不能翻檢。既然上列各書都禁了，若一個教師對學生講文法時，採用了呂叔湘引過的例句，照朱陶說的指導學生精讀國文，以及講文字學時引用黎錦熙的「六書新說（見國語詞典序）」；……等，是否也算「思想不正確」？又如「汽車怎樣會跑路」也被列爲禁書，我想現在自由中國的汽車司機，全是照那本書裏說的原理開動汽車的，那末他們的「思想也是不正確」了。我說這一段話的目的，就是希望貴刊能夠代表我們向政府建議，把禁書的條例加以合理化，否則，自由中國的大學生無叢書可資研究參考，教書的也不必翻「辭源」之類。因爲這年頭，私人若被人戴上了「思想不正確」的帽兒，不是好玩的呀！

（二）

編輯先生：

我是臺南農校的教員，也是前次連名致函貴刊爲本校校長滕詠延辯白者之一，詳讀貴刊對於我們連名信後之按語，除對貴刊之明確推斷，嚴正態度，表示衷心欽佩外，而對滕校長之欲蓋彌彰，與夫我們教員同仁的屈於威勢，言不由衷，深感無限的慚愧與沉痛。

本校第一次圖書雜誌審查委員會，在滕校長主持下，將貴刊列入言論不正確之雜誌類並交教務處保管，是事實。但這是滕校長及三數審查委員對貴刊看法的問題，並不與農校全體教員有關。因爲本校教員同仁並不是每個人都閱覽貴刊的。至於剝奪閱覽的自由，也至限於部份閱覽貴刊的同仁，與其餘同仁不相干的。然而自從貴刊第十二卷第十二期刊載本校一教員同仁之匿名信後，教育當局是否重視此問題，我無從知悉。但就本校而言，確已掀起了破天大浪，鬧得同仁們惶惶不安，不知所措。爲此滕校長在六月十七日召開了一次教務會議，提出連名致函貴刊否認之議，因意見不能一致，同仁間初則相互漫罵，進而竟有相互毆打之粗暴舉動，以致會議不歡而散。連名致函本可終了，詎意會後還是繼續的進行。首由滕校長的私人簽名，其次着對報刊雜誌稍有興趣的同仁簽名，進而揚言，誰不簽名，誰就有向貴刊投函控告的嫌疑，爲本校之搗亂份子。誰願作搗亂份子？爲了生活，誰又敢作搗亂份子。況且時屆學期終了，聘書掌握在校長之手，尤鑒於本屆大專畢業生分發就業的困難，謀一教員位置，實非容易，致有此連名致信，公開說謊的行爲，誠屬堪憐，堪悲，堪恥，更堪痛心！

編輯先生：我並非是經常閱覽貴刊的，對於貴刊的內容，也無從置評。然而我對本校圖書審查會的決定將貴刊列入言論不正確之雜誌類並交教務處保管一節，始終認爲此種思想是不健康的，此種作風是固陋的，對付一個思想不健康並有固陋作風的人，我認爲實在沒有斤斤計較的必要。不過由如此的人來主持校政，我深感遺憾。我是南農的「三朝元老」，在我個人的感覺中，校長的人選，似有「江河日下」，「一代不如一代」的趨勢。前任校長章君，固不適宜負責學校行政，然而他實幹苦幹，對南農還算盡過一番心血的。而滕君呢，不但沒有辦學的經驗，而且又不負責任，更談不到以身作則，官僚習氣之重實所罕見。貴刊如能派記者來臺南訪問本校教職員同仁，對於滕校長的惡劣作風，定可獲得駭人聽聞的事實。

而且滕君現在還是臺灣農林公司的專門委員，農校校長的職務是他的兼職。在人浮於事的今日，在人才濟濟的自由中國，由農林公司的專門委員來兼任農校校長（據滕君向人公開表示渠之薪俸仍由農林公司支付）不知究屬何故？抑或除滕君外在自由中國我不到適宜擔任農校校長的人才麼？這實在是令人大惑不解的。

暑假到了，也是學校負責人調動的時候，（以往的慣例）寄望於教育當局，嗣後對於學校負責人之調派，須三思而行，不能憑感情意氣以及個人好惡，並請貴刊代爲呼籲。

耑此順祝

文祺

臺灣省立臺南農業職業學校一教員上

註：

一、以上兩封信都是臺南農職教員先生寄來的，附有眞實姓名。來信（一）囑本刊另以「張公忍」之筆名發表，來信（二）囑以「一教員」名義發表。均遵囑不刊出其眞實姓名。

二、兩信依收到先後排列。

自由中國　第十三卷　第二期　內政部雜誌登記證內警臺誌字第三八二號　臺灣省雜誌事業協會會員　六四

給讀者的報告

美英法蘇四國首長會議，不久將在日內瓦擧行。這是全世界都在矚目的一件大事。這些時中外報紙雜誌對這個會議的報導與推測，眞是成篇累牘。本期我們在社論(一)裏，對四國會議可能商談的內容，及會議結果的成敗，加以扼要的綜析。我們以爲與蘇俄打交道，應該時刻不可忘記共產黨與共產主義的本質，才不致陷入它的陰謀。由於以往太多的教訓，我們相信美國這回是不會輕易上當，而使四國會議爲蘇俄所利用的。不僅如此，我們還希望美國能進一步在此會議中提出解放附庸國的要求。和平誠是我們所渴求的，但只要奴役的事實一天存在，共黨侵略的企圖一天不終止，和平將無由獲致。

一年一度的各級學校招生考試，爲期已在不遠。本年大學招生將採聯合招生辦法。辦法中關於分配新生所依據的所謂系科志願，是一項很不合理的規定，因此我們特在社論(二)裏評論其事。我們以爲，聯合招生乃是爲減輕學生負擔的便利之計，並非一理想的制度。誠然採用聯合招生的辦法，即不勉在某些方面有所委曲與犧牲，但考生的自由意志，却應該儘量予以尊重。各校當局不能爲學校的方便與體面，而剝奪學生可能選擇的機會。現辦法中的系科志願原則正犯了這樣的毛病。

言論自由是基本人權之一，也是民主政治一項必要的條件。言論自由的運用是多方面的，表現於政治與社會方面則爲輿論。只有在民主政治之下，輿論才能形成，輿論才能享有應有的地位。因此我們要對輿論有正確的了解，必先了解輿論與民主政治的關係。時下很多人對輿論的嫌惡，多出於對民主自由的誤解。從這個觀點出發，雷震先生特爲文以闡「論輿論之本質」，進而糾正時下一些似是而非的觀念。以文長，將分兩期載完。

個人自由是民主政治的基礎，抹殺個人自由的社會必然會走上極權與奴役的道路，納粹主義、共產主義便是最佳的例證。假使我們一方面倡言民主，一方面又攻擊個人自由，那才是矛盾不過的事。所以說，「民主必需有個人自由」。龍一諤先生的大文即在闡釋此義。

關於亞洲人民反共的問題，本刊前此已數度爲文論及，要皆勉勵各國朝野相忍相讓，共同爲反共事業而努力。本期包時學先生分析當前亞洲人民反共事業困難的所在，及其應該努力的方向。亞洲各國反共人士其勉之！

陶志俠先生的通訊原是以投書方式寫的，他對當前政府的反共政策，有正直的批評與卓越的建議，希望當局對「如何加強華僑聯繫、團結反共人士」的工作，能够多所致力。葉泛先生的通訊，報導馬共的「和平攻勢」，可見「和平攻勢」是國際共產當前採取的全面計劃，本文的資料爲各報章所不曾見，頗具新聞價值。

本期即將付印之時，連續接得臺南農職二位教員的來函，致不得不臨時改動版面，將兩函排入。兩函中對該校禁書的發展，續有報導。雖二位教員先生來函措辭不盡相同，但讀者們仍不難據以窺知其眞象。此外，在來函(一)裏，提到政府當局禁書的措施，其意見是很允當的，希望當局能接納改正。

自由中國　半月刊　第十三卷第二期　總第一三七號

中華民國四十四年七月十六日出版

發行兼主編人　『自由中國』編輯委員會

出版者　自由中國社

社址：臺北市和平東路二段十八巷一號

電話：二　八　五　七　〇

航空版

香港　友聯書報發行公司 Union Press Circulation Company, No. 26-A, Des Voeux Rd. C., 1st Fl. Hong Kong

總經銷

臺灣　自由中國社發行部　中國書報發行所

美國　自由中國日報 Free China Press 719 Sacramento St., San Francisco 8, Calif. U. S. A.

經售者

日本　東京僑豐企業公司

韓國　漢城裕昌德號

馬尼刺　大中華日報社

印尼　新疆書店　椰嘉達天聲日報　棉蘭新中華報

越南　西貢中原文化印刷公司

緬甸　仰光振成書報店

印度　加爾各答塔梅學校

澳洲　雪梨瑞田公司

北婆羅洲　西利亞坡靑年書店

新加坡　檳榔嶼、吉打邦均有出售

印刷者　精華印書館

廠址：臺北市長沙街二段六〇號

電話：二　三　四　二　九　號

本刊經中華郵政登記認爲第一類新聞紙類　臺灣郵政管理局新聞紙類登記執照第五九七號　臺灣郵政劃撥儲金帳戶第八一三九號
（每份臺幣四元，美金三角）

自由中國

FREE CHINA

第十三卷第三期

要目

中華民國四十四年八月一日出版

社址：臺北市和平東路二段十八巷一號

半月大事記

七月十一日（星期一）

交通部擬定擴充全臺電訊設備五年計劃，預定明年開始。

寮國北部情勢轉穩，停戰監督委員會要求雙方在現據點立即停火。

法駐越南代表授大使銜，越南與法以後可直接進行商談。

三名變節美俘乘輪返美，柯華德對美聯社記者透露稱，在大陸時曾與反共人民接觸。

七月十二日（星期二）

美兩黨議員領袖諾蘭等在參院建議，美應宣佈希望鐵幕內被奴役人民，重享自由獨立的權利。

艾森豪總統與國會領袖商談應付四國會議計劃，保證會議中隨時向國會提出報告。

美衆院撥欵委員會將艾森豪的卅二億援外法案削減六億元。

七月十三日（星期三）

艾森豪向國會領袖保證，美在日內瓦會議中，將不討論亞洲問題，但準備提出附庸國人民自決問題，並堅主裁軍須有充分監督。

俄帝發表聲明，對德國統一問題立場轉趨强硬，主張設歐洲集體安全系處理。

美國務卿杜勒斯離美赴法出席西方三外長會議。

杜勒斯要求衆院撥欵委員會對卅二億援外法案予以全數通過。認爲卅二億爲最低限度的要求。

美衆院外委會通過議案，要求美國以一切影響力，使十四個自由國家加入聯合國。

政專行專兩校決定合併改制爲省立法商學院。

七月十四日（星期四）

美參院外委會通過諾蘭等所提議案，希望附庸國家獲得解救。

美總統艾森豪簽署三百十八億的國防撥欵案。

美國原子電力不久即將出售應用，其價格決定爲一瓩小時爲美金三毫。

菲律賓宣佈決定承認越南政府。

七月十五日（星期五）

葉外長在記者招待會中，申重我國政府對四國會議的嚴正立場。

艾森豪夫婦前往日內瓦，參加四國會議。

美參院一致通過希望附庸國家重獲自由的議案。

西方三外長集議，會商對俄共同戰略。

七月十六日（星期六）

北大西洋公約組織國家的外長會議一致通過美英法三國在日內瓦會議上所採取的戰略。

美陸軍參謀長泰勒表示，將考慮削減美駐遠東各地的陸軍。

七月十七日（星期日）

美三軍首長在軍事會議提出報告說，美國海陸空軍的力量仍須予以充實加强，藉以對抗俄帝的武力威脅。

西貢羣衆示威遊行，要求廢棄停戰協定，擁護吳廷琰對全越選擧的決定。

七月十八日（星期一）

美英法俄四國首長會議在日內瓦擧行。艾森豪在演說中呼籲東西方終止冷戰，提出行動計劃，艾登與傅爾强調德國統一之需要。

西德總理艾德諾前抵日內瓦，俾就近與四國會議接觸。

美國開始應用商業的原子電力。

龍捲風襲新竹，毁屋二百餘家。

七月十九日（星期二）

中美兩國在華府正式簽字合作研究原子協定。

四外長擧行會議，同意在四國會議議程中優先討論德國統一問題。

布加寧在四國會議中演說，拒絕討論國際共黨問題及附庸國地位問題，並主先減軍備，再商德國統一。

美衆院通過譴責殖民主義與共產帝國主義，並呼籲協助被征服國家獲致獨立之議案。

七月二十日（星期三）

四國會議對德國統一問題，已陷僵局，經外長會議提議改變議程，先行討論歐洲安全問題。

美參院撥欵委員會通過三十二億新援外欵項，前爲衆院削減之數已予恢復。

越南紀念被分割的國恥日，羣衆發生示威騷動情事。

美在經社理事會提議，對和平利用原子能設永久國際性組織，作爲聯合國的特設機構。

美國原子爐在日內瓦展覽。

關於農林公司茶業分公司之茶林糾紛，民營輔導委會決定請省府儘速解決。

七月廿一日（星期四）

行政院通過證劵商管理及外銷品退還捐稅兩項辦法。

四國首長會議商裁軍問題，將德國統一及歐洲安全兩問題交回四外長會議討論。

共匪在沿海建機場，鷹厦鐵路亦在趕築中，積極佈署犯臺軍事。

美海軍部長宣佈，美正計劃建立原子潛艇艦隊。

阿根廷局勢發生震盪，傳裴倫總統業已被黜。

教部中華奬學基金委員會決定設置三項奬學金。

七月廿二日（星期五）

艾森豪在日內瓦四國會議中提驚人裁軍建議，要求美俄交換軍事藍圖，同時開放領空。

四國外長決定十月間在日內瓦集會。

德參院通過征集五十萬德國新軍之第一批志願軍法案。

七月廿三日（星期六）

四國會議討論第四項議程，促進東西間交往問題時，艾森豪提具體步驟，呼籲俄國拆除鐵幕。

美參院否決削減動議，通過三十二億援外法案。

西方三國對越南局勢獲致協議，傳將促吳廷琰與共黨談判全越選擧。

七月廿四日（星期日）

四國首長會議正式宣告結束，決定十月間召開四外長會議，並將裁軍建議交由聯合國裁軍委員會處理。

『自由中國』的宗旨

第一、我們要向全國國民宣傳自由與民主的真實價值，並且要督促政府(各級的政府)，切實改革政治經濟，努力建立自由民主的社會。

第二、我們要支持並督促政府用種種力量抵抗共產黨鐵幕之下剝奪一切自由的極權政治，不讓他擴張他的勢力範圍。

第三、我們要盡我們的努力，援助淪陷區域的同胞，幫助他們早日恢復自由。

第四、我們的最後目標是要使整個中華民國成爲自由的中國。

社論

共產黨怕自由

最近，拗轉世界大局的事件正在發展着。四國會議是這一發展的里程碑。在四國會議中，美國總統提出驚人的建議，主張美俄交換軍事情報，並且接受空中攝影，冀以達成眞正裁軍的目標。復次，艾氏又要求蘇俄拆除鐵幕，放棄妨害各國人民之間情報與思想交流的障礙；自由旅行，使各國人民得以彼此直接認識；造成若干情勢，以鼓勵各國間增加交換和平物資。這一連串的自由鐘聲，震撼着鐵幕內久受抑壓的人心；響澈自由世界，使自由人民從危疑動盪中振奮起來，恢復樂觀情緒，爲和平，安定，繁榮，進步而憧憬。

當然，今日的世界，依然沒有脫離冷戰的階段。冷戰，可能是熱戰的前奏，但也可能是熱戰的消弭劑。因此，在冷戰中獲勝，就是已爲熱戰奠立了基礎；或者，消弭世界戰禍於無形。所以，美國第一流政論家李普曼著文立論，呼籲美國朝野應力求在冷戰中獲勝。這一次，在四國會議中，艾森豪總統宏論一出，舉國讚歎，自由世界同聲擁護。而反觀蘇俄呢？它所表現的，尷尬非常，只有招架之功，而無還手之力。在這一重要回合，自由世界勝利，共產世界是失敗了。

自由世界怎能在冷戰中開始得到勝利呢？這個問題很值得反共人士作一番虛心的觀察。假若我們以爲艾森豪在四國會議中的演講和建議，不過是放空炮，不過是和平攻勢中的外交詞令，不過是由于他看透了蘇俄不會實行，所以說說也不妨。假若我們都作這種淺薄的想法，那末，便是十足表示：在這民主反共事業中，我們已經失去任何信念，我們一點眞理的立場也沒有；因而這樣崇高的民主反共事業，也將墮落成爲純權力鬪爭。果眞如此，我們底反共將有何客觀意義與價值可言？在事實上，既然艾森豪的宏論一出，自由世界聆言而色喜，蘇俄集團雖聞言而蹙額但又不敢正面反對，只有敷衍搪塞，支吾其詞，顯見得艾森豪總統之所論並非徒託空言，而是有眞實力量作背景的。

艾森豪的力量背景是什麼呢？原子彈嗎？蘇俄有！黃金嗎？蘇俄有！武裝力量嗎？蘇俄在數量上佔優勢！特工嗎？蘇俄更多！宣傳嗎？蘇俄專長！……只有一樣是美國所有而蘇俄獨無的，那就是「自由」。從這個線索上，我們就可發現反共最有效的力量是什麼了。

這裏所說的自由，不是所謂『國家自由』。『國家自由』這隻名詞，是從黑格爾那裏抄來的。黑格爾說，歷史的發展有三個階段：第一是東方的君主專制。在這一階段，只有君主一人是自由的。第二是希臘羅馬的民主。在這一階段，有些人是自由的。第三是普魯士的君主制。在這一階段，所有的人是自由的。在這種制度中，國邦代表普遍，代表理念，代表絕對精神。個人則爲實現這些東西的工具，所以任何犧牲在所不惜。順着這一條思路下去，再進一步，就出軍國主義，更結晶于希特勒了。我們在這裏所說的自由，是西歐與美國這些民主國邦每一個人所保有而且每一天在其中實際生活的那些可以開列一個清單枚舉出來的自由。例如，言論、思想、組織、居住、信仰，等等。

我們說到這裏，也許有人說：『你們天天喊自由，可是你們不要忘記這是反共時期。反共時期最重要的就是講求反共有效的方法。共黨憑以作亂的就是「鐵的紀律」。我們要反共，所以也需要「鐵的紀律」。既然如此，就不能不犧牲個人自由。』姑且不問這種說法含蘊着多麼嚴重的推理錯誤，姑且不問『紀律迷』是否有濟於事，我們且問共黨所謂『鐵的紀律』究竟是怎麼回事。共黨所謂『鐵的紀律』，稍一究詰，我們立刻發現那完全是一種海市蜃樓。那種海市蜃樓，造成『紀律迷』者一種『紀律的幻覺』。

共黨所誇耀的『鐵的紀律』是鐵鍊套成的。它的目標則全在驅人作火牛。這種所謂『紀律』，是靠鑄造鐵幕，隔絕消息，歪曲新聞，配給思想，控制腸胃，製造恐怖，蒙哄詐騙，等等卑劣手段交織而成的。這樣『鐵的紀律』，有而且只有在鐵的幕罩以內才能維持。它完全經不起考驗。一旦鐵幕打開，扼制之手鬆了，謊言拆穿了，讓大家呼吸自由的新鮮空氣，則所謂『鐵的紀律』之狀貌，將立即土崩瓦解，連一根草繩也不如了。第二次世界大戰期間，俄軍幾十萬幾十萬的人投降，原因是要掙脫鐵鍊。韓戰期間，義士成千成萬脫離魔掌，奔向自由。這一次，對于艾森豪總統拆除鐵幕的建議，蘇俄連明言答覆的勇氣也沒有。這不都是最明顯的證據嗎？

共產黨並不怕與他同樣的一套；最怕的是自由。共產黨什麼花樣都可耍，唯獨不能講自由。他們一講自由，則其極權暴政立即崩潰。所以，對付共產黨最有效的工具，並非『鐵的紀律』之類的東西，而是實現自由。自由世界愈是傳播自由的福音，共產黨的困難愈增加，因而共產世界愈會垮的快。

談到講自由，我們反共的自由中國，尚需着實增進。在一切自由之中，最重要的是言論自由。因爲，唯有言論自由，才能表現人民眞正的『意之所向』。知道了人民眞正的意之所向，民主的政府才能據以制定大計。所以，凡貨眞價實的民主國邦之政府，沒有不注重輿論的。但是，言論自由，必需在一種坦白、眞誠、沒有疑忌的空氣裏，才能培養起來。如其不然，勢必困惑重重。舉個例吧！本刊第十二卷第十期登載了『權威與權威統治』一文，即引起若干人士的疑慮，謂吾人反對『理性』，反對『領導』。本刊立言，向只論理，毫無作用；向只對事，從不對人。稍有常識的人，誰反對『理性』？際此艱危時日，誰不贊成賢明的領導？然而，帽子口號，壓人有餘，解決問題則不足。試一請問：所謂『理性』，係由少數人專斷而得，抑由多數人自由討論而得？科學乃『理性』的精鍊。離科學而談『理性』，不流入虛妄，便陷入主觀之境，結果將甚危險。復次，所謂『領導』，又係根據何種原則？西方人講自由、平等、博愛、人權、共同利益。中國傳統道德講仁、愛、信、義。這些道理，共產黨一點也不講，所以他們變成率獸食人的惡魔，所以我們毫不妥協地反共。因爲，領導反共的組織，須要在這些道理之中，選擇一兩樣來作領導原則才好。負責以這些道理之作原則的領導，才是『以德服人』的領導，有而且只有在『以德服人』的領導之下，才能形成眞正的向心力。艾森豪總統這一次的表現，爲我們此言作了最大的見證。本刊願意提請大家注意，並以與民主反共的人士共勉。

歡迎僑資與整飭金融

白　瑜

一、僑資工廠遭遇困難

衣錦還鄉，人生一大樂事。尤其是我們的海外僑胞，浪跡異國，披星帶月，勤勞起家，飽受國家貧弱的痛苦，中年以後，略有積蓄者，無不思家心切，愛國情殷，祖宗坟墓在念，子孫歸宿所繫，回國投資，人之常情，何待鼓吹。所以北伐成功，新政府奠都南京後，海外華僑，歡騰若狂，回國投資，風起雲湧，一概出乎自然。如非共匪稱亂，强鄰肆虐，大陸的經濟開發，必已大有可觀，僑胞們亦有了一分的貢獻。今政府遷臺，僑胞仍能明辨是非，極願來臺投資，政府亦擬訂辦法，加以鼓勵，何以成果尚未卓著，怨言已先興起？這是值得檢討，無待諱言的。

政府在四十一年九月廿日由行政院公佈鼓勵華僑及旅居港澳人士來臺舉辦生產事業辦法，甫及一月，至十月廿四日即有修正，同日又由行政院公佈自備外滙輸入物質來臺舉辦生產事業辦法。事先且有臺灣對外貿易與海外僑商聯繫辦法（四十年七月十一日行政院第一九五次會議通過施行），歡迎僑商來臺經營進出口貿易；事後且有改善港澳人士來臺考察工商業入境辦法（四十二年七月九日行政院第二九九次會議通過實施）。政府對僑胞來臺投資，可謂重視而加以鼓勵了。歷年來僑胞來臺考察以及申請入境設廠者，固不乏人，惟考察後裹足不來的也有，入境後不開始設廠的也有，而設廠開工後叫苦連天的更所在皆是。去夏立法院通過外國人投資條例，政府公佈實施，給于外國人的優惠，超過華僑投資辦法太遠，例如利潤的結滙，新開廠的免稅，徵收徵購的保證，均為該辦法所無（詳見該辦法與該條例）。立法院於通過外國人投資條例時，附帶請政府注意改善華僑投資辦法，以期與外國人同享平等待遇。去年十月乃由行政院咨送華僑回國投資條例草案到立法院審議（十一月底行政院又有補充修正草案咨送立法院併案審議）。今年立法院由經濟僑政財政交通四委員會審查該條例草案，辯論至為激烈，已提出審查報告到立法院院會，進行第二讀審議，院會爭辯方纔開始，將來第三讀如何通過，尚不得而知，惟希望與外國人投資條例平等待遇之下，僑資工廠所遭受的困難，必須儘可能的解除。

據目前僑資工廠所稱遭遇的困難以及改善的希望，舉例如左：

①僑胞因熱心響應政府號召，極願來臺投資，然以不諳投資事業的種類，是否切合環境要求，致投資不免虧損。如旅泰華僑林國長在臺開設的僑泰與麵粉廠，投資達千數百萬元新臺幣，初因自備外滙輸入物資價格低落，已有損失，開工後又以麵粉市價低落，虧累更大。希望政府主管機關將臺灣可供投資事業的種類及其可能的發展，一一列舉，詳加說明，按期向各地僑胞報導，而免其裹足不前或盲人瞎馬，致打擊僑胞來臺投資的情緒。

②來臺投資的僑胞們，申請設廠時頗感機關重叠，例如鼓勵辦法的第四的規定，申請案件，由經濟部、財政部、僑務委員會、臺灣省政府及其他有關機關指派負責人員會同組織鼓勵華僑及旅居港澳人士來臺審核小組，審核後，由經濟部核定。手續繁瑣，審核需時，而僑胞肆應維艱，精神物資，兩俱損失。希望政府竭盡可能簡化手續，使其能如期設廠，剋日開工，以利生產。如有迹近留難，尤應隨時查明懲戒。

③僑資工廠，依法自備外滙輸入其他物資，交由臺灣省物資局代為出售後，所得價欵，存入臺灣銀行，又須呈准經濟部始能動用，手續麻煩，市場生疏，出售既感不易，資金尤感無形凍結，以致生產成本增加，如僑泰與麵粉廠、德豐搪瓷廠、臺灣塑膠廠、中國輪胎公司、廣生榮罐頭廠等，自備外滙輸入之日光燈、紅參、顏料、雨衣材料、呢絨等物資，有費時半年至十一個月尚未出售者，資金既感週轉不靈，價格亦有遭遇低落。希望由各僑資工廠將其自備外滙輸入的物資，交物資局統籌採購，而免輸入物資供求及季節的失調，以資救濟。

④原料的供應，僑資工廠亦最感困難。例如鴻福紡織廠、大華綢廠等所需人造絲，係自歐洲或日本輸入，由中信局統籌申請購買，每年僅兩三次，必需大量資金始能購儲，隔時頗久，供應亦感不繼。希望中信局規定二個月或三個月投標一次，並分批進口，最好每月一次，藉以減少資金的負擔。又如搪瓷廠所需黑鐵塊，必需自美國輸入，而廠商不能自行申請外滙，必需假手貿易商，困難殊大，亦望改善。

⑤各僑資工廠對於稅的負擔，亦稱困難，而有如下的希求。例如關稅，德豐搪瓷廠以自香港輸入的各種搪瓷品鐵塊，因香港政府禁止出口，乃變形為半製品，而我海關則重稅半製品。此點希望有所改善。並希望政府能對於機器進口關稅的記賬，至少應有半年以上一年以下的限期，以利資金的週轉。並望能援例外國人投資條例，凡新設工廠，在開工若干年內，同樣免繳所得稅，以求平等待遇。又如錦綸紡織廠有稱，以自備外滙輸入沙士堅麵粉九千包，委託物資局代售，但接到稅捐處通知，應繳納行商稅。其他僑資工廠，聞有同樣情形，均未繳納，希望政府豁免。

僑資工廠處境困難，大概如上所述，政府在力謀改善中。例如有些僑資工廠，來臺設廠，適逢實施耕者有其田，在地價未繳清之前不得轉移，限制綦嚴，所需廠地，無法取得等情形，政府業已設法解決，其他困難，當亦較易改善。僑胞或港澳人士來臺投資，已有起色，例如華安金屬用品製造廠，創製華字牌標準電鐘，最近獲得經濟部核准專利權十年，是一顯著的事實。惟臺灣金融業務，有待整飭，藉以改善整個的投資環境，至關重要，是一基本問題。如不以此爲提綱挈領，其他困難的改善，亦不過扶得東來西又歪，僑胞要求，又未必一一可行，且恐治絲而愈紛，政府爲全盤籌算，更爲上策。

二、金融業務亟待整飭

據各僑資工廠（包括港澳人士來臺的設廠）所稱共同的困難，則爲普遍感受週轉資金短缺的痛苦。僅儲備原料一項，已經需要大量資金，臺灣則無工業銀行可供工業資金的週轉。商業銀行可權充彌此缺憾者，又幾乎是零。即使在特殊條件之下，可作有限度的週轉，爲數亦極微，杯水車薪，無濟於事。以致若干僑資工廠，常處岌岌可危之境，長此以往，可使已設工廠陷於中躑，遑言鼓勵來者。其實不僅鼓勵僑資須立即整飭金融，即維持臺灣整個經濟的發展，也不能再事遷延。余來臺之初，即注意到光復後臺灣金融不免解體，原有的日本聯繫，既經失去，後來的大陸交通，亦告斷絕，臺灣金融，必須自力更生，建樹體系，常向有關場所呼籲。但不久即見工商銀行取得政府批准，索性讓其更名爲第一商業銀行，已不免爲工業資金興嘆。

四十一年五月卅日前經合總署中國分署署長施幹克（Hubert G. Schenck）在扶輪社發表演說，舉出開發臺灣工業至少需要五個因素：①更多的電力；②更多的生產原料及更多的製造；③更有效的工業管理與精確的成本會計；④更多的企業自由和競爭；⑤能激發更大的希望與信心之領導才能。我乃發表「電外有電」的杜撰，認爲發動臺灣電力公司的電力者，另有一種「電」在，那便是金融，所謂爲生產之輪加油（Oiling the wheels of trade）者是也。當時臺電發行公司債，就是說明「電外有電」的具體例證。如果及時整飭金融業務，使其健全，而又建立交易所的一環，臺電的所謂公司債，就可眞的發行債券，能在金融市場自由買賣，自可繼續發行，決不致後來兩次電費加價，大鬧風波。當年臺電公司債九千五百萬新臺幣，既無債券的發行與流通，更無減債基金的妥爲設置。只由臺灣銀行超額發行等於其發行限額的半數，獨家承購此項所謂公司債的全部，到期不能還本，增加額外發行了事。實質上絕非公司債，不過隨便叫做公司債罷了。說來可謂金融趣聞，竟是何等兒戲。

目前臺灣金融機構，設置頗廣，然其業務上的失調，情形並不輕鬆，消極的防患於未然，積極的配合發展經濟以及歡迎僑資，均宜納入正軌，早有整飭之必要。

①普通銀行的三不管——臺灣各普通銀行，如彰化、華南、第一商業等，其業務如何，人所共知，幾乎與生產事業脫節。平心而論，是不能全怪他們。原因何在？我的看法，由於三不管造成的。中央銀行癱瘓，不能以再貼現轉抵押重押滙等控制與支持普通銀行的業務，此爲第一不管。臺灣省銀行雖然代理中央銀行的發行大權，但沒有對普通銀行執行「銀行的銀行」的任務，此爲第二不管。中央銀行或臺銀既與普通銀行在業務上脫節，則財政部的錢幣司就不能從他們得到普通銀行實際業務的確切報告，徒然在法令上等因奉此，財政部也就管不着了，此爲第三不管。中央銀行與臺銀不執行「銀行的銀行」的任務，普通銀行就無法製造信用，擴大存放業務。換言之，就不得不任令他們與生產事業脫節了。

普通銀行存欵，大宗的來源，是由放欵造成的（loans and discounts lift with the bank）。普通銀行得不到「銀行的銀行」的支撐，決不敢貿然擴大貼放，甘冒週轉不靈的絕大風險。銀行企業不比普通企業，普通企業要到資產不足（insolvency）才生風險，而銀行只要現金不足（insufficiency），那怕資產足够，即遭停業清算，縱不破產，也是大禍臨頭，怎怪他們不與生產事業脫節呢？普通銀行的業務，既處於三不管的地位，他們不會走入歧途嗎？恐怕誰也不能擔保。他們現在只有小額存放和滙兌可做，是他們甘與現代銀行的重要業務脫節嗎？恐怕是被迫處此。那末他們如何維持營業開支、資本利息以致尚有盈餘呢？也就只有佩服他們的本領了。

②臺灣省銀行的三不像——臺灣省銀行，是我國各省銀行中成立最遲之一，原來沒有大陸上各省銀行的積弊之深，可是他的業務，又被拖亂到另一種形態了。老實說有點三不像。查省銀行的營業範圍，原有限制，免與普通銀行相爭，載在法律。省銀行的業務本旨，原在調劑地方金融，其重要者：在農村方面，如農業倉庫之經營，農業產品之抵押，種子肥料耕牛農具之貸欵，農田水利事業之貸欵，農業票據之承兌或貼現，完成合法手續及有繼續收益土地房屋之抵押。在城市方面者，如工廠廠產之抵押，工業原料及製成品之抵押，商業票據之承兌或貼現，公司債之經理發行或抵押。臺銀現在對於這些業務做了多少？對其他業務比例如何？本末倒置。此爲第一不像。中央銀行的外滙管理與發行大權，暫由臺銀代理，或可權宜從事，但並未代理央行爲「銀行的銀行」的任務。必須臺銀能對普通銀行執行再貼現轉抵押重押滙等業務，才能算代理中央銀行最主要的業務。此爲第二不像。臺銀既獨攬發行大權，竟又對公營事業、政府機關、以至政府機關的私人直接放欵，原則上已大有違背。臺銀對公營事業直接放欵，民營企業又不與焉。且有令人難解者，常見報載，報告臺銀盈餘如何補充公庫，那末應當普通銀行活躍、經濟繁榮，而一般公私營企業（包括僑資工廠）又何以深感週轉資金奇缺，產業不振呢？此爲第三不像。

③銀行林立，惟中央銀行癱瘓——中央銀行的任務，爲統制全國金融與一般人民不必直接發生業務上的往來，其業務上的主要對象，不是農工商界，而是農工商銀行，所以有「銀行的銀行」之稱。中央銀行管理全國現金準備，獨攬發行大權，一遇金融恐慌，即應肩負救濟職責，出任最後貸欵，故又有最後

貸欵者 (lender of the resort) 之稱。沒有銀行的銀行或最後貸欵者，而要一般銀行的業務現代化，如製造信用以促進生產事業的發展，恐是緣木求魚。論者以爲整飭金融，須自制度着手，必先厘訂新的金融制度，或主張中央銀行剋日復業，我想政府對央行復業，似有困難，央行及早復業固好，否則只有退一步的想，就讓臺銀眞能做到發行銀行的任務，已可差强人意。今日臺灣，金融之病，重在業務上的失調，卽有更好的新制度，而業務與制度兩不相關，又有何用？現狀卽是如此。臺銀既獨攬發行大權，只有望其能負起銀行的銀行任務，則不僅彰化、華南、第一商業等地方性銀行可以起死回生，國家其他行局，也有了後援，否則他們前無殺手後無救兵，有時在業務上就難守正不阿。如謂各銀行的業務值得檢討，恐非危言聳聽。

要使產業發展，必先計其生產成本，而市場利率，爲其主要因素之一。這是發行銀行應負的責任。臺灣利率現狀如何，不待言喻，總得有個合理的解決（一般從事生產企業者，不僅苦於普通銀行不能製造信用無錢可借，縱能特別設法借到，利率負擔，亦屬可怕）。發行銀行之所以獨攬發行大權，理由安在？以其能控制全國金融，影響市場各種利率的升降。臺銀如果能代理「銀行的銀行」的任務，就可利用貼現政策 (discount policy)，透過普通銀行，製造信用，壓低利率，促進生產。發行銀行的重貼現利率，謂之銀行率 (bank rate of discount)，普通銀行貼現利率，謂之市場率 (market rate of discount)。銀行率的升降，就是對產業界提倡或遏制的指針，各國常利用銀行率作爲調整國內甚至操縱國際的工具，此之謂貼現政策。對於國際，姑且不談，卽對國內，我們也沒有攬這一套。臺銀既代央行獨攬發行大權，應該肩負貼現政策的運用，每當社會金融緊迫，生產資金缺乏，產業衰落的時候，必須降低銀行率，以擴張信用，促進生產。蓋銀行率降低，則市場率以及其各種利率，就會跟着降低，凡需要資金以供經營企業者，卽可以低利向銀行借欵，發展生產，（臺灣目前正需要這樣），此不僅經營企業者有利，並使整個社會受益。反之，每當信用膨脹，卽可提高銀行率，藉以抑制投機，預防恐慌的發生，運用自如。臺銀如不能幹這一套，就得讓央行復業，似乎不能老是拖下去。

三、立法允宜愼重

僑資工廠的企業家們，對經濟問題，自頗內行。最近立法院開始審議華僑投資條例，僑胞分送馬尼剌大中華日報五月九日社論，題目是「認識華僑，了解華僑」，有云「非但是我們對於僑居國的敦勸，並是我們對於自由祖國的要求，自由祖國方面，對於海外各地，尤其是非島僑胞，所作資力人力物力以至心力的貢獻，似不應存有過度誇張的需索，而應該體會在這些有形貢奉下所凝聚的共同冀求」。又有云「一般地說，僑胞今日的問題，其重心在於經濟，不在於教育、文化或政治。華僑千年來移殖海外，最初目的，並非是宣揚祖國的文化，也不是從事政治的活動，而是謀求個別經濟問題的解決。經濟是華僑事業的主幹」，語極乾脆而沉痛。本來僑胞愛國捐欵是一回事，經濟投資另是一回事，兩者不能混爲一談，愛國捐欵，出自他們的愛國熱忱，是純支出的預算，捐出卽已了事。投資則是還須他們從事經營，負擔風險，冀有利得的行爲。我童年時期，每見業商的親朋，和人應酬很慷慨，和人交易則極認眞，所謂「親家是親家，蘿葡三百錢一擔」。我初不懂，後來始知其交易上毫厘必計，原是商人美德。確然的，我們現在希望僑胞愛國捐輸與歡迎其來臺投資，態度上和心理上硬要兩樣，他們遭遇的困難，必須及早解除。華僑投資條例尙待立法院審議，我希望當寬的固然要寬，當嚴的還是要嚴，切不可徒以優惠引其肯來，或待其來了再說，國家尊嚴，政府威信所繫，立法亦非兒戲，一切必須事先愼重，亦不可朝定而夕改。

前述僑資工廠所稱的困難，固不能說全非實情，然以自備外滙輸入物資，雖係對僑胞予以優惠，而行之不無弊端，已經輸入物質之僑資工廠，亦不免於叫苦。凡規模較大最屬有利臺灣經濟發展之工廠，其設廠的開創資本，決非變賣少數物質所能充數，且難免各廠同時輸入同類物質，臺灣市場消納有限，亦須顧慮。例如前年擬來臺設立之大華鐵工廠，申請自備外滙輸入百萬港幣的物質，遲至數月，政府只能批准五萬，官商只好相對一笑了事。又如某工廠以輸入物質，獲得大利，乃準備套滙數百萬元鉅欵，卽行關門大吉，幸被發覺，其計劃只達成一部份。現在華僑投資條例草案第三條，業經立法院審查會修改，對自備外滙輸入物質，加入「前項第二欵所稱其他物質，除普通准許進口物質外，並包括經主管機關核准進口之其他物質」的規定。同條例第十一條，並有「投資人投資每年所得之淨利。或孳息，得依其投資本金總額百分之十五，申請結滙」，及「投資人於投資滿兩年後，每年度得以其投資本金總額百分之十五，申請結滙」之規定。兩條所稱外滙，一進一出，國內商人，相形見拙，難免不肖之徒或非眞的僑商向海外兜攬華僑，出名申請設廠，輸入管制進口及暫停進口物質，設法套滙，奪取暴利於前，又可申請結滙於後。立法院審查會又將行政院所送華僑投資條例草案第二條內，删去「本條例所稱之華僑，指在外國領域取得居住權利，並已設定住所之中華民國國民」三十三字，全條只剩「華僑依本條例之規定回國投資者，稱爲投資人」十九字。對於華僑及投資人的定義，已不着邊際，亦非華僑所願。立法院院會審議，已經發生激烈爭辯。因爲依第三條規定，如係管制或暫停進口的物質，華僑可以輸入，在華僑，固得之自不容易，在政府，如何核准，恐遭物議，所請皆准，又置管制或暫停進口的政令於何地？不准，又何以對立法院負責？不啻給政府處於兩難。僑商可以請，官方可以核（華僑定義已無，將來誰爲華僑，亦可憑核），萬一不免發生官商勾結，防不勝防，不僅官常敗壞，而且有辱華僑令名，誰應負責？故多人擔心形成「套滙投機投條例」。某立委且以書面指出必然產生的惡果共十四點。

惟恐立法不善，對於僑胞，愛之實所以害之。

　總之發展臺灣經濟，必須從根本做起，鼓勵華僑投資也好，歡迎外人投資也好，如果不先形成良好的投資環境，終無濟於事，枝枝節節，只有治絲愈紛。就以華僑投資條例來說，原來由行政院以鼓勵辦法行之，無須經過立法院討論，但以去夏外國人投資條例引起太不平等的待遇，華僑投資也須立法。其實外國人投資條例實施後，並未招徠外資，徒然具文。當討論外國人投資條例時，我曾斷言外國私人投資，條例上的優惠，尚在其次，投資環境是否可爲？才是先決問題，正當的外商，必趦趄不前，蓋怯於臺灣金融業務的失調，投資環境尚未成熟，，誰肯不惜血本？當時我係一本赤忱，不幸因此開罪許多朋友，大開一場風波，今則更不幸而言中。將來華僑投資條例立法程序完成後，是否就能廣爲招徠呢？眞正的僑商，同樣必先重視投資環境是否可爲（非正當的商人，則另有算盤，環境愈亂辦法愈多），尤其是僑商來臺，人地生疏，投下大量開辦資本，來日方長，以後週轉資金，總得告貸有門。僅以香港爲例，卽可道破。我們大陸陷匪後，香港由轉口商的地位一躍而爲工業區域，據本省工商界所得報告：香港工廠，一九四六年爲三六六家；一九四九年九九一家；一九五二年一七〇〇家；一九五四年至二〇〇〇家以上。香港自製產品佔出口總額，一九四七年僅佔百分之一；至一九五一年則爲百分之廿五；一九五四年已達三分之一。只說洋傘罷，據倫敦報導，該處廠商，已受威脅。香港的所以能夠如此，卽由我們僑胞的人力和財力所賜。據聞香港現有華僑游資卅億港幣，而截至去年底，來臺設廠，已經開工的廿四家僑資工廠，他們的投資總額，尚不過兩千萬港幣。香港工業條件遠不如臺灣，不過金融業務，首推正常，其他投資條件均告成熟罷了。僑胞對此，必有傷感；我們對此，則當如何？

　抗戰時期，我寄居重慶，眼見金融業務開始敗壞，至爲傷心。很可能是我們遭受了蘇俄第六縱隊的暗算，復員後極望有所整飭，金元券改制之際，我乃以改革幣制與整飭金融爲題，不惜奔走演說，也頗獲聽者動容。大陸淪陷，殷鑒不遠。金融是現代社會的血脈，血液中了毒，人體終必致死。政府遷臺以來，我更未放鬆整飭金融的呼籲，有時竟至自笑其癡，有關場合，口頭書面，不少掬誠的建議，所見簡陋，但未見有關當局斥我爲非，只云整飭金融，非可一蹴而成，過去數年，却未見一蹴。如果從臺灣安定以來，卽着手整飭金融業務，則經濟建設的基礎已立，繁榮可以直上。臺灣金融，固尚未暴露昔日大陸的險狀，然爲積極着想，必待整飭，負擔促進生產的職責。如果改善僑資工廠的困難，又不能從根本上做起，不論立法如何鼓勵，仍如外國人投資條例一樣，徒然白費。有人以臺灣感受戰爭威脅藉口，要知今日全世界何處不在戰爭威脅之中，西德和香港何以突飛猛晉？臺灣各方面皆有改進而且均速，惟恐金融是最弱的一環。現任財經內閣，爲政已逾一年，對於金融業務，亦未見有若何改善，不過兪揆已一再公開承認，必須整飭金融，爲時應在不遠，不僅僑資工廠待蘇，國內生產事業，也是引領在望。

四四年七月三日於臺北

（上接第21頁）

有免稅、自辦學校、出版、福利機構的自由，全國小學必須教授天主教義一課。阿國人口有百分之九十三是天主教徒，貝隆也是天主教，憲法規定非天主教徒不得競選總統。但去年十一月，政府控訴有二位主教干涉政治，鼓動青年及人民反抗政府，以後越鬧越糟。直到本年六月十二日阿京最大教堂要舉行一次大彌賽，但警察局事先通知只可於六月九日舉行，不可在十二日舉行。但主教置之不理，仍于十二日晚舉行，那晚教會的羣衆及總工會的羣衆，發生了大衝突，教堂也被搗毀，並有四百多人被捕。

　六月十三日政府宣佈主持彌賽的二位主教，押解出境，送上飛機飛往巴西去了。十四日(星期二)總工會宣佈全國罷工九小時，以示向教會抗議。工人羣衆在阿京集會示威，表示擁護貝隆。從六月初，美金黑市，一直上漲，由一元對三十披索(阿幣)，上升到六月十七日的三十七(這是紐約行情，阿京行情無法知道)，但廿二日已跌到三十四了。

　六月十六日夜十一時，政府廣播宣佈全國戒嚴，禁止人民集會。

　十七日一天內，阿方電臺已恢復正常廣播，正午十二時貝隆總統廣播一次，較早時政府宣佈海軍部長撤職另派一位充任。同時官方對叛亂詳情也發表了。大致說，十六日下午一時，海軍飛機在雲上向總統府及廣場轟炸，約二百名海軍士兵由一公里外的海軍部向總統府進攻，即刻被附近陸軍部出發的武力擊散，下午三時半陸軍坦克車進抵海軍部門前，令其投降，否則開炮，海軍也就投降了。至於第二大城玫瑰河，根本平靜無事，未放一槍(此訊後經工廠同事證實)。

　十七日到廿二日是謠言世界。美國之音，倫敦電臺，尤其是烏拉圭電臺，經常發出驚人消息。說阿國北部三省仍由叛軍控制……阿京南六百公里的最大海軍基地，仍未投降……貝隆已辭職，或已被陸軍軟禁……但我們工廠于十八日晨〇時又復了工，一切如常，似乎都已忘了這一次革命。

　十八日官方消息，阿京炸死一百七十多人，重傷八十多，輕傷七百多，但據在場的人說，至少死了一千多人。十七、十八日官方電臺經常呼請修理水管工人、醫生，前往被炸區工作，軍警技術人員，折除未爆炸彈，以免再犧牲人命。

　對我而言，這次革命，只是收音機裏一部獨幕廣播劇。但由一般人心的安定，可以看出眞正想革命的人並不多；而叛軍沒有陸軍支持，只憑幾架飛機向老百姓亂炸，更失了人心。

　十六日下午二時工廠的運輸科長J君見了我，馬上喊道：「蕭，你看糟不糟，我們現在比中國更可憐了；革命了……」

　但十七日他又見了我，却笑說：「我們還是比不上中國，你們一革命卽革幾十年，我們呢，似乎都沒有耐心，也沒有犧牲到底的精神，看到大勢已去，卽投降了……哈哈哈！」

　我茫然了。中國人、日本人、德國人、英語民族、拉丁民族，人生觀如此不同。這是我這生於東方，食于西方，學于北半球，工於南半球的工程師，百思不解的。我謹將這些事實記出，向當代大思想家請教，也向一切讀者請教。（六月廿二日）

論簡體字

周法高

問一：什麼是簡體字？它和行草書的關係如何？

答：所謂簡體字，卽比現行的正楷字筆劃較少的異體字。行草書多用使轉來代替楷書中繁難的點畫，且筆勢圓轉而多鉤聯，不適於刊刻及幼童學書；簡體字則仍是楷書的寫法。但是現行的簡體字中，也有不少是參取行草，而加以楷書化者。例如「盡」字寫作「尺」下加兩點，就是從草書變來的。

問二：簡體字構成的方法如何？

答：現在通行於民間的簡體字，有不少是從宋元時代就流傳下來的。錢玄同氏分析簡體字，得到了八種構成的方法：㈠將多筆畫的字就它的全體刪減，粗具匡廓，略得形似，如「龜」作「亀」。㈡采用固有的草書，或就草書而稍稍改變，如「稱」字的右旁改作「尔」。㈢將多筆畫的字僅寫它的一部分，如「條」字省去左半，「雖」字省去右半。㈣將全字中筆畫多的一部分用很簡單的幾筆替代，如「觀」字的左半改作「ヌ」。㈤采用古體，如「禮」作「礼」。㈥將音符改用少筆畫的字，如「遠」字的音符「袁」，用「元」來代替。㈦別造一個簡體，如「竈」作「灶」。㈧假借他字，如「義」借「义」。

問三：過去提倡簡體字的經過如何？

答：通行民間的簡體字，在明清以降，都是用在賬簿、當票、藥方、小說、唱本等等上面，所謂「不登大雅之堂」者。民國十一年教育部國語統一籌備會第四次大會，錢玄同氏提出減省現行漢字的筆畫案，認爲應當將簡體字竭力推行，正式應用於教育上、文藝上，以及一切學術上、政治上。不認它是現行漢字的破體字，而認它爲現行漢字的改良之體。當時議決通過，卽組織漢字省體委員會。民國二十一年公布的國音常用字彙，把習用的簡體字大都收入了。錢去同氏於民國二十三年又提出了一個搜採固有而較實用的簡體字案，才議決動手編「簡體字譜」。民國二十四年八月教育部正式公布第一批簡體字表，計三百二十四字，未幾，由國民政府明令取消。

問四：最近自由中國發生的簡體字論戰，其經過如何？

答：政府遷臺後，臺灣省各級民意機關，曾一再建議簡化文字以便利人民。敎育部在四十二年六月聘請專家十五人，成立簡體字研究委員會。四十三年二月立法委員廖維藩等一〇六人向立法院提出文字制定程序法案，主張規定我國新製文字及編訂之字書韻書應由立法院審議通過後，咨請總統公布施行；並指摘羅家倫氏的簡化文字主張。羅氏於三月十七日發表「簡體字之提倡甚爲必要」一文，加以答辯，而引起潘重規、胡秋原諸氏著文駁斥羅氏。葉青、毛子水諸氏及「自由中國」半月刊的社論又相繼發表贊成簡體字的主張。立法院教育，內政，法制三委員會聯席座談會也陸續邀請專家發表意見。

問五：他們爭論的焦點何在？

答：反對者方面，潘重規氏說：『我很贊同董作賓先生的意見：「就現在通行的眞楷，選擇其習用者，製爲標準字典，以後凡學校講習，出版著作，政府文牘，一律以眞楷爲依據，不得寫俗體簡筆。至於印刷刊版，可以兼用宋體。民間使用，則聽其自由。」』贊成者方面，毛子水氏說：『我以爲：許多久已在民間通行的簡體字，教育部或行政院可用命令頒布，使得於公私文件和各種考卷上一律通用。有人願寫所謂「正體」的，自得聽便。至於古來書籍印版的字體，暫時應當一切仍舊。』雖不能代表全部的意見，但也可見一斑了。

問六：中國文字變遷的大勢如何？

答：錢玄同氏說：『從甲骨、彝器、說文以來，時時發見筆畫多的字，時時有人將它的筆畫減省。殷周之古體減爲秦篆，秦篆減爲漢隸，漢隸減爲漢草(章草)，漢草減爲晉唐之草(今草)；漢隸的體勢變爲楷書，楷書減爲行書；宋元以來，又減省楷書，參取行草，變成一種簡體。總而言之，漢字的字體在數千年中是時時被減省的。』案：人們爲了節省精力和時間的緣故，難免時常少寫幾筆，而趨向簡省之途。但是另外還有一個重要的因素也是不可忽略的，就是應顧及文字的清晰性。例如古代由「昏」字孳乳出「婚」「惛」等字，由「生」字孳乳出「性」「姓」等字，「然」已從火，復加火旁的「燃」，和「然否」區別；現代有指示詞「那」，復加口旁爲「哪」表疑問：都是由於求清晰的緣故。所以我們可以說：在不妨礙清晰的原則之下，中國文字大體的趨勢是由繁而簡的。

問七：高本漢認爲中國文字是世界上最進步的文字嗎？

答：有位專家在立法院座談會上發言說：『瑞典語文學專家高本漢對於全世界文字比較研究結果，認爲中國文字是全世界最進步的，最科學化的(詳高本漢著中國語與中國文)。』查該書只說：『中國的文字和中國的語言情形，非常適合，所以他是必不可少的』，並沒有說中國文字是全世界最進步，最科學化的。胡秋原氏在論政府不可頒行簡體字一文中說：『在十九世紀，不少西洋語言文字學家認爲中國語言文字很「原始」；唯到二十世紀，全世界著名語文學者斷無一個妄人再持此見。反之，多數認爲中國語文是世界最進步的。』案：在二十世紀初葉，一些語言學家認爲語言由複雜趨向簡單，由綜合趨向分析，是進步的趨勢。在印歐系語言中，以英語最簡單，但還不如中國語的徹底，所以中國語是比較進步的。這派學說可以丹麥的耶斯勃孫爲代表，其理論見於他所著的語言進步論和語言學等書中。高本漢在中國語與中國文一書也說：『在廢除語形變化這一方面，歐洲的語言是逐漸變得像中國語了（張世祿的譯文作「歐洲的各種語言有漸漸變爲中國語的傾向」。案：歐洲的語言無論如何變，也不會「變爲中國語」的。）從這一點來觀察，可以知道中國語比較西洋任何語言總爲先進的，因爲中國語差不多已經到達了無附添語的時期。』不過可得聲明一句，他們所談的是中國語言，而不是文字（語言是人類約定俗成自成體系的一些口中發出的聲音符號，作爲彼此間主要的交接工具用的。文字就是表示這種聲音的書寫的符號），不應把中國文字和語言混爲一談。胡氏又說：『當年高本漢深讚中國文字巧妙，照他看，中國字並不困難，而用字之巧妙，常有非西文之可及者。記得他說「獨裁」就不知比“Dictatorship”好過多少。』案：就胡氏所舉之例來看，也是指中國語言的巧妙。因爲「獨裁」二字，無論用篆隸行草楷書或簡體字甚至拼音文字來寫，都是代表中國語言中「獨」和「裁」兩個語言單位。此刻正可說明中國語之簡單及具有高度的分析性，而且照現代語言學的看法，語言的優劣和高下是不易且不必判斷的，耶氏的語言進步說倒較少人提及了。那怕是野蠻民族如愛斯基摩人的語言，在現代語言學者眼中，是和英語法語同樣的高明的。

問八：高本漢對中國文字的意見如何？

答：高本漢在中國語與中國文一書中說：『中國人果眞不願廢棄這種特別的文字，以采用西洋的字母，那決不是由於笨拙頑固的保守主義所致。中國的文字和中國的語言情形，非常適合，所以他是必不可少的。中國人一旦把這種文字廢棄了，就是中國文化實在的基礎降伏於他人了。』高氏是反對用拼音文字代替漢字的，但對簡體字並沒有表示意見。同書又說：『西元後二千年間所用的楷書，對於文字原來的組織，並沒有給予我們以許多線索；一方面常把許多圖像摧毀了，以致失去原形，成爲不能認識；另一方面，尚有各種錯誤的解釋，楷書的作者，也許已經對小篆發生了曲解，而小篆的作者李斯，也許又對古代的字體發生了曲解。這樣，中國本地人或西洋人爲實用上起見，要學習中國文字，就不得不記憶一大批純粹習慣上的符號。有時，例如「明」字，他的字源上的組織，經過了幾千年，還是很明顯的，結果可以補助我們的記憶。但是大部份都沒有這種效用，對於他們的形體、意義、和在某種方言上的音讀，只得很機械的去强記熟讀。』

問九：有人認爲正楷字合六書，簡體字不合六書，是否簡體字不容易學習呢？

答：根據淸代朱駿聲的統計，說文九千三百五十三個字中，指事一百二十五，象形三百六十四，會意一千一百六十七，形聲七千六百九十七。我們可以說，中國文字絕大多數是形聲字。不過字形經過長期的演變，原爲指事、象形、會意的字，有好多都看不出原義而失去了象形或衍形的作用。在造字時，形聲字的聲符與其所組成的字已經不一定同音。字音經歷代的轉變，那形聲字的聲符，有許多更失去了其注音的作用。例如以「甬」爲聲符的，有「勇」「通」「誦」；以「寺」爲聲符的，有「侍」「待」「等」；以「庶」爲聲符的有「遮」「度」「席」；以及「醋」從昔聲，「蕭」從肅聲，「迪」從由聲，「賄」從有聲，「偷」從俞聲等。在事實上看，形聲字已經不是很便利的東西，因爲我們不能憑藉聲符，正確地讀出那字的音來。除此之外，形聲字的毛病還有字形變易，以致聲符難認的。例如「郭」字左旁的聲符原爲「城郭」之「郭」的本字，今與「享」混；「諄」字右旁的聲符原音純，今亦與「享」混；「讀」「瀆」右旁的聲符音育，今和「賣」混；「括」「刮」的聲符原音括，今與「舌」混；「擾」字的聲符音猱，今與「憂」混。又如「書」從者聲，「喪」從亡聲，「定」從正聲，「適」從啻聲，「急」從及聲，現在都看不出了。再看簡體如「竈」字改爲「灶」從火從土是會意，「蝦」字改爲「虾」從下聲，「燈」字改爲「灯」從丁聲，「遷」字改爲「迁」從千聲，「墳」字改爲「坟」從文聲，都是形聲字。其餘雖有好些不合六書的字，但並不見得比那些看不出指事、象形、會意、形聲的正楷字難識。現代學生識字，有多少不是硬記的呢？根據民國四十二年五月六日臺灣大學語文學會座談會的報告，初級小學國語常識課本八冊總字數二三一〇字，（甲）聲符全有用的（卽與字音全同的），如：「珠」、「懂」「湖」、「忠」等共四五七字；聲符半有用的（包括：僅聲調不同，如：「管」、「住」等，僅聲母相同，如：「淚」、「煤」等；僅韻母相同，如：「廣」、「洪」等）共七四五字；聲符無用的，如：「訓」、「移」、「濤」、「往」等，無聲符的，如：「解」、「舌」等，二者合共一〇〇八字。（乙）義符有用的，如：「吐」、「呵」，「跑」、「扶」等字的左邊偏旁，共八六二字，義符無用的，如：「移」、「難」、「等」、「鞠」等字偏旁，共一三四八字。也可以看出六書對於正楷字的認識，幫助並不大。此外，根據教育心理學專家艾偉氏漢字問題一書的研究，「容易觀察之字筆畫在一與十之間」，並且主張「就十一畫以上之一千二百常用字設法改簡」。可見簡體字如能做到簡而不混的地步，除了便於書寫之外，還便於察識。

問十：簡體字需要系統化、一致化，重新改造嗎？

答：民國二十四年教育部公布第一期簡體字表，公布令中言及選定簡體字表，有三原則：㊀依述而不作之原則；㊁擇社會上比較通行之簡體字，最先採用；㊂原字筆畫甚簡者，不再求簡。並謂：『漢字改簡，本非對於漢字爲根本之改革，故若在草書、行書、別體減筆字等中，搜集固有之體而選用之，則勢順而易於推行，若自我作古，另創新體，則因無歷史之習慣，易召阻力，目的反不易達到。其實固有之簡筆字，亦已不少，再加以偏旁配合，普通應用之字，當不虞其缺乏，本亦無須自創新體。』對簡體字以采用民間業已流行者爲主的理由，說得很清楚。而一些「學者文人」倒不甚注意於「審查」「追認」的簡易工作，則要給簡體字定出一個系統來，可謂「圖易於難」，無異「紙上談兵」了。有位專家在立院座談會上發言說：『「種」字的右旁如簡化爲「中」，「鍾」「動」「董」「衝」怎樣簡化？「際」字的右旁如簡化爲「示」，「祭」「察」「蔡」怎樣簡化？「燈」的右旁如簡化爲「丁」，「登」「澄」是否簡化爲「丁」「汀」？「橙」「鄧」「鐙」又怎樣簡化？「時」字的右旁如簡化爲「寸」，「侍」「詩」是否簡化爲「付」「討」？「峙」「待」「等」又怎樣簡化？由這幾個例子就可以看出簡體字不容易有原則，不能成爲系統，推行之後只有造成混亂和困難。』案：簡體字的偏旁本無系統化、一致化的必要。說文中也有不少「從某省」、「某省聲」的例子，如「梓」下云：『從木，宰省聲，或從宰。』「夜」下云：『從夕、亦省聲』；但「弈」「奕」却不省。「商」下云：『從冏，章省聲』；但「漳」「彰」却不省。又說文中已頗收別體字，如「⿰糸黃」「纊」的俗體改從「光」聲，沒有說把偏旁的「黃」「廣」一律改成「光」；「經」的或體改從貞聲或丁聲，沒有聽說把偏旁「巠」「貞」「丁」改成一律。又楷書對小篆也有不少的變動，如「早」字和「戎」字的「十」，相當於說文的「甲」（甲骨文中「甲」字正作「十」），沒有聽說把「押」「柙」諸字的「甲」改爲「十」。我們現在把「際」字的右旁簡化爲「示」，「時」字的右旁簡化爲「寸」，不就和「梓」從宰省聲，「夜」從亦省聲，「商」從章省聲一樣嗎？「種」字的右旁的聲符改爲「中」，「燈」字右旁的聲符改爲「丁」，不就和「⿰糸黃」「纊」字的俗體改從光聲，「經」字或體改從丁聲一樣嗎？又如從月的「冑」訓「鍪」，從肉的「胄」訓「胤」；從月的「朓」訓「晦而月見西方」，從肉的「脁」訓「祭」；從日的「晨」訓房星，從臼的「晨」訓「早昧爽」：楷書多不易分別。「服」「朕」「勝」「滕」的左旁從舟，「胎」「肝」「腸」的左旁從肉，「朏」的左旁、「朔」「期」的右旁從月，楷書把牠們的偏旁都混淆了。

問十一：簡體字可以用一個字形代表兩個不同的音義嗎？

答：教育部公布第一次簡體字表的說明云：『本表對於同音假借之簡體字，別擇極嚴，必通用已久，又甚普遍，決不至於疑誤者，方採用之，如「异」（異）「机」（機）「丰」「豐」等。其有偶用於一地者，如北平以「代」爲「帶」，閩廣以「什」爲「雜」，蘇浙以「叶」爲「葉」等，又如藥方中以「姜」爲「薑」，賬簿中以「旦」爲「蛋」等，皆不採用。次列三種性質之簡體字，皆不採用：㊀賬薄藥方中專作符號用者，如「初」作「刀」，「兩」作「刃」等。㊁一體作數字用者，如「广」代「廣」又代「慶」，「卩」代「爺」又代「部」。㊂偶見之簡體字尙未通行者，如「漢」作「汉」。』可見整理時對於容易混淆的簡體字是要剔除的，並不是一味的求簡；同時也注意到流行的範圍，而不是漫無選擇的。胡秋原氏：『說各種不同社會，有不同的需要。中藥店的參字可以寫作彡，金銀花還可簡爲二花。』所擧之例，都屬於㊀項所列不採用之字。至於一些簡體字和一些罕見字相混，則不妨保存。例如「種」字的右旁簡化爲「中」，和水滸傳上「种老相公」的「种」不妨同用一字形而保留兩讀；擅字的右旁簡化爲「云」，和說文訓「有所失也，從手，云聲」之字也不妨同用一字形而保留兩讀。這在正楷字中是有例可援的。如「屎」原音「許伊切」（詩經大雅『民之方殿屎』，毛傳：『殿屎，呻吟也。』）現在通解作「糞」，音矢（說文皆另有本字）。「扮」字，說文云：『握也。從手，分聲，讀若粉。』現在通常音班的去聲，解作「打扮」。「這」字原音彥，迎也；現在通常用作指示詞「這」。以上各字，字典也兩讀並存。不過因爲其中之一個音義是罕見的，通常是不會混淆的，所以不妨並存。

問十二：簡體字目前可以研究、整理並公布嗎？

答對：簡體字有研究、整理之自由，目前是沒有人反對的。照情理上說，研究、整理的結果，當然是可以發表的。目前爭執的焦點是由什麼機關公布？公布後是否強制推行？立委胡秋原氏在立院發言，強調說明立法委員並不反對簡體字運動，其所堅決反對的是教育部僅由少數人毫無根據的研究，圖以法令強制推行所謂「法字」，實足以妨礙讀書人識字、寫字的自由。他並認爲如果教育部表示並不強制推行簡體的「法字」，則文字制定程序法案不妨予以保留。教育部程前部長則在立院聲稱：『教育部簡體字研究委員會之研究範圍，僅在於簡體字之搜集與整理，教育部從沒有要制定一套簡體字、強迫推行的決定，而且而沒有決定要廢棄正體字。』可見雙方的意見已經比較接近了。其實由該會研究，整理並公布簡體字，似乎並無不合，只要不强制推行就是了，至於中小學教科書在未普遍推行前，似乎不便用簡體字來替代正體字。學生寫公布的簡體字，似乎不應嚴加限制。在這一方面雙方應該多多注意民衆的意見。聯合報在本年四月會經舉辦過一次民意測驗，其結果爲贊成簡體字者七三一五人，內本省籍二八八八人，其他各省四三八九人；反對簡體字者四八〇七人，內本省籍一一七八人，其他各省三六一〇人，主張簡體字可以推行但不必法定或統一者，五三五八人，內本省籍一四二五人，其他各省三九一四人。仍以贊成者居首位，似乎值得我們注意。胡秋原氏說：『提到民意測驗，如在臺灣，我說不可以，此處光復，不到十年。他必須知道：中國字是四萬萬人之事，這不是在一省人舉行民意測驗所能代表的。』我們看到聯合報的統計，在其他各省籍中，也以贊成者居首位，可見這不只是臺灣省籍人民的要求了。又有人主張「要帶一套淪陷中國大陸同胞原來所熟習的字回去」，我們看到教育部在民國二十一年公布的國音常用字彙一書，其中就收了不少的簡體字；以後教育部公布的第一批簡體字表，也注意採用社會上比較通行的簡體字，其去取雖未必盡合理想，但大體可用，目前似乎不妨酌選二三百字加以公布。我覺得假如民衆大多數贊成簡體字，少數人是無法加以阻撓的。

論輿論之本質（下）

雷震

七

評論不可使家醜外揚或爲匪張目，這個觀念是不是合理？這個要求是不是可能？我先作個結論說：這個觀念是不合理的，這個要求是不可能的。這個觀念、這個要求如果發展到了極致，評論的人根本無法下筆，講話的人自然無法開口，而社會上就沒有輿論可言了。

我們要建立自由民主的社會，必須賴有蓬蓬勃勃的輿論，鼓舞人們努力向上去奮鬪；我們要反共復國消滅共產主義，必須賴有公正嚴厲的批評，督促政府刷新政治，先把自身健全起來。在追求這兩種目標之前，我們都需要有言論自由的環境，發展光輝燦爛之輿論以資策勵。故對這類錯誤的觀念，必須澈底加以糾正。

先論家醜不可外揚吧！

評論某一事件的不當，自應先把這件事情的不當的地方，明明白白的指摘出來，使對方充分瞭解其錯誤所在，然後纔能希望對方改弦更張。對政府政策和其措施的批評，亦應如是。在這個時候講話，既不可吞吞吐吐，或指桑罵槐，亦不可誇大其辭，而過分渲染。態度要坦白誠懇，說話要切實明白。從評者的立場來講，既要求政府或社會改善某事件的時候，自須先將現狀加以說明，指出其不合理——包括謬誤和醜惡——的地方，然後纔可對症下藥，而提出應該如何如何改進的意見。再從對方來講，對方必須明瞭其錯誤所在，纔會對於提出的改進辦法感到必要而加以考慮；否則，可能認爲這是無的放矢，根本不去加以理會的。

評論乃是一種「說服」的工作，必須把謬誤和醜惡的地方源源本本的暴露出來，俾大家一目了然，然後政府纔會被迫而設法改善。因爲大多數的政府都喜歡自詡高明而文過飾非，一件事情非至醜態畢露、羣情鼓噪的地步，是不願意改弦易轍的。如要求改善公敎人員待遇的時候，自須先將物價的增高情形和公敎人員的生活現狀，兩相比較，說明現在的待遇是怎樣的菲薄，不足仰事俯畜，影響工作效率，然後纔能提出增加待遇的意見，以及應該如何如何的增加。更進一步，還應指出政府應該怎樣節省不必要之開支，以充增加待遇之財源，使增加待遇在財政上不致負擔過重。這樣或可使政府充分了解而心悅誠服，不致認爲這些批評是興風作浪，是說風涼話。故當評論的時候，揭發其不合理的地方，爲的是要說明其合理的改進意見，爲這些改進意見作有力的註脚，使大衆一見而瞭如指掌，不致爲那些詭辯和宣傳所左右。故揭發黑幕乃是不可避免的事情，而不是存心搗亂或節外生枝。政府只要問揭黑（我們家鄉話裏有揭黑之語，卽揭發黑幕之意）的事情對不對，而不必懼怕其暴露醜惡，亦不必過問揭黑者的動機是如何的。醜惡腐敗只有在暗無天日的地方纔易滋生蔓長，凡事一經公開討論，正如撥雲霧而見靑天，任何汚穢醜行，在光天化日之下，總不容易隱藏和存在的。

家醜不可外揚的觀念，與美國過去有名的「抓糞運動」恰恰相反。抓糞運動乃是把社會上各種黑暗的事情，搜集資料，找尋證據，然後在報刋上揭發出來，使社會明瞭這些黑幕的眞相而深惡痛絕，猶之如將大糞抓開，使其臭氣四溢，大家聞之而掩鼻逃走。美國當時稱這類揭發黑幕的工作爲抓糞工作。茲引胡適之先生前年在臺灣聯合國同志會講演美國社會革新運動的一段如下：

「五十年前，美國工商業鉅子如鋼鐵大王卡里基、煤油大王勞克福、銀行大王摩爾根，爲了壟斷市場，特組織托辣斯。正當他們威風顯赫的時候，新聞界人士興起了一種抓糞運動，專門研究事實，蒐集證據，揭發黑幕，引起社會的革新。首先是女記者戴貝，她費了很多工夫研究美孚煤油的歷史，看看煤油大王是怎樣的操縱着全美以至全世界的市場，結果揭發了托辣斯的內幕。另有一位記者林肯史丹芬，爲研究市政腐敗的原因，探究幕後操縱的老闆，到處去訪問，找材料，結果在雜誌上發表了聖路易城的黑幕。霍斯特系報紙的主持人威廉霍斯特（一九五四年逝世），年輕時也是一個抓糞運動的健將。他曾設法偷出了煤油大王與大批參衆議員來往的信札，內中有許多是分期付欵的證據，霍斯特將他一一攝成照片，於一九〇八年在報上發表。……

五十年前，美國勞工是無組織的。……工人們生活痛苦極了。尤以大城市紐約、波士頓、芝加哥等處的工人爲甚。新聞記者雷斯把工人困苦情形寫了一本書，名叫『那一半是怎樣生活的』，引起了社會的注意，對工人遂予以組織，並改善其生活。

除了新聞記者積極於社會思想革新運動外，一些政治家們也參加了這個工作，老羅斯福總統便是其中之一。……他於一九四一年繼任總統。第二年便叫司法部提出反托辣斯法案，解散摩爾根等所組織的西北鐵路公司，開始打擊托辣斯。……有一天早餐，老羅斯福總統一面早餐，一面翻閱辛克萊的小說。這本小說是描寫芝加哥屠宰場的黑暗與不衞生，老羅斯福看到了這些材料以後，立刻召集閣員和衞生專家商議改革，並向國會提出食物（包括藥品）衞生檢查法案，以改善公共衞生。這個法律可以說是從一部小說出來的」。

胡先生作結論說：

「以人民的疾苦爲背景，以事實和證據爲武器，暴露黑暗方面，喚起社會和政府的注意，從社會立法上加以改善。這種運動在美國文化上佔最重要的一部份」。

是故醜惡黑暗之事，一經輿論揭發，遂使遐邇咸知，人人痛心疾首，爲惡的人怕受輿論制裁，怕衆怒難犯而遂不敢爲惡。惡事既可減少，社會纔有進步。至於政府方面，看到了許多不合理的事情，可用行政或經立法手續來矯正毛病；而司法機關亦可據以進行調查，或進一步提起訴訟來遏止毛病。麥格魯德說：「美國政界中以往有、現在也有腐敗分子。但是從來沒有一個腐敗政客，可以在消息靈通……的公民面前，獲得成功」。

家醜不可外揚乃是掩蔽短處壞處，使爲惡者益發無所顧忌，而醜惡之事因以滋生蔓長，終至不可收拾。殷鑑不遠，大陸上的失敗足够我們反省了。所以，輿論對於實際政治具有「消毒防腐」之功：對於過去可以消毒，告訴大家不要再蹈覆轍；對於將來可以防腐，昭示人們知所趨避。中國有句老古話，叫做「忠言逆耳利於行」，就是說明其中的道理。故輿論的揭發，不論是對政治上的汚穢也好，抑對政策的謬誤也好，既不會增加政府的弱點，亦不至傷害政府的威信。

既云「家醜」，其爲醜惡黑暗之事，當毫無問題，爲甚麽必須把醜惡隱匿而不使其外揚呢！說者謂外揚恐怕貽笑於外人。其實，這都是「自卑感」在作怪。試問那一個國家和那一種社會而沒有黑暗之事發生呢！揭發出來則可消滅黑暗，促使社會革新，前面所擧的美國抓糞運動，就是一個最好的例子。美國得有今日之發展而至領導世界者，可說是受了這個運動之所賜。至於說「有損政府威信」云云，更是欺人自欺之談。黑暗醜惡任其滋生蔓長，難道可以增高政府的威信麽？那不過是自暴自棄罷了。政府的威信是要建立在接納忠言、滌除汚垢上面。一個政府如能接受批評，刷新政治，不僅人民的信賴力可以增强，即國際間亦當刮目相看了。外人今日對臺灣的觀感和對過去的大陸不同，就是一個最好的說明。故家醜不可外揚的觀念，是錯誤的，是墮落的，是不求上進的，是自暴自棄的。

×　×　×　×　×　×

再論「爲匪張目」的觀念吧！

評論不可爲匪張目的看法，其錯誤正與要求評論不可把家醜外揚是如出一轍的，也是自卑感在作怪。

輿論批評政府的措施，是要檢討措施的當否，在消極方面是批評得失，指陳利弊；在積極方面則條陳方案，貢獻箴言。輿論的指責和挑眼，乃是春秋責備賢者，誠不免時有吹毛求疵、或言過其實之處。惟其所期望於政府者是「有則改之，無則加勉」而已。政府認爲批評是對的應立刻改正其非，認爲不對的可以置之不理，如是如是而已。至於共匪之如何利用評語來造謠中傷，那是毫不相干的事情，我們是毋須顧慮的，因我們不能因噎而廢食也。本問題的焦點是，在於政府的措施究竟有無錯誤，有了錯誤能不能接受批評，有了批評能不能據以改正。

請看過去一年以來共匪新華社的報導，常常引用臺灣報刊批評政府的言論，斷章取義，渲染擴大，極盡造謠誣衊之能事，意圖攻擊政府，以爲這樣可以傷害政府的威信。這種陰謀進行已有年餘，我們政府的威信是不是因此遭受損害呢？如有把這些讕言造謠引爲隱憂的，那不僅是杞人憂天，而且是短見糊塗之至了。我們若從深處觀察，共匪這種企圖——造謠中傷——的結果，只有加强人們(包括大陸同胞在內)相信臺灣的政治是有相當的言論自由，其程度雖不能與美英諸國等量齊觀，較之大陸地區不許人們有緘默的自由，相去何啻天壤；只有加强人們相信國民政府的政治是一天一天的走向民主的光明大道，而共匪的「新民主」也是無法比擬於萬一的。共匪這種作法，不僅是枉費心機，而且是加重的暴露其極權獨裁的眞面目。凡有良知的人，對一切事物是會比較觀察的。自我陶醉與粉飾太平，徒令人見之惡心耳。

中國人常說：「人非聖賢，孰能無過，知過必改，善莫大焉」。前面已經說過，那一個國家和那一種社會沒有黑暗和不平的事情發生呢！政府的威信是要建立在「聞過則喜」上面，是要建立在「知過必改」上面，是要建立在「自我反省」上面。人民的批評和指摘，只不過是促起政府的覺悟及由此而加以反省罷了。一切事情只要自己脚步站穩，只要自己的政策正確，只要自己的執行無誤，匪之狂吠讕言與我何傷，徒見其心勞日拙自暴弱點耳。所以說，「爲匪張目」這個觀念，是極其錯誤的，是似是而非的，是淺見短視的，其結果則是誤盡國家大事的。我們之不能不義正辭嚴以闢之者，實以此故也。

在這裏我想說一說共匪的三反、新三反和整風等等工作的用意所在，以證明民主國家之所以要發揮輿論、鼓勵人民批評政治的道理。

在極權國家裏，既無言論自由的環境，用輿論來批評政府的措施，亦無眞正發揮民意的代議機關，用質詢來監督政府的施政，用以防止政策的謬誤和其執行人員的疏忽與腐化。在另一方面，極權國家管理的政事是無微不至，管理的辦法是無孔不入，且欲控制人民的胃囊，擧農工商各業而盡置於政府的統治之下，其辦事人員之衆多則不待言了。爲要監視人民的行動和控制人民的腦筋，以防止社會的不滿，暗地底，特務和密探更是滿坑滿谷，公開的，警察和憲兵則隨地皆是。管理的事情既多，而工作人員復衆，兩者均超過民主國家數倍乃至十倍（民主國家的中央政府，不過數部乃至十數部，視各國情形而異，在極權國家如蘇俄和中共，其中央政府則多至四五十部）。在這種情形之下，其政治是一天比一天敗壞，其工作人員也會一天比一天的貪汚和腐化。這是任何人都可以想像得到的。共產黨人也是一個要吃飯穿衣乃至享樂的普通人，不會比別國的人會更好些。若以其學識修養來講，只有比別國的人更壞些。因為共產集團常是集結流氓地痞之大成，好人是不大願意做共產黨的。而且一失足成千古恨，一度做了共產黨，縱能翻然覺悟也是不容易退出來的。故在共產國家裏，醜惡貪汚事件之繼長增高，乃自然之趨勢。猶之如在蚊蠅蚤蝨遍地皆是而不講衞生的國家，其瘟疫痢疾之易於發生，及發生後之易於流行蔓延，是一樣不可避免的事情。匪共黨部和其政府有鑒及此，乃發動三反、新三反和整風等等運動，藉以肅清貪汚整飭吏治，以補救缺乏輿論制裁和民意機關監督的缺點。匪黨首腦部的警覺性還是很高的，我們千萬不可認為這種運動僅僅是共匪們排斥異己而已！如為做宣傳工作，那又當別論了。

惟我們要指出的，共匪這種辦法——三反、新三反、整風、批評和自我批評，其效果並不甚大，不過是打打嗎啡針使其臨時發生效用而已。在另外一方面，反可給與少數人以排斥異己的機會，其為害多而利少者，實不待智者而後知也。政府管的事情既衆而又大權在握，若無公開批評的監督制度——包括民意機關和輿論，誰也不能擔保他們不濫用權力以圖自私的。阿克登（Acton）說：「凡權力未有不惡化者，而絕對的權力，則必絕對惡化焉」，正是指出人類天賦的弱點，故非從制度上加以矯正則不為功。因此，我們欲矯正這些政治上的毛病，必須建立民主政治和言論自由的制度，要靠民意機關的監督和輿論力量的制裁，纔可使各種毛病比較減少，社會因而日有進步。

八

評論要有恕道的要求，就是說，我們在評論的時候，對於對方的疏忽和錯誤等等，要予以同情之心，不可求全責備。這一說法也是極不正確的，可是在中國社會裏面，則頗易為人所接受。

忠恕之道乃是儒家思想的中心所在，已經成為中國人的傳統精神。「待人以恕」、「躬自厚而薄責於人」，是人人所共認的美德。中國人的團體生活更是靠着恕道精神來維繫的。「推己及人」、「一切退讓三分」、「凡事不為已甚」，等等，都是敎人以寬恕為中心而營運共同生活的。忠恕之道對於為人、處世、接物種種，確是有其很好的一面。我們現在所要研究者，是不是對於政府工作也要求講恕道，是不是在評論政府工作的時候，也要臨之以寬恕的精神。

我們認為對政府工作不能講求恕道，評論政府工作的時候亦應如是。對政府工作講求寬恕的結果，勢必使政治停滯而無進步；「情有可原」的說法，往往可以把是非與眞理抹摋殆盡，而「情有可原」的政治就不會有進步可言了。這裏要特別注意的，就是對政府工作不能講求恕道，與在政治上要能容忍反對黨派，那完全是兩回事，不能混為一談，容後文分別論之。

對政府工作上所要求的，則是「責任」的觀念。就是說，每一件事情，要追究一個「歸根下落」的究竟；每一件措施，要有一個「責有攸歸」的結果。既不可含混，亦無所謂寬宥。如果辦事辦錯了，絕對不能用寬恕來解除或減輕其責任。普通所謂「問責」，就是這個意思。這樣纔可以提高政府工作人員的效能，由此而促使政治的進步和發展。

政治上責任觀念的解釋，就是說責任者對於自己的行為或不行為，接受他人批評的判斷，基於此種判斷而自己要擔負行為或不行為的結果。換一句話說，責任者把事情做得好可以繼續做下去，一旦把事情弄壞了、做錯了，或者未壞未錯而沒有成績可言，或者竟是沒有做，不論是出於任何理由，他要擔負這些後果的責任而辭職走路；如果做了犯罪的錯事，還要吃官司，那是政治責任以外之事。因為政治乃國家之公事，非一個人、一家族乃至一團體的私事，甲如果做得不好，乙可以接替做下去，乙如果做得不好，丙或丁可以接替做下去。尤其在行民主政治的國家裏，排斥英雄主義。某人如果做了九件福國利民的大好事件，而把第十件事情因一時疏忽做錯了，某人仍須擔負結果而走路，不能以寬恕來豁免責任的。至於他的功績如何，那是歷史家的事情，用不着現在來評價歌頌的。縱有功績可嘉，也是不能將功折過的。今日的政治觀念，沒有「將功折過」的贖罪觀念，因為做得好乃是分所應為之事。也沒有「下詔罪已」的自責觀念，做得不好就必須走路，沒有人會來同情的。也不能要求社會給予同情的。

誠然，某事件是不是眞正做錯了，自有見仁見智之不同，但因政治上的責任而去職下臺的人，等到他人做得不好，人民如果歡迎他回來的時候，他仍可捲土重來，再作馮婦。而前次之負責去職，則絲毫無損於他個人人格和政治地位。

某人做錯了事，儘管不是出於故意，而是由於疏忽的過失所造成，但他們仍須負責去職者，乃是談政治要與講道德分開。道德要問動機，政治看重結果。至其動機如何，那不過是歷史家評價時所據以論評的資料而已。

由於近代民主政治所培養出來的「責任觀念」，故在批評政治的時候，只有是非和曲直的問題，而無恕道不恕道的考慮。茲舉一個最淺顯的例子來說明。如某人因妻兒患病醫治需欵而接受賄賂，一旦事發之後，記者和評者均不能因他有不得已之苦衷而加以寬恕，不在報刊上發表紀事或加以抨擊。如果這件案子到了司法機關，檢察官當起訴的時候，審判官在判決量刑的時候，可能鑒其情況而酌予減輕，那不僅合於中國古訓「立法要嚴，執法要寬」的道理，因刑法在追究因果關係的時候，是講求犯者的動機的。然而，這不是評論家範圍以內之事。故評論要有恕道的說法，乃是極不正確的觀念而有害於政治進步的。

我們今天正要培植「責任心」的觀念，使爲政者時時刻刻要有「責任感」，而不再是唯唯否否，只圖鞏固自己的地位，把搞政治看成「玩票」一樣。「不求有功、但求無過」云云，在政治上是最墮落的觀念，要絕對的把他剷除乾淨纔好。

這裏我想把「容忍」(tolerance)與「公平」(fair)兩個觀念與前述的寬恕之不同，作一比較的說明。

政治上的容忍，係對反對黨派容忍而言，使信仰不同、意見相左的人，可以和平相處，共同生存，誰也不能壓迫對方。故容忍一語，主要的是對政府當局而言。就是說，政府當局要能容忍反對者的「意見」。因爲民主的社會，各人可以保持各人的意見，今日的少數者，明日也可以變爲多數者。意見的是非可以因時而異也。

公平係對政府講話的時候，儘管是要追究責任，毫不放鬆，但要出之以公平的態度。所謂公平的態度，就是當我們批評政府的時候，無論是對政策或其執行，要就事論事，不擴大，不曲解，不牽連私人生活，不越出本題範圍，措辭儘可嚴厲猛烈，而態度要光明正大。故公平則與寬恕不同。這兩點不可混爲一談。

九

評論乃是人們對其周圍所發生的事件，出於「憂於未形，恐於未熾」之言。評論乃是人們對於各種問題發揮自由討論的精神。因此，各人當然是就各人的立場來表示意見，各人的看法自有各人所持的理由，其間紛歧複雜，在所難免。政府如能斟酌採行，是以事行而不悖焉。故周召公告訴厲王說：

「故天子聽政，使公卿至於列士獻詩、瞽獻典、史獻書、師箴、瞍賦、矇誦、百工諫、庶人傳語、近臣盡規、親戚補察、瞽史教誨、耆艾修之。而後王斟酌焉，是以事行而不悖」。

因爲人們對於圍繞其四周所發生的大大小小的事件，不論是政治的、經濟的、或社會的，可能關係於他一個人、一家族、乃至一團體的生存、安全和發展，他們自不能不對這些事情寄以特別的關懷，從而時要表示他們自己對這些事情的意見，無論是讚揚的，抑或譴責的。此乃自然之理，也就是人之所以爲人的道理。此民主政治及言論自由政制之可貴，因其順乎天理而合乎人情者也。

杜勒斯把輿論比做燈光，謂其照耀之光輝可使竊賊畏懼。他說：

「把燈光集中於一個竊賊身上，這個竊賊必將捨棄他所盜竊的贓物。故展開明亮的燈光，便是一種無可比擬的力量」。

黃黎洲先生認爲輿論——淸議——乃是政府的防波堤，他說：

「淸議者，天下之坊也。夫子之議臧氏之竊位，議季氏之旅泰山，獨非淸議乎？淸議熄而後有美新之上言，媚閹之紅本，故小人之惡淸議，猶黃河之礙砥柱也」。

職是之故，政府應該歡迎批評，鼓勵批評，不論他是建設性也好，破壞性也好，既不必憂其把家醜外揚，亦不必慮其爲匪張目，更不必冀其要有恕道。周召公諫厲王止謗說：

「防民之口，甚於防川。川壅而潰，傷人必多，民亦如之。是故爲川者決之使導，爲民者宣之使言」。

二千八百年以前的話，今日依然是對症下藥之言，無怪人們要發懷古之情了。讀經的人要能注意這些地方加以熟讀纔好。觀此，幾千年以來，恐怕在中國最沒有進步的，還要數「政治這一部門」吧！

四四、五、二〇於臺北。

西貢航訊・七月五日

南越北越行走

劉　生

一、今日河內

在海防的國際停火監督委員會，自從河內被建立爲「越盟民主共和國」的首都後，顯來已經是有氣無力。我通過了停火監督委員會加拿大一位上校的協助，被一輛破舊不堪的小吉普，自機場拖入市區。當我經過杜美(Daumer)大橋，進往都城旅舍(按該旅舍爲停火監督委員會及數名西方記者居住)，但看見橋頭掛着一幅胡志明的大照片。胡志明是越盟主席，今年已經有七十歲了。

我是六月廿七日到達海防，這個時候，正是胡志明前往北平訪問，順道去莫斯科。在都城旅舍傳出的消息，他此次去北平及莫斯科乃與中蘇共產黨會商越南大選的問題。根據日內瓦會議的決定，南越與北越應自七月二十日開始討論舉行全國大選之事，此項大選將於一九五六年七月在國際停火監督委員會之下舉行。胡志明中蘇之行，乃是在與南越開始談判大選之前，先與其共黨同志討論此事，相信其中會涉及美國和越南的關係。

從亂烘烘的西貢到河內，那河內不但比西貢美麗，而且也比西貢寧靜得多了。在上海舊法租界住過的人，一定能夠欣賞到路上兩旁梧桐樹的蒼翠，以及整齊雅潔的房屋。河內自從「解放」以來，人口只有廿五萬左右，法治時代到過七十萬人口。我快進入市區的時候，經過越盟軍檢查我的行李，但很有禮貌的「警告」我，不准拍照，因爲我肩上正掛了一個日本式的「萊迦」相機。

於是我經過許多大廈，我看見了黃星、黃鹿、橘紅色條紋的越盟國旗。我到河內的時候，河內的最北部還有少數法軍，等待撤退。這幾名已經不是戰鬥人員，戰鬥員已經在今年五月底全部撤清，他們是屬於後勤方面的。其中有二名是屬北非兵團的。我到那一天晚上，便來了一位法國上尉，來請停火監督委員會協助一些未了的事務。他在餐桌上很感嘆道：「我們不會再回來了，想起放棄大好山河的事，我的心便沉重起來。」據說他那天下午曾到當年征服河內的法國英雄里維爾的墓地告別。他們一排人舉行了一個簡單的告別式，放了一排槍。里維爾上校，是十九世紀法國的海軍，最先在河內登陸，但在一八七三年死於華僑黑亭會黨人之手。

越盟的軍隊從去年十月十日進駐河內，現在聽說已從三師人數增加至七個師，雖然公共事業及交通仍由二十餘名法國技術人員維持，但市內眞是十分清冷。越盟軍進駐河內，迄今已快八個月了，但是市內的三輪車簡直沒有人坐，我懷疑三輪車夫是如何維生的。這個情形和南京上海淪陷的初期，沒有什麼兩樣。每晚自十一時起至次晨六時，乃是戒嚴時期，任何人，除了有特別通行證，皆不准通行。

凡是共產黨到的地方，市面一定十分清冷。河內自然也不能例外。河內最高貴的住宅區——保爾貝路——呈現一片清冷的景象。咖啡店、飲酒舖、西藥店，……都把門關得緊緊的。在這既熱又濕的天氣下，顯得更是淒慘。唯一比較有生氣的地方還算是都城飯店，這裏除了西方記者外，便是監督委員會加拿大、波蘭與印度的代表們。從前這家旅舍由法國人經營，現在已是由越盟派人主持了。然而東西確貴得可以，一杯檸檬水要二元美金。汽油更是貴得令人難以置信。

從前河內的法國人共有六千多名，現在只剩下六十餘名。這六十餘人中包括法國駐北越代表沈德尼(Sainteny)。事實上越盟當局已經不把他放在眼中，他等於在河內坐冷板凳。監督委員會仍舊維持它中立的態度，其辦事效力之慢，已失去了監督的責任。國際紅十字會被派到河內已有半年之久，但帶來之盤尼西林，迄今仍無人顧問。……這些現象都顯來有些反常。只是監督委員會每週飛往西貢三次的定期飛機，依舊照常。

越北原是法國天主教外方傳教會的天下，許多教徒紛紛南下，逃到西貢，這確是個事實。但現在還有三名主教，數十名法籍傳教士，停留在河內與東京區。越盟表面上並沒有迫害天主教之事情。據說有一次胡志明見到河內主教，對於許多教徒南下逃亡，曾責其未加勸阻，該主教乃流淚道"C'est de ma faute"(按此法語的譯意是「這全是我的不是」)。

越盟當局不但不壓迫天主教，並且還在安撫天主教。他們提出「波蘭也是共產國家，但教會在波蘭仍舊生存的啊。」現在的趨勢是天主教可能在河內成立一個「革新教會」，仿傚在中國大陸上的「運動」。我到河內數週之前，此間天主教正舉行一個民族意義的新教會運動，由越盟勞働黨(按即是共產黨)及聯越黨支持之。

許多西方報紙傳說越盟統治下的河內，掛滿了蘇聯和中國共產黨人的像片，這一個傳說是不確的。我所見的僅在數處大建築上，其中有胡志明，武元甲，范文同，蘇聯方面則有保加寧及馬倫可夫，中共方面僅毛澤東一人。

我到那一天晚上，旅舍中正放映奠邊府戰役的新聞片。這是越盟軍戰史上最值得驕傲的一頁。電影院中全是宣傳片子。以胡志明肖像的五元鈔票及郵票，早已出來了。五元鈔票上有中國文字，如「越南民主共和國五元」字樣，印刷相當精美。

今天的河內，確是顯來死氣沉沉

的，巴黎式的法國大陸氣氛，一天天的在沖淡了。唯一可以找到法國文化留下的影子，便是在河內的那座亞爾勃沙羅特學院，業已開課，其中有八名法國教授。這個法國人開的遠東學院準備把他們所保留的最貴重的文物拿出來再度展覽。可是能有幾個人「敢」去欣賞及研究呢！

河內已經不再是法國人殖民「掠刼」的「冒險家樂園」了。她顯得更加沉默！

二、胡志明•范文同

在越北的人民心中，胡志明不是共產黨，他是一位民族英雄，是越南獨立與和平的象徵。這確是個事實，因爲越人，不分南北，都恨透了法國人和法國的殖民主義。這幾十年來越南把法國人養肥了，養驕了，今天越南人之恨法國人，乃是天公地道的事，如果胡志明不染上紅氣味道，那麼今天越北的「解放」，誰說不應該？

關於胡志明，在河內與西貢，散佈着種種傳聞。我們中國人僅知他在早年參加過中國的北伐，抗戰時他在延安。他能說中國話，做中國舊詩。表面上看上去是一個非常仁慈的老學究。他今年已經正正七十歲了。

胡志明是個身體瘦弱，只有一百磅體重的老人。態度溫和，說話緩慢，且十分直率，喜歡坐在椅角上，柔馴底疊着雙手，放在膝上。他每天工作自十六小時至十八小時，經常披一件短外衣在肩上，似乎永遠覺得寒冷的樣子。

一九四五年大戰和平不久，胡志明曾在河內公開出現，那時越盟總部設在河內。那個時候盧漢正是奉命在河內接收日軍之降書。他給予人們的印象是，機警，僞裝，雙目有光，說話很有天才。

胡志明的家庭雖非富有，但是一個頗有社會地位的望族。出生地爲南定，是越北的一個小鎭，和中國廣西相近。據說他的父親在安南法國殖民政府中做一名文官，忽然在一九一一年失踪，胡志明知道是法國特務害死的，所以從小便養成一種復仇心理，他內心中存有兩種不可磨滅的痛恨——國仇和家恨。

胡志明失去父親以後，自己行踪也十分飄忽，一度改名爲阮愛國，又名爲阮文新，據說阮文新是他的眞姓名。胡志明與阮愛國都是假名字。早年的胡志明，滿想替父親復仇，但已爲法國殖民當局懸賞，他乃不得不在一九一八年跳上一條希臘船做工，他沉默寡言，到過星加坡、香港，然後直赴美國。他不喜歡美國，然後又隨了這條船，飄到歐洲。他先在德國的漢堡停留過一個時期。至於他首先到法國馬賽的日子，是一九二〇年五月，他身邊所帶的登岸證是叫阮多德(Nuyen Tuc Toc)。他們獨自前往巴黎，居然在巴黎美術學院，半工半讀，學習照相之技術。不久他便在一間照相館，獲得一份工作，而且還在那裏做了八個多月。在這一段期間，每至夜靜更闌之後，胡志明常常到一個咖啡館，參加在巴黎活動的共黨集團。

有一個暫短的時候，他一度離開巴黎，在倫敦一家中國餐館內爲雜工，但是當他的行踪被人發現時，他又偷偷底去了莫斯科。他在莫斯科進入了東方大學，那時他的名字叫宋明道(Song Mink Tcho)。便在這個時候，他吸收了共產主義的理論和世界革命宣傳的方法，大概也便是在這個時候，他開始參加實際的革命工作。因爲他在一九二五年奉了莫斯科的使命，立即啓程東返，直赴廣州，協助在南中國活動的蘇聯共產頭目鮑羅廷。他的工作相當急進，不久便被廣州當局逮捕，但他聲明目的在組織印度支那共產黨總部，並無意於南中國，於是他便被驅逐出境。

一九二六年他偷返安南，但法國殖民當局懸以重賞，結果仍舊拿不到他。一九二九年在香港組織越南共產黨，爲港方逮捕。又有一說，說他一九二八年至二九年，在曼谷負責組織越南人的社團，他是國際共產黨遠東局的一員，而且是主要亞洲人員，專司東南亞煽動和宣傳工作。

一九三二年曾一度謠傳胡志明死於獄中，現在看來，這些報導，完全是藉宣傳以掩護他逃出衆人和官方的耳目。然而有一個時期，果眞寂寂無聞，直到一九四一年，他竟在廣西省出現。他在南寧和一批越南共黨組織越盟，一九四二年一度爲國府逮捕，一九四三年他又偷偷跑回越北山中組織「黑衣軍」，開始打游擊。此後便聽不見他的消息，其中據說有一個時期在延安養病。一直到一九四九年保大皇帝宣佈退位，他便成爲越南臨時政府主席，和法國簽訂了越南獨立的先期條約。至一九四九年十二月磋商中斷的時候，越法之間，乃宣告大戰。這場戰爭，實際上到現在還沒有打完。

胡志明自以爲是一個俗人。他曾詼諧底說：「莫斯科是英雄的，但巴黎是生活的歡樂。」他同時又似乎是個仁慈的人，他稱部屬爲「小兄弟」，他們則尊稱他爲「胡叔叔」。然而胡叔叔却將所嗜食的燕窩藏在家中，俾免他人分享；他一個口袋裏放着美國摩理斯牌的紙烟，但以另一個口袋裏拿出劣質的土製香烟敬客。

其次是殺戮問題了。一九四五年胡叔叔的共軍殺掉了五千名越南國家主義份子，被清算者的妻子兒女，羣集他面前求饒恕，他却命令軍隊驅散他們。一九四六年胡志明的共黨部屬一部份投向托派，其中一位托派的領袖是他的老朋友，打一封電報請胡寬恕，胡卽答覆他道：「我不知道什麼是托派」。但他這位老朋友迅卽被殺了。胡叔叔則爲他的朋友之死，而公開痛哭流涕，悲不自勝，並撤換了火槍隊隊長，藉此保持了他仁慈的聲譽。

我在河內的兩天中，全市正在推動胡叔叔發動的「好風化運動」，因此娼妓，夜總會，乞丐，擦鞋童完全絕跡。人民每日在下午三時便舉行集體討論，誦詠愛國歌謠，每晚，他們在越盟軍木然的注視下，在街道上跳着秧歌舞，由每晚八時開始至十時結束，從不過早或過遲。越盟的文工隊每二週便在河內的國家劇院舉行一次表演，觀衆是一些衣服不稱的男人，或結着辮子的女公務員。文工隊演員配着如泣如訴的越南蘆笛，詠着一首詩：

「擦乾你的眼淚，
敵人已經回去了，
不分南北，我們是一家人啊，
沒有人能使我們分離。」

據說這是胡叔叔到了河內後的「傑作」。

胡志明在去年擧行蘇聯十月革命三十七週年紀念時，他在河內大會上說過：「今天我們在東方有超過世界半數以上的人口，與蘇聯一起在鬪爭中，……這是一個不可輕視的龐大的革命力量，今天世界的重心是在我們這一邊」。檯下廿萬人的叫聲，「像獅子一般底吼起來了」。然而，這是不是力量呢？我躺在都城旅舍的床上，合着眼在忖想，我有些困惑！

× × ×

越盟的范文同是越共第二號人物，他的地位在總司令武元甲之上，很像中共的周恩來。他的歷史，是值得一提的。他在越共中，直至去年六月，隻身參加日內瓦會議，才在國際上出了名。他的才幹，不在周恩來之下，平生熟讀三國志和戰國策。

范文同是當今越盟的外交部長，越共中央委員會執委。身材瘦小，捲曲的頭毛，尖削的臉孔，一對深陷的眼睛，烱烱有光，看他的照片不過是四十歲左右的人，其實他已是五十左右的人了。他生於一九〇六年，他雖是越南人，但與中國淵源頗深。他早年參加越南獨立革命，反對法國，一九二五年在河內參加學生運動，擧行反法示威大遊行，爲法國當局下令通緝，范文同見立足不住，乃化裝逃入廣州市，投考黃埔軍官學校，居然給他考進了。

他在黃埔唸了一年，風聲稍鬆，乃於一九二七年潛返西貢，在那裏做小學敎師，以爲掩護。他一面敎書，一面組織學生團體，進行反法鬪爭，兩年之後，不愼爲法警所捕，被放逐到西貢海外的一個小島上，坐了六年的苦監。

一九三六年法國左翼人民陣線內閣正式成立，法國政府乃一改過去鎭壓越盟的作風，於是范文同乃得恢復自由。一九四〇年他奉胡志明之命，潛入加班省，進行擴大越盟之組織，一面加强地下活動，一面又創辦越盟獨立新聞，分發到越南越北各地，鼓吹反法運動。那時候的越南人民，因爲受法國壓迫得太厲害，——其實今天又何嘗不是如此，法國人根本沒有半點覺悟——情感上極爲衝動，稍經煽動，便暴動起來。

范文同與胡志明二人，不但是老同志，而且還有着三十年悠久的友誼歷史。范在一九二六年逃亡到廣州時便認識了胡志明，兩人相談之下，大爲投機，遂成密友。

一九四五年日本宣告投降，胡志明發動八月革命，組織越南人民革命同盟，胡自任總理，范文同副之。這個情形同周恩來相似，周恩來在江西時代曾爲副主席，至今許多老幹部還稱周爲「副主席」，今天范文同仍有許多人稱他爲「副主席」，便是這個道理。

一九四六年三月越盟在河內召開首屆人民會議，產生越盟政府，領導那一次人民大會工作者，即爲范文同。那一年的五月越盟人民會議，選派一個代表團訪問法國，便與法國展開談判，范文同又被選爲代表團團長。這是他第一次出國。也是他第一次與他鬪爭了廿年的法國，擧行談判。因爲這次與法國辦交涉的經驗，才奠定了日後出任越盟外長的基礎。

一九四八年范文同被選爲副總理兼外長，他在黨方面有極高的地位，不但是中央委員，而且是政治局委員，他辦外交的作風，是和莫洛托夫、周恩來等一貫的作風。他有一個幹練的副手，那便是外次陳玉明，陳比范更年輕，早年留學巴黎大學，專攻外交，是一個出類拔萃的外交人才。曾在莫斯科受過靑年團的訓練，在莫斯科加入共產黨。返越後，即行被捕，被判十五年徒刑，至二次大戰後才被放出來，胡志明立刻委任他。到一九四七年他被派至巴黎，出任越盟駐法代表，美國駐河內的領事館，不被承認，便是他一手主張的。

三、亂烘烘的西貢

由河內再飛回西貢，滿覺得西貢是亂烘烘的一團糟。街頭巷尾，全是難民和乞丐，這和河內的幽閒，適成一個强烈的對比。在大街上行走，時時提心弔膽，怕吃流彈。在西貢吃流彈，眞算不了一會事，尤其是在堤岸行走，常常聽到莫明其妙的槍聲。美國納稅人花了許多錢，「美援」越南，然而越南人恨美國人的情緒不下於恨法國人，這種反美情緒，實在令人可怕。可是山姆大叔覺得「莫明其妙」，因爲「我的好心，全無好報」。法國殖民當局，喝白蘭地，抱女人，反正看「這個地方沒有希望了」。然而完全丟給美國人，又不甘心。於是存一種兩可和兩不可的心理。這位天主敎敎徒的總理吳廷琰呢，雖然有魄力和決心，但是他缺少時間，缺少有經驗有能力的幹部。他太信天主敎，……這些都是今天越南的毛病。越南會落入胡志明之手，這許多因素都不可否認的。

一九五六年七月，如果要擧行日內瓦協訂之普選，我敢斷定胡志明一定勝利。因爲以人口比例言，胡志明的北越超過南越，一旦選擧，其勢必然是一面倒的。但是胡志明是在等待這一天，吳廷琰是否定這一天，因爲吳廷琰說：「越南政府根本沒有簽字」。所以事實上不承認有這麼一會事。

其實，今天越南的局勢，眞是危急萬分，如果法國不澈底覺悟，美國不以全力援助，西貢之失守，僅是時間問題。事實上西貢外部，已經有兩營越盟武裝步兵，混雜在平川部隊中，這是千眞萬確的事。平川首領黎文達自從吳廷琰封閉他在西貢大世界的賭檯，他恨透了他，眼見自己無法抽稅，坐失了許多利益，於是私通越盟，他的兒子便在越盟軍中任下級軍官，從這一點看，今天已經不是平川部隊打吳廷琰，而是越盟的武力在打吳廷琰。

其實，平川的黎文達，高臺教的陳文帥以及和好教的陳文友，如果能與吳廷琰團結在一起，未嘗不是一枝勁旅，足可以與胡志明抗衡，無如這許多人都是軍閥頭腦，不以國家利益爲前途。他們個個都是吳廷琰的政敵，阮文興雖然在不久以前在高棉被捕，但他的勢力並未稍衰。然而廿七日西貢又一度傳出阮文興仍在巴黎，兩說何者準確，現時尚無法判明。

吳廷琰是有決心消滅那許多教派軍，廿七日他已下令以全力發動新攻勢，攻擊在高棉邊境和好教黎廣文部。黎部現在已退入七指山，這座山是和好教的大本營，幾乎是一個無法深入的堡壘。廿七日正午十營越軍向濃密森林進軍十日之後，政府軍已佔領禁山，這是七指山山脈中最高的山峯，據說戰鬪相當激烈。另外，在東部的戰爭，陳文帥的高教軍已有十八、八十、廿三、三個營放下武器。他們在芹苴投降。

在西貢市的反美空氣，非常濃厚。老美不敢在大街上跑。廿七日美國新聞處吃了手溜彈，相信是越共搞出來的把戲。因爲事後檢到傳單，要求「美國人回老家去」。

由於反美的情緒，一般人民便牽連反天主教。其實天主教在南越遠不及在北越根深蒂固。所以一般人民在本質上不容易接收天主教。吳廷琰是個熱心的天主教，他雖沒有强定內閣閣員必需都是教徒，但無疑的這個內閣是個親天主教的內閣。不久以前，美國史貝曼紅衣主教去西貢，繼之而往的有中國南京教區于斌總主教，澳洲紅衣吉洛萊主教等人先後來訪吳廷琰，吳廷琰花了不少錢迎送他們，這使越人起了很大的反感，認爲「我們如此窮，還要花這麼多的錢在僧侶身上，政府太腐敗了。」這種思想尤其普遍於青年學生中，因此，反天主教，轉而反美，轉而左傾，轉而加入越共，這是一路下來的因襲，仔細研究，局勢實在非常危險。

今天的西貢，好似在火山，動盪不定。困難重重，眞是問題太多了。

四、越南的三個教派

這三個教派實在便是越南的黑社會，惡勢力。是有軍火、有組織的流氓集團。先說平川部隊吧。它的首領便是惡勢力中老頭子黎文遠，混名黎七。今年已有五十歲了。手下擁兵三萬人。總司令部原設堤岸。在開軍事會議時，他口含香烟，一言不發，任由他的部下爭論不已，最後作決定的，只有他本人才有資格。

最近西貢之戰把他的總司令部毀了，可是他和他的黨徒仍落荒而逃，依舊和政府抵抗。他出身海盜，到一九四六年因爲他參加海盜活動的首領慘死了，他便一躍而爲新頭目，雄據一方。從西貢往外走的各水路，都由他收路錢，大發橫財。不久，他移師岸上，控制了西貢和堤岸的非法業務。

他發覺在岸上幹不道德的事，比在水刼掠的收益還要大。他不斷擴展非法業務的王國領域，整個西貢的賭檯全落在他一人掌握中。妓院也由他獨佔。商人在西貢營業，都得交保護費給他。

我在前文中說過平川部隊與越盟有勾結，其實它和越共老早携手過。當法軍重返南越時，越共任命他爲西貢區的指揮官。後來法國爲了收編平川軍，迫而任黎爲南圻衛戍司令部司令官，又把軍火和裝備供應他的軍隊，因此平川部隊，成爲一枝現代化的軍隊。

當法國送保大返西貢的時候，保大便首先和他合作起來；去年保大到法國去，行前任命黎文遠爲西圻警察總監，而且全國特務警察也歸黎指揮。黎幹的非法業務，自然用不着別人替他庇護，據說保大這樣委任他，保大自己的好處是每年抽三百萬元的美金。

今年初總理吳廷琰便先向黎文遠一派開刀。吳拒絕發許可證給平川軍繼續彼等之非法業務，但黎文遠不但不聽，還繼續開賭營娼，而且利用保大，企圖推翻吳廷琰。法國殖民官員也不喜歡吳廷琰，但美國支持他，於是吳廷琰便向黎文遠開火。

黎文遠的主要盟友便是年紀只有三十歲的少壯派軍閥巴葛。他擁兵有一萬多人，另加徒衆一萬五千人。在名義上他是屬於和好教，但實際軍權全操他一人之手。此人自視甚高，常常誇言有無比的實力。他在過去近十年來，備嘗子彈之槍傷。在十七歲的時候，他恨法國人，憤劈手指，以示不忘憤恨法人之仇。然而共黨在一九四六年處決了和好教首領的時候，他轉變了，他要和法國合作。

去年夏天，他宣佈共黨一天不離開北越，他誓不剪髮，現在他的頭髮已經長可及肩了。直到今天巴葛還是唯我獨尊，無所歸屬，他和和好教多次反目，最少有過六次投向法國，接受法國的金錢和軍火，代價是不向法軍開火。然而事實上，一有機會，槍尖還是指向法國軍隊和越南軍隊。

× × ×

和好教控制着西貢以南一百哩盛產米糧的沃土。由巴葛和另外四名小軍閥，分別盤據稱王。去年十二月越南政府遣軍淸剿，大敗而歸。和好教首領陳文友在一九四四年，利用日本供應的軍火，成立了第一枝新軍，而在二次大戰終了時，即與越共携手。他和巴葛一樣，一發覺共黨最後不會放過他們，遂與越盟宣告決裂。

南越各小王中最强有力的乃是高臺教教主范公稷。他的高臺教信奉許多神。其實他倒是一個頭腦淸靈的政客。一九四〇年初，高臺教成立不久，范便自任爲教主，他把這個宗教團體改組以後，教徒日見增加，同時生財有道。他把反抗法國的理論列入教義內，因此不見容於法國。在一九四一年，他被放逐，到日本佔領越南期間，高臺教徒獲得了日人的武裝供應，范氏勢力一天天大起來。一九四六年法國把他送回越南，高臺教的氣燄更甚了，范氏本人的野心也因此增强，他企圖把高臺教變成越南的國教。一九四九年他又斡旋法國與越盟軍的鬪爭，惟告失敗。後來，共黨進攻高臺教地區，高臺教才向共黨作戰。

要想維持殖民地利益的法國人，繼續利用着越南教派和不法之徒。保大自然也在被利用着，他也常常左右搖擺，因爲他曾經企圖與共黨共同對抗法國，一度逃亡在香港，天天下午在香港大酒店吃茶。去年他到法國南部甘城，現在還想在那裏遙控越局，可是他在平川軍敗北時，不再受到吳廷琰的尊重了。法國人利用越南人相尅相制，可是越南陸軍支持吳廷琰政府，而且陸軍將領明白，美國對越援助，已經花了三十億美元，她要支持的是吳氏，而非保大。

目前越局動盪未已，動亂之源，至爲複雜。保皇黨、海賊、不法之徒和殖民地政策下之死硬派，至今還在企圖重振聲威。事實上，這些份子經常在變，連吳廷琰的態度，都可能變的。不變態度的，只有以胡志明爲首的越盟。他們現在對越南正在進行地下活動。目前依然沒有人能預料未來越局之演變，但是如果吳廷琰不爭氣，美國人還是死洋活氣的，法國人還是企圖做殖民主人的迷夢，……越南一定完蛋，不過是時間問題而已。反之，如果吳廷琰爭氣，美國白宮主人拿得出眞幹、硬幹的決心來，決不中途犧牲或作出賣盟友的舉動，法國人大澈大悟，力圖協助越南之眞正獨立與自治，那末越南江山有救，東南亞還可撐下去，這一個地區的人民還不致於被赤色火燄燒去！行筆至此，我不僅合十祝禱，願天相全世界愛好自由的人民，願天相我中華民國，能在這大難的日子中，把自己建設起來，救自己，再去救那倒在水深火熱中的同類！

五、吳廷琰和越南

在西貢我與吳廷琰會見了兩次，第一次我去訪問他，第二次他請我午餐。大談越南溫和性的土改，我發現這個人，不僅意志堅强（按意志過份堅强的人，會被人誤爲獨裁，吳廷琰也免不了被反對他的人們，指爲獨裁者），而且具有清教徒的簡單與廉潔的精神。

吳廷琰的政府的奇象，倒底是怎樣的呢？簡單的說，他沒有私人政治組織，公務制度在慢慢的健全起來，同時積極的訓練軍隊，減輕人民生活的負擔，以建立一個深得民心，足以在實力和技術上勝過胡志明的北越政權。和他的談話中，知道他已派特使阮友珠前往倫敦與英國當局會商明年度的普選。他主張：「除非越盟同意開放北部，舉行全境的自由選舉，否則這種競選是永遠不會完結的。」

今天的越南已在實行一種溫和性的土改。這個土改據說是從臺灣學來的。很有我們「三·七五」減租的精神。負責這個土改的乃是南越農業改進所主任阮文希，此人最近赴加爾各答參加國際農糧會議。這一個土改的方法，不僅對待原有在南越境內的農業，而且解決了北越流亡出來的一百多萬難民。它的辦法是：一、每家免費分地三英畝。二、每家得向政府借水牛二頭，分四年還值。三、每家一次貸款二千四百越幣（按一元越幣之値等於臺幣五角），亦分四年還清。據吳氏稱：「四個月以後，南越的一百多萬難民問題可告解決，同時對於未來的普選，亦大有裨益，因爲這種改革之方案，更可堅定人民反共的情緒。因爲北越人民只能租地，而南越人民本身已是地主了，這個裏面相差太大。」

吳廷琰對於問題的焦點，不能說他看得不準，然而，我的懷疑還是一句老話：「時間上來得及嗎？」吳廷琰停了一下道：「是的，我實在須要時間，如天假我更多的時間，我一定可以把南越搞好。」他的自信心，完全是清教徒精神。

我發現吳廷琰並沒有多大的政治天賦，可是他厭惡殖民地主義，他渴望自由，是一個正直而私生活十分嚴謹的領袖。在越南以他這種性格，仍舊有不少人喜歡他。

今年吳廷琰已經是五十四歲了，看上去很年輕。據說第一、他不吃刺激性的東西；第二、他是個獨身漢。一頭濃黑的烏髮，他的眼睛在重睫毛之下，視向遠方，不善於作自我表達。他總讓別人提出問題，然後他才說出他冗長的意見。他的性情偏於僧侶化，對甘地抱有深切的幻想，酷愛基督的聖行與嘉言。很久以前即宣誓獨身。他對女性感到很不自在，所以在他的辦公室內，曾一度懸掛禁止女賓的條字，後來取去了。他很考究吃用，早餐尤爲豐富，喜歡獵野鴨和老虎，脾氣有時也十分爆燥。

雖然吳氏出生於順化附近一個稻草屋內，但他是屬於上層階級的。他雙姓吳廷，名字叫琰。越南的文化實在和中國很近，我發現只有越南、朝鮮和日本採行中國文字，照說吳廷琰應該有親華的思想，但是這一點，完完相反，他不但不識漢字，而且思想方面完全是西方式的。例如他說：「有時我們亞洲人太保守了，說太多的客氣話，我認爲我們應該學西方人的直言不諱，並且將事情做好。」

對於成爲共產黨的越南人，他從不作嚴厲的批評，因爲他希望勸服他們，他要以道德的觀念來感化那些人。可是他已經看出共產黨並非可以一起生活的人物，他把共產黨比作猛虎，他說：「你要獵虎，一定要將它殺死」。他否認受傷的虎便不吃人。

吳廷琰的反法意識，可以說早從血裏帶下來的。他出生於一個一千年以來都在抵抗外國侵略者的家族中。到十七世紀以後吳廷之家，信奉了羅馬天主教，而他們付出了可怖的代價，用以維持他們的信仰。到一八七〇年的近期，不止一百名吳廷姓的教徒，被活埋在他們自己的教堂中。（按現在越南境內主要的都是佛教徒，天主教徒人數不足二百萬人。）

吳廷琰的父親，是他們那族中很少的幾個倖存者，曾爲舊日越南宮廷中的一等官吏，穿着傳統的絲質長袍，任務是指揮後宮的太監。吳廷琰的父親名叫吳廷凱，自己雖未受過高深教育，而他的九個孩子都受到良好教育。據說他管自己的孩子很嚴，早上六時即命令孩子起床，參加彌撒。吳廷琰，排行第三，還曾經被他父親派到田中種稻，所以今天吳廷琰懂得農民的疾苦，知道分地、減租等，都是少年時代獲得的經驗。

十五歲的吳廷琰，採取初次最大的相反決定，他開始接受神父的教導，可是過了幾個星期他又不要了。十七歲時，再度上教堂，受神父的訓誡。那個時候，他有機會去法國唸書，他決定不去。他說：「到法國去的人，回來時便成了很多東西的混凝體。」他的一個兄弟說：「琰是一個純粹的越南人」。吳廷琰廿歲畢業於河內法國人辦的民政學校，不久以後，他即爲該地區首長，管理二百二十五個村莊。

那時正是胡志明建立其最初地下組織，他熟讀了共產黨的傳單、書本和畫報，自己乃擬出種種對抗的政策。

對於以後使吳廷琰能成爲越南獨立與自由的領袖的條件，便是他一貫堅決反對法國殖民主義之統治。一九二九年，他方廿八歲，已成爲一名省長。三十二歲升爲法國傀儡政府的內政部長。三個月後，他要求更多的獨立，法國不肯，於是他乃憤而辭職。

二次大戰以來，日本人、法國人、以及胡志明都在爭越南，三方面都想吳氏加入，可是對他那一方的邀請，都不參加。因爲他認爲沒有一個是代表越南的眞正獨立。

一九四五年胡志明的共產部隊攻擊國民黨吳廷琰派，攻擊他們在順化的老家，燒毀了吳氏一萬冊的藏書，共產黨將吳氏逮捕，他們將吳廷氏的長兄活埋，可是四個月之後，胡志明覺得他需要純粹國民黨來支持，於是從獄中將吳廷氏提出來道：「來跟我住在宮中吧！」吳廷道：「你殺了我的哥哥，你是個罪犯。」胡道：「你哥哥的事，我全不知道，你何必這麼氣呢？來跟我一同反法國吧！」吳廷道：「我不信你能瞭解我，看我的臉，我是一個害怕的人嗎？」胡道：「不是的！」吳廷道：「既然這樣，你應該放我走」。於是他便被放了。

一九四六年十二月胡志明和法國當局展開戰爭時，吳廷氏立刻宣稱他是反法反胡的。到一九四七年四月他才開始第一次積極底政治活動，叫國民聯合陣線，以不實行暴動爲主，可是法國當局立刻禁止。三年以後吳廷琰轉向外國，尋求爭取越南獨立的友邦，於是前往歐美。從一九五一年至五三年，他在美國，時常勸解美國國務院，不要支持法國殖民主義，他說：「法國人可能攻擊共產黨，但他們同時也攻擊越南人，越南人不支持法國人，試問法國人如何去反共？」

後來越南大戰發生了，中心問題即是從共產黨的手中，爭回越南，在這種悲劇發展到最高潮時，吳廷琰獨自跑到比利時的一個修道院中去，靜待時局的發展。

到奠邊府之職時，他覺得這時應該出來了。乃離開修道院前往法國，當時法國正要一個人肯出來負起這場大難，就請他出任越南總理，同時第一次給予越南獨立的諾言。這個獨立的諾言，迄今尚未能兌現，特使阮友珠最近在巴黎談判失敗，這兩天正傳說他將派外長武文茂去巴黎，再度會商。

於是他便在一九五四年六月十五日首途返西貢，企圖扭轉這個局勢。他一方面要應付國內軍心渙散，財政困難，難民問題，另一方面要應付親法派阮文興將軍的破壞，同時更要打越共。現在又加上三個教派的作亂，吳廷琰的政敵實在太多了。但照目前趨勢看，他的地位一天天在穩固起來。這不能說是美國人支持他，而是他自己爭氣。我國在朝諸公應該看清這一點，專往美國懷中一面倒是沒有用的，我們應該自己爭氣，專靠朋友是不夠的。

吳廷琰上臺以後，力圖精治，做成的事情及正在進行中的有：㈠掃除貪汚、賭博及一切罪惡之源。㈡稅收統一，軍隊國有。㈢草擬越南有史以來第一次的民主立憲性質的國民代表大會。㈣每年使租戶地租減少百分之五十，收成的徵收減少百分之十五，實行溫和之土改政策。㈤重新整編阮文興部，使其可以接管在日內瓦協訂之下越共退守出來的許多城市。㈥從法國人手中取得幣制的控制權，並使南越進入國際貿易。

最近吳廷琰到越南中部巡視，受到人民廣大的歡迎。這樣使他更堅定對人民負責的信心。到了明年，日內瓦協訂中所規定的南北越選舉，將是吳廷琰一個最艱難的考驗。胡志明已經破壞了日內瓦協訂，而將其軍隊增加一倍，並已開始組織空軍。胡志明曾公開表示，他可以不使用武力取得越南。胡志明擁有北越一千二百萬選民。南越雖然擁有一千五百萬選民，然而選票是否有把握，不得而知。三日此間盛傳，特使阮友珠曾向英外相麥米蘭表示，願在三週內與北越談判普選之事，這消息來得有些奇突。此間之觀察，認爲日內瓦規定選舉必須是自由的，並且要秘密投票。到了明年七月廿日，假如南越覺得不足以和胡志明較量一下的話，那麼南越的國民黨份子可以造成選舉的拖延或者根本不要選舉，除非他們得到有力的保證。

所謂有力的保證是：㈠對投票予以適宜的監督。㈡國民黨有權力到北越去爭取胡志明的選民。假如這個保證不能夠施行的話，那麼越南將永遠分爲兩個部份，一個是越南共產政權，另外一個是弱小而享有獨立和自由的民主政府。這是越南的幸福或悲哀？越南人自己心裏最明白。

越盟參謀長武元甲說：「越南只有兩個領袖，一個是胡志明，另一個是吳廷琰，可是這個國家不能允許有兩個領袖的。」然而「一個天上，偏出兩個太陽。」唉……這個慘酷的命運！

（七月五日於西貢）

桃源小品之三

阿根廷的革命

蕭立坤

一九五五年六月十六日下午，阿根廷發生了三小時的流血革命，也是九年貝隆政權期間最大一次風波。從一個慣經動亂的中國人眼中看來，這一部獨幕劇，頗有一記的價值。

那天是星期四，我十二時照例下班回家午飯，下午二時又去上班，同辦公室的G君（一位土木工程師），驚慌的告訴我：「我們已發生革命了！」

這無異死海裏忽然爆發了火山！待我問他詳情，他那裏有心多說！

「適才烏拉圭廣播電臺說，阿國空軍已炸了總統府，叛軍並已佔領了第二大城玫瑰河(Rosario)……

而G的家正住在玫瑰河，那城離我們工廠之西六十公里，G每天乘他的破汽車來上班，很辛苦，我呢，我一家人住在工廠大門口的住宅裏，由住宅到辦公室，只一公里。

這時我的小辦公室外的大辦公室，亦即工廠的繪圖室，已人聲嘈雜，相當混亂。原來我們的繪圖員們，大部份住在玫瑰河，乍聞噩耗，那有不人人驚慌的！

到了下午二時半，事實上工廠已停工。一輛輛的大汽車，成百的脚踏車，將工人職員載回各人家去了。

星期四下午二時半，工廠高級人員，照例開一次工業安全檢討會，討論一星期工人受傷失事事件。這會由工業關係科科長P任主席，我是經常出席的。但當我走到會議室，秘書小姐說，P君今天不能出席，會議宣佈延期了。

工廠的工業關係科，主管人事、警衞、工會事務、對外交際等，既然發生了革命，工人們的態度如何呢？那是極嚴重的問題，P科長此時的繁忙，可想而知了。

於是我也騎上脚踏車回家去了。

當然，我的母親、太太，對這大事，一點也不知道，待我將G告訴我的一點消息轉告她們之後，我們三人，不禁都浮起幾十年生活在革命中的痛苦，對眼前的安定、舒服，又發生了根本的動搖……

我回家後第一件事，是插上收音機，收聽烏拉圭電臺的廣播。這時阿國的電臺實際上已停了，收音機的長波格裏，只有巴西、烏拉圭、智利、巴拉圭的電波。因爲烏拉圭最近，所以電臺及消息都最多。

五六個烏拉圭電臺，差不多不斷的廣播這大鄰邦的革命消息：阿京對外電訊已斷了……國際航空線飛機已不許起落了……輪船已不准進出港口了……三架飛機由雲層上正在轟炸總統府前的廣場……二艘兵船正由碼頭外向總統府轟擊……十架飛機正在轟炸總工會大厦……反叛士兵及羣衆正由幾路向總統府區進攻……政府軍正在各路阻轟……叛軍領袖已證實爲將軍……叛軍於下午一時半佔領了一座廣播電臺，將軍作了廿分鐘的廣播，宣佈革命政綱，一、二、三、……一共大概有十二條……玫瑰河城已全部被叛軍佔領……大批卡車載工人向總工會大厦進伐，……已被警察阻止……警察已准工人通過……總工會副主席向工人呼籲，用一切武器及生命，保護唯一的領袖貝隆，不惜犧牲：……城外二十公里的大兵營，已開出了坦克車，向中心區進伐，似乎是忠於政府的武力……

這一陣矛盾亂糟糟的廣播，一直繼續到下午五時，我的四個兒女，已於三時半由學校回家，校長說今天提前二小時放學，十三歲的大兒與十歲的大女，也與我一同聽廣播，他們的西班牙話，說得比我好，我們聽到廣播員機關槍一樣快的聲音，好像他在報告一場足球比賽一樣。

接着再聽到的是：

三架阿國飛機降落在烏拉圭京城西邊四十公里的哥隆機場……又有十架飛機降落該機場……二艘兵船的名字，始終未查出……忠于政府的陸軍已佔領了海軍部，似乎海軍部大厦正是叛軍的基地及司令部……總統府一翼已倒塌……在烏拉圭機場降落的叛軍飛機已達三十九架……

下午五時半，阿京政府電臺發出貝隆總統向全國廣播。數分鐘內，廣播「叛亂已全部制服」。

這時，工廠的P科長，電話通知我，六時正到總辦公廳值班。

我六時正到副經理室，已有四五個人在坐，正在收聽貝隆的演講，他大致說：

「我現由大元帥營向各位廣播，因爲你們都知道總統府已被炸了。：：叛軍已全部壓平……一切均已恢復平靜……這次少數海軍飛機作亂，幸得陸軍迅速出動平壓……陸軍部長陸思若(Lucero)將軍是一位極愛國的軍人，我十五歲時即認識他……我非常傷心，幾小時內遭叛機炸死了許多人民，這損失是永不能補償的……我要將一切訴諸法律，我不願再多死一人……各位請安心。

下午六時半總工會副主席廣播，全國停工，直到十七日半夜，以資追悼死難同胞。我們工廠的高級人員廿四人分四班，每班六人，值守全廠，直到復工爲止。我的時間是下午六時到十二時，十七日下午又值勤一次。

下午九時貝隆總統再廣播，大意指責不滿政府的人，不應以暴力反抗，一切應用和平手段，他提到最近六個月政府與天主教的糾紛，認爲教堂應否國立，應由全國人民投票決定，如果政府不遵守人民投票的結果，然後才可革命。

當然，人人都知道，這次革命的最大原因是天主教與政府鬪爭。照憲法規定，天主教是阿國國教，教堂享

(下轉第7頁)

美國短篇小說與美國生活

——費翰教授（Prof. Marvin Felheim）在中美文化經濟協會講演辭

費　翰

今天我所要說的不限於美國的短篇小說；世界任何地區的短篇小說也都一樣，不僅對於人類的生活有關係，而且表現其國家的民族性。我們閱讀一篇短篇小說不僅是欣賞，並且更深刻的了解生活的意義。

短篇小說並非現代產物，而是從很古的時代起就遺傳下來的。聖經上有關耶穌的故事就是很好的例子。還有一册比聖經還古老的短篇小說，就是大家都知道的伊索寓言，那些關於動物的故事，却告訴我們人類生活中很多哲理。

短篇小說雖然自古就有，而非現代創造，但承認短篇小說在藝術上、文學上的價值，却是現代人的努力。

美國是第一個國家有人爲短篇小說下了定義。早期作家並不用短篇小說這個名詞，華盛頓伊爾文稱他的「見聞錄」爲素描集，他認爲他所描寫的只是人的畫像而已。保爾和霍桑也不用小說這名詞，而稱各人的作品爲「故事」。但他們所寫的都具有文學與藝術價值，在今天可以說是現代小說最好的結晶。保爾在爲霍桑的故事寫書評時對於現代小說定下一個標準：他說短篇小說是散文最高的天才境域。他認爲這種作品第一個原則要短，不能太長。最好在兩小時內能夠閱讀完畢，超過了這個標準就不成其爲好的短篇小說。他強調說，沒有一首眞正的好詩是長的。長篇小說不能一氣讀完，失掉「完整」的優點。短篇小說的作者，可以一氣呵成，使讀者的靈魂完全爲作者所控制。除了短的標準外，保爾對於短篇小說還寫了一段定義，他說：一篇短篇小說從頭一個字到末一個字，必要字字都有作用，而這些作用都是集中起來以一個統一作用爲目的。假使有一個字沒有發生應有的主要目的，沒有發生主要的作用，這個字就不能用在短篇小說裏。保爾的定義，雖非盡善盡美，却值得我們很有興趣的去研究，因爲這至少說明他自已寫小說的標準。自此而後，也無別人提供更好的定義。所以直到現在，大家，尤其是西方國家仍以他的定義爲唯一定義。保爾所以下這個定義的動機，由於他那時在一個雜誌上發表短篇小說。

短篇小說在美國長成，並非完全得力於保爾的定義，自有其外在的原因。先說國際版權問題。當時美國沒有版權的規定，大家可以抄襲別人的著作，例如大作家培根在歐洲出版一本著作，美國人馬上想法子翻印。一般出版商競爭的方法，在歐洲輪船還沒有趕到美國海岸前，即派較快的小汽艇拿到稿子儘先搶印，英國人的作品既好又便宜，在美國特別受人歡迎。結果呢？美國作家受到很大的威脅。作家如伊爾文，如古伯，是頗想與英國大作家培根，史密斯等相媲美的，無奈相形見絀，望塵莫及。於是不得不轉移陣地，另闢田園。短篇小說因之應運而生。

此外，短篇小說在美國盛行還有一個經濟因素。大家都知道，當時正值美國居民自東部向西移民，一般人財富不多，經濟環境很壞，那時美國家庭很少人有很多圖書，一般美國家庭，到現在還是如此。於是大家只喜歡買雜誌，用很少的錢買得較多的享受，短篇小說就這樣發展起來。例如我們方才講到的很有名的短篇小說家保爾，他不僅主編一種雜誌，而是編了幾種雜誌，來登載他的短篇小說。又如班傑民・佛蘭克林是一工業家，他也出版了很多雜誌，因爲那時候雜誌的銷路很好而且有利可圖，是一種商業，一種生意經。拿今天來說，第一流的作家與其寫長篇小說，不如寫短篇小說在較有名的雜誌上發表，所得報酬比寫長篇小說報酬還多。海明威的「老人與大海」之所以成功，是因爲曾經先在美國雜誌上登載才出了名的。從這種情形來看，美國的短篇小說所以發展到今天是，具有其主要的經濟因素的。此外，美國人有一種中國人所沒有的特性，就是美國人喜歡快，喜歡迅速；他們走路快，講話也快，隨便做任何事都喜歡快，而且喜歡容易。因此，他們無暇讀很長的文章，而喜歡看短小而有意義的作品。大家都知道，美國最成功的雜誌，是讀者文摘，其所以成功的理由就是由於美國人這種特性，恨不得在一兩小時內看完一篇故事。這也可以說由於他們神經緊張的關係。一般出版家和寫作家就針對這種特性，而大量出產短篇作品。還有，美國人對任何事都喜歡簡單化，例如我們曾看過一個電影，說幾十年後世界人類可以不必吃飯，每天祇吃一顆藥丸就夠了。美國人對於文學也希望像吃藥丸一樣，吞下去就發生作用，又快又確實，又能發生他們所希望達到的效果。美國人所以有此特性的原因，由于美國開國之初，由東向西移民，當時既無火車，亦無飛機或公路，篳路襤褸，跋涉山川，所以生活十分艱苦。沒時間讀像「飄」那樣長的著作。後來，由於他們工業發達，許多在工廠的人，不但要工作八小時，甚至有時要工作十小時到十二小時，在這種情形下，要他們在休息時坐下來看很長的小說是不可能的。直到現在，美國最成功的戲劇還是屬於獨幕劇。美國人不慣於一坐幾個鐘頭，他們對於中國戲劇認爲中國人的耐性很好。

我方才所講的都是說明中國人與美國人在特性

方面之不同，但有一點美國與中國是相同的。那就是中美兩國地域都很廣大，中國因為地域大而有南、北、東、西之分，美國也分出很多地區。當時美國人民對於地域的觀念很深刻，甚至因為地域觀念而發生了許多特殊的運動，南方人愛護南方，北方人愛護北方，因此南北兩方作家的作品都含有濃厚的地域色彩。由於互相競爭優秀的原故，促成美國現代小說的輝煌成就。

讀者的增多，使美國的短篇小說大量生產；大量生產的結果，使作品成為公式化，方法化。正如美國造就大學畢業生一樣，像出產汽車零件似的，造成一種模型。美國短篇故事作家，開出許多公式，如怎樣寫戀愛故事，怎樣寫悲劇故事，怎樣結局。根據這些定出的公式，寫出千篇一律的短篇小說。譬如短篇小說家歐·亨利的作品，就是陳陳相因的二流作品。這種公式化的形成，造成短篇小說失敗的因素。

短篇小說的發展也有許多使我們覺得很幸運的，不但對於藝術方面有貢獻，而且增加讀者閱讀與趣。一篇短篇故事，以很簡單的敍述給予我們對於人生經驗一個很仔細而很深刻的說明；一種形容，一種畫像，對人物的描寫儘量深刻，對事物的描寫儘量生動。並且將當時各方面的情形如社會情形、經濟情形以及歷史背景等，一點都不遺漏的在一篇短篇故事中表現出來，使人對於美國的事、物，都有深刻而正確的認識。這是它所收的效果。固然許多事大家可以看新聞報導，但新聞報導是表面的，是簡單的敍述；缺乏深刻的意義，缺乏藝術的意味。眞正的藝術作品是要將人自呱呱墜地而有感覺時起，所能得到的印象，所能有的概念，一直到最後一刹那，所有的經歷都能淋漓盡致的描寫出來。眞正好的短篇故事是具備這些條件，正如一首好詩、一節好音樂一樣，都要具備這個眞理，才有眞實的意義。

關於短篇小說的效果以及作用，我們可以拿最古代的短篇小說——聖經來說明，聖經是很多很短的藝術作品，形容當時的情形，形容得很透澈，所以是一個有值價的著作。再拿中國來說，中國有很多古代的文學作品，例如四書五經，所表現的當時事物，都比我們現在所懂的要多，當初看時，我們會覺得東一句西一句，莫明其妙；可是我們若仔細研究一下，可以發現其中很多給我們關於行動方面、道德方面的指導，將一種眞理傳授給我們。所以許多中國古代文學作品所着重的，與美國現代短篇故事的寫作標準原則是接近的。再拿美國比較有名的作家來說，對於他們的著作評價，相信後世的人不會認為他們的長篇小說會超過短篇故事的。但長篇作品却花費了更多的心血與時間方能完成。又如紀念品，如玉石等，也是大塊不如小巧者之富藝術價值。所以藝術作品不在長短，而在於有意義，有意味，有藝術價值，而能表達眞實生活。

旅美小簡之十一

哲學家皇帝

陳之藩

到此作工已半月，不像是作工，像是恢復了以前當兵的生活。如果我們中國還可以找出這樣緊張的工作，那只有在軍隊裏了。同事的有從韓國剛當過兵回來的，有遠從加州大學來的學生。我問他們，美國作工全這樣緊張嗎？他們異口同聲的說：「這裏可能是最輕閒的。」

如不置身其中，可能怎樣說也不容易說明白。一旦，在日光下整整推上八小時的草；或在小雨中漆上八小時的牆，下工以後，只覺得這個人已攤下來。比行軍八小時還累。

今天下工後，已近黃昏，我坐在湖邊對着遠天遐想。這個環境美得像首詩，也像幅畫。大匠造物時，全用藍色畫成了這個「太平湖」。第一筆用淡藍畫的湖水，第二筆加了一些顏色用深藍畫出青山；第三筆又減去一些顏色，用淺藍畫出天空來。三筆的靜靜畫幅中，半躺着一個下工後疲倦不堪的動物。我想整個美國的山水人物畫，都可以此爲代表。

雖然，眼前景色這樣靜，這樣美，但我腦筋中依然是這一日中，同事們的緊張面孔與急促步伐的影子。我的脈搏好像還在加速的跳動。我昏沉沉的頭腦中得到一個結論：「這樣拼命的工作，這個國家當然要强。」

中學生送牛奶，送報；大學生作苦力，作苦工，已經是太習慣了的事。這些工作已經變成了教育中的一部份。這種教育是讓每一個學生不由自主的知道了什麼是生活；也知道了什麼是人生。所以一個個美國孩子們，永遠獨立，勇敢，自尊，像個哲學家帝王。

希臘哲人，想出一種訓練皇帝的辦法，這種辦法是讓他「從生硬的現實上挫斷足脛再站起來，從高傲的眉毛下滴下汗珠來賺取自己的衣食。」這是作一個帝王必經的訓練，可惜歐洲從來未實行過這種理想。沒有想到，新大陸上，却無形上在實踐這句話，每一個青年，全在無形中接受這樣皇帝的訓練。

作卑微的工作，樹高傲之自尊，變成了風氣以後，崢嶸的現象，有時是令人難以置信的。耶魯大學有個學生，父親遺產三十萬美金，他拒絕接受。他說：「我有兩隻手，一個頭，已够了。」報紙上說，「父親是個成功的創業者，兒子眞正繼承了父親的精神。」

青年們一切都以自己爲出發，承受人生所應有的負擔，享受人生所應有的快樂。青年們的偶像不是叱咤風雲的流血家，而是勤苦自立的創業者。富蘭克林自傳，是每個人奉爲圭臬的經典。

我們試聽他們的歌聲，都是鋼鐵般的聲響的：

——人生是一奮鬥的戰場
到處充滿了血滴與火光
不要作一甘受宰割的牛羊
在戰鬥中，要精神煥發，要步伐昂揚

——郎法羅

我很欽佩在綠色的大地上，金色的陽光中，一個個忙碌得面頰呈現紅色的青年。

然而，我在湖邊凝想了半天，我總覺得，這個美國青年畫幅裏面還缺少一些東西。什麼東西，我不太能指出，大概是人文的素養吧。我在此三四個月的觀感，可以說：美國學生很少看報的。送報而不看報，這是件令人不可思議的事。

哲學家皇帝，不僅要受苦，還要有一種訓練，使他具有雄偉的抱負，與遠大的眼光，可惜這一點，美國教育是太忽略了。忽略的程度令人可哀。

愛因斯坦說：「專家還不是訓練有素的狗？」這話並不是偶然而發的，多少門專家都是人事不知的狗，這種現象是會窒死一個文化的。

民主，並不是「一羣會投票的驢」；民主確實需要全國國民都有「哲學家皇帝」的訓練。在哲學家皇帝的訓練中，勤苦自立，體驗生活那一部份，美國的教育與社會所賦與青年的，足够了。而在人文的訓練上却差得太多。

晚風襲來，湖水清澈如鏡，青山恬淡如詩，我的思想也逐漸澄明而寧靜。

天暗下來，星光，一個一個的亮了。

——四四年七月二日
於紐約州平湖

代郵

一、石忠堅先生：大作「多事的南農」一文，本刊擬不發表，已抄轉教育廳處理。

二、「南農一教員」先生：大函亦已抄錄，轉請教育廳備查矣。

女畫家

（五幕悲劇）（三）

雨初

第二幕　第二場

一年以後，黃昏。景還是史坤儀的客廳。陳設如舊，只增加一個西洋畫的畫架，架上放着一幅還沒有畫完的水彩畫。

幕開時，潘乾生和廖無雙在屋裏。

雙　乾生，今天大家乾脆說明白罷。省得這樣不死不活的拖下去。（潘無言。）你說罷。

潘　我說什麼好呢？

雙　說你心裏的話！說你的心變了！討厭我！

潘　無雙。（欲言復止。）

雙　（等候潘的否認，但是他緘默了。）我問你。你是不是要解約？

潘　解約？（不禁喜形於色。）

雙　這就是你心底的願望，是不是？是不是？說話呀？

潘　你的意思呢？你父親的意思呢？

雙　我父親早就要解除這婚約的！只有我笨！壓着不讓他。可是我再也不要做傻瓜了！今天坦白的大家攤牌，你我從此一刀兩段，各不相干！

潘　無雙，何必這樣？我們還可以做朋友。我們還可以維持兄妹的感情。

雙　（她本想用話反激潘，希望他否認，不料他竟承認了，便傷心恐怖起來。）潘乾生！這是你說的話！原來你眞是這樣沒良心！解約！做朋友！維持兄妹的感情！（泣。）

潘　（想安慰她。）無雙。

雙　難道你不知道？我只有一個心；這個心永遠是不變的。我從來沒有愛過別人，以後也不會再愛別人……（傷心痛哭，想挽回局面。）

潘　我當然很感激你。

雙　（喜，有希望，抬頭望着他。）乾生，爲什麼我們不能好好的談一談呢？我們沒有好好的談話，好久了！

潘　是的。我總是恐怕你難過，所以一直不敢跟你說明白。不過我也覺得……像你說的，老是這樣拖下去的話，你的痛苦也許還更深。

雙　我的痛苦已經够深了！

潘　我也許是對你不起，無雙。

雙　（至此完全失望，便潑辣起來。）對不起！對不起！一句對不起就一切可以了事了嗎？告訴你！我也不是好惹的！（突然。）那個女人是誰？我要知道！

潘　那一個女人呀？

雙　那一個女人？你自己明白！我早就猜中了！

潘　（驚。）猜中？

雙　（逼上前。）光明正大的公開說出來！幹嗎這樣鬼鬼祟祟的？（潘無言。）一定是一個不可告人的勾當！是一個不要臉的女人！

潘　你少損人！她是一個高貴的女子。你根本就不配！

雙　（大怒。）你簡直侮辱我小姐的身份！有本事把她帶出來，我來跟她拼一拼！（靜默。）說呀！說出她的住處來，我去拜見拜見！

潘　說出來，倒也是你最敬愛的一位。

雙　（瞠目。靜思半晌，忽有所悟，望一望史坤儀的房門，恍然。）我知道是誰。（又思索，堅定她的猜想。）她！是她！史坤儀！我一點也沒有猜錯！（潘有所顧慮，一時不便承認。）哼！你們兩個偷偷摸摸的，你想我不知道！（捉住他。）說話呀！怎麼不敢作聲了？還想不承認嗎？偷了東西還想賴！

潘　（掙脫。）我承認我愛慕她，尊敬她。可是她自己還不知道。

雙　鬼話！畫隻耳朶在牆上讓鬼聽！我現在明白了，爲什麼她的男人不要她了，她也不悲傷。她表面上裝着跟我這麼要好，還連我爸爸也籠絡得好好的。原來是這樣的詭計！

潘　你不要冤枉她。她始終是你的好朋友，處處都是替你想。

雙　替我想？替她自己想！哼！她一切都擺佈好了。把你揑在手裏玩，你還不知道呢！她爲什麼要跟你學西洋畫？又爲什麼老要把你和我拉到她這裏來？還不是想在不知不覺中把你迷住嗎？

潘　你別胡猜。她只有常常想辦法讓我們和好。她說她願意看見我們快樂，安慰她自己的痛苦。

雙　你就相信她！

潘　我當然相信她。我景仰她的崇高偉大；所以我雖然愛慕她，却始終不敢向她表示我的愛。

雙　（咬牙，譏誚。）那麼就讓我來替你表示罷！

（史坤儀上。她的裝束改變了，已經不是少奶奶打扮，却是衣服樸素，態度穩重而堅忍。她一手提公事包，一手拿着一束學生的練習簿，幾包點心，紮在一塊。）

史　廖妹妹！原來你已經在這兒了。我還到你家去找你呢。（坐下）唉！我今天累極了！一共上了六堂課，從早上九點鐘，一直上到下午四點半。

潘　這怎能吃得消呀？

史　不要緊。我倒覺得很有興趣。沒有敎過書的人總以爲敎書是個苦差事。殊不知眞正敎了書才領略敎書的快樂。幾十個女孩子，天眞爛漫，你敎他們怎樣，她們就怎樣，眞是好像我們寫畫一樣，一張白紙，你下什麼顏色，就成什麼顏色。

（看看潘雙二人，頗覺情形異樣，但是司空見慣，只作微笑。）你們又怎麼啦？潘先生，你看我這幅畫，畫得還可以罷？

潘　很好，你進步得眞快。

史　（想緩和空氣，提起勁來。）我們來吃點茶罷。（把點心解開。）廖妹妹，你猜我給你買了什麼？（取出一包。）南打金街八號的花生米。（又拿出一包。）這是潘先生的酥糖。（又取出一包）這是松花糕。（看廖無雙還是怒氣冲冲的站在一邊，潘乾生擔心恐懼的神態，特地走過去，拉着無雙的手。）快來罷，今天發薪水，晚上我來請你們看電影好不好？

雙　（把史推開。再也不能遏止胸中的憤怒。）當然好的！把我拿來當傻瓜耍，當然好呀！你們要一塊兒吃茶，要去看電影，還要拉我做陪襯！

潘　無雙！

雙　都說穿了，大家爭個你死我活，弄個乾淨！（哭。）

史　你們又鬧什麼了？眞是小孩子！

雙　你當然是把我當小孩子，纔這樣欺負我！不過我也給你們欺負够了，騙够了！

史　廖妹妹，這話是什麼道理？我不懂。

雙　你不懂！讓我來告訴你，你就懂了！你給一個男人扔掉，你得另外找一個男人來陪你過日子！這就是你的道理！

史　廖妹妹！

雙　你聽我說完！你被人遺棄了，不能一個人過活。你看中了乾生，但是你是一個離了婚的婦人，他是一個定了親的男子，你有什麼辦法可想呢？可不就耍耍手段？

潘　無雙！你少要誣賴人！

雙　我一點也不誣賴她！你甘心受她玩弄，讓她揑在手裏，任意擺佈。我是不肯的！哼！不要臉！

潘　你小心說話！

雙　我大膽說！不要臉！不要臉！

潘　（捉住她。）你再要說下去的話——我是愛她！我眞心愛她。你因爲受不了我愛她，所以潑辣起來。你明知她是無辜的，可是你要故意侮辱她！

雙　我是要侮辱她！因爲她侮辱了我！我何止要侮辱她就了呢？你們等着瞧罷！我廖無雙是不要讓人欺負的！（咬牙。）潘乾生！你以爲解了約，便可以自由了，可是我告訴你，沒有那麼容易！（她翻身走下。潘有點驚慌，追前兩步。史坤儀倒坐椅子上。）

潘　坤儀姐，請你原諒我。我眞想不到會鬧到這個樣子。

史　這場突然而來的大波浪是怎麼起呢？我眞不明白！

潘　這也許是我不對。我心裏有一番心事，應該兩年前就向你表白的，但是我總不敢說，怕冒犯了你。今天她來，要我一個最後的答覆。我坦白告訴她，我不愛她，我另愛別人。

史　於是便把我也扯上去了。

潘　是她猜着的。現在話都說穿了。我再也不能隱藏下去！我從兩年前第一次看見你的時候，就覺得只有像你這樣的女子纔能够得上放在我的心裏，想念着，愛慕着，崇拜着。也惟有你才能够啓發我的創造力，使我看見理想，領悟到人生的最深處。這不是平常男女的愛情，却是最純潔，最神聖的一種愛。這愛，連同我的整個生命都要獻給你。你不會拒絕罷。

史　潘先生，你該知道這是不可能的。這裏的道理，我早跟你說過。再說，我有什麼可愛的地方？我不過是一個被人遺棄的人！（泣。）

潘　你還是想着那個不值你一氣的人？你還是爲他而苦惱？

史　不要說了！

潘　我要說！我緘默了太久了！我再也不能緘默下去！（又上前懇求。）坤儀姐，我相信我的愛可以補償你一切的損失。

史　你錯了。只有一個人應當承受你的愛。那便是無雙。

潘　不是她！我一生只愛過一個人，那便是你。只要你肯接受我這一片赤誠……坤儀姐！坤儀！

史　（避開。）我不能够！我不能够！

潘　爲什麼？你也並不是不愛我的。可是你不肯承認。你把你的心緊緊關閉着，把痛苦鎖在裏面，不讓幸福進去。你是在戕殺自己的生命！

史　我求你不要再說了！我不要聽！

潘　我要你聽！我要恢復你的生命。我要我的愛衝破你的心門，醫好你的痛苦！

史　（回過頭來，正容。）潘先生，你聽我說。現在痛苦的不是我，却是無雙。我若是痛苦的話，我的痛苦是另外一個人造成的，你未必能够解除。但是無雙的痛苦，是你造成的，只有你纔能解除。

潘　我不能够！

史　那是因爲你自私。若是人人都要從心所欲，愛怎麼樣，就怎麼樣，自己想解除自己的痛苦，却要別人痛苦，自己要得到幸福，却要毀滅了別人的幸福，這樣成了個什麼世界呢？

潘　但是自己痛苦了，別人也未必得到幸福。爲什麼我們就不能够替我們自己想想？

史　我們現在只有替無雙想。你我都有責任叫她得到幸福。

潘　我告訴你，我沒有辦法叫她得到幸福。你勸我待她好，我已經盡量待她好了。但是我却不能再進一步做什麼。

史　若是這樣，我離開這裏就好了。想不到我竟是害了無雙的那個人！

潘　你離開這裏，我也跟你一同走！你到那裏，我跟到那裏。

史　（輕笑一聲。）我若是讓你知道我走到那裏去，那我又何必走呢？

潘　（惶恐起來。）你不能走！坤儀姐！我不讓你走！（哀求）我寧願聽你的話！

書刊評介

「赤地」——良心論

朱介凡

人類更高級之感情，果何所求乎？曰：自由光榮之生，心安理得之死。

——朱執信

一

赤地這部小說，陳紀瀅著，民國四十四年六月文友出版社初版，重光文藝出版社總經售。三十多萬字，二十四開本，老五號字排印。本文四三〇面，分爲二十章。

這部書，寫述出現代中國最有希望，最是苦難的一段歷史。從抗戰勝利的前夕，經過復員、接收、共匪陰謀阻撓、全面叛亂，以至大陸淪陷，不過短短四年時間；以故都北平城爲故事發展的中心，旁及於長春、瀋陽、東北鄉下和南京、上海。拿四方面的人物：『三個青年軍和一個飛行員，兩個大家庭，一羣販夫走卒之輩和幾個「時代寵兒」的故事、動作、語言，向人世間傾訴衷曲，爲正義招魂；替失敗後的國人記取敎訓，爲抗戰勝利後四年的社會悲歌！代大陸淪陷前的中國歷史作脚註，爲反共復國的誓師吹起前進的號角！』（著者自白）

作者的企圖，沒有白費，他得心應手的完成使命。在時間的歷程上說，大陸淪之後，有三年歲月給作者對這一變幻多端的歷史局面，加以思考、憶念、感喟、分析；再經過三年多的時間，「爲赤地取材、構思、釀造和寫作。」沒有如同那些才華高超的人，在兩三個月裏完成這樣的一本書。作者乃是十分認眞、謹愼、勤懇、平實的爲這個創作活動而下力。所以，其自白：「有了更多思考時間與充沛精神從事釀造」這句話，是充分的表現於全書的字裏行間。總之，我對於書首的「著者自白」，完全同意。

一部寫實作品，也是一部歷史小說。近於密西爾的「飄」之寫美國南北戰爭，却比「飄」要體味得深，接觸得廣；這因爲我們的作者與其所創造的那些有血有肉的人物，是生活在一起，有同一親身經受的悲歡愛恨。也近乎於我國清末的幾部小說，若李伯元的「官場現形記」，吳沃堯的「二十年目覩之怪現狀」，劉鶚的「老殘遊記」，但却不是那樣酸溜溜的耍文弄墨，諷刺誇浮。與曾孟樸的「孽海花」之爲歷史小說，也有相近處，但不似那樣人物都有影射，且只以賽金花做主人翁。

民國以來，直到大陸淪陷，四十年之中，寫實的歷史的長篇小說，除了自傳體的以外，爲數也不算太少，像是：陳銓「彷徨中的冷靜」，李劼人「大波」，林語堂「京華烟雲」，徐訏「風蕭蕭」，皆是在中國小說史上不可忽視的作品。

抗戰勝利以來到民國四十四年，這十年歲月的種種切切，憶念起來，眞不知涕淚之何從！祖國歷史空前的大苦難，大悲慘。然而，着眼於歷史發展來考察呢，則在現代史上，自辛亥革命、北伐、抗戰，目今正處於第三階段新時代的進程。只要我們把穩了奮鬪的方向，努力而爲，再經十年二十年的創造，國家燦爛圓和的局面，必定是可以自自然然的達到。目今，正是這新時代的前期。新時代前期的中國小說史上，在寫實的、歷史的作品之中，本書是和自由中國另外一些有份量的力作，以及香港亞洲出版社的一些作品，佔了根本重要的地位，這是我們應該感到安慰的。

還有一點，必須一提。幾年以來，我常作這樣想

史　那麼你跟無雙結婚？

潘　你好殘忍！這是我不能夠做的一件事！

史　你能夠的，只要你有決心。

潘　你不要逼我做聖人罷！我做不到！我不是個聖人！

史　聖人又有什麼兩樣？聖人也是一個藝術家。不過，聖人不是用顏色和線條表現他的藝術，而是用自己的行爲和生活實踐成生命的圖畫。那才眞正是最美麗，最難能可貴的藝術品。爲什麼我們寫畫的人，不也學聖人一樣，追求那最高的人生藝術？爲什麼自命爲藝術家的，竟要置藝術於生活之外？把自己寶貴的生命沾汚了，糟塌了，還希望塗出什麼空洞的形象？

潘　可是——難道我們做了藝術家，就沒有權利去享受快樂，享受幸福？

史　有的。不過現在先要無雙快樂，我們大家才快樂；先要無雙得到幸福，大家才有幸福。（潘大聲嘆息，無言。史走前，向他懇求。）你去安慰無雙，告訴她，你要學着愛她，馬上就跟她結婚。

潘　（無可奈何。良久）好。我去告訴她你的偉大！（廖無雙持槍進來。）無雙！

雙　站住！我早就告訴你們，我廖無雙是槍下不留情的。不過我也要告訴你們，廖無雙也是一個高貴的女子，不做不公平的事。我把你們打死了，也要自己打死自己！今天我們三個都休想活着，要大家同歸於盡！（她開槍擊史，中右臂，倒地。潘跑向史。無雙喝住。）乾生！站住！（潘止步。無雙以槍指着他，但不忍開槍。）好罷！我饒了你這條命！現在該輪到我自己了！（把槍指向自己。）

潘　無雙！（走前捉住她的手，二人掙扎，槍向天開發。潘把槍搶走了。）

雙　你爲什麼不讓我死？

潘　（回頭走至史前。）坤儀姐！（倒伏她身旁。）

—幕—

法：大陸悲慘世界裏，正有着不朽的作品在孕育。「詩窮而後工」，在創作的意願上，那確乎是有其道理在。目前自由中國（包括港澳和海外）的文學創作，固然，儘多與十年前已往時代不同風格不同情調的作品，爲我們所確認；但我們的文藝工作者，却萬萬不可忽視另一事實，是卽大陸上我們那些苦難的兄弟姊妹們，將要寫出，也許已經寫出，或者正在寫出最是動人心魄、民族血淚的作品。更具體的說罷，安知在這四萬萬多的同胞裏，沒有一二十個人，捺不住情緒的激動，受不了良心的主使，正以神聖的創作活動，面對暴虐！或是內在構思，廣蒐資料；或是秘密寫作，藏之地下。說來，並非我故作驚人推論，這實在是中外歷史暴虐政治統治下必有的作爲。於此，我們多麼願意有所期待！是在我們廣大民族的心靈上，有所交感，有所支持！大陸苦難的弟兄，只要一想到在自由世界裏，有我們大夥的奮鬪，他們必然信心無限，勇氣倍增。冥冥之中，這種面對暴虐的作爲，必得神靈呵護。這可並非玄學的媽媽經兒，這是本文良心論的基本推理，中國傳統文化與人類和平，生存，發展的歷史，可爲我們斑斑作證！

二

筆者是怎樣有了良心論這個批評觀點的呢？

其一，自然是本書的性質所使然，那幾個可愛人物的性格是如此。像是豆汁兒張、獨耳王、范大爺、范志英、范志强、冷方、封子龢、張鵬飛、美鳳、陶蘋、曲芳霞等。

其二，當此赤禍蔓延世界的時代，民主自由世界究竟靠什麼來爭取生存，贏得勝利？原子彈嗎，不；國際反共陣營之堅强嗎，差不多；但決定眞正勝敗的，則實在是全人類的良心，也正是目前世界道德重整運動所信奉的四個道德標準——誠實、純潔、公正、愛人。在這個運動裏，有多少中堅份子，却是共產黨徒受到道德感化而轉變過來。

其三、作者寫這本書的功力，是如此。從經驗生活，批判時代，蒐集材料，運思意旨，創造人物，結構布局，賦予作品以生命和形象，以及這本書的校印，發行，經之營之，無不盡心竭力而爲。一句話管總，本書極具有「藝術的良心」。

這裏，我所以把良心（或德行）表現的重視，超乎了近代文學批評上的意識、風格、文辭、意境、人物、性格、心理、情感來稱說。觀點雖不無偏重，持論則務求平實。

一句諺語說得好：「天理良心，到處通行。」據此以論事評理，是我們中國老百姓自來所樂於聽從的；不管滄海桑田，白雲蒼狗，世事怎樣變化，終不失爲衡量人事的準則。正是錢穆「中國思想通俗講話」所說的：「惟此乃廣大心靈之所同喻而共悅，亦廣大德性之同趣而共安。」

再說，文學上創作、欣賞、批評的活動，也當依憑於我們赤裸裸的良心，不好有偏失和朦蔽。十八世紀法蘭西的大思想家盧梭，因此而寫下了他的「懺悔錄」。我們大陸上有好多過去知名的作家，在共匪役使拼命體驗生活之下，却寫不出東西來，也基因於此。

三

赤地中的人物，如我在前面所提名的那幾位，無一不深爲作者和我們讀者所喜愛。尤其是那硬朗、爽直、樂觀、瀟灑、天眞、有堅强正義感的良心人物，七十多歲的老者豆汁兒張。這位老人家可說是中華民族傳統德行的化身，爲一品大百姓的典型，無怪乎他在北平社會裏，上上下下，受人尊重，得人親近。

寫豆汁兒張這一夥人，在范家門前老槐樹蔭涼裏歇晌，從第一章的「序曲」到第二十章的「尾聲」，很有好幾個場面生動而有意趣。全書裏有着戲劇性的變化情節，也通通是在此地處反映出來，而以豆汁兒張爲中心人物。

北平淪陷初期，范家兩所大宅院，都給共匪沒收强佔了，他們仍然按時前來歇晌——後來當然就不行了，不過本書還未寫到那地境去——豆汁兒張說到匪幹找麻煩，要他「坦白」有下面一段話：『那天街長帶領幹部到舍下去，調查我的家庭狀況，我也那麼說：您要長談呢，還是短敘？他們問我這話怎麼講？我說北平人，人人都有一套不長不短的歷史，別說我這糟老頭子已然七十幾歲，當了一輩子差，什麼世面沒見過；就是二三十歲的小伙子，要刨刨祖先的根兒，誰家不是有枝有欅兒，在前清和民國當過差？再加上三姑、六姨兒、五大媽、七舅舅那些親戚，可够查的！他們又問短敘怎麼樣？我說，若短敘很乾脆：「張瑞臣，一品大好人，有個孫子是空軍。」後來要我寫信給鵬飛，叫他回來；我說我老眼昏花不會寫字，要寫你們寫。一連跟我囉嗦了幾天，我對他們說：我年紀老了，沒有幾天好活的日子。孫子是隔輩之人，我管也管不了，你們愛怎麼就怎麼！他們見我這糟老頭子是茅厠坑裏的石頭，又臭又硬。沒法兒，又轉過彎兒來跟我說好話，奉承我是什麼有社會經驗的老前輩！我說：「經驗」、「前輩」這些字眼兒，我都不敢當；不過是多糟蹋了幾十年糧食，沒出息罷了；雖則沒出息；可是沒幹過一件損人不利己的事；殺人放火的勾當，別說幹，聽聽心裏都打顫。』（頁四二二）

「老小，老小」，豆汁兒張跟范家小孫兒大龍的情分，是書中寫來最見意趣的。拿這一老一小的相處來開頭和結尾，我以爲這是作者有深意的安排。借豆汁兒張說故事的嘴巴，把家國歷史及當前社會的變動，描繪給大龍聽，也並非涉筆成趣，而是顯示出民族歷史和人生經驗的交代，不可看作是娓娓清談的閑話。

還有一個陪襯豆汁兒張的良心人物，是那長春郊外封家大屯的主人，也是一位七十多歲的長者，當長春陷匪之後，他大大幫助了過境的忠貞軍民，並把兩個孫兒託付了投奔關內的人，囑咐他倆：

「把志向立在遠方，把心寄託在家鄉」，而後一把火燒毀莊子，往山裏去了。(頁三四四)這個生活在鄉野中的長者，跟豆汁兒張之生活在故都古城之中，其生活形態，雖大有差異，而作爲一品大百姓的良心德行，則正是一個模子鑄出來的。

就是那年輕一輩，不僅外表上是金彫玉琢的人物，內在裏尤其是赤膽忠心，光明潔淨。簡言之，極有良心血性。三個青年軍的幹部，一個空軍飛行員，那樣爲國報效，公而忘私，奮不顧身的種種行徑，是不必論了；就是寫他們私生活兒女情誼，也極見一種硜硜自守的德行，不受「盲目」情緒衝動所支配。(頁一〇八・三一四)這是青年人最難得的行爲。通常，一個作者運筆至此，與會淋漓，也有難以抑制自己，而把人物意象的創造，寫得風光旖旎起來。本書作者，在這些地方，確乎大大的顯示其約束力——運筆觸到南京秦淮河畔那種紙醉金迷的場面，必須刻劃反派人物的場合，也只是顯現形象，描繪氣氛而已，並不過事渲染。我想，這與作者樸實個性和其嚴肅寫作態度，很有關係。

陶蘋的品性，才能、雖也大致和紅樓夢的鳳姐相彷，也是做媳婦的管大家務；但有一點兒不同鳳姐，並不斂財肥己，反而是把娘家的錢都扯來花費了，她可算得是「脚步兒站得正，心底兒踏實」(頁五五)的人。結局雖是自殺而死，但這樣死於匪幹暴虐的逼迫之下，她確乎死得莊嚴而美麗；所以服毒之前，「她心中喜悅，對鏡自我欣賞，覺得自己畢竟是個漂亮人物。」(頁四〇五)

美鳳、曲芳霞這兩位女性之對於范志英的情愛，其糾纏及解決，也由於她倆是各憑良心，所以雖有幾番情緒激動，却並未形成悲劇的事態。(頁三五八)至於曲芳霞由認賊作父而轉變爲游擊英雄，不用說，更是說明一個人的良心，一個民族的良心，「從無知到有知」(頁一九一)，作了善惡的抉擇。

此外，則原是混混日子、辦辦總務、討好賣乖的范志强，忽然激勉起來，殺死匪幹而出亡，結束自己「半死不活的生活」，也是他受了自己良心的指使，不如此不足伸張一個人的意志。所以他的妻子陶蘋，當時反感到「心胸舒暢」(頁四〇〇)起來。

反派人物金二小姐的丈夫范志豪，爲父親玩弄政治，妻子非法斂財，而歸依宗教；在家人熱中利祿，驕滿祝賀之際，而嚎啕痛哭，也最是見到一個人的良心有所不安！(頁二三八)其初，范志豪何嘗不是一個渾渾噩噩，同流合汚，甚至助桀爲虐的脚色？——作家創造人生，提高人生，挽救善良的靈魂，使社會生活超越向前，引導我們現實人生向理想人生緊相靠近，也就是在這些地方。一部作品的不朽也是在於這種品質，而非屬文辭。

獨耳王這個人物，正是作者企圖的完成——「禮失求諸野，到頭來，下級社會倒有不少忠貞之士！」(著者自白)『他有個好心眼兒，人家給他一個桃兒，他必定還人家一個瓜。人家待他一分好，他若不還人家兩分好，就睡不着覺。他常說：「事事要存瓜子兒心。」因爲城裏流行着一句口頭語：「瓜子兒不大，是個仁心兒。」』(頁三四)抗戰、戡亂，北平兩次淪陷，他總是忠心耿耿，要做一個堂堂的好國民。所以終於跟范志英一夥，投奔到光明自由的地方去。

本書的描繪裏，還有好些地處，表現了咱們中國人幾千年文化相傳的天理良心(在西洋思想裏，當爲公理正義)。如：

抗戰勝利，國土重光，北平人民迎國軍，多少人「心窩兒一彎」，「熱淚和沸血充滿在這八年不見天日的市民身上。」(頁三七)

豆汁兒張給大龍說故事，講述中國空軍遠征日本投放傳單說：「咱們中國人，好心有好報，素常待人寬厚，所以咱們能把鬼子打垮了！」(頁八六)事實上，關乎中國軍民以德報怨的德行，不僅表現於我們勝利後對日本軍民的絕對寬大，就在淪陷區和南北戰場上，八年抗戰之中，也有許多講述不盡的事實。

范家門口歇晌的下層社會人士，對這家深宅大院的議論：「范公館不是獨門絕戶，從來不責嫌窮人！」(頁九〇)

小八哥兒受那無知的少年教唆，叫喚鳥語「反饑餓、反迫害、吃光、吃光！」豆汁兒張指着八哥兒罵道：「甭你的，當着人面扯謊！你又有合食麵兒，又有清涼水兒，吃不完，喝不清，你還硬說吃得精光！主人家饒是對你好，你偏不知情，還散佈謠言，好一個沒良心的畜生！」(頁二二六)

范大爺教訓陶蘋說：「蘋兒！你還年輕，對於事理，總存有幾分不平之氣；其實，功名富貴，咱們是過來人，看透了，一切是過眼烟雲，有什麼值得留戀？不過咱們富，富得光彩；窮，也窮得體面。……」(頁二四四)

除夕夜，祭祖，范大爺的行動——「只見他把頭扎在地上，久久不起，嘴裏唸唸有詞，約有三分鐘之久，纔擡起頭來；但見他兩眼紅腫，淚如湧泉。」(頁二五七)是怎樣一種靈魂的申訴！「范三奶奶剛跪在供桌前，噗的一下，電燈滅了，使所有的人嚇了一跳！……她抱着贖罪的心腸，在燭光下，燃着了一整把香，焚化了厚厚一疊子黄表。跪了拜，拜了又跪，嘴裏咕嚕着，誠誠實實，祭完了祖。」(頁二五八)讀至此，我們最感傷痛，且聯想起我們老百姓的良心論：「黑心人進得衙門，黑心人進不得廟門。」

范家第二代范大少爺——范教授，跟自己兩個當大學生的兒子，就共匪導演出的擾亂行爲，所謂「愛國運動」，會有如下的辯論：

『也許，但我們受良心驅使，覺着應該參加這種愛國運動！』

『愛國運動？這就是你們思想有了問題。良心！共產黨就善於利用青年人的「良心」！』(頁一七三)這使我有了兩個感想：

1. 當年那些被利用，被蔽糊的人羣，今天不知怎樣受着自己良心的責備！誰能說這不是中華民族最大的悲劇？靈魂歸於邪魔，而誤認爲歸依了眞理。

2.三十多年來，中國青年的良心，其困阨及舒泰的經歷，是值得大家加以看重的。這更是我們文學創作上所要捕捉的一個主題！北伐、抗戰以來，我們的小說、戲劇裏，曾經創造出好多典型人物；但是，這些作家意象中的人物，都能經得起大時代的考驗，而心安理得嗎？須要我們深思一番。要知，這深思一番裏，必能大澈大悟的達到一個理解：這其中，有寫述不盡的題材待我們創作，一如法國的大作家們，難忘情於法國大革命那時代一樣。

四

以下，就本書的一般情趣，略加討論。

前幾章的閱讀，感到文章是平平板板的寫來的，不大吸引人，也許是因爲從前連載在「暢流」上，我早經讀過了的緣故。從第五、六章以後，文筆現得活潑起來，逗得我們非一口氣讀完篇不可。

文辭很壓縮，從前面隨便所引錄的幾節例句，我們可以看到。沒有使用過拖沓的句子，更少有歎綿綿的「文藝字句」。或者，語言上要表現北平人口吻，「兒」字用得多一點。每一章的結束處，都有情趣，有意境，如白雲飛揚，如春水微波。在此感興之下，每每使讀者掩卷沉思，然後，意緒欣然，緊接起下一章。却並非民間說書人那樣「且聽下回分解」的賣關子，這每一章的結束，是完整的筆法好像司馬遷「世家」「列傳」的結尾那樣。（頁三一、六三、一〇〇、二〇三、二六〇、二六六、三三二、）

口語運用得充分而熨貼，沒有二三十年在這方面的關心，體味與辨識，是不易達到這地步的。惟語言上所顯示的人物性格，在范府諸多男男女女的身上，其差異處，不太鮮明。

北平社會生活，民間情趣，以及笑話、故事的提說，使這本書不乏味。有一處，似乎是把那「木皮詞」也引用上了（頁四〇九）。——「木皮詞」是明代賈鳧西著，今人劉階平校訂，近有正中書局重印本。作者素來最欣賞這本書。我以爲，這樣引用民間東西，是極值得提倡的，它能增加作品的風趣與乎一種樸素厚重的味道。

字眼兒的分辨，作者絕不含糊。如：『現在不是「和平」，也不是「太平」，是「勝利」！』（頁四一）下人對上，自稱不大用「我」字，而稱「我們」（頁一五〇）之類。

大別的看來，本書共寫了四方面的人物，並不以某一人做主人翁。但我，却總特別的欣賞豆汁兒張這位老人家。假如這本小說搬上舞臺，我相信觀衆必與我有同一欣賞的看法。

把上層社會與下層社會，對照了來描述，使之緊密連繫，而無扞隔，這是本書所欲顯示的諸多重要形相之一。

再重複的說一句，這是一本歷史小說，如所記載的民國三十七年七月五日北平城學生鬧風潮的事（頁三〇四）。但小說究非歷史實錄，關乎當年何月何日東北某一地方軍事的進退，似不不必作列賬式的記載（頁一〇一、一一一、一一四、一七七、三五二）。

父母對子女忤逆，也是對民族叛徒的教訓，竟至父親給兒子跪下求其反悔（頁一七一、一七五），寫來最激越動人。——對於那些反派人物，假如往深裏寫，不必諷刺，但以同情的心眼來處理，剖析他其所以至此的經歷；雖然會使得文筆枝蔓，却能闡明幾微，深入人心。這一點，我是就一般情形而論。本書裏對反派人物的處理，大體說，作者的情緒是平心靜氣來對待他們，但只缺少如對范志英一夥人那樣的往深裏寫述。

似也有「無巧不成書」的太巧合之處，如青年軍三同志上代人的遇合。但依其社會生活情況而論，這遇合也極有可能。

美鳳的婚事，因小人撥弄，幾至鑄成大錯，然悲劇形勢並未繼續發展（頁一三三）。讀至此，還以爲是作者不忍心下筆那樣寫，甚至感到是寫作上的魄力問題。但後來，使陶蘋自殺了，可見寫作的魄力並無問題。這話不是隨便說的，像寫冷方率領一羣人通過「死谷」（頁三四六）那一段，魄力不够，是難得下筆的。又如描繪熱血青年人冷方之變成神經病者（頁三五〇），也不是輕易可以寫得像的。

四位青年軍人的造型，極具有一種無私無我，愛國愛民，闖世界的精神，雖然撞得頭破血流，而始終顯示出國家向上的志氣，值得於此再提示提示。

北平最危急之日，舉行音樂會的一節，情境超逸絕俗，把演奏者范志嫻的心性轉變寫得極其肯當；而把冷方神經病者沉醉於音樂中的心理分析，也寫得恬靜入微。這可並不算是一段插曲。

年輕的一夥人，當北平陷匪前夕，他們即將逃離黑暗了，范志英與美鳳在家祠內舉行婚禮（頁三八六），寫來十分沉痛，復使人激奮非常！

關於范府上，滿漢通婚的俗傳，是值得注意的一件事。

范府房舍庭園的着力描寫。足以顯示北平的文化；而於封子龢回到東北故鄉，一再提到東北食品的白肉血腸，却少有描繪東北鄉野風光（頁一二二、一二六），對比起范府情態的描寫，似有漏筆。

這本小說，還可續寫第二部，我並已爲作者代擬了書名：「青天」。一者，境界應當如此；二者，與「赤地」對仗；三者，本書的結尾，已一再的說到過：「那邊兒是青天！」（頁四三〇）那麼，寫投奔到自由天地來的新生活，寫豆汁兒張那一夥老百姓們在鐵幕內的苦難，寫那些匪黨以及附匪份子的遭遇……豈不是把這部歷史小說更往前開展了一個境地，藝術的完整性，也有待於此。更把「赤地」「青天」，好好加一番琢磨，多多用一番功力，以使此種性質的作品，獲得其應有的份量。我想，這可能是大家對於「赤地」作者所有的一個期望。曹雪芹寫紅樓夢，「於悼紅軒中，披閱十載，增删五次」，當不是隨說的。力作所以才不朽。

(一) 聯合招考入學志願問題

張佛泉

上一期「自由中國」社論(二)論「大學聯合招考依系科志願分配新生之不合理」，已經引起很多人的注意。佛泉現有些意見願發表在這裏：

按聯合招生的用意本在便利學生，現在所訂的報名手續實已妨害了學生選系的自由。學生入學志願普通有二，一是選校，一是選系。選校與選系有時固不可得兼，但對校系之取捨，仍應決之於學生自己。現在的辦法則只偏重選系，甚至只准選一系。依此規定，招生委員會可以將一些被錄取的學生分派到一個他們不想入或不能入的學校。這些學生如不接受這種指派，就算他們放棄入學權利。誠然一種制度很難作到盡美盡善。但現在的問題却不在求盡美盡善。現在的問題乃是十分基本的。我懷疑到招生委員會有何權柄得以抹煞學生選校的自由。除非招生委員會得以假定它的權柄是無限的，否則它便不應作如此專制的規定。選校的自由乃是青年們的重要權利。聯考的五院校都是公立的。學生們應有充分的選擇此數校的自由。各校決未可依校方的便利來分配或甚至强拉這些青年。

有關聯合招考的規定，其最後的責任仍在教育部，現在教育部如立刻採取行動，還可以對招生簡章第五條第(4)項的帶有强制青年志願的規定加以修正，使學生們多得一些選校的自由。

七月二十四日，燈下。

(二) 職校畢業生限制報考院系的商榷

洪炳坤

編者先生：我們是貴刊忠實讀者，對於貴刊公正直言的民主風度頗感欽佩。現在我們有些切身問題，想借貴刊一角傾訴。

我們是工業學校的畢業生，跟普通中學的畢業生一樣參加了本年度的大學聯合招生考試。但是當我們願以同等學力資格報考乙組（文、法學院各系）時，欲遭拒絕了。理由是「職業學校畢業生應報考與所習性質相近之院系」，並且不得以同等學力報考乙組。可是這個規定合理嗎？

①我們雖然是工科畢業生，但是由於以前未會認淸志趣所在，而冒然進入了工業學校，迨發覺不合時，已經太晚。因此只好勉强就讀下去。現在雖然渾噩的畢業了，可是眞正得了什麼呢？所以本次聯合招生時，我們決定改報了與本身志趣相近之乙組，冀以補救。但是如前所述，被拒絕了。

②就現在大學肄業的學生言，不合本身志趣而轉系者不乏其人。以某工職爲例，該校在臺大校友，幾乎一半以上與原習各科不同。似此，與其入學後再行轉系或改組，毋寧放寬限制，由考生於報名時就本身志趣相近之院系自行選擇，使不致於入校後兩方麻煩。

③或者有人會說：何不報考甲組錄取後再轉乙組？此說乍聽起來，頗爲合理。可是，試問假若進入的不是臺大，而是獨立學院時，那有轉系的餘地呢？

④聯合招生委員會奉部令將「在專科學校肄業而未退學者不得參加聯合招生報名」乙條删掉，專科學校肄業生尚能以不合志趣爲由轉考他系，而我們爲什麼就不能報考志趣相近之院系呢？

⑤又此限制顯然違反平等原則。吾人同爲高中畢業資格，論資歷才識均與普通高中相差無幾。普通中學畢業生卻可甲，可乙，可丙；我們則止於甲。試想我們既不像師範學校全公費又拿津貼，爲什麼要受此限制？

⑥一個工科畢業生學的是專門職業技能，如非有萬不得已的苦衷，誰願拋棄三年所學而選讀與本身以前完全無關之學科？

⑦同等學力的學生尚可以報考任何組別，爲什麼職校畢業學生反而有此限制，相形更見不合理了。

綜上述各點，我們要呼籲社會人士、教育當局注意此項問題，我們相信處此環境的學生一定不在少數。我們並不想教育當局特別優待我們，而只想請其放寬限制，釐定較爲合理的辦法而已！

讀者 洪炳坤 葉豐茂 黃得發
王明祥 文榮宗同上七・十三・

(三) 高普考限額錄取之不合理

翁錦葵

「自由中國」編輯委員會：

我國現行之考試法，是根據前淸科學制度訂立的。對于各省的高普考錄取名額都有嚴格的規定，但是對于邊區各省，因爲文化落後的關係，取額較爲寬鬆。這是政府優視邊區各省的意思，似乎近情，但是談不到合理。自從共匪竊據大陸，政府撤退來臺，各省反共青年投奔自由祖國，爲數雖不在少，但以大陸人口比率計算，直同九牛之一毛。奈何考試院近數年來舉辦的高普考，仍舊是依照舊訂法規，限額取錄，以致江浙皖贛等諸省之投考青年，其考績雖合乎標準，而爲名額所限，致遭遺棄，實非國家取才之意。我們大專同學，講起這件事情，沒有一個不憤憤不平的。況且政府各機構前年會經普遍舉行儲備人員登記，以供將來收復大陸的需要。但是一面舉行考試取才，又而限額棄才，自相矛盾如此，實所不解。考試院定八月間又舉行高考，除對本省以分數標準儘量錄取外，對于江浙皖贛等諸省，仍不放棄舊訂之限額規定。有人說：考試法是國家制定的，所以不能更改。那麼去年國民大會開會，因爲出席人數不足，乃修改國民大會組織法，減低開會出席人數，而使會議得以開成。如此國家重要法規尚可因環境關係而加修改，爲什麼考試法內不平等之條文，不能修改？希望代表民意的立法委員，起而提議修改。請貴刊代江浙皖贛等諸省青年呼籲，促進政府注意。

讀者 翁錦葵 朱錫生同上

自由中國　第十三卷　第三期　內政部雜誌登記證內警臺誌字第三八二號　臺灣省雜誌事業協會會員　九六

給讀者的報告

這次日內瓦四國會議，美總統艾森豪於裁軍議程中，提出美蘇交換軍事情報、接受空中攝影的建議；嗣又建議拆除鐵幕、自由旅行、放棄妨害各國人民間思想交流的障碍。這一連串自由的鐘聲，震撼了鐵幕內久受壓抑的人心。艾森豪宏論既出，自由世界無不同聲贊許，一致支持。而蘇俄巨頭的反應則是目瞪口呆，猝失還手招架之功。於此吾人可以了然，自由乃是共產黨最怕的東西。因而，它也是反共最有效的武器。不管共產黨是如何詭辯狡詐，但在自由之前，它就原形畢露而無所逃遁了。目下一些人昧於此義，以為反共不能不犧牲個人自由，而需要「鐵的紀律」。此種觀念甚為危險。故吾人乘此機會，在本期社論中，再次闡明自由在思想戰與冷戰中之重要，並以與民主反共之人士共勉。

歡迎僑資是政府的既定政策。早在四十一年政府便公佈鼓勵僑資來臺舉辦生產事業辦法，其後復改善港澳人士來臺考察工商業入境辦法。可謂鼓勵之不遺餘力。然而實際成效則尚未卓著，僑胞之有意投資者仍多裹足不前，既來投資者每多叫苦連天。此中癥結是值得我們冷靜加以檢討的。本期白瑜先生的大文即在說明其間困難所在與如何改善的途徑。作者指出整飭金融之必需。蓋歡迎僑資來臺設廠必先創造有利於投資的環境，否則縱使天天頒佈鼓勵條例，也是紙上談兵，與事無濟。況且即使就維持臺灣整個經濟言，整飭金融的措施也是刻不容緩的。

簡體字的論戰曾經喧擾一時，大家對問題本身並未獲有持平的結論。因此，在高潮過後的今日，從頭作一番平心靜氣的檢討，袪除感情的成見，使能見出問題的眞象。在任何問題的討論中，這種態度都是十分必要的。本期周法高先生的大文正係本此立場而作。周先生的大文係以問答體寫的，體裁新穎，說理清晰，讀後當可使人對簡體字問題有一全面的客觀的認識。為順應時代進步的須要，我們希望對簡體字加以研究整理，並逐步推行。

越南問題是當前亞洲重要問題之一。越南之被分割，已一年於茲。南北越的選舉與統一，前途困難重重，能否有實現的一日，殊成疑問。因此對越南局勢的發展，是值得我們關切的。本刊特約通訊記者劉生先生於訪問西貢河內之後作成「南越北越行走」一文，分析當前越南局勢，至極詳盡，是一篇珍貴難得的通訊。

「阿根廷的革命」一文是作者蕭立坤先生親身在阿對阿國政變的記述。這幕三小時的流血革命，對於飽經動亂的中國人看來，直如一齣獨幕劇而已。作者雖只是客觀的記述事實，但字裏行間則流露着無限的感喟。

自由中國　半月刊　第十三卷第三期　總第一三八號

中華民國四十四年八月一日出版

發行人兼主編：『自由中國』編輯委員會

出版者：自由中國社

社址：臺北市和平東路二段十八巷一號

電話：二八五七〇

航空版

香港：友聯書報發行公司 Union Press Circulation Company, No. 26-A, Des Voeux Rd. C., 1st Fl. Hong Kong

總經銷

臺灣：自由中國社發行部

美國：中國書報發行所
自由中國日報
Free China Press
719 Sacramento St., San Francisco 8, Calif. U.S.A.

經售者

日本：東京僑豐企業公司
韓國：漢城裕昌德號
馬尼剌：大中華日報社
印尼：新疆書店
椰嘉達天聲日報
越南：棉蘭新中華報
西貢中原文化印刷公司
緬甸：仰光振成書報店
印度：加爾各答塔梅學校
澳洲：雪梨瑞田公司
北婆羅洲：西利亞坡青年書店
新加坡：檳榔嶼、吉打邦均有出售

印刷者：精華印書館

廠址：臺北市長沙街二段六〇號

電話：二三四二九號

本刊經中華郵政登記認為第一類新聞紙類　臺灣郵政管理局新聞紙類登記執照第五九七號　臺灣郵政劃撥儲金帳戶第八一三九號（每份臺幣四元，美金三角）

自由中國

FREE CHINA

第十三卷第四期

要目

中華民國四十四年八月十六日出版
社址：臺北市和平東路二段十八巷一號

半月大事記

七月廿五日（星期一）

美總統艾森豪向國會領袖報告四國會議經過，保證未成立任何秘密協定。

財政部長徐柏園解釋棉豆進口折算率的調整，可促成物品價格的穩定。

美國務院聲明，於八月一日在日內瓦與中共會談釋放美俘問題，決不表示承認共匪。

西德總理艾德諾定十月外長會議前訪問莫斯科。

七月廿六日（星期二）

杜勒斯在美參院外委會表示，與匪談判決不損及中華民國之權益。

胡光麃案偵查終結，胡以欺詐罪被提公訴，尹仲容、周賢頌涉嫌瀆職，一併提起公訴。

經濟部長尹仲容提公訴後，呈請辭職，俞院長批示在應訴期間，可准停職。

七月廿七日（星期三）

奧大利恢復獨立，四國佔領狀態結束。

以色列客機一架自維也納飛往以色列途中，爲保加利亞高射砲火擊落。

美空軍偵察證實，北韓共黨已建立空軍，杜勒斯斥爲違反停戰協定。

七月廿八日（星期四）

以色列客機被擊落事，以國向美英法俄提出照會，要求採取行動，並向保加利亞提抗議，保國承認其事，機上五十八人死亡。

美參衆兩院聯席會議將援外撥欵案削減爲廿七億美元。

馬來聯邦首屆總選，華巫印聯盟黨獲勝，在五十二席次中獲卅四席。

七月廿九日（星期五）

我駐美大使顧維鈞訪晤勞勃森，警告美政府，勿墮入共匪陷阱。

美參議員麥加錫指責美政府與匪談判，認係企圖出賣自由中國，並在參院建議，在任何此類談判中，應有中華民國代表參加。

美國陸軍部宣佈，原子大砲已運抵琉球。

美參議員建議美政府空投小麥，救濟大陸饑民。

韓陸軍參謀長丁一權稱，美將着手訓練韓國陸軍從事原子戰。

七月卅日（星期六）

美國宣佈進行人造衛星計劃，此項人造衛星，兩年以後可從地面發射，環繞地球以搜集各種科學情報。

韓戰中變節三美俘，抵舊金山後，即被美當局逮捕。

七月卅一日（星期日）

美百萬人委會發表聲明，揭發共匪販毒罪行，斥匪違反文明行爲及國際法。

閩海發現俄艇三艘，企圖掃除海面水雷。

美就以色列客機被擊落事，向保共提抗議，要求賠償遇害美人並懲治肇事者。

俄宣佈駐奧軍將於十月以前撤退，美認俄提前撤退是玩弄宣傳手法。

八月一日（星期一）

我與澳大利亞簽訂商標專利協定。

共匪宣佈釋放十一名美軍人員。

美大使強生與共匪代表王炳南在日內瓦開始談判釋俘問題。

八月二日（星期二）

葉外長在立院外委會稱，中美反共立場一致，我在聯合國地位穩固，美匪談判對我保衛金馬決心絕不發生問題。

顧大使在美聲明，匪自動釋俘，目的在迫美讓步。

美衆院外委會遠東小組發表聲明，警告對美匪談判勿存虛妄之樂觀，並斥應與匪談判「臺灣問題」之謬說。

韓政府宣佈收回三八度線以南之土地，並要求中立國監委會撤離韓境。

美空軍部長陶爾波辭職獲准。

八月三日（星期三）

美海軍臺灣區機動艦隊新舊任司令安德森、基維德，舉行交接。

俞院長表示，對近傳美與匪有進一步舉行談判說，認爲無此可能。

韓政府要求釋放兩萬南韓軍民，並撤退駐北韓的中共軍。

美國會休會，艾森豪簽署援外法案。

保共承認以色列客機被擊落，表示將懲治肇事人員。

八月四日（星期四）

美國防部助理次長表示，對人造衛星計劃之重大機密，美不致予以放棄。

中美兩國代表在華府簽訂二千萬美元工業貸欵合約。

中日商務及航業辦法續展期一年。

殺匪奪船來歸的十七名反共義士，返抵自由祖國。

日外相重光葵認共黨對日威脅極爲迫切，應愼防其活動。

李承晚表示，韓已決定收回卅八線以南領土，如共黨拒絕撤退，韓將採取某種行動。

八月五日（星期五）

艾森豪在記者招待會中聲明與匪談判遣返平民，決不涉及中國權益，並重申不承認匪僞立場。

艾森豪告記者，美對裁軍制度將提新建議。

美駐聯合國代表洛奇表示，美反對匪入聯合國的政策仍不變更。

八月六日（星期六）

陶甫斯號反共俄船員招待記者，說明選擇自由經過。

中國亞盟總會同意在菲律賓召開亞盟預備會。

匪指美不讓留學生返大陸，我駐大使館聲明，斥爲荒唐的詭謀。

八月七日（星期日）

韓對中立國監督委員會提最後通諜，限令該委員會於十三日前離境。韓並稱收回卅八線以南領土已獲美軍當局同意。

長江淮河珠江流域水災廣泛嚴重，粵受災民衆已達二百萬。

原子展覽會在日內瓦開幕。

獲釋美空軍十一人在日招待記者，報告被匪迫害經過。

『自由中國的宗旨』

第一、我們要向全國國民宣傳自由與民主的眞實價值，並且要督促政府（各級的政府），切實改革政治經濟，努力建立自由民主的社會。

第二、我們要支持並督促政府用種種力量抵抗共產黨鐵幕之下剝奪一切自由的極權政治，不讓他擴張他的勢力範圍。

第三、我們要盡我們的努力，援助淪陷區域的同胞，幫助他們早日恢復自由。

第四、我們的最後目標是要使整個中華民國成爲自由的中國。

社論

（一）要談，談甚麼？

日內瓦巨頭會議是自由世界和鐵幕集團從冷戰時代進入談判時代的序幕。繼日內瓦會議之後，美國和中共又舉行所謂「大使級會議」。本年十月間，英、美、法、蘇又將召開外長會議商討歐洲問題。

國際間的談判，不失為解決國際問題的一種辦法。如果談判能够促進國際和平和人類幸福的話，我們不但沒有理由反對，而且是竭誠擁護的。但是，從最近舉行的巨頭會議以及美國和中共正在舉行的「大使級會議」的議題來看，却令我們失望和憤慨。

巨頭會議所談的主要議題是德國統一問題、歐洲安全問題和裁軍問題。而且，甚至這三個議題也未達成任何協議。美國和中共正在舉行的「大使級會議」所談的問題是「中共扣留美俘問題」和「目前雙方所爭執的問題」。我們從這兩次會議議題內容來看，我們認為他們所談的只是枝節問題，而不是根本問題，不但無助於世界永久的和平，也無補於人類的幸福。

我們認為，自由世界和鐵幕集團要談，就應該包括鐵幕以內的問題，不應該僅僅談鐵幕以外的問題。為什麼？鐵幕外自由國家的人民過的是「人」的生活，享有人類尊嚴、人權和自由，而鐵幕內國家人民則是過的非「人」的生活，人類尊嚴、人權和自由都被剝削得一乾二淨。自由國家的使命不僅僅要維護這些權利和自由，而且要幫助鐵幕國家人民恢復這些權利和自由。自由世界的目標是世界永久的和平，但是，如果這個世界一半是奴役，一半是自由，那麼，就永不會有眞正的和平。美國前國務卿馬歇爾曾經說過：「凡不尊重人民權利的政府決不會尊重他國政府和他國人民的權利，同時，在國際間也必然以壓制和暴力手段達到它的目的。」這句話眞是一針見血。我們要想國際間有眞正的和平，必須要所有的政府尊重人民的權利和自由；必須使鐵幕國家人民恢復人權和自由。因此，我們要談，就要堅持談解放蘇俄附庸國家和解除鐵幕的問題，也就是艾森豪總統所標榜的解放政策。如果，鐵幕國家避而不談人權和自由，那麼他們就根本沒有和平的誠意，只不過是由於內部政治、經濟的危機，而藉談判作一時的緩兵之計。這種談判還有什麼意義？

艾森豪總統就職之初，倡導解放政策，杜勒斯國務卿曾說：「艾森豪的時代開始了！」我們所期望的艾森豪時代不是自由世界一天天縮小的時代，而是自由世界擴大的時代，不是鐵幕擴張的時代，而是鐵幕解除的時代，是鐵幕人民重享人權和自由的時代！自由國家和鐵幕國家間談判的目標應該指向這一方面，才是人類希望之所繫！

自由中國反共的最終目標是顯然而明確的，那就是恢復大陸四億五千萬同胞的人權和自由。我們一日不能恢復大陸人民的人權和自由，我們就一日不能放棄我們的責任。中共在大陸上否認人民的一切權利和自由。不僅否定人民生存的權利，並且否定人民死的自由；不僅剝奪結社之自由，並且剝奪不納入組織之自由；不僅否定思想之自由，並且否定不思想之自由。共黨統治下的大陸變成了「人畜世界」，根本沒有人權和自由可言。

因此，我們不反對和中共談判，但要談，不能談所謂「臺灣問題」，也不能談所謂「海峽停火問題」，而要談大陸上「人權和自由」問題。共黨統治者必須交出這些人類不可讓出的權利和自由。否則，我們決不會讓步和妥協的。我們愛好和平，但是正義比和平更重要。我們不願見一個世界這一半自由而那一半被奴役；我們更不能忍受一個中國這一半自由而那一半被奴役。

美國和中共舉行的「大使級會議」已經在日內瓦商談了兩週。和中共談判釋放被扣留的四十一名美國平民，我們絕無絲毫理由反對，因為這總是幫助少數人獲得自由的善舉。但是，我們要警告美國，如果以別國多數人的不自由交換少數自國人民的自由，乃是自私自利的行為。果眞美國有這種存心，美國還有什麼資格，憑什麼力量，領導自由世界？我們虔誠地希望美國以重視自國人民自由的精神來重視別國人民的自由，以爭取自國人民自由的毅力爭取鐵幕後人民的自由。

慕尼黑式的談判，不能使人類獲得和平；雅爾達式的密約也不能使人類獲得苟安，姑息安撫只足以招致更悲慘的命運，自由世界應該已從歷史上得到教訓了。現在，鐵幕後的人民不斷的向自由世界呼喚，並掀起抗暴怒潮，這是鐵幕後人民爭人權爭自由的運動。趁此新的談判時代之始，我們要把握這一時機，堅持問題的根本，向鐵幕挑戰，以達成聯合國憲章賦給我們的使命——使全人類享有完全的人權和自由！

(3)

社論

(二) 從疏散事件說到一個基本的問題

三個月以前，臺北有一陣突如其來的疏散風。這陣風的起因，我們始終弄不明白。但當時眞像敵機就要臨頭似的那麼迫切。疏散！疏散！疏散！中央機關、省級機關，都爲疏散計劃忙得煞有介事。整個機關搬下鄉嗎？不可能；不搬嗎？誰也不敢負起責任來向上級申覆疏散之不必要。於是乎大多數機關就想出部份疏散的辦法。這一來，算是執行了疏散的命令。

民間呢？在這一鬧哄哄的疏散聲中，却很少動靜。他們並不是不怕死，也不能說他們都是懶性或都是窮得搬不動。而是當前一切客觀的情勢，不能叫他們相信敵機會主動地來空襲臺灣，也不能叫他們相信會因我們的反攻大陸而引起敵機來襲。臺北市民這一次的鎭定，如果用一句最拙劣而又最流行的濫調來說，就是：「民衆的眼睛是雪亮的。」但我們必得正確地講：人民永久不會盲目。

疏散實行後，情形怎樣呢？

機關或機關的一部份，疏散下鄉了，公務員的家或公共宿舍並未隨之疏散。於是有許多部門的公務員，必須每天下鄉辦公。備有自用交通車的機關，可以用自己的車子接送。沒有交通車的機關，下鄉辦公的公務員們，就要每天早晨跑到火車站或汽車站去排隊候車。車程，近的也要四十分鐘，遠的則在一小時以上。有的地方，火車或汽車可以直達；有的地方，下車後還要步行二三里。候車的時間，再加車行與步行的時間，整個上午去掉了一大半。到達辦公地點以後，滿身的臭汗與疲勞。坐下來，一盆臉水，一杯清茶，又溜掉了半小時以上。卷宗打開了，不一會，壁鐘敲了十二響。下班、吃飯、飯後的休息，一下子又到了下午兩點多。這時正是一天當中最熱的時候。在這個最熱的當兒處理公事，如不昏頭昏腦，已屬難能，還談得上行政效率嗎？四點鐘到了，大家又要準備趕車回臺北。於是收圖章、檢卷宗、鎖抽屜、最後喊工友來杯茶，打個毛巾，一天的辦公時間就此完結。

時間浪費了多少？精力浪費了多少？已經够低的行政效率又打了一個怎樣的折扣？這些，我們都無法給以正確的估計。此外還有金錢的浪費（也卽各機關疏散費的總和），我們雖沒有作過周詳的調查，但可想像這個數目是相當龐大的。這些浪費，爲的是甚麼？爲的是執行疏散命令。但是，像這樣緊急的疏散命令，在目前是必要的嗎？這可沒有人過問！

我們深深知道，如果共產黨的本質不變，自由世界想與共黨國家和平共存，簡直是幻想。我們不能鬆懈對共黨的敵愾，我們不能鬆懈對共黨的警覺。但是，就最近半年來轉變的情勢看，蘇俄與中共不會在現階段發動武裝挑釁，則是很顯明的。同時，大家也都知道，我們的反攻大陸，也得與國際情勢相配合；在當前的國際情勢下，很難想像我們可以單獨反攻。既如此，今天的臺灣，那會有空中襲擊，而要如此緊急疏散呢？如爲長期打算，就應當好好考慮一個周密的疏散計畫，一勞永逸；不應像現在這樣，把許多公務員的寶貴精力，朝朝暮暮地都消耗在趕車、候車、行車，以及徒步奔走上。吃苦，可以；但要能够答覆得出「何苦來？」。

從這次疏散事件之無意義，使我們想到政府的施政在許多方面都有重新考慮之必要。現實擺在眼前，反攻大陸既不是今夕或明朝的事，那末，我們就應當作一較長遠而深厚的打算。在政治、經濟、軍事等方面，多做些培養根基，充實力量的工作。不要時時製造幻覺，造成緊張狀態。緊張狀態是無法維持長久的。一支箭，只有在眞的要射出時，才好把弓弦拉開。如果老是緊張弓弦，一到眞的要射箭時，弦已無力了。「平時如戰時，戰時如平時。」這句口號是不通的。（近幾十年來我們聽到的政治口號，通的太少了！）臺灣今日，自然不能說是平時，但也不是狹義的戰時。我們可以名之曰準戰時、或冷戰時。準戰或冷戰的一切措施，也得不同於熱戰。否則熱戰一開始，我們將無以應付。這個道理很平常。惟其平常，就每每給人忽視了。

現在我們要鄭重地籲請政府當局冷靜頭腦想一想，如果國際局面，像現在這樣冷戰下去，很難說不會持續三年五載。在這個期間，我們能做些甚麼？應當做些甚麼？做些甚麼才是增强我們復國的力量？做些甚麼才是培厚我們建國的根基？這確是當前急於要愼重考慮的一個基本問題。如果不從這等問題上去考慮，從而有所更張，只是時時製造幻覺來刺激刺激人民，以圖維持緊張情緒於不墜，像這次緊急疏散事件一樣，不僅無益，而確確實實是有害的。這裏，我們僅能提出這個問題的引子，政、經、軍、教各部門，現在有無應該急於更張之處，我們希望政府當局和各方面從長研討。

談今日英國的大學

趙世洵

一、英國大學的四個系統

英國的大學教育，在一世紀以前，幾乎是在拿破侖戰爭之末期，遠趕不上今日之蓬勃。那個時候在英格蘭只有牛津與劍橋（按該兩校已有一千二百年之歷史），蘇格蘭四所大學，愛爾蘭首都都柏林僅有一所，而威爾斯連一所大學都沒有。而今天英格蘭已有十二間大學；威爾斯有四個獨立學院合成一間大學；蘇格蘭雖然仍是四間大學，但在規模上比從前大多了；至於愛爾蘭，在北部貝爾法斯特已另成立一間大學。從這裏可以看出英格蘭在最近大學教育特別發達。這許多新大學幾乎都是廿世紀的產物，例如伯明翰、勃利斯多爾、李斯、利物浦、曼契斯德、諾汀漢、黎汀、及雪斐爾德等八大學，都是在一千九百年以後成立的（雖其中已有幾所大學在一九〇〇年以前已有獨立學院）。至於其餘四間大學，除了牛津與劍橋外，其餘兩間最早的大學，乃是倫敦與都漢（Durham）。倫敦大學於一八三六年成立，於一九〇〇年註冊，都漢大學於一八三二年成立，於一九〇八年註冊。

在威爾斯的四個獨立學院所組成之大學，是在一八九三年形成的，一個獨立學院在北部，一個在中部，兩個在南部。蘇格蘭的四所大學是阿巴田（Aberdeen），愛汀堡（按該校特別喜歡收容中國學生，因過去中國學生在該校之成績甚優，文科與醫科特別出名。學術氣氛，不在牛津劍橋之下。且生活特別便宜，每一學生如省吃儉用，每人每月約廿五鎊左右，是英國最便宜的大學），格拉斯哥及聖安德魯，皆是十分古老，且有悠久歷史的老大學。這四間大學唸書的環境，我個人認為比英格蘭或愛爾蘭好，其風景之幽美，導師制之完善，古本之豐藏，眞是可以令人養心養性。我更特別喜歡愛汀堡大學。至於北愛爾蘭的女皇大學，於一八四九年建於貝爾法斯特，至一九〇九年始正式獲得註冊。

今天英國的大學，和一八七〇年英國第一次教育法案實施之大學，完全不同。在人數方面，比從前增加了不知多少。二次大戰以後，更有人滿之患。外國前往英國留學的學生，如不與各該地之英國文化協會(British Council)，事先接洽，根本插不進去，到了英國都沒有辦法入學，有時一等便等上半年之久。單以牛津與劍橋之人口而論，在一八一五年，兩鎮共為一千人，現在已三倍此數。世界上有許多唸書人，單是住在牛津或劍橋，享用它們的圖書館，所花無幾，一樣唸用，這種揩油唸書的窮學生，眞是比比皆是。除了學生人數激增外，自然科學的設備也比從前增加不少，唸理科工科醫科的學生，也一天天的上增。這是和維多利亞時代以前不同的情形，雖然各大學中今日仍沿用維多利亞時代之桌椅。

英倫四島的許多大學，皆有一個共同的特質，——這許多大學都不是國立的，相反底全是私立大學。英國政府除了大學憲章由政府指定，其餘之事，政府根本不能過問。有許多大學還得向當地政府每年支取若干的津貼。但這種津貼完全是自動的，英國大學在經濟上根本不依賴國家的津貼。然而這是表面的，事實上仍拿政府的錢。可是自命為私立，這實在不合邏輯，但實情確是如此。

至於今天英國大學生的人數，大戰初不久之統計為五萬名；英倫四島之總人口為四千五百萬人，這個比例是九百人中有一名大學生。這和美國相比相差太遠了，美國是一百人中有一名大學生。戰前英國大學生的數額比戰後更少，在英格蘭是一千一百人中僅有一個大學生，蘇格蘭紀錄最高也要到四五〇人中才有一名大學生。可是戰後情形便不同了，一九四五年秋，人數大增。從一九四七年至四八年，全國大學生總計為七萬七千人。今年的統計，根據英國教育部五月之統計為九萬人。原來在大戰初期僅有五萬名，從這個比數來看，今天英國的大學，比大戰初期已經擴充了一倍。今天英格蘭已達到五五〇人中有一人是受大學教育，蘇格蘭是二五〇人中一人受大學教育。

這九萬名大學生都是正式選科的編級學生，四份之三是男生，四份之一是女生。這些學生中的選科，一半是選文法、經濟、歷史等課目，另一半是選理工醫農等科。其中醫科佔最多，純理科次之，工科又次之，農科最少。我們過去在中國常常聽說英國的大學，常常是十分貴族化的，尤其是牛津與劍橋，窮家子弟根本進不進去，這個情形在十八十九世紀是不錯的，可是今天完全不同，牛津劍橋有不少窮學生靠獎學金或課外工讀津貼，維持學業的。從一九三四至一九四五年，英國大學獎學金及工讀津貼佔總數百份之四十二，今天是佔總數百分之七十二(退役軍人免費上學尚不包括在內)，單以牛津與劍橋論，獎學金學生總數為兩校學生總額之八十二。因為獎學金容易拿，大家都可以去唸書，因此學生人數便大增，這樣一來，學校當局年年感到頭痛的事便是宿舍問題，這個問題從一九四六年一直鬧到現在，年年無法解決。莫說校內宿舍人滿之患，連大學附近的校外宿舍都找不到房子。從前有招租條"To Let"出現，現在簡直沒有了。這情形和勝利後的上海一樣，簡直看不見紅紙的招租條了。

今天英國的大學在學術派系分成四個組織，也可以說是四大學系。倫敦大學是自成一派，列入新型。劍橋牛津合成一派，列入古典。伯明翰與曼契斯德又是一派，蘇格蘭和威爾斯之各大學也聯合成立一派。這個情形等於清華北大，合成一派，南方的基督教五大學又成一個系統，幾乎是大同小異。倫敦大學今日計有學生二萬人（但外國學生與不上課僅參加考試之學生，不包括在內）。這是比較浮淺的一個估計。因爲倫敦大學裏有許多獨立學院。它們本身便是大學的組織和派頭。例如大學學院(University College)建於一八二六年，比倫敦大學之成立還要早；倫敦大學經濟學院，(School of Economics)，這個學院的設立，年資甚淺，但聞名於世，吾國學生在此攻讀的人，爲數甚多。這許多都是大學的內容，雖然它們名稱不是大學。大學院今年學生總計三千人，經濟學院學生總計二千五百人左右。倫敦大學由於人數太多，上年成立了一個函授大學，學生每年只要去參加一次考試，平時只要交學費，按時讀它那非常精詳清楚的講義，一樣可以唸書，一樣可以得學位。這一項在英國大學中算是革命性的創舉。

第二派牛津和劍橋兩大學，是在十三起末業初建，不僅在英國算是古老的大學，卽在歐洲大陸上，也算列入古老大學中去的。這兩間大學，也是許多學院湊合起來的。但他們和倫敦大學不同，倫敦的學院，白天開班，一羣羣的學生進去上課抄筆記；而牛津與劍橋的學院，完全是實行導師制，該制很像吾國私塾之學老師。每一個老師收幾名學生，上課是在老師家中，有時大家吃下午茶（按英國人有吃下午茶之風氣，英國人的一切哲學、爲人、生活方式可鑒於下午茶，這個情形等於談日本人之「茶道」），一談便談出許多學問來。這種導師制完全靠師生天天的接觸，互相研究，眞是把師生合成一家，其親切亦一如家人。這是導師制之長處。因爲實行導師制，所以牛津和劍橋的學院，規模比倫敦大學的學院小多了，前者的學院事實上等於一個大學，而後者的學院只是幾間房子。戰前，劍橋每一學院約二七〇名學生，牛津每一學院約一七〇名學生（按戰後大增，牛津大學從五千名增七千五百名，而劍橋大學從六千名增至七千名，但此爲暫時之現象，日後將減退），每一個大學不過二十個獨立學院，合計在四十個學院左右。今天的牛津和劍橋，不僅在英國，卽在全世界說仍是第一流大學，他們聘請世界第一流的學者，自己經濟充份，能吸收第一流的學生，所以在成績上面，還是駕乎其他各大學之上。牛津和劍橋之辦學認眞，在今天來說，還是今日英國其他新大學的一個威脅，它們那種古雅、認眞、樸實、勤肯的氣氛，還是保持中古世紀學院派的學術氣氛。這個特點，英國其他各大學都不否認的。

第三派雖是伯明翰與曼契斯特、其實如利物浦、李茲等均包括在內。稱爲郡屬八大學區。這八個大學，其組織與氣氛，完全不同。前途之發展也未可限量。它們不像倫敦、劍橋或牛津，是由許多學院，合組成一個大學。它們是一個單體的大學，學生人數不多，從一千至四千而已。都是設立在工業城市之中心。這樣可以使學生與現代實際之生活及環境，不但不脫節，且能保持與工業社會生活的密切關係。在倫敦因爲工業社會太繁複，將使學生無所適從，在牛津與劍橋，又似乎太原始化，兩者皆趨極端，故不若伯明翰、利物浦、曼契斯特、李茲等城，來得適中。伯明翰和曼契斯特兩大學，便是建立在市內，學生和社會人士保持十分密切的關係。例如，市政、交通、金融、工廠……等，皆有學生參加，皆可領取少數之車馬費，一方面使學生在工作中不斷學習，另一方面使學生可以獲得微薄之收入，以減輕彼等自己生活上之負擔。同時在這種方式下訓練出來的學生，一旦走入社會，決不致於像一個其他普通大學畢業生，羞答答的抬不起頭來。因爲他們本身已經具有在社會上工作的經驗，已經是十分老練了。決不像美國人常說"He is too Green"。這種制度，也確有其獨特之長，英格蘭北部及中部的許多大城市，每年要吸收不少學生去實習，以後便留在那裏工作。他們自己對於這種制度也十分驕傲，口邊因此常掛着一句話道「大學應該開在烟塵與熱力之間」(A university must serve in the dust and heat)。

第四派蘇格蘭與威爾斯之大學。先談蘇格蘭之四大學。這四間大學和伯明翰、曼契斯特八大學，實在沒有什麼兩樣，它們也是設在城市內，也是一個個單體的大學，也是注重工讀制。所以蘇格蘭人說：「英格蘭的郡屬八大學乃是跟我們學的」（按以歷史言，蘇格蘭之大學早於郡屬八大學。）唯一不同之點，愛汀堡大學雖然就是一個單體大學，但規模大極了，容納的學生相當多，有校外和校內宿舍，像倫敦、牛津、劍橋一樣，自成一個學校城，或大學行政區。他如聖安德魯大學，因爲守舊，乃被人目爲蘇格蘭之劍橋或牛津。蘇格蘭的四大學，注重於人格訓練，思想培養，同時非常着重榮譽班 (Honour Course，按英國大學自一九五一年起實行三年大學畢業，如再讀第四年者，卽爲榮譽班，一年讀完後，另給文憑相等於碩士。)之課程。這許多課都是經過名師指導，而且是精選出來的。我們一般認爲如果唸英國文學或哲學，一定是屬於牛津或劍橋，這是不確實的，在英國唸英國文學和哲學最有名的大學是聖安德魯、愛汀堡及格拉斯哥諸校。至於威爾斯大學，現在還是年資最淺的一個大學，建立了不過半個世紀，文學院遍及朋各 (Bangor)、阿拜斯特斯 (Aberystwyth)、及南邊的港口卡廸夫 (Cardiff)，品質都不能算差，只是規模較小而已。但所請的敎授和講師，都是屬於學壇上之一流人物。

總結上述之四個大學系統。我們可以說今日英國大學的生活，不僅限於大學校本部，有許多獨立或附屬的大學學院，同樣的敎授課程。例如大學附屬學院，伯明翰大學的穆松學院 (Mason College)，曼契斯特大學的歐雲思學院 Owens College) 等。此外還有許多學院，不是附屬於大學內，而是獨立學院，可是自己無法授予學位，學生唸完了，可以到倫敦大學或其他大學參加學位之考試。像這一種學院在英國眞是不計其數。可能日後都能成爲大學。第二種學院是屬於工程、農科、理科等學院，他們不喜歡併入大學內，有的仍是老早附設在大學內的。如黎汀大學的農科，三份之一的學生全讀農科。他如帝國科學院及倫敦工學院乃是附設在倫敦大學內。除此以外都是獨立學院，維持它們固有的學風及獨立的傳統。至於兩年制及三年制(受學位)的師範學院，現在在英國也十分發達，畢業出來服務於小學。英國教育部上年的調查，今後每年需要的小學教師約在二萬名以上，所以現在像倫敦大學，已經和師範學院合作，發展師範教育。這是戰後的一個新現象。

二、英國大學的行政教學及課程

英國所有的大學，在前文已經述過，全是私立大學。因爲它們是私立，所以學術空氣，非常放任，思想也相當自由。英國教育部根本不能管大學。大學的一切行政，全由大學校政會管理。這種校政會有的稱爲"Council"，有的稱爲"Court"。字樣不同，但意義則一。校政會之組織，除了學校校長及教員外，亦聘請當地有名望的人，一同參予。校政的決策多半還是在教授與講師手中。

校政會不僅是處理大學之行政，同時也兼及大學之預算。戰前英國大學之總收入每年爲六百萬鎊，其中捐欵、贈送……等約佔有上述之數之六份之一。學生的學費與考試費（按英國大學學生參加考試，需另付考試費）佔據三份之一，另外三份之一之欵捐，以國會屬下之大學協助基金委員會項目下撥付，還有十分之一是由各郡各縣當地政府每年之捐贈。以上所述數字中，中央政府與地方政府對於大學的捐助，佔大學總收入三分之一，這個數字不爲不大了。

戰後的大學財政之來源，已經略有改變。數字方面以每年六百萬鎊，增至一千三百鎊(一九四七年至四八年之統計)。一九五二——五三年爲二千萬鎊，今年開始爲三千萬鎊。原來捐贈之欵，佔總數六分之一，現在僅十分之一；原來學生學費與考試費佔總數三分之一，現在是四分之一；國會之撥欵，原來佔據總數三分之一，現在提高至二分之一；郡縣當局原來捐贈爲總數十分之一，現在銳減至廿分之一。唯一的靠山便是國會屬下之大學協助基金委員會。

關於財政方面之支付，學校校政會有全權，教育部及任何政府機關不得干涉及過問。大學校的尊嚴，任何人都得尊敬。

英國大學的教學方法，和戰前沒有什麼改變。多半是採行在課室內講演，學生在下面作筆記。這種教學方法和歐美大陸國家相同。但牛津與劍橋則實行導師制，爲時已經很久。學生的功課作業，乃由導師作個別之指導。文科學生每週向導師交一週報告，說明一週中所學之心得，復由導師根據一週報告，從旁指正，尤其是在思想、考證上，特別加以啓發。（理科學生在實驗室中研究，也作一週報告）。與導師討論，短則一小時，長至數日。這完全要看導師對於這門有沒有興趣與心得而決定。這個導師制，使學生與先生親如家人。五十年前在牛津或劍橋上課的學生，迄今猶淸楚記憶當年和導師在一起討論的鏡頭。一個導師和學生的關係，是先生，是牧師，也是很好的朋友。英國人到今天還是喜歡這個制度。然而到今天問題便來了：今天學生人數激增，先生太少，實行導師制非常困難。戰前一個教英國文學史的導師，頂多收二十名學生，現在要增加一倍，幾乎在時間上先生已經忙不過來了。牛津與劍橋今日頗擔心導師荒，因爲名教授實在不容易請。導師制等於個別教授，自然是一個十分負責的教育制度，但學生人數多，導師人數少，恐怕難免要偷工減料了。

英國的大學本科如歷史、法律、古典文學、數學、現代語言、英國文學、經濟學等，三年唸完必定舉行一個大考。牛津和劍橋稱這種考試爲"Large Go"。這是非常緊張的一關。每一門功課，設立一個考試委員會，除了由本校教師外，還聘請校外人士，如其他大學之教師，共同參加，批閱文卷。這位校外教師要提供不少意見，俾該校作爲借鏡。這個考試的方法，在英國已經成了一種不變的風氣。

英國大學的學位分爲兩種。唸完三年考試及格者授予學位，稱"Pass Degree"，唸完四年，經考試及格者授予"Honour Degree"這一種學位，前者是限於普通課程，後者是限於精選之專門課程。例如：唸英國文學，如欲單獨研究莎士比亞，湖邊詩人 (Lake Poets) 或培根、或蕭伯納等，便在第四年，專開這個課門，作有系統的精詳之研究。而這些課目在普通大學三年過程中，僅述其大概而已。英國大學學生入學，其流動性不若美國大。根據一九五二年美國「政治季刊」之統計，上一年美國大學入學學生爲三十萬人，但卒業者爲十六萬五千人，但同年英國方面的統計，考進之大學生爲一萬五千人，畢業的大學生數字，幾乎同上面的非常接近。

關於英國大學所開的課程，筆者本人是研究英國文學的，對這一門比較在行，所以可以談談這一門。我發現英國大學所開的課目，是合乎經濟與實惠兩個原則，一點也不浪費。不浪費時間和金錢。即以英國文學來說。它們不設「文學概論」(Introduction to Literature) 這一門功課。而把文學概論歸在「英國文學史」中一併述之。例如講到十九世紀之英國小說，在英國文學史中略之，另在大學三年級開設「英國小說簡史」(A Brief History of English Novels)。「湖邊詩人」通常在本科內，僅在「英詩選讀」，或英國文學史略中述及。多半還是注重讀詩和背誦的工作。至於對那些詩人作有系統或專門的研究，乃開在榮譽班內。我發現吾國大學之西洋語文學系，所開的課目太亂，大而不當，這是值得提出來究討的一個問題。尤其今天，我們國家財力單薄，大學內所開的功課，更應該朝經濟和實惠的兩個原則上打算盤，否則便見得浪費了。

另外還有一點值得一述的，自從十七世紀開始英王詹姆士第一時代，國會中另有一個大學代表委員會，設立在國會內，以備咨詢。這是一個獨立機構。稱爲“University Parlimentary Franchise”。已經在一九五二年重新修改憲章時取消了。這更可以說明英國政府對於大學只有捐錢的責任，根本連問都不能問了。這一種大學自由的氣氛，使外邦學人，插身其間，眞是不勝羨慕。一個國家之學術要發達，乃要自由，首先應該開放大學的思想自由，唯有始於思想自由，才能奠定學術豐富的基礎。這是不可磨滅的眞理，是教育上的大道理。

三、英國民主政治下大學之態度及功效

英國的大學，是世界最充滿民主氣氛的學術所在地。它們是自由民主政治的溫床。學校當局的態度，只要你們學生在大學範圍以內，有權可以儘量的批評，批評政府和學校。而且學校當局還把許多辯論會的演詞，印成專冊，爲外界人士閱讀，另一方面也未嘗不是向政府反映青年的意見。

英國的大學具有它們至高無上的威嚴。社會上許多問題，例如勞資糾紛之仲裁，大半是聘請著名的法學教授作公平之處理。他判斷下來的決定，勞資雙方都沒有話講。這種法治的精神，令人十分佩服。因爲大學具有無上的威嚴，警察和特務是不准進入大學一步的，猶如不得在教堂中捕人一樣。學校對於一切政治的研究，有絕對自由之權，但這種研究，僅限於思想的啓發，而不是介於實際行動的。例如，共產主義也有不少青年學生研究，只是他們反對流血和暴行。他們常道：「爲什麼要流血，時代已經進步了，革命應該用不流血的方式進行，這才算是文明。」

牛津、劍橋及倫敦三間大學之自由氣氛，在一個外國人眼光看來，學校對他們十分放任。學生思想上之繁複，眞有些像先秦時代之諸子百家。我發現因爲思想太放任了，具有一種危險，那便是官僚政治 (bureaucracy)。而學校的許多行政人員及教授講師，都有這一種的趨向。

英國的民主政治到底給大學什麼啓發？我認爲：第一、英國大學當局對於覓取英才，不論是教師或學生，眞是不遺餘力。有些頭腦陳舊的人，還是每天口中喃喃唸着中古世紀的主禱文，有的頭腦新的大談原子論與無神論。大學當局都同樣底使這兩種學人，獲得充分的發展。第二、英國的大學，在民主政治之下，現在注重發展一般性的文化 (general culture)，因爲一般性的文化可以使青年瞭解生活的實在。因爲要發展一般的文化，於是學校當局，集合了專家們，天天在研究確立一個標準使青年能普遍接受。我在大學唸英文時，特別崇拜牛津發音或劍橋發音，可是今天英國已經不時新這一套。今天英國一般人已不甚歡迎從前人們讚賞的牛津發音或劍橋發音，今天大家要研究普通發音 (general university accent)，此其一例也。第三、今天英國的大學，尤其是自然科學這一門，重心偏重於研究。這個研究不論是文學或科學，不是着重於考古之發掘或發明，而是着重於思想之運用。希望從研究中，樹立一個卓越的學術思想。

今天英國的大學在形式上仍是非常守舊，學生和先生上講堂，都得披上「學袍」，戴上「學帽」(英國學生通常稱爲 “gown” 與 “hat”。在一般情形下僅披上一件「學袍」而已)，望之彬彬然不可犯。他們每個人有不同的研究和思想。主科教授不一定能完全教他們。在這種情況之下，學校當局對這名學生如何負責呢？

原來英國的大學，在戰後以來，特別注重研究員。研究員在大學根本不授課，每月照常領取很高的薪水。他們每天鑽進圖書館或實驗室去做他們自己的研究，寫報告或文章發表於大學的出版物上。這個制度在我們中國大學是沒有的。如果一定要有，那頗像中央研究院之研究員。但我們中央研究院辦得太死氣沉沉，不够英國大學研究員之活潑與積極。這些研究員一方面除了研究外，另一方面學校找到有一學生，凡是一個學術上的問題不能解決，思想沒有出路……等問題，於是請教研究員，本校研究員無法解決，乃由其他各校之研究員共同處理。他們這種在學術上交待之責任，眞是非常認眞。總要把問題搞清楚了才放手。

這一種研究員的地位不在教授之下，這個制度雖是戰前已設立，但在戰後受了英國的民主自由政潮之啓發，愈形蓬勃。一九五二年香港大學也實行這種研究員制度。

因此，英國今日大學當局，都注重獨立性的研究院之設立，這許多研究院，行政上和大學完全分開。一九四四年劍橋大學副校長在其常年報告書中，建議設立一個配合廿世紀需要之科學研究院。牛津大學戰後已建哈里佛克斯大厦 (Halifox House) 一座，亦是獨立研究院，最近復獲一位隱名法人，捐欵一百五十萬鎊，擬建聖安東尼學院 (Sr. Anthony's College)，專事研究法國文化與語文爲主。

除此以外，順便還可以一談的，是英國大學的圖書館和大學出版部。這裏珍藏並出版了各種各樣的書籍，眞是無所不包，無所不有。各種思想之書籍，這裏都使你有機會飽覽一通。雖不能詳盡去讀，但是過過癮也是好的。

四、英國大學生的生活

英國的大學生，嚴格的說來，根本沒有大學生活。除了牛津和劍橋兩校外，其他諸校之學生不是住在校外宿舍，便是住在自己家中。上完了課挾上書本匆匆回家，和學校毫無關係。這個情形遠不及中國之各大學。過去英國牛曼紅衣主教會經提出這個問題，責問大學當局。他道：「我向你們抗議，你們把

學生招進來三四年，在品德上你們毫無成就。」這便是說因爲沒有大學生活，便不易進行大學生素質培養之人格教育。這也確是個事實，英國大學學生之生活，眞是十分散漫。戰後英國大學當局，對這個問題也十分焦急，計劃大興土木，興建宿舍。然而限於經濟，決非短期內可以解決這個難題的。

英國的大學生，因爲沒有共同的大學生活。許多教育及生活交流之經驗，皆無法獲得。我發現英國人非常自私和小氣，這主要的原因便是年輕時在大學內沒有受過共同生活，共同瞭解之生活交流經驗。牛津和劍橋畢業出來的學生，待人處事，風度接物，都比較脫俗，也入情入理，這是與早年時受過大學共同生活，具有密切的關係。

然而我還是佩服英國的大學生，儘量利用大學，發展大學生活。雖然他們沒有校內宿舍，他們利用學校的禮拜堂、大會堂等，作文學、戲劇、美術交誼……等社交活動。音樂會通常是在午餐以後在大學食堂內擧行，有時辯論會也在那裏擧行，也是弄得有聲有色。這眞是難爲了這一批青年男女。

因爲宿舍問題不能解決，於是各殖民地政府紛紛在倫敦建立學生校外宿舍。第一個完成的乃是馬來亞大廈(The Malayan Hall)，專供馬來亞留英學生之用，取費甚廉，每人每月之租金由二鎊至四鎊。冬天有暖氣，夏天雖有冷氣，但倫敦的夏天並不太熱，從來沒有像上海南京那樣悶熱。

英國的學年，戰後以來是實行三學期制。分爲冬季，春季，秋季。各校每季大約上課十週。但牛津與劍橋只有八週，因爲它們兩校都有宿舍，如果上課時間延長，宿舍開支亦大。所以通常加緊功課，在八週內完畢。關於假期，聖誕節左右大約有一個月；復活節左右一個月；夏季之暑假前前後後共有三四個月。照這樣看來，英國的學校假期，多於我國之大學，因此每一學期開始，師生中常有一句口頭語，便是："Rush"(意即趕功課)。

這一個學期中，每個學生至少要完成四大作業。第一、上課聽講，上實驗室作實驗。第二、參加學術研究會及各種小組活動。第三、自己準備功課，並提出每週之筆記與報告。第四、參加體育練習，體育不及格，不能畢業。在牛津和劍橋下午根本不上課(但實驗下午仍舊進行)。下午是划船練習(按划船練習爲牛津及劍橋兩校特有之體育，每生被强迫參加)。至於其他大學通常上課至下午四時爲止。但夜大學則例外。例如倫敦大學夜班通常在六時便上課，以利許多白天有職業的青年。

英國大學吸收女生，乃自一八八〇年開始。大學裏自從有了女學生，男女一同上課，似乎有了溫暖，生活上大有調劑。英國大學之女生，佔總數四分之一。劍橋情形特殊，女生特別少，僅及總數十分之一，而牛津方面的比例和從前仍舊一樣，仍是總數五分之一。今天英國大學男生人數大增，但女生並不太多。英國男生常常諷刺道：「我們的女孩子全給美國人娶回去了。」(按大戰期間美軍留英人員，多半娶英國女子)。這雖是一句笑話，但不能不說是事實，至今英國女學生喜歡吸美國香烟，便是一個證例。

但大體上說，英國大學女生的人數還是多於戰前。倫敦戰後開設了好幾座女子學院。劍橋與牛津今日女子仍和男子分開上課。守舊之風，仍無法打開。其他各大學則均實行男女聯合教育。

今天英國的女學生，似乎有一種要求，希望建立一個純粹女子的大學，例如今日在美國之女子大學，專攻家政及社會科學。不過，這個要求並不十分明顯，問她們，她們都不肯承認底。她們會說，「爲什麽？我們的能力不是和男學生一樣嗎？」

因爲有了男女聯合教育，男女學生，談愛說情，總是免不了。英國男女學生雖不若美國那樣胡鬧，但近年來風氣也壞了。因爲大家都住在校外宿舍，加以青年之情，其烈如火，隨時可以搞起來，這種事情，不但時有所聞，而且司空見慣。許多人，尤其是教會當局，引爲隱憂。學校當局希望趕緊造校內宿舍這也是一個重要原因。我想這個問題，不是英國本身的，而是大戰以後，大陸上風氣日衰，人民道德日見墜落，英國本身經濟不振，於是染上此種風氣，而造成男女間的隨便。

五、英國大學當前的問題

英國大學當局現在有許多問題，正在請專家研究中。第一、一個大學最多應該容納多少學生。一九三八年九百名中有一人受大學教育，戰後增至六百名中一人受大學教育，現在是五百名中一人進入大學。英國受大學教育的青年，一天比一天多，教育當局並不以此爲榮，而認爲是一大隱憂。許多專家認爲如果校內宿舍、圖書儀器以及師資問題不能解決，徒然招收了許多學生，這樣一定流入粗製濫造，其結果不但在培養人才上，一無所得，而且必然是一個不可計算的損失。

英國當前所招收進來的學生，程度是不是够進大學？這個問題也是非常難以解決的。有一位著名的理科教授曾批評道：「每年總是有不少學生無法及格」。另一位教育專家，一度出任過大學校長，也說：「近年來得助學金的學生人數，比戰前大增，但榮譽成績並不因此增加，相反底次貨甚多。」但這許多皆不足以述及問題之眞相。

現在有許多專家在懷疑，當前英國大學的制度，招生的標準，是否眞正裨益於青年，是否眞正能挑選英才。有許多人提出不少理由攻擊現在大學當局失漏了許多天資敏慧的英才。也有人批評戰後英國社會亟力需要技工人員，因此眞正能培養爲科學家的人才，竟無法獲得相當的環境去學習、研究以及養才。近年來許多專家都在主張招考時，應該定兩個標準，教育時也應該有兩種制度。一個是爲普通人才而設，另一個是爲優異人才而設。這種主張在今日英國之各報章及大學教育雜誌，極爲普遍。

於是，在這種情況之下，有人主張學生固然應該多多招收，但首先必須察視是否可造之才，其次是否有足够的教師負責薫陶，是否有大量宿舍去培養他們的大學生活。如果上述三個先決條件，無法獲得解決，則寧可少收，重質不重量。因爲如果只管學生增加，而一切配合教導的條件不足，等於大學責任加重，反會損壞大學固有的寶貴氣質。因此，在人格培養方面，不但沒有進步，識者會慮其日見退步。

第二、英國的大學裏，學生本身有許多組織，這許多組織，一方面訓練他們的技能，另一方面是促進他們對於文化、美術、歷史等之修養。學生的組織一天天不斷底增加起來，於是專家們在研究，一個第一流的大學，學生的組織應該有多少？他們眞正上課的內容，又應該有多少。學生的課外活動決不可以喧賓奪主。但這種問題比第一個問題似乎還要不容易解決。

例如，學校裏有許多鍛鍊社會服務的組織，如基督徒團契、牛津運動（按卽道德重整運動，由巴克門博士在牛津大學首創）……等。這許多服務小組，在本質上原是訓練青年人如何學習入身社會的各種服務。例如倫敦大學有一個小組，專替同學找房子，替同學買舊書，使同學獲得不少方便。但他們服務的時間，究竟應該多少？社會服務小組一多，一定會影響功課，而大學本身在本質上是一個教育最高機構，似乎不是一個社會服務指導訓練班。

其次，戰後英國特別需要冶金礦冶，及染織等人才，於是英國各機關均委托大學辦理上項人才之訓練班，有的一年半畢業，有的二年畢業，決無三年制者。其中所教授的乃是一套技術，談不上理論。等於製造一批大量的工匠人才。這一點，許多大學教育專家提出反對。他們說：「這原不是大學的事，我們有我們自己的教育工作。如果政府一定要如此，政府自己可以開許多訓練班。我們是着重理論和思想，因爲大學不是工匠訓練所。」

第三、以上所述的兩點，乃是僅限於校內之問題。可是校外亦有相當困難的難題。英國的大學在過去四十年來，有一種校外講學的科目，稱爲成人教育班。這種班次不僅滿佈在城郊，同時一直散開在鄉下，學校當局準備好一大批專門人員，從事至各地開設這種班次。戰後，正式修大學課程者總計爲二萬六千人，短期選課者計八萬人。而且各校互相搶鄉村地方，爭相開班。於是專家們在研究，這種校外班次究竟應不應該再開設下去，各校開班，是否應該把大家的地盤劃分清楚。

由於以上這許多問題，英國大學副校長會議(按英國大學之校長是名譽職，根本不管校政，校政乃由副校長管理，一個大學可能有二個以上的副校長)亟待解決。許多人還認爲單是一個大學副校長會議，恐怕還不能應付得了這許難題，所以現在有人建議設立全國咨詢大會 (National Advisory Council)，內中不但有副校長，還有中學學監，大學教授，財政部大學資助委員會(University Grants Committee of the Treasury) 代表，及社會有名望之人士，共同參加，解決上項問題。也有人建議使全國咨詢大會與財政部大學資助委員會舉行聯席會議，共商對策，以展開未來更燦爛光明之境地。

附帶筆者要說的，乃是一個外國學生到英國去唸書，所費應該多少。戰後以來，英國的物價略有波動，在倫敦因爲房錢較昂，每人每月約三十鎊（合美金八十元），比在美國唸書要便宜多了。愛汀堡每人每月廿五鎊(約合美金六十八元)。愛爾蘭及威爾斯都在廿五鎊左右，但是以愛汀堡最爲實惠。吃住的方面可能愛爾蘭及威爾斯較優，其實英國人的吃根本談不上，所謂較優者亦不過是五十步與一百步耳。筆者有一朋友在卡迪夫威爾斯大學的一個學院唸書，每月僅用廿鎊，(約合美金五十四元)但生活比較苦了。住的環境僅是貧苦人家的一個三層閣樓，長人無法伸直。下午茶根本沒有得吃。這位先生一天到晚鑽圖書館，早出晚歸，晚上回家便躺在床上，伙食由自己燒了吃。但他的生活也過來了。英國有許多窮學生，他們一樣可以窮讀書。這是英國大學的一個優點。

鵝鑾鼻燈塔

夏　菁

像愛琴海邊一座神秘的聖城，
古遠地矗立在金黃的太空；
我第一次眺見這莊嚴的潔白，
在蔚藍的海上，在綠色的林中。

懷着朝聖者的心情漸漸走近，
這南太平洋畔舟子的護神；
祂永恆的眼睛將照耀千古，
和白日輪替，和皓月爭明！

我匆匆地攀登崇高的塔頂，
探詢宇宙的奧秘於一瞬之間，
但天地祇答我這渺小的詩人，
以海鷗數點，以浩渾一片……。

相對論——一個較豐富的眞理（上）

殷海光

本書著者非利·法蘭克 (Philipp Frank) 生于一八八四年。法蘭克曾繼愛因斯坦在普拉革大學講授物理學，後來美旅行講學，並任敎於哈佛大學。一九四〇年，法蘭克開始參加『科學，哲學，與宗敎集會』。參加這個集會的人之中，大多數對科學所予人生的影響抱持不滿的態度。法蘭克則本其所見，予以答辯。一九四九年，法蘭克在哈佛大學出版其名著『近代科學及其哲學 (Modern Science and Its Philosophy)』。在這本書底導言之最後一段裏，他說：『在一九四〇年至一九四七年之間，我參加了這個會議數次。我在會議中所作的貢獻，主要係集中于一個問題，卽是：近代科學裏的「相對論」究竟是否實在有害于人生客觀價值之建立。我曾提出論據來證明，「科學底相對論」也曾透入有關人類行爲的每一論據。「相對論」對于人類行爲之任何方面的墮落，並無任何責任。有人責難「相對論」。然而，着實說來，相對論無寧是企圖取消空虛的口號，並且誠信而無歧義地製定人生之目的。我在這些次集會裏所作貢獻，在適當的時候，要刊行出來。它底標題定名爲「相對論——一個較豐富的眞理」。』這就是評者將要評介的這本書產生之經過。從這一經過，有識的讀者不難明瞭這本書底重要意義何在。

在序言裏，作者將一般情緒主義者對于科學——尤其是相對論的思想——不滿的原委，表白得很淸楚。他說：『一九四〇年，法國及西歐所有的國邦都淪于德國勢力重壓之下。値此時際，每個地方都有人以爲，這些國邦在軍事及政治紀律上的崩解，一定有其較深的根源。這種根源，就是思想上之不可知的和懷疑的態度——不相信有絕對價值。這種態度，就是「相對論」。這種「相對論」，乃西歐思想之共同的形式。許多人往往認爲，這種思想形式，乃明言誇張科學在近代思想中所起的作用之一結果。一九四〇年秋季，「科學、哲學與宗敎集會」在紐約開會。自此以後，每年開會一次。許多人對于科學的這種批評逐漸形成一種普遍的情緒。這種普遍的情緒，大大地影響着這個會議。這個會議之目標，就在使大家對民主的原理原則有共同的了解。因爲，民主的原理原則，可以幫助大家克服極權主義的宣傳。極權主義的宣傳極力强調極權制度之價値。這種宣傳，造成對民主國邦人心一種高度的壓力。到會諸人亟欲證明，「相對論」底危險，可以藉民主方法來免除。「相對論」底危險在某種情形中，是往往和自由主義及民主制度共同存在的。

『布諾克斯 (Van Wyck Brooks) 在參觀第一次集會後，說道：「會議認爲，我們沒有把科學，哲學，宗敎與傳統的倫理價値以及民主的生活方式之間的關係整合起來，乃構成文明之巨災。」

『到會分子之大多數，乃敎會中人，敎育家，社會工作者，哲學家和歷史家。只有少數人是科學家。我屬于這少數人底集團之一分子。我在這一集團中的經驗，對我極爲寶貴。屬於科學家集團的人，往往認爲，不成問題的，科學底本身就是一個目的。所以，我很方便與把科學看作達到美滿人生之工具的代表們發生個人的密切接觸，和知識上的交換。

『在九年的集會中，我在預備宣讀論文和參加討論上，都極其活躍。也許，我是始終參加集會的極少數科學家之一。因着這項理由，在某種程度以內，我必須擔任那被人認爲邪惡的一角。

『在開始的時候，我立刻看出，會議在攻擊「相對論」及其「極權主義的分枝」之第一個回合中，幾乎是「從油鍋跳進火裏去了」。我已看出，攻擊「相對論」的第一個回合很容易變質，敗壞而成對近代科學精神之攻擊。照我看來，否認科學精神，似乎是一種自欺的勇氣——因爲，在我們這個世紀，科學底主導作用是不能否認的。科學不可被任何政治力量所「限制」。無論這政治力量自稱爲獨裁制度，民主制度或者一種宗敎，都不可以。所以，我在會議中一切演講和討論之主要目標，係對聽衆解釋近代科學之眞正的精神。我不會爲科學底「相對論」向誰乞求寬恕；我無寧是與相對論底敵人在前線作戰。我曾企圖指明，所謂「相對論」與不可知論或懷疑論一絲一毫的關係也沒有；所謂「相對論」與倫理信仰或民主價値毫無衝突之可言；所謂「相對論」與科學底每一進步俱進；所謂「相對論」不是別的，只是人類表達知識的能力趨于豐富的一重要的表徵。這種表達知識的能力與我們日漸增進的經驗是有不可分的關聯的。』

一個個人或社羣趨於落後時，常因自卑而轉入表面的自高。自高的花樣甚多，誇揚過去則爲最不費本錢的一種。因爲，語言文字底本身原是富于引伸意像作用的。一個個人或社羣底心理狀態發展到了這一地步，便如病人之發高燒。其對于外在世界底一切不能或不願看淸楚，乃人理人情之常。這種氛圍所盪激的種種結果，不用說常人，就是佛菩薩也救不得。一定要等這股子虛火燒完，氣盡力竭，方有回頭救藥之望。但是，如果有人不受這股子時疫 (Influenza) 之感染，而能理知淸明地不以部落爲中心來看這個世界，那末，就事論事，他便不能不承認西方人，在知識方面是世界上成就最高的人，西方人在道德方面亦遠優于在紙上談道德的人。依法蘭克所述，在西方世界，尚且發生對于科學這樣的誤解，何況在知識方面遠較落後的地區呢？所不同者，西方人早已養成說理的習慣，自卑感不深，因此即使有如法蘭克所說的對科學的這些誤解，大可以藉說理來疏導。本書中各篇，就是對于那些常見的誤解的疏導。

第一節底問題是『科學曾顛覆了我們底價值嗎？』法蘭克說：『西方文明在其對極權主義的抗爭之中的弱點，已經逐漸爲大家所承認了。大家也承認這種弱點之產生，一部分係由于對科學，哲學，以及宗教之基本價值普遍弄攪混了所致。有人給予這種攪混一個有禮貌的名稱，叫做「危機」。這種攪混之所以發生，我們必須追溯到那有罪犯嫌疑者。我們必須尋覓一頭替罪之羊。

『我們這個世紀把科學底價值估計得過高。有許許多多作者對于這種情形深致不滿，認爲這種情形乃創造現代心靈中的毛病之源。許多人尤其認爲「相對論」以及「缺之哲學上的統合」乃純科學態度中之可疵議的地方。照一般流行的意見說來，純科學的態度中的這些特點，對于一般人之不信有客觀價值，是應負一部分責任的。而這種信仰之破壞，乃現代文明發生危機之眞正的原因。

『的確，隨着十六世紀到二十世紀科學之進步，人類產生了一種確定的心靈態度。傳統哲學上和宗教上的那些論旨都經過解析與考核；而且解析與考核之嚴，亦若對傳統科學論旨之解析與考核之嚴。在一羣于知識上力求進步的人之間，普遍產生了一種意見。這一羣人認爲，在科學的研究範圍裏，以及把科學應用于人生的行爲上，沒有任何東西是可視爲當然的出發點而可不加懷疑的。他們依據科學方法，在思想和人生底領域裏，作毫無限制的探求，企尋進步。抱持這種態度的人根本不相信，任何眞理一旦建立起來，便永遠爲眞，深信不渝。『這種態度曾被稱爲實徵論，實效論，相對論，運作論，種種等等。』

這一段陳示，對于科學態度不甚了解者，可能有所幫助。評者更願提起讀者注意的，是其中的這一句：『這一羣人認爲，在科學的研究範圍裏，以及把科學應用于人生的行爲上，沒有任何東西是可視爲當然的出發點而可不加懷疑的。』讀者勿小覷這句話底重要性。這句話，在思想上，是高度文明人與原始階段人之分水嶺，也就是自由人和奴隸在頭腦上的分別。

此話怎講？

愈是在原始階段的人，其視爲當然，只有接受而不懷疑的東西愈多：傳說，風俗，習慣，巫師之言，酋長之言，都是他們底行動與言論之當然的律則或根據。再進步一點的，國王之言，聖人之言，大哲學家之言，歷史傳統，都是金科玉律。在西方世界，至少直至十六世紀以前，柏拉圖和亞里士多德之言，都是被『視爲當然的出發點而可不加懷疑的。』西方人之善于懷疑，也只是近三四百年來的事，由于懷疑作一種激動力，西方人遂獲致人類最高的科學知識。有而且只有科學，尤其是科學的觀察及了解世界的方式，人類才實實在在地從較原始的階段進入較文明的階段。時至今日，精通科學者能自存自立；而科學落後者，縱然說得天花亂墜，在實際上只有作寄生蟲。

懷疑是思想自由之最重要的特徵。天下沒有不容懷疑的思想自由。而作爲一個自由人，必需是具有思想自由的人。思想自由是第一個自由，也是最後的一個自由。有訓練的犬，在青草地跑跑臭臭，身體很自由，但最後甘心回到籠中，因爲，牠底神經活動深受主人所安排的交替反射之制約。唯有思想自由的人，才是完全的自由人。奴隸則連神經活動也需受管制。現代極權制度之下的奴隸尤然：他們被訓練得從童年起就把一些政治口號『視爲當然的出發點』而『不加懷疑』。懷疑，被視爲不忠。

從邏輯的觀點看，懷疑是不受任何實際的必要所限制的，倫範的必要亦不例外。

依據研究科學所得的經驗，在致知的過程中，個人所視爲當然的假設而不必已經自覺地考驗過了的，必需經過懷疑的審慮再定去取。如若不然，可能干擾推理的進行，以至於歪曲所得結論。這一點於理至爲顯明，很少人反對。但是，對于關係乎整個社羣行爲的傳統原則或制度，是否也可如此出之以懷疑而加審慮再定去取呢？完全一樣。特別當它毛病百出時，尤需如此。離開實際的社羣生活而談傳統原則或制度，只是詞章的玩弄，或觀念的遊戲。文化人類學明明白白告訴我們，關係乎一整個社羣行爲的傳統原則或制度，逐漸產生于實際的社羣生活之中，也逐漸修正於實際的社羣生活之中；而且，在某一可紀錄的階段裏，完成于實際的社羣生活之中。因此，一旦這種傳統原則或制度僵固以至于重大地妨害社羣生活時，大家可依需要來修正它，甚至再來一套。這種情形，與修正或創制憲法相似。數學都在不斷修正與改造之中，何況產生于原有簡單社會的倫範？傳統，並非崇奉底對象。一切人理建構都係爲活生生的人生服務。

在邏輯上，有壞而僵固的傳統倒不如沒有。因爲有它固障，反礙吸收。歐洲不及美國進步之易，可爲明證。舊有傳統消散，烏煙瘴氣盡除，空氣反覺新鮮，絆手絆脚的蜘蛛絲沒有了。這樣的『眞空』，不僅不足慮，反而爲美好的人生預備一創造的可能。僅僅爲延續傳統而延續傳統，其本身並無意義與價值。但是，從實行的技術方面看，不可對傳統原則或制度廢之太速。人底行爲多少是受沿習力支配與安排的。對傳統原則或制度廢之太速，很可能引起社羣生活重大的不安。所以，對這個問題，在邏輯的觀點與實行的技術觀點上，必須有個調和。

實徵論，實效論，相對論，和運作論，等等思想，『一而再，再而三地被許多人譴責，認爲這些思想使人心混亂，或者至少有助于使人心混亂。人心混亂，最後便危及大家對西方文明的價值之認識，不信西方文明之價值有其客觀性。而且，正如許多人所說的，這種破壞工作，又爲極權主義底勝利鋪路。』這種批評，與許多衞道之士對五四以來西方思想之輸入使中國底『正統思想』失靈，因而把共產主義之泛濫歸咎于五四思想，幾乎如出一轍。二者之錯誤也幾乎如出一轍。別的道理此處限于篇幅暫且不談，若干衞道之士謂中國『正統思想』之失靈係由于當時少數年青學人之離經叛道，妄作鼓吹。僅此一個論證，即足證明彼等所崇奉之『道統』如何脆弱，不堪一擊！

法蘭克接着說：『照我看來，保守一點說，許多人把「眞理底相對性」和「價值底客觀性」看得這樣對立，似乎是太過火了。……』『所謂「相對論」乃促使人類知識進步的一種方法。……』『科學的態度是建立于「相對論」之上的。我們愈是阻抑人採取科學的態度，則我們愈易陷入一種危機之中。即是，當着我們肯定我們所主張的倫理或政治制度是「絕對的眞理」時，那末，在一跨步之間，便很容易被別人信以爲「絕對眞理」的反面敎條所克服。』這話眞是經驗之談。這話可以說明爲何二十年前法西斯黨徒易于變成共產黨徒，共產黨徒也易于變成法西斯黨徒。而像羅素與柯亨這樣的人，則任何一種黨徒都變不了。因爲，從情緒上看，這兩種黨徒似乎勢成水火；但是，從思想方式，行動習慣，……等等方面來看，二者簡直是難兄難弟，太相似了。同樣，相信唯物論如狂的人之易信唯心論，正如信唯心論如狂的人之易信唯物論。因爲二者商標雖各不同，但理論構造 (Theory-Construtcion) 極其相似。二者底理論構造既極相似，於是習于其中之一爲思想方式者，在所形成之思想神經通路上二者亦極相似。既然有此根底，於是其中之任一變換成另一，都是駕輕就熟之擧。

什麼是『相對論的態度』呢？法蘭克從哥白尼說起：『在我們進而追求眞理時，如果我們想要了解「相對論的態度」，我們最好是從一個簡單而又爲大家知曉的例子開始。

『我們常說「我底頭在我底脚上而且我底脚在我底頭下。」多少年來，沒有一項眞理比這項眞理還要顯然易明。「假若我們順着從頭到脚的方向朝下看，那末我們愈是朝下看，我們所遇到的東西底位置愈低。」這麼一來，我們可以發現一個對極。有人是住在地球底那一邊。依照我們久已建立起來的「眞理」，我們可以說，地球那邊底每一個人底頭是在脚底下。然而，他們每個人都相信，他底頭位于其脚之上。

『自從那個時候以來(即自從發現地球是圓的以來——評者) 所謂「在上」和「在下」這些字眼底意義便變得有點混合。假若有兩個人底知識相等，他們用「在上」與「在下」這些字眼時所構成的語句可能互相矛盾。爲了防止發生這種矛盾的情形，我們在用「在上」和「在下」這些字眼時，必需加某種限制。「從上至下的方向」意即「地球引力底方向」。

『我們一天相信在每個地方力之方向只有一個，那末他總能證明力之方向與自頭至脚的方向是一致的。但是，他知道引力底方向在地球不同的地點是不同的。這麼一來，我們給「引力底方向」與「從頭至脚」的方向以相同的名稱，都叫做「自上至下的方向」，那末就引起意義上的混亂。假若我們把地球這一邊的引力方向作爲我們給「向上」和「向下」下定義時的標準方向，那末，我固然可以說我底頭是在我底脚上面；然而，在地球那邊的人呢，我們只能說他底脚是在他底頭上面。但是，如果我們把地球那一面底引力方向作爲界定「向上」和「向下」的意義之標準方向，那末，結果適得其反：我底脚在我底頭上。

『所以，爲着給予「我底頭是在我底脚上」這個語句一個確定的意義，我們必需給此語句一個界分，或一個限制：如果我們把「在我們這個地方」或「在我們脚底下那個地方」或地球上「任何特定地方」引力底方向作爲「向下」方向的界說，那末，我就可以說我底頭是在我底脚上。這同樣的事實，也可以這樣敘述：「相對于我所在的地方之引力而言」，我底頭是在底我脚上；「相對于和我對極的地方之引力而言」我底脚是在我底頭上。這麼一來，關于我和與我對極者的頭與脚位置之敘述，就不復有矛盾可言了。

『除非我們拿「相對于我們特指的地方之引力而言」一條件來「限制」「在上」這個名詞，否則「我底頭是在我底脚上」這句話是一個不完全的敘述詞，因而這個敘述詞也就沒有確定的意義。……當這個敘述詞是完備時，即是，加了「相對于我所在的地方之引力」時，我可以十分確定地答稱：「我底頭的確是在我底脚上」，而且「我底對極者之頭的確是在他底脚下面」。……』

經驗事實愈複雜時，我們愈不能用簡單的敘述詞來敘述它。『我們引用這種比較複雜的敘述詞，應用這種比較豐富的語言，則我們所作斷述便是「客觀的」，「絕對的」。其爲「客觀的」與「絕對的」，正如我們從前用來敘述比較簡單的經驗時所用的比較簡單的敘述詞相同。我們往往應用那些極其適當而簡單地敘述我們實際經驗的字眼和命辭。當我們發現新的事實時，我們從前用來描寫比較簡單的事實之語言，便不足以用來描寫我們新得到的知識。我們底知識發展到了這個地步，就必需擴大語言底範圍並且增加語言底內容，使我們語言底表達能力較前豐富。要辦到這一層，必須對所描寫者加以「限制」，或置于「相對的」的關係之中。關于這種辦法，我們在前面談「在上」和「在下」等例子時已經表示過了。……』由此可見，所謂『知識之相對化』並非使知識趨于虛泛，而是使過去貧乏的知識變成遠爲豐富的知識。

(未完)

日美經濟關係十年（上）

余蒼白譯

本文原題爲「日美經濟損益對照表」，係福本邦雄所作，載於本年八月號日本「中央公論」。「損益對照表」即所謂 balance sheet，無待詮釋。文中多處論斷，多爲「日本對美從屬」。最近日本民主黨和自由黨，爲進行二黨合幷，組織了一個政策交涉小委員會。該會所發表的「第一次政策草案」，其中所揭政綱，以「完成獨立日本爲首要目標」；關於經濟政策方面者，更特別標示了「自立經濟的確立」（註一）。要求「完成獨立」，就是要求脫離「從屬」，是則民、自兩黨對於日本現狀的認識，亦殊與福本邦雄者無大出入。惟文中結論如何，有待讀者明智判斷，本人所以冒暑譯出，主要目的，無非認爲文中所擧數字、統計、事實信而可徵，可供關心日美經濟關係者之參考而已。本人屢承自由中國編輯委員會函索關於日美經濟關係之文稿，迄無以應，時有宿願未償之感。本年八月，戰後日本剛滿十歲，乃迻譯全文，並爲改題如此，送請刋載。炎暑催人懶，借花獻佛，諸請原作者及讀者諒之。又，作者係日本產業經濟新聞社研究員，至於文中之附註乃係譯者畫蛇添足之擧。此外爲了不慣作圖，還删去了一個統計圖，改變了一個統計圖爲統計表，諸請原作者厚諒，並以附誌。

——譯者誌——

一、對日援助實態

這幾年，大家都在喊「日本經濟自立」。鳩山內閣也定了一個「經濟六年計劃」，畫出了一個幾年後經濟得以自立的藍圖。可是要談自立之前，最要緊的，還是要把對美依存的實際情形，去詳細檢討檢討纔行。到現在爲止，對於各個美援的問題，倒有不少論述了，而獨對於從停戰跟後的 GARIOA 和 EROA 援助（註二）以迄今天的 MSA 軍援（註三）爲止的整個美援，系統地檢討其利害得失，並指出其對於日本經濟自立之達成究有如何關係的論述，尚未有見諸嘗試者。實則弄清這一問題的實情，正是樹立自立經濟的前提。

有些人認爲，爲得自立，此後還得需要不少的美援，而連社會黨左派在內的左翼人士，則認爲對美依存却是妨碍自立的東西，於是力說應該斬斷。這一些，都不出抽象的理論，不足爲現實行動的指南。譬喻說，縱使左翼取得了政權，如果就一下子斬斷了對日援助的話，他將立刻會動彈不得，那是比觀火還明白。因之如果不把對日援助的全部先弄個清楚，那是連一步都難以動彈的，恐非過甚其詞的說法。

回憶美國對日援助的長流，大概是這樣：一九四五年至五〇年之間，用 GARIOA・EROA 商品形態的經濟援助；韓戰勃發至一九五三年之間，從那商品形態的援助變爲從日本採購軍需品和消費品的形態的間接經濟援助，那些品目就是使用美圓的所謂「特需品」和美國駐防軍的個人消費品；從 MSA 援助協定的簽訂（註四）起以至今天，又變爲用半新舊的完成兵器和剩餘農產品一類的商品形態的軍事援助。這樣和美國的世界政策乃至對日政策有密切關係的對日援助的內容和形態，一方面，在上述各階段中，起了不同的作用和機能，而另一方面，在那些作用和機能的過程中，又使日本的政治經濟走上到今天那樣陷入於泥淖中的對美依存的方向。因之檢討每一階段中對日援助所引起的影響和利害得失，當可視爲明瞭對美依存的實際情形的出發點。同時關於最近成爲批判對象的美國民間資本對於我國活躍的情形——他是具有補充美國政府援助的機能，而從朝鮮戰爭發生後又特別以技術援助一名義爲中心而非常明顯化了的問題——在本文中，也預備檢討一下。

二、復興就是從屬

GARIOA 和 EROA 援助對於戰後日本經濟的復興起了極大的作用，那是誰都承認的。可是在起那樣大作用的反面，他們又替日本鋪上了一條對美依存的大路，從而形成了日本經濟的從屬化，對於這些事實，似乎往往又被人們所看過。因之在這裏，請首先看一看那一時期對日援助的損益。

對日援助和對外貿易　（單位百萬美元）

年　度	45/46年度	47年度	48年度	49年度	50年度
收入					
（A）1. 輸出	129.9	180.1	343.7	534.7	920.0
2. 貿易外	2.5	8.1	35.9	91.0	424.0
3. 佔領地日本輸出入周轉資金	126.5	59.5	36.1	54.4	—
（B）小計	258.9	247.6	415.7	680.1	1,344.0
支出					
（C）1. 輸入	381.8	646.3	718.3	916.3	1,255.8
a　一般	134.7	163.5	244.5	422.0	963.0
b　援助	247.1	476.5	743.8	494.3	292.8
2. 貿易外	—	—	—	—	55.0
3. 佔領地日本輸出入周轉資金返濟	23.0	92.5	77.9	64.5	73.7
4. 調整項目	40.1	11.8	5.9	43.4	43.3
小計	444.9	744.6	802.1	1,024.2	1,427.8
差額					
1.（援助物資除外）	61.1	20.5	87.4	150.2	209.0
2.（援助物資在內）	△186.0	△497.0	△386.4	△344.1	83.8
（D）援助輸入及駐防軍關係收入	247.1	476.5	473.8	494.3	570.8

（資料：大藏省調查）

一九四五年到五〇年的對日援助總額多至美金二〇億圓。看上面的表，那一期間的輸入大大超過了輸出。那差額當然完全靠美國經濟援助來塡充的。在那些援助裏面，屬於 GARIOA 援助的主要內容是美國剩餘食糧、醫藥品、工業用重油等；四八年後又增加了 EROA 援助，於是又增加了棉花，鐵礦石，粘結炭等的工業原料。

由於這情形，那一時期的對日援助，一方面，對於當時食料原料極難自給的日本，發揮了為擴大再生產所必需的物資補充的作用，而一方面，則又開闢了日本經濟對美從屬的道路。

原來美國跟着戰爭的結束，就用了緊急援助的名義，將多餘的軍用食糧和美國「商品金融公司」的積存物資，大量輸出於日本。那一些東西，不但價格極貴，而且質地極劣，其中甚至含有甚多無商品價值可言的東西。舉例說，那些物資中的小麥價格，運每噸一五美圓以上的運費，每噸要美圓一一〇至一一五之間。拆開說一句，那無非說明了借援助的美名而行其苛酷的不等價交換之實的行為。因之如果說，那時若能進行正常的商業貿易的話，那總額決不至會在二〇億美圓之上，而是在十五億美圓之下的。

可是那樣的援助，那時似乎都被看做是美國純粹的贈品，連二國間應有的協定都沒有簽訂地輸進來了的，甚至連國會還通過了一個感謝的決議案；那是記憶猶新的事實。不料其後美方這樣說，「那明明是日本的債務」，而迫我們償還了，於是日本國民好像被狐祟過了似的。

去年起，日美政府間開始那一援助的償還交涉了，然而從我們看，那一援助事實上是已經償還了的。為什麼呢？日本國民已經支出了遠比二〇億美圓要多的五、〇二七億日圓(換做美圓是五〇億)的終戰處理費了(註五)。當然囉，把終戰處理費看做是戰敗國家應負的義務的看法是很多的，可是事實上，在那些終戰處理費裏面，有許多，大大離開了波茨坦宣言所規定的範圍，而是只作為反共軍事基地用的就地調辦的費用，那是衆所周知的。從戰敗跟後的日本財政危機的觀點看，那些終戰處理費對於日本國民的負擔該是多麼重呵！

對日援助費與終戰處理費對照表

對日援助費		終戰處理費	
美國會計年度	金額(單位百萬美元)	金額(單位一億日元)	換成美元(單位一億美元)
1945～46	300	381	25.400
1946～47	314	641	12.820
1947～48	450	1,062	3.933
1948～49	462	997	2.769
1949～50	423	984	2.733
1950～51	182	944	2.622
合計	2,181	5,009	50.277

終戰處理費的美元換率如下：49年以後1美元為360日元，49年前用駐防軍的軍票交換率算(45年9月1美元為15日元，47年3月1美元為50日元，48年度為1美元作270日元)。

輸入的對日援助物資當然沒有付價的，可是把他配給於國內的時候是要代價的，同時賣却的日圓是要記入於「貿易特別會計」中的。申言之，用援助物資從國民勤勞所得中吸取了配給的代金，又從「貿易特別會計」中將那些代金變做輸出入價格差額的補貼金，以貼補貿易業者和產業資本家，那些代金是這樣融化了的。例如當時的貿易公團當然利用了那些代金大量地買進了有利可圖的輸出物資，而貿易業者和產業資本家也利用了那些代金以支付高價的援助物資的買進價格和加工費，以獲得利潤。當時的輸出品，特別在一九四八年以前，以花紗布佔最大的比率。那時紡織資本家之所以能够風快的恢復，就是靠那樣的資金運用纔成功的。

一九四八年後，GARIOA 之外又加了 EROA，於是貿易特別會計便被撤廢，代之而起的是「等值資金特別會計」，同時把 GARIOA 和 EROA 代金都記入於這一會計中。大家都知道，所謂「等值資金特別會計」的東西，原不是日本特有的制度，舉凡接受馬歇爾援助的西歐諸國家是都有的；可是在西歐國家的場合，都和美國訂有協定，只把贈與的部份設立這樣的制度，而在我們日本，則把全部援助代金的積蓄和運用，都一任於佔領軍當局片面的指示，甚至連國會都不過問的，於是這一制度便成為我國國家財政中「不可侵犯的」領域。美國由於這樣的制度，便掌握了對於日本的國家財政的支配權。

這個等值資金，根據美國佔領軍事當局的指示，曾為債務的償還和國債的購入，被支用了一、一一八億日圓。這數目，由「日本銀行」經手，變為普通銀行的貸欵，於是便成為金融資本的支配力大大增强的基礎。此外投資於公共企業的(鐵道、交通等)為八八四億日圓，投資於私人企業的為一、〇六七億日圓。投資於私人企業的，主要的是集中於海運、石炭、鐵礦、肥料；這些投資固然有助於基礎產業的復興，然而却又成為使日本經濟再編成於軍事目的下的主要的鍥子。(參附表「等值資金實績」)

對於那一時期中的對日援助的結果之不應輕輕看過的，尤其是輸入的援助食糧給於我國農業上的影響。當然，日本國民由於援助食糧而得倖免於饑餓，那固然是事實，然而那，曾經支持了政府對於米的强制供出和低米價政策，那就是，曾經被政府利用了作為阻止農地的澈底改革和農業生產性向上的工具。這種種，就是其後對美國的農產輸入的依存性所以成為永久化的原因。

其次，對日援助對於定下了單一滙率制也起了決定的作用。在極度外滙缺乏和異常輸入超過的當時，要定下單一滙率制本來是不可能的，可是當時的美國，為得要使日本經濟成為支配全世界的通貨和滙兌之一環而强其從屬於美國起見，為得要保證美國資本活動的安全起見，爲得要强制日本執行饑餓輸出起見，要求了日本定下那樣的滙率。這樣子，一美圓對三六〇日圓的滙率是定下了，日圓從屬於美圓的運命是註定了，對日援助在這關鍵中所發揮的推動力之大是不難想像的。

等值資金實績　（單位一億日元）

	1949年度	1950年度	1951年度	累計	%
(A) 收　入	1,293	1,629	542	3,465	100.0
1. 交　付	1,278	1,308	455	3,042	87.8
2. 回　收	—	274	23	297	8.6
3. 利　殖　金	48	47	64	125	3.6
(B) 支　出	1,141	799	1,225	3,165	91.3
1. 債務償還，國債買入	624	—	494	1,118	32.3
2. 公私企業投資	516	719	716	1,951	56.3
(a) 公企業	270	382	233	884	25.5
(b) 私企業	246	338	483	1,067	30.8
3. 其　他	—	79	15	94	2.7
(C) 短期證券及儲金	152	982	300	300	8.7
1. 短期證券	152	547	274	274	7.9
2. 日銀儲金	—	435	26	26	0.8

（大藏省，「等值資金記錄」）

投資於公共企業的等值資金

（單位一億日圓）

	1949—50年合計	%
(A)公共事業	109	12.4
(B)國營事業	460	52.1
1. 電氣通信	240	27.1
2. 國有鐵路	190	21.5
3. 國有林	30	3.4
4. 小　計	569	64.4
(C)政府金融機關	315	35.5
1. 開發銀行	100	11.3
2. 輸出銀行	75	8.5
3. 住宅金融	100	11.3
4. 農林漁業	40	4.5
合　計	884	100.0

從這些初期的對日援助去看得失的情形，可以明白的是，對日援助不但由於終戰處理費的支出而被償還而有餘，而且由於那一些援助，招致了日本的財政、金融、貿易的對美的從屬，因而形成了日本經濟軍事化的誘因。復興就是從屬，是這一階段的大大的特色。

三、虛有其表的繁榮

一九五〇年六月韓戰的勃發，使日本經濟的相貌爲之大變。接近於韓國的日本被利用作爲聯軍極妥的基地，於是以美軍緊急調達爲中心的所謂「特別需要物資」（簡稱「特需」）乃在日本訂購了。其後跟着日本經濟被編入於美國國防計劃的一環，特需的範圍更擴大了；到了五一年，美國供給亞洲諸國援助物資的訂購，即所謂「海外調達」者（韓國復興特需，MSA援助採購等），也加上了；到了五二年，又開始了武器彈藥之類的調達，於是和美國軍人、軍屬以及他們眷屬所需的消費以具來，美圓在日的支出更增大了。這樣以特需爲中心的美軍關係的對日美圓的大增，年復一年地大大超過了那些年頭的對日援助額。

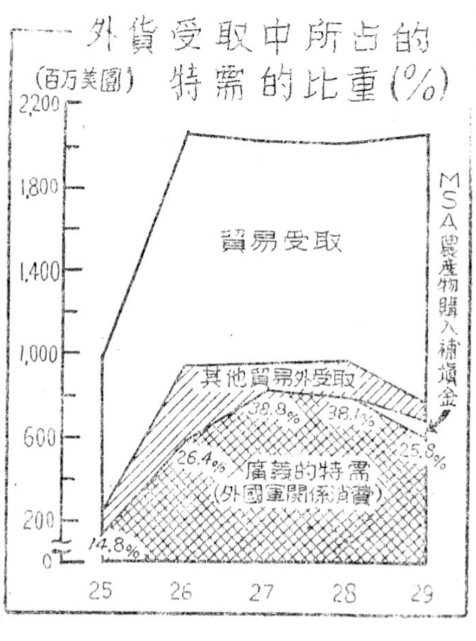

詳言之，包含了美軍個人消費的所謂「廣義特需」的累計，到一九五四年止，總共到了二九億七、〇三七萬美圓，佔了那一時日本國際總收入九九億一、七三〇萬美圓的百分之二九．九五。其中比率最大的是一九五三年，那一年的「廣義特需」爲八億九四七萬美圓，佔了那年國際總收入二二億一、〇三七萬美圓的百分之三八．一，達到了從來未有的高峯。而和這些情形相反的是，那一時期的GARIOA和EROA援助，却由四九年的四億九、四〇〇萬美圓，降至五〇年的二億七、八〇〇萬美圓，更降至五一年的一億美圓。

同時美國在日本所調達的物資和勞務，即所謂「狹義特需」的累計，到五四年止，爲一五億三、九〇〇萬美圓。這裏面，八億三、六〇〇萬美圓是物資特需，四億八、七〇〇萬美圓是勞務特需，其中大部份用美圓基準調達的，總數爲一三億五、一〇〇萬圓，小部份用日圓基準調達的，總數爲一億三、八〇〇萬美圓。

這樣跟着對日美圓的增加，日本的對外輸出也就從一九五〇年的七億七、〇〇〇萬美圓，很快地增加到五一年的一二億九、〇〇〇萬美圓，同時跟着特需的訂購和對外輸出的增大，國家財政投資和融資也立刻增大起來了，於是我國工礦業生產的上升率，也就遠比他國爲快了。

從這樣看下來，特需似乎確實使日本造成意想不到的繁榮了，然而，那却是眞正一時的，只是所謂虛有其表的繁榮而已。爲什麼呢？日本經濟只在五〇年七月到五一年三月之間，出現了一個極短的大活氣，過後就逐漸轉爲不況和部份的生產過剩，到了五三年，手頭的外貨竟而急減了，轉爲眞正的不況了。在這裏，對於上面所述過程中特需究竟怎樣强化了和決定了我國對美依存和從屬的情形，預備詳細地檢討一下。

原來美國對日援助從商品形態變爲用美圓支付的特需形態，事實上，反而招致了從美輸入增大的結果。因爲依靠特需的軍事生產的增大，必然促進了從美輸入的工業原料的數量，從而顯著地促進了輸出入的不平衡，於是靠了特需所積蓄的美圓，也就還流到美國去了。前面說，初期對日援助是用獨佔價格强授的援助，而現在特需形態的援助呢，一方面，乃是用那遠低於美國國內的價格，採購了日本生產的軍需品，而另一方面，又把日本好容易積

(17)

蓄起來的外貨，使他消費於高價的美國原料的輸入；這樣子，在那循環過程中，從日本國民的手中，二重三重地奪去了利潤。同時剛纔說，特需的累計到了二九億美圓，佔了其間日本國際總收入的百分之三○，用來勉強去彌補迅速擴大的貿易上的赤字；這一個事實，也就是使日本經濟決定地從屬於美國的事實。而從五三年起，日本政府由於特需的漸減而大感狼狽，於是饑不擇食地撲向那個MSA軍事援助去，也正由於這一個緣故。打個譬喻吧，特需却是爲了其後繼之而起的MSA再軍備行使了開路機的作用罷！

如果說，GARIOA和EROA的致力點在於促進美國過剩商品對日輸出和強化日本基礎之產業使其轉化爲軍事潛在力的話，那末用特需這一名稱的援助，則其軍事作用在於把日本的工礦業再組織起來，作爲美國軍事生產的補助脚色的下級包工。

關於特需的訂購，初期涉及於一般商品的範圍，其後跟着韓戰的擴大，訂購兵器的比重逐漸增高。詳言之，在特需的第一年，他的性質反映着苛酷的戰爭，因之訂購品以盛土的沙袋、有刺鐵絲、油脂炸彈箱、航空用燃料箱等佔多數，其餘爲綿布、坑木、貨車、大卡車和建築用的鋼材等。可是到了第二年，戰線呈膠着狀態了，訂購重點也跟着變化了，關於木材、水泥、以及防禦和建築用的那些臨時房屋的鋼材契約量也增大了，關於修理兵器的勞務契約當然增大了，關於迫擊砲和迫擊砲彈等完成兵量的訂購也開始了。到了第三年，一方面，大量繼續訂購完成兵器，而一方面，又進行基地建設的特需。這樣子，跟着特需訂購的推演，日本很快地走上了軍事化的道路。"One morning she found herself Changed"（一覺醒來，她發見自己全變了），這句話曾經大大流行過的，那就是這時候。那意義就是說，由於特需，不知何時變爲近代的軍事工業了，不知何時重整軍備已經成爲既成的事實，套上自己頭上了。「一覺醒來發見自己全變了」，這是多麼連透氣都沒有工夫的話囉！

（未完）

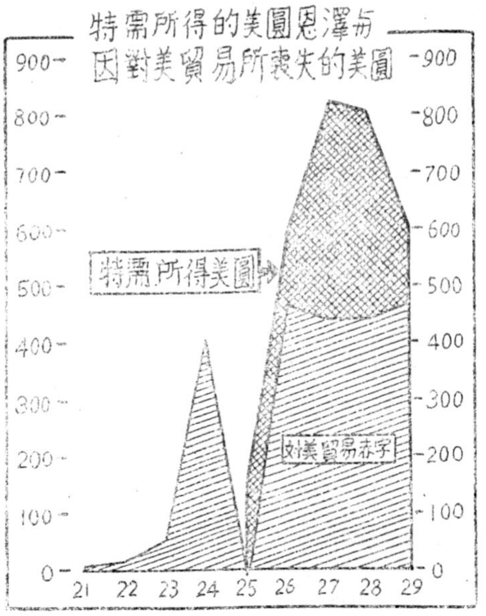

讀者投書

(三) 關於留學考試「改進」辦法

王浩然

閱七月卅一日中央日報，有「留學考試將有重大改進」之消息一則。據稱，教育部留學考試研究小組(出席者均爲教育界知名之士)，於通盤檢討留學考試有關問題後，對改進各點已獲有結論。所謂「改進各點」主要爲對擔任軍職之大專畢業生參加公費考試及自費出國之優待辦法，其次爲對有關自費考試的報名手續、考試科目、考試日期的三點技術上的「改進」。

對於這項「改進」辦法的其他各點，這裏將暫置勿論外，我覺得其中關於自費報名手續的規定，似嫌有欠考慮。

根據過去規定，凡參加自費考試者，只須取得國外大學入學許可證即可准予報名，而現在的「改進」辦法則是：「報名時自費生須繳驗外滙存欵證件，獎學金生須繳驗國外大學獎學金證件。」教育部此項改變(實在看不出「改進」的地方)之命意何在？殊令人難解。

據我們所知，國外各大學對獎學金的核給大半均在每年四月以後開始審查，最早也得在五六月間也能獲知其結果。根據此次教部的決定，自費考試將提前於明年一月舉行，則考生要取得國外大學獎學金證件，乃不可能之事。因此凡要參加考試，就要先拿出兩千四百元美金的自備外滙，「銀貨兩訖」，當無通融之餘地。當然，在臺灣爲了子弟深造，而立即籌出二千四百元美金的，自然也大有人在，但大概也只限於一些顯宦與巨室者流，一般人是不敢說此話的。據筆者接觸的已出國或想出國的朋友，一則都是考試錄取以後，煞費周張，常須奔走籌措一年以上，靠親友幫忙，湊足此數，才能出國。實際上，眞正去國外求點知識的，也只是此等人。現在，教育部的新規定，如果眞的付諸實施，則這班人將只能望洋興嘆(公費的名額究竟太少)，而自費留學之門便僅是爲富貴人家子弟而開的了。

有人說，教育部恐參加自費考試的人太多，所以才加此限制。這當然是甚爲荒唐的臆測，不足置信。但是無論如何，教育部的新規定，無異給有錢的人以較多的便利，而剝奪了想深造的清貧子弟之應考機會，予人以不平的感覺，其影響當十分惡劣。教育當局對這一點應該是能體會到的。

本來，繳驗二千四百元外滙證件，是美國政府的規定，凡出國學生如不具備這一條件，駐臺北的美國領事館是絕不會給你簽證的。在教育部，實無此需要來限制學生參加考試。試想，考試而不能錄取的人，也要先籌足二千四百元，豈不寃枉自費氣力一場？就是考取的學生，要從一月間參加考試到簽證出國，其間至少需時半年以上，這二千四百元要呆在那裏白費半年的利息。在國家在個人，這都是不必要的浪費。難道教育當局連這個算計都沒有？

所以，無論從什麼角度看，教育部對自費考試報名手續所加的限制，既不合理，且不必要。

我以爲，教育部從來對於留學考試，就缺乏一個明確而有遠見的政策，以致擧措無定。在這方面，教育部應該加以深入的檢討，進而厘定一個合理的政策。例如大專畢業學生的留學是否須要橫加限制？便是十分值得考慮的。至少像自費考試須先有外滙才准報名這類的規定，其不合理，至爲顯然。好在此項所謂「改進」辦法還未付諸實施，我願就愚見所及提供教育當局的參考。

香港通訊

胡風事件的總透視

沈秉文

自胡風被正式公開清算以後的半年來，各地報刋對此一事件的批評報導實已不少，可見各方面對此事的重視；惟由於此事內容的複雜多變，已無法憑以往的片斷報導說明其事件的眞相。

胡風事件詭譎多變

查胡風的被鬪，嚴格說來，最遠要追溯到抗戰時期及抗戰勝利以後，那時胡風在重慶、桂林、上海等地替中共做鼓吹手，在香港主持赤色宣傳工作的鄒荃麟一派，就以純中共的立場批判了胡風的文章左得不够。近的，也要追溯到一九五二年一月，當被中共文藝部門的當權者周揚收買了的胡風的同道者舒蕪，在「人民日報」發表了一篇以「從頭學習延安文藝座談會上的講話」爲題的文章以後，中共的「作家協會」就一再爲胡風的所謂思想問題舉行了座談會加以檢討。當時胡風雖在一些枝節問題上作了若干讓步，但在原則上仍强調他的文藝思想是眞正馬克斯主義的文藝思想，並否認他的文藝思想與毛澤東的文藝思想有若何距離。但至次年三月，周揚派的林默涵在「文藝報」上却刋出了第一篇批判胡風文藝思想的文章，題爲「胡風的反馬克斯主義的文藝思想」，竭力攻擊了胡風的文藝思想是資產階級唯心主義的文藝思想。從此，「文藝報」就策動他們各地的通訊員撰寫批判胡風文藝思想的文章，首先揭開了攻擊胡風的序幕。綜觀這一個時期的情形，應可稱之爲醞釀階段；事件的性質，也還祇是純文藝理論上的批判和抨擊。

迨至一九五四年十二月，俞平伯的紅樓夢研究風波掀起，及清算胡適思想運動展開，中共「全國文藝學術聯合會主席團」和「作家協會主席團」召開八次擴大會議，檢討「文藝報」主編馮雪峰在處理此兩鬪爭中所發生的錯誤時，胡風乘機發言，指「文藝報」的失敗是整個文藝部門的失敗，當卽擊中了周揚等當權人物的要害。接着，胡風向中共中央遞了一個文藝工作的意見，痛陳中共的整個文藝生機已爲庸俗的機械主義所扼殺。並從世界觀到創作方法，從生活實踐到思想改造，從民族形式到寫作題材等等都提出了他自己的見解，從而提出了一些改進中共文藝工作的具體意見。詎知在這兩項作爲之後，中共中央卽指示「人民日報」對胡風展開了公開的批判，正式喊出了清算胡風思想的口號，紛紛刋出了抨擊胡風文藝論點和政治思想的長篇大論。到這時候，胡風事件已由文藝問題牽涉到了政治問題。他的罪狀是：反共產主義世界觀，反現實主義，反工農兵。

及至今年五月間，「人民日報」與公佈胡風的「我的自我批判」同時，突然發表了胡風於一九四三至一九五〇年間寫給舒蕪的三十四封私人函件(中共稱爲關於胡風反黨集團的一些材料)。胡風在這些函件中，曾尖刻地諷刺了中共的文藝政策和權貴們，以及郭沫若、矛盾之流的投機文人；並顯出了他在中共文藝圈內的有計劃有組織的宗派鬪爭情形。至此，胡風事件的性質乃陡然大變，立刻由個人文藝思想問題變成了集體反黨和反人民的觸犯中共刑律的嚴重事件。從此，文藝及政治思想的批判，也就轉向了人身攻擊。幾乎凡中共的文藝權貴、靠攏文人、尾巴黨派頭子、部隊將領、各劇伶人、乃至士兵、工人、店員中的積極份子等等，都爲表功或爲表白他自己立場(擁護中共的立場)的堅定正確而紛紛向「人民日報」寫了應景的文章，「人民日報」也居然連日以兩版至四版的廣大篇幅刋登了這些文章。其篇數之多，漫罵之烈，聲勢之兇，可說史無前例。就在此時，由郭沫若出面的「文聯作家協會」便通過了一個決議：開除胡風的「作家協會」會籍，撤銷胡風在文藝界所擔任的一切職務，建議有關機關撤銷胡風的「全國人民代表大會代表」的資格，並對胡風的反革命罪行進行必要的處理。此後不久，「人民日報」又發表了一批胡風平日給許多同道者的私人函件。由此，鬪爭胡風的空氣既更形兇惡，天津、上海、武漢、南京、安慶、杭州等地的胡風同道者(都很有地位)亦紛紛遭到了檢舉和清算。

詎知到了六月十日，「人民日報」以「關於胡風反革命集團的第三批材料」爲題，又發表了一批胡風的許多同道者平日寫給胡風及其妻子梅志的私人函件，並在該報的編者按語中竭力引證這些信件，斷定胡風及其同道者之一的阿壠都是反動特務，而指與胡風同道的一些共黨黨員爲胡風在黨內的代理人。與此同時，該報還發表了以「必須從胡風事件吸取敎訓」爲題的社論，更進一步將胡風及其同道者——所謂胡風集團——下了一個結論，說是帝國主義國民黨特務分子、反動軍官、托洛茨基分子、革命叛徒、自首變節分子等等就是這個集團的基本骨幹。至此，胡風事件的性質，根本已一變再變地離了譜，不但中共文藝理論家已變成了暗藏的反革命份子，連出身成份也由農民子弟變了地主惡覇了。

這一番被鬪的經過及其被鬪的內容畢竟太微妙複雜了，如果僅僅從這些表面現象去觀察，幾乎誰都不容易瞭解究竟是怎麼回事。因此，我們還得從頭就整個事件的眞正內容去加以研究剖析，以求得其客觀而明晰的答案。

從胡風的歷史說起

胡風，照中共最近的說法，原名張光人，又名張光瑩，湖北蘄春縣人，出身農家(中共則稱爲反革命地主家庭)。根據他「理想主義者時代底回憶」一文自述，在五四運動後兩年，他還祇是武昌一間中學的備取生，當時讀着「嘗試集」、「女神之再生」、「嚮導」和「努力週報」等纔逐漸愛好新文學，並學寫小詩。此後不久，轉往北平，秘密加入了共產主義青年團，成為一個馬列主義的狂熱者，旋以身份暴露，北平無法立足，乃去日本混了一個時期。回國以後，在上海賣文為生，因受魯迅影響和提携，加入了左翼作家聯盟，以著作甚多，筆鋒尖刻，乃漸露頭角。此後，他在上海、武漢、桂林、重慶等地先後主編過「七月」、「希望」、「呼吸」、「泥土」等刊物，出版過「劍的路向」、「密雲期風習小紀」、「論民族形式問題」、「在混亂裏面」、「逆流的日子」等文藝論集，及「野花與劍」、「為祖國而歌」、「我是初來的」等詩集。他長期地利用了抗戰的機會和言論自由的條件技巧地販賣了馬列主義，執行了中共的文藝毒化政策，發揮了中共的文化統戰作用，助長了中共在青年學生羣中的引誘蠱惑。於中共而言，實屬功不可沒。

抗戰勝利後，胡風回上海建立了他的左翼文藝陣地。不久，去了北方。中共佔領上海後，又回到上海。他雖然始終不曾加入共黨，但終究恃其二十年來為中共推波助瀾之功，上海「文學藝術界聯合會」成立時，他就成了上海文聯的委員；「全國文學藝術界聯合會」成立時，他又當了全國文聯的委員；且被中共譽為黨外革命人士，優秀的文藝理論家，並給他一個中央文學研究所教授的職務。

但儘管胡風熱中於馬列主義，為中共鼓吹，却一向與中共一般的文藝權貴積不相容。首先，在上海搞左翼運動時，為了爭奪左聯領導權，曾與當時中共派在上海負責文藝活動的周揚及徐懋庸等發生過衝突（當時魯迅曾支持胡風，斥周徐鬧宗派主義）。其次，在重慶主編「希望」時，由於中共暗中操縱過嚴及一些中共高級文特的態度驕橫，胡風極為忿懣。在他當時給舒蕪的信中，曾說舒蕪在「希望」上寫了一篇「論主觀」的文章以後，他和舒蕪都遭到了中共文特們的嚴厲指責，被斥為宣傳了資產階級主觀唯心論和個人主義，大有連人帶刊物都有被悶死的危險。當時他在信中曾稱何其芳、劉白羽、胡喬木等高級文特為馬掛、豪紳、欽差；稱一般文特為老爺們、官們；稱矛盾等投機文人為抬頭的市儈；可見一方面盛氣凌人之甚，和一方面不平怨忿之深。迨抗戰勝利胡回上海以後，在香港的中共統戰作家鄒荃麟等，且曾公開對胡風的文藝思想提出了批判鬪爭，他們抓住了胡風「主觀戰鬪精神」那句話及舒蕪「論主觀」一類的文章，大罵胡風違背了階級立場。胡風曾公開加以辯駁，並在私人信件中稱鄒荃麟等為公子們，稱中共的控制文藝思想，是機械論的統治勢力。可見其在人事關係和文藝政策上，實與中共頗有裂縫。

胡風這個人的性格和作風，據熟悉他的人說，是幹勁很强，做事認眞，講話很守立場，生活相當儉樸刻苦。再從他給舒蕪等人的信件中看來，覺得他很鎮定、深沉、幹練、尖刻、大膽、堅强、勇敢、豪放，而且領袖慾很强，戰鬪精神很旺，外加還有幾分傲傲然的骨氣。也許就是這些性格和作風，以致使他與中共之間構成了一種簡直不可思議的關係。即：基本思想上的左傾，使他投靠了中共；不肯向權勢低頭，使他始終被關在中共的黨門之外；主觀意識保持了他的良知，使他敵視了中共；能力和思想上的足以服人，使他在中共的黨內外結成了集團力量，滋長了改造中共文藝工作的雄心。

至此，我們已可獲得一個初步結論，即：胡風並非如中共最近所說的反動特務。胡風是一個在動亂的時代裏找個人出路並對社會帶有幾分責任感的知識份子，因受中共的宣傳影響而誤入歧途，成了馬列主義的愚誠者，而在憑馬列的尺度去衡量中共的權術政治時，便處處激發了反感，必然地與中共之間在人事關係上和政策思想上都發生了尖銳的暗鬪。儘管他曾如何有功於中共，中共却慣講現實利害，一旦到了所謂鳥盡弓藏之時，本來就被視為走狗人，就免不了被烹的命運。換言之：胡風被鬪，乃勢所必然之事；而他的歷史、性格和作風，乃為必然被鬪的基本因素之一。

所謂胡風的思想問題

其次，我們該研究到所謂胡風的思想問題。

胡風究竟是怎麼樣一種思想不容於中共呢？我們根據所有攻擊胡風的主要文件和胡風的自我批評加以對比分析，大致可以歸納為下述幾點。

其一、胡風在一九四〇年寫的「論民族形式問題」裏面，論斷五四運動是以市民為盟主的中國人民大衆的反帝反封建的思想表現。所謂以市民為盟主，意指覺悟的知識份子領導了五四運動。而毛澤東則曾論斷：五四運動完全是中國共產黨所領導的共產主義的文化思想底表現。同樣地，在中共反帝反封建的政治綱領之下，胡風認為革命者是包括了小資產階級的人民大衆，反帝反封建就是革命鬪爭，從而在這一方面從事了他的文藝實踐。然而在中共的權術中，反帝反封建祇不過是一句應時制宜的口號，是所謂「新民主革命」階級的統戰形式，是工人階級革命（筆者按：實際上應作中共）的最低綱領，既不容小資產階級與工人階級混而為人民大衆，亦不容所謂革命以反帝反封建為已足，而必須一步又進一步地奪取政權，建立中共的階級專政。於是胡風的思想乃被斥為背離了工人階級立場，左得不够要求。

其二、在所謂現實主義底理解上，胡風信奉了史太林的說法，——從而，胡風認為作家底思想認識須得變成他自已的血肉要求，在眞實的基礎上產生作品，反映現實，促進進步。然而中共却認為胡風對史太林的這句話乃係斷章取義。脫離了階級性和黨性就不是眞實。說作家應該站在社會主義先進者的立場，寫出未來的社會主義的遠景。於是信奉現實主義者的胡風，就在這種巧妙的解釋之下變成了反現實主義者。

其三、胡風認爲工人階級固然革命，小資產階級亦同樣革命，在同一的革命目的之下，應該講究一點革命人道精神，不應利用小資產階級而又歧視小資產階級，予以强迫改造。中共却認爲在革命的過程中是帶有不少非無產階級的東西的，而小資產階級的優越感和個人主義思想以及動搖性和不澈底性是終必不利於社會主義底進展的。因此，中共認爲小資產階級必須改造成無產階級，同樣地，作家既大多是小資產階級出身，也就必須予以改造。從而指斥胡風的革命的人道精神，是抹煞了階級觀點，陷入了唯心主義的錯誤。

其四、胡風認爲勞動及一切下層生活對作家並無決定性的影響。那裏有人民，那裏就有歷史；那裏有生活，那裏就有鬥爭；有生活有鬥爭的地方，就有寫作的題材。並不一定要深入工農兵之後才有題材。這一點，中共認爲嚴重地牴觸了毛澤東的文藝方針，使中共以深入工農兵爲手段的改造作家的目的，受到了一定性的阻礙。從而指責胡風安於狹隘的小資產階級的生活，抗拒進步。

其五、胡風認爲作家應注重其才情和表達方法，反對以教條破壞作家昂揚的主觀精神和飽滿的創作情緒，以損害其高度的藝術表現。並强調作家既應有主觀戰鬥精神，亦應有眞誠的思想要求，他反對虛僞的創作態度。這就無異已戳穿了中共作家是不眞誠的，作品是虛僞的以及是八股化的事實。這自然是刺痛了中共的要害。

其六、胡風對於民族文學遺產的看法，認爲在五四以前，一律都是封建文學。他分析以前中國社會的情況，客觀上既沒有民主主義的現實存在，主觀上也沒有民主主義的戰鬥意識；縱然是水滸、紅樓夢一類的書也並沒有反帝反封建的積極意義。這一看法似乎是很左的，但中共却說他是右了。中共的意思，五四以前也有不少是無產階級的文學。用意是：表示在沒有中國共產黨以前，早已有了無產階級的革命的意識和要求，並不是有了共產黨以後才有反帝反封建的革命，於是，胡風的看法，就等於否定了中共順天應民的這一自詡了。

其七、胡風在他的「論現實主義的路」裏面，曾說人創造了歷史，但這個被人創造了而且還在創造着的歷史，却是運動在被人所創造出的物質關係的限制，即規律性裏面。並說歷史的內容，祇是人的精神世界中的矛盾和鬥爭；推動歷史發展的就是人的求生意志和願望；阻礙歷史發展的，就是人的安命精神。胡風這種說法，根本已抵觸了中共的唯物史觀。於是，胡風又成了一個反唯物主義者。

其八、同前書中，胡風在分析社會與個人關係時，認爲人並沒有如理論家所分析底階級意識的，人民也沒有階級鬥爭的要求，而祇是希望從長期積累下來的沉重的精神奴役的創傷下面解脫出來。通俗一點說，即：人民並不要求從事階級鬥爭，人民祇是要求從愚昧、無知、貧困、庸俗下面掙脫出來，以求得自由和進步。不用說，胡風的這種論點，是根本違反中共底階級鬥爭論的。

此外，胡風更大膽地在他給中共中央的文藝工作的意見底關鍵在那裏一章裏，指出周揚與何其芳等文藝權威，曾在讀者和作家頭上放下了五把刀子，用機械主義和教條主義抹煞了藝術的創造，用宗派主義和軍閥式的統治扼殺了文藝生機。

綜上所述，縱然胡風與中共及其文藝的當權者都揹着馬列主義的招牌，一面同樣强調現實主義和社會主義；但一面是在朝者，崇尚權術的運用，愛好光明的歌頌，着重遠景的宣傳，一面是在野者，存有客觀的見解，明察是非的本源，忠於藝術的原則；以致形成了幾乎不可調和的矛盾。

至此，我們已可獲得又一個重要的結論，即：胡風思想的問題，關鍵不在如中共所指斥那樣地違反了馬列經典，而是牴觸了中共那一套完全權術性的文藝和政治的理論，揭露了中共的隱私，形成了對中共的精神威脅。這也就是中共勢必清算胡風的又一基本因素。

所謂「胡風反革命集團」

再次該談到所謂胡風反革命集團。胡風究竟是怎麼樣一個集團使中共震驚呢？且先看目前已被肯定的這張黑名單。

上海方面：①劉雪葦，中共黨員，曾任中共中央華東局宣傳部文藝處處長，被指爲胡風集團在華東區的領導人；②彭柏山，中共黨員，前任華東軍政委員會文化部副部長，被指爲胡風集團在上海的實際領導人；③羅洛，中共候補黨員；④耿庸、王元化、方典、梅林，均在上海從事文藝工作，均被指爲胡風集團的骨幹份子。

杭州方面：方然(即朱聲)中共候補黨員，浙江文協主席浙江日報文藝週刊主編，被指爲胡風集團在浙江的領導人。

紹興方面：張中曉，所謂前進作家，被指爲在浙江的胡風骨幹份子。

南京方面：①路翎，曾任南京大學中文系教授；②歐陽莊，所謂前進作家；現二人均被指爲胡風集團在南京的領導人；③華田，南京工業會計統計學校語文教師。

武漢方面：①曾卓，中共黨員，曾任武漢文聯副主席；②綠原，中共黨員，中共黨內名作家，長江日報編輯，被指爲胡風集團的重要骨幹。

安慶方面：王思翔，安慶文聯委員及安徽全省文聯委員，被指爲潛伏在安徽的胡風骨幹份子。

青島方面：呂熒，「中國作家協會」主席團委員。

天津方面：①阿壠(即陳亦門)原任中共天津文聯委員，文協機關刊物主編，南開大學教授，被指爲胡風集團最重要的骨幹份子，駐天津的領導。②盧甸、魯藜，均中共黨員，被指爲胡風集團在天津的黨內代理人。③劉德馨(又名化鐵)，所謂「前進作家」，被指爲胡風集團在天津的傳達員。

北平方面：①謝韜，中共黨員，中國人民大學馬列主義教研室副主任，被指爲胡風集團在中共黨內的上層坐探；②徐放、嚴望，均爲所謂前進作家。

重慶方面：莊湧，被中共指爲胡風份子及反革命地主。

此外，還有倪子明、汪靜波、盧玉、任敏、冀汸、賈植芬、馮異、牛漢、朱懷谷、徐平羽、以及被牽入的中共財政學作家尹文敬、伍丹戈、羅毅、丁方等多人。

上列數十人，還祇是中共從他們與胡風的信件往囘中和他們對付胡風被鬬事件的態度中所發現出來的。胡風所謂骨幹份子；若以胡風的信奉者和同情者而論，一定還多得不可勝計。

這情形的確是很嚴重的。但必須指出：我們即使相信所有有關胡風事件的資料都是眞實無假的話，也看不出胡風與上列那些同道者在主觀意識上有若何反抗中共的組織結合，祇能看到他們對於現狀的不滿和申訴，以及因此而發生的事業上和友情上的連繫。胡風之能蔚爲此一連繫的核心者，由於他勇於作理論原則上的發揮，向中共的當權者挑戰，在黑暗和懾於權威的社會裏，變成了罕有的騎士，爲所有不滿現狀者吐了一口氣。

然而縱然胡風及其同道者並無造反的意圖和力量，也已足够中共恐懼了。中共當然明白：極權統治下的暗抗者，首先就是知識份子；黨內的所謂動搖者，亦以知識份子爲主流；而胡風理論的影響之大（中共曾稱胡風理論是一套完整的，反黨反人民的政治綱領），同道者之多（中共曾稱胡風集團有一套完整的行動綱領），正是很多暗抗與動搖的知識羣衆中間的一顆大炸彈。因此，胡風固然要被羅織成罪，置之死地；胡風的同道者又何嘗能倖免殺戮？這是胡風事件之所以被空前瘋狂地大張撻伐的又一因素。

胡風事件的影響

前述各節中，對於胡風事件究竟是怎末回事？胡風究竟是何等樣人？胡風究竟是怎麼樣的思想？胡風究竟是怎麼樣一個集團？以及中共究竟爲什麼要清算胡風及其同道者等等；相信大致已說明了它們的眞相。現在，胡風事件雖還不曾完全結束，但胡風夫婦及阿壠等一班所謂骨幹份子，業已分別在他們的所在地被捕，最後結果如何，已不難想象，大多有死無生。不過按照中共的慣例，未殺以前，必强迫被殺者作一些自虐性的自白，榨取他們的剩餘價值，以收殺鷄儆猴之效。胡風及其同道者，當必更被大肆利用。胡風事件發展到目前，原則上已告一段落，故我們可再談談胡風事件的影響，以爲本文的結束。

就大陸方面言，胡風事件已有下述幾種影響。

一、由於胡風並非黨員，及中共對非黨知識份子的提高戒心，已使非黨作家（雖然人數不多）及各尾巴黨派份子引起恐慌。其中尤其是各尾巴黨派的頭子如李濟琛等，一方面深恐本身受嫌，一方面又怕所屬份子中有人牽涉胡風事件；故除亂罵一通胡風，自虐地批判一下自己的思想之外，並告誡他們的黨員要「站穩人民的立場」，吸取胡風的教訓，加緊靠攏共黨，學習共黨，改造自己。而中共亦有藉胡風事件在精神上予尾巴黨派份子以鎭壓的作用。此一影響所及，表面上或於中共的統治有利。

二、中共於叛亂者變成了統治者以後，歌頌、說謊、掩飾等一定的寫作內容，本已扼殺了中共的文藝生機，胡風以馬列衞道者自居而爲之憂忿的原因之一即在此。胡風被鬬之後，文藝八股化勢將更爲盛行，中共的文藝生命亦勢將被悶死而後已。此一影響顯然於中共是不利的。

三、由於胡風的同道者有不少是中共老黨員的緣故，胡風事件不但在目前已引起中共黨內的檢查和鬬爭，且在不久的將來，還將影響到中共的組織工作——新黨員入黨及監視、考察等問題。

四、而對中共最大和最惡劣的影響，連「人民日報」在集印胡風等三批私人函件時所加的序言中亦不否認，這些函件對於中共過去及目前的許多黑暗有極明顯的暴露。這些暴露，大致可簡單地歸納成下列幾部份。①中共文藝權要的官僚面目和投機文人的醜相。②中共文化特務的兇惡卑劣面目。③中共一般黨員作家的低能和淺薄。④中共對文藝界的特務控制。⑤中共壓迫文人抹煞人性。⑥中共文藝界的苦悶和怨忿，以及一般人的反抗情緒與願望。⑦中共的批評家都是當權者，一切眞實的作品都被壓了下去。⑧中共文藝界的混亂相和齷齪相。⑨揭穿中共用命令指揮黨員作家攻擊胡風的情形。⑩證明中共統治下的確沒有沉默的自由。⑪戳穿了毛澤東文藝經典著作「論文藝問題」裏面的假現實主義。⑫暴露了中共文藝界的市儈作風和爭權奪利的情形。⑬暴露了中共牛二賣刀式的風氣，教員亦被迫捲入清算胡適思想及胡風事件。⑭暴露了中共教育工作的機械化，說教投已變成教匠。⑮暴露了中共的訓練工作是希特勒式的，說受訓之後，精神都瘟頭瘟腦了。⑯指證了在中共的社會裏，做人不可能有莊嚴和眞實，人與人間充滿了疑懼、虛僞、嫉視、冷酷和殘害。

中共公佈這些函件的目的，原想用以證明胡風及其同道者的反黨反人民這一罪狀的；但公佈了這些函件的結果，儘管「人民日報」已刊載了數以百萬字計的鬬爭八股，卻仍未能掩飾知識份子中對胡風等的同情，及對胡風等所揭露的黑暗有所共鳴。這對中共是一個極大的損害。

至於此事在鐵幕以外的影響，可說一般人都很關心；惟由於此事底過於多變與複雜，能比較完全地明瞭眞相的人還不多。以最接近鐵幕的香港爲例，筆者就曾碰到不少朋友問起此事，說很關心，但不知究竟是怎末回事。若就一般報刋的看法而論，有的認爲這是中共的內鬨；有的認爲此事顯示附共知識份子的悲哀；有的認爲此事顯示了附共知識份子的覺悟及中共政權的危機。大體說來，胡風事件給予自由世界的影響應該很大。第一：它給還在嚮往中共的人證明：中共那個集團，的確並不是什麼馬列主義的實踐者，而祇是一個以馬列爲幌子的以覇佔政治權利爲目的底暴力組合；不容有人性，不容有良知，更不容有異見，凡願作奴才的，可以分得一杯羹湯，不甘作奴才的，就必然是自投死路。自以爲信奉馬列而不甘作奴才的人，這是一個有力的啓示。第二：從胡風事件證明，大陸的知識份子的確有不少是被迫在一個教條之下處僞地做人，而教條並不能完全抹煞人性，這潛存的人性，已形成一股巨大的精神反共力量。這無疑足以增進我們反共必成的信心。

最後，再總括一句說：胡風事件是在同一個馬列幌子之下的失意者和得意者之爭，被壓迫者和壓迫者之爭，未完全泯滅的人性與教條之爭，進步的要求和保守（既得利益）勢力之爭，以及眞誠與虛僞之爭和天眞與權術之爭可說是中共史上空前浩大、慘烈、和複雜的文字獄。

六月一日於香港

桃源小品之四

阿根廷的教育

蕭立坤

前不久，我為香港「自由人」三日刊寫了三篇阿根廷通訊：㈠工人工資福利及生活，㈡家庭生活，㈢移民與移資。茲復遵雷先生之囑，為本刊寫幾篇通訊，這一篇略談阿國的教育。

蘇軾詩：「人家養子要聰明，我被聰明誤一生！但願生兒愚且魯，無才無智到公卿！」阿國的教育家，可說都是蘇軾的弟子。貝隆總統有一句名言：「在阿根廷國內，只有兒童是特權階級。」

每年元月六日兒童節，政府不惜數百萬鉅資，購買玩具，散發給全國城鄉的兒童，大城市裏設有許多託兒所，兒童家庭學校，收託五歲至十二歲的貧窮兒童，免費供給午餐。

阿京本內沙力士(Buenos Aires)也有私立外國人及天主教會辦的中小學，學費很貴。但全國的小學校，絕大多數是國立的。在遙遠的內陸草原上，十里八里才有一戶人家，畜牧為業。小孩們必須騎馬行十多里路去上學。這些天才的小騎士，馳騁于寬平的泥路上，好不自然！

學校的建築都很好，小中大學一律免費，貧窮的小學生，且由校方供給書籍文具。

中小學生，與公務員一樣，都穿白大衣，作為制服，很像中國醫院護士的服裝。貧窮的小學生，校方借給白衣。

小學七年，中學六年，大學六年，如果六歲入學，男人須廿六歲才可大學畢業(廿歲時須入伍一年)，女人廿五歲。所以女學生如想早嫁人，實在來不及讀大學了！

小學每日上課四小時，每星期五日，冬季(五月至九月)下午，夏季上午，功課極少，一年級(分上下二年)讀書一本，另由教員教一點加減法，二年級起，每年有一本讀本，一本參考書。讀本內容多是阿國的地理歷史社會生活及歌誦貝隆政府的短文，很少自然科學及外國智識。

當我寫這文時，我八歲的女兒(讀三年級)正在念她的功課：

「這世界正被分為資本主義及共產主義兩個陣營。我們却不以為然。我們處在第三地位，那即是公平主義……。」

所謂「公平主義」者，正是貝隆夫婦自創的一套政治理論，本文不擬討論。

學校的假期特別多，暑假足足四個月，寒假一星期，此外國慶節，哥倫布節，獨立節，復活節，清明節，國旗節，情人節……天主教的節日尤不勝枚舉，一年至少有四十日，所以實際上課不過一百四十日。

中學分工業，商業，師範(女生)等，大致都是六年畢業，工業中學，功課較多，下午有時還有實習，師範商業則都只上課半天，一週五天。

中小學一向都有天主教義一課，這是憲法規定的，最近政府與教堂鬧意見，國會已修改憲法，並明令把教義一科取消了。

國立大學很少，一共不過六所，分佈幾個大城。每校又分農工文理法商醫等院，形同獨立。

學生分專修生及半修生，前者上課點名做練習實驗，頗像中國情形，半修生則是半工半讀的人，每學期選一二門功課，根本不必去上課，只自己在家自修，到了年終，即由校方指定日期科目去應考。

上課時一個教室，坐上一二百學生，教授無異向羣衆演講，其間師生關係，眞像「君子之交淡如水！」

半修生一年一次的考試更別緻，比如應考的是普通物理學，因內容太多，于是分做幾部份，如熱學，音學，動力，靜力，電磁……共十部，考時學生先到教務處抽籤一個或二個，如抽到熱學，則只考熱學，如熱學考及格了，全部普通物理即算及格了！所以學生都稱赴考為買馬票，也有十抽九不中的，也有一抽即中的。

所謂考試，實際是口試，教授把學生叫到黑板前，出題做，問答，解釋。如教授昨夜失眠，想不起相當題目，可能十分鐘即完了。反之，如教授昨夜受了太太的氣，無處發洩，當然也可盡量出難題，不予及格，學生只好再讀一年。學生既是個別口試，彼此自無比較，一切由教授片刻主觀決定了。

因此，半修生十年不能畢業的人很多，即令畢業，實際學問如何，也大成問題，作者有一位同事，是著名大學化學工程系畢業。但他堅稱柴油機必須用電嘴引火，才可燃燒！還有一位正式會計師，不知二次方程式為何物！

當然，任何教育制度下，天才一樣會自行誕生。但一般人知識水準之低，絕不能從衣冠上看出來。南北美洲，只巴拿馬一邱之隔，而工業文化，如此懸殊，也由此可思過半了。

一位老督學一次對我說：「踢足球也要用頭去頂，讀書也要用頭去想，但頂球賺錢多，讀書賺錢少，誰還願讀書！」這裏人無老幼，地無城鄉，每天關心的只是足球，跑馬，擊拳，燒牛肉，談閒話。人人在笑，人人肥胖，何必讀書，而後為人？反正我們離莫斯科華盛頓同樣遙遠，我們又不欲與人爭一日之長短，何必讀書？

陶淵明寫的「桃花源記」，也只說「黃髮垂髫，皆怡然自樂！」而未云人民讀書之事。我把阿根廷比做桃源，良有以也。

旅美小簡之十二

鐘聲的召喚

陳之藩

每到星期日早晨，整個美國改換了樣子。喧嘩的市街，安靜的不見一人，幾乎所有的人，都到教堂去。美國人如果聽到鐘聲而未去教堂，他們會不安，好像作了虧心事。

到教堂作什麼去呢？聽罵，牧師或神父們在罵下面的這一羣人，不是罵自私，就是罵驕傲，使臺下的人抬不起頭來，有的甚至哭泣。早晨走進教堂時，好像自己是個汚穢不堪的人，出來的時候，覺得已清滌了自己。每隔七天，有這麼一次。

我曾問一個美國同學，「你們爲什麼這樣篤信宗教？」他答說：「我倒要反問你爲什麼不信了。」

的確，我找不出我不信宗教的理由。如果有，大概也是聽別人宣傳的，比如，有人說：「宗教是雅片」；有人說：「宗教是中世紀的尾巴，用宗教救社會是開倒車」，有人把牧師和和尚當成社會的寄生蟲；有人把歐洲有一段時期叫做黑暗時代。有人主張以美育代宗教，有人主張以科學代宗教。

年歲長些，思想逐漸不敢生吞活剝，我慢慢覺悟到宗教不是上面那些人所說的那麼簡單的事。

人世有許多問題，是有史以來從未得過解決的，這個解決，在未來也毫無希望。什麼問題呢，即吵嚷已久的那兩個：上帝存在與靈魂不滅。這兩個問題，在人類的腦筋中站着絕對重要的地位，而不能求得解決。

一個科學家走來，你可以問他說：「爲什麼研究科學，宇宙原是亂糟糟的，本來是亂糟糟的東西，你從中找的什麼條理？」科學家答說：「我相信宇宙是和諧的。」這一個信念只是信念，不能證明。可是這一句話可以換另一個方式說，所謂宇宙和諧即是承認上帝存在。愛因斯坦據此不信量子論與或然率是最後的眞理。

胡適之先生在他的早年，提出了一種不朽主義，不朽主義即是一個人的任何作爲都會不朽，吐一口痰，可以發生無窮的影響，說一句話，可以發生無盡的效用，所以一個人的言行要審愼。這是對社會很衞生的一種哲學。胡先生是不信宗教的人，可是我如果向他借此不朽主義的解釋，以解釋靈魂不滅，我眞看不出有什麼矛盾的地方。

上帝存在與靈魂不滅，我們作了一番名詞解釋以後，即感覺意念清澄了許多；而經過這番解釋，我們忽然發現宗教原是社會存在的很必要的因素。

小泉八雲，在文學講話裏批評雪萊說：「宗教是千萬人，千百年的經驗，雪萊硬與此經驗抗衡，一定要食應食的惡果。」每一個古老的文化，都是伴隨宗教而發生，宗教對社會的維繫，發生了主要的作用。

可惜，科學家們並不全是愛因斯坦那樣智慧澄明，普通人們也全沒有胡適之先生的那樣看法透闢。於是先知者發明了許多可使由之，不可使知之的方法，此方法即是一套神話與一套哲學。藉此發生宗教對社會所發生的作用。

半瓶醋的人們不明白這套神話，與這套哲學用心之苦，專從皮毛上攻擊他，而在宗教的信念坍塌倒壞之後，社會上變成了洪水猛獸的森林，其不能存在，也就可想而知了。

共產黨想把他自己的黨規，變成了宗教，以維繫他那個社會。可惜這個方法太笨拙，不太見效，不見效而硬實施，遂成了恐怖的統治；宋儒想藉一個人數十年的修養，達到宗教對社會的維繫作用，可惜此法太迂濶，對竹靜思不知多少年，才能達到不愧屋漏的境界。最聰明的人，是釋迦，是耶穌，他們編造了許多神話，以求得宗教對社會維繫的效用，這個方法竟維繫了人類的文明，產生了燦爛的文化。

眞正信教的人，是無神者，是可佛罵祖者，因爲他們已經懂得一個宗教的起源與它的作用，無須神仙作爲媒介了。

第二次世界大戰後，有一本名著小說，叫做阿達諾之鐘，形容阿達諾城經盟軍解放後，當地的老百姓對解放他們的盟軍的要求，不是麵包，而是那個城中被納粹搶走去築砲的一口鐘。雖然砲火之餘，他們正在饑餓線上。

這個故事可以告訴我們，有一種需要甚於麵包者，即是那幽揚的鐘聲。人類原是需要鐘聲的。鐘聲表示什麼？表示上帝存在，表示靈魂不滅。上帝存在才有追求眞理的熱誠，才有追求眞理的根據。靈魂不滅，才不會貪圖現世的享樂，才不至使社會瓦解。

教堂有鐘聲，古寺也有鐘聲，鐘聲響時，我也請朋友們想一想。

—四四年七月七日於平湖

女畫家

(五幕悲劇)(四續)

雨　初

第三幕

一個月以後。景如前幕。幕開時，潘乾生正在收屋子。後來拿起畫架上的畫，欣賞了一番，然後放回原處，把畫箱打開，拿起筆來，畫了幾筆，潘母上。

母　乾生，無雙要進來看你。

潘　她又要見我做什麼？

母　你見她罷。這孩子也可憐得很。這一個月以來，把她禁閉在家裏，誰也不理她，也不讓她到醫院去。恐怕她比那個住在醫院的還要苦呢。

潘　苦？她要是懂得苦的滋味，也不會殺人了。

母　你總是這樣，要捉住人家那一會兒的錯。她又沒有把她殺死。今天那一個要從醫院回來了。無雙也許想在她還沒有回來以前，跟你說幾句話。

潘　我還有什麼話跟她說？(無雙已在窗外露面。)

母　哦，雙姑娘，你進來罷。乾生在這裏呢。(無雙上。她顏色憔悴，全無生氣，面帶羞色的走進來。)孩子，你坐下罷。你要跟乾生談談，你們就談談罷。(下。潘乾生繼續收拾桌上的東西。)

雙　乾生，我是來向你賠罪，向她賠罪！(泣。)

潘　無雙，過去的事，最好不要再提罷。

雙　坤儀姐今天出院了，是不是？

潘　是的。待會兒就回來。

雙　她完全好了嗎？

潘　已經脫離危險了。可是她的右手——以後恐怕不能畫畫了。

雙　(良久)乾生，為什麼你當時不讓我自己打死自己？現在，我這罪，眞是擔不起！

潘　無雙，你不必這樣。待會兒她回來了，你千萬不要把從前的事再提起來，省得大家傷心。

雙　她心裏不恨我嗎？

潘　不。一點也不。她還常常問你怎麼樣，要見你。可是你父親總說你們遲點見面的好。

雙　我是沒有臉見她了。可是請你告訴她。這個債，我是要還的。我只要求見她這一次，我就走。

潘　你到那裏去？

雙　去學護士。假如你們不反對，我將來可以一輩子做你們的家庭護士。我把我的兩隻手代替她那一隻手。(廖敬儒上，提了一個小箱子。)

潘　老伯，她們來了沒有呀？

廖　馬上就來了。王嫂陪着她，在後邊的一部車。(潘走出去。)無雙，你跑這來做什麼？

雙　我——我聽說坤儀姐今天要出院了。我……

廖　你還是不在這裏的好。(潘母上。)潘老太太，地方都打掃乾淨了嗎？

母　都打掃過了。

廖　她的衣服床鋪，也整理好了罷？

母　都好了。被褥也拿出去晒了。

廖　(回頭對無雙)無雙，我想，你還是回去。等過天她完全好了，我讓你來見她就是。(無雙無言退出。)

母　(送她。)雙姑娘，回去好好的歇歇罷。(凝視她的後影。)可憐的孩子！(回頭對廖。)老太爺，您辛苦了。張太太住醫院一個多月，那筆費用恐怕很不少。

廖　我只擔心她醫不好。能夠醫好，花多少錢也應該的。只是她那隻右手，我這個女兒，就一輩子無法賠償！

母　她的右手——恐怕以後就不能再敎人畫圖畫了罷？她要是不能敎書，她以後的生活怎麼辦呀？

廖　不要緊。一切我已經替她安排好了。

母　那就好。老太爺，她現在好了，您又替她花了那麼多錢，也總算對得起她了。雙姑娘——這孩子也受了一個多月的苦了。我們乾生，近來脾氣也改了，好多了。他們的婚事，老太爺看那一天合適，還是早日辦了的好。

廖　老太太，你看我這個女兒，還配做什麼人的妻子嗎？

母　怎麼不配呢？只有說我們乾生配不上她罷了。

廖　她這虎狼之心，我不能讓她再放縱下去！我若是不叫她吃點苦頭，痛自悔恨，那我讀了一輩子聖賢書，所學何事？

母　我看她也很後悔。那不過是女孩子一時看不開，就不管死活罷了。老太爺還是少責備她罷。挑個好日子……

廖　潘老太太，我的意思是要把史坤儀定給乾生。

母　這是什麼話，老太爺？十年了，誰不知道我們乾生是您廖家的女婿？怎麼忽然間……

廖　他現在還可以算是我廖家的女婿呀。坤儀是我的女弟子，也就像我自己的女兒一樣。在我的心裏，實在比無雙還要強呢。

母　她怎麼比得上雙姑娘？

廖　她跟誰比，誰也比不上她。我不怪任何青年崇拜她，愛慕她。乾生總算福氣，無雙的槍沒有打中她的要害。

母　可是老太爺，我們潘家從來就沒有再嫁之女。我也不要乾生娶一個離過婚的女人做媳婦。

廖　老太太，我告訴你，你們潘家，祖上不知積了多少德，今天乾生才能娶到這麼一個賢慧的淑女做妻子。

母　老太爺，您不知道現在她的名聲是多麼壞。街坊的謠言，把她說的眞難聽。

廖　我知道。可是不要緊。我親自來替他們主持這門親事，就誰也不敢再說什麼了。(潘扶史坤儀上。王嫂拿了一個小包跟在後邊。史的右手用繃帶掛在肩膀上。）

廖　老師，您已經到了？孩子，快進來罷。

潘　（看見他母親背着他們，裝着在收拾東西。）媽，坤儀姐回來了，她已經好了。

史　老太太，謝謝您替我照料這兩間屋子。

王　老太太，讓我來罷。

史　（感到空氣有點不對，笑。）你們都請坐罷。你們都辛苦了。廖妹妹呢？老師，雙妹妹眞的沒事嗎？

廖　她很好。謝謝你。

潘　她剛才還在這裏要等你回來呢。

史　那麽爲什麽——老師，您眞的不許我見見她？

廖　好的。我去叫她來。（將行，復回頭。）可是你務必好好的休息。

史　我很好。在醫院休息了一個多月，我的精神實在比從前還好得多。老師，您也回去歇歇罷。這個月來，您老人家太辛苦了。其實病的人並不辛苦，倒是苦了關心病人的人。

廖　只要你好了，大家的心也都放下。好，我回去叫無雙來見你。（下。潘母嘆了一口氣，以袖拭淚，下。王嫂隨下。）

潘　坤儀姐，你到底好了！我一直就像作夢一樣。我親眼看見你死了又復活。今天我自己也可以說是從死裏活轉過來。

史　我眞不知道怎麽樣感謝你，潘先生。這個月來，你和廖老先生對我的誠懇，再加上那班醫生護士的熱情，使我感到人間到底還是一個溫暖親愛的世界。這一個月的醫院生活眞是把我整個的人生觀都改變了。我好像脫了一層皮，好像洗了一個澡，換過一身乾淨的衣服。

潘　我眞高興聽到你說這樂觀的話。

史　自從去年以來，我雖然和命運苦鬪，心裏總不免感到伶丁孤苦，不過是强迫自己去掙扎，去忍受罷了。現在可完全不同了。現在我覺得世界上的一切都是美麗，都是可愛的。一切都使我興奮，使我快樂。

潘　你到底承認愛的偉大了。你現在感到眞正的快樂，因爲你認識了眞正的愛。

史　是的。不過，眞正的愛是不自私的。眞正的愛，沒有嫉妒，沒有懷疑，沒有苦惱。眞正的愛，產生活力，產生創作，產生和平，產生快樂，產生一切理想的美境。

潘　坤儀姐，你既然接收了愛，我今天就敢再向你請求。這也是廖老伯的意思——他也贊成你和我結婚。

史　什麽？你們又在想什麽主意？

潘　那有什麽別的主意？他是個明達的人。他一聽見醫生說你已經脫離危險了——那一天，他就對我說，等你好了他親自作主，讓我們結婚。

史　（驚異）啊？那麽無雙呢？你不是已經答應我，跟無雙結婚？

潘　可是無雙現在也明白了，沒有愛的婚姻，是得不到幸福的。

史　沒有愛？沒有愛，她怎麽會恨我？你知道，我並不是她的仇人，她本來很愛我，很尊敬我的。她要不是因爲愛你愛到極頂，她怎麽會不顧一切，來跟我拚命？她豈不知道，要是眞的把我打死，她自己也要償命的呀？

潘　她當時却也眞的是要連自己也死在一起。

史　是呀。你還說沒有愛！

潘　也許是的。可是那只是片面的。無雙也不能不承認。

史　所以你就感到無愧於心了。是不是？

潘　虧心不虧心，和愛與不愛，是兩回事。

史　然而你愛了她十年；你遇見我不過寒暑兩易。

潘　眞的愛，一天就比假的愛一百年還要長。

史　什麽算是眞的，什麽算是假的呢？今天說是眞的，明天也就可以說是假的了。

潘　你來去不過是不肯再相信愛情。因爲你失敗了一次，你就不敢嘗試第二次。

史　不是。我很相信你。我剛進醫院的時候，雖然昏迷，可是那時候，你怎麽樣，我也領會到的。你的眼睛，你的臉色，你的聲音——都深深印在我腦海裏。

潘　假如你出不了醫院，我一定也活不成。

史　我明白的。我相信你的話。

潘　可是你一點也不可憐我！

史　假如我是那樣一個毫無心肝的人，我也不會活了。當我躺在醫院裏，想到自己命苦，還連累了無雙持槍殺人，想到自己眞是一種禍水，就萬念俱灰，恨不得早死爲好。後來看見你那個樣子，廖老先生又是那個樣子，實在叫我感動。我若是辜負了你們對我的一片眞誠，我也太沒良心了。於是我又決心要活下去。

潘　你現在活了，却又要置我於死地！

史　這什麽話！

潘　沒有愛，生不如死！

史　我不是告訴你？要不是爲着你，我絕不決心求生。

潘　生就需要愛，愛就要結婚。

史　有時候愛也不需要結婚。

潘　我需要！我需要！你不肯跟我結婚，便是不愛我！（生氣。）

史　乾生，你知道嗎？你現在這樣，是要乘人之危，利用他人的空隙，去饒恕你自己。因爲無雙做錯了一件事，你就要利用她這個弱點去屈服她，叫她無法再來責備你。可是你要知道，這是欺負弱者。

潘　難道你說我是個强者嗎？强者只有你一個。我才是個弱者呢！我不過是一個陷在愛的苦海裏的可憐蟲！

史　乾生，不要說得自己那麽可憐，而自暴自棄。（看他那樣，又可憐，又可笑，不禁笑了一聲。）你知道嗎？在那田邊的池塘裏面，有不少的小蟲，整天在那潭汚濁的水裏，顧影自憐，以爲永遠掙脫不了這一個骯髒狹小的世界了。誰知有一天，這些小蟲都蛻變成美麗的蜻蜓，在廣大的天空

潘　，自由飛翔。

你就是這隻蛻變了的蜻蜓，看見在池塘裏面掙扎着的小蟲就好笑，是不是？

史　乾生，你振發精神。池塘裏面的小蟲，總會變成蜻蜓的。

潘　你不惟是一隻自由的蜻蜓，你簡直是一個超脫了七情六欲的神了。你獨自一個，高高在上，不需要愛情，不需要婚姻，也不需要任何人任何的幫忙。你什麼都不需要！

史　我需要的。(稍停)乾生，我很需要你的幫忙。

潘　你需要？

史　我是需要。你知道，我近來是多麼熱心想着畫畫。這一個月，躺在病床上，這種熱心，更往往興奮的使我發抖。

潘　是的，這叫做『靈思勃然興』——Inspiration。我也常常有這種感覺。

史　我腦海裏忽然湧出一幅很大的圖畫。

潘　什麼圖畫？

史　是一幅人類歷史的圖畫。

潘　人類歷史的圖畫？

史　人生是一幅圖畫，大自然是一幅圖畫，歷史更是一幅悠長的圖畫。上帝是大自然的畫家，人類是歷史的畫家。可是上帝把大自然畫得盡善盡美，完整無缺，而人類却把歷史畫得那麼古怪醜惡，支離破碎！我們這一代寫畫的人，是不是可以把歷史上的人生圖畫，修補一番？

潘　你要修補歷史？你要替人類重新創造歷史的畫景？(興奮。)坤儀姐！我希望你馬上就開始畫！

史　我的手——醫生說不能再畫畫了。(潘自覺失言，垂着頭低嘆一聲。)可是我是要畫的。乾生，我需要你的手來畫這幅畫。

潘　我的手——我整個生命都願獻給你。這隻手，你要畫什麼畫，我就畫什麼畫。我這手能有資格替你畫出那幅偉大的圖畫，我只有感到快樂，感到光榮！(忽有所感。)坤儀姐，你剛才說，那些小蟲總會有一天要蛻變。我——我是不是也在蛻變？

史　我眞高興！我替自由的天空，歡迎這隻新生的蜻蜓。

潘　可是我需要你的手，把我拉上去。(拉着她的手。潘母在窗外露面。)

母　乾生，你回家。我有話跟你說。

史　老太太，請您進來罷。我還要到學校去一趟。回頭廖老太爺和廖妹妹來了，還要勞煩你們替我陪一會兒。(潘母進來。)

潘　怎麼一回來就到學校去？改天才去罷。

史　請假一個多月了，我去看看。女孩子們不知多麼想念我了。你們坐坐，我馬上就回來。(下)

潘　我想不到她會變成這麼快樂！

母　她當然快活了！

潘　這不是平常的快樂，乃是她得到了一種靈性的感悟。

母　啥子靈性！有人這樣侍候我，那樣遷就我，我也快活！

潘　媽！你這什麼意思？

母　就是這個意思。她把你迷住了，連廖老頭那個老胡塗也着了她的迷，她可不快活！

潘　媽！你怎麼了？你就不願意看見人家快樂！

母　我怎不願意？我願意看見你快活，看見無雙快活。可是她——哼！像她這種女人！

潘　她是最高貴的女人！你的腦筋簡直不會想像到天地間有她這樣高尚的女人。

母　我想不到？我早就想到她會陷害你！告訴你，我不許你跟她結婚。廖老頭子儘管胡塗，可是我還是不答應的。無雙才是我明媒正娶的媳婦，我可不要一個離過婚的女人進我潘家的門！

潘　媽你不要擔心。她不會進你潘家的門。人家纔不希罕做你們潘家的媳婦呢。我無論怎麼求她，她還是不肯跟我結婚。

母　哦？她不肯？那麼她是打的啥子主意？我明白了。她無非是想着廖老頭的錢。她跟你結了婚，老頭子還會像現在這樣接濟她嗎？

潘　唉喲！媽！你怎麼老是想到人家都是這樣下流！

母　光是我一個人這樣想嗎？四鄰八方都是這樣說，更難聽的話還有呢。你能堵住人家的嘴不說嗎？說是她要打死無雙，逼着你去打死無雙，然後無雙才把她打倒，所以傷了她的手。

潘　冤枉！冤枉！這種不辨是非黑白的話——人家怎麼說，你也怎麼說嗎？

母　我不管人家怎麼說。我只是要你少跟她在一起。以後不許你到她這裏來。我趕明兒就叫她搬家！(王嫂上。)

王　潘少爺，最好想辦法叫太太少出去罷。街上的人也不知道那裏來那麼許多無聊的閒話。剛才我跟她坐車回來，就聽見有一個無賴，遠遠的嚷着：『你們快來看，那就是情殺案的女主角！』又有一個說：『就是給男人扔掉的那個小寡婦。』小孩們就跟在後邊喊着：『情殺！情殺！篷拆！篷拆！小寡婦，沒有家！』眞要氣死人了！

母　(對潘)是不是呀？只是我一個人胡說嗎？

潘　(氣昏，蹴脚。)該死！(廖敬儒上。)

廖　坤儀眞的是到學校去了嗎？

潘　是的，剛才去的。老伯，什麼事？

廖　崇德女校的校長打電話來，向我解釋。

潘　解釋什麼？

廖　說是那些家長，不明瞭事實，都不願意坤儀在崇德教下去。所以——

潘　所以？

廖　所以叫她自動辭職。

母　老太爺，您現在明白了。並不是我一個人這樣想。

潘　媽！你還火上加油！(史坤儀上，垂頭喪氣。)

潘　坤儀姐！

廖　坤儀，你回來了？

史　老師！(無力再支持，倒坐椅上。)

廖　這件事，崇德的校長剛才也打電話告訴我了。

史　我想不到謠言竟是這麼無情！

廖　謠言！謠言就好像那流行的霍亂病一樣，不管好人壞人，一樣打擊。
潘　難道我們就這樣懦弱，任由這種無稽的謠言隨意踐踏，一點也不反抗？
廖　是的。我馬上要平息這謠言。我老早就應該這麼辦。這是我的責任。你們明天就結婚罷。我這會兒就拿啓事到報館去登。（跑下。）
史　老師！
母　這使不得！使不得！（趕下，王嫂隨下。）
史　乾生，你快把他追回來！
潘　坤儀姐事到如今，你還要顧慮什麼呢？
史　乾生，不要洩氣！我們正在畫我們自己生命的圖畫。這幅畫必要美麗和諧。無論碰見什麼事，總不能叫這幅畫有一點兒汚點，減低它的價值。
潘　坤儀姐，我佩服你這麼堅强！
史　你去告訴廖老先生，叫他別再鬧笑話罷。謠言我是不怕的。只要我們自己，大家互相了解。
潘　好。我去（將行，復回頭，望着史，無限敬佩，無限依戀，走前，跪在她足前。）坤儀姐，求你一生做我生命的舵手！
史　（拉他起來。）你快去罷。（潘仍拉着她的手，熱情而崇敬地凝視她，然後轉身走下。史坤儀靜立片刻，走到畫架前，凝視架上那幅畫了一半的畫，用左手拿起筆來畫，無雙上，站了半晌。）
雙　坤儀姐。
史　（回頭）廖妹妹！（無雙倒在史的身上，大哭。）好妹妹，別哭。（把她的頭托起來。）我們一個多月沒有見面了。
雙　（慢慢的抬起頭來，望着她。）坤儀姐，你有什麼話罵我，請你罵罷。如若你要打我，殺我，我也是準備來承受的。
史　好妹妹，快別說這樣的話。我只有心裏覺得對你不起。
雙　你不打我罵我，我更難過了！（又泣。）
史　別着。別着。我們好好的重新再做人。潘先生現在也了解你了。
雙　你別哄我好不好？我現在也是個大人了。一個人做錯了一件事，明白過來，什麼事理也都攪通了。我是來告訴你我要走。
史　走？
雙　是我告訴乾生和我爸爸，說我是要去學護士。可是我並不是！我走了就不回來了！
史　不回來？你爲什麼要這樣？
雙　不是很明白的嗎？我走了，你們就可以安心結婚。
史　廖妹妹，我是絕不會這樣做的。
雙　我知道你要做個最好的人。他也告訴我——是你說的：只要我快樂，你們才快樂，只要我有幸福，你們才有幸福。
史　是呀。我相信潘先生是辦得到的。
雙　可是我辦不到。我今天一定要見你一面，就是要說了這句話纔走。我也是要這樣說：只要你們快樂，我才快樂；只要你們有幸福，我才…（支持不下去，泣不成聲。）
史　廖妹妹，我不能讓你走！
雙　爲什麼？難道我就沒有資格做個好人？
史　不是這個意思。我說什麼話好呢？
雙　一句話。你若是愛他，你就跟他結婚，我走開。你不愛他的話，你就不要這樣兜圈子，徒然叫他苦惱，叫我懷疑。
史　懷疑什麼呢？
雙　懷疑你是假冒爲善！
史　廖妹妹，求你相信我，我始終是愛你的。
雙　你絕不會愛我！
史　爲什麼？
雙　你愛他就不能愛我，像我不能愛你一樣。我——我恨你！（自悔失言。）坤儀姐！（伏她肩上痛哭。）請你饒恕我！
史　（撫着她。）廖妹妹！（也哭起來。）
雙　我沒有母親，又沒有姐姐，沒有妹妹！我的心事，除了你，再向誰說呢？
史　好妹妹，我們同病相憐！你心裏有什麼話，儘管說罷。說了，心裏就痛快多了。
雙　不要逼我都說出來罷！讓我走了好。
史　你走到那裏去？
雙　到那裏都可以，只要看不見你們。我恨乾生那時候不讓我自己打死自己。現在又沒有那個勇氣了！（哭。）
史　（也哭。撫着她。）好妹妹！好妹妹！爲什麼要這樣？爲什麼我們不能互相親愛，好好的活在一起？
雙　不能够！不能够！（自言自語）我爲什麼會沒有勇氣呢？我有的。我有那個勇氣。那是惟一的出路（轉身就走）。
史　（大驚，追上前，拉着她。）你這是幹嗎？
雙　你讓我罷！我活不下去！爲什麼不讓我死？
史　（跟她掙扎。）廖妹妹！
雙　你讓我！你讓我！
史　你瘋了！（二人掙扎了半天，把史右手的繃帶也弄掉了。她手痛難忍，大喊一聲，快要倒的樣子）
雙　（連忙扶着她。）坤儀姐！（替她把繃帶仍舊綁上。）坤儀姐，請你原諒我。我是瘋了。一時又胡鬧起來。
史　你眞的把我嚇壞了！
雙　（看史一副慈祥而擔憂的臉，便安慰她。）你放心罷。我聽你的話就是。
史　那你答應我，不要走。（無雙無言，抱着她痛哭。）好妹妹！（想用話安慰她，但找不出話來，苦思良久，忽有所得。）我在醫院的時候，彷彿聽見誰說的，張公普又回國來了。
雙　是我爸爸說的。張先生是回國了，而且和那位香港小姐又離了婚。
史　哦。
雙　我爸爸本來要給他寫一封信。
史　做什麼？
雙　爸爸的意思——也許你們可以破鏡重圓。
史　破鏡重圓？
雙　可是後來他聽見人家說了些張先生的閒話，所以他又不寫那信了。
史　廖妹妹，我倒是想問問你父親關於張公普的事。
雙　我去請他來。
史　他到報館去了。你替我去一趟好不好？現在就去。請他老人家馬上回來，告訴我關於張公普的事。

雙　我馬上去。(將下，又回頭。)坤儀姐，男人一時錯了，對不起你，是有的。你還是原諒他罷。

史　我想我會原諒他的。

雙　坤儀姐，你眞好！(緊握史的手，又眞誠，又快樂，笑了一笑。)

史　(答以一笑。)你去罷。

雙　回頭見。(又向她一笑。下。史目送無雙走了。)

史　王嫂！(潘母上。)哦，老太太。

母　廖老頭這樣做是要不得的！

史　老太太，我也不贊成。

母　那麼你爲什麼又讓他去登報？

史　我已經請潘先生和廖妹妹趕去叫他千萬不要登報。您不放心，您自己也去一趟？請您告訴他，要是再逼我，我就離開此地，再也不回來了。

母　你——你眞的是要離開這裏？(驚喜。)別的地方，總比這裏好。至少還可以有人請你敎書呀。(將下，復回頭。)張太太，你要走，可千萬不要讓乾生知道。

史　我不會讓他知道的。(潘母下。)王嫂！王嫂！(王嫂上。)王嫂，我要跟你商量一件事。

王　什麼事呀，太太。

史　你跟了我幾年了。我現在要到一個地方去，你肯跟我去嗎？

王　當然肯。您還要問嗎？我從來就沒有遇見像太太這樣好的人。我又是孤孤單單的。我不跟您，跟誰呢？可是太太要到那裏去呢？

史　我也還不知道。你到後門去僱兩部黃包車來，我們先到新津再說罷。

王　爲什麼要這麼急呢？等潘少爺他們回來再僱罷。

史　我是不要讓他們知道的。

王　爲什麼？

史　等上了車，我慢慢給你講。現在得要馬上走。

王　那我來收拾行李。

史　不必了。這個箱子，這個包包，都現成的。你把那幅『天問』取下來罷。(王把牆上掛着的『天問』取下來。史又到書架取出一卷畫稿。)

王　屋裏還有一堆裱好的。(進屋去。)

史　不要了。

王　(從屋裏拿出許多畫幅來。)怎麼不要？這是您自己的心血。要說，沒錢的時候，這些畫也都是錢哪。(一邊說，一邊把畫包在那包袱裏面。)

史　你去把你的東西收拾一下罷。

王　我的舖蓋卷也是現成的。(下。史望着屋裏的一切，不勝留戀，拿着架上的畫稿看了一回，又撫着桌子，摩摩窗帘。王嫂復上。)太太，都弄好了，連您那晒在院子裏的被褥也捲起來了。

史　那就走罷。(王拿起箱子和包袱，看見史注意到書架上擺着的一張照片。)

王　那是潘少爺小時候照的。那天潘老太太把東西拿出來晒，我就向她要了這張照片，擺在這裏。(見史把照片拿在手裏，仍在看。)我們拿走罷。不要緊。(史仍對照片凝神。)太太，我先去叫車了。(下。史把照片收在皮包裏，將下，又回到書桌，拿起紙筆，寫了幾行字，摺好，在桌上。)

王　(在外)太太！太太！黃包車已經僱好了。(史再向屋裏顧盼了一回，下。王嫂仍在外邊說話。)太太，您好好的坐上去罷。行李我照應，都擺在我這部車上好了。(外邊傳來黃包車的鈴聲。有頃，廖、潘、無雙上。)

潘　坤儀姐！坤儀姐！

雙　(走近臥室)坤儀姐！(進屋)。

廖　讓她好好的休息罷。一切明天再商量。

雙　(從屋裏出來。)她不在屋裏。

潘　又到那裏去了？王嫂！王嫂！(走下)

廖　你剛才說她要知道張公普的事。

雙　是呀。

廖　奇怪！她在醫院的時候，我不是已經跟她說過了？

雙　她已經知道了？

廖　而且我也問過她，是否願意和那姓張的言歸於好。

雙　爸爸連這個也問過她？

廖　孩子，難道爸爸就不替你想？可是她不答應。她說離了就離了，破鏡難以重圓。當然她也是對的。像張公普這樣的男人，也實在要不得。你知道，他現在又在追求一個姓陳的三小姐。

雙　爸爸也把這些告訴了她？

廖　沒有。不過想要她去跟張公普重圓……我看，是不可能了。

雙　可是她爲什麼又說要知道？(哭起來。)

廖　孩子，你不必這樣。爸爸會替你安排的。也就是爲了你，我才到處要打聽張公普的事，希望你們各得其所。可是又有什麼辦法呢？(無雙哭更哀。廖很慈祥的撫着她。)孩子，不要太死心眼。(嘆了一聲。)這個月來，我也替你想過許多。不過，一切的事情，最好順乎自然，太勉强了，總免不了苦惱。

雙　爸爸不明白！

廖　我很明白。(撫着女兒，一時也說不出話來。)你要去學護士，很好。學學東西，做做事，勞動勞動，煩惱慢慢會消散的。(潘乾生跑回來。)

潘　連王嫂也不見了！舖蓋也帶走了！(周圍望着。)可不是？剛才那個箱子？那個包袱！(又看見桌上的條子，忙拿來看。他大喊起來。)她是走了！走了！(大哭。)

雙　她！

廖　(從潘手裏拿過那條子。讀)『呼天復問天，天亦欲問人；大道非無路，離塵去補天。』(又讀)『坤儀告別』(稍停，又繼續讀)『我和王嫂結伴而行，並不孤苦。希望你們彼此相愛，得到快樂。』這孩子！(潘哀鳴。)爲什麼她要走呢？

雙　是我！是我逼走她！

潘　你！(兇暴地捉住她。)是你！

雙　(看見潘可怕的樣子，避開他的視線。)是的！要是我早走一天，她就不會走了！(潘放手，回過臉去，哀號。)乾生，我替你把她找回來！

潘　她不會回來了！

雙　會回來的！我一定要把她找回來！爸爸！我求你！替我把她找回來！爸爸！(跪在老父足前，抱着他的兩腿，兩眼望着他，哀求。)

廖　我去找。我傾我的所有，替你們把她找回來！

——幕——

雲

光中

熱帶的六月，雲羣在海上出遊的季節，
我仰望太空，驚異於宇宙豐富的幻想；
一朵一朵明亮的雲，是靈感？是希望？
飄過了宇宙的腦際，逝向遠方，
　讓追逐的小鳥空自惆悵。

六月的雲羣，在高空緩緩，緩緩地飛行，
一隻隨一隻，像懷孕的乳白色的天鵝，
懶懶地張合着她們龐然透明的柔羽，
在萬里無風的大氣裏悠然浮過，
　從容得激不起一痕微波。

微風的纖手牽開了天堂絢爛的窗帷，
引得地面的小鳥，每早都舉目仰眺；
激動的童心疑惑那上面有更好的菓園，
便懷着滿腔的驚奇，向高空飛躍，
　去探尋一座座燦潔的光島。

有時萬里的晴空，一片青色的濛濛，
轉瞬有千萬朵鮮白的芙蓉相繼盛開，
但不久又被天國的園丁一一摘下：
怕它們繼續堆擁，將樂園的大門遮蓋，
　上帝午睡起走不出來。

熱帶的六月，原是雲羣結伴出遊的假日；
你看她們三三五五，在太虛徜徉，漫步；
有時又相擁竊語，有時又曳裾追逐，
在黃昏的歸途，又被晚山將彩裙絆住，
　抖落了幾顆晶亮的珍珠。

我仰望太空，那許多五色變幻的魔島。
啊，我憶起，那上面原是我靈感的搖籃；
我的心自胸中迸出，化成了一隻雲鳥，
曳一串歡悅的歌聲，向上縱跳，
　再不肯回到我凡軀的舊巢。

讀者投書

(一)臺南農職一位青年教師的控訴

李勁秋

編者先生：我是一個剛從學校踏入社會的青年，從去年八月一日起到今年七月卅一日止，在南農任教一年，本月廿六日南農校長滕詠延發出四十四年度上學期的聘約，本人是未獲續聘者之一。本人自省一年來安心努力本位工作，不敢怠慢，也沒有什麼教學上的錯誤，這是可以從平時的考查和學生的反應可知的。然而今天受到滕校長停聘的處分，已成爲鐵的事實。對於被停聘的理由，雖然若干同事各有傳聞，(如其親信翁某曾傳校長之意說：校長因不滿我會上發言，將不予續聘。)但我總覺得莫明其妙。這個不可解的疑問，我本來可以親自向校長請教，只因他有一手「拍桌大罵」的慣技，故不敢冒險。我亦曾去函向他請教，至今未獲答覆。甫見貴刊對於自由中國教育界的情況十分關懷，尤對作風惡劣的教育行政工作者不吝諄諄匡勉，前此對南農校長的作風也作過許多公正的報導。其事是耶非耶，自然有目共睹，不用我在此費辭。茲僅就我個人被停聘的眞象，公諸社會，請貴刊惠予披露。

緣於滕校長到任不久，即書面通知各教職員每天升降旗要實行簽到，目的在使各教職員不得不參加升降旗，其用意良佳。實際上升降旗乃是國家一種制度，「愛國旗就是愛國家的表現」，因此在未發通知之前，同事們大體還能自動出席，但確也有少數不自愛的同事，爲公爲私往往不參加，例如滕校長常是如此，卽在發出通知正式施行之第一日，他就沒有出席升旗。至於本人，因爲身兼導師之職，簽到與否我總是出席，但覺得每天升旗簽一次到，降旗又簽到一次，一則浪費時間，二則不能表現教師的自動精神，而爲學生們所竊笑。而且升降旗簽到，廳方也沒有明文規定，據稱僅是全省人事管理員會議向廳方的建議而已。此種建議前任章校長也曾欲試辦，因爲他有較高度的民主修養，曾把此案交由動員月會討論，結果通過升降旗不簽到，而並非不出席升降旗。於是本學期五月份的動員月會中，許多同事都和我不謀而合地對此事向主席提出質詢。當時任主席者是人事管理員陳先生而非滕校長。

第二個發言者本人前後發言四次，每次都請准主席而取得合法的發言資格而後發言，吾意云：

一、上學期動員月會的議決案是否生效？生效之期限多久？

二、在學生面前擁擠簽到，是否會引起學生對教師人格的懷疑？

三、我們對學生尙且要推行榮譽制度，可否在教師之間亦推行升降旗出席榮譽制度。

據我所知滕校長是一位道地的「學者」，「處處標榜民主」，同時也曾讚揚榮譽制度在人格教育上的效能，我滿以爲我的意見會被採納，但出乎我意外的，他竟堅持說：「我校長當然有權這樣做，這是學校行政，你們不能干涉。你們認爲我處理不當，我可以馬上向教育廳辭職。」又指桑罵槐地說：「你們太自由了，美國是個高度民主自由的國家，但是他們只有團體自由，沒有個人自由，個人在會議場中放一個屁也沒有自由，放屁也得請你到外面去放。」說話時他在臺上兩手叉腰，頭向前微趨，聲色俱厲，毛髮盡指。

萬不料我對主席的發言却使他出此辱罵(他並非該會主席)！我便起而解釋：「國父所著民權初步，可以讓每個出席的會員有說話的權利，所以校長和我同樣可以在此『放屁』。」

其他在會中說話的還有四人，與本人意見一致，主席便只得把此事付諸衆裁，結果以廿三票對一票，通過升降旗不簽到而實行榮譽制度，校長爲衆議所趨，便惱羞成怒地說：「好！試辦一星期。」

這就是所謂「在會議上隨便說話，不能與校長合作」之罪。其他四人，有三人因不堪忍受而自動離職，同時也曾勸我早爲之計，我認爲在會議上發言而有所建議，這正是會議的目的，當爲校長所歡迎，縱使我言語間觸犯了他的痛處，而吾用意善良，想亦不致爲滕校長所報復。詎料如今確遭停聘的厄運，可見他們有先見之明了。

現在我有幾個疑問要就教於滕校長的：

一、他憑什麼把我停聘，是否因爲我教學不力或錯誤，不堪任職？若有請提出實據。

二、以「會議上隨便說話，不能和校長合作」之罪停聘，有無法令根據？那一點是隨便說話？那一點與校長不合作？

三、堂堂一校之長，對於一個剛入社會的青年，不能以身作則，善爲誘導，而竟大罵「放屁」是何作風？

四、我因勇於在會議上發言而被停聘，是不是有意禁止此後教員說話？封教員的口？更明顯地說，是不是禁止言論自由？

以上希望我們賢明達禮的滕校長也能藉貴刊惠予書面答覆。編者先生！如果我是因教學方面的罪過而被停聘，要有眞憑實據在，我自不必作獻曝言，但我乃是因在大會上發言而被停聘的，則完全不單是我個人的事，是整個南農整個教育界的問題，故請貴刊惠予刊登，俾社會人士明瞭眞象，尙此敬祝

撰安

被停聘敎員　李勁秋敬啓

七月廿九日

附告：

一、請用本人眞實姓名發表，文責自負。

二、本人李勁秋、男、二三歲，畢業於臺灣省立師範大學博物系。

讀者投書

(二) 檢討當前的留學政策及留學考試

何應鳴

本年度公自費留學考試，業經于上月九日放榜，公費報考者七九一名，錄取十八名，高中獎學金報考者五八六名錄取二三五名，大專自費及獎學金報考者八五三名，而實際公費中尙有一部份兼報自費的，故此項報考者，可能達千人以上，錄取者爲四百六十三名。公費部份原有名額限制無足論外，自費及獎學金部份落第者則佔絕大多數，雖在比例數字上言並不爲大，但較諸上年錄取的比例，足以說明當局對留學政策已有了重大的改變。

政策的改變權在政府，原屬無可厚非。然由于若干措施未盡理想，致造成不少憾事，殊有檢討之必要。茲綜合各方意見，擇要提請當局之參考：

(一)自費留學所考科目是國文、史地、三民主義和留學國語文，其中留學國語文爲留學之主要工具，國文爲學成歸國後將心得介紹與國人之工具，均屬必須外，三民主義及史地兩科有人認爲乃測知民族精神及愛國心理之惟一根據，此說猶待證實，至少用以爲選拔眞材實學之依據，確屬大成問題，如臺大及工學院不少名列前茅、公認的高材生，本年多告落第，已足爲說明了。

如果我們說留學法中原有留學考試之規定，而今政府爲獎勵留學不考主修科目，僅考此四科予報考者以方便則可，如本年當局改採精選不濫政策，則此種考試制度顯難達其目的。

至於命題方式亦頗値得研究，如留學考試之試題均採問答法，其內容更屬廣泛而無邊際，故其給分標準多憑閱卷者主觀決定。且留學試卷數以千計，失之公允自所難免，像三民主義、史地，均可酌採測驗題(選擇是非法)，又爲什麼不採？英文，美制的測驗法照樣可測知程度。國文雖較困難，但若多請幾位覆閱，未使不能補救缺憾于萬一。如此應考者雖僅一分之差落第，亦無話可說，否則雖有十百分之差，殊難甘心！

據聞本屆留學考試，特別壓低給分標準，尤以史地、三民主義爲甚。一般自信能獲得六七十分者，查分後始知僅二三十分。此種情形已屢見不鮮。故敎部雖聲稱自費大專生錄取標準僅一百九十分，較上年已降低十分，而實質上乃爲壓低給分而提高錄取標準。其例甚明，毋庸贅述。否則何以上年大專自費報考者四百餘人，錄取四百餘人，而本年絕大多數均告落第。難道上年多天才，本年一半以上都是白癡嗎？

(二)假定有一個考生已得國外獎學金一千美元，不幸留學考試失敗，勢須延至明年再行參加考試出國，而假如外國獎學金爲某某人之遺囑贈與，只有一筆數目，也只有一次贈與，今年名額經硬性規定不得移至明年或不准申請延期，那麼這筆獎學金勢必因該生出國受阻而取消。事實上許多學校的獎學金確是根據會計年度設置的，名額金額都有嚴格的時間性限制。因之，由於未能如期入學而被犧牲獎學金，在個人固然是一種天大的損失，在國家立場何嘗不是一種損失？

至一般持有國外入學許可的，由於留學考試未能通過，不能及時入學，固可申請延期，但爲數過多了，不免會使外國人普遍的認爲我們中國人都是沒有信用的，尤其外國大學的入學許可都經公證人簽字，十分愼重處理的，這豈不是國民外交上一大失策！

(三)許多人提及浪費外滙問題，我們就不禁聯想到二千四百美元保證金的籌措。按一般常情觀察，目前能在自由中國眞能蓄有這一龐大欵額安然出國的人，恐佔絕對少數，也許百不及一。許多人手頭只有坐中國貨船的旅費，甚至這點錢還得靠親友補助挪借。二千四百美元的保證金，大多憑學校獎學金和旅美同學親戚設法借貸湊儲出具證明。這一過程其困苦情狀決非筆墨所能形容。所以百分之九十五以上的留學生是兩手空空的出去，到了國外要靠工讀及獎學金維持苦讀和生活。因此所謂浪費外滙，這是一種近視而沒有深入題內的看法。

(四)留學考試報名單上有黨籍黨證字號一欄，此在某一立場言，自有其意義，出國留學者除考試外尙需經過其他手續，此欄若爲治安機關審查出國之參考資料自屬合理，在考選機關顯非必要，難道考試之准予通過與否，與黨籍也有關嗎？毋怪乎不少非黨員之落第者均猜疑重重？現在公務員履歷表黨員一欄尙且已予廢止，留學考試又保留？

(五)報載大專及職校畢業生就業考試，報名者八千餘人，而政府將來能妥爲安插者僅三千人，顯示政府對畢業生之就業問題已感極度困難。自費及獎學金留學正是解決這個問題的方法之一，政府無法予大專生以充分安排就業之機會，而今由他們自找出路，實應予以盡量協助和鼓勵，原有職業之歷屆大專畢業生，出國後可自動騰出一部份空缺，予政府安插就業考試及格人員，一舉兩得，何樂而不爲？誠使人百思不解！

又有人說留學生出國後，多不歸來，減少反共抗俄力量，但我們又爲什麼處處打失敗的算盤，不積極設法盡力爭取人心，而老是採因噎廢食的政策呢？

現今世界已進入原子時代，尚有人還在說什麼「外國月亮特別圓」一類的風涼話來諷刺留學生！我們試平心想想，時至今日，國家連輕工業的基礎都沒有，大家只知穿尼龍衣衫尼龍襪，但是却連尼龍絲都不會製造。要復國首先要有人才，不然我們又憑什麼迎頭趕上呢？

所以我們說，留學政策之得失似有檢討的必要，留學考試若仍將繼續舉行，其期間、方式、內容，都有澈底研討和改善的必要。七月廿九日

(註：讀者投書(三)排在第17頁)

自由中國　第十三卷　第四期　內政部雜誌登記證內警臺誌字第三八二號　臺灣省雜誌事業協會會員　一一八

給讀者的報告

自日內瓦四巨頭會議舉行以後，國際局勢又有了新的轉變。和平談判將是今後一段時期內的主要節目。現在美匪大使會議正在進行，十月間跟着還要開四外長會議。這一連串的會議，對殷望世界和平的人民，頗能收一時止渴之效。如果與共黨談判誠能解決問題，我們不但不反對談判，且歡迎之不暇。我們認為，與共黨談判一定得堅持自由與人權的立場，我們要與共黨談判鐵幕內的問題，我們要藉談判的方式達到解放政策的目標。這樣自由世界才能居於主動的地位，贏得對共黨的冷戰。這是我們在社論（一）裏所要提出的意見。

至於本期討論內政問題的社論（二），乃是有鑒於當前各機關部份疏散辦法的流弊。部份疏散辦法徒然造成若干人力物力的浪費，減低行政效率。我們應該慎重考慮，在目前究否有緊急疏散的必要，如果要有長期的打算，也應該擬定一個周密的疏散計劃，以為一勞永逸之計。我們衡量國際局勢，不能不有一番較長遠的打算。在這冷戰還得繼續的今日，我們必須先贏得冷戰，然後才有力量贏得熱戰。

趙世洵先生研究英國文學，曾赴英國考察，現在星洲服務。本期趙先生的大文，有系統的為我們介紹英國大學教育制度，舉凡英國大學的沿革、現況、教學的特色、以及問題的所在無不詳為指陳，使我們獲得一完整的了解。從這裏，我們可以窺見這個民主先進國家，如何認眞的辦理大學教育，又如何盡力維護教學自由與學術尊重。這都應是可供我借鑑的。

殷海光先生的大文原是一篇評介性質的文字，他所介紹的「相對論——一個較豐富的眞理」一書，為菲利・法蘭克（Philipp Frank）教授所作。這本書一方面指陳現代科學的要義，邏輯實徵論，運作論，實效論，相對論，這一路哲學思想對於科學與人生的貢獻；另一方面解答此憂患時代對於這一路哲學思想所發生的責難。因此這本書以及這篇評介文字，在訓練理知與擴大知識領域諸方面，將對我們有甚多助益。

「日美經濟關係十年」一文係日人福本邦雄原作，承余蒼白先生為本刊譯出。本文詳論日本戰後迄今與美國的經濟關係，文中若干處對美國頗有微詞。日本人的這種態度，固然甚有問題，但是為什麼美國在援助他人之餘反而招來不滿，其間的緣故是値得美國人加以思考的。

本期通訊兩篇，其一綜析中共發動的淸算胡風事件，其二報導「阿根廷的教育」。另有龍平甫先生與方及先生自西歐寄來的兩篇關於日內瓦會議的文字，均非國內報刊所能見及的資料，惜因寄到時間較遲，容於下期發表。此外，尚有傅正先生、孟浩先生、汪仲先生等的大文，均因稿擠未能即期發表，謹致歉意。

李勁秋先生的投書申訴其被無理解聘的經過。本刊對於有關南農的文字本不願再予登載，但以此事之關係教育前途，故我們仍將此文刊出。一個校長可以公開在會議上，辱罵教員，如教育當局仍能置之不理，那我們還能再說些什麼呢？

自由中國　半月刊　第十三卷第四期　總第一三九號

中華民國四十四年八月十六日出版

發行人兼主編　『自由中國』編輯委員會

出版者　自由中國社
社址：臺北市和平東路二段十八巷一號
電話：二八五七〇

航空版
香港　友聯書報發行公司 Union Press Circulation Company, No. 26-A, Des Voeux Rd. C., 1st Fl. Hong Kong

總經銷
臺灣　自由中國社發行部
中國書報發行所
美國　自由中國日報 Free China Press 719 Sacramento St., San Francisco 8, Calif. U.S.A.

經售者
日本　東京僑豐企業公司
韓國　漢城裕昌德號
馬尼剌　大中華日報社
新疆書店
印尼　椰嘉達天聲日報
棉蘭新中華報
越南　西貢中原文化印刷公司
緬甸　仰光振成書報店
印度　加爾各答塔梅學校
澳洲　雪梨瑞田公司
北婆羅洲　西利亞坡青年書店
新加坡　檳榔嶼、吉打邦均有出售

印刷者　精華印書館
廠址：臺北市長沙街二段六〇號
電話：二三四二九號

本刊經中華郵政登記認為第一類新聞紙類　臺灣郵政管理局新聞紙類登記執照第五九七號　臺灣郵政劃撥儲金帳戶第八一三九號（每份臺幣四元，美金三角）

自由中國

FREE CHINA

第十三卷第五期

要目

中華民國四十四年九月一日出版

社址：臺北市和平東路二段十八巷一號

半月大事記

八月八日（星期一）

國際原子能和平用途會議，在日內瓦開幕，七十二國一千二百餘科學家均參加。

臺電總經理黃輝在省臨時參議會中宣稱，臺灣將於十年至十五年內，實現原子發電。

菲政府籍口阻止共匪滲透，不准新設僑校。

美參議員諾蘭指責匪黨企圖勒索在美華人名單，俾向其家屬威迫返回匪區。

韓國各地人民示威，驅逐中立國委員會離境。

八月九日（星期二）

國防內政兩部決定劃分兵役行政業務。

自由中國號帆船橫渡太平洋成功，安抵舊金山。

我政府官員聲稱陶甫斯號俄油輪將予無定期扣留，決不交還敵人。

八月十日（星期三）

行政院通過公務員工保險法。保險種類分生殘傷老病死六項，首期先辦中央級員工保險。

美駐華高級官員宣稱，美政府對中國留學生決本志願遣返原則，且不允許任何第三者加以個別訪問。

美將向本屆聯合國大會提議案，對任何容匪進聯合國之建議一概不予考慮。

杜勒斯不主張韓國用暴力威迫中立國委會離韓，對韓指責共黨委員作間諜活動表示同意。

越南政府拒絕越共所提對全越選舉舉行談判的建議。

八月十一日（星期四）

王蓬向監院財委會報告，本年度經援僅一億餘元，美援運用委員會已另草補充計劃，要求美增列三千四百萬美元。

外次沈昌煥啓程赴美，視察我駐美使領館業務。

韓政府要求美軍撤離保護中立委員的部隊，並保證不使用暴力。

艾森豪任命鄺特爾繼任美空軍部長。

八月十二日（星期五）

王蓬在新聞局記者招待會稱，今後經援將逐年減少，希望國人向自給自足目標邁進。

諾蘭向美退伍軍人協會演說，籲請發揮反對力量，阻匪混入聯合國。

韓中立國監委會拒離撤退，美決盡保護之責。

傳匪對美平民已拒絕集體釋放，而要個別處理。

八月十三日（星期六）

日外務省於我方提出抗議後，保證改善被拘華僑生活，並允我方進行訪問與調查。

韓總統李承晚不承認韓國仍受停戰協定之約束，指出共黨正在北韓擴軍，陰謀南侵，故韓國決不容共黨間諜活動。

美對韓表示，正探求和平解散中立國監委會之方法，要求韓國禁止示威運動。

韓總統延展最後通諜中對中立國委會十三日撤離韓國的時限。

蘇俄表示將於十月削減六十四萬軍隊，英國希望俄能公佈武裝部隊數字。

八月十四日（星期日）

美官方對俄提裁軍建議，表示懷疑，認將利用爲宣傳資料而已。

八月十五日（星期一）

胡光麃案開首次調查庭。

國防部總政治部發表專文，揭穿共匪對臺陰謀。

韓國國慶，李承晚重申驅逐共黨統一全韓之決心。

印人衝入果阿，葡軍開槍斃傷多人。

八月十六日（星期二）

美太平洋區空軍司令史密斯少將抵臺訪問。

杜勒斯在記者招待會上要求中韓共黨同意由聯合國監督全韓選舉，以統一韓國。

美與匪談判釋放平民未獲協議前，拒絕擴大討論範圍。

美提出分期撤銷韓境中立國停戰委員會的計劃。

新德里與孟買總罷工，抗議印度人廿三名在果阿流血事件中被葡軍擊斃。

八月十七日（星期三）

日駐華大使館表示，在日被拘之百餘名華僑，大部份將於年底前遣返臺灣。

韓駐美大使梁裕燦要求美國宣佈停戰協定無效，並助韓加强軍力。

韓反中立委會之示威運動又起，美軍一名被石擊傷。

美國務院對印葡兩國在果阿之衝突，表示關切。

> ## 「自由中國」的宗旨
>
> 第一、我們要向全國國民宣傳自由與民主的真實價值，並且要督促政府（各級的政府），切實改革政治經濟，努力建立自由民主的社會。
>
> 第二、我們要支持並督促政府用種種力量抵抗共產黨鐵幕之下剝奪一切自由的極權政治，不讓他擴張他的勢力範圍。
>
> 第三、我們要盡我們的努力，援助淪陷區域的同胞，幫助他們早日恢復自由。
>
> 第四、我們的最後目標是要使整個中華民國成爲自由的中國。

阿根廷執政黨宣稱繼續進行反教會運動後，阿京又發生騷動。

八月十八日（星期四）

美教練機一架爲北韓共軍擊落，機上兩空軍官員生死不明，聯總已提嚴重抗議。

韓國宣佈對日關係已頻決裂階段，並指責日與共黨維持關係。

考試院製訂海外僑民回國應考獎勵辦法。

八月十九日（星期五）

葉外長在記者招待會上稱，在美華僑法律上受我保護，美無權交與共匪或第三國。

法總理傅爾與摩洛哥總監格蘭討論摩洛哥局勢。

印葡兩國斷絕接觸，印要求葡駐印領館關閉。

八月二十日（星期六）

總統府參軍長孫立人將軍因案引咎辭職，總統准令免職，並派員澈查帮辦，特任黃鎮球爲參軍長。

摩洛哥各地發生流血暴動。

美東部九州洪水泛濫成災，紐約州宣佈進入緊急狀態。

原子能和平使用會議閉幕，美保證協助其他國家儘速實施原子發電。

八月廿一日（星期日）

葡萄牙正式宣佈與印度絕交。

被韓共擊落之美機兩飛行員一死一傷，共黨在停戰委會提出報告，願即歸還聯軍。

李承晚勸告示威韓人避免使用暴力。

八月廿二日（星期一）

法屬北非各地續有暴動，死亡逾千人。法總理傅爾率五人代表團與摩洛哥政治領袖商談，以期遏止暴亂。

美新式火箭單位運抵日本。

八月廿三日（星期二）

日本國會議員中華民國親善訪問團一行十六人抵臺訪問。

日外相重光葵啓程赴美訪問。

韓共以美飛行員一人及另一飛行員之屍體交還美軍。

農林公司林務糾紛案，省政府決定處理辦法。

社論

(一) 為民主和自由解惑

據國防部總政治部八月十五日宣稱：我們的治安機關曾破獲重要潛伏匪諜組織。這個匪諜案件的主犯，對假借「民主自由」招牌以進行顛覆活動的事實，有詳細的供述。一個匪首說：「我們的工作，首重分化；一點一點的包圍爭取，最後達成面的分化。我們不直接提出共產黨的口號，而以爭取『民主自由』來代替。」另一個匪首說：「在臺灣，由於人民經濟生活的安定，……唯一可鑽的空隙，便是利用政府本身的民主設施，找出一些缺點來加以強調與擴大，使政府不能不放鬆各種反共措施，以創造地下黨處於劣勢情況下的有利條件。」

這個消息，當然引起社會裏面的許多疑慮。「共匪假借『民主自由』的招牌，我們還可再談民主和自由嗎？我們還可再向政府要求保障自由，實現民主嗎？」這是小心謹慎的人們所疑慮的問題。「共匪假借『民主自由』的招牌以進行顛覆活動，那麼，社會中談民主和自由的人士，是不是為共匪作應聲蟲呢？是不是就是眞正的匪諜呢？」這是負有治安責任的人所應注意的問題。

這些疑慮，都是情理中所可有的。但若任這些疑慮瀰漫於我們國人的心目中，則流弊所及，必影響到我們中華民國立國的基本精神。所以我們當前最急迫的問題是：怎樣消釋這些疑慮？

要消釋這種疑慮，最好的方法還是運用我們「健全的常識」。在這樣一個動盪的世界裏，只有健全的常識可以指導我們的生活和行為。

民主是中華民國憲法所鑄定的政體；我們所謂自由，當然亦是指憲法所保障的各種自由而言。一年以前，總統蔣公在本屆就職宣言中，曾把「實現民主、爭取自由」列作政府努力的第一個方向。所以民主和自由，是我們的金科玉律；無論在什麼環境裏，我們都應該信守勿違。而況民主和自由，在現代的倫理和政治中，卽孔子所提倡的「仁」。「造次必於是！顛沛必於是！」我們要繼承我們民族數千年來文化的精華，除却民主和自由便是異端。且「我們今日反共抗俄的戰爭，其本質就是爭自由、爭民主的戰爭。」（見上面提及的總統就職宣言。）若我們對於民主和自由的信心稍有動搖，我們便失却我們今日反共抗俄戰爭的意義。這些事理，都是有健全常識的人所共知共見的。我們憑着這些很明顯的事理，可以斷然的說：「無論什麼人假借『民主自由』為招牌來做壞事，我們對於民主和自由的信心決不可稍有動搖。若我們因為共匪的假借『民主自由』為招牌而便絕口不談民主和自由，則我們適中共匪的陰謀奸計，比『因噎廢食』的人還要愚蠢得多。」

我們試略論共匪這種奸計的陰險。無疑的，民主和自由是我們在這個反共抗俄戰爭中最有力量的武器。這非特我們自己知道，卽共匪亦知道。共匪所怕的，不僅在我們軍事的進步和兵力的增強；我們政治上民主體制的逐漸完成，我們人民自由保障的日益鞏固，乃是對於共匪最致命的打擊；這種打擊，亦是共匪所不能抗禦的。因此，共匪遂想出這條很毒的奸計——假借「民主自由」的招牌以進行顛覆活動。奸計沒有敗露，共匪固可利用「民主自由」以欺騙沒有頭腦的人；奸計敗露，則從匪首的招供，全國上下都知道共匪的假借「民主自由」為招牌，於是乎大多數的人民，為避嫌起見，皆將箝口結舌不敢再談民主和自由；而負有治安責任的官吏，對於一切談民主和自由的人，亦不能不加以注意或干涉。這樣，民主和自由，勢必至銷聲匿迹於中華民國，而我們反共抗俄的戰爭定必艱難百倍。這正是共匪所最快意的事！從這個奸計的本質講起來，這回匪諜的破獲，乃是共匪所希望的。因為共匪在現在要利用「民主自由」以欺騙民衆，必沒有什麼效果可言；共匪若宣揚他們的「假借民主自由」的陰謀，則可使我們正在滋長的民主和自由消散。兩相比較，共匪的策略，自然重在宣揚他們的陰謀。所以這回匪諜供出他們「假借民主自由」的陰謀，或竟是共匪原定的奸計的一部份，藉以發生分化作用的。——我們這個推論，雖然未必盡得共匪奸計的全貌，乃是心理戰術中一種應有的分析。這種情形，我們良善的國民應當明瞭，我們的治安機關更不可不明瞭。

但防諜的事，不怕嚴密，只怕疏忽。無惡不作的共匪，無論怎樣陰毒的事情都可以做得出來。對於假借名義的匪諜，我們國民於察覺後固當立刻舉發，我們治安機關亦宜留心防範，毋使奸徒得以「魚目混珠」。從有歷史以來，不知道有多少惡人假借好聽的名義以行壞事；我們當然不可因為那些好聽的名義而遂受他們的欺騙，亦不可因為這班惡人的假借而遂厭惡那些名義。「明辨名實」，乃是我們今日個人立身的要務，亦是我們致國家於太平的要務。能夠明辨名實，

我們以民主和自由為對付共匪最有力的精神武器，決不是「過甚其詞」。我們在民主和自由上日以進步，則我們國人的團結必日以堅固，而世界上站在民主陣線的國家對我們亦必日以親善。政治上有了更多的民主，政府非特在措施上易於名正言順，且可多得人民的擁護；人民有了更多的自由，則愛國心便可油然而生。「天時不如地利，地利不如人和。」我們今日根據臺灣以反攻復國，精神上的預備，沒有比民主和自由更為要緊的。我們對於國家的生存和世界的和平，都只能在民主和自由上寄託我們的信心。

或又疑民主和自由，在英美行起來則容易，在中國行起來則困難。這亦是一種沒有理據的過慮。依我們的觀察，政府所以在政治上沒有做到完全的民主，人民所以沒有全數享受憲法所賦予的自由，最大的原因，就在我們忽視法治的道理。我們的憲法，沒有十分不合國情、不合時代的地方；嚴格的法治，並不是我們政府所不能做到的事情！但我們的國家到現在還沒有養成事事循法的習慣，所以政府的措施自不免有缺點。我們不願意空談民主和自由；我們只希望我們的政府今後能夠邁向法治的途徑。一個國家，有相當進步的法治，則政治的民主和人民的自由便不成問題了。若政府不肯「克己復法」，則非特民主和自由不能完全實現，國家的生存亦將成為問題！

社論

（二）從孫案的反應矚望於調查委員會

據八月二十日中央社訊，總統府參軍長孫立人將軍因郭廷亮匪諜案引咎辭職，經總統令准免職。同時派陳誠、王寵惠、許世英、張羣、何應欽、吳忠信、王雲五、黃少谷、俞大維九人組織調查委員會(以陳誠爲主任委員)，秉公澈查，俟報核辦。關於郭廷亮匪諜部份，新聞局長吳南如發表的簡單談話，亦見於同月二十一日臺北各報。

在中央社發佈這個消息以前，我們早已聽到涉及孫立人的各種傳說。有的說得很輕鬆，有的說得非常嚴重。輕鬆的，只是說孫立人以前主辦的訓練班畢業學生爲要求軍官資格以致引起風波；嚴重的，則說孫立人的舊部有個苦迭打(Coup d'etat)的大陰謀被發覺，後來又漸漸聽說與匪諜案有關。總而言之，在八月二十日以前的兩個月當中，謠傳太紛歧了！現在，官方旣已簡要地發佈了這件事的內情，前此各種不同的謠傳，當可爲之澄清，而海內外輿情也當可因之鎭靜。可是，事實並不如此。我們從這幾天臺灣許可進口的幾種僑報（如英文虎報、星島日報、工商日報、華僑日報等)所譯登的外電(如合衆社紐約廿四日電及曼谷廿六日電)和發表的社論(如英文虎報廿二日及廿五日社論曁星島日報二十三日社論）看來，可知海外華僑對於這件事的反應，比較我們在臺灣的人竊竊私語者，表現得熱烈的多。他們對孫立人的罪嫌吃驚，他們爲派系傾軋而悲憤，他們爲自由中國的前途而憂慮。這吃驚、悲憤、與憂慮的情緒，應不應該有，是另一回事；而這些情緒的存在，則是事實。政治是要面對現實的。我們在反共的過程中，政治反攻一刻也不能鬆懈。要加强政治反攻，一千二百萬華僑（比臺灣人口還多四百萬！）的人心冷暖、向背的趨勢，萬萬忽視不得。而且華僑的人心，可以影響友邦對我們的態度，也可影響大陸同胞對我們政府的觀感。這更是不能不特別重視的。因此，我們對孫立人這一事件，要特別矚望於負有「秉公澈查」之責的調查委員會。

蔣總統派員組織調查委員會這一措施，我們深爲敬佩。由於這一措施，使我們覺得：這一案件如果眞有派系傾軋的因素存在的話，蔣總統已超立於派系之上；同時也使我們想到：蔣總統也認爲這一案情不太簡單，所以還要澈底調查。現在，大家所矚望的就在這個調查委員會（八月廿五日英文虎報曾專爲該委員會發表一篇社論）。

調查委員會組成後，據報載，蔣總統曾特令該委員會對於本案的調查要「公正而澈底」(見八月廿六日英文中國日報)。現在，委員會已開始工作了，我們願本「公正而澈底」這一令示，對於調查步驟作一建議如下：

我們認爲：凡調查一件事情，要求公正，必先澈底。就這件事講，要澈底調查，必須從郭廷亮以及在押的有關嫌疑人犯直接調查做起。其方式或由該委員會直接審訊，或由該委員會會同原審機關重審。而且這一審訊應該是公開的。由於該委員會之直接審訊，才可以說得上是「澈底的」調查；由於這一審訊是公開的，才可見信於世人，使世人承認該委員會調查的結果是公正的。這一步驟，我們認爲是最重要最必要的。關於這一點，也許有人反對。反對的理由，可能是說郭廷亮是匪諜；匪諜案的審訊是要秘密的。這一理由實在脆弱得很。這裏，可分兩點來講。第一、關於該委員會直接審訊這一點，大家當知道，該委員會的組織，爲的是要進行公正而澈底的調查，作成報告以見信於國人。如果這個可受國人信賴的委員會，在進行調查的過程中，反不受有關機關的信賴而要對它保守秘密，這又何以解說呢？所以我們有充分理由可以向調查委員會建議：調查的第一個步驟就要向郭廷亮及有關嫌疑人犯進行直接調查。這一步走通了，才算得「澈底」調查的開始；這一步走通了，才有獲得「公正」結論的可能。第二、關於公開審訊這一點，我們現在只就現階段郭廷亮案而言。至於一般匪諜的處理，應否秘密或秘密至如何程度，我們在其他社論中早已提出過若干主張，這裏不再具論。現在僅就郭案講，到了現階段實已無再秘密審訊之必要了。老實說，海內外人士對於本案之所以傳說紛紜，係由於許多懷疑；之所以懷疑，係由於審訊秘密。如果審訊公開，則一切疑竇，都可消滅無遺了。例如轟動一時的美國原子專家羅伯遜叛國案，由於審訊公開，世人從不懷疑其判決。

總而言之，孫案發展到了現在，已引起了世人普遍的關切。向後的影響是好是壞，其關鍵就在這個九人委員會調查的結果。這九位調查委員，都是自由中國資深望重的人士。我們應該信賴他們會把事實眞象澈底地調查得清清白白；我們應該信賴他們不會有何顧忌或矚循而會是是非非地作成公正的結論。我們的信賴是着實的，其結果該不會落空。

日內瓦四國會議前後

龍平甫

一、何以要召開「四巨頭」會議？

舉世矚目的四國政府首長會議（或所謂「四巨頭」會議）於七月十八日至二十三日在日內瓦開會，時距一九四五年美英蘇波茨坦會議（七月十七日至八月二日）已整整十年。十年時光雖短，但世事演變似已有幾經滄桑之感。

這次會議的召開是應許多人的心理需要，因爲自冷戰以來，這些人失望於外交部長會議，便對所謂「最高階層會議」寄以極大希望，認爲它是解決冷戰問題的萬應靈丹。蘇俄便利用這種心理來發動和平攻勢，而自由世界主要國家政府爲順應輿論，不能不召開巨頭會議。

蘇俄之所以要求弛鬆國際局勢召開「巨頭會議」，原因並不簡單。我們認爲：㈠蘇俄政權內部不穩，赫魯雪夫、布加寧、與朱可夫等人多頭爭雄，角逐史大林的寶座，需要對外緩和局勢。同時蘇俄農業及民用工業危機嚴重，而軍備競賽已成爲蘇俄經濟的嚴重負擔，必須緩和國際局勢以減輕國內經濟困難；㈡自冷戰以來，西歐各自由國家的共產黨成爲政治上的「賤民」(untouchables)，陷於絕對孤立地位，勢力日衰。自第二次世界大戰前夕以來，共產黨勢力的發展全靠什麼人民陣線或聯合陣線，吸收兼併其他政治勢力而成功。現在蘇俄想利用國際局勢的緩和，藉以打破鐵幕以外共產黨的孤立局面，並圖發展；㈢冷戰以來，不但蘇俄所希望的所謂資本主義循環經濟危機沒有出現，而反因擴軍使西方經濟更爲繁榮，同時冷戰加强西方國家的團結，不能各個擊破。反之，蘇俄附庸國經濟日益困難。冷戰愈强，附庸國人民對西方所寄的希望愈大，爭取自由的願望也愈强。因此蘇俄希望終止冷戰，維持現狀，使附庸國人民對西方不存希望，以達到「消化」的目的；㈣自德國整軍案獲得批准後，冷戰已到圖窮匕首見的境地，蘇俄不得不改變政策以求爭取時間，並企圖用和平手段以求達到冷戰所不能達到的目的（如中共入聯合國問題）。

就西方各國而論，召開日內瓦會議的考慮也不簡單：㈠共產黨及其同路人在西歐及所謂中立國家所發生的宣傳效力使政府當局不能不注意；㈡一些缺乏政治資本而奔走於兩大集團間標榜所謂中立主義，而傾向共產集團的和平掮客在國際上所發生的影響；㈢英法政府各爲內政上的考慮——英政府爲大選獲勝而投政治資本，法國在上次大戰期間未能參加「巨頭會議」甚感遺憾，這次參加「巨頭會議」不但可提高國際聲望，並且可對危機重重的法蘭西聯邦發生良好影響；㈣四國會議是西德整軍批准的結果，西方國家政府希望證明西德的整軍並不會使國際局勢緊張，因而有此會議的召開；㈤考驗蘇俄所謂政策的改變是否屬實？如果屬實，竟究改變到什麼程度？

日內瓦四國會議便是在上述各種條件下促成的。

二、會議的佈署

由於這次會議的重要，西方三强及蘇俄對會議的策劃與佈署都很費苦心。

㈠西方的準備——美英法及西德的政治家與專家事先研究蘇俄的外交政策及西方的對策：Ⓐ六月中旬美英法三國外長在紐約會議，同時西德政府總理阿德諾 (K. Adenauer) 訪美，也參與會議；Ⓑ六月下旬及七月上旬美英法德四國專家在波恩及巴黎分別討論德國及歐洲安全問題。關於在德國境內建立非武裝地帶一問題，因軍事專家反對而取消；Ⓒ日內瓦會議前夕，美英法三外長在巴黎會談，決定方針；Ⓓ同時北大西洋公約組織在巴黎開會，聽取三外長關於日內瓦會議的報告並批准三國的政策。

㈡蘇俄的佈置——自奧國條約簽字後，蘇俄一直在外交宣傳方面進行其和平攻勢，表演其前所未有的文雅舉動。在舊金山會議中莫洛托夫雖老調重彈，雖仍攻擊西方及美國，但態度已緩和得多；在莫斯科，蘇俄政權首要如布加寧、赫魯雪夫、馬林可夫、米高陽、加岡諾維區 (Kaganovitch) 等人，於七月四日突然到美國大使館祝賀美國國慶。赫魯雪夫當場發表演說，大意謂蘇俄代表不以怯懦的心情去日內瓦，而以作戰士兵的態度前往。他臨去時向美空軍副武官說：「如果他日我們必須作戰時，希望我們能在一邊。」(?)（和誰打仗？是否要征服其他行星？）七月九日阿根廷國慶及七月十四日法國國慶，蘇俄政權重要頭目也前往祝賀。同時蘇俄政權邀請東正教首領參加外交集會，使東正教首領和外國教會接觸，表示宗教不受迫害，以求獲得西方教會的同情。日內瓦會議前夕並將判處終身監禁的匈牙利紅衣主教 Mindzenty 假釋，以表示蘇俄政權對天主教已採取溫和政策。其實這一切表演祇有一個目的：爲日內瓦會議佈署。

㈢會議的組織——在舊金山聯合國十週年紀念大會期間，美英法蘇四外長對日內瓦會議獲得如下協議：Ⓐ會議採取談話形式，不預先準備講演詞，以免演成宣傳戰；Ⓑ會期定爲四天，必要時可稍延長；Ⓒ除第一次會議外，每次政府首長集會之前，舉行外長會議，對上次政府首長會議所提出的建議予以研究或闡明；Ⓓ由莫洛托夫提議，四國成立聯合秘書處，秘書長由英國駐美大使館一等秘書威爾金生 (Peter Wilkinson) 擔任，副秘書長由佛南 (de Fonin 法國)，格利巴洛夫 (Gribanov 俄國)，愛德 (Eddy 美國) 擔任。至於會場的佈置，會議人員的居住、交通、與安全等問題的解決則由地主瑞士政府負相當重大的責任。瑞士政府對安全問題非常注意，動員大批軍警來協助各開會國家所派來的便衣衞士。瑞士當局對來自世界各地約達一千五百名的新聞記者也予以週密的檢查，連攝影機及花也一一被檢視，以防萬一包藏行刺武器。

(四)各國代表團的組織——這次各國派來日內瓦的代表團人數頗爲衆多；單是美國代表團便有三百人，蘇俄代表團人數也相差不多。四國代表團重要人員名單如下：Ⓐ美國代表團——首席：艾森豪總統；隨行人員有：國務卿杜勒斯，總統府國家安全顧問安德遜 (Dillon Anderson)，駐蘇大使鮑倫 (Charles Bohlen)，國務院設計組長鮑威 (Robert Bowie)，總統府新聞秘書哈傑特 (Tames Hagerty)，助理國務卿兼歐洲事務麥爾謙 (Merchant)，國務院法律顧問傅來格 (Herman Phleger)，駐奧大使湯姆生 (Llewellyn Thomson)。Ⓑ英國代表團——首席：艾登；隨行人員有：外交部長馬克米蘭 (Harold Macmillan)，外交次長刻爾巴特里克 (Sir Ivone Kirpatricl)，內閣秘書布魯克 (Sir Norman Brooke)，內閣副秘書布朗姜 (Sir Nevil Brownjohn)，外交部政治顧問加西亞 (Sir Caccia)，駐蘇大使海德爾 (Sir William Hayter)，外交部德國司長哈里遜 (Sir Geoffrey Harrison)，外交部新聞主任喬治楊 (George Young)，外交部負責國會事務次長胡德 (Lord Hood)。©法國代表團：首席：傅爾 (Edgar Faure)；隨行人員有外交部長畢奈 (Antoine Pinay)，內閣總理辦公廳主任杜哈美爾 (T. Duhamel)，內閣總理外交顧問貝拉爾 (Armand Bérard)，外長辦公廳主任伊里蘇 (Yrissou)，外交部政治廳長馬哲理 (R. de Magerie)，駐蘇大使若克斯 (Joxe)，駐瑞士大使德奈理 (Dennery)，政治廳副廳長克魯夏奈爾 (de Crouy Channel)，亞洲司長盧傑克 (Tacques Roux)，公使兼會議事務德孟冬 (de Menthon)，法律顧問葛洛士 (Gros)，外交部新聞主任巴拉杜 (Baraduc)，東歐司副司長若忍生 (Joergensen)，代表團秘書長封旦 (Fountaine)。Ⓓ蘇俄代表團：首席：布加寧；隨行人員有外交部長莫洛托夫，俄共產黨第一秘書赫魯雪夫，外交次長葛洛米柯，國防部長朱可夫(註二)(上述爲團員)，駐聯合國代表兼駐英大使馬立克，駐法大使維努格拉多夫 (Vinogradov)，駐美大使查魯濱 (Zaroubine)，駐東德大使普式金 (Pouchkhine)，外交部中歐司長塞米奧諾夫 (Semionov) (以上爲顧問)。發言人爲伊里車夫 (Ilytchev)。

此外西德政府派了一個十名以上的觀察團到日內瓦，由西德駐北大西洋公約組織代表布南肯合恩 (Blankenhorn) 率領。團員有駐聯合國代表埃哈德 (Felix von Eckhardt)，外交部政治廳主任格奈威 (Wilhelm Grewe)。阿德勞則住瑞士山中的 Murren 地方避暑，可隨時知悉會議的發展。東德、南斯拉夫及日本也有觀察員前往。

三、會議前官方立場及重要言論

自日內瓦會議籌備以來，有關政府不斷發言，表明立場，而民間輿論也不時發表觀感，爲明瞭會議的背景，我們認爲有略加敍述的必要。

美國政府對日內瓦會議的立場，由艾森豪臨行時的廣播充分說明。他說：「在未來的會議應行討論：㈠軍備問題，因爲軍備已成爲各國的重負；㈡附庸國問題，附庸國原是尊榮而獨立的，現在却失去自由；㈢若干分裂成敵對陣營國家的問題；㈣國際干涉自由國家的問題。」換言之，美國要在裁軍問題之外討論東歐各國的解放問題 (第二項，關於東歐各國的解放問題美國參議院會通過一個議決案，希望各附庸國能重獲自由)，共產國際干涉並助長內亂以建立共產政權的問題(第四項)。艾森豪說美國的態度是調協、容忍、堅定的。

英國外相馬克米南於六月十五日在英國會下院發言，他說「日內瓦會議僅爲一個開端，三四日會議不能對今日世界所面臨的重大問題完全解決。但可將促成東西世界對立的問題一一提出，並使兩個世界得以交通。」 七月六日他在史他士堡 (Strasbourg) 歐洲諮詢會議中發言說：「我們已習慣於東方的凜烈寒風，我們不能因氣候的偶一轉暖而輭化，而應保頭腦冷靜，心情平衡，仍以過去的決心爲自由與安全而奮鬪。」他這種說法充分表現英國的民族性。

法國人則好理想。因此法國政府在這次會議之前提出一個理想。七月十三日法國內閣總理傅爾發表其「費用移轉計劃」，主張四國將裁軍所節省而得的經費用於開發落後地區，並由一特別的國際機構或聯合國負責處理此項資金的分配及使用。攤額一經決定，如某些國家不減軍事費，則祇有加重其預算。這個計劃固然很理想，實行的希望却很小。

蘇俄政權頭目布加寧在臨行前夕舉行一個記者招待會，來了一套花言巧語。他說：「蘇俄代表團此行去日內瓦坦白地討論重大國際問題，以求減緩國際緊張局勢，加强國家間的互信。」他又說：「歐洲的集體安全是可能實現的，在雙方不同意情況下，雙方仍可和平共處，而壞的和平較好的爭吵爲佳。」這套騙人的言論立即爲蘇俄共產黨機關報「眞理報」揭穿：七月十六日該報著論猛烈攻擊西方列强，指明國際共產主義的最後目標仍爲赤化世界。換言之，蘇俄政權的政策並沒有改變，所改變的祇是方法而已。

在會議之前，雙方的立場已表現很淸楚：蘇俄企圖以國際局勢鬆弛爲名阻止西德整軍，瓦解西歐防禦，以所謂「歐洲集體安全組織」代替西歐防禦組織。並將東西德中立化，加入這個組織，在東西德分裂之下實行所謂德國的統一。美國則反對先談歐洲安全問題。因爲威脅歐洲安全的是德國的分裂，故主張先實現德國的統一。而統一德國之道便是自由選舉，談判應由此着手。法國則主張同時談判歐洲集體安全問題及德國統一問題。

這次四國會議雖沒有固定的議程，但事先美英法三國已對議題充分交換意見。主要的議題則是：㈠裁軍問題；㈡歐洲安全問題；㈢德國統一問題。日內瓦會議討論的問題是否有限制呢？艾登說：「任何問題可在日內瓦會議提出。」（六月二十八日在英下院答覆）但杜勒斯同時說：「四國會議不能討論遠東問題，關於中國問題，若無中華民國政府參加，美國拒絕討論。」（註二）

德國問題是這次會議的主題，西德政府總理阿德諾在六月中旬去美國一次，事後與艾森豪發表公報，駁斥德國中立說。阿德諾認為「蘇俄今日遭遇嚴重的內部困難，蘇俄政權最近態度的好轉是在求一喘息的時機。」但是在今日自由世界因共產極權滿面笑容便認為危險已過去，是不合常識的結論。因為目前給敵人以喘息的機會，可能給未來留無窮的禍患。何況就軍事方面論，西方也無此必要。歐洲盟軍最高統帥葛倫瑟(Gruenther)將軍對蘇俄的糖衣外交深感不安，因為蘇俄陰謀防止西德整軍，使西方防禦鬆懈。他說：「歐洲某政治人物認為西方應在今年和蘇俄協議。但在軍事情況言之，並無此必要。」他這種言論使那些祇求息事寧人不顧遠憂隱患的記者及「市井之民」有刺耳之感。能說逆耳之言畢竟是少數，前法國外交部長皮杜便是其中之一。他屢次發言駁斥虛假而危險的國際局勢緩和。例如六月二十二日他在「大西洋集團法國協會」(Association Française pour la Communauté Atlantique)講演說：「今日的弛緩是我們努力厭倦與精神疲乏，而使不少的人認為最困難的日子已經過去。心腸善良的人最易受愚弄，某些人在過去說：我恨你。今日說：我愛你。自由世界便天真的信以為真，此有如狼混入羊羣，羊對危險習以為常，不加戒備，結果為狼吃掉。」他又說：「俄國因農業困難需要局勢弛緩，而我們不但不出售『弛緩』，反而要收買『弛緩』。他警告說：「民主國家高唱弛緩，固為可使選民高興，然而事實上是不會弛緩的。」

一個假的國際局勢弛緩對東歐的解放運動會予以莫大的阻礙。因此東歐蘇俄附庸國流亡人士對日內瓦會議也很關心。他們在七月一日至四日在史他士堡召開「歐洲被奴役國家大會」(Assembly of Captive European Nations)，出席東歐中歐各國代表四十二人。議題為：㈠歐洲統一問題；㈡難民在自由世界的地位問題；㈢在自由世界保障被奴役國家文化遺產辦法；㈣現時國際問題及其對被奴役國家的影響。大會通過議案，要求在日內瓦會議中提出東歐及中歐蘇俄附庸國的解放問題，並要求在國際管制下實行自由選舉。

西方國家的報紙對於行將召開的日內瓦會議，則見仁見智，意見不同，例如「紐約先鋒論壇報」說：「西方三強應向蘇俄表明團結一致係一事實。西方的團結不但可抵抗威脅而且可不受誘惑，如蘇俄政權改變政策僅為因強暴手段失敗而採用花言巧語，則西方此一表現更為重要。如蘇俄改變態度係基於經濟及政治的嚴重理由，則西方可獲得重要結果，有裨益於世界和平。」「紐約時報」警告世人說：蘇俄仍執行其傳統的分化西方的政策。「曼徹斯德衞報」說：「十年前邱吉爾說，蘇俄不想戰爭而想獲得戰爭的利益，現在我們可以說，蘇俄不想和平而想獲得和平的利益。」法國「世界報」則認為：「德國問題雖甚難解決，但日內瓦會議可使之接近於解決，同時可加速裁軍委員會的工作，及『兩個中國』事實上的停戰成為持久的解決。」雖然有些報紙對四國會議寄以很大的希望。一般人民則對這個會議並不甚發生興趣。這種現象使那些在輿論界鼓吹召開四強會議的人們感覺失望。

四、會議的經過

四國政府首長會議於七月十八日上午十時一刻開幕，由艾森豪主席，並致開會詞，旋由傅爾發言；午後由艾登及布加寧相繼發表意見，說明各自對「增進和平，減緩國際緊張局勢」的看法。

(一)艾森豪演說的大意是：㈠全德自由選舉以統一德國；㈡東西兩世界建立安全體系，統一的德國可在此體系自由選擇盟友；㈢蘇俄的附庸國家有權選擇其所意欲的政府形式；㈣取消蘇俄與西方之間的人為的障礙；㈤國際共產主義停止其陰謀滲透活動；㈥限制軍備；㈦提高生產落後國家的生活水準；㈧原子能的和平運用。

(二)傅爾認為：㈠德國應統一；㈡德國不能中立；㈢應滿足所有歐洲國家（包括蘇俄在內）的安全要求。

(三)艾登則提議：㈠四強及統一的德國締結安全公約；㈡研究德國及其鄰邦兵員數量及軍備程度，以求獲得協議，並對其實施予以管制；㈢研究東西世界非武裝地帶成立之可能性（註三）。

(四)布加寧提出所謂歐洲集體安全計劃，分兩期實行：第一期，各政府相約不增加武力，並以和平方法解決紛爭。第二期：取消區域組織，撤退駐歐外軍。他並要求：㈠會中不能討論各「人民共和國」的情況；㈡討論「臺灣問題」及中共入聯合國問題（註四）；㈢由奧國撤退的軍隊予以復員。他更說：「關於原子能的國際共營計劃如獲得協議，蘇俄可能參加。」

七月十九日上午四國外交部長集會決定一個包括四點的議事程序：㈠德國的統一；㈡歐洲的安全；㈢裁軍；㈣加強東方與西方的聯繫。大家並決定：不得一致同意，不得將任何其他問題加入議程。

㈠德國的統一問題（七月十九日午後討論）：西方國家對統一德國的方案是一九五三年柏林會議時艾登計劃為藍本，更由傅爾及艾登加以發揮。傅爾對德國的統一問題主張：Ⓐ統一後的德國維持現時西德所得的武力水準；Ⓑ西方三強與蘇俄締約，不使任何政府以武力改變疆界；Ⓒ容納統一的德國於一廣泛性的安全組織之內。傅爾對德國問題的演說並不十分使美國人喜歡。因為美國當局希望法國政府能說明法德合作及歐洲統一的必要，認為傅爾對待德國的態度有如雅爾達或波茨坦的精神。

艾登的言論以三國專家的結論為根據，但有兩點修正：Ⓐ暗示在德境內可建立非武裝地帶（原為比國 Van Zeeland 的計劃）；Ⓑ提及德國在自由選擧後可自由選擇若干途徑，包括中立在內（專家們認爲不必提出）。艾登建議四强與統一的德國締結安全公約，是一種新的羅迦洛公約，美國對此建議也甚不滿意。

蘇俄對德國統一問題提不出任何可以和西方辯論的計劃。布加寧祇得說：「統一德國的時機尙未到臨，談自由選擧的時機也沒有到。目前應使兩個德國接近。」事實上，統一德國便是等於消滅東德傀儡政權。由於蘇俄不願放棄東德政權，德國的統一問題自然毫無結果。

㈡歐洲集體安全問題（七月二十日午後討論）。布加寧在會上提出一個十五點的所謂「歐洲集體安全計劃」。此計劃在實質上是一九五三年柏林會議莫洛托夫方案的重提，所不同者有下述各點：㈠方案序文稱安全公約爲便利德國問題的解決；㈡美國加入公約；㈢方案不僅限於軍事而且擴及於東方與西方的商業與文化的交換；㈣建議中共觀察員參加安全公約組織各機構；㈤實行公約的第一期仍維持現狀，東西德加入現有機構；在第二期中則成立歐洲集體安全公約組織，取消北大西洋公約組織，巴黎及華沙協定，撤退駐歐洲外國軍隊。蘇俄這個計劃在瓦解西方多年辛苦經營的防禦組織，並使美軍離歐，以便席捲西歐。西方自然反對這個計劃。傅爾同意不採取武力解決國際問題，且贊同武裝勢力的維持現狀，但反對解散區域防禦組織。艾登則認爲談判一般歐洲安全組織困難甚多，但準備研究一個在二十六個安全公約計劃及其所提出的五國公約計劃之間的折衷方案。他說德國的分裂使集體安全公約組織不能成立。經過冗長的討論，艾森豪說：「我們現在應找出一個橋樑。建議各外長討論第一點及第二點。」（註五）由艾登提議大家同意命令各外長先行研究下列四點：㈠研究德國統一問題並注意保障歐洲國家安全之需要；㈡研究包括全部或一部歐洲國家的安全公約；㈢研究限制及檢視屯駐於德國及其鄰邦之武力；㈣研究是否能成立非武裝地帶。

㈢裁軍問題（七月二十一日午後討論）。關於這個問題，艾森豪發言說：「美國爲維持和平及安全決定維持或增加其軍力，但美國認爲有一種裁軍辦法可使各國信賴，即相互檢視及交換軍事情報，如此方可保障裁軍協定的執行。因此美國提議和蘇俄交換全部領土的軍事藍圖，並相互實行航空照相以求證實。」艾森豪說：「美國極願予蘇俄在美國領土方面此項便利，同時希望蘇俄以相同的便利給美國。如此方可使世人相信獲有保障，不致有突襲，以消除緊張局面。」艾登提議在鐵幕週圍地帶劃出一個中間地帶，由混合委員會實施管制。此種辦法先在歐洲實施，如有成效，再擴及他處。布加寧對艾森豪的開誠布公的計劃不予回答，祇重彈老調。即：Ⓐ美蘇與中共軍力規定各爲一百萬至一百五十萬人，英法各六十五萬人，其他國家各十五萬至二十萬人；Ⓑ及至軍力及「古典」武器（原子彈以外的各種武器）減削的實施已達百分之七十五時，即行完全禁止原子彈及輕氣彈，同時繼續實施古典武器減削量的其餘百分之二十五；Ⓒ擁有原子武器的國家相約非遇侵略並經安全理事會的同意不能使用原子彈；Ⓓ裁軍及禁止原子武器由國際管制。蘇俄這個計劃漏洞甚多，不能實行：例如蘇俄可在安全理事會否決原子彈的使用。法總理傅爾總結三人的意見及本人的提議，提出一個工作計劃交各外長研究：Ⓐ美蘇相互交換軍事情報及航空照相檢視（美國方案）；Ⓑ在德國成立中間地帶以實施武器及軍事設備的檢視（英）；Ⓒ除非遭遇侵略並獲安全理事會同意不使用原子彈（蘇）；Ⓓ軍隊實力及武器減少之公佈與研究，並由四國將裁軍所得之一部分費用移轄於開發落後地區（法）。

㈣改善東西關係（七月二十二日午後討論）。關於這個問題艾森豪認爲東西世界之間應有一個良好的交換思想、消息及人民的潮流。他主張：Ⓐ消除阻止各民族間交換思想的障礙；Ⓑ消除防止世界各處人民以和平爲目的之自由移動的障礙，並使各民族相互深切了解；Ⓒ產生促進東西貿易的條件。艾登則主張：Ⓐ東西世界學者專家藝術家相互接觸；Ⓑ書報電影自由流過；Ⓒ旅客及新聞記者自由往來。傅爾提出詳細的建議，主張兩世界人民、思想、及資財的自由流通，以改善東西世界的關係。布加寧對於這些辦法無詞以答，說僅蘇俄代表團對此點將提出書面計劃。換言之，蘇俄要關緊鐵幕，使共產世界繼續隔絕，得不到任何自由空氣。是日會後，蘇俄代表團破例不擧行記者招待會，當然是怕新聞記者對自由等問題提出難以答覆的問題。

七月二十一日午後艾森豪在暴風雨雷電交加之際，提出驚人的交換軍事情報的提議，使俄人驚慌失措，無法答覆，認爲美國有意爲難，實行心理作戰。從此四國會議新聞處看不到蘇俄新聞記者。莫洛托夫在外交部長會議中也沈默不言。以是二二日夜間四外長會議討論四政府首長移交的議程前三點，因莫洛托夫的堅持，不能獲得協議。主要爭執之點，在德國的統一與歐洲的安全兩問題的關聯問題及裁軍的程序問題。外長們因問題爭執不決，於是將問題移交政府首長。二十三日的談判最爲困難，四政府首長以四小時的時間解決難題，因艾登與畢奈的折衷提議，德國統一與歐洲安全兩問題獲得妥協。於是大家起草公報，這個結束會議的公報，是以四政府首長給四外長的「共同指示」的形式發表的。

二十三日所發表的「共同指示」要求四外長繼續研究下述問題並提出其解決的有效辦法，同時得「注意德國的統一與歐洲的安全問題有密切關聯，而每一問題的解決均有助於鞏固和平」：Ⓐ歐洲安全與德國統一——四外長應研究下列建議，以求建立歐洲安全及各國個別的或集體的自衛：包括歐洲全部或一部的安全公約；武裝勢力及軍備的限制、管制與檢視；在東方與西方之間建立一地帶，其間武力的佈署應得雙方的同意，及解決此問題的其他建議；關於德國問題及以自由選擧統一德國的問題的解決應符合德國國家利益及歐洲安全的利益。外長認爲必要時得諸商或邀請有關方面參加。Ⓑ裁軍問題——決定由聯合國裁軍委員會小組委員會製定一可接受的方案，該委員將於本年八月二十九日在紐約召開，並訓令外長研究解決此問題的其他辦法。©發展東方與西方的接觸——各外長應研究方案，以：①消除阻礙各民族間自由交通及和平貿易的障礙；②設法促成有利於各有關國家或民族的更自由的接觸與交換。

這個所謂「指示」的日內瓦會議的結束公報，祇是決定了一個本年十月四外長日內瓦會議的議事程序。所謂「最高階層會議」除了這個議程外，對任何問題沒最作解決。而這個議程祇是雙方對不同意的同意（承認不同意的存在）而已。

五、世界輿論與今後世局

日內瓦會議是成功還是失敗？不少的人說它是成功的，然而我們却認爲它是失敗的。因爲蘇俄不出任何代價，祇拿出一張笑臉便獲得它所需要的國際局勢的鬆弛。蘇俄的滿意更由鐵幕世界報紙對日內瓦會議極力贊揚，蘇俄報紙如「文學報」更空前的捧美國。

在日內瓦會議中艾森豪對俄人開誠布公，說明美國決不會發動侵略戰，及美國人的愛好和平。他以誠摯的態度控制會場的空氣，在世人心目中他是日內瓦會議最成功的人物。他在美國的聲望已如日中天。但是諾蘭(Knowland)對艾森豪放棄不討論附庸國問題表示不滿意，而麥加錫 (Mac Carthy) 也指責他在日內瓦會議中和專制魔王及殺人兇手作朋友。美國政界人士認爲日內瓦會議使冷戰暫時休止，但是在會場所產生的愉快空氣是不能持久的。政黨方面言，共和黨認爲蘇俄政策未變，美國不得鬆懈，民主黨也主張美國保持警覺，但對談判解決世界問題較爲樂觀。一般美國評論家分析布加寧在會議之末所發表的演說，認爲蘇俄祇求喘息的時機。紐約州長哈里曼(Harriman)要求人們保持警覺。「紐約時報」評論說：「鐵幕不取消，自由不在蘇俄恢復，則我們不能有完全的信心，但是三次世界大戰並不是解決辦法。一個得過且過的辦法足以避免這個可怕的悲劇，今日似已接近得過且過的局面。」「紐約先鋒論壇報」則認爲未來的談判將有不少的激烈爭辯，並且不時陷於僵局。但是俄國人必須承認德國不能分裂與西方團結兩事實。

英國官方及半官方評論着重於指陳「四巨頭」的指示，隱藏雙方深重的分裂。一般人對艾森豪言行控制會場空氣，使英國失去調停的機會，不免感覺遺憾。同時認爲會議公開，失去秘密談判，不能明瞭蘇俄眞正的意向。「新聞紀事報」認爲四政府首長已相互了解。「每日郵報」說：「蘇俄態度的改變實由於西方力量的增加，現在雖僅對程序問題獲得協議，但東方與西方的橋樑似已搭起。」但是「太晤士報」却不如此樂觀，再三敎人愼重。

法國政界自然很滿意，因爲這是第二大戰以來，法國第一次參加所謂「巨頭」會議。「世界報」認爲日內瓦會議是冷戰的休戰。「費伽羅報」(Le Figaro) 則說「是和平的繼續」。「狙擊兵報」(Franc-Tireur) 認爲「日內瓦會議的結果祇是短期的休戰，是一種爲求協議而成立的協議」。前法國外交部次長 Maurice Schumann 則認爲「四巨頭」毫無成就，而將所有問題移交四外長處理。這是邱吉爾理想的失敗。

德意志聯邦政府在日內瓦會議期間深恐美蘇協議，出賣德國利益，保持德國的長久分裂。及至艾登提議在歐洲的鐵幕邊緣地帶建立一個非武裝地帶，更爲德政府認爲是永久維持德國分裂的辦法。阿德諾在會議中甚感不安，在會後，他說：「日內瓦會議並不是西方在冷戰中的勝利」。報界方面，支持政府的「科倫評論報」(Kölnische Rundschau)發表論文說：「軍備競賽不能停止，因爲西方的勢力尚沒有優越到使俄人在談判中就範的地步」。但是若干報紙對德國未來的地位發生憂慮。「每日鏡報」(Tagesspiegel) 評論道：「有人說冷戰終止或暫時緩減緊張局面都會使德國這張牌失去價值，這是難辯駁的看法。」明興的「南德新聞」(Suddeutsche Zeitung) 也有相似的言論，並認爲阿德諾的政策將受到嚴重的考驗。「佛蘭克福通報」(Frankfurter Allgemeine Zeitung) 著論問：「時間對誰有利？蘇俄乎，西方乎？」國際時局觀察家認爲蘇俄將在未來的西德談判中對阿德勞提出誘惑的條件，以圖拆散西德與西方的關係。法國政論家阿倫 (Raymond Aron) 認爲日內瓦會議的最大意義，是準備日後莫斯科的蘇德談判。

這次日內瓦會議是冷戰以來僅有的不爭吵的重要會議。雙方忙於應酬交際，俄國人更隨時給人以笑臉，除了這副笑臉，日內瓦會議並沒有證明，蘇俄政策有絲毫改變。其實這副笑臉較他們過去的怒臉更可怕。這副笑臉所產生的會議空氣爲許多人稱之爲「日內瓦精神」(Esprit de Genève)，對之寄以很大的希望。阿倫對這種幻想予以很中肯的批評：「在第一次及第二世界大戰之間的日內瓦精神是幻想精神，不明事理，幼稚的想像那些親切的談話可以消除意見的紛歧。和平之依賴於言語較依賴於各民族的勇氣與武力的平衡更爲重要」(註六)。恐怕艾登受了這種所謂「日內瓦精神」的毒，他竟不讓盟友知道，私自邀請蘇俄政權的頭目訪問英國。他這一舉中了蘇俄的計，現在蘇俄也邀請法政府總理及外交部長訪問莫斯科。如這樣下去，蘇俄對自由世界的催眠作用會一天比一天强，對自由世界的命運將有難以預料的惡劣影響。

日內瓦會議一結束，西班牙的 Arriba 報卽警告世人道：「波茨坦會議曾樂觀地認爲可維持五十年和平，然而不久蘇俄佔據中國大陸並在世界各處發動侵略。現在俄國人獲得所希冀的一切：在德國維持現狀，照舊奴役各附庸國家，他們獲得所需要的(時間) 而未出任何代價。此之所謂使人在戰爭中失敗的和平。」

今日世界輿論界不少的人在歌誦「日內瓦精神」，這是一種可怕的幻想。這種天眞的、幻想的看法，正是世界持久和平的致命傷，是使自由國家可能在戰爭中失敗的和平。要保障世界和平及自由世界的安全得首先取消鐵幕。否則僅憑赫魯雪夫、布加寧及朱可夫的笑臉及甜言蜜語，都是痲痺自由世界的催眠術，其結果都是對自由世界有百害而無一利的。然而要打破鐵幕，使思想及軍事情報得以交換則是非常困難的。因爲蘇俄可以利用自由國家的各種自由及各國共黨產以進行思想輸出，作片面的宣傳，並獲得各種軍事情報，它用不着交換，而且交換的結果是鐵幕的消滅，共產政權的跨臺。同時我們認爲共產極權是一個不能與自由世界和平共處的政權，共產黨決不會變質成爲一個民主的政黨，僅憑一二會議的所謂良好空氣便認爲天下從此太平無事，未免幼稚。皮杜說：「目前蘇俄政策主要是對女性與論的誘惑，如認爲蘇俄改變政策，猶如認爲天主敎改變敎條。」(註七)

再就斯拉夫民族的性格言，要使國際局勢鬆弛也是不可能的，因爲鐵幕及所謂「歷史使命」並不是蘇俄共產政權所特創的，這是斯拉夫的民族氣質及傳統。我們知道，特務恐怖政治是俄國幾百年來就存在的，思想上的鐵幕是俄國與西方的傳統對立。俄國人征服世界的雄心在帝俄時代已經存在，今日蘇俄政權祇是將「第三羅馬」的意識擴大加强並換以名稱而已。

德國政論家烏克斯古爾 (G. von Uxkull) 不久以前曾評論說：「西方世界常有人認爲：如果蘇俄放棄其共產觀念，不協助世界其他國家共產黨，而成爲一個民族的國家，則所有的問題都可解決，但是人們似已忘記西方從未與俄國眞正共存，卽使在俄國與共產主義無任何關係時也如此。一個愛國的俄國人與一個共產黨的政治委員對西方同樣是陌生的。一九〇五年日本戰勝俄國，西方是如何的滿意，卽爲一證明。」(註八)

我現在特譯六十年前(一八九五年七月十四日)德國駐俄大使拉道林 (Radolin) 親王給德國外交部對俄國人思想言論所寫的一份報告：「不久以前，若干高級軍官很驕傲而自信的向我道及俄國在亞洲的偉大任務，及在俄國之前開展的使之成爲第一流文明國家的新時代。財政部長維特 (Witte) 已了解此義，所以很能幹地、瘋狂大膽地進行此項工作。俄國終於由長期的睡眠覺醒從事新生活，她向各方面拓展，建築若干大規模的鐵路，以使遼遠的地區獲得容易的聯絡，並開發若干新的富源，她獲得空前鉅大的貸欵，並且有其他國家所沒有資源，她在任何情形下不需要退縮的，她是不可克服的。總之，由我所聽到的，是衆口一詞的肯定的說：若假以時日，俄國是命定的要征服世界的。俄國要首先向東方及東南方發展，因爲那裏沒有歐洲文明，也沒有歐洲文明所產生的癌病。如俄國人所說：西歐已經腐化，在俄國對之矚目之前，應使之消毒。在未消毒前，在道德上言西歐仍是對俄國危險的。因此俄國應儘可能的不與西方接觸。依此間人士的論調，虛無主義及所有的革命理論都是歐洲文明的產物，若不是我現在親自體驗，我是不會相信俄國國內會有如此高度的偏執狂狀態。這並不是少數或幾個頭腦浮燥的人所想所說的，這是一般的論調……(註九)。」

雖然，時隔六十年，這篇報告仍適用今日的俄國，俗語說：「江山易改，本性難移」。儘管俄國經過布爾雪維克的革命，俄國人今日的世界觀及對外政策仍是帝俄的傳統。迄今爲止，我們沒有任何有力的證據，證明俄國人已放棄這個傳統。

我們的結論是：就共產政權的本質與斯拉夫民族的傳統而論，我們找不出緩和國際局勢及「和平共存」的理由，蘇俄的所謂緩和國際局勢祇是一種策略，其基本政策（征服世界）並未改變。

(註一)朱可夫自本年二月起卽與艾森豪不時通信，這次派他出席，一方面表示他在蘇俄政權內地位日益重要，一方面希望能以私人的友誼影響艾森豪。朱艾二人在日內瓦會議時曾單獨晤談。赫魯雪夫向艾森豪說：「朱可夫爲要看老友，連嫁女兒的婚禮也不能在場主持，特地到日內瓦來。」結果艾森豪爲他女兒買了一些禮品。

(註二)中國問題未在日內瓦會議討論。但在私人談話中可能提及，美國否認對此方面有任何協議。但會議甫經結束，卽宣佈美國與中共在日內瓦談判，美方爲駐捷克大使 Johnson，共方爲駐波蘭「大使」王炳南，談題爲釋放在大陸被拘禁的美國平民及飛行員等實際問題。印度雖一再向美國施行壓力，進行其「和平」經紀人責任，美國當不致上當。

(註三)艾登提議此點，若在德國不統一情況下等於主張在東西德之間建立非武裝地帶，在專家會議時因軍事專家反對而取消。西方原同意若無德國統一不能提出此點，後統一問題無結果，而艾登仍提出此點，致引起美國及德國的驚訝。

(註四)會議結束時，布加寧說會議不討論此項問題頗爲遺憾。艾森豪對之並未直接作答，但指出他不作答並不是同意布加寧的看法。

(註五)艾森豪此項言論，給英國新聞發佈人解釋有誤，使西德政府認爲西方三國準備在德國分裂情形下予蘇俄以安全公約，阿德諾因向美英法三政府首領致文表示反對，美國回答：「立場未變」。

(註六)本年七月二十七日費伽羅報。

(註七)見本年六月十六日世界報。

(註八)見本年六月三十日世界報摘譯瑞士德文「事實報」(Die Tat) 烏氏論文。

(註九) 見德國外國文獻 Die Jrossé Politik der europaische Kabinette (1871-1914), Nr. 2317.

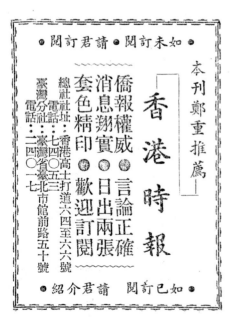

相對論──一個較豐富的眞理(下)

殷海光

第三節討論『什麽是「邪惡」？對人類行爲之相對論的態度』。法蘭克說：『一個孩童很少經驗。在他底狹小世界裏，他所用的語言極其貧乏。除了他底爸爸媽媽以外，他認爲每個男人是「叔叔」，每個女人是「嬸嬸」。這種簡單的語言適當地敍述對于他爲重要的事實。到了他長大一點，他用「叔叔」一詞時，就能着人使用。他也許曉得某人是保羅底叔叔而不是約翰底叔叔。在此情形之下，這個小孩說某人是「保羅底叔叔」而不是「約翰底叔叔」，我們不能說這種敍述辦法已經把懷疑的因素灌輸到這個小孩底思想之中。我可以確定，勸導小孩使用這種「相對化了的」語言的人，不應受到譴責，說是危害小孩底德行，並且使得他們不信仰「客觀眞理」。我們必須讓小孩明瞭我們所居住的世界原是這麽一個複雜的地方。我們僅僅藉着「叔叔」這樣簡單的名詞是不足以描寫一個人的。「叔叔」一詞需要加些形容。

『就小孩而論，他說「約翰很壞」時，他底所指是什麽，意思是十分明白的。如果他不聽父母底話，他便被看作是壞的孩子。有人說他「壞」。在這種情形之下，「壞」字不需分指，也不需另加形容詞。當他進學校後，「約翰很壞」，這句話底意思也可以是指着他不聽老師敎導而言的。可是，在學童之中，「壞」字如不加形容，則不復有確切的意義。這些學童很能懂得，當着說「約翰在和他底媽一起時他是壞的」係何意義；他們也懂得，當着說「在約翰與老師一起時他是壞的」係何意義。這些小孩很快就能對「壞」之一詞發展出第三種分指。他們能够了解在「約翰與同學在一起時是壞的」一敍述詞中所謂的「壞」，如果與剛才所說的情形聯在一起來用，那末「約翰對某一權威很壞」這話底意義並不含混，而且這話要麽是眞的，要麽是假的。在此，並沒有主觀的或可懷疑的解釋。

『可是，如果有人訓練小孩，敎他在用「壞」字時不分清紅皀白，那末他便難免變得多疑了。在此情形之下，他就馬上不得不用像這樣的語句：「對你壞的事對我也許很好」。但是，如果我們用「壞」字時總是在其指涉的格架(Frame of reference)以內來用，那末所謂「壞」也者依然是一「客觀價值」。這樣一直用下去，我們愈是需要對「壞」字附加更多的限制，而且問題愈變得嚴重。有一天，約翰底父母也許變成罪犯。這麽一來，如果他服從父母之言，他便被稱作「壞」了。在幾種權威發生衝突的情形之下，所謂「壞」也者，意卽「不服從較高的權威」。一個國邦底主要行政官員也許是比父母較高的權威。而這個國邦底這個主要的行政官員可巧也就是一個罪犯。我們必須追溯「對最高權威不服從」「乃係一惡」之意義何在。這也許是出于上帝底意志，或者基于最高的道德律令，如像康德所稱範疇式的倫理規律；或者係出于我們自己底良心。不過，時至今日，「約翰是很壞的」這話必須附加許多條件來充實並限制它底意義。例如，如果我們要給這話以一確定的意義，我們必須能指出那足以適當解釋上帝意志的方法是些什麽。或者，我們必須能够指出那足以檢證我們良心聲音的途徑是什麽。這麽一來，我們所用語言就變得高度的「相對化」了。到此地步，像「約翰很壞」這樣簡單的話便不復具有淸楚與確定的意義了。

『有少數道德問題的著作家喜歡保留像「約翰很壞」這種簡單語法形式的語句；他們並且相信這樣做法也可以支持像前述對小孩所說的「壞」同樣無有限制的意義。然而，這種信仰純係一種幻覺。我們使用一種形式簡單的語言，不能產生「絕對的」或「無有限制的眞理」。……』

請讀者注意，法蘭克在這裏，是在替『好』，『壞』，『善』，『惡』，等等倫理價值名詞下運作的定義(Operational definition)。這些名詞，如要有確定的意義，說之者必須能够特指地(specifically)陳示其如何確立的實際方法。這樣，也就是要求這些名詞之所指涉者必須在四度空間展開，從頭至尾，整個亮給人看，或可檢證。如其不能，只玄談『仁』『義』，那末，作爲個人癖好或寫作欲之滿足時爲害尙小，一旦接觸實際，則可能爲害至大。因爲，有頭無尾的玄空『仁義』，可以裝在好的架構之中，也可以裝在惡毒的架構之中。君不見！法西斯，說是爲人『好』；共產黨徒，也是口口聲聲說爲人『好』！但結果，人遭殃！那一個做壞事的不是打起好『主義』的招牌？你講的『道』有頭無尾，怎能怪人家利用？時至今日，『本質主義』的講道德說仁義的辦法，依據原始的影像式的眞理論(image thery of truth)來談倫範，結果不是落空，便是悲慘。

第四節係以一根棍子底長度和鐘錶底速爲度喩，來說明相對論的道理。第五節介紹美國大思想家查理・斐士(C.S. Peirce)和詹美士(William James)底思想：告訴我們怎樣分辨有意義的語言和無意義的語言。所謂無意義的語言，卽沒有內容的語言，玄學的語言屬之。語言是否有意義呢？法蘭克在第六節裏，介紹檢證語言意義的方法，一爲運作論，二爲語意學。『與意義之實效論相似的一種概念，已爲科學家所廣泛接受——這主要係受布利基曼(P. W. Bridgman)底影響。布利基曼于一九四七年獲諾貝爾獎金。布利基曼開始是企圖替物理學中所用最基本的字下定義。例如，「一根鐵棒之長度」，等等。科學家是藉着描寫那測量長度時所用的物理運作手術來描寫長度的。……照布利基曼說來，科學家所用定義底特點，乃一項事實，即皆係「運作的定義」。如其不然，這些定義在科學中沒有用處。布利基曼描述我們所謂「概念」應該是什麼：「……一般說來，我們所謂概念只是一組運作手術而已；概念與一組相應的運作手術乃同義語。……」

『對于概念的這種了解，顯然與傳統上對于概念的了解大相逕庭。西方世界底概念學說之傳統，主要可溯源于柏拉圖。依照這一傳統說來，一個概念即一個觀念的影像。觀念的影像是自己存在的，且在經驗世界以外。布利基曼底學說剛好與此「觀念論的意義學說」相反。依布利基曼學說，像「長度」這樣的概念不是「長度底觀念」之影像，而只是一組物理的運作手術，長度則藉之而量出者。假若我們不僅把布利基曼底「運作論」應用到正格的科學領域，而且應用到一切抽象的概念，如「自由」，「民主」，「宗教」上，那末其所需之運作手術，與像查理．斐士和詹美士這樣的人對于這些概念所作實效的要求，並無太大的差異。一個概念底意義，並不藉「觀念」之影像來界說；而是藉着可觀察的結果來界定。這些可觀察的結果是我們從包含這一概念的語句推論出來的。……

『顯然得很，運作論的意義學說，或實效論的意義學說，二者在應用時，與我們在第二至第四節所敍述的「相對論的知識觀」是有着密切關聯的。布利基曼說：「如果我們承認運作論的概念定義，那末普遍意義的相對論便是最易明白的自明之理。因爲，經驗是藉概念來描述，而我們底概念既然是可以分解爲種種運作手術，那末我們底一切知識就一定是與我們所選擇的種種運作手術相當。」

『自從柯爾基布斯奇 (A. Korzybski) 發表他底著作「科學與心智健康」(Science and Sanity) 後，過去十五年來，實效論的意義觀或運作論的意義觀，已成一廣泛運動的中心論題，在教師之間尤其如此。這種運動，叫做「語意學的運動」。所謂「語意學」即「意義學說」。所謂「語意規律」，大致說來，即布利基曼所說的「運作的界說」。運作的界說，是一些陳敍詞。我們藉着這些陳敍詞來表示用語言說出的抽象理論和我們日常經驗中可觀察的事實二者之間的關係。像「自由」或「上帝」這樣的字眼，藉着我們所說的「語意規律」，是與我們底痛苦或快樂或聲音或熱度等等經驗相聯繫。……語意學的運動是要把實效論的意義學說應用到人類行爲底一切領域：藝術，宗教，政治，等等。……』

請讀者勿以爲運作論的意義學說及實效論的意義學說之創導，只限于純理論的興趣。理論與實際的劃分，乃語言所構成的迷妄之一。理論與實際並沒截然可分的界線。我們試把運作論的意義學說稍加延伸，比如說，伸向實際的政治領域，便可知其對于人生的禍福安危如何重要。若干年來，衙談巷議，說『種種主義都好，只是人沒有去行，所以糟糕。』這種批評，係出于『眞理影像說』：以爲眞理只是一堆影像，至于怎樣實現，則是另一件事，沒有管着。於是，政治販子只拿出一堆影像，衆民就捕風捉影，隨着亂跑。跑得毫無結果，失望以終。其實，你不能怪政治販子。只怪你底語意學太陳舊，已不合用。如果你知道運作論的意義學說，你就可以知道無頭無尾的簡單口號不足信，而必需弄清實現口號的實際步驟，即你能親知、親見、親聞、親受的一件一件的事爲何從口號到實際步驟，整個是一串，規定該『主義』的內容。所以，假定有甲乙兩種『主義』向你兜售。你應冷靜一點，不忙只信概括的說教，你還得看一串一串與你底禍福安危實際相聯的諸般隨之而來的節目。如果甲說某『主義』是爲了你底幸福而在實際過程中剛好使你痛苦，那末，運作地說，它是一種要不得的宣傳。其他依此類推。

第七節論邏輯實徵論。第八節論邏輯實徵論底論旨對道德與政治的意義。法蘭克說：『也許，有意義的詞語和空話之必須嚴格劃分，在一切領域中，從無如在倫理，政治及宗教範圍內更爲重要者。有些人常常拿像「自由」，「民主」，甚至「上帝」，這些動人聽聞的字眼來掩飾暴政和殘酷的行徑。因此，我們最重要的事，是請問發表這種高論的人：「這些美麗詞藻底意義是什麼呢？」……如果聽衆是在「試驗的」意義學說裏教育出來的，或者是在「實效的」意義學說裏教育出來的，那末便不易變成邪惡宣傳之下的犧牲品。』的的確確，就英美的實例來看，受有相當科學教育因而重實徵的社羣，空頭主義之宣傳最不易奏效。而空頭主義宣傳最易聳動羣衆的地區，是根本缺乏科學教育與實徵態度的地區。悲夫！

『那些拒絕用運作的意義來界定他們所用字眼的人往往自稱爲「觀念論者」。他們宣稱他們所用的大名詞是不能表達的觀念之影像。我們在描述人的行爲或人的痛苦時，所用語言，是明明白白的語言。自稱是觀念論者的人則認爲他們不能用這些語言。有人常說「觀念論的意義學說」與實效論的意義學說」是相反的。假若我們研究這些相反的意義學說在各個國邦之宗教的和政治的生活中所發生的作用，那末我們發現「觀念論的」意義學說往往引起人們崇拜文字和口號，而很少注意因此而引起的人生痛苦。柏雷教授 (Professor R. B. Perry) 曾經說明這種「觀念論的」意義觀是如何一再地用來支持軍國主義的和極權主義的宣傳。』所以，評者年來目睹少數書生宣傳唯心論及『歷史文化』而不禁憂心耿耿也。但是，評者怎能叫他們從强烈的自我陶醉中醒覺呢？同愛因斯坦齊名的量子物理學家蒲蘭克 (Max Planck) 說：『一項重要的科學革新，很少能藉着逐漸贏得並且轉變其反對者而被廣泛接受的：蘇祿 (Saul) 變成保羅，畢竟是少有的事情。實際的情形是，反對這項科學革新的人逐漸死掉了，而後起的一代從一開始的時候已習於這些新的科學觀念。』蒲蘭克此言，雖不免過于悲觀，但也確係慨乎言之。何況，在那與情感相聯繫的傳統問題上呢？

歷史，是輕率激進者破壞的紀錄，也是頑固保守者浪費的紀錄，而純理知者則每掩卷太息！

第十節底問題是：『「嚴格的」原則排斥相對的實踐麼？』這個問題底意思就是說，行爲上嚴格的倫範原則，一旦付諸實踐，是否需因時因地因人因事而制宜？我們且看相對論的科學哲學家法蘭克對此問題怎樣解答：『假若我們一味堅執普遍的原則而不加限制，一味堅執那些原則之「絕對的」意義，那末我們將會立刻發現，一接觸實際的生活情況時，便全無結論可得。因爲如果我們不用運作的意義時，那末我們從抽象的原則所能衍生出來者只是抽象的原則而已。我們從來不能接觸人生的實際問題。』這話道出在東方的古老地區，爲什麼大量出產『僞道學』。原因非常簡單：他們口頭不能不堅持倫理的絕對主義和形式主義，彷彿嚴格得很；但是，人總是人，人有七情六欲。人有七情六欲就不能不滿足。但是，在倫理的絕對主義和形式主義之中又找不到『轉圜』的餘地，找不到『理論基礎』。於是，他們被挂在『極高明』的『聖人之教』與『極卑賤的人欲橫流』之間，而現出一幅尷尬相，時常言行不符。因此，現在任何人提倡仁義道德廉恥忠信，除了多一項『道德官腔』以外，都沒有人眞去聽，根本影響不了人底實際行爲。何耶？調子太高了，與實際生活脫了節也。提倡之者在從前是吃了『聖人概念』的虧；習西洋哲學以來則爲柏拉圖主義所誤。評者在此，絲毫無意於揭露這些道學之士的短處。否則，我就是假定了『聖賢之道』。我在此不過是指明其倫理高調之不合人生罷了。

吾人深知，由于天眞而無訓練的心性，多數人喜歡『簡單的確定 (simple certainty)』，又喜歡『不全則無』原則。所以，常常荒謬至極的話，只要出之以絕對肯定的態度，也有人相信。在共黨之類的宣傳詞彙中，找不到『大概』二字。創教的人則堅持『絕對精神』。多數天眞的人幻想追求『絕對眞理』。所以，自命握有絕對眞理的術士，在知識落後的地區，不患沒有徒衆。所以，這一路的態度和詞彙，較之談有限度的眞理，有條件的知識，能給天眞的人以較大的感興或激怒。法蘭克說：『這個事實是無可否認的。但是，這個事實證明什麼呢？這個事實證明，在一場戰鬪中，簡短和感人至深的口號乃受人歡迎者。然而這與「眞理之絕對性」毫不相干。……』從心理行爲上看，所謂『絕對眞理』，除了係固定的反應動作以外，就是强烈的神經反射，一衝而出者。

第十五節，批評在右邊的多瑪主義(Thomism)與在左邊的辯證唯物論。法蘭克說，這二者都是教條。其存在大有礙于心智之正常發展。第二十節所提出的問題是：『基本科學爲何常使極權者與迫害異端者受窘？』這裏，對于謂科學『只是無關人生目標的一堆事實』的說法有所解答，並指出科學心性之培養如何有害於極權制度之建立。第二十三節說明『哲學上的「唯心論」何以有助於獨裁制度』。在這一節裏法蘭克引證了密利根 (Millikan) 底看法，以及柏利教授對唯心論之害之批評，極爲中肯。可惜限于篇幅，我們不能翻譯出來。還有許多精采的提示，也因限於篇幅，不能貢獻給讀者。

這本出自老科學的哲學家手筆的書，一方面指陳了現代科學底要義，邏輯實徵論，運作論，實效論，相對論，這一路底哲學思想對于科學與人生之貢獻；另一方面解答此憂患時代對於這一路底哲學思想所發生的責難，例如，說相對論使人信仰動搖，造成思想眞空，等等。實在說來，這些責難之所以起，主要原因之一，在于對這一路底哲學思想及科學無所了解。照評者底淺見看來，際此危疑顚困時日，作爲一個知識分子，最重要的事是訓練理知與擴大知識之範圍並增加知識之深度。要做到這一層，除養成思考習慣外，就是須讀書。讀書就要讀及格的書。評者相信本書可以幫助你在前述那些方面得到健康的見解。書末所附參考書目，也很值得注意。

註：本書原名係 Relativity, A Richer Truth, by Philipp Frank. Boston, The Beacon Press, 1950.

日美經濟關係十年(下)

余蒼白譯

四、不合算的MSA援助

韓戰發生後，美國的對外援助很快地變成了以軍事援助為中心的援助。例如一九五〇年的軍事援助還只有經濟援助的三分之一，而到五一年，就變為經援的二倍，到了五四年，軍援為百分之七〇，防衛支持援助（對於軍事產業的經濟援助）為百分之二〇，而純粹的經援則只有百分之一〇。為了適應這樣的變化，美國於一九五一年，又把以前的對外援助法——「相互防衛援助法」(MDAP)，「經濟協力法」(ECA)和「國際開發法」(TCA)三個法——統合而為一個「相互安全保障法」(MSA)。美軍在韓國的後退和休戰交涉的開始，促使日本走上再軍備和參加集體安保機構的道路，促使日本變成亞洲有力的反共基地之一。於是在韓戰休戰成立的一九五三年七月，日美之間關於MSA的交涉就匆匆開始了，過了八個月之後的五四年三月，二國政府的代表就簽字於那個協定了。前面已經說過，日本的支配階層，正在因為一時佔了我國國際收入百分之三〇的特需愈來愈少而大感頭痛的時候，就這樣不顧一切地撲向那個MSA援助去，在進一層向美國從屬的路上，去緩和眼前的經濟危機。現在在這裏，請看一看那個MSA軍事援助給與我國經濟上的結果究竟是什麼。

在那時以前，日本外貨的不足是用特需的繼續訂購來補足的，可是跟着MSA協定的生效，美國就用以半新舊的完成兵器的讓與來幫助日本再軍備為口實，把過去用特需換美圓的支出大量減少了。他的打算無非要日本國民靠自己的負擔趕快去擴大軍事的力量。事實上，這一傾向也正在年年强化着。

據防衛廳「第九次防衛計劃案」的打算，日本再軍備的負擔額預定為每年一、五〇〇億日圓以內，同時預定了縱使美國的援助停止了，也不出每年一、九〇〇億日圓的範圍。然而這計劃，由於上面所說的美國的打算，眼前已經不能不重行檢討了。為什麼呢？美國完成兵器的讓與不但不能到了當初日本政府所估定的那樣多，而且還有愈來愈少的傾向，因之日本的財政支出當然非跟着擴大不可。原來根據MSA協定，在一九五四年美國會計年度中，美國應該供給相當於一、五〇〇億日圓的兵器與日本的，可是事實上，只進行了其中相當於四六五億日圓的東西；他希望本年度以後日本能够盡量自給。在本年度，驅逐艦二隻和潛水艇一隻的讓與是預定了的，而據最近所得的正式通知，關於艦艇的讓與就以此為限度了。此外關於陸上兵器呢？日本已能自製的砲彈槍砲之類的讓與似乎要停了，關於噴射機日本生產的問題已經決定了日美共同負擔的計劃了。這樣子，所謂直接軍事援助者，已經反乎日本政府的期望，明明表示出了愈來愈少的傾向，因之日本國民關於軍費的負擔，勢將愈來愈難受了。

據上幾天通產省和「日本經營者團體連盟」合組的「產業構造研究會防衛生產小委員會」的報告，關於防衛力增强對於美國援助和國際收入的關係，其中有這樣的說明：

「日本希望美國用完成兵器供給的裝備，本來是這樣：㈠火器的全部和彈藥類的大部；㈡通信機的百分之三〇；㈢飛機的大部；㈣艦艇的百分之五〇；㈤建造艦艇搭載用兵器的百分之三〇；㈥兵器類的修理和更新；可是這一些，其後逐漸變為由防衛廳本身的預算來置辦，而不是完全由美國用完成兵器的形態來供給了。這是看了其後關於飛機和兵器一類的供給情形可以知道的。本年初頭以來，透過了日美二國政府關於噴的談判，射機由日本生產和彈藥類的美國海外調達的問題使我們明白了美國關於援助方式的基本想法是，那決不是日本政府從來所想的那樣，即是在準備階段，裝備的大半由美國政府用完成兵器來

新舊防衛計劃比較 概要兵力 (註六)

	陸上	海上	航空	兵力合計
經審廳第三次案	6 師，18萬人	21萬噸，37千人	485 機，24千人	26.1萬人
保安廳第七次案	10師，21萬人	14萬噸，35千人	1,410機，43千人	30.0萬人
防衛廳第九次案	6 師，18萬人	12萬噸，38千人	1,566機，48千人	28.1萬人

新舊防衛計劃比較 經費分擔 (單位·日圓一億)

	保安廳第七次案			防衛廳第九次案	
年次	日本負擔部份	上項中替美負擔部份	美國援助	日本負擔	美國援助
1954年度	1,180	250	—	788	477
1955年度	1,530	400	—	950	663
1956年度	1,950	620	—	1,100	817
1957年度	2,520	620	—	1,300	1,029
1958年度	2,650	620	—	1,500	1,194
合計	9,560	2,510	5,400	5,638	4,180

供給，到了維持階段，纔由防衛廳用本身的預算來調達必要的裝備，而是縱使在準備的階段，如果日本不想自主的方法的話，也難期望美國的援助的。從噴射機體國產化一問題中日美二國的關係看，也正和彈藥部門的辦法美國在中途變了掛一樣，變成了這樣的援助方式了，那就是，一開始就只享有難於自製的部門品的供給，裝備品和材料之類的現物給與，製造權由美國轉想辦法，和主要冶具之類由美國無代價給與（註六）。同時在國產化進行中，美國的援助當然比率減少，日本的負擔當然比率增加，到了某一定的時限，全部由日本方面自己負擔。因之在這一趨勢的關連上，我們如果不能有計劃地去進行防衛生產態勢的準備，那末現在躲在軍援的庇蔭之後而輕輕忘却了的外貨問題，必然會有一天，爲得輸入必要的裝備而現象化出來的。」

這樣跟着軍事援助的增大，必然要產生直接的軍備負擔的增大，自力生產所必需的新設備投資的增大，和軍事工業所必需的原料輸入量的增大，因之國民負擔將和滾雪球一樣愈來愈大，那是無疑問餘地的。

在上面所謂的 MSA 協定中，其後於軍事援助（用半新舊武器讓與的形式）之外，又規定了五千萬美圓的剩餘農產物的援助，他的內容是小麥五五萬噸和大麥一一萬噸。美國所以出於這一形態的援助，無非在於一方面擴大過剩農產物的輸出市場，而一方面又促進日本軍事力的發展，達到這種一石二鳥的效果而已。

這樣輸入於日本的 MSA 小麥賣却代金，照規定，須積存於所謂特別會計中的。這裏面的百分之二〇（一、〇〇〇萬美圓——三六億日圓），作爲贈與以使用於軍事產業的設備，其餘百分之八〇的四、〇〇〇萬美圓，作爲美國的海外採購資金。因之這個 MSA 輸入，不但更促進了日本經濟的軍事化，而且也正和前面所說過的等值資金制一樣，通過了那些資金的運用，把日本的重化學工業，特別把軍事色彩濃厚的各種產業，蒙上了被美國支配的結果。

可是出於日本政府意料之外而使其驟感周章狼狽的，是那些 MSA 援助額的太少，於是他又懇請了美國政府再作以下的援助，那就是，援用「剩餘農產物處理法」的一億美圓的援助和出自世界銀行的一億美圓的借欵。這裏面，關於剩餘農產物的交涉，好容易，於去年年邊辦妥了。他的結果是這樣：一九五五年六月底以前，日本從美國輸進一億美圓的剩餘農產物，以其中的一千五百萬美元作爲小學生的食費和衣着費，此外的八千五百萬美圓呢，以其中相當於百分之三〇的二千五百萬美圓部分的用途一任於美國，主要目的作爲美軍住宅的建設和分配於東南亞區域的海外採購的費用，以其餘相當於百分之七〇的五、九五〇萬美圓部分作爲對日的借欵，以使用於防衛產業的培養、貿易的振興、農業的開發等，然而用途的指定依舊還是要得美國的承認。這樣看下來，贈與部份顯然是極少的，借欵部份還沒有達到期望的一半，日本政府的期待大半又落空了的。

最後總括地來看一看 MSA 援助的損益吧！關於所謂益的，第一是，根據 MSA 協定的直接軍事援助是四、一八〇億日圓；第二是，MSA 的小麥資金是三六億日圓；第三是，剩餘農產物的援助在往後三年間是八一三億日圓；第四是，世界銀行的借欵是三六〇億日圓；第五是，特需和海外調達在往後三年間是三、六〇〇〇億日圓。這一些，如果用年份來平均，每年約爲三、一〇〇億日圓，如果減去特需和海外調達一類準商業的東西，那末每年平均約爲二、一〇〇億日圓。

可是和這些相對的日本的負擔呢？防衛關係費（註七）每年約二、〇〇〇億日圓，由於禁運而造成的輸入過貴的損失每年約二〇〇億日圓，費於借欵事業和軍事產業設備的投資上的約幾百萬日圓，此外用於軍用道路建築和軍事基地方面等費用的地方的支出當然還不少。至於考慮到經濟以外各種條件的話，那末援助究竟帶了怎樣巨大的代價以俱來，那是不言而喻的。

五、民間外資導入的功罪

美國對外投資的構成，從第二次世界大戰發生後，發生了極大的變化。國家投資從一九三九年的四千萬美圓上升到一九五一年的一三八億美圓。這一來在現在美國的資本輸出中，國家的信用借欵和援助，已經佔了壓倒的比重。國家在資本輸出中起了這樣巨大的作用，正表現着巨大獨佔資本和國家結不解緣的過程。獨佔資本利用了國家機關，通過了國庫的形態以吸收大衆的稅金，以此投資於海外市場，而其本身則躲藏於後面，爲後一步的民間資本的進出鋪道路。民間資本的進出所以比較國家援助和國家借欵後一步，乃是由於戰後海外資本主義國於殖民地中的勞動運動和民族解放運動非常高漲的緣故，乃是因之而構成美國資本向外投資不甚能得失的緣故。因爲這一些緣故，因之對於國家援助的作用，自不妨作如此的看法，那就是，先把那些不安定的狀態先安定了，先把繼之而來的民間資本得以進出的障礙掃淸了，如此而已。而美國的民間資本，乃是靠了那些援助的力量以生根於對方國家的經濟，同時和國家援助相輔相成，使那些國家成爲政治的、經濟的從屬物的東西。

接受了這樣美國民間資本的活動，對於日本政府和日本財界，當然也是極富重要意義的。所謂「外資導入」也者，實可視爲藉此以恢復國內支配勢力的一種手段，更可視爲利用之以克復外貨危機的一種手段，從而把那瀕於危機的日本資本主義的體制再組織起來。

在我國，所謂美國民間資本的導入見諸具體化的時期，是一九四八年。當時的蘆田均內閣至於被稱爲「外資導入內閣」，則其致力於外資導入之勁，就可想而知了。這樣子，從一九四九年起，對於石

外資法關係收支實績表

種類／年度	合計 收	合計 支
1949和50年度	1,088,111	500,656
1951年度	8,567,144	5,599,514
1952年度	13,615,809	10,854,673
1953年4月～9月	12,012,001	8,066,111
1953年10月～54年3月	4,088,720	9,835,596
1953年度	16,100,721	17,901,707
1954年4月	1,840,936	1,371,629
5月	165,216	1,184,693
6月	1,978,103	2,007,054
7月	154,991	2,176,519
8月	665,269	1,857,242
9月	3,121,829	2,038,809
1954年4月～9月	7,926,344	10,605,949
1954年10月	478,086	1,357,981
11月	75,296	2,561,145
12月	47,908	2,386,381
1955年1月	59,184	1,501,759
2月	1,061,930	1,900,397
3月	257,174	2,839,718
1954年10月～55年3月	2,006,578	12,547,383
1954年度	9,932,922	24,183,332
1955年4月	379,580	1,297,527
總計	49,684,287	59,337,412

（根據大藏省外滙局的調查）

油工業的外資進出就開始了，到了五〇年，爲得促進外資的對日進出的「外資法」又製定了，其後跟着韓戰的發生和特需的訂購，外資的導入乃走上急速增大的路了。在下面，讓我對於外資導入的實績和效果，作一個考察。

從「外資法」施行起到本年五月爲止所導入的外資的實績爲一億四千萬美圓，此外屬於技術提携者共計四五一件，換成資本大約爲二億六千萬美圓；兩共合計爲四億美圓。

可是這是認可的數字，現實的外資收入只有四千九百萬美圓。技術援助之不帶有外貨的出資，那是當然的。可是在這裏，請先看一看對於那些現實外資的收入所支出的外資究竟是怎樣！看這裏的附表，一九五三年度已經出現赤字了，四四和四五年度都很快地在增大了。這不是外資導入而是外資導出囉！

尤其值得注意的是，並無實現外貨導入的所謂技術援助的代價，居然佔了那些外貨的百分之七〇！就目前的日本而言，新技術也許應該導入的，然而導入了的乃是在其本國中已經陳腐了的藍圖和第二三流的技師而已，而竟爲此而支付了的居然到了那樣龐大的數字！

上面已經簡單地把外資的得失情形提過了，現在再把導入了的外資的去向說一說。

先就股份投資說，他的最大部份是投資參加經營的投資，透過股票市場的投資是極少而又極少的。至於那些外資所投向的產業，是石油、化學、電氣機械和金屬工業的順序；這四種，一共佔了全投資額的百分之八三，明明白白集中於重化學工業方面。關於這，恰如下面所述的技術導入的方向是一樣的。

其次就貸款投資說，美國的貸款投資佔了投資總額的百分之七五，在這數目上，如果加上了世界銀行對於日本三大電力公司所貸與的四、〇二〇美圓，那末美國的貸款投資實在佔了貸款投資總額的百分之九七，同時這些投資對象又是集中於電力、石油和運輸等方面，因之美國幾乎已經成爲這些重要產業的實際支配者了。

戰後美國資本對日進出之最典型的形態是技術導入，同時這所謂技術導入者，又多和上面所說的股份取得相桴鼓，成爲由股份的取得，更進一步參加經營的前驅。那些導自美國的四五一件技術，固然涉及於機械製造，化學、金屬、石油、橡皮等產業，然而對於這些產業中所被選定的，大旨又是財閥系的大公司。

更值得一提的是，在戰前，所謂技術提携者，普通多屬於某一公司的獨佔契約，戰後呢，特許使用權的讓與契約顯著地變爲非獨佔化的了。例如美國R.C.A公司把收音機眞空管和電視機的製造技術賣給東芝等三五個公司，美國克洛愛德公司把花紗布防縮法的特許權讓給東洋紡織公司等十大紡織公司中的九公司，就是顯明的例子。

又如這樣技術提携的代價，在戰前，不過只佔了售貨額的百分之一而已，可是戰後呢，普通的升到百分之三或四，屬於機械和藥品之類的範圍的，竟有升到百分之七到一〇的；因此而誘致了製品成本的過高而陷於苦惱的公司非常多。

從上面外資導入的情形，可以明白的是，導入的外資以美國所佔的成分佔了壓倒的比重，其中以不帶現實外資支出的那種並不足貴的技術援助居多數，同時那種技術援助往往又是作爲取得股份的手段以支配我國重化學工業的東西。

六、如何經濟自立？

前面已經說過，美國的對日援助，借欵和投資已經到了六〇億美圓，已經滲透到了日本經濟的任何角落，化爲日本經濟的血液，因之光喊斷絕對美依存是容易的，而在事實上，要想在現狀中斷絕所有的援助，怕是萬無可能的。如果要那樣做，恐怕非立刻陷於貧血症不行。由於這道理，除掉努力於漸進地脫離對美依存以外，是無其他的路可走的。然則選擇漸進的路是否能够達成期望呢？

過去的吉田內閣，曾經利用了舊金山和會以後日本政治獨立的機會，以貿易振興，東南亞開發和對美借欵三大項目爲中心，立下了一個希望美國可以幫忙的自立經濟的計劃，而其所提的代價，則爲再軍備和供給軍事基地的誓約（簽訂日美安保條約和日美行政協定）。可是這個想靠美國的援助來達成經濟自力的計劃，老早成爲無意義之舉了；由於美國無意於積極幫忙和經濟從屬化的矛盾愈來愈厲害而完全完蛋了。爲了粉飾那失敗，弄得吉田內閣不能不撲向那個 MSA 援助去，那是衆所周知的事實。

現在的鳩山內閣也立了一個「經濟六年計劃」，自翊自贊地說，到昭和三十五年（一九六〇年），日本可以完全達成經濟自立了。那個計劃以㈠藉產業合理化以減少輸出成本，㈡藉產業開發以提高自給和擴大國內市場，這樣二大政策爲骨幹，去完成經濟自立，完全雇傭和防衛力增强三大目標的。論計劃，是够堂皇的。可是要把二大政策付諸實施，非得要一兆七、六八四億日圓的龐大投資不可，而這一數目，當然決非只靠國內可以支付的，於是結局又要依賴於美國。顯然地，這又是失敗之道。爲什麽呢？照過去的實情看，美國對於足以減少其本國對日輸出的計劃，乃是決定不會幫忙的。爲達成自立而想靠美國援助之必將以失敗終，那是一目瞭然的。

那末，要不靠美國而能經濟自立，要怎樣纔行呢？第一點應該指出的是，必須丟掉什麽都想靠美國的那種叫化子根性，去作持久的國際收支均衡的打算。而要保持國際收支的均衡，結局還是逃不了這樣平凡的對策，那就是，削減輸入，振興輸出。現在手頭的外債是九億美圓，這裏面，除掉國際通貨基金（IMF）方面的借款和久懸未決的債權，只有七億美圓光景，因之應該要把輸入量削減到一七億美圓程度不可。尤其重要的是，應該要想法大膽地削減美圓區域的輸入——減少對於美圓的依存，以謀作爲輸入用通貨的平衡。至於說到輸出的振與，如果能够從過去從美國輸入的小麥、大米、石炭、鐵礦石等轉而求之於東南亞各國，那末作爲相應的輸出品之必將增加，那是很明白的。通產省似乎有了這樣的計劃，那就是，把美國加州米換成緬甸、印尼和中國米，把美棉換成印度和巴基斯坦棉，把美炭換成印度、中國和蘇聯炭，把鐵礦石換成印度和菲列濱的，我們很望能見諸事實。

第二應該指出的是，國內的經濟構造殊有使其

貿易市場再編成內容（單位 100萬美圓）

地域		1953年	1954年	1957年
輸出	美國	481	460	602
	英鎊	313	475	609
	O / C	361	542	529
	合計	1,155	1,477	1,740
輸入	美國	1,019	1,193	870
	英鎊	617	364	620
	O / C	465	497	610
	合計	2,101	2,054	2,100

(1) 1954年以1至4月之實績爲年率。
(2) 1957年之數字根據通產省的「輸出計劃」和「輸入轉換的對策」

均衡的必要，爲了這，必須樹立一個正確的產業構造計劃。我國偏重於重工業的產業構造，那固然是戰爭的遺物，可是由於戰後美國的援助，特別由於特需的訂購，更促成了這一傾向的偏側。而由於這一傾向的發展，更深化了對美從屬的度數。一九三〇年重工業與輕工業的比重是三八·二對六一·八，到了一九三七年，成爲五七·八對四二·二，到了一九五二年，更成爲七二·四對二七·六，地位完全倒轉了。對於這種頭腦臃腫的構造，一定要把他改正過來，一定要在國際分業的觀點去加一番深深的考慮，一定要從生產成本的看點上去選定有利的東西，外貨獲得率比較高的東西，國際市場上競爭對手比較少的東西，從而去培養他和强化他。

此外可以想到的對策，當然還有所謂藉國產技術的振興和國內資源的開發以圖自給程度的上升等等，然而重要的一着，還是在於要把對美依存的脫離和經濟自立的達成的必要性，明明確確地指出來，從而比過去更認眞地去檢討具體可行的政策。

（註一）見本年七月十八日每日新聞。

（註二）GARIOA 原文爲 Government Appropriation for Relief in Occupied Area，通譯「爲佔領地救濟資金」；EROA 原文爲 Economic Rehabiliation Account for Occupation Area 通譯爲「佔領地經濟復興援助資金」。

（註三）MSA = Mutual Security Act，即「相互安全保障法案」。基於這法的援助就是 MSA 援助。

（註四）去年三月八日簽訂。

（註五）所謂「終戰處理費」就是日本被管理期間給盟軍總部所出的軍政費。

（註六）原文本係統計圖，由譯者改爲這樣的表。

（註七）「防衛關係費」是日本本身的軍事預算和替駐日美軍負擔的預算的總稱。

吉隆坡航訊

馬來亞大選的經過

葉　泛

(一)

馬來亞聯合邦的首屆立委民選，是從七月廿七日開始。這個民選，使英、美、泰、越、緬、印、印尼諸國均派代表前來觀察。因爲由於這一次的選舉，馬來亞將慢慢底走上獨立與自治，而成爲大戰以後的十年一個在亞洲新興的獨立國。這個獨立國將加入爲英聯邦自治領的一員。在近代史的演程中，是何等重要的一頁。因此各國皆派觀察員，作實地的觀察。越南復派出一個觀察團，並由一位部長階級的官員率領前來，可鑒世界各國重視這個選舉的場面。

參加這一次的選舉，一共計有華巫印聯盟、國民黨、勞工黨、回教黨、公民公會、馬來人同盟、進步黨等七個黨派；此外還有無黨派人士。全馬分成五十二個選區。這七個黨派中以華巫印聯盟（簡稱聯盟）與國民黨勢力爲最大。聯盟由巫人總會（簡稱巫總）東姑．鴨都拉曼領導，國民黨由前任內政部長拿督翁領導（按此人爲馬來亞排華之領袖，渠任內長時之施政，處處壓迫華人）。選舉的結果，聯盟以排山倒海之勢，在五十二個選區中竟佔五十一席，所剩之一席爲回教黨取得。於是回教黨爲唯一之反對黨矣。

自以爲可以領導新政府的國民黨領導人拿督翁，慘敗得連頭都抬不起來。他在新山區的選票僅二八〇二票，而聯盟的蘇拉曼高至八七四五票。其間簡直比都不可以比。拿督翁這一次失敗的主要原因，不外乎：(一)過去作風排華，使在馬之華人，莫不對他恨之入骨。因此這一次華人的選票，他一張都拉不到。他壓迫華籍之工、商、學、農以及小販，所以他已經沒有方法重新在華僑中取得信心。(二)拿督翁從前做內長的時候，充份表現他是英國主子下面的「是人」(yes-man)，是英國帝國主義的走狗。馬來亞的人民把過去這一套看得十分清楚，認爲做走狗的時代已經過去了。(三)聯盟不但深得人望，而且內部有組織。聯盟選舉的指導站，遍及全馬。各站的服務人員，不但週到，而且十分負責。同時聯盟的宣傳工作，已經深入鄉間，不論窮鄉僻野，都有聯盟宣傳車及宣傳布條，迎風招展，使路人莫不注及。

但是聯盟全面勝利眞正的原因，以本刊記者與各方面交換意見之結果，均認爲聯盟之勝利，乃因爲它的政見與主張獲得大多數人民之擁護，其所以能爭得羣衆，乃是因其政見切合馬來亞之需要。因爲聯盟基本立場，在創導本邦華、巫、印、英各民族友好合作，破除民族畛域歧見，由此而實現團結統一的馬來亞共和國。聯盟提出五十二位候選人中，巫人三十五，華人十五，印人二，折衷於人口構成、選民比例及工商經濟各因素之間，配得上說兼收並蓄，同仁相視。可是反觀國民黨候選人三十位當中，巫人便佔去廿九人，由此可見其排華之面目，無怪其失敗必也。

至於其他一個原因，乃是由於華巫印聯盟中代表華人勢力的馬華公會會長陳禎祿爵士，在幕後之努力。陳氏領導馬華公會，致力於溝通華巫兩友族情愫的工作與巫總東姑鴨都拉曼緊密携手邁進，力排狹隘見解，奠定了一個雄厚的力量。

由於以上這兩個因素，造成聯盟之勝利。當然馬來亞人民本身：㊀一致希望獲得獨立；㊁鑒於鄰近各國皆已紛紛獨立。所以此次選舉，才會這樣熱烈。

聯盟的勝利，其勢之盛眞如「秋風掃落葉」。根據英國許與馬來亞聯合邦的諾言，內閣上臺以後的四年間，馬來亞應該眞正獲得全面獨立。換言之，在一九五九年，馬來亞的地位，應該與加拿大、印度、緬甸、澳洲等完全相同。新內閣的首席部長(Chief Minister 等於內閣總理，因爲尙未完全獨立，乃稱「首席部長」)東姑．鴨都拉曼誓言要朝着這個方面去努力。

(二)

東姑．鴨都拉曼在當選以後，曾經與本刊記者作過幾次的政治談話。從這許多談話中，我們不難看出他對馬來亞未來施政的關鍵。他首先向記者道：「新內閣已經選出來了，新內閣當前的急務，乃是向英國政府要求完全獨立的立法議會。這個問題本月殖民大臣波德赴吉隆坡時，我將向他徹底提出（按波德頃作遠東之行，現在北婆羅洲），我相信可以和平解決。」他說這話時，馬華公會副會長李孝式上校（按李之上校爲我國軍事委員會於抗戰時任命者）亦站在一旁。

其次東姑氏又談及，當前的憲法，不但不合馬來亞之實際，而且必須修改，方可施行。聯盟決定在最短期間召開一個小組委員會，予以悉心之研究。該研究性之小組委員會主席，將由錫蘭或印度聘請憲法專家充任之。我們討論好了，再向欽差大臣（按即英駐馬之高級專員，此間譯如上述）及各州蘇丹提出。我個人希望兩年之內，立法會議可以完全獨立與自主。

至於第二個問題他主張立刻結束馬來亞的緊急狀態，立刻停止與馬共之戰爭狀態。他說：「我們一定要向馬共提出大赦。但這個問題，我必定先徵得欽差大臣與剿匪總司令波恩中將之同意。因爲我們這次執政的責任是尋求和平與各民族間之合作及繁榮。」

第三，將與星加坡新政府（按星加坡於本年四月一日實行民選）之首腦馬歇爾首席部長，共同努力，整頓幣制，籌建泛馬性之中央銀行。

到了次日，東姑氏又採取進一步的解釋，說明昨日之談話。第二日的談話，不但具體，且有內容。他一共提出了七點。㊀我將向英國政府提出要求，在二年內必須取消欽差大臣之最高否決權。因爲政府已經自治，否決權應該屬於我們人民——馬來亞人民。如果英國當局拒絕上項要求，則我所領導的內閣，將全體總辭。㊁關於殖民大臣波德來馬，我將親自和他討論獨立與自治的問題。這個問題，不是立刻實現，而是參照目下之環境與政治發展，作溫和之進展。㊂關於聯盟主張與馬共應停止戰爭狀態一事，新政府成立後，將立刻向馬共提出全面大赦，如果馬共拒絕，則政府將動員全國十八歲以上之青年，參加軍訓，抵抗馬共，直至肅清時爲止。㊃馬來亞現在雖然獨立，現在留馬之英國官員，仍可留馬服務，直至新政府所訓練之人員能接替時，可以任彼等返回英國。㊄馬來亞之政治地位，則與英國其他自治領國家相同，馬來亞將加入英帝國自治領之一員。㊅馬來亞獨立後，所有軍事、外交、經濟、完全自主。㊆關於現階段之憲法是無法推動，我準備新閣就任後，即赴倫敦，與英廷當局舉行圓桌會議，從長討論。

到了第三天他又發表八項辦法，提出如何解決馬共問題，他指出願意赴森林內與馬共書記長陳平面談一切。但他指出他之赴森林會談，是代表他個人，不代表政府，至於與馬共會談的結果他願意向政府提出，以供當局之參考。他提出的八項辦法是：一、凡想回中共大陸之馬共，政府允供應一切川資。二、凡想在馬來亞居留者，應先受政府之感化，俟正式確定爲良好公民時方准留馬居住。三、這是唯一的機會給予馬共。四、將利用報界或廣播電臺與陳平聯絡。五、會見地點僅限於東姑一人知道。六、東姑不受武裝保衛或自携武器。七、會見陳平之性質，完全代表個人，與政府無關。八、會談結果將通知政府。

這一項談話發表以後，接着在第四天晚上，又發表一個書面聲明說：「我個人常常在想，企圖用盡一切方法，來結束當前之緊急法令，爲了要促成上項可能性，我將隨時隨地進入森林，與馬共任何一位負責代表會談。但是我不得不聲明，我不代表政府，而完全是代表我個人的。如我能遇見馬共負責人士，我們會談的結果，一定提交政府研究。我也不得不聲明，所謂大赦，並不是承認馬共是一個合法組織，同時也不承認馬共在社會上的地位，任何一名馬共份子，願意向政府投誠，在他們被准進入社會之前，必須由政府予以感化，這是我個人的意見。至於我赴森林的行程，將先獲得欽差大臣及剿匪總司令之同意。」

至於星加坡與馬來亞未來之關係，根據東姑之透露，馬來亞將首先獨立，星加坡今後的地位，據他從英廷有關方面瞭解，英國由於在遠東之利益及戰略上的關係，一定不肯放手。英國想把星加坡造成如直波羅陀的地位。東姑氏又道：「即使英國肯這樣做，美國爲了要防止赤色侵略勢力，也不會贊同英國這樣去做。星加坡的戰略地位太重要了。遠東第一個軍港便在此地，以海權伸展的英美兩國，那裏會同意放手星加坡。」

但是東姑氏這段談話被星加坡首席部長馬歇爾否認了。他說他一定要努力促成星加坡也在一九五九年全面自治與獨立。

（三）

行將出任馬來亞聯合邦首席部長之東姑．鴨都拉曼，他原是今日吉打州蘇丹的弟弟，因此在馬來亞說，他是出身望族，「東姑」(Tungku)這兩個字等於英文中的「親王」(Prince)。他在馬來亞搞獨立運動，已經有十多年歷史。他在未領導「巫總」之前，在吉隆坡擔任一個不大不小的官職——公衆副檢察官——，但他畢竟放棄了這官位。

東姑．鴨都拉曼，是個虔誠的回敎徒，除了講馬來語外，還會講一些阿拉伯語。就其外貌來說，並沒有什麼突出之處，高高的身材，出門時經常戴着一付深度的近視眼鏡，圓圓的臉孔，高高的鼻子，留着一撮有點似希特勒型的鬍鬚，他雖不是一個雄辯家，然而他的演講是够煽動性的。他談鋒甚健，不論公開演講，或作私人談心，話匣子一開，便侃侃而談，不易關住。

東姑．鴨都拉曼的風度是非常平凡，許多馬來人說：「正因爲他具有這種平凡，才能親民，因爲他肯親民，才創造出平民政治的風度。」東姑性情溫和、平淡，決沒有大人物容易發怒的脾氣。記得在某一次立法會議上，某巫籍議員對巫總與馬華公會合作，大肆攻擊，諷刺甚力。當東姑站起來答覆時，大家以爲他一定「以牙還牙」，採取報復的手段，可是他確避免作正面答覆，他含笑底敍述華巫兩大民族向來和諧共處，同屬一家的歷史的事實，並說明華巫切實合作，是爭取獨立的先決條件。他說完以後乃平心靜氣的坐下，馬上得到全場鼓掌歡迎。

東姑氏現年五十二歲，一九〇三年二月八日生於亞羅斯打(Alo Star)吉打蘇丹王宮。他是現任吉打蘇丹之胞弟。他的母親是暹籍人，在南暹的「禪」區出生的，從小孩提時起，直到他入身政治，他的經歷，也都是十分平淡的。他從未遭遇過重大挫折，他在馬來學院畢業後，即赴英入劍橋大學，專攻法律，在大學時，他一度過着頹廢的生活，終日追逐於聲色犬馬之間，而且與跑馬、賽狗、跳舞結了不解之緣。把枯燥的法律書籍抛棄一邊，結果考試不及格了，這是他畢生忘不了的一件恥事。

他雖然考不上律師的學位，但並不因此氣餒，在四十五歲的那一年，他特底辭去了吉打州文官處的職務，赴英再度參加法律考試，結果是成功了。他學成返馬，即入律政司署工作。

一九四五年，隨着英軍的重新佔領馬來亞，英國「白厦」給馬來亞人民帶來了麥邁克爵士「馬來聯邦憲制」計劃，各地馬來民衆對此項憲制反對甚烈，東姑氏、拿督翁及其他馬來人領袖，發起組織「巫民統一機構」，以代表馬來亞民族的公意，東姑氏被推爲這個機構的主席，但當時他婉言謝却了。

一九五二年現任馬來亞國民黨主

席拿督翁辭去「巫統」主席職務之時，他在吉隆坡地方法院內一間很小的辦公室內，擔任檢察官的工作，武吉干登和聶亞默兩人，先後受邀出任巫統主席，但他們都沒有勇氣，於是在許多巫人擁護之下，把東姑氏抬出來。於是他欣然接納這個職位。

他擔任這個組織的主席以後，首先團結內部，加强巫總（或稱巫統，皆可通用）的組織；其次是脫去了狹隘的種族主義的外衣，在爭取自治與獨立的共同目標下，與其他民族及政治團體切實合作，他的實事求是的作風，獲得了巫民的擁護，尤其是青年羣衆。這一次選擧成功得力於青年羣衆，更不可磨滅。

東姑所屬的吉打王朝是馬來亞最古老、歷史最悠久的王族。代代相傳，至今已有數世紀之久，據馬來亞各王朝史之記述，吉打王朝的統治者，包括了九位歸依與都徒的「君主」，和廿位回教蘇丹。十世紀吉打受到暹羅的保護。一八九三年，他的父親蘇丹阿都吟密哈林莎，在暹政府批准之下，接受英領事館之設立，十六年後，吉打蘇丹，與英政府簽訂協訂，歸入馬來邦屬之列。

東姑氏早年的英文教育，是在亞羅士打的一個英校內完成的。不久以後，他曾赴曼谷，在該地習了一個時期的暹文，一九一六年他轉入檳城大英義學。在該校唸了三年的書，之後，獲得吉打州政府獎學金，於一九二○年赴英留學。

根據東姑非常接近的朋友說：他這個人對於錢的方面，毫不看重，他每月可由吉打政府收到一筆王族津貼金及文官處的養老金，據說自從他出任巫總主席後，曾自己掏腰包，花了不少的錢，來應付浩大的支出，於是不得不把檳城的店舖及一些田地賣出，來應付政治活動費之開支。

東姑在英留學時期，有一宗不愉快的事件，這件事對於他日後獻身馬來亞民族運動，而把馬來亞從殖民地主義下解放出來，可能有相當關係。當時他還是一個十九歲的青年伙子，他要報名入劍橋大學某學院，可是每個學期，都碰了釘子，理由是「額位已滿」。他懷着滿肚的牢騷，向該院提出交涉，院長相當坦白，向他道：「這間學院是爲英國人而設的，眞對不起，我不能准你進來。」這個消息傳出去之後，大學裏引起了一場不大不小的風波，立刻鬧到劍橋大學校長威廉．皮爾爵士那邊去，皮氏親向有關當局提出交涉，結果在「他是吉打蘇丹的兒子」的理由下，准許進入該院，但爲年輕的東姑拒絕了。他認爲這是一個恥辱，決心獻身民族解放運動。

聯盟雖然勝利了，但他自己看得十分清楚。他向記者道：「無庸諱言，在現階段情勢下，馬來亞人民爭取眞正的自治與獨立，工作是艱鉅的，聯盟雖然已在大選中勝利，而掌握了馬來亞聯合邦的政權，但這不過是第一階段鬭爭的結束而已，第二階段的鬭爭還正在展開呢。」

（四）

東姑氏的內閣各部部長之歷略，除他本人已如上述外，其餘的閣員，分別簡述於次：

交通部部長

李孝式上校，他是東姑內閣中的交通部部長。爲現任馬華公會副會長，爲聯盟提名之立委。現年五十四歲，爲廣東高州人，過去曾代表聯盟入閣，出任過一個短時期的交通部長。後因選擧車輛沒限制而辭職。他是道道地地的華僑，能講廣東話，中文根底可以過得去。中日戰爭時，軍委會頒他上校銜，在山中打游擊，他也一度爲僑務委員會及外交部聘爲顧問。他是一個非常右傾而且親國府派的人物。他崇拜蔣總統，他有祖國熱愛狂。在雪蘭莪州爲華僑領袖，歷任全馬商聯會主席，全馬華人礦務公會主席，雪州中華大會堂董事，雪州中華商會主席，泛馬廣東會館主席。吳鐵城是他的好朋友。年前鐵老逝世的消息傳到吉隆坡，他難過了數天，那時他正在交通部長任內，他足有一個星期未到部辦公，把公事送到公館處理，據說，是默哀這位老朋友。抗戰時到過重慶，提到蔣委員長，他便肅然起敬道：「是我們東方的英雄，也是世界的領袖。」

朱運興，海南島人，東姑內閣之教育部副部長。代表聯盟以一萬一千六百一十一票的優勢，壓倒其他三位候選人，榮獲近打南區立委。他現年四十二歲，生於怡保，爲該地之華僑，曾入怡保英華書院，一九三四年卒業香港大學，曾在國內各大都市考察，歷任吡叻瓊州會館主席九年，吡叻咖啡公會主席十二年，現爲吡叻華人參事局議員，怡保中華商會董事等職，現爲聯盟中央執行委員。

辛班登，印度人，東姑內閣之勞工部長，爲馬來亞印度國大會主席，對教育事業頗爲熱心，他是南印度大學畢業，爲和豐區甘地紀念學校創辦人之一，現任吡叻州教育委員會印度學校總監。

蘇來曼，巫人，東姑內閣之地方政府房屋都市設計部部長，爲新山（柔佛州）中選議員。氏於一九一四年生於柔佛，其父拿督（按蘇丹所封之爵，等於英國的騎士）拉曼，乃柔佛州名人。蘇來曼於一九三九年獲英倫法學士後，旋服務於柔佛州政府，爲一級法庭法官，至一九四七年辭職，自任律師，同時一方面出任聯合邦立法會議議員，柔佛州小園主公會主席。

翁毓麟，廣東新會人，東姑內閣郵電部長。現年三十七歲，生於吉隆坡，畢業於維多利亞英校，現任聯盟中央執委，馬華公會中委。一九五四年二月一日以來，即任聯合邦立法議員。雪州華人參事局委員，馬來亞鐵道局委員，雪蘭莪中華大會堂董事，廣東會館董事，雪蘭莪總商會董事。

梁宇皋，廣東南海人，爲東姑內閣之衞生社會福利部部長。現年六十七歲，出生於吡叻州沙叻。其尊翁梁田爲該埠華僑之開闢者。梁氏幼年在中國受敎育，除粵語外，復能簡單之國語。非常右傾，是十分親國民政府的人物。十七歲來馬來亞，受英文敎育，廿歲考英皇后獎學金，獲倫敦大學法學士學位，現爲怡保知名之律師。過去曾在中國任雲南佛海縣縣長，並曾在抗戰時爲中國駐緬遠征軍之少將聯絡官，勝利後返馬爲聯合邦立法議員。

阿都阿易，巫人，新閣之農林漁業部部長，現年四十一歲，初於太平受巫文敎育，九歲時入星加坡維多利亞書院，一九三四年卒業於劍橋大學，任學習記者二年，一九三七年入政府服務，爲漁業部初級文員，次年返星，從事新聞記者工作，曾任馬來青年行動聯盟主席。一九四九年及五○

年代表馬來亞赴印度出席「世界和平會議」，一九五一年加入馬來亞獨立黨，越年又加入巫總。次年隨東姑．鴨都拉曼赴橫濱出席「亞洲世界聯邦政府大會」。

巴哈曼，巫人，爲新閣中之助理首席部長（等於副總理之職，但所做的事是內閣秘書長的工作），曾任安順縣縣長，後調爲社會福利部副部長，因參加競選，自告退任，現年四十八歲。

伊士邁，巫人，爲新閣中之天然資源部部長。現年四十歲，一九四五年畢業於澳洲墨爾本大學醫學院。一九四八年至五四年爲柔佛州議員，該州之防癆協會，他是創辦人。一九五四年至選舉前夕，爲馬來亞聯合邦土地礦業及天然膠資源部部長。

阿多加立，巫人，勞工部副部長。現年三十二歲，生於吉打，長兄阿芝沙利爲前吉打州州務大臣。氏爲聯盟吉打南區立委。亦爲巫總創辦人之一。

阿多拉查，巫人，新閣之敎育部部長。於一九二二年生於北根縣，爲雙曼丹區聯盟立委，一九三八年卒業於馬來學院，一九四〇年畢業於星加坡萊佛士學院（按即今日馬來亞大學之前身）。一九四五年日本投降後，任勞佛代縣長，一九四七年獲英獎金，前赴英國，攻讀法律，一九五〇年五月返馬，執行律師業務，一九五二年出任彭亨州秘書，一九五五年委爲該州代理州務大臣。

沙頓，巫人，新閣中之工業部部長。一九一七年生於峇株巴轄，曾肆業於星加坡萊佛士學院，一九三七年赴英讀法律，一九四一年返星任後補推事。氏爲星加坡第一個馬來人公會創立者，並身爲主席。一九五四年爲聯合邦立法議員，爲東姑之左右手，現爲巫總副主席。

佐哈里，巫人，農林漁業部副部長，一九二三年生於吉打州亞羅士打市，曾任「沙伯加斯」馬來政黨秘書長，該政黨隸屬於巫總，現爲巫總秘書長。

哈意打立，巫人，衞生部副部長，一九一六年生於彭亨州之馬魯縣。一九三五年考取九號班之劍橋文憑（按等於我國高中卒業）一九三七年至四〇年任馬來亞敎育部督學，一九四〇年至四一年爲關丹英校敎員，一九四五年出任彭亨州敎育督學長，一九五二年任彭亨宗敎(回敎)事務官。在政治方面歷任彭亨東區巫總分會主席，馬來亞巫總執行委員，聯盟理事會委員。手下擁有不少巫籍之回敎徒。

（五）

這個華、巫、印聯盟的新閣內容及其施政方針，既如上述。相信在這個四年或十年之間，華、巫、印三大民族在馬來亞之合作，是沒有問題，民族間的和諧可以保證。但到了馬來亞眞正步上完全獨立之途，華巫兩大間之合作，是否能夠持之以恒，是很成問題的。巫人心地十分狹小，非常妒忌華僑在這裏的經濟勢力。許多有識之士，已經看出，萬一完全獨立，如果巫人排華，則華僑吃虧便大了，因爲有實力的機構，如軍隊、警察、民團組織，完全是巫人，他們手中有的是槍桿，反臉不認朋友，說不定還會有一次種族流血的戰爭。這個危機，因爲大家都是在野，都沒有從英國人手中搶回政權，一旦政權到手，是否還能如此合作，現在沒有人敢保證，因爲這種結合，原是發諸利害，而非本乎道義。

筆者站在中華民國國民的角度來看，馬來亞獨立以後，成爲一個英聯邦自治領一員，我國應該力爭與馬來亞友好之關係。這個國家本質上是反共的，內閣中這許多人物，都是回敎徒，都很强烈底反共，加以閣員中如李孝式上校，梁宇臯等人，原與國府有深淵之關係。筆者主張現在我國應該派一位適當人物來馬來亞，與這一批人物打交道，爭取建立兩國之外交關係。馬來亞位於越、泰、菲、澳四國之間，這四個國家都承認我們（最近澳洲外長加賽在國會中報告，有意與中共訂外交關係，希政府諸公注意之），馬來亞一旦獨立，英國不能管她的外交，她很可能考慮與國府訂交。大家不要看不起馬來亞一個小國，她的面積比臺灣大，出產比臺灣豐富，人口比臺灣多，如果她與我訂立外交關係，那末印尼回敎黨上臺後，共黨勢力薄弱，我們不妨因爲與馬來亞外交之成功，再圖與印尼之關係轉好。一切的事，皆在我們自己努力。我們自己應該採取主動才對。加以這裏的華僑大多數全是擁護國民政府的（但不一定贊同國民黨，此地有許多華僑是反共，擁護國府，但不喜歡國民黨，這是事實），做起來不一定太困難。如果我們自己肯努力，不老大自居，看輕馬來亞這個小弟弟，我相信雙方訂交的希望是十分濃厚的。

至於派來的人選，筆者主張一定要派一個很有學問，很得體的人來，千萬不要派色彩濃厚的人來。老實說國民黨在這裏已經不能發生什麼大作用。前些時中央派了海外部的李菊休，算是來改組中興日報，結果此人完全是一個黨官僚，報紙根本不懂，白白在這裏住了半年。如果中央要剪資料，根本不必花了這許錢派人來，儘可叫中興日報負責人剪送或中央社駐星記者負責。（其實如果能派我報界前輩如程滄波、陳訓悆、成舍我等人要比李菊休好了不知多少倍。而且眞正有成績可以幹出來。）

派來的人最好不要沒有才能的死硬派，在臺灣認爲死硬派，便算了不起，如果死硬派而沒有眞才實學，替國家做事，那末等於是一個庸才奴才，反而誤了邦國大事。所以筆者提出死硬派一定要有才能，有學問，眞能替國家做事，而不是官僚黨棍，專做表面文章。例如，要派一個人和陳禎祿爵士會談，如果派一個普通黨部裏高級幹部，一定談不出什麼所以然來。陳禎祿也是十分反共的，但他不是擁臺的人（按陳氏馬六甲家中，一面掛一張蔣總統的相片，另一面又掛了前任李副總統的相片，他是十分圓滑的一個大政客）。他很有學問，和張君勱私交甚篤，因爲兩人非常談得來。他實在是一個可以左右東姑氏外交政策的幕後人物。希望執政諸公，不要忽略這一點。因爲在這裏，我們還有三百萬華僑。我們要爭取馬來亞，便是爭取這三百萬華僑啊！（八月十一日吉隆坡航訊）

日內瓦會外散記

西歐通訊・七月廿八日

方　及

二次大戰結束已經十年，眞正的和平却未實現，杜魯門、邱吉爾十年前最後一次在波茨坦和史大林分手後，不願再和這位暴君會面，一直到他死後，邱吉爾才立刻提議要和馬林可夫會談。事情醞釀了二年有餘，而今馬林可夫已經跨臺，邱吉爾也退休了，四巨頭才有聚首的機會。

時代科學進化到今日，燬滅性的核子武器驚人的發展，戰爭已經不是解決國際糾紛的辦法。因此一般輿論均要求各執政者和平會商以解決彼此的問題。這股輿論由羅素公佈愛因斯坦的遺囑而達到高潮。四巨頭即於如此的空氣下在日內瓦聚會了，一般人都懷着無限的希望，而我這個東方人却只能投以懷疑的眼光、和保留的態度。

如今會議已經閉幕，蘇俄代表沒有說「否」，但也沒有說「是」，會議沒有失敗，但距成功仍極遙遠，所有實際問題的解決，都交由十月十四日的四外長會議辦理。對於中國問題，蘇俄沒有過於堅持，美國對東歐附庸國的問題也就讓步未作强硬要求，因之會場內外都表現得「一團和氣」，打破了十年來精神的鐵幕，成爲此次會議最大的特點。此種所謂「日內瓦精神」在會場之外表現得尤爲熱烈，今就此點，略述如下。

七月十六日，日內瓦的機場，佳賓如雲。先是莫洛托夫和葛羅米柯等於清晨抵達，下午則有英國外長麥克米蘭及首相艾登先後蒞臨，又有美國務卿杜勒斯一行由巴黎趕來，再後是法國總理佛爾及外長畢奈降落。到十九時五十五分才是艾克的專機降落。只有以布加寧爲首的蘇俄代表團待次日晨始由東柏林飛到。赫魯雪夫及朱可夫是最被注意的人物。四巨頭算是如約到齊了。

十七號是星期日，西方三巨頭分別參與各自的宗教禮儀。艾森豪威爾除電告美國國民爲和平祈禱外，他親自和夫人及兒子約翰赴日內瓦長老會參與禮拜。法國總理佛爾及畢奈外長則參與天主教彌撒。蘇俄代表團據說亦願有所表示，但無法擧行宗教節目，遂驅車去逛街，在一座教堂前曾瞻仰良久始去。當晚蘇俄代表團即爲佛爾的佳賓。

十八日會議開幕，艾克一走進國聯大厦的會議廳，即直趨蘇俄代表團方面，和布加寧熱烈地握手。當他看見了朱可夫元帥時更興奮到極點。因爲蘇俄代表團均未帶太太來，艾克遂探詢朱太太的消息，朱可夫也問起艾克的太太和兒子，艾克道：「他們都在這裏……今晚你就可以見到。」赫魯雪夫立刻拉住了艾克的手喊道：「總統先生！他的女兒本星期要結婚，他本應該主持她的婚禮，但是他沒有那樣作，爲的是來這裏和你見面。」旁邊的人都以爲這位蘇共秘書長要親熱得不顧外交禮儀，而向艾克拍一巴掌，叫一聲「老艾克！」但時間已不容許，照相、電影、電視人員已闖入大厦，各代表團應該各自就席了。有人理會到赫魯雪夫看見首席的位置是給布加寧，頗顯不耐煩，就如昨天下飛機後他也是和布氏爭風坐第一輛禮車。晚間是美國總統宴請蘇俄代表團，是一次非公開的聚會，客人均遵囑未着禮服，女賓也未參加。顯然醉翁之意不在酒，很快的就都退入隔室的書齋，促膝談心去了。這恐怕才是日內瓦會議正式開幕吧！

艾森豪威爾一聽說朱可夫的女公子於十八日在莫斯科結婚，立刻買了名貴的禮品，託朱可夫爲她帶回。這位紅軍元帥是日內瓦的新人物，最引人注意的角色。爲研究日內瓦的新精神，有些人意識到這是一個新時代的開始，列寧和史大林的時代已經過去，波茨坦的一代人物業已退入陰影(史大林死去，杜魯門下野，邱吉爾夕陽殘照)，日內瓦的一代，如艾克、佛爾、布加寧都是新的。艾登是波茨坦時代的外長，如今却升了一級。只有莫洛托夫是波茨坦的「舊貨」，但顯然已失價值。布加寧及赫魯雪夫現在六十歲，當年共產革命時，均尚幼年，並無實際的責任和理想，朱可夫五十九歲，他是從軍以後才入黨的。只有莫洛托夫是當時的「老鬪士」，現在却僅充一員外交的技術工作而已，因爲上述的三員，一個代表行政，一個代表黨，另一個代表軍，對於外交都是「外行」。這樣的一個蘇俄全權代表團，只見其爲內政而擔憂，而對外的擴展主義已遠非史大林當年熱心，而且有漸取守勢的傾向。尤其朱可夫，他是一位反抗納粹侵略、保衞領土的英雄象徵。如果日內瓦眞有新精神，應當少不了這些因素。

大約是第一日德國問題發生了難處，正當布加寧宴請艾登和佛爾時，朱可夫却駕車，獨自帶了一員翻譯，直趨艾克的「小白宮」。兩位老將軍攀談二小時始畢。據說艾克當選總統時，曾有豪語：「如果能有機會和朱可夫相談兩小時，一定可以解決許多問題。」如今當是最好的時機了。此次的美蘇諒解的態度，兩位將軍友情一定是一個主要的橋樑。

在日內瓦的人都在相問：誰是蘇俄的主人？回答很明白：「集體領導」，黨、政、軍、和封建殘餘勢力由赫、布、朱、莫四個人代表領導。外表看不出誰是第一號人物，布加寧是「四大」會議的蘇俄發言人，但他的演詞是共同擬定的。在會議席上如有突然的問題，布加寧立刻向左右遞紙條。在私人應酬上，却往往是赫魯雪夫發言，他說話最多，份量也較重，這固然是他的地位使然，但也是爲了他的虛榮和野心。在日內瓦惟一着軍裝的朱可夫却非常謹愼寡言，但這一點也不減少他的身價。莫洛托夫則非史大林時代，甚至馬林可夫時代可比，去年柏林會議時，他還自由，也甚自得，而今只是一個技術人員，其自卑感是不能掩飾的。可是在蘇俄的人物中，他對西方認識最多，朱可夫却只有佔領柏林的一點經驗。布加寧在戰前莫斯科市長任內會經遊歷過歐洲，一九三五年在科隆 (Koln) 會與當時的市長阿登諾(現在的西德經理)會面。對西方最無認識的要算赫魯雪夫，在日內瓦他是初次看到資本主義的文明。時常睜大着好奇的眼睛，在街上兜風，雖是「無產階級出身」，衣冠不整，略嫌粗魯，但却活潑機警。這是莫斯科四巨頭在日內瓦的表型。

瑞士這個國家，果然不脫「生意經」，各地巨商，紛紛向四巨頭送禮，並向西方三巨頭的太太送禮，而遠在莫斯科的布加寧太太却沒有份。艾克太太無事好幹，索性和艾登、佛爾、杜勒斯等太太乘臺舫游湖。

布加寧也特備宴邀請美國代表團，但因艾森豪威爾以國家元首之尊，按外交禮節不能赴一總理之宴，美國代表團便由杜勒斯領銜前往。說起杜勒斯，數年來和蘇俄脣槍舌箭，成爲「冷戰專家」，對蘇俄談判始終抱着不信任態度，被一般人目爲「死硬份子」，去年柏林會議要和莫洛托夫握手，還得艾登爲他拉線，現在却都一掃過去的成見，「熱烈地握手」。表面上，至少是十年來未曾能够作到的「新精神」。

如果日內瓦會議卽爲造成此一新精神而舉行，自然已是「難能可貴」，而「圓滿閉幕」也自不在話下，不過實際問題的解決，才能算這新精神的確實證明。

爲討論此次會議的成敗，時間尚嫌過早，而此次四巨頭個人的成就則已可約略作一結論。此次會議少了一個重要的角色，那就是邱吉爾，而他的繼承人艾登，雖是「四大」中外交經驗最豐富的一位，但仍嫌不够一「大」的份量，似乎缺少遠大的理想，而其表現仍不出一位執行任務的外長和態度冷靜的技術專家。「四大」中表現最成功的自然首推艾森豪威爾，其「人情味」的個性成爲會議席上俱有決定性的因素，他和其他「三大」比較，對內政一無顧慮，似乎更易把握自我，表現自我。因之艾克略有聖經型的救世者的象徵，如果日內瓦眞的結束了冷戰的心理，則應歸功於艾克的努力。

布加寧已比兩月前在南斯拉夫表現得較爲成熟，但他本人仍不能被認爲有發號施令的權力，他只是集體領導，奉命執行的一員，在此意義下，布加寧是日內瓦「四大」中最不大的一個。史大林大獨裁的遺缺已無法塡補，而布加寧有限度的權力，倒有助於局勢的緩和。他是克里姆林宮內爭權奪勢的餘生者，他只有謹愼地好自爲之，不然就逃不脫赫魯雪夫對艾克的豪語：「在蘇俄已不再有獨裁，誰要獨裁，就要殺頭。」當史大林七十壽辰時，「眞理報」請「保衞部」各員作頌詞，赫魯雪夫在一篇短文中僅提到四十五次史大林的名字，馬林可夫曾提到五十七次，而布加寧竟有一百零八次的壓倒優勢的紀錄，可見其人「聰明」之一斑。

日內瓦「四强」中最不「强」的一個要算法國，只像從波茨坦會議以後，十年來國際勢力中生出的小「盲腸」而已。但佛爾個人能力並不弱，且是「四大」中最年輕的一位(今年僅四十七歲，而艾登則已五十七歲，布加寧六十歲，艾克六十四歲)，他能側身於四强之林，如果「公鷄」是法國的象徵，已足以使他自豪不已。布加寧代表了蘇俄的「白熊」，緩慢而詭詐。美國的「老鷹」的大度，艾克亦當之無愧。可是英國的「雄獅」，迄未見牠吼一聲了。

從日內瓦閃出了人類要求和平的希望，人類已經表示戰爭不是解決國際糾紛的良好辦法，但是這種希望不應該建築在恐懼燬滅的心情上，而應如去年聖誕節，天主教敎宗所昭告世人：國際和平必須建基於人類的正義和兄弟的友愛，才能久遠。如此，則被奴役的人民一日不解放，卽無所謂和平。我們不是向蘇俄求情，但是如果蘇俄自己仍願活下去，則他有必須也讓別人活下去。也不是向共產主義靠攏，而僅是由國際的「冷戰」轉爲「談判」。不是向共產主義談判，而是和蘇俄的「實力」尋求平衡。在國際間求諒解，求共存，在國內仍一樣反對共產主義。我們決不能再有絲毫依靠三次大戰的幻想，一則因爲大戰不一定發生，再則卽使發生之後，我們的存在也將成問題。蘇俄已逐漸表示沒有大作戰的企圖，國際的輿論也在懲罰戰爭，但是我們解救同胞的行動，仍將受到國際正義的精神支持，我們反共的基本主張不應有絲毫猶疑。

可憂的東南亞文化

香港通訊。八月十六日

康俠

如果在今天談文化問題，東南亞文化，當是最需注意的一個。除非我們肯坐視數百十青年受共黨毒化教育，我們是沒有任何藉口來忽視這問題的嚴重性的。

在臺灣，或因地理與政治環境的影響，人們對於東南亞一帶的文化現狀，恐怕還是隔膜得很的。但在香港，任何關心當前問題的有識之士，都在爲此一問題而寢食不安呢！

文化，在目前自由制度與奴隸制度爭取世界領導權的廿世紀末，是一個極鋒銳有力的武器。綜觀近十數年的歷史，自由世界的失敗，往往先是文化教育的失敗。當自由世界的青年，因思想的方向感到困擾而徬徨苦悶的時候，共產主義者遂把握着時機，播散出誘人的理論，優先的在思想方面征服這些青年，再利用他們，奴役他們。

過去一再發生的事情，是一些可悲的事實。但只悲哀的懊悔過去，似無助於未來。問題應在於如何能在未來獲勝。現在，且讓我們看看今日東南亞的文化現狀。當我們正確的瞭解了現狀之後，我想，這或有助於自由中國的文化工作者們，在這方面，作一些補救的工作的。

在東南亞，華僑青年達數千萬之衆，可是印有中華民國的書刊，禁止在街頭出現。也即是說，自由中國出版的報章雜誌，東南亞的華僑青年很少能有機會看到，即使他們渴望着看到。這種情況，新加坡一帶最嚴重，印尼、暹羅、緬甸較佳。

在新加坡，共黨佔據下的大陸的出版品，也在禁止之例。看上去，這種一視同仁的作風，似乎很公平。但是，眞正公平嗎？

南洋最大的報館，是南洋商報館。日銷達六萬餘份，乃東南亞第一大報。它的老闆，便是投靠大陸的陳嘉庚。這樣，情形想像可知了。南洋商報每日的任務，是作共黨的廣播電臺，宣傳今日大陸的工業的發達怎樣迅速等等。至於數億人民如何受奴役，受凌侮，則絕口不提。它簡直百分之百的是共黨的機關報。每年有數千青年跑回大陸升學，便是南洋商報的功績。去年，因爲蔣總統就任典禮，南洋商報還起了一場大風波。在蔣總統就任典禮時，南洋商報居然破例的發表了幾條關於該典禮的消息，幾乎是空前的創舉。但是，這幾條消息刊出後不久，南洋商報的三個最重要的編輯與主筆，便受到革職的處分。由此一事，自可更進一步的看清，共黨的黑手，正如何緊緊的控制着東南亞的文化。

另一屬於星系報業公司的大報，星州日報，它所表現的態度，也是極端親共的。據說不親共，報紙便無銷路。

雜誌方面，星期六週刊（也是南洋報社出版的），星州畫報等，雖是娛樂性的雜誌，也儘量鼓吹大陸的「德政」。而這兩份雜誌，在南洋也是銷路最好。

在這種令人憂愁的情況下，香港的一些出版社，已在挽救這緊急的文化問題方面，作了種種的努力。他們採用一種間接的方式，先轉移讀者的趣味。然後再使他們辨清是非善惡。虹霓出版社出版的小說報，已在這方面獲得些微的成功。友聯出版社的中國學生周報，已在南洋方面擁有相當數量的青年讀者。小說報，在通過小說的故事中人性的刻劃，顯現共黨的眞面目。後者，學生周報，在盡力介紹自由中國的教育現況，爭取青年回到臺灣來升學。

但它們的力量，比起根深蒂固的左傾的力量，仍是非常微小的。它們的銷路，遠不及親共的報紙，而它們所表現的思想，至少在目前，也不及共黨的花言巧語動聽。但文化工作是一個深遠的工作。可慶幸的，是它們已在東南亞生了根。將來結出怎樣的果實，那要看努力的程度了。

除去共黨的政治宣傳，東南亞地區，更瀰漫着色情文化的毒素。早兩年，是黃色刊物暢銷全盛的時代。現在風氣也不見得好轉，但黃色刊物的全盛時代則已成過去。

政治的毒素與色情的毒素，這便是現在東南亞數十萬青年們所能得到的靈魂的食糧了。這問題還不够嚴重嗎？

如果轉過來看看今天香港的文化界，情況要樂觀得多。雖然色情與低級趣味仍充塞着文壇，但在政治思想方面，自由思想幾乎已是獲全勝了。這兩年來，人心的轉向，會幾何時招搖過市的共黨走狗們，現在已沒有從前那樣猖狂了。而趣味純正的文藝創作，在幾家大出版社的倡導下，已呈現蓬勃的生氣。這現象更是可喜。

今天南洋的文化界，恰是兩年前香港文化界的寫照。而南洋文化的發展，關連着數十萬青年的前途！怎樣努力去澄清那些含有毒素的煙瘴？如何使有理想的青年投到自由中國的懷抱中來？這些，應該是所有自由文化工作者們焦慮着要求解決的問題吧！

女畫家

（五幕悲劇）（五續）

雨初

第四幕

一年半以後，景如前。室內一切佈置完全和第三幕一樣，只是牆上所掛的，現在却盡是史坤儀的畫像或照片。畫架上也是放着一幅史的半身畫像，還沒有畫完。

幕開時，潘乾生木然坐在沙發上。他蓬頭垢面，滿臉鬍鬚。潘母從屋裏出來，手拿一條毛巾和些手絹枕套之類。

潘　媽，我求你不要動那屋裏的東西。

母　可是這毛巾太髒了。還有這枕頭套，這幾條手絹，我拿去替你洗洗。

潘　不要洗！不要洗！她只有留下這幾樣東西了。請你不要動罷。

母　我不過替你把它洗乾淨罷了。

潘　不要洗！洗了就不同了！

母　好罷，我不洗。讓你一輩子守着這幾樣寶貝！（把東西送回屋裏。潘走到畫架前，拿起筆，繼續畫那畫像。潘母復出。）乾生，你還是在畫她的像？

潘　唔。

母　你就不能畫些別的？

潘　別的我畫不出來。

母　快兩年了。你天天就這樣，只管畫她的像。你到底什麼時候才畫完呀？

潘　畫到有人告訴我，她在什麼地方我就不畫了。

母　可是你已經畫了幾百張了，也貼了不少地方。廖老頭也是一年三百六十天，天天在報上登那尋人廣告。一會兒說在新津，就卽刻差趕人馬到新津去找；一會兒說在雅安，又趕到雅安。一個天，四個角，那一個角落不找遍呀？可是找到她的影子沒有呀？她並不是不認識字的，她難道不看報嗎？她要是有半點心肝向着你，可憐你，也會回來看看你。

潘　媽，你不了解，你不了解她！

母　我不了解？恐怕她早已嫁人了！

潘　恐怕她已經死了！那樣你豈不是就很痛快？

母　我有什麼痛快？你想我就不難過嗎？我也很後悔。這兩年來我也很花了幾個錢，去求神拜佛，好感動她的心，早日回來。（泣。廖無雙上，護士打扮。）雙姑娘。

潘　無雙，你是從學校回來的嗎？

雙　是的。伯母，你把乾生的那些畫都找出來了沒有呀？

母　都找出來了。我去拿來讓你替他選幾幅。（下）

雙　乾生，我還是主張你去參加那個比賽。

潘　（搖頭。）無雙，我知道這是你的一番苦心。可是我已經告訴你我的畫見不得人，拿去比賽，更是笑話。

雙　你為什麼忽然這樣看不起自己的作品呢？你的畫很好。兪教授常常稱讚你是年青畫家中最有希望的一個。她——坤儀姐，不也是一樣讚賞你的畫？

潘　不。我的畫沒有意境，沒有靈性，沒有理想！

雙　那不過是我爸爸過去對你太苛求了，所以這樣說。

潘　他是對的。我從前受不了他這種批評，常常跟他嘔氣。可是有一天——是那一天——我忽然發現自己的作品眞的是那麼平凡，那麼枯燥！我就再也不能畫了！（痛苦，掩面。）

雙　乾生，我知道你為什麼不能再畫！我也覺得很對你不起。我答應替你把她找回來，可是到現在還沒達到任務！不過，我相信，皇天不負苦心人。我們總有一天會找到她的。（潘痛苦地嘆了一聲。）可是，乾生，你不能這樣毀滅你自己的天才。你的畫一定要繼續畫下去。

潘　一隻蜻蜓還沒有蛻變完成，又掉進那潭汚水淹死了，還有什麼天才可言！

雙　不要自暴自棄。天才是不可能淹沒的，更不會被什麼汚水淹死。假如你這次能夠得到一個獎的話，你馬上就成名。你在藝術界有了地位，我相信你的精神，就可以重新振發起來。

潘　謝謝你的鼓勵。可是不要把我看得太高罷。

雙　你是有天才的嘛！其實一個天才出名，要很快。像近來報上那補天圖的作者，過去從來就沒有人聽見過他的名字，可是忽然間，他就成了名。現在誰不在談論他的補天圖呀？

潘　（驚問。）補天圖？誰畫的補天圖？

雙　是個新畫家，署名義人的。你沒有看見嗎？（從書桌上找到一張報紙，指着一些圖畫。）『畫匠補天圖』，連載了有些日子了。

潘　（把報搶在手裏。）『畫匠補天圖』！

雙　都是畫的歷史事蹟，改正許多古人的錯誤。

潘　『畫匠補天圖』！這可不就是她要畫的那人類歷史的圖畫？（忙的找了幾張報翻開來看。）

雙　（指着一幅。）這一幅：『呂后寬容戚夫人，王侯將相齊來歸』。是說，漢高祖在的時候，戚夫人未免驕縱，可是呂后也不必那麼殘忍，把她的手脚都割掉，變成『人彘』。假如她能大量包涵，寬容戚夫人，她一定得到漢庭王侯將相的擁戴，一齊歸向她了。（又指着一幅。）這裏是畫的武則天。她做了女皇帝之後，既然改官易制，擢用賢能，開科取士，還錄取女狀元，如果她進一步普遍的興辦女學，眞正教育婦女的話，那麼中國歷史上也不只她武曌是唯一的女皇帝了。（再從潘手裏拿了一張報。）這是慈禧太后。假如這個老寡婦把建築頤和園的錢去建築海軍，那麼中國也就沒有鴉片戰爭的失敗，也不會有中日之戰割地賠欵的慘史了。

潘　這是她畫的！是她！

雙　誰？你說是坤儀姐？

潘　除了她還有誰？（潘母抱着一堆畫上，）媽！這些日子的報，請你替我都找來，我都要看！

母　這些報紙，天天不看，今天却都要看啦？

潘　快去找罷？（把畫接過來，放在桌上，要把她推出。）

潘　媽！你知道嗎？她還活着！她還活着！把這報上的圖畫都看明白了，也許就可以找到她！報紙都收到那裏？快去拿來！（推着她去找。）

母　不都堆在你那個屋子嗎？（進屋。）

潘　無雙，我現在到報館去打聽清楚。一定是她畫的。一定是她！（下。無雙目送他下，又看看那些補天圖，嘆了一聲。後來她又把潘母拿出來的畫，拿起來看。潘母從屋裏抱着一堆報紙出來，放在地上。）

母　他今天眞高興！他好久沒有笑過了。（二人蹲在地上，把報紙檢起叠在桌上。無雙忽從報紙堆中檢出一幅油畫。）

雙　伯母，這幅畫是乾生什麽時候畫的呀？

母　一定是從前畫的了。

雙　不。這畫另有一個作風和那些舊的都不同。一定是最近畫的。

母　最近他就沒有畫過畫。（廖敬儒上，手拿一卷畫。）老太爺來了。

廖　老太太。

雙　爸爸，你看來乾生這幅畫。畫得好極了！他的作風轉變了罷？

廖　完全改變了。（讀那畫題。）『高山仰止』。唔，這個命題就很高雅。（又欣賞一回。）可以說已經走進西洋畫的堂奧了。

雙　那麽我就拿這幅去替他參加比賽。伯母，這些舊的請你都收起來罷。（潘母把那堆舊畫拿着。下。）

廖　雙姑，我在舊書攤買到一幅畫。

雙　什麽畫？（父女展開卷軸。）怎麽？是坤儀姐的『天問』！

廖　從這幅畫的線索，我們也許就可以找到她。

雙　剛才乾生也發現了一條線索。爸爸，這報上的補天圖他說是坤儀姐畫的。

廖　他也看出來了？昨天也有人向我提到這些補天圖，我就懷疑：她走的時候留下的那首詩，不是說：『大道非無路，離塵去補天』嗎？後來我同家把報紙一看，那個署名，義人兩個字，可不就是儀字分開寫？（潘乾生上，很失望的樣子。）

雙　乾生，你到報館去打聽的怎樣呀？

潘　（搖頭。）她並沒有寫上眞姓名和通訊處。可是那些畫一定是她畫的。

廖　你看那信套上的郵戳沒有呀？

潘　信套早扔了！而且今天登的是最後的一幅。報館編輯說，她這些畫前後只寄過三批，最後一批，還附了一個條子，說以後不能繼續再畫了。條子還是用左手寫的。（出取一張小條，交給廖。）她的那隻右手，一定是凶多吉少！

雙　乾生，爸爸買到坤儀姐的『天問』。（把畫遞給他。）

潘　（抱着那畫，如遇故人。）『天問』！這是她最得意的畫，她捨得賣掉。不知窮的怎麽樣？（鄭士英上。他布鞋長褂，態度瀟洒，眉目間流露一種孤高的傲氣，但極其眞誠懇切。）

鄭　這是潘公館嗎？

潘　是呀。你要找誰？

鄭　我剛才到對門廖公館去，想拜見廖敬儒，廖老先生。門房說他老人家在這裏。

廖　做人就是廖敬儒。請問老兄尊姓大名。

鄭　請不必問我的姓名。

廖　那就請坐。

鄭　這位就是潘乾生，潘先生罷？

廖　是的。請問老兄大駕光臨，有何貴幹？

鄭　老先生在報上登的尋人啓事……

潘　（跳起來。）我們尋的那個人，你知道在那裏！

雙　在那裏？快告訴我們！

鄭　我到了成都，有些日子了。我來過府上的門口也不少次數……

潘　她在那裏呢？

廖　請你眞眞實實的告訴我們，領我們去見她。我們答應的報酬，一個錢不會少的。

鄭　請老先生不要提金錢的事。做人並非爲錢而來。

潘　那麽就請你快說，她在那裏！

雙　她到底在那裏呢？你知道我們找她已經快兩年了！也去過不少地方！

鄭　我告訴你們在那裏還不容易嗎？可是問題不在她在那裏。

潘　（不耐煩。）那你就說罷！

鄭　我說她在峨眉又怎麽樣？

潘　她是在峨眉？

雙　峨眉！

鄭　可是明天她可能就到了樂山了，假如你們還是像從前一樣，興師動衆去找她的話。老實告訴你們，從王嫂的言語中，我知道她們頭半年，因爲你們尋找得緊，到處播遷，受盡捧佬兒，無賴們的欺凌壓迫，一直到去年才安居下來。

廖　那麽請老兄告訴我們，她的近況如何。

鄭　她的近況可以說是平安，快樂。

潘　可是很窮？

鄭　她的靈魂却很富有。

雙　她的手怎麽樣？

鄭　她的手……

潘　她的手畫了這些補天圖，又不行了，是不是？

鄭　是的。去年是因爲畫了這些補天圖，病了一場。

潘　病？

鄭　現在已經康復了。不過——敝人就是為着這個問題而來的。

廖　什麼問題呢？

潘　請你爽快的說！

鄭　她的手——從外表看來，她可以說得上很平安，而且表示很快樂，臉上充滿笑容，說話極有生趣。誰也看不出她是有病。可是她的手，她那隻右手，是不行的！（聲音極其沉重，很擔憂的樣子。廖嘆息，無雙垂淚。）她要是再畫畫，就更危險了！

潘　你勸她不要再畫！

鄭　可是我恐怕她的手好一點，她又要畫了！她好像是在跟生命作戰，拚命把她要畫的畫畫完了，就……

潘　這簡直是變相的自殺！

廖　請老兄替我們好好的勸她回來，再進醫院醫治。

鄭　這不是我辦得到的。而且我並沒有讓她知道我曉得她的來歷。她自己說是一位李太太，我也只好認她是李太太罷了。

潘　請你帶我去見她一次！只要她肯回來，我們一切聽她的吩咐！請你想個辦法！我求你！難道你全無惻隱之心！（聲音悲哀而懇切。）

鄭　（很同情地望着他。）可是潘先生——（回頭對廖。）老先生，可以讓我跟潘先生獨自說幾句話嗎？

廖　好的，好的，（站起來。）無雙。（無雙也站起來告辭。）老兄談完過後，請到對門舍下喝杯茶。敝人也還有幾句話請教老兄的。

鄭　回頭一定到府上拜謁老先生。

廖　敝人恭候駕臨。（父女同下。）

潘　你到底是什麼人？和她又是什麼關係？

鄭　請老兄不要多疑。敝人不過是醫她手的醫生。

潘　那麼為什麼你這樣關心她的事？

鄭　她住在我隔壁，一年了。我見她的行動離奇，便細心觀察。後來把你們的尋人啓事，合併研究，才恍然大悟，原來她是這樣的一個奇女子！於是我便更加敬佩她。

潘　你敬佩她！你……

鄭　我敬佩她崇拜她。

潘　你今天來，就是要告訴我這句話嗎？

鄭　不。我是要勸老兄也學我一樣，佩服她，崇拜她就够了。

潘　你是什麼意思？

鄭　我的意思——你們的事情，我全明白。我到了成都一個月，打聽得更清楚。（突然。）她為什麼走呢？

潘　你問這做什麼？

鄭　因為我也像你一樣，希望她肯回來。可是必定先要明白當初她為什麼要走。

潘　因為輿論逼她走！我母親逼她走！我的未婚妻逼她走！

鄭　老兄就沒有份兒逼她走嗎？

潘　我？

鄭　恐怕現在老兄却是阻止她回來的最大力量罷？

潘　（很懷疑的看鄭一眼。）現在沒有什麼阻止她回來了。我的母親很後悔。我的未婚妻學了護士，也完全改變了。

鄭　為什麼你們不結婚呢？我要勸你跟你的未婚妻結婚。

潘　（不悅，站起來。）這是超過你來這裏的任務了！

鄭　我是為的保全她的手，救她的命。

潘　也為着你自己罷！你能說你自己沒有私心！

鄭　潘先生！你若是老存着這種態度，我恐怕她永遠不得回來。你知道有一種女子，你只可以敬佩她，崇拜她。你若是勉强去愛她，妄想佔有她，那麼就不但自己苦惱，反而害了她。老實告訴你，我關心她的苦樂安危，恐怕比你更甚。不過我純是為她設想。

潘　（望着他誠懇的臉，漸漸折服。）也許你說得對。我的理性已經失掉平衡了！

鄭　你和你的未婚妻結婚，我相信她就可以回來。她要畫的畫，你就可以替她畫。她的手就可保安全。

潘　這倒是她本來的願望。我也答應過她。

鄭　為什麼你不履行你的諾言呢？

潘　可是她走了我就什麼也不能履行了！

鄭　現在為着讓她回來……

潘　我自己也這樣想過。可是，你眞的相信，她就肯回來嗎？

鄭　我相信。你自己再考慮考慮罷。我走了。

潘　你不能告訴我你的姓名住處嗎？

鄭　我會給你們來信的。現在我到廖家去談談。

（下。潘目送他下，又追到門口。無雙上。）

雙　他跟你說的什麼？

潘　（良久。）無雙，你願意坤儀姐回來嗎？

雙　你還要問嗎？難道在你的眼裏我還是從前的無雙？

潘　那麼我請求你跟我結婚，你肯嗎？

雙　結婚？為什麼？是那個怪人的主意？

潘　也是我的主意，無雙。

雙　是為的要她回來？可是你不愛我，能够結婚嗎？

潘　（良久。）我也是為了這個問題，所以心裏雖然這樣想過，總是不敢向你提出。（無雙泣。）無雙，這是一件沒有辦法的事！請你原諒我。

雙　我不怪你。你眼裏有了一朶白玫瑰，我怎能怪你不去欣賞旁邊那朶平凡的月季呢？（又泣。）

潘　她要我學着愛你。我一直也在學。你讓我慢慢的學，無雙！（無雙仍泣。）無雙，你不願意的話——我不應該再加重你的痛苦。

雙　（轉過臉來。）我願意！我太願意了！（伏他肩上哭。）

潘　（撫着她。）無雙，別哭，別哭！

雙　讓我哭！我好久沒有哭了！讓我痛痛快快的哭一頓！我今天太快樂了！

潘　那麼等你畢業了，我們就舉行婚禮。

雙　不要等！馬上就舉行！我只要做過你一天名義上的妻子也就够了。等她一回來，我們就辦離婚手續，好讓你跟她眞正結婚。也叫世界上的人知道，廖無雙也有這個雅量。我倒落得一個淸白的來淸白的去。從今後，我再也不用感到自卑，我也有讓德！我也可以為他人而犧牲。（呼出一口得意快樂的氣。）我現在也好像脫了一層皮，好像洗了一個澡，換過一身乾淨的衣服！（廖敬儒上。）

潘　那個人走了？

廖　他走了。

雙　他到底是個什麼人？

廖　他是一個中醫，去年醫好坤儀的病。可是他因為醫不好她的手，所以要來華西醫學院學西學，準備兩年之後，就可以醫好坤儀的手。他又擔心他來成都之後，坤儀在鄉下，無人保護，所以來和我們商量，如何使坤儀回來。他可謂是一個異人！

雙　爸爸，現在坤儀姐大可以回來了。

潘　老伯，剛才無雙答應了跟我結婚。我現在請求老伯的同意。

廖　我明白你們的意思。那個人也對我說了。

雙　我們剛才商量過馬上就舉行婚禮……也好讓坤儀姐早點回來。

廖　我又何嘗沒有這樣想過呢？不過，凡事不宜操之過急。所以我跟他商量好。等他回峨眉，看看情形如何，給我們來封信，然後再行決定。現在我想把坤儀那幅『天問』拿去比賽。中華藝術協會舉辦的那個繪畫比賽，也有國畫呀？

雙　中西畫各取三名。

潘　那快寄去！還來得及罷，無雙？

雙　還來得及。三月一日徵稿截止，三月二十九日揭曉。乾生，我們準備把你這幅『高山仰止』送去比賽。

潘　（從無雙手裏拿過那畫。）『高山仰止』？

廖　你這幅畫畫得很不錯。

雙　你什麼時候畫的呀？

潘　這幅畫——好像——我在夢裏好像畫過這麼一幅畫。哦，我想起來了。是她走的那天晚上。我的頭要爆炸一樣，好像活不下去了。我就喝了一瓶酒，心裏漸漸定下來，想起她白天跟我說的話，就朦朦朧朧，看見自已從那池塘裏的小蟲蛻變出來，變成一隻蜻蜓，在天空飛翔，越飛越高，飛過樹頂，飛過山嶺，飛過雲層，飛到一個最高的山峯。在那裏，我感到有愛，有和平，有快樂。我就馬上拿起筆來，塗了一幅畫。大概就是這幅了。

雙　（興奮。）在這高山上，有愛，有和平，有快樂！

廖　意境很好，確是不錯。乾生。我早就說你的天份很高，只要保持本國的精神，再培養靈性，將來大可以成為一個名畫家。這一幅，總算是中國人畫西洋畫的第一流作品了。

潘　（驚喜，興奮）眞的嗎，老伯？

廖　我什麼時候騙過你？你努力罷。照這個風格畫下去，你很可以創造出一種中西畫融合的新畫派。

潘　我剛才在路上也是這樣想。我要繼續坤儀姐畫這些補天圖。我要用西洋畫的筆，畫本國的事物。

廖　這正是我一向所主張的中學為體，西學為用的道理。

潘　（飄飄然）。我的那層舊皮，眞是脫掉了，我在天空飛翔！（好像夢醒過來。）我已經答應報館，今天就畫一幅補天圖，趕明天的報。

廖　我來供給你資料。坤儀所畫的那些，多半是改正女子的錯誤。

雙　假如這些古代的女子，當時不是這樣濫用機會，糟塌天才，她們大可以扭轉乾坤，做一番大事業，那麼男人可就不會儘說我們是花瓶，是禍水，把什麼壞事都算在女人身上了！

廖　其實這幾千年的歷史，女人才畫了幾筆？功過都是微之又微。坤儀特別專糾正女子的錯誤，也不過是她忠恕之道，責人先責已罷了。憑良心，歷史上的壞事，那一樁不是男子漢領頭？

雙　那麼乾生，你就負起補天畫匠的責任，把古今中外，一切不合理的事情都予以改正，都畫出來。

潘　我準備第一幅就糾正秦始皇的錯誤，要畫的他不是一個暴君，而是一個寬弘仁愛的盟主。他統一中國之後，假如不焚書坑儒，不是偶語者棄市，而是言論自由，崇尚學術，尊重思想，發展人民的聰明才智，那麼富强康樂的理想中國，早就在二千年前實現了。

廖　資料多得很。一部二十五史，够以後許多畫家一輩子的努力。虧的坤儀想出這個題材，要畫這麼一幅偉大的歷史圖畫！

潘　她眞是一個偉大的女畫家！

——幕——

（本幕完，本劇未完。）

旅美小簡之十三

祖宗的遺產

陳之藩

我總忘不了「高速計算機」的第一課。

那是我剛到美國剛進賓夕法尼亞大學。因爲這個學校以計算機出名，我好奇的選了這麼一課。在第一點鐘上課時，教授遲到了幾分鐘，提着一個大皮包進來，他慢吞吞的說道。

「計算機是二次大戰時發展起來的電子學應用。這門學問因應用極廣，所以發展極快，十年之中，它已成爲電機工程中很重要的一支，也是應用數學中很重要的一部；也是符號邏輯中很重要的一部。

「說穿了，也簡單。計算機分兩種。一種是比類計算機，一種是數字計算機，比類計算機的觀念早就有，最簡單的是算尺；數字計算機的觀念却是新的。

「算尺的觀念發展的極致，成了微分方程分析機，算尺大家都用過，也都在用；微分方程分析機在我們樓下卽有。大家有工夫時可以看看。我們這課所要講的是『數字計算機』。

「數字計算機的觀念是來自中國」。他說到這時我一楞，集中聽力去聽。這時他不說了，從他的大皮包中拿出個包了好幾層紙的個寶貝來。打開來一看我更驚奇了。原是我們中國商店裏算賬的一個棗木算盤。

他讓全班傳觀這個算盤。

半年以來，我對高速計算機有了一些概念。我也知道就是這個學校在戰時爲軍部製過一臺用了一萬五千個電子管的高速計算機，而觀念却源於我們中國的算盤。

的確，高速計算機所用的原理，所解的問題要比算盤繁複得多，然而，觀念却是源於算盤却是不容否認的。我不知最原始的創作者，是否自中國得到的靈感；而講高速計算機的書却從是在開宗明義第一章裏常提到中國的算盤。

我由此聯想起我在前幾年看一本火箭的書。上面寫着觀念始於中國的Wan Hoo，這個人究竟是個什麼中國名字，我至今不知。請教過許多博學的國學專家，也都瞠目以對。

不僅在外國學校裏見到算盤，在外國書裏見到中國的火箭，在外國的美術館裏見到漢朝的磚瓦與宋朝的精銅，在外國的書攤上見到老子的道德經與傳奇小說馬嵬坡，而且在外國人的嘴裏，聽到我們中國許多古老的東西。

我有些疑惑了。究竟是大家在發揚我們的文化，還是我們自己在發揚呢。

那些西洋文化與中國文化的爭論，都是些無聊之談。只要是眞東西，不怕無買主的。文化原是這樣無孔不入的東西。

幾年來，我們的社會上又在嚷嚷復古，又在提倡中國文化。我不知他們所提倡的是一些什麼內含，我只知在中國根本沒有聽到過復古的大師們談到過珠算，談到過火箭，談到過古時的礦冶的瓷陶，談到過古時的建築與水利。他們所談的除了魏晉以後的玄虛之學，卽是唐宋以後的詞章之美。

要知道，我們的祖宗，不僅是一些玄學家，也不僅是一些文學家，玄學與文學是開拓不了那樣大的疆土垂數千年的。相反的，玄學與詞章之與，適足以造成偏安之局，江南脂粉原無補於時艱的。

我們這幾代不肖的子孫，沒有將祖宗眞正的遺產保護住，發揚它，而僅僅在詞章與考據的雕蟲小技上用工夫，而眞正的中國文化却被外國人發揚了。

我未到外國之先，從不知中國的數學已發展到能解三次方程式，我也從不知道中國的算經講些什麼東西。而這些要到外國才知道。這不能不替發揚中國文化的大師們慚愧。

我誠懇的希望，那些眞對中國文化有興趣的人們向另一個方向努力。問題不在中國文化西洋文化上，問題在努力的祖宗與不肖的子孫上。

—四四年七月十七日於平湖—

讀者投書

正字標記乎？歪字標記乎？

馬振基

關于經濟部中央標準局核准使用「正」字標記的幾家省產電燈泡，其品質之低劣，想是盡人皆知，口碑載道了。去年二月十三日聯合報何凡先生曾爲文嚴予批評，並特別指出該中央標準局「正」字貨單上有兩行標語是「檢驗合格，保證適合標準。」「經常檢查，保證品質優良。」要求該局對此有所說明，記得該局也曾像煞有介事似的來了一番申明。並曾即銷毀了一部份不合格燈泡。可是，自此以後，再無消息。燈泡品質不但沒有因此而稍有改進，甚且愈來愈壞。一隻「正」字貨，能用到兩個月，已是上上，通常兩三個星期便斷絲搖頭了。上(七)月十九日，我廚房中使用了一隻六〇支光東亞的「正」字燈泡，照他們宣傳是壽命保持一千小時，可是經我詳細統計結果，共計使用廿四天，計八十五小時又四十二分，連十分之一的諾言也不能兌現。近來主管當局，對此似已重視，據本年七月廿三日中央日報消息，經濟部部長尹仲容氏曾坦率表示政府對此一問題，頗不滿意，現正由各製造工廠聯合計劃建一新設備之工廠，以澈底改良品質，如此事不能實現，政府仍將考慮開放燈泡之進口。尹氏又稱省內正式製造電泡之工廠計有齊魯、東亞、亞洲、國光、臺電等家，均因設備不够，出品欠佳云。

因此使我想到了許多深惑不解的問題。按尹氏所指之幾家省產電燈泡製造廠，除了齊魯之外，其餘東亞、亞洲、國光、臺電等四家，都是經過中央標準局核准使用「正」字標記有案的。既該四廠設備不够，出品欠佳，何以濫發「正」字標記？且所謂「檢驗合格」不知從何說起？「保證適合標準」，不知是合的什麼標準？又既經「經常檢查，保證品質優良」，何以品質會如此低劣，並且愈來愈壞使尹部長亦表不滿了呢？該局既發「正」字標記於前，又兼管燈泡檢驗小組於後，對此竟充耳不聞，熟視無睹，不僅不加督導，甚且明知故縱，不知道這究竟是何道理？

考「正」字標記之施行，原是仿照歐美各國的標籤制度，以提高工業產品品質與信譽，爭取國人信心，促進外銷市場爲目的，無形中代表國家與政府一項威信，以政府的擔保來扶植公民營工商業。法良意美，用心實深。如英國的BS，日本的太極圖形深得國際一致好評與信任。故凡買英國自行車胎，一定要看有無BS標記。可是，一到我國，就不免「橘逾淮而爲枳」了，如再加以承辦人員之不肖，主管機關監督的疏忽，就可能笑話與弊端齊來了，其後果眞不堪設想。就我個人言，當「正」字貨初問世時，無論肥皂、燈泡、味精、鉛筆均非此不買，可是現在我看見「正」字貨便敬而遠之了。似這樣以政府的力量，來維護奸商，欺騙顧主，不僅國人失去信心，即政府也失去了威信。這種潛在的損失是沒有法子估計的。

據我們聽說中央標準局根本沒有這套燈泡檢驗的設備，完全是委托臺南工學院代爲檢驗，該局在申請廠商與工學院之間賺取檢驗費，故所謂經常檢查，實乃欺人之談。據說該局曾先後向各申請正字標記之電泡廠商收取刊登聯合廣告之廣告費及燈泡檢驗小組之差旅費三萬元，此項費用，尚餘萬餘元，至今尚未清結，以致影響該局威信。此雖爲不經之談，未足置信。但「正」字燈泡，品質之低劣，則是鐵的事實，中央標準局爲了本身清白計，似乎不能再緘默了。

最後我提出三個要求：㈠我們重申聯合報何凡先生的意見，要求中央標準局對其兩項保證，有以說明；㈡要求經濟部務必達成尹部長的計劃，如再不能提高品質，便決計開放燈泡進口；㈢要求經濟部對於「正」字標記業務，重新澈底檢討，加强監督，以免不肖之徒，借政府的力量，來增長其不法利潤，使政府與老百姓兩受損失。

我們不能讓「正」字標記變成歪字標記，我們期待着主管單位給我們以事實的答覆。

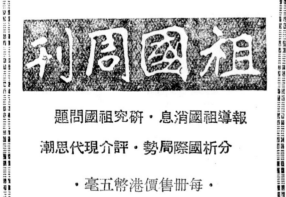

給讀者的報告

上月十五日國防部總政治部發表專文，宣佈最近破獲的匪諜案件，及該案件主犯的供述。該文指出共匪現階段中的陰謀是在「假借民主自由的招牌以進行顚覆活動」。這個消息，很引起社會的注意，同時也有人因此發生許多疑慮。大家疑慮的是，共匪假借民主自由的招牌，我們還可以再談民主自由嗎？這種疑慮如瀰漫於每個人的心裏，殊足影響到我們立國的精神，實有速予消釋澄淸的必要。這正是本期社論(一)所要闡述的主旨。在該文中，我們指出民主自由是我國憲法的基本精神，是蔣總統在本屆就職宣言中所揭櫫的目標，也是反共抗俄戰爭中的最有力量的武器。因此，無論任何人企圖假借它的名義，而我們絕不能動搖對民主與自由的信心，更不可因噎廢食而從此諱言民主自由。否則，我們眞是中了共匪的奸計。

最近社會各方對於孫立人案件無不密切的關懷，街談巷議都在議論這一件事。據政府發表的消息，孫立人將軍係因匪諜罪嫌的郭廷亮案件而引咎辭職，經總統允准免職，並派員調查報辦。臺灣各報只見謹愼而簡短的報導，但社會上各種傳說則不脛而走，甚至美國許多報紙已經在批評此事了。就這些方面所產生的影響來說，對政府對國家都是不好的。我們站在與論立場，對此等重大問題，心所謂危，不敢緘默。故爲社論(二)以申論其事。我們以爲，負責調查的九人委員會首先應對郭廷亮案件本身，及與孫立人究否有關，澈底而公正的調查，並儘速有一個明白交代，以釋社會之疑懼。

由於寄遞時間較遲，未及於上期發表的兩篇關於日內瓦四國會議的文字，我們俱已於本期刊出。一是龍平甫先生的「日內瓦四國會議前後」，一是方及先生的「日內瓦會外散記」。龍文是對四巨頭會議的前因後果、開會經過等有詳細而綜合的敘述。關於四巨頭會議，本刊前此既曾數次爲文論及，由於此一會議在國際上影響之重大，如龍文這樣對會議經過的綜合論述，對關心世局者，將有極大的參考價值。至方文的報導，則都是會外花絮，而爲國內報紙所未見者，可助讀者對世局的瞭解。

專論欄內的其他兩文都是上期的續篇，此處可再介紹者，乃是「日美經濟關係十年」一文中，日本人對於美援的運用能以本國利益的立場以檢討其得失。這一點是値得我們注意的。

通訊欄的「馬來大選經過」一文，是一篇甚有重要性的報導。其對馬來政局的分析，極爲深刻而獨到。自治政府成立後的馬來亞，對我國反共前途關係極大，文後對我政府今後外交與僑務方針，有極懇切之建議，希政府予以重視。

本期以稿擠的緣故，致將周于强先生的「如相和尚」，黃思聘先生的「鄉村醫生」，齊佑之先生的「突尼斯問題及其解決」等文，排好後而未能刊出，容於下期登載。

自由中國 半月刊 第十三卷 第五期 總第一四〇號
中華民國四十四年九月一日出版

發行兼主編人　『自由中國』編輯委員會

出版者　自由中國社
社址：臺北市和平東路二段十八巷一號
電話：二 八 五 七 〇

航空版
香港　友聯書報發行公司 Union Press Circulation Company, No. 26-A, Des Voeux Rd. C., 1st Fl. Hong Kong

總經銷
臺灣　自由中國社發行部
　　　中國書報發行所
美國　自由中國日報 Free China Press 719 Sacramento St., San Francisco 8, Calif. U.S.A.

經售者
日本　東京僑豐企業公司
韓國　漢城裕昌德號
馬尼刺　大中華日報社
　　　新疆書店
印尼　椰嘉達天聲日報
　　　棉蘭新中華報
越南　西貢中原文化印刷公司
緬甸　仰光振成書報店
印度　加爾各答塔梅學校
澳洲　雪梨瑞田公司
北婆羅洲　西利亞坡青年書店
新加坡　檳榔嶼、吉打邦均有出售

印刷者　精華印書館
廠址：臺北市長沙街二段六〇號
電話：二 三 四 二 九 號

自由中國　第十三卷　第五期　內政部雜誌登記證內警臺誌字第三八二號　臺灣省雜誌事業協會會員　一六〇

本刊經中華郵政登記認為第一類新聞紙類　臺灣郵政管理局新聞紙類登記執照第五九七號　臺灣郵政劃撥儲金帳戶第八一三九號
（每份臺幣四元，美金三角）

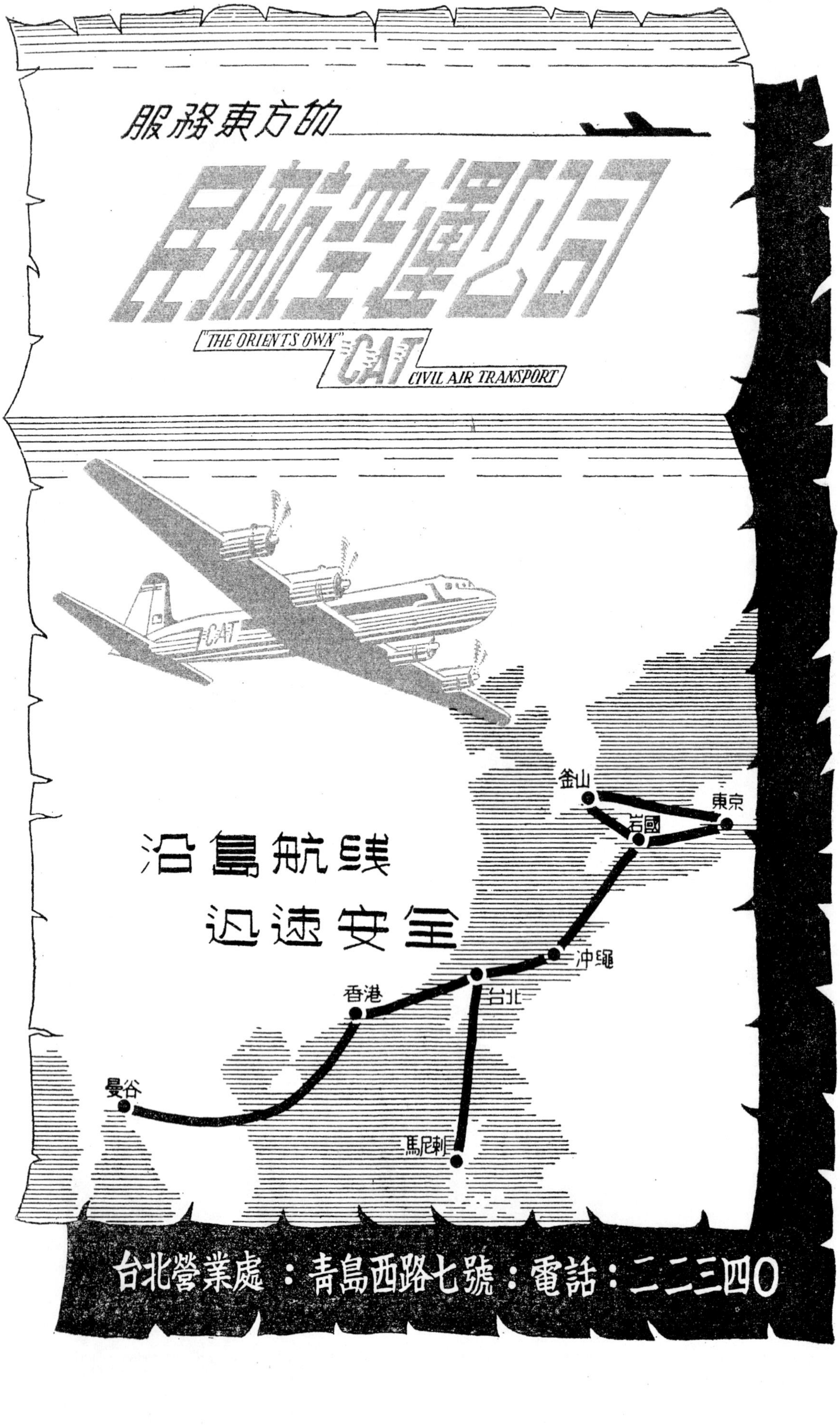

自由中國

FREE CHINA

第十三卷 第六期

要目

中華民國四十四年九月十八日出版
社址:臺北市和平東路二段十八巷一號

半月大事記

八月廿四日　（星期三）

美總統艾森豪在費城演說，表示美國雖切望避免戰爭，但決不出賣人類自由，更不參加任何不正當之協議。

共匪出賣新疆，北平匪電臺廣播稱，新疆省將於九月間成爲「自治區」。

法國調派原駐德國部隊，運抵北非作戰，並下令徵集後備兵。

拉丁美洲反共會議，決議贊成與俄帝及其他鐵幕國家斷絕外交與商務關係。

八月廿五日　（星期四）

法國與摩洛哥民族主義獨立黨代表正式會談摩洛哥前途問題。

美遠東空軍總司令庫特表示，韓境停戰情勢不穩，隨時可能爆發戰爭。

韓總統李承晚發表聲明，指責美國在韓國人民進行反對共黨停戰視察人員時，保護共黨敵人，並以武器對付韓國盟友。

八月廿六日　（星期五）

孫立人案九人調查委會開首次會議。

美總統艾森豪向國會報告援外計劃實施情形，謂經援重點已由歐洲移至亞洲各自由國家。

美副總統尼克森演說，警告世人對俄勿存奢望，指俄帝若有和平誠意，應讓德韓兩國統一。

法摩會談結束，雙方獲致協議，同意籌組新政府，另訂法摩新約。

四十四年度臺省總預算經省議會審查通過，歲出入各爲十八億七千萬元。

八月廿七日　（星期六）

杜勒斯演說，向以色列及阿拉伯國家建議與美訂立安全條約，以保證各自疆界。

中東各回教國家示威，抗議法國以武力對付北非。

八月廿八日　（星期日）

中央社香港電，自本年四月至七月的四個月中，共匪將西北邊疆少數民族地區，擅改爲許多自治州縣，以便俄帝逐步併吞。

中南美洲二十國家反共會議閉幕，決定組設泛美反共同盟，並建議所有拉丁國家宣佈共黨爲非法，與俄集團斷絕外交與貿易關係。

法內閣緊急會議，商討摩洛哥的緊張局勢。

八月廿九日　（星期一）

以埃停戰線上衝突再起，雙方炮戰四小時，埃軍四名陣亡，六名負傷。

美副總統尼克森演說，警告蘇俄必須撤除和平障碍，並謂美國決不支持匪共插足聯合國。

法內閣通過摩洛哥和平計劃，另行建立新政府，現任總監格蘭瓦及摩王阿拉法均將去位。

聯軍總部同意減少韓國中立監督委員，最後撤消該機構。

英土希三國在倫敦商討塞浦路斯島問題。

八月三十日　（星期二）

蒲賴德中將對合衆社記者談，美軍爲應付共匪犯臺行動，正作適當調度。

杜勒斯告記者招待會稱，俄願以武器援助埃及，此舉對世界緊張局勢之和緩，並無裨益。

洛奇在聯合國裁軍小組會上，促請通過艾森豪總統所提空中視察計劃，認係防止戰爭之重要步驟。

八月卅一日　（星期三）

美技術顧問團抵臺，協助安置我退除役官兵。

埃及與以色列同意接受停戰委員會的停火建議。

阿根廷總統裴倫表示願意辭職。

俄再要求與日訂立和約，並要求軍艦通過日領海權利，日政府予以拒絕。

九月一日　（星期四）

華僑文僑會議閉幕。

日國會議員訪華團團長大野伴睦先行返日。

行政院院會通過我出席聯大代表團名單。

泰國新任駐華代辦張年抵臺履新。

杜勒斯與日外相重光葵會談結束，美日兩國將商訂新安全公約，重光葵保證日本不走中立路線。

蘇俄拒絕日本歸還千島南部之要求。

阿根廷總統裴倫決定打消辭意，向羣衆演說，要求消滅所有「國賊」。

九月二日　（星期五）

阿根廷國會通過緊急法案，授權裴倫總統消滅其政敵。

蘇俄與南斯拉夫訂立貿易協定。

美國務副卿墨斐演說，闡明美國立場，並謂美將在四外長會議中，迫俄付出相當代價。

九月三日　（星期六）

第一屆軍人節，各地熱烈慶祝。

法內閣通過改組阿爾及利亞政府方案，以遏止北非民族主義份子的反叛行動。

教育部學術審議委員會通過學術獎金及文藝獎金辦法。

九月四日　（星期日）

以埃兩國分別宣佈同意接受聯合國停戰會最後期限的停火要求。

諾蘭演說，警告世人謹防蘇俄笑裏藏刀。

艾森豪裁軍特別助理史塔生在美退伍軍人協會演說，認美應確保堅強防務，方是尋求和平之路。

九月五日　（星期一）

華僑文教會議閉幕。

省立中等以上學校徵收學費案，經省議會修正通過。

九月六日　（星期二）

韓總統私人代表崔德新訪華事畢返韓，亞盟華總會理事魏景蒙同機赴漢城。

共匪通知美國，被扣於匪區的九個美國人，即可獲得釋放。

九月七日　（星期三）

美國務院發表稱：共匪答允釋放九美人一事，並無任何條件。並表示美國仍堅持釋放所有美人之立場。

土耳其伊斯坦堡等兩城發生反希暴動。土發表聲明，希人財產損失將予賠償。

英希土三國會談結束，對塞浦路斯問題仍未獲協議。

『自由中國』的宗旨

第一、我們要向全國國民宣傳自由與民主的真實價值，並且要督促政府(各級的政府)，切實改革政治經濟，努力建立自由民主的社會。

第二、我們要支持並督促政府用種種力量抵抗共產黨鐵幕之下剝奪一切自由的極權政治，不讓他擴張他的勢力範圍。

第三、我們要盡我們的努力，援助淪陷區域的同胞，幫助他們早日恢復自由。

第四、我們的最後目標是要使整個中華民國成爲自由的中國。

社論

（一）法屬北非問題

第二次世界大戰後，亞非弱小民族相繼燃起自由的火把，要求獨立自治。最近法屬北非的阿爾及利亞不斷發生暴動，而摩洛哥自八月中旬起又發生一連串的大規模暴亂，法國和土著民族傷亡竟達兩千餘人，這是土著民族反抗法國統治的一次大搏鬪。法屬北非，包括阿爾及利亞、突尼西亞和摩洛哥三個部份。阿爾及利亞在法理上是法國的一部份；而突尼西亞和摩洛哥則是法國的保護國。但是，就事實而言，這三個部份全受法國的統治，無論軍事，政治和經濟都操諸少數法人之手。這次暴動雖然是由於紀念民族主義的國王約賽夫放逐二週年所掀起，但是這種反抗運動的原動力，却是源於民族主義。

法屬北非民族主義的興起，是受外在和內在兩種因素所影響的。

我們首先分析其外在因素：第一次世界大戰後，美國總統威爾遜倡導民族自決；蘇俄革命並煽動殖民地獨立；再加上一九二九年的世界不景氣，這些因素促使舊殖民地制度的基礎發生動搖。殖民地人民的不安和民族自決的潮流，乃形成了激烈的民族主義運動，起而對「現狀」挑戰。第二次大戰後，大西洋憲章和聯合國憲章揭櫫建立一個新的良好世界，這種諾言更煽起了殖民地人民的希望和遠景。二次大戰期間，聯軍進駐北非，北非成爲一個主要戰場，北非各階層人民目睹他們的統治者的潰敗，在思想和行爲上都起了重大影響。再加以戰後法屬北非以外的回敎世界發生了大的變化：阿拉伯同盟的成立；回敎國家——敍利亞、黎巴嫩、約坦、巴基斯坦、印尼和利比亞相繼獨立；其他殖民地，如印度、緬甸獨立自主；尤其是其他回敎國家，如埃及和伊朗居然對他們昔日統治者起而抗爭蘇丹，蘇伊士和石油問題。法屬北非土著民族目睹這些發展，同時受反帝國主義情緒的鼓舞，遂加緊努力，企圖結束在他們國度內的殖民地主義。

至於內在因素，則是北非內部社會結構的變化。法國開發北非的計劃使北非從一個畜牧制度的社會變成爲一個多少近代化的工業社會，於是土著人民紛紛向城市集中；歐洲人也大量移殖北非。這種新經濟制度產生了兩種後果，在土著方面，產生了憤恨法國統治的小資產階級、商人階級和饑餓交迫的貧苦大衆。在另一方面，則使移殖北非的歐洲人成了特權階級。這自然造成土著人民對歐洲人集團的仇視和對立。同時，在西方自由民主的傳統長期影響之下，又產生了土著知識階級。他們的信念是法國的自由、平等和博愛的傳統，但是，現實却恰恰相反，歐洲人是特權階級而土著人民是被壓迫的臣民，於是這些土著智識份子起而領導反抗法國的統治，而成爲民族主義運動的領導力量。

法屬北非土著人民在這兩種因素刺激之下覺醒，乃展開了反抗殖民地主義的民族主義運動。

法屬北非三個地區的人口是二千二百萬，其中歐洲人佔二百萬。法國在北非的政策是維護法國的統治權，並鞏固歐洲移民在北非的特權。民族主義者反抗法國所維護的這種現狀，而法國對民族主義的挑戰一直採取武力鎭壓政策。法國這種政策不但不能緩和北非情勢，反而加深危機。土著人民的反抗，招致一連串的武裝彈壓；一連串的武裝彈壓之後，又是一連串的反抗，如此循環不已。民族主義的目標是獨立自主，不達目的，誓不甘休，這是很顯然的事實。而法國則是不肯對民族主義讓步，似乎決意蠻幹到底。歐洲的觀察家認爲，法國在北非不肯對民族主義讓步是有其原因的。就是法屬北非問題是一個比較複雜的殖民地問題，因爲這不僅是民族主義與殖民地主義之爭，同時也是土著民族與歐洲移民集團之爭。如果在法屬北非沒有二百萬歐洲移民，則法國將會對民族主義讓步。法國之所以堅持不肯放手，是爲了二百萬歐洲移民的生存和權利。這種藉口太牽强附會。歐洲移民在北非僅二百萬人，土著人民則有二千萬，爲了維護二百萬人的特權，而剝奪二千萬人的權利，這是什麼邏輯？法國應該運用其創造力，調和這兩個集團的利益。如果法國人不能解決這一問題，那就充分說明法國民族的衰微。

當今，民族主義的火焰是無法遏止的。舊殖民地主義必然成爲歷史的陳跡。法國應該覺悟，勿使北非成爲第二越南。殖民地主義是爲共產主義開路的主義，正如右翼極權主義是爲共產主義開路的主義一樣。

法屬北非具有極重要的戰略價值。美國在北非保有優良的海空軍基地。一旦自由世界遭受共產極權主義的侵略，北非可能像第二次世界大戰時的地位一樣，成爲自由世界的反攻基地。攘外必先安內，法國應該順乎潮流，滿足民族主義的願望，建立良好的關係，這樣，將來才不致有嚴重的後果。

突尼西亞經過一年的變亂，法國已允許自治。八月二十七日法突自治協定正式簽字。協定規定突尼西亞人享有自治權利，而法國仍保留對國防和外交的控制。法突自治協定已爲解決摩洛哥和阿爾及利亞兩地問題開一坦途。法國政府不可再遲疑不決，要當機立斷，讓摩洛哥和阿爾及利亞自治，進而獨立，以結束北非的危機！

本刊重要啓事

本刊本期（第十三卷第六期）原應於九月十六日出版，茲因故延期兩日，改於今日（十八日）發行，敬請讀者鑒諒。

社論

（二）保護政策的限度

五個月前，我們曾寫過一篇社論：「民營事業的使命」（載在本刊第十二卷第八期），以發揮企業精神、實行科學管理，勖勉臺紙公司及其他民營事業。當時，我們寫那篇社論，是因爲臺紙公司剛從國營轉讓民營之後，便競先提高紙價，因此有感而作。在那篇社論裏，我們重申對於政治經濟問題的基本信念：我們認爲政治民主是要以經濟自由爲基礎的。基於這個信念，我們對政府將四大公司轉讓民營的政策，深感興奮。同時，我們寄望過去國營事業的缺點，於轉讓民營之後能夠大大改進。然而，事與願違，開放民營以後的臺紙公司，不但不從減輕成本、提高品質上謀求企業之發展，反而率先提高價格。因之，我們乃不得不爲他們剖析利弊，期望臺紙公司從技術與管理方面力求進步，不可徒恃保護政策的庇蔭而不自振作。我們這席話是對臺紙公司說的，但同時也是對其他民營事業說的。

這是五個月以前的事。五個月以來的情形又怎樣呢？不幸得很，事實給我們的答覆，乃是再次的失望。

讓我們仍從臺紙公司說起。

臺紙公司是從本年三月份正式改歸民營的。改歸民營以後臺紙公司所作的第一件事便是決定自四月一日起，將新聞紙配價自每磅二元一角提高爲二元八角，漲價達百分之卅二。嗣經報業與雜誌業向政府請願，乃由政府宣佈自五月一日起廢止新聞用紙供應辦法，同時核定在對日貿易項下自行進口洋紙。這時，紙業公司鑒於政府核准向外採購洋紙，復又自行將售價減低爲每磅二元六角，每磅仍較前增加五角，即漲價約百分之二十。這便是五月份以後臺紙公司所定的新聞紙售價。這個價格較國際市場優良品質的紙價還高（即使將保護關稅計算在內）。然而臺紙公司營利的慾求，並未因此饜足。繼漲價之後，又以「缺貨」的理由，將原爲次一級的二號紙充作三號紙售與報業及雜誌業。本刊本期用以印刷的紙張，其中前一半黑點棋布、滿眼模糊的，便是臺紙在五月份以高價賣出的劣紙。這種二號紙其品質之惡劣，讀者可以鑒證。（後一半品質較佳的紙張爲公營時代的三號新聞紙，當可兩相比較。）這裏，我們要向讀者深致歉意，並請原諒我們不得不在本期採用這種劣紙的苦衷。因爲，如果我們拒絕使用這種劣紙，則本期的刊物勢必無法印行。臺紙公司一方面提高售價，一方面降低品質；不僅罔顧消費者的利益，抑且構成了商業上的背信行爲。然而作爲消費者的報業與雜誌業卻只能忍受這種層出不窮的剝削。何以故呢？因爲紙業是受保護的工業，臺紙公司乃是壟斷的獨佔的事業。在壟斷的獨佔的價格決定過程中，消費者是沒有討價還價餘地的。

或者，有人要問，臺紙公司的漲價是否由於改歸民營以後生產成本增加而不得不然呢？關於這方面的事實也令人十分困惑。茲僅就運費一項而言：臺紙公司在未改民營以前，多年以來，所屬各廠一切原料與成品之運輸均由鐵路局經營之貨運服務所承辦。該所運費向極低廉，且爲配合減低成本、爭取外銷之國策起見，對臺紙公司業務且訂有優待辦法。但自改歸民營以後，臺紙公司乃將所屬各廠之一切運輸業務改交運費遠較貨運服務所爲高的民營運輸公司承辦。（嗣後爲利用該所倉庫，復改以一部份交服務所承運。）其中僅煤炭一項之運輸費用，每噸便高出〇．七七元。全部運費方面之浪費的數字，不難據實推算。據說，這是由於臺紙公司一部份董事與民營運輸公司有關的緣故。除運費以外，其他方面類此性質的費用之增加，當亦不問可知。這些事固都屬於該公司的業務範圍，臺紙公司既是民營的，即使他們自己寧願吃光賣光，外人也無權過問。然而，其爲違背科學管理的精神，其爲浪費與增加成本，殆屬無可疑義。然則，爲何一個民營事業可以如此之不講求成本呢？無他，「保護政策」使然！保護政策下的臺紙之價格是獨佔的壟斷的價格，獨佔的壟斷的價格根本不須考慮成本！

問題的癥結在於保護政策，紙業公司是一個典型的例證。即使非獨佔的工業，情形亦復如是。例如上期本刊讀者投書所指責的，臺灣電燈炮製造業，即使有「正」字標記的產品，品質普遍低劣而不能改進，主要亦是在外貨不能進口的原因。大多數的臺灣工業在過度的保護政策之下，俱已失去了企業組織先天應有的活力。使提高品質、減低成本的期望，永遠無由實現；使採用科學管理、改良技術的任何企圖，永遠無嘗試之可能。要改善這種可悲的情況，除了修正當前這種不合理的保護政策以外，任何對於企業（無論其爲國營事業或民營事業）經營者的責難與勉勵，都是罔費唇舌。

過度的保護政策長期採用的結果，直接使國內物價偏高。首遭其殃的則是一般消費者。消費者陷於絕望的被剝削的地位。其實，工業本身又何嘗能逃於最終的惡運？在保護政策庇護下的工業，有如沙灘上的蜃樓、暖房裏的花朵，經不起風雨的考驗。何況，臺灣是島國經濟，加以年來主要產品的滯銷，必須發展工業經濟才有出路。可是照目前的情形下去，我們那一天才能在國際市場上與別人爭一日之短長？凡有遠見的企業家、以及所有關心國家前途的人，對此豈能無動於衷？

保護政策最初的理想原在扶植並發展國內工業。可是無限制的採取保護政策之結果，乃是最初理想的否定。正像父兄之教育子弟，溺愛正足以寵壞孩子，結果是害他而不是愛他。如果我們必須採取保護政策，也必須守住一定的限度。這個限度乃是在採用保護政策的同時，還得保持企業本身的活力，使減低成本、提高品質的機能不致喪失。

在本文中，我們不擬對保護政策作理論的與原則的討論。這種討論可能涉及甚多的爭辯。我們只從實際事實中去發掘問題。在目前，我們亦不主張全面解除保護政策。全面解除的主張既不切實，又很危險。但是目前這種不合理的無限制的保護政策，其必須放棄，則不容置疑。因此，我們不得不呼籲政府從速修正這種政策，有限度的開放過去受保護的諸種工業（如紙業）產品之進口，以收刺激國內工業之效。否則我們的工業是不會有前途的！

論最近兩大財經措施

白瑜

（一）調整棉豆折算率

美援進口棉花棉紗，原按每一美元合新臺幣十五元六角五分折算，黃豆另加結滙防衛捐二成，共十八元七角八分折算。行政院自七月廿五日起提高其折算率，棉豆兩項均以廿四元七角八分計算（棉加結滙防衛捐二成外，再與黃豆同加結滙證價格六元），即棉價提高百分之五八，黃豆價提高百分之卅一。據當日財政部長在新聞記者招待會宣稱：「政府在事先曾就財政經濟各方面週詳考慮，認爲此項措施之採行，雖對若干物品價格會有些微影響，但在減低購買力減低消費量的供需平衡下，反可促致這些物品價格之長期穩定，權衡得失，覺其利多弊小，始予公佈施行」。又有云：「上月中旬美安全分署根據華盛頓總署之指示，即向我政府提出建議，希望美援棉花及黃豆兩項之進口折算率，按照其他一般美援物資進口折算率同樣辦理。此項建議，自係一種磋商方式。當時政府爲考慮物價安定及經濟政策關係，曾經經濟安定委員會擬議，迭經多次討論商洽後，最後決定同意美方建議」。七月廿六日報載，據市場傳悉，美援棉類進口折算率調整消息，早於一週前傳遍市場，因此前週棉紗便成爲搜購對象，黑市價格已達最高峯，迄至廿五日調整折算率公佈時，紗價已成漲無可漲。原來市場注意力只集中於棉紗，對於棉布影響很少，但由於紗價調整的公佈，忽然一日之間，各種布疋猛漲三成以上。例如十二磅中紡細布，每疋由一七九元漲至二四〇元，十一磅中紡益民及臺紡細布，每疋二一五元，大進四八元左右，沙鹿九磅細布，每疋自一三八元跳到一八〇元，嘉豐及申一細斜，齊步由一九二元激升至二四〇元，其他各色布疋，均猛漲四十五至五十元，皆在百分之卅以上。同日人造絲比肩齊飛。

同日（七月廿六）報載，美援黃豆進口折算率提高，影響臺北豆類市場，忽然掀起大浪，黃豆及豆餅市價，大漲特漲，綠豆烏豆等亦受影響，不甘落後。美援黃豆，廿五日上午每百臺斤開二七五元，比廿四日只高一〇元，但旋即猛然突破三〇〇元大關，且以如此價格，執主仍多不肯大量放出，大半業者，不肯開盤。省產珠仔豆，每百臺斤自二六〇元跳至二九〇元，豆餅貨少，無人開價。日來零售豆芽豆腐攀高，一般貧民及公教人員家庭主婦，嘆聲不已。蓋彼輩常久不食肉味，豆腐視爲珍品。政府對有關黃豆爲原料的豆餅豆油豆腐等用品價格的調整，尚懸在有關機關研討之中，至於棉紗，廿五日同時由中央信託局公告，代配七月份的棉紗，決定照新核定之限價配售，截至八月十日，七月份棉紗配價及原來布商向布廠訂購之布疋單價，雖經多次洽商討論，價格迄未決定，以至自七月廿五猛漲以後一度平靜之紗布市場，又掀起風浪，一般往上盤高，僅以十一磅中紗及益民細布爲例，各由二〇五漲至二一八元，且超過七月廿五日三元，其餘普遍力挺百分之三至五。翌日（八月十一日）棉紗市場，紅光萬丈，各檔黑市上漲，廿支紗突破八千元大關，創半年最高紀錄。時值淡月，出人意料，由市場人心浮動而起，純係人爲現像，何以不事先妥爲籌畫？七月份棉紗配價，老是遷延不決。此次棉豆激漲，蓋以折算率提高，決非一時刺激，可以回復舊觀者。加之轉眼秋到，寒風處處催刀尺，一般貧民，其何以堪？同時原來每家日食豆腐三片者，現在只有二片了，還要其他物價不受影響，否則更不得了。財政當局，責有攸歸，何以蘇民困，想必自有良圖，防止一般物價不致因此而漲。

本省用棉，幾全由美援輸入，黃豆亦百分之九十仰賴美援。此兩項日用必需品，關係貧民生活至鉅，如此激漲，雖係最初劇變反映，以後市場混亂局面，可以澄清，但價格則未必下降。財政部長還有云：「一般人民生活，不致受棉豆進口折算率調整的過分影響，至於公教配油等份量不變，所需經費增加，由政府籌措，絕不影響其生活」。似乎忽略了棉豆爲一般人民及公教人員生活的主要日用必需。要知近年來棉豆消費量不斷增加，皆爲一般人民與公教人員降低生活標準的日用必需，如果說還要「減低其購力或消費量」，未免有「何不食肉糜」之慨。倘若他們的太太和兒女有玻璃、毛、絲衣穿，有魚、肉、鷄、鴨或維他命、荷爾蒙等洋貨可吃，誰又願意增加棉豆的消費量呢？財政部長又說：「近年來黃豆消費量不斷增加，部分的原因，未始不因黃豆配價偏低，而引起不必需之浪費……故希望盡量鼓勵國內增產及代替品飼料，如臺糖試製中柳營餅，以及蕃薯（可用爲飼料）等之增產，俾可節省黃豆之需要」，旨哉斯言。但一般人民與公教人員食豆的消費量，和禽獸飼料的消費量，是否應該分開來談？貧民絕無不必需之消費。一般人民與公教人員，倒希望能吃豆腐的代替品，回到原來的魚肉，或回復到豆腐的原價格，三片不降到二片，可是不希望淪到吃飼料。尤其是棉豆漲價，切望能够只是局部化，而不影響其他日用品。回憶春間因結滙證惹起一般物價上漲，至今始趨息止，而繼以棉豆陡漲，財政當局，務必早籌良策，不蹈覆轍。

老實說，國家需用孔急，財政部負有籌措之責，棉豆加價，實非得已，正如財政部長所云：「棉豆進口折算率調整後……而收縮通貨，正所以達到反通貨膨脹之措施，在財政方面，百分之百有利……」，把話說穿了，雖然不見得百分之百有利，倒可取得諒解，竟可不必多費詞令，欲蓋彌彰。說些「相對基金隨之增加，使我文化教育、醫藥衛生、工業建設等經費充裕，」尚無不可，何必又接下「政府支出又可相對減少」一句？美援物資，並非白送給老百姓，相對基金，羊毛出在羊身上，取之於民，用之於民，與減少政府支出，未免牽强。更不必抬出安全分署，甚至遠及華盛頓的指示。按美援運用委員會，中美兩方會議，一面不能同意，卽不作決定。美方建議調整棉豆折算率，固有其道理，如果我們另外籌欵有着，大可無須同意。要知「拔鳥毛於其不知不覺之中，」是財政上籌欵的基本原則（打老虎倒不妨戈矛齊發），中外莫不同樣看法。臺灣竟無其他籌欵對象乎？不過不如棉豆加價之易如反掌耳。棉豆加價，貧民負擔，比電費加價尤爲普遍，鄉間居民有無電燈費用擔負者，越是貧民，總該吃點豆腐豆芽，穿兩件布衣，小麥跟着棉豆提高標價，均係貧民吃虧。電費加價，尙有望於擴展生產，棉豆加價，與所稱「考慮物價安全及經濟政策關係」，有待解釋。總之棉豆加價，不過牽蘿補茅屋，終非財政上的根本辦法，尙望財長不再避重就輕的採取加價辦法；必待施展長才，打開眞正的出路，以裕國家財政。這是責無旁貸的。

（二）修正證券商管理辦法

最近政府財經兩大措施，除上述調整棉豆折算率外，並於七月廿一日由行政院第四二次會議通過修正的臺灣省證券商管理辦法，並公佈施行，總算力圖打破僵局，是值得讚頌的。卅八年春，余來臺之初，曾在有關場合鼓吹證券交易，以利生產，並喻交易所爲「必需的惡物」。想係光復之後，臺灣工業近百分之九十屬於臺銀貸欵維持，故證券交易，無人重視，迄至四十一年秋，政府爲適應「耕者有其田」，發行土地實物債券，並配搭農林、工礦、水泥、紙業四大公司股票，以期開放民營，且鄭重昭告籌備交易所，定於翌年元旦開業，以便推行使地主的農業資本轉入工業資本的良策。不料交易所迄未開業，而土地實物債券和四大公司股票依然雷厲風行，證券商號乃應運而生，有如雨後春筍。全省各大城市經營證券交易之商號，爲數已達二百以上（鄉鎭間單幫行商之類數達千餘），僅臺北一市，却佔八十家左右。一律未經登記，誰亦不問其有無足够資本，是否信用足徵，祇憑一具電話機，卽可開業，除經紀代客買賣證券外，大都直接經營，並兼其他行業，其經紀佣金，由五分至三角不等，一切隨便。傳聞七月中旬，博愛路某證券商號，某日營業時間未滿，已進出達一千三百餘萬股，交易總值達五千萬元以上，以至記帳人手不够，迫得自動提早打烊。總之，全省證券市場，早已完全淪入無政府狀態，不僅紊亂，而且滑稽。

行政院雖經四十三年一月公佈臺灣省證券商管理辦法，且規定公佈之日起施行，但以臺灣省政府擬訂施行細則時，鑒於疑難頗多，窒碍難行，又未果施行。（最奇怪的是旣以法令承認了證券商，而不開始登記，不加管理。）後來交由經濟部會同財政部，經濟安定委員會及其他有關機構詳細研討，一拖又是年餘，始於本年七月廿一日再行公佈修正的臺灣省證券商管理辦法，眞的自公佈日起實施。該修正辦法，計分總則，證券商之設立，業務之經營，交易之證券、處分、附則六章，共廿一條。要點除取消委託簽訂契約，交割透過臺銀簡化手續，保持證券流通性能，聊以打開僵局外，如限期舉行登記，調査業者信譽，規定資本新臺幣十萬元以上，繳納保證金三萬元左右（聞由臺銀計息收存），規定千分之五以下的佣金，限制價格漲落及成交數量，證券商號概應專業，不得兼營其他行業，罰則自撤銷登記至按國家總動員暫行條例第五條定處，總算可以開始登記（原辦法無法登記），免除了尬尷的局面。惟第九條「證券商應採個別方式，不得設置常所，如類同交易之集合開拍⋯⋯」，第十條「證券商之交易，應以現貨買賣爲限⋯⋯」，第十八條「證券商得爲交易之證券，除政府發行之債券另行辦理外，以經主管機關核准者爲限」，似乎尙有待磋商或有所改進。尤其是證券商原爲經紀人，收取佣金，今則自己個別決定價格，自己買賣證券，變佣金爲利潤，不倫不類，除待成立交易所集體開拍價格後，該辦法根本無從修改，暫時只有權宜下去罷。

臺灣證券商過去經營業務的情形，固然是經過長時期的無政府狀態，至爲滑稽，但對於政府推行「耕者有其田」，不能說沒有偶然的貢獻。四十二年元旦，政府未踐交易所開業的諾言，以後發行土地實物債券及搭配四大公司股票，廿多億的大批證券比肩出籠，公司股票竟跌至面值三成不到，人民吃虧，且不必說，如果沒有證券商居間經紀，政府揭櫫使地主的農業資本（包括土地實物債券）轉入工業資本的口號，豈不還要減色？成形的證券商號，發展到二百家以上，決非偶然。在證券商，固有利可圖，但以競爭的出現，可使證券價格自然增高，雖說是減少了證券持有人（不管他是否原來地主）的損失，也就是間接的推行了政府的德政。證券商經營情形的紊亂，自然不可原諒，而政府既未踐成立交易所的諾言，已經公佈之管理證券商的辦法，又不切適用，及其修改前後一拖便是兩年半以上，這該怪誰呢？爲何徘徊迄今纔開始證券商的登記？證券商在鄉間跑單幫，城市內又有「搶帽子」之譏，是否對「耕者有其田」爲一種諷刺？過去證券商未經登記，也不會繳納營業稅，兩年來政府稅收，有無損失？任其無政府狀態，更是政府暴露弱點，有失政府威望，是誰之咎？在有關場合討論「耕者有其田」時，我曾懇摯的聲明，來臺之初，確已建議，謹愼將事的早日籌謀交易所之成立，但懷疑四十二年元旦初生嬰兒的交易所，能否消化比肩出籠廿多億的土地實物債券和四大公司股票？操縱投機來襲時，能否不生毛病？不料且因該案惹出極大的誤會，至爲不幸。當時我只擔憂交易所的殺嬰，於發展生產大豪不利，誰知後來那臨盆有期的交易所竟又告流產！

今修正的證券商管理辦法，第九條只准個別方式的交易，是否可以持久？或不致淪爲大戶壟斷獨登，值得考慮。事實上臺北市內規模較大的證券商號，形態的發展，已大可注意。洋涇濱的來人，駕輕就熟，插足其間，其設備已漸漸具備交易所的雛形，隨時報導證券行情，相當準確，且能將證券進出差額，縮小至五分左右，最近大戶，已不出十家，而交易最旺者，不過三四家而已，且有大戶聯營之事發生，一班小戶，幾將瀕於休眠。長此以往，壟斷堪虞。修正辦法勢在必行，既不准兼營其他業務，又須繳驗十萬元以上的資本，且須提存三萬於臺銀，一切皆為必需，而且正確，惟恐有許多小戶因此迫得退出，或不往登記，大戶壟斷之勢，更易形成。那末，與其將來讓獨家壟斷，上下價格任其操縱，倒不如讓現存的數百家證券商號，用同業會員方式，組織無限責任的交易所，在公開市場內集合開拍，或許管理較為容易，證券價格易趨穩定。尤其是該辦法只係行政命令，未經立法程序，將來涉訟，商人狡詐，更是麻煩。凡事由大衆公開進行，流弊自然減少，日光底下，不易生霉，自然有個道理。如謂集合攏來開拍證券價格，更難預防操縱投機，則仍是不離避重就輕的老作風，誰亦不能置喙了。其實只要交易所的組織合理，並不可怕，事關技術，茲不贅述。老實說罷，修正的證券商管理辦法，不免還是一個「拖」的辦法，最好是由政府補助，早作最後準備，以實踐成立交易所的諾言，不要等到一班小戶一齊擠倒之後，坐失機會，更無辦法。第十條所稱「現貨」，是否對市場上傳言的延期交割之證券曰「期貨」而言？意義有欠明確，(且待後述)。倘若交易所成立之後，證券能在公開市場集體開拍，所謂的延期交割之事，則已不存在。採個別方式交割，難免私相授受，一個願打，一個願挨，等於黑市存放款項，更難防止，本條恐成具文。第十八條證券商得為交易之證券，以經主管機關核准者為限，尚望多多注意到優良證券的流通，以利疏導游資，而裕生產資金。游資本身不是惡物，疏導有方，轉害為福，游資也是社會棟樑，正與交易所同樣，管理得法，即是產業界的乳母，二者且息息相關。管理證券商根本上必然要走上交易所的成立，只能選擇早遲而已。藉過去上海失敗為詞，實不足徵，當時上海情形特殊，今臺灣已趨正軌，政府權力加强，已無可怕。

三　可否早從根本上做起

抗戰時期我在重慶，眼見金融業務窳敗，十餘年來即一直强調有穩定的金融，始可求經濟的發展，國民所得增加，稅收有着，而後可言財政的健全。今政府提高棉豆折算率，不必修言「考慮物價安全及經濟政策關係」。(細讀財政部長發表談話，全文不免有閃鑠之處)，乾脆說是財政目的，倒未可厚非。但求健全的財政，是否還須根本上做起？反過來說，財政未臻健全，即有穩定的金融，亦必至被其拖跨，經濟也就同歸於盡。我們現在的金融業務，還是不免失調，已在本刊第十三卷第三期拙稿「歡迎僑資與整飭金融」略述管見，並說明了中央銀行適應產業需要管制全國信用的兩大方策之「貼現政策」，茲再述其公開市場活動 (open-market operation)，而交易所是其中重要的一環。交易所且得包括證券交易 (stock exchange) 與物品交易 (produce exchange)，先並述之。

有證券交易的存在，擁有資金而投資無門的人們，得有正當途徑可循。蓋以投資生產事業，並非易事，自己不諳直接經營適當企業的知識與經驗者，另有其他職業或無興趣經營企業者，資金有限或產業界聲譽不够，不足以開創企業者，惟有向徵信處所問津後，選購公司股票債券之一法。需用現欵時，又可將所持證券隨時向公開市場賣出，一面取得利息，一面憑其判斷能力取得利潤，此之謂投機 (speculation)。投機的字義，原為思索推考之意，與投資 (investment) 字義有連貫性，投資之中鮮有不帶投機成份者。投機與賭博 (gambling)，則全不相同，前者經過思索推考而憑理智判斷之舉，後者則非，不能一併咀咒。交易所固為投機場所，而現代產業界生產資金的供給，則有待於彼，稱謂「必需的惡物」，亦無不可。因此切不可令人操縱，否則大禍臨頭。

物品交易 (produce exchange)，其實可譯為生產交易，目前臺灣同樣需要。經營生產企業者，其資金來源有賴於銀行週轉外，物品交易所關係至巨。號稱企業家者，對其產業之組織與管理，固然重要，而資金的運用與利潤的盈得，尤為困難。欲求把握利潤確實(否則虧損堪虞)，惟有物品交易所是賴，其方法，即為買賣現貨 (Spot) 之外，更須買賣期貨 (future)。工廠需用的原料，應根據適當計算的價格，預先買進，並依照原料買進價格，加上工資及其他開支，妥算成本後，又以適當價格預先賣出其產品，此之謂買賣期貨(交易所內所稱期貨，應係指此，不可禁止買賣，而非現在我們市場傳言的延期劃之證券曰期貨者，差之毫厘，謬以千里，不可相混。)如此妥籌安排，庶幾可以估計利潤，把握確實。否則經營生產，惟碰運氣，盲人騎瞎馬，夜半臨深池，其險也，遠過於賭博。同時在公開市場，另有些人並無某種貨物或其所有權的取得，只因他們對該貨物價格看漲，憑空買進，謂之買空，亦謂做多頭 (bull)。同時另有些人，並無某種貨物或其所有權，只因他們對該貨物價格看跌，憑空賣出，謂之賣空，亦謂做空頭 (bear)。如此買空賣空，皆係期貨交易，(此種期貨不應禁止買賣，否則交易所失去的意義，證券交易，亦不過買漲賣跌)。正當的企業家，為避免物價過度漲跌，常採用之藉資抵補者，謂之做套頭 (hedging operation)，上海俗稱海京。公司股票亦為人所看漲看跌，如此如此，不僅生產資金有來源，而且經營企業者利潤獲得安全，社會繁榮在望，生產因此擴大，經濟平衡可期，民富則國富，財政平衡，庶幾可求。

現在證券商管理業務，雖由經濟部主管，實際上事屬金融，關係財政部至大。正如今春物價大波動，經濟部雖係主管物價指數的行政業務，而實際上財政部所負責任亦大。例如交易所成立，或證券商管理辦法有出人意外的成功之後，財政都即可逐步建立公債政策。政府平衡收支，第一因爲增加稅收，即必須先求經濟的平衡，增加稅源，是爲上策。可是臺灣的稅制，朝野皆爲不滿，新的稅制，數年來一直尚在擬訂中，只聽樓梯響，不見人下來。其次，是採用公債政策，以爲一時的挹注，還不失爲中策。然用之得法，以公債收入，透過銀行，採低利的貼現政策，發展生產，又可促進經濟的平衡。再其次，非萬不得已，決不走通貨膨脹的下策。通貨膨脹，一般說來，非至戰爭末期，爲爭取最後勝利，以待戰後恢復，決不出此。所謂萬不得已，只好毀了幣制，救了國家。而執行那政策的政權，是具有捨己救人準備犧牲的精神，平時決無輕用者。我們現在欲求財政平衡，就得先求經濟平衡；欲求經濟平衡，就必須求得生產資金，公債政策，亦可運用到籌措生產資金。如無力增加稅收，或不能向富有者征課，則可用公債向呆藏資金或苦悶的游資入手，問題是不能使公債持有人買進公債後，又呆藏公債，那末同時也有成立交易所的必要，在常理上，決非僅證券商號所能勝任。證券管理辦法第十八條內「政府發行之債券另行辦理」的規定，尙不知將如何辦理？

赤字支出（deficit spending），財政學上已有新的評價，公債政策已非離經叛道，確然的可以考慮，雖然沒有加價來得那樣容易，總比加價辦法效果爲優。現在政府債信已趨好轉，例如愛國公債的還本付息，幣制亦尙稱穩定，公債政策，已可運用。果由發行銀行採用公開市場活動，即是憑政府持有之證券與票據在交易所公開買賣，控制市場現欵，可穩定金融外，政府有時不能加稅或不願加稅，而欲使通貨回籠，發行公債更是最爲便捷而有效的辦法之一，（條件自然先有自由公債 business basis loans 的建立）。商業票據在生產事業的現狀下，發行銀行來採貼現政策之前，則尙難辦到。如謂政府以控制之物質加價（不限於棉豆加價）出售，便是收縮通貨，未免太樂觀了。除非生產發達，稅源充沛，才能做到眞正的收縮通貨。一切的一切，尙待從根本上做起。整飭金融，成立交易所，整理稅制，公債政策，既非高深的學說，亦非新穎的政策，只不過是近代經濟社會的基石。基礎奠定後，始可言地面上的建築物推陳出新，否則不會有什麼神蹟可恃。那怕原子能用到財政來，也得先有基礎。自卅九年臺灣安定以來，進步最慢的恐怕要算財政金融，過去是以出納的姿態理財政，以錢莊的方式辦銀行，望着美援，本一「拖」字，應付裕如。現任財經內閣應運而生，最近頗欲施展，例如臺銀不再接受政府機關申請貸欵，係果敢的措施，但無論如何，最後還得走上基礎的樹立。否則一拖再拖，財政後任，步步艱難，國家受不了的。

四十四年八月十七日於臺北

（上接第10頁）

（二）或慮如此辦理，將使黑市滙率隨時增高，臺幣隨時貶值，物價因之上升。殊不知年來物價的起落，早與金鈔不發生直接關係。既規定金鈔只能持有而不能行使，則金鈔價值即使上升，何異保險箱中古董品的孤芳自賞，自高身價。

（三）或慮現行十五元六角五分的滙率將由此衝破。殊不知此一滙率，早被加征的二成防衛捐及六元結滙證衝破了，又早被三十五元的優待外人薪資兌換率衝破了，又何必仍去顧慮這個已被政府棄置的墮甑呢？

（四）或慮既如此優待僑滙，則國內工商界將援例要求。殊不知代表工商家的此間工商協進會對此早有表示，在他們的呈文中說：「其他物資之規定，流弊甚多，必須排除，用下列辦法代替之，其一即應以外幣或外滙交臺銀或其他指定之銀行，除由臺銀按照牌價兌換新臺幣外；每美金一元，由臺銀酌予補貼新臺幣十元。但此係假定數，得依實際情形隨時增減。」工商界既有此集體表示，已可無慮其援例要求。

（五）或慮相對基金將因此增加。殊不知政府既將大量的美援進口物資加征防衛捐二成及結滙證六元，而二成防衛捐又非歸入相對基金賬戶不可，則又何必憂慮此區區之數的僑滙率。且相對基金既可由美援進口物資加征防衛捐而增加四億左右之數，則此欵之用於工業方面者自必隨之增加，又何苦而不使僑滙先沾其利呢？

（六）或慮向我國投資的外人將援例要求。殊不知無論從任何方面言，均無須有此顧慮。第一、從法律觀點言，過去既未爲一般國民訂頒「國民投資工業條例」，而今特爲華僑訂頒「華僑回國投資條例」，已顯示華僑並不同於一般國民。年前既已訂頒「外國人投資條例」，而今復於此一條例之外，另訂頒「華僑回國投資條例」，即又顯示外國人與華僑自有其差別處。基此法律觀點，凡願向中國投資的外人，自不能根據「外國人投資條例」第十七條的規定，援例要求同等待遇。第二、從政治觀點言，今日非共反共各國，都願向自由中國能爭取華僑，尤其美國人如此。事實上最有力量向我投資的外國人，又莫過於美國人。故美國及其他友邦的人民及政府決不會利用我國優待華僑投資的條例，來相要挾，致破壞我國及各友邦重視華僑的基本政策。第三、從外人投資與華僑投資兩條例中的差異點言，則外人投資條例的審核辦法中，已在「其他物資」項下，注明爲「機器零件及原料」，僑資條例中則將原料明列爲出資之一種外，復加上「其他物資」一句，意即指原料機器以外的其他各種物資。今只慮外人亦將要求保值，難道就不慮及外人也會援例要求輸入其他一切物資甚至管制及暫停進口的物資麼？若只從一小點上顧慮亦祇是遁詞而已。

僑資條例准許輸入其他物資的弊害及對策

——建議採取原幣保值辦法——

張九如

四年餘來我一直祝望臺灣的工業生產能追蹤西德，以充實反共的資本。臺灣雄麗的山水林木能建設成瑞士般的國際人士遊覽區，以增加外滙的收入。兩年來我已縮小懷抱，只望臺灣工業的發展能與香港媲美。我一直沒有放鬆我對於臺灣經濟財政的研究，意卽在此。

業經立法院審查竣事，卽將提院會決定的所得稅法修正草案及華僑回國投資條例草案，雖已儘可能顧到發展工業的需要，及如何爭取僑資回國設廠的辦法，但其中不能使人滿意之處尚多。一百餘條的所得稅法，內容異常繁複，非短文所能評其利弊得失。二十二條的僑資條例本是專為鼓勵華僑回國投資而訂立的，但是仍不足達鼓勵之目的。而且審查修正草案中最對僑資有害無益的，又顯然為第三條第二欵及對此欵所附的解釋文字，如此而望追蹤香港，仍是緣木求魚。此案我已在立法院中痛陳其弊，本會期列入議程第一法案卽為此案，是否能獲修正，尚難懸斷，極願公開我的論據及態度，祈求公判。

一　准許輸入其他物資必然發生的惡果

(一)國內不良商人因自備外滙進貨的不開放，如能偷運管制進口或暫停進口的貨物來臺，或用旅客權利將此種物資化整為零入臺，總是獲利甚豐。今既准許華僑輸入其他物資，甚至包括管制及暫停進口的物資在內，更使不良商人慶幸有機可乘，設法與愿慾的華僑勾結合作，先用套滙手段滙出錢去，再借僑資名義堂阜進貨，實為勢所必至。倘再有不肖員吏勾結其間，則弊端更大。

例證：①年來臺灣市場充滿管制及暫停進口的各種奢侈品，卽肇因於此。②年來套滙走私案的不能絕跡，其原因在此。

(二)在本條例既經公佈生效之後，眞正僑資尚在觀望之前，必然形成一段長時期的空隙。這一空隙期間，恰正是國內交通官府的敗類，投機貿利的機會。於是或及時串通港澳地區的華人，以申請設廠為名，設法使有關機關批准，從而輸入管制或暫停進口的各種物資，作為獲取暴利及搾取此間人民財富的捷徑。或輾轉設法誘使此間商人出資搭股，以「必能憑此條例及個人勢力，輸入他人所不能輸入的貴重物資」為勾引商人出資的理由。甚或一俟物資售出，卽設法提欵出境，此等情事，已經在這空隙期間一再發生。

例證：①距今二月前，汪世耀自稱係香港陸洪綸的代理人，僞裝在臺創辦美孚製革化工原料廠，待運入物資售得近十萬元後，卽朦呈經濟部核准提欵，欵既到手，便準備離臺，及被發覺，始弔銷其出境證。陸洪綸則已呈復建設廳，並未委託汪為代理人。②聞過去某織綢廠既得大利後，卽準備滙出巨欵，再行關門，幸被發覺，其意圖只實現一部份。③聞最近改組後的某輪胎公司，正在此間計劃集資輸入汽車。④截至四十二年十二月底止，核准來臺的廠商共計四十八家中，來自香港者卽有三十九家，是否純係僑資或眞是僑資，無待索解。

(三)鼓勵僑資回國，原在發展國內工商業。今因僑資受到特別待遇之故，尤其因「假華僑」乘機套滙進貨之故，勢必致擠倒國內原有正當的工商業，使其生產品或進口貨不能與成本低廉或來源較少的所謂「其他物資」競爭，釀成僑商一面倒的危局。

例證：國內正當工商業界對僑商可蒙特許輸入各種其他物資一節，均感不安，卽由憂慮後果所致。

(四)商人或亦官亦商之徒，既假華僑名義輸入漫無標準及數量的其他各種物資，不但侵害國內貿易商的業務，並且干擾財經兩部統籌物資進口及物資調節的整個決策。

例證：中華民國工商協進會曾對此點向政府痛陳利害。

(五)國內原有正當工商業，既被各種其他物資紛紛輸入的橫流冲倒，而新興的僑資工廠則尚在建設階段，將使已有的若干種工商業稅收為之衰退，新與工業應納的營利事業所得稅則三年無着，其他各稅亦分文無所得。

例證：新修正的所得稅法，對新建工廠，免征營利事業所得稅三年。

(六)奢侈品或半奢侈品既借各種其他物資名義湧入，可使自三七五減租及耕者有其田政策實施以還歷年積蓄的一些國民所得，逐漸浪費於奢侈品或半奢侈品的享用之中，致無從累積資本，投資於再生產的事業。

例證：政府對於若干類貨品實行管制進口或暫停進口，其作用不僅在保護國內工業及節約外滙額，同時也在導使國民所得移用於生產事業之上。但事實昭示，年來舉國上下努力所得到的一點增產結果，並沒有合理的儲蓄起來，作再生產之用。消費的逐年增加，可從進口物品的性質中看出。如以三十九年為基期，則四十二年投資性貨物進口僅增至百分之一四三，而非投資性貨物進口則已增至百分之一五二，這已形成貧窮落後地區經濟建設前途的自殺現象，何可再開任意進貨之門？

（七）查申請來臺設廠者已蒙核准輸入的其他物資，計其價值竟有佔其資本額至百分之八十八以上或百分之八十六以上者，則其所謂回國的純僑資，實僅佔百分之十一點左右，而其餘百分之八十八或八十以上的資本，實須從其他物資在臺灣市場變賣以後取得的「內資」或臺灣的「民脂」中構成，這豈不糟塌了僑資的名稱與實質！

例證：茲據官方調製自四十年四月至四十二年十二月底止的「華僑及旅居港澳人士來臺舉辦生產事業簡表中」所列，分別將若干廠的資本額及核准進口的其他物資之價值，統照美金一元合臺幣十五元五角五分，港幣一元合臺幣二元七角五分計算，加以比較，即可窺見其他物資價值佔資本額百分率之高如次：①錦綸紡織公司輸入其他物資的價值，佔資本額百分之八八・一二八。②僑泰興麵粉廠輸入其他物資的價值，佔資本額百分之八六・七。③廣生榮罐頭廠輸入其他物資的價值，佔資本額百分之七〇・〇四。④中國汽車輪胎公司輸入其他物資的價值，佔資本額百分之四六・一六六。⑤中美罐頭公司輸入其他物資的價值，佔資本額百分之四四・一一一。⑥中日實業公司縫級機針製造廠輸入其他物資的價值，佔資本額百分之三八・八七五。

二　原幣保值辦法的益處

我們如果放棄「物資補貼僑滙」的原則，決定採取「原幣保值辦法」，其詳細辦法則責成行政院定之，至少可產生下列數種益處：

（一）回國投資的華僑，可避免輸入各種物資時的種種煩擾與損失。

（二）冒充華僑的奸商，不再有投機套滙圖利的機會。

（三）較易保持市場物資供求的正常狀態。

（四）華僑不必顧慮無法輸入各種其他物資時的風險。

（五）僑資存入銀行，容易稽考其用途，不致流入黑市，被不良分子套去。若准他變賣各種其他物資時，便失去此種作用。

（六）僑資如由國外滙入，可減少國際收支的差額。僑資如係華僑帶回的外幣，可增加國內的外滙基金。

（七）商人既無機會套滙進貨，自無法再將進貨變賣以後所得的巨欵，重複套滙出去。大陸共匪亦即因此再無機會向國際市場爭取這些由重複套滙而構成的外滙，使我國外滙日趨短絀。

（八）官箴政風及商人道德，不致因官商勾結套滙進貨而更加敗壞。

（九）保值是政府應盡的職責，立法院亦因此便於課責，不像輸入各種其他物資時每一階段都易構成錯綜複雜的情弊，致立法院不易指質咎責究屬於何方。

（十）只有簡明確實的保值辦法，始能發生鼓勵僑資回國的力量。否則「華僑回國投資條例」，只是「奸商投機圖利條例」而已。

三　可以採行的各種保值辦法

（一）比照目前優待在臺外籍官員薪資每一美元兌換臺幣三十五元的比率，作爲僑資結滙率，卽已與八月下旬的美鈔市價相差無幾。倘再因其滙出現金困難之故，補貼其轉輾滙兌的損失，並可隨時使其滙兌所得，永遠接近市價。

（二）准許存入銀行的原幣或外滙，作爲貸借周轉資金的抵押品，並准許減低貸欵利率，提高原幣存息，仍可使其資金獲得保值機會。

（三）准許優先購入結滙證，並准許向市上出售結滙證，而且可以分割讓售，則由於貿易商或工業界爭購之下，亦可在高價出售中獲得保值機會。

（四）由中信局或物資局根據其所存原幣或外滙代爲採購並出售有利可圖的物資，不但可使其原幣不虞貶值，且可因此增值。

（五）如係由國外銀行滙入的僑資，政府卽運用這筆外滙，採購物資進口，或准許工業界申請採購機器進口，將其利潤仍歸滙入欵項者所有。

（六）卽使沒有現金或外滙存入銀行的僑資工廠，亦特准其採用優惠低利貸欵原則，隨時貸入周轉金，以機器爲抵押品。

（七）上述第一二三四五六各種保值辦法，如一併實行，則僑滙不但可以保持原值，且大有升值可能。

（八）華僑存入銀行的原幣或外滙，在其提用時，如直接依照當時市上比率，折付臺幣，從各方面看，亦總是有利無害的措施。因爲外幣既許國民持有，回國華僑自亦不能例外。倘使政府不予保值，則華僑必然自行設法保值，將其所提外幣，或自始卽未存入銀行的外幣，向市上兌取臺幣，事實上就極難防止，政府亦無充分理由加以禁止。與其逼使華僑違法而向市上兌換，何如逕由政府准其照市價向銀行兌換，反可保持其守法習慣。

四　對於原幣保值辦法之釋疑

（一）或慮如此辦理，將會增加臺幣發行額。殊不知華僑滙入或帶回的資金，除已用之於設廠外，所餘者卽爲分期運用的周轉資金，其數量既不致過大，僅發行卽無須增加。何況自四十年至今三年餘來，實際投回的僑資總數，僅二百萬美元左右，平均每年不到七十萬美元，每月不到六萬美元。卽令照目前市上每一美元合臺幣三十七元餘的市價兌付臺幣，（八月下旬曾跌至三十六元五角）則每月所付臺幣亦不過二百二十餘萬元。如再扣除其中例應給予十五元六角五分的牌價結滙率，計共臺幣九十三萬九千元，則照市上比率增付的臺幣，祇不過一百二十餘萬元而已，又何增加發行之足慮。

（下轉第8頁）

國家主義與世界主義（上）

傅正

一

所謂國家主義 (Nationalism)，雖然沒有一個絕對明確的定義，但這種主義的主要意義，是以國家爲最終目的，以國家爲價值中心，以國家爲最後的衡量標準。所以國家主義者，認爲國家的主權是絕對的，對內對外都不容限制的；國家的利益是至高無上的，是不能犧牲不許侵犯的。

這種國家主義的觀念，雖然可以說得很遠，在柏拉圖和亞里斯多德的學說中，並不難找到根源。因爲這兩位大哲，都曾經將國家加以理想化，以爲唯有國家是自足的，唯有在國家中，個人才能獲得最好的生活，才能實現其生存的最終目的。但眞正在國家主義的理論方面，有充分發揮的，還是以意大利的馬開維里 (Machiavelli) 爲第一人，所以有人稱之爲近世國家主義的大始祖。

馬開維里的重要著作有「人君」和「李威氏羅馬史的研究」。前者是討論人君治國的權術，所以中譯通常稱之爲霸術；後者是討論羅馬共和國時代，如何統治及如何擴張領土的方法。此所以認爲統治者的最高義務，便在維持國家的存在，使內部不分裂，外部不受侵略，爲求增加國家的權力，任何不合法或是背義以至殘酷的手段，都是可取的。馬開維里在「李威氏羅馬史的研究」中明確的主張：「當國家的安全，已到了嚴重關頭，便不必考慮公正或不公正，仁慈或殘酷，値得歌頌或値得兇罵，祇有不顧一切，而毅然採取任何種能維持國家安全與自由的有效途徑。」此卽所謂爲達目的不擇手段。

繼而對國家主義給予更進一步理論基礎的，是法蘭西的布丹 (Jean Bodin)，第一個確立近代的主權觀念。這種觀念，雖在上古及中古時代，也不難找到根源，但究無明確的意義，此所以政治學上都以布丹爲倡導主權的第一人。布丹認爲：「主權者，是一個國家絕對的永久的權力。」「主權是處理國民和庶民的無上權力，不受法律限制，且不能分割。」所謂主權學說，便從此確立，繼而獲得以後學者的補充發揮。布拉克斯東 (Blackstone) 認爲主權是「最高的，不可抵抗的，絕對的，無限制的權力。」耶令納克 (Jellinek) 認爲主權是「國家的一種特徵，因爲有這種特徵，所以除了自己的意志外，不受任何法律的拘束，除了自己的權力外，不受任何權力的限制。」柏哲士 (Burgess) 認爲主權是「行使於一切人民和一切人民的社團之上的，原始的、絕對的、無限制的權力。」由於主權學說的樹立，不僅對內至高無上，而且對外絕對獨立，於是國家便有了對內對外的無上權威，而神聖不可侵犯。

近代更有德國的黑格爾 (Hegel)，對國家主義加以極端的誇張。黑格爾在「權利哲學」(Philosophy of Right) 中認爲：「國家，絕對完全的國家，是倫理的整個，是自由的實現，是充塞天地間而有意識地實現其自身的一種精神。……國家是上帝在塵世中的進行。」所以，「每一個人，自其本性而言，原就是一個國民。人之理性的特徵，正是在國家中生活，如果沒有國家，道理便要求設立一個。」「國家是絕對理性的。……國家是最後的目的，有處置個人的最高權力，唯其如此，個人的最高義務，在作爲國家的一份子。」

歸結而言，國家主義者，是以國家爲目的而非手段，所以將國家抬到一個神座上面，國家是萬能的，國家是有全權的，國家不能爲非；國家的權力，無論是好是壞，都是絕對必需的。從對內來說，不管是怎樣專制或橫暴，人民都必須服從。國家是在構成份子外，有其單獨的存在，並有其本身的權利、意志、以至道德標準，這一切，既不必同於個人，更不必是個人的總和。從對外來說，國家的這種對內權力，是絕對神聖的，不管是退步或進步，更不管是對世界有益或有害，世界都無權過問。國家是可以自外於這世界的，基本的原則和精神，既不必同於世界的普通的標準，更不受世界的限制。爲求擴展本身的利益，以及追求本身的目的，縱然危害到全世界，也是不必顧慮的。

國家旣由人類生活的手段，而變成了目的，更由政治上的一個單位，而變成了一種政治上的主義。於是乎爲了國家，便可以無所不爲，縱然要殺人盈野和血流成河，也是値得的。此所以尼采 (Nietzsche) 脫萊智克 (Treitschke)本哈第 (Bernhardi) 之流，都歌頌戰爭，這正是由於崇拜國家，奉國家爲神聖。所以脫萊智克特別歌頌馬開維里和黑格爾，認爲馬開維里：「這位超羣的佛羅稜薩人，是第一個明白表示『國家卽爲權力』的人。」所以自己也再三聲稱；「國家便是權力」，而歸結到「所以我們要跪下來崇拜國家。」同時推崇黑格爾是「德國政治哲學家中第一個眞正的政治人物。」歸結到「國家可以把人類的一切行動，明白地劃分在其權力之內。」所謂國家主義，如此而已。

二

這種國家主義的觀念，其所以發生，固然也有其時代的背景，或爲當時環境所不可免。

馬開維里的思想，是意大利的環境所造成。馬開維里生當十五世紀末至十六世紀初，中世紀的教皇和神聖羅馬帝國的皇帝，對歐洲已經失去控制力，所謂近代的民族國家，已在法國，英國，以及西班牙開始建立，但意大利半島依然是四分五裂，正如後來的梅特涅 (Metternich) 所說，意大利只是「一個地理上的名詞」(geographical expression) 而已！人民並不自以爲意大利人，而以爲是佛羅稜薩人 (Florentines)，多斯加人 (Tuecans)，威尼斯人 (Venetians)，熱那亞人 (Genoese)，比薩人 (Pisans)。意大利人在四分五裂下，受盡了外敵的侵略，所以馬開維里在「人君」說：「外敵在我國的侵略暴政，是一切人所深痛惡絕者。此所以急謀國家的富强與統一，而發爲國家主義的主張。

布丹的思想，也是受了法蘭西政治的實際影響。當時法蘭西的政局，是一片紛爭離亂，需要和平統一，爲求達到這一目的，認爲需要有一位衆所公認的「主權者」，此所以布丹曾經明白表示：「我國政局目前所遭受的風波，既如此狂暴，使船長與舵師都精疲力竭，只有全船乘客的同舟共濟。……因此之故，我既不能有較大的貢獻，所以寫此討論國家的文章。」

黑格爾的思想，更是德國的特殊環境所激起。黑格爾是生當拿破崙侵略，在所謂「德國已經不是一個國家了」的時代，當時的英法西班牙，都已是强盛統一的民族國家，唯有德國還是和意大利一樣，內部分裂，此所以黑格爾曾經悲痛的說：「除了那些根本無所謂政體的專制國家以外，世界上再找不到一個像德意志這樣可憐的國家了！在與法蘭西共和國的戰爭中，德意志已由經驗證明，不再是一個國家了！」

由於文藝復興後方言文學的盛行，中產階級的興起，宗教的國家化，以及羅馬法的復興，歐洲的所謂民族國家，便次第出現，加以路易十四和拿破崙所發動的一連串戰爭，都給各民族國家極大的刺激，各國家在這種現實環境下，爲求本身的生存，於是相繼鼓吹國家主義，這原是一種不得已的辦法。所以國家主義直至十九世紀的上半期，爲求對强權侵略的反抗，及內部分裂的制止，都還具有某種意義。例如俾斯麥 (Bismarck) 的統一德國，加富爾 (Cavour) 的統一意大利，以及林肯 (Lincoln) 的保持美國聯邦，都有其不可否認的價値。但在國家主義有了消極的成就以後，便轉而求積極的發展，所謂「國家榮譽」(national honor)，變成了宣傳的主要目標，認爲人民應進而爲「國家榮譽」而犧牲，不管自己的國家是否有理，所謂「對與不對，總是自己的國家。」(It is my country, right or wrong.)

國家主義進一步發展的結果，可從上面所列述的三國事實，得到具體的證明。

意大利在加富爾領導下，於一八六一年從艱苦奮鬪中統一後，便又夢想實現古羅馬帝國的光榮與偉大，認爲原所追求的自由與統一還不够，必須繼之以「强權」。此所以又建立强大的海軍，以求在國家主義的競爭中獲勝。此所以又於一八八二年，轉而與普魯士以及宿仇奧地利，締結三國同盟 (Triple Alliance)。意大利便繼之於熱帶非洲，取得了厄爾特里亞 (Eritrea) 和索馬爾蘭 (Somaliland)，及北非洲的脫爾波里 (Tripoli)，以及愛琴海中十二個小島。意大利終於由國家主義，搖身一變爲帝國主義。

日耳曼在俾斯麥的領導下，由一八六四年之擊敗丹麥，一八六六年之擊敗奧地利，及一八七〇年之擊敗法蘭西，終於一八七一年，在鐵血政策下，由普魯士加以統一。但既行統一之後，國家主義帶來的是軍國主義，建立了一支僅次於英國的强大海軍。一八九〇年以後，終又在非洲大陸，擴展其殖民地，並兼併太平洋中某些島嶼，以至於佔領中國的膠洲灣和青島。日耳曼也經由國家主義，而走上了意大利的路。

美國在林肯的領導下，經過了一八六一年至一八六五年的內戰，國家主義固然獲得了最後勝利，而保持了聯邦。但相繼而來的，是土地的膨脹，終於在一八九八年與西班牙作戰，而獲得了關島，波多黎哥，及菲律賓羣島；夏威夷羣島也在同年被吞併。以後又獲得了薩摩亞羣島 (Samsan Islands) 中的幾個島，以及巴拿馬運河區 (Panama Canal Zone)，與弗琴羣島 (Virgin Islands)。美國的行動，完全如同大不列顚及法蘭西的擴展帝國，取得了一羣屬地和附屬國，只是範圍稍小而已。足見美國在國家主義的發展下，也步了意大利日耳曼的後塵。

上述三個國家的事實，證明國家主義的進一步發展，必然是帝國主義。因爲在倡導國家主義的時候，便自然地種下了帝國主義的種籽。此所以國家主義建立之初，雖然原在對內求得統一與團結，對外爭取自由和獨立，但在初步目的達到之後，國家主義的情緒，便極其自然的在有意無意中促成了帝國主義。所以國家主義的理論和帝國主義的理論，總是彼此相表裏，絕難加以明切的劃分，其間只有程度上的輕微差別而已。

從十九世紀末到二十世紀初，由於國家主義的狂熱，使歐洲的一切大國以及幾個小國，都走上了帝國主義的途徑。亞非兩洲的貧窮落後地區，便成了帝國主義爭奪的戰利品。於是大不列顚帝國，獲得了世界四分之一的土地，俄羅斯得到了世界七分之一的土地，法蘭西在非洲和亞洲，劃出了新的殖民帝國，其他如美國、日耳曼、意大利、葡萄牙、西班牙、比利時、荷蘭、都擴展了本國的土地，亞洲的日本，也沒有例外。

國家主義帶來了帝國主義以後，便同時帶來了一連串的戰爭。除掉路易十四及拿破崙所引起的戰爭，以及意大利日耳曼爲求統一時所發生的戰爭不論。諸如一八九八年美國對西班牙之戰，一八九九年至一九〇二年，英國對部爾人之戰，一九〇四年至一九〇五年，俄羅斯與日本之戰，一九一一年至一九一二年，意大利與土耳其之戰，一九一二年至一九一三年，土耳其與巴爾幹諸國之戰。這些比較大規模的戰爭，都是十九世紀末到二十世紀初，短短幾年間的事。而後在短短的三十年內，又接連的發生了兩次空前未有的世界大戰。但每一個戰爭，都沒有能眞正解決問題，永遠只是下一次戰爭的前奏。現在，人類又面臨甚或說已經展開了第三次世界大戰了！

歷史事實已經教訓我們，國家主義的道路，不能再走下去了，人類必須改走世界主義的大道了。

二

所謂世界主義 (Cosmopolitanism)，不管有多少種不同的解釋，但其主要的意義，是以世界爲價值中心，以世界爲最後的衡量標準，認爲國家只是手段而不是目的。所以否認國家的利益是至高無上，更否認國家的主權是神聖不可侵犯。主張人類在世界上建立一個共有的理想王國，國家雖也是需要的，但完全是次要的，是從屬於整個世界之下的，是在整個世界人類的共同利益下而存在的。

這種世界主義的觀念，雖然可以說是胎源往古，追溯到希臘羅馬和春秋戰國時代，但嚴格說來，這究竟只是近代的事。

早在十三世紀以前，世界上具有文化的某些地區，雖已有若干接觸，但在那些遙遠的年代裏，人類所有的，只是一種極其模糊而籠統的世界觀念而已。因爲眞正的世界，還沒有被人類認識。古代的埃及人，希臘人、羅馬人、固然不知有美洲，對於中國，也知道得有等於無。同樣的、在中國、是相信儒家以天下爲一家以中國爲一人的觀念，所謂「普天之下，莫非王土，率土之濱，莫非王臣。」而鄒衍的大九州之論，乃視爲空談了。

直到十三十四兩世紀，由於成吉斯汗及其繼承人所統率的蒙古民族，由中亞細亞向外擴展，歐洲和亞洲才有武力和政治的接觸，而引起歐洲傳教士及商人之來華。馬哥勃羅 (Marco Polo) 便也是這時來中國，並將中國的消息，比較詳細的向歐洲介紹。但直至一四九二年哥倫布發現新大陸以前，還沒有人夢想到在歐洲、非洲、直到中國、與印度之間，尙另有南北美洲，即連發現這塊陸地的哥倫布本人，也不例外。因爲哥倫布之橫渡大洋，也不過在尋求一條自西航行通到印度的捷徑而已。嚴格而論，一個完整的世界之被發現，是由於一五一九年麥哲倫的從西班牙出發，向西南航行，橫渡大西洋，經南美洲的極南端，渡過太平洋，而繼續向西航行，再回到歐洲，第一次完成了環繞地球一週以後。所以，這世界是在十五十六世紀，由於歐洲人的冒險探索和商業上的需要，才使歐洲人的足跡，到達了亞洲、非洲、和美洲，而眞正被認識。

但世界雖已被認識，世界主義的觀念並沒有隨之而建立。所以世界之被發現，由於這個花花世界的一切，並非屬於任何一國，反而變成了誘惑，增長了各國的貪奪和佔有慾。其結果，世界雖然較已往所知道的更大，但人類的心胸却更狹窄。各國家爲求擴展本身的利益和土地，於是國與國相爭，便層出不窮。整個世界之出現，非但未給人類帶來新的幸福和希望，反而帶來了新的問題和新的災難。

到了十六世紀末，世界主義的重要，才逐漸爲政治家和思想家所認識。法王亨利四世 (Henry IV)，便在這時提出一項維持國際和平的方案，這就是歷史上有名的所謂「大計劃」(Great Design)。根據這一計劃，西歐應由十五個國家所劃分，由各國所派的六十四位代表組織公共議會，處理一切爭端，並以國際陸海軍爲後盾。

一六二五年，荷蘭公法學家格老秀斯 (Grotius) 發表「戰時與平時的公法」，企圖以法律限制戰爭，對國家的主權加以約束，認爲主權「可分割」、「可限制」、「可轉移」，成爲國際公法的始祖。

十七世紀的下半期，英國的威廉龐 (Willam Penn)，提倡創設歐洲議會以求裁判國際爭端，且主張對拒絕裁判或不履行國際機關判決的國家，其他國家可以强迫執行。

一七一三年，法國出席烏得勒支和會 (Peace of Utrecht) 全權代表秘書聖皮耳斯 (Ablie de Saint Pierre)，發表「歐洲永久的和平計劃」，建議歐洲各國，締結永久聯盟，由各國代表組織國際議會，對違反公意的國家，採取制裁。

一七六一年，法國的大思想家盧騷 (Rousseau)，發表「對於聖皮耳氏歐洲永久和平計劃的批評」，建議創立歐洲聯邦，但又不信此等國家，眞願意犧牲其獨立，而受命於國際議會，主張編著一種國際法典，作爲國際間的依據。

一七八九年，英國功利派哲學大師邊沁 (Bentham)，發表「國際法論文的片段」，認爲美國的獨立，便是實現和平的良好先例，也主張編纂國際法，並設立國際法庭，縮減軍備，和解放殖民地。

一七九五年，德國唯心派哲學大師康德(Kant)，發表「永久和平之計劃」，主張以自由國家之聯治及世界公民爲基礎，成立國際法。認爲一切常備軍，在相當時期後可以廢除，自然法便可以保障永久和平。但其本意並非主張成立超越國家的世界國家，而是保留各國家的固有尊嚴，成立一種國際聯治。

世界主義的重要，雖已爲人類所認識，但究只是絕少數大思想家的一點智慧而已，所以終只止於思想，而其範圍多半只限於歐洲，並未能眞正普及全世界。

由於歷史所累積的教訓，終於反激出人類更進一步的覺醒，這才使世界主義逐漸由思想而轉爲行動。一八一五年，曾由俄皇亞歷山大發起，邀請英、奧、法、普四國，共同組織一個企圖維持和平的「神聖同盟」，以求所謂歐洲協調」(Concert of Europe)。一八二五年，美國和平社成立，和平運動便先後在巴黎、倫敦、柏林等地出現，於是有一八四三年倫敦和平會議，一八四九年巴黎和平會議，一八八四年柏林和平會議，一八九三年芝加哥世界和平會議。一八九四年匈亞利國際國會聯合會議。一八九九年，又召開第一次海牙會議，決定和平解決糾紛的重要原則，成立海牙國際公斷法庭 (Court of Arbitration)。一九〇七年，更召開第二次海牙會議，又成立國際捕護法庭 (International Prize Court)。同時在十九世紀下半期，諸如世界郵組政合 (Universal Postal Union)，世界電訊組合 (Universal Telegraph Union)，及國際尺度組合 (International Metric Union) 等等各種國際的行政聯合 (International Administrative Unions)，或稱為公共的國際聯合 (Public International Unions)，也相繼成立。這一切，都顯示出世界主義已日漸為人類所眞正接受。

（未　完）

（上接第17頁）但是我也不認為我們能夠完全排除任何一種基本衝動。完全沒有冒險的生活，大致是不夠滿足人類欲望的；但是允許冒險可以無限制地進行的生活，卻一定不能維持久遠。

我覺得這件事的精髓存在於我前引的印第安人的話裏。他們追念古老的生活，因為「那裏面有着光榮」！現在有少數人得到光榮——電影明星、運動健將、將軍和少數的政治家，可是他們為數極少。其餘的人們則祇好在白日夢中尋求滿足——做明星夢、做西部豪俠夢、還有完全出於想像的夢。我並不屬於認定白日夢是罪惡的那些人中之一個。我認為白日夢是創造活動的一個重要部份。不過，如果在長期生活之中，毫無使夢想成為事實的可能的話，那麼，夢想極容易變得危害於清明的神智。在我們這機械的世界上，要找出一條出路給現在被限於幻想境域之內的衝動，也許還是可能的。為了人類生活的穩定，我們希望它能被找到。否則，各種有破壞性的思想總不時會破壞人類成就之中的最好的部份。我們要是想防止這種現象，就必得給存在於我們每個人身上的野蠻成份，找到一條既不違反近代文明生活，又不侵犯他人利益的出路。

註一　尼尼徵 (Niniveh) 亞敍利亞之古都，其廢址在今之伊拉克北部。
註二　奧菲克教派 (Orphic) 為希臘崇拜 Oionysus Zaqreus 之神秘密教派，其要旨為靈魂不滅。
註三　The Crow Indians：北美印第安平原 (Jndian Plain) 之一族，屬於蘇族 (Sioux) 語系之一支，居於蒙太納州東部。

權威與個人(一)

羅素著
汪仲譯

第一講　社會凝合力與人性

我在這幾次演講裏所準備討論的問題是：我們怎樣才能够把人類進步所必需的個人創造能力，與人類所賴以繼續生存下去的社會凝合力以適當的份量調和起來？我想要從人類本性中，那些使社會合作成爲可能的各種原動力入手。首先，我得要考察那些原動力在原始社會中表現的形式；和它爲了適應文化進展中的社會組織而逐步形成的變化。其次，我將要討論在不同的時代，不同的地區裏社會凝合力所具的廣度與强度——是那種凝合力，運行而造成今天的社會，並注定了未來一段不太長的時期內社會發展的種種可能性。

於討論了那鑄合社會的力量以後，我就要說到人類在社會中生活的另一面——個人的創造力：說明它在人類進化過程底各階段中所曾扮演的角色；它在今天的任務；並討論它未來在個人和團體中是否有表現得過多的可能或表現得過少的可能。然後，我將提出現代的基本問題之一，那就是近代工藝技術所引起的組織與人性底衝突，或者，用另一句話說，就是經濟的動機與創造及佔有的慾望之分家。於說出了這一問題之後，再進而估量是否能尋求一項解決此問題的方法；最後，我將要把個人的思考、努力、及想像能力和社會的權威之間底整個關係，作爲一個倫理的問題，而加以檢討。

在所有的社會性動物之中——包括人類在內——合作和團體內部的調協，是有其本能的基礎的。蟻和蜂表現得格外明白：它們從來不會做出反集體生活的事情，也從來不會背離它們的窠巢。於某種程度之內，我們得羨慕這種對公衆責任上一絲不苟的奉獻；但是，它也有缺點：蟻和蜂不會產生偉大的藝術作品；沒有科學發明；也不會建立宗教以傳播凡蟻和蜂都是平等的觀念。事實上，它們的社會生活是機械的、精確的、刻板的。我們倒願意人類的生活當中有一種攪動的因素——祇要它能够令我們逃出如蟻或蜂的那種死氣沉沉的進化階段。

早期的人類在動物界裏是一個荏弱而罕見的族類，生存於經常的滅種威脅之中。不知道是什麼時候，他的遠祖從森林裏走出，於是，他那善攀援的足趾變得毫無用處，但是臂與手却解放了出來，可以作事。他們離開了森林，遷入廣濶無垠的原野，那裏的食糧供給遠不如森林裏的豐饒。據凱斯爵士(Sir Arthur Keith)的估計，原始人類每人需要三方哩的土地面積，才足以供應他的食糧；另外幾位權威學者，則把所需土地的額估計得更高。從類人猿和近代僅存的最原始的野蠻社會去判斷，早期人類所生活於其中的集團，必定不會比一個家庭大得太多，讓我們姑且估計爲五十人與一百人之間。集團與集團之間似曾有某種程度的合作。但一有往來，仇恨也就隨之而生。當人類還很稀少的時候，集團間的交往可能是疏落的；而且，大多數情況下，都是不太重要的。每一集團有其自己的領地，衝突僅可能在邊界上發生。那時候，婚姻似乎是限於本集團之內，當然會有頗多的血族婚(inbreeding)，於是，遺傳上的變異，便常有被永久保存的趨勢。當某一集團人口增加到原有土地面積不够養育時，他們大概會向另一集團開啓爭鬪。於是，在內婚制度中發展出來的體質上的優勢，便會在這一類的爭鬪中帶來勝利，同時勝利又使這種遺傳優勢永久存續。凱斯爵士曾以十分令人折服的證據，建立此一學說。

很明顯的，早期人類祖先決不可能遵循一種深思熟慮的方式而生活；他們必然是受本能的機械反應所支配的——這種機械反應包括對同族人的善意和對異族人的敵視。早期人類集團既是如此微小，每一成員必定十分熟悉同族的夥伴，因此對每一個相識的人，都有友誼關係存在。

各社會集團中，最强烈，最發自本能的聯系，是家庭——至今還是如此。人類之必須有家庭是因爲人的嬰兒時期特長，同時，哺育幼雛的母親們不便於尋覓食物。這種情形，使得人類的，以及大部份鳥類的父親們變成家的主要份子。它必會導致一種家庭的分工——父親們出外狩獵，母親們留在家裏。其後，家庭擴大爲部落，我們推定其原因爲集體行獵效率高於單獨的獵捕。同時，從極早的時期起，部落內部的凝合力必定會因對異族的作戰而加强。

現今已發現的遠古人類和準人類的遺跡，足够讓我們追尋出自類人猿以至原始人類的進化歷程。迄今已發現的可靠的遠古人類遺跡，約可追溯到一百萬年以前。但是，更在那個時候的幾百萬年以前，似乎就已經有了走出森林住在平野裏的類人猿了。我們所據以區分遠古祖先進化階段的最明白的尺度，乃是頭腦的大小。人類的腦，先是急劇地加大，一直到達到了某種大小以後，便穩定下來。到現在爲止，它已經穩定了幾十萬年。在這幾十萬年之中，人類知識進步了，技能增長了，又發展了社會組織。不過，我們可以斷定，人類天賦的智慧總容量並不會加多。人類的生理方面進展，以骨骼構造來估測，在遠古時期便已完成。由此，我們可以推定，人類的心智構造(不是後天的學習)，今天和舊石器時代，並無多大不同。一直到今天，我們依然具有當年使得人類於發展思考力之前，就知道要生活於小部落之中的那種本能——同時也帶着當年他們所有的那種對同族人之友善與對異族人之仇視。從那時候起，所有的文化發展，是在兩個原動力之下推進的：其一是原始的本能；另一個是原始人類不時會朦朧地意識到的一種集體生活的好處。有一件事情又使得人類的社會生活趨於緊張，那就是人類心智發展到了某一程度之後，以理性爲基礎，而不以天生的本能爲基礎的行動，逐漸變爲可能。然而，當這一類的行動與天生的本能相去太遠時，本能便起而反抗了。它所採取的反抗方法一個是不理會；另一個是直接地加以破壞——兩者都足以令從理性出發的組織基礎完全破滅。

那源於對集團的忠誠，而又被對敵族的恐懼所加强了的社會凝合力，一步步地成長——部份是自然的，部份是人爲的——一直到凝聚爲我們所熟知的現代民族爲止。對於這一過程，促成的力量不止一個。於極早的時期，對領袖的忠誠必會加强了對集團的忠誠。一個較大的部落之中，儘管同族人民不能完全相識，但是那位酋長或國王却必定衆人皆知。就是這種對個人的忠誠（不是對集團的忠誠），使得集團的規模得以擴大而不必違反人類的本能。

人類發展到了某一階段，新的變化發生了。戰爭，它的原來性質是滅絕異族的，逐漸變爲征服性的。被征服者不再被集體地屠戮，而被夷爲奴隸，替征服者服苦役。當這一現象發生，一社會之中就具有了兩種不同的份子：一種是部落中原有的族人，他們是自由的，並且是一族傳統精神之所寄；另一種是被擄掠來的奴隸，他們的服從乃是因爲他們匍匐於恐懼之下——並不是由於忠誠的本能。尼尼微（註一）和巴比侖都曾統治過廣大的領域，他們的統治絕不是靠被征服地區的人民對統治的城邦有任何屬於本能的社會凝合力；而單純地由於被統治者在戰爭中所體驗出來的恐怖。從那時候起，直到現代，戰爭一直是擴大社會規模的主要動力。恐懼也一天比一天顯明地代替了種族的團結感，而成爲社會凝合力的泉源。這種變化並不是大社會裏才有。舉例來說，小規模的社會，如斯巴達，也曾有過。斯巴達的本族自由人爲數異常有限，被壓迫的賤民(helot) 在無人道的壓榨下過活。古時人們一直歌頌斯巴達人的社會凝合力之强；但是，斯巴達人從不曾試使這種凝合包容全體人民在內，而賤民們的外貌的忠誠祇是恐懼的產物而已。

人類發展到較晚一階段時，一種新的忠誠又出現了。那種新的忠誠既非基於地域關係，也與種族的近似無關。它是源於共同的信仰。以西方世界而言，它好像是起源於古希臘時代克利地島上奧菲克（註二）敎派的社會，在那裏，祇要信仰同一敎義，連奴隸都被平等看待。此外，古代的宗敎與政府的關係是如此密切，以致遠古之以種族爲基礎而結合者，到那時候竟爲宗敎信仰取代了。宗敎信仰日益强大，成爲一種重大的力量。它的武力，首先於回敎徒在第七、第八兩世紀的征服事業中表現出來。它又是十字軍及歐洲宗敎戰爭的原動力。降至十六世紀，對宗敎的忠誠常常駕越對國家的忠誠。英國的天主敎徒常站在西班牙的一邊；法國的新敎徒則常傾向英國。到我們這一代，兩種巨大的信仰力量支配着人類的絕大部份。其一是共產主義的信仰，它具有高度的狂熱和有如聖經一般的敎條信仰力量。另一個，雖然較爲寬弛，但是却有更大的潛力，可以稱爲「美國的生活方式」。美國，那一個由許多民族移民組成的國度，是沒有血統上的共同性的。但是它却具有如歐洲國家一樣强固的團結力。正如林肯所說，她是「獻身於同一理想」。第一代的歐洲移民還常常爲思鄉病所苦；然而他們的子孫，大部份却都認爲美國的生活方式優於舊大陸所原有；並且堅決地相信假如這一方式能普及於全世界，將是一件好事。在美國和俄國，因信仰而生的團結力業已與民族的團結力合而爲一，並從而獲得新的力量，同時，這兩大敵對的信仰還都具有一種超越國界的吸引力。

現代這種對於廣大的集團的忠誠，仍然具有古代小部落時期所發展出來的心理基礎。現代雖然有受宗敎和學校、宣傳和經濟發展所影響的心理進展，但是人類的天賦條件，仍然和古代人類頭腦初發達至目前大小的時候相去無幾。我們本能地區分人類爲兩種：朋友和敵人。對於朋友，我們有與之合作的道義感；對於敵人有與之競爭的思想。不過，這種區分乃是經常變動的：某人於一時間憤恨他的商業上的敵手；過了一些時候，他們兩人同爲社會主義或外來的敵人所威脅時，他們忽然變成了朋友。當我們離開了家庭的範圍，那使得我們凝合的力量，常是對於共同仇敵的恐懼。太平時代，我們會仇恨自己的隣居，但危急當前，我們一定會愛他們。平常，人們決不會愛護坐在他隣座的公共汽車乘客；當車子出事時，他自然會那麼做的。

這就是設計一種大同世界的困難：一個世界國家，假如是被穩定地建立起來了，將沒有仇敵可怕。因此，便有因凝合力之缺乏而趨瓦解之虞。兩大宗敎——佛敎和基督敎——曾試圖將古代部落中自然發展的同族親親之誼擴大到全人類。他們都宣揚人類之間應該情同手足。他們之使用「情同手足」這句話，表示出來他們之所試圖擴大的那種情操，基本上乃是生物學的。假使我們眞的都是上帝的兒女，那麼我們便屬於一個家庭。實際上凡是接受這一敎義的人，常覺得那些不接受它的人們不是上帝的兒女，而是撒旦的兒女。於是一種古老的，非我族類的憤恨的機械作用，重新回到我們心田，增强了那敎義的動力，但是却與那敎義基本目的——視天下人如手足——背道而馳。宗敎、道德、經濟上的利益、和僅僅爲了生物學上的繼續生存，都在告訴我們的良知說世界大同的目標乃是無可爭辯的；但是，積古相傳，從我們遠古部落祖先傳下來的本能却憤怒地站起身來反對，感覺到如果我們無人可恨的話，生命將失去它的味道；而且，如果我們竟能愛一些荒唐鄙賤的人如某某人也者，我們簡直是蠢得和蟲豸一樣；同時，生命的法則便是爭鬪；而在一個人人彼此相愛的世界上，我們將失去所爲而生的目標。假使世界大同竟能實現的話，我們必得先找到方法以制遏那主要發自潛意識的原始的暴虐性——一方面建立法律的制裁，另一方面是給我們相競的本能找到一條無害的出路。

這並不是輕易可以解決的，單靠道德的維繫是不行的。心理分析學，儘管它有若干誇張，甚至荒謬之處，却也曾供給許多眞實的、有價值的資料。有一個老說法，說人性縱被制遏，終必再來；心理分析學給這個說法加了註脚。我們知道，人的生活如果和天然要求相離太遠，那麼，這個人極可能具有和縱恣於不良慾望中一樣惡劣的因壓抑而生的後果。生活於不自然之中的人們，到了某一程度，極可能成爲充滿了嫉妬、怨恨、和殘酷無情的人。他們的因壓抑而生的殘忍性格會繼續發展，或者，向另一方面變化，他們會如此澈底地失去其生活的興趣，以致完全不能作任何的努力。後者的情況曾在驟與文明接觸的野蠻人之中，被觀察到。人類學家曾描述獵頭的巴布亞野人當被白人統治者禁止其從事獵頭的習慣後，便失去了生活的熱誠，再也不能對任何事情發生興趣。我決不是說他們的獵頭陋習應該保存；我的意思是，應該讓心理學家去研究出一種無害的代替的方法。現代的文明人類，不管在什麼地方，總是或多或少地有一些與巴布亞野人相似的經歷。我們有各式各樣的侵略的衝動，或是創造的衝動，但社會不允許我們去從事；而社會所供給我們的代替物——例如以足球賽或拳擊的形式——又是不够勁道的。任何人如果想到將來要廢除戰爭的話，必定要嚴肅地考慮，如何能無害地滿足人類從遠古的野蠻祖先傳襲至今的這種衝動。以我個人而論，我是以偵探小說爲出路的。我常把自已置身於那些小說之中，一時設想爲殺人犯，一時又設想爲那追捕的偵探。但是我懂得，對於若干人，偵探小說還是太溫和了，他們必須有更強烈的替代物。

假如沒有競爭，我不認爲一個平常人能够過得快樂。因爲，自從人類成爲人類以來，競爭就是大部份認眞的活動的動力。所以，我們不應該試想廢除競爭；然而我們應該讓競爭採取不太傷人的形式。原始人的競爭是看誰能殺得了對方及他的妻子。現代的競爭，在採取戰爭的形式時，依然是如此；不過，在體育運動方面，在文藝美術方面，在民主的政爭方面，確能以極小的損害，而依然供給一條使我們的戰鬪本能得以發洩的出路。在這裏，錯誤並不在於它們的方式不對；而是在於它們僅構成平常男女生活中的極小一部份。

除戰爭以外，現代文明的目的日益趨向於獲得安全，但是又全然不敢確信把一切危險消滅了就能獲得快樂。在這一點上，我願意引述凱斯爵士「人類進化的新理論」(New Theory of Human Evolution) 中的一段：

「凡是曾經訪問過那些生活於『野蠻的法度』之下的人們，都帶回了對於生活於那種情況下的土人生活快樂的記述。例如，弗烈雅·斯塔克(Freya Stark)對南阿剌伯半島土人生活記述：『當我旅行於此一國家的此一部份時，安全是全然不存在的，我找到一個土人，雖然他對生活中無休止的陰謀和擄掠，十分惋歎，但是，他依然和生活於世界任何其他地域的人一樣的快樂，並具有通常的生活與趣。』佛萊博士 (Dr. H. K. Fry) 對澳洲土人有相類似報告：『一個土人在他的野蠻的部落裏，生活於經常的危險之下。環繞着他的是無盡的敵意。然而他並不在意，並且很快樂……他溺愛子女，孝敬雙親……』我的第三個例證是美國印第安保留區中的克羅族印第安(註三)人。羅威博士 (Dr. R. Lowrie) 已觀察了他們若干年。他們在保留區中生活安全是無問題的。據羅威博士的報告：「問一個克羅族人，他願意生活在目前安全之下，還是願意生活於往日的危險之中？他的回答是：『往日的危險。……因爲那種生活裏有着光榮。』我假定這裏所描述的野蠻生活就是我們人類在進化過程中所曾涉過的生活；而人類的秉賦及性格，就是在這種情況下形成的。這種情況的實際現象之一便是尋仇的屠戮。」

這種人類心理上的影響可以解說若干驚人事象，至少對我個人而言，當我在一九一四年初次知覺到這些事象時我眞是大爲驚訝。那時許多人發現他們在戰爭中比平時快樂——當然以戰爭的直接打擊未曾過份沉重地降臨到他個人的身上爲前提。平靜的生活可能是令人煩膩。一個舉止安詳的紳士，他賺不多不少的錢以養家活口；他的毫無冒險的生存完全不能滿足他的天性中要求冒險的那一份。而假如他生存在四十萬年前，那麼他會在獵捕食物、斬殺敵人首級、和逃避虎狼饞吻的生活中得到那一份的滿足。戰爭發生了，一個銀行小行員也許會成爲突擊隊員；後來他就會感覺這纔是上蒼要他如此過的生活。在人類還是割分爲小部落的時候，大家打打仗倒是符合進化的目標的；然而不幸近代科學已經把滿足我們破壞本性的武器發展得過份強大，以致於我們如果仍舊任這種破壞性自由而爲的話，將完全無助於進化的目標了。如何與我們這些毫無秩序的本性和平相處相安無事，這還是一個迄今爲止太不被人注意的問題；不過，當科學技術在不斷進展的時候，它的研討將愈變得迫切。自純生物學的觀點而言，現代毀滅的技能超過生殖的可能如是之大，是不幸的。在一霎那之間，現在一個人可以毀滅五十萬人。但是，他生兒育女的速度，決沒有比野蠻時代快一點點。假使一個人能够在原子彈殺戮五十萬人的一頃刻間，生育出五十萬兒女，那麼，我們還可以把這一問題留給進化規則——生存競爭，適者生存——去解決。可是，置身於現代世界上，進化論的理論已不復可倚賴。

所以，當前社會改良工作者的問題，並非單純地求得安全而已；因爲，假使僅有安全而不能滿足更深的欲望，則安全將迅速地爲冒險的光榮感所推倒。當前的問題毋寧是：如何把維持種族所必需的那種程度的安全與文明生活裏所可能允許的冒險和競爭調和聯繫起來。而當我們設計回答這一問題的時候，必須要記得：儘管我們生活的方式、我們的組織、及我們的知識業已經過廣大的變遷；但是，我們的本能——不管怎樣——却仍舊與當年我們的祖先獲得如今日人類一樣大小的頭腦時相去無幾。我並不認爲原始衝動與文明生活不可能調和；古人類學的研究證明了人性能够適應各式各樣的文化形式。(下轉第14頁)

巴黎通訊

突尼斯問題及其解決

齊佑之

一、突尼斯的特性[註一]

第二次世界大戰以後的主要國際現象之一便是回教世界的覺醒。回教民族的獨立運動由一個暗流演變成洶湧的波濤。繼敍利亞、黎巴嫩、印度尼西亞、利比亞獨立之後，法屬的北非洲地區也日益不安，而成爲法國政府最傷腦筋的一個問題。

法屬北非在阿刺伯語中稱遠西 (Maghreb)，包括突尼斯 (Tunisie)、阿爾及利 (Algérie) 及摩洛哥 (Maroc) 三地區。該地區中居民本爲伯伯爾 (Berbères)[註二]，自七世紀以來經先後爲大食帝國所征服而逐步回教化。至一八三四年阿爾及利爲法國佔領，同時突尼斯及摩洛哥亦各於一八八一年及一九一二年先後成爲法國的保護國。因突、摩、阿各別的與法國關係的不同，自始該三區內的直接行政權分別由法國內政部(阿爾及利)及外交部(突尼斯及摩洛哥)[註三]掌管。儘管法國自始卽將突、摩、阿三地區分別治理，並將阿爾及利視作內地，但今日此三地區的問題卻有一共同傾向——民族獨立，且問題的演變已至相當嚴重的階段而成爲重要的國際問題。畢竟突尼斯、摩洛哥及阿爾及利因地理和歷史背景的不同及文化上所受外來影響的成份的差異，使各自培養成一彼此不同的特性。這些特性爲了解及解決突尼斯、摩洛哥及阿爾及利三問題之先決步驟。因突、摩、阿各有其特性，我們在討論及北非問題時亦不應將這三問題籠統的混爲一談，而有分論的必要。

突尼斯位於遠西的東端，和利比亞接界，遙望開羅及敍利亞的達瑪 (Damas) 城，與摩洛哥及阿爾及利兩地相較則無形中成爲「東方」。突尼斯因受其地理上的影響，爲法屬北非接受東方文化最早的地方(公元六七五年)，同時亦受阿刺伯回教文化最深。今日突尼斯的 Zitouna 回教大學及 Olivier 清眞寺已成爲整個北非回教傳統信仰的守衞者，其地位有如埃及古老的 El Azar 回教大學，其影響範圍一直擴及北非西端的摩洛哥。同時突尼斯人深受回教思想的影響，甚富自尊心及對宗教信仰的誠心，且對其過去深以爲榮，對其國家的前途亦同時發生信心。就此點而論，摩洛哥及阿爾及利視之頗爲遜色。

在人口方面，其三百多萬居民中包括二百八十萬回教徒，其中幾全部爲阿刺伯人種；伯伯爾族雖在阿爾及利仍佔全人口的百分之三十，在摩洛哥伯伯爾族人口的數量尤爲龐大，佔摩境人口的百分之四十到百分之五十，但突尼斯現僅佔其人口總數的極小部份，約百分之四。此外突境內除少數的猶太人(約七萬)外，有歐洲人二十四萬[註四]，僅佔全人口的百分之八而已。卽沒有阿爾及利境內移入法人比例的龐大：今阿境移入法國人口佔全人口的百分之十二至十五。同時亦沒有像在摩洛哥境內各民族聚族而居限界森嚴的情事。

二、巴爾多條約及馬爾薩協定

一八八一年以前，在行政方面突尼斯伯 (Bey)[註五]被稱爲突尼王 (Saheb Mamlaka et Tounis)，服屬於曼托曼土耳其帝國，他直接統轄諸部落 (Tribus)，其行政範圍甚廣，且在地理上亦沒有近代式的硬性規定，致一部接近其疆域的地區亦在其勢力範圍以內。是時歐洲國家開始向非洲擴展，而法國在佔有阿爾及利以後對突尼斯有野心，而義大利也對突尼斯想染指。至一八八一年五月十二日巴爾多條約 (Traité du Bard) 及一八八三年六月八日的馬尼薩協定 (Convention de la Marsa) 簽訂後，法國先義大利佔有突尼斯，使成爲法國在北非的第一個保護國。

法國以巴爾多條約和突尼斯建立了共同主權 (Co-Souveraineté)，法國以「保護國」的地位保護「被保護國」突尼斯。就法律立場看來，巴爾多條約尚不影響及突尼斯的內部主權。突尼斯伯在條約中承諾：(一)外交方面，法國駐外使節代理突尼斯僑民事務；且突尼斯伯在未照會法國政府並取得法方同意前，不得簽訂任何國際性的條約(第六條)。並依據突尼斯伯在一八八一年六月九日公佈的法令，突尼斯的外交大臣應由法國派駐突尼斯總監任之。(二)軍事方面，凡法國認爲有必要性時可在某地、或邊界、或沿海地帶隨時駐軍，直至法突軍方認爲該地區的治安得到鞏固後始可同意撤兵(第二條)。法方且承允對突尼斯伯本身及其王朝給予支持與保護(第三條)。同時爲了禁絕對法屬阿爾及利境內的軍火走私，突尼斯伯允諾禁止一切軍械器材在 Djerba 島，Gabès 港及其他港口的轉運情事(第九條)。爲行使其保護權，法國派有總監(Résident Général) 駐突尼斯(第五條)。至一八八三年由康彭 (Paul Cambon) 主持簽字的馬爾薩協定使法國在突尼斯獲得直接行政權。且協定中第一條規定爲使法國在執行上的便利，在法國政府認爲必要時突尼斯伯得在行政、司法及財政諸方面上加以改革。同時第二條中又書明突尼斯在未得到法國政府的許可前不得向外貸款。

自康彭於一八八二年三月被任命爲法國駐突尼斯第一任總監之始，卽已計劃着對突尼斯施行直接行政，擬由法人治理突尼斯。他計劃由法人在突尼斯伯之下組織一內閣，借突尼斯伯的名義從上而下的，上自總監、各行政部門的首長，下至民事稽察員逐漸由法人充任，建立法人的行政系統，從而控制突尼斯政治。

三、新舊憲政黨

保護制度的成立，使突尼斯的一般優秀份子感到失望，民族主義思想因之掀起。最初一般知識份子及青年用其所受的學問致力於突尼斯民族個性的表現及回教國家的團結。於一八九六年在法駐突尼斯總監米勒 (René Millet) 支持下，突尼斯民族主義者先驅之一的白席爾斯佛 (Bechir Sfar) 為了紀念突歷史家喀魯頓 (Ibn Khaldoun) 組有喀魯頓會 (la Khaldounia)，致力於阿剌伯文化的復興，並使回教民族接受新興學術。同時班克漢巴 (Ali Bach Hamba) 團結薩地基學校 (Collège Sadiki) 的校友提倡現代學術。至此時為止，突尼斯的民族主義思想僅徘徊於學術及宗教的圈子裏，尚未侵入政治範圍。

一九〇六年三月二十四日白席爾斯佛當衆向法駐突尼斯總監皮松 (Stephen Pichon) 表示：願法國能給予一些突民所希望的改革。至一九〇七年白席爾斯佛與班克漢巴組進化黨 (Parti évolutionniste)，行動始入政治範圍，同時在法語刊物「突尼斯人」(Le Tunisien) 中以文字來維護突民利益。次年一般知識份子又有建立突尼斯立憲政體的要求。及至一九〇九年塔魯比 (le Cheikh Abdelazis Taalbi) 參加「突尼斯人」報，負責該報的阿剌伯文版。此時新黨對回教國家的利益力盡維護的能事，且於一九一一年對義大利侵犯利比亞特利波里塘 (Tripolitain) 加以反抗。

在一九一四至一九一八年間，突尼斯的民族主義運動並未因第一次世界大戰而退萎。相反的在戰後突尼斯青年黨 (Parti Jeune Tunisien) 秘密的改組成突尼斯黨 (Parti tunisien)，等待機會為突尼斯立憲政制而努力。同時又受美總統威爾遜 (Président Wilson) 當時提出的十四點建議(其中有民族自決一條) 所鼓舞，塔魯比曾向巴黎和會提出「突尼斯要求案」。一九一二年突尼斯的民族運動被取締以來，經過六年的地下活動又行公開。至一九二〇年二月憲政黨 (Hizb el Hor el Destouri 或 Destour) 代突尼斯黨而成立。這一個由塔魯比建立的新黨黨員多係一些縉紳之士，其政治要求為突尼斯「自主」的君主立憲政體。一九二一年初，該黨四十黨員致法駐突尼斯總監杉 (Lucien Saint) 的訴怨書，要求成立法突人合組的國會，議員以普選制產生；行政、立法、司法三權分立；突人得享有任公職的權利與自由；「等薪等工」制；言論、結社等自由等等。一般而論，憲政黨的政見偏重政治方面，而對社會問題多所忽略，故至一九三四年三月憲政黨分裂，一些激進份子由布爾給拔 (Habib Bourguiba) 領導成為新憲政黨 (Néo-Destour)；而由塔魯比領導的一派則成為舊憲政黨 (Archéo-Destour)，仍依其原有政見及濃厚的回教至上的主張繼續活動。今日舊憲政黨由佛阿 (Salah Farat) 負責。

新憲政黨的主要人物除被突民譽為「民族鬪士」的領導人布爾給拔，尚有秘書長邊右色夫 (Salah Ben Youssef)、斯立姆 (Mongi Slim)、馬斯姆第 (Masmoudi)、毛加代姆 (Sadok Moggadem)、奴依阿 (Hedi Nouira)、居加 (Bahri Guiga) 等等。其幹部多為知識份子，或保王派及殷實的市民以外的人士，在政見上接近法國左派政黨者。新憲政黨比舊憲政黨激進，且富有自由主義色彩，對於社會問題甚重視。該黨與土耳其的國民黨甚相似，但新憲政黨在其激進的政見中却反對劇烈的改革，且並不主張廢棄突尼斯的回教傳統；同時以法律觀點對統治者要求國家主權的完整。凡此皆非來自東方回教文化傳統，而為根據西方法律原則形成的純民族主義者；此皆與其他泛阿剌伯主義者的立場不同。今日突尼斯新地位的達到，實不能不歸功於新憲政黨的政見及其政治運用的得法。

四、武裝獨立運動

然而突尼斯人民為了國家今日自治地位的獲得也曾經過艱鉅的努力；自被法國保護以來，因種族問題，有組織的或無組織的反抗事件會數度發生，但大規模的武裝獨立運動却始於一九五〇年。當然突民對獨立運動的發展受到戰後敍利亞、黎巴嫩的離法獨立及利比亞的脫離義大利而加強。

第二次世界大戰後，突尼斯民族對法國在突尼斯的政治改革未能滿意。一九四五年末，突尼斯人在失望中以兩種方式為國家的獨立作另一努力：一方面求援於外力，希能借國際力量影響法國對突政治，使其給予突尼斯以所需要的改革；另一方面則建立輿論影響法國政策。在借助外力方面，突尼斯將其希望寄託於阿剌伯聯盟 (Ligue Arabe)，願借阿剌伯團結的力量來爭取獨立的實現；且曾經阿剌伯集團將北非突尼斯及摩洛哥問題數度提出聯合國。同時布爾給拔曾辛苦奔波於埃及，中東；且於一九四六年十月聯合國會期至美國作宣傳活動。

在這種情形下，法國不得不對突尼斯的地位及今後法突兩國的關係重新加以考慮，而變更政策並施行必要的改革。一九五〇年七月法國內閣總理許曼 (Robert Schuman) 卒同意與突尼斯伯談判。這次談判由法駐突尼斯總監與突尼斯伯直接進行。突尼斯伯要求法政府放棄在突尼斯的行政權，使其成為握有實權的君主，經過數度公文的往還，許曼因歐洲問題而無時間盡全力於突尼斯問題的解決，僅應允分期實現突尼斯伯的要求。迨至一九五一年十二月十五日談判決裂，法方採取非常手段監禁突民族獨立運動人士甚夥，致激起突民強烈的反抗；自是時起而眞正進入武裝反抗時期。武裝的突尼斯人對法軍進行游擊戰，並建立幾個根據地；法軍進攻也沒有什麼效果。刺殺事件亦隨時而生，且以去年日內瓦會議期間為最高峰。據統計自一九五四年三月十九日至七月二十三日四個月間，僅刺殺事件中被殺者共七四人，傷者八七人；軍警死二一，傷五二，失踪五之多。這是突尼斯人武裝獨立運動的最高潮，這種嚴重的情勢，使法國政府不得不儘速解決突尼斯問題。

五、法突談判

去年七月底法前內閣總理孟德斯法朗士（Pierre Mendès-France）目覩突尼斯情況的惡化，於日內瓦會議後立即處理突尼斯問題，且於七月三十一日親赴突尼（Tunis）城一行，爲十六年來第一位法內閣總理到突尼斯，而此行意義則屬空前[註六]。此次他會晤突尼斯伯則爲解決突尼斯問題，同時策動突尼斯自治內閣的組成。此新內閣由不屬於任何黨派的農會主席邊那瑪（Tahar Ben Ammar）任閣揆，包括閣員十一人[註七]。邊那瑪的使命是完成突尼斯自治。在政治上，他除得到突尼斯拉明伯（Sidi Lamine Bey）及法國政府的支持外，新憲政黨政治局在日內瓦開會議決（八月三日）支持突尼斯新閣，並允參加政府。

孟德斯法朗士當時的對突政策爲：

甲、原則

(1) 承諾突尼斯的民族自治權，並放棄法國在突尼斯的共同主權（Co-Souveraineté）。

(2) 重申法國及法人在突尼斯利益的保障。

乙、辦法

(1) 突尼斯內部自治分期實現，突民應自行決定其內部政治體制。且第一屆議會得制定憲法以規範之：①突尼斯統一政府；②組織代議機構；③在環境許可時，突尼斯政府將握有包括警察權在內的全部行政權，法國放棄在突的「直接管理」，同時除外，在突尼斯的行政機構將逐漸實行「突尼斯化」。某些法國官員應得的權利及突尼斯所需的技術需要

(2) 法國對突尼斯的對外關係及國防仍負責，並在突尼斯境內得保有戰略據點。

(3) 法人在突尼斯應得的權利將由兩國訂立專約予以保障等。

孟氏內閣突尼斯與摩洛哥事務部長福捨（Christain Fouchet）旋於八月十九日與邊那瑪晤談，雙方相談結果，突尼斯伯同意開談判以解決有關突尼斯的各項問題。

法突談判自去年九月四日始至今年六月三日始告結束，前後經時九月；初時雙方各守原定立場，堅持已見，談判時斷時續，至孟氏內閣倒臺時止，談判尚未獲得協議。主要爭執點在警察權移轉期限問題及南方軍區與 Bizerte 區治理權問題；且法國國會中一部右派議員對談判始終表示反對。孟德斯法朗士內閣雖未完成談判即跨臺，但它與突尼斯政府設法將武裝獨立運動終止，使約近兩千武裝突尼斯人解甲歸田，終止遊擊戰爭。

六、法突協定的分析

法突協定（Convention Franco-tunisienne）於本年六月三日由法國內閣總理佛爾（Edgar Faure）與突尼斯內閣總理邊那瑪正式簽字，並於七月九日晨由法國國會下院（國民大會）以五四〇票對四三票及八月四日由法國共和國參議院（Conseil de la République）以二五四票對二五票經兩院批准生效。此協定包括：①法突一般協定（Convention générale entre la France et la Tunisie）；②人民身份協定（Convention sur la situation des personnes）；③司法協定（Convention judiciaire）；④行政與技術合作協定（Convention sur la coopération administrative et technique）；⑤文化協定（Convention culturelle）；⑥經濟與財政協定（Convention économique et financière）六項。茲將協定要點綜合略述如後：

甲、有關法國權利者：

(1) 外交與國防問題——法國承諾突尼斯內部自治權，但依照巴爾多條約保留突尼斯的外交及國防權限。突尼斯承認國際條約超於國內法規以上，並承允在「國內法」方面採取必要措施使國際條約中有關突尼斯的部份得以實施。法國政府並承諾在將來談判與突尼斯有關的國際條約時向突尼斯政府諮商。

法突兩國合作組織突尼斯國防及安全事宜。關於國防方面，現行立法規定及突尼斯政府對國防安全的實施程序不得兩國同意不可更改。突尼斯並允法國的請求在突境的實施其本身國防組織及世界的防禦組織。

(2) 治安問題——一般協定第四號附加議定書規定法國及突尼斯當局對城市、鄉村、司法、行政等警察權限的分擔，且規定關於警察權限移交程序如下：①自協定生效後兩年內，突尼斯境內治安機構仍由法國高級專員統轄；②自協定生效後十年內突境治安機關首長及主要負責人仍應由法人擔任；③在另一個十年期間中，若干大城市內的警察局長必須由法人任之，同時法國國籍的警察人數不得少於全部的三分之一。此外法國爲執行巴爾多條約第三條規定，得無限期保有若干機關及權力：如領土及邊境的巡邏、海岸、港口和法籍憲兵、司法警察、動員徵兵等任務。又因比塞爾特（Bizerte），腓利城（Ferryville）及南部邊區的戰略地位，協定給予法國當局在上述地區以特殊權利。

(3) 司法問題——司法協定中規定法國司法當局有權干預凡涉及法國在國防方面或依巴爾多條約第三條而得者的違法犯罪事項。因之關於危及法突兩國對外安全事項，仍得由法國法院審理。

(4) 教育問題——協定承認阿刺伯文爲官方語言，但法國語言享有特殊地位；且除若干舊式學校如大清眞寺（Grande Mosquée）及 Kouttobs 外，凡以阿刺伯語教授的學校得同時教授法文。在法語教育方面，法政府得在突境內維持並與辦新學校；同時得指派一法國大學與文化代表團在高級專員指導下管理突尼斯境內的法國學校。

(5) 法國派高級專員（Haut Commissaire）一人駐突尼斯，負責執行協定所賦予法國的一切權益。突尼斯政府得派代表一名駐巴黎。

乙、有關法國與突尼斯的合作者：

(1) 根據法突一般協定規定，法突兩國公民得在對方締約國內享有該國給與外國人的權利。且依第六條規定法突雙方得研討如何使兩國公民在對方締約國內居留並行使公權的原則及方式。

(2) 經濟、貨幣、海關合作問題——突尼斯得參加法郎集團(Zone franc)，並得派員參加法郎區貨幣委員會及法郎區外滙局。法國外滙管理辦法仍在突尼斯實施；且法突兩國實行關稅同盟。

在財政上，法國繼續給予突尼斯援助，此類援助以貸款為主，以求發展突尼斯的建設；但每年擬定的建設計劃得與法郎區的各建設計劃相配合。

(3) 文化合作問題——協定除規定在法突兩國各自擬定的教育計劃外，仍有若干文化合作辦法：如獎學金的交換，學位相等制，在巴黎成立突尼斯文化協會；且規定突尼斯高等學術研究所仍由巴黎大學主持。此外法突兩國當組有混合委員會，以謀求兩國間文化的合作。

(4) 行政與技術合作問題——根據行政與技術合作協定，法國政府協助突尼斯政府開設學校或實習班以訓練公務人員；但突尼斯政府遇本國人才不敷需要時得商請法國政府供應之。同時，關於民航及廣播事業方面，法國技術機關仍繼續給突尼斯政府以協助。

(5) 協定中並規定在巴黎成立法突仲裁會議以解決兩國政府間對協定解釋上的爭執。此仲裁會議法突雙方以相等名額的委員組織之；另一委員則不受國籍牽制任命之。

丙、有關於法人權利保障者：

(1) 法人的地位問題：

①國籍——突尼斯政府不採取任何手段使法國國籍公民成為突尼斯國籍公民。法人如欲取得突尼斯國籍可依個別歸化法行之。法人在突尼斯境內可接受法語教育，並可自由創辦學校。

②人權及人權保障——突尼斯政府允諾在突境內實施人權宣言所列舉的權利與保障；且特別規定法人在突境內有自由從事各種文化、經濟、宗教、職業活動及集會結社的保障。並允諾非經法國政府同意不得更改天主教會在突尼斯的現狀；及法突兩國公民在對方締約國內職業與經濟活動得視同該締約公民同等待遇。

③財產——協定給法人在突境財產予以保障，非因公用並付與賠償不得侵犯。法突兩國對對方締約國公民在司法、經濟及財政方面不得實行差別待遇。關於公司法不得有重大改變，尤不得因國籍而對現存公司在組織、推動及清理上實行差別待遇；且凡在一九五四年八月一日以前成立的公司在組織、推動及清理諸方面得維持原狀。

④法籍官員——在協定中突尼斯政府承允對現在突尼斯政府任職的法籍官員給予繼續任職直至退休為止；其未來薪給辦法仍依現行辦法執行之。法國政府則允諾將法籍官員轉入法政府機構中服務。

⑤法人參加突尼斯行政部門問題——突尼斯境內法人仍舊可以參加突尼斯的行政機構，尤其是市政府及商會。在若干重要城市如突尼城、比塞爾特、斯法克士(Sfax)、腓利城、蘇斯(Sousse)及歐籍居民衆多的城鎮，法國國籍的市議員得佔全數的七分之三；其他城鎮如法籍居民逾全城人口百分之十時得有市議員三分之一；如居民人數不及百分之十而超過二百名時得有參議員一人。法商會(Chambre économique)仍舊維持，同時法人得參加混合商會。

(2) 司法規定：

①司法——突尼斯的司法權將逐漸由突尼斯法庭掌握，以符合突尼斯的內部自治。自協定生效日起凡屬於突民間的糾紛應由突尼斯法庭審理。關於突民與非突民間的訴訟則由法國法庭逐漸移交由混合法庭處理。

混合法庭將在五年內成立，並以十五年為期。混合法庭審判長可由被告選擇。此法庭期滿後由混合委員會研究突尼斯立法及司法情況而討論接管機構。

②行政法庭——突尼斯政府將成立行政法庭，並於其內設立混合行政司法組，由法突兩國法官處理法人與他國人(非突人)申請處理的行政訴訟。

丁、有關外國人地位者：

法突協定除對法國與突尼斯兩國人民地位的規定外，對外國人地位亦有如下的規定：

(1) 突尼斯政府承認人權宣言，並擔保給突境內居留的外籍人民予人權宣言所付予的一切權利；外國僑民在突尼斯境內有文化信仰、經濟、職業及社會活動的自由。同時法國監視現行協定外國人權利及人身保障的實施。

(2) 依現行法規規定凡居留突尼斯內的外國人如其父母之一出生於突境即獲得法國國籍；同時外國人可申請入法國國籍。雖協定生效後突尼斯政府可自行立法規定國籍法規，但法國現行法律對突尼斯境內外國人入法國國籍辦法仍有效十五年；十五年過渡時期後凡在突境出生的外國人子女如其雙親之一生於突境則不得保留原有國籍而須在法突兩國國籍二者任擇其一。

(3) 在司法方面，外國人與法人享受同樣待遇。在協定生效後五年內外國人的訴訟由法國法庭審理，五年後則由混合法庭審判之。

七、對法突協定的一般反應

本年四月二十二日法突兩國在談判上獲得協議後即有議定書的公佈。當時突尼斯人民對其國家爭取獨立的第一個階段的完成，熱烈慶祝；不久民族鬪士布爾給拔返國，突人歡迎盛況空前，布氏聲望至此如日中天。但另一方面舊憲政黨及邊右色夫仍對協定內容表示不滿，持反對態度。新憲政黨秘書長邊右色夫認為此法突協定的結果僅鞏固了法國在突尼斯的地位，却非突尼斯所需要的獨立(註八)。但這些批評與顧慮只要在協定實行後法國如眞誠的放棄統治國的地位而對突尼斯的獨立與自由給予友誼的協助時自當消滅。

就法國來說，協定對突境法人的權益已予明文保障，且在國籍法規中對突境法國移民的擴充尤多便利。但突境法人迄今對協定仍多指責，且稱法國政府在北非所施的政策爲放棄政策，此一政策出賣了法國在突尼斯的移民及其權益。一些所謂「法國在場」(Présence française) 團體的領導人物如 Dr. Trensal、Dr. Santolini 等對法政府指責尤苛，且聯絡北非摩洛哥及阿爾及利的「法國在場」的領導人物如 Dr. Causse 等多方設法反抗及阻止；並會聯合法國國會議員如布爾諾 (Bourgeau) 及巴阿善 (Barrachin) 等企圖阻止法突協定的批准。這裏我們不得不指出這些法國在突境的移民的政治眼光的膚淺，只知維護自身的權益，凡遇有對其不便之處即羣起激烈的反抗。不客氣的說，這些人們的政治觀點將會斷送法國在海外屬地的權益甚至信譽。不過法國本部的一般輿論則一如英、美之歡迎法突協定，並認爲法突協定的批准是法蘭西聯邦內部關係的轉捩點。

八、新地位的維護

現行法突協定所賦予突尼斯的權益與突尼斯所要求的相差仍遠，此協定雖代替了馬爾薩協定的地位，使由法國對突尼斯的直接行政而變爲突尼斯內部自治。但巴爾多條約並未廢除，而由布爾給拔及邊那瑪所領導的突尼斯政府能接受這樣的協定，却證明了突人政治上的聰明與智慧，能兼顧理想與現實。突尼斯自一八八一年以來，在法國保護下已被統治七十四年之久，在經濟及社會方面雖有不少進步，但仍形落後，不能一躍而爲現代國家；即使目前能擯棄了法國得到獨立，這只能給突人一時的慶賀，却可能因國家在政治、經濟、社會等各方面的不健全而造成混亂，結果可能有極左或極右政權的出現。突尼斯今日政治領袖爲避免這一些危機，遷就現實，逐步實現突尼斯的獨立。

今日突尼斯已進入其實現獨立的第一個階段，在這個過程中突尼斯所需要作的實在很多。在政治方面首先要完成其立憲手續，這當然是憲政黨久欲實現的。將來可能採用英國式的君主立憲政體，然而在代議制中突境法人應在將來的國會中有議席以代表其利益；這個問題可能會引起法突雙方的糾紛，如突方能虛心而堅定的從事，當仍可圓滿解決。

經濟及社會方面是突尼斯政府未來的重大考驗。突境平均每年人口增加八萬人。突尼斯爲純農業國，突民四分之三爲農民，而突境中可耕田在全境面積一二五、一八〇平方公里中僅有一百五十萬頃，由外國輸入農產品不少，致人民生活水準甚低。在工業方面突尼斯境內沒有煤、石油等出產，在私營工業僅罐頭工業一項尚可稱完備，而電力產量就一九五三年數字爲一八〇、二〇〇、〇〇〇瓩 (KWH)。今後政府要設法發展工業，但發展工業需要資本、技術與人才，同時要從事建設，在這方面，突尼斯得藉助於法國，故貿易入超。一九五三年進口值六百零一億二千萬法郎，而出口僅三百九十一億零三百萬法郎，入超數字甚鉅。出口中賴土產的棗及燐灰石；而民生物資如糧食及機器、工業生產品均爲主要進口物資。

總之今日突尼斯政府所面臨的三大問題爲：①政治問題：英國式民主政治制度的確立；②經濟問題：發展農業及工業；③社會問題：法籍與突籍居民的相安無事，及過剩人口的就業與安插。這三個問題的解決是布爾給拔及其政黨在今後的主要任務。

（註一）突尼斯的英文譯名爲突尼西亞 (Tunisia)，突尼斯係法文譯名。

（註二）伯伯爾爲北非土著，形像雖與白種人類似，但在人類學上只能稱其爲一起源不明的錯雜種族。

（註三）一九五四年六月法國孟德法朗士內閣關北非突尼斯及摩洛哥事務部，代外交部主理突、摩兩地事務。

（註四）法國人一四三、九七七人，義大利人八四、九三五人及馬爾泰人六、四五九人。

（註五）Bey 係土耳其官名，相當於總督。據考證係中文「伯」字的對音，因突厥(土耳其)人在隋唐時代建立大帝國於中國北部，沿邊中國將領多有伯爵地位，故此字傳入突厥。

（註六）一九三八年法內閣總理達拉第 (Edouard Daladier) 因義大利威脅突尼斯曾有突尼城之行。

（註七）包括新憲政黨四人，不屬於任何黨派者四人，無黨派的退役軍人一人，社會黨一人及法駐突尼斯總督載拉徒爾將軍 (Général Boyer de la Tour du Moulin) 出任外交部長。

（註八）見五月十六日埃及 Al Ahram 報。

鄉村醫生（上）

黃思騁

一

棲鳳集是一個人口不到五千的鄉村市鎮。四面圍繞着青山，鎮東有一條河，還有就是通往各處的幾條大路。總之，它比起一般的鄉村市鎮來，並沒有多少值得誇耀之處。相反的，它倒有一切鄉村的共通點：貧窮，無知，骯髒，閉塞……

像我這樣一個受過高等教育的人，而且所學的又與理財有關，原沒有同棲鳳集去發生轇轕的道理。關於這一點，我不得不承認是有些偶然性的。

事情是這樣的，那一年秋汛期間，我坐着烏篷船到一處地方去打聽木材的行市，在路過這個地方的時候，因爲水勢湍急，船撞在岩石上，洞穿了底，水從下面冒上來。我急忙提起箱子，打算叫拉縴的人替我設法的當兒，水一下子就沒過了我的頸子。在這種情況之下，對於一個不諳水性的人，後果是任何人都能想見的了。

我醒來時，發覺自己躺在橋邊的青草地上，面前模模糊糊地站着一堆人。我吧唧了一下自己的嘴，感得有些甜甜的味道，牙縫裏也還留着生薑末子。這一下，我的行李丟了，盤費也統統給水冲走了，唯一的辦法，只好去討乞。

後來，有一個善士叫人把我抬到他的堆草間去住，那裏從前是他家的長工住過的。他答應在我身體復原以前，願意供給我食宿。不過，這一般時間並不長久，我睡了三天以後，就能起牀了。那個善士事後告訴我，在我被撈上岸以後，有人曾經替我捐了棺材。我聽到這個消息，感到非常興奮。我答應去謝謝這位善士，雖然我已經拂逆了他的好意。

我在那裏住下來。一面寫信到我的老闆那裏去，報告一切經過，然後請他替我設法滙點盤川來，以便完成我的工作。

一個多禮拜以後，回信來了，但只是一封信罷了，錢則一個都沒有。在那封信裏，老闆用嚴厲的口吻責備我，要我對於沉船的事，提出足够的證據來，否則的話，非但不給我寄錢來，還要追查我的信用。

我正在爲這件事憂慮的那幾天，村長跑來看我，說是他們的學校裏還缺少一位教師，如果我願意的話，他們都想叫我留下來。

我先是答應不下來，因爲這種學校的待遇低得令人發笑。其次，如果我留下來的話，那末，一切發財啦，高陞啦，榮譽啦，地位啦……等等念頭，就得統統放棄了。

但是，我答應他我可以考慮一下，等到決定以後，我再去通知他。

這一天晚上，我坐在一所破落房子的豆油燈下，把一切都想遍了。我把許多事物拿來作對比，然後較量它們對我所發生的影響。

最先，我站在切身利益的立場上來看這件事的時候，我總覺得辦不到。然而拋開利益，站在人生的立場上來看這件事的時候，又覺得沒有什麼不能接受的地方。

老實說，對於許多人所讚嘆的歷史，子書，地大物博等等，我向來都不像別人那麼陶醉的。倒是鄉下人的那一些友愛精神，那一種善良心腸，那一些是非觀念，使我領悟到精神文明的意義。譬如說，我的那位老闆，他所讀的子書遠比目不識丁的鄉下人多些。然而等到要面臨明辨是非善惡的時候，他是趕不上一個鄉下人的了。

這樣一想，我的腦子就忽然開朗起來，一種要求報恩的念頭，在我心中油然而生。

我吹熄油燈，看見天已大亮，便獨個兒跑到村長那裏去了。

二

在這個高級小學裏，我馬上就成了最受學生歡迎的一個教師。這並不是說我有着什麼傑出的地方，只是因爲那裏的教師實在太雜湊了。他們有的是清朝的秀才，年紀老得可以做小學生的曾祖父。有的是在同一個小學裏畢了業，就被當地的人聘來當教師了。有的是退伍軍官，在氣質上與小學生合不來。總而言之，這個學校的一切條件都够不上，教師的缺乏，只是其中一例罷了。

自從我來到這個學校以後，凡是缺乏人擔任的課程，都落到我的頭上來了，例如唱歌，圖畫，體育，衛生，手工，都由我一個人承擔了。

然而，我要說的並不是我在學校裏作教師的事，而是日後的一項重要的轉機。

像普通受過高等教育的人一樣，我對於一般普通的醫學常識，也有一些瞭解。因此當有些學生患病的時候，我就去看看他們，摸摸他們的脈，查一查病源，然後叫他們托人到城裏去買些藥來，給他們的子弟治病。這樣，日子過着，在不知不覺中，我已經成了鎮上知名的義務醫生了。每逢有人生病，旁人總是這麼提議說：「何不去找找那個在學校裏教書的西醫呢，他開的藥方是很靈的。」

老實說，鄉下人所得的那些病，與城裏人不大一樣。城裏人總是什麼神經衰弱、消化不良、梅毒、心臟病、肺癆……而鄉下人呢，生的却是瘧疾、疥瘡、瀉肚、營養不良、寄生蟲、乍顋。這些病，病源比城裏人簡單，有時只要一粒藥丸下肚就能見效的。

後來，我對於醫病一事，發生了極大的興趣，我積了一點錢，到城裏去買了些最簡單的行醫工具：一個測溫表，一支針筒，一瓶消毒酒精，一些脫脂棉花……

在剛開頭的時候，那些鄉下人對於我的治療不很信任，尤其對於打針沒有好感。當然，這是很難怪他們的。因爲據我所知，在整個廣大的中國鄉村裏面，我們很難找出一打以上的西醫來。那些從醫學院裏出來的人，總願意看在錢的面上，在大城市裏留下來。於是，這些窮苦的鄉下人，就得去求敎那些戴着老光眼鏡的玄學郎中，吃那些不好也不壞的草藥。

我開始行醫以後，我用成藥替他們治病，例如奎寧啦，淸血針啦，瀉劑啦，而且每次總是藥到病除。

後來，我正式被他們目爲一個醫生之後，我就忙得不可開交了。每天總有些鄉下人跑來找我，對我說：「郎中先生，我的孩子病啦，他的肚子拉個不停，我請你給我去看一看。」或者：「西法郎中先生，別人都說你的針很靈驗，我請你給我們家裏的女人也打一針吧。」

只要他們來求到我。我總是拿着我的籐箱去看一看，給他們一點藥，或者打上一針。過後，他們還請我吃點心。乘着這個機會，我就對他們說：「這一針打下去以後，總會有些效驗，不過也說不一定。說到針藥，我托人到城裏去買來是一塊錢，我現在也收你一塊錢好了。」

「先生，」他們老老實實地對我說：「錢我們沒有，如果你要鷄蛋或者米的話，我們給你好了。」每聽到他們這麼說，我也只好笑笑，並且說道：「旣然你們困難，那末鷄蛋也留着吧。」

這樣一來，我就很自然地成了一個慈善醫生了，我非但賠醫，而且還得施藥，把我每個月的敎書收入統統貼補在裏面還不够。那些附近的村子，聽到說有這樣的一個神醫，也都跑到我這裏來。他們都穿着草鞋，在我敎書的課堂門口走來走去。有時，如果遇到急病，他們甚至還闖到我的課室裏來，焦急地說道：「先生，我家裏有病人，請你趕緊去一趟，我現在弄得團團轉啦！」

在學生的鬨笑聲中，他做出種種焦急時的怪態來。當然，我不想嘲笑這些無知的良善人，我只請他稍稍等一下，等我上到一個段落，再替他去看病人。

末了，我就跟着他們，在那些綿長的泥沙路上走着，有時幾乎遠至二十里的地方。到了那裏以後，我照例又被許多臨時前來求診的人纏住，直要到我自已也疲乏得快要病倒時，方才離開那裏。

二

在這樣的情形下過了一年以後，我在村子裏已經引起許多影響。他們把我看成一個和藹可親的朋友，不斷送些土產到我這裏來。遇到喜慶的日子，他們總是不忘記來邀請我參加，推我坐上席。我有時出去散散步，一路上都有人向我打招呼，問我的起居。凡此種種，都是我行醫的代價。而且在我看來，這要比一切金錢更能鼓舞我的生命。

我的爲善的動機感動他們，他們同時也感動我。我現在順便擧幾個例子來說說吧。

有一次，當學校開學的時期，一個老祖父帶領他的孫子來上學。他們在註完册以後，一定要找我。後來，他們見到了我，老祖父就叫孫子仆倒在我的脚下，連拜帶磕頭，我當時窘得厲害，不知道是怎麼回事。這時，那位老祖父說話了。

「先生，」他用感激的聲音說道：「這個孩子是你給救活的呀，他現在已經活龍活現了。你知道，我們當時 以爲他不會活了，連棺材都替他備好的呢！」

我蹲在地上，仔細地看了看那個孩子的臉，立刻就回憶起那個乾癟得將死的孩子來了。他當時已經拉了十幾天的肚子，元氣已經大傷，脈搏微弱，連睜開眼睛來看看我的力量都沒有了。後來，我給他洗腸子，又給他吃藥，不到三天工夫，他就慢慢恢復過來了。他的母親，那個織草鞋的女人，感動得不知用什麼方法來表示她的謝忱。她一直流淚，擤鼻涕。等到我走出門外的時候，她又追出來，結結巴巴地想說什麼但又不會說出來。然而在我，我已經知道她的意思了。

現在，這個孩子已經一改病床上的那種樣子，臉長得胖胖的，兩隻烏黑的眼睛骨溜溜地轉動。說句老實話，如果像我這樣的一個醫生，居然也能有這種驚人的成績，我心裏又何嘗不感謝呢！

除了這個故事以外，還有一個故事也是使我不能忘記的。他是一個受過相當敎育的年輕人，知道自已所患的病很嚴重，除非到城裏去找好的醫生，否則只有一死。

我給他去看病的時候，他的未婚妻也在那裏，只管坐在床邊哭，好像他的生命已經被證明無可挽回似的。

這是個很固執的病人，認爲留在鄉下的決不是好醫生，何況我實際上是個小學敎員，連最起碼的護士學校的文憑都沒有一張。

我把測溫表擦上點酒精，拿在手上揮了幾下。但當我要往他的嘴裏送時，他立刻轉過頭來，用憤怒的目光望着我，好像是說：「你是什麼東西？你這個爛醫生，你也配看我的病嗎？」

他的父親連忙過來勸他，說是家裏沒有錢送他到城裏去，唯一的辦法只有請我來看看。「大家都說這位先生不錯，也有副好心腸，你還是給他看看再談吧。」

「爸爸，我還是等着死吧，說不定他是來催命的。」他流着眼淚說。

最後，他的未婚妻跑過來，對他說了許多的話。我當時就有點生氣了，我心裏這樣想道：「你又是什麼東西？你算是受過新式敎育了，是不是？我給你來看病是義務的，你們頂多付點針藥錢，我連酒精和藥棉的費用都不打在裏面。說到我的腿子，也完全是白跑的。」

我正氣沖沖地跑出來時，他的未婚妻從後面追來了，大聲地叫醫生，要我等她一下。她把我攔住，向我賠禮，說他現在已經回心轉意，願意叫我看一看了。

我搖搖頭，歎了口氣，跟着她回去。

我替他診了一下以後，我就對他的家裏說：「他生的是傷寒症，腸子出了毛病，只要不亂吃東西，病就能醫得好。如果不能跟醫生合作的話，恐怕這城裏的醫生也不見得有辦法吧！」

兩個多月以後，他起床了。第一次出門就跑來看我，慚愧的感覺要比感激還要多些。

「其昶先生，我向你道歉。你是我一生中最值得我尊敬的一個人。你非但把我的病醫治好了，甚至還給我一種信心，使我改變一些不良的觀念。」他說。

「一切都不必提了，」我笑笑說。「我何嘗對自己的工作發生過信心呢？我只認為有一個蹩脚醫生要比沒有强一些。」

後來，他和他的未婚妻用舊禮結婚的時候，用轎子來把我抬去，將我看成最主要的賓客。然後，他的父母，他自己和新娘，他的一些親友，每個人都來敬我的酒。而我呢，因為興奮過度的緣故，忘記了自己的酒量，一盞接着一盞地喝，直到從椅子上滾下來為止。

九

不久，冬天來了，雪一開始就下個不停。

有一天早上，我剛好上完第一課，坐在那裏吸煙的時候，一個學生跑到我的面前，遞給我一張字條。

「鄉輝小學轉

其昶先生：此間有一病人，請你來看一看。你到這裏時，可先到五豐豆腐店找我陪同前去。

三里坪胡招遠手啟」

我看完這張字條，就問條子是誰送來的，他告訴我是個推車的人送來的。我連忙跑出去看時，已經不見人影了，

下午，我上完課，就動身到三里坪去了。我在那裏找到了那家豆腐店，老闆就出來同我交談，說他也是受一個老太婆的托付寄這張字條的。說着，這個瘦削而憂鬱的中年人就帶我去見那位老太婆。

路上的積雪有半尺厚，我們在那些積雪的竹籬笆間穿來穿去走着。到了最後，我們在一家茅棚前停下來，敲着一扇貼有大紅福字的門。

一會，門開了，先是從門縫裏閃出一撮白髮來，然後一個老婦人出現了。她一看見我們，就讓開一條路，要我們走進去。

屋子裏雖然有雪光從一個窗口透進來，然而光線依然暗弱。在那裏，放着一些破舊的桌椅，牆上有幾張褪色的花紙。

老婦人對我們的到來沒有一點表示，只是機械地打開一扇木門，要我們到裏面去。

我站在門口看了看，發覺裏面一片漆黑，從門口射入的那一縷光線，剛好照在一張墊着很多稻草的床上。再仔細看看，似乎有一團黑色的東西在轉動着，使稻草發出悉悉索索的聲音來。

我走進去，為了要看清面前的病人，便摸索着去開一扇窗子。

窗子打開了，雪的反光從窗口透進來。同時，我聽到一個聲音叫起來：「誰呀，誰開我的窗？」

我轉過頭去一看，我幾乎嚇了一跳。我發現這個人的頭髮像亂草一般，而且積着塵垢。在亂髮中間露出來的那一張臉，瘦而骯髒，嘴唇在什麼地方也找不出來。她的身上蓋着一條灰色的破棉絮，整個身子縮成一團。「哦，」我心裏忖道，「我可沒有見過這麼難看的病人。」

我走過去，想拿她的手來按一按脈，然而她把手縮回去，驚慌地朝着我，說道：「你是誰呀？」

「我嗎，」我遲慢地說：「我是醫生。」

「我們沒有錢！」她沙啞地說。

「我知道，我不要你的錢就是。」我說。

她吃力地扭動了一下身子，臉朝向門邊，似乎要找什麼人。但老婦人和胡老闆都退出去了，他們對於這個女人似乎一點也不表示關懷。

「不要緊，你讓我看一看就是。」我說。

「我們沒錢。」她安靜下來，含糊地說出這麼一句話。

我替她診脈的時候，我一直注意她臉上的表情，並且猜想着關於這個女人的一切。譬如說，就我的觀察，她是一個三十五歲開外的女人，她的丈夫不是已經去世，就是在外潦倒得沒有辦法照顧家庭。那個老婦人應該是她的婆婆，因為假如是母親的話，應該對她更關切一點……

我在診斷完畢以後，除了知道她的身體衰弱到極點以外，一時實在找不出她的病因來。

我站起身來，再俯下身子去看看她時，赫然發現她的眼睛有些不對，便懷疑到她是個盲人。我用手在她的面前揮動着，她的眼睛果然連眨也沒有眨一下。

「你看得見我嗎？」我問。

老婦人忽然出現在我的身邊，說道：「她的眼睛昏花啦，什麼也瞧不見。」

「她的眼睛壞了多久了？」

「誰都不清楚她，她病了快要兩年啦。」

「生病之前她眼睛是好好兒的吧？」

「是呀，好好兒的。」

「她——」我說：「她是你的媳婦嗎？」

老婦人揮了下手，回答說：「侄孫女罷了。她還不會結親呢！」

「哦，」我心裏想。「這麼大年紀的女人還不會結婚。」

「先生，你能醫得好她，我要點香插燭來謝你啦！我照顧不了她。」老太婆嘮叨着說。

實際上，我也只是試試而已，我只配醫那些病狀顯著的病，那些有成藥可用的病。如果遇到須要檢驗大便血液，或者用X光透視的病，我只好退避三舍了。而這個病人，我相信須要懂得更高深的

醫理的人，用更澈底的檢驗方法，才能收到預期的效果了。

「我只能試試看，老太太，」我說：「她的病就得太久了。」

過後，我替她打了針，給了點藥。在辭出來的時候，我央求那個老婦人說：「她的身體虛弱得很，要給她吃點東西，好像粥湯啦，鷄湯啦，魚啦，牛肉湯啦……」

老婦又揮了揮手，生氣了，說道：「我自己連飯也沒吃的，還說什麼鷄湯肉湯，嘿嘿！」

我也向她揮揮手，走出門來，風夾着雪，往我的破大衣上吹來，積得像棉絮一樣。我低着頭，聽着脚踏在雪地上所發出來的聲音，一面想着那個病人。

就我看來，這是一樁棘手的事，如果她沒有足夠的營養，相信任何醫生都不能對她的病有所幫助。然而那個老太婆窮成這個樣子，而且關懷的程度也不夠。照這樣的情形看起來，一點針藥是無論如何不能把她的病治好的。我愈往下想，心裏也愈覺混亂。

不知不覺間，我已經到了那家豆腐店的門前了，那位老闆一看見我，就問我病情如何，我就老實告訴他，醫生對於虛弱的人是無藥可治的。

他惋惜地搖搖頭，說道：「她是個孤女，家裏本來境況不錯，後來她父親在城裏生了病，等到錢醫完，還欠了些債的時候，他死了。」

「唔，」我點點頭說：「城裏的醫生把她搾乾了，現在扔來給我傷腦筋。」

豆腐店老闆愁苦地望望我，說道：「城裏我是到過的，那裏什麼都要錢，連白坐一下的地方都找不到。」

我在想着自己的問題。過了一會，我已經摸着自己的口袋，把最後的一塊錢拿出來，交到老闆的手上。他不知道這是什麼意思，呆呆地望着我。

「我現在只好報你們鄉下人的恩報到底了。」我對他說：「這一塊錢是別人付給我的藥錢。我請你替我買一隻鷄，幾斤米，一些鷄蛋到她家裏去，過幾天我再來看看。」

豆腐店老闆拿着這塊錢，苦笑着對我搖搖頭。當我走到門外時，我還聽見店老闆在櫃臺上跌響着那塊銀洋。

五

大概隔了兩天的樣子，我又到三里坪去看那個病人。而這一次，雪下得更大了。鞋子踏在上面有些軟綿綿的感覺。迎面吹來的風，把雪花吹進我的眼睛和鼻子，使我感到有點窒息。

我到了病人的家裏時，那個老婦人來替我開門。她一看見我，就裂開她的癟嘴對我笑，並且說道：「你眞好，先生，還給我們送東西來——她這兩天好多啦！」

我抖了抖身上的雪花，走進病房。而這一次，因爲窗子已經開了半邊，使人一進門就覺得情形不同了。

「你來了！」她說，臉上顯出隱隱的笑容。

「怎麼樣，你覺得好一點嗎？」我說。

她點點頭。

我仔細地看了看她，發覺她的精神比從前好了一點，只是頭髮和臉還不會洗過。

「你的眼睛也好一點嗎？」

她又點點頭。

我在床邊坐下來給她診脈時，老婦人進來了，臉上依然堆滿着笑容。

「謝你啦，先生。」老婦人說。

我隨便診了一下，站起身來，因爲我實在也沒有方法來檢查她的病，她既無什麼體溫，也沒有什麼特別的徵候。

「你們家裏還有鷄嗎？」我問。

老婦人搖搖頭，說道：「還有一對鷄種，我怎麼捨得呀！」

「沒有補品，她的病是好不起來的。」我說。

「我想不出法子來，我們一個錢也沒有。」

我想來想去都覺得沒有辦法，因爲我身邊連一個錢也沒有了。然而要治好這個病人，除非給她營養豐富的食物。我沉思了一會，說道：「老奶奶，我看這樣吧，你把鷄子給她吃，算是你借給我的。等我有了錢，我買鷄子來還你好了。」

她疑惑地望着我，半晌說道：「你既然這麼說，我把鷄子殺了就是。」

於是，我告訴她如何給病人煮食，並且請她等天晴起來的時候，把病人打整一下。然後，我又把注意力回到病人的身上。

「你的身上感到有什麼不舒服的地方嗎？」我說。

「背上的骨頭酸痛。」她吃力地說。

「這是長久睡在床上的緣故。」我說。

「她現在好得多了，前幾天連話都不會說。」老婦人說。

我提起我的篋夾，說道：「我過幾天再來看看。」

老婦人送我到門外時，突然拉住我的衣袖，說道：「她像老樣子拖下去，可把我拖死啦。你先生能把她醫好我就謝你囉！她是個讀過書，會賺錢的人呀！」

「是的，你好好照顧她就是。」我說。

六

以後，約摸有六七天之久，天冷得不可開交，人坐在那裏，脚趾和手指就發僵。在學校裏，已經舉行大考了，等到考完以後，所有的教師和學生回家過年去了。到了這時，偌大一個學校，就只留下我和那個管理人了。

這天的早上，校長發給教員最後一個月的薪水，另外是假期中應得的那一份津貼。

我在拿到這份薪金以後，就打算到三里坪去走一趟，想看看那個病人的情形怎樣了。

寫到這裏，也許有人會懷疑這是個虛偽的故事，因爲在這個世界上除了瘋子以外，不會有這麼良善的人。然而，我發誓，我的這種帶點神經質的爲善慾念，根本就來自我父母的遺傳。他們常替在路上撞翻擔子的手車伕賠錢，或者買食物去餵別人家的餓狗。諸如此類的事，也常常引起路過的新聞記者的好奇，把這些怪事刊在新聞裏。如果有誰願意翻一翻十九年以前的報紙的話，我的這些話是不難證實的。除此以外，我還有喜歡看見一個人從死神手中逃回來，或者從憂傷裏快樂起來的天性。關於這一層，在我自身的理解中，或者與羅丹在塑像時的那種衝動差不多。只是我想創造的，是些活的藝術品罷了——我得承認，這是十九世紀的小說家所常用的說教方式，對於小說本身，實在無所裨益。

雪已經停止。太陽在稀薄的雲堆裏鑽來鑽去，然而天氣還是這麼冷。

我到了那所茅屋，還不會叫門，老婦人已經把門開得大大地等候着我了，說道，「我聽得出你的咳嗽呢。」

我一直走進病房，還不待開口，就聽見病人說話了。

「我看見你啦，醫生。」她說。

我興奮起來，走到她的床前。我發覺她的眼睛靈活得多了，臉和頭髮也已清理過，床鋪也整潔得多了。

「哦，」我說：「我從前以爲你三十五歲開外了，原來你只不過二十七八歲的樣子。」

她笑着，分明對自己的病已經增加了一種信心。

「你看得清我的臉嗎？」我說。

她望着我，說道：「我看見的，你似乎還戴着沒有邊的眼鏡。」

「你看錯了，我沒有戴眼鏡。」我說。

「我望過來怎麼會亮晶晶呢？」

我擦了擦眼睛，原來我淌出淚水來了。

「你自己對我說說吧，你有什麼病。老實告訴你，我實在算不得個醫生。」我說。

「我什麼都記不起來了，我只是昏沉沉地睡在床上。不過我恍惚記得我一回屆這裏就發高熱，以後熱度雖然退去，我却起不來床了。」她回憶着說。

「我猜對了，你虛弱得厲害。」

「是呀，我怎麼對得起你。你不是在看我的病，你簡直是在救濟我。」她的聲音有些不同了。

「不要提它吧。這裏的人統統都善良，只是沒有錢罷了。」我說。

「去年和前年，」她告訴我說：「我父親生病，天天都化十多塊錢。這樣過了一年多，我們把錢化光啦。」

「不要提它。」我說：「那些事你連想都不要去想它。要不然，你就更吃虧啦。」

我在那裏逗留了一會，把兩塊錢交給老婦人。說明一塊錢賠她的鷄，另一塊錢指定買些有營養價值的東西給病人吃，於是，我就在那種感激聲中，走出了那所茅屋。

七

這樣過了三個月，等我最後一次去看這個女病人的時候，她已經離開她的病床，站到茅屋的大門前來了。我看見春天的陽光照着她，使她臉上洋溢着一種生機。

她笑着，喜氣蓋過了她的一點病容。

「其昶先生，你看看我吧，我的病完全好了。」她揚着手說。

「啊，」我說：「這才是你的眞面目了。」

「你再猜猜看，我有多大了。」她說。

我打量着她，說道：「你最多也不過二十歲。」

「你從前不是說我三十五歲嗎？」

「我第一次看見你的時候，你實在還不止三十五歲呢！」

「我才十八歲零六個月。」

「哦，你原來還是一個很漂亮的女孩子。」我讚嘆着說。

她走在陽光下，穿着她的花衣服，像一隻大蝴蝶一樣。

「其昶先生，我現在明白了。」她說。

「你明白什麼？」

「我明白——」她走到我的面前，遲滯地說：

「你是世界上最好的醫生。」

「什麼話，」我覺得很難爲情。「你在取笑我吧？」

「不，不，」她認眞地否認着，說道：「我相信除了你以外，任何好醫生都不能醫好我的病。」

「這是什麼話？」

「很簡單，普通的醫生只能給我吃藥，而我的病是不能拿藥來醫治的。」她用兩隻亮閃閃的眼睛望着我說。

「虛弱症任何醫生都是看得出來的。」

「可是世界上最慈善的醫生也只能做到義務看病，給點別人捐助的藥，要他掏錢出來，那是辦不到的呀！」她說。

我笑笑，轉頭去望附近的景色，說道：「多好的景色啊！」

「其昶先生，你不回城裏去嗎？」她打斷我的話說。

「是啊，我也想回到城裏去去，幹我自己的老本行，不過我在這裏還欠着許多人情呢。」我說。

「再過幾天，我決心到城裏去了。」她說：「我欠你的情多啦。」

「不要提它，」我說：「在這個世界上，如果仔細地想一下，誰都欠誰的情。」

「呃？難怪你來給我醫病了。」

「可不是，我掉在江裏被他們撈起來的時候，可不是活的。」我說。

她的嘴裏含着根草，走來走去，最後又在我的面前停下了，說道：「你就打算這麼在鄉下就下去嗎？」

「是呀，我是在想——」我搔搔頭說：「我應該就多久，可是早晚總得回去。」

過了一會，他望望我，忽然問道：「你願意我將來報答你嗎？」

「我從頭到尾就沒有想過這一類的事。」

「我保留這個權利。」她說：「我在那裏可以找到工作的。」

我們在草坪上談了好一會才分手。當我離開她的時候，我也不免帶點爲善以後的愉快心情，回過頭去望望她，然後彼此揮揮手，分別了。（未完）

女畫家

（五幕悲劇）（六續）

雨初

第五幕　第一場

一個月後，史坤儀的住所，是在峨眉縣城。室內一床，一書桌，一書架，一畫架，幾把椅子。左一門通外，正面一窗，可遠望峨眉山景。書架上擺着那張潘乾生童年的照片；畫架上放着一幅未完成的聖人畫像。牆上也掛着幾幅聖像，如耶穌釘在十字架上的像，聖母像、佛像、孔子像等；有的是國畫的風格，有的是西洋畫的風格。

幕開時，王嫂在臺上，隔壁傳來禮拜堂的鐘聲。有頃，外邊敲門聲。王開門，鄭士英上。

王　哦，是鄭醫生。您到成都去，已經回來了？

鄭　剛回來。你太太呢？

王　到隔壁禮拜堂去了。

鄭　這些日子她的身體還好罷？

王　很好。可是，鄭醫生，她又用右手畫畫了！

鄭　又用右手畫畫？這是不行的呀！

王　她現在是畫的聖像。

鄭　我臨走不是再三告訴她？她的那隻右手，萬萬不能再畫畫了！

王　可是您走了沒有幾天，她就又開始畫了，有一天從禮拜堂回來，她忽然就動筆畫了耶穌基督釘十字架的像，後來又畫了一張佛像，又畫孔夫子、孟夫子、和許多聖賢的像。

鄭　（欣賞牆上的畫像。）畫得確實好。她好像把整個生命都放進去了。可是她的手，就更吃不消的了！

王　鄭醫生，您回頭勸勸她罷。不管畫得多麼好，把身體畫壞了，又有什麼用？（史坤儀上。她左手拿着一疊畫像，右手仍用綳帶吊着。）哦，太太回來了！

鄭　（走前兩步，迎着她。）李太太！

史　鄭大夫，您從成都回來了？

鄭　是的，你的身體好嗎？

史　（笑。）你看我好不好？（很快樂而無拘束的看着他。）

鄭　確是精神好得多。

史　王嫂，你把這些畫像送到方牧師家裏去。

王　又畫了這麼多了？（一邊欣賞那些畫像，一邊却向鄭士英遞眼色，表示擔憂的樣子。）

史　你快去罷。政治部今天下午就要到方牧師家裏去拿這些畫像，趕着印發。

王　我這兒就去。（把畫像捲起來。下。）

鄭　（很擔心的望着史。）李太太，你又畫畫了！

史　是的，鄭大夫你一定又要罵我了。（稍停。）這些日子我畫了不少聖像。

鄭　你知道，這對於你的身體是不相宜的。

史　不要緊。說來也奇怪。我這次畫了這麼許多聖像，這隻手却不大覺得疼痛，反而覺得好多了。

鄭　那是因為你得到一種靈感，精神一時克服了肉體。可是，長此以往是不行的，肉體奴役了精神，固然不好，精神太支配了肉體，也是不妥當的。必須要精神和肉體平衡並旺，才算是正常的健康。

史　不過精神有時也可以療病。

鄭　那是迷信，不是醫道。

史　（良久。）我已經答應了政治部，要畫一百張古今聖賢，以及英雄豪傑的畫像，印發到軍隊去。

鄭　一百張！那不簡直要你的命？

史　（笑。笑他太關心了。）不怕的。我慢慢的畫。軍隊裏有各種不同信仰的士兵；他們很需要這些畫像，安慰他們的心靈，鼓勵他們的勇氣。尤其是一個士兵臨死的時候，身邊有一張他所信仰者的聖像，他的痛苦就會減輕，他死亦瞑目了。

鄭　對於軍隊當然好的，可是你的手——

史　我的手也應該替國家做一份工作呀。為了一隻手就什麼也不做，這樣豈不是有生命等於沒有生命？我認為生命的價值不在長短。我寧願熱烈地發揮一個短促的生命，却不願無聊地虛度一些悠長的歲月。

鄭　然而留得青山在，不愁沒柴燒，只要你忍耐兩年，讓我把西醫的外科手術學好……

史　您眞的是要去學西醫，鄭大夫？

鄭　我在成都已經和華西醫學院的骨科主任郭大夫接洽好了。他答應我做他班上的旁聽生，我想有兩年的工夫，我就可以回來把你的手醫好。

史　謝謝你，鄭大夫。不過，我相信西醫也不能醫好我的手。

鄭　單靠西醫當然不行。可是我有中醫的根基，又加上西醫的科學方法，就一定能够把你的手醫好。

史　（望着鄭自信而驕傲的神態，微笑地）我從前有一位老師，他常常主張中學為體，西學為用。你今天這樣說，你們倒是異地同聲了。

鄭　豈敢和尊師相提並論？尊師——（想起在成都已經見過她那位老師，而且聽到關於他的一切。）我也很佩服他。這一次我在成都……覺得不該說下去，馬上轉變話頭，也笑。）我從前也像你這位老師一樣，以保護國粹為己任。但是我固執，我偏見，一味抱殘守缺，看不起外來的東西。無論洋人，洋教，洋學說，尤其是西醫，在我的眼裏，都不值一笑。

史　而你現在却要中西合璧了！

鄭　這一年來，我完全變了。自從——自從遇見了你……（看史一眼，又轉話頭。）我現在認識了眞理。現在我却主張眞理爲體，萬物爲用。

史　眞理爲體，萬物爲用。

鄭　這是我從隔壁的禮拜堂學來的。我因爲醫不好你的手便到禮拜堂去聽道……（鄭妻上，站在門口。）

史　哦，鄭大娘。（鄭妻怒目看着鄭士英。）請裏面坐，鄭大娘。

鄭　你到這裏來做什麽？

妻　來看李太太呀。你到這裏來又是幹的啥子？

鄭　你沒事來打擾李太太做什麽？

妻　我有事要和李太太談。

鄭　有什麽好談？你跟我回去罷！走！我們走罷！

妻　我不走！我的腿長在我的身上。我愛啥子時候走，就啥子時候走！（坐下。哭。）李太太！這死鬼好沒良心！他欺負了我，還怕我來告訴你！（又哭。）

史　鄭大夫，您先回去。讓鄭大娘坐一會兒罷。（鄭嘆了一聲，然後看了他妻子一眼，妻也怒目還了他一眼。鄭下。）

妻　李太太，我勸你一輩子不要嫁人，嫁人也不要嫁像這個死鬼鄭士英一樣的男人！

史　什麽事呀，鄭大娘？

妻　他發瘋了，把房子賣了，醫生也不要做了，要跑到成都去學西醫。

史　鄭大夫的志向很高。他把西醫學好之後，一定是一個學貫中西的名醫。

妻　哼！等到他學好西醫，我早餓死了！（突然）李太太，你是個好人，也不怪我那個死鬼喜歡你。

史　這什麽話，鄭大娘？

妻　你們不要瞞着我罷。他把房子賣了，還不是要帶你到成都去醫手？

史　鄭大娘！那裏來的這種謠言？

妻　你何必還不承認？我也並不是個醋瓶子。我也很體諒他，還常常勸他早點把你接到家裏去，做大做小都可以，但不要放在外邊，惹人說閒話。（泣）。

史　外間的閒話，你千萬不要聽。鄭醫生待我確是很好，可是他絕不是那一種人。要是那樣的話，我也早已不肯在這裏再呆下去了。

妻　我也並不怪他。像李太太你這樣，多才多貌，就我是個男人也會着迷的。我只恨他不老實，吞吞吐吐的，我一向他提這件事，他就發脾氣，說是冒犯了你。

史　鄭大娘！

妻　可是有什麽要緊呢？我讓你做大就是。

史　你快別說這些話罷！

妻　要不然大家平等，兩頭大也要得。只可憐我那幾個娃兒。他們聽見爸爸要討小老婆就大哭大鬧，只怕娶進來，就欺負媽媽！（哭。）

史　鄭大娘你越說越遠了！你放心罷。這一切都不是事實。

妻　（冷笑。）你眞厲害。到了這個田地，馬上就要跟他走了，你還一口咬定不承認！

史　沒有的事，我怎能承認？

妻　好罷！我是好心來跟你商量。我讓一步，你也該讓一步。可是你不識趣。我反過臉來，…哼！好！你不吃輭，要吃硬也要得！我跟你上鄭氏祠堂去，請父老大爺們來評評理！來罷！走！（動手動脚，上前，要拉史。王嫂上。）

王　鄭大娘！你幹嗎？

妻　問你的主人婆！她偷了我的男人，還想不承認！（又想拉史。）

王　（擋着她。）走開！誰偷你的男人？你別胡說八道！

妻　一點也不胡說。乾脆承認了，乖乖的跟我回去當小老婆。要不然，瞧我老娘的手段！

王　啥子手段？人家大名鼎鼎的女畫家，到你那個家當小老婆！呸！別作夢！

妻　那又有什麽辱沒她的呀？這裏川南川北，樂山峨眉，誰不知道我們鄭士英是天下第一名醫？華陀再世，起死回生，都叫他做活神仙。就怨他自己瞎了眼睛，看中這麽一個沒有手的半殘廢！人家不要，他路邊檢來！

王　你少損人！告訴你！叫你們鄭士英快別癩蛤蟆想吃天鵝肉罷。呸！不配！

妻　誰敢說不配？鄭士英那一樣配不上她？

王　那一樣都不配！尤其是他家裏的那個母老虎！

妻　（衝前。）王嫂！你說準點！

王　我說得很準！不配！不配！（交臂站穩，準備迎戰。鄭妻看她身强力壯，不敢自討沒趣。）

妻　我瞧明兒就有個皇帝的太子來配她。有個外國洋鬼子來配她！

王　誰都不配！有人天天登尋人廣告，已經登了兩年了。太太還不理呢。

妻　尋人廣告？是不是成都那一椿尋人的奇聞？

王　你看罷。這就是。（指報上的尋人啓事給她看。）今天還登的有呢。

史　王嫂！

妻　（看報，把報上的照片和人一對。）哦！

史　鄭大娘，不要聽王嫂的話。（想把報紙取回。）

妻　（把報收在背後，定神看史。）原來成都那尋了兩年的人就是你。（態度驟變，恭恭然。）那麽，李太太，你爲什麽不回去呢？

王　爲的是要讓那名醫鄭士英的婆娘吃吃醋呀！

妻　（瞪了王一眼，又看報。）這樣一個多情多義的男人，還出的五萬塊錢懸賞！五萬塊錢！（心裏有所打算。）李太太，我這個鄉下婆娘，不懂禮法，剛才冒犯了你啦。來去只怨鄭士英那個死鬼不好！

王　你回家才罵死鬼罷。（半推半送，推她到門口。）

妻　（仍拿着報，再看報上的照片，又看史。）完全一個模樣。一點兒也沒錯。（下。）

王　這母夜叉眞該死！

史　王嫂，你爲什麽要告訴她？

王　我氣不過呀！

史　你看！恐怕我們又要走了！你已經披露我們的身份。這一傳出去……

王　其實，太太，快兩年了。潘少爺還是那麼眞心。您不是常說，人間最可貴的是眞心？我看我們也可以回去了罷。

史　王嫂，一個人做一件事，必定要做到底，不能半途而廢的。比如你燒飯罷，你也必得把飯燒好才停火呀。

王　（悟。）也是的。這就好像鄭醫生那天說的，送佛送到什麼天來着？

史　（笑。）來罷。我們得馬上收拾東西。要不然，有人知道了，想着要廖老太爺那五萬塊錢懸賞，就不放我們走了。（二人開始收拾東西。史忽然對窗遙望，爲峨眉的風景所吸引。）這麼好的風景，再也沒有比得上的了！

王　（走過去，站在她旁邊，跟着她的視線，欣賞峨眉山景。）是呀。這樣的好地方，我也捨不得走。

史　（良久）潘少爺是多麼想逛一趟峨眉呀！

王　那一年，他跑了三天，把三幅最得意的畫賣了，就想跟您來遊峨眉。（一時無言，二人又開始收拾。）太太，我們這次到那裏去呀？

史　那裏都可以。從前彌勒佛背着一個布袋，笑着臉，到處化緣，到處佈施；我想我也可以背着我的畫箱，到處替人畫像。

王　太太，您眞會替自已解悶兒。我常常想，要是別人，遇見像太太這種境況，就不知道覺得多麼苦了。

史　受了苦，又覺得苦，不是更苦了嗎？

王　對了，太太，你這句話就和鄭醫生那天說的，剛成一對兒。

史　鄭醫生怎麼說？

王　他說：『受了苦，反倒覺得快樂，那才是眞正的快樂。』（鄭士英上。）

鄭　你們是在收拾行李？

史　不——今天太陽出來。王嫂要把被褥拿出去晒。

王　太太，我現在拿出去——晒。（把床鋪捲起，拿下。）

鄭　李太太，我知道是什麼一回事。我家裏的——她要逼你走。我一點沒有猜錯。我一看她那副尊容就知道她是勝利了！可是你千萬不要受她的威脅，我決定把她也搬走了。

史　也搬到成都去？

鄭　是的。這個女人，疑神疑鬼，鬧的整個城裏，也都聽她的鬼話。所以我下決心把她也搬到成都去，跟我一齊走。

史　那也很好。

鄭　可是，李太太，我贊成你也到成都去。

史　我也到成都去？（很懷疑的看着他。）鄭大夫，這是什麼意思？

鄭　請你不要誤會，我今生只有一個心願，那就是醫好你的手。除此別無其他妄想。我贊成你到成都去，是因爲……是因爲……

史　因爲什麼呢？

鄭　是因爲你回到成都，就可以找一個畫家，替你畫你的畫。

史　一個畫家不能替另一個畫家畫他所要畫的畫。

鄭　我看你那補天圖，現在不是有一位畫家繼續你在畫？而且不是畫得很好，很接近你的意思？

史　那些補天圖是畫行爲的，也許可以由別人代替。可是現在這些聖像，是畫的靈魂。

鄭　你把你的靈感傳授那個人，然後由那個人表現在那些畫像裏……（稍停。）天地間志同道合的人也不是沒有的。李太太，不瞞你，這次我在成都……（王嫂跑上。）

王　鄭醫生！你家小孩來說，鄭大娘跑了！上了車，不知到那裏去了！

史　到那裏去啦？

鄭　讓她去罷。不要緊。

王　可是孩子們都哭成一團了！（外邊傳來孩子的哭聲。）怕媽媽是要去尋死呢！

史　（大驚。）尋死？不會罷？（受了刺激感到精神不支，以手撫額。外邊小孩們哭着，大喊：『媽媽！媽媽！你不要死！不要死！爸爸！爸爸！』這種聲音斷斷續續的喊着，一直到閉幕。）

王　（忙上前扶史。）太太！

鄭　（走前，安慰她。）不會的。她不會尋死。你放心。（看她臉色靑白，替她撫脈。）

史　你快去追她回來！

鄭　可是你的脈！不好了！（驚。）李太太，你——你實在應該回成都去！

史　鄭大夫！你快去找鄭大娘罷！（孩子的哭聲越來越大：『爸爸！爸爸！』）

鄭　（走到門口，又走回來。）王嫂，你快扶太太趟着。我馬上趕一封信寄到成都去！（跑下。王扶史坐在床上。外邊孩子的聲音：『爸爸！爸爸！媽媽走了！媽媽死了！』）

史　（掙扎着站起來，想走前去，但精神不支，走不動。）天！不會又發生什麼事罷！（倒在床上。）

——幕——

（本幕完，本劇未完）

讀者投書

新生入學必須樂捐!?

王大川

近來臺中省市私立中等學校常巧立名目，强迫學生出錢，名為樂捐。捐者方得入學，不捐是否有問題不得而知。在入中學比「中學」還難的今日，還有家長敢以子女入學問題來抗捐麼？只得樂捐，換得入學了事。

一些朋友常在一塊談論子女入學問題，據說中市某女中敎家長出錢八百元可允落第生分數之最高者若干名入學，又云某私立商職只要家屬樂捐三千五千，其子女不必經過考試可以逕自入學，在考試放榜以前，樂捐一千兩千，保證可以錄取。這些都是傳說，沒有人證物證，不足為憑。茲將兩個有家長會正式公函敎學生樂捐的事實列後（原函存本社——編者）。

（一）臺灣省立臺中女子中學家長會主任常務委員顏春福，本年九月三日與新生家長一函：『查本校家長會擬建本年度敎職員疏散房室八戶，建築費預算新臺幣壹拾萬元正。其中半數由增班新生樂捐，半數由本年度正取生及備取生每一學生樂捐新臺幣一百元以上一事，于民國四十四年八月二十四日本校家長委員會決議，記錄有案。懇請貴家長以自由樂捐方式協助本會擬建疏散房屋。並請註冊時將樂捐款項送本校內家長會收納。』

（二）臺中市立中學家長會首席常務委員林傳旺，於本年八月二十六日與備取生家長公函，內開：『查貴子弟此次投考市中，名列備取，茲以各備取生家長紛囑轉請學校准予入學以免失學前來，經向學校接洽，校方以正取生缺額無多而學生課桌椅又不敷用，如能援照去年前案捐得相當數量桌椅自可通知入學。復查學生課桌椅每套約需價款八十元。務希貴家長惠予捐助課桌椅一套以上，藉減學校困難，是所企盼。』函後復有附註云：「如能按照去年前案捐助者，請於八月三十日上午到校本部辦理報到手續。」

這樣的樂捐已成為一般中學額外籌款的方法，並亦成為各校的定案。學校的建築傢俱為學校應有之設備，如有短少應由公家置備，不應出自新生家長。尤其課桌椅絕無每年短少之理。由新生家長樂捐，實含有「勒索」之意，對市中的備取生家長，這一威脅更大。不樂捐不能註冊，家長還能以子女入學為賭注而敢於不樂捐麼？

這是公開樂捐還好，黑市樂捐其弊害就無窮了。

九月九日于臺中

經濟部中央標準局來函

主編先生：頃閱貴社九月一日出版第十三卷第五期30頁正字標記乎歪字標記乎一文，至為詫異，殊與事實不符。①查㊣字標記為本局業務之一，截至現在止本局依法核准之㊣字標記產品一百八十餘種，每年分四期（每三個月一期）派員在各地市場採購各種使用㊣字標記產品之樣品，依法由本局或因設備關係委託檢驗機關抽驗，如不符合國家標準，本局均依法處理，實施檢驗另有機關，合格與否全憑記錄，本局無由左袒。為嚴格執行管理，即燈泡一項曾撤銷其證明書有遠東牌100V 60W、100W，FEW牌100V60W、100W，國際牌100V60W，東亞牌110V40W及國光牌110V40W等電燈泡七種。委託機關之檢驗費實收實付，均由委託檢驗機關開具收據，交由受檢廠商收執，本局何由賺收檢驗費？本局為執行政令，一切運費郵資均由本局開支。②㊣字標記尚在推行時期，本局為擴大宣傳，曾將使用㊣字標記產品刊登中央、中華、新生、聯合版、徵信新聞等報及本局月刊。其已參加者均刊出各報，未參加者則未列入。所需費用均有收據及清單可憑，並由本局分別通知各廠商清結有案。至電燈泡督導小組係由工業委員會組織，該小組所需費用，核實支用，早已結束清楚，且此項經費收支在行政與會計上與本局無關。

查推行㊣字標記係政府維護工商業之發展與執行國家既定經濟建設政策，實施以來蒙各界人士熱心愛護，迄今三年已粗具規模。本局對各界善意之批評固樂於接受，但對於不明事實真相之惡意攻訐，本局基於推行國家政令與執行公務之立場，難甘默息。至該投稿人所提之三項要求既係出於善意之建議，本局分別答覆如下：

一、對聯合報何凡先生希望提供之兩項保證，事實上本局已依據法令採取各種有效措施，以求保證品質之優良與適合國家標準，四十三年春，在本局會同工業委員會檢驗小組，在臺北曾公開將不合標準之各種電燈泡銷毀兩萬餘只，可見本局推行㊣字標記保證消費者利益之決心。二、開放燈炮進口一事，非本局職權之所能及，主管當局自有適當之採擇。三、對㊣字標記產品加强監督一事係本局應盡之職責，本局對於各種使用㊣字標記之產品，均隨時派員赴市場及工廠察查，並按期在各不同市場採購樣品，加以檢驗，俾防止品質變劣及不合標準之情形發生，建設廳為配合此項政策逐月亦有產品檢驗之辦法可資參考，至市面產品如有濫冒朦混使用㊣字標記情事，本局極力歡迎各界人士協同維護㊣字標記之信譽，檢同證據向本局據實檢擧，本局自當依法處理，以求維護工商業及消費者之利益。

以上各點均係本局根據事實，對投稿人馬振基先生作公開之答覆，如果馬先生對事實仍有未盡明瞭之處，本局除歡迎馬先生指教外，並歡迎各界人士隨時來函指敎與善意之批評或建議，因為一個國家政令之推行是需要擧國上下各界人士，共同維護與協助。專此敬頌

撰安

經濟部中央標準局敬啓　九月八日

編者按：本刊上期讀者投書指責「正」字燈泡品質低劣，此係人所共知之事實。而中央標準局之來函只對檢驗費與廣告費之徵收，有所申辨，何能謂原投書之文字「殊與事實不符」？且來函既謂有七種燈泡已經撤銷證明，但為何其中遠東牌100V 60W東亞牌110V 40W，仍印有「正」字在市上銷售如故？我們希望該局能真正保證正字標記產品的「品質優良」。

自由中國　第十三卷　第六期　內政部雜誌登記證內警臺誌字第三八二號　臺灣省雜誌事業協會會員　一九二

給讀者的報告

本期我們有社論二篇。社論㈠在析論當前的「法屬北非問題」。時至今日，殖民主義之必須放棄，乃時代潮流之所趨。法國必須順應潮流，毋爲倒行逆施之舉措。本期付梓之時報，載法軍拒絕開赴摩洛哥的消息，足見法國人民的覺悟，法國政府當能有以警惕。另一方面我們亦希望北非人民在爭取獨立的運動中，幸勿流於偏激的民族主義之途徑。法屬北非包括突尼斯、摩洛哥與阿爾及利亞三個地區。現突尼斯問題已獲解決。本期巴黎通訊對之有詳盡之報導，可供吾人參閱。

社論㈡在闡明「保護政策的限度」。保護政策的理想爲扶植並發展國內的工業，可是無限度地採取保護政策，結果則適得其反。過分的保護政策不但使國內物價偏高，消費者蒙受損失，並且足以使工業產品的品質無法提高，工業管理與生產技術無由改進。今天臺灣的工業正陷於此種可悲的局面。長此以往，勢難在國際市場上與他人爭一日之短長。展望前途，令人憂惧。因此，我們呼籲當局從速修正此種不合理的保護政策，從而有限度地開放過去受保護的諸種工業產品之進口，以刺激並促使國內工業之進步。爲求臺灣經濟之自力更生，我們願提供此一意見。

本期前兩篇專論都是討論財經問題的文字。其一是白瑜先生「論最近兩大財經措施」，其一是張九如先生的「僑資條例准許輸入其他物資的弊害及對策」。白文所討論的兩大財經措施係指政府最近調整棉豆折算率與修正證券商管理兩事而言。白瑜先生指出此兩項措施都不是財政上的根本辦法。爲求健全財政，必須從根本上做起。財政健全，金融才能穩定，經濟才有出路。這是不易的道理。其次，張九如先生指出僑資辦法中的不合理處在於准許輸入其他物資。張先生瀝陳其弊害，並提出原幣保值辦法以爲對策。

傳正先生的「國家主義與世界主義」一文，是一篇純理論的文字。該文說明國家主義與世界主義的意義，並指出人類今後應循的方向。因文長將分兩期發表。

當代哲學泰斗羅素教授所著「權威與個人」一書，闡揚自由思想，是一極有介紹價值的文字。承汪仲先生爲我們譯出。其譯文之信達，毋待我們介紹。本書原爲一有系統的學術演講，共分八講，全文將分期在本刊陸續刊出。

再本刊上期社論㈢「從孫案的反應矚望於調查委員會」一文，末尾倒數第二行「……我們應該信賴他們不會有何顧忌或矚循而會是是非非作成公正的結論」，「矚循」爲「瞻徇」之誤，併此更正。

自由中國 半月刊　總第一四一號　第十三卷第六期

中華民國四十四年九月十八日出版

發行人兼主編　『自由中國』編輯委員會

出版者　自由中國社

社址：臺北市和平東路二段十八巷一號
電話：二八五七〇

航空版

香港　友聯書報發行公司
Union Press Circulation Company, No. 26-A, Des Voeux Rd. C., 1st Fl. Hong Kong

總經銷

臺灣　自由中國社發行部
中國書報發行所
美國　自由中國日報
Free China Press
719 Sacramento St., San Francisco 8, Calif. U. S. A.

經售者

日本　東京僑豐企業公司
韓國　漢城裕昌德號
馬尼剌　大中華日報社
印尼　新疆書店
椰嘉達天聲日報
越南　棉蘭新中華報
緬甸　西貢中原文化印刷公司
印度　仰光振成書報店
澳洲　加爾各答塔梅學校
北婆羅洲　雪梨瑞田公司
新加坡　西利亞坡青年書店
檳榔嶼、吉打邦均有出售

印刷者　精華印書館

廠址：臺北市長沙街二段六〇號
電話：二三四二九號

本刊經中華郵政登記認爲第一類新聞紙類　臺灣郵政管理局新聞紙類登記執照第五九七號　臺灣郵政劃撥儲金帳戶第八一三九號（每份臺幣四元，美金三角）

自由中國

FREE CHINA

第十三卷 第七期

要目

中華民國四十四年十一月一日出版
社址：臺北市和平東路二段十八巷一號

半月大事記

九月八日（星期四）

臺灣省臨時參議會覆議都市平均地權施行細則。實施範圍照省府原案通過，漲價歸公收入辦法作部份修正。

美總統艾森豪在丹佛宣佈，殷格索少將繼蒲賴德出任第七艦隊司令。

日外相重光葵訪美事畢，返抵東京。

美遠東軍最高統帥部宣佈，共匪能携原子彈之飛機已駐於靠近日本之大陸上。

九月九日（星期五）

臺北市舉行第一屆全國公務人員運動大會。

美太平洋地面部隊司令克拉克將軍抵臺訪問。

新任美國際合作總署長賀立斯特聲稱，美援外經費不擬立即削減，並重申自由亞洲地區的重要性。

德蘇會談開始，艾德諾强調應先解決德俘問題。

安理會通過決議，以埃邊境立即停火，加薩設障碍物，隔離兩國部隊。

史塔生在裁軍小組會議上，堅決主張使用核子武器以對抗侵略，永不受否決權之限制。

九月十日（星期六）

法與摩洛哥前王尤塞夫就成立摩新政府問題商獲協議。

共匪爲圖與美續談其他問題，允釋全部被扣美人。

九月十一日（星期日）

葉外長答記者稱，美匪日內瓦談判應立即結束。

美國務院發言人聲明，美對匪釋放美平民事，無任何秘密諒解，對匪立場亦無變更。

九月十二日（星期一）

亞盟中國總會推杭立武出席十六日在菲舉行之二屆亞盟預備會議。

法總理傅爾的麋洛哥自治計劃遭國內右翼份子反對，摩局勢復趨緊張。

高棉總選揭曉，前王錫哈諾所領導的人民社會黨大獲全勝。

九月十三日（星期二）

葉外長赴美出席本屆聯合國大會，行前發表談話，希望大會順利進行，並將所有共黨國家逐出大會之外。

美參議員勃里奇演說，美國爲保衞臺灣，決不惜一戰。

法內閣通過麋洛哥和平計劃，並宣佈即行實施。

九月十四日（星期三）

美國務院發言人聲明否認與共匪交換拘僑。美駐華代辦郭可仁訪沈次長，轉告美與匪在日內瓦談判內容，並表示美對華政策決無絲毫變更之意。

德俄會談達成交換協議，即俄保證釋放德俘，以換取與俄建立外交關係。

法政府決定暫緩實施摩洛哥和平計劃。

九月十五日（星期四）

葉外長抵紐約，向記者表示，與匪談判毫無用處。

美國務院發言人聲明，共匪未全部釋放美平民前，不與談其他問題。

九月十六日（星期五）

立法院第十六會期開始，行政院俞院長作施政報告。

俄官方宣佈布加寧患病。

關於釋放德俘問題，俄帝仍未作任何正式表示。共黨東德代表團奉召抵達莫斯科。

阿根廷陸海軍發動反對裴倫的叛亂行動，阿國會通過全國戒嚴法。

本刊第十三卷第六期因故延遲兩日發行。

九月十七日（星期六）

葉外長在紐約對記者談稱，中華民國政府是唯一代表中國人民的合法政府，聯大不應討論所謂代表權問題。

美國務院宣佈，副國務卿胡佛定十月十一日來華訪問，美國際合作總署長賀里斯特偕行，將直接視察援外計劃業務。

阿根廷內戰激烈，裴倫政府成立戡亂指揮部，由陸軍部長出任司令。

俄帝對芬蘭施懷柔政策，允將在赫爾辛基附近之博卡拉軍事基地歸還芬蘭。

嚴主席表示，省政府於年底次第遷移中部，經費及技術均無問題。

九月十八日（星期日）

陸軍預備部隊訓練司令部正式成立，正副司令劉安琪朱元琮宣誓就職。

九月十九日（星期一）

行政院長俞鴻鈞就共匪勾結俄帝藉口「自治」出賣新疆之罪行，發表嚴正聲明，指出此項行爲的一切可能後果，均屬無效。

聯合國中國同志會致電聯合國大會，重提四點建議，主張將俄帝逐出聯合國，並永不許共匪侵略者入會。

阿根廷戰事繼續擴大，裴倫政府向叛軍發出停火建議。

九月廿日（星期二）

第十屆聯合國大會開幕。

美衆議員周以德電復華僑文教會議，保證美對中國學生決不允予强制干預。

阿根廷總統裴倫辭職，由軍人執政團與叛軍代表舉行和平談判。

俄帝與東德簽訂協定，恢復東德主權，俄將遣派大使，駐軍繼續保留。

法內閣決定使摩洛哥王去位，而成立一三人攝政團。

九月廿一日（星期三）

聯合國大會以四十二對十二票通過美國所提不考慮中國代表權問題案。

阿根廷軍人執政團向革命軍無條件投降，革命軍電臺並宣佈成立臨時政府，由羅納第出任臨時總統。

九月廿二日（星期四）

杜勒斯在聯大發表政策性演說，促俄對附庸國放手，並警告俄帝勿以武力爲實施政策之工具。

美與西歐各國軍政領袖在阿爾卑斯山中舉行爲期四日的會議，商討美與各國之關係。

西德總理艾德諾要求西方就東德將控制柏林交通事向俄提出抗議。

自由中國的宗旨

第一、我們要向全國國民宣傳自由與民主的真實價值，並且要督促政府（各級的政府），切實改革政治經濟，努力建立自由民主的社會。

第二、我們要支持並督促政府用種種力量抵抗共產黨鐵幕之下剝奪一切自由的極權政治，不讓他擴張他的勢力範圍。

第三、我們要盡我們的努力，援助淪陷區域的同胞，幫助他們早日恢復自由。

第四、我們的最後目標是要使整個中華民國成爲自由的中國。

社論

(一)

南韓新反對黨的誕生

——兼論自由國家內的一種趨向——

八月十九日在南韓首都漢城產生了一個與李承晚總統抗爭的新反對黨——民主黨。

新黨運動始於去年十一月，當時的執政黨——自由黨，曾使南韓國會通過憲法修正案數項，其中有一項最引起反對派的不滿，就是李承晚總統連任滿期後，仍有競選連任的權利。當時韓國國會反對派及無黨派議員雖起而抵制修正案的通過，但未能有效，於是乃有成立聯合政黨以制衡李承晚領導的自由黨之議。新黨曾經因為人事和政策的關係，而使成立時日延擱。八月十八日，主要反對派民主國民黨同意解散，全部黨員以個人身份加入新黨，以利新黨的組成。新黨遂於八月十九日正式誕生。

南韓新黨的重要人物，包括幹練的政治家，有資格的行政領袖。新黨的主要發起人為前國會議長、民主國民黨主席申翼熙、前南韓總理張勉及趙炳玉等。這些政治人物都是具有獨立性格的，而不是自大自傲的李承晚所庇蔭支持的人物。

新黨的政治目標為自由、民主和統一。新黨的政綱中曾提出下列幾項保證：

(一) 反對極權，擁護民主；
(二) 爭取議會政治制度及總理制政府的實現；
(三) 促進自由經濟及人民福利；
(四) 與各愛好自由國家為友。

新黨揭櫫的政綱，大部針對李承晚總統的現行政策。爭取議會政治制度及總理制政府這一點，是反對李承晚總統權力的擴張；促進自由經濟是對當前南韓統制經濟政策的反抗；與愛好自由國家為友顯然是不滿李承晚總統的反日政策。

從新黨的成立動機、新黨組成的人物和新黨所揭櫫的政綱來看，毫無疑問的，新黨的性格是百分之百、不折不扣的反對黨。

英美的報章雜誌，往往以頑固 (obstinate)「獨斷獨行」(one man) 這些字眼來描繪李承晚總統的性格和作風。許多觀察家甚至於稱李承晚總統為獨裁者，或說南韓根本沒有民主。但是，就李承晚總統容忍反對他的新黨成立這一點來看，我們不能不承認李承晚畢竟仍具有民主政治家的風度和素養，並且能夠尊重民主政治的基本原則。

南韓反對黨的前途，目前雖然難以推斷，但是，無論如何，就當前的情形而論，新黨已具備了政黨的雛型。泛亞社漢城十九日電稱：新黨初步登記有黨員一千二百人，在國會中擁有議席三十五名，而國會中四十五名無黨無派議員將有三十名加入新黨。果爾，新黨在國會中將擁有六十五席。南韓國會為二〇三席，執政的自由黨擁有一二三席，而新反對黨議席幾佔國會議席的三分之一，而達執政黨議席的半數。我們從南韓國會勢力的分佈觀察，新黨已具有反對黨的實際力量。

南韓建國僅僅十年光景，在這短短的十年中已逐步走向政黨政治的道路。我們對南韓政治民主化固然感到興奮，但是同時我們對南韓執政黨和反對黨也要盡一些忠言：

執政的自由黨應該遵守政黨政治的常軌，要賦予反對黨同等的發展機會。那就是說，對於反對黨不應橫加限制，遏阻反對黨的壯大；更不應該以國家的一切力量——特務、警察、軍隊——做為剷除異己、保持政權的工具。執政黨要為韓國立下政黨政治的楷模。尤其重要的，要保障人民的自由和權利。而站在反對黨的民主黨，為了爭取政權，不應不擇手段。反對黨應該以政策爭取人民，以競賽的心情爭取民心；並領導反對黨羣衆，批評、指責執政黨的過失，公諸全國人民，以盡反對黨監督政府的責任。

果眞韓國的執政黨和反對黨能夠遵守民主政黨的道德，互相策勵，這不僅能使韓國的政治革新，同時可使韓國在國際上的地位提高。韓國在自由世界之中，也可以毫無愧色地站起來，而不再遭獨裁之譏。

韓國已踏進政黨政治的途徑。我們從韓國反對黨的成立，更可證實自由國家中的一種趨向。這種趨向就是自由世界各國中都有強有力的反對黨存在。英美民主先進國家不必贅言，就是遠東的國家，如日本、菲律賓、印尼、越南、也都有反對黨與政府黨抗衡。反對黨是自由民主的象徵。一個國家，執政者雖高唱民主自由，但是若沒有反對黨組織和活動的自由，這個國家決不能稱為一個民主國家，而仍是一黨專政。一黨專政發展到極致，則政治流於極權，人民權利和自由則橫遭剝奪，蘇俄就是一個實例。一黨專政的結果，必然要造成政治上的貪污、低能、和腐敗。因為一黨獨握大權，而沒有強有力的反對黨與之競爭，施政無反對黨予以督責，過失無反對黨加以揭發和攻擊，則執政黨必流於「苟安」或「妄自尊大」，而無積極革新政治的決心。如此，政治焉有不腐敗之理？

極權國家只有一個黨，不容許與其他政黨共存，黨成為壟斷政治的工具。而民主國家則必須為多黨並存。反對黨的存在不僅可刷新政治，且可促進團結。自由國家中皆有反對黨，這是時代的趨向，我們將何以迎接此一時代潮流呢？

社論

(二) 談臺北市政

以市民的資格來談市政，當然是些婆婆媽媽式的瑣碎話。可是這些話所涉及的一些小事，正是關切市民切身福利的。這些事做不好，也就無所謂市政了。

剛到臺灣來的人，對於臺北市的印象，可能不會太壞。走馬看花，臺北市確有些地方值得叫好。尤其中山北路二三兩段，寬敞、清潔，快車道與慢車道之間兩行常青樹，排列得那麼長、那麼整齊，從圓山橋走進市區，一眼望去，眞美！可是在臺北久住的人，尤其不住在中山北路的人，談起臺北市政來，總是搖頭的時候多，點頭的時候少。

先從交通說起：

公共汽車是臺北市民主要的交通工具。經營公共汽車的公車處，是臺北市民多年來詬罵的對象。在九月六日開幕的最近一次市議會臨時大會中，因爲車票加價案，公車處又挨受了幾陣大排砲。加價案被否決了，事後，市府的主任秘書對記者發表感想，也說道，人必自侮而後人侮之；公車處太不振作了，怎能叫人同情支持呢？(見九月十四日中央日報)這種話出自市府主任秘書之口，可知公車處之受指責，沒有甚麼寃枉。別的我們不說，就單我們在中途站等車時的情形講一講，也足够說明公車處的服務(？)精神了。

公共汽車中途站的路牌上，都寫明每班車相隔的時間。例如三路車和四路車的路牌，寫明「每隔四——八分鐘一班」，十五路車寫明「每隔十——十五分鐘一班」。但是事實上行車時間就很少嚴格地遵行。我們在四路車站所常常經歷的，是一等就等上八九分鐘以上，車到了，則又首尾相接，一連到了兩部。這說明路牌上寫的最高時限與最低時限，都是不算數的！這也罷，還有一種情形，是最使等車的人光火的：等車的人已經排成了一個長蛇陣，好容易遠遠望着車子來了。大家蠕蠕而動，準備車停門開，就一躍而上；車子駛得更近了，大家望望車廂，意外地高興，「還好，也許還有空位可坐。」那知正高興的時候，隆隆的聲音擦身而過，車子跑掉了！後面又來一部，倘使這一站又沒有人下車，車子還是不停的。這時如果你忍不住氣駡它一聲，車輪的回答聲好像是說，「誰叫你不坐三輪？就擱時間，活該！」這是臺北公車處給市民的服務！

談到市區的交通秩序，延平北路經整頓後，情形好了一些。另一鬧市衡陽街則是亂糟糟。這條街很窄，原先沒有公共汽車經過，現在又有了二十五路汽車來往其間。這樣一來，店舖門前的行人道，更是擁擠不堪了。擁擠的主要原因，是三五步一個攤販，十來步一大堆單車。兼之三輪車一停放，常常弄得你前進不得，後退不能。在重慶南路與博愛路之間的那一段尤其如此。這條很短的街道，公共汽車不必經過(廿五路車只在街的西頭有一站，何不稍稍繞道，從寬敞而行人稀少的寶慶路繞到衡陽街的西頭呢？)；這條很窄的街道，攤販該當禁止。前者沒有做到，表示公車處不用腦筋；後者沒有做到，表示市警局未盡職。衡陽街的交通情形，只是臺北市交通秩序不好之一例，有待改善的，不只衡陽街一處而已。

其次，說到環境衛生，也尚待大大改善。尚待改善的地方，除市民本身應負責任者外，市政機關應負責的有下列各事：

排水溝——淤塞的排水溝太多，要急於疏濬，溝內污泥，掏出路面時，應即刻運走。現在的辦法是掏泥與運泥的沒有聯絡。污泥掏出路面後，每每擺上四五天才運走。在這四五天中污泥中的病菌不知散佈了若干萬在空氣中！

水肥——奇怪得很，臺北市處理水肥是沒有固定時間的。當上下午街巷行人最多的時候，水肥車這裏停一個，那裏停一個。弄得行人掩鼻而過。記者的住宅，每每是在吃早點或午餐的時候，挑糞的人來了，如果你叫他改個時間再來，他就一去不管，一直要等到下一次輪到這個區域，才有人來挑走。這也是臺北市民惱火的一件事。市政當局爲甚麼不設法多添製些木質水肥車，多僱用些挑水肥的工友，把處理水肥的時間安排在天剛亮的時候呢？有關機關的答覆，可能是說經費不够。可是、經費不够也得設法籌措。

市區養豬——早有明令禁止。可是事實上市內養豬的有得是。隣居的人碍於情面，不願告發，附近的警察局或派出所也就置若罔聞了。現在我們向市政府建議，通飭警察總局轉飭各分局及各派出所，嚴格在各自的轄區中挨戶調查，限期禁絕，嗣後如再發現市區內有養豬者，即給該管分局或派出所以嚴厲處罰。養豬禁令之未澈底實行，其關鍵是在於警局。

此外，關於違章建築問題，則是一個比較複雜的問題。羅斯福路違章建築之得以順利地全部折除，不失爲本年度臺北市政之一大佳績。可是市政當局應當知道，違章建築之所以層出不窮，市政府的工務局是要負一部份責任的。工務局對於申請建築的案件，經常是挑剔留難，積壓不辦，逼得市民們只好走上違章建築之一途。今後要不讓有新的違章建築出現，除警局的嚴格取締外，市政府要嚴格監督工務局好好地處理申請建築的案件。

臺北市政有問題的地方，當不止於這些。這裏限於篇幅，只略提出以上各點。現在，正是高玉樹市長剛自歐美考察市政歸來的時候，對於臺北市政，他應該有一番大作爲的宏圖。臺北的市民，也是他的選民，等候高市長競選諾言之實現，已等了一年多了。

日本貿易之進步及其趨向

瞿荊洲

一

日本政府之經濟企劃廳（其前身爲經濟審議廳及經濟安定本部，相當於我國行政院經濟安定委員會），於本年七月二十日，公佈其「昭和三十年度經濟報告書」。此種經濟報告書，一般謂之爲「經濟白書」，在我國通稱之爲「經濟白皮書」。自一九四七年以降，日本政府每年都要公佈這樣的經濟白皮書，本年已是其第九次了。經濟白皮書之內容在於將過去一年來經濟的過程加以分析，公開的剖白出來，以期獲得世人的了解；可供留心日本經濟的人士以一種良好的參考。關於過去一年的日本經濟，筆者於本年四月初，曾參照由其他書報上蒐集所得的資料，寫了「從金融觀點看日本經濟」一文，登載第十二卷第八期的本刊上。對於日本運用金融的力量，由抽緊銀根以使通貨緊縮，鞭策國內的工商業以鼓勵輸出，由此以改善國際收支而奠定日本經濟轉危爲安之大局，所持論點，與在其四個月後公佈的經濟白皮書之主要部份，關於「緊縮政策之過程」及「緊縮政策之效果」所述各節，頗能不謀而合。故吾人對於本年度日本經濟白皮書，殊無再事申引之必要。惟日本經濟企劃廳長官高碕達之助氏在上述經濟白皮書之序文中，聲稱日本經濟未可故步自封，亟應於立定脚跟之後，找出向前邁進之途徑來。而其所謂向前邁進之途徑，在其正文中，又以振興出口貿易列居第一。此外，關於日本之對外貿易，日本通商產業省（簡稱通產省相當於我國的經濟部），在本年五月十日另行公佈了一種所謂「通商白書」，即剖析日本貿易現狀的貿易白皮書。其中對於日本貿易之實況及其推移亦有頗爲詳盡的敍述。讀了以上兩種白皮書，深覺其共同顯示出來的日本貿易之進步及其趨向，頗足引吾人之注意。

我國對外貿易據上年度臺灣銀行結滙統計，出口總達爲九七、七五六、一二一美元，進口總值爲一一〇、二一七、二一六美元，其中對日輸出爲五一、九〇四、九六五美元，自日輸入爲六一、九四〇、七五〇美元。如算出其百分比，則可知我國對日輸出佔出口總值百分之五三·〇九，自日輸入佔進口總值百分之五六·二一。無論進口或出口，對日貿易實佔我國整個對外貿易總額之半數以上。其在我國經濟上所具有重要性，自屬不言而喻。我國現退處臺灣，力圖反攻復國，必須爭取各方面的援助。因着歷史上地理上之種種關係，日本實也是可以援助我們的一個重要的鄰國，其在軍事、政治、外交、文化上的實情及其趨勢，我們都應予以深切的注意。惟此不屬於本文範圍之內，姑不具論。僅就貿易一端而言，日本更是一個最重要的對手國，我們對其貿易之進步及其動向加以檢討，應當是不無意義的吧。

二

上年度日本之對外貿易，據其海關統計，出口總值爲十六億二千九百餘萬美元，與其前一年度之十二億七千五百萬美元相比，計增加了三億五千四百萬美元。以百分比計算之，上年較前年出口總值增加了百分之二八。如照日本銀行統計，上年度出口結滙總額爲十五億三千二百萬美元，與其前一年度之十一億五千六百萬美元相比，則增加了三億七千六百萬美元，其增加率竟達百分之三三。此乃第二次世界大戰以後日本出口貿易之最高記錄。至於在進口方面，照海關統計，上年度之通關總值爲二十三億九千九百萬美元，與其前一年度之二十四億一千萬美元相比，減少了一千一百萬美元，其百分率幾於相同。再查日本銀行之外滙統計，上年度進口結滙總額爲十九億六千二百萬美元，與其前一年度之二十一億零一百萬美元相比，約減少了三千九百萬美元，其增減率之相差，約爲百分之七。由此可見日本上年度之對外貿易，其出口有鉅額之增加，其進口不但未隨之增加，且略見減少。此實爲日本在貿易上之一大進步。

以上係按曆年計算。日本係以自每年四月一日起至翌年三月底止爲會計年度；如按會計年度計算，並據日本銀行外滙統計，則可查出日本之國際收支中，上年度（自上年四月一日起至本年三月底止）在收入方面：出口結滙收入十六億零二百萬美元，美軍特需項下收入五億九千萬美元，貿易外之收入一億七千五百萬美元。以上三項共收入二十三億六千七百萬美元。在支出方面：進口結滙支出十七億六千七百萬美元，貿易外之支出二億五千五百萬美元，兩共支出二十億二千二百萬美元。收支相抵，計收超三億四千四百萬美元。回顧其前一年度（自前年四月一日起至上年三月底止）之國際收支，在收入方面：出口結滙收入十二億四千五百萬美元，美軍特需項下收入七億六千一百萬美元，貿易外之收入一億五千六百萬美元，以上三項共收入二十一億六千二百萬美元，在支出方面：進口結滙支出二十二億四千三百萬美元，貿易外之支出二億三千二百萬美元，兩共支出二十四億七千五百萬美元。收支相抵，計支超三億一千三百萬美元。綜觀過去兩個年度日本的國際收支，前年支超三億一千三百萬美元，上年卻收超三億四千四百萬美元，一出一入，相差竟達六億五千七百萬美元之鉅。此六億餘美元之差益，究從何處得來？由上面的統計很明白的可以看出係來自進出口貿易。前年度的出口結滙收入僅十二億四千餘萬美元，上年度則高達十六億餘美元，其收入增加了三億五千餘萬美元。前年度的進口結滙支出二十二億四千餘萬美元，上年度則僅十七億六千餘萬美元，其支出減少了四億七千餘萬美元。收入增多與支出減少，二者之差額原已超過八億美元，只因美軍特需的收入上年度較前年度減少了一億七千餘萬美元，將貿易上的差益沖消了一部份，故祇得淨額六億餘美元。由於此六億美元之差益，使日本國際收支煥然改觀，日本積存的外滙由七億餘美元扳回至十二億美元以上（請參「從金融觀點看日本經濟」一文），日本之經濟轉危爲安實爲對外貿易在經濟上之一大貢獻。

三

前節對於貿易之計算，均係以美元爲單位之金額。其實，貿易的金額乃由貨品之數量乘貨品之價格而得。日本進出口貨品之價格，在上年度頗有變動。據經濟審議廳編製的指數，日本出口貨品之價格，自上年三月份起，即開始下降。上年十一月份出口貨品之價格與前年同月相比，平均跌落百分之七•七（照日本銀行所編製的進口物價指數，則爲百分之七•三）。貨品之價格既經跌落，貨品之數量縱然不變，其金額亦將減少。如欲維持相等的金額，則必須增加貨品之數量。現在金額不但未見減少，反有鉅額之增加，自係貨品數量增加更多之結果。由此推算，前節所述上年度（曆年）日本出口貿易結滙金額較前年度增加了百分之二八，如將價格的因素計算進去，則其出口物貨品數量之增加率，實已達到了百分之三一以上。此乃日本對外貿易之實質的進步。

年來國際貿易上有一特徵，即是世界農產品生產過剩。關於農產品之貿易，已成爲買方的市場（Buyer's market），其價格漸見減低（我國出口貨多爲農產品，即感受此種困擾）。日本對外貿易中之進口貨，以糧食及工業原料爲主，大部份皆爲農產品，其價格皆趨跌落，故上年度日本進口結滙金額較前年度雖略有減少，但其進口貨之數量並未隨之俱減，反有若干增加。使糧食及原料之供應不致匱乏，對於工業之振興及人民生活之改善均有裨益。此又係日本對外貿易上甚爲有利之一點。

日本之對外貿易，出口有鉅額實質的增加，進口之金額雖減而貨品之數量不減，使日本經濟自立獲得了堅實的基礎。蓋日本承第二次世界大戰疲敝之餘，由於在經濟上有種種助力始得以渡過難關而向自立之途邁進。在許多助力之中，要以隨韓戰而來的所謂「軍事特需」爲最重要。日本在這一項交易上，每年平均約可收入八億左右的美元。但自板門店停火協議成立後，在韓國戰場之聯軍大部撤退，軍事特需即漸減少。日本當局早已有鑒及此，認爲依賴他人之特需以獲取外滙，終非長久之計。深知欲謀取正常的經濟自立，惟有發揮自己的力量以加强對外貿易。上年度之特需金額與前年度相比，按會計年度計算，由前年度之七億六千萬美元減爲上年度之五億九千萬美元，計減少一億七千萬美元。如照曆年計算，則由前年之八億零九百萬美元減爲上年之五億九千六百萬美元，計減少了二億一千萬美元。如此因特需之減少而發生的缺額，卒因貿易之進步將其抵消而有餘。此在日本力圖經濟自立之進程中是最足令人重視的。

四

上年度日貿易之進步既如上述，茲就其貿易之貨品及其往來地區略加檢討，並可由此以觀察其貿易之趨向。

先就其出口方面言之：

日本出口貨品，分爲（一）食品及飲料；（二）纖維及其製品；（三）西藥及化學製品；（四）非金屬礦物製品；（五）金屬及其製品；（六）機器；（七）雜貨等七大類。在前述上年度十六億三千萬美元之出口貨品中，纖維製品之輸出金額達六億五千七百萬美元，較其前一年度增加百分之四四，佔各類出口貨品之第一位。此亦可見日本出口貿易重點之所在。金屬及其製品之輸出佔出口貨品之第二位。年額爲二億四千九百萬美元，較其前一年度計增加百分之三三。機器類之輸出，在上年上半期，除了南美阿根廷及巴西等處之幾筆大交易以外，原極不振，但到了下半期，世界經濟景氣好轉，鋼鐵價格上漲。日本貨品得以向南美、印度、緬甸、巴基斯坦及澳洲等處大量輸出。因此，此類貨品之輸出，年額亦在二億美元以上。機器類之主要品目爲紡織、縫衣機、電機及各種工作機等。此等機器之出口金額共達一億四千六百餘萬美元，較其前一年度，約增加了百之六〇。除了上述各種機器外，機器輸出之另一主要項目厥爲造船。上年上半期之造船業原甚沉滯，價格亦甚低落；至下半期，因航運業務繁忙，運費亦見加高，刺激造船，日本各造船廠，獲得來自歐洲南美及東南亞各處的定單。預料在本年的貿易統計中，日本造船一項之輸出必將有更輝煌之成績。此外化學工業製品中之硫燐肥料、燒碱、及小蘇打，非金屬礦物製品中之水泥、陶瓷器、及平板玻璃，還有各種雜貨，均有相當的增加。其品質及價格亦足以在國際市場上競爭。這些近代化的工業製品爲日本的對外貿易奠定了堅實的基礎。

其次再論到日本之進口貿易：

日本之進口貨品以糧食及工業原料爲主要，前已提及。上年度，因其前一年度日本國內農作物歉收，以致其輸入的糧食如米、小麥、及大豆等，不得不有大量的增加，其中尤以米進口之增加最爲顯著，較其前一年度約增加了百分之三三，其金額高達二億五千餘萬美元。至於米進口之數量則爲一百四十三萬公噸。日本上年度進口之工業原料，其數量較其前年度增加者，有鹽、石油、木材、燐礦砂、鐵鑛砂、棉花及人造絲漿等項。其中以棉花居第一位。日本之紡織工業甚頗爲發達，其出口貨品之纖維及其製品列爲首要，已如前述。但其紡織工業之主要原料棉花及羊毛則百分之百須仰給於輸入。上年度日本輸入棉花十一億九千餘萬磅，結滙金額達四億三千二百萬美元，較其前一年度增加了百分之九。惟羊毛之輸入上年度在數量上爲一億五千六百萬磅，與前一年度之二億一千七百萬磅相比，計減少了百分之二八；在金額上由二億一千一百萬美元減爲一億四千七百萬美元，實減少了三成。此殆係由於上年度毛紡織業之減退及其前一年度原料存底甚厚之所致。除了羊毛之外，其他工業原料之進口較前減少者，尙有焦炭、生皮、廢鐵、橡膠、蔴及砂糖等項。砂糖之輸入額前年爲一百零九萬噸，上年爲一百零一萬噸，相差僅八萬噸，但因糖價趨跌，其金額由一億二千一百萬美元減爲一億零八百萬美元，計減少一千三百萬美元，此即係日本在貿易價格上有利之點。另有焦炭輸入之減少，頗足令人注意。日本國內雖可年產煤炭四千數百萬噸，但其所需的原料煤卽所謂焦炭則須仰給於外國。焦炭爲鍊鐵之重要原料，上年度日本鍊鐵之數量並未減少，而其進口焦炭由其前年度之四十九萬噸減爲三十六萬噸，其減少的原因則係由於工業技術之進步。蓋由鐵砂或廢鐵鍊成銑鐵，每噸所需用的焦炭原有定量，日本因努力於「生產力向上」（卽提高生產力，我國最近設置「生產力中心」，卽係從事於生產力向上之工作），改用所謂高爐，使每噸銑鐵所需用的焦炭量得以減少，故所需焦炭之總量亦可減少。此係貿易上較爲切實的改進。

五

日本之對外貿易，因結算支付所使用的貨幣不同，大別之，分爲（一）美元、（二）英鎊、（三）易貨外滙等三個地區。先就日本上年度之出口貿易言之，與其前一年度相比，在英鎊地區，增加了百分之五五，在易貨外滙地區約增加了百分之二三，在美元地區則無甚增減。英鎊地區增加較爲顯著者爲香港、緬甸、印度、巴基斯坦、英國、英屬西非洲及澳洲。易貨外滙地區增加較多者爲中華民國、菲律賓、泰國、印尼、荷蘭、西德、埃及、巴西及阿根廷。美元地區稍有增加者爲伊朗、土耳其、加拿大、美國及墨西哥，此地區內貿易額反見減少者則爲大韓民國、琉球及利比里西。再就日本上年度之進口貿易言之，與其前一年度相比，在英鎊地區則見減少，易貨外滙地區及美元地區則略有增加。增加較多者：在易貨記帳地區爲菲律賓、印尼、義大利、西德、埃及及阿根廷；在美元地區則爲伊朗、沙地阿拉伯、比利時、美國、墨西哥及秘魯。至於英鎊地區對日輸出（卽日本之輸入）減少者乃是香港、印度、巴基斯坦、英國、南非洲及澳洲。

由於上述各地區進出口貿易及貿易外收支之有增減，其表現於日本之外滙收支上者，折合美元計算，在英鎊帳戶內，收入總額爲五億四千六百餘萬美元，支出總額爲四億二千一百餘萬美元，計收超一億二千五百餘萬美元。在易貨外滙帳戶內，收入總額爲五億六千六百餘萬美元，支出總額爲四億九千八百餘萬美元，亦有五千六百餘萬美元之收超。此兩地區之外滙，在其前一年度（卽一九五三年）均係支超（計英鎊帳戶之支超爲三億零五百萬美元，易貨外滙之支超爲九千八百萬美元）。至上年度竟能由支超轉爲收超，完全是日本對這兩個地區，尤其是對英鎊地區在貿易上出口增加及進口減少之結果。至於美元帳戶內上年度之收入總額爲十一億九千八百萬美元，支出總額爲十二億九千萬美元，竟有九千二百萬美元之赤字，此乃韓戰後第一次發生的現象。因爲日本之對外貿易所需於美元地區之貨品特多，其所能輸往美元地區者僅有生絲雜貨等項，不足以與自該地區之輸入相抵。過去數年，全賴隨韓戰而來的軍事特需，使日本每年收得大宗美元，除了塡塞貿易上之美元缺口外，且有鉅額之盈餘。今後此項特需將愈見減少，日本對外貿易縱有進步，其美元外滙終將入不敷出。美元以外的貨幣何時始能自由兌換，非短期間內所能決定；日本之美元收支如何能求得平衡，將是一個相當重要的問題。我國與日本間之貿易係採易貨記帳制度，日本之美元缺乏，對我國之貿易不致有何妨害，且因其美元缺乏轉而求之於易貨，毋寧是對我有利。不過近年來國際貿易情勢之所趨，而日本因須加入「關稅及貿易總協定」(General Agreement on Tariffs and Trade 簡稱 GATT)，並受「國際貨幣基金」(International Monetary Fund) 之鞭策，故日本對外貿易勢須趨於「自由化」之一途，此在前述之經濟白皮書及通商白皮書上均曾提及。易貨記帳究不是一種正常的辦法，將來必有改訂之一日，我們應當未雨綢繆，對於日本在外滙上盈缺之特殊情形，尤有予以注意之必要。

六

日本貿易之進步及其趨向，由以上各節所述，已可見其梗概。其次所須研討者，爲日本貿易在整個世界貿易中佔有若何地位，並由此以看出其在東亞國際市場上之重要性。一九五四年度自由世界（鐵幕內之各國除外）貿易之總額（就輸入言）爲七百九十二億美元，較其前一年度增加了二十七億四千餘萬美元，其增加率爲百分之三·七。日本上年度之輸入額爲二十四億美元，在世界貿易總額中僅佔百分之三。綜觀整個自由世界之貿易，以國別而論，美英兩國高居首位（美國佔全世界總額百分之一四，英國佔百分之一二），西德、加拿大、法國次之（各佔百分之五强），荷蘭、比利時、義大利又次之（均爲百分之三以上），日本則屈居第九。整個自由世界之貿易總額，較其前年度既有增加，只要不是經濟落後的國家，其貿易額自應適應世界之大勢隨之而有增加。上年度日本之對外貿易，如前所述，與其前一年度相比，其出口總額增加了百分之二八，較世界貿易之增加率超過多多。惟全世界貿易總額已突破戰前之水準約已超過百分之五十；日本現在之貿易，其上年度雖已創戰後之最高記錄，但如與戰前相比，試以昭和九年至十一年（一九三四至一九三六年）之平均爲一〇〇，則上年度僅爲四六。換言之，卽世界貿易已較戰前增加了百分之五十，而日本貿易尚未達到其戰前之百分之五十。

日本貿易之所以退居低位者，其最大的原因在於貿易市場之變化。戰前日本之貿易，按地區分佈，韓國、臺灣及鄰近的國家約佔百分之四十，東南亞及北美、各佔百分之二十。對於鄰近各國係以棉布、鋼鐵、機器等貨品，換取糧食及鋼鐵原料。對於東南亞係以棉紗、棉布及人造絲織品換取工業原料，對於北美則以生絲及雜貨換取棉花、石油、及機器。所以戰前日本經濟之發展，與此種市場——可用日本特產及工業製品換取糧食及原料的市場——之存在，具有密切的關係。到了戰後，情形可就大不相同了。第一、日本失去了相當於戰前領土百分之四五·五的領土及其鄰近各國的市場，其次東南亞的國家如印度等相率建立工業，再加以美國對於日產生絲之需要大爲減少。基於此等原因，日本貿易發生了根本的變化。日本出口貨品要從輕工業製品轉變到重工業及化學工業製品上去。在進口方面須仰給於美國，在出口方面惟有求之東南亞等處了。因爲日本貿易上有了這些變化，所以在整個世界貿易總體內，日本來不及與世界大勢相適應。關於日本輸出貨品之變化，進口仰給於北美及出口須求之於東南亞三點，略加敘述如次：

（一）戰前日本的貿易原是以輕工業尤其是紡織工業之製品取勝的，到了戰後要從輕工業轉變到重工業及化學工業，以與各先進國家競爭，其將遭遇種種困難是可想而知的。用世界貿易的眼光看來，日本畢竟是一個纖維品供給國，對於鋼鐵機器及化學工業品所佔的比重，實甚輕微。在整個世界輸出總額中，日本商品所佔的比率，以生絲一項爲最高，約佔全世界生絲輸出總額百分之八四．六，人造絲織品佔百分之三七．八，棉織品佔百分之一七．三。至於日本產製之鋼鐵機器及化學肥料等在世界貿易各該貨品輸出額中所佔的比率均在百分之十以下。例如就機器一項兩論，在全世界機器輸出總額中，美國佔百分之四四，英國佔百分之二〇，西德佔百分之一四；日本則不過佔百分之一．五。所以日本在這方面欲與英美及西德等國相比，實在是瞠乎其後。

（二）日本之進口貨品大量仰給於北美，乃是其在貿易上之一大變化，已如前述。試查看上年度日本從北美輸入之統計金額，由美國輸入者爲八億四千六百餘萬美元，再加上由加拿大之輸入一億二千餘萬美元，合計約達十億美元之譜，佔日本輸入總額百分之四十以上。再看日本對北美之輸出，上年度輸往美國者爲二億七千六百萬美元，加上對加拿大之輸出二千一百萬美元，兩共尚不足三億美元。出入相差近七億美元，是爲日本美元缺口癥結之所在。日本輸往北美之貨品多係食品罐頭、磁器、珍珠、玩具、及雜貨，無甚重要。由北美輸入者則爲棉花、米、麥、石油、鑛砂等糧食及原料，都是日本民生及工業上不可或缺的；但日本因美元支絀，未能充分進口、運用自如，此頗足以阻滯日本貿易之發展。

（三）尚有關於東南亞市場問題，在觀察日本貿易之趨向這一課題上，具有更重要的意義，專於次節申論之。

七

戰後日本貿易市場，除了前節所述其進口轉向於北美外，東南亞的市場亦日見重要，此已有很顯明的趨勢。所謂東南亞應包括越南、泰國、馬來聯邦、新嘉坡、菲律賓、印尼、緬甸、印度、巴基斯坦、錫蘭及法葡兩國在亞洲之屬地。日本對此一地區之輸出，上年度已達五億二千五百萬美元之鉅。如將在遠東的中華民國、大韓民國、琉球、及香港一併計入，則上年度日本在此地區之出口總值爲七億八千餘萬美元，進口總值爲五億四千餘萬美元，在出進口兩方面均佔日本貿易總額三分之一以上。日本且處於出超的地位。惟東南亞各國多係落後的國家，必須設法促進其經濟開發，提高其購買力，始有助於貿易之增大。日本有鑒及此，曾擬訂有開發東亞南的計畫。這個計畫是以反抗國際共產侵略爲其背景的。自從中國大陸淪陷以後，匪共的勢力坐大，其侵略的箭頭係指向東南亞的經濟落後國家。爲了從根本上防止共產主義之滲透及顚覆活動起見，最切實而有效的辦法乃是開發這些國家的經濟建設，改善人民的生計以提高其生活水準。經濟開發第一需要鉅額的資金，其次需要較高度的工業技術及機器設備。美國係以援助自由世界反抗共產侵略爲己任的，並且對東南亞各國已有不少的經濟援助。如由美國拿出資金來，日本提供技術及機器，則可進行東南亞之經濟開發。日本在此開發進行期內，固可由於機器及技術之輸出以獲得大宗的外滙；俟東南亞各國人民因經濟開發而購買力提高後，日本更可獲得大好的貿易市場。日本的對外貿易既有了這樣正當的出路，也就不必再對與匪共貿易上多存幻想。此種計畫在積極與消極兩方面都可發揮反共的效力，實具有歷史的意義。我國僑胞遍佈於東南亞，且在其各僑居地擁有經濟上之實力，日本如能與我國合作，我國基於反共的立場，亦可發動僑胞的力量以協助此種計畫之完成。據斯聞報導上年九月吉田茂氏以日本內閣總理身份訪美時，曾携有東南亞經濟開發計劃，與美國當局商談，並聞已獲得端倪。祇惜吉田氏返國未久，日本政局即發生變動；雖然仍係由保守勢力之政黨執政，但新任首相鳩山氏健康欠佳又爲國內政爭所困擾，關於經濟尤其是對外貿易之事，幾全由經濟企劃廳及通商產業省所主持。經濟企劃廳長官及通商產業省大臣高碕、石橋兩氏，其學識與資望在日本都是第一流的，應當知道如何把日本的經濟及貿易引導到正確的途徑上去。觀於日本最近從事於解決對緬甸及菲律賓之賠償問題，似以除去貿易上之障碍（因賠償問題是日本在東南亞貿易上障碍之一種），係爲開拓東南亞的市場而努力。惟試一查考高碕氏在萬隆會議時所表示的態度及石橋氏對於日本與匪共貿易所發表的言論，頗足以使人懷疑日本已將開發東南亞的計畫擱置不談，而加重其與大陸匪共貿易之幻想了。本文篇首所提及的兩部白皮書中對於東南亞市場固未忘情，但對於與大陸匪共貿易之興趣則尤爲濃厚。一則曰：「最近兩國（指日本與匪共）間促進貿易之熱忱均甚高昂，輸出入各三千萬鎊之貿易協定（民間協定）已於本年五月在東京締結，今後之發展殊堪注目」（見經濟白皮書72頁）。再則曰：「由於回頭貨輸出之促進及交易機構之整備以使貿易數量（日本與匪共間）得以增大，有更加努力之必要」（見通商白皮書27頁）。至少已顯示出日本當局已將開發東南亞之計畫與對匪共貿易之幻想「相提並論」、「等量齊觀」了。一方面要以反共爲背景來開拓東南亞的市場，一方面又以親共的姿態而與大陸上匪共貿易，這也許日本當局擬採取中間路線，與騎牆政策之產物。殊不知反共是不可有妥協性的，既要加入自由民主的陣營，就不應再與匪共勾搭，否則必爲反共者所唾棄。最近大韓民國對日停止貿易，就是一個很好的警告。我們對於日人之埋頭苦幹及其能忍辱負重是素所欽佩的，但對於他們之審度局勢與選擇方向却不敢多所恭維，過去的侵華戰爭就是他們審度局勢與選擇方向之重大錯誤。現在世界風雲緊急，國際共產主義已燃起了猛烈的侵略火燄，鐵幕外的各國已臨到了生死存亡的關頭，尤其是像日本這樣從戰後殘破的刼灰中剛剛站立起來的國家，位於鐵幕的邊緣，守望在反共的最前線上，萬一動向錯誤，勢將導致歷史上永刼不復的災禍，其慘痛有未可忍言者，對外貿易祇不過是其發端而已。我們深盼日本當局及與日方交往之人士對當前的局勢具有正確的認識，善爲調處安排，務使在進步中的日本，對外貿易勿趨向於錯誤之路纔好。

四四、八、二五

評存欵戶使用本名及行使支票管理辦法

濟　民

財政部監督銀錢業存欵戶使用本名及行使支票管理辦法公佈後，引起學者專家紛紛議論，工商人士不斷訴苦，金融界首當其衝，更是惶恐焦急。據傳銀行公會爲此會擧行了幾次緊急會議，認爲辦法欠妥，影響甚大，應予修改；並經詳敍理由，呈請財政部核辦。財政部是否接納該會要求，迄今尚無所聞，惟據報載該部主管司長私人談話，以爲辦法既已公佈，應予實施，其不妥之處，祇好於解釋及緩急上加以調節。據此以觀，辦法之不盡妥善，財部主管人員，似亦同感，但不願冒朝令夕改之譏評，而予以根本改善，祇擬於實行之技術上調節彌補，則銀行公會之建議，似已無採納之可能了。果如此，我們對於主管人員之勇於接受批評，極願表示高度讚佩之意，而對辦法本身之不獲改善，亦有不勝惋惜之感。

大凡政府頒佈而要人民遵守的法令，就是人民行動的規範，要其能夠實行，必須符合兩個條件：一要切合實際；二要簡明確實。這是現代行政最基本而必要的技術。因爲一個法令的制定必先有其背景，若是憑空擬造，那是等於閉門造車，斷難合用。其文義若是可以解釋來左右，實施結果必有偏差，甚至會與原意背道而馳，行政效率將等於零。從前，紹興師爺的筆法，貴在模稜兩可，因此功皆歸已，過盡屬人，而政治之不能進步，人民之枉遭處罰，又都是紹興師爺筆法的惡果。現在的法令內容，若果仍舊可以解釋來伸縮左右，那便是落伍的紹興師爺制度的復活，低能行政技術的再生，有悖現代政治精神了。所以我們以爲這回政府頒佈的管理辦法，如有不切合實際之處，應即加以改善。朝令夕改，固然不是辦法，但總比由條文之隨意解釋，和由實行之緩急上，漫無標準的、枝節的求調節，流弊會少得多。

主管當局或者以爲辦法本身雖微有不妥，但並無嚴重瑕疵，無根本修改之必要。辦法有無嚴重瑕疵，固然見仁見智，人各不同。但由純客觀的立場看來，辦法十三條中，過半數是有問題而應當修改或取消的。問題何在？

1.辦法第二條第三條，規定存戶開戶時，應填眞實姓名，並應提出身份證或證明文件。用意所在，當係防止濫發空頭支票，和增加稅收。爲維持票據信用，存戶開戶，應提出眞實姓名證明文件，原則上自是無可非議的。但爲增加稅收，那就值得考慮了。我們知道，國人習慣，有錢人皆不願顯露其財產，這是因爲事實告訴他們，露財會惹麻煩，招損失。歷代不良的政治措施和社會風氣，給他們的這種自衞教訓，已深印入腦海，要他們一反多年傳統習性，將其財產無保留的公開，這是一個極困難而不易收效的企圖。有錢的人，倒不是怕拿出應繳納的賦稅，而是怕賦稅以外無限度的擔負。現在的自由中國雖沒有大陸時代的指派公債、勒繳捐欵等措施，但團體或個人的捐募攤派，不是絕對沒有的。至強徒的勒索恐嚇，在本省雖是絕無僅有，但也使人不無警惕。這幾年來，政治軍事都有長足的進步，而社會經濟等情形，無可諱言的，倘不能使人民無所顧慮，毅然將多年的習性和懷疑，一下拋於九宵之外。所以這兩條規定，在他國即使能暢行無阻，在現在的自由中國，未必亦能行之有效，甚或發生相反的結果。以現在的情形看，辦法如果全面實行，所有乙存定存等儲蓄存欵，即有脫離行莊，流入市場，變爲擾亂性的游資的可能，一方面影響物價和發行，一方面影響存欵利息所得稅等賦稅的收入，而行莊存欵減少，亦即工商融資來源之枯竭，影響生產，更不待說了。這些結果都是和政府現行經濟金融政策相背馳的。所以我們認爲如爲稅收而有此辦法，實在不妥。即使爲維持票據信用而施行，亦應斟酌實情，分別緩急，暫照銀行公會建議，限於甲存而不及其他，俟將來社會經濟進步，風氣轉變，再行全面實施，當可事半功倍，流弊毫無。

2.辦法第五條，規定逾期不校正者，除不再計息外，並不准繼續往來。本條用意，是逼令存戶從速改換本名，是幫助條例澈底實行的方法。固然未可非議。惟對逾期者既已不計利息，似不應再雙重的加以禁止繼續往來的處罰。而且從國家的基本大法——憲法看來，實在找不出任何理由，政府或銀行有剝奪存戶於期滿後，願依照政府規定開戶存欵的權利。且辦法中，對遠離祖國，或因不得已事故無法於期內赴行校正者，並無補救規定，於情於理，似皆欠妥。

3.辦法第六條，活期存欵開戶時，除經調查或提有信用卓著證明者外，須先開立乙存六個月後，如果信用及儲存情形良好，方准開立甲存。政府爲防止濫發空頭支票，在未開甲存以前須先由行莊察看客戶信用，眞可謂用心良苦。但這樣規定，除增加銀錢業受罰的機會外，不會發生預期效果的。一、因信用卓著與否既無一定標準，客戶未開甲存戶與行莊往來以前，又無從確定其信用；二、因乙存往來都是使用存摺，憑摺存付，不用任何票據，亦不與第三人發生任何關係。在六個月往來期間，行莊實無從知其信用好壞。縱使在此期間，儲存情形良好(其實並無一定標準)，又何能保證開立甲存後不會開發空頭支票呢？再由一般交易情形看來，通常開立乙存戶的，大都是儲蓄性的零星小戶，開甲存戶的，以公司行商爲多，金額大而富於流動性。兩項存欵的目的不同，性質亦異，又何能以六個月的乙存情形，來決定應否准其開立甲存呢？所以這項規定，其結果，要不是形同虛設，必是阻礙信用經濟的發展，因爲行莊如果願負被罰風險，即可認爲來開戶的客戶，信用都極良好，一概准其開立甲存。如果不願冒被罰的危險，則對於新來開戶者，將祇准其永久開立乙存。如爲前者，則與未定辦法前的情形毫無二樣，本條徒有虛名。如爲後者，則欲新開立甲存使用支票之客戶，永無開戶機會，票據信用之發展，自必受其阻礙，這與原規定用意又背道而馳了。所以本條之存在實有害而無益。

4.辦法第九條規定，拒絕往來的存戶，非經過二年，並經當地銀錢業公會或票據交換所，審核證明信用確已恢復，行莊不得再與往來。這是等於對開發空頭支票人處罰兩年有期徒刑，使其於兩年內不得享受使用支票的權利。為維持票據信用，對信用不良者，固不妨從嚴處罰，惟二年後非經審核信用確已恢復者，不得再與往來之規定，事實上是無實際結果的。因存戶被拒絕往來後，同行莊已無交易，銀錢業公會與票據交換所又無審核其營業或資產的權利，則其信用已否恢復，實無從證明。即使能審查，而且知其一般營業資產情形均極良好，亦不能保證重新開戶往來而不再發空頭支票。本條此項規定，未免太過理想，難收實效。似不如改為非經過二年後，不得再與往來，如再有濫發空頭支票情事，則永遠拒絕交易。如此處罰，簡而易行，對根性惡劣客戶，會收到比事先調查預防更大的效果。

5.辦法第十條，存戶開發非即期之支票，應轉送法院按借貸契約貼用印花不足稅額罰鍰。這項規定，實有曲解支票法律性質之嫌。因為支票並不是借貸契約，兩者的法律性質是不盡相同的。根據我國票據法，兩者之重要區別有左列諸端：

(一)支票是委託銀錢業者支付一定金額的指示證券，付欵人祇限於銀錢業，(票據法第一二三條)而借據，並非委託他人付欵證券，付欵人亦不限於銀錢業。

(二)支票不須得債務人同意即可轉讓，其票據上權利亦隨之轉移，借據則不然。

(三)支票是票據的一種，票據上的權利義務，與票據本身有不可分離的關係，必有票據存在而後票據之權利義務始可發生，與普通證書(如借據)之謹具證據力即祇證明某種事實者不同。換言之，票據為設權證券，並非證明已經存在之權利，而是創設權利者。其權利是根據票據上的行為自身而成立，可說是財產權的化身。借據則祇是單純的證券即證據，此與支票迥然不同。

(四)支票為文義證券，依票據上所載之文義而負責(票據法第一條)，不能以票據以外之事由而變更其效力，此亦與普通債務借據不同。

(五)支票為要式有價證券，以提示為行使權利的要件(票據法第一二六條)，亦為債務人遲延責任的要件，(其遲延責任，不適用民法第二百二十九條規定，)通常債務借據，並無此等性質。

由以上各點看來，支票與借貸契約的法律性質是不同的，斷不能因票非即期，即可以借貸契約視之。為禁開遠期支票，硬以行政命令變更支票法律性質，是近於指鹿為馬，我們實在不敢贊同。況且遠期支票是否可以開發，還是值得研究的問題。先從法律上說，我國的票據法，並無禁止開發遠期支票的積極規定(同法第一百廿四條雖規定支票限於見票即付，有相反之記載者無效，但並無不得開發遠期的明文)。再從事實上說，如果支票被銀行扣押移送法院，債權人將無憑向債務人證明其債權。並且多年來，我國商人因事實之需要，開發遠期支票，已成習慣，尤其批發行商，十九使用遠期支票，如果遽遭禁止，必感極大不便。而交易不用支票，則必多用現鈔，這不僅有悖現代信用經濟的精神，且為增加通貨發行的因素。固然，本票匯票都可以代替遠期支票的行使，但是無可諱言的，現在商民尚未習慣，如果不准開遠期支票，祇有使用現鈔了。這是事實問題，不是空的理論。總之，應否禁止開發期票，是值得考慮的。如果必須禁止，亦應先於法律上求得根據，一方面設法誘導人民行使匯票本票，使其習慣，這樣才可免假藉法律條文，曲解濫罰之嫌。或謂政府根本無禁開期票之意，本條目的祇在印花稅收，果如此，則此後於遠期支票上貼足印花者，應不再受處罰了。是乎否乎？政府應當明白宣示，使人民有所遵循。

(六)辦法第十一條存戶拒絕往來後，應於十日內繳回空白支票，否則移送法院。查一般行莊，對存戶大都有收回空白支票之約定，惟無強制辦法，因空白支票留存客戶手中，如祇存留不用，於他人及銀行並無危害，亦不犯法。今如對於不如期繳回者即送法院以意圖欺詐論處，姑不論行莊有無移送權利，法院能否以意圖欺詐論罪，還是問題。依刑法第三三九條，意圖為自己或第三人不法之所有，以詐術使人將本人或第三人之物交付者，以及以前項方法得財產上之不法之利益者，才構成欺詐之罪，應受處罰。存戶如果祇留存空白支票，並不發票，應難認為構成該條之罪。法院有其獨立的立場，決不會依照行政命令而解釋或執行法律；如其不照處罰，則此條又等於具文了。況且條文中對於因不得已事故未能於期限內繳回者，亦無補救之規定。十日限期，轉瞬即到，如有人因不得已事故未能於期限內繳回而被移送法院受刑事處分，於法縱罪有應得，於情理則實欠妥當。法貴不苛，民始心服，有人情味的法律，才是不苛的法律，我們如果缺乏這樣寶貴精神的規定，那就必須廢除改善，決不應視為微瑕，無傷大雅。其實辦法第十二條對拒絕往來仍開發空頭支票者，已有處罰規定，本條之設，近於畫蛇添足，根本上就不必多此一舉。

(七)管理辦法第十二條，規定銀行錢莊違反本辦法規定者，將視情節輕重，分別懲處。這項規定，給予行莊極大困惑與不安，認為責任範圍太大，隨時皆有被罰可能，無一行莊能夠倖免。如第六條，第九條，倘行莊認為存戶信用確實良好，准其開立甲存戶往來，不料開戶後，存戶仍開出空頭支票，此時當局即可認為行莊事先未照規定查明信用予以處罰。平心而論，臺灣的行莊，奉公守法，從無已往大陸上銀錢業的那種惡劣作風，而其經營困難，服務未能滿足社會大衆要求，皆為不可諱言的事。尤其商業銀行，因法令的重重束縛，和缺乏中央銀行的扶持，放欵範圍狹小，資金週轉無從，撐持已感艱苦，如今再加重其責任與拘束，勢必更妨害其活動機能，增加其經營困難，影響國民經濟，實非淺鮮。查管理辦法是以取締不良客戶為對象，維持票據信用為目的，行莊不過負協助之責而已，倘行莊營業並不違反銀行法等有關主要法令，實不應以額外之協助責任，動輒遭受懲處。

以上各點，我們認為是辦法的重大瑕疵，值得研究改善。當此積極推進生產建設，需要大量而且低利資金的時候，應如何減少社會上的游資，增加行莊存欵，充實工商資金來源，繼續安定和發展國民經濟，這些都是官民應當共同努力以求的。如果政府的措施欠妥，窒息了銀行的機能，妨害了經濟的流通，阻礙了游資的出路，其努力是背道而馳了，影響所及，實較空頭支票嚴重萬倍。權衡輕重，擇善以從，面對現實，毋固毋我，這才是健全民主政治應有的作風。

國家主義與世界主義（下）

傅正

四

從十九世紀起，世界主義雖已開始由思想而轉為行動，但國家主義的反動力量，反而更如日中天。各國的人民，在國家主義的煽動下，充滿了對國家的狂熱，國家像宗教一樣被謳歌與崇拜。人類來到這世界，似都為效忠自己的國家而來，再無其他目的，於是為擴張所謂國家的榮譽而犧牲，成了人生的唯一義務。所以都希望自己的國家，能霸佔這世界。這種國家主義的狂熱，造成了人類相互間無數次的流血。據統計，僅歐洲一地，從一七九〇年到一九一三年之間，由於戰爭而死亡的人數，便有四五〇萬之多。

人類的命運，原是自己安排的，要來的終於來了！

在一九一四年的六月二十八日，由於奧地利大公弗蘭西斯斐廸南的被刺，一個月後，有史以來的第一次世界大戰爆發了！幾乎是世界所有的國家，都先後直接間接的被捲入了戰爭的漩渦，經過了整整的四年多，死傷的約有三千萬，經濟上的損失也很慘重，即以歐洲各國向美國所借的債欵而言，便高達百億美元。

這種有史以來的世界大悲劇，帶給了人類慘痛的教訓，使其對於戰爭懷着深切的恐懼，而企求永久和平的到來；希望這一次大戰眞如協約國的當局所說，是一次「終止戰爭的戰爭。」

歷史的教訓，似乎已增加了這一代人的智慧。在一九一九年到一九二〇年的巴黎和會中，不僅簽訂了五項和約，而且決議成立一個眞正世界性組織的國際聯盟。但不幸而在巴黎和會中，便已顯露了不祥的徵兆，三十二個與會的國家，實際上被英美法三巨頭所控制，於是德國所企圖獲得而又沒有獲得的，反而被英法等國得到了。其結果，國際聯盟首先被美國所拒絕，繼又受英法的利用，意日的拒不合作，這都是國家主義的觀念在作祟。此所以國際聯盟的靈魂，並非在日內瓦，而是在倫敦、巴黎、羅馬及東京；國際聯盟所企圖達到的國際合作及和平與安全之目的，便無法實現。因為這是一個以國家為單位的結合，大國既惑於國家主義，而不予竭誠支持，國際聯盟還有何眞實意義之可言？到一九三一年九月十八日，中國的瀋陽事變發生，國際聯盟的弱點，便充分暴露了！

所謂法西斯主義，便在國家主義的導引下產生，因為這種主義，事實上便是極端的國家主義。墨索里尼說：「法西斯主義心目中的國家，法西斯主義所創造的國家，其本身便是一種精神的和道德的事實。」「法西斯主義的國家，必須認為自己是一個大帝國……那就是一個直接或間接統治他國的大國家。……因為在法西斯主義者看來，帝國的生長，或國家的擴展，是國家活力的表現，不然，就是國家衰微的象徵。」希特勒也表示：「國家應當把科學視為增加國威的工具。不但世界史、就是文化史、也應當站在這種觀點上教授青年。……我們必須從德國的歷史中，選出一些最偉大的人物來，給青年一種很深刻的印象，作為製造青年那種不可動搖的民族國家意識的基礎。」諸如此類的說法，這是甚麼？這是一種對國家的神謎。墨索里尼曾經坦白的招認：「我們已經創造出我們的神謎來了。神謎是一種信仰，是一種熱情。它不見得就是事實。其所以能成為實體者，即因其為一種興奮劑，一種希望，一種信仰，並且給我們以勇氣。我們的神謎就是國家，我們的神謎就是國家的偉大。」

所以在這一時期，「軍縮會議」雖也有幾次的召開，但其目的，都是為大國的利益着想，而非為整個世界的安全。這一會議的召開，正反映出各國軍備競爭的激烈，結果是德國在一九三三年退出。於是各個所謂强國，為保障並擴展本國利益，重行走回擴充軍備的老路，日本、德國、意大利，又公開表示需要更多的土地。在一九三五年，意大利終於發動阿比西尼亞戰爭。一九三七年，日本也相繼對中國發動了侵略戰爭。儘管世界的危機已迫在眉睫，但各國還只顧自己的利益，只知以自己的國家為中心，似乎對眼前的事實，完全愚昧無知，或者雖知道而猶裝聾作啞。

人類的命運，似乎早經注定，在這個世界的舞臺上，必須扮演第二次的大悲劇。

一九三九年的九月，由於德國的侵入波蘭，以及因但澤城所引起的糾紛，所謂第二次世界大戰，便從此爆發了！事實上，這一個戰爭，是在意大利和日本的侵略戰爭發生時便已開始了。幾乎是世界所有的國家，又都被直接間接的捲入了戰爭；絕對的中立，似乎已經不可能。經過了幾年的殺人競賽，直到一九四五年的八月六日和九日，原子彈第一次在廣島和長崎參戰，才使戰爭暫時結束。據統計，死傷的人數約達到五千萬，經濟的損失，高達四萬億美元，所以有人稱之為四萬億美元之戰。

這一代的人，身經兩次史無前例的戰禍，對於和平的需要，當然更感迫切。鑒於國際聯盟的失敗，終又在一九四五年的舊金山，召集五十個國家的代表開會，正式通過聯合國憲章。憲章上開宗明義的表示：「我聯合國人民同茲決心，為求避免未來的世界，再遭受現代人類兩次親身經歷的悲慘戰禍。」理想固然是崇高的，但由於國家主義的觀念，並未能眞正消除，所以處於領導者地位的美國，爲顧慮本身的所謂主權，便在一九四四年頓巴敦橡樹園會議中，反對建立國際警察的提議；一九四五年的雅爾達會議中，又提出安全理事會常任理事會否決權的辦法；一九四五年的舊金山會議中，又主張加强國內管轄事項的條欵，反對國際法院管轄權的規定。

聯合國開始之初，便缺乏一項健全的世界主義觀念，故其結果，聯合國只是一個妥協性的產物，企圖使國家主義獲得適當的滿足。此所以根據憲章第二條第一項的規定，聯合國是建立在各會員國主權平等的原則之上。根據憲章第二條第七項的規定，聯合國不得干涉各會員國的所謂「內政」。根據憲章第二七條第二項的規定，安全理事會除掉程序事項之決議，其他一切事項的決議，任何一個常任理事國，都保有一票的否決權。所以儘管憲章的序文和原則，規定得極其莊嚴，但解釋權却操之於主權國家，各强國可自由決定憲章下的權利與義務。一切足以危害世界和平的戰亂，更可藉口內政而拒絕處理。最後，又可使用否決權的法寶，使安全理事會的一切重要決議都不能成立。

聯合國成立到現在，已經整整的十年。這十年來，會員國所做的，只是簽訂了一些不能實行的條約、公約、宣言、憲章、以及決議而已！實際上，整個的世界，還是在無政府狀態，比到過去已經失敗了的國際聯盟，並無根本的不同，只有程度上的差別而已！此所以蘇俄在世界各地，獲得普遍的擴張，並未受適當的制裁。美國雖在大體上較爲支持聯合國，但諸如所謂杜魯門主義，以至馬歇爾計劃等之實施，也並沒有透過聯合國，尤其自韓戰發生以來；美國更以自己國家爲中心爲目標，分別的在聯合國之外，締結了若干條約和行政協定。英國更是唯本國的利益是圖，似不知有聯合國，始終以大英帝國的利益和光榮爲依歸，在世界的舞臺上，還是走的英國外交家巴麥斯頓所指示的老路子：「英國既無永久的敵人，也無永久的同盟，英國的利益才是我們的目標，我們不能須臾或忘，合此利益的是朋友、反之、便是敵人。」

世界主義本是一個崇高而遙遠的理想，不是一蹴可幾的。人類或由於本身的過於愚昧，或由於戰爭的教訓還不夠深刻，經由聯合國而逐漸走向世界主義的樂園底希望，是越來越渺茫了！人類又在走回頭路，回到國家主義的老路上去了！

一個新的戰爭，已經展開在眼前，人類已經又在後臺紛紛化裝，準備粉墨登場，扮演另一次有史以來最動人的大悲劇。

五

約從十五世紀末期起，政治學說便一直停滯在民族國家的理論上。所謂主權學說，成了政治學的主要部份，政治學者幾乎一致的公認，主權是國家所必不可少的重大要素；而主權又是最高的、最後的、無限的、絕對的、不可讓渡的、不容分割的；主權成了不可一世的怪物。由於主權學說的鞏固，此所以近五百年來，所謂「國家至上」、「國家神聖」云云，也成了天經地義的鐵律，誰要越雷池半步，便要被當做異端邪說。於是人類不僅以效忠自己的國家爲最高義務，並且以此爲最後目的。人類之所以來到這世界，似乎便是爲了做國家的祭品，爲了完成國家所賦予的神聖使命而已！人類的本身，是沒有價值和意義可言的。這眞是一件不可思議的怪事。

其實，歷史早經證明，在整個世界還沒有被人類發現以前，或是雖發現而仍彼此老死不相往來的時候，人類以某種小圈子爲中心，諸如村鎭、氏族、部落、城邦，都足以在當時解決問題，促進人類的幸福。但人類隨着歷史的進展，世界逐漸開拓，關係日見密切，此所以固有的生活單位，諸如村鎭、氏族、部落、城邦等等，都或先或後的被打破，而結成了近代的國家。但十分奇怪，人類進入這一階段以後，便不敢再進一步，雖然人類的世界已經更擴大，人類的關係已經更密切，早已不限於國家這個小圈子內。人類雖非與國家同其開始，竟要與國家同其終結嗎？

假使我們能加以冷靜的思考，而不被情感的衝動所朦蔽，我們便可以知道，國家只是手段，絕不是目的；國家只有在爲人類增進幸福上有其意義，國家的本身，並無任何單獨的意義可言，所以國家既無權威，更說不上神聖。人類並非爲國家而生，國家才是爲人類而有。試靜心回憶，人類當初之所以要建立國家，原不過在當時的環境下，國家比到其他的組織，更能圓滿的解決人類的生活問題，使彼此的生活，能過得更其理想，更其美滿，更其幸福。但歷史不是永久靜止的，國家究只是人類史上某一時代的工具而已，當歷史進入了一個新的階段，國家已經不足以圓滿解決人類問題時，雖然我們由於國家在過去的某些功績，對之有無限感激和眷戀之情，但我們究不能不打破國家的範圍，尋求更適當的工具。拉斯基 (Laski) 說得好：「國家之握有權力，並非絕對的，而是有條件的。國家之所以有權力，因其有義務。國家之所以存在，在使人人能發展自我的優性。」「國家本身，並非目的，是達到目的之手段而已。國家之目的，在求人類生活的豐富。國家之所以有權，人民之所以服從，卽視其所以恢宏人類生活者如何而定。人類之所以爲國家之人民者，非用以達到國家之目的，而是達到自身的目的。」雖然我們並不進而如拉斯基所主張，認爲國家和一切社團平等，彼此都享有所謂主權，但這種對國家所加之解釋，實在是十分正確的。

近代由於科學的繼續發達，交通工具的日新月異，使生活在這世界上的人類，彼此間的關係，密切而不可分和不容分，所謂國家主義者，只是小圈子主義而已！絕不足以滿足人類當前的共同需要，並澈底解決共同必需解決的問題。「鄰國相望，鷄犬之聲相聞，民至老死不相往來。」老子的那種時代，早已過去了。企圖將人類的關係，止於國家的範圍，已爲事實所不可能了。

從種族方面說：到現在爲止，世界上雖還保有各種不同的種族，但由於近代國際通商的增加，移民事業的發達，以及種族交婚的增長；種族的差異性已漸趨泯滅，恐怕再也找不到一個血統絕對純粹的種族，而多少總有一點別的種族底血液滲雜在內。

從文化方面說：世界上雖還有各種不同的文化，但由於文化交流的日漸增長，任何一國的文化，都受過外來文化的影響，或多或少的接受過一些外來文化，道道地地的所謂固有文化，恐怕再也不可能找到了。且依據文化學者的研究，世界文化更有漸趨融洽的態勢，當代大哲學家諾斯羅普 (Northrop) 在「東西會通」一書中，更指出東西文化的不同價值，與當前世界文化問題的癥結，而提出一個由東西文化相會通的理想。事實上，文化早在趨向大融洽大調和。

從經濟方面說：現在世界各國的經濟，由於生產量及消費量的增加，促成了國際貿易的發展，國際資金的流動，使得人類的經濟關係，早已由簡單而趨於繁複，由國家而進至世界。現在任何一個國家，不論富裕到何種程度，沒有一個國家，可以絕對的自給自足，而不仰賴別個國家的輸入和供給。同樣的，任何一地區的饑餓和經濟恐慌，都足以影響到全世界人類。

從政治方面說：世界上雖還有如此衆多的國家單位，但任何一個國家，也不可能完全脫離世界政治舞臺，而閉關自守或與世絕緣。現世界各國政府，由於世界性事務的日趨複雜，已非任何一國的力量所能解決，而必須或多或少的仰賴別個國家的協助與合作；任何一國的戰爭和災難，更足以危害到全世界的幸福和安全。

總之，一切都十分明顯，無論是喜馬拉亞山，或太平洋，或大西洋，各種天然的屛障，如今由於科學的發達，已經喪失了作用，世界早就是一個世界了。在這種客觀環境下，天然的屛障尚且不足恃，假使還有人企圖用人爲的國家藩籬，代替天然的屛障，那不過是歷史上的小小反動而已！難道還能發生多大的作用嗎？

在人類還沒有發現在另一個星球上也有人類，或者還沒有找到另一個星球可以遷移並生活以前。就是說，人類的生活範圍，還只能止於這個地球(世界)的時候。人類的最終境界，應該是世界主義，而不是國家主義。假使人類的生活範圍，已經擴展另一個星球以至另幾個星球的時候，人類便該立刻放棄世界主義，而採取宇宙主義。在目前，人類只有在世界主義之下，用自己的聰明才智，在塵世之上，建立一個理想的樂園。進而在這樂園內，過人所應有的幸福完滿的生活，使自己更像一個人，一個個不折不扣有意義有價值的人。

這樂園，因爲不是以任何一個國家的單獨利益爲利益，而是以世界的利益爲利益，或者說是以各個國家的共同利益爲利益。更正確一點說：是以世界人類的整個利益爲利益。因爲這一世界，原是世界人類所共有的世界，並非那一個國家的世界，世界原屬於自然，並非屬於那一國，此所以應爲人類所共有，而非爲任何國家所私有。其結果，這樂園，既不是由某一國家所主宰，強將獨有的文化系統，加之於其他國家，成爲天下定於一尊的世界；更不是由某一國家，利用刺刀或原子彈的威力，依照既定的陰謀，由吞併掠奪而造成的大一統世界。這是一個「和而不同」的世界，世界是一支最偉大的樂隊，仍舊是五花八門，千奇百出，但彼此和諧協調。此所以這樂園，又是根據一種民主的精神和原則而建立，各個國家民族，都站在自由平等的地位，既沒有強國弱國之分，更沒有優秀民族劣等民族之說，尤其沒有奴役被奴役或侵略被侵略的事實。這世界上的每一個人都具有同等的人格尊嚴，以同樣的人的身份和資格，享受各種不同的權益，無論是政治、經濟、及社會地位，都是彼此平等的；絕不因國籍、種族、地區、膚色、語言、文字、信仰、習俗的不同，而有任何不平等的待遇。

所以在世界主義下，並非根本廢除國家，國家依然可以存在，但只能在不妨碍世界主義的前提下存在。世界雖然有各種不同的國家，但世界絕不是僅有國家而已！在國家之上，還有一個人類共同生存的世界。所以國家不是最高的，每一個人，不但是一個國民，而且是一個世界公民。每一個人，固然有其對國家應盡的責任，但更有其對世界不容逃避的義務。每一個人，仍可以愛自己的國家，但更當愛自己的世界。當國家和世界的利益發生衝突，應該選擇世界的而放棄國家的。因爲唯有以世界爲依歸，人類的共同問題，才能獲得適當而圓滿的解決，所以國家在下，世界在上，國家是次要的，世界才是更重要的。

六

「後人哀之，而不鑑之，亦使後人而復哀後人也！」杜牧在阿房宮賦所說的這幾句具有深長意義的話，可惜沒有被後一代的人所認識。

歷史雖然不至於重演，但假使後人忘記歷史的教訓，是會蹈歷史覆轍的！歷史的教訓還不够深嗎？人類爲甚麼還不澈底覺悟呢？假使人類眞有求生的本能，又何必向集體自殺的途徑邁進？假使人類眞是萬物之靈，又何必愚蠢得一至於此？今天我們讀歷史，看到齊楚燕趙韓魏之爭，弄得爭地以戰，殺人盈野；看到張家村與李家莊的械鬪，弄到父兄死亡，寃仇不解，誰不悲其愚蠢？假使我們這一代的人，還要繼續爲國家而做一種小圈子之爭，這與齊楚燕趙韓魏之爭，以及張家村與李家莊之械鬪，其性質又有甚麼兩樣？若干年後，後人便將有如今人之悲嘆前人，而悲嘆我們這一代的愚蠢了！過去的錯誤不能再犯，上一代人的寃仇，不該用下一代人的血來償還。難道我們這一代的人，非以自己的鮮血，寫這一段歷史，用來贏得後人的眼淚嗎？難道我們更願意由自己的手，埋下仇恨的種籽，由下一代的人用鮮血來清償嗎？

世界主義的實現，本來有兩條途徑可循，一是和平的，一是流血的。和平的途徑，當然是最理想的途徑，這是由各國的語言、文字、文化、思想、血統、政治、經濟等等的交流和合作，而自然走上世界主義的大道，這本來可以經由聯合國而達成。但不幸在目前看來，由這條途徑而進入世界主義的理想樂園，希望已經是越來越渺茫了，人類似乎只有走另一條流血的途徑，這固然是極其可悲的，怕的是如果還沒有一項健全的世界主義觀念，縱然流血，仍不能走進這樂園，那就更可悲了！

今天的蘇俄共產國家，正在世界各地，擴展其特殊利益，企圖獨佔世界為己有，進而宰制整個世界和奴役全人類，這當然是世界主義的生死大敵，這一代的人，必須盡全力來剷除。所以對於今天的反共戰爭，與其用國家主義為武器，實不如用世界主義為武器。雖然國家主義之產生於被侵略國家，原是很自然的事，但究竟是出於情感而非出於理智。被侵略國家，用國家主義做號召，雖然較易發生團結內部的功效，却更足以失去外力的支援。所以任何一國，如以國家主義為武器，絕不易達到反共的目的，適足以予敵人各個擊破的機會。試想這種反共大業，豈是任何一國所能擔當得了？卽使富强如美國，又何能例外？退一步而言，縱然各個國家，用國家主義反共，由於各國利害的一致，大敵當前而獲得暫時的團結，終於擊敗了敵人。但其最後的結果，必又由國家主義而分離，再走上歷史的回頭路。這個敵人剛倒下去，另一個國家必將跟着站起來，企圖繼續由自己的國家，完成吞併世界的迷夢。人類在反共戰爭中所流的血，便將等於白流，世界便將捲入另一次戰爭。所以為國家主義而戰，戰爭將永久循環無窮，必難獲得最後的解決；只有為世界主義而戰，才眞正是「終止戰爭的戰爭」，人類才能永久擺脫戰爭的悲慘。所以放棄國家主義，並非根本放棄了一個目標，而是以世界主義為積極的目標，因為世界主義才是反共的有效武器。此所以認為蒙古人入主，是中華民族的亡國，固然是一種矛盾的說法；而今轉以成吉斯汗為民族英雄而加以標榜，更是一種危險的傾向；這與蘇俄之標榜彼得，並沒有甚麼根本的不同，以此而求反共，這是何等的不高明？我們終不能高出敵人一着，誰又敢擔保其能以此而戰勝敵人？

實現世界主義，本有兩個必不可少的基礎，一是物質基礎，一是精神基礎。在世界沒有被眞正發現以前，人類非但不知有世界，而且缺乏實現世界主義的物質基礎。但自從十八世紀自然科學發達以來，尤其從十九世紀的近百年來，自然科學的進步，到了空前未有的程度；由於火車、輪船、飛機、以至電話、無線電、電視機等等的相繼發明，空間的距離已經相對的縮小，高山大水的阻碍已經有等於無；尤其是原子能的發明，人類歷史更進入了一個嶄新的階段。到現在，一個實現世界主義的物質基礎，已經大致完備了。

這是一件極其可悲的事，物質的基礎雖已奠定，精神的基礎却並沒有同時建立。近世紀來，人類的智慧，雖然在自然科學方面，有驚人的表現，但在思想觀念方面，却瞠乎其後，永遠追不上物質的成就；我們還用祖先所有的古老觀念，來適應這個新的時代和環境，這便是人類大悲劇所以發生的主要原因。

科學本該可以帶給人類更多的幸福，但由於人類觀念之落後，科學所帶來的，反而是前所未有的恐懼和威脅。這一代的人，對於科學上的成就，非但不欣欣然有喜色，而且惶惶然不安，據科學家的報導，一種較氫氣彈更兇猛的死塵彈，正在研究發明中，很明顯的，未來的戰爭，將是一次比一次殘酷，一次比一次悲慘，人類如果不能毀滅戰爭，最後終將被戰爭所毀滅。這一代的人，最感到恐懼的，該無過於對戰爭的恐懼了！假使世界主義的觀念還不能建立！人類縱或幸而沒有在第三次世界大戰中被毀滅，恐終逃不過第四次或第幾次大戰的浩刼。

經過了兩次世界大戰的教訓，人類理該可以建立一個健全的世界主義觀念，適應這由物質成就所創造的新時代，但由於本身的愚昧和自私，始終沒有跳出國家主義的圈子，此所以一個實現世界主義的精神基礎，始終沒有能建立。這本是一個精神空虛和理想貧乏的時代，所以人類又走回到國家主義和世界主義的十字路口，而茫然不知所止了！但究該何去何從，却又到了非抉擇不可的時候了！

眼前所迫切需要的，是建立一項世界主義的精神基礎，使世界主義的觀念，能普遍的深入人心。其實，要做到這一點並不太難，只不過佛家所謂「一念之間」而已。只要我們不再侷限於國家主義的圈套而不知自拔，世界主義的精神基礎，便不難很快的建立起來。

任何國家，只不過是世界的一部份。這世界，也不過是宇宙的一個極小部份。人之所以可貴，並非因為屬於那一個國家，而是由於人的本身有其不容否認的人格尊嚴。人類之所以隸屬於某一國家，原是一種極偶然的機緣，這是由於自己的父母屬於某一國家，或是出生的地點在某一國家，如此而已。由於這種極其偶然的機緣，人類彼此之間，固也產生了無法否認的差異性，但究也有其不容忽視的共通性。依據生物學的觀點，全世界的人類，不管是東西南北，也不分紅黃黑白，都是由低級動物慢慢演化而來，最初開化的經驗是相同的。雖然發展到現在，由於歷史背景，地理環境，文化型態，生活方式等多種因素，造成了人與人之間的某些差異，但僅就彼此都是屬於「人」的這一點而言，都具有人之所以為人的人性，所以彼此便不難有相感相通的可能，我們又何必自築藩籬？只要彼此能肯定具有共通的人性，便不難推己及人，做到孔子的「己所不欲，勿施於人。」「己欲立而立人，己欲達而達人。」進而互相由

（下轉第18頁）

權威與個人（二）

羅素著
汪仲譯

第二講　社會凝合力與政府

社會凝合力的原來的機構，從今天尚存的最原始部落中還能看見情形而言，是完全依靠個人心理狀況的，毫不需要任何可稱爲政府者來推動。毫無疑問，有許許多多的部落風習是必須遵行的；但是，我們必須假定，並無任何心理衝動，使他們不遵守那些風習，也不需要任何檢察官或警察來强制執行。在舊石器時代，部落人民似曾生活於一種現在所稱爲無政府的狀態之下。但是，因爲現在的人類具有社會的衝動(social impulse)以支配其行爲，所以，假如現在出現了無政府狀態，必將與當年的情況大不相同。事實上，新石器時代的人類就已經不同了。他們已經有了政府，力能强迫人民服從，並執行大規模的强制的合作。這可以從他們創造的遺物上看得很清楚。原始小部落的凝合力決不可能產生南英格蘭的史前石廟(註一)；更不用說金字塔了。社會組織規模之擴大，戰爭必定是一個主要原因。兩個部落於經過一場殲滅戰之後，勝利的一方，獲得了新的土地，就可能增加其人口數目。同時，兩個或兩個以上的部落如果結成聯盟，在對外作戰時，有明顯的利益；假定那迫使他們聯爲一氣的危險長久存在時，這種聯盟經過長時期的存續，就會把兩部落鎔合爲一。當社會組織擴大到各份子間不能完全相熟識的程度時，自然發生了一項需要，要建立某種機構，作爲達成集體的決定的媒介。這樣的一種機構將不可避免地，一步一步發展而成近代人們所知道的政府的形式。政府一經出現，就有一部份人的力量大過其餘的人。而這批人手中的力量之大小，是與其所統治的社會組織之規模成正比的。因此，對權力的嗜愛將驅使統治者們從事於征服。當被征服者不再被屠戮，而被夷爲奴隸以後，這一點又大大加强了征服的慾望。人類早期歷史之中，社會的規模便以這種方式增長不已，其間雖然也有趨向社會合作的原始衝動發生作用，但不服從者將受嚴厲懲罰這一事實是更重要的。從最早有可靠歷史記錄的社會——古埃及——裏，我們知道一位君臨廣大境域的帝王，其權力是絕對的——僅對少數巫祝(註二)例外。我們又知道有大量的奴隸人口，供帝王隨意驅使以從事於國家的事業——例如造金字塔。在這樣的社會中，祇有居於頂層的極少數人——帝王、貴族、巫祝——需要社會凝合力的心理基礎才能團結起來。其他的人們只是被迫服從就够了。毫無疑問，大部份的人民是痛苦的；我們可以從聖經舊約「出埃及記」(Exodus)的頭幾章中獲知輪廓。不過，祇要沒有外患的侵凌，這種情況並不會阻止國家的繁盛，也不會妨害統治者羣生活的安樂。這樣一種情況必會存在於整個今天所稱爲中東的地域，經歷頗長的一段時期。它的主要支柱是宗教和君權神授觀念。不服從是有違天道的；反叛則將引起天神的憤怒。祇要社會的上層眞心誠意地信奉這種觀念，就可以馴服其餘的人民，一如我們今天之馴服禽獸。

令人奇怪的一件事是：武力征服常能在被征服者的身上產生對於統治者的眞正忠誠。羅馬人的各次征服便是如此。第五世紀時，羅馬已失去軍事駕馭力量，但高盧人依然忠順。在整個的古代，所有的大國都是由武力征服所造成的。但它們之中的一大部份，祇要其武力駕馭能維持相當長久，總能產生維繫全國的凝合力量——儘管在征服合併的當時曾經過激烈的抗拒。中世紀時，近代民族國家的成長也曾有過同樣經驗。英國、法國、西班牙等等全是由某一領主征服合併其餘地域而建立的。

古代所有大國，除埃及以外，都是動盪不安的，其原因主要屬於技術條件不足。當馬是最快的傳遞工具的時候，中央政府很難維持對邊遠諸侯彊吏的嚴密控制。這些諸侯彊吏是很容易叛變的——有時候篡奪了整個帝國，有時候建立起獨立的藩封。亞力山大、阿提拉、成吉思汗都曾有過廣濶的帝國；一旦身死，便土崩瓦解。它們之聯合不墮本來完全繫於那個征服者個人的聲威。這幾個帝國中並無心理上的聯合；祇是武力的聯合而已。羅馬情形比較好。其原因是與希臘文化相攝合的羅馬文化尚爲有敎養的人所重視，並且和其邊界以外的野蠻文化對比時，相差是太顯明了。一直到近代技術的發明之前，要想維繫一個大的帝國，必須在社會上層之間具有某種使其聯合一致的共同情緒。同時，造成這種共同情緒的方法，比現在又少得多。所以，社會凝合力的心理基礎，儘管祇限於統治階級的少數人，還是十分重要的。在古代社會裏，疆域廣大的主要利益便是可以建立龐大武力；然而這優點却爲兩個不利之點所抵銷：其一是大軍自帝國的此處調至彼處需要長久時間；其二是文人政府想不出防止軍事叛變的方法。這兩點直到近代還多少存在着。英國、葡萄牙、西班牙，就因爲調兵不易失去了西半球的領地，從蒸汽動力和電報發明之後，統治廣大領域是容易得多了；同時，從普及教育施行之後，在廣大的人口中製造多少屬於人爲的忠順也變得方便得多了。

近代技術發展不獨便利於在大集團中建立心理上的凝合力，而且，從經濟與軍事兩方的利益着眼，要充分利用這些技術，大集團更成爲一種必要。大規模生產的利益已是老生常談；我無意再予闡釋。而且，它們經常被用來作爲促起歐洲國家間進一步合作的論據。自遠古之時，經濟生產就曾是促成大集團合作的因素：尼羅河，因爲任何人控制了上游就能控制下游的生產活動，所以它加强了埃及全區的凝合力。不必談近代技術發展的其他方面，田納西河水利建設及擬議中的聖勞倫斯水道(註三)計劃就是同樣的河流凝合力之科學發展。一個發電及於廣大區域電力廠——它的地位正是越來越重要——也是利於範圍廣濶。而原子發電計劃——那並非不可能——更將使有利地發電的區域擴至若干倍。所有這些近代的發展都增强了即些掌握它們的人對個人生活的控制。同時，又使少數幾個巨大組織的生產力遠超過許多小組織的生產力量。自經濟和政治兩方面而言，除了不能超出地球的範圍以外，擴大組織的利益可說看不出是有止境的。

現在，我從另一觀點來窺測政府的發展。政府於其治下的百姓生活之控制，歷史上頗有不同。其異點不僅在其統治地域之大小；其控制人民生活的强度也不相同。我們所稱爲文化的事物開始於已經完善地組織起來的帝國。其中埃及、巴比侖、尼尼微最可注意。阿茲鐵克、印加(註四)兩帝國基本上也和他們相同。在這幾個帝國裏，上層階級之中於開始時還具有某種份量個人創造意志。但是，絕大部份由征服異族而來的奴隸人口就全無創造意志了。巫祝們力能干預日常生活到極大的程度。君主們，除了與宗教有關的事情而外，具有絕對的權力，可以驅使人民爲他而戰。君權神授觀念及對巫祝的尊敬產生了穩定的社會——例如埃及，曾是我們所知的社會中最穩定的一個。而穩定之代價則是硬脆、缺乏韌性。最後，它們變爲完全不能變通適應，難於抵抗外國侵略。它們一個一個地吞併於波斯，波斯又敗於希臘。

希臘人會使腓尼基人創造的一種新文化形式更趨完美。那是一種建立在商業和海權之上的城邦國家文化。以人民被允許享有的個人自由而言，希臘城邦與古帝國相差很大。多數城邦的人民擁有很大的自由；但除斯巴達以外。然而多數城邦常趨於產生暴君執政；同時在頗長的一段時期，他們生活於專制政府之下，時而有革命來調劑。當國家以城邦爲範圍時，革命是件容易的事。舉事的叛黨只要跑幾哩路就可以逃出他們叛離的政府的疆域，而且隨時都有懷敵意的鄰邦在準備協助叛變者。整個希臘史中，都存有近代人將不能忍受的某種無政府狀態。但是，希臘城邦的人民，包括那些叛離的反對者，却都懷有一種原始的忠誠的心理狀態。他們全心全力愛其故國；而這種熱愛雖然差不多永遠是最深摯的。但却常常是不聰明的！我認爲，希臘人個人成就偉大之處，是與希臘政治之鬆弛無力分不開的。因爲，個人感情的奔放，一方面是個人成就的泉源，另一方面却也就是希臘之不能獲得統一的原因。因此，希臘又相繼墮入馬其頓和羅馬的統治之下。

羅馬帝國，當其發展時期，會允許相當程度的個人自由及各省的地方自治。自奧古斯都大帝(註五)以後，政府逐漸增强控制力量；最後，主要由於苛捐雜稅，大部份會屬於帝國的地區瓦解了。在留下的地區裏，苛歛依然如舊。也就是這個原因，使得查斯蒂尼(註六)恢復意大利和非洲的事業祇是曇花一現。因爲，那些當地人民原來歡迎羅馬大軍，把他們當做打倒哥特人(註七)和汪達爾人(註八)的解放者，不久之後，當他們看見羅馬軍團之後，跟隨着一支稅吏的大軍時，便都悔恨不迭了。

羅馬人企圖統一文明世界是失敗了。其大部份的原因，恐是距離遼遠和種族不同，使羅馬人不能給他們帶來任何快樂。羅馬的末期，帝國內充滿了悲觀、消極思想。人們認爲活在世上已無復意義；而這種心情却又幫助了基督教之勸人置希望於未來世界。

自羅馬光輝黯淡之後，西方就開始了一次完全的改造。商業幾乎完全停頓；偉大的羅馬馳道殘敗不修；小諸侯們不停地征戰，勉力統治着他的小領域，還得時時防備好興風作浪的條頓貴族及沈默地憤恨着的已經羅馬化了的老百姓。大規模的奴隸制度已不復存在，代之而興的是新的農奴。羅馬時代自非洲載糧接濟的大船隊不見了，代之而起的是一些沒有商業的小社會，絕少與外間接觸，完全靠本地生產過活。生活困難艱苦；但是羅馬末期的冷漠無望的心情却不再存在。整個黑暗時代裏，和整個中世紀裏，漫無法紀的狀態使得好學深思之士崇仰法律。漸漸地，從漫無法紀之中生長出某種程度的社會秩序，因而使先後許多偉大人物得以着手建立新的文化。

從十五世紀開頭，直至如今，與個人相對待的國家的力量逐步增强，起初是由於火藥之發明。於是，正像當初無政府狀態之產生對法律的崇拜一樣，於國家力量增强之時，產生了一股崇拜自由的趨勢。十八、十九兩世紀中，國家的力量之增長有顯著的成功，以達於力能維持秩序的需要。同時，也給社會中上層人民保存了頗大的自由。不過，現在的社會改良者對自由的衝動似已不如當年的激烈，代之而起的是對平等的追求，這主要是因新工業巨頭們財富及權力之增漲所引起的。同時，現代總體戰的危險使得差不多每一個人都知道一個比我們老祖父時代更緊密的社會制度是必需的。

有一種彷彿如古埃及時代君權神授觀念的制度，正出現於世界上一大片地域裏，不過是由一個新的巫祝階級所控制。儘管這種情況在西方還沒有走到如它在東方的程度，但是它已經足夠令十八九世紀的英美人民爲之震驚。個人的創造力如今或在國家之前，或在强大的公司之前遲疑不能舉步。這就產生一種危險，正如古羅馬時代會發生過的一樣：它可能造成意志銷沉和宿命論。我經常地接到一些信件，裏面常有這一類的話：「我懂得世界的情況並不好；然而一個卑微的個人又有什麼辦法？生命和財產都依存於少數工業家的憐邮——是他們才能決定和平或戰爭！任何稍具規模的經濟活動，不是受制於國家，就得受制於巨大的公司。縱使在正常民主制度之下，每一個人所分享的控制國家政策之權，是微不足道的！處此環境下，忘掉國事，及時行樂難道不好嗎？」對於這類信件，我覺得難以作覆；但是，我確信那導使他們寫出這類意見的心理狀況是有害於健康的社會生活的。國家規模擴大的結果，使政府日益遠離其人民；同時發展了一種趨勢——即使在民主政治之下也是一樣——政府離開了人民，而單獨具有它的生命。我並不認為我完全知道如何去矯治此一弊端，但是我相信，承認其存在並從而尋求減除其影響的方法，乃是一件重要的事。

從人本性而來的那套社會凝合力，譬如一個成員對他那彼此之間都能互相熟識的小部落所具有的那份忠誠，實在是與對代之而興的近代大集團的忠誠，大不相同。而在由危險所促成的近代大規模集團之中，所殘留的原始忠誠，大概不久也會消滅。一個英國人或蘇格蘭人可以對不列顛具有本能的忠誠：他知道莎士比亞也會這末說；他知道不列顛是一個海島，具有自然的界限；他知道不列顛過去的歷史，而且，迄今為止，還是光榮的；他也知道歐洲大陸人民說的是外國話。可是，如果要把對不列顛的忠誠轉變為對西方聯合陣線的忠誠，就必得先具有一種超國界的對西方共同文化的自覺；因為，如果沒有這樣一種自覺的話，西方聯合陣線就祇具有一個不夠力量的心理動機——那就是對共同外侮的恐懼。恐懼是一項消極的動機，當勝利之日它就消逝了。我們把古代希臘人對整個希臘半島底愛和對他自己所屬的城邦底愛，作一比較時，就可以看出，當急迫的外侮危機消失以後，前者比起後者，簡直是小得太多了。

從開始有政府這樣東西以來，它就有兩個功能，一個是消極的，一個是積極的。它的消極功能是防止個人擾亂秩序：保護生命和財產；制訂刑法並強制地執行。除消極功能以外，它必得有積極的功能，那就是幫助被認為是大多數人民的欲望底實現。政府積極功能在大多數情況下，是以戰爭來表現的。當戰爭勝利，征服了敵人並帶來了新的領土時，每一個人都或多或少地分沾到一點利益。但是，近代政府的積極功能是大大地擴展了。首先是教育：不僅是傳授學術知識，同時也灌輸某種忠誠和某種信仰。它所灌輸的乃是國家所認為必要的——或者，有的時候，是教會所認為必要的。其次是大規模的公營事業：縱使在美國，政府干涉經濟活動是被限於最小限度之內的，國家事業的範圍還是日見增長。而且，從心理的觀點而言，大規模的產業組織，控制在國家手裏或是控制在強有力公司的手裏，是絕少分別的：在兩種情況之下，那高高在上的政府[註九]，縱使並非出自本心，但卻事實上遠離了那些受其控制的人民。也祇有那些政府裏的份子，才能保存個人的創造力，同時也不可避免地引起了一種趨勢，即政府逐漸把那些為它而工作的人們多多少少看成了機器的一份，也就是說，僅僅是必須的工具而已。並且，為了獲得更順利的合作，企業的規模傾向於不斷地擴大，所以，具有創造力的人數便在不斷地縮小。還有，照我們看來，最壞的是英國的一種制度，在英國，具有創造力的人們永遠地困於文官制度之下，這種制度僅有消極作用而無積極效果，產生了永遠為禁令限制所困厄的消極情緒。於是，蓬勃有為的人被磨練得死氣沉沉；原來在一個有朝氣的環境中會變為蓬勃有為的人都趨於冷漠、消沉。這樣，國家的積極功能是不會被有效率地推進的。舉例來說明：如果我們重視經濟昆蟲學，也許它會給我們帶來比現在大得多的經濟利益；但是這就需要雇用相當數目的昆蟲學家。而我們現在政府對於類如有關增雇專門人員的企業方針，是要持之以謹慎的。這樣，不用多說，就等於愚蠢的父母，時時叱責兒童說：「不許動這個，不許動那個」，而不問動了這個或那個到底有什麼壞處。當一種遙遠的隔膜的控制存在着的時候，這種惡劣情況將難以避免；同時，在任何龐大的組織裏，遙遠的控制似乎是只會增多，不會減少。

我會在以後一講裏討論怎樣能夠緩和大規模組織的惡果，而依然不失其優點的問題。也許，目前這種集中的趨勢是太強烈了，以致於會必然造成災難，不可挽救。萬一如此，第五世紀的歷史即將重演；現有的整個制度必將崩潰，帶來無可避免的混亂及貧窮，直到人類能重新獲得某種程度的自由（缺少了這種最低限度的自由，生活是會失去意義的）。我希望事情發展並非如此；然而，除非我們能了解這危險，並採取有力的行動加以防止，它好像是難以避免。

從以上所述的關於社會凝合力的歷史變遷，我們可以看出一個具有兩面的運動。

一方面是一項周期性的發展。從散漫，原始的組織形態，逐漸變為有秩序的政府，統轄更廣大的領域，並管制人民生活的更大的部份。在發展的某一點上，當財富與安全獲得進步，而野蠻時代所遺留的活力和進取勇氣還不會消沉的時候，便常常有文化進展中的許多偉大成就。然後，當新的文化趨於刻板、定型的時候，政府獲有時間以鞏固它的威權；習慣、傳統和法律累積到足以阻塞進取的勇氣；這社會便進入了停滯不前的階段。人們歌頌古人，但已不能和古人媲美。藝術變為枯燥平凡，科學則因崇拜權威之故，不能上進。

這樣的進步之後繼以僵化的文化發展，有很多例證：中國和印度，美索不達米亞和埃及；以及希臘——羅馬世界。這一循環的終點往往是外寇的侵略：他們本來都依靠一成不變的方式抵抗原來的外寇；但當新的敵人興起時，惟有用新的方式才能抵抗；但是他們已經失去採行新方式的適應能力了。如果征服者是文化較差的民族時——那是常見的——他們大都缺乏統治大帝國的能力，也不會在廣大地域中維持工商事業。其結果是人口減少、版圖縮小、和政府控制力之鬆弛。漸漸地，在新的、多少有點無政府狀態的情況下，民族的活力重新回來，開始作第二圈的循行。

另一方面，於每一發展周期的極峯，國家高度發展；其領域大過以前任何時代，政府對人民控制的程度也大過以前所有，羅馬帝國大於巴比侖和埃及帝國了，現代諸帝國又大於羅馬。同時，歷史上任何大國對其人民的控制，從來不會有如像今日蘇俄這樣的程度——甚至也趕不上今天的西歐國家。因爲地球的面積有限，擴大的趨勢，如果不能停止，勢必造成一個世界國家。在世界國家裏，沒有外患使得社會凝合力得以因恐懼而加强了；原來的心理結構便不再適合了。對那個世界政府已無愛國主義活動餘地；於是，國家的動力便只能建築於個人利益之上，仇恨和恐懼——這二大有力因素——都失其作用。這樣的社會能存在嗎？假如它可以存在，它還有進步的能力嗎？這些是十分困難的問題；以下的幾講中，將要討論回答這些問題時所必須記住的幾件事。

我剛才說到過去歷史上的一個兩面的運動，但是我並不認爲，關於我們所能察覺的過去歷史定律，包含着任何必然發生，或不可避免的事物。新的知識會把原來會發生的事件完全扭轉，舉例來說，美洲的發現使產生了這樣的結果。新的典章制度也會造成不能預見的影響：我看不出凱撒時代的羅馬人能預料任何像天主教那樣的發展；同時，在十九世紀，連馬克斯也不會預料到蘇俄的出現。因此，一切對人類將來的預言，都祇能被視爲值得研究的假說而已。

我認爲，所有斷言將來如何如何的預言都不可靠，但是也有若干可慮的可能性，值得記取。例如，長期毀滅性的戰爭會破壞各文明國家的工業，以造成類如羅馬帝國覆亡後，西歐所曾體驗過的小規模的無政府狀態。這就包括人口之大量減少，以及，至少有一段時期，使得我們所認爲文明生活底特徵的許多活動，趨於停頓。然而，我們也有理由相信，就像中世紀時所曾發生過的一樣，在某一時期，雖少而足够的社會凝合力將重新建立，以逐漸恢復從前的成就。

還有一個或許更容易實現的危險，近代技術進步，令政府得以前所未有的强度控制人民，而這一條件，極權國家更把它發揮盡致。將來，也許是由於戰爭的壓力，也許是對戰爭的恐懼，或者直接由於被極權國家所征服，總之，世界上還保存着某種程度的自由的地方，會越來越小；而即使在那些地方，自由的範圍也會越來越狹，我們無理由推斷那新建立的制度將是動搖不穩；但我們差不多可以斷言它是靜止的，無進步的。它將挾古代的罪惡以俱來，奴役、迷信、狹隘、和大多數人民的悲慘境況。依我看來，這些事是十分不幸的。最要緊是的我們如何戒備，不許它們到來。所以對個人價值的重視，在今天比任何時期都來得重要。

還有一項錯誤也必須避免：我相信，正如同我所常常提到的，人類的天賦千萬年來絕少變化；但是，對於一個近代的人，天賦只佔他的心智組織的一小部份。我不希望別人從我以前所說過的話，推論出來說世界如果一旦沒有戰爭，人類便必然會本能地產生一種一切完了的破滅感覺。瑞典從一八一四以來便不會從事戰爭，也就是說，經過四代人的時光，不會作戰。可是我不相信任何人能說瑞典人由於置身戰爭之外，使他們的本能生活感覺虧歉。假如人類能廢除戰爭，他們也不難尋出一條冒險心理的出路。老式的方法已經不够，尋求新的出路的方法是必須的。在人類的本性當中，並無迫使我們從事不斷的野蠻殺戮的成分在內。我們本性之中較爲不受範束的衝動僅在被壓抑或被誤解時，才是危險的。只要這一錯誤能够避免，那麼，如何把它們納入善良的社會制度的問題，是可以由智慧和善意之助，而加以解決的。（本講完，本文未完）

註一　Stonehenge 在南英格蘭維爾特郡 (Wiltshire) 的塞里斯堡之北所建的一種史前期的紀念性建築物，有巨大的石柱支持其卵形頂。

註二　Priest 原意爲教士，此處實爲巫祝。

註三　St. Lawrence Waterway 加拿大安大略湖通海之一河。

註四　印加 Inca 在被西班牙征服前，佔據秘魯的一族有力量的印第安人。

註五　奧古斯都大帝 (63 B.C.—A.D. 14)，第一任羅馬帝國之皇帝。

註六　裘斯蒂尼 Justinian (四八三—五六五)，拜占廷的統治者，他的主要法官們曾制定裘斯蒂尼法典。

註七　哥特人(Goth)條頓民族之一支，從三世紀到五世紀侵佔羅馬帝國的一部份。

註八　汪達爾人 (Vandal) 日耳曼民族的一部份，第五世紀時曾侵掠高盧與西班牙，定居菲洲，四五五年侵羅馬。

註九　此處所稱的「政府」包括一切大管理機構在內。

(上接第14頁)

容忍而諒解而欣賞而觀摩而學習而合作；使彼此的差異，不成爲永不可相處的障碍，而有如一幕偉大的戲劇之必須有各種不同的角色，一幅偉大的圖畫之包括有各種不同的彩色，正因其有差異，才使之成爲一幕偉大的戲劇和一幅偉大的圖畫。

宇宙之大，還不是自以爲萬物之靈的人類所能知道，人類今天所佔有的所謂世界，也不過有如一粒微塵而已！何苦在這小天地裏，又劃上些小圈子？人類眞希望有前途，便該竭智盡力，開發現有世界的地下資源，並發展地面資源，以至空中資源，進而向地球以外的星球謀發展；且提高創造和發明，以滿足新的需要，和解決新的問題，以求促進新的幸福。假使整個的宇宙，眞如科學家所說，正走向一個「熱的絕滅」的時代，宇宙中的物質及能量，都在作無情的消散，在若干億萬年以後，將要無光、無熱、無生命、一切都歸於最後的死亡；果不幸而必將走上這一條毀滅的路，人類何不用自相殘殺的精力和才智，轉而注意並設法預防這一可怕的未來，雖然這是在很遠很遠的將來。

人類不必再在十字路口徬徨了！世界主義的道路，是一條通往理想樂園的康莊大道，人類如果不企圖集體自殺，遲早終必走上這一條大道。現代的一切，都是一個徵兆，即使是國家主義的反動，也是一個有力的反證，這不過是垂死掙扎時的一點廻光返照而已。世界主義，終必打倒國家主義的，這結論便將由歷史的事實加以證明了！

阿根廷通訊。九月廿二日

阿根廷獨裁者裴倫的倒臺

田心

阿根廷的裴倫政權，自從六月的海軍叛變發生以後，九年歲月的獨裁根基已呈動搖之象。但是，裴倫仍擁有陸軍的忠誠。他逮捕了叛變的首領，從內閣裏踢出去幾個替罪的羔羊，對天主教略採取幾項溫和的措施，甚至允許徒有其名的反對黨領袖在國家電臺廣播；然後，他覺得他的統治大權已經這樣修補得完美無缺了。於是他撤銷了自己的辭職書，在御用的羣衆面前聲色俱厲地喊道：「現在我們提出戰爭，除非敵人消滅，戰鬪決不停止。」

眞正的戰鬪並非由裴倫總統發端，而是裴倫的敵人發動的。這一次的敵人除了海空軍外，還包括陸軍。他們不再用飛機去轟炸裴倫，而先佔領了遙遠的內陸大城科都巴。四天之後，裴倫的實力即告瓦解，宣布投降了。在擧世都認為裴倫確已穩定了他的政權的時候，誰也不會料到這個南美洲的九年獨裁者竟於數日之內倒臺。

阿根廷的這個事件在國際政治上有甚麼含義呢？我們試先描述裴倫政權的性質。裴倫是一個殘餘的法西斯黨徒，但不如希特勒或墨索里尼在政治上的效率。和史達林比較起來，裴倫只算是一個無原則的獨夫。在裴倫的統治下，阿根廷人民失掉了憲法所保障的各項自由。但他却允許反對的激進黨在國會裏佔幾個議席，用以點綴民主的門面。一九五一年裴倫藉口「革命尚未完成」，宣布進入「內戰狀態」，以清除異己的勢力。此後總是處處捕人，牢獄常滿。外交方面，裴倫只有一條路線，便是反美。

裴倫政權的支柱是三股叉式的：工會、政黨和陸軍。裴倫的黨就叫做「裴倫黨」，包括全國公職人員，包辦選擧，營私舞弊，造成阿根廷政治的腐敗。工會是裴倫的政治生命線，是他在當選總統前即銳意培植的。一九四五年當反對派剝奪了他的官職，驅逐他到一個小島上的時候，成萬的工人擁入首都示威，拯救了他的生命和將來。裴倫的工會名為勞工總聯盟，號稱六百萬之衆（約佔全國人口三分之一），待遇優厚，形成特權階級。有了這批羣衆，裴倫凡遇到政治上有糾葛時，便唆使工人出來示威，嚇退或擊敗反對者。陸軍方面，裴倫曾澈底整肅過，可說是完全效忠他了。但是與其說陸軍將領效忠裴倫，不如說是更效忠他們的官職，敲搾，獎賞和其他的特殊利益。

裴倫的法西斯精神充分表現在他的治術上。他善於離間敵對的勢力，使之互相鬪爭。如不奏效，便繼之以威逼、縱火、逮捕、屠殺。他曾自豪為「暴亂之父」。人民只可歌功頌德，而無言論自由。只能參加御用的集會和示威，不能有其他的政治活動。他有一個法西斯青年組織，着黑衫，帶手槍，以血紅的顏色為標幟。這些青年可以毫無顧忌的在街頭打人、傷人、或放槍殺人，警察為之廻避。

要充分了解裴倫及其政權，不能不知道他那位三年前死於癌症而年僅三十三歲的夫人伊娃。這位手腕高强的女子，實際上左右阿根廷政局達六年之久。勞工總聯盟經她一手控制，特權也由她賦予，同時却完成了共產黨的有力滲透。此外，伊娃還掌握了一個擁資千萬的慈善機關，並且組織了一個「裴倫婦女黨」。她在工會中推行的反美運動，形成阿根廷的外交政策。伊娃死後，擧行「歷史上最壯觀的葬儀」，前往瞻仰遺容的人數之多，使葬禮不能如儀進行；羣衆自相踐踏，致成三千多人的傷亡。工會請求羅馬教皇超渡伊娃為聖，但被羅馬教廷拒絕了。

裴倫政權的解體，便起因於和羅馬教會的爭執。阿根廷是一個天主教的國家，人民百分之九十以上信奉天主教。但裴倫要消滅所有可能的反對力量，而唯一可能的便是天主教會。天主教會最反對裴倫對兒童所施的「裴倫化」教育。一種一年級學生讀本上說：「裴倫是我們的領袖。人人愛裴倫。人人高唱：『裴倫萬歲！領袖萬歲！萬歲！』」由是天主教開始組黨，企圖抑制裴倫的獨夫統治。由是裴倫也開始對教會展開脅迫式的攻擊：以「不敬罪」逮捕教士，禁止教徒集會，以及一連串剝奪教會特權的法律。最重要的，是國會通過召開全國議會，修改憲法取銷天主教的國教地位。六月叛變發生的即刻，裴倫黨焚毀教堂，驅逐主教出境，達到了排教的高潮。但是在全國人民心目中，裴倫已失去了道義的立場，與狂徒無異。革命由是不可收拾，終致摧毀了裴倫。

三年以來，共產以外的世界發生了三次影響遠大的政變或革命：在伊朗，推翻了狂妄的民族主義者莫沙德。在埃及，驅除了腐敗糜爛的法魯克。現在的阿根廷又打倒了法西斯的獨夫裴倫。這三個國家或者在事實上已接近共產黨統治的邊緣，或者為自由世界增加紛擾，招致災禍，終而有利於共產主義的擴張。然而政變或革命改變了這個趨向。伊朗建立起一個比較切合實際的政府，解決了石油的糾紛；埃及建立起一個比較清廉而有效率的政府，穩定了內部的紊亂，更解決了運河問題。阿根廷的新政府如何，現在尚屬言之過早。然而它的革命背景是天主教會，革命的口號是眞理和自由，而且新政府甫成立即保證新聞發佈的完全自由。由這些事實看來，我們至少可以說，阿根廷距離共產主義遠了，和民主的關係趨於和諧了。因此，我們為阿根廷的人民慶，並預祝阿根廷的新政府為民主和自由繼續努力。

回教世界中的巴基斯坦

王　魯

巴基斯坦 (Pakistan) 的國父眞納 (M. A. Jinnah) 先生，在伊斯蘭兄弟的心目中，他可媲美甘地。是的，曾住在印度境內的回教徒，所以能從印度獨立出來自建國家，固然有賴於回教的團結精神，但眞納的英明領導，亦屬主要成功因素之一。他的功績，不僅對於巴基斯坦的獨立，即對印度的反英獨立運動，也有很大的貢獻。彼爲人爽快坦白，敢說話也勇於做事。如在一九〇六年印度國大黨在加爾各答 (Calcutta) 開會時，他在大會致詞說：「孟買便是第二個波斯頓，將來倒入海中的，將非茶葉箱，而是活活的英國人。」在一九四七年八月十五日午夜零時，半個世界尚在睡夢之中，此時此刻印巴開始正式分治獨立，眞納出任第一屆巴國的總督，而獨立前制憲會議的成立，亦爲巴基斯坦舖下了一條民主的康莊大道。在獨立執政後的一週年，眞納曾告訴他的同胞說：「自然賦予了你們的各樣東西，你們得着了無盡的寶藏，你們的國家的基礎已經奠定了，現在是你們建設的時候，將它建設起來，儘你們之所能，愈快愈好，勇敢前進！神速前進！」誰知他與甘地的命運相似，之後，不久即死了。在全世界兩億多回教兄弟中，巴基斯坦立國於印度半島，至今已七個年頭了，現正在朝着光明的方向邁進！在紛擾的世界中，而巴基斯坦與印度相反，已堅定的選擇了反共的路線。

從地理學、語言學、和人種學的觀點上說，巴基斯坦之建國，不在其他因素，完全是依存於宗教的熱忱。因此東西巴基斯坦，目前的執政黨回盟，最初即是以宗教爲背景組成的。中間隔着印度，同時相距千哩之遙，然能合成一個國家，在世界上尚屬罕見。尤其值得注意的，東巴與西巴，不祇是地理環境不同；經濟物產不同，即是人種、語言、生活亦互有差別。一般言之，東巴只孟加拉(Benegal)一省，是一塊低於二〇〇公尺的冲積平原，正當恒河三角洲的中央部份。鄰近印、緬，瀕臨孟加拉灣，面積小而人口衆(面積：五四、五〇一方哩。人口：四二、〇六二、六一〇)，是巴國最肥沃的一省。這裏的氣候，終年高溫蒸濕，故盛產稻米、烟草、茶葉、蔗糖，和重要的輸出品黃蔴 (年產量約占世界總量百分之八十)。達卡 (Dacca) 是其首邑。西巴的面積遼濶，然而人口稀少 (面積：三一〇、二三六方哩。人口：三三、七七九、六〇〇)，地形上有山嶺、沙漠、和平原，印度河流經西巴的中央。氣候則是乾燥而少雨，即是肥沃的旁遮普省 (Punjabi)，亦全賴溝渠來灌溉。所以出產的作物，是以小麥、棉花爲主，稻米次之。由於西北邊省，不利於從事農業，故出產羊毛和皮類。首都喀拉蚩 (Karachi) 臨近阿拉伯海岸，而拉賀爾 (Lahore) 則是西巴北部的大城。

因爲地理環境不同，所以東西巴的經濟、貿易，以及生活方式，都具差別。比喻說，東巴的人是以稻米爲主食，黃蔴是主要的出口品，戶外的工作，是怎樣排水以防水潦。而西巴的居民，則以麥爲主食，出口品是以原棉和羊毛皮類爲主，戶外的工作，則以如何儲水以防乾旱，對於灌漑的溝渠系統，在保護上特別小心。再以語言文字論之，東巴屬東孟加拉回族 (East Bengal Muslims)，使用孟加拉語文。西巴的種族尤其複雜，計有旁遮普回族 (Punjabi Muslims)、培贊族 (Pathan)、巴魯克斯族 (Baiuchis)、聖地希斯族 (Sindhis)，主要使用烏爾杜 (Urdu) 語文。此種語文，現爲巴政府規定爲國語。巴基斯坦是十足的農業國家，工人僅占百分之一，但自一九五一年以來，現政府藉美援之便，實施了一項六年發展計劃，以加速巴國的現代工業化，現已完成了黃蔴加工廠、棉製廠、和電廠數處。礦產中只產煤，故重工業之建設暫時談不上，今之入口貨，仍以棉織品、機器、鋼鐵器材，和車輛紙類爲主。

基於以上的自然背景，和生活習俗之相異，東西巴之間便產生了很大的政治問題，在去春的三月，幾乎因此分了家。追憶起來這與政制有關。巴國自獨立到現在只有一個臨時政府，政府的最高元首是總督，但操實權而直接對議會負責的却是內閣總理。而省級政府的組織，是由各省議員選舉得勝的一黨組成之，這種政制被稱爲新聯邦主義。至於巴國的憲法現尚在起草中，目前的立法與制憲權利，是操於由全國各地之立法機關所推舉出的代表組成的制憲會議。在一九五四年三月十九日的東巴省級議會選舉中，回盟被五個小黨臨時所組成的聯合陣線 (United Front) 所擊敗，在三〇九席中回盟僅得到十個席次，而共黨却平均在二十五個候選人中能中選四名。選後的省長當然有聯合陣線的人出任，在此種情形下，胡格 (Fazlul Huq) 出任省長，然而胡格本人及其同路人，在思想上是反對印巴分治的，在外交上願意追隨印度走親共的路線，這自然爲喀拉蚩 (Karachi) 的回盟政府當局所不允。

關於回盟在東巴選舉中失敗，印度方面認爲，是由於回盟統治下的巴基斯坦接受了美援，而致失去了東孟加拉省的人心。其實在選舉鬬爭的事實上說，這似乎不是一種辯證的理由，至於美國軍援巴基斯坦，在選舉進行過程中，除了少數共黨外，並未被聯合陣線所提及。而且美巴所簽定的條約，爲巴國一般人所熟悉，那麼印度之無理抨擊，全是基於一種自私的看法。實際上回盟在東巴之失敗，是由於使用孟加拉語系的人同時怨恨兩種傾向，致回盟的地方領袖在爭取選民的竟見上本身趨於分裂，但巴政府發言人則解釋爲，此乃其他各黨反擊回盟單獨統治巴基斯坦的具體表現。在選舉之後，蘇俄的宣傳機構更較前加强，同時爲蘇俄所贊助的文學作品，和共黨各式各樣的戲劇性集會，都在强調「蘇俄與回教生活方式之相似性」，其實那完全是一幕騙劇。到五月十五日那拉安干 (Narayangani) 的黃蔴廠，又發生工潮，東巴在共黨的煽動下各處發生騷動，巴政府只好派遣了一萬左右的武裝步隊前往恢復社會秩序，同時又大捕共黨，總理阿里將此次的政潮工潮，歸咎於「散兵游勇和敵人的奸諜活動」。不久，胡格及其十四位閣員，全部被解職。至於巴共在選舉中也有很大的煽動能力，其活動完全爲印共所支持、所操縱，因爲東巴臨近加爾各答和阿薩密省，而以上兩地都是印共活動的大本營，因此今日的巴基斯坦，亦與其他亞洲各國一樣，面臨着國際共黨的內外夾擊。

自東巴政潮與騷動平息之後，巴國的教育、社會、政治、和經濟都日趨繁榮，而基本國策方向之正確，尤爲東方和西方的民主國家所樂道。有爲而決斷的阿里總理，自接受了美國軍援，簽定美巴空軍基地協定，與土耳其訂立軍事聯盟，解決了巴國在一九五三年商業上的危機，參加了東南亞防衛公約之後，使巴國在中東和東南亞的國際地位因而提高。雖然巴基斯坦也是可倫坡會議國家之一，但它在外交上，與印度、緬甸、印尼所追求的路線却完全不同。在軍力方面上說，所屬三十餘萬的陸軍，在美援之下，已具備了現代化的裝備和作戰能力，而空軍也踏入了噴氣式時代。這種新貌的武裝，使印度、蘇俄都感到極大的不安。巴國與蘇不是直接接壤，中間隔着阿富汗，但相距僅五十英哩，越過了興都庫什山 (Hindu Kush) 即是蘇俄的哈薩克斯坦，和吉爾吉斯高原，昔日爲印度所重視的開伯爾隘 (Khyper Pass)，今日對巴國的國防依然是險要無比。英國地理學家麥欽德 (Halford Mackinder) 所指的亞洲腹地，距巴基斯坦要算是最近，美國的軍略設計者也許最留意及此，値此空權時代，印度的戰略價值，顯然是不如巴基斯坦了。尤其今日的中亞，是蘇俄的主要棉作區，礦產中則以石油與煤比較重要，今美國與巴國已簽定了空軍基地協定，在地略上說，對俄帝的威脅眞是重要無比。

至於巴國與印度，不僅是直接接壤，而且喀什米爾問題今仍爲雙方的懸案，故巴國的勢力若日新月異的强大，對印度當是十分不利的，所以尼赫魯曾指責美國軍援巴國，是在打破東南亞的均勢。去年三月一日下午，他在衆議院致詞說到：「美國軍援巴基斯坦之舉，確足造成不幸之結果。」近來(七月初)巴政府又決定參加由英國所策動的土耳其、伊拉克、英國所簽定的爲期五年的安全條約。從地理形勢上說，由此不僅能阻遏蘇俄向南擴展，其所夢想的中東油田，今更化爲泡影。從中東到近東，巴基斯坦是一大國，現已成了此連鎖防線之主要一環。從大西洋，經地中海，展至印度洋，這民主國家新月形的防線，因巴國之加入英、土、伊中東防禦同盟，將更形鞏固。

再從四國防禦公約的本身言之，巴基斯坦、土耳其都是十足的回教國家，伊拉克境內的回教徒也占全國人口百分之七十，英國是基督教的國家，但與以上三國都有較深的歷史和外交關係，那麼基於共同的信仰與歷史和外交的關係，四國的合作將是無間的。尤其土耳其與蘇俄是世仇，雙方在歷史上曾發生過二十五次戰爭，正如一位土耳其的官員所說：「每一位土耳其人的祖墓中，都有被俄人打死過的祖先。」此言充分的表示了土人對俄國的憎恨。尤其在二次戰後，蘇俄又以土耳其遲遲對德宣戰爲藉口，因此向土耳其提出共管達達尼爾海峽，與割讓土耳其的東北三個山區省份(按此三省接近外高加索)的無理要求，更爲土人所深恨，故土耳其的反共立場是十分堅定的。今土巴已經訂立軍事同盟，而且土國又是北大西洋公約國的一員，自一九四七年以來，美國的聯合軍事顧問團，即對土國負起軍事訓練與裝備的責任，現土耳其可隨時動員百萬大軍，以對抗蘇俄的侵略。巴基斯坦亦有三十餘萬的陸軍，其新貌的空軍軍力，亦在美國援助之下，逐日增强，因此土耳其與巴基斯坦將是中東安定的柱石。

總之，今日的巴基斯坦，亦如同亞洲其他各國一樣，面臨的困難是內外共黨的夾擊和威脅。不過政府對社會福利，頗爲注重，因此當前的急務，是發展工業以平衡經濟，努力教育他們下一代的子孫，開拓新的耕地，增加食糧生產，以應付人口的增多，政府對於新問題的發生，都是迫切的期待着產生一個新的答案。也許這種內政的設施，就是對付共黨侵略的一種最好方略。

(上接23頁)

一個從鬱林發來的電報，說來自布洛克林的齊林克神父已經被捕。當天下午，一個天主教教師警告我說，某一夜，全城即將實施搜查。他更說，不但城中的軍隊和警察一律參加搜查，所有教師也將召來協助公安人員工作。

我相信這個教師的話，遂從事準備。我存有一些外幣供教會事業需用的，我把牠藏在認爲安全的地方。我相信教會的苦難日子，快將到來，但我身爲主教，我必須堅忍不屈，這是我的責任。我感到不安，但並無恐懼之意。

瑪利諾會修女之一羅珊麗，在當天晚上，送給我一本關於米仁狄茲丁紅衣主教的書。我窮一夜工夫，閱讀這一本書。在一個人未被捕前閱讀這一本書，是十分需要的，紅衣主教的這一悲慘的故事，在我被捕之後，更使我感到惶恐。(未完)

從中國大陸歸來(上)

香港通訊・九月廿三日

鄧納奎主教作
焦木譯

梧州是一個舊式的中國城市，約有居民五十萬人，位居華南桂江和西江的會流處。這裏就是瑪利諾會梧州教區的總部。

我是在一九二九年到中國來，在福特主教所主持的教區服務，福特主教後來瘦死於共黨監獄中。一九三九年我回美國，被任爲梧州區主教。我的任命禮是在馬薩諸塞州法爾河城舉行，不久我即返中國。

當我在美作短居的時候，日軍已侵入華南，廣州和南寧早已淪陷，我不得不取道法人控制的廣州灣，循漫長的陸地進入我的教區。由於戰火的逼近，梧州城經常成爲日軍飛機轟炸的目標。

在戰爭期中以及戰後期間，教會方面曾竭力從事救濟和醫療工作，救助許多人民。人民方面對於神父的艱苦工作，不畏隨時有被俘虜的威脅，仍能與人民同甘共苦，表示感激。

在共黨到來前一年，我們在梧州教區共有五千教友。我們正建立了一個新教堂，廣汎的信教運動正在這一教區展開。我們在這個教區共有十四處大教堂，由美國或中國神父主持。

一九四九年，是我們遭受共黨侵入威脅的一年，共軍正不斷向長江北岸進迫，待機突襲華南。關於共軍在華北虐待中國和外國教友的報告，不斷傳來。

我們不計成敗，仍從事我們認爲他們必將到來時所必需的一切準備。中國人民對於抵抗一事，早已在二次大戰的艱苦時期中消磨殆盡。共產主義早已滲透華南，更進而摧毀政府軍隊的微弱的力量。當一九四九年尾解放軍抵達梧州的時候，華南一帶都僅有象徵式的抵抗。

新政府的政治武器，隨着軍隊通過梧州城之後，立即使用出來。在開始的時候，他們是仁慈溫和的。他們提出了許多諾言，告訴人民已給予人民以自由。對外國人或教會均未見予以拘束。

這是一個滿懷希望的時期，一個短暫的時期。許多人都被共黨政府的這種新態度所欺騙。共黨實際上都是依照一張藍圖做的。他們已學得蘇俄的經驗，已了解他們自己在華北所犯的錯誤教訓。甚至共軍中的普通兵士，也早已奉命實行對付華南的新政策。這種新政策，目的是在未實行殘酷的手段使人民變成共黨的奴隸之前，先使政府能夠完全控制。

他們並未冒然採取共黨的策略，壓力是逐漸實施的。只有當共黨的控制絕對有把握時，才露出他們的眞面目來。

許多人以爲共黨決難組織如中國這樣龐大的國家。他們認爲共黨不能訓練中國人遵守紀律；中國共產主義，無論如何總不同於俄國共產主義。不到一年的工夫，事實已證明他們是犯了怎樣大的錯誤。

思想改造在數週內即開始。這對每個人都是强迫性的。一批一批的人從附近鄉村送來梧州，從事改造。他們經過改造之後，再回到原地擔任指導員，另一批人又送來了。來自華北的共幹負責領導這項思想訓練和改造。

共黨的權力逐漸顯現效果。人民開始將他們在思想改造中學來的術語一一應用於口頭上。紀律也逐漸加緊，一種强力控制着人民的行動和思想。

一向自由放任慣了的中國人民，已不能任其所欲自由來往。新思想正如癱瘓症，使中國人的生活漸受麻痺。改革是任其自然緩步進行。人民依然爲僞裝的安全所迷惑。

共黨官員一再聲明，黨決不從正面作戰。牠的攻擊都是迂迴曲折的。藉欺騙以達到目的，正是一種共黨的道德觀。

人民在自己的反抗力量未被完全摧毀以前，對於正在發生的一切均未計及。整個過程全賴對「羣衆」所下的諸言而進行——這一切諸言從未準備予以遵守。舉例說，在梧州，教員在允許增加薪津之下，均被爭取過來。共黨允諾增加他們的薪津一倍。可是實際上，當教員被控制之後，即發覺自己的薪津反而減去了三分之二。他們雖已醒悟，但已經太遲了。

如果目前國民黨重返中國，一定可以獲得教育界及許多其他階層的誠意合作。政府工作人員，除厭惡不斷的思想改造外，特別對於薪津感到不滿。

可是士兵看起來食飽衣暖，照顧週到。他們跟着新政權而得勝。但我不能確定，他們之間有沒有不滿的存在。我有一天曾在梧州碰到了幾個兵士，發生了一件有趣的故事。我從三個士兵的身旁走過去。當我過去後，我聽到一種從喉嚨裏發出來的唔唔聲。這種聲音是中國人叫喚人的一種特別表示。我起初不予注意，但他却一再唔了兩次。在第三次發出聲音的時候，我停了下來，以爲他們要向我查問什麼東西。我回轉身，走向兵士那邊去。其中一個約二十歲的小伙子一看到外國人走過去，驚慌萬狀，立即拔足逃奔。另外兩個士兵也跟蹤趕去。圍觀熱鬧的羣衆，似很感到興趣。我聽到一位年將七十的古稀老人說道：「那些都是準備去『解放』臺灣的兵士。」

經過了共產主義的五年的統治，人民連最後一點微弱的幻想也破滅了。現在他們已漸見失望，盼望另一種「解放軍」降臨，解救他們。這種希望極爲堅決。

中國人本來是非常麻木的；他們可以隨遇而安，樂天知命，可是形勢的發展，已使他們對於共產主義的希望開始幻滅。他們已了解自己已變成了俘虜。

共黨在一年之內即已建立了他們

的權力，全面控制了鄉村。爲着掃蕩潛伏山地的敵對份子，就必需採取第二次軍事行動。這次軍事行動是澈底的，且殘酷不堪。同時，共黨更有組織地登記每個人和每個家庭——一項重大的工作。

共軍更同時訂定法律，沒收人民所持有的各式武器。任何人被查出藏有武器者卽判以終身監禁甚至處以死刑。在共黨實施他們的政策以前，先已將普遍暴動反對他們的可能性消滅了。

在華南，土地改革約在思想改造實施後一年的時候，才行發動。人們對於這種改革所引起的無限痛苦和麻煩，不得不表面上加以頌揚。

尤其是另外一種政策——重分土地，使鄉村落入共黨的枷鎖下。共黨爲着爭取窮人的同情擁護，首先號召大規模的減租。如果這項步驟仍不能引誘人民去參加每夜的思想改造，立卽就改用恐嚇手段。

共黨稱牠爲「土改的一個準備階段」。驅使人民對「地主」表示狂熱的盲目的仇恨，名之爲「提高農民的政治覺悟」。很顯然的，這種冠冕堂皇的政策，目的並不是在協助人民，而是養成人民對「國家」所指的任何「敵人」發生一種盲目的深仇。他們均被訓練成殘忍好殺。

在土改中，共黨對於「富農」和「中農」的劃分，並不嚴格。更沒有絕對的財富標準。階級的仇恨，在那些實際上並無富人的集團之間被鼓動起來。一個人的財產在這一個地區也許被列爲「中農」——不一定算是人民敵人；可是在另一個地區，保持同樣數量土地財產，也許被列爲須加消滅的「富農」。

當階級仇恨已被造成狂熱程度，才開始實行土地的初步分配。中國人常常喜歡不藉暴力和流血重分土地。擁有土地的士紳並不普遍苛待佃戶，因而也並不是普遍地被仇恨。

但是共黨却禁止不經流血的土改。在這類行動中，被利用的貧農遂被指定擔任屠殺自己隣居的劊子手。共黨藉這些濫殺，迫使農民本身成爲這類罪惡的參加份子。

土改可能給予貧農的利益，却由共黨的租稅制度一掃而空。

凡一無所有的人，分到了兩畝或三畝土地耕種。這在窮人看來，確是一場幻夢成眞。他們覺得自已有辦法養活，顧慮到自己僅有這些財產的安全。當他們的首季稻谷收成的時候，剝削也跟着來了。租稅比任何時候爲重。情形比以前更壞。

共黨的報紙及其他形形色色的宣傳，都勸導人民出售他們的剩餘谷米與政府。

起初，這種宣傳聽來似有道理。這等於是說農民換得現錢在手，更仍保有充分的谷米供農民的私人食用。可是不久，配給制度卽在各地區施行。派遣各地收購餘糧的共幹，開始强迫人民連自己需要的糧食也得出售，以應政府的需求。當農民只有一點存糧逃過官方徵購的時候，他們遂轉向政府請求。可是政府却拒售糧食。因此，一種人爲的饑荒，正如俄國共產主義的初期，逐漸擴大起來。

配給制度約在一年前實施。在過去六個月中，華南的情形確實是非常嚴重。一個居住在賓陽(廣西省)的人，曾三次向政府申請配給，均遭拒絕。他在第四次申請時說：「還是發給我好一點」。當那個共幹準備斥退他時，他立卽抽出一把刀，刺死了那個共幹。他於是將刀抛在地上，束手就捕。

「我這樣做，是希望你們殺了我。」那個農民說。

「你爲什麽願意被殺?」一個共幹問他。

「我是一家之長，」他答：「家有十口人全賴我生活。我不能坐着眼看他們餓死。我希望利用這種行動，要你們來殺死我。」

軍隊立刻被派去他的家中。經過嚴密的搜查，未曾發現半粒谷米。共黨遂准許這一家的其他九個人，每天每人配給三兩米。至那個農民，被判奴工五年。

人民經過幾近六年的這種生活後，漸見覺悟，不足爲奇。允諾分配土地給窮人以及進一步的答應取消租稅，更易使許多人墮入共黨的陷阱之中。現在，窮人已作繭自縛，無法脫身。

在共黨未來之前，窮人須爲一部份富農耕種土地，他們必須付出一半收成交與地主。他雖付高額地租，但同時他可以耕種很多土地，收益也甚豐富。

因爲現在沒有剩餘的土地，他們也無法耕種更多土地。他所有自己的兩畝或三畝地，僅足以養活自己，因而較過去的收益更低。而且，他仍須付百分之三十或更高的租稅。

由此，共黨就可完全控制農民於手掌之間，唯命是從。農民現在才了解：他們自已正成爲世界上一些最聰明的言而無信的人的犧牲品。整個中國大陸上的農民都已覺悟，他們是被利用了。

當土改開始的時候，逮捕人民成爲司空見慣的事。人民被捕入獄公審，經常可見。至一九五〇年十一月間，我感到敎會的惡運亦快將降臨。

現在共黨已經撕去宣傳宗敎自由及保護外人的標語。

我們敎區的一位神父已遭逮捕。共黨宣布他是一個間諜，是由美國人空投鄉村的。他的護照上所塡入境的日期，也不足以證明共黨的控訴的虛僞。

一部份敎堂由軍隊看守，禁止敎友來往。敎會成爲思想改造課程中經常提到的題目。牠被斥爲外國侵略的武器，傳敎士被指爲中國的資本主義敵人的間諜。這種指責攻擊依然彌漫各地，每個神父和修女之終必被捕，視爲「國家的敵人」，不過僅是時間問題而已。清算地主之後，其他各式清算必繼續不斷進行。

在十二月間，我開始注意有人談到敎會的財產，而那些人都是外地來的。隣近敎會的民房已遭搜查，我感到我們的末日將快到來。後來到十二月十八日，發生了兩件事情。我接到

(下轉21頁)

女畫家

（五幕悲劇）（續完）

雨初

第五幕　第二場

一個星期以後，拂曉。景如前一場。現在還沒有天亮；書架上點着一臘燭。

幕開時，史坤儀在窗下用右手畫畫。隔壁禮拜堂傳來基督復活歌。晨曦從窗外照進來，史坤儀把臘燭吹息。天已大亮，她繼續畫畫，既而又停筆欣賞了一回。她畫的是潘乾生和廖無雙並肩的半身像，上邊寫着『花好月圓』四字。有頃，她摩摩自己的頭，感到很疲倦，後來把右手安放在綳帶上。王嫂上，手裏拿着報紙。

王　(很興奮)太太！太太！你瞧！這報上有好消息！您的畫得獎了！第一名！

史　我看見了。潘少爺也得獎，你知道嗎？

王　是呀！鄭家的孩子們晚上看報看到的。樂的我一夜沒睡着！眞是那麼巧！我們把那幅『天問』賣了，就剛落在廖老太爺的手裏。他替你拿去比賽，又得了獎！

史　潘少爺的是一幅新派畫，叫『高山仰止』。一定畫得很好，報上說是未來派的傑作哪。

王　可是鄭家的大孩子說，你的『天問』還要好，你才是眞正的第一名，因爲國立藝術專科學校要特別聘請您去當教授。太太，您要去嗎？

史　我要去的。

王　(大喜。)眞的嗎，太太？我們可以出去了！您想潘少爺該多麼高興！(抱着史，樂不可支。但史的精神已經不能支持，搖搖欲墜。王嫂連忙扶着。)太太！太太！你怎麼了？(撫其額，驚。)又發燒了！我說您是不應該起來的嘛！快躺下罷！(扶史上床，蓋上被。)

史　(半臥半坐的靠着床首。既而用手撫自己的額。)不要緊。這也許是因爲一時太興奮的緣故。

王　是呀！眞是太興奮了！(笑了一聲。)太太，你猜怎麼着。昨晚鄭家的孩子們看到報上發獎的新聞，就說，西洋畫得第一名的叫潘乾生，是個男的，中國畫得第一名的叫史坤儀，是個女的。乾是天，坤是地，又是一男一女，剛好一對兒。(看看史。)那個大的還說，趕明兒寫一封信去登在讀者投書上，提議叫他們結婚。

史　(不禁也笑了一聲。)哈！潘少爺要跟雙小姐結婚了。

王　什麼？潘少爺要跟雙小姐結婚？誰說的？

史　也是報上登的啓事。你看，我還趕了一幅『花好月圓』，去恭賀他們。

王　(不悅。自言自語。)眞是男人心……(外邊敲門。)請進來。(鄭士英上。他很匆忙，很苦惱的樣子，及見史靠在床上，又改爲擔心。)鄭醫生你來得剛好！太太不好了！

鄭　(忙走前，撫史脈，大驚。)你的脈，怎麼這樣？(抬頭看見窗下畫架上的畫。)你又畫畫了！

史　恐怕畫了一整夜。(氣喘，自己也不免有點擔心。)

鄭　這怎麼行呀？我早就告訴你，不能再畫畫了！

史　這幅畫，我是必須畫的。(掙扎坐起來，看着那幅畫。鄭也跟着她的視線，注意那幅畫。陽光從窗外射進來，照得那幅畫格外分明，鄭定神凝視，既而點頭，心有所悟。)鄭大夫，不瞞你，我這兩年來東奔西跑，爲的是要完成這『花好月圓』。一個人願望一件事發生，天天盼望，天天禱祝。果然有一天那件事眞的發生了。你說多麼值得興奮！

鄭　(點頭。)他們總算聽話。你成功了。

史　(微笑。)我成功了。(閉上眼睛。)

鄭　(回頭看見她呼吸頓感困難。)可是你自己的身體……

史　不要緊。(睜開眼睛，復勉强坐直。)鄭大娘有下落了沒有呀？

鄭　(搖頭，表示很痛苦的樣子。)沒有。城裏的人，連方牧師也不十分了解！

王　他們誣賴你，說是你謀殺了她！

史　謀殺？

鄭　王嫂！(以目示意，叫她不要說。)你去把我的聽心筒拿來罷。

王　(將下，復回頭。)還把太太也扯在一起！不是嗎？

鄭　王嫂！

王　眞該死！簡直氣死人了！(下。)

史　到底是什麼一回事？

鄭　本來這些話我不應該說來刺激你。可是我又沒辦法再瞞你！

史　王嫂剛才說的那些話……

鄭　是的——眞對你不起！說這件事是你我同謀。

史　(仰天長嘆。良久。)我相信鄭大娘一定會回來的。她那天在這裏，開始是很生氣。後來經王嫂向她解釋，她已經明白了。她不會尋死的。

鄭　我也說不會。那天她回家，臉上得意極了，好像中了獎一樣高興。怎麼會尋死呢？可是那些愛管閒事的人，就編三造四！她的兄弟已經告到縣府去了，這兩天就要開庭，馬上就來傳人了。我來，是要你快點走開。我已經買了兩張到成都去的汽車票。你趕快跟王嫂到成都去！

史　不，鄭大夫。臨難毋苟免。若是眞的是鬧到這步田地，我就更不應該避開。(嘆息。)鄭大夫，想不到，我又害了你！

鄭　是我害了你！李太太，快兩年了，我一直沒有向你吐露我心裏的積愫！可是——也許從此我們就要永別了！(哽咽。)

史　你鎮定點，鄭大夫。鄭大娘會回來的。

鄭　李太太！我想……讓你知道……我沒有遇見你以前，是一個多麼固執，多麼狹隘的狂人。我目空一切，妄自尊大。第一看不起女人，第二看不起洋人，尤其是看不起西醫。可是自從遇見了你，我才開始看到自己的醜陋。我現在可以很坦白的告訴你。當你那次病得最厲害的時候，人事不省，我幾次跪在你的床前，當你是個觀音菩薩一樣，崇敬膜拜。

史　鄭大夫，請你不要……

鄭　隔壁那個禮拜堂，在這裏不少日子了，我從來就沒有正眼去注意過。可是因爲要崇拜你，我却忽然跑進去禮拜。我跪在那聖壇前面。覺得什麼都是代表你。那些詩歌，在我唱來，也都是爲你而唱的。

史　鄭大夫，你這樣的崇拜，恐怕是犯罪的。

鄭　我不知道什麼是犯罪不犯罪。我只知道我由此就認識了眞理，眞理把我釋放了，把我的苦惱洗清，把我的驕傲驅散，把從前綑綁着我的那一切都解脫了。我變成一個自由的人，心胸豁然開朗，覺得萬物一體，人無你我，國無中西，只要認識眞理，宇宙萬物，均可爲我之用。所以我相信你的手是一定能够醫好的。我到處向人請教，向我從前所最看不起的西醫低頭。最後我決定去學西醫。(把心中積愫，盡地傾訴了，感到痛快，但馬上又看見目前的事實。)可是現在，現在一切都要完了！

史　不要這麼悲觀。

鄭　不是我悲觀！這鄉下地方是不講究法律的，捉到人，也不用審。拿到案子，專憑直覺判斷，不問事實！所以你一定要馬上到成都去！避免這無謂的犧牲。(看花好月圓圖。)現在他們要結婚了，還有什麼阻止你回到成都去呢？

史　鄭大夫！你……

鄭　是的。你的來歷，我早就知道。

史　我也知道你早晚總會知道的。

鄭　而且我在成都曾經去拜見過他們。他們結婚，也無非是爲着你。

史　爲着我？

鄭　爲着讓你好回去。你要是不回去，他們該是多麼失望！

史　等鄭大娘回來了，我是要回去的。

鄭　可是你今天不走，恐怕就走不了啦！(看錶。)唉喲！班車恐怕已經開走了！王嫂怎麼還不回來！我去僱一輛專車來！你躺下罷。(按她躺下，侍候一番，最後很擔憂地看着她。)就是爲了你的病也得趕快到成都去就醫。(下。禮拜堂的歌聲，由低漸高。史又坐起來，靠着床首，靜聽那歌聲，如有所悟。她攏攏頭，又整理被褥，對窗外遙望了一陣。最後她的視線落在潘乾生和廖無雙的畫像，微笑，似有無限依戀之意。外邊汽笛聲。張公普上。)

張　坤儀！

史　(一驚。)怎麼？是你！

張　是我！你不高興嗎？呵！坤儀，我好容易才找到你！

史　誰告訴你，我在這裏？

張　哈哈！說來也巧得很。我到成都那個老地方去找你，碰見一個鄉下大娘。是她告訴我的。這女人有趣極了。頭插金釵，耳墜玉環，一身紅花綠葉的旗袍，脚上兩隻綉花鞋，滿手金戒指，玉鐲子，拿着一個綉囊，扭來扭去，兩隻眼睛總釘着我不放，一會兒瞧着我的臉，一會兒打量我的衣服。她拿了一張報紙給我看，未說先笑，說道：『這就是你的大娘嗎？』我看見那報上登的正是你的照片，便說：『這正是我的太太呀。』她便望着我笑，說：『想不到李太太的當家的會是這麼標致！』我才知道你現在改名換姓，叫做李太太。後來我問她，你住在那裏。她說：『就住在我們隔壁呀。』我說：『你的隔壁是在什麼地方呢？』她說：『我的隔壁，就是你的那位大娘住的我們的那間小柴房哪。』我說：『你們的那間小柴房又是在什麼地方？在什麼城？什麼市？』她說：『也不是城，也不是市，是個縣。』我就問：『什麼縣？』她說：『峨眉縣。』我又問：『那條街？那條巷？』她又說：『也不用問那條街，也不用問那條巷。只要問那大名鼎鼎的名醫鄭士英住在那裏……』

史　哦！是鄭大娘！

張　可不就是這鄉下醫生的婆娘？她說——說的神氣極了。(學鄭妻得意的口吻。)『這名醫鄭士英就是我的當家的！』

史　她跑到成都去做什麼？

張　這位所謂名醫，也眞是名不虛傳。果然，我到了峨眉，一問鄭士英住在那裏，就有人把我帶到這裏來了。坤儀，我到底又回來了。

史　你來做什麼？

張　來恭喜你呀！

史　恭喜我？

張　你還不知道嗎？你的畫得獎了！ Don't you know? 第一名! Number one! 而且是 Number one! 的 Number one！第一名的第一名。原來你是這麼一個偉大的藝術家。現在重慶人人都在談論你的畫。英文報也用頭號字登出來。外國記者都來向我要你的照片，寄到外國去。坤儀，你現在已經名聞天下，一霎子就 famous 起來了！

史　你來跟我說這些話做什麼呢？

張　做什麼？因爲你太偉大了！你不相信，我把這報讀給你聽。這篇文章是批評你的那幅『天問』的。(從袋裏掏出報紙來讀。)「『天問』寓意至深，藝術至高，情感也至濃厚，將人間悲劇，盡表現於一弱女子向天的呼籲，而作者不名之曰『問天』，而題之爲『天問』。溫柔敦厚，哀而不怨，可見其襟懷之偉大。」坤儀，你現在相信你自己的偉大了罷。

史　這偉大，公普，我以爲應該歸功於你罷。

張　歸功於我？Really？那你就更偉大了！坤儀，我們來說點正經話。我今天回來，是要向你賠罪的。當然是我不好。這兩年來，我的行爲，實在有點太不謹愼。可是你這次得奬，却把我的人格，完全改變了。

史　眞的嗎？

張　怎麼不是眞的？Oh yes! 我這次是要帶你到美國去。這鄉下也太苦了你啦。你跟我到美國去，舒服舒服，又可以拿些畫去展覽展覽。

史　（望着他，覺得滿有趣。）我不懂英文，怎能到美國去呢？

張　那沒有關係。現在中國是四强之一，外國人也來學中國話了。

史　可是我不會交際，更不懂得外交上一切的禮節。

張　不要緊。Never mind that! 現在你懂不懂那一套都沒有關係了。總之，一個人出了名，他無論做什麼都是對的了。坤儀，我今天再向你求婚。

史　你不是說，我們兩個不相配？

張　呵，那是舊話！現在可不同了。我們太相配了！現在你是中外馳名的女畫家，我是無人不曉的國民外交家。你的畫出了名，可以提高我的國際地位；我的地位提高了，又可以鼓吹你的畫，更加出名。坤儀，我們眞是一對——一對 ideal 的 couple，一對理想的佳偶。

史　（笑。）公普，你眞正有趣。

張　眞的，坤儀，我是眞正要帶你到美國去。你知道嗎？我現在也是一個單身漢了。我這次回國，重慶多少漂亮的女人在追求我！可是我一個也不要。我想來想去，覺得到底還是你好。你才是一個賢妻良母的典型。你願意的話，我向你下跪。（跪下。）

史　（覺得好笑。）你起來罷。（張起來。）公普，假如你是兩年以前回來跟我說這一套話，我一定把你罵的狗血淋頭，趕你出門，還把地上的塵土，掃得乾乾淨淨！

張　Oh!

史　假如你是前一個禮拜來，我大槪是會把你當淘氣的小孩看待，半嘲笑，半敎訓的把你哄走。

張　現在呢？

史　現在——我却以爲可以答應你。

張　坤儀！我知道你是够大量的。

史　也許是我大量。也許是我要利用你。

張　這世界上本來都是互相利用的。你現在才明白嗎？

史　我要利用你做我的丈夫，省得我到處惹麻煩。

張　是呀。一個女人沒有丈夫是會到處惹麻煩的。一個男人沒有太太，更是活不了。你的話，我十二分明白。坤儀，我們馬上就去找律師，登報言歸於好。

史　可是我要告訴你。

張　什麼事？

史　我跟你的感情早已斷絕了，恐怕很難恢復夫婦間的愛情。

張　哦！那有什麼關係？愛情？什麼愛情？還不是那麼一回事？你以爲我還是初戀，還希望那香港人說的，什麼『心肝丁，蜜糖情』嗎？老實說，像現在那班摩登小姐的摟摟抱抱，我也眞有點兒膩胃了！還是俺們中國的老規矩好；君子之交淡如水，夫婦相敬如賓。你我那樣就够了。

史　我還有一個條件。我願意你回國來辦你的企業。

張　那怎麼行？我是國際上的大企業家。你却叫我回到中國來，尤其是這內地，做個井底之蛙！Oh no!

史　這是你的祖國。

張　我知道這是我的祖國。I know。我更明白你是很愛這個祖國的。難道我就不愛這個祖國嗎？不過——不過，我們在美國也可以愛國呀。比如你的畫，就可以大大替國家宣傳。你別以爲一定要守在這個四川才算愛國。愛國！愛國！在那裏不能愛國？說實話，人家說，美國的月亮比中國的亮。我却可以說，美國的愛國精神，比中國的愛國精神還要熱得多。

史　好罷。你到美國去愛國。我相信我一個人在這裏也很可以爲國家做點事。

張　坤儀，你別傻罷。開口國家，閉口國家。你這麼愛國，總算對得起國家了。可是國家給你什麼呢？你別以爲藝專要請你去當敎授就了不得。告訴你，這年頭，就是當了敎授，也是吃不飽，餓不死的。中國人根本就沒有把什麼敎授放在眼裏。中國的敎授一個月的薪水，比不上人家美國一個補鞋匠一兩天的收入！（鄭士英跑上。）

鄭　李太太！天父送一部汽車來，停在門口！我們快上車罷。（王嫂拿着聽心筒上。）

王　鄭醫生，聽心筒！（把聽心筒交鄭。）您的找不着。這個是方牧師去替我借來的。（看見張公普。）唉喲！怎麼？是老爺！

鄭　（上前，向張招呼。）你就是李先生？

張　我姓張，張公普。

鄭　呵，張先生，尊夫人——她——你來剛好，你可以把她帶走。

張　我是來帶她走的。

鄭　那好極了。現在馬上就走。王嫂，你快替你太太收拾幾件衣服。（走到床前，要把史扶起來。）我們先扶你上車。

史　鄭大夫，不要着急。鄭大娘有下落了。

鄭　她？（撫着她的手。）可是你的脈！你的溫度高極了！你發燒得很厲害！（撫她右手的脈。）不行了！你這手！非馬上開刀不可！張先生！我們得送她到最近的醫院！（正在忙亂，鄭妻上，手携繡囊。）

妻　李太太！李太太！

鄭　你！你回來了！

妻　你以爲我不回來了嗎？（把他拉到門口。）我是到成都去報信的。那五萬塊錢懸賞，都給我了。

（手摩繡囊。）我們房子不用賣了。你也不要去學西醫。她的當家的來了。（指張。）就是他。（扭到張跟前，裝模作樣。）李大爺，你果然找到了。（對史）李太太，是我告訴他的呀！（又對張）我說的沒錯罷？我們鄭士英是無人不知，無人不曉的。你一問就誰都知道了罷？（忽然想起門外的人，走到門口。）你們進來呀！（廖氏父女和潘家母子上。）是我把他們帶來的！

鄭　（走前迎着。）老先生！

妻　（介紹。）這就是我的當家的。

廖　原來老兄就是這位大名鼎鼎的鄭醫生！

鄭　我的信，你們收到了罷？

廖　收到了。你看見小女和潘乾生登的結婚啓事嗎？坤儀呢？她在那裏？（王嫂走前來。）

王　（狂喜。）潘少爺！（拉着他的手，領他走到史的床前。廖等也跟着走到床前。）

潘　坤儀姐！（緊握史手，哭，史亦垂淚。）

史　（轉過頭來，對廖。）老師！（握廖手。）

廖　我的孩子！

史　廖妹妹！（伸手拉雙。）

雙　坤儀姐！（哭。）

史　老太太！

王　老太太，你也來了！（很興奮的拉着潘母。）

母　我也來了！（泣。）我逼走了她，如今又找着她了！

鄭　老先生，她的身體不行了！我正要送她進醫院！

雙　（摩史的頭。）唉喲！燙極了！

鄭　快走！遲了就不行了！（放下聽心筒。）你們要救她的命，就幫我的忙快把她抱上車！

史　鄭大夫，不要忙。（又强自掙扎坐起來。）我不會有什麼危險的。今天我眞高興！廖妹妹，你看，我替你們畫了一幅——（看看那幅畫。）花好月圓。

雙　我們並不是眞的要結婚。

潘　無雙！

雙　我們不過是想引你回去罷了。坤儀姐！乾生始終是愛你的。

史　好妹妹！（把她的手拉着，又拉潘的手，放在無雙的手上。微笑。她的頭漸向後倒。）

鄭　（忙撫她的脈。）已經不行了！（向天呼叫。）天父呀！難道好人只許天上有？

潘　坤儀姐！

雙　坤儀姐！（哭。大家都哭。）

張　坤儀！只要你好了，我聽你話，不走，留在祖國。

雙　我聽你的話去爲人類犧牲！

潘　我聽你的話去愛人，甚至愛敵人，只要你活！

史　我要活的。我要活！（微笑。禮拜堂傳來基督復活歌聲。）你們聽。（她眼睛向着天，頭向後倒。衆人圍着她的床邊，垂首低泣。）

廖　我們不必傷心。（以手撫史頭，仰天。）『一切有爲法，如夢幻泡影，如露亦如電，應作如是觀。』

母　阿彌陀佛！（跪。王嫂隨跪。）

鄭　阿門。（跪。鄭妻，潘乾生，無雙，張公普，相繼跪下。廖敬儒仍立着，把白被單將史坤儀蓋上。禮拜堂唱『阿們歌』。幕徐徐落。）

全劇完。

民國四十四年六月臺北。

作者附言

本劇原著『天問』，六場一景，演出時間約三小時。這改編本乃七場兩景，字數也較前稍增，演出時間，恐怕要費三個多鐘頭。以目前臺灣的劇壇環境和觀衆的習慣，一齣戲演出，不宜超過三小時。我原擬將劇情和對話盡量縮短，以適應舞臺時尚。但此劇在書本上，即或稍長，讀者亦不致厭煩，故出版時未忍割愛。不過上演時儘可加以删削，相信不難達到三小時的標準。

此劇今夏在師範大學上演時，有一個經驗，可供各劇團參考。那天晚上演的是初稿，共五幕八場，演了四個多鐘頭。第二晚力求縮短，一時無法修改，索性將第四第五兩幕犧牲，只演到第三幕史坤儀出走，便作終場。結果觀衆頗感滿意。以史坤儀出走爲結局，在人物描寫上固意有未盡，在結構方面，却差强告一段落。還有朋友提議删去第一幕，只演史坤儀被遺棄後的戲。然因張公普沒有第一幕的戲，第五幕不好出場，未便作此嘗試。順便提出，若有能手，循此議更改，或可另成一局。

鄉村醫生(下)

黃思騁

八

我一轉念到回家的那一段日子，馬上就覺得歸心如箭。我向村長和校長表白我的心願，我在村上的工作應該有個了局。在校長面前，我堅決地要他不要預備我的聘書了，他應該趁早去找個替代我的教員。

村長在聽了我的話以後，當時就沒有說話，只管綳眉頭，摸他的山羊鬍子。過了好一會，他說：「我已經替你算過了，你在我們村子裏救活了八條命，醫好了百多個病人。照說，你也算盡够了力。不過，我們可實在少不了你呀！」

「村長，我這個三脚貓醫生來醫病，實在大家都是件不得已的事。如果好醫生肯到鄉下來，鄉下人也出得起錢，怎麼會用得到我。我老實告訴你，我有好幾天替人看了病以後，晚上總是睡不着，或者做惡夢，害怕有一天總得吃一場人命官司，讓村子裏的人來把我趕出去。」我告訴他我的一切苦衷。

「做人只要是一片誠意，有着博愛精神，何必管它那麼多。我可以說，我們村上有這麼個好醫生，連縣長都知道了。」村長說這話的時候，彷彿他已經沾染了不少光榮似的。

「這眞使我難爲情。」我回答他說：「現在說到我下學期辭職的事，我想，我要請村長曲諒了。」

村長對這件事的處理感到很爲難。因爲他已經聽過各方面的輿論，說是要敎書的西法郎中不要走，好替大家保保太平。然而村長畢竟還能够站在我這方面想一想，他最後回答我說：「你在我們村子裏除了吃住以外，什麼好處也沒得過。我現在還要你留下來，這分明是欺侮好人。我仔細替你想想，你還是回去吧！」

自從這個默契成立以後，照一般人的情形來說，總是不起勁，凡事都拆些爛污，反正自己一背轉身，駡聲也聽不見。然而我呢，我不是那樣想的，我相信我的命不止值那麼一點錢。棲鳳集的人把我從水裏撈起來，難道這種恩情是報答得完的嗎？因此，在最後的幾個月裏面，儘管我的鞋子跑穿了底，每天回到宿舍裏時疲倦得人事不省，但我總是情願的。

後來，暑期終於到了。許多村子裏的人聽說我要走，都跑到我這裏來，團團圍住我的房間，有些感情比較豐富的鄉下女人，一把鼻涕一把眼淚地哭着，嘴裏說着我的功德。其中有一個老婦人，因爲我給她的兒子治好了遠年的寒熱病，到這一天就手上燃着一把香，哀哀地哭着，說她沒法報答我，心裏覺得難過。

我一面捲着舖蓋，一面止不住流淚。好像我這麼一走，一切熱心都會落空了。

這時，村長來了，一進我的房門就叫道，「幸好你還沒有走，村子裏又有人病倒了，似乎很麻煩，得請你去看一看。」

我重又把已經收拾好的醫藥籐箱拿出來，跟着村長一起去看病。

我到了那裏，發覺病人發着高溫，胸口和頸子上有些紅斑，喉頭出了毛病，連話也不會說了。

「很糟糕，」我對村長說：「這是猩紅熱，是一種傳染病。而且，我根本不知道怎麼醫法。」

「那，那，你得想一想辦法，我們比你還要不懂。」村長焦躁地說。

「不行，這種病你們非去請好醫生來不可。」我堅執地說。

「你還是勉爲其難吧，好醫生怎麼會到我們鄉下來。」村長央求着。

「不，不，難道已經輪到我走路的時候，還要我來送一條命嗎？」我說。

「你無論如何都要試一試，反正大家都相信你的。」

「我的籐箱裏面一點藥也沒有，即使有藥的話，我都不知道用。」

村長同我商量，說是村子裏還有點公欵，只要我把藥名開出來，他可以派人到城裏去買。但我無論如何不肯答應，並且向他解釋，我原本是個在公司裏當職員的人，只配醫那些普通而且有成藥可用的毛病。現在要我草菅人命，我是決不答應的。

村長再要同我談下去的時候，我就提起籐箱，朝着門外走。

我回到宿舍，正要提起行李走，村長又在我的面前出現了。

「村長，你讓我積點德吧，我怎麼能把別人的性命拿來開玩笑呢？」我生氣地說。

村長的心境很沉重，老半天不說話，後來，他又用種種方法來打動我，說替人醫病總比不理會好一點，要我把看來可以用的藥開列出來，並且希望我再住一天。

我答應再住一天，但我說明我決不承手看這種嚴重的病。

九

這天晚上，我就把身子靠在捲好的舖蓋上。我的思潮起伏着。我想到前兩年自己遭到意外的情形，又想到我在這裏度過的那些日子。漸漸地，我似乎覺得我還應該在這個村子裏幫一個大忙，縱然我對猩紅熱的醫治方法一無所知，但比起沒有治療，應該要好一些。

第二天一早，我去找村長，向他表示我願意試一試。

「很好！」村長大爲高興，然後又低沉下來，說道：「不過，另外有兩個人也患起這種病來了。」

「你們趁我還在這裏的時候，趕快去請好一點的醫生去吧。」我向他提議。

我同村長一起去看那幾個病人，他們都患着一樣的病。其中有一個是女人，另一個却是小孩。

村長，病人的家屬以及我自己都爲這種病發愁，我把籐箱裏面的藥一樣一樣拿出來看，然而沒有一樣看來是用得着的。而那幾個病人的情況，實在需要一種有用的藥物。

我再度向村長表示情形的嚴重，並且後悔着不一早走路，而來承手這種令人頭痛的疾病。

「你留在這裏總不會使事情壞一點。」村長說。

「這是很危險的傳染病呀。」我說。

「沒有關係，」他說：「我們鄉下人向來都請不到西醫。即使請得到，我們也付不出那麼多的錢。我記得在二十年前，我們村子裏發生瘟疫，不到兩個月，四個人裏面就有一個病死了。」

「這種病我想想都害怕。」我說：「以後不要讓這裏的人用鋤頭把我趕出去才好。」

「不，我們鄉下人厚道得很，得病死了從來不埋怨醫生的。」他說。

到了下午，派到城裏去買藥的人回來了，這對我可說是一種鼓勵。我馬上用種種方法來作試驗，看看能夠得到什麼效果。

當天晚上，我回到宿舍裏，心裏煩躁不安，決不定我應該怎麼辦。最後，我決定一個原則，假如那三個病人有一個不治死去的話，我應該及時捲舖蓋走，連頭都不要回。因爲我要留下來的初衷，並不是爲的醫死人。

第二天，我出去聽消息時，村長正好要來找我，他低着頭從木橋上走過來，臉上的表情分明不大好。

「村長，你上街嗎？」我招呼他說。

「哦，你來了，」他說：「我正要找你。」

「怎麼樣，病人——」

「很麻煩，那個小孩昨天晚上死了。」

「眞的嗎？」我說：「那我不想去了，我還是趕緊回城裏去的好。」

村長拉住我的籐箱，說道：「你無論如何走不得，今天村子裏又有幾個病倒了，而且還是這種病。」

「不行，我再留下去就要害人了。」

「可是，還有兩個病人已經好得多了。」

村長同我兩個人在橋上糾纏着，引動了一些過路的人。他們都來幫村長說話，說我是個好醫生，心地好，周近村子裏的人大家都知道。

我被他們說得心軟了，答應再留下來。

現在病人又多了幾個，而且還在不斷地增加，不等舊病人診治完畢，新病人的家屬又來找到我了。

我在里巷裏提着籐箱穿來穿去，遠處傳過來死人以後的鞭炮聲。

我走進這家的院子，又走出那家的邊門，在一堆愁苦的臉色中給病人診治。

這一天，我一直忙到天黑以後才回到宿舍，我的頭暈目眩，腦海中不斷浮現着一些可怕的面孔。

過了一晚，第二天來找我的人更多了，而且連村長自己也病了。

我急忙忙跑去的時候，我聽見放鞭炮的聲音更多了。這對於我的信心正是一種打擊，我深深地感覺到這種聲音正在含蓄地說出醫生的庸碌。

我戰戰兢兢地走到村長的家裏，他正躺在床上。然而一點憂戚的神色也沒有。他見我進去，臉上露出一絲笑容來，說道：「你來了。」

「村長，」我痛苦地說：「我擔當不起這個責任，今天又有人完了。」

「沒有什麼。」村長毫不在乎地說：「即使我們村上的人統統死光，沒有一個人會把責任推在你身上的。」

「這是什麼話，村長，我心裏想想都嘀咕。」我說。

「我老實對你說吧，我們村子裏有兩個人是學西醫的，我們打電報去催他們回來幫個忙，他們都不當一回事。有一個說城裏忙，分不開身。另一個打電報回來問問自己家裏有沒有人病倒。這是爲的什麼呢？——他們忘本！他們嫌鄉下賺不到錢！」村長憤憤地說。

「啊，原來有這樣的事！」

這樣，我就有了勇氣，不管外面的鞭炮放得多響，我都不在乎了。因爲無論如何，我已經救回一些人來了。

情形後來愈來愈糟，每天得病的人要比治愈的人還多些。非但如此，連附近村子裏的那些人，也都傳染上了。那些前來接醫生的轎子，一天比一天多。

有一天晚上，我到半夜以後才回到家裏，身子疲倦得不想動彈，手也酸得提不起來。我當時暗暗地想道：「他們從前救了我的命，現在難道要我還這條命嗎？」

我繼續地跑來跑去醫病，我再也顧不得我能否把他們治好這回事了，我只知道打針和給藥。

大概在十多天以後，疾病蔓延漸漸停止了，其中除了少數死亡以外，大部份的病人都得救了。

我去看村長時，他的病已經好了，只是衰弱得厲害。我坐下來同他談天，向他表示對那些不治的人抱歉，我還說我想哭一場。

話談到一半，我忽然覺得自己有些發熱。我一面聽村長談話，一面就拿出測溫表來量量自己的溫度。

「怎麼樣？」村長問道。

我看了看測溫表，說道：「我怕自己也傳染上了，我得趕緊回去。」

在路上，我越來越覺得不好過，走起路來脚步高高低低，腦子昏沉沉。我勉力走着，一進自己的房就仆倒在床上，起不來了。

村長派他的兒子來看我，我堅執地叫他不要走近我，以免傳染。然而他不肯，定要幫着我打針。

這種高熱眞使人難受，好像整個身子都跌落到滾燙的鍋子裏去一樣。

到了第三天，村長坐着轎子來看我時，我已經發出紅斑來，喉頭腫脹，連說話都感到困難了。

「村長，」我說：「如果我死了的話，請你給我葬在村頭的那個土坡上，不要讓家裏把我的屍骨運回去了。我同棲鳳集的人已經結下了不解緣，我願我永遠在這裏厮守下去。」

村長噙着滿眶的眼淚，拄着手杖站在我的床邊，激動得抑止不住，搖搖頭說：「你不會死的，人間應該有些報應。」

他的預言說中了，我的病勢沒有加重起來。十多天以後，我已霍然。

我能够步行到村子裏去的那一天，許多村人都跑來看我，他們雖然拙於言辭，但他們的表情我是看得出來的。有幾個父母，把孩子們拖到我的面前來，要他們向我作揖，嘴裏說着：「先生把這條小命撓成灰，他都報答你不完了。」

「我那裏能醫病，」我說：「是他自己的命大罷了。」

過了幾天，我預備回家去。而這一天所發生的事，我是永遠不會忘記的。

我的脚伕一跨出門，一大羣人已經站在那裏了。等我一出現，他們就圍住我，使我舉步都困難，然後突然一陣鞭炮響起來了。但這種鞭炮的意義與先前的已判然不同了。

我一面走，一面心裏感到難過，自覺我辜負他們的地方實在太多了。

我走着走着，跟上來的人也愈來愈多了，孩子們跑着，老太婆燒着香，用衣襟擦眼淚，女人就談論我的功德。至於我的那一批可愛的學生，由校長帶領着，手上擎着小旗子，夾道歡送我。

到了橋頭的廣場，村長來了，帶着一種深沉的惜別情緒，走到我的面前，遞給我一塊鏡框，上面紮着紅綢子，我驚慌地接過來看了看，發覺是一塊表揚我的功績的東西，上面寫着我的勞績，還有許多鄉紳的簽名。

「一切都談不上，村長。不過無論如何，我重視這種情感，我以後一看見這塊東西，我就會想起這一段難忘的日子來。」我說。

這時，我抬起頭來一看，周圍已經放着各種各樣的土產了，什麼鷄啦、鴨啦、水菓啦、蛋啦、茶葉啦、粽子啦……

「這只能表示一點誠意，」村長笑着說：「而且鄉下人固執，重面子，不管怎麼累贅，你都得帶着走。」

「天哪，我怎麼拿得了。」我叫起來。

「沒有問題，已經有三個人自告奮勇來給你挑了。」村長說。

擔子一挑起以後，村長就同我走在一起，後面跟着一大羣人，我回過身去看時，發覺送行的人比留在家裏的還要多些。而這又是一個忙月。

走出村子，我請村長留步，他站住了說：「送君千里總須一別。不過，我希望你到城裏以後也不要忘記我們，我們隨時都在等待着你回來的。我相信，我們這個地方是好的，只是窮罷了。」

「我有機會一定回來。」我說。

分手以後，我每走一段路就回頭看看，總是看見許多人站在高坎上，爬在樹上，遠遠地目送着我，一直要到竹叢遮去我們的視線以後，我哭了，而且怎麼也止不住。這樣，我一直繼續到車站……

十

這一段往事過去已經許多年了。每當我看見掛在墻上的那方獎狀不算獎狀，紀念品不像紀念品的鏡框，我總難免感情激動。我恍惚又記起村長臨走時對我所說的話來。然而我呢，我在城裏沾染了許多決不值得誇耀的習氣。偶爾想起那些往事，我也好像覺得不是我所能幹出來的一樣。有時候，等到我稍稍冷靜一點，或者對於城市生活厭倦的時候，我也會考慮到回棲鳳集去這一回事。然而過了一段時間，我重新再來想想時，我又會歎口氣，不願提它了。

人爲什麼要朝着那個方向走呢？

讀者投書

教師節為教師請命

陳養吾

公教人員的待遇，自四十二年十一月調整之後，迄今已近兩年。如果可以臺幣發行額的增加來衡量生活指數，則當前的生活程度，較之四十二年十一月待遇調整之始，當已高達二倍。（按自三十九年到現在，新臺幣發行額，已由二億元增加到十二億元，平均每年約增一倍。）

在這生活高漲而待遇却依然如故的現狀下，公教人員生活的清苦，可想而知。一般行政機關，特別是事業機關，為求對此有所補救，有的本機關的福利基金相當優厚的，便以員工福利的名義，分別予以補助；有的便以「出差」、「加班」等名義，分別予屬員以變象的津貼，以是一般公職人員的待遇雖低，尚可勉強維持生活。

苦的是學校的教師，特別是中小學教師，底薪最高的僅三百四十元，全部薪津核實發給，每月尚不及五百元，而大部份學校，由於歷年增班，員額加多，不能普遍供給宿舍，如須賃屋以居，至少便須費去薪津的三分之一，餘下來的三百來元，要應付不可避免的應酬，要支付生活的需求，再加上些自己所計算不到的支出，其捉襟見肘的窘狀，不難想見。學校的福利基金既少得可憐，「出差」、「加班」等變象津貼，又非教師所可得到。因而一般教師先生們，雖欲如徐財長於九月九日記者招待會席上所說的：「共體時艱，刻苦砥礪，以渡難關。」但當他們把自己的生活水準降到不可再降的最低點後，便只有走上下述兩條路：

一、另找待遇較高的工作；

二、另闢途徑，多方出賣自己腦力。

教師們為求要解決生活上的必需，所以時時刻刻都在注意到如何去找得一個待遇較優的工作，因而不安現職。而一般公職人員的待遇又多較教師為好，學校中因而留不住人材。其一時不能找得待遇較優的工作者，便多另闢途徑，多方去出賣自己的腦力，有的賣文章，有的賣字畫，有的向私立學校去謀兼課，有的去兼家庭教師或為學生補習功課。然而一個人的精力究竟有限，一個專任教師的課程負擔已够繁重，今於繁重的負擔之外，又勉強再加上許多額外的負擔，有的所加甚至較原職的負擔還要重。因此我們常可看到：有些教師對學生的作業練習，僅批改一部份；有些教師把學生的作業練習交給同班優秀的同學去代改；有些教師索興就一字不改。這樣一來，學生的學業自然談不上有好的進步，但考其所以有如此情形，無非是因為教師自己於本職的課業負擔而外，還兼有着相當於本職或竟超過本職的負擔，要去完成，他們的時間，委實不够分配。現在對那些隨時在準備求去，另謀出路的教師們且置不談，即那些願安本職的，也多在這種過重負擔的慘狀下苟延殘喘。如省立臺中第一中學的教師李鼎彝，平日嚴守崗位，熱心教學，他在校中教兩班國文，每週功課十二小時，由於家庭負擔太重，而薪俸收入又太有限，迫不得已，於是只好在課外替學生補習功課，每日四小時，連星期天也不例外，一家八口的生活，算是由此勉強得到解決了，但時僅三年，却由於操勞過度而致疾以死了。彰化商業職業學校的教師劉立誠，年事正輕，也是因此情形而積勞成疾，以致於死的。其他類似情形正多，不必多舉。一個教育工作者的後果只是如此，除非情非得已，誰還能有勇氣再走上這條路去呢？而反過來看社會一般現象，在有錢便好說話的現社會中，一個學藝僅須六個月的理髮師，每月收入便可數近千元，一個三輪車夫，每天也可以踏得二三十元，如此誰還願意一心一意地去研究什麼學問？更有誰還樂意於大專學校卒業後去幹中小學教員？

總統於四十年國父誕辰紀念大會席上說：「國家教育的良窳，完全與國家盛衰密切相關。」在那篇講詞中，總統特別指出：「教育界對於今後救國責任之重大與地位之重要，實無以復加。」教育界的使命是如此艱鉅，而當前教師們的待遇却又如此低微，生活却又如此清苦。騎士求良馬，對駿駒尚且餵以米漿和黃豆，今於擔當救國重任的教師，何能聽其因生活不能維持而不安心工作？又何能任其因生活壓迫而疲勞以死？

不過，對於調整一般公教人員待遇問題，徐財長於九月九日記者招待會席上曾申訴苦衷地說：「目前如欲再加調整，財源籌措不易，因深恐影響經濟安定及預算收支平衡。」這也是一個必須顧及的事實。現在自本學期起，各省縣（市）立中等學校已規定一律收取學費，總數尚不為少，這筆經費，主管當局計劃用之於學校建設，詳細辦法，尚未見諸明文。我們以為學校房舍的修建，設備的添購，固然有其必要；但就此項收入中，以一部份來增加教師們的待遇，雖云增加的數字並不會很多，但假使能因此令教師們在生活的負擔上能稍得一個喘息的機會，則在尊師重道的意義上必能予教師們以心理上的安慰。三軍將士中，空軍人員以任務特殊，所以他們的待遇，也較海陸軍將士稍好，教育人員，「對於今後救國責任之重大」既是「無以復加」，則酌予提高他們的待遇，能說是不該嗎？何況如此措注，在政府方面既不必另籌財源，增列預算，而在一般軍公人員說來，誰無子女？誰不願自己的子女能因此好好地讀書？誰又不願能因此而加強「教育與文化」這一環，免重踏「大陸因教育而致失敗」的覆轍呢？

自由中國　第十三卷　第七期　內政部雜誌登記證內警臺誌字第三八二號　臺灣省雜誌事業協會會員　一二一四

給讀者的報告

最近，國際間發生兩件意義十分重大的事件，一是韓國新反對黨之成立，一是阿根廷的革命。半月以來，韓國內外報紙每天都以顯著地位登載阿根廷政局演變的消息，而韓國反對黨的成立則只見很簡略的電訊報導；但在我們看來，兩者同時都是值得注意的新聞。同樣地代表自由民主在世界落後地區之重大的進展，自由民主的勢力之能在這些地區獲得重大的勝利，相對地亦即是剝弱了共產黨滲透與進攻的可能。這應是值得自由世界慶幸的。本期我們有社論與通訊各一篇申論其事。在社論(二)裏，我們祝賀「韓國反對黨之成立」。反對黨的存在是，實行民主政治的必要條件。一黨政治是到獨裁之路，與民主精神永遠是背道而馳的。凱末爾之所以爲後世崇仰，土耳其之所以有今日之興盛，正是由於凱氏能高瞻遠矚的培植反對黨，使國家建基於民主政治之上。韓國李承晚終生致力於韓國之獨立，不失爲一可敬的民族英雄，但在內政上措施專斷，常爲世人所詬病。現在我們欣聞反對黨成立的消息，誠不禁爲韓國人民喜。我們願李承晚能爲韓國之凱末爾，則韓國前途幸甚。此外，阿根廷通訊在報導裴倫倒臺的眞象。從這篇報導中我們當能了解這次阿根廷革命的意義。我們知道，民主自由乃世界潮流之所趨，凡欲與民主自由爲敵的人，終必爲時代之所棄。任何形式的獨裁之終將覆亡，亦歷史之必然。希特勒、墨索里尼輩「固一世之雄也，而今安在哉？」以裴倫視希墨，不過小巫大巫耳，則裴倫之下場又何足爲奇？然此正可以再次爲吾人警惕也。推而論之，布加寧、毛澤東輩雖今朝仍數風流，又何能逃於歷史之淸算？我們看裴倫之倒臺，當從深一層去體會，勿謂此僅是軍人政權之更迭而已。現在阿新任臨時總統已宣佈阿國可以享有言論、出版與結社之自由，已可見阿國未來政治之趨向矣。

社論(二)則是談「臺北市政」的。我們指出臺北市政措施之諸多失當的地方，諸如交通問題、環境衛生問題、違章建築問題等。這些說來都是瑣瑣細細婆婆媽媽的事體，但卻與市民生活息息相關，不容馬虎大意的。我們以市民的資格矚望於民選的高市長有以改善之。

本期瞿荊洲先生的大文「日本貿易之進步及其趨向」，分析近年來日本貿易進步的實況，並指出今後的趨向。日本人一面在以反共爲背景而開拓東南亞市場，一面又以親共的姿態而與大陸共匪貿易。這種貿易政策乃是政治的騎牆政策之產物。此種騎牆政策是十分危險的，對自由國家，對日本本身均無是處。作者警告日本人要審度局勢，選擇方向，幸勿自誤誤人也。

濟民先生的大文在評論最近財政部頒佈的「監督銀錢業存欵戶使用本名及行使支票管理辦法」，一一指出其中之不合理處，呼籲當局有以改善或廢止之。

另兩篇通訊，一在介紹巴基斯坦；一爲最近爲中共釋放的美神父對在大陸上親身經歷之報導，可見共匪暴政之一斑。

陳之藩先生的旅美小品，因稿擠再停一期，將於下期繼續發表。此外還有陳康先生、李僉先生、楊志希先生、孟浩先生、子强先生、羅鴻詔先生等的大文亦均因稿擠未能及時發表，謹向作者致歉。

自由中國 半月刊　第十三卷 第七期　總第一四二號

中華民國四十四年十月一日出版

發行人兼主編：『自由中國』編輯委員會

出版者：自由中國社

社址：臺北市和平東路二段十八巷一號

電話：二 八 五 七 〇

航空版

香港：友聯書報發行公司 Union Press Circulation Company, No. 26-A, Des Voeux Rd. C., 1st Fl. Hong Kong

總經銷

臺灣：自由中國社發行部

美國：中國書報發行所　自由中國日報　Free China Press 719 Sacramento St., San Francisco 8, Calif. U.S.A.

經售者

日本：東京僑豐企業公司

韓國：漢城裕昌德號

馬尼剌：大中華日報社

印尼：新疆書店　椰嘉達天聲日報　棉蘭新中華報

越南：西貢中原文化印刷公司

緬甸：仰光振成書報店

印度：加爾各答塔梅學校

澳洲：雪梨瑞田公司

北婆羅洲：西利亞坡青年書店

新加坡：檳榔嶼、吉打邦均有出售

印刷者：精華印書館

廠址：臺北市長沙街二段六〇號

電話：二 三 四 二 九 號

本刊經中華郵政登記認爲第一類新聞紙類　臺灣郵政管理局新聞紙類登記執照第五九七號　臺灣郵政劃撥儲金帳戶第八一三九號（每份臺幣四元，美金三角）

自由中國

FREE CHINA

第十三卷第八期

要目

社論

中華民國四十四年十月十六日出版

社址：臺北市和平東路二段十八巷一號

半月大事記

九月廿三日（星期五）
行政院副院長黃少谷在立院答覆質詢稱，政府對召開反共救國會議一定促其實現。
聯大綜合委員會通過不以阿爾及利亞問題列入議程。
美民主黨參議員葛林抵臺訪問。
阿根廷新總統羅納芬抵阿京城就職。
西德衆院通過與俄建立外交關係案。

九月廿四日（星期六）
總統接見日議員訪問團時稱：「一國如要存在，就不能要共黨；若與共黨爲友，無異要作俘虜。」
雷德福、泰勒兩將軍演說，謂俄帝侵略政策未變，美軍將隨時起而抵擋。
美澳紐三國外長會商太平洋安全問題。

九月廿五日（星期日）
美海軍軍令部副部長庫姆斯暨太平洋艦隊副司令庫玆抵臺。
美總統艾森豪在丹佛突患心臟病，進入陸軍醫院療養。
我正式承認阿根廷新政府。
阿根廷新內閣成立，內閣閣員名單全部發表。

九月廿六日（星期一）
美副總統向全國宣佈，艾森豪已設立小組，執行其政策與原則。
傅爾表示將加速阿爾及利亞合併法國。

九月廿七日（星期二）
美英法三國外長在紐約會談對俄會議之戰略。
埃及通知英國，埃已接受蘇俄供應之武器。

九月廿八日（星期三）
葉外長在聯大演說，揭發蘇俄和平陰謀，宣佈我支持原子和平計劃，並贊成日、西、利、義、韓進入聯合國。
埃及以易貨辦法向捷共購買軍火，納塞發表經過。
美英聯合聲明，關懷中東緊張局勢，促俄勿在中東作軍備競賽。
美英法表示決不承認東德政權。三外長會商德國統一問題。
尼克森、諾蘭等表示美國政務照常進行，無採特別措施之必要。
傅爾命令拉都爾統監必須在六天內消弭摩洛哥危機。

九月廿九日（星期四）
尼克森主持美國家安全會議。
美英法三國外長會議結束，同意以德國統一爲安定歐洲基礎。
俄帝宣佈釋放德俘八千人，其中五千人遣返西德。
美助理國務卿艾倫銜命前往開羅，促埃勿向共黨購買軍火。

九月三十日（星期五）
俞院長答立委質詢稱，美如放寬對匪禁運，無異助長共黨侵略。
美民主黨參議員艾倫德抵臺訪問。
美助理國務卿艾倫飛抵開羅。
英外相麥克米倫在聯大演說，對中東局勢表示關切。
摩洛哥國王阿拉法致函法總統考蒂，表示願意退位。

十月一日（星期六）
聯大通過討論阿爾及利亞問題，法代表團當即退出會場。法總理下令召回該國代表團。
艾森豪總統病體益康復，開始簽署文書，聽取報告。
北非阿爾及利亞與摩洛哥再度發生大暴動，法摩雙方互相殘殺。
摩王阿拉法退位，乘機抵達丹吉爾，指定由其堂弟掌理王權職位。
美埃續商停供軍火問題，艾倫否認美停供埃經援說。

十月二日（星期日）
美英外長進行斡旋，促使法國重返聯大。
法外長皮奈率法代表團由美返抵巴黎。
諾蘭發表聲明，認聯大討論北非問題，亦可討論波羅的海問題。
美正運用外交力量，防止中東局勢惡化。莫斯科電臺廣播，則謂埃及有權向任何國家購買武器，美英不應干預。
阿根廷總統斐倫離阿赴巴拉圭流亡。

十月三日（星期一）
韓國空軍參謀長金貞烈、美國第五航空司令藍密聯袂自東京乘美軍專機來臺訪問。
法內閣舉行會議後聲明，決退出聯大一切活動，惟仍將參加安理會與裁軍會。傅爾、皮奈宣佈延擱赴俄計劃。
西方三國照會蘇俄，聲明仍拒絕承認東德共黨政權。
埃及公然聲明，將向共黨國家購買軍火。
摩洛哥戰事激烈，法調兵五營前往增援。

十月四日（星期二）
傅爾下令組摩洛哥攝政會，摩境法軍已控制局勢。
美埃談判結束，艾倫赴貝魯特。
杜勒斯談話稱，美爲共黨以武器供應中東事，曾向俄兩度提警告。
英外首麥克米倫趕返倫敦，報告國際局勢。

十月五日（星期三）
聯大若干代表團正計劃使政治委會暫緩辯論阿爾及利亞案，以促使法國重返聯大。
法內閣部份閣員反對北非政策，內閣面臨倒臺危機。
北非民族主義份子決定合併抗法，阿摩成立聯合指揮部。
法德兩國總理在盧森堡會談薩爾問題
希臘總理巴巴戈斯逝世。

十月六日（星期三）
國民黨七屆六中全會於舉行爲期四日之會議後閉幕。
美副國務卿胡佛在東京否認報界所傳美將對匪放寬禁運之說。
法總理傅爾解除反對北非政策之四閣員之職務，並要求衆院信任投票。
美助理國務卿艾倫自貝魯特乘機返美，行前警告阿拉伯國家愼防共黨滲透。
法國退出由聯合國歐洲經委會召集的與蘇俄之貿易談判。

十月七日（星期四）
艾森豪邀尼克森至丹佛，舉行榻前會議。
法衆院開始辯論北非問題。

『自由中國』的宗旨

第一、我們要向全國國民宣傳自由與民主的真實價值，並且要督促政府（各級的政府），切實改革政治經濟，努力建立自由民主的社會。

第二、我們要支持並督促政府用種種力量抵抗共產黨鐵幕之下剝奪一切自由的極權政治，不讓他擴張他的勢力範圍。

第三、我們要盡我們的努力，援助淪陷區域的同胞，幫助他們早日恢復自由。

第四、我們的最後目標是要使整個中華民國成爲自由的中國。

社論

(一) 議會辯論與政治教育

這一次立法院開會快要一個月了，我們覺得有一種不同的印像，便是報紙上很少看到立委的質詢與行政長官的答辯。聽說在會場中質詢者確實很少，比起前幾屆的熱烈情形大不相同。縱使有少數人質詢，各報也不把它登載，或以寥寥數語了之。立委質詢之少，是因爲一切施政均覺得滿意，而認爲無可質詢呢？抑或立委們意氣消沉，雖有必須質詢的事件，也鼓不起勇氣來說話呢？報紙之不登載，是認爲無關緊要儘可省略呢？抑或受到壓力，避免麻煩呢？不論其原因如何，對於我們民主政治的前途，總不是好的現象。我們以爲立委固應盡量質詢，而且所有質詢與答辯，除秘密會議外，各報均須全部刊出，使臺灣有蓬蓬勃勃的民主政治的朝氣！

質詢是立委的權利，也是他們的義務。其爲權利，則載在憲法，無容置疑。但是普通的人民沒有向政府質詢之權，惟代表人民的立委才有之。人民如有意見，只能由代表去表達，若立委不表達，便失去其代表的作用。故質詢又是他們的義務。站在政府的立場，要爲人民服務自應知悉人民的意見。古人有詢於芻蕘之說，立委所代表的人民意見，不遠優於芻蕘嗎？故從兩方面看，質詢都是越多越好的。

立委的質詢與當局的答辯，何以必須全部登載於報章呢？就立委而論，既已提出質詢，必然自命爲代表人民的意見，已是人民的意見，當然沒有不使人民知道的理由。就政府而論，理論上每一政令均應家喩戶曉，使人人樂於接受，然後政令之推行可以順利無阻。但是事實上要做到家喩戶曉是很難的。政今藉立委的質詢，將詳細的答辯登諸報端，正是宣揚政策的大好機會，推行政令的大好助力，比之普通片面的宣傳——如要員的演講、文告、以及在街衢張貼標語之類——有效得多。故政府也沒有不使人民知道的理由。反之，若不公開發表，則立委的意見是否眞能代表人民，固沒有經過考驗的機會，政府的答辯能否使人民滿意，也無從考查。因爲每一政令都與人民的利害有關，一部分的蒙利者固然感謝政府，其受害者則必不免憤恨、埋怨。故必須將政令的眞意闡明，使人民皆知政府確實爲謀國家的或多數人的利益而施政的，然後受害者方能心甘情願而怨氣消除。若矇蔽人民的眼睛，使不知政令之眞意，惟有增加民怨而已。

或者以爲，議會的辯論只是爭吵，使人得到不團結的印像，對國內外的影響不好。其實，眞理以辯論而益明，已有歷史的證明，大家既同以福國利民爲目標，則據各人的所見，反覆辯論以明是非之所在，乃是集思廣益的有效辦法。倘若政府之所是乃民衆之所非，政府之所非乃民衆之所是，各走極端，無從和協，其結果只有日趨於渙散而已，何從團結起來呢？故公開辯論乃是使民衆的是非與政府的是非獲得和協的坦途，爭吵乃是達成團結的手段，似相反而實相成。只因我們沒有過慣民主的生活，以爲唯有大家抱着同一的意見始能團結一致，遂誤解辯論有碍於團結。其實，「人心不同，各如其面」，乃是二千年來的格言，意見是不會同一的。但是意見雖不相同而仍須力謀團結，則除辯論以謀取和協外，還有別的途徑嗎？難道當局制定一種意見，而强制人民以必從，便能夠團結一致嗎？

或又以爲，民衆知識水準太低，不能辨別眞正的是非，故立委的質詢不必公開發表，以免阻碍政令之推行。今日中國的一般民衆，其知識之低固是無可諱言的事實，但要說官吏的知識確比一般民衆都高，也同樣不合于眞相。故民衆知識低下並不成其爲辯論不公開的理由。至謂民衆不能辨別眞正的是非，尤爲錯誤。如此次臺灣省議會「茶林互養案」的辯論，便足證明。本來森林是國家的財產，省議會根本沒有處分之權，他們提出此案來辯論，可以說是根本錯誤，政府儘可置之不理。然若禁止其辯論，則民衆以爲農林公司理由充足，政府方面無法答辯了。此次公開辯論的結果，使民衆曉然於農林公司之非，輿論界之支持政府幾乎沒有例外，問題也就因此而解決了。這不是民衆確能辨別是非的證明嗎？這不是公開辯論有助於政令之推行嗎？

說者又謂，民意代表的發言多有不明事實的眞相，甚或有胡說八道的，倘若盡量公開，未免引起誤會。原來代表來自民間，若有不明眞相的質詢亦無足怪。如果質詢確能指出政令的弊病，政府又能虛懷接納，則民衆知道當局有從善服義的公心，只有愈增其信任。如果質詢由於不明眞相，則當局應將眞相說明，所以說服立委者，即所以說明民衆。故不論質詢之當否，皆應使民衆周知，並無不要公開的理由。至於民意代表在議會的發言，固不受法律的制裁，然若要登諸報章，則在民衆監視下，其發言的價值如何，輿論自有公評，他自己的名譽所關至大，自不能不深思熟慮。如此次臺灣省議員某君，在質詢時竟說，「你的太太跟人走了，你也說不知道嗎？」如此胡說八道的議員，不但汚辱他自己的人格，而且汚辱他的選民，我們輿論界自應鳴鼓而攻，他那一區的選民也知道過去的錯誤，下一次必然再不選舉他了吧。故辯論之公開正是使代表愼重其發言的方法，必經過多次的淘汰，而後其發言的品質可以漸漸提高，最後乃能眞正代表人民的意見。

議會中多多辯論，而辯論又一一公開，有上說的那些好處，這些好處，總而言之，也就是一種很好的政治教育。民主政治是一種進步的政治，其本身也就富有政治教育的作用。我們在學步民主的現階段，更要以議會的活動，作爲民主政治的實際教材。

社論

(二) 聯大討論阿爾及利亞問題的意義

八月三十日聯合國大會通過將阿爾及利亞問題列入議程，法國代表團認爲此舉爲「干涉法國內政」，遂憤然退出十屆聯大。

聯合國是無權干涉他國內政的。聯合國憲章第一章第二條第七項曾有明白規定：「本憲章不得認爲授權聯合國干涉在本質上屬於任何國家國內管轄之事件……」，法國認爲阿爾及利亞在「法理上」是法國的一部份，所以，聯大通過討論阿爾及利亞問題，就是干涉法國內政，也就是違反聯合國憲章。法國抵制聯大的理由，乍一聽來，似乎言之成理，未可厚非。

但是，從歷史上說，阿爾及利亞却是法國藉「武力征服」所得的土地，而不是依據人民願望而變成法國的一部份。法國的勢力是一八三〇年伸展到阿爾及利亞，最近五十年才完全掌握了在北非的這一片廣大土地。就民族和文化的觀點而言，阿爾及利亞完全是另一民族和另一文化。阿爾及利亞的人口百分之九十是回族，而移住的歐洲人不過佔全人口的十分之一。法國雖曾盡力「同化」回族，但是始終未產生什麼大的成效。回族仍保有回教文化，回教自成一種生活方式。再從實際政治而論，歐洲移民和土著人民的待遇，權利完全不同，法國統治者曾說：「我們不把土著放在眼裏」(We shall forget their [the natives'] existence)。法國在一九四七年曾公佈一項法令，將阿爾及利亞的選民强劃爲兩部份，一部份爲法國移民及同化的回族；另一部份則爲佔人口百分之九十而未受同化的回族。這兩部份選民各選同等數目的議員至法國議會和阿爾及利亞議會（請參考一九五一年九月出刊之 Potetical Science Quarterly, L. Gray Cowan 所作之 "The New Face of Algeria" 一文）。這種措施是便於少數統治多數，並且是極其不平等的措施。如果，法國眞正視阿爾及利亞爲其本國的一部份，視阿爾及利亞人民爲眞正法國公民，怎能有如此重大的政治上差別待遇？縱然，法國說阿爾及利亞是法國的一部份，阿爾及利亞的人民都是法國公民，但從事實上看來，這種說法不過是法理上的虛構(legal fiction)而已。

我們從歷史、民族、文化和實際政治上觀察，阿爾及利亞決不能說是法國的眞正一部份。在阿爾及利亞，少數特權階級控制經濟和政府，百分之九十的土著人民却處於劣勢地位，他們自然不願永遠受少數統治，而要求獨立自主。阿爾及利亞，毫無疑義在本質上仍然是殖民地問題，無論法國怎樣强辯，但是事實總是事實。

我們一貫的主張就是反對殖民主義。殖民主義是落伍的，反時代的思想。在民族主義普遍高潮的今日，殖民主義的汚跡必然要被抹盡的。我們曾發表過一篇社論(第十三卷第六期，法屬北非問題)促法國順應時代潮流，放棄殖民主義，給予摩洛哥、阿爾及利亞和突尼西亞以獨立自治。然而，從最近的情勢來看，法國似乎仍然執迷不悟，不肯採取果斷的措施。我們爲法國自身着想，再促法國猛省。法國在北非摩洛哥、阿爾及利亞和突尼西亞從事殖民地戰爭，這不是光榮的戰爭，決不會獲得世人的同情。況且法國用兵北非，軍費龐大，每月竟達八千餘萬美元，以法國戰後經濟困頓情形而論，法國決無力量長期負擔。長此以往，法國的經濟必然陷於崩潰，而演成大的悲劇。

英國在第二次大戰前是世界上最大的殖民地國家，但是在第二次大戰結束後，英國便看清楚了時代的趨向，而毅然准許印度、緬甸、巴基斯坦等殖民地獨立自主，所以，現在仍然維持大英聯邦的友好關係。這是英國人的明智。中國也有一句古話：「識時務者爲俊傑」。時務就是潮流，如果誰不顧潮流，倒行逆施，則必爲時代所遺棄。英國的明智足爲法國效法。法國的光榮，不在擁有多少殖民地，而是法國大革命時所提出的「自由、平等、博愛」的理想。法國應該本着這種理想迅速停止不名譽的殖民地戰爭，放棄殖民主義。

殖民主義是應該憎惡、詛咒、唾棄的。這次聯合國大會通過討論阿爾及利亞問題，是正確而無可責難的。因爲阿爾及利亞在本質上並非屬於法國內政問題。我們認爲法國退出十屆聯大這一舉動，並不是名正言順，理直氣壯。法國應該重返聯大，接受討論和考驗。

我們從聯大通過討論阿爾及利亞問題這一決議看來，我們窺出在聯合國中有一種新的趨勢在發展：就是聯合國今後可能討論會員國領土內的任何以「征服」所得的部份。這是一種可喜的趨勢。法國殖民地問題固然應該討論，但是同一性質的問題也應該付諸討論。阿爾及利亞是法國藉「征服」而獲得的土地，但是藉「征服」而獲得的土地何止於阿爾及利亞一地？我們首先要指出的是波羅底海沿岸的三個小國——愛沙尼亞、拉托維亞、立陶宛。這三個國家是在一九四〇年爲蘇俄以武力所吞併的。這三國小國雖然成爲第十四、十五、十六蘇維埃共和國，但是在本質上仍然屬於藉「征服」所得的領土。蘇俄這些藉「征服」所得的領土怎可以避而不談？同樣，蘇俄的其他附庸國家問題，在此同一原則下，也應一一提出討論。

聯合國所維護的應該是正義的原則，在處理問題上不應該有所偏私，更不應該爲强權主義所操縱，避重就輕，欺善怕惡。阿爾及利亞問題應該討論，但是，會員國領土中憑藉「征服」所得的領土，都不能放過，無論它如何巧立名目，怎樣僞裝掩飾，必須和阿爾及利亞一樣提付討論。

聯合國又面臨一種新的考驗。如果聯合國能够維護原則，則威信可保不墜而事仍有可爲。如果在處理問題上失却公正的標準，那麼聯合國的存在，便需要重新評價了。我們現在拭目以待聯合國怎樣處理阿爾及利亞問題以及會員國藉「征服」所得的領土問題。

恢復固有道德的問題

陳康

我們時常聽到人提倡恢復固有道德，並且間或也讀到這類文字（譬如謝幼偉先生的「固有道德與民族精神」，敎育與文化第七卷第十一期第九第十頁）。這種提倡是針對社會上一種現象而發的：此一現象卽是社會上有許許多多違反十三經經義的行爲。這一現象確巧正是我們在一次演講（講稿載於大陸雜誌第十卷第十期二十六頁以下）裏所分析的。因此我們對於這個提倡頗感興趣。現在我們將它提出討論。所謂討論，這裏並不涉及根本問題：固有道德應否恢復？只討論：如若提倡恢復固有道德，應當注意的幾個問題。

「固有道德！」「固有道德！」我們的耳朵常常聽到，我們的唇舌也能照樣的講；然而當我們耳聞口說的時候，我們心中是否也有明白的所指：所謂固有道德究竟指些什麼？這個問題包括兩方面：第一，固有道德的範圍；第二，每一固有道德的概念內容。我們依次來討論。首先，固有道德究竟是那些個道德？譬如前人曾經主張過，而現在不常聽到的，有所謂「六順」，有所謂「十義」，有所謂「五常」……，前人曾經主張過，而現在又常聽到的，有所謂「八德」，有所謂「四維」……。恢復固有道德究竟恢復那一組，還是各組兼收並容？如若只恢復一種或幾種，什麼是取捨的標準？如若兼收並容，各組中名詞相同的，假設它們的概念內容也相同，是否不顧它們原有的體系，將它們從任何一組中劃去一個？如若各組中的名詞雖相同，然而它們的概念內容並不完全吻合，是否不保存它們的舊觀，將它們隨意並合？是否可以不顧每一道德概念的來源，無論其出於何家，無論其出於一家何階段，凡是曾經有人提出過的，皆將它兼收並容？否則所謂「恢復固有道德」，名詞方面卽應有所限制。

諸如此類的問題屬於確定「固有道德」的範圍一方面。這個工作還比較簡單；格外重要的乃是另一方面：確定每一所欲恢復的固有道德的概念內容。這一工作也格外繁難。我們堅決的相信：如若一個人能自覺的產生一個符合道德規律的行爲，第一個條件乃是他必先知道那一個有關道德的內容。我們沒有一人能可靠的步行到衡陽街去，如若這人不先知道由他動身的處所到衡陽街去的路線。步行到衡陽街只不過是一個身體方面的動作，知識尙且是一個先決的條件，何況自覺的道德行爲？因此提倡恢復固有道德，每一個固有道德的概念內容必先明明白白的確定出來。這不是一件容易的事。譬如八德中的「仁」，它的意義够複雜了。它在孔子是包括一切道德：「完成人格卽是仁」。但是在孔門弟子呢，「一切倫理都包括在孝字之內」（根據胡適之先生中國哲學史大綱卷上，引語見原書一一四和一一八頁）。現在提倡恢復固有道德，「仁」和「孝」的概念內容應如何確定？如若恢復固有道德，取捨的標準和收集古玩一樣；愈古愈好，關於「仁」就應採取孔子的概念，不應採取其它的概念。但是孔子所主張的「仁」的內容是很複雜的。這裏需要一個客觀可靠的分析，將這概念的內容一條一條的整理，並將整理的結果，用意義確定的文字寫出來，如近來已有人做的（屈翼鵬先生的「仁字涵義之史的觀察」民主評論第五卷第二十三期二十至二十五頁）。此外其它道德的概念內容還要有人用同樣的方法去做。若僅高叫名詞，甚或附以玄學的語句以當解釋，聞之者不能了解於心，其行爲又何由而得符合這一道德標準呢？

固有道德的所指確定了以後，我們還須討論次一個問題。此卽是每一個固有道德是否仍然適合現時代？這裏是否必須有所增損或改變？譬如八德裏的第一個，「忠」，它的概念比較其次兩個，「孝」和「仁」，簡單些，但是它的內容也並不純一（譬如「言忠信」，「與人忠」，「君仁臣忠」裏的三個「忠」內容各不相同）。在這些不純一的內容之中最重要的是指臣對於君應有的關係：所謂「臣事君則忠」。「君」早隨着辛亥革命被剷除了，「臣」也因之沒有了；「臣忠」這一概念因此也不再適合現時代（這並非說：在現在要以「臣不忠」爲道德了。因爲「臣」不見了，美德的「忠」和惡德的「不忠」皆隨之無有了，正如一人的鄰舍皆搬走了以後，「睦鄰」的美德和「不睦鄰」的惡德對於這人皆沒有了一樣，因爲他自己不再是任何人的鄰舍），雖然「忠」的複雜內容裏的其它方面（譬如我們普通所謂的「忠於職守」的「忠」）不必有同樣的變化。事實上「臣忠」一道德已經從黑板上被擦去；在它的地位上人寫上了其它的名字來代替，譬如標語上所見到的「忠黨愛國」的「忠」。「黨」是現時代的產品，是民主政體裏必備的組織，但在專制時代是不允許的。因此「忠黨」不是一個固有道德，它在君主時代不能被認爲是道德。那時代的理想是「君子不黨」，是「無偏無黨」；「黨人」是含有貶意的名詞，卽使被稱爲「黨人」的事實上是些正人君子（譬如所謂「元祐黨人」）。代替「忠君」，人或者還提出其它的名稱來。那些皆是代替「忠君」配合時代的道德觀念，但非固有的「忠君」道德。由此可見，一方面儘管有絕對的善惡（雖然人並不能知道它們的內容），然而另一方面人爲的道德並非一成不變的：「在不同的時代裏人將不同的道德寫在黑板上」。固有道德也只不過是人爲的概念，以捉摸絕對的善惡的。它們究竟把握着了多少須視其可否適合時代，或適合了多少而定；因此恢復固有道德牽涉了一個重要問題：適合時代的問題，因此恢復固有道德必須逐一的考察每一固有道德是否和現時代仍然適合，以定其增損或改變。

所謂增損和改變卽謂沒有一個全盤拋棄（正如沒有一個全盤接受一樣），因爲歷史是聯屬的，遞變的。抽刀斷水，將水分成不相聯貫的兩段，是一件不可能的事；歷史上也無一個與以前脫節的新紀元。

提倡恢復固有道德不是出於理論方面的興趣，乃是爲了收獲實際方面的效果。因此問題決不止於使人知道什麼是固有道德的內容；而且即使再進一步明瞭了那些道德概念和現時代適合，那些不適合，也還不够；這裏最重要的問題乃在於怎樣使人遵行這些適合時代的固有道德。這更非徒託空言所能成功。這裏需要平心靜氣，實事求是的分析。這樣的分析，我們在上述的那一次演講裏已經嘗試過了。那裏分析的結果：是決定行爲的力量有三種，即宗教情緒、理性和一般的苦樂情緒。前二者的決定乃是必然的、可靠的，第三種的決定力只是飄浮的，不可預期的。本篇所討論的範圍是固有道德，不牽涉宗教，因此若將以前分析的結果應用於現在，那只有理性是必然的決定力。

因此提倡恢復固有道德，必須發展人的理性，訓練人的邏輯思考的能力。

自從那篇演講稿發表以後，除了勞君思光的一篇不足討論的「讀餘散記」(民主潮第五卷第十三期十至二十頁，讀者只須將勞著與拙稿參看，略加思考，即可自作結論）以外，我們還見到徐道鄰先生和那篇演講有關的文章（祖國第十卷第十三期六頁以下）。徐先生的文章很值得注意，因爲他在那裏指出以下一個重要現象來：「中國有很多不讀書不識字的人，在行爲生活上，却能有非常高度的道德表現」（原雜誌第七頁）。這的確是中國文化中不少見的事實。它對於我們以上的主張產生出以下的問題。如若現在要在社會上扶植起道德行爲來，人豈不應當捨難取易，不去做那迂遠難以收效的工作：發展人的理性訓練人的邏輯思考的技能，只去做那輕鬆易於收效的工作：養成一種「心理機械」，以便在某種環境下人會不識不知的做出符合道德的行爲來？尤其重要的是這個問題根本是由於社會科學家提出的事實所產生的。從社會的觀點看，兩件道德行爲只須它們給於社會的功效是相同的，又何必拘泥於它們的決定力來自何所呢？

關於這個問題我們解答如下：兩件性質相同的，然而產生於不同的決定力的道德行爲，即使它們對於社會的功效是相同的，然而從另一觀點看去，它們仍然相互差異。產生於理性決定力的道德行爲是必然的（其論證見上述講稿中），產生於「心理機械」的道德行爲是不必然的。所謂「心理機械」指由於（借用徐先生所擧的例子）童話、故事、說書、彈詞、戲劇、俗諺、成語以及他人實際行爲的影響等等所造成的一種心理狀況，在某種環境之下會不識不知的產生出符合道德的行爲，如所見於愚夫愚婦的。所謂不識不知指道德規律未經理論理性的認知和裁可，當前行爲的決定亦非出於實踐理性，道德行爲產生於這種「心理機械」的誠然很多。即使我們再退一步，假設環境對於愚夫愚婦提出了一百次同樣的道德要求，事實上遺種「心理機械」也發生了一百次符合道德的反應，即使情形眞是如此，然而人仍然無從保障在第一百零一次同樣道德要求之下這個「心理機械」決不會失靈。足以影響「心理機械」的因素遠較足以影響身體機械的，譬如膝蓋反應，複雜和微妙，然而身體機械有時還會失靈，更何況「心理機械」，足以破壞「心理機械」的反應的，主要的當推慾望。當慾望和道德的要求衝突時，「心理機械」的反應有時會失靈的。

這也有其原因。「心理機械」的養成，以顯著的或隱微的褒貶賞罰爲方法；這些方法在人的內心裏皆以苦樂情緒爲基礎。產生於「心理機械」的道德行爲事實上只是些「條件反應」。因此如若當前的慾望很强，它的滿足給與人的快感，它的不滿足給與人的苦感，皆超過那些養成「心理機械」的褒貶賞罰所給與的，在這種情形下「心理機械」如何還會不失其效用？若謂：如若這樣的慾望遭遇「心理機械」尙未養成之時，那時還可產生違反道德的行爲；但若遭遇於「心理機械」已經養成之後，則不會如此，因爲符合道德的反應已成爲習慣：情形若果如此，「心理機械」不一定可以養成。因爲它的養成須要若干時間。在這時間之中强烈的慾望皆足以阻碍「心理機械」的養成。因此這些阻碍的行爲乃成爲習慣。若果既成的習慣不會失效，則「心理機械」勢必不能養成。事實確也是如此。愚夫愚婦表現高度道德的固然很多，但是不能養成這種「心理機械」的和不能如此反應的人數則更多。

現在且丢開那些不能養成這種「心理機械」的人不談，即在那些已經養成了這種「心理機械」的人中它的符合道德的反應也只是不必然的。因此如若人們期望必然的效果，人只有採取那迂遠的路途：發展人的理性，訓練人的邏輯思考的技能。唯有在這種情形下我們才可有那蘇格拉底式的行爲。

誠然，我們也得退回一步想想：一個社會裏有這種「心理機械」的存在總比沒有它（同時也缺乏理性決定行爲的力量）好得很多。「心理機械」雖有時失靈，却也時常生效。它往往能濟法律之窮以幫助法律維持社會的安寧；在所謂治世裏它的功勞當然不少。然而治世之外歷史上尙有所謂亂世；在亂世裏它的失靈也必多於生效。從個人的生命看，治世對於個人的成就是安居樂業，得盡天年；亂世的呢？是草菅人命，屠戮生靈。得失之差，如此之巨！而且即在治世「君子國」始終只實現於鏡花緣中，而非信史中的任何一頁。於此可見人固然不能將行爲交給一般的苦樂情緒去操縱，也不能單獨的信賴以一般的苦樂情緒爲基礎，加以人力構成的「心理機械」。因爲它會失靈；失靈的惡果可以很大。因此僅僅爲了維護人的最基本的權利：免於殺戮，我們已經不應當忽視人的理性及其活動。反之，我們應當充分發展它，訓練人的邏輯思考的技能，以管轄人的行爲，使之實現道德價值。否則固有道德恢復了，歷史上的惡行仍會重演的。不僅張獻忠、李自成仍會再生，而且一切其它惡德的循環，並未從根本上被斷絕其可能性。誠然，發展每一個人的理性使之產生蘇格拉底式的道德行爲幾乎是一種難期完全實現的理想；然而多發展一個人的理性，社會上由此所收的福利總比少發展一個要多得很多。因此理想雖遙，然而它的零星的實現即可逐步的產生良好效果。這個特點也是我們不應忽視的。

自由與領導

——答『中國一周』：『對「權威與權威統治」一文的糾正』——

李 僉

一

自從我有了認識能力以來，就聽到有些人好談領導，侈言計劃。不幸之至，多少年來事實的表現，證明他們所劃的道路是那麼艱險、荒瘦、狹隘、而又互相衝突。經過長長艱苦的掙扎，最後我們找到一條路，投向一個規範我糾正我的『模式』，那就是經驗和人性。在時間之流裏，用經驗(含廣義的歷史)我校核環境及環境與我的關係位置；用人性我校核自己與環境的關係位置。我是一個人，我就要求人之為人的基本權利。在全體主義的黑霧迷漫整個東方社區的今天，他也必然的要爲爭取自由而奮鬪。

在奮鬪的過程中，我們不但需要辨識魔術家的欺朦詐騙，而且要避免自己可能的過份狂熱與偏激。因此，我們必須使自己站在謐寧清明的理性上；這理性是以經驗與邏輯爲基礎。他相信離開經驗與邏輯，便無客觀眞假標準可言；我們服膺『眞理寓於印證之中』。經不起經驗與邏輯去檢證的東西，都是海市蜃樓。

今日人羣之所以被無窮的災害困扼，應有它的根本原因在。從歸納裏，我們看出最大的造因之一是絕大多數人的心靈被錮塞，人性潛力被壓抑束縛和麻醉。因此我們不贊成一切錮閉心靈，壓抑束縛和麻醉人性潛力的人造環境、制度和觀念形態。

在這個前提下，我們看出權威觀念對活潑的心靈和人性潛力的閉塞、退化和僵死作用。基于這一觀察，作者才寫了『權威及權威統治』一文。

二

第二七二期『中國一周』有篇社論對前述那篇文章有所糾正。有人說他們火藥氣味很重，認爲我言談荒謬。我知道『中國一周』的先生們立論向來謹嚴公正，他們說我荒謬應該糾正，那便一定是應該如此。然而，等到作者讀完該刊那篇『對「權威與權威統治」一文的糾正』，又找出原稿仔細的對照一下，我才明白原來『中國一周』的先生們之所謂荒謬，所謂糾正，只能算是『誤會』。

現在且把『中國一周』的『糾正』抄在後面。在證明『自由須受若干限制或束縛，就是承認自由須受領導』之後，他們說：

『但令我們驚訝的是，有些高談自由與民主的人，竟會視自由與領導爲不相容的，竟會反對一切的領導。最近我們讀到「自由中國」第十二卷第十期上李僉所寫「權威與權威統治」一文，我們卽感覺李君之談自由，實是反對一切領導的。他在該文的末後，主張自命爲「聖君」的人，「必須退出權威的領導和驅策的地位，只站在鼓勵的地位，讓所有的人都能夠自己站起來，按最適合自己的方式走自己的，想自己的，說自己的，做自己的。」如能這樣，「只要假以時間和空間，他也必然看見人類進步之速，將不是任何『個人』或『團體』『思想』及『行動領導』所可望及的。」這些是什麼話？這不是反對一切的領導嗎？他反對個人的領導，反對團體的領導，反對思想的領導，也反對行動的領導。他以爲「聖君」不能領導，自然聖賢豪傑也不能領導，一切有道德有學問的人也不能領導。換句話，人類是不需要領導的。只要把「事」擺在那裏給大家看，大家自會「走自己的，想自己的，說自己的，做自己的。」問題是，凡是「自己的」都是好的嗎？任何人都不需要領導嗎？豈教育家不是在領導學生嗎？文化界不是在領導思想嗎？「自由中國」這一刊物是幹什麼的？李君寫這一文章又是幹什麼的？不自認爲眞，不自認志在說服他人，領導他人，教育與文化有何意義？說話與寫文又有何意義？是反對一切的領導，卽是反對教育文化，也卽是反對自己說話。我們眞不知李君何以會有這樣荒謬的言說？』

我的言說何以會『這樣荒謬』呢？在我證明『無論是把權威說成眞理，或把眞理說成權威，都是在有意無意的欺朦人類的理性，』造成閉錮心靈，僵死人性的創造潛力，毀滅人類向更高生活境界前進一步之可能以後，我說：

『假若那些自命爲「聖君」的人，眞正具有菩薩心腸和先知的智慧，他必定能看出這點，而不勉强所有的人都變成他手下的汽車和留聲機。光「自命」是不够的，他必須把「事」擺給大家看，毫不掩飾的讓大家仔仔細細的看。他必須退出權威的領導和驅策的地位，只站在鼓勵的地位，讓所有的人都能夠自己站起來，按最適合自己的方式走自己的、想自己的、說自己的、做自己的。他必須讓每個人的心靈都自由開放。他應該告訴大家說：「依從你們自己所能發揮的智慧與才能，按照你自己的方式去創發吧！因爲你們自己都有着和所有其他任何「偉人」一樣的人性潛力。不要辜負它！」假若那些自命爲聖君的肯這樣做，那便證明他的菩薩心腸和先知之智慧不是僞托。只要假以時間和空間，他也必然看見人類進度之速，將不是任何「個人」或「團體」「思想」及「行動領導」所可望及的。』

現在讀者可以把『中國一周』的糾正，和我在該段文字裏所表達的話對照一下，就可以知道我所反對的領導乃是那些『自命』(請讀者注意這兩個字)爲聖君的權威領導和驅策。所謂權威的領導和驅策，乃是指那些人身的、教條的、偶像的、僵死的、迷信的拜物教和拜人教及其教義。該文的前前後後已然說得十分明白。這種領導和驅策給予人類的後果是甚麼呢？我們應不應該分析一下呢？批評這種權威領導和驅策是否就是反對一切的領導，說人類是不需要領導的荒謬言論呢？

所謂『自命』，就是自以爲如此的自我封賠之行爲。譬如我說我是英雄，我是聖賢，我的學問道德比你們都高等等。這些完全是自我幻構，所有的精神病患者都會作這種「幻構的眞實」，所以它是假的；不是經過大多數清明的理性與事實的檢證，而後被大家承認的。他如果要被人承認或接受，他就必須做出聖賢之爲聖賢的事給大家看。因此對那些古往今來自命爲聖君，自命有菩薩心腸和先知智慧的聖君，也同樣的必須把他所做的事擺給大家看，毫無掩飾的讓大家仔仔細細的看，看他的自命與事實是否相符，或只是出之幻構或僞托。由於心和智慧都是看不見摸不着的東西，所以只有行爲和行爲的後果，才能具體的去說明去證實。好壞、善惡、眞假、除了用事實用經驗去檢證外，其他的方法都不可靠。在觀念駁雜，「自命」橫行的今日，我們爲了避免被欺矇利用，更需要『自命』者把他們所行所爲公諸大家來判斷。但『中國一周』的先生卻輕輕的一拆一拉，把它和下面大家所希求的『按最適合自己的方式』去生活的走、想、說、做的事併在一起，於是原來是那些自命爲聖君的自以爲是的「事」，變成大家的『凡是「自己的」都是好的嗎？』的「事」，也就是說變成大家各自自以爲是的「事」了；結果錯的還是作爲被統治者的大家。這種搬運法是不是公平呢？

作者之從『他必須退出權威的領導和驅策的地位』，至『那便證明他的菩薩心腸和先知之智慧不是僞托』止這段話，乃是作爲被統治者向自命爲聖君的統治者要求人之爲人的基本權利。我們要問：他們應不應該站起來『按最適合自己的方式』去生活呢？他們的心靈應不應該自由開放呢？他們應不應該按照自己的方式去創發、去發揮他們所具有的任何「偉人」一樣的人性潛力呢？他們有這種權利嗎？如果大部份或所有的被統治者都能自動創發，都能不辜負藏在他們身上的人性潛力，像歷史上的「偉人」一樣，則這社區是不是會較一個心靈錮閉人性僵死的社區進步得更速更好呢？如果答案是肯定的，我們是不是可以向那些自命爲聖君的統治者說這種進步之速，將不是那種權威領導和驅策下的任何「個人」及「團體」所可企及的呢？反對這種個人的團體的思想的及行動的領導，又是否就是反對一切領導，乃至自己之所言呢？

該段結尾所說的「個人」「團體」「思想」「行動」明明的是指那些自命爲聖君的統治者之人、或具有權威的團體、具有權威的思想而言。這只要讀過全文就可以知道的，原不必在此再事解釋。然而奇怪的很，『中國一周』的先生們却認爲這是反對一切的領導：『他反對個人的領導，反對團體的領導，反對思想的領導，也反對行動的領導。』我實在想不通他們是如何去讀如何去理解我在權威一文上所說的話。更甚者，他們接着說：『他以爲「聖君」不能領導，自然聖賢豪傑也不能領導，一切有道德有學問的人也不能領導。換句話，人類是不需要領導的。』這裏他們輕輕的毫不費力的把我所說的『自命爲聖君』之『自命爲』三個字抹掉。假若他們不抹掉這三個字，這句『他以爲「聖君」不能領導』，就應該爲『他以爲自命爲聖君的統治者不能領導』了，不過這樣一來，大家就很容易看出下面的那些話就演繹得太勉强了。假若他們善意的讀完全文，讀懂全文，不拆拆拼拼的或一字半句的理解，我想他們再也不會那麽大火氣的問：

『凡是「自己的」都是好的嗎？任何人都不需要領導嗎？豈教育家不是在領導學生嗎？文化界不是在領導思想嗎？「自由中國」這一刊物是幹什麽的？李君寫這一文章又是幹什麽的？不自認爲眞，不自認志在說服他人，領導他人，教育與文化有何意義？說話與寫文又有何意義？是反對一切的領導，即是反對教育與文化，也即是反對自己的說話。我們眞不知李君何以會有這樣荒謬的言說？』

但『中國一周』的先生們到底如此做了。如是筆者該文成爲一個反對個人、團體、思想、行動、聖君、聖賢、豪傑、教育、文化、法律、道德、以及人性、理性之文了。這種辦法，似乎是加帽子，不是談問題吧！

三

『中國一周』的先生們在該文中又把『自然狀態』與霍布士的說法連在一起，而不和洛克的說法連在一起。這一做工也使我們感到奇怪。我們知道霍布士是極力擁護絕對君權的；而洛克却澈頭澈尾是主張民主政治，近世的民主自由思想幾乎完全是受他的影響，這只要一讀獨立宣言和人權宣言就可知道。他所講的自然狀態恰與霍布士相反。洛克認爲人類究竟是有理性的動物，並非是些毫無理性與道德的野獸。他說：『自然狀態中有自然法的管轄，這種自然法是可以約束每一個人的；人類所必須諮詢的理性（亦即自然法）教導人類說：因爲大家都是平等獨立的，任何人都不應當損害他人的生命、健康、自由、或財產。』所以洛克認爲自然狀態並非如霍布士所說的那種戰爭的混亂狀態，而是『一種和平、好意、互助、共存的狀態。』他們循從理性所指定的自然法而行爲：『我願意他人如何對待我時，我也如何對待他人。』

而霍布士呢？他認爲在自然狀態中的人類沒有法律（雖然他會推演出十幾條「自然法律」，但他認爲它只是敎人自私自利，追求各人自己的最大利益，所以等於沒有法律。）沒有政府，人人都有相等的『自然權利』，人人都有絕對的自由爲所欲爲，絕無所謂正義與公道，『任何人都有權利攫取任何東西，甚至侵犯他人的身體。』人人都有權利並且也都在攫取更多的物品更大的權力與名譽，人們互相爭奪，互相侵犯。所以『自然狀態就是戰爭狀態。』是『每一個人對每一個人的戰爭。』在這種狀態下，根本不可能有任何制度和文化。所以這種狀態乃是互相刧奪攻殺絕無秩序和理性的人間最黑暗最痛苦的狀態。我們知道霍布士之所以把自然狀態寫得那麽可怕，乃是想藉以證明人民在任何情形下都不應該反抗政府——絕對君主。因爲人類要想超脫這種「人自爲戰」狀態的痛苦，唯有一個方法，就是共同承認一個權威者，把各人自己的一切，交給作爲權威者的人。此權威者即是主權者或至尊者，也就是統治的君主；其餘的人們稱爲他的人民，也就是被統治者。統治者的權力必須是至高無上的，不受任何限制的。霍布士說：『主權者的權力之大，正如人們所能想像作到的那麼大。』這權威者一經立定之後，就永遠不能改變，而且它的權力是絕對的，可以不對任何人負責。他認爲人民只有兩條路可走，若非絕對的服從統治者，就是回到無政府的自然狀態，也就是回到戰爭的混亂狀態；絕無走第三條路的可能。他認爲統治者再壞，也比自然狀態好的多。所以被統治的人民雖被驅策宰割，也不應該有何怨言。

當然，洛克與霍布士所謂的自然狀態都不很眞。然而從他們的說明裏，我們可以看出民主政治和極權政治的出發點，是如何在根本上不同。我們的自由中國毫無問題的是在邁向民主政治的大道，『中國一周』諒必也是百分之百誠意培養民主政治的。縱然爲了證明『自由須受領導』，也大可不必搬用霍布士的恐怖政策來吧？

事實上，今日爭自由的人羣絕不會去爭取霍布士的自然狀態下的自由；同時大家也不會希望回復洛克的自然狀態，因爲在那種狀態下，自由到底是沒有保障的。

事實上，只有也唯有絕對權威的獨裁者，才會去攫取駕臨一切人和事之上的個人之絕無限制的『自由』。但那些極權者也不會希望人羣回復霍布士的自然狀態下，因爲在那狀態裏其他的人都有取它的地位而代之的自由；同時，它也不會希望人羣回復洛克的自然狀態，因爲在那種狀態裏，沒有人肯承認它的絕對性，大家都是平等的，誰也沒權利站在別人的頭上。所以事實上，那些絕對權威的獨裁者不但不希望回復到這兩種自然狀態，而且它正怕回復到那種狀態。

事實上我們所爭取的自由乃是絕大多數的普通人民所要求的基本人權。那種個體的（個性的、公民的）自由，是建立在人與人之間的相互尊重、了解、同情和互助上面。今日談自由和攻擊自由的人，如不了解這種事實，他的談自由或攻擊自由便不會是切題的。同時，他如果談領導與反對領導便也不會是切題的。

四

現在我們再試着討論自由與領導的關係。看看怎樣的領導才能產生使人類走向較高生活境界的行爲能力。看看怎樣的領導才不會妨害自由。

我們知道，人在某一串連續不斷的行爲所到達的終極點，就是普通所說的『目的』。每一整套行爲都有一個終極『目的』。這目的在個人說來，有的是升官發財，有的是當敎授做學者，有的在造福人羣，有的是統治世界，也有的是一碗飽飯足矣……。爲了實現目的，也就自然的產生到達目的的行爲方式。對一個想發財的人說，發財是他的目的，做生意及把生意做得興隆賺錢是方法，方法是技術性的、工具性的，與發財這一目的之目的性是兩種截然不同的性質。『自由』與『領導』兩個概念在性質上就和『發財』與『做生意』一樣。自由，的生活境界享有基本人權的自由生活，是目前人類在理想和事實上所能冀求的較好的生活境界。因此『自由』乃成爲行爲的目的，屬於目的性；而『領導』則是在爭取自由這一目的的過程中，所採用的一種方法或手段，所以它是屬於技術性、工具性的。工具性之存在是決定於目的性；目的性之存在不被工具性決定，只被其本身的價值，也就是人們對它所作的價值判斷去決定。當人羣判斷享有基本人權的自由生活的價值，大於過去及現在的生活境界時，這個目的便被確定，而成爲基本價值。目的既經確定，便須要考慮如何進行、乃至接近、實現這一目的之方法。在決定採用某一工具時，採用與否，是取決於作爲工具的工具價值是否能助成基本價值之實現。因此，在爭取自由的過程中，是否採用『領導』去當作一種進行方法，也同樣的要看『領導』這一工具的工具價值是否會助成或降低自由這一目的之基本價值。

或謂基本價值（目的）與工具價值（工具）二者的意義只是相對的，前者可以變成後者，後者也可以變成前者。這是事實。但除了極權者如共黨之流，大家如站在正常的立場說，誰也不會把『領導』行爲的本身視作基本價值的目的去對待：人衆一開始建立它時，就肯定了它的工具性。

因之，當我們談自由與領導的關係時，那關係乃是說：在爭取自由的過程中，如何使『領導』成爲一種爭取自由的正當工具或方法，而被有效的運用。絕不能說：『自由須受領導。』或說：『領導自由。』

現在我們且看甚麼樣的領導，才是作爲爭取自由時可以採用的正當而有效的方法。

『領導』，這兩個字大家都聽得多、看得多、用得多，似乎是個十分確定的概念，用不着去說明；但其實不然，事實上它有着幾種不同而且極相衝突的說法，假若我們不察，只模模糊糊的談領導或反對領導，則很容易使大家陷於徘徊徬徨的矛盾心情中。

一、它是指絕對主從關係之『主』的主動行爲；被領導者（從）完全居於被動地位。這種領導，我們可以叫它做『磨坊領導』，只要一看磨坊的主人如何對待它的驢子就知道了。絕對權威領導屬此。希特勒史大林等的領導是標準例樣。

二、它指嚮導行爲。嚮導者在表面上雖有主從關係之『主』的主動，但它之『主動』只是由於被嚮導者（從）的意願或請求而定；所以，實質地說，它的『主動行爲』是基於被嚮導者的命令語句而發的『被動行爲』。在這種嚮導行爲的整個歷程中，『主』只是遵循『從』的意願去領導被領導者。被嚮導者一方面尊重嚮導者的領導權；另方面也保有完全的獨立自主的觀察和判斷。如果發現嚮導者有不忠實的行爲，他也保有完整的要它改正和斥退的權利。

三、它也指主從關係之『主』的主動行爲；但卻事先徵得被領導者（從）的同意。在領導行爲的整個歷程裏，領導者的權力受到十分尊重，但被領導者仍保有他的獨立判斷與抉擇的權利。被領導者如發現這個領導對他無若干關係，或事實與領導者的最初勸導有出入，甚至對被領導者有妨害時；他有權要求改正或不再接受領導；而領導者（主）也尊重被領導者的這種權利。

四、它的初步與前者相似，但領導行爲開始後，作爲主動的領導者，不尊重被領導者的獨立判斷與抉擇的權利，更不尊重被領導者的退出、反對、和要求改正的權利，強制從者履行它付與領導者的領導者。近代由『革命』而建立的『領導權』大抵如此。

五、它指一開始時領導者居於絕對主動地位，其後慢慢的趨向相對。例如，開明專制等。

上列五種領導方式，有一個基本的共同的假設，那就是它們都假設被領導者是『後知後覺或不知不覺』，而領導者都是『先知先覺』。所以只要是談領導，被領導者總易處於不利的地位。雖然如此，但我們無論如何，都應該把它們分開了來，而不能籠統的視作一種領導。

根據前述工具之被採用與否，是取決於作爲工具之工具價值能否助成基本價值並不與基本價值相衝突的原則，則第一種領導，是極權的獨裁的領導，只能摧損自由，摧損基本人權，摧損人們的創造力，不是今日民主自由所需要的領導；第四種雖在形式上頗像民主，但實際上却是欺騙行爲，假漂亮的門面作攫奪絕對權威之實。我們可以叫它做『騙子領導』或『巫師領導』，共匪所倡的權威領導屬於此類，所以也不是民主自由所需要的；只有第二種和第三種才是可以採用的領導方式，而又以第二種最合理想與事實的需要。然而由於每一社區內的人羣之總行爲能力或個別行爲能力因其他原因或有高低，故有時不得不採用第三種；至於第五種，可能產生的流弊太多，故不值得考慮。

以上是我們對『自由』與『領導』的關係的解析。然而，『中國一周』說：『承認自由須受若干限制或束縛，就是承認自由須受領導。』從這裏，我們可以看出他們的『領導』乃是對『自由』加若干限制或束縛。基於這個觀點，也就難怪許多多人士儘講究被統治的人民不應該這樣不應該那樣，而絕不講究如何使人民儘快的到達享有基本人權之自由的生活境界了！

五

就我看，所謂『理性的領導』和『人性的領導』，其意義也是很籠統而不確定，很難做爲客觀的確定的標準。

我們知道十九世紀是所謂『理性時代』；但卽使是在當時，理性的指謂或價值也不是絕對的。尼采會以『超人』代理性，弗洛以德會以『潛意識』代理性；柏格森的理性是『宇宙生命之流』，索理 (Sorel) 則代之以『神話』，黑格爾則是『普遍觀念』或『國家』。現代人有現代的理性代用品；有的代以新的宗教觀念，有的代以新的道德觀念，共產黨有所謂唯物辯證法。政治上的狂熱主義與政府崇拜，居然也被看作『理性』。我們則相信眞理寓於印證之中，愈能以事物之間的關係表現其意義的程度，愈接近理性；所以理性也只是一種境界。這許許多多的理性，究竟那一種才可以叫做『眞正的理性』？『中國一周』所謂理性又是指何而言？所謂人性，亦同樣是個模糊而普汎的概念，通常包含許多不同且相衝突的性質。平時用到人性一概念時，它並不同於物理性的實徵具體，它只能使人意識到某些可能的性質存在人類的行爲中，但却不能孤立出來。因此，人性一概念可以當作人類共有的，可能促成某些行爲能力及態勢的心理、生理及對刺激之感受與反射的、較固定的性質；或當作人之行爲可能有的被塑造性去理解。物理性中的熱，對一切物體都適用；任何物體遇熱都會發生膨脹現象；而且這個熱的性質，可以孤立出來觀察、實驗。而人性却不然。無論是自私、權力欲、利他……等等性質，沒有人能把它孤立出來觀察；所有的人都只能意識、只能感覺、只能假設、只能概括的描寫形容。一切從人性生出的東西，其意義都是相對的；被時空條件及各種關係所影響。因之如果把它視作具體的而賦以絕對性，去當作領導的標準時，卽使果眞有從『人性』生出的行爲，人性也不容易認識它，事物間的眞正關係和性質便全被攪亂。

我們知道人類社會之進化，人類行爲能力之增多與提高，乃是由於多種相互影響的因素所促成。人性和理性不過是其中的因素之一。個人或人羣無論生活在怎樣的社區內，其行爲模式除了被人性和理性影響或左右外，也同時被那個社區的各種文化因素，自然因素所影響或左右；而且那些文化因素、自然因素等常常是主要的刺激。一個人愛錢或貪享佚樂，愛人或捨身救世，並不見得就是人性的或理性使然。

因之，如果把人性和理性泛泛提出來，絕對的當作領導的標準，它對提高人類生活境界的可能性，也不會大。

六

另外，我們要說的就是所謂聖賢豪傑和有道德有學問的人的領導。這種領導，粗粗的看來確是堂皇好看。但說實了，也只是人身崇拜而已。在這種領導下，第一被領導的人就要絕對的承認那些領導者的心是善的，智慧是高的，也就是說絕對的承認他們的人身永遠正當，不會錯誤，有權威。這麼一來，就易造成人身的盲目崇拜，而忽略其在某些事點上不可避免的錯誤；形成領導的僵化，這僵化的形式再反過來僵化被領導者。一個最顯明的例，便是兩千年來儒家的領導。那些聖賢自被漢武帝推上高高寶座後，他們便是思想上和道德上的權威，流至由一句『子曰』便可以說明一切；幾條聖賢經傳的徵引便可以視作問題已然解決；一切學問知識的工夫，都用在疏注上，所有的心靈和創發力完全拘囿在一個小圈子裏，以致個性所應具有的活力也被僵化，最後造成一大羣瞎子和患軟骨病的人，除了依賴和剝削外，再不知有其他較高級的生活方式了。政治上的全體主義於焉形成，於是君叫臣死，臣便不得不死了。爲什麼不得不死，那是問不得的。今日國人之不能自發自强，也多半造因於這種未能完全消退的人身依賴心理。

七

在人類的行爲中，所謂領導，必須有助于進步和發展；而不是控制、圍限、抑留或僵化。

能夠有助于前進和發展的領導，必須是民主的自由的。這也就是說今日所需要的領導方式，必須合於民主與自由的方式。那些領導者最低限度要像前面所列的第二種和第三種方式裏的領導者一樣，居於嚮導者的地位或完全基於同情與同意及相互尊重的立場。只有這樣，那些被領導者的反應，才會是內發的、眞誠的、創造性的、持久的。也只有這種方式，才能使生活在『團體』中的人們，得到他們人格上健全而成熟的發展。

在『權威及權威領導』一文裏，我曾提出個一種民主的領導方式，那就是『事』(或事點)的領導。由於該文的篇幅限制，僅略微一提便過。

所謂『事』(或事點)，乃指交貫在『時——空』裏的諸關係所緣聚的成件事實。這個事點（事實）可能很小，也可能很大，但無論大或小，都不是無限的。天體運行是「事」，阿米巴的活動也是「事」；我到香港去是「事」，昨天在路上跌了一交也是「事」。由於事點乃是事實，它又有一定的內含和外範，所以其正當合理或眞實與否，是很容易以本諸經驗及邏輯的方法去檢證。事的領導，絕不會產生文化或人性潛力的偏枯現象，或强制現象。在這個簡括的說明裏，該可以看出它是經驗的、多元的、相對的、可以檢證的領導方式。既不決定於人身，也不決定於任何單一因素。

但這種領導方式的成立必須假設在實行此一領導方式的社區裏有公共的道德觀念和公共的基本價值觀念。這個作爲領導的一個或一串「事」，必須是與實驗室中所給予實驗者或觀察者的「事」同性質，而不是魔術師所給予觀衆的「事」之性質；即是說這個「事」是恰如其「事」的本來面目。被領導者的判斷力正常，有獨立判斷和抉擇的獨立人格和尊嚴，不被任何外力所强制。這條件，其實也是一個民主社區應有的基本條件。這也就是說只有在民主氣氛的社區裏，才會實施民主領導的方式；因之所謂事的領導也須有民主的政治氣氛。

當然，所謂事的領導，並非指不被管理的事。它也一樣的設定有個領導者——政府、或個人、或團體等等，『事』便是由他們自動發出或因被領導者的請托而發出的。領導者是政府、是個人、是團體、是思想……都沒關係；唯一有關係的是他們必須從公共的道德標準、基本價值去策劃，發出他作爲領導標準的『事』，和不加絲毫掩飾的把它放在大家面前。只要這任大家共同觀察、批評、判斷、選擇的『事』，是其本來面目，即使批評精神和論證能力稍差的人，也可以從他們的經驗知識裏去作檢證，從而判斷和決定其行爲的傾向；被領導者在觀察至決定行爲傾向的過程中及其前後，領導者不得加以任何脅迫或誘惑。

在人們對『事點』從事觀察檢證和判斷的行爲過程中，人們可以從之得到較多的經驗知識去充實去豐富自己；當其從一個個事點上積累起更多的經驗知識時，他們的判斷力和行爲能力也自然會隨着這種累積而提高。同時，由於這種獨立判斷的次數增多，慢慢的也就促使這一習慣的養成，無形中也就促成他們的獨立人格和尊嚴，乃至整個人格的覺醒。當其批評精神及論證能力，在經驗知識的積累下豐富起來；其人格也隨獨立判斷習慣的養成而喚起人格和人性的覺醒時；兩者自能配合起來，必然的提高其行爲能力的塑造和創發的可能性；從而再影響領導者和事點，減低事點偏誤的程度。在這種交互影響的歷程裏，公共道德標準和基本價值觀念也得以建立並逐漸提高。然後這種共同的基本觀念再返過來影響領導者與事點以及被領導者的行爲傾向。如此交互不已，愈發展下去愈有希望。

或許有人覺到這是誇大，然而無論如何，它也要比那些人身的、僵化的、或單一的絕對因素的領導所能具有的意義和價值都高。

八

末了，作者願意提出幾條經驗之談。這幾條經驗之談，乍看去，似與上面所陳示的不相干，但却大有關係。

國家或民族，不論其最初是由何種力量或方式所形成；但進展到現階段，大家必須重新校核國家與人，及政府——統治者與人民的關係位置。這個重新調整的關係位置，乃是極權和民主的分野；也是將來的人類與現在的人羣的、現在的人羣與過去的人羣的分野：

人並非生而爲國家；而是國家爲人而存在。

人民並非爲統治者效勞而生；而是統治者爲服務人民而存在。

人並非爲製造概念（或觀念）並服從概念（或觀念）而生；乃是在不斷的概念設計歷程中，把經驗知識化爲原則（概念），利用這原則去產生更多更高的生活境界。

所以人應該立於獨立的地位，不被國家，不被統治者，不被概念(或觀念)所束縛。假若人被其中任何一個『設計』所束縛而致人格或人性僵化，則那個『設計』一定應該調整。假若某一『設計』已失去提高人類生活境界的彈性時，則此『設計』也應被另一較高級的『設計』所代替。否則人和那個『設計』都不可避免的要遭遇窒息。

每一個概念或概念設計都不是最後的，我們在生活中所走的每一步都在擺脫僵化的概念，設計新的活躍的概念，才可以促進人類生活境界的進行和不斷提高。

因此，在人類的意識領域裏，如果有一個或數個統馭一切的概念存在，則這一個或數個概念也只能是指概括性的暫定假設，不能看作絕對的存在，絕對的統馭人類的思想、情感和行爲傾向。

基於這種認識，所以只有『人』的活動才是主要的，所有的概念都是相對的，作爲『人』的活動的工具。除非我們願意像金字塔裏的人樣，那個建構確是夠閎偉莊嚴的，但人一進去，他再也不能夠走動了。

美國的社會安全制度

楊志希

一　緒　言

美國是資本主義的國家，在政治上實行民主，在經濟上崇尚自由。民主政治與自由經濟，具有非常密切的關係，自由主義的經濟制度，必須在民主政治的輔導下，才能繼續維持和不斷發展。自由經濟的特點是競爭。誰都知道，競爭的結果會使獨佔形成，財富集中，因貧富懸殊而導致社會不安。美國一方面固然維護資本主義，同時也儘量防止其流弊發生。例如採用累進所得稅，遺產稅和過份利得稅等，以遏止財富高度集中；為保障勞工利益，而有最低工資立法和勞工保險等措施；為防止托辣斯壟斷一切，早在一八九〇年國會便通過了雪門反托辣斯法案（Sherman Anti-trust Act）；在社會政策方面，為顧及因年老退休和失業等所引起的生活困難，而推行社會安全（social security）制度。凡此種種，其目的均在矯正資本主義可能發生的弊端，用意至善。本文擬就美國所推行的社會安全制度情形，作一簡括的介紹。

社會安全制度的宗旨，在使工作者及其家庭，因年老退休死亡失業等事故，以致收入中斷時，獲得最低限度生活保障。所謂工作者的涵義，係包括公務人員、工商業被僱人員、以及自我就業人員等。美國工商業發達，就業人數衆多，社會安全制度的推行，關係非常重大。社會安全制度中的主要方式，是社會保險（social insurance）。在工作者的收入因故中斷期間，由政府給付相當數額的現金，作為補助。對於受益人的申請條件和金額，都有所規定，並非漫無限制的放賑。

美國在一九三五年羅斯福總統時代，經國會通過社會安 全法案（Social Security Act），隨即付諸實施。現任衞生教育福利部長福爾桑（Marion Ba-yard Folsom）氏，即係當年重要擘劃人物之一。聯邦政府內設有社會安全局（Social Security Board），各州及地方普設分支機構，主持其事。如上所述，社會安全法案的主旨，是在政府領導下，促進社會生活的安定。以社會保險的方式，來解決社會成員因年老失業等所引起的生活困難。社會保險的內容，計有「失業補助金」（unemployment compensation），「養老金與遺族保險金」（old-age and survivors insurance benefits），以及聯邦政府給與殘廢孤寡和盲人的救濟金等。上述第二項關于眷屬及遺族保險金，是在一九三九年社會安全法案修正時才列入的。第三項關於孤寡和盲人救濟金，在性質上不屬社會保險的範圍，茲擬從略。以下僅分別談談「失業補助金」和「養老金與遺族保險金」兩項。

二　失業補助金

在資本主義的國度裡，失業是難以避免的現象。遇到嚴重的經濟恐慌，便會出現規模甚大的失業羣。平常也有因季節或移轉關係而造成的短期失業。就性質而論，失業可分為兩種，即自願的失業和非自願的失業，前者係因待遇欠佳或興趣不合，雖有工作機會，亦不願工作；後者是願意接受或繼續某項工作，而苦無工作機會或被解僱。失業補助金的發給，僅以非自願失業的勞動者為限。雖然如此，美國失業補助金的受益人，仍未能網羅各種行業的勞動者和全國各級公務人員；而且各州所採取的辦法不盡相同。舉例而言，美國四十八州當中，有三十五州規定，小型工商業店舖僱傭少於八人者，不受失業補助金的保障，屬於此類的勞動者，全美約為三百五十萬人。聯邦政府的補助金，包括鐵路工人和退役軍人，其他如農場、家事及公務員等均不在內，雖失業亦無資格申請補助金。根據一九五四年的統計，全美六千萬工作人員當中，約有百分之六十，即三千六百萬人，受到失業補助金的保障。至于補助金的數額多寡，各州不同，須視以前工作期內所獲工資及各地生活費用而定。一般言之，約為原來工資的百分之五十至六十五，但有最低和最高額的限制，最低每人每週可領失業補助十五元，最高不得超過廿五元。因工資不斷上漲，上述最高和最低的平均數，僅及現今工資水準的百分之三十。失業者享受補助的時間長度，也有規定，失業一年，只能領十四週到十六週的補助金；對退役軍人則特別優遇，在退役兩年內尚未覓得工作者，每年可領五十二週的失業補助金。補助金的數額，當然不可多至和就業時期的所得一樣，否則難免有鼓勵工人閑散的流弊。解決失業問題的根本要圖，仍在設法使經濟復興，創造工作機會，使失業者重獲工作，以期達到充分就業的目標。

失業補助金的經費來源，並非由國庫撥款，而是由工作時期的僱主擔負。其辦法是向僱主徵課百分之三的薪給稅（pay-roll tax），所獲收入，交由聯邦財政部設立各州失業信託基金，專戶存儲。在經濟繁榮時期，此項基金收入增加，支出減少；在經濟蕭條時期，則收入減少，支出加多。失業信託基金的累積數，在一九五四年已達八十五億元之鉅。通常用以購買政府債劵，藉獲孳息。一九四九年美國經濟疲敝，失業人數大增，所付出的補助金達十七億元，超過一九四八年的兩倍。

三　養老金與遺族保險金

美國的社會安全法案的內容，實以「養老金與遺族保險金」為骨幹。若與失業補助金比較，有兩點不同，第一，前者係由聯邦政府負責執行，受益人的申請條件和給付金額，各州一律相同，不像失業補助金那樣各州各自為政，辦法極不統一。第二，養老金與遺族保險金，惠及眷屬及遺族，而失業補助金僅以本人為限。養老金的受益人，也是以工商業勞動者為主，聯邦政府全體公務員，各州及地方公務員之半數，和鐵路工人等，因各有其單獨的退休制度，故不在此計劃之內，直到一九五○年，社會保險法再經修改，始將若干聯邦金融機構，如聯邦準備銀行、農民放欵協會（Federal Farmers Loan Association）及聯邦信用聯合（Federal Credet Union）的職員，列爲受益人。依照規定，應屆退休年齡爲六十五歲，退休以後，可按月支領養老金和眷屬津貼。年滿七十五歲者，即使尚未退休，亦可照領養老金。如果受益人死亡，則其遺族（指年邁父母，配偶或十八歲以下子女）可領保險金。根據統計，一九五三年全美支領養老金的老年人有四百五十萬，支領遺族保險金的寡婦和小孩有一百五十萬，合計六百萬人。

養老金與遺族保險金的給付額多寡，是依在職期間的收入和家屬人數而定。受益人在職期間每年收入算到三千六百元爲止，即年入超過此數者，不在保障之列，其用意在使收入微薄者受到實惠。茲將養老金與遺族保險金給付數額分別列表如下：

表甲：養老金每月給付表（一九五○年後數字）

平均每月工資數	退休人領取數	退休人及配偶	退休人配偶及十八歲以下小孩一名
$三四·〇〇	$二五·〇〇	$三七·五〇	$四五·〇〇
五〇·〇〇	二七·五〇	四一·三〇	四五·一〇
一〇〇·〇〇	五五·〇〇	八〇·〇〇	八〇·〇〇
一五〇·〇〇	六二·五〇	九三·八〇	一三〇·一〇
二〇〇·〇〇	七〇·〇〇	一〇五·〇〇	一四〇·〇〇
二五〇·〇〇	七七·五〇	一一六·三〇	一五五·一〇
三〇〇·〇〇	八五·〇〇	一二七·五〇	一六八·七五

表乙：遺族保險金每月給付表（一九五○年後數字）

平均每月工資數	遺族一人	遺族二人	家屬最高給付數
$三四·〇〇	$一八·八〇	$三七·六〇	$四五·〇〇
五〇·〇〇	二〇·七〇	四一·四〇	四五·〇〇
一〇〇·〇〇	四一·三〇	八〇·〇〇	八〇·〇〇
一五〇·〇〇	四六·九〇	九三·八〇	一二〇·〇〇
二〇〇·〇〇	五二·五〇	一〇五·〇〇	一六〇·〇〇
二五〇·〇〇	五八·二〇	一一六·四〇	一六八·七五
三〇〇·〇〇	六三·八〇	一二七·六〇	一六八·七五

從上兩表，可以看出養老金與遺族保險金的支領數額。就退休本人而言，每月最少可領養老金廿五元（一九五○年以前僅爲十元），最高可領八十五元；至于遺族保險金，全家不得超過每月平均工資的百分之八十，最高額限定爲一六八．七五元。這個數額，衡諸目前美國生活水準，自嫌不夠，因此有人主張增加。

養老金與遺族保險金的來源，和失業補助金不同，不是由僱主單獨擔負，而是由僱主和僱傭（employee）雙方以納稅方式平均攤繳。自我就業者（如店主之類）的負擔，較一般僱傭爲重。養老金的納稅率，自一九五一年起，逐年增加，直到一九七○年止，茲列表如下：

年別	納稅百分率 僱主	僱傭	自我就業者
一九五一——五三	$1\frac{1}{2}$	$1\frac{1}{2}$	$2\frac{1}{4}$
一九五四——五九	2	2	3
一九六〇——六四	$2\frac{1}{2}$	$2\frac{1}{2}$	$3\frac{3}{4}$
一九六五——六九	3	3	$4\frac{1}{2}$
一九七〇以後	$3\frac{1}{4}$	$3\frac{1}{4}$	$4\frac{7}{8}$

僱傭每月應繳金額，由僱主在薪俸內代爲扣除，自我就業者，則于每年報繳所得稅時，一併向稅務機關報繳。每人都由政府編定一個賬號，終身使用，藉以正確記載已繳金額和工作期間的所得等。養老金與遺族保險金的保管方式，和失業補助金大致相同。受益人退休時或死亡後，必須由本人或其遺族遵循一定程序，申請應得金額，茲不多贅。

社會安全法所包括的受益人，前面說過，主要的是工商業勞動者和一部自我就業的人們。自我就業者中，如農場主人、律師、醫生、工程師以及公共會計師等、均不在內。從一九五一年起，才將私家僱傭如廚師、車夫、花匠等列爲社會保險的受益人。各州及地方政府的公務員，如經商得聯邦政府的同意，也可加入。鐵路工人自一九三六年以後的收入，亦由鐵路退休局併入社會安全機構辦理，由此可見，美國推行社會保險的受益人，其範圍在逐漸擴大中。

四　結語

美國自一九三五年實施社會安全制度以來，迄今恰滿二十年。其立法與制度本身，尚不能說已臻盡善盡美。社會安全法案，便經過若干次的修正，專家們對實施的內容，也提供很多改進意見。譬如說，失業補助金，在經濟恐慌時期給付，有維持社會消費支出，抵消不景氣的作用，因此支領補助金的時間，必須稍長，才能見效。在一九五四年美國總統的經濟報告書中，便建議將給付時間由十四週至十六週改爲廿六週，並且將受益人範圍擴大，以期更多的人獲得保障。又主張將養老金最低額每月廿五元增至卅元，受益人每年收入最高限額由每年三千六百元提至四千二百元。凡此種種，均在使社會安全制度能夠與國家經濟擴張、人口增加、物價上漲等因素配合運用，以期發揮更大的功效。有了社會安全制度，政府公務人員和一般工商業勞動者，循着自助（如養老金）或他助（如失業補助金）的途徑，使退休或失業時的生活，獲得相當程度的保障。因此，社會安全的措施，形成美國政府公共政策中的重要部門。

自由中國政府，近年來也注意到公務員工保險問題，這是一種進步現象。據本年八月十一日報載，中央政府決定於最短期內舉辦公務員工保險，受益人僅限於中央機構和國立學校的員工，其眷屬尚不在內。四十二年公布的「公務員工保險辦法」，亦經行政院修正通過，正待完成立法程序。保險種類，計分死亡、殘廢、傷害、養老、生育及較重疾病六種，其內容較美國的社會安全法更爲廣泛。規定每人每月付保險費臺幣二十五元，不足之數，由政府補助。公務員工的保險，當然屬于社會保險的範圍，這僅是一個開端，我們希望逐步實施，不僅以各級公教人員爲對象，並且慢慢普及一般工商業勞動者。使每個社會成員的生活，逐漸趨于安定，此乃民主國家政府所應採行的公共政策，謹預祝其成功。

八月十八日于臺北

摩洛哥問題

齊佑之

巴黎通訊

一　摩洛哥鳥瞰

幾年來一直在不安中的摩洛哥(Maroc)，近來成爲重要國際問題之一。作者在報導摩洛哥問題之前，願先介紹摩洛哥一般情形。

摩洛哥在阿剌伯語中被稱爲「西方之島」(Djezirat El Maghreb)，位於非洲西北端，北臨地中海及直布羅陀海峽，西濱大西洋，海岸線全長一千三百零三公里；東南兩方與法屬阿爾及利及沙哈阿(Sahara)大沙漠爲界。全境面積五十萬平方公里，而法屬摩洛哥則佔三九八、六二七平方公里；境內除濱海地帶外，幾均爲海拔五百至二千公尺的高原。法屬摩洛哥人口一千萬，平均每平方公里二十人。首都阿巴(Rabat)，其他有加沙布浪加(Casablanca)，沙菲(Safi)，李耀德港(Port-Lyautey)等港口及腓斯(Fez)，美克奈斯(Meknès)，馬拉克斯(Marrakech)等大城市。

摩洛哥爲農業國，約百分之八十的人口以務農爲業。境內可耕地約三千九百萬公頃，已種植者僅八百萬公頃，而其中十分之一爲法人所栽植。摩境農業最大威脅有風、旱及蝗災，使出產數量無法預計；而水利灌溉及現代化農業設備尙在計劃或建設中。農業產品百分之九十二强爲玉米及穀類，其他有豆類及米，而葡萄、橄欖、棉、蔴等出產年有增加。牧畜方面就一九五一年數字有綿羊一千萬隻，山羊七百萬隻，驢馬一百二十萬匹及沙漠邊區產駱駝二十萬頭。沿海漁產尙發達，一九五三年捕魚一二七、九九六噸。礦產儲蓄甚富，主要有磷灰石(年產四百萬噸)煤(六十萬噸)，粗石油(十萬噸)，鐵(四十五萬噸)及鉛、錳、鈷、鎳、錫等。工業主要爲罐頭工業，其他有水泥、紡織等，但不甚發達。電力有水電、煤電兩種，年產量爲七萬四千七百八十瓩(kw. h.)。鐵路方面自一九二〇年卽由摩洛哥鐵路公司(C. F. M., Compagnie des Chemins de fer Marocain)經營，今有鐵路一千七百公里；海空交通則相當發達。對外商業方面以法國爲主，次有法蘭西聯邦各地及美、英、西班牙、西德、荷蘭等國。照一九五三年統計：全年出口九百三十八億二千七百萬佛郎，主要出口物品有罐頭食品及礦產原料；入口數字爲一千七百十五億三千七百萬佛郎，而以機器、工業製成品及加工食物爲主。

二　摩洛哥的法律地位

摩洛哥是非洲西北海岸的一個回教國家，一九一二年三月三十日腓斯條約(Traité de Fèz)的簽字，使它成爲法國在北非的一個保護國。腓斯條約並未預計摩洛哥在三十多年後的法蘭西聯邦(Union Française)中的地位。同樣的一八八一年法國與突尼斯簽訂的巴爾多條約雖將突尼斯置於法國的保護之下，但也未能預料未來兩國關係的演變(註二)。在性質上，腓斯條約與巴爾多條約及馬爾薩協定是同出一轍，只不過因爲兩國元首權柄的關係，看上去顯然有些差別而已：摩洛哥的蘇丹(Sultan)爲摩洛哥國政教(回教)合一的領袖，較突尼斯伯(世襲的土耳其總督)在地位似有相當差異。

然而就各別的法律主權言，摩洛哥帝國(Empire Chérifien)在這方面却有二點異於突尼斯：

(甲)摩洛哥全境被劃成三個區域，除法國保護國外，尙有西班牙區及國際區丹吉爾自由港(Tanger)。然而蘇丹的統轄權並不因爲其疆域被割裂而受到影響。蘇丹爲全摩洛哥的政教首領，他派有代表(Khalifa)一名駐西班牙區首府德都安(Tétouan)，及另一代表(Mendoub)駐丹吉爾。

在行政方面：①根據一九一二年十一月二十七日的法西協定(Accord Franco-Espagnol)，法國承認西班牙在摩洛哥西班牙區(Zone Espagnole)的「保護主權」；同時西班牙派一高級專員(Haut Commissaire)駐德都安，其權限一如法國駐摩洛哥的總監(Résident Général)。②在丹吉爾地方，根據一九二三年的協定(Convention)成立一個受主要列强領事管制的國際行政機構，同時根據地方立法成立一包括客籍人民及本地居民代表的地方議會。

(乙)摩洛哥對列强的義務導源於一九〇六年阿爾熱吉亞斯(Algérsiras)會議。自十九世紀時摩洛哥的蘇丹勢力衰落，各部落羣起爭雄割據，因而引起歐洲列强，尤其是法國，對摩洛哥的野心，紛起角逐。一八八〇年的馬德里會議卽爲英、法、西班牙、德國及義大利等西方國家從事摩洛哥問題的協商；問題沒有解決，而於一九〇六年一至八月召開阿爾熱吉亞斯會議，一方面各列强雖承認法國在摩洛哥的優越地位，但同時對摩洛哥實行「門戶開放」政策，主張自由貿易及經濟地位平等，且凡進口貨物的徵稅不得超過百分之十二·五。另一方面各國在摩洛哥實行領事裁判權，使一般外籍移民不受摩洛哥司法機構的管轄。領事裁判權在一九一二年法國佔有摩洛哥以後各國始先後聲言放棄。

三　一九一二年以後的摩洛哥行政組織

摩洛哥境內土著居民一如整個「遠西」(Maghreb)地區稱爲伯伯爾(Berberes)族。摩洛哥國在公元第一世紀末葉以後曾先後被腓尼基人及羅馬人所佔據；七世紀末葉回教勢力侵入，穆罕默德後裔依德里斯(Moulay Idriss)以腓斯城爲首都建立王朝。至十一世紀初葉伯爾民族復振，阿魯摩剌威得(les Almoravides)王朝(十一至十二世紀)及阿魯摩哈德(les Almohades)王朝(十二至十三世紀)又先後在摩洛哥建立强大的獨立帝國。到十六世紀美里尼德(les Mérinides)王朝崩潰，而有回教蘇丹政權的重建。至今佔摩洛哥全人口百分之四十至五十的伯伯爾人，雖仍與阿剌伯人及數近四十萬的歐洲移民和少數的猶太人分處而居，保持相當森嚴的界限，但很多的伯伯爾人已皈依回教，且在語言方面講來，伯伯爾語的勢力日衰，阿剌伯語竟已通行全境。

根據回教傳統，摩洛哥蘇丹爲該國的政教領袖，有立法權，能頒佈法律(Dahirs)；其蘇丹政府(Makhzen)包括首相(Grand Vizir)及教產、司法、教育、宮內大臣。一九四七年摩洛哥蘇丹政府改組，新設財政、經濟、社會、農林、郵電、國民教育、公共衞生、工務、工產生產，貿易等代表(Délégué)，以和法國保護當局的行政系統聯絡，但有關回教法律理論的研討及回教法典的解釋仍屬於回教教士(阿剌伯人稱之爲烏列馬 Oulémas或Ulémas)。

法國自一九一二年起在摩洛哥實行法摩雙軌制的行政方式；實際上摩洛哥蘇丹政府在行政方面僅是一個「形式的政府」。法國在摩行政首長爲總監(Résident Général)，依腓斯條約總監得同時兼任蘇丹的外交及國防大臣。總監握有行政實權，其下設有總監公署委員(Délégué à la Résidence Générale)若干名，及秘書長；總監公署設有：①主持與摩洛哥政府聯絡的聯絡局，②內政局，③保安局及④財政、工礦、農林、社會勞工、工務、貿易海運、衞生、郵電、教育等九局。自一九四九年起摩洛哥首相委派上述九局副局長參與行政。政府會議(Conseil du Gouvernement)則由法摩人士組成，主持研究預算、經濟及社會諸問題。

地方行政方面，法摩行政區並存，摩洛哥地方行政區以族爲單位，每族有首長(Caïd)管治。自一九五一年始有士紳會議(Djemaas)的成立，由選舉產生，該會議是備地方首長諮詢的。法國管制的地方行政區有民事區：烏吉達(Oujda)，加沙布浪加(Casablanca)，阿巴(Rabat)三區，及軍事區：腓斯(Fèz)，美克奈斯(Meknès)，馬拉克斯(Marrakech)，阿加地爾(Agadir)四區。

四　摩洛哥獨立運動的發展

自摩洛哥受法國保護以來，摩洛哥人民無時不求國家獨立。自第二次世界大戰結束後，摩洛哥的獨立運動加强，利比亞的獨立，突尼斯的自治，使摩洛哥的獨立運動如野火燎原，不可遏止。

法國綏靖摩洛哥，費了很大的氣力及長年的歲月，但征服不久卽有摩洛哥的獨立運動。一九三〇年摩洛哥的獨立運動卽已入行動時期。一九三四年一些摩洛哥人創立了摩洛哥行動黨(Action Marocain)從事獨立運動。該黨於一九三七年分裂爲二：渥阿祖依(Hassan Ouazzaui)領導摩洛哥羣衆同盟(Mouvement Populaire Marocain)及法希(Si Allal El Fassi)主持國民黨(Parti National)。國民黨於一九三七年七月成立，同年十月卽告解散，直至一九四三年始行恢復而改稱爲獨立黨(Hizb el Istiglal)。而渥阿祖依領導的摩洛哥羣衆同盟亦改組成爲民主獨立黨(P. D. I., Parti Démocrate de l'Indépendance)。兩黨所屬份子的社會地位自始互異；獨立黨黨員多係一些殷實份子及市民，而民主獨立黨却在一般知識份子階層中發展，故其所代表階層的意見亦頗有不同的地方。後因受法方的鎭壓，獨立黨領袖法希遂流亡於開羅，與突尼斯及阿爾及利在開羅的流亡政黨領袖如阿爾及利民主自由勝利黨(M. T. L. D., Mouvement pour la Triomphe des Libertés Démocratiques)代表克德爾(Mohammed Kidr)及突尼斯新憲政黨(Néo-Destour)秘書長邊右色夫(Ben Youssef)組織「西方解放委員會」(Comité de Liberation du Maghreb)，從事北非法屬地區獨立運動的宣傳；其秘書長巴拉佛勒吉(Balafrej)流亡至西班牙，同時自一九四五年由伊拉克、埃及、敍利亞、黎巴嫩、外約旦、也門、沙地阿剌伯七國組織的阿剌伯聯盟(Ligue Arabe)致力於回教國家的獨立運動；埃及電臺的「阿剌伯之聲」和蘇俄控制的布達佩斯特(Budapest 匈牙利境內)電臺不斷的向北非廣播攻擊「法國殖民主義」政策，鼓勵且煽動北非的民族獨立運動。

法國前任駐摩洛哥總監余安(A. Juin)元帥生於阿爾及利的波奈(Bône)，在摩洛哥的潛勢力極大，足以左右或牽掣法政府當局在摩洛哥所行的政策。摩洛哥保護國制建立以來，法當局企圖利用摩洛哥的土著伯伯爾人與阿剌伯人的對立藉以達到分化控制；及至摩洛哥獨立運動强烈而獲得蘇丹同情，余安遂嗾使馬拉克斯首長，八十多歲的老頭子葛老儒(Thami el Glauoui)與蘇丹穆罕默德五世尤塞夫(Sidi Mohammed Ben Youssef)對立。以雙方對立劇烈，遂於一九五三年八月二十日演出廢除蘇丹穆罕默德五世，法國政府以邊阿拉發(Sidi Mohammed Moulay Ben Arafa)繼任蘇丹。穆罕默德五世被廢後，法駐摩洛哥總監紀右姆將軍(Général Guillaume)曾發表宣言稱(註三)：「此次蘇丹廢立運動乃十年來歷史演變的結果；在此十年中，歷任總監都發現無法和穆罕默德五世獲得精誠而有效的合作。」紀右姆將軍並稱：「穆罕默德五世曾一度與法國維持眞摯的友誼，但自一九四一年以後，穆罕默德五世則改變面目。並與其子日益以其命運寄託於極端民族主義政黨——獨立黨，並予以支持與贊助。」紀右姆將軍對獨立黨的解釋爲：「獨立黨有兩個不同的面孔，對外爲正常的國家主義者，對內則是一個極權而激烈排外的政黨。」

如前所述蘇丹在摩洛哥西班牙區中有名義主權，然因法國政府在廢立蘇丹時並未徵得西班牙國的同意，故新蘇丹至今不爲西班牙政府所承認。摩洛哥人民因穆罕默德五世的被廢而增强其反法及獨立的意志，穆罕默德五世因之成爲摩民崇拜的偶像，因而要求尤塞夫蘇丹復辟。此一運動和獨立運動配合，使摩洛哥不安，各大城市中尤如加沙布浪加、阿巴、腓斯、美克奈斯等等暗殺事件，日有所聞。

五　今日摩洛哥的反抗行動

移入摩洛哥的法人，尤其是參加所謂「法國在場協會」(Présence Française) 的人，因恐懼摩洛哥獨立會影響及其今後的地位與權益，組織有「摩洛哥保障委員會」(Comite de Vigilance et d' Action pour la Sauvegarde et la Défence du Maroc)，反對法國政府與摩洛哥獨立黨等民族獨立主義人士妥協，因而激急支持蘇丹邊阿拉發。去年孟德斯法朗士 (Pierre Mendès-France) 在總理任內本欲對摩洛哥問題覓得一妥協的解決辦法，以終止恐怖不安的局面，旋因反對勢力甚大而中止。近年來摩人和法人組織「暴動暗殺團」及「反暴動暗殺團」，互相暗殺，了無已時，仇殺事件幾日有所聞，成爲家常便飯。但另有一些摩洛哥居留的法人則主張妥協，於是受極端派法人的多方恫嚇。這些極端派法人以目的不達，決定對那主張法摩妥協最力的「摩洛哥新聞報」(Maroc-Presse) 主筆洛麥格杜布勒耶 Jacques Lemaigre-Dubreuil，法籍）予以行動的打擊，此一主張據云尚獲得余安及葛老衛的贊許(註三)。至本年六月洛麥格杜布勒耶爲法籍恐怖份子刺殺，因之輿論大譁。至於刺殺洛氏的兇手已由法當局逮捕多人，但因案情牽涉甚廣，恐是不了了之。

摩洛哥境內的秩序紊亂不堪，法摩籍人民的店舖的相繼罷市，摩民的反抗運動及法摩人的暗殺事件，層出不窮，法當局遂於本年六月派有治安總署署長魏博 (Roger Wybot, directeur de la D. S. T.) 至摩洛哥調查實情，另一方面更派兵增援以維持治安(自一九五三年八月以來時有增兵)。然而法國佛爾 (Edgar Faure) 內閣對摩政策本仍爲繼承孟德斯法朗士所行的政策，不擬在法突協定批准以前，對摩洛哥問題採取任何重大的措施。但洛麥格杜布勒耶的被刺殺，使佛爾總理不得不對摩洛哥問題加以注視，採用主動的行政方式來安定局面，因而撤換法駐摩洛哥總監拉科斯特 (Francis Lacoste) 代以格昂瓦魯 (Gilbert Grandval)。撤換拉科斯特的另一原因，乃因其在摩洛哥問題的處理步驟上不能與突尼斯及摩洛哥事務部長余利 (Pierre July) 獲得協調。余利主張政治第一，首先安定紊亂的局面；拉科斯特則自始卽不接受，而主張從經濟及社會方面着手，雖余利部長前後兩度去摩洛哥視察，仍無效果。

格昂瓦魯於受命之始，卽至維希 (Vichy) 會晤摩洛哥首相，於任職後又將七名總監公署部門的首長及兩名高級職員免職，這些人都附合「法國在場協會」。後來他又將寇斯 (Dr. Causse)(註四) 驅逐出境，並釋放被監禁的摩洛哥民族主義者。格昂瓦魯的尊重摩洛哥民族人士及其政治上的自由作風，甚使一些摩境居留的法人，尤其是「法國在場協會」份子的不滿，但是一般摩洛哥人民對其作風甚表好感。

七月十四日法國國慶日，阿剌伯人及猶太人代表和法國人在一起慶祝，但當日下午在加沙布浪加歐洲人區發生炸彈爆炸案，死六人及傷者二十六名。事後摩洛哥民族獨立主義者領袖之一的貝加依 (Pacha Si Bekkaï) 認爲這一舉動爲民族主義者的憤怒的表現，但對這事表示譴責。他說：「…蠢笨而罪惡的舉動，竟發生於弛緩局面行將開始之時…」。然而最可怕的局面還在後面呢。八月二十日爲穆罕默德五世被棄紀念日，本年此日因格昂瓦魯總監及民族主義者首領們的努力，雙方希能和平解決摩洛哥問題，故摩境各大城市中並未發生什麼意外大規模的反抗事件。但查以安奈 (Zaïanes) 部落與武賴得達以薩 (Ouled-Aïssa) 部落在克尼發 (Khénifra)，尤其是在翟姆河 (Oued-Zem) 歐洲人區舉行遊行示威、屠殺及放火事件，因之激起各地的刺殺行動，使法軍方以傘兵至出事地增援制止。當日殺戮甚慘，就一般臨時統計數字，法居民死九十九人，摩洛哥人死一百名(註五)，當時並有法記者三名在克尼發附近被屠殺(註六)。此事件使法國與論大驚，法當局因此次摩民憤怒的表現，故更加緊進行摩洛哥問題，而有法摩愛克斯溫泉 (Aix-les-Bains) 解決會商的舉行。

六　摩洛哥政要對其國家問題的意見

關於摩洛哥問題的處理，就一般摩人看來，當以穆罕默德五世復辟爲先決條件。在摩境各大城市中如加沙布浪加、馬拉克斯、美克奈斯等地，摩人雖未曾有毀罵蘇丹邊阿拉發的情事，但亦鮮見有擁護現任蘇丹的人；一般言之，可說摩民對現任蘇丹邊阿拉發並不愛戴，而以穆罕默德五世爲崇拜目標。他們崇拜穆罕默德五世的理由可作如下的兩個解釋：①因穆罕默德五世象徵着國家主權及民族獨立思想；②因其地位而尊重，並因其被外人廢黜而生同情與崇拜心。

然而一般摩洛哥的民族獨立主義者早已了解穆罕默德五世無條件復辟是不可能的。但一般政界首要們對今日摩洛哥問題處理的意見也各不同，可綜合如下：①前色福如 (Sefrou) 地方首長貝加依 (Pacha)自始主張組織攝政會議(Conseil de Régence)，其意見不但得到穆罕默德五世的同意，同時一部主張獨立者及摩洛哥蘇丹政府官員亦予支持。②政黨方面如獨立黨、民主獨立黨、甚至丹吉爾地方的統一黨 (Parti de l'Unité) 雖强烈主張蘇丹復位，但對貝加依的意見並不表示反對。獨立黨一如民主獨立黨根本否認現任蘇丹邊阿拉發的地位，僅認爲穆罕默德五世爲摩洛哥唯一公認的領袖；目前得組織寶座會議 (Conseil du trône) 及組織一個包括各黨派的過渡時期的政府負責進行與法政府當局自由談判。③葛老衛仍一貫支持蘇丹邊阿拉發。這位八十多歲的大老主張法當局在處理摩洛哥問題之前，當優先認定邊阿拉發爲摩洛哥的蘇丹，爲摩洛哥唯一合法的政教首領。一些地方首領(Caïd)如腓斯及美克奈斯地方首領對葛老衛的意見並不表示什麼反對。④大部地方首領曾於一九五三年八月二十日參與廢蘇丹運動，今則感到當時行動係受葛老衛蒙蔽，並認爲目前問題嚴重，須立卽尋求解決辦法，惟不贊同穆罕默德五世復位。

七　法國當局的摩洛哥政策

法國政府在收到駐摩洛哥新總監格昂瓦魯對摩洛哥問題的初步調查報告以後，卽於八月十二日由內閣總理佛爾召集內閣會議(Conseil de Cabinet)，對嚴重中發展的摩洛哥問題研討解決辦法。會議中經全體閣員一致通過下列步驟：①促請摩洛哥蘇丹邊阿拉發於八月十八日以前組織一包括各黨派的新摩洛哥政府。②如第一計劃不能如期實現，則蘇丹的寶座問題成爲解決摩洛哥問題的對象，法國當局將與摩洛哥各黨派代表會商，以尋求解決辦法，期於九月十二日以前解決摩洛哥問題。同時內閣會議並推舉內閣總理佛爾（激進社會黨），司法部長許曼（Robert Schuman，人民共和黨），外交部長畢奈（Antoine Pinay，獨立共和黨），國防部長柯尼格將軍（général Kœnig，社會共和同盟），及突尼斯及摩洛哥事務部長余利(社會共和行動)爲法國政府代表，組織五人小組，負責處理摩洛哥問題。

當日與論方面對法國內閣會議決議的措施的反應，一般看來，頗稱良好。在法國，「費伽羅」(Le Figaro) 報對法政府決議表示擁護；「震旦報」(L'Aurore) 反對以蘇丹寶座問題爲解決對象，以蘇丹邊阿拉發爲摩洛哥的唯一合法首領；但亦稱此次法政府對摩洛哥問題的決議爲一含有進步性的政策。共產黨機關報「人道報」(L'Humanité) 則引法突協定爲前車之鑑，並歪曲事實稱佛爾內閣再不能在「罪惡行動」前屈膝。「世界報」(Le Monde) 對政府政策未作正面評論，只指出在未採取決定性的政策之前，以兵力增援來維持治安將會引起無數的困難。國際與論方面：美國紐約時報(New York Times) 指出摩洛哥問題的迫切，且認法國在一九五三年廢棄蘇丹穆罕默德五世爲一主要錯誤；對目前法駐摩洛哥總監格昂瓦魯的作法「表示贊同」。英國的每日電訊報 (Daily Telegraph) 亦提出摩洛哥問題的嚴重性警告法當局，並促請法政府卽時謀求對策，以避免再一次大規模的反抗事件發生。曼徹斯特衛報 (Manchester Guardian) 指示法佛爾內閣面臨的困難處境，並稱如佛爾對摩洛哥問題採取拖延辦法將會使暴動事件更行擴大，然而強有力的決策又會引起國會中支持佛爾內閣多數派(註七)的反感，致不予以支持。泰晤士(Times)報撰文稱格昂瓦魯的工作計劃涵有冒險性，同時對穆罕默德五世的意見及摩洛哥民族主義者對合作所要的代價則稱不知；並稱目前法國官方意見擬以「圓桌會議」方式打通摩洛哥問題的死路。

法駐摩洛哥總監格昂瓦魯於八月十五日晉謁蘇丹邊阿拉發，除傳達有關上述法當局決策第一項的法總統及內閣總理致蘇丹信件兩封外，並提交法政府當局預擬的包括各黨派可參加摩洛哥新政府的候選人名單(註八)。旋邊阿拉發承諾進行組織此一新政府，致書法總統柯悌 (René Coty)，但一般民族主義份子拒絕與邊阿拉發合作。事後蘇丹也曾獲得二十人的同意參加新政府，其姓名在照會法內閣總理時並未披露，但據可靠方面透露此二十位幾全爲守舊派人士，不能廣義的代表摩洛哥各黨派及與論。

摩洛哥首相府財政大臣毛克義塔米(Si Thami El Mokri 首相之子) 及阿巴首長塔極 (Si Abbès Tazi) 於晉謁蘇丹邊阿拉發後，致電佛爾、余利及格昂瓦魯，提出解決摩洛哥問題的條件，着重於摩洛哥蘇丹寶座問題的合理解決。八月十八日法駐摩總監格昂瓦魯於接見腓斯克拉溫奈大學 (Université Karaouyne) 九位回教敎士 (Oulémas) 時，該九人亦促請及早解決王位問題，俾使蘇丹能眞正代表摩人，以建立公正、自由、平等的法摩關係。另一方面，獨立黨魁法希於接見西班牙「馬德里」(Madrid) 晚報記者時激烈的宣稱：「我們敬愛的元首穆罕默德五世一日不能復位繼續國家的解放工作，則法摩兩國關係的危機，一日不得解決。」

摩洛哥現任蘇丹既不能組織代表各黨派的政府，而與論方面又側重於解決王位問題，因此法國政府的五人小組進行十二日內閣會議，謀求解決摩洛哥問題的第二個步驟。旋於八月二十二日至二十六日在愛克斯溫泉擧行法摩會商。由法政府代表五人小組分別招待摩洛哥各黨派人士包括：蘇丹政府傳統份子、葛老衛派份子、無黨派民族主義者、獨立黨人士、民主獨立黨人士、地方首長、摩洛哥回敎敎士、摩境法籍居民代表、猶太人團體的代表，甚至摩洛哥西班牙區代表等及蘇丹邊阿拉發禮賓司長哈汝依 (Si Adberhamane Hajoui)，商談有關摩洛哥問題的和平解決辦法。

八　法摩會商的結果與雙方事後的反應

一週的愛克斯溫泉法摩會商，的確有助於五人小組的工作，使之對摩洛哥問題的實際情形得以清晰的認淸；然更多的政要們，甚至五人小組以外的法國內閣閣員們並未能對摩洛哥問題獲得進一步的了解。佛爾總理於法摩會商後曾數度召集內閣會議，期能獲得同意的結論；另一方面並與余利部長再三與摩國民族主義份子、獨立黨及民主獨立黨人士磋商，以求得最後妥協方案。經一再討論，直至八月底法政府始決定初步政策如下：①王位問題由摩洛哥現行政府 (Makhzen) 自行處理，或俟邊阿拉發隱退始可認爲出缺。②組織王位保障會議(Conseil des gardiens du trône)，由現任摩政府首相和一位回敎敎士及一位溫和派民族主義者(註九)參加會議。③在摩洛哥包括獨立黨份子的完全代表性的政府成立以前，將先成立一代表性的過渡政府。④與摩國民族主義者進行磋商以從事建立法摩未來的友好關係。⑤將放逐於馬達加斯加島的前蘇丹穆罕默德五世送回法國境內。⑥法政府並接受駐摩總格監昂瓦魯的辭職，而以駐突尼斯總監戴拉徒爾將軍(général Boyer de la Tour du Moulin)出任新總監[註十]。但是法國國會議員們對北非問題的解決自始卽有兩派意見，一派主張與民族獨立份子妥協，而另一派却認爲得維持法國在北非的既有權益。此兩派意見的分歧並未因突尼斯內部自治的實現而消失，相反的却因今日摩洛哥問題而各走極端。故關於遷移穆罕默德五世至法境居留一項，法政府本擬於十月十五日予以決定，但因國會中溫和派議員的反對而不能決定。溫和派中極右份子由查奇諾(Louis Jacquinot)、洛昂得(Jean Legendre)、馬色蘭(Raymond Marcellin)、巴拉善(Edmond Barrachin)等領導曾要請內閣召集國會[註十一]，辯論摩洛哥問題。九月十日在溫和派會議中使畢奈與查奇諾因摩洛哥問題引起激辯，查氏主張用武力解決，畢奈匆匆離會，克若斯(Cros)並稱：「穆罕默德五世回來，等於是對摩洛哥民族主義予以鼓勵，使其勢力將無限制的增强。」這次會議經社會共和行動派主席的努力，雖未能獲得極端份子的附和，終於通過較溫和的決議[註十二]。此外，反對政府對摩政策的尙有史密特蘭(Raymond Schmittlein)領頭的社會共和同盟及人民共和黨名譽主席皮杜(Georges Bidault)。後者爲穆罕默德五世被廢時主持摩洛哥事務的外交部長，激烈反對政府對摩政策，以維護邊阿拉發的蘇丹王位。皮杜氏的反對自是意料所及，但人民共和黨一如激進社會黨一直支持佛爾的摩洛哥政策；社會黨也贊助佛爾的政策，反對以武力增援解決北非問題。

這裏我們不妨將前駐摩總監格昂瓦魯辭職原因略加分析。格氏爲一自負甚高的外交官，原任駐薩爾(Sarre)高專，在任內與外長畢奈不能合作，其出任駐摩總監亦未能獲得其上司余利部長的贊同與支持。格氏政見甚接近孟德斯法朗士，他在出任總監之始，卽與摩洛哥法國移民離異（見上述），正如摩人對現任蘇丹邊阿拉發之間的關係。格昂瓦魯計劃棄除蘇丹邊阿拉發引起溫和派、社會共和同盟和皮杜的反對。邊阿拉發且曾兩度宣言聲稱不願下台，而現任蘇丹的後台如余安元帥、葛老衞及布沙克(Boussac)在法摩兩地政界均有勢力，他們自然反對格氏，及至八月二十日的慘案發生，更受法國移民的嚴厲指責，使格昂瓦魯在摩洛哥弄得焦頭爛額，不能不辭職，而於八月二十五日向佛爾總理提出辭呈。事後格氏更越級上書法總統說明事實原委，以清責任[註十三]。

摩洛哥方面除葛老衞致書法當局重申其反對廢棄現任蘇丹外，一般人士對法摩會商後的法當局所採取的政策均懷希望。摩國民族主義份子對於參加政府則認爲須於會晤穆罕默德五世後始可決定，獨立黨則提出舊蘇丹的遷法爲參加摩洛哥新政府的交換條件。爲安撫摩人並求解決王位問題，法當局旋於九月四日派有賈德魯將軍(général Catroux)代表內閣總理及依里蘇(Henri Yrissou)代表外交部長赴馬達加斯加島安濟拉貝(Antsirabé)會商穆罕默德五世。同時法駐摩總監在阿巴及法政府在巴黎分別和有關人士接洽，期於九月十二日獲得結果。

九　阿剌伯聯盟的態度與行動

如前所述，阿剌伯國家自始卽支持北非地區民族主義者的行動。八月二十日摩洛哥暴動事件發生後，及法摩愛克斯溫泉會商期中，埃及開羅電台的「阿剌伯之聲」廣播指責法國召集的愛克斯溫泉會商旨在欺騙摩洛哥輿論，使人相信目前法國政府在加緊尋求摩洛哥問題的解決辦法。依「阿剌伯之聲」的看法，實際上該問題唯一解決辦法爲「使合法的蘇丹復辟及國家自由與獨立的實現」。該電台並激烈地指陳北非人民應脫離殖民主義者的統治而獨立。「阿剌伯之聲」的這種論調，卽代表阿剌伯聯盟國家的態度。八月二十一日阿剌伯聯盟七國駐美使節曾經聚會討論，於二十五日由敘利亞駐美大使蔡賴丁(Farid Zeineddine)訪晤美國務院近東及非洲事務助理國務卿阿蘭(George Allen)，表示其所代表國家對北非問題，特別是對摩洛哥問題的意見。此項意見卽：①摩洛哥蘇丹問題得儘先解決；②其他一切有關摩洛哥問題，則必須在穆罕默德五世同意下始能解決，並稱截至目前止，雖有愛克斯溫泉會商的召開，但並未使法國對摩洛哥問題基本精神有所變更，如是則北非問題勢成爲持久的鬪爭。蔡賴丁並指出美國對北非事件的演變中亦應負其責任，因美國在北大西洋公約範圍內經常援助法國，而此種爲維護歐洲安全的援助，竟被法國利用於北非以剝奪該地區民族的自由。據一般推測，敘利亞大使此次訪國務院的另一作用，在使美國政府支持將阿爾及利及摩洛哥問題在本屆聯合國大會列入議程。

亞洲及阿剌伯十七國因同情北非的獨立運動，於一九五二、一九五三、一九五四年三次請求聯合國將北非阿爾及利及摩洛哥問題提出討論。此次亞洲及阿剌伯國家的態度因受數月前萬隆會議的影響，較諸前數次更爲堅强。事實上亞洲及阿剌伯國家在聯合國的提案須有美國的支持始能通過。

十　國際間的態度及輿論的分析

美國方面自始不願對摩洛哥問題的解決發表任何公開聲明。美國務卿杜勒斯在八月三十日記者招待會並曾聲明，美國決不以任何方式參與法摩雙方正在進行的談判，因爲該問題與美國不發生任何直接關係。但就一般看來，美國在摩境建有空軍基地四處，並將摩洛哥劃爲外國防禦網內；自然很希望摩洛哥問題能早日獲得和平解決，以免問題愈鬧愈糟，況杜卿亦公開宣稱望摩洛哥問題如能在聯合國大會期前獲得結果，自無須提出聯大討論。另一方面雖阿爾及利亦屬於北大西洋防禦範圍以內，美國朝野對法國抽調屬於駐歐陸的北大西洋武力之法軍一部增援北非，而削弱歐洲防禦一事，甚感關懷。美國輿論方面起初對法國政策多少富指責性。八月二十四日費城調查報 (Philadelphia Inquirer) 稱法國當局得注意重建和平時的世界利益。八月三十一日紐約先鋒論壇(New York Herald Tribune)名記者阿爾索普 (Stewart Alsop) 分析摩洛哥民族主義者大致分爲兩派：一些主張與法國取得精誠合作，另一派則激烈反對與法國合作。同時指出如果法國再行以壓力，則上述第二派人士將無形增多。如果法國人不能以理智代感情，則無法獲得問題解決之道。

其他國家如英、義、西班牙等多對摩洛哥問題採取沈默態度，但今日各國輿論，一如美國，對目前法國當局新決策賦予善意的批評與支持；但在以前則頗多指責。例如西班牙八月二十四日「星期一」報(Hoja Del Lunes)稱除穆罕默德五世復位，愛克斯溫泉會商不能獲得任何結果。八月二十七日「國家至上」報 (Arriba) 指責法當局爲何不與西班牙政府合作以摒棄對摩洛哥的錯誤政策，並建立新摩洛哥。英國左派工黨「論壇報」(Tribune) 會聲稱法國須要另一孟德斯法朗士以避免北非問題越南化。其他瑞士、西德、義大利、英國報章均認爲今日法屬北非的發展，已牽涉到整個歐洲利益，故歐洲國家得發言。

法國輿論除「震旦報」支持現任蘇丹外，一般對政府決策少有出入，報章評論對法當局政策多予支持贊助；攻擊政府的祇有極左派及其同路人的報章，例如被目爲共產黨同路人所辦的法國觀察週刊 (France-Observateur) 主筆布爾得 (Claud Bourdet) 曾以「沒有軍隊來參加你們的戰爭」爲題指責當前政府對北非增援，因而被政府將該期刊物扣留。共產黨機關報「人道報」由庫爾塔地 (Pierre Courtade) 撰文「節制恐怖行動」對北非事件作反政府的宣傳危及國家安全，也被法政府將當天的人道報扣留。

十一　摩洛哥問題的瞻望

目前摩洛哥問題的處理，已進入最後階段。法國代表及摩民族人士代表安濟拉貝之行後，法摩雙方意見已行接近。法方並獲得穆罕默德五世的保障，不再以任何方式恢復其蘇丹職位。曾經再三申述不放棄蘇丹職位的邊阿拉發亦首肯在蘇丹王位保障會議人選決定後引退到丹吉爾地方，而由蘇丹王位保障會議進行組織新政府以求建立新摩洛哥。法內閣於九月十四日開會商討有關蘇丹王位保障會議的問題，除同意摩洛哥首相及貝加依兩人外，第三名人選未能決定，邊阿拉發及葛老衞派人士主張以舊派人士出任，而獨立黨則堅持以民族主義人士擔任，迄今法當局仍分別在巴黎及阿巴與民族人士及現任蘇丹磋商。(編者按：摩王邊阿拉法已於十月一日宣佈退位，乘機抵達丹吉爾，並指定其堂第掌理王權事務。)

關於法摩今後的關係問題，法內閣閣員大致已同意對摩人完全獨立的要求給以法摩相互依賴的獨立，換句話說也就是今後摩洛哥得自治，但軍事及外交權仍操於法國，而摩境內的法國人的權益則由雙方給予保障。摩洛哥的代表性政府將會由溫和人士邊斯立曼奈 (Ben Slimane) 主持，一俟新政府成立，將與法政府談判新約，以腓斯條約爲基礎，規定法摩關係。如是未來摩洛哥的地位將如法突協定批准後的突尼斯。

總之今日摩洛哥問題雖達解決的最後階段，但夜長夢多，如稍不謹愼將再引起更劇烈的流血事件，何況至今爲止獨立黨對法國辦法尙沒有眞正同意的表示呢。不過突尼斯問題的解決已成爲先例，摩洛哥問題的解決當不出此範圍。

四四、九、二三　草竣。

註一、見本刊第十三卷第六期拙著「突尼斯問題及其解決」一文。

註二、見一九五三年八月二十二日法國世界報 (Le Monde)。

註三、見一九五五年六月十八日出版的第一〇八期快報 (L'Expresse)。

註四、按寇斯爲摩洛哥境內所謂「法國在場協會」團體的主席，其人爲絕對反對法當局與摩洛哥民族主義人士妥協者。

註五、根據一九五五年八月二十三日法國世界報公佈：①歐籍人士死九十名，傷二十名。②治安人員：死五名傷十名(以上係歐籍)，死四名，傷十名(以上係摩洛哥籍)，③暴動份子(此數字中不包括翟姆河區的死傷數字)死一百名，傷一五〇名。

註六、該三記者係「法國晚報」(France-Soir) 採訪記者 André Leveuf 及攝影記者 Roger Ladevèze 和電影記者 Roland Jourdan。

註七、國會中支持佛爾內閣的多數黨包括反對在北非實行主動政治，尤反對變更摩洛哥蘇丹的溫和派及社會共和行動。

註八、此新政府得由守舊派 (包括葛老衞派在內) 四名，溫和民族主義者四名，民族主議者 (包括獨立黨及民主獨立黨在內) 四名，猶太人團體代表一名及丹吉爾地方代表一名組成。

註九、該溫和派民族主義者已內定由穆罕默德五世至友貝加依 (Si Bekkai) 出任，且已得到同意。

註十、本年九月中旬法突協定生效後，法駐突代表將由總監改爲高級專員；法駐突尼斯第一任高級專員爲塞杜 (Roger Seydoux)。

註十一、依照法國憲法在國會休假期間，如遇有緊急事項得由內閣總理召集國會討論之。

註十二、溫和派執行委員會 (Comité directeur) 通過決議在任何情況下穆罕默德五世不得復辟，並請政府公開聲明；關於舊蘇丹遷居法國事，須在穆罕默德五世正式聲明放棄其本人及其子復辟之條件始可討論。同時溫和派同意在腓斯條約規定範圍內可在摩洛哥實行政治、經濟社會等等改革。

註十三、該信件曾部份或全部刊載於法國八月三十一日各報章可資參閱。

巴黎通訊

美國與中共的日內瓦會談

龍平甫

一　緣起

日內瓦四國會議後二日(七月二十五日)，美國國務院宣佈定於八月一日和中共舉行「大使」級的會談以解決願意回到本國的平民遣返問題及其他實際問題。美國政府舉行此次會談的主要目的在交涉被中共非法拘禁的美國公民四十一人的釋放及其返國。美國政府並解釋說：「美國與中共的會談是英國調停的結果，而會談一事不能構成美國對中共的外交承認。」

美國此次派駐捷克大使强生 (U. A. Johnson) 與中共駐波蘭「大使」王炳南會談被中共拘爲人質的美國公民的釋放回國問題，並不是突然的。事實上，美國在去年日內瓦會議時已派强生大使從旁和王炳南會談美國公民的釋放問題，後來又由美國駐日內瓦總領事葛文 (Gowen) 與中共駐日內瓦「總領事」沈萍前後會談十七次，都無結果。所以這次舉行「大使」級的會談來解決這個問題。「會談」與「會議」是有區別的。「會談」是非正式的，私人間的，「會議」則是外交的，正式的。因此强生大使禁止屬僚說「會議」(Conference)，如任何屬僚將「會談」(Talk) 說成「會議」，則每次受一個瑞士佛郎(約合美金二角四分)的罰金。

遣送平民回國，並不是美國和中共舉行會談的主要原因，主要的原因是中共與印度的要求及後者對英國當局的威脅。七月二十七日巴黎版「紐約先鋒論壇報」(New York Herald Tribune) 刊載名記者 Joseph Alsop 的一篇華盛頓通訊：「梅農的手槍」，道出這次會談促成的主要原因。據他說美國之所以同意和中共舉行更高級的會談是由於尼赫魯代表梅農 (Menon) 以手槍威脅艾森豪及杜勒斯的結果。因爲前些時候梅農這個「和平」掮客到華盛頓遊說時，曾警告美國政府說：「美國政府如不同意在最高階層會議後幾天和中共談判解決臺灣海峽的局勢，則中共將大舉進攻金門馬祖。」梅農這隻手槍（是中共給他的）是眞是假，美國政府負責人士頗有討論。有人認爲要當心梅農的警告，有人說是嚇人的。Alsop 說美國政府經過幾個月的吹牛與大話之後，却不能不在接受印度警告與冒戰爭危險之間有所選擇：接受最反美的印度的警告等於投降，如冒戰爭危險則美國無此準備。結果美國政府仍採取和中共會談的政策，却說是英國調停的結果。因此引起梅農的不高興。Alsop 又說：美國若有所讓步，最好自己出名，不要由自由中國政府負名義。

Alsop 和美國國防部有相當關係，他這篇報導自有其根據。他說美國政府曾鄭重申明沒有自由中國政府代表參加不和中共談判臺灣海峽的局勢，現在既不能不談，祇有拿美國公民的釋放作主要藉口。表面上美國飛行員的釋放也是談題，其實這個問題在原則上已經解決。去年底聯合國秘書長哈馬紹去北平交涉結果，中共允許釋放飛行員，但既已將他們判爲「間諜」，不便隨便釋放，爲維持顏面計，由中共允許飛行員家屬前往大陸探監，由中共藉機施以「仁慈」，將彼等釋放。美國政府則顧及當時的激昂輿論，不允許飛行員家屬前往，中共這種下臺的辦法於是沒有行得通(註二)。

二　中共的運用與要求

中共的對外策略一直受蘇俄支配的。繼蘇俄之後，中共也發動其和平攻勢，企圖達到武力所不能達到的目的。這便是中共要求和美國會談的主要目的。不論將來談論的結果，僅就舉行會談一事已是中共的成功。因爲中共可進一步要求舉行「外長」會談。中共這套外交滲透戰術原本不可怕，但有梅農這個幫兇作祟，問題便複雜了。

印度經過多年的英國統治，好容易獲得獨立，並繼承英國給它整理的一份大家產。它久受委曲，一旦獨立，自然想在國際上揚眉吐氣。它希望作亞洲的領導，但實力不够，祇好作不費本錢的「和平」生意。口唱中立主義，却親蘇親中共，反美反自由中國。這種政策是短視的對外與對內的機會主義。因爲反美反西方可獲得若干亞洲及非洲曾作過殖民地及仍在殖民地地位的國家或民族及左派輿論的同情，並可在某種程度抵消印度共產黨在國內的活動。而且反美可以不召致危險，並召致兩大集團的重視。同時梅農的基本心理是親共的。因此在尼赫魯梅農主持下的印度外交政策的左傾是必然的。中共有印度在國際上支持運用更有力，七月三十日尼赫魯致函艾森豪，據說是要求召開亞洲的「最高階層」會議解決亞洲問題，其顯明的企圖是想把印度列入大國之林。據說印度熱心奔走企圖把中共帶進聯合國目的之一便是將來聯合國有兩個「中國」爭安定理事會的一個中國席位時，很可能鬧成僵局，印度可乘機佔領安全理事會的中國席位(註二)。尼赫魯致書美總統之日，北平頭目周恩來宣佈願與美國訂立「太平洋安全公約」，新德里當局預料北平將發動毛澤東與蔣總統的會晤。在臺北則自由中國政府聲明絕不與共匪談判。新德里的消息很可能是替中共放出的試探，一經自由中國政府駁斥，也就無下文了。八月一日日內瓦美國與中共會談開始，梅農也「偶然地」到日內瓦，他自然想作「調停人」，但弄得沒趣走了。

美國與中共第一次會談時，王炳南提議如下的議事程序：㈠雙方平民遣送回國問題，㈡解決其他實際的懸案的研究。這個議事程序由美國大使接受。

關於遣送美國平民回國一事，據法國「費加羅報」(Le Figaro) 載中共似提出許多條件。八月六日該報載，中共「大使」要求美國：㈠放棄東南亞公約；㈡召回臺灣海峽的第七艦隊；㈢撤退駐臺美軍顧問團；㈣取消美國與日本、韓國、自由中國所訂立的安全公約；㈤取消商品禁運，終止美國的華籍資產的凍結，同時中共代表指責美國侵犯中國領空及派遣間諜至大陸活動。美國則指責中共：㈠在亞洲從事侵略活動；㈡干預印支各國政治，並企圖使其內部混亂；㈢接濟武器給馬來亞叛黨。美國的幾個大報均未刊載類似的消息。這件消息很可能是新聞記者道聽途說得來的。

關於遣送平民一事，中共代表說：「在美國有中國留學生五千人，由於美國的阻止不能返大陸。」印度當局也附和中共的讕言。美國政府則說：「留美的中國學生可以自由離美，僅在韓戰期間有一百二十四名中國留學生因其高深的技術恐爲敵用，被禁止離美。」今年春美政府再度調查此一百二十四名留學生，僅有七十五名仍願返大陸，彼等都可自由離美。至於絕大多數的留美中國學生均願作自由人，不願返回中國大陸。在日內瓦會談中中共代表給美國大使一張共匪的幾十名美國公民的名單，同時要求美代表給他一份留美中國學生名單，美國拒絕此要求。因爲若接受要求，則無異承認中共對留美中國學生的管轄權，同時中共可按名單恐嚇留學生家屬迫使彼等返大陸。在會談中，美國要求中共無條件釋放被拘禁的美國平民及在韓戰中失踪下落不明的五百名聯合國軍人。這些軍人可能有許多已死亡，有許多仍受中共拘禁，中共則顯然以美國平民及被俘軍人當作人質，當作要價的工具，僅必要時放出一些作爲宣傳資料。八月一日會談中，中共宣佈釋放阿諾德 (J. Arnold) 上校等十一人，此事使艾森豪十分愉快，發表公報說：「美國全國對他們的被釋放深感慶幸」。英法政府也有好評；英國報紙中甚至以「遠東和平降臨」爲標題。九月七日中共又宣佈釋放美國平民十二人，美國國務院表示「感謝」。一個政權於非法剝奪人身自由，酷刑拷打戰俘之後，點點滴滴放出一些囚犯（其中數人已經半死）反而受別人道謝，這是一個成何事體的世界！不過美國政府如此，亦有其苦衷：希望中共及早放出那些受難的美國人，人的生命在一個尊重人權的國家內是何等的重要！

三　平民遣返辦法

關於平民遣送回國的問題經過十四次會談，有時情形弄得很僵。九月十日美國與中共發表所同意的辦法：

A　美國同意：㈠任何留美的中國公民如遇離境受阻得向印度駐美外交代表陳述，並請其向美國政府交涉，如中共認爲適宜時，得就個別案件請印度政府調查；㈡任何留美中國公民如欲返中國大陸而感旅費困難，得向印度駐美外交代表請求旅費補助。美國政府及印度駐美外交代表得將上述辦法公佈，俾衆週知。

B　中共同意：㈠任何留居中國大陸的美籍公民如欲返國而遇困難，可向英國駐中共區代表進行交涉，英國政府得循美國政府之請就個別案件進行調查；㈡任何美國公民因返國經濟困難，得向英國駐共區外交代表請求協助，中共及英國外交代表對上述美國公民遣返辦法予以公告，俾衆週知。

美國國務院發言人對上述平民遣返辦法稱爲雙方的平行片面宣言，而不是任何外交協定。因此不能包涵任何美國對中共的外交承認。該發言人說：「美國政府對中共的態度一如往昔，並未變更。」

我們相信美國對中共的態度沒有變更，但是美國政府所同意的平民遣返辦法容許親共的印度政府干涉中國留學生是否離美問題，却是自由中國政府及留學生所不能容許的。固然美國同意的遣送平民辦法是指那些極少數的親共份子，或以個人的特殊原因要返大陸的人。但這些極少數人的出境問題也可由美國政府處理，用不着印度政府干預。辦法第一項規定，中共認爲「適宜時」得就個別案件請印度政府調查。這是一個很壞的辦法，中共很可能要求印度政府駐美代表勸誘或脅迫留學生返大陸。

四　實際問題的談論

關於議程第二項「實際問題」的研討，中共究提出了些什麼問題，局外人不得而知。據說其要求之一便是取消對共區的物資禁運。美國可能提出臺灣海峽的停火問題。因爲杜勒斯在七月二十七日宣稱：「八月一日開幕的美共會談足以明瞭中共是否願將不用武力的原則施用於臺灣海峽？是否願在該地帶停火？因爲事實上的停火已經存在。至於美國，則不施用武力解決爭端的原則實用於德國、越南、中國及韓國。」八月二日杜勒斯在記者招待會上要求中共鄭重而片面的聲明不用武力以圖實現其目標。

談到臺灣海峽的停火問題便涉及金門馬祖問題。八月一日美國參議院開會，麥加錫 (McCarthy) 指責政府根據最近的四强會議的決定，圖以金門馬祖的放棄交換臺灣海峽的停火。他並指責政府「出賣中國」。諾蘭 (Knowland) 立即發言，他說「自最高當局獲得保證，毫無放棄金門馬祖的意思。」我們相信美國政府不會出賣朋友，但它得施展運用來對付來自印度、英國及其他左傾與論的壓力。無論如何，金門馬祖是反攻大陸的前哨，決不能放棄的。不管美國的態度如何，我們得抱定死守的決心，同時我們不能容許他人越俎代庖，決定金門馬祖的命運。其實中共祇是虛張聲勢，對美國施行嚇恐敲詐而已，因爲在目前蘇俄積極進行和平攻勢的情況下，莫斯科政權決不能讓中共冒險的。

現在日內瓦會談仍在進行中，中共會提出許多所謂實際問題要求解決，美國則要求中共先把在中國大陸的美國公民全部釋放，然後再討論議程第二項，但中共不會爽快地釋放全部美國公民，因此會談會拖得很久，甚至沒有結果。中共得步進步，要求召開所謂「外長」會談。九月十四日王炳南更正式提出召開「更高階層會議」的要求，爲美國拒絕，

關於哥倫坡計劃

星加坡通訊・九月廿四日

荀　詩

十月下旬在星加坡行將召開的哥倫坡計劃會議，除了英國的外交部次長李汀勛爵爲大會主席外，參加的國家計有美國、菲列濱、日本、泰國、澳洲、加拿大、錫蘭、印度、紐西蘭、巴基斯坦、馬來亞、北婆羅洲，香港、越南、柬埔塞、寮國、印尼、尼泊爾等。這是在南太平洋地區繼亞非會議以後的一個重要的國際會議。

哥倫坡計劃是成立於一九五〇年，是年九月正式在倫敦召開第一次會議，這個計劃，在本質上說，和杜魯門的第四點計劃(Paint-four Plan)實在完全一樣的。因爲這兩個計劃都是着重於加强落後地區國家的經濟，以防止共產主義的侵略與滲透。如果我們一定要找出這兩個計劃的不同點，我們只可以說哥倫坡計劃的直接目的，乃是提高並改善南亞（如印度，巴基斯坦及錫蘭）及東南亞之經濟落後的國家，使這許多國家經濟先求獨立，由於經濟上自己能够獨立起來，始能言及防共。在這個計劃之下，各會員國家之協助，是要先經一個協商，等於是諮詢的性質，而不是帶有强迫性的。一個落後的國家，如果希望澳洲提出電力人員訓練的協助，一定先徵詢澳洲；相反地，如果澳洲要拿農業改進技術協助馬來亞，也得先徵求馬來亞是否需要。因此，每一次的會議，都是稱爲諮詢委員會。其用意便在於此。

至於杜魯門的第四點計劃，其對象乃是全世界的落後地區。它的目的是明明白白宣示世人，是用經援的方法來防止共黨的侵略。它在本質上不是諮詢的，而是單方面的「給予」。這個計劃現在放在國際合作總署部門之內。

有人指出英國提倡哥倫坡計劃，是同第四點計劃在爭落後地區的經濟權益。例如，過去泰國、日本都是屬於英鎊集團，但現在這兩個國家，全走金圓路線，英國在世界經濟競爭的注視下，眼看第四點計劃，向落後地區「招手」，於是急起直追，搞了一個哥倫坡計劃，希望與第四點計劃分庭抗禮。這個看法也不能說它沒有道理。

根據哥倫坡計劃局局長葛汀單獨接見本刊記者時稱：這個計劃，經過四年以來的實施，至少在東南亞方面，已奠下很深固的基礎。有許多人不滿意哥倫坡計劃在亞洲國家之發展程度，也有人指責外國的協助不當與不力，但是一項毫無疑問的事實，可以證明，就是這個計劃自一九五〇年成立以後，不但一天天蓬勃起來，而且會員數目日在增加。去年十月第六屆哥倫坡計劃諮詢委員會，於鄂大瓦擧行，菲列濱、泰國、及日本均同時加入爲會員國。而今這個計劃已經擴展至南亞洲及東南亞全區，事實上，其實施之範圍已超過本區之界限。

哥倫坡計劃之擴展，在短短四年間，不能說不快，記得一九五〇年擧行成立大會時出席會議者，只有英聯邦國家，如澳洲、加拿大、錫蘭、印度、巴基斯坦、紐西蘭、英國、馬來亞及北婆羅洲。一九五〇年九月於倫敦會議時，越南、柬埔塞及寮國首先參加成爲會員國。此時之計劃推展可稱十分遲緩。

到了一九五一年哥倫坡會議後，立刻引起美國的注意，此時美國乃成爲諮詢委員會之一員，與該計劃之發展有密切之關係，美國政府之參加這個計劃，似乎是受了亞洲會員國及該計劃廣泛性之吸引。

一九五二年在喀拉蚩擧行會議時，緬甸和尼泊爾加入爲會員國。此時，在印尼方面正引起一場關於應否接納哥倫坡計劃外援之辯論問題。迨至一九五三年，在新德里召開會議時，印尼政府明白了這個計劃的實施，於

認爲「時機未成熟」。

中共近來作了許多活動企圖改善其對外的孤立處境。它要求和美國談判便是如此，同時也企圖獲得美國的承認，及進入聯合國。但是美國對中共的政策已由艾森豪及尼克森言明：「決不承認中共，也不讓它入聯合國。」這是一個明智的政策，但是西方世界有一種短視而危險的看法，即主張「兩個中國」之說，猶如兩個德國、兩個高麗及兩個越南的主張一樣。認爲應承認現實；主張聯合國有其「概括性」。根據此觀點，主張納中共於聯合國。這些人忘記聯合國和中共仍處於戰爭地位，中共仍是聯合國大會判決的侵略者，因中共的出兵朝鮮，美國死三萬三千人，傷十萬零四千人，這是美國政府及美國人民所不能忘記的血淋淋的事實。如果美國不放棄立國原則，不違背聯合國創立的宗旨，是不能承認中共，不能容許它入聯合國的。

至於日內瓦會談，我們始終反對，認爲這是不必要的。我們試就美國政府認爲最重要的兩點來分析：㈠美國國民的遣返問題：中共在任何情形下會把美國公民放出的。因爲釋放美國公民可以適應蘇俄的和平攻勢，使外人相信中共變得文明些，中共因此可改善其對外地位，美國以此爲主題，反給中共以要價的機會，竟而延遲他們的釋放。㈡臺灣海峽的停火問題，根據前述理由，中共不會冒險大規模進攻金門馬祖的，美國儘可不理中共的虛聲恫愒。因此我們主張：第一議程已完結，用不着再討論下去。

九月二十八日脫稿

（註一）見本年八月八日巴黎版「紐約先鋒論壇報」J. Alsop 報導。

（註二）見本年八月六日「紐約時報」Sulsberger 報導。

是也申請加入爲會員國。她成爲第十四個會員國家。印尼之得能加入，根據哥倫坡計劃局局長葛汀之批評，認爲：「印尼無疑是觀察到，亞洲國家已視本計劃，純是一項『協助並無其他牽聯』之計劃。」

一九五五年在鄂大瓦會議時，新會員國數目已創紀錄，日本、泰國及菲列濱之加入，聲勢大盛。日本早已有意加入這個計劃，在她未加入之前，緒方竹虎在星加坡已先與前任高級專員麥唐納商量過這件事情。泰國與菲列濱雖未正式加入，但在一九五四年前她們早已派代表列席旁聽。且事實上已接受了這個計劃之協助，數年來，兩國國會議程中，已列入參加哥倫坡計劃會員國之項目。

目前，南亞洲及東南亞所有國家幾乎已完全參加這個計劃。一項使吾人值得重視之處，乃是十月間在星加坡所召開的第七屆哥倫坡計劃諮詢委員會，出席的代表都爲各該國之部長階級的人物，再者此次哥倫坡計劃會議國家之結集，實較最近成立之哥倫坡國家會議，更爲廣大，因爲後者純然是一個東南亞集團，政治氣氛濃於經濟素質，其成員祇限於錫蘭、印度、巴基斯坦、緬甸及印尼五個國家而已。

哥倫坡計劃之基本宗旨，在前面已略略述過。此地還可以詳述一下。它的目的是推行經濟發展於本地區。其實這個計劃乃是包括了南亞洲及東南亞各國經濟之發展程序，加上通過雙方之談判，而予以外國之協助並建立了原則及技術上之諮詢合作制度。

這個計劃的最成功的特色也許是鼓勵國際間的協助。最近聯合國召開經援會議時，曾討論聯合國經濟發展特別基金計劃，應如何施行時，許多人曾注視這個計劃的許多特點。

南亞洲及東南亞各國曾根據特別發展計劃，而擬定有關經濟發展之計劃，指定所冀望獲得之助欵及技術人員，並說明外援之用途與需求，於是被要求協助的會員國家，再視自己之能力考慮是否有力量協助。

各會員國謀求協助之目的，乃是企圖奠定未來經濟上之堅固基礎。如發展水電力計劃、改良農業、增進交通、加强工業、增進貿易等。因此這個計劃的任何檢討，應集中於基礎工作，而力謀其迅速和穩健，對於現時的出產問題的討論，還比較是次要。

這個計劃經過四年來的不斷實施、有些地方已經獲得收獲了。一九五〇年投資鉅欵已開始獲得成果。例如印度之農產，因有兩季之良好氣候，加上投資，已增生產百份之十五，工業出產增加了百份之三十七。

明年之協助也許較往年更大。該計劃開始實施之首三年中撥出之助欵，略低於三億元美金，內中一億元係供去年常年用途。印度、巴基斯坦及錫蘭、所獲得之資助尤多。除此以外，英美及國際銀行復貸欵一億八千萬元美金，上述之數中，三分之二是來自美國。

外資之另一來源是屬於英國。她每年分發四千二百萬鎊予印度、巴基斯坦及錫蘭三國，予以哥倫坡計劃國家之協助，其貸欵總數等於每期公用開支總數之三分之一。

上述協助，並未包括私人投資，諮詢委員會現在已經提倡私人投資。例如西巴基斯坦之煤氣計劃，是英國私人資本與該國合資經營的，是其一例。

至於私人和公衆投資之擴充，均須賴受訓練之人力。因爲唯有人力與技術才能推進機械工業。在哥倫坡計劃技術協助計劃之下，美國與聯合國已同意派出二千五百名專家及技術人員，分配於南亞洲及東南亞各國服務。另外，本地區各落後國家，將有五千名各業人員派赴外國受各種實用上之訓練。

這一次哥倫坡計劃的會議在星加坡召開。所討論的主要問題乃在如何加强外國投資。根據估計，這個地區將需求吸收比以前多兩三倍的外國資金之協助。此外對於水利灌溉，以及緬甸和越南境內不安定的情形也將提及。大會在既定議程中，也將加入一項——如何協助印度及巴基斯坦的水災救濟。

哥倫坡計劃是每六年一個階段，今年適逢第一個階段。是要舉行一次總檢討。根據計劃上目標的規定，如果這個計劃發展至最高度，這個地區的農業生產可增至六百萬噸（較前增加百份之十），電力的供應增爲百份之六十七——等於一百萬基羅瓦特，全地區開墾出來的耕地估計應在一千三百萬英畝左右。被灌溉的地區增爲百份之十七。

這個計劃在本質上是打擊共產主義的。因爲共產黨要利用政治革命，來解決人民的貧困。然而現在哥倫坡計劃先自已解決貧困，使人人有飯吃，人人有工做，人人有地耕，那末共產黨便無法滲透進來。蘇聯看準了這一點，她明白如果這個計劃能順利進行下去，蘇聯和中共便無法在東南亞下手。因此，莫斯科電臺說這個哥倫坡計劃是，「美帝」「侵略」的一部份，美帝要加强哥倫坡港，並控制這個港口，這樣可以把軍火源源向東方送去。

綜觀上述，哥倫坡計劃之國家，擁有六億人口，等於世界人口四份之一，平均每人之入息，不超過三四十鎊。可是這個地區在地球上佔地三百五十萬方哩，這些地方應該加以發展，否則有被毀滅之虞。相信在十月份的大會中各會員國對於防共這一節上，將有更具體的方案提出來。

（九月廿四日寄自星加坡）

如相和尚

周子強

（一）

感謝傭工老林，今天在市場上買了藕回來，替我煨上藕湯，這一樣新鮮而熟悉的菜，喚回了我童年的一段回憶，有些興奮，跟着又是一陣悲涼。

母親說：「這是你小時候從和尚廟裏學來的一樣菜，吃到了味道，回家硬纏着我照樣做，你記得吧？今天我看到老林買了藕回來，特地教他這樣做的。」

母親所說的正是我想說而沒有馬上說出的話。猛然間，我吩咐老林：「請你替我加上一些醬油，蔴油，蔴油要多些。」然後我轉向母親，「姆媽，你忘了，要是沒有蔴油的香味，便全然不像和尚廟的菜了。」

某一種聲音，或者色、香、味，都可以勾起人們的悵觸——往事的懷戀。

今天我坐在餐桌上，對着這一大碗煨的藕湯，吃着吃着，心裏老不自在，因爲我對那座記憶裏最熟悉的寺廟的當家和尚，有說不出的罪疚感覺，我，在人生的問題上等於欠了他大筆的債，恐怕永遠無法償還。

（二）

如果說我現在還能懂得容忍的重要，如果說我能對於尋常的毀譽不大關心，或者說我有一些虛心服善的智慧和勇氣，這都得感謝我幼年的師父——如相和尚。

如相和尚雖然是一個大廟的方丈，可並不是大師，當然也不便歸於高僧之類。在我的了解中，他是一個平凡的人；平凡而可愛的出家人。在平凡中，他帶了一點倔強，但絲毫不固執。

我認識如相和尚，並受命拜他爲師父，做他的皈依弟子，這一段緣分，說來是很特別而也頗有趣的。

在我六七歲時，曾遇到一位牽着駱駝替人看相的江湖術士，母親把他請進來替我看相，據他說，我前生是個小和尚，極獲老和尚的喜愛，可惜這個小和尚在十二歲時便死去了，老和尚打了一把金鎖套在他的頸上(我想一定是連着金鍊子的。)，現在，到了今生，老和尚一定要追回那把金鎖，恐怕這位少爺是養不好的了。於是他替我想出一樁制伏老和尚的法子，便是由他咬破中指，畫一道符，教我母親做一個小布袋子，把符藏在裏面，朝夕隨身佩帶，老和尚便奪不走金鎖，也即是奪不掉我的生命。不過，那位術士在接受了我母親的重金酬謝後，臨走時還鄭重交待，他說：「到了小少爺十二歲的生日，可不要忘記在廟裏唸幾天經，這樣一定更可消災延壽。」

母親很相信那位術士的話，因爲他說我前生是個小和尚，從我的心性若干方面完全可以得到印證；我從小就怕吃葷腥的東西，而且不像一般頑童那樣忍心去捉弄小生物而把它活活搞死。關於第一點，我小時就愛吃清淡的東西倒是實在的，從上面所提到的煨藕湯的偏嗜也可見到；至於第二點，與其說是「不忍」，還不如說是怯懦來得合乎事實。一直到現在，我的孩子們在樹上捉一個知了，往我的面前一拋，我還是要嚇得大叫起來的。

到了我十二歲的生日，早幾天母親便逼着父親向附近的一個大廟——能仁寺去接洽唸經的事，結果在廟裏唸了三天三晚的金剛經，不但動員了幾十位和尚，安排了好多桌素席，而且我的全家幾乎都在場照料，我更不曉得參加跪拜了多少次。我當時沒有別的感覺，只是覺得那木魚清磬和唪經的音調，在莊嚴中夾有悲哀；說是一種情感，而又不易把捉。

就在唸經的第三天晚上，當家的如相和尚便已完全賞識我的「夙慧」，因爲父親在他面前誇讚我極小就識字唸書，後來並能寫出清麗的詩句。這一晚，經唸完了，已是夜分時刻，如相和尚苦留着我們吃了素麵再回去，趁着麵還沒上桌，他忽然燃起大的紅燭，披起紅色方格子的袈裟，拉我同跪在佛像的面前，口中唸唸有詞，三跪九叩首，然後站起來，在懷中揣出一份紅色的帖子，套子外面寫有「福慧雙修」四個字，筆跡很俗，頗像生意人的手筆。他向我說：「從今以後，你歸依我了，祝你福慧雙修！」原來那份歸依的帖子是他事先就準備好的，未經過我們的同意，竟兀地安排了這個場面。並且當時賜了我一個法名叫「善性」。

父親的樣子有幾分不高興，覺得這事未免太突兀了，況且他是向來不和僧道往還的，沒有任何宗教信仰。父親所信仰的是他自己的事業和美譽；有許多現實的滿足充實他的生活。但無論如何，我這時已經是「歸依佛、歸依法、歸依僧」的三寶弟子了。我只是覺得有些惶惑，甚至已經領受了這宗教的氣氛，而意味到人生的空虛。

依父親的指示，少到廟裏去，不要過分親近這位莫明其妙的和尚。母親的見解則是：「怕甚麼？廟裏還替閬兒供了長生祿位牌，沒有事的時候走走，只會有好處的！」老實說，最初的一個時期，在母親的鼓勵下，隔些時候去看師父一次，在我已經是很大的苦刑。

到後來，我倒漸漸習慣了，我想這與如相和尚的和悅態度以及他愛吃零食的習慣都有關係，每次到廟裏去，總是分享了不少的菓點。母親說，廟裏的東西不是隨便可吃的，僧佛都要受人們的供養，白吃了便不得消災，所以差不多每次都要替我預備一點東西帶去送給師父，可是經我吃回的也許不只一倍。

我幾乎很羨慕一個大廟裏當家和尚的生活。有整潔的庭園，有清淨的禪房，唯一顯得不甚調和的便是一兩位表情呆滯的小和尚；當然，師父對他們很和善，管這十來歲的小和尚叫「芽兒」，管年紀大的叫法號，稱做××師，也有把職務當作名字叫的，譬如司接待交際的「知客」便叫「知客師」。

能仁寺的廟產聽說是很富有的，和尚都生活得不壞。然而，我曾經注意到如相和尚的笑容，是寂寞的。也許這是我自已的想像，我不應該輕估師父的定力。

這裏，還應該把如相和尚的面貌略略補敍幾筆——照例，在文章裏是應該有此交代的！

他蓄有兩撇鬍子，在清瘦的臉上勻稱地排着，看樣子有五六十來歲，其實也不過五十挨邊。牙齒黃中帶黑，比我現在的烟牙還要難看得多。但是，整個的外貌，在清灑中顯出一股秀氣；再加上僧服和錫杖，擁扶着他的背影穿過佛殿前面的長廊時，使人有一種飄然出塵之感。

(三)

他會撫弄一手七絃琴，有好幾次爲我彈出「平沙落雁」的調子，手法似乎不很熟練，但我從他凝定的眼光中，看出了一些落寞的情感。

他開始要我敎他做詩，其實他已經有了不少的作品，只是平日秘不示人。讀他的詩，依我當時的品評標準，實在難以說個好字。不過，我已經曉得學佛逃禪的人所做的詩，在形式和意境上都可以完全和偈語相同，他的詩，韻律和章法雖然都談不到，但在想像上的努力還是看得出的，而且，在樸拙中也有一般人生的眞味。於是，我敎他怎樣選用比較適當的字彙，怎樣注意音節的調和，乃至怎樣寫情造境。我那時雖然是個小孩子，却已經懂得不少世故，有時自覺說得放肆了一些，便馬上把話帶回頭，順便將他的警句恭維一番。於是他爽朗的笑了：

「芽兒，不要緊，不要怕得罪師父，談起做詩，師父現在是你的徒弟呢。」

我在他的面前，就同在父親的面前一樣，成了早熟的寵兒。所不同的，父親只是一味在客人面前誇讚我的成績，我覺得他並不瞭解我；若論瞭解的程度，倒是如相和尚要比較來得深些。我很自然地和他建立了師徒的感情。

(四)

學校放暑假，他要我搬到廟裏去住一個時期，這正是我所憧憬的，只是不好意思先提出來。

我選擇了一個月夜，開始和他在禪房共榻。他做完了晚課(誦經、禮佛。)，走回室內，煤油燈的光圈照不滿偌大的禪房，却照亮了他的臉，神情興奮，笑容也開朗得多。他說：「芽兒，我們今天可以好好地談一會，今天，我不做功夫了。」他所說的「做功夫」，就是蒲團上的靜坐。

我有一種稚氣的喜悅，是好奇心也是同情心的指使，脫口說出：

「明天呢？明天師父還做不做功夫？」

他笑着答復，他做功夫原沒有硬性規定的時刻，在輪船上也好，在火車上也好，隨時隨地，他都會冥坐多時，把塵世上的一切拋得遠遠。然後他向我解釋了一些「到處隨緣」和「心卽是佛」的道理。照他的意思，六根淸淨，不一定要身在山林；如果世緣未了，就是住廟也沒有是處。

最後，他說：「芽兒，你的夙慧很深，不過這個時候你恐怕只能懂一些些，讓我們還是談做詩吧。」

「不，談做詩不會比談這些更有興趣。」我說。

「你要聽師父的話，在廟裏多住些時，把師父敎會做詩。」他的語氣很鄭重：「我從小就學生意，沒有讀幾句書，中年出家，纔在廟裏自已造就。我有很多好的意思，說不出來，不能用文字表達出來，讀了人家的東西，只是覺得好。」

提到他的出家，究竟已經有多少年？是因爲一般所謂受了某種刺激而最後大澈大悟的麼？這是我久已想問他的話，今天趁着機會提出來。

他一臉嚴肅的說：「芽兒，問這個做甚麼？」然後，一絲寂寞的笑容又在臉上泛開起來，「好吧，師父的事也要讓徒弟多曉得些纔好，告訴你，我開始是因爲說親的事，不聽父母的主張才負氣出走的。後來就出了家，到現在已經是二十五年了。」

我知道他只能告訴我這些，詳細的經過且讓他在心底保留。因爲我覺得他在我的面前，師父的尊嚴還是存在的，我只得耐住性子，不多問。但是我還可以從側面挑起他的話來，於是我問他讀過詩僧蘇曼殊的作品沒有，想不到他對「斷鴻零雁記」「碎簪記」裏面的故事和人物，說來如數家珍，並加了一段我認爲最恰當的評語：「曼殊是天才，他的天才是不平凡的，如果他能够「太上忘情」，也就不能成爲詩僧。不過，他的小說，都是千篇一律，讀多了也不免倒些胃口。那個感傷的調子，你們芽兒更不宜去讀它。」

最後，他自言自語的說：「在斷鴻零雁記裏，記不得曼殊是抄了那一座寺廟裏的對聯：『蒲團坐耐江頭冷，香火重溫刼後灰！』」接着，他反復低吟了兩遍，輕歎一聲。

這一夜，月明如畫，夜涼如水，我就戀這禪房的寂靜，空虛，久久睡不着，師父也輾轉不能成眠，他率性坐起來，盤腿坐在床上，我裝着睡熟了，眼睛偷看着他，在月光中，像一座莊嚴而氷冷的石膏像。我不禁害怕起來，四周是死一般的寂靜，寂靜得可以聽出寂靜的聲音，空虛得使人想像空虛的足跡。

這樣，大概挨過了大半個鐘頭，許是一個半鐘頭也不一定，師父躺下來睡，我纔敢翻動身子，他發現我沒有睡熟，替我蓋上一層薄被，關心地說：「你是在生地方睡不好？我看你實在思想得太多，唉，像你這樣有夙慧的孩子，我眞沒有遇到過第二個，我只擔心，這個世界會糟塌了你這塊材料。」

我懂得師父的意思，他在這裏借用「夙慧」兩個字，意思是指的我的情感早熟。

（五）

我在廟裏住過了一個星期，師父有時叫燒火的和尚特爲我預備冬菇麵做早餐，晚餐多半有煨藕湯，再配上豆腐皮做的「素鷄」「素鴨」，罐頭油燜筍，醬製的嫩薑，這些素品，正合我喜歡清淡的胃口。在廟裏吃飯沒有別的麻煩，我只須學着師父，在進餐以前，合掌靜默半晌。

晚上，師父照例領導全廟的和尚在大殿上做他們的晚課，並要我留在禪房裏做自己的功課，如果我願意，也可以到大殿上去看他們，却只能盤腿坐在殿旁的蒲團上。這時，我的地位，遠比不上一個小和尚。

如果這樣地住下去，似乎也沒有什麼特別不好。白天還多半回家，母親說，免得父親老見不到我。只是有的時候，師父派小和尚到家裏來叫，叫的時候要是早一點，一個寂靜的下午，而又沒有香客到廟裏來玩，廟裏的空氣是很令人感到壓迫的。我甚至體味到，師父的愛不能代替父母的愛，這裏邊好像缺少了什麼，也許又多了一點什麼。

這一個星期我覺得過得太慢，而我的感情又變化得太快，我對這座廟宇開始憎恨起來。我得發誓，我憎恨的只是這座雄偉而古老的建築，對師父却找不出憎恨的理由。

父親每天晚上回到家裏，見不到我，就責問母親爲什麼還讓我住在廟裏。母親也決定讓我回家。並且和師父說過了。

在我住廟的最後一個晚上，陪師父坐在後山的涼亭上。他沒有參加晚課。前面的大殿上梵唄之聲隱約可聞，我對師父有說不出的難過，他一言不發。下絃月掛在天邊。師父的面容今天似乎頓然蒼老了許多。

半晌，他突然向山下大聲叫喚小和尚：「芽兒，把我的琴拿來，櫃子上面的茶葉筒——有龍井，泡一壺來！」

他將七絃琴橫置在石桌上，撫弄了幾聲。

「善性！」這好像是他第一次叫我的「法名」，「我爲你奏一曲。」

琤琤的琴聲，像行雲，像流水。倒沒有低沉憂鬱的調子。伴着茶香，使我精神振奮了不少。

他說：「師父彈琴給你聽，你明天回家替我寫首詩來，就寫這個境界。」在說話的聲音中，我熟悉他那絲寂寞的笑容。

「只是怕寫不好，」我想到我應該說的話了，「師父！您放心，我會時常來看你的。」

「那就好，芽兒！」

他接着和我談了許多話。

「我前幾天就說過，擔心這個世界會糟場了你這塊材料，你父親是做官的，你將來也應該有你的事業，師父怕是看不到的，」我發覺他的聲音中有眼淚，「不過，你家有三兄弟，你大哥早已成家，依我的看法，每個人有每個人的造化，你的成就，實在不應該像普通人一樣，你的體子不好，我希望你福慧雙全，如果能在廟裏一面上學，一面養身體，固然很好；——我有一句話，你的父母必然不能同意，就是你也未必了解，我的意思，像你這樣的具有夙慧，最好是出家，不但爲了眞正的讀書，也更可以修行成佛，普度衆生。」

我聽了他的話一怔，但是馬上想到他平日對我的情誼，不由得不去否定一些屬於壞意的揣測，我想，他至少是誠心誠意疼愛我的。

接着，我又本能地覺得這不是我服從師父的時候，我甚至覺得應該採取自衞的手段，於是推說父親和母親一定不會考慮到這一個善意的建議。他說：

「出家還是可以奉養父母，我們佛家並不是無父無母的。」

我沒有做聲，用沉默來打發這難堪的時刻。當我幻想自己現在已經是個小和尚，和家庭以及這個世界都隔得這麼遠，我幾乎想哭。只有想到家庭，我才意識到自己不過是一個小孩子。

眼前就是我和師父二人，除了我自己以外，現在沒有第二個人可以幫助我的了。於是鼓足勇氣，就像對付一個來襲的敵人一樣，我向他說：「我今天晚上回家去睡。」

無論如何，我得馬上離開這裏。自己這樣決定了，倒也心安理得。師父却沒有看透我的心思，他說：「明天回去說也不遲。」我知道他誤會了我的用意，大概在月色朦朧中看不到我的臉色。

我站起身來，他慌忙叫小和尚打燈籠送我。

師父一直親送我走出寺門，三個人的影子在燈籠的光團裏一前一後的幌着。

他的語調既興奮而又嚴肅：「這是世界的末日，我不曉得你父母、你自己有不有我所說的緣分？不過，我覺得，你是該有這個緣分的。」

回到家裏，就像回到另外一個天地，母親很奇怪我的突然歸來，並且看出我懊喪的神氣。我負屈似的將如相和尚的話簡單地說一遍。父親在旁邊幾乎是暴跳起來：

「豈有此理，他要徒弟，我更要我的兒子哩！」他用難看的臉色敎訓母親，「我老早叫你不要讓這孩子去和那個神經病的和尚接近！」

照父親的看法，如相和尚要我出家的用意，無非是想收一位體面的徒弟，不過是庸俗的自私而已。我想，父親的看法恐怕是對的，我幾乎爲師父難過。

不要說我第二天沒有去交詩，看樣子，恐怕一輩子，要躲開如相和尚。起初，我覺得這倒又是一個新奇的體驗。

當我回到家裏來住的第三天，師父曾打發小和尚來問我是不是生病，恰巧母親不在樓下，沒人理會他。此後一直好幾個月，他不會再來問過。母親也說，老和尚懂得了這是怎樣一回事。

我重新跳跳蹦蹦起來，並且發誓少做勞什子的詩。我覺得應當面對生活，不應該再是一個憂鬱的孩子。只是在父親面前，不得不裝得正經一些。

漸漸地，我將廟裏的事淡忘了。

寒假的時候，如相和尚驀地來到我家，我一時傴促得厲害，不曉得還要不要向他合掌表示禮貌，但我終於合了掌。他問我最近身體怎樣，撫摩着我的頭。

他對母親說，這幾個月，雲遊了外省的一座名山。所以我沒有到廟裏去，他也沒有來。我察看他和幾個以前沒有什麼不同的地方，只是臉刮得乾淨些，兩撇鬍子的地位更顯著了許多，這也許是下山不久才剃頭的緣故。

他要求母親把父親請到客廳裏。寒暄了一番。他勸父親要多注意我的身體，少讓我「鑽書」，根據他自己的經驗，一個人眞正的了悟，是要從三十以後開始的。

父親也很懂得他的好意，似乎忘記了以前他勸我出家的事。忙吩咐母親辦素菜，留師父吃飯，師父堅執不肯，他說，出家的人，不願無故打擾人家。

他走的時候，請父親讓我常到廟裏去玩。

六

直到陰曆過年，母親才為我預備了禮物，讓我去看師父。穿過熟悉的廟廊，心中杌隉不定，不曉得他要我交那首詩不？側殿前簷掛着木製的飛龍——用以插香——還是在那裏蜿蜒着，對我張着嘴，這個熟悉的印象，幫助了我的勇氣。

走到禪房門口，師父正在入定，他好似已經聽到腳步聲，知道是我，緩緩的將眼睛睜開來，

「芽兒，你來了，我曉得你會來的。」

我有說不出的難過和躊躇。師父叫我坐，才好意思坐下來。

這一天，師父和我說了不少的話，態度都異常莊重。

「芽兒，你想錯了，師父不會怪你的。談到出家的事，你的家庭當然認為是個天大的笑話，不過，師父看你並沒有看錯，你的父親看你也沒有看錯，問題是在怎樣的看法。

「你得知道，世間一切的貪、嗔、癡，在佛的眼光中，無非愚妄，在佛經裏面叫做「無明障」。你多情，你太伶俐，所以我怕這個世界和你自己會糟塌了這塊材料，就是說，你將要去追求那些無用的東西，沒有眞價的東西，就像我也想學做詩的情形一樣。況且，你將來還要為生活奔忙，永遠脫不了世情的枷鎖，不能遠離顛倒夢想。芽兒，這是很可哀的。我給你的歸依帖子上面寫的福慧雙修四個字，其實在世間是沒有那回事的。除非你能超脫。

「好，我現在不再和你談這些了，你應當好好地聽父母的話，注意身體，努力學問，將來繼承父親的志業，做一番事。並且，你自己還要生男育女，了卻夫妻的孽緣和兒女的債，儘可能去安排理想的生活，盡你做人的責任。不要像我這樣對不起家庭。然後，你如果不沉迷於名利，不為俗情牽掛，那麼，苦海無邊，回頭是岸。到那時，如果我還活着，可以和你仔細談談。

「芽兒，你得要記住師父的話。並要懂得我的心，我並不怪你。學佛的人從來不肯對一樁事有所執着。你要曉得，道理本來是很難說的，世間的是是非非，多半沒有摸到半點兒邊，說眞話，人們卻不懂，這就是我佛如來為什麼不多講而只是拈花微笑的理由了！」

七

此後，我也偶然到師父的廟裏走走，他照樣的給我心愛的菓點吃，我們之間，好像是「忘年交」，一切都還自然恬適。

抗戰的洪流把我沖到西南各省。父親的去世使我輟學就業。十幾年沒有如相和尚的訊息，不知道他雲遊何處。

抗戰勝利的第二年，我遠赴東北，有一天，接到由家鄉輾轉寄來的一封信，字跡很陌生，想不到卻是如相和尚的手筆。他的文字，顯然比以前進步了許多，但，我想這在他是不重要的。

他在九華山的一個寺廟當主持，來信說：「寺宇荒寒，亟須修葺」，希望我儘可能替他捐募一筆欵子。並說：「何日禪房抵足，共話前塵，但所願也。……如吾弟已婚育，挈妻兒同來，亦可安頓。」

對着他的信，我熱淚盈眶，這份感情，是他以前所說的「癡妄」麼？就是他自己，修行了多年，也還不能做到「太上忘情」的。他現在的廟宇荒寒，就不能在心靈上建築一座巍峩的廟宇麼？。

我確已婚育，符合了他希望於我的「盡責做人」，然而，我並沒有事業，也沒有做官，日常的生活，且弄得困窘不堪，世俗的煩惱纏着我，有時難以「遠離顛倒夢想」。我的地位，我的處境，都無法為他捐欵修廟，於是只好簡單地寫封回信，約略說了我的近況，並說「稍緩當自籌一筆，隨緣而已。」

他很快的來了一封信：「……弟似處困境，然則募欵之擧，可卽作罷，更不必自籌……衆生同苦，皆可憫念。佳兒諒似父，幸善教之。萬里關河，書不盡意。卽問近佳。如相合十。」

八

一個人，卽使賦有憂鬱的性格，或者說是有些「悲天憫人」的氣質，也不見得就可幫助他建立宗教的信仰。我的去住，究將如何，連自己也不曉得，生命的浪費（或者說是「盡責」），衣食的追逐：：使我不再希求甚麼。我欠下如相和尚的債已經太多，無法償還，以至於永遠……

現在，我忽然想起了那位江湖術士的話。他說我前生極獲一位老和尚的喜愛，後來我死去了，老和尚打了一把金鎖陪葬，到今生，他卻要追回這把金鎖。這眞是一篇美麗的寓言。如相和尚不正是那位老和尚的化身？我在他希望中死去了一次，他的希望寂滅了，纔送給我一把金鎖，這「金鎖」，便是一把「名利之鎖」，用以埋葬生活的；如果說得廣泛些，也當是如相和尚所說的「生活和世情的枷鎖」。可是，他是希望收回這把金鎖的，叫我要尋得「安身立命」的地方。

如相和尚倘還健在，應該是七十左右的人了。近幾年來，我不止夢見他一次。每次他都靜默無言；只有一次，他撫摩着我的頭，微笑着說：「芽兒，我並不怪你！」

夢境無憑。我和他之間，還能有通靈之處麼？

釣勝於魚

旅美小簡之十四

陳之藩

每天早晨我在湖邊整頓小艇，有個銀髮的老教授蹣跚的走來。

「早安」，他老遠的打招呼。

「今天還出去划船嗎？」我問。

「當然，天氣眞好啊，我太喜歡釣魚，可惜這湖中的魚不大。」

「反正你是爲釣，並非爲魚。」

「對極了，對極了。我是爲釣，不是爲魚」他一邊說着，一邊登上小船，帶着他的釣具與幾本書，馬達照例不開，雙槳輕輕划破水面，悠然遠去。

我抬頭目送他的遠行，眼前的景色，令人欲醉。好像只有華茲華斯的歌聲足以形容：

——這一幅風光，如夢
山這樣清秀
水這樣清澄
水與水之間相接了
這山啊
有多高聳入雲端
就有多深映入水中——

日光直射的水面，是一條銀河，其餘的湖面是一片澄碧。小舟的影子越來越遠，槳聲的起落越來越輕，這一葉扁舟終於消失在一片黎明的眩光中，我的思潮好像也冲入一靜謐的山谷裏——。

這個老授教，在哥倫比亞教書，他是賓西法尼亞大學畢業的，因爲我也在賓大上學，所以他每天總好奇的與我談幾句，好像在與我談話中，還可以尋覓到他的青春。他在哥大已教書三十年了，這幾年的暑假常到這湖邊來。每天扁舟垂釣，竟日方歸，最多能釣上一二個二三吋長的小魚，，而他的享受却是在釣。

能夠欣賞釣，而不計較魚，是會使一個人快樂，使一個團體健康，使一個社會成功的。美國有許多學者，在一個學校工作，一工作就是一生，眞是數十年如一日，以賓大而論，今年就要養着一百零八個退休的老教授，這些教授，服務於賓大，最少的已有四分之一世紀，長些的，有服務四十年的了。並不是美國人的耐性特別長，實是他們在工作本身發現出無限的趣味，感覺自己沉醉於鳥語花香，和山清水媚，至於魚竿之下是否有魚。他們反而忘了。

普渡大學校長郝德說，「科學的無限疆界，展開在人類面前，」每個知識的先驅者，所面對的，由外人看來，好像是山窮水盡的泥穴，其實，在他自己看來，却是花繁葉滿的桃源，因而流連忘返，因而樂此不疲，都是理有固然的。

因爲工作本身的興趣，有時使一個人至於瘋狂。賓大有個教授魏剛是自動機械專家，因已讀書入了迷，工作時間的拼命努力自不待言，即是吃飯睡覺也常常失去正軌，腦筋依然在想，不得休息。最後他實在太疲倦，想出一個特別的辦法，以休養腦筋，即鋸木頭，他家裏堆一大堆木材，每天他要把大塊鋸成小塊，把小塊鋸成更小，以資休息，這偶然看來，很像瘋人院撕紙的瘋子，知識的追求的本身，竟有如是魔力。

當然在這種境界中的人，是無法再生名利觀念的，愛因斯坦甫到普林斯敦時，主事人問他一年要多少薪俸，他說五千差不多了。一年五千元是物理系剛畢業的學生的水準，主事人說：「給你年俸五千，給別人就不好給了，請爲我們着想一下，還是勉强訂年俸一萬五千元吧。」

其實，愛因斯坦常忘了兌取支票，正如釣魚者釣上魚來，又拋入水中一樣。他們從來就未考慮到這些瑣事。

科學家不僅忘了薪俸的多寡，有時即使厚祿巨利的機會到來，在他們眼中，也淡如雲煙。發明那個原子衝擊器的勞倫斯，剛一發明時，有人說，他要請求專利，要比瓦特發的財大，但他只是笑了笑，好像是在說有那個申請專利的工夫，還多衝擊幾種原子呢。

正因爲有釣勝於魚的觀念作基礎，所以不會產生向上爬的習慣，也不會產生學而優則仕的風氣，每一個學者一旦發現了自己的興趣所在，一直將此興趣帶到墳墓裏。最近發明痲痺症預防針的司路克，對人說：「我一定知道的是：科學家不是政治家。」「我不是明星，讓我回到實驗室去。」

然而，不是爲魚的釣者，却常常釣上大的魚來，因爲他終年在水濱，總有機遇到來，非如緣木而求魚的智者，徒勞心力而已。

日已正午，老者扁舟又悠悠划回來了，照例的提着他的兩條小魚，登上岸來向我笑了笑，並且說：「我是爲釣，不是爲魚。」

老者的背影消失在山坡的綠叢裏，惟日光照去，他的髮色與魚的鱗色偶閃銀光。

我在想：「其實人生不過是在並不幽靜的水邊空釣一場的玩笑，又那裏來的魚?!」

——四四年八月廿二日於平湖

書刊評介

評「水東流」

南宮搏著　香港霓虹版

杜詩

當隔鄰的收音機中報告：「剛才鐘響，廿一點正。」我才開始閱讀南宮搏先生的「水東流」，先是坐在桌前看，繼則趟在床上看，幾番噙着眼淚，一口氣看到差不多深夜二時，看完之後，我下意識地緊緊摟住睡在身旁的三歲的文兒，深慶自己海外飄零倖能一家團聚！這是我的直覺，這也是「水東流」的最大成功之處。

「水東流」是個六萬多字的中篇，它敍述去年的大陸水災，共匪曾怎樣「領導人民」與洪水作愚蠢而徒勞的鬬爭。實際上，人民在洪水與共匪的兩面夾攻之下，成千成萬地無聲無臭地死去了。「水東流」給人的印象，一言以蔽之：「鐵幕之中，人命草芥！」

孩子們死於感冒，死於腹瀉，死於極平常的疾病，因爲沒有醫藥；老年人死於飢餓，死於苦役，實際都是死於貧困，死於無人過問。缺乏經驗的人，一失足，被洪水捲去了；生龍活虎的壯漢一去不復返；稍存反抗念頭的人，死於刀尖和槍彈之下。十四歲女孩被强姦，無處申訴，隱忍地死去了。妹妹犧牲色相和肉體，保全不了哥哥的生命；母親淪爲娼妓，但求養活一顆復仇的種子而不可得。兒子回來不見了媽媽，垂危的媽媽看不見自己的兒子。疾病不能相扶持，痛苦不能相安慰，「誰都無法分出一些幸福給旁人，誰都無法施捨一些同情，因爲每一個人都是被迫害，被侮辱，被蔑視者……」

人們被鞭策，被折磨，被不當人看待；被迫沒有任何設備，潛水去塡塞堤上的漏洞；被迫手拉着手，臂挽着臂，組成「人的堤壩」……「人的身體擋住洪水，人和砂石平等了，擔當了同一任務！」……「一隻手的老李推麻包下去，連人也墜下缺口，第二隻麻包立刻壓在老李的身上……」

「……我親眼看見的，有兩個跌了下去，連打撈都不，看着她們隨水飄去……」

「……微小的一次缺漏，在張公堤上是平常的，死幾個人，自然也平常得很……」

在鐵幕裏，隨地都有死的可能，誰都不能預知何時何地將結束自己的生命；這裏有各式各樣的死法，誰都不能預知自己將會怎樣地死去。今日見了，再走時，就不知是生離還是死別。「……她想到擁抱一次是珍貴的，可能這一次之後就永無機會……」這是誰人筆下的悲慘世界！

在人物方面，「水東流」是以難民營和堤工爲背景，所以包羅了各式各種的平凡的小人物。這裏有狂妄無知而操生殺予奪大權的統治階級，有曾受高等教育的被奴役者，有良心未泯的盲從份子，有兩面敷衍但求保身的聰明的可憐蟲，有壯志未酬身先死的爽朗的漢子，有死了親人而不哭泣的堅强的女性……但大多數還是以怠工作消極抵抗的人民，寧願「堤坍了，與共產黨同歸於盡！」

主角王敬之是代表光明面的人物，一開始，他曾積極地擔負護堤的工作。他看到洪水的凶險和民工的鬆散，覺得十分詫異，他因爲過於熱心，還招來同伴的妒恨，後來他雖學會了適應環境的方法，但逐漸更認清了共匪的眞面目，但他認爲憎恨共產黨是一回事，搶救堤防又是一回事；如果因怠工而使堤坍了，大家都沒有好處。甚至在他被繩子吊到激流中去堵塞漏洞的時候，就在這生死邊緣的緊要關頭，他還不曾聽從蘇更生的話，把麻袋胡亂地扔掉以保全自己的生命，「這是良心，這是工作道德！」十足是讀書人迂腐的氣質，但他却是中國人民善良與正直的典型！中華民族歷經浩刼之所以能屹立不搖迄於今日，實由於「王敬之型」的人物組成的眞正的社會中堅。自始至終，王敬之象徵着中華民族的精神，維繫着中華民族的希望。作者的刻劃是成功的，作者的寫意和用心也是值得推崇的！

施秀敏是個小城市的小市民階級的知識女性，這可以由她的羞澀、她的禮教觀念、她的不够堅强上看得出來，作者對於這個小人物似乎有着偏愛，因此對於她的心理刻劃也費了不少的工夫，可是我覺得，在秀敏從堤上險遭侮辱回來，向她的未婚夫王敬之訴說經過時，作者似乎作了一段不太適合的描寫：

「……秀敏恨恨地說：『我下來的時候，剛下得堤，在裝麻袋場的外面，有一個男人用脚來絆我。我跌在另外一個男人身上，他們是串通好了的，那男人接到我，伸手亂摸——』

『秀敏，那怎樣？』他（指王敬之）着急地問。

她挨在他身上，羞忿地接下去說：『那眞不是人，一個摸我的胸口，大約是絆我那一個，伸手拉我的，……我大叫起來，那抱住我的人一鬆手，我拚命逃了出來！』

『沒什麼？』

『沒事，我跑到這刻還慌哩！』……」

這對秀敏處女的羞澀的個性說，是不太統一的。全篇中，這對未婚夫妻也曾有幾次單獨相對的場面，但秀敏從來沒有這樣坦率地近乎赤裸地說話過。而且，描寫禮教觀念很深的小兒女脈脈含情的會晤，也嫌不够涵蓄，不够眞實。假使容我作如下的修改，不知是否較爲合式一點？

「……她倒在敬之的懷裏，就嗚咽地哭了起來。

『怎麽啦？秀敏！』他輕輕地理着她的秀髮。

『那些……眞不是人！』秀敏哽咽地說。

『嘎——你被人欺侮了？你快說呀！』敬之氣急敗壞地問。

『我剛下堤，在裝麻袋場的外面，有一個男人用脚來絆我，我跌在另外一個男人身上，他們是串通好了的——』

敬之一把抓住她的肩膀，死緊地，『那麽，你——』

『沒有！……相信我！』秀敏急忙地打斷他，看着他的眼睛，『我大叫起來，那人一鬆手，我沒命地逃出來。』

敬之這才鬆了一口氣，然後慢慢地擁吻着她……」

如果這樣改一下，也許更能傳神一點；對於原來的情節，也沒有損害或割裂之處。我覺得「相信我」一句話很要緊，因為照秀敏的個性，對於貞操觀念必然非常重視，她知道她的未婚夫也非常重視它。只此三字，當可道出小兒女的無限情意。

全書最堅強最有作為的人物是文鳳仙。這位傳奇式的女性曾因與匪幹私通而遭人唾棄。其實，這種亂世男女的悲劇本極平常，使人不疑有他。可是，在她哥哥文阿四被迫下水塡漏被溺斃之後，作者才使鳳仙的個性明顯的凸出來：

「一個女人，細碎地去到一個男屍前面，跪下去——

她似乎沒有哭泣。

『這娼婦！』老張幾乎是大聲罵出來：『看到哥哥死了，連眼淚都沒有！』

文鳳仙兩隻手掀在浸得胖胖底哥哥的腿上，她沒有哭，但是，她的身體在可怕地抖動，她手指的震顫使得死者浮脹的肌膚也動了。

蘇更生站在她身邊，但一言不發。

『哥——』她終於叫了一聲。

死者不會有反應的，生者，在一聲慘淡的叫喚之後，也就緘默下來。

長久，長久，她站了起來，她的悲哀是潛藏着的，她娟秀的臉上麻木凝重，沒有絲毫表情。

『鳳仙，阿四的屍體，怎樣……』蘇更生期期地問。

她看了他一眼，似乎以巨大的力量來忍抑悲哀或者忿怒，她頓了一頓，然後沉重地回答：

『拋到江裏好啦！讓人知道他死在水裏的！』她說完，有一絲陰森的笑在面頰上掠過。

蘇更生的背脊上覺着一陣寒冷，這一絲笑，如貓頭鷹面上的表情呀！他懼慄，一個在悲哀中並不哭泣的女人，居然還有這樣地一些些笑意。……」

多堅強的女人！女人能有這麽堅強，實不多見；但作者寫來入情入理，使人相信這樣堅強的女人的確存在！所以，很自然地使故事發展下去：文鳳仙以她的狐媚手腕，灌醉了匪幹瞿伯洪，並且聽任瞿伯洪在自己身上獲得了性的滿足，「發出充滿酒氣的鼾聲」。然後她以哥哥的小刀殺死這萬惡的匪幹。她本想就此自殺，最後她覺得應該讓人「看到自己那柄刀上的血」，她終於走到堤上，找到一個不認識的但她知道是「同命的人」，說出了自己的名字和際遇，於是，「她帶了她的刀，狂笑着跳入大江之中。」

堅強的鳳仙是死了，但她做了許多男人都未曾做到的事。她的委屈求全以身事匪，原是為了想使哥哥脫離死亡。她的這個目的雖然未能達到，但她「替哥哥的一條命找到了抵償」！這啓示了我們一條復仇之路：血債必須拿血來償還！只是作者對於此一事件的反響的描寫，似覺過於簡單。在情理上，一個匪幹被人謀殺，共匪必然會乘機大肆搜捕「國特」，株連無辜，以鎭壓類似的反抗行動，並掩飾他「領導」的失敗。但作者只在共匪一次檢討會上提到一下：「……瞿伯洪同志的遇難證明了奸細的滲入活動……我們今後每一分鐘都不能鬆懈，防範洪水和防範敵人造謠破壞是一樣重要的……」（匪防洪四分部「指揮員」語）後來也就沒有了下文。另一方面，鳳仙既然將一切經過告訴了一個堤工，這秘密是共匪瞞不了的，那麽，在堤工和難民營中，自然會激起不少同情、敬佩和慨嘆，可惜作者也沒有描寫。揣測作者的用心，可能是節省筆墨，使人體會到今日鐵幕之中，這樣的大事也都是這樣莫不關心地被忽視過去。既然每天都有人無聲的死去，死了一個匪幹又算得什麽呢？其實，一個匪幹的被謀殺，無論在共匪方面，或難民堤工方面都是一件轟動的新聞，轟動的事件，決不會像千百個民工死去那樣的沒有反響。

南宮搏先生的辭藻是美麗的，洗鍊的，能美麗而兼洗鍊確非易事！他完全以散文的筆調，敍說着這個故事，這其間雖滲雜着許多寫景和抒情的文字，但讀來清新雋永，一點不覺累贅。而且，全篇到處是人性的發掘，有至理，有至情。例如，在秀敏節省下一個「如小孩拳頭那樣大小」的飯團，帶到堤上一定要讓敬之吃下的時候，作者這樣寫着：「：他們兩個人在一個月來都不曾眞正吃飽過，難民營和堤上是一樣的。在艱困中，相愛的人但願對方能吃飽一次。這是愛，這是情，在中國大陸上，一個新的制度曾經努力消滅傳統底相互間底愛與情，然而，在最苦困的時間，偉大的情支持着人們：」又如：秀敏談到如果敬之萬一不幸死去，他們的整個家庭就完了，「他忽然毛髮悚然——他的家，母親、妹妹、秀敏與自己，是相依為命的，如果缺了一角，那會是整個的毀滅……」「他長嘆——這都是我的包袱，在新的道德觀念中，這都應該捨棄的！然而，他不能！人的生命如一株樹，每一棵樹都有根，他不能拋離樹根……」

這觀念，在今日大陸上都是被視為犯罪的；但人畢竟是人，獸性雖可以被鼓舞：人性終不能全部滅絕，「水東流」如果能教大陸同胞看到，對於共匪的反人性宣傳該是如何一個有力的反擊！

作者用老張老李對於過於熱心的王敬之的妒恨，烘托出民工普遍地憎恨共匪，手法高明而且自然。例如老張挖苦王敬之：「累？搶救英雄還怕累？」「他會成勞模，成英雄哩……今天他多麽起勁……」「自然是他們要你這樣，你還輪不到出主意哩……到你能出主意的時候，漢口一定已沒掉了！」這些話語，蘊涵着多少憤懣和怨懟，雖在恐怖高壓之下，也禁不住要找個地方發洩一下的。

這裏也有柔情蜜意的場面，但在痛苦的陰影下，纏綿悱惻，益覺凄涼，例如：敬之從堤上偷回難民營，擠在家人的身邊睡下。「秀敏和他還不曾結婚，當着母妹，她總是稍為避開一些。但是，睡下之後的王敬之却悄悄地捏住了她的脚。她不敢動，心頭跳躍着……」

又如：魯海平長久地凝視着熟睡的孩子，「『海平，你也看看我呀！』他的妻子陸幼珠扳過他的臉。

『我看你已經幾年，看他，還不到兩個月！幼珠，你老實說，他究竟有幾分像我？』魯海平指着那張緊閉的小嘴：『這一張嘴，我說是像你的！』

陸幼珠也潛心看這個初生的嬰孩了。

長久，長久，他終於把妻子抱住了。

『不要這樣，給走過的人看到了，怪難為情——』

陸幼珠輕輕地說。

『怕什麽？我們是夫妻呀！』

『不要，你睡睡吧——養好精神，上堤去要做工夫——』

『女人總是這一套！』他吻她。

患難中的夫婦在熟睡的嬰兒身邊忘掉辛苦……」

又如：敬之與秀敏途中相值，想到將來的渺茫，「如果現在挨不過去，還能有將來嗎？」於是，她伏在他身上，哭了。

「她的胸部在翕動，他的腿接觸到她胸前豐盛的地方，忽然而來的一種震動，形同感電，他於悲愴中萌生了綺念遐想！也許生命祇有今天了，也許明天就坍了堤，也許這一次會面就是最後——

他猛然把她抱起來——

燃熾的虛浮的慾念使他全身抖顫。

『敬之，你怎麼……』她感到駭異。

他的慾焰騰起，他的嘴唇顫動着，然而說不出話來。

『敬之！』她凝淚的雙眼直視着他。

她的目光是聖潔的，無邪的，永久地信任的：……

他這一座人體火山的溶岩，剛剛衝突出來，但與這一對貞潔底眼睛相對之時，溶岩立刻冷却了：……。」

像這樣簡短的幾行描寫，繪聲繪色，但給人的感覺全然不是色情的愉悅，而是無限的悲愴，這那裏是人間！這是地獄！

在短短五小時就可以看完的一篇小說中，作者能將漢口這次「防洪鬪爭」裏的所有事實上曾經發生過的，或可能發生過的許多悲慘的事件，絲毫不着痕跡地連綴成一個完整的單線發展的故事：這裏有顢頇、狂妄、無恥和隱忍、壯烈的對照，這裏也有善良與罪惡、光明與黑暗的對比。這裏有這麼多偉大的，細膩的節場描寫，這裏還有這麼多不同類型的活神活現的人物刻劃，眞可說應有盡有，蔚爲大觀！這不能不佩服作者組織上的技巧。驅迫異己和無辜同時走向死亡，原是共匪鞏固其統治權力的策略之一；對於進行某項鬪爭而犧牲的同胞，自然更無同情之可言。何況還有一個正大光明的「與洪水鬪爭」的藉口呢？這就是共匪之所以爲共匪！但是，我個人還有一個看法：惟其包羅得太多，太完全，使「水東流」的故事多少帶了些傳奇的成份，可能會削弱了全篇感人的效果的。

誠如作者所云：這是發生在我們自己國家內的，無數不幸的故事中的一個，不由得我們不倍感關切。雖然作者是絕無火氣地，只用和平冲淡的文筆，訴說了事實的眞象；我們却可以看到作者眞情感的流露，我們也可以揣想到作者一定是噙着血淚，噙着悲痛，寫下這篇扣人心弦的故事。就主題言，已充分達到了暴露、揭發和控訴的目的。因此，我覺得本篇的「尾聲」並非是必要的。它只是將埋藏在作者讀者心裏的話，具體地說了出來，或者是重複地說了一遍。設若將「尾聲」一節刪除，使這過飽和的情感的共鳴，長遠地壓抑在心底，也許更具爆炸性，更具力量。不知南宮搏先生與高明的讀者諸君以爲然否？

讀者投書

有感於南韓新反對黨的誕生

陳正文

編輯先生，貴刊第十三卷第七期社論一「南韓新反對黨的誕生」一文，論及南韓能在民主政治之基本原則下，成立强而有力的新反對黨，步入民主政治之階梯，實爲韓國人民慶幸，此亦民主自由國家應有的趨向，並且應該效法的。

我國自民國以來，迄今四十餘年。民初有袁氏稱帝，繼而張勳復辟，及至國父不幸早辭。此段期間，民主政治，雖幾經摧殘，未能實現；而民主自由之法則，已深入民間，各階層機構，亦已稍具民主政治之雛型。然及後三十年，民主政治之推行，仍然是蝸牛慢步，其最大原因，是沒有强而有力的反對黨的組織和活動。因之始有共匪之暴力作亂與今日之撤守臺灣。吾人痛定思痛，當能有鑒及此。

在自由中國，除國民黨外，尚有青年黨與民社黨。說起來也奇怪，政府稱其爲友黨，而該兩黨至今亦未具有反對黨的實際力量，很少執行反對黨應有之措施與應盡之義務。前在國大二次會議時，社會輿論認爲該兩黨可以自行解散，聯合社會人士，從新組織强而有力的反對黨，但至今尚未見實現，且反有局部之黨內糾紛，實在是令人喪氣。中國是亞洲之第一個民主共和國，但今日之政治制度與現代民主政治應有之組織與活動，實相距尚遠。而比之戰後亞洲之新興國家菲律賓、南韓、越南、印尼，與戰敗國家日本之政治組織與活動，反不及他們精彩與有力。

强而有力之反對黨實須及早誕生，執政黨也應給予鼓勵與支持。在我們反共抗俄之大業中，成立反對黨，不但沒有將國家和人民之力量分散，且會促成國內外民主自由人士之團結與和諧，運用政黨政治之基本原則，促進政治經濟外交之進步與合作。凱末爾爲何得世人崇仰，實應借鏡。今日自由中國獨立性格的政治人物與社會賢達知名之士，大不乏人。三年來在貴刊也不時作如此呼喚，但尚未見有具體之組織與行動。故敢請貴刊作更進一步之研究與努力，並來測驗國民之意志。時代的巨輪是要大家來推動的。

再者，最近阿根廷總統裴倫倒臺，是獨裁者之政治收場，在歷史上已不乏前例。新任總統以武力來獲取政權，在我認爲還沒有南韓新反對黨誕生來得有意義，有前途。今日談民主政治的人，大都推崇英美，最主要的原因，乃在執政與反對兩黨，均能遵守民主政治之原則，依人民之意志，用合法的手段獲取政權耳。

自由中國　第十三卷　第八期　內政部雜誌登記證內警臺誌字第三八二號　臺灣省雜誌事業協會會員　一二五六

給讀者的報告

臺灣報界有一十分不好的現象，即各報對於議會(包括立法院與省臨時參議會)的質詢內容，向來較少登載。此一現象反映出朝野人士一種甚不健康的心理。即是一般人不了解議會質詢的重要，甚至是對議會政治根本缺乏信心。因之他們視議會的質詢為無聊的吵鬧，為意志之渙散。這是十分錯誤的心理。在試行民主政治的階段，這種心理的滋蔓，其影響是很惡劣的。所以在本期社論(一)裏，我們要對這種觀念加以澄清。我們一面駁斥那些謬誤的見解，一面就政治教育的觀點，說明報紙有儘量登載議會質詢之必要。民主政治本身就是一種教育。因之，我們不但要督促議會熱烈質詢，更希望報紙熱烈登載。

近半月來法屬北非的獨立運動，如火如荼；同時聯大亦通過將阿爾及尼亞問題列入議程，而法國則於該案通過後，立即宣佈退出聯大。這是當前國際問題之最為人矚目者。站在自由民主的立場，我們絕對反對殖民主義。法國人在這方面到今天仍不能幡然覺悟，他們的作風是「不見棺材不落淚」。北非之有今日的局面，殖民主義者是不能辭其咎的。就人權的觀點而言，我們贊成聯大對阿案討論的決定。我們並且主張這個原則應該進一步運用到一切蘇俄附庸國家問題上。這是和平解決國際糾紛的必須的途徑。至於法國所據以退出聯大的所謂干涉內政的理由，這種法律觀念在今天實已不合時宜。有遠見的世界政治家應能有見及此。這正是我們社論(二)所要呼籲的。

「恢復固有道德的問題」一文可視為陳康教授前在大陸雜誌發表的「中國文化中關於知與行的兩件顯著事實的分析」一文之續篇。本文只假定在提倡固有道德的前提下，應當注意的幾個問題；並不涉及「應否提倡」的根本問題。作者十分客觀的提出固有道德的範圍與概念內容諸問題，並指出發展理性、訓練思考能力之重要。高唱恢復固有道德的先生們不知對這等問題亦會有所考慮否？

李僉先生的大文是答復前此「中國一周」於一篇社論中對李先生在本刊發表的「權威與權威統治」一文所作的「糾正」。李文賜下甚早，終因本刊稿擠，延擱數月，至今才能登出。這是本刊要向作者致歉的。本文旨在進一步闡明「自由與領導」之關係，應能澄清一些人對「權威統治」一文之誤解。

楊志希先生的大文在介紹「美國的社會安全制度」。臺灣近年正在推行「公務員工保險辦法」，美國的經驗當可供吾人之借鑑。

本期通訊三篇，其一詳述「摩洛哥問題」，其二析論「美國與中共的日內瓦會談」，其三介紹「哥倫坡計劃」。均是極有價值的有關時局的報導文字。因為這三篇通訊都有時間性，致不得不將應於本期續載的通訊「從中國大陸歸來」一文延至下期，敬請作者和讀者共諒。

再者，本刊第十一集(即十二卷全卷)合訂本已出版，歡迎讀者惠購。

自由中國 半月刊 第十三卷第八期 總第一四三號

中華民國四十四年十月十六日出版

發行人兼主編：「自由中國」編輯委員會

出版者：自由中國社
社址：臺北市和平東路二段十八巷一號
電話：二八五七〇

航空版
香港：友聯書報發行公司 Union Press Circulation Company, No. 26-A, Des Voeux Rd. C., 1st Fl. Hong Kong

總經銷
臺灣：自由中國社發行部
美國：自由中國日報 Free China Press 719 Sacramento St., San Francisco 8, Calif. U.S.A.

經售者
日本：東京僑豐企業公司
韓國：漢城裕昌德號
馬尼刺：大中華日報社
　新疆書店
印尼：椰嘉達天聲日報
　棉蘭新中華報
越南：西貢中原文化印刷公司
緬甸：仰光振成書報店
印度：加爾各答塔梅學校
澳洲：雪梨瑞田公司
北婆羅洲：西利亞坡青年書店
新加坡：檳榔嶼、吉打邦均有出售

印刷者：精華印書館
廠址：臺北市長沙街二段六〇號
電話：二三四二九

本刊經中華郵政登記認為第一類新聞紙類　臺灣郵政管理局新聞紙類登記執照第五九七號　臺灣郵政劃撥儲金帳戶第八一三九號（每份臺幣四元，美金三角）

自由中國

FREE CHINA

第十三卷 第九期

香港航空版

要目

中華民國四十四年十一月五日出版

社址：臺北市和平東路二段十八巷一號

半月大事記

十月八日（星期六）

美副國務卿胡佛偕國際合作總署長賀利斯特等一行十二人抵臺訪問。

行政院通過任命陳之邁爲駐菲大使。

美副總統尼克森抵丹佛，向艾森豪報告政務。

十月九日（星期日）

法衆院通過傅爾內閣摩洛哥改革方案。

十月十日（星期一）

中樞國慶日紀念大會，並舉行閱兵大典。

杜勒斯演說，聲明美國不準備裁減軍備。

十月十一日（星期二）

立法院決議，請行政院宣佈終止對德戰爭狀態。

美副國務卿胡佛一行離臺飛菲。

北大西洋公約國國防部長在法集會，葛倫瑟將軍呼籲團結空軍，防俄突襲。

伊朗宣佈參加土希聯盟。

法議會開始辯論阿爾及利亞問題。

杜勒斯抵丹佛，與艾森豪會商外交問題。

十月十二日（星期三）

香港自由工人孔松爲護旗而死，港自由工會發表聲明，痛斥共匪罪行。

艾森豪致函布加寧，促蘇俄支持交換軍事藍圖計劃。

十月十三日（星期四）

美英法三國在巴黎會商中東情勢。

十月十四日（星期五）

聯大選舉澳洲、古巴爲安理會理事。

日本左右兩社會黨完成合併，鈴木出任總裁。

合衆社倫敦電，美英將以充分軍援，支持巴格達公約國。

印尼大選，回教黨領先。

十月十五日（星期六）

我空軍在馬祖以北上空，擊落匪米格機一架。

十月十六日（星期日）

伊朗拒絕蘇俄所提對伊朗參加巴格達公約之抗議。

摩洛哥執政會成立，接掌國王職權。

摩洛哥民族主義者對該會不表歡迎。

法駐美大使莫維爾表示，法國將儘速返回聯大。

十月十七日（星期一）

艾森豪已能完全負責政務，與威爾森、雷德福舉行重要國防會議。

摩洛哥攝政會四攝政就職。

可倫坡計劃各國在新加坡舉行會議，澳加等國代表主張繼續實施援助計劃。

法控西屬摩洛哥接濟摩叛軍，西指法會襲擊法據點。

十月十八日（星期二）

蘇俄宣佈準備經援埃及。

十月十九日（星期三）

法議會表決阿爾及利亞問題，傅爾內閣獲信任。

摩洛哥攝政會提名史林曼任總理。

杜勒斯表示，日內瓦美匪會談已涉及第二項議程，謂在大使級會談有獲協議可能前，不考慮與匪舉行高階層會議。

日首相鳩山表示，爲促使保守黨合併，願意辭職。

十月二十日（星期四）

政府發表孫立人案調查報告。總統准予自新，毋庸議處。

杜勒斯與美兩黨國會領袖檢討世界局勢。

聯大選舉經社理事會理事，義、南、加、印尼當選。

十月廿一日（星期五）

埃及與敘利亞締結軍事協定。

我政府正式宣佈，終止對德戰爭狀態，唯在和約簽訂前保留因對德戰爭所生之一切權利與要求。

杜勒斯出席本月廿七日四國外長會議之立場，獲兩黨領袖充分之支持。國務院公佈出席人員名單。

美國務院公佈七月間日內瓦四國首長會議記錄。

可倫坡計劃會議結束，決定延長實施期間至一九六一年。

十月廿二日（星期六）

法總理傅爾草擬計劃，主張在十二月間舉行普選。

杜勒斯啓程赴日內瓦，保證謀求德國統一。

十月廿三日（星期日）

越南投票，吳廷琰當選總統。

薩爾舉行公民投票，決定是否歐洲化。

全國勞工代表集會追悼孔松烈士。

杜勒斯在羅馬與義大利總理會談，保證促使義國入聯合國。

十月廿四日（星期一）

俄船五艘載武器運抵埃及。

薩爾投票結果揭曉，歐洲化計劃被否決，霍夫曼總理辭職。

美國務院宣佈，美承認吳廷琰爲越南新元首。

美英法三外長在巴黎集會，對德問題獲致協議。

西德表示願與法國舉行新談判，商討薩爾未來地位。

十月廿五日（星期二）

臺灣省各界慶祝第十屆光復節，十屆省運會同時揭幕。

日參議員訪問團一行五人抵臺訪問。

美、英、法三外長發表公報，表示對俄立場已獲致協議，並將在日內瓦會議中提出共同方式。

「自由中國」的宗旨

第一、我們要向全國國民宣傳自由與民主的真實價值，並且要督促政府（各級的政府），切實改革政治經濟，努力建立自由民主的社會。

第二、我們要支持並督促政府用種種力量抵抗共產黨鐵幕之下剝奪一切自由的極權政治，不讓他擴張他的勢力範圍。

第三、我們要盡我們的努力，援助淪陷區域的同胞，幫助他們早日恢復自由。

第四、我們的最後目標是要使整個中華民國成為自由的中國。

社論

自清運動要不得！

最近，國民黨內部正在「全面發動、普遍展開」一項全體黨員的「自清運動」。這是自由中國當前的一件大事。無論黨內黨外的人士，對於這個運動的發展，莫不寄予關懷。因之，我們在此要向國民黨當局貢獻對於此一運動的看法與意見。

在討論本題以前，我們要先引錄一段「論語」上的話，作為本文的楔子。

葉公語孔子曰：「吾黨有直躬者，其父攘羊，其子證之。」

孔子曰：「吾黨之直者異於是。父為子隱，子為父隱。直在其中矣。」

孔子之所謂「父為子隱，子為父隱」，與其「親親而仁民，仁民而愛物」之說是一致的。倘使父不私其子、子不私其父，則何以成其為父為子？所以父子相隱乃天理人情之至。故謂「直在其中矣」。孔子的這番話，充分表現出儒家尊重人性的精神。此與現代文明國家的法律，禁止使用強迫的手段迫使犯者為不利於己和其親屬之證言，其義實不謀而合。這種尊人性、重人權的精神，亦正是我們今天所以要反共的原因，與所持以反共的憑藉。我們在兩千年後，與共黨作戰的今天，來重溫這段孔子當年的對話，不僅覺其義之常新，且更有一番痛切之感。試觀今日大陸上共黨之所為，所謂坦白、批評、清算、鬪爭等等鬼技，不正是「其父攘羊，其子證之」的極致嗎？所不同者，今日大陸上子證其父、妻證其夫、弟證其兄的事實，固不必其有「攘羊」之罪，只須輕輕套上一頂所謂「反革命」的帽子，而其子、其妻、其弟之證之者則被加以「英雄」的「榮銜」。因此共黨的統治乃是泯滅人性的統治。在共黨的統治之下，人性不復有其尊嚴，每個人不過是所謂黨與主義的芻狗而已。我們今天之所以反共，主要的即是要反對它的這種反人性的行徑，而反共的方法自不待言的，也應該置於尊人性的基礎之上。

從這個觀點出發，我們來看國民黨的自清運動。

自清運動乃是要求每個黨員將其各種直接間接的關係，不論其親疏近遠，一概毫無保留地，坦誠交付與組織。我們固得承認這個運動，與共黨的所謂坦白與自我批評，不可以同日而語。但像這類「將關係交付與組織」的語句之結構與其思想之模式，從根本上便是布爾雪維克型的。其與儒家尊重人性的傳統，顯然極不相容；更與現代民主自由的基本精神相牴觸。人性有其尊嚴，人對自讀自贖的行為，非萬不得已是絕不願為的。這點分際實在太重要了。我們以愛護國家、愛護國民黨的心情，愼思熟慮，對於這項自清運動的推行，期期以為不可。

以下，我們試再進而論之。

據說在這次國民黨自清運動中，每一黨員除須簽具自清公約以外，還得塡寫十五份之多的表格，包括黨員自清表(註一)、對大陸關係清查表(註二)、與檢肅報告表(註三)三種。每種表格都是綱目繁雜，巨細靡遺，令人難於下筆。要每個黨員詳詳細細、忠實地塡寫這些表格，幾乎是不可能的。（為使讀者明瞭這些表格內容繁複的程度，我們特將上述三種表格的科目欄次摘要附註於後。）其次可以預見的是技術上的困難。以臺灣今日國民黨員人數之衆，單就這些表格的清理，便是一項十分艱鉅的工作。假定全體黨員人數為三十萬人（這僅是假想的數字），則每人十五份表格，總數便有四百五十萬份，要將這四百五十萬份內容繁複的表格一一審查清理，又該要多少的人力？否則，若只一塡了之，豈非罔費紙墨？這些都還是比較次要的問題，更堪注意的仍在實效的上利弊得失。我們聽說國民黨當局之所以發動這個運動，其目的不外：㈠澈底肅清匪諜，㈡預作反攻時策反工作的準備，㈢考驗黨員之是否忠貞。然而，事實上可能產生的效果又怎樣呢？我們不妨一一試加分析：

㈠我們以為這種「自清」的方法，很難達到肅清匪諜的目的。因為就常理的了解，眞正的匪諜絕不會在自清運動中自供其關係的。

㈡對大陸關係的清查，其實際的效果亦殊成疑問。蓋自大陸陷匪以來，鐵幕深垂，加以共黨對人民的種種迫害，縱使有親屬在大陸的人，為避免諸多意外之災禍起見，已殊少音問往返。在這種情況之下的大陸關係調查，試問能有多少參考價值？而且我們可以想見，一旦將來反攻，大陸上的人民勢必羣起效命，到那時，人事的變動一定非常之大，絕不是我們現在僅憑黨內的一點資料所能預爲估計和安排的。

㈢至於考驗黨員之是否忠貞，乃是最成問題的一點。如前所述，自譴自贖的舉動是悖乎人性的。因此一般黨員，至少是我們所接觸到的黨員，莫不對自清運動表示反感。這是很自然的，每個黨員在心理上首先感到黨的組織對於他個人已經失去信任。這種不信任的心理，一方面造成黨員的自艾自怨，一方面足以使黨員與黨員間相互猜疑。每個黨員對於那十五份表格，誰都免不了一番猶疑躊躇，塡表非所甘願，然而却又不得不塡，不塡恐有不忠不貞之嫌。於是內心裏就不免產生一種不滿的情緒。任何一個社團，如果有了這種不滿的情緒與不信任的心理，都是值得憂慮的事。何況這次自清運動中還有檢肅報告表格一種，更授宵小者以仇隙構陷的機會，使黨員有自危之感。這樣的結果，不僅對外足以使有意入黨或可能入黨的人，從此視爲畏途，無形中削弱了自己新生的力量；而且對內更足以使已有的黨員彼此離心離德。書經周書有云：「受有臣億萬，惟億萬心；予有臣三千，惟一心。」又云：「雖有周親，不如仁人。」大陸雖大，臺灣雖小，但是我們今日仍有堅決反共的信心。正因爲大陸上億萬人有億萬心，任令共黨怎樣坦白、鬬爭，也不能使人民擁護它。我們今天不患地小，不患人寡，但患人心之不一。故離心離德之事，不僅不應使在黨員之間發生，即使在一般人民之間也是應該絕對避免的。

由此看來，自清運動不僅在原則上有悖於儒家尊重人性的傳統及現代的民主精神，且在實行上亦屬有害而無利。因此，我們願衷心建議國民黨當局，從速停止這項運動。

誠然，共黨是無孔不入的，反共不能疏於防諜。但是反共亦不能够僅僅止於防諜。更重要的，它還是一個政治的、思想的鬬爭，我們要從這些方面，運用最高的智慧，以求反共復國之成功。若是我們反共的觀念僅止於防諜這一層次，則反共的勝利仍是難期的。我們之中有不少人確有一種不甚健康的心理，在這些人的心目之中，所有的國民都可能是匪諜。這無異自已在空氣中播撒敵人的影子，徒長敵人志氣，而亂自己陣營。實是非常不智的。須知反共鬬爭本身就是尊人性與反人性的鬬爭。一個社會的人性之提升，亦即此社會防共與反共力量之增强。「防人爲惡，何如勉人爲善。」我們如其不遺餘力、不計後果的防所有之人爲匪，何如多多闡揚反乎共黨的民主自由之思想，多多激發提升人性的行爲。若不此之圖，徒以墜毁政治的社會的道德之手段，而欲激勵忠貞，則未有不適得其反者。「反虜之道，在事事與虜相反。」以共黨的方法來反共，那是萬萬使不得的。反共的事業是何等艱鉅的事業？我們方當加强民主自由之號召，團結海內外所有反共的人士，努力以赴；何能再自我分化，抵消力量？

也許有人說，自清運動乃國民黨黨內的事，毋庸他人置喙。這一想法是不對的。政治是大衆之事，政黨乃是人民運用政治的工具，政黨的活動不僅關係黨員，且直接影響人民的生活。影響於人民生活的事，人民當然是有權過問的。何況，國民黨是我們的執政黨，其成敗利鈍關係國家的禍福安危。我們國家的民主政治之能否實現，與反共抗俄之能否成功，端有賴於國民黨的領導。因此今天「只有國民黨有前途，我們的國家才有前途。」我們推愛國之忱而愛國民黨，故不忖冒昧以進諍言。願國民黨當局三思之。

註一　黨員自清表包括的表式很多，其欄次與內容如下：

一、本人姓名、年齡、籍貫、宗教信仰、經濟狀況、入黨及辦理歸隊經過、獎懲、專長、志願、語言、考試、銓敍經過、現在職業、平日愛讀及收藏書刊、著作、發明、國事見解等。

二、調查曾經參加之政治或社會團體，其範圍包括黨派、幫會、同學會、同鄉會、學術研究、文化組合、及各種地方自治團體之活動。

三、調查曾否被俘或居留匪區、（包括被俘日期、地點、被俘或居留經過、逃離經過情形、）以及來臺經過、到臺後情形、保證情形等。

四、調查學歷或出身，包括私塾、公私立學校、各種短期訓練班。凡對個人思想信仰與前途事業影響最大之學校師長，均應註明。

五、調查經歷，不以服務公職爲限，凡從事工商或務農或家居均須塡入。

六、親屬關係淸查。包括直、旁、內、外各系親屬，按其親疏近遠順序塡入，其往來最密切者，應予註明。親屬中在學術思想、政治地位、社會潛力、特殊造詣、及對個人影響最大者，均應註明。

七、社會政治關係淸查。包括世交、朋輩、同鄉、師生、同學、同事、鄰里等關係。政治關係分析，如友黨、幫會等應注意其參加經過、現在活動及其主持人姓名、社會潛力，尤重羣衆關係與經濟潛力之分析。

八、動態記錄。自淸後由各級主管黨部據實記錄。

註二　對大陸關係淸查表亦包括親屬關係淸查與社會關係淸查。

（一）親屬關係淸查表之各欄，包括稱謂、姓名、年齡、籍貫、教育程度、略歷、職業、未能來臺原因分析、對政府懷念情形分析、當地有無號召力量、有無擔任匪僞黨政軍等工作及職位、將來運用的估計、現在住址等。

（二）社會關係淸查表之各欄與親屬關係淸查表之欄次同。

註三　黨員自淸檢肅報告表之內容爲案情摘要，檢肅對象之姓名、性別、年齡、籍貫、與檢舉人關係、是否黨員及黨證字號、現在住址、重要學歷經歷、與其親屬及交往人物、涉嫌經過及事實、人證物證或其他可供偵查之關係、以及處理建議等。

論日本的「保守合同」

徐逸樵

一

日本保守政黨中近來有一個引起了內外注目的運動，那就是本文所論的「保守合同」。所謂保守合同，就是保守政黨的大合併。

日本的保守政黨現在只有二個：一個是主政的民主黨，一個是在野的自由黨。所謂保守合同的問題，簡言之，就是民主黨和自由黨的完全合併的問題。

這二黨的合併問題鬧的很久了。遠點說，起源於前年末期。那時所鬧的是改進黨（總裁重光葵），鳩山自由黨，吉田自由黨的合併，借用現自由黨總裁緒方竹虎（那時是吉田自由黨的副總裁）在那時的警句，稱合併是「爛頭之急」。「爛頭」云云，意卽「焦頭爛額」，急如救火之謂。近一點說，發動於今年初春大野伴睦、石井光次郎（自由黨頭號幹部）、三木武吉、岸信介（民主黨頭號幹部）的運動。今年的民主黨就是一年前的改進黨、鳩山自由黨和吉田自由黨中一部分人的合作、擴大和延長，所以今年的合併運動和一年前的當然有密切因緣的。

一年前的歷史不必去談了，卽從今年起，這運動也有半年光景了。今年初春起，一直到特別國會的最高潮（五、六月間），這運動也達到了最高潮；在那時，所謂「合同新黨」者，大有呼之欲出的神氣。可是一近特別國會的尾端（六、七月間），這運動忽然無聲無臭了。可是無聲無臭結局還是暫時的；到了臨時國會將開的現在，這運動又復活起來了；其活躍也初不減於當日的狀態。看情形此後一時期中可能會比當日的更鬧熱些。爲什麼呢？「爛頭之急」更甚了，開會中正是大鬧爛頭戲的機會。

我們要問的是，這一愈來愈爛頭的合併問題是否會成功呢？有人說，時至今日，不合併是不行的，那一定會成功。有人說，合併談何容易囉，成功論者之見只是希望的觀測而已。成功也好，不成功也好，總得有推論的根據。那根據不外是合併的理由是不是實在，和合併的條件是不是成熟。

二

先看合併的理由是不是實在。

保守二黨要合併的理由無非是三個：要衝破對內對外的困難非合併不可；要壓下行將合併成功的社會黨非合併不可；要豫防鳩山體力不測而陷保守陣營於可能的大紊亂非合併不可。

第一理由——要衝破對外的困難非合併不可——是民、自二黨及美國政府和許多國民共同的要求。他們所以要那樣要求，無非認爲照現在那樣瘦弱而又互不相容的二黨的情形，任何其中的一黨主政，必然是百事掣肘，度日如年，無法安定；如果合併了，以數近三百衆院議席的大黨而臨所謂革新黨派，還不是萬事稱心而局面大安嗎？照現在的情形，要修改憲法固然困難，要通過預算或其他法案也困難，要痛快對蘇談判固然困難，要爽直對美要求也困難，要解決賠償問題固然困難，要向東南亞圖發展（美國的資本，日本的工業力，東南亞的市場——日本政府希望中的三位一體的結合）也困難。簡言之，事無巨細都是些困難，那談得到安定呢？這是他們的論據。

理由是堂皇的，可是現實性如何呢？如果持論而少現實性，還不只是空論而已嗎？事實上，那些理由是老早存在的，初不限於眼前的階段。就日本歷史說，二個以上同時存在的保守政黨，在戰前固然沒有斷過，在戰後也沒有斷過，因爛頭之急而搞合併，在戰前不是稀事，在戰後也不是稀事，然而通戰前和戰後，我們從沒有發見過保守政黨大合併。有時縱使有過那樣相似的現象，然而那決不是大合併而是扯拉（扯拉一部分過來）。扯拉以後政局必然反而愈紊亂。原因是，扯拉人者人恒扯拉之，那是歷史上屢見不鮮的事實。當然囉，八十年來日本政黨史中曾經有過一次大合併，那就是近衞文麿和東條英機的偉業。然而那是法西斯的外力的合併，現在的民主黨或自由黨中有人能够那樣做或願意那樣做嗎？

這樣說起來，第一理由是並不實在的，儘管架空地可以成立。

第二理由——要壓下行將合併成功的社會黨非合併不可——也是民、自二黨及美國政府和許多國民共同的要求。這理由的現實性如何呢？大家都知道，左右二社的合併去年以來一直在進展，就目前看，他們的合併近在眼前了。他們一合併，勢力當然會伸展，那是保守政黨的眼中釘。爲得排除那樣的威脅，他們非合併不可，這是持論的根據。可是事實上，左右二社的合併未必就可以作爲民、自二黨合併可能的口實。爲什麼呢？只舉主要的說；第一，左右二社本來是一家，而民、自二黨一向是二戶。左右二社的合併可比別居了而又再合的夫婦；他們在別居的時候都潔身如玉——男不娶，女不嫁，自好以待重圓。而民、自二黨卻如亂婚者所雜居的二個家庭，這二個家庭的家人曾經和他人苟合離者實不知凡幾，他們離合爲家常便飯；第二，左右二社所爭的主要是政策而不是黨魁（鈴木茂三郎和河上丈太郎從不言黨魁而黨魁自有着落），而民、自二黨所爭的主要是黨魁而不是政策。照理說，政策的合作應該難，黨魁的解決應該易（如果配做眞正的現代政黨的話），可是至少就日本目前的保守政黨說，政策的合作大可成功於一朝（如果其他利害關係談好了的話），而黨魁的互讓卻難如登天。這是歷史的事實，至少在現在還是一樣。日本保守政黨的風格既然是這樣，所以他們每於利害迫切之際，只圖扯拉他黨之一部而與偶合爲已足，初無傾心相與的誠意，也無大同結合的氣魄。試問以這樣的性格和作風，那能談得到完全合同以圖壓下行將合併成功的革新勢力呢？事實上，他們認爲要壓下那些勢力只要多個把幫手就是了，「牛刀」的準備在他們認爲毋須的，也是認爲麻煩而費氣力的。

這樣說起來，第二理由也是並不實在的，儘管架空地可以成立。

再看第三理由——預防鳩山體力不測而陷保守陣營於可能的大紊亂非合併不可——這也是許多人的要求。原夫鳩山二度中風以後，左手左脚一直硬化，行動實在可憐之至，這本是吉田在過去不願讓他繼任總裁的唯一的理由（縱使是表面的，一部分的）。鳩山奮不顧身地做了首相兼民主黨黨魁以後，不知怎樣，這理由又被延用到「三月天下」說的根據。延用者這樣說，鳩山的體力是不能久於繁劇的，萬一變起倉卒而不預爲之謀，則體力不支而驟倒下，勢將陷政局於大紊亂云云。所以鳩山一登臺，此說卽不脛而走，弄得鳩山啼笑皆非，而忸怩之情不在話下。此誠緒方重光之所以自慰有據（捨我其誰），而民、自二黨合併必要論之所以又一源出有自也。然而天下誠不乏可怪之事；鳩山不獨在國會繁劇中沒有倒下來，而且在這幾個月中間，經過什麼叫做「低周波脊髓電療法」，硬化了的部分居然靈活起來了。據主治醫生的報告，他的左脚可以擱上右膝了，左手可以伸屈自在了，二脚可以步登階梯了，於是鳩山自信洋洋爲前所未見云云。以鳩山病症如何方諸「一身繫天下之重」，詞固有過甚者，然而鳩山之病症如何旣已成爲日本政局之一大覘標，則茲體力不支之口實旣去，斯讓賢——合併之必要自亦大減，恒理也。

這樣說起來，第三理由也不是實在的，縱使作爲希望是可以成立。

三

三大理由旣然不甚實在，然則合併的條件是否成熟？

所謂條件的成熟，主要的當然是指民、自二黨對於合併的意見是否一致。完全一致是不可能的，也是不必要的，可是要合併實現，總得有大體的一致纔行罷。

就現在的情形看，這二黨對於合併問題的意見大旨是這樣：

A　合同促進派：

甲　民主黨方面

①三木（武吉）岸（信介）系　池田正之輔、中村梅吉、南條德男、福田糾夫等約四十人。

②芦田均系　有田喜一、小島徹三等六、七人。

③石橋湛三系　石田博英士等四、五人。

④中間系　楢橋渡、須磨彌吉郎、辻政信等約三十人。

⑤河野一郎系　安藤覺、山村新治郎等約十人。

⑥閣僚　一萬田尙登、高崎達之助、砂田重政等六、七人。

B　合同反對派：

①三木武夫系　井出一太郎、宇都宮德馬等十餘人。

②北村德太郎系　稻葉修、園田直等約十人。

③舊改進黨中堅系（一日會）　松村謙三、大麻唯男等三十餘人。

④鳩山直系（十八日會）　安藤正純、植原悅二、北聆吉、牧野良三等約三十人。

⑤閣僚及其他　重光葵、太久保留次郎等七八人（松村、大麻也是閣僚，因係舊改進黨巨頭，故歸入該系）。

乙　自由黨方面（不以「促進」「反對」分，理由詳下）

①緒方竹虎系　石井光次郎、戶塚九一郎等十餘人。

②吉田茂系　池田勇人所率者十二、三人，佐藤榮作所率者約十人，吉田直系約十人，共三十餘人。

③大野伴睦系　犬養健、水田三喜男等二十餘人。

④中間系　小澤佐重喜、田子一民等約三十人。

情形大旨如此，需要特別說明的有幾點：

（一）民主黨中的「促進派」也不過搞促進而已，並不是無條件地非實現不可。例如：岸信介所指望的是年內合併，新黨首任總裁鳩山，次任總裁緒方，緒方的繼任要在昭和三十一年（一九五六）度預算成立以後；河野一郎所指望的是來春合併，新黨首任總裁鳩山，次任總裁緒方，緒方的繼任最早須在明秋以後；至於三木武吉，盛傳其有主張緒方任首任總裁之說，此乃可信而不可信，不可信而又可信的。他以鳩山的諸葛自許共許，不可信；他爲鳩山力渡危局以誘敵入鈎，可信。三木多智善計，有老狐之稱，而其忠於鳩山，則有三年來爲鳩山而奮不顧身的歷史可證。試問如此三木武吉者，亦有何理由摒棄鳩山乎？

（二）民主黨中的反對派也只能說愼於合同而已，並非無條件地非反對到底不可。他們所以要愼重，因爲不放心那些搞合同者的動機。他們認爲合同其名而扯奪政權是實，乃搞合同者的鬼胎。他們並不無條件反對那運動，可是他們却堅決主張合同新黨應該無條件地以鳩山爲總裁。所謂無條件，就是不主張提次任總裁是誰的問題。基於這主張，他們一致地這樣決定，如果合同而出於那種不清潔的動機，那末在合同實現之前，就是他們另組第三黨之時。所謂第三黨，就是介於所謂合同新黨和社會黨（左右二派合併的）之間的新黨。

（三）自由黨的情形在過去（三、四月前），只有緒方和大野派熱心於合併運動，吉田派是反對的，可是最近吉田派也默許了，至少在表面上不反對了。這種態度的轉變，對於自由黨本來是可喜的，可是據知其內幕者言，則認爲那是對於緒方的赤色信號。爲什麼呢？據他們說，吉田派已認識到對合同本身無理由可以反對，而對合同成功也無理由可以信憑，因之不如姑讓緒方大野去搞搞；如果失敗了，緒方勢須引咎，那就是吉田系捲土重來的機會。信乎否乎，實大有一提的價值。

（四）民、自二黨之談合併也，對於政策是殊不感興趣的。他們也有一個談政策的委員會，可是合併而無自信，空談有何用處，是委員們的老調。這個委員會老是門雖設而常關的。自由黨的大野伴睦和民主黨的三木武吉說得更妙了。大野說：「二黨的政策只有五十步百步之別，如果眞合併的話，那是二、三個鐘頭可以解決的。」三木說：「有人說，政策不能一致，合併就沒有意義，那眞是不懂政治之妙的外行！如果政策一致了，那不是政局已經安定而不必搞合同了嗎？」一搞合同者的妙論類皆如此，這也可說是日本保守政黨的妙處。

可是民、自二黨眞沒有政策上的參商嗎？是又不然。問題是，他們視爲縱有參商是可以用「黨利」來糊塗解決的。他們目前在政策上的參商之主要者大旨如此：

①對蘇談判　自由黨認爲尙早，民主黨認爲應該積極進行，於是自由黨罵民主黨(特別指鳩山)是「脚踏二隻船」；

②對菲談判　自由黨說，賠償八億美圓太多，如果那樣決定，一定會引起緬甸印尼等的貪慾，民主黨(鳩山爲主)說，那個數目並不多，東南亞市場的發展太重要了，於是自由黨大不滿意於鳩山，對菲賠償無法作最後決定；

③內政問題　自由黨主張發行產業公債，民主黨認爲應該愼重；自由黨認爲米的統制(配給)可以撤除了，民主黨認爲時間尙早。

這些說來太多了，可是不能不說至少在主張上是有參商囉。

以上只是派別和主張不同的大概，也够證實合併條件太不成熟了。避開二黨不感興趣的政策或主張而不談，縱使只談人事的複雜也够證實合併條件太不成熟了。又何況還有那個最大的黨魁問題呢？

四

談到新黨(?)的黨魁問題，那眞是合併所以一進一退的最大的甚至唯一的問題。

所謂黨魁問題，不必說，就是所謂新黨的總裁應該是鳩山或緒方的問題，或者可以說，對於鳩山和緒方應該怎樣安排的問題。

就常理說，如果對於合併而眞認爲有必要和誠意的話，只要鳩山無意於禮讓而有戀棧的可能，那末新黨總裁之必然爲鳩山，那是無話可說的（假定所謂新黨有實現可能的話）。爲什麼呢？第一，民主黨大，自由黨小，「以大事小」，於古王道之世或有之，然不能期於今之世也；第二，民主黨雖複雜，然而並沒有複雜到非迫鳩山而迎緒方爲首的程度；第三，鳩山身體更好了，人氣也並沒有衰退。這一些都是無意禮讓而大可戀棧的明證。然而自由黨之熱心於合併者竟明知而强爲之，吾人不明日本政治之神奧，誠不知果何故而必須如此也。

然而他們必須那樣做，而且似乎有自信地那樣做，當然有他們圖窮的匕首在的。那匕首是什麼呢？就是在行將到來的困難的臨時國會中不和民主黨合作，以此迫民主黨就範。

這匕首誠然是可怕的，然而這匕首還是不很鋒利的。如果鳩山被迫到無可退避的地步，也拿出一把對抗的匕首——解散國會而重選，自由黨該怎麼對付呢？

客觀地說一句：如果解散國會而重選，自由黨一定減一些，更縮成小黨，社會黨一定增一些，更長成大黨，民主黨呢？縱使不能大增，可是決不會比現在少，那是可以斷言的（如果增，必然來自自由黨的票）。這些情形連自由黨中人也會知道的，那末得失究屬於誰呢？得失既然很顯然，那末自由黨的匕首究竟會迫人到怎樣程度呢？

五

稿子寫到這時候，正是民、自二黨在日比谷公會堂大開所謂二黨「合同演說會」的時候。這演說會是幾個目前熱心於合併者預先約好的，其意在於向老百姓誇示二黨合併的必成。在會上，鳩山、緒方、岸信介、三木武吉、大野伴睦、石井光次郎……民、自二黨的要人們都到了。會場充滿了中年以上的聽衆，顯然都是保守政黨的擁護者。

在許多人的熱辯中，緒方和鳩山熱辯的要點是這樣：

「保守合同所以必要，是爲得和平政策的實現和民主主義的發展。政策的實現是我們的目的，而保守合同是實現政策的手段。」（鳩山）

「新黨的組織應該從二黨對等的立場上去進行；一邊併合那邊或扯拉那邊都不能成功有力的新黨的……說到政策的一致，也決不應該從一邊硬向那邊拗的。」（緒方）

他們的出入究竟在那裏呢？他們的疑懼、警戒究竟在那裏呢？他們是否水乳交融了呢？

「民、自二黨的政策是五十步和百步，政策的一致是隨時可成的。社會黨既然要變成一個了，如果解散國會的話，社會黨會變成第一黨的。我們絕對要反對解散！」

這是大野伴睦(自由黨總務會長)的警句。對於這警句的聽衆的反應是震耳欲聾的「解散！解散！」聲，而不是拍手聲。此外呢？是許多「總理是鳩山！」「不要太貪！」（對自由黨幹事長石井的反應）之類。

（下轉第27頁）

論質詢權的行使程式（上）

孟　浩

一　質詢為國會對內閣課責之一方式

在責任內閣制的體系下，民選的國會——尤其是國會中的衆議院是國內一切政治行動的總發電廠，是國內行使政權的最高機關。並且由這一機關內的多數黨領袖或各黨派共同支持的人物出來組閣，以負責處理全國政務。這個由國會產生以擔當行政責任的內閣，表面上與國會雖似處於對等的地位，但在實際上是要對國會負擔政治責任。簡言之，所謂責任內閣制，是以內閣代元首對國會負責任。

內閣已對國會負實際政治責任，於是國會爲能貫澈對內閣的課責起見，就得運用種種方法以控制內閣。如內閣所執行的法律須經國會通過，內閣所編配的預算須經國會議決，他如不信任的投票及對於行政的調査，均其要者；但最通常運用的則爲對於閣員或國務員的質詢。所以質詢權的行使爲責任內閣制下國會對內閣課責之一方式。

英國爲責任內閣制的發源地，故質詢權的施行亦以英國爲先河，而且也運用得最爲靈活。法國亦爲採用責任內閣制的先進國家，但關於質詢權的運用則大起演變。其他如德日諸國均行內閣制，而質詢權的運用方式，頗有斟酌損益。我國現行憲法下的政治制度，頗富內閣制的意味，關於質詢權的規劃，鑑衡諸國利弊，煞費經營。要而言之，質詢權的施行爲責任內閣制下不可或缺的法度，但各國關於質詢權的行使方式，則大有出入，而其施行的結果，亦顯然有別。玆篇之作係就上述諸國質詢權行使的程式，作一比較的研究，以就正於高明！

二　英國的質詢制

在敍議英國國會議員質詢權 (the right of questioning ministers 或曰 question privilege) 行使方式之前，我們必須首先瞭解：英國國會議員是許可兼任官吏的，反過來說，所有內閣閣員，不論他是閣揆、管部閣員、或不管部閣員都是兼任國會議員。他們都可以出席國會，尤其要出席衆議院。在院會中，他們可以提出動議，可以發言討論，可以參加表決。按英國衆議院在集會期間，每週開會五天。在每週前四天的院會中，每天都有所謂「質詢時間」(question time) 的規制。即在這四天的院會中，自下午三點鐘至三點四十五分爲「質詢時間」。在這三刻鐘的質詢時間內，議員可以向出席衆議院的管部閣員提出質詢；假如這一管部閣員是屬貴族院議員時，則其質詢應向代表該閣員出席衆議院的人員提出之。

議員提出質詢時，必須遵循下列各點行之：㈠每一質詢應向質詢事件所關的主管閣員提出之。㈡質詢書至少應先於質詢時前一日提出。㈢質詢不應含有辯論、臆測、非難、性質形容詞，或諷刺的語氣 (the query shall contain no "argument, inference, imputation, epithet or ironical expression")。㈣質詢書應未經議長認爲不當而拒予認可。㈤質詢書不應涉及議員在院外之言論。㈥在院會日期中，除禮拜五外，每一議員不得提出三件附有星標的質詢 ("starred" question) 三件，未附星標的質詢則並無限制(註一)。所謂附有星標的質詢即要求以口頭答覆 (oral answer) 的質詢，所謂未附星標的質詢 (unstarred question) 係指得以書面答覆 (written answer) 的質詢(註二)。此外，國會規例還限制議員提出的質詢書不得附有英王的名字，或對其有實際或可能的影響。議員提出質詢，必須遵循上述各點行之，否則議長可以糾正甚或完全拒絕接受。

自一八四九年以來，議事日程中卽以特別篇幅刋印議員提出的各種質詢書。等到每次院會的質詢時間屆臨時，議員們卽羣趨其席位，以諦聽質詢；因爲在院會中，質詢及答覆是件極具興奮之舉，也是極有情趣的事。這時候在反對黨席次的後面就有議員起來重行提起質詢書，譬如說「我懇求向財政大臣 (Chancellor of the Exchequer) 提出第一號質詢」，於是所有議員都自議事日程翻到這一號質詢書來看。而財政大臣或他的國會秘書 (Parliamentary secretary) 自政府席中（卽議長右側第一列之席位稱爲 Treasury bench) 起來宣讀他預先印好的答覆。這種答覆有時候是件冗長的解釋，有時候則爲極簡單的語句。固然質詢多是出自反對黨議員，但也有些是來自政府黨議員。被質詢的閣員對於所詢事件，固應予以答覆，但也可用所詢事件公開答覆將有不利於國家的理由，拒絕答覆。不過常用這一類的理由而拒不作答，則必然使議員們對他有不良的印象，影響他的政治前途，所以非萬不得已，當不拒絕答覆。

就質詢的實質作用說，有時議員所提出的質詢，並沒有什麼重大的特別目的，不過在求得瞭解政府行政的實情，但質詢的通常意義，是欲藉質詢與答覆的途徑，以批評政府措施的得失，是則含有敎訓的作用。質詢經答覆之後，質詢的議員認爲不能滿足時，固然可以再行提出補充質詢，但無論如何，在通常情形下，質詢之後，並不卽就所詢事件繼之以討論或表決。所以無論閣員的答覆能否滿足議員的要求，質詢總不會直接危及被詢閣員的職位。如果議員存心測驗政府的政治力量，則於質詢之後而認爲不滿意時，可動議「休會以討論急要的特定事項」(moves "to adjourn for the purpose of discussing a definite matter of urgent importance)。這種「休會的動議」並非是說中止議事日程，宣告休會，乃爲變更議事日程，暫時休會，而把質詢事件變成議題交付院會討論。這一動議須有四十個議員的贊成，才能成爲議題，提付討論，這種討論表面上是討論應否休會的問題，而事實上則牽連到質詢與答覆的實質問題。但這動議的成立是很困難的，因爲一則這一動議的提出須先有四十個議員的贊成，這已是相當的困難；二則政府黨議員必然反對，在政府仍擁有國會議員多數的支持時，這一動議是絕難成立的。假如這一動議能通過成立，則無異政府已失去多數支持了。數十年來，休會的動議僅通過二次：一次是一八八一年關於 Dillon 的逮捕，一次是一八八七年關於 Miss Cass 的逮捕，兩次均未曾引起內閣大臣辭職之事(註三)。

在國會中提出質詢是議員引起其選民注意到他是怎樣熱心公務，並爲其選民的特別權益而努力的一種最簡易的方法(註四)。因此每次院會提出的質詢非常之多，每日平均由一百五十件至二百件，其中大都是屬瑣屑事項的。質詢案已如是之多，而院會所配定的質詢時間則只有三刻鐘，所以要將所有質詢案在院會中一一作答，是無法辦到的。於是在質詢時間屆滿，而尚有許多未及作答的質詢案，則只好將答覆刊印於議事錄中，視爲書面答覆；經取得質詢者的同意，也可將答覆僅刊印議事錄中，卽爲了事。又因爲質詢案過多了，於是政府爲答覆質詢案而所用的經費也相當可觀。數年前有一個研究裁減政府支出的委員會曾經研究估計過，政府爲備辦每一質詢案須課英國納稅人七元五角(美元)的負擔(註五)，換句話說政府爲答覆一件質詢案所費的人力物力計達七元五角之數，而每日院會中所提出的質詢案幾達二百件，則其總數誠然相當可觀了。

英國的質詢已不容易成爲討論的議題以威脅政府的命運，則其質詢作用的效力似乎是微乎其微了。然而，事實却並不如是。英國的質詢制度對於她的民主政治確實具有深長的影響作用，拉斯基卽曾認爲質詢程序是有重要收穫的。它可將政府各部門的工作情形公諸世人觀察。它可使各部門人員體會到他們是在世人密切注意之下工作，這一密切的注意是不斷的在考驗他們的效能及其忠貞。它雖不能完全根絕官吏們所易招致的官僚習氣，但它可以減輕這種習氣的危險性；誠以凡須負責答覆其決策的人，自然會設法使其所作爲有利其前途，由是而勉求上進，以期止於至善(註六)。足徵質詢是有使政府事務公開及策進政府人員的價值。而最有意義者，卽質詢對於政府要員具有磨鍊的作用。關於這點，前倫敦大學敎授方納(Herman Finer)曾於給美國國會組織委員會的文件中，對於英國行使的質詢制度有生動的敍述：「由極小事情的開始，任何問題都可以引起爆炸聲，成爲嚴重的風潮，間以雷電交作，形勢至爲險惡；且可以超出質詢時間之外，而引起來日政府政策的深長討論。一種潛然滋長的威脅，隨時可以發展成爲一種突如其來的緊張局面，這種局面足以激怒有勢力的人們、及辯論家、乃至於一般公共。所以質詢眞是精神上的嚴重鬬爭」。一個管部閣員「在其政黨中、在其閣僚間、以及在其選區裏的聲望，完全繫於其在質詢時間內所表現的如何以爲斷。爲了他將來的政治生涯，他不能不在許多個議員當中的質詢下，經過不斷的考驗，而這些議員乃自信以爲是可以比他做得更好者。這眞是一種嚴重考驗。而且，這種考驗是繼續不斷的。也許他在星期一的質詢中可以避免過去了，但在星期二的場面中他又被人考驗。在星期三的質詢中他或者可以敏於答對，或在笑聲中規避了嚴重的考驗，但在星期日的場合中，也許他的質詢人把他難倒了。在全部擔任管部閣員的時間中，他實在無法逃脫一切問題的質詢。常有許多議員以各個串連而成的整套問題以圍困他，遂致他無法逃脫這砲火密集的防線」。可見英國的質詢制度具有磨鍊政治家的作用。

三　法國的質詢與詰問

法國是仿行英國責任內閣制的國家，但關於質詢權的行使，則作了進一步的發展。卽除施行英國式的質詢 (question) 以外，又還有她所獨創的詰問 (interpellation)，玆分別論之：

一、質詢：　法國所施行的質詢 (question) 也分爲口頭質詢 (oral questions) 及書面質詢 (Written questions) 兩種，而口頭質詢的施行限制較嚴。依照國會規則的規定，每月中應劃定一次以全部院會的時間來備口頭質詢，而每星期五那天院會開始時，在衆議院可以提出十件口頭質詢，在參議院可以提出五件口頭質詢。在第三共和時代是限制口頭質詢爲十五分鐘，而閣員答覆的時間則並沒有限制，答覆之後，質詢者再有五分鐘時間以表示其意見。現在辦法已稍有不同，卽十五分鐘的時限已不適用了。而且國會規則所定每月劃定一次以全部院會時間來備口頭質詢的辦法，事實上也沒有實行。又每當口頭質詢提出時，常常適逢關係閣員沒有出席，經過好久才答覆，事過境遷，明日黃花，就沒有什麼意味了。因此種種，口頭質詢就不若書面質詢運用之廣。書面質詢每年計達數千件，議員提出書面質詢須繕寫成爲簡短的問題，然後付印於議事日程中。被質詢的閣員對於書面質詢除經要求許可以更長的時間外應於一個月內以書面答覆之。自然也可以公共利益或國家利益爲理由，拒絕作答，但這畢竟不是經常可行之道。這種書面質詢若能作最善良的運用，固可導致重大難題的正式討論，反之，運用不善，則徒供議員提出瑣屑問題，藉此以便其姓名得登載於議程上，資爲政治宣傳的作用(註七)。

二、詰問：　質詢有稱之爲普通質詢 (ordinary questions)，而詰問則稱之爲正式質詢 (formal questions) 者。兩者的歧義不在名稱之不同，而在實質有別。就實質言之，質詢於議員和閣員間一問一答的程序後，卽告結束，並沒有其他後果；而詰問則於問答之後，不但繼之以討論，且繼之以表決，而表決結果直接影響於內閣的進退。據可靠統計所示，在第三共和最初二十年中(卽一八七五年至一八九六年)，內閣共更迭二十九次，其中二十一次均由議院投票推翻之，而在二十一次之中，十次且由於議員的詰問。詰問可以引起政變(註八)，足見這一制度影響之大，我們不能不稍費筆墨以敍議之。

按之法國政界傳統，關於行政上的細微事件，議員是對內閣提出質詢，而對重要事件或涉及政策問題，則提出詰問。詰問是可由議員單獨提出，但亦可加入一批議員聯署，以加强其詰問效力(註九)。在現制說，詰問只行於衆議院，參議院無之；但現在參議院已施行所謂「附討論的口頭質詢」(oral questions with debate)，這種質詢實與詰問已無大區別(註十)。就衆議院言、各種詰問提出之後，卽交由「主席會議」(The Conference of Presidents)(註十一)以決定那一種詰問應提付院會，並得將相類似的各項詰問歸併爲一件，一面通知內閣。迨下次院會時，主席卽徵詢被詰問的閣員擬於何日以討論之。該閣員固可贊同卽付討論，也可拒絕卽付討論而要求將該詰問置於將來的議程中。所謂置於將來的議程中則其討論將永遠無期到達，是則無異置之於擱置的境地了。提出詰問的議員或聯署這一詰問的議員固可要求討論，閣員亦可以種種理由說明置之於將來議程的意義。這種議員與閣員間關於討論詰問時間的爭議，實含有測驗內閣政治力量的意義。這種爭議雖然還沒涉及詰問本題的實質，只屬確定討論詰問時間的程序辯論；但內閣於此時卽可聲明或默示要求議會予以信任表示。例如馬利 (Marie) 組閣之初，共黨議員於一九四八年七月二十七日卽提出政府組織和一般政策的詰問，馬利卽要求將這一詰問予以無期擱置，旋卽將這一問題交付票決，馬利以三三〇票對一九七票贏得勝利。從實質說，這就是給他的內閣予以信任投票。相反的徐滿 (Shuman) 內閣於一九四八年九月亦以延擱詰問討論的爭議要求表決，結果以六票之差不能通過他的要求，於是他卽行辭職(註十二)。從而可知，確定詰問討論時間的爭議，卽可成爲決定內閣去留的嚴重關頭。

如果被詰問的閣員樂於將詰問的實質問題接受討論，則將詰問內容付諸討論。討論開始之初，固然是針對詰問的本題發言，但可發展到爲廣泛討論，卽對於政府一般施政得失均可涉及檢討，問題愈談愈廣，須以動議來告結束。這種動議稱爲「恢復議事日程」(pass to the order of the day)。這種關於議程的動議，有時是爲「簡單而無意見的恢復議事日程之動議」(a simple motion to pass to the order of the day)，但通常都是「附有意見的恢復議事日程」(qualified order of the day)。前者是決議案對於政府的行爲不表示信任與不信任，只議決恢復議程而已，其決議文爲「議院已聆悉閣員解釋，茲恢復議事日程」，或曰：「議院已聆悉閣員之所稱，且深信討論時所言及之弊害，將由政府切實糾正，茲恢復議事日程」。後者則決議案不但議決恢復議事日程，且對於政府的行爲又表示信任或不信任，其表示信任的決議文爲：「議院信任內閣(或某閣員)，茲恢復議事日程」，其表不信任者則曰：「議院要求內閣(或某閣員)辭職，茲恢復議事日程。」由此可見「附有意見的恢復議事日程」，實質上無異於信任或不信任的投票。正因爲這樣，遂致任何事情都可以演成爲信任問題，這於法國內閣的壽命實時常給予莫大的威脅。第四共和憲法爲安定政局計，特規定除非有直接的信任或不信任投票之決議外，內閣可以不辭職。所謂信任案者 (a motion of confidence)，依憲法第四十九條規定：「信任案之提出，應經國務會議之決議，並應由國務總理爲之。衆議院對於信任案之決議，應自向其提出時起一日後爲之。信任案之決議，應以記名投票方法行之。信任案之否決，應經衆議院全體議員絕對多數之通過。信任案被否決時，內閣應全體辭職。」從而可知衆議院要否決內閣所提信任案而推翻內閣，已有相當的限制。而所謂不信任案者 (a motion of censure) 是衆議院的任何議員均可提出，或於詰問之後，隨之發生。憲法第五十條規定：「衆議院得爲不信任之動議，經決議通過時，內閣應全體辭職。不信任案之決議，應自動議提出時起一日後爲之，其決議以記名投票方法行之。不信任之動議，非經衆議院全體議員絕對多數之通過，不得採納。」是則不信任案的通過也已有相當拘束。凡此立制，都無非欲求得政府的安定，然而，法國在多黨林立的處境下，這些補救辦法能有多少裨益，只好待事實去證明了。

法國的質詢制度，已略具論如右，茲再就歐陸其他國家施行質詢制者，略述一二。這些國家的立制，大都是鑑於法國質詢制度之足以導致政局不安而思有以防杜之。譬如德國是規定至少要有十三個議員的聯署才能提出詰問 (interpellation)，詰問提出之後，由閣員予以答覆；倘欲對詰問內容加以討論，則須有議員五十人的要求；討論之後，普通並不進行表決，如欲提付表決則至少須有議員三十人的要求。又如在過去的義大利，固然每個議員均得提出詰問，但於政府當局答覆之後，而欲提交院會討論，則須得院會的同意，卽須有出席議員過半數的同意，才得擧行討論。此外，比利時亦許議員單獨提出詰問，其把詰問案提交院會討論，固然毋須一定人數的提議或全院會議的決議，但討論人數及討論時間都有限制，卽討論人數除詰問人外，以三人爲限，討論時間縱有四人發言，也不得超過十五分鐘(註十三)。

(未完)

所望於臺省審計處者

彭郎

「誰管國庫，誰握大權」，這是西洋的一句諺語。專制時代，唯皇帝獨尊，國庫等於皇帝自己的金櫃，所以皇帝握着大權。現在是民主世紀，應該是人民至上，人民管國庫，人民握大權。

用普通術語說，管國庫就是監督財政，人民監督財政的方法，不外乎選舉代表，組織議會，由議會審議預算，並進而監督財政。各國人民爲爭取監督財政權，不知經過了若干次的戰爭，像美國的獨立戰爭，法國的大革命，英國早期的憲政運動，無非在於減輕負擔與平均負擔，同時要政府明白宣佈：納錢從何處來和用到何處去，所以憲政運動與人民納稅問題關係最爲密切。英國是憲政運動的發祥地，也是最早有預算的國家，故英國的 H. Hallam 說：「我們英國人的自由權利與其說是我們祖宗用血得之，不如說是我們祖宗用錢買之」。各國憲法中沒有不愼重規定審議預算權與監督預算執行權之歸屬，我國現行憲法第九十條規定：「監察院爲國家最高監察機關，行使……審計權」，又於第一〇四條規定：「監察院設審計長，由總統提名，經立法院同意任命之」及第一〇五條「審計長應於行政院提出決算後三個月內，依法完成其審核，並提出審核報告於立法院」，可知我國現在監督財政之權是操於代表人民的立法院，儘管憲法上規定審計長屬於監察院。臺省審計權歸屬問題，曾經一度熱烈爭議，現已確定屬於監察院，如此較合於憲法之規定。第三條「審計職權由監察院審計部行之」及審計法之規定。

雖然，好制度還要好人來推行，臺省現爲反共復國基地，戰爭第一是錢，政府一舉一動都非錢莫辦，倘能控制預算就等於增強了反共的力量，爰在臺省審計處籌備期中，寄予很低微的希望，以期作爲成立後施政的參考。

公開財政——民主與公開不可分，一個政府是否民主，首先須看其財政是否公開。不敢說：公開了財政就叫民主，但如果是眞民主，財政是未有不公開的。在民主政治下的有公民權的人民，都可以監督政府的取錢和用錢的行爲，批評政府的施政計劃，不公開即無從批評監督。公開財政的具體表現，就是在法定期限內公佈總預算、總決算暨各該決算內所應包括之施政方針、財政狀況、公有營業狀況等必要資料；遇必要時並應公開有關計算。因爲預算爲歲計標準，決算爲預算執行之結果，可據以考核施政得失，而計算則爲預算執行之經過情形，乃編製決算之資料來源，所以預算、計算、決算三者是互有連帶關係。至公佈總預算時間，依照預算法規定：政府每一會計年度辦理一次（第十條），並應於每年十二月十五日以前，即開始執行之半月前公佈（第三十七條），現在會計年度改爲七月制，公佈時間雖未修正，自應採當然解釋，應於每年六月十五日以前公佈，逾此，若果就人民方面來說，好像就等於剝削了他們的監督、與批評權，與民主原則不大符合。

加強審計——財政監督有立法、審計（或稱司法、監察）與行政之分，前者如審核預算之機關，後者如預算執行過程中主管機關、機關長官，以及會計人員對於財務依法應有之監督。至於審計監督，純本司法精神，立於超然地位，依據法令，專負監督預算執行之責。各國審計制度有不同，審計職權有廣狹，審計組織有差異，審計人員之任用與保障有分別，要其職責在監督預算之執行，初無二致。這裏所謂加強審計，首即審計權之行使，應予獨立。審計權有如司法權，須獨立行使之，不受外力之干涉，現行審計法施行已五年餘，其中雖規定：「審計人員獨立行使其審計職權，不受干涉……。」唯是否獨立行使其職權，做到不淫、不屈、不移的地步，大家甚望審計人員能加以檢討。故今後有關機關及人員，必須尊重審計權的獨立，同時審計人員本身也須努力奮鬪，鼓起「不受干涉」的勇氣。換言之，即審計人員不應放棄法律賦予之獨立權，如果審計人員因受干涉，輕易放棄法律賦予之獨立權，則審計精神全失，尚何能完成審計法第二條規定之職權？次即重視效率。增進行政效率，多年來已高唱入雲，普通機關之效率低，僅及於主管機關或附屬機關，而審計機關效率若低，勢將影響於任何機關，誠如篇首所云，最後受影響的還是人民，現行審計組織將事前審計，事後審計及稽察事務分別由三個單位主管之，表面上已極分工合作之能事，個人以爲此種劃分方式，易流於重複，與失去聯繫之弊，因之也增加了公文旅行的行程，甚至釀成推磨式的推諉情事，爲提高審計效率計，似應將機關性質，分類由各單位職掌，處內組織「科」也好，「組」也好，如果第一科（組）管普通行政機關審計，第二科（組）就管公營事業機關審計，以此類推，將事前、事後、稽察三者集爲一體，可以靈活運用，而收監督預算執行之效，對總決算執行之審核，更可增加很大的便利。最後，關係加強審計最大者爲審計人員素質問題，今日各國之審計，已均由「普通審計」趨於「專業審計」，擔任查帳者必須具有會計之學識，監驗工程者必須具有工程之經驗，不可將此項工作委諸用非其長之人，否則，均足敗壞審計制度之精神。

尊重輿論——財政公開後，人民可予批評、討論、監督，其所表現者爲輿論。此種輿論，不管出諸街談巷議、公開演講、報章雜誌，只要能代表大多數人民的意向，即應被尊重。民主時代對於輿論沒有不尊重的，以監督預算之執行來說，何者應支，何者應收，何者應節省，何者應不惜鉅資，輿論自有定評，政府如能追隨輿論，竭力應付，財務行政之健全與淸明不難實現，且藉此可提高人民之政治智識，促進民主憲政之進步。整個國家應有輿論，一個團體、一個機關內也應有輿論。以機關言，經費開支正當與否，有無違法舞弊，該機關內之職員知之甚詳，如果一個長官將其財政公開，任其所屬建議、批評，並擇善採納，結果必較一二人之策劃周詳。

綜上所論，實在無甚高見，不過公開財政、加強審計、尊重輿論，是預算執行過程中不可缺少的三件事，也是民主時代不可缺少的工作。光靠審計而不公開財政，則人民的意見，無從表達；只公開財政而不尊重輿論，則人民表達之意見大失作用，預算執行之詳細情形無從知悉。僅尊重輿論而不公開財政，輿論對財政亦將無從監督之感，財政公開，而後可將預算決算之意見，表現於輿論，尊重輿論，而後可採納其意見，採納人民意見，而後可促進財務行政之健全，可加強審計；加強審計，而後可切實擔負監督預算執行之責。就監督預算之執行言，公開財政、加強審計、尊重輿論是三位一體的。

權威與個人（三）

羅素著
汪仲譯

第三講　個人的任務

在這一講裏，我計劃將人類的衝動和慾望所具有的重要性，不論是爲善或爲惡，加以估量，這些衝動和慾望是屬於一個社會中的某些人而非屬於全體的。在一個極原始的社會裏，這一類的衝動和慾望並沒有多大的意義。那時候，一個人僅可能在狩獵與戰爭的活動中表現得比別人更成功些，但在這些活動裏，所有的人都爲着一個共同的目標而努力。在一個人的發自本性的活動是爲整個部落所承認所共享時，他個人的創造力就極少受到部落中其他成員的牽制，並且他的最極端的發諸天性的行動也是跟公認的行爲規範不相衝突的。但是人類變得愈趨文明的時候，人與人之間的行爲活動上的差異，也就愈爲增大，同時，一個社會要想繼續發展、繼續繁榮的話，它就需要一部份不完全與社會一般軌範類型相一致的個人。事實上，所有的進步，不論是藝術的、道德的、知識的進步，都是依賴這些不同凡俗的個人，在人類社會從野蠻進入文明的過程中，他們一直都是個有決定性的重要因素。如果一個社會要繼續進步，它就需要非凡超羣的個人，他們的活動，雖然十分有用，但却不必與一般的型態相同。在有高度文明的社會裏面，經常存在着這樣的一種趨勢，就是這一類個人的活動常受到過分不當的阻擾與限制。但是，反過來說，如果一個社會對於這些人的活動不施以任何控制的話，原來可以產生有價值的革新者的個人創造力也可以產生一個罪犯。這一問題，也和我們所討論的其他問題一樣，是一個均衡的問題，太少的自由會造成停滯僵化，太多的自由會帶來混亂無序。

個人可以在很多方面表現出他和他同一羣體中其他份子的不同。他可以有出類拔萃地無政府主義的或是犯罪的傾向；他可以有罕見的藝術天才；他也可能在宗教與道德方面有被衆人所承認的新的智慧；他也可能有特殊的知識的能力。在人類歷史的極早時期，似乎就有某些職能的分工。比利牛斯山洞穴中爲古石器時代人類所畫的圖畫中，就表現了極高度的藝術造詣（註一），我們却不能假定說，那個時代中所有的人都能夠畫出那樣令人驚嘆的藝術品。一個極爲可能的假定是：那些被發現有藝術天才的人們有時被允許留在洞穴中作畫，同部落中的其他人則出外狩獵。在遠古的時候，酋長與巫祝的選擇，可能也是因爲他們具有眞實的或假定的特殊才能：巫醫能夠做出奇蹟，部落的精神在某種意義上是由酋長具體代表着。但自從很早的時期起，屬於這類的每種活動就有變爲制度化的傾向。酋長變成世襲的，巫醫成爲一個特殊階級，爲衆人所公認的詩人歌者也就變成後世桂冠詩人的模範了。讓社會認識那些將來對人類有特殊供獻的個人所必備的特質，時常是很難的，我心目中所謂的那些特質是曠達不羈、超然不羣、以及其功效不爲羣衆所明識的罕有的衝動等因素。

在這一講裏，我要討論一下在歷史上以及在目前的那種非凡人物與社會的關係，還有使他們的特殊秉賦能夠貢獻於社會的諸條件。我先從藝術開始，然後談到宗教與道德，最後談科學。

在我們這個時代裏，藝術家在公共生活中所擔負的任務，遠不及以前的時代裏那麼重要。在我們的時代中有一種輕視宮廷詩人的趨勢，認爲一個詩人應該是個遺世而獨立的孤高的人，歌唱一些村夫野婦們所不希望聽的東西。從歷史上看，以前的情形與現在則全然相反：荷馬、維吉爾、莎士比亞都是宮廷詩人，他們歌誦本族的光榮事蹟和它的高貴傳統。（關於莎士比亞，我必須承認，只有部份是對的，但這句話無疑地可適用於他的歷史劇。）威爾斯的遊唱詩人們使亞瑟王（註二）的光榮永垂不朽，他的光榮事蹟又爲英國與法國的詩人們大加揄揚；亨利第二爲了帝國主義的原因而鼓勵他們。雅典神殿與中世紀大寺院的輝煌富麗是同公衆的興趣緊緊相依的。音樂雖然在求情說愛中佔有重要地位，但它的存在主要地還是在戰爭中鼓舞士氣——這種目的，依照柏拉圖的主張，必須明載於法律中。在現在的世界裏，這些藝術家的昔日的光榮餘留得已經很少了，只有蘇格蘭高原軍裏的吹笛人還保存着些古風。我們仍舊尊敬藝術家，可是我們使他孤立起來了；我們認爲藝術是脫離社會生活而存在的東西，不是構成社會生活的主要部份。只有建築家還能保存一絲古代藝術家的地位，因爲他的藝術有實用的目的。

在我們這個時代裏，藝術衰微不振，其原因不只是由於藝術家的社會功能不像以前那樣重要，也是由於下一事實，就是這種自發的歡樂不再被覺得是必須享受的重要的東西了。在比較樸實率眞的人民中，民間舞蹈和通俗的音樂仍舊盛行不衰，許多人還具有一些詩人的氣質。人類進步得愈工業化愈組織化時，兒童們所熟習所樂享的歡樂喜悅對於成人就變成不可能的了，因爲他們的腦子裏總是專心一意地想着未來的事，就不能夠再專心享受此時此刻的快樂了。這種總在想着「未來之事」的習慣，是對任何審美才能的致命傷，其爲害的程度甚於所能想像到的一切心靈習慣，從任何重要意義上講，如果藝術要長存不滅，創立許多莊嚴矜持的學院只是徒勞，必須重新喚起那種以整個心靈沉緬於快樂和憂傷的能力，這種能力已經被審愼持重和顧慮未來的態度摧毀了。

在傳統上，宗教與道德方面的革新者被認爲是最偉大的人物。雖然後世對他們表現了無限的崇敬，但他們之中大多數的人在生存世間之時，或多或少都會同他們自己的社會發生衝突的。道德的進步主要地是表現在反抗殘酷無情的風俗習慣，並且嘗試着擴大人類同情心的範圍。在歷史時代開始時，希臘人的以人祭神的惡習便不存在了。堅忍學派(註三)的信徒們就說，同情之心不僅要施予自由希臘人，也要施予野蠻人和奴隸，不必說，更要遍及全人類。佛教與基督教也廣爲傳佈同樣的教義。宗教，最初是做爲種族凝結的工具，以煽動對外的衝突，增强內部的合作，現在則具有了普及全人類的性質，力圖將原始道德所規範的狹窄的限制衝破。宗教改革家在他們自己的時代遭受迫害與詛咒是理所當然的了，因爲他們在竭力剝奪人類對戰爭的喜悅與復仇的歡欣。以前被認爲是一種美德的原始性的殘酷無情現在則被認爲是一種罪惡，道德與衝動的生活間產生了一種二重性(duality)——或者說，在仁愛的衝動較强烈的人們所宣揚的道德與對本羣體外並無同情存在的那些人們所選擇的傳統道德之間，導入了一種二重性。

宗教與道德的改革者對於人類生活有極重大的影響，不過我們必須承認，這種影響並非永遠是他們所希冀的，但整個說來，這影響是有益於人類的。在本世紀中，我們的確已經看到在世界上許多重要部份的道德價值之淪喪，但是我們希望這倒退逆流不會持續下去。我們要感激那些道德革新者，他們首先使道德成爲全人類的而非僅是一個種族的事情，基於這種觀念而產生了對於奴隸制度的非難，對於戰俘的責任感，對於夫權與父權的限制，並承認征服者不能爲了一己的利益而去剝削臣屬的種族。我們必須承認，往古殘酷無情的再發作把這些道德的收穫置諸危境，但我並不認爲牠們所曾代表的道德進步最終將從人間消逝。

開始推動這種道德進步的聖哲先賢們，雖然在當時大多沒有受到尊崇，然而他們的工作却未橫遭阻撓。在一個近代極權國度裏，其情況要比蘇格拉底的時代，甚至比基督宣揚福音的時代，要壞得多了。在一個極權國家裏，一個革新者的思想不爲政府所喜愛時，他不只是被處死，一個大智大勇的人會視死如歸，對於死他並不介意，而且他的教義也横遭阻碍，使它不爲衆人所知悉。在這樣的一個社會中，革新只能來自政府，但現代的政府，也跟過去一樣，對於一切違反它自身直接利益的事情，都不會贊成的。在一個極權國家裏，像基督教與佛教的興起一類的事情是很少可能的，一個道德革新者就是以最偉大的剛勇也不會獲得任何影響的。在人類歷史上，這是一個嶄新的事實，這一事實的產生是因爲政府的現代技術使對個人的逐漸增加的控制變爲可能。這是一個非常重要的令人不寒而慄的事實，它告訴我們一個極權政府對於任何的道德進步都是致命的打擊。

在我們自己的這個時代裏，一個有超人才能的個人，如果他致力於藝術的研究或是宗教與道德的改革的話，簡直就不可能希望像從前那樣做一番偉大事業，或者產生那樣廣大的社會影響。然而，還有四種事業可以供他們選擇的：他可以成爲一位偉大的政治領袖，像列寧；他可以得到很大的工業權力，像洛克斐勒；他可以由科學發現而改變世界，像原子科學家們正在做的事情；或者，最後一個，如果他沒有具備做這些事業所必需的才能，或是生不逢辰，沒有好的機會，他的精力缺乏別的出路，他便可能被迫踏上犯罪的生活。從法律的意義而言，犯罪者對於歷史的進化鮮有很大的影響，因此，一個自視頗高野心勃勃的人，如果有機會，將會選擇其他的事業。

研究科學的人在其國家裏能獨佔鰲頭，獲得無限的崇敬，是個晚近的現象。科學家，也同其他的改革者一般，也曾掙扎奮鬪，以獲得社會的承認：有些被放逐；有些被燒死；有些被監禁；另外一些則只是其作品被焚燒。後來才漸漸知道，這些科學家們能賦予政府以力量。法國的革命者，在錯誤地把拉瓦第(註四)推上斷頭臺之後，又雇用了他的幸免於死的同事們去製造炸藥。在近代戰爭中，科學家們如果能够馴順地服從政府，如果他們能被勸誘得只爲一個政府而非全人類服務時，他們就被所有文明政府認爲是最有用的公民。

不論其結果是好是壞，凡使我們這個時代異於以前各個時代的每件事物，都要歸功於科學。在日常生活中，我們有電燈、無線電、電影。在工業方面，我們應用由科學而產生的機器與動力。由於已增加的勞動生產力，我們能够供獻更大的能力於戰爭和戰爭的準備，這在以前則是不大可能的，我們能够使靑年們在學校中的學習時間比以前更長。由於科學之功，我們能够通過報章雜誌和無線電廣播而把消息和誤報散播給每一個人。由於科學，我們能使政府所不歡喜的人更難逃亡。我們整個日常生活與社會組織之能達於今天的情況，完全是因爲科學。在目前，這種重大的發展都由國家所支持，但科學發展在開始時是與政府相對立的，當政府復歸於較早期的型態時，如蘇俄的情形，如果政府不是全能到往昔暴君所不曾夢想到的程度，這種對立還會再現。

在過去，對於科學持反對的態度是不足爲奇的。科學家所肯定其爲確實的一切事物，恰恰與一般人的信仰相反；他們顚覆了那些先入爲主的成見，因此，他們被認爲是沒有虔敬之心的。亞那薩格拉斯(註五)宣揚說：太陽是塊赤熱的石頭，月亮是由土而造成。爲了這種不敬神之罪，他被逐出雅典。太陽是男性的神，月亮是女神，這不是每個人所熟知的信仰嗎？因爲科學賜予征服自然力的能力，科學家們才漸漸獲得了社會的容忍，甚至這一進程也是十分緩慢的，因爲在最初的時候，他們把這種力量歸之於巫術。

在今天，如果因爲原子彈正給人類帶來危機，或因細菌可能把人類生活置諸危境，於是產生了一個强有力的反科學運動，我們對之也不會大驚小怪的。不管人們對於這種恐怖懷有怎樣的感情，只要戰爭的危機存在，他們就不敢公然反對科學家。如果一邊擁有科學家，而另一邊沒有，則有科學家的一邊無疑將會贏得勝利。

科學，就其所包括的知識而言，必須被承認是有價值的；但是以其所包括的技術而論，則科學究竟應該被褒揚呢，還是該受非難，就要看其技術之所爲用了。科學本身是中立的，無好無壞，我們對於甚麼給那些事物以價值的任何根本觀念，一定是從科學而外的其他根源而產生。

科學家對於現代生活雖然有很大的影響，但在某些方面，他們却不如政治家更有權力。我們這個時代的政治家比人類歷史上以前任何時代的政治家都擁有更大的影響力。他們同科學家的關係，就同「天方夜談」中的巫師和聽命於他的靈魔間的關係一樣。靈魔能做出很多奇蹟，沒有他的幫助，巫師絕不會做出這些驚人的事情來，但靈魔是秉承別人的命令，而非出自本身的衝動。我們這個時代的原子科學家的情形也是這樣：某個政府把他們從家裏或公海上捉來，給他們安置工作，按照他們被捕捉的運氣，或給這一方做奴隸，或給另一方做奴隸。政治家成功之後，則不受這樣的威脅。我們這個時代中最出人意料的事業是列寧幹的那番事業。沙皇政府把他哥哥處決之後，他在貧窮與流放中過了幾年，後來，在幾個月內，就一躍而統治了世界上最大國家之一。這種統治不是薛西斯(註六)或凱撒的統治，只做爲一種過奢侈淫逸的生活與受人諂媚的權力，如果不是他，另外一個別的人會享受這種權力的。這一權力是依照心目中想像的型態來締造一個龐大的帝國，改變每一個工農與中間階級的生活，建立一個嶄新的組織，並在全世界上變成一個新秩序的象徵的權力，這種新秩序爲某些人所崇拜，爲多數人所痛恨，但沒有一個人敢對它置之不理。沒有一個妄尊自大的夢想比它更可怕。拿破崙會說，你能用刺刀做任何事情，除了坐在它們上邊；列寧連這一例外也駁詰了。

在歷史上出類拔萃的偉人們有一半是人類的恩人，另一半則相反。有一些，像那些偉大的宗教與道德革新者，盡他們自己的力量來減低人與人之間的殘酷無情，使人與人之間的同情心擴大範圍；有一些，像那些科學家，曾給我們知識和對大自然演進過程的理解，雖然這些知識與理解可能被誤用，但其本身仍是件光輝燦爛的事；有一些，像那些偉大的詩人、作曲家與畫家，給人間帶來美與光輝，在人們陷於沮喪失望之際，能使人類命運的景況變得可以忍受。但還有另外一些人，他們也同樣地有才幹，做事同樣地有效率，他們之所做所爲却無益於人類。我不認爲人類從成吉斯汗的存在中得到甚麼好處。我不知道羅伯斯庇爾(註七)又給人類帶來甚麼幸福，在我看來，我們也沒有理由要感激列寧。但是這些人，不論是好是壞，都具有一種特質——內在的奮發力，個人的創造力，思想的獨立性，想像的幻景，這種特質是我希望能在世間長存不滅的。具有這些特質的人能够造福人類，或是帶來災禍，但如人類不欲沉陷於死氣沉沉的僵化裏，這些具有奇才異質的特殊人物必須找到活動與發展的機會，雖然我們希望他們所尋覓的機會應該有益於人羣。罪惡滔天的犯罪者與偉大政治家的氣質上的差異，並不若我們所想像的那樣大。如果一個魔術師能把基德艦長(註八)和亞歷山大在他們降生時調換一下，其中的一位也會完成事實上由另一位所完成的事業(註九)。某些藝術家的情形也是如此：賓凡奴圖，舍利尼(註十)的回憶錄裏並沒有描繪一個遵守法律的人，而對法律的遵守是每個正直的公民都必有的義務。在近代世界裏，更進一步，在我們所能猜想到的未來世界裏，一個人如不能控制一個龐大的組織，他就不可能有重要的成就。如果他能够使自己成爲像列寧那樣的一個國家之統治者，或是像洛克斐勒(註十一)那樣的大工業壟斷者，或是像老摩爾幹(註十二)那樣的金融控制者，他在世界上就能產生極大的影響。假如他是個從事科學工作的人，又能說服某個政府，使它相信他的工作有利於戰爭的獲勝，他也能够得到很大的成就。但如一個人在工作時不能得到一個組織的協助，像一個希伯來的預言家，一個詩人，或是像斯賓諾莎(註十三)那樣的孤獨的哲學家，就根本不必希望能像從前那些人那樣佔重要地位。這種改變適用於科學家，也適用於其他的人。從前的科學家大都是一個人默默地工作，但今日的科學家則需要非常昂貴的設備與有很多助手的實驗室。經由政府的輔助，或者，像在美國，由富翁的幫助，他才能够得到這些設備與實驗室。因此，他已經不再是一個獨立的工作者，而是一個龐大組織中的重要份子。這一改變是十分不幸的，因爲一個偉大人物在孤獨中所做的事情比起他只有依賴權勢之協助才能做的事情更易於造惠人類。一個希望對人間事物發生影響的人會發現，除了做奴隸或暴君之外，要想成功是不容易的：做爲一個政治家，他可以使自己成爲一國的元首，或是，做爲一位科學家，他可以把勞力賣給政府，但在這種情形下，他的工作必須符合政府的要求，而非出自他個人的自願。

這種情形不僅適用於有曠世奇才的偉人，就是一般稍具才智的人也復如是。在擁有偉大詩人的時代裏，也還有爲數更多的次要的詩人，有偉大畫家的時代中，也有更多的次要的畫家。偉大的德國作曲家們是在音樂倍受重視的環境中產生的，在那裏，無數第二三流的人們也能找到施展其才能的機會。在那些時代中，詩歌、音樂、繪畫是一般人日常生活中的主要部份，正如今天的唯一的體育活動一樣。偉大的預言家是從一羣次要的預言家中脫穎而出的人。在這些方面，我們這個時代遠遜於以前，其所以有這種結果的原因，是因爲社會集中化、組織化，其程度之深，竟使得個人的創造力減到最低的限度。在過去，藝術極盛的地方，一般說來，都是有鄰邦相競爭的小社會，例如希臘諸城邦，意大利文藝復興時代的小公國，德國十八世紀統治者們的小宮廷。這些統治者們每個人都有自己的音樂家，偶然地他是巴哈(註十四)，即令他不是這樣的大音樂家，他仍可以自由地盡力做去。在這類的事情裏，地方的相互競爭是很重要的。甚至在建築教堂中，相互競爭也佔極重要的地位，因爲每一位主教都希望自己的教堂比相鄰主教的教堂更好更美。如果許多城市盡量發展一種藝術的自尊心，引導牠們走上互相競爭的路，如果每個城市都有自己的音樂與繪畫的學派，而又不嫉視其他城市的不同派別，這倒是一件滿好的事。但在一個有許多帝國與自由流動的世界裏，這種愛本鄉本土的情感就不易鼓舞起來。一個曼徹斯特人對於一個設斐爾德 (Sheffield) 人的感情與態度絕不同於一個雅典人對一個科林斯人(註十五)，或一個佛洛倫斯人對威尼斯人的感情。雖然有重重困難，但我想，如果人類生活不要變得愈來愈索然無味，愈來愈單調的話，這個重視地方性 (localities) 的問題必須要着手解決。

野蠻人雖然也是一個小社會的一份子，但在他所過的生活方式中，社會並不過分阻撓個人的創造力。他所要做的事情，通常是狩獵和打仗，也就是他的鄰人們所要做的事情，如果他有志做一名巫醫，他只須去逢迎伺候一位在這方面已有聲望的人，這樣，經過相當時期，他就可以繼承了師傅行巫術的權力。如果他是位有奇才的人，他可以在作戰用的武器方面有所發明，或是發明新的狩獵技術。這些發明不會使他同社會相對立，相反，他會受到社會的歡迎。現代人的生活就完全不同了。如果他在街上引頸高歌，人家會認爲他是個醉鬼，如果他婆娑起舞，警察會斥責他妨礙交通。除非他萬分幸運，否則，他的工作日是很單調而忙碌的。他忙着製造一些東西，評價這產品時不是把它當做一件藝術品，像阿基里斯(註十六)的火盾，而主要是看它的實用價值。他的工作完畢之後，他不能像密爾頓(註十七)的牧羊人那樣「在山谷的山楂叢間講述他的故事」，因爲他的任所附近難得有溪谷，即便有，裏邊也是堆滿了破爛鐵罐而已。在我們這種高度規律化了的生活中，他的心裏永遠是爲明日之事所盤踞。在福音書中所有的訓誡中，基督徒們最忽視的一個誡律就是「勿爲明日而煩憂」。如果他是節儉的，「想着明天」會使他去儲蓄；如果他不是節儉的人，這種思想會使憂懼不能還債之苦。兩種情形都使得這一片刻喪失其樂趣。每件事都是組織化的，沒有出自本性的事情。納粹組織了「從快樂中獲得力量」的運動，但由政府所規定的快樂似乎並無快樂可言。對於那些可能有相當價值的抱負的人，這種集權的結果是使他同無數的敵手去競爭，要讓他向一個不合宜的標準化的嗜好屈膝。如果你希望成爲一位畫家，同你本城有同樣興趣的人相競爭不能使你滿足，你要去一個大都市中的藝術學校去研習，在這學校中，你也許被認爲是個平庸之才，因爲這一結論，你也許大失所望，萬分沮喪，因此你會拋掉畫筆，另去幹能賺大錢的事，或者沉溺於酒中，因爲某種程度的自信是獲得成就所不可缺少的。在文藝復興時代的意大利，你可以希望在西亞那(註十八)成爲一個最優秀的畫家，這種地位就足够光榮的了。但現在你就不會以在一個小城裏得到訓練與同鄉人相競爭爲滿足了。我們知道得太多，感覺得太少。至少我們對於那些創造的感情感覺得太少，一個好的生活是從創造的感情中產生的。對於那些重要的事情我們是被動的默從的，我們對之積極的自動的却是那些日常瑣事。如果生活要免於陷入只靠災難才得解除的厭倦無聊裏面，則必須設法尋求恢復個人創造力的方法，不只是在繁瑣的事情中，而且要從眞正重要的事情中。我的意思並不是說要摧毀那些大部份人賴以生存的現代組織，我的意思是，那種組織要更富彈性，更能由地方自治權來緩和它的集中化，不要通過它那種無獨立意識的龐大把人壓得喘不過氣來，因爲它發展得太快，集中化得太厲害，給予人的壓力太大，使得我們的思想與感情不能同它邁齊步伐。

（本講完，本文未完。）

註一、比利牛斯山的兩麓，有許多山岩，岩層大抵是鬆軟而多罅隙的。古代歐洲中西部的居民，就在這些洞穴中藏身，他們就把日常所接觸的景物的畫像留在這些洞穴的牆壁上。他們所畫的景物，多是野獸，如莽象、犀牛、赤角、大角山羊、野牛、袋狼等，還有初民們同猛獸作殊死鬥的情形。這些舊石器時代人類在洞穴牆壁上遺下的圖畫，是奧鱗耶期與瑪格德林期的遺物，約在一萬五千年至三萬年前的初民的傑作，但所畫的生物都生動雄渾，比例正確，具有寫實主義的作風。

註二、亞瑟王 (King Arthur) 是傳說中的英國的皇帝，十二個圓桌武士的領袖。

註三、堅忍學派 (the Stoics)，也譯禁慾學派，是由吉諾 (Zeno) 所創始的一派哲學思想，主張人須自克情慾，不爲憂樂所動。

註四、拉瓦第 (Antoine Laurent Lavoisier 1743-94)，法國最偉大的化學家。

註五、亞那薩格拉斯 (Anaxagoras 500?-428 B.C.)，希臘哲學家。

註六、薛西斯(Xerxes c 519-465 B.C.) 波斯國王。

註七、羅伯斯庇爾 (Robespierre 1758-94)，法國的律師和革命領袖。

註八、基德艦長 (Captain Kidd c 1645-1701) 英國的航海家，也是個著名的搶掠船艦的大盜，後來被絞死。

註九、意思是說：基德也能完成亞歷山大的偉業，亞歷山大也能成爲像基德那樣的海盜。

註十、舍利尼 (Benvneuto Cellini 1500-71) 意大利的雕刻家。

註十一、洛克斐勒 (John Davison Rockefeller 1839-1937) 卽美國知名的大資本家和慈善家，他的兒子 John Davison 生於一八七四，也是位大資本家，這裏究竟指哪一位，並沒有重要關係。

註十二、摩爾幹 (John Pierpont Morgan, 1837-1913) 美國的金融家與慈善家。其子與他同名，也爲著名金融家。

註十三、斯賓諾莎 (Baruch or Benedict de Spinoza 1632-1677) 荷蘭的名哲學家。

註十四、巴哈 (Johann Sebastian Bach 1685-1750) 德國的大音樂家。

註十五、科林斯 (Corinth)：希臘的一個古城，這裏的人們以生活奢侈著名。

註十六、阿基里斯 (Achilles)，荷馬的史詩「伊里亞德」中的英雄，在特洛意戰爭 (Troyan War) 中，他是最英勇的希臘戰士，因而成爲希臘男性的理想人物。

註十七、密爾頓 (John Milton 1608-74) 英國詩人，著有「失樂園」等。

註十八、西亞那 (Siena) 在意大利中部的一個小城，屬多斯加尼 (Tuscany) 省。

西班牙未來的王位問題

馬德里通訊・十月二日

竟千

今天，要談西班牙的政治，就要先了解佛朗哥其人。佛朗哥便是今日的西班牙。這位獨裁者和這個鬪牛的國家似乎是不可分的。

然而「蓋棺」方能「論定」，此時我們要評論佛朗哥的功過成敗，還嫌爲時過早。在國際輿論上，人們對佛朗哥的看法，眞是譭譽俱至。佛朗哥的獨裁是人所盡知的，過去一直爲民主國家所共棄。可是時勢轉移，民主國家在共產集團向外擴張的挑戰下，由於戰略的需要，不能不轉而借重西班牙，於是佛朗哥的身價在國際政治市場上，從此爲之改觀。這情形，就國際現實的觀點言，固無足奇。可是有些人看了，竟然便會心起來，說是「邦各有道」，說是反共得學佛朗哥。未免大錯特錯了。

我必須聲明，我之談有關西班牙事，並無半點意思要爲佛朗哥宣揚元首制度，說他如何如何值得效法云云。我將謹愼地以報導的方式來寫這篇通訊，目的只在供給研究國際問題者以一些實際的資料而已。如果我們要將西班牙作爲一個問題來了解，這些資料乃是必要的。

交代明白了，我們再話歸正題。在本文中，我所要報導的乃是「西班牙未來的王位問題」，這是很饒興趣的題目。未來西班牙的出路如何，王位問題將有重大的影響。

佛朗哥統治下的西班牙是元首制，將來的西班牙則將是君主制的。佛朗哥正逐步地把西班牙領到君主政體去，已是無可懷疑的事實了。

佛氏今年是六十三歲，他的祖先都曾享有高壽。因而人們相信他能從容地來建造明日的西班牙政體。一九四七年完成的政權繼承法，規定繼位者必需有三十歲，始能合法地取得國家最高統治權。目前最有資格的候選人當推十七歲的鮑爾崩親王歡加肋(Juan Carlos de Borbon)，還有十三年的準備時間，到那時佛朗哥應該是七十六歲，看看邱吉爾、史大林、德加斯伯理、阿德諾、李承晚等主政的年齡，並不算稀奇。而且就國內的情勢言，佛氏要實現他的計劃不致遇到有組織的對抗。軍隊的實力全部控制在佛氏的手裏，國際間也漸次恢復正常。這位獨裁者是聰明而幸運的。他已度過他的難關，所餘者僅是人事的枝節問題。

說來多少國家都在推翻王室，改建共和，惟有西班牙在籌備着復辟，委實是一件稀奇的新聞。這使我們不得不約略地將西班牙王室加以敍述。在馬德里有一座東宮 (Palacio de Oriente)已經廿四個年頭沒有他的主人了。一九三一年的四月亞風肅十三世座車最後一次穿過那座鐵門，於今老死國外，尙未還葬。這座東宮本在馬德里的西郊風景區，而名爲東宮，殊爲莫名其妙，似當意味着西班牙戰勝統治他八個世紀的毛洛族的歷史意義，歐洲戰勝非洲，西方戰勝東方之意。東宮是十八世紀腓理伯五世開始興建的，歷來即是鮑爾崩王族的宮庭。其建築的輕鬆情調，充分代表着法國巴黎的精神，也說明鮑爾崩王室和法國的關係。佛朗哥並不居在這裏，只在外國使節呈遞國書時才來一次，禮節是在寶座廳舉行，一旁的金龍寶座，他從不敢去坐。如果將來確是上述歡加肋親王復辟，他才是這東宮的正式主人。

從東宮推窗向天邊望去，隱約可以見到艾斯高里亞(Escorial)皇宮，那是亞斯布 (Absburg) 奧國系王室所建，一幅莊嚴刻苦的氣象，是西班牙全盛時期，稱雄新舊大陸的精神泉源，和安逸誤國的東宮恰成一個對照，只可惜此奧國系皇室久已斷絕，而今只好與東宮同其荒凉陰影之感。

在馬德里北郊的小丘上有一處豹宮(Palacio de Pardo)，是昔日亞斯布王族行獵的別墅，周圍青松綠槐，鳥語花香，一片農村的幽靜，像是維拉斯格 (Velazquez) 的畫面，在這裏沒有奢華，沒有儀仗，佛朗哥孤獨地在思慮着西班牙的將來，他從這幽居之中取得力量，從這幽居之中邁過了一段困難的歲月。

在馬德里的中心區，(Paseo Castellana) 一家公爵的別墅中，鐵門深鎖，裏邊隱居着太子歡加肋，最有希望取得王位的儲君。以上是馬德里政海的四幅圖案，意會着西班牙過去和將來的歷史。

有人打趣地說道，如果佛朗哥的獨女是一個男子，則西班牙即不會發生繼承或復辟的問題。如以君子之心忖人，這句話不免過分譏諷。佛朗哥計劃復辟或許是有其嚴肅的理由的。佛氏對王室沒有太多的好感，他的興師剿共並非爲了拯救王族。這是無可置疑的。但是他經過殘酷的內戰之後，考慮將來的問題，或因而認爲只有復辟是一條比較妥善而少危險的途徑。

一九四七年的宣佈繼承法，算是理論上解決了此一久擱的懸案：按照歷史的傳統，西班牙將是君主制的，現政權只是一個過渡時期的安排而已。西班牙學者烏納木諾(Unamuno)曾經有一句名言：「西班牙是一個擁有二千萬皇上的共和國。」眞是對西班牙的民族性一針見血的說話，佛氏自然不會不明白這一點。他們發現君主制是醫治這種無政府主義最好的辦法。可是實際上應該採取如何的君主制，選揀怎樣的一個皇上，這是佛朗哥正在面對的問題。

於是和過去西班牙王族稍有血統關係的各族不下十數戶，都在躍躍欲試，其中最有勢力的可分三個系統。上述的奧國宗的亞斯布 (Absburg)，西班牙一支本來已經絕戶，而現在流亡的奧國太子却欲補此缺，他經常在馬德里一家日報寫文章，毫不客氣地自署其名爲 Otto de Austria-Hungaria。且不斷作公開演講，也有一部分的擁護者，不過一般均以爲西班牙王冠不會落在他頭上，佛朗哥也就任他隨意活動，不加絲毫干涉。

最有實力而平分秋色的兩系是前面提及的鮑爾崩 (Borbon) 族和加肋派 (Carlista)，前者是帶有自由主義的君主派，後者則是一種主張極端的天賦神權論者，是一種君主獨裁主義者。加肋派的起源，是一八三三年，法國宗的鮑爾崩族腓南多七世死後，沒有男嗣，由女王依撒伯拉繼位，按加肋派這是不合法的，應該由鮑族旁系的加肋 (Carlos) 親王繼位，因而得名。不幸的是年來加肋派的後裔竟已絕嗣。雖然如此，而加肋派的主張在西班牙仍甚有力，塞古拉樞機主教，國家議會主席比爾巴(Esteban Bilbao)都是百分之百的加肋派，內戰中死去的毛拉 (Mola) 將軍更是此派的中堅。他們素來反對自由主義，反對議會制，反對君主立憲，在內戰中是最活躍的分子，他們以爲時機已到，他們的「天下」已經在望，然而實際上勝利者竟是佛朗哥，實非他們始料所及。

本年四月一日，反共勝利紀念日馬德里大閱兵，佛朗哥着大元帥裝和文武百官登上主席臺時，他對面一座大樓的窗頭，有一位少年人，若隱若顯的，俯視着美式裝備的各軍行列，所有的羣衆望着佛朗哥，望着被檢閱的軍隊，却也不時地回頭望望那窗邊的少年人，那是鮑爾崩、歡加肋 (Juan Carlos de Borbon) 第一次半公開的露面，這是佛朗哥特意如此安排了的。

但是，佛氏從未明白表示過誰將是西班牙的君王，今年三月廿二日，佛氏對美國電視談話，對此仍是模稜兩可，他道：「如果有一位太子適合條件，而爲國家議會認可，則我們將有一位皇上，否則我們只有一位執政者而已。」雖然如此，而佛氏對歡加肋親王所作的一切，已表示了他的意思。去年十二月廿九日，佛氏和鮑爾崩家長在西葡邊界會談，召歡加肋回國學習軍事，「以備他日服務國家」，更是進一步的說明。

提起鮑爾崩家長，即是歡加肋之父、巴塞羅納伯爵，他本是鮑爾崩直系所出，眞正的王位繼承者，亞風肅十三世的三子。但因其長兄自動棄權，二兄聾啞，不能視事，只有他有此野心，而且體格魁梧，一無其親族所解脫不掉的各種遺傳病。可是，他太焦急了一點，當一九四五年民主世界勝利，佛朗哥政權似已日暮途窮，他遂由流亡的葡萄牙聲言：「佛氏政權爲反西班牙民族傳統，基本不合國際趨勢，只有君主立憲才能團結和好西班牙人民。」並要求佛氏退位。就在那內憂外患之下佛氏才決心復辟，而於一九四七年公佈繼承法。但鮑爾崩伯爵仍不滿意，他以爲佛氏根本無權過問繼承問題，因此佛氏忿語人曰：「他們究竟願意如何？亞風肅十三世把王冠扔掉，還不是我們爲他們拾起？」此後有人歡迎鮑爾崩家長欲實行復辟，格於佛朗哥勢力而難以成功。一九四八年八月，雙方於聖塞巴斯提安會談，並無結果，那時歡加肋不過十一歲，所以佛朗哥表示復辟仍需相當時間，並且暗示將來的皇上，須是一位新人，從頭培養訓練過的新人。不過，鮑爾崩家長並未因此甘休，也從未放棄權力，他今年才四十二歲，他看不出佛氏有何理由要在西班牙實行比國廢舊王而立新王的作法。他和佛氏仍在彼此鬬法，目前雙方僅僅同意使歡加肋在西班牙受教育而已。佛朗哥非常喜愛這位十七歲的少年，他的體魄一如他的父親，能騎馬，善彈吉他，曾同佛氏和軍人們的狩獵，足球和鬬牛，他偏愛前者，一如其他少年，這使老一輩的人都擔憂於他們以鬬牛爲國藝的出路。總之，佛朗哥使他漸漸與輿論接近。佛氏是再造西班牙的英雄，他還要爲他再造一位君主。

從中國大陸歸來（下）

香港通訊・九月廿三日

鄧納奎主教作
焦　木譯

搜查是在午夜後不久實施。軍隊、警察和教師一齊動員，佈滿全城。但並未到教堂來。我也就去睡了。

我在黎明前起身，準備到中國修女修道院裏去作彌撒。當我正在刮鬍鬚的時候，我聽到戶外的步履聲，我向窗外一望。我看見有一大羣人在外面，並認出了許多是軍人，其中兩人顯然是來自公安隊的北方人。

我如同日常一樣，盥洗完畢，在去作彌撒以前，先到教堂一走。警察顯然監視我的行動，已有相當時間，他們對於我的這一切日常生活，似相當熟識。

當我離屋之後，他們即敲大門。門房打開了門，告訴他們，說我已去禮拜堂。他們即命他去喊我。

我馬上回來，正進門時，就遇到兩個公安警察從樓上走下來。直到後來我才明白，他們爲什麼乘門房去喊我的時候，匆匆上樓去的原因。

當他們說來搜查並帶我直趨我的臥房的時候，我就感到必有什麼蹺蹊。他們讓門房和我本人打開一隻衣箱，他們只是草草檢查一下。

於是我走到一個衣櫥旁邊，想打開了牠，一個警察推開了我，不准我靠近，我就明白一定有什麼東西瞞着我偷放在櫥中。

×　×　×　×

一個警察自已打開了衣櫥，眞令人大吃一驚。原來他搜到了一隻土造點四五口徑手槍，包在舊中文報紙之中。他大喊起來，要迫我承認槍是我的。

同時，另一個警察已經打開了一個小抽屜。他也表現驚異，原來他搜到了一包鴉片煙土，這是我來中國後的所有時期中，第一回看到了煙土。

警官立即命警察綁起我的雙手。於是他們大發雷霆，開始一幕大行動，藉以使士兵和教師留下一個深刻的印象。我甚怕我的門房會輕舉妄動。他比我自己還淸楚，我存有一些什麼東西。他看到了手槍和煙土，大吃一驚，當是必然的。

我給他一個暗示，要他不要牽累進去。

警察大顯身手，一部份目的當然是嚇我，但主要的還是給予教師以一個深刻的印象。他們極力設法使所有的人明白，他們已在這個久居中國的美國人屋內搜到了一個巨犯。

後來，軍隊更拘捕了來自紐約州西沙康城的卡納德神父。卡神父是上一晚來梧州爲瑪利諾會學校購置書籍。爲使拘捕合法起見，共軍偷偷地放幾顆子彈於卡神父的行李中。卡神父覊獄的時間，長短恰與我相同。

我們被送進拘留所關入一個大房間內，我們就踞在地上。這是一種非常不方便的姿勢，尤其是雙手被綁的時候更甚。他們將我們一直綁到三點鐘。

整天之中，另外有許多人押進房裏來關着。在那些人中，有浸信會醫院的一位老朋友華里士醫生和修女羅珊麗。所有的人全部押走關進隔別的監房裏。

關我們的那個監房裏早已擁擠着約五十名中國人。後來華里士醫生給帶去與別的中國人關入另一個監房裏，卡納德神父和我關在一起。

我們關在這個拘留所裏約有兩星期之後，共黨遂決定擴大監獄。共黨在梧州所做第一件德政，就是擴大監獄。

我們移渡桂江押往廣西監獄，這個監獄是由國民政府建築起來，可容一千犯人，但共黨却送來更多人犯。普通的監房都是可容十六名犯人，置有雙層木牀。每個犯人雖各有足够地方伸直身體，但也並不甚大。通道上只容單個人可以往來。

監獄面積很大，四周圍以高牆，牆上裝着有刺的鐵絲網，據說還通以電流。獄中駐有數百名軍隊，逃跑是絕對不可能的。

×　×　×　×

當我們由拘留所中押出來時，街上圍着一大羣老百姓。我看到了一羣女教友聚集在一起，即向他們暗中招呼。她們跟着我們身邊同行，默然無語，一直跟我們到了江邊。她們向我提到那些虔誠的女人在耶穌赴髑髏山的途中相遇的故事。婦女總是在最艱苦的時候也能堅强不屈。

在江上，我們乘舢舨渡到監獄。那個與卡納德神父和我本人綁在一起的青年，沿途一直哭喊着。他已是受驚過度。他之所以如此，實由於押送的士兵過於兇暴。我們目睹他們亂踢犯人，頻打耳光。

有一個可憐的人，由於營養不良，舉步艱難。一個穿一對堅厚馬靴的兵士，竟用脚踢他的背身，致使他匍匐而行。這個人正與我同乘一隻舢舨。他的膝蓋的皮已破，鮮血淋漓。我深怕我們尙未到達對岸之前，他將因受驚而亡。

到達了新監獄後，他們命我們站立在走廊中，等候了很久。最後才將卡納德神父和我，關進一列水泥造的最末一個監房裏。

到了第三天，我在淸晨即被叫出去，審問隨之開始。在所有一切審問中，共黨都是千篇一律。他們總是藉口早獲情報，竭力使你陷入圈套，以爲他們只需要證實一下而已。

監獄裏的伙食，非常粗劣。我們早晨得到一小杯水，下午也只有一小杯水。這一小杯水既充飲料，亦須用以洗臉。在獄五個月中，我獲准到天井去，用一個小木盆洗過兩次浴。我第二次出去的時候，新鮮的空氣幾使我眼花頭暈。

× × × ×

我們不准在獄中吸煙。有一天我在受審的時候，那個提出一聯串問題的審問官一直不斷地抽着煙。他在最後問我有沒有向政府請求的事。

「沒有！」我回答他。

「你最好說有事或要求什麼東西。」一個年青的女審問官對我說。

他們竟堅持要我這樣說：「第一點，我希望獲得自由。」

那個高級長官，是一個北方人，噴了一口煙，寫下了「自由」兩個字。

「我很希望有時可以到監房外面走動走動，」我接着說：「我也希望有機會偶然吸一兩口煙。」

那個審問官將這些話都記下來，於是說：「你的自由須由上級決定。這是一件國際案件。至於出外走動走動一點，我們沒有足夠的守衛人員。」可是守衛人員却有數百名滿佈獄中。

南方浸信會醫院的華里士醫生，可以說是梧州最傑出的市民。

他受全城每個人——上至達官顯宦，下迄販夫走卒——的尊敬。他的優秀的外科醫療工作，向負盛名，但他更因善待病人和貧民，爲人所敬愛。

華里士醫生的博愛，打破了宗教上的派別。當我們天主教教友需要醫療時，我就寫信給他，將患病的教友送過去。他總是盡力診治。我也總是請求他，讓我代付診療費用。

「我到了月終記在你的賬上好了。」他總是用他的田尼西州的歉語回答我。

月復一月，始終未見送來賬單，因此我就親到醫院去拜訪他。

「我從來未曾接到過有關我送來請你診治的病人的賬單。」我對他說。

「請不必爲賬單操心，」他答：「你以爲你是唯一可以作慈善事業的人嗎？」

當中國人目睹華里士醫生被捕，確是一件令他們特別激動的事。一部分小學生親見公安隊押着他去的，即飛跑到學校裏去，將經過向他們的教師報告。

「華里士醫生的被捕，無疑地是一種錯誤，」校長在朝會中當衆宣布：「我們都知道他是一個好人。我們也知道政府終會明白這點而釋放他的。」

正在午飯時，校長和教師被召赴公安隊。值日警官用含糊的語氣告訴他們，認爲校長的話是有害的。

「政府一點沒有做錯，」警官說：「從今以後，當你們提到這個人時，就指他是著名的間諜，並說明他如何欺騙人民。」

教師們唯命而從。但他們只是口頭上敷衍敷衍，決不是他們的心聲。

當華里士醫生押進來時，我已關在拘留所裏有一點鐘了。他對於自已由於誣陷被捕，顯然極感驚異。

他對中國老百姓愛護備至，他得到這種酬報，是出於想像之外的。我試想同他說話，但他似乎對我說的話，絲毫不感興趣。他已呆若木雞，不知所措。

過了一會兒，他亦從我們的監房押出去，移入隔壁一間房裏。

監房裏擠滿中國人犯，他感到無法下睡。三天後，他被關進一個水泥建築的監房裏。他自此以後即日漸失常，經常禱告叫喊。

一天夜裏，情形更壞，那個曾用一根竹竿刺華里士醫生的守衛來，喊羅珊麗修女，請她過去對他勸解勸解。出人意料之外，他竟允許羅修女來談話。華里士醫生走到監房的鐵窗旁邊，雙手握住了羅修女的手腕。

「修女，」他說：「如果他們不放我出去，我將會發瘋。」

修女安慰他，說政府並沒有認爲他很嚴重，一俟調查清楚，他即可獲准自由。她極力設法勸慰他，當夜他總算睡着了。但到了第二天，當我們移渡過江，押入那個大牢裏去時，他亦舊病重發。我關在水泥牢裏五天。後即移押於另一監房，與卡納德神父同住。華里士醫生就被鎖進原來我住的那個水泥牢裏。當他早晨走出來倒尿桶時，我們竭力設法去看一看他。一天早晨，我低聲下氣叫他。

「你覺得怎麼樣？」我問他。

他對我幽默地一笑，答道：「很好，沒有什麼。」

以後兩夜，他非常惱亂，我們可以聽得到他高聲禱告，祈求上帝救他出獄。

至二月十日的一天早晨，送水的工人來時，向華里士醫生的監房內瞧一瞧，即一面跑一面喊，說醫生上吊了。守衛忙着走過來看了一看，於是打開了我們的牢門。他們要我和卡納德神父將醫生解開放下來。

我們費了一點手續，才將他放下。他的身體仍有溫度，我們先卽開始使用人工呼吸。經過了十五分或二十分鐘，守衛認爲已還魂無術，即押我們返回自己的監房。

華里士醫生的自殺，是對中國的一大損失。他在世時專爲中國人服務。他非常尊敬中國人，而中國人都崇敬他爲一位偉人。他常常對人說，一旦他結婚，一定要找一位中國女子。

醫院裏的看護們，常常稱他爲「大神父」，這是對一個外國人的最崇敬的稱呼。

在他被拘禁期中，他極感痛苦。他曾受疲勞審問。當他忍受不住而高聲叫喊時，守衛就用竹竿從鐵窗外刺他——這當然會使任何人的心理反常。他的赤誠和專一遂使他無法適應牢獄生活。

他對於政治毫無興趣，埋首從事醫學。每當他按時來訪天主堂時，我設法想與他談論世界新聞，總歸失敗。他在世時，日以繼夜，專知爲他本身的工作和中國老百姓而埋頭苦幹。

這種缺乏野心的個性，遂使他難以適應牢獄生活。他對於一個人一定要共黨對待他的態度來對待別人，認爲是不可想像的事，尤其像他過去那樣對待中國老百姓的情形，更是不可想像。

共黨人員將他的屍首移渡桂江到浸信會醫院裏來。他們必須路過醫院週圍一帶的一條狹弄。

不管共黨宣佈他是一個第一號公敵，居住在沿弄一帶房屋裏的老百姓，却競相燃點兩排臘燭。

初看起來，總以爲他們燃燭是在驅除鬼神，但大家都明白，這是他們對自己的一位老友致獻崇敬。他們都曾經親受其惠。這是他們對他的最後的致敬。

華里士醫生卽卜葬於城邊山間的浸信會公墓之中。

葬禮由於情形特殊，並未舖張。他的城裏的朋友們集資建造了一個墓碑，刻了下面四個字：「上帝永生！」

華里士醫生確是一位上帝的虔誠信徒。他虔誠地爲宗教服務。他對他所接觸的人，解救了無數精神上和物質上的痛苦。

中國若再遇到他這樣的一個人，恐將是渺茫的事。

自華里士醫生死於獄中之後，監獄官對卡納德神父、羅珊麗修女和我本人的態度也變了。醫生死訊傳開後，確是他們的一大汚點。

當共黨押我們重返江左梧州城的新裝修的拘留所時，大大地舖張一番。

不僅我們的雙臂被綁，而且打了特別結將雙手綁在頸後，這個中國式的綁結，使雙手動彈不得。我們動彈一下，結卽愈緊。而且因爲我們須自己背負舖蓋和用具，更感到行動困難。

我們的左右兩旁，都跟着兩個守備——兩個士兵手持步槍，另兩個軍官帶上彈的手槍。沿途人頭鑽動，老百姓看到外國人的這樣五花大綁，深爲激動。但誰都不敢作聲。當我們到達監獄時，因爲我們的頸項被惡作劇一次後，幾至不能呼吸。

在拘留所裏，共黨已裝置了擴音機設備。經常放送可怕的長篇大論，鼓動人民反美。

全城裏的其他所有擴音機，都是放送千篇一律大聲疾呼的演說。這種演說並沒有影響中國犯人對待我們的態度。我們的犯伴們非常明白，他們決不相信這種攻擊。

我不久卽了解，就成年人而言，共產主義的影響都只是表面的。在學校中，宣傳較爲有效。一切事情都戴上愛國的帽子。愛國和愛毛澤東，對於青年是有一種號召力的。

可是年齡在二十五歲以上的人，似乎不易接受宣傳。

我經過了五個月的牢獄生活，突然獲釋，准予回家。

我對於我仍受歡迎，深以爲奇。我以爲老百姓不會再想接迎我，或與我說話。但當教友們獲悉我回來之後，他們卽成羣結伴來看我，爲我祝福。

他們告訴我，說他們如何日夜禱告，求上帝之助，使我獲得釋放，並要求我們留下不走，繼續我們的工作。我覺得迫害惟有加深他們的信仰。

在以後的三年中，我單獨與一位中國神父同住。屬於瑪利諾會的傳教士相繼被捕或受軟禁在家。拘捕始終未見停止。

一九五一年一月間驅逐神父和修女的運動加緊進行。每月均有傳教士被押，送至中國香港邊境。

在共軍侵入華南前夕，共有五千三百八十名神父、修士和修女居住於大陸。至一九五一年杪，僅留有三千四百五十人。在以後的十二個月中，更有一千六百十二人被迫離去。至一九五三年底，僅七百二十三人仍留在大陸，其中大部份都被禁獄中。

傳教士之被逐的經過，都是同一藉口。他們都被控以擔任間諜，謀殺嬰孩，反對政府（因爲他們拒認共黨的傀儡教會）或組織聖母軍。

凡爲這些神父所主持的教堂，一律沒收，改爲谷倉、學校或機關。三年之間，周恩來的「宗教自由」，實際上做到關閉了每間公共禮拜的地方。

共黨允許我仍住在我自己的房屋中，實爲變相的半公開的軟禁。我曾數次遭受審訊有關我每日赴城中的事，但始終未禁止我前去。因爲一個秘密警察跟蹤我，所以我必須極力小心。

一天，我走過一羣在路邊玩的小孩子的身旁。

「請看我們的一位偉大的蘇俄兄弟來了！」一個小孩喊着。

約有五十名小孩立卽跟上來，在我的背後一面高喊，一面歡呼。我揮手叫他們走開，馬上轉入一條小巷。我寧願聽到他們駡我爲「洋鬼子」。

在梧州，我每月收到經過香港滙來的一點錢，這是共黨准許滙來的。但數額不足以應我們的需要，於是我們開始養兎。

我曾聽人家說兎的繁殖極速，但到我親自看到實際增殖的情形時，簡直難以令人置信。我們養的兎過多，破壞了市場而突然使養兎事業倒閉。

於是我們轉而養鷄，出售鷄蛋。我們養的樸列茅斯鷄種，生的鷄蛋比本地鷄蛋的價錢，高出四倍。

那個同我一起住的中國神父，弄到了兩隻火鷄——雖比美國種小，但性能外觀完全相同，甚至連啼聲也相似。火鷄蛋的銷路甚佳。我們就再購許多火鷄，不久卽成爲一種有利的事業。

所有收入的錢，都是用以維持教會、中國神父和我本人的生活。但是錢仍不足以照顧中國修女，所以我們必須代她們找一件事來解決。

修女是不准傳道，須脫去她們的服裝，換穿中國婦女衣式，更限制她們赴城內，可是她們在上衣上均插上一個小十字架，所以城裏的人都可以認得出她們。

我們創設了一個小型毛巾廠，雇用三十個工人，其中十五人是修女。自開工以後，政府卽設法插足進來。工廠迫向政府購紗，所有織成的毛巾一律售與政府。雖然如此，但這個工廠被却能使修女們得以解決了一切生活所需。

政府規定產額，不准我們添雇工人。因爲甚至在共黨的統治之下，我們仍見五個修女及許多女子願意修道，這就引起了問題。這個維持生活的問題，現在更加嚴重。

我們設在梧州的聖心學校，也似我們所有別的學校的命運一樣，被政府沒收了。聖心學校現在改爲梧州第三學校。今日中國大陸上所有學校的基本目的，就是改造青年的思想，信仰共產主義。

我記得有一天曾看到過一個教室裏的情形。小學三年級的女教師，竟教導小孩，將他們在家中聽到父母或戚屬反政府或共黨的談話，一律報告學校當局。

他們只有報告這類談話，才可證明他們的愛國心。教師也譏諷信教的學生，因爲他們信仰上帝。

天主教教友面對共產黨的威脅，立場極爲堅定。當共黨企圖強迫他們參加一種「獨立的天主教會」時，他們毫無反響。

共黨動員全國的一切宣傳力量和威嚇，中傷天主教。周恩來本人在北京對一羣主教和神父演說，強迫他們承認參加宗教獨立運動爲「一種愛國責任」。但在天主教教友方面，却甚少看到重大的變節事件發生。

周恩來在萬隆會議上說在中國享有宗教自由，他確是說的老實話——依照共黨的觀點，這就是說可以自由不要宗教。

共黨對於我們的佈道者和教師，施以特殊的壓力。在鬱林，一位曾經擔任過佈道者的教友被迫回到家鄉去，從事耕作——在中國算是最苦的一種工作。

在一個月中，每晚均有兩個共幹到他的家中訪問，威嚇，譏罵，直至深夜二時他們想從他身上搜集一點東西，用作反對教會的藉口。

這位可憐人堅如鐵石，未見動搖，但到了一個月終了時，他因缺乏睡眠而感到精疲力竭。一天他在街上遇到了神父，他說：「神父！我眞不能支持下去了。我已精疲力竭。我尚未失去我的信仰，但我必須稍予讓步，我將不能公開到教堂裏來。到了星期日，我總設法偷跑來懺悔，領受聖餐。」

這種迫害，對於神父是感到非常的痛苦。來自波士頓的麥克唐納神父被拘一個時期後，也獲准重返陽朔的教堂。他被迫孤居，所有一切外援均被隔絕。

禮拜堂改爲共黨的聚會場所，經常在那裏舉行思想改造訓練。再加上反神父的口號，遂使麥克唐納神父的神經一再遭受摧殘。

一天，他在憤恨無處發洩之時，跑到禮拜堂裏去，將毛澤東的像撕下了。他馬上被共幹所圍，綑綁於窗下，備受殘忍的鞭楚。

這是一個天主教女教友到梧州來告訴我們的事。我們立即到公安部隊去，請求將麥神父移居到梧州來。他來了之後，逐漸鎭靜下來，約過了一個月，即重返陽朔，最後他仍被逐出境。他現在正在臺灣的瑪利諾會中，從事愉快的工作。

共黨竭其所能以毀滅上帝觀念。這可以拿發生在艾德謨神父的學校中的事爲例。學校的小學生所讀的書，都是告訴他們，人是從猿猴變成的，上帝永不存在。

一天，全校集會，由一個共幹發表一篇可怕的冗長的演說。他煽動小學生至瘋狂狀態，最後他舉起他的拳頭高喊：

「打倒神父上帝！」

所有的小學生隨聲附和，高喊着「打倒神父上帝」。

「天下決沒有上帝這個東西！」他尖聲叫喊着。

「天下決沒有上帝這個東西！」小學生隨聲尖叫。

不管這一切如何，我始終懷疑，共黨想根除那些人早已具有的信仰，會有怎樣的效果，其中也許有些人被淘汰，但被淘汰的人一定是那些決無堅定信仰的人。思想改造常常發生反作用，增強了教友的信仰。

中國教友爲他們的信仰，自然遭遇更慘。許多教友由於不肯屈服，被送進奴工營。我的神父羣中的一位，在職約已五載，被判終身監禁於奴工營。他原是鐵商出身。

我知道另一位神父在一個奴工隊裏充苦力。這個奴工隊中還有許多人犯均受上帝的感召。他已在隊裏爲七八個犯人領洗。

教會在中國大陸已爭取了偉大的「面子」。教會之受老百姓的崇敬，前所未見。這是由於教會面對共黨的攻擊仍能堅强不屈，昂然而立所致。

自一九五四年日內瓦會議之後，許多美籍神父被逐出中國大陸；以後共黨曾有數月時間似已遺忘了外國人。

當一九五五年六月間我突然被召赴公安隊時，我決想不到會被逐。我以爲我仍將被拘入獄。

我一連三天到公安隊去受審問，陪審的軍官又不少。審判官告訴我，說他們控告我犯了四項主要罪名。這些罪名都是千篇一律，大部份傳教士都由這類罪名驅逐出中國大陸。這四項罪名是：

(一)自「解放」之後，我不准一個年青天主教教友代表天主教，爲政府服務。因此，我利用我的權力反對人民。

(二)我禁止一個青年參加一個共黨青年組織。因此，我是反動份子。

(三)我恐嚇所有的教友，不准簽名請願書上，去反對教皇派駐中國的私人代表黎倍里紅衣主教。因此我是外國帝國主義的工具。

(四)我在整個教區內組織聖母軍，因爲這是一個反動的組織。

上次拘我入獄的罪名——栽贜用的手槍和煙土，這回並沒有提及。

我承認所有的控告，並對他們說，這是我的權力範圍內應做的事，而且是我的責任。我否認聖母軍是反動的。

那幾個審判官照常是那一套，叫罵，拍桌，威脅我。我拒簽任何有關控告聖母軍爲反動的文書。經過了十五分鐘，審判官們才息了怒氣。

我對於整個審問過程的不公平，稍感憤怒。這是一幕計劃好的陰謀，目的在驅逐我出境。因爲控告和宣判都早已佈置定當，所以審判迅速地結束。第三天，審判長宣讀判決文，我被永久逐出中國。

「判決即付執行。」他添上了一句。

後來我才知道，他們早已準備好一隻廣式小船，停在海關碼頭候我搭乘。我與中國老百姓經過了十五年的緊密的來往，深不願離開梧州。但我決不否認，我心裏確感到一番輕鬆，因爲蘊藏六年的緊張情緒可以告一結束。

當我抵達香港時，有人說我看來好像是被刼過的人，這也許是由於旅途中過於緊張所致。我的體重由平時的一百七十磅減至一百四十二磅。因此，別人遇到我時，看我身穿一件破舊的白色襯衫，棕色褲子和草鞋，認不得是一個主教了。

一個人決難以爲一到了自由的香港地區，就可以將他對於中國大陸的觀感一股腦兒拋到九霄雲外。我們住在自由世界的每個人，對共產主義必須提高警覺，必須認清牠是怎麼一回事。共產主義是魔鬼。共產主義不能單憑經濟或哲學的觀點去加以判斷。牠的精神和道德的交織內容，必須加以考慮。

共黨之仇恨宗教，使我們得以重行考驗宗教對於我們個人生活上所起的作用。這使宗教這一寶藏對於我們更爲珍貴。這正是由於自由人在生活上缺乏宗教信仰，才使共產主義得勢。如果沒有這種信仰，共黨宣傳的迷人之歌，可以容易欺騙了我們。

自我回到自由世界以來，常常有人問我，我們能不能與共黨國家和平共存。「和平共存」，是共黨發明的術語，用以引誘我們發生一種假安全的錯覺。

言行是無須一致的。在共黨看來，只有當全世界變成共黨世界時，和平共存才可達成。

依我個人的意見，我們的目的恰受正面的有力的反對，所以我看不出有達成和平共存的希望。事實上，我甚至並不認爲蘇俄和中共之間有長期共存的希望。

請打開世界地圖看一看。中國大陸像是在龐大的蘇俄傘蓋下的一小物。蘇俄擁有二億人口，但中國大陸却有六億。蘇俄的國土是廣大的，就比較而言，中國國土較有限度。我知道中國的成年人，凡留心「內幕外交」的，都不甚熱烈地視蘇俄人民爲他們的偉大的俄國兄弟。

當蘇俄的軍隊最近撤離旅順時，中國人民認爲這項行動，是由於中國本身的力量所促成。在共黨的上層之間，思想比較統一，但中國人民就整體而言，都存有根深蒂固的仇外觀念。他們都不願屈居於外國勢力之下，甚至連屈居於第二位也不願意。

若說中國人民已接受了共產主義，那是錯誤的。起初，人民都受一種强有力的宣傳武器所影響。但他們不久立卽發覺，共黨的諾言是海市蜃樓，一文不值。

在中國大陸，目前有兩種力量。壓迫的力量，這就是共產主義賴軍隊實施統治；被壓迫者統一的力量，這就是廣大的人民大衆。

共黨明白，他們尚未獲得人民的擁護。共黨也明白，人民一有機會，仍轉起而反對他們。

當我離開中國大陸的時候，人民公開談論反抗。在鄉村的幾次集會中，農民坦白地告訴共幹，說農民艱苦工作，政府坐收其利。在中國大陸有一句流行語：「水牛耕田，馬吃谷米。」

中國人再也不會相信共黨的宣傳。蘇俄的生活程度的提高，以及超過任何國家的生產，在報刊上大吹大擂。但梧州的老百姓却明白，各式店舖裏並沒有一樣蘇俄貨品出售。美國的貨品仍可見到，人民需購仍殷。

當我押送離開中國大陸時，曾路過廣州的一間旅館，全撥交蘇俄及東歐文化觀光團居住。旅館的大門前，排列着汽車長蛇陣，供這些觀光團的人物享用。所有汽車都是美國出品——道奇牌和福特牌。

在梧州，有一天突然宣佈，說有八輛蘇俄製造的貨車餽贈中國，卽將駛到。大規模的歡迎行列，準備參加——小學生一律列隊出迎獻花。

八輛貨車後來發覺竟是一種公共汽車的車底。當車底運來經過城中，曾鬨動一時，這確是梧州人看到唯一的蘇俄貨品。

在共產主義之下，每一種工作都受强迫而必須完成。原來成爲每個人的生活的一部份的工作，本來可使人獲得快樂，今則完全被剝奪殆盡。你以爲這些工作是多餘的，但他們非要你去做不可。沿梧州的街道走去，情景悲慘，本來一向愉快的老百姓，今則個個滿面愁容。

中國人向有一種宗教的天性。現在宗教却受到了咒罵和限制。我常常看到老太太們點香敬佛時，總是神色張惶，先回過頭去看一看，有沒有那些進步份子或共幹在監視她們。

任何人想剝奪別人的基本的自由，却希望不發生重大的反應，這是不可能的事。這一個道理，對於中國人也好，對於美國人也好，完全是相同的。

（完）

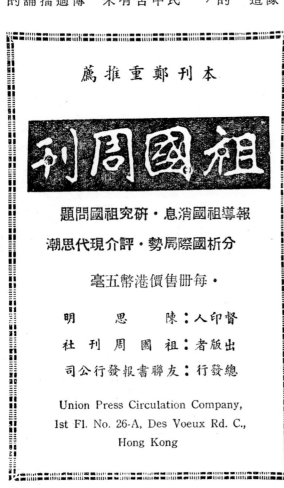

論蕭伯納

趙世洵

（一）

蕭伯納雖然離開人間，爲時已快五年了，然而他的作品如「人與超人」、「鰥夫的房子」、「聖女貞德」、「魔鬼的門徒」、「正在結婚」等名劇，仍舊不斷底在倫敦、愛汀堡、都柏林、紐約等大劇場上演，票房紀錄，不但不減於往年，且有過之而無不及，由此可鑒蕭劇在英語世界中影響之深。蕭翁雖故，其戲劇生命依舊存在。

蕭伯納作品產量之豐，影響之大，實爲現代英國文壇之冠。他在十九歲，那是一八七五年四月三日，首次在倫敦發行的「公論」(Public Opinion)週刊上，寫過一封公開信，批評美國傳教士穆迪(Dwight L. Moody)與沈凱(Ira D. Sankey)二人率領至都柏林傳教的團體。從那個時候，他便種下了反宗教的意識。這個情形和詩人雪萊完全相同。

一八八五年起他便開始作家的生活，經常寫美術、音樂、戲劇與社會的批評文章。這種以寫作爲生的生活，相繼有六十年之久。自一八七九年至一八八三年，這期間也滲雜着小說的創作，然而生命不長，而且顯然是失敗的。從一八九二年起，專心致力於戲劇，乃漸漸而爲今日世界劇壇之聖，聲望之高，實不下於其前人莎士比亞。

一八七六年他離開都柏林，開始卜居倫敦。一八九七年「魔鬼的門徒」(The Devil's Deciple)一劇（按該劇中譯本於民國十八年間由姚克譯出。在早年之上海「譯文」書店出版，國人中翻譯蕭翁作品恐僅姚君一人），首先在倫敦，由禮查·曼斯斐(Richard Mansfield)主演，首次打破票房紀錄，盛況空前未有。從這本戲上得來的利潤，乃使一直一貧如洗的蕭翁，才能在次年——四十二歲——完成大婚。

早年時代蕭伯納的作品，在倫敦受到的打擊很大，例如在一八九三年至一八九四年間所完成他第三部作品的「華倫夫人的職業」(Mrs. Warren's Profession)，就未曾爲當時英國檢查當局所通過。只是在一九〇二年英國戲劇學會一度上演，這完全是不公開的。在英國准予公開上演，那還是一九二六年的事。

英國社會對蕭翁之作品，原是成見很深的。至一九〇五年，英王愛德華七世駕幸宮庭劇場，看他的「約翰布爾的他島」(John Bull's Other Island)一劇，才慢慢消除對蕭劇之歧視。因爲這一個劇場，在當時（一九〇四年——七年）的排演、演技、及裝置方面，乃是別樹一格。它在當時英國劇運上，是開始領導觀衆接受舞臺上的自然色調，並使觀衆認識劃時代的政治與宗教的氣質。從那個時期起，英國舞臺劇風氣爲之一轉，幾及半個世紀。從此，凡劇情、對白、演技及背景、都一反過去的現實作風。戲劇極力趨向自然之途。

凡是唸過或聽過蕭劇的讀者或觀衆，一定同意蕭伯納是最善用修辭的劇作家，因此人們說他幽默。其實西洋的幽默，頗接近我們中國的詼諧感。他的臺詞，有時像詩，但感情上又不似詩那樣的奔放。在他的現實生活中，他始終是像戴了面具的人，使人對他捉摸不定，難以窺其廬山眞面目，他運用他的智慧，掌握他的幽默，佈置自然，揭發情感，而達到喜劇最高的水準，這是反映人生的喜劇，把人生與自然，歸熔一爐，而入化境。

從一九〇四年至〇七年間，這三年他一帆風順，共計在宮庭劇場上演了十一本戲，總計賣座七百零一場。其中最傑出者，乃屬於「人與超人」(Man & Superman)一劇。此劇於一九〇一年至〇三年完成。一九〇三年出版。一九〇五年首度上演。是劇第三幕中諷刺宗教創造進化的說明，近世文學批評者，仍一致公認是蕭翁一生之精華。

即使在一九〇五年許多觀衆和劇評者已對蕭翁改變態度，但估計他日後在文學上有什麽特別的成就，還是存有歧見。有人認爲他作品中主題，如娼妓、女權、婚姻風俗及社會俚語等，只是迎合這一個時代的興趣。興趣一過，價値便會消失。但是以後事實證明，他在十八世紀末葉早年之作品，今日還是瘋迷着英語世界的許多觀衆。一八九九年初度上演的「你永遠不能說」(You Never Can Talk)，至一九四八年二次大戰後再度在倫敦上演，還是瘋迷了整個倫敦，其間雖然相隔了半個世紀，其新鮮與興趣，猶如昨夕。同時最奇怪的一八九二年完成的「鰥夫的房子」(Widower's House)，到一九四九年在倫敦上演，還是夜夜滿座。這充份說明蕭翁的作品，不論在任何時間，任何地方，總是能吸引住觀衆。許多人反對蕭翁劇作的俚語，其實這正是反映蕭翁時代人生最偉大的產物。

近代英國有些比較保守的劇評者，承認以蕭翁的壽齡和他的作品論，堪與古代諸哲並論。這也是事實，蘇佛克里斯活到九十歲，莎士比亞五十二歲，戴維迦(Lope de Vega)六十三歲，莫利哀五十一歲，契柯夫四十四歲，易卜生七十八歲，托爾斯泰八十二歲。但是蕭伯納在九十二歲的當兒，他還是替現代劇場寫劇，這一個時期他寫了木偶劇，觀乎他一種的精神與毅力，上述各國之先哲，實在無法同蕭伯納比。蕭翁自己也寫過：「每天我寫上千萬言的對白，我眞可以出版費邊社社會主義的巨著了」。近代英國一位大文豪兼文學批評者契斯特頓(G. K. Chesterton)也說過：「…蕭翁的聲音，永遠嘹亮，他的槍尖，永未折斷。英國的蕭伯納，一如古希臘的蘇格拉底；希臘對蘇格拉底，尊之爲聖，英國人看蕭翁，遵其道，崇其說，認爲他是時代的巨星」。

我和許多英國朋友研究蕭伯納，明白今天英國實行的不流血之社會主義，實在是費邊社哲學的承襲與發揚。這是蘇聯共產黨最頭痛的，是共產主義的一大勁敵。這不能不歸功於蕭伯納。英國人推崇蕭伯納，從這裏看來，不是沒有道理的。

（二）

蕭伯納於一八五六年七月廿六日，生於愛爾蘭都柏林上星其街 (Upper Syngest) 三號（現已易爲三十三號），卒於一九五〇年十一月二日。享年九十四歲。父名蕭喬卡 (George Carr Shaw)，母名羅心達·伊利莎伯 (Lucinda Elizabeth)。蕭翁是他們第三個，也是最小的一個兒子。他父親的堂兄八世襲伯爵，以家世言，他原本有貴族血統。但生來偏是十分貧困。一八五〇年前的蕭喬卡，一直是都柏林法院的一名小官。是年退休，拿到一份很少數的退休金，回籍默默無聞。蕭翁出世，連教育都非常困難，據蕭翁自己說，他的家道，那時已「日趨下坡」，已「沒有社會聲望」了。

蕭翁幼年先從私塾師，繼由其表舅父授以拉丁文。一八六七年乃入都柏林衛斯禮教會學校，未久，又改入鄉村某私塾。據蕭翁說：這個時期，他沒有唸到什麼書。一八六九年乃入都柏林天主教職工子弟的中央男校 (Central Male Boy's School)。蕭翁看不慣天主教的專橫，他恨透了這個學校，他說在八十年中從未與妻子提過這個學校。他恨這個學校，一如寫「塊肉餘生記」的狄更斯恨那座「黑色的倉房」。天主教在愛爾蘭失勢，代之以基督教，這不是沒有原因的。他雖在這個學校，但只唸了短短八個月。日後蕭劇中的諷刺天主教，便完全是種因於此。此後他便入都柏林英國科學及商業日校，至一八七一年離校。

便在這個時候，他的母親漸漸討厭他的父親。自己乃轉求歌唱，聊以自慰。她的歌唱先生名叫喬治約翰·文德爾·李 (George John Vandaleur Lee)。一八六八年母子二人乃遷入李先生家中居住，這影響蕭翁以後的戲劇的生活很大。這四年間，從一八六八年至一八七二年，他隨着他母親終日浸潤在意大利和德國的諸名家歌劇的氣氛中。無疑的，其時已燃起他對於戲劇的興趣。日後他能撰述許多音樂批評的文章，乃種因於此。他整個戲劇的美化，也是由於他少年時代，自己已有優厚的音樂素養。例如「人與超人」第三幕的歌劇的特質，設無優良的音樂基礎，是不足以臻此。早年時代他常常到都柏林國立美術館觀摹，使他對於油畫及彫刻也具有深刻的認識，自一八八六年至一八八九年，他能寫這一方面的批評文章，亦決非偶然。

許多撰述蕭翁的文學批評家，總認爲他幼年，愛好音樂，但偏忽略了他特別愛好自然。一九四七年，蕭翁曾寫過：「我十歲的時候是住在達凱山 (Dalkey Hill) 上的圖迦屋 (Torca Cottage) 中。從山上俯視，便可看見都柏林的海灣；…海上的千變萬化，朝對着上面無邊無際的青蒼：…我睜開雙眼，但見這幅圖畫實在沒有一個畫家能够繪得盡善盡美，我眞不信天際是這樣遼濶，一直到我唸着莎士比亞寫的『這偉大的屋頂，是以金色的火燄支撑着』才使我相信，自己常常奇怪莎士比亞沒有在圖迦屋中看到這個景緻，但他從何處見到這一幅自然的畫面呢？這一種愉快我一生也忘不了。」在一九三〇年他完成的「蘋果車」(The Apple Cart) 的啓幕中，便充份表現着達凱山上的景色。請看該劇劇中人桑波羅尼斯 (Sempronius) 的開場白道：「我眞想置身於這個大自然中，看日出與日落，看四季的變化，看人生的奇蹟，這是個多麼快樂的人啊」！

一八七一年蕭翁離校充任都柏林土地局初級書記，每月收入十八先令。他的責任是處理函件收發，統計郵票及爲同事叫飯。關於吃飯，據蕭翁說：那時並非一個嚴重問題。他每餐花一便士便可買一塊麵包。大約一年以後，出納出缺，由他奉命暫代，月入增至四十先令。不久，上峯對他相當滿意，乃正式眞除，月薪增爲四鎊。這時與他同在一起實習文官訓練的大學畢業生，總希望他能接受基督教的信仰，蕭翁漠然，置之不理。相反底他在辦公室內教導這批學生，大唱歌劇。他在土地局幹了整整四年，於是便在一八七六年，移居倫敦。當他離開土地局時，局方出證明書一紙，上書：「這位青年，具有辦事能力，準確可靠，凡事皆能稱職，特此證明」。

他在離開都柏林前一年，他母親和姊姊先去倫敦。他母親以教唱爲生。至一九一三年逝於西倫敦，享年八十三歲。

（三）

一八七〇年時代，當蕭伯納仍在土地局工作時，其時物價雖賤，但收入太微，仍賴其父親資助。他離開土地局固然爲了經濟，但最大的原因，確是他對上司起了最大的反感。因爲上司一再禁止他在工作時談論反宗教的事情。這使他非常難以忍受。加以他母親又走了，自己又醉心倫敦的物華天寶，滿想到倫敦去發展，於是毅然走辭。

他到了倫敦，很想在那裏文壇上一顯身手。但是要達到這個目的，談何容易。從一八七六年至八五年間，他每一篇長文，頂多賣到六鎊十五先令，短詩僅五先令，專題論文五鎊，這樣的收入，生活仍無法解決。他父親（卒於一八八五年）每週仍貼他一鎊。生活上他賴他母親之支助較多，因爲他和他母親一同住在西倫敦。作家生活之淸苦，深深印在他心上。在「人與超人」第一幕內譚納 (Tanner) 便說出：「一個眞正的藝術家，只能教老婆挨餓，教孩子光脚，教七十歲的老母親整天愁眉不展。他什麼都顧不了，只是想着他自己的作品」。這便是蕭翁替一般文人的寫照，也是他自己的供認。

一八七九年他曾在倫敦城內的艾迪生電話公司做了一個月。同年復完成他第一部小說，名叫「欠熟」(Immaturity)，但始終未能出版。此後他又寫過四部小說。第五本是叫「一個不出衆的社會主義者」(An Unsocial Socialist)，在一八八四年首先在「今日」(To-Day) 雜誌上連期刊出。接着從一八八五年至八六年，復在「今日」雜誌上發表他第四部小說，名叫「嘉喜伯爵的職業」(Cashel Byron's Professions)。至於第二本小說「無禮結」(Irrational Knot) 及第三部小說「藝術家的愛情」(Love Among the Artists) 皆分別於一八八七年至八八年間在貝生德夫人 (Mrs. Annie Besant) 主辦之「吾隅」(Our Corner) 雜誌上連續刊登出來。說起這位貝生德夫人，以後和蕭翁感情甚好，蕭翁曾經影響她贊助費邊社。印度的獨立，她在當時英國政界中，曾出力不少。

在「無禮結」這本小說中，蕭翁的態度，頗接近易卜生。這一點非常重要，因為在思想上，蕭翁始終承認是追隨易卜生的。如果沒有易卜生之啓發於先，蕭翁的作品，不但不能打開倫敦舊社會之風氣而獨樹一格，同時恐怕也不會流傳至今天。

他最後一部小說「一個不出衆的社會主義者」，是於一八八三年完成。這整整七年中，他辛辛苦苦底寫了五本小說，但是賣出去的代價太微了，於是他便轉向寫劇本。一兩小時的舞臺對白，寫作上要比小說輕鬆多了。於是他研究對白，學習速記，仔細體會日常對白應用的動人字眼，他自己也下苦功，切身練習如何說話，如何辯論。

蕭翁劇本中所採用的字眼，每一字一詞，都是經過精選的，也都是易說動聽的。即使一個沒有受過教育的觀衆，都能接受他筆下的對白和對白中的幽默。他留給觀衆的印象，自一六一六年莎士比亞死後，可謂舉世無出其右者。

（四）

從蕭翁在選用字眼方面，我們可以斷言他在本質上，不是一個天才戲劇家。他的成就是經過不斷的磨鍊出來的。在一八七九年蕭翁有一位朋友帶他去參加在倫敦的一個辯論時事問題的學會。這是蕭翁平生第一次公開演講，他非常緊張，竟把自己所講的東西，忘記得乾乾淨淨，這使他刺激很深。他決心努力如何說話。「旦旦伐之」，他終於成為一個第一流的演說家。一九三三年紐約大都會歌劇院聽他演講的人，竟告座無虛席。他一生中作了六十年的演講，一直到八十三歲，才走下講臺。他自己曾經寫過：「我不喜歡用外國字母的母音，我練習母音與子音，一定使它清清楚楚，像一個歌唱者吐出他每一個音節。」

一八八四年某一個晚上蕭翁前往倫敦伐靈頓街 (Farringdon Street) 紀念堂，去聽美國的土地國有專家亨利·喬治 (Henry George) 演講，那一晚起他在思想上已經接受社會主義。所以不久他在某一個學會上竟公開宣讀馬克思（按彼時尚無英文本，蕭翁是用法文本讀出的），此後他便承認是一個社會主義者。但是他的社會主義觀，自始至終，脫不了內在的個人主義。因為他不喜歡用黨的招牌來號召社會主義，這充份顯出他的個人主義觀，他恨法西斯，更恨共產黨，他實在是這個時代的獨立巨柱，是今日英國思想界的先導。對於事物的評判，蕭翁是非常自負，我想他這種自負，可能是出自一般文人士大夫特有的「智慧上的驕傲」。蕭翁在「愉快和不愉快」(Pleasant & Unpleasant) 一劇中曾寫過：「我思維之靈，其健一如我體，都是非常正常，我判斷事物，不但異於常人，並且比他們看得更清楚。」

這種說法，我們並不一定要同意。我們承認他在文壇上的成就，但他這種見解恐怕連他的門徒都不能完全同意。現在姑且舉幾個問題，例如「宗教信仰是不是一種責任」？「結婚是不是神聖」？「議會政治是不是眞正民主政治」？這些問題，仁者見仁，智者見智。蕭翁又焉能武斷。即以社會主義而論，蕭翁自己也說過：「我個人始終沒有把社會主義視為原則，只是幾種經濟上的改革，我是希望能成功的」。從這裏我們更可以看出蕭翁前面對於事物之判斷，完全是出於文人士大夫之「智慧上的驕傲」。

一八八四年費邊社獲蕭翁贊助而告成立。他創立費邊社是希望完成幾件「經濟上的改革」。在成立的那一天，他演說：「我希望英國社會主義者，根據現代教育的方法，主持一個慢性社會主義政府，用合理溫和的方法，使人民能眞正達到共有共享之治」。

在起先組織費邊社時，蕭翁會說服韋伯 (Webb) 一同加入。共謀費邊社社務之展開。說起這位韋伯先生，蕭翁第一次認識他是在時事辯論學會內，為時一八七九年。以後他們成了非常接近的朋友，一直到一九四七年，韋伯逝世，才算分手。韋伯享年八十八歲，在蕭翁眼內，韋伯是「英國最能幹的人」。蕭翁自己也說過：從那時起蕭伯納不再是蕭伯納，一定要同韋伯在一起才算是蕭伯納。他們二人對於社會主義的努力，是具有人類的溫暖，沒有殘酷，更談不上暴力。今日英國在戰後處於這樣一個貧困的地位，而人民能共有共享，不能不說蕭翁提倡在先，而有如此良好之秩序於後。

（五）

蕭翁自於一八七六年，離都柏林赴倫敦，可視為他生活的第二期。一八八四年乃結束第二期生活。在這個時候，他學演說，搞費邊社，寫完五部不成功的小說，除此以外，他主張吃素菜，並朗誦雪萊的詩集。一八八一年他染上天花，他灰心得從此不想修剃自己的鬍鬚，於是蕭翁的鬍鬚日後長成了一種典型，好似中國人的八字鬍及日本人的仁丹鬍。

他能活到九十多歲，許多人認為有兩個原因。第一，歸功於素食，第二性好幽默。唯能幽默，才能樂天。因為樂天，才能延年益壽。

從一八八五年起，他一度幹過新聞工作，首先是由易卜生英譯者威廉·阿契 (William Archer) 之介，寫書評文章。次年，轉入「世界」(The Wored) 為藝術批評編輯。說起這位阿契先生，他本是一個劇評者，蕭翁一八八五年寫的「鰥夫的房子」，題材便由阿契供給，但據蕭翁自己供認，他給他的材料，寫了數行便完了。因此，阿契以後便不和他在這一方面合作。所以這個劇本直到七年以後才完成。至一八八八年他又轉入倫敦一家晚報──星報（The Star）──爲音樂批評編輯，從是年五月十四日，一直寫到一八九〇年五月十六日。過去英國寫這種批評文章的人，向採不敘名制度，但自蕭翁始，乃實行革命。他用讀起來像外國人名字的"Carno de Bassetto"的筆名，與讀者相見。蕭翁會經說過「不敘名的批評文章，不但不負責任，而且是沒有價值的，我一定要採用一個筆名」，在一八九四年（?）他因爲星報編輯穆慈(Edmund Mates)逝世，乃辭星報。繼爲「世界」撰述音樂批評文章。一八九五年他由星期六評論週報（The Saturday Review）主編赫尼斯（Frank Hanis）聘任，專撰劇評。這一個時期該報在英國之地位甚高，眞是洛陽紙貴，風行一時。從一八九五年正月五日至一八九八年五月十四日，蕭翁每週寫一篇劇評文章，這是英國戲劇界一致公認，是批評倫敦劇場及戲劇最精彩最權威的一個黃金時期。

這一個時期英國舞臺的活動，實與「星期六評論週報」息息相關，難分難解。過去英國所演的都屬古典派，雪萊、丁尼生、及白郎寧等人的作品，又不合舞臺效果。也有少數英國劇作家寫些鬧劇，雖能收一時戲劇之效，但毫無文學價值可言。一直到一八八九年易卜生的「傀儡的家庭」在倫敦初度上演，於是鼓動蕭翁在一八九一年寫「易卜生主義奧意論」（The Quintessence of Ibsenism 按該文於一九一三年爲蕭翁二次修改，收納在一九三〇年出版蕭翁論文集內）。後來又連續在該刋上發表類似這種性質的文章，頗使彼時英國舞臺風氣大變，是由古典派趨向社會問題及自然性格，而不失文學氣質的一種新古典派「劇種」。這不能不歸功於蕭翁的努力與膽遠。

在這一個時期，蕭翁是非常吃力的，倫敦最大劇場──蘭心戲院──的亨利·歐文(Henry Irvin)擁有第一流女角戴麗（Ellen Terry），偏不賣蕭翁的賬，但蕭翁同戴麗通了許多信（自一八九二年至一九〇〇年），說服戴麗。從這許多信上，蕭翁仍

是反對他們貼演莎士比亞型的古典劇，因爲蕭翁認爲以現時的效果配合莎翁的劇本，是有損莎翁劇本中原有許多可貴的氣質的。這反辱沒了莎士比亞的偉大。

一八九八年他由於失足受傷，乃辭星期六評論週報。在他最後一篇告別讀者之書中，曾說：「過去十年我是一個非常倔强固執的人。倫敦的輿論界承認我是一個智慧聰敏的人；天上與地下今後沒有能力能改變這個環境。」

（六）

一八八六年英國的舞臺，有一個極大的轉變。在現在英國戲劇史來看不能不說是重要之一頁。那時「雪萊學會」（The Shelley Society）擬在倫敦上演一本雪萊的悲劇詩，名叫"The Cenci"。但爲檢查官所禁止，而被迫作私人上演。所有觀衆均是應邀而往，而不是公開賣票的。這在當時看來能逃過檢查官的法律，仍舊演出，不啻一種革命行爲。可是這本戲上演以後，引起許多人出來反對檢查官，責問他爲什麼不通過主題嚴肅的劇本，而反通過那色情的作品。

因爲有了這一場爭辯，次年──一八八七年，有一位愛美的演員，名叫安東尼（André Antoine）的有鑒於此，乃在巴黎創設一個自由劇院（Le Théâtre Libre），專演新劇，但不幸因爲缺少良好的經理，遂告失敗。因爲有了這件事情，再加上當時英國檢查官的不講理，乃引起當時在倫敦寫劇評的一位具有荷蘭血統青年的興趣。他的名字叫葛琳（J. T. Grein），他自告奮勇，乃於一八九一年創設「獨立劇場學會」（The Independent Theatre Society），首先貼演英譯易卜生之「羣鬼」（Ghosts）一劇（按易卜生之中譯本，爲北大教授潘家洵翻譯，商務出版）。第二本上演的便是蕭翁的「鰥夫的房子」。這本原是蕭翁的處女作，葛琳當時答應替他上演。這本戲，在前文已經說過，是取材於阿契，但阿契後來又與蕭翁不合作，他便擱筆七年。那時葛琳根本不知道這一段經過，只是滿口答應，蕭翁趕快寫第三幕。這個處女作是於一八九二年十二月九日在倫敦皇家劇場第二次漏臉。各報劇評不斷討論，繼之二週之久。當時因爲要物色一位有才幹的經理，四求不得，終於因爲經濟關係，上演不久，又告輟演。一直到三十年後，最近在一九四九年倫敦藝術劇場三度上演，想不到夜夜滿座，票房紀錄打破一九四九年。劇評者批評道：「劇中每一個角色都是充滿了生命的活力」。

近代批評蕭翁的人，認爲他劇中角色的談話，確是代表蕭翁自己要說的話，他們認爲蕭翁是利用劇中角色的嘴巴來教育社會。這個說法，我不敢否定它沒有根據。但我個人認爲還是有保留之餘地，即以「聖女貞德」一劇論，難道貞德，華威克（Warwick）高沖（Cauchon）可以代表蕭翁嗎？他們每一個人都有自己獨立的人格，每一個具有不同的生活活動半徑。例如在「蘋果車」中，難道那個國王或首相是蕭翁的化身嗎？

還有人批評蕭翁的內在精神，不但不是建設性，而且是毀滅性的，這種說法蕭翁也替自己辯論過。他說：「觀衆能够認清劇本中壞的一面，這結果便是知善」。在「魔鬼的門徒中」，主角狄克·杜吉弘（Dick Dudpeon）明知他被捕以後一定不能活命，但他不願說出自己被錯捕，因爲他愛那個犯罪人的妻子，他因爲愛她，寧可自己被錯捕，將錯就錯搭救這女人的丈夫。這是偉大的愛的昇華，是崇高至善的標準。

易卜生反對浪漫派，早年蕭翁作品受此影響甚大。蕭翁劇中雖盡是討論現實人生，但他沒有易卜生那樣激烈。他常常把自己的主觀和反對者的意念，溶合滲半。他自己的意見多半在每一個劇本的序曲，申訴得乾乾淨淨，也是別開生面，打破英國以前劇作家的保守風格。這是蕭劇特點之一，凡是研究蕭學者，不可忽略。他寫的序曲，不大好唸，中國大學內初學英國文學的學生，唸起來會感到格格不相入（我懷疑從前中國大陸上的許多大學以及現

在的臺大，在西洋語文學中未必有「蕭伯納研究」這一課，但今後如果要進一步研究英國文學，「蕭學」與「莎學」，可以並重，這一門功課是非開不可的），但唸明白了，也覺得用意非常悠遠，其中一語雙關之詞，頗似易卜生或王爾德（Oscar Wilde）

（七）

這半世紀以來，英國劇壇都一致認爲蕭翁是一個革命者，但是很少人能淸楚他，究竟是革了什麼命。事實蕭翁在英國政治上或社會上，並未實行革命，到是在舞臺上及出版上，起了兩種革命作用。

研究文學的人，對戲劇的定義，恆指爲「生活的衝突」。許多批評蕭劇的人，皆認爲蕭劇缺少「外形衝突」(physical action) 及內在「情感之糾擾」(emotional disturbance)。這種觀察與批評固然很對，但不知蕭翁故意把它漏掉，因爲他所重視的乃是思想上的衝突，他以思想及信仰代替情感。這是舞臺上的一大革命，這種革命嚴格說來，頗有些復古，因爲希臘及伊利莎伯時代的大劇作家的作品，都重視思想及思想啓示的特質。

其次，關於保護劇本的上演權及朗誦權，在十九世紀原是非常馬虎，決沒有今天那樣認眞。是蕭翁的努力和提倡，才使今日能健全上演權與朗誦權，而且訂有專門的法律，不但英國如此，今天幾乎比較進步的國家，都保護劇本之上演及朗誦的特權，這是舞臺上一大革命。因爲有了這種革命，劇本受到保護，藝術因此發揚光大了。

十九世紀初葉英國出版的劇本，其數量之多，似乎濫出，裝訂方面，亦十分草率，這便是因爲當時對劇本沒有「專利」之權。十九世紀初葉的劇本，因爲沒有專利，賣得十分便宜。此外還有一個象徵，便是從莎士比亞時起至一八九八年，英國所有的劇本，在形式方面，除對白外，只有演員上下場及佈景與位置的簡單說明，除此，什麼也沒有了。

上述兩點，蕭翁都下了很大的功夫，加以改革，關於裝訂及紙張方面，他主張十分精選。他從一八九八年起印刷人永遠沒有更換過；一九〇三年起出版人也沒有更換過。因爲他們已知蕭翁的脾氣。抗戰前，姚克譯完「魔鬼的門徒」一劇，另外自己花了錢精印一百本，我曾在他家中見過，封面是織錦緞，內用上好之紙，可以說精美極了。姚克曾送了幾本給蕭翁。蕭翁的回信，非常贊美這一種裝訂。

此外，還可再談一談他的序曲，前文中我已說過，這是空前的創舉。自成一格，非常可貴。他的序曲，往往很長，通常佔據書的一半或甚至一大半。使許多讀者常常感到不耐煩去讀他，這是非常可惜的。因爲唯有在這序曲內，才能更容易瞭解劇中人的個性與談吐，所有劇中人思想、舉止及環境，都在序曲中講述得非常淸楚。這實在可以幫助讀者、演員、觀衆能進一步的瞭解劇情，而不失戲劇氣氛。(完)

（上接第7頁）

看這些情形，合同演說並不是訂婚的預告，而是諉責的訴說！

該下結論了。下結論是困難的。判斷事物在限定時間的命運總是冒有幾分危險的。我們所能言者只是如此而已：

（一）無條件的完全合同（不是扯拉的金甌無缺的合併）幾乎無可能。

（二）以緒方爲首任新黨總裁的完全合同也幾乎無可能。

（三）以鳩山爲首任新黨總裁緒方爲次任新黨總裁（不指明時間的默許）的合同，如果自由黨可以同意的話，有相當可能。可是這，就自由黨內複雜的情形而予以判斷，其困難一定很多。

（三）解散嗎？就是用匕首而至於傷命的程度嗎？那要看自由黨的蠻勁如何了。緒方是愼重的政治家，會作「五步之內以頸血濺大王」的壯擧嗎？

（四）結果還是在嘈嘈切切錯雜彈的日本特有的政治交響曲中一步一步渡過國會的險灘。走來走去走幾步不是無可能的，可是要達到眞正的大合同，前途困難尚多呢！

世界本無不變的事物；本身會變，由於直接的相互關係的存在會變，由於間直接的至極複雜的關係的存在也會變。就日本保守合同的問題而言，在民、自二黨間，在二黨和其他政黨間，在日本複雜的情勢間，在遠東乃至世界問題的發展間，繞之而生的問題實在太複雜而又太緊迫了，其會變乃是極常識的事。我們剛纔說，「要判斷事物限定時間的運命本來是冒有幾分危險的」，又何況乎對於遙遠的未來呢？因之需要一言附贅的是，我的看法只是就目前的情勢而予以推測而已，簡言之，那推測只限於往後半年間的趨勢。

編者按：一、一九五五、九、二十九　於東京。

一、日本社會黨左右兩派已於十月十三日合併完成了。

二、美聯社東京本月二十八日電：一向敵對的兩個保守黨派已於二十七日召開聯席會議，共同議定於十一月十日成立一新的「保守黨」。

山水與人物

旅美小簡之十五

陳之藩

三月前由費城去平湖時，汽車整整走了一天，越走越靜，有時是綠野平疇，有時是山巒起伏，還有時看到一抹水光。我那時想，這樣美的山水不知藏着些什麽人物。

三月後，我由平湖回費城，路上的景色，又溫習了一次，除了樹叢中偶然點綴三五紅葉外，風景無殊於三月以前，不同的是，我又知道些山麓水濱的故事，在一幅幅山水畫上，又描上了人物。

平湖自己，是個相當小的湖，人工的點綴也最少，在一個湖邊的山坳裏住着一個棉產大王，他的宅第無公路可通，只有船才能通入，客人去訪，要坐船，他出來玩，也要坐船，這位與人世隔絕，與市聲隔絕的寇溫，却是震動整個世界棉產品的巨賈。他認爲只有這樣靜的地方，才能擘畫他的事業，才能獨創他的思想。

去平湖有七八分鐘的路程，是一個過多裝點的小湖，司若愛克湖。湖邊的房舍已經聯結成個城牆，顯得湖水如游泳池一樣的侷促。山水當初極美，現在已經成了一個鬧市了。但，距此小湖不遠的山巒上，却曾住過一個絕代的文豪，即是著金銀島的史蒂文生，這個將整個生命與感情注入於文學的大家；曾在一小山坡的別墅中，棲遲過很久。現在他所住的別墅，已經成爲古蹟，巷中還保持當年的黃泥土路。從這個小山丘遠望，可以從樹叢中看到星星點點的湖光。屋裏有他當年寫作時的書桌與書籍，還有一根七十年似乎依然未熄的香煙頭。

去平湖二三小時，即到了喬治湖，這個湖我是久聞名了。並不是因爲山水，而是由於人物，那即是電學發明大家，亞歷山大森年年到此地來，他必須划動小艇航入湖心，仰望天光，俯賞雲影，創作的靈感才油然而生，他有一百多個專利，而二次戰爭的硬仗，他的貢獻最多，他是雷達的主要發明及發展的人。誰也難以想到，太平洋大西洋兩洋天空與海上的風雲變幻，却取決於這麽個一泓秋水中的一葉扁舟。美國人爲尊崇他的貢獻，在中學的歷史書上，都描述這位湖上的漁翁。

展開紐約州的地圖，可以看出北部有許多這樣星星點點的小湖，我不知道是不是每一個小湖上都有一個故事，但在我所經的路上的小湖，似乎總有個動人的故事，賦予年輕的山水一活潑的生命。

本來美國的地圖就與中國的地圖差不多，我眼睛不知爲什麽一模糊，把它看成了桑葉，十年前我所經過的山山水水，又湧現於心頭。

十年前，我在陝西鳳翔當兵，那裏有個東湖，有不少蘇東坡的遺蹟，川陝路上，有留侯祠，那是張良避穀的地方，還有，即是諸葛祠堂，與張飛種樹了。名蹟不少，差不多都是千年以前的了。

今人惟有一個是老百姓奉若神明，供在廟裏，即是水利工程師李儀祉，爲陝西開了幾條渠，老百姓的香火即四時不絕了。

人民口裏所傳說的人物，才是眞正他們所崇奉的人。如果這些人物都是一千多年以前的，那麽就是一千多年來的人物，沒有値得他們稱道的，也就同時證明，這一千年中竟是些文化衰亡途中滾滾而來的飯桶。

在我們中國，儘管在秀媚的山水上，總有自命不凡的大人物提上幾個寫的並不見佳的字，人民的口裏却依然傳不出他們的名字，更不屑於道出他們的故事來。石頭上的刀痕，最終依然與草木同朽。

我們中國的山水，千年來是太寂寞了。

——四四年九月十二日於斯堪乃特第城

書刊評介

小天地

義國賈萊希著　潘煥昆譯

重光文藝出版社印行

歸人

本書的內容，是敘述義大利波河流域的一個小村落中，一個天主教神父和一羣共產黨徒們的鬬爭故事，全書共計三十三篇，每篇自成一個單位，連結起來則成爲一個整體。它表現的中心思想是：「人性」終於戰勝了蔑視人類尊嚴的共產黨徒。

一般來講，這一類作品不易寫得好的，它容易流於八股，或者表現得很淺薄與跡近口號。本書介紹中說，它是一九五二年美國最暢銷書之一，並經美國「新聞週刊」(Newsweek) 選爲美國出版的十冊最佳小說之一。當我看完本書以後，才知道它之被選爲十冊最佳小說之一並非偶然。

然而，按照傳統的小說來論，它不是一本規規矩矩的小說作品；譬如說，它的佈局、結構等等創作的形式，不够小說的條件。不過，這有害於本書的價值嗎？我的答復是否定的。我甚至願意武斷地說：就這本書的內容而論，賈萊希所採取的創作形式是十分卓越的。書中以神父唐凱米羅代表「人性」的一面，以裴波恩爲首的共產黨徒們代表「非人性」的一面，此外，再加上作者筆下的基督。這個「基督」，作者在他的自序中曾有如下的解釋：「……故事中說話的並非基督，而是我的基督——那便是我的良心之聲。」

「良心之聲」最爲重要，也最爲寶貴。人性與獸性之分別，即在此處。作者根據這個出發點，在義大利波河流域的小村中展開了他的故事，同時，也展開了他向共產黨徒們的鬬爭，莊嚴，瑰麗的鬬爭！

× × ×

有淸一代的魏際瑞在他的「伯子論文」中說：

「文章必有所以然處。所以然者，在文章之意。然非謂文章以忠孝爲意，便處處應言忠孝。蓋幾微之先，精神眼光興會，有獨得一處者。故言忠孝反不必斤斤於忠孝之言，人之感之，無往而非忠孝也。文章有耿疚在心，不可舉以示人，並不卽能自喻者，正其所以然處。」

這幾年來，雖然反共文學作品，所在多是，但一般作者，大都是取報告文學的方式，用直陳而不用旁托。惟因如此，乃流於浮淺。但眞正的好作品，必須是「言忠孝反不必斤斤於忠孝之言，人之感之，無往而非忠孝也」。本書作者賈萊希，似乎頗懂得此中三昧。在本書內，賈萊希並未罵共產黨人無恥、卑鄙、說謊、愚蠢，但在不知不覺中，當我們讀完本書時，一羣共產黨人無恥的嘴臉，便宛然如畫的浮在我們眼前了；賈萊希也並未大聲疾呼的要我們「恨」共產黨，但在不知不覺中，我們便對那些共產黨徒們深惡痛絕起來；賈萊希更未義正詞嚴的表示人性如何莊嚴，但在不知不覺中，我們的心隨了他的筆觸所至，就昇起了一座人性的偉大塑像！

可是，這種來自本書的偉大力量，是如何形成的呢？

郞費羅 (Longfellow) 說過：「要是有什麼是眞實的，這個是眞實的，就是一個值得去寫的人生，就值得詳細地去寫。」「小天地」之所以感人，所以能够發人猛省，使人覺得與我心有戚戚焉，便是由於賈萊希對人生認識的深邃，幽遠。在後浪推前浪的時代中，有一件東西是不變的，這便是人類對善惡的共同愛憎。賈萊希以智慧的筆尖，發掘出這個眞理，更把握住了這個眞理。

尤有進者，賈萊希除了對人生的深邃認識之外，他的文學手法的修養也是不可多得的。「新聞週刊」把它列爲小說，其實，不如把它歸入傳記創作更恰當些。卡萊爾 (Carlyle) 說得好：「傳記是一切讀物中最普遍地有趣的，也是最普遍地有益的。」我們無論從「小天地」的任何創作方式來評論，它都是用的傳記作者的方法；而這方法是十分適宜於表現他的主題的。「小天地」原名爲「唐凱米羅和他的信徒們」(Don Camillo and His Flock)，顧名思義，賈萊希恐怕便是以「傳記方式」來寫作的吧？

× × ×

猶如英國的吉辛一樣，「小天地」的行文論事，皆能出之以微慍而嘲諷的態度。本書自序中也說：

「生在波河附近的人頭硬得像銑鐵(意謂有健全的判斷力，不流於空想)，有高度的幽默感，就政治方面而言，他們能够像吞下一隻小老鼠的人一樣憤激。」

這一段話，有一多半是賈萊希的夫子自道。在本書中，那些高度的幽默感，會使人微慍的笑起來，但是，如果我們肯略一沉思，在微笑之中，將有晶瑩的淚水噙在我們的眼中了。因爲，這些高度的幽默感的背後，乃是作者的憤激的感情。我們聽吧：

『「這根本是鬼事，」唐凱米羅答：「逍遙於世上危害我們的僞天使太多了，我們需眞天使的保護。」』(頁六)

又如：

「人們在城市中一天到晚急急忙忙的，連一分鐘也不肯浪費，却不曉得他們把一生都浪費掉了。」(頁九)

這些生動，深長意味的句子，是優美的散文，也是很好的「詩」。再如：

「(基督說)……我要重述一遍，唐凱米羅，每一個人把自己的燈點燃，一百盞燈的光合在一起，便成了眞理與啓示。……可是每一個人都認為他看見四週物體之美，是他自己的燈光造成的，這燈光使他們脫離了黑暗。有的人停下來禮拜他們自己的燈，另有人向各方向漫無目的地走，直到那偉大的光明分成一百朵小火燄，每一朵只能照亮眞理的一部份為止。因此你看，……一百盞燈必須重聚在一起，才能發現眞正的光明。今天人們是以猜疑的心理在徘徊，每一個人只在自己的燈光之中，四週有一片陰鬱的黑暗區域，依戀着他自己所能照亮的物體的一點點細微未節。」(頁一一五)

這些美麗的句子，猶似一串串智慧的眞珠！在另一方面他的行文及氣氛的渲染，頗有印度詩人太戈爾的優美而含蓄的風格。

談到含蓄，這也是本書的一大特點。因為作者把握了這一點，所以，我們才特別易於受它的感召；覺得它的韻味，如嚼橄欖，愈久而味愈濃，愈可以玩味不置！

× × ×

對於原著作者賈萊希 (Giovanni Guareschi) 的生平，現在我還是一無所知。但他的高明的文學技巧，在本書中已如朝霞般的表現給我們了。綜合來論，賈萊希所用的手法，可以命名為「圍勦主義」。如同運用一支部隊去攻擊敵人，賈萊希以八面埋伏的戰術，使敵人無法不束手待縛；他以漸進的手法，將重點凸現給讀者，將人性的燦爛火花，閃耀了出來！作者在本書第四篇「美國來的東西」中，就有這種傑出的描寫：『斯特拉齊亞米的小兒子又瘦又蒼白，眼睛張得很大，頭髮亂蓬蓬地披在額上。他的母親正預備把線麵挑在他的碟子裏，可是裴波恩（共產黨人，當地的鄉長）和黨（共產黨）代表進來了。他們知道「線麵」是美國的救濟品，因而，黨代表就聲色俱厲地問斯特拉齊亞米：「你這東西是那裏來的？」

但斯特拉齊亞米沒有回答黨代表，便拾起桌布的四角，連裏面的東西一同提起來丟到窗外面，那個小孩嚇得發抖，塌着兩隻小拳頭擺在嘴前面，恐怖的神情望着黨代表。黨代表又走到斯特拉齊亞米面前，打他一個嘴巴。血從斯特拉齊亞米的嘴角流出來。黨代表說：「那便是共黨主義對你的懲罰，同志。你如果不願意，可以離開。」

黨代表的聲音驚動了裴波恩，後者一直站在一角張着口望着，好像做了一場大夢。當裴波恩到了家中時，發現自己的兒子仍在小床上醒着微笑，並且伸出雙手。

「快睡，」裴波恩粗暴地說。他說話時聲色俱厲，任何人——甚至他自己——也不會想到他是在想着斯特拉齊亞米的兒子那對張着很大的眼睛。』

以上是我的簡要的縮寫。賈萊希這種傑出的手法，對人生的深刻的體驗，不是把人性尊嚴的火花，如金碧輝煌的爆現出來了嗎？此外，第十四篇「折牆」對裴波恩的刻畫，第十七篇「結婚的問題」對莫蕾泰的描寫；第三十篇「天下雨了」對河水上漲村民情緒的鋪陳，都有相似的優秀表現。

× × ×

我已經說過，賈萊希寫作的方式是圍勦主義；在這裏我更要補充的是，他這種圍勦主義不僅限於創作形式方面，即便是在表達思想、感情方面，也是用的圍勦主義——將錯綜紛歧的共黨黨徒們的邪曲思想，將矛盾雜亂的人類感情，先一件件的陳列出來，然後再以智慧的語花，個個擊敗，漸漸征服。

但這種戰略的運用，不是容易的。於此，我們不得不佩服賈萊希的佈局的巧妙了。如所週知，共產黨人之蠻橫、狡詐、强辯及顚倒是非的技倆，是集一切說謊者之大成的。賈萊希對共黨思想的作戰，採取了兩個步驟：以教士唐凱米羅為第一線的戰士，以基督——良心之聲——為運籌帷幄的主帥。當前者不幸而失敗時，後者總能以靈慧的感情，完全擊潰來犯的敵人。這種方式是賈萊成功的最大因素！

如果以河流來喻本書，那麼，我該說，這不是一條奔放的巨流，它乃是一彎小小的清溪。而兩畔則是紅線交映的奇花異草，更有悠閃的魚兒往來浮游。獨步溪畔，你將隨時可看到花蕚的怒放，我們看吧：

『「每一個人都反對我們，」他（裴波恩）陰沉地說。「甚至我舊日的游擊隊指揮也是如此。每一個人，包括天主在內。」

唐凱米羅繼續平靜地吸着雪茄。「每一個人都不反對你們。你們却反對每一個人，包括天主在內。」』（頁八八）

又如：

『「主啊，」他（唐凱米羅）到聖壇旁邊對基督說。「戰爭和政爭難道還沒有使這些人的心裏裝够了仇恨嗎？」

「不幸的是他們總能找到餘地來容納更多的仇恨。」基督在嘆息。』（頁一二八）

再如：

『「唐凱米羅，這件事（唐凱米羅慚愧自己沒有力量修建一所漂亮華貴的教堂。）我不是已經跟你說過多少次了嗎？」基督答。「我是否要再告訴你，眞正的美並不在外貌，眞正的美是看不見的，因為它寄託於精神之上，它不怕時間的侵蝕，也不會回到產生肉體的塵土裏去。」』（頁一四三）

像上面所引的智慧的語珠，在本書內隨處可以見到。這種句子的後面蘊藏着一顆偉大的心靈，及崇高的莊嚴的情操。這種心靈，這種情操就是一個創作者之神聖過人處。

本書第十八篇「半夜裏捉賊」中作者藉基督的口吻曾這樣的說：「有許多事我們是必須原諒他們的，唐凱米羅，最後審判日（世界末日）到來時，他們，（共黨黨徒）之中沒有一個人會把黨證帶在身上。」我願用此數語，充滿信心地結束我的這篇文章！

讀者投書

教育界的壞現象

張力行

大家都知道，根據憲法規定，凡是六歲至十二歲的學齡兒童，須一律受基本教育，並且免納學費，由政府供給書籍。關於這一點，從前國民政府在大陸時期，可說根本沒有做到，自政府遷臺後，一切都從頭來，勵精圖治，其在教育方面的進步事實，尤爲舉世讚揚。而教育方面進步最值稱道之一事：即凡滿六歲的學齡兒童，不問貧富階級，一律强迫入學。因此，歷年以來，臺灣全省就學兒童數字，竟已超過一百萬大關。這不能不佩服政府尊重憲法條文的魄力和勇氣的了！

然而，從另一角度來看，由於就學兒童的數字驚人，因此一般存心賺錢的人，居然向這一百多萬就學兒童動了腦筋，要從這些無知無識的學齡兒童身上撈他一筆。我這話並非憑空而說。老實說，以前我對這黑幕根本就不知道，直到今年暑假過後，我的一個孩子滿了六歲，承蒙政府强迫將其入學，接受國民基本教育，我才發現一個初進小學一年級的兒童，竟有那麼多嚕囌事情。在剛開學的那天，孩子帶回一紙繳欵單，命令式的請各家長先行繳納雜七雜八的費用新臺幣廿四元九角。這些雜七雜八的東西包括：作業簿，小學作文，寫字範本，小學雜誌，國語日報，各種練習簿，練習用紙，圖畫紙，蠟筆，名牌，橡皮，勞作材料，說話範本，音樂課本，工作課本，等等。至於正式的課本，係由教育廳供應，並未計算在內。

我要請問教育當局，一個剛發蒙的小學一年級學生，是不是看得懂國語日報？國語日報誠然是一張很好的四開小報，但一年級學生連一個方塊中國字都不認得，而且注音符號是從頭學起，要他去看國語日報，這不是笑話是什麼？

至於什麼音樂課本，什麼說話範本，簡直更加笑話。而小學雜誌，學生連影子都沒看到，也不知道是什麼樣的一個東西。試問一個剛啓蒙的小學一年級生，就來了這麼多的名堂，你叫他從何着手呢？難怪孩子說書本太多，不知道讀那一本？

上面這些說話範本、小學作文之類，說起來都是經教育當局審定過的。可是，毛病就出在這裏，因爲旣經審定合格，自然可以名正言順向這一百多萬小學生頭上開刀，痛痛快快的撈他一把。這筆錢反正不是小孩子自己出，而是由孩子們的家長負擔。當然有錢人家對於這種敲詐性的費用是不成問題的，但貧苦人家的子弟，却必須付出寃枉錢，供那些志在賺錢的人以飽私囊。教育文化界的這種壞現象，是很令人痛心的。

此外，關於小學高年級的學生，還有什麼「補習」的規定。補習原是幫助一個就學兒童進修，家長們自然無話可說。不過，補習是要錢的，每天晚上補習一兩個鐘頭，每個學生至少十元（有的還超過十元），以五十個學生一班計算，一個小學教員就憑空另外撈到五百塊錢的外快。老師們的熱心教育，本是應該欽敬的，然而，假如把這個當做生財之道，就難免失掉了「有教無類」的原意，而結果變成了「有錢無慮」了。我並不是說老師給學生補習不應該收錢，而是老師向學生宣傳「假如不補習就沒法升學」，這個舉動，實在有些要不得，然而這現象却很普遍。這眞是國民教育的一大悲哀！

自由中國　第十三卷　第九期　內政部雜誌登記證內警臺誌字第三八一號　臺灣省雜誌事業協會會員　一八八

給讀者的報告

國民黨內最近正在展開一項全體黨員的「自清運動」。在這個自清運動中，每個黨員都必須簽署自清公約，填寫十五份有關的表格。這些表格，科目至為繁複，令人難於下筆。一般黨員對於這些表格的塡寫，無不愁眉苦臉，大有「臨表涕泣」之慨。就我們所知，這個運動在黨內所引起的不滿情緒相當普遍。我們鑒於此種情形，本乎愛護之忱，不能不向國民黨當局進獻諍言。我們以爲「自清運動」根本上和儒家尊人性的傳統與民主自由的基本精神是相衝突的。推行這個運動不但不能獲致預期的效果，且足以招致許多十分嚴重的弊害。我們深慮這個運動會使國民黨內部離心離德，因而削弱了反共的力量。反共的鬪爭本身就是尊人性與反人性的鬪爭。我們當從提升人性的方面來增强反共的力量，斷不可以用共黨的方法來反對共黨。因此，我們建議國民黨當局，從速停止這項自擾自壞的「自清運動」。今天，我們國家的禍福安危正繫於國民黨的成敗利鈍，我們推愛國之心而愛國民黨。願國民黨當局三思之。

日本自由、民主兩大保守黨合併的傳說，醞釀已久。最近，左右兩社會黨的合併業已實現，保守黨合併的問題益爲世人所矚目。本期徐逸樵先生特爲我們撰文申論其事。徐先生在本文中，分析民主與自由兩黨的人事背景，以及合併能否實現的諸種因素，從而判斷未來可能的發展。以徐先生對日本問題的了解，他的推測當是最有權威的意見。

質詢權是議會重要的職權之一。在民主政治中，質詢權的使用有其重要的功能。上一期，我們還會寫過一篇社論，對此有所闡釋。本期我們更登出孟浩先生的「論質詢權的行使程式」。孟先生的大文比較分析美英日法等國的制度，從學理上研究質詢權的運用，俾爲我們今後改進的參考。本文以文長將予分兩期發表。

另一篇彭郎先生的大文是寄望正在籌備恢復的臺省審計處者。彭先生以公開財政、加强審計、尊重輿論三點相勉，可謂言簡意賅。我們深望未來的審計處能切實控制預算，執行憲法所賦予的職權。

本刊翻譯欄所連載的「權威與個人」一文前因稿擠而暫停一期，本期繼續登載其第三講——個人的任務。本講討論個人與社會的關係，以及發揮個人才智的諸種社會條件。先從藝術開始，然後談到宗教道德，最後談到科學。羅素指出：極權政府對任何的道德進步都是致命的打擊；現代技術使對個人逐漸增加控制成爲可能，乃是一項令人不寒而慄的事實。由此可知，只有自由的開放的社會才適於人類個性之發展，而一切政治權力對於人性的殘害都是道德的墜落。

本刊的發行到本期止已足六個年頭，從下期起將是第七年的開始。在過去的六年歲月之中，我們兢兢業業，秉文字報國之義，爲人民說話，爲國家獻替。其間之甘苦非筆墨所可形容，而讀者則是最好的鑒證。這裏，我們除感謝讀者過去的鼓勵與支持以外，並希望繼續給我們指教和幫助。

自由中國 半月刊 第十三卷 第九期 總第一四四號

中華民國四十四年十一月五日出版

發行人 兼主編 『自由中國』編輯委員會

出版者 自由中國社
社址：臺北市和平東路二段十八巷一號
電話：二 八 五 七 〇

航空版 香港 友聯書報發行公司 Union Press Circulation Company, No. 26-A, Des Voeux Rd. C., 1st Fl. Hong Kong

總經銷 臺灣 自由中國社發行部
美國 自由中國日報 Free China Press 719 Sacramento St., San Francisco 8, Calif. U.S.A.

經售者
日本 東京僑豐企業公司
韓國 漢城裕昌德號
馬尼剌 大中華日報社
新疆書店
印尼 椰嘉達天聲日報
棉蘭新中華報
越南 西貢中原文化印刷公司
緬甸 仰光振成書報店
印度 加爾各答塔梅學校
澳洲 雪梨瑞田公司
北婆羅洲 西利亞坡青年書店
新加坡 檳榔嶼、吉打邦均有出售

印刷者 精華印書館
廠址：臺北市長沙街二段六〇號
電話：二 三 四 二 九

本刊經中華郵政登記認爲第一類新聞紙類　臺灣郵政管理局新聞紙類登記執照第五五九七號　臺灣郵政劃撥儲金帳戶第八一三九號
（每份臺幣四元，美金三角）

自由中國

FREE CHINA

第十三卷第十期

創刊第七年

要目

中華民國四十四年十一月十六日出版

社址：臺北市和平東路二段十八巷一號

半月大事記

十月廿六日（星期三）

越南宣佈為共和國，吳廷琰出任首任總統兼總理，並設立委員會，負責起草新憲法。

我政府宣佈承認越南新政府。總統電賀吳廷琰。

美衆院軍事委員會七議員抵臺訪問。

美遠東空軍司令庫特上將抵臺訪問。

美陸軍在沖繩島試放原子炮。

奧國會通過法案，保證維持永久中立，不參加任何軍事同盟。

十月廿七日（星期四）

美英法俄四國外長會議在日內瓦開始舉行。

以色列總理抵日內瓦會晤四外長，商中東危機，表示將從事預防性戰爭。

西德副總理布呂克告美記者稱，西德將續為西方忠實盟友，決不接受蘇俄所提中立化建議。

十月廿八日（星期五）

美國會七議員及庫特上將分別離臺赴港。

四外長會議中，西方三國提九點保證公約，促俄同意德國統一，在德、波、捷邊境建立緩衝區。

日本民主與自由兩黨聲明於下月十日合併。

法議會對傅爾要求提前總選通過信任案。

十月廿九日（星期六）

薩爾議會決議接受親法總理霍夫曼的辭職，委派魏爾希為臨時政府領袖，議會本身定於十二月十七日解散，十八日從新選擧。

摩洛哥新總理史利曼宣佈歡迎前王尤塞夫復辟。

美英法三國外長決定，拒絕以武器供給以色列。

十月三十日（星期日）

西方再度向俄警告，共黨以武器供應中東，將嚴重威脅世界和平。

摩洛哥遜王阿拉法致函法總統考蒂，決定讓位尤塞夫。

十月卅一日（星期一）

各地慶祝總統六九華誕。

美新任第七艦隊司令殷格索抵臺。

胡光麃案宣判，三被告均無罪。尹仲容辭經濟部長職。

十一月一日（星期二）

西方三國拒絕蘇俄所提之所謂修正公約，認俄國使德長期陷於分裂。

杜勒斯訪問西班牙，與佛朗哥舉行會談。

摩洛哥前王尤塞夫抵巴黎，傳即返摩復位。

十一月二日（星期三）

徐鼐在立院經委會報告開發電力五年計劃進行情形。

以色列新總理本古里表示願與埃及總理及其他阿拉伯國家領袖會商，和平解決中東衝突。

東南亞公約國家代表在檀香山擧行軍事會議。

摩洛哥攝政會向尤塞夫提出辭職。

西方三國在四外長會議中拒絕蘇俄所提設立全德參議會之建議。

蘇俄派外次左林為蘇俄駐西德大使。

十一月三日（星期四）

中央社訊，政府已內定江杓繼任經濟部長。

中東戰火擴大，兩國卅英里邊界有激烈戰事。

法國衆院通過傅爾所提下月舉行普選案。

十一月四日（星期五）

美商務部長威克斯發表聲明稱，美對匪區輸出管制，仍將照常嚴格執行，不受放寬對歐洲俄附庸國禁運之影響。

杜勒斯否認曾與周恩來通信。

日濱松華僑集中營，因共匪滲透，發生暴動，重傷六人，輕傷六十人。

總統明令，特任江杓為經濟部長。

聯大秘書長函埃以兩國，要求撤退軍隊，聽候處理。

西方再對德保證，未獲德國統一協議前，決不與俄簽訂任何協定。

十一月五日（星期六）

蔣總統招待歸國僑團，闡釋反攻復國時機。

美助理國務卿艾倫邀晤以埃兩國使節，力促停止戰爭，共謀和平。

以色列向美洽購軍火，杜勒斯已允考慮。

十一月六日（星期日）

美參議員曼斯斐德警告美政府重視遠東局勢。

美參議員薩東史達抵臺考察美援情形。

日社會黨議員穗積七郎抵臺考察。

聯合國停戰監督代表勃恩茲返抵以色列，斡旋以埃停戰。

杜勒斯抵南斯拉夫會晤狄托，商討加強美南兩國關係。

莫洛托夫自日內瓦返俄京，請示在四外長會議中蘇俄之策略。

北大西洋組織聯軍副統帥英陸軍元帥蒙哥馬利發表談話，警告西方國家當心蘇俄笑臉運動。

十一月七日（星期一）

蒙哥馬利主張盟國為指揮全球戰爭，應設立最高指揮機構。

十一月八日（星期二）

諾蘭演說，主張自由世界應以解放鐵幕為目標，反對與俄締結安全公約。

四外長會議重開，西方會商對策。

香港六華文報因刊孔松烈士被殺案，被港政府判罰欵。

立法院通過臨時動機，質詢胡案處理經過，認本案有行政干涉審判之嫌。

十一月九日（星期三）

立法院三讀通過華僑四國投資條例。

葉外長抵菲談話稱，聯合國會員國多數支持我國，決不允許共匪入會。

羈日華僑一百七十三人返抵自由祖國。

吳廷琰談話，表示越南不受日內瓦協定約束。

西方三國外長決定下週結束四外長會議。

法內閣任命巴黎警察廳長杜波斯出任摩洛哥總督。

『自由中國的宗旨』

第一、我們要向全國國民宣傳自由與民主的真實價值，並且要督促政府(各級的政府)，切實改革政治經濟，努力建立自由民主的社會。

第二、我們要支持並督促政府用種種力量抵抗共產黨鐵幕之下剝奪一切自由的極權政治，不讓他擴張他的勢力範圍。

第三、我們要盡我們的努力，援助淪陷區域的同胞，幫助他們早日恢復自由。

第四、我們的最後目標是要使整個中華民國成為自由的中國。

社論

（一）我們的檢討與報告

本刊的創刊號是民國卅八年十一月間出版的。到現在已滿六年，這一期正是第七年的開始。

過去這六年我們遵照本刊的宗旨（每期都登載的）及發刊詞所揭舉的禁條（不作無聊的悲觀，不作下流的漫罵，不歪曲事實，不顧小己的利害）誠誠懇懇地幹，這其間，我們吃過不少苦頭，但這都是不值得一提的，我們所時刻關心的，只是我們這個刊物對於宣傳自由與民主的眞實價值，對於督責政府切實改革政治經濟，對於建立自由民主的社會，究有多大的貢獻？這個問題，我們要趁本刊第七年開始的今天，把它拿來在讀者之前檢討一番。因爲「自由中國」這個刊物，在精神上爲廣泛的讀者所共有的。

話頭要從稍遠一點的地方說起：

大家都知道，反共抗俄（應該說反共倒蘇），是我們當前的國策。其實，這不只是我們一時的國策而已，我們要做「人」，就得反共。反共，不是「政」權問題，而是「人」權問題；因而倒蘇不是國家民族問題，而是人類問題。我們想，凡是澈底了解共產黨爲何物的人，大概都與我們同一見解。基於這一見解，所以我們在反共倒蘇這一工作中，要特別着重於自由民主的宣揚，因爲人性的尊嚴，只有藉自由民主才可以得到保障；同時，如果大家都深切地認識了自由民主之可貴，則共產主義也就無從生根。我們認爲這是我們反共陣營中文化工作者必須做的一個起碼工作。

反共，除掉意識以外，還有一個力的問題，也可說是手段問題。這方面，自然是政府負起最大責任。因此我們對於政府如何培養反共力量，如何運用反共力量，換言之，我們對於政府用甚麼手段來反共，不得不特別關切，不得不採取督責的態度。我們關切，我們督責，是本着一個最正確的前提，即「手段必須符合目的」。反共的目的，是在爭取民主自由，反共的手段，必須是合乎民主而不危害自由的。科學告訴我們：「一個人的性格，是定型於其行爲，而不是定型於其志願。」一個政府也是如此。我們的政府，論志願，是百分之百的反共，同時，政府當局也不斷地在講，反共爲的是民主自由。可是衡諸「手段與目的一致」這個準繩，我們政府的行爲，是需要我們大家經常督責的。因爲我們要反共，必須要一個志願反共，行爲反共，因而其性格是反共的政府。否則反共的目的是難以達成的。

以上兩點，是我們所以要宣揚自由民主與批評時政的基本理由。現在再來檢討過去這六年我們所作的成績怎樣。

先就宣揚民主自由的眞實價值這方面講，我們雖沒有做到十分滿意，但從歷年讀者的反應來看，我們是差可自慰的。但這一類理論的文章，本社同人寫的，恐怕還不及外稿多。所以我們對於這些社外的作者，要在這裏特別表示感謝。

其次，說到批評時政這方面，作爲輿論界之一分子的我們，實在慚愧得很。兩年前的今天，我們在一篇社論「輿論界的反省」中說過：「今天，照我們輿論界的表現，我們國家似乎一切困難都已克服，我們復國建國的偉大工作，只差最後完成的一步了。翻看報紙雜誌，通常是一整片的自稱自贊，自我陶醉。大家所感覺到的問題，無人願意提出；大家所希望說出的意見，無人敢於代爲表達。於是眞正嚴重的事，就在不知不覺之中含混過去，永遠不去尋求解決之道」。這是兩年前的話。今天怎樣呢？今天的情形似乎變得更壞。報紙不僅不能表達民意，即立法委員在院會內的發言和質詢，也不詳細登載了。輿論界的大勢既如此，少數例外的報紙和雜誌，又怎能發生多大的作用呢！所以就批評時政這方面說，我們與若干同道者同深感愧。但是，我們是有責任感的，作爲輿論界的一分子，就應該負起言責；同時我們也深深知道，任何自由都要自己努力去爭取，不能靠別人賜予。言論自由，新聞自由，也是這樣。基於這種責任，基於這種認識，我們決不懈怠我們的努力。自然，這裏還需要愛護本刊的讀者與作者經常給我們督責，給我們鼓勵。

關於本刊的編輯和發行，我們也藉這個機會向大家作一簡略報告。

本刊的宗旨與創刊詞中所揭擧的禁條，是我們編輯方面的指導原則。在這些大原則下，我們很具體地確定了幾點選稿的標準。近年來由於國內外作者的贊助，社外來稿一天多一天。就已登出的來講，外稿現已佔了本刊分量的百分之七十左右。這些外稿的作者很多原與本刊同人無一面之緣，由於採用了他們的稿子，我們成了文字交；另一方面，有些很熟的朋友，又因為不原諒我們退稿，以致鬧得不歡而散。這種甘苦是我們編輯部門經常體味到的。現在我們把本刊的選稿標準在這裏附帶報告出來，同時也希望作者和讀者給我們教益。

先從理論方面的文章說起。反共是一文化鬪爭，共產主義那一套歪論是有其深遠淵源的。我們反共陣營中，有些所謂反共的理論家，其思想路數早經墮入共黨那邊而不能自拔。儘管他們是在熱烈反共，但就其思想路數看，與他們所反的正是一個調子的兩種唱詞。關於這一類的文章，儘管牠的結論是反共的，我們也不敢採用。因為思想路數太要緊，我們不能把錯誤的思想路數介紹於讀者之前。這是我們選擇理論文章時一個消極的標準。

通訊欄在本刊中佔有相當分量；同時也是很多讀者最歡迎的一欄。這一欄的文稿，百分之九十以上是海外華僑寫來的；而其內容大都是報導華僑生活狀況、華僑對於祖國的觀感、以及華僑所在地各方面的情形。我們對於這一欄的開闢和維持，是盡了最大努力的。因為我們知道，華僑人口有一千二三百萬，而臺灣人口不過八百萬。號稱「自由中國」的本刊，如果把目光局限於臺灣這塊小天地，而不把嚮往祖國的各地華僑在精神上聯繫起來，那末，我們是有愧於「自由中國」這塊招牌的。所以我們這一通訊欄，儘量登載了華僑寫來的稿子。因為這個原故，本刊在華僑所在地的發行量也就日有增加了。

文藝欄的分量，近年來我們也把它擴充了。本刊是一個態度嚴正的刊物，我們為調劑讀者的情緒，很想在這一欄中多選點短篇的輕鬆的優美作品，所惜者這一類夠格的來稿不太多。小說方面，凡是對於人物個性有深刻描寫，對於社會問題有深刻認識，從而可以提高生活意境的，我們就認為是好的作品。我們決不附庸時髦，把那些口號式、八股式的東西，也當作文藝。

關於發行方面，我們覺得是可以告慰於讀者和作者的。在本刊底封上所刊的那些海外經售處，只是一些發行網的中心，並不是本刊所到的地方只限於這些埠頭。例如印度洋中的馬達加司加(Madagascar)和模里斯(Mauritius)這兩個小島，也有很多本刊的定戶。我們可以這樣說：在海外凡是有華僑的地方，就有本刊。華僑在世界上無遠弗屆，而本刊在世界上也是無遠弗屆的。此外，在本刊的發行史上最近有兩個新的紀錄，也附帶地在這裏報告一下：㈠本刊自創刊以來從未脫期，但應於本年九月十六日出版的第十三卷第六期竟因故延遲了二天才出版，這是我們發行史上一個最不愉快的紀錄。㈡十一月一日出版的第十三卷第九期，在發行的第二天，即因需要驟增，再版一次。這也是我們出版界從來未有的新紀錄。

社論

(二) 自由選擇，選擇自由

—慶祝越南共和國的誕生—

上月廿三日，在薩爾區公民投票表決「歐洲化」的同一天，越南人民投下了他們神聖的一票，以選擇他們國家今後的政體。這是越南人民在歷史上第一次行使他們的政權。投票的結果，百分之九十八的選民都一致支持前總理吳廷琰，摒棄了法國殖民主義卵翼下的昏君保大。廿六日，吳氏正式宣佈越南為共和國。同時根據臨時約法的規定，由吳氏出任首任總統兼總理，並準備於本年底前選舉國會，制定新憲法。

在此，我們要為越南共和國的誕生，向越南人民敬致賀忱；並略抒我們的感想。

首先，我們要指出這次越南人民通過投票的方式，完成了越南歷史上一項空前重大的改革，其所顯示的乃是人民自由意志的偉大力量。它告訴我們只要有自由選擇的機會與環境，人民一定能為他們自己作最佳的抉擇。因為人民的利益只有人民自己知道得最清楚。過去我曾聽慣一些似是而非的說法：說是對於落後地區的人民，應該把政權交給一些更「聰明」的人代為行使。這些說詞實際只是殖民主義與專政主義者愚惑人衆的藉口而已。這次越南公民投票正足以給這種論調以事實的否定。越南是世界落後地區之一，人民一般的教育程度不高，可是他們却已經作了一次正確而明智的抉擇。這一事實肯定了民主政治的眞實價值；也使鐵幕內的統治者們爲之心驚膽寒。鐵幕內的統治者們是不敢讓人民有自由選擇的機會的。因爲，一旦他們容許人民自由選擇，人民一定是選擇自由的。然而，儘管這些統治者藉鐵幕與暴力來剝奪人民的自由，但將來推翻他們的，亦必正是從人民自由意志中所產生出的鉅大的力量。

自由是目的，民主是手段。信仰民主自由的人，對於目的與手段從來都是同等重視的。「爲達目的不擇手段」是馬加維尼主義的作風。越南人民這次選擇公民投票的方式作爲解決國是問題的途徑，這一事實的本身便是值得贊揚的。以吳廷琰氏今天在其國內外所擁有的聲望，以及他那已經有效的控制軍權政權的地位，就我們東方人的政治習慣與心性而言，要想改變國體或自任總統，儘可以採取與他個人更方便的辦法。他可以假好聽的「革命」之理論，行其所是的「革命」之行動。何況，「越南革命委員會」早已作成決議，要求廢黜保大而擁護吳氏爲總統。然而吳氏絕不出此。他寧願將最後決定的權力交付與人民。他之宣佈公民投票，亦即是承認主權在民的原則。這是一個好的開始。越南在邁向獨立自由之途的第一步便是走對了的。由此亦可以看出吳氏對民主政治的信心。有他的領導，越南一定能慢慢走上民主政治的常軌的。然而，在慣於視政治爲權術的地區，也許有人會說，越南公民投票不過是吳廷琰所耍的政治權術而已。這與事實殊不相符。我們從電訊的報導中看到，這次越南公民投票誠足以媲美薩爾區的公民投票，它是在絕對自由的環境中舉行的。越南人民的選擇是自由意志的選擇。退而言之，即使假定這僅是吳廷琰所耍的一種政治手段，這也是一種好的手段。那些私國家權力爲已有的人，是絕無耍此手段之智慧的。

在這次越南公民投票中，吳廷琰之能獲得國民一致的支持，當然不是偶然的。去年五月，當奠邊府陷落之後，越南正是一個不可收拾的局面，吳廷琰臨危受命，出任艱鉅。嗣後，日內瓦會議出賣越南，將北緯十七線以北的土地讓與共黨。接着更不幸而內有軍閥之叛亂。吳氏以其堅定不移的信心，克服了踵接而至的難關。吳氏的這種性格固然是他成功的因素。可是更重要的還是在吳氏的主張。吳廷琰是一個堅決反共而又反法的人物。他的立場正確地代表了越南人民的利益。人民之衷心擁護他，主要的原因在此。所以，這次越南公民投票的結果，與其說是吳廷琰個人的勝利，毋寧說是越南人民的勝利。

我們一向以爲自由與人權是我們此一時代的號召，也是世界人民的一致要求；此不論地域之東西，膚色之白黑。惟其在自由與人權的號召下，必然的就排斥帝國主義、殖民主義、極權主義、及一切程度不同的反民主制度。因此，我們今天之反對共產主義，本質上應即是爭取自由、維護人權的運動。而在反共戰爭中，自也不容有來自任何方面的反自由反人權的擧措。我們此一信仰，可以從這次越南公民投票中，又一次得到了印證。越南人民爲什麼要一方面反共，一方面又要反對法國殖民主義，寧願兩面作戰呢？實則他們的目標是一貫的，——爭取越南人民之自由而已。他們若僅是爲了民族主義而反對法國，則他們何不與胡志明合作？胡志明一直便是以民族主義來迷惑越南人民的。然而越南人民仍然要反對共產主義，這固然因爲胡志明所代表的是蘇俄與中共的新帝國主義之利益，同時還因爲它是一個暴力的摧殘人民自由的政權。從這個觀點看來，這次越南公民投票的結果，與其說是民族主義的勝利，毋寧說是越南人民爭取自由之勝利。

如前所述，反共應是爲了爭自由與人權。亦惟有爲爭自由與人權而反共，才能產生實際的反共力量。中央社記者上月廿四日發自西貢的一則電文，很值得我們玩味。這則電文中透露，由法國政府派駐河內的聖丹尼代表團正在與越共公開擧行談判，而優遊於巴黎的保大亦與越共派駐法方的代表頻有接觸。因此該社記者指陳，在吳廷琰與保大政爭之幕後，實際還隱藏着反共與親共的思想與行動之爭。如果我們對反共戰爭的本質有較深的認識，我們對於此一離奇的現象，就不致感到驚異。因爲反共如是爲了少數人或某一個政權的利益，而不是爲了人民的自由，則這樣的反共不但不能獲得人民的支持，且亦難保證其中途之不變質。

西方人對於自由的認識本是不成問題的。他們深知反共乃是爲了保衞民主自由。可是他們却竟常常毋視亞洲人對自由的願望。他們昧於亞洲人之所以反共亦是爲了爭自由的目的。英法兩國政府在亞洲地區一直不改其殖民主義的作風，正係由於此故。殊不知這樣徒足以助長共黨之侵略。在此，我們不能不贊許美國政府之不顧法國反對而始終支持吳廷琰的立場。如果不是由於美國的幫助，越南今天的局勢是不堪想像的。我們要喚醒西方政治家們，正視亞洲人民嚮往自由的願望。在這個原則之下，西方國家不僅應該幫助亞洲地區的人民擺脫殖民主義的羈絆，同時還要幫助他們對內完成若干必要的政治改革。這樣，亞洲人民反共事業才有前途。

現在越南共和國是成立了。然而她所面臨的困難仍舊很多。我們希望美國政府繼續予以有力的援助，使其向民主之途邁進，更進而收復北越，以實現越南人民統一、獨立與自由的願望。

我替領導反共鬪爭的美國着想

雷　震

一

為了免除不必要的誤會起見，我首先要聲明的有左列二點：

第一　我這篇文章，是站在全世界反共國家和反共人士的立場來立論的，決不是專站在自由中國和中國人的立場來寫的。換一句話說，這篇文章乃是為着整個反共策略而着想的。在現階段中，美國領導反共鬪爭，故亦是為着美國着想寫的。自由中國是反共鬪爭的一環，中國人是反共鬪爭中的一分子，自由中國的前途，當然在整個反共世界的前途中。

我是一個中國人，對中國問題自然特別關心，惟反共事業乃是全世界自由人的反奴役工作，其成敗利鈍關係於整個人類命運和前途至深且鉅，我們對反共問題如要表示意見，自應以整體反共的前途為目標，以整個反共的利害為利害，不應僅僅注意自由中國的個別問題，或專從自由中國的利害着想。其他民主國家的人民和政府對於反共問題都應採取同樣的態度。猶之世界上所有共產黨徒都是為着共產主義的世界革命這個目標來考慮問題，朝着這個目標來採取行動是一樣的。

因此，我們今日必須捨棄小我而成全大我。「自由中國」這本刋物，過去幾年對於世界問題的看法，尤其是對於世界反共問題所作的主張，確實是站在整體反共的立場來着眼的。讀者們只要覆按過去的言論，當可明瞭我們的態度。我們認為民主各國的立場應該是相同的，利害應該是一致的，彼此雖有若干的矛盾和差異存在，應該可以調和協洽，大敵當前，個別的小利小害，眞是微乎不足道也。

第二　這篇文章所包含的意見，過去在私人談話的時候，雖和美國朋友說過，但從未公開發表出來。之所以如此者，有兩個理由在：一則恐怕他們（美國人）誤會這是為自由中國來打算，對美國將會發生不利。因為他們老是害怕把自己拖下水去，認為這是削弱了反共的力量。二則正當全世界民主國家的人民厭戰懼戰的時候，發表這類意見，其他反共的國家如英國者，必認為這是很危險的想法，有導致三次大戰的可能。

可是世界局勢的發展，由於種種因素而形成了今日的局面——「拖延和等待」，雙方都盼望在拖延和等待的僵持中獲得勝利。惟細加分析，拖延和等待，對美國並不一定有利，對其他民主國家如英法等國，也只能說是利害參半，獨對共產集團的征服世界則日趨有利。何以故？過去以迄今日的態勢，是美國一國的力量尚可擊敗蘇俄，故蘇俄經韓戰的失敗教訓，暫擬不用戰爭而想用種種辦法來拖，打算在拖的當中發展滲透工作，分化自由世界的反共意志，痲痺美國人的反共決心，因而減低美國人準備工作的情緒，來削弱美國的對抗力量。等到民主國家人心渙散，美國士氣消沉，美國一國的力量不足以抗禦的時候，或者蘇俄的核子武器的力量足以擊破美國的時候，蘇俄必會萬弩齊發，集中所有力量，一擊而消滅美國。俟美國武力毀滅之後，然後再分頭收拾殘餘的民主國家。這雖是不易實現的如意算盤，但蘇俄的處心積慮確是這樣的。如果眞的到了那個時候，不僅三次大戰無法倖免，所有民主國家亦將無一可免於難，於是共產國家征服世界的企圖，即可如願以償了。所以，當世界各國尋求和平，緩和戰爭，要把緊張局勢拖延下去的時候，美國必須確立反共的「基本政策」，方能希望在拖延和等待的僵持中獲得勝利，方可免除三次大戰的悲慘局面。萬一不幸而發生了三次大戰，也可能獲致勝利。

總之，蘇俄不會放棄世界的革命，同時為要達成此目的，最近的將來也不會冒險從事戰爭的。

二

今日的世界顯然劃分為兩個世界：一個是共產極權的世界，另一個則是民主自由的世界。

共產世界的國家，不問過去的政治形態如何，文化傳統如何，今日一律行的是極權統治，用恐怖和屠殺來治理國家，且用「鐵幕」把自己的國家緊緊罩住，使國內與國外完全隔絕，不僅不許本國的人民和民主國家的人民自由交往，就是共產國家彼此之間，人民亦不許自由來往；甚至在一國之內，人民亦不得自由往還。他們在國內的政治形態和生活方式，只有主人和奴隸之分，絕對沒有一點自由可言。

民主世界的國家，人民可以享受各種自由，有共同遵守的法律，在這個範圍之內，不受任何人的干涉。這些國家的人民所能享受的自由，其程度彼此雖不盡同，但其基本觀點則完全一致：就是承認「個人尊嚴」和「個人自由」。國家只是為個人謀幸福而存在。人民不僅可以批評政府，而且可以反對政府；人民不僅在國內可以自由旅行，即在國與國之間亦可互相往還。

自由與不自由乃是民主世界和鐵幕世界的分野。

抱着這樣兩種絕對不能相容的理念的國家，他們眞能和平共存麼？他們可以相安無事麼？這是擺在我們面前的一大問題。

讓我先作結論說：這樣兩種國家決不會在世界上和平相處的，決不可能相安無事得很久的。所謂「和平共存」也者，只不過是「武裝對峙」的假面具耳。戴着這個假面具的期間，可能僅是暫時，也可能維持一段相當長的期間，但是大家都是外弛而內張，表面上裝做希求和平，暗地裏則加緊準備。

誰都知道蘇俄及其嘍囉們不會放棄世界革命的目標，只要有些機會可乘，他們一定加以利用來蠶食或鯨吞殘存的民主國家，直至把整個世界變爲共產世界的最後一剎那爲止。這個目標一天未達成，他們決不會放棄爲達成這個目標的努力。

其實，這個道理太簡單了。像共產黨今天所施行的統治方法：對外要用鐵幕來隔斷一切，對內要用恐怖屠殺來控制人民，除非把全世界每一角落都變成清一色的共產國家，他們不會有片時片刻可以高枕無憂的。因爲他們深深了解自己制度的弱點，人民對之必然深惡痛絕而誓不兩立。他們時刻感受的威脅是：只要世界上還有和他們制度相反而係根據自由民主所建立的國家存在，他們這種建築在暴力之上的恐怖統治，隨時都有被推翻的可能；而他們這些暴君的腦袋，隨時都有搬家的可能。所以，共產世界爲自己的前途打算，也只有革命到底，把世界上所有國家都變成共產國家爲止，然後他們纔可安心。

其次，共產政權的性格，是要靠「鬪爭」來維繫的。唯物辯證法的本身，就是教人們在鬪爭之中求生存，故共產黨徒時刻忘不了鬪爭這套戲法。他們覺得惟有獻身於鬪爭纔可以生存下去，所以共產政權是不讓人們悠閒自在的。他們認爲人民一有空閒，就會胡思亂想，其結果必對他們不利，故必須時時刻刻鼓勵人民向外鬪爭，纔可鞏固自己政權於不墜。共產黨徒既已習慣於鬪爭的玩意，而現階段的鬪爭目標，當然就是殘存的民主世界。等到殘存的民主世界鬪光了，他們必然又會自己互鬪，直至鬪得你死我活爲止。「弱肉强食」是共產黨徒唯一的信條，所謂對敵人的寬容就是對自己的殘忍。從這一點來看，共產黨徒所呼籲之和平共存，只不過是他們在鬪爭的現階段中所使用之另一鬪爭手段，所謂「退却戰略」而已。

基於上述的觀察和分析，共產黨徒今日使出渾身解數以進行的「和平運動」、和大聲疾呼以唱導的「和平共存」，完全是一顆煙幕彈，意在欺騙民主世界，麻醉民主人士，使民主世界的準備工作鬆懈下來，而他們自己則加緊準備，利用這顆煙幕彈來完成其征服世界的企圖。

三

蘇俄目前要搞和平運動，除作煙幕彈以掩護自己準備和鬆懈對方準備外，還有更重要的內在原因，茲特析之如下：

第一　蘇俄自史大林斃命之後，繼任獨裁者的權威尙未建立起來，如貝利亞之被整肅和馬林可夫之被黜退；都是一連串爭奪權力的內訌。在這個時候，若貿然和民主國家啓釁，這場血戰很難獲得勝利。自企圖繼任獨裁的野心家們看起來，他們若欲鞏固自己的權力，尙需一段和平的時間，俾可從容佈置，清除異己而獨霸權力。史大林的獨裁權力，也是經過了十幾年的流血鬪爭，然後才使獨裁寶座安如泰山。

第二　蘇俄在史酋死後的二次權力爭奪之戰，都是借重於軍方的力量，其結果則軍人如布加寧和朱可夫都掌握了實權。這是違背了史大林不讓軍人干政之遺制。可是在蘇俄共產黨徒的想法，這原是萬不得已之舉，故借重軍權只有到此止步。如果蘇俄今日馬上又和民主國家開戰，姑不論戰爭的結果是勝是敗，其政權必落於軍人，如朱可夫輩之手；而共產黨徒必至大權旁落，仰人鼻息，再也不能發號施令，頤指氣使了。故不如把戰爭延緩下去，先求鞏固共產黨的政權，然後再伺機而動。這一段期間當然需要和平的。

第三　蘇俄爲與美國軍備競賽的結果，消耗了大部份的財力，使國內的民生物資極感缺乏，人民生活日趨艱苦，而不滿的情緒到處流露出來。這對共產黨政權係一大大的威脅，何況繼任獨裁者的權威尙未建立起來，誰也沒有史大林那樣的赫赫的聲勢可以懾伏羣衆。於是只有先使軍備競賽稍爲減輕，移其餘力以生產人民所必需的生活物資，庶可多少滿足人民的願望，而使獨裁政權得以建立起來。爲要達成這個目的，也需要一段和平的時間。

第四　蘇俄不僅國內需要和平，爲了共產集團的生存，必須促致經濟生產的發展，這也需要和平才可達成。

鐵幕國家受到民主集團的貿易封鎖，使他們在經濟上遭受極大的困難。因爲鐵幕國家大多數是技術落後、工業不振的國家，他們從事經濟建設，需要鋼鐵機器等物資，而此類物資，蘇俄本身尙不能自足自給，自無餘力來供給，故必須由民主國家輸入。

蘇俄鑒於鐵幕集團需要民主國家的物資十分切迫，故希望由於唱導和平共存的美麗辭調，可換取民主國家解除封鎖的目的。中共和美國在日內瓦的談判，其最終目的也是希望美國解除戰時物資的封鎖耳。

蘇俄需要和平的理由已如上述，她認爲在和平的期間更可以發展世界革命的工作，較之參加無勝利把握的戰爭更易於達到預期的目的，因爲她還有下面兩個最有效的武器而爲民主世界所無者。

第五　共產世界握有一種最大的精神武器：就是天下烏鴉一般黑。世界上所有共產黨徒，不問地區如何，不論膚色如何，都是一鼻孔出氣的，都是聽命於蘇俄的。例如蘇俄和納粹簽訂了互不侵犯條約，史大林和松岡洋右在莫斯科車站擁抱表示爾後合作的時候，這些嘍囉們馬上停止對德國和日本的攻擊，後來蘇俄和德日翻了臉，他們又馬上掉過頭來跟着主子一齊叫罵。一百八十度的轉彎毫不在乎，他們之服從蘇俄堪稱爲孝子賢孫了。他們願意跟着主子征服世界，他們具有「獻身的狂熱精神。」這是蘇俄征服世界最大的本錢，而民主世界彼此之間，則缺乏這種精神上的聯繫，有時爲着利害的衝突，自己反而吵鬧不休。今日中東回敎國家和以色列的搆釁，南韓和日本鬧氣，印度和巴基斯坦的不和，都是極明顯的例子。

第六　蘇俄因有這樣一種精神武器供其利用，乃造出一套所謂「滲透」的中心戰略。這又是民主世界所沒有的。共產黨徒可在世界上任何角落裏、尤其是在落後地區裏，進行滲透，隨時以分化、瓦解的手段來顚覆民主國家，以不戰而亡人之國。各國共產黨徒到處製造矛盾，或利用矛盾來製造糾紛，並從而擴大之，如製造工人和雇主間的糾紛，鼓吹殖民地人民和殖民國家的仇視，擴大被統治階級和統治階級的敵對，播弄甲民主國和乙民主國的不和等等。總之，共產黨徒潛伏在民主國家裏面，時時尋找間隙，刻刻興風作浪，使民主國家應付不暇而又防不勝防，而他們自己則坐收漁人之利。這是蘇俄征服世界最厲害的武器，亦惟有在和平共存的號召之下，才可發展此項工作，才可使工作進行有效。如果戰爭一旦爆發，各國均將採行戰時措施，此項工作亦將無法施其技矣。

總之，東西雙方冷戰經已數載，在這段期間，除極少數民主國家標榜中立者外，大部分民主國家都是站在西方陣營這一邊。這對蘇俄是不利的。如果冷戰繼續下去，民主陣營只有加强團結，而唱導和平之徒，也就沒有機會可以利用了。

蘇俄爲要打破這一局勢，故意裝出願意結束冷戰、彼此和平共存的姿態。這樣可以獲得若干民主國家的同情，使民主國家的團結因而鬆懈下來；使站在西方陣營的許多國家一天一天的離開這個陣營，或與蘇俄接近，或走上中立路線；使原來比較中立的國家更趨於中立了。

果然，蘇俄發出這一和平攻勢之後，爲時僅及數月，而所獲成果確已不少。例如，蘇俄和南斯拉夫的關係已大爲改善；中東和北非的回敎國家，則日與蘇俄接近；和平肩客如尼赫魯宇汝之輩，更有文章可做，認爲他們過去的努力已獲成果而更全力以赴；許多原來意志搖擺的國家，因此也希望去走中立的路線了。

四

共產黨徒之不會有片時片刻放棄世界革命的念頭，和共產世界之視和平共存只是現階段的必要戰略。共黨這一企圖最大的障碍，也可說是唯一的障碍，厥爲美國。共匪深深知道他們若不能擊潰美國，他們就無法完成其統治世界的目標。共產黨徒在自由世界的滲透工作，雖在各地進行，惟其工作的重點，則是放在如何對付美國和如何擊敗美國上面。他們用滲透、分化來削弱自由世界的力量，爲的是要剪除美國的羽翼，使其比重一天減少一天。由此可見兩個世界的總決算，總有一天非來一次大決戰不可。這不僅明眼的美國人和其政治領袖十分了解，即全世界各民主國家的當局，亦莫不洞悉無遺。然則，美國和其與國英國等爲甚麼不趁着蘇俄內部未臻鞏固而美國尙握有軍事優勢的今日，趕快和蘇俄一決雌雄以絕後患，反要隨着蘇俄的叫囂和平而跟着一同談和呢？這正是許多人們所最不能了解的問題。

關於這個問題，美國可能有她的苦衷和自己的想法與打算。以下雖是我的假定，大致是不會差的。

第一　她的苦衷是甚麼？

甲　首先要說明的，美國依照憲法規定，除爲防禦侵略而戰外，是不能對外國發動戰爭的。這就是說，美國不允許主動的和外國開釁。

乙　美國人民目前非常希望和平，即令是一時的和平亦極爲願意，爲達到和平的目的縱有若干犧牲亦在所不計。因爲第二次大戰終了之後不久，又背上一個不明不白的韓戰，雖然苦戰數年，損失了不少的人命和物資，仍舊沒有打出一個名堂來，和眞正的敵人根本沒有交過手，故對戰爭一事，確屬厭惡之至。美國目前的輿論，儘管不滿意於蘇俄的敵詐行爲，但還未發展到同仇敵愾而能和蘇俄開戰的地步。現在對蘇俄發動戰爭，當然是不適宜的事情。故美國今日的世界政策是維持現狀，保持均勢。她認爲這樣最爲有益。

第二　美國人對世界局勢的前途，有他們自己一套的想法和打算，而這套想法和打算，當然也有相當理由的。

甲　美國人深信：他們的社會組織堅强，人民生氣蓬勃，除少數共產黨人外，人民和政府在原則上是一致的。換一句話說，全國上下都是爲着祖國——美國——的利益而奮鬪的。因爲政府對人民是開誠布公的，政府的工作是爲人民謀福利的，人民有意見固可隨時發表，政府有錯誤人民也可隨時糾正，儘管內部也有黨派之爭、政見之爭和利害之爭，但政府和人民都是循着共同的軌道——共同遵守的法律——以進行，彼此之間並無深仇宿恨，沒有非至流血不能解決的問題。

乙　其次，他們覺得他們的經濟組織健全，生產配合靈活，不僅沒有像馬克斯的預言一樣，資本主義會自趨崩潰，反而由於生產力增加，使人民的生活水準不斷的提高，由於高度累進所得稅和高度累進遺產稅的採用，阻止和防制了社會財富的集中；由於確立和實施了社會安全的制度，使老弱殘廢和失業者得有所養，故其社會一天繁榮一天，人民的生活則一天安定一天。

丙　在其相對的一方面，他們深信：共產集團的暴力政權是不能維持長久的。因爲暴力政權是用恐怖和饑餓來統治，人民不僅不會心悅誠服，而且恨之切骨，現在只是敢怒而不敢言罷了，總有一天會起來復仇的。而其內部爲爭奪權力，時常演出流血的慘劇，更易使暴力政權陷於衰弱而趨於崩潰。至共產集團彼此之間，儘管表面上和好無間，實際上則利害極不一致，尤其一切以蘇俄爲中心的打算，以蘇俄的利害爲利害的作法，附庸國家的人民絕對不會滿意心服，遇到壓迫過甚的時候，也有出現狄托的可能。惟這些不滿和間隙，要在長期和平的對峙局面之下，始會暴露出來，若遇對民主國家的戰爭發生，他們又會感到唇亡齒寒而緊密的團結起來。因而認爲和平對美國的世界政策是有利的。

丁　最後也是最重要的一點：就是美國人覺得自己國家富有，生產機構發達，因而軍事的潛在力量要高出蘇俄多少倍。而且美國的科學非常發達，人才倍出，新式武器之層出不窮，蘇俄絕對無法趕上。故軍備競爭無論在量的方面或質的方面，蘇俄決不能與之並駕齊驅，更談不上佔先。即令長期和平，美國仍舊握有優勢。因爲在研究新武器的工作上，美國從未有一日鬆懈也。

基於以上的想法和打算，美國人總認爲在拖延和等待的局面下，美國決不會吃虧的。還可能在拖延和等待中，使共產集團自趨崩潰，不用戰爭而可解決世界問題。

至於美國以外其他民主國家對和平共存的想法和打算，擬於次節併論之。

五

上文所說美國人的想法和打算，固有其正確的一面，但也有其危險的一面，茲特析之如下：

第一　民主集團如美英兩國，其社會組織堅强，人民生活富裕，政府和人民之間，彼此互信互賴，故不怕共匪的離間和煽動。這一層相當正確，我們也可以充分相信。惟民主集團其他國家，社會組織既不堅强，生產機構亦不發達，除極少數富翁外，人民都生活在饑餓線上，而處處可給共黨以發展滲透的機會。此種情形極爲普遍，尤以中東和東南亞爲最甚。像共黨這樣如水銀瀉地無孔不入的滲透，隨時隨地可以製造矛盾和混亂，其防範和戒備確實不是一件很容易的事。

第二　民主國家之間，情形極爲複雜，利害殊不一致，大家都只重視本國的利害，而忽略了對抗共黨侵略必需的全盤性的戰略。這一點，即負領導責任的美國亦不能免。這種例子俯拾即是，茲以美國言之。

美國有許多世界政策，也只是以本國的利益爲出發點，而不是以制止共黨的擴張政策來作全盤的考慮，更不是以解放鐵幕、拯救人類爲其最後目標。例如，美國此次在日內瓦和中共談判，不僅失去正義的立場，爲求釋放四十一名美國人，竟牽涉到中國留學生返回大陸的問題上去，這是如何喪失民主世界人士的信賴心！美國人爲這一點本國利益而不惜降低自己的領導地位，兩害相權取其輕，爲美國利益計也太不合算了。這決不是站在中國方面講話。假如中國留美學生有眞願返回大陸者，我們也不主張强制不讓他們回去。因爲他們回去之後，一定會發覺共黨的一套假仁假義，而悔不當初；在另外一方面，他們回去也增加不了共黨甚麼力量。不過我要重複的提醒美國人一句話：「蘇俄今日的處心積慮，全是爲着對付美國和傷害美國的信譽，使民主國家的弱者們，漸漸不敢信賴美國，漸漸不敢和美國做朋友，因而不敢得罪蘇俄，而一天一天的走上中間路線」。中共根本不稀罕這些留學生回去，他們根本無所厚愛於這些留學生，何況他們自己和他們的家屬又未提出這些要求。中共之所以要這樣做，爲的是要打擊美國和美國人在民主世界中的聲望，要使大家明瞭美國仍以自己的利益爲前提，不是絕對可以信賴的朋友。

此外，英、法、印、緬、印尼等對於現局的作法，更是着重本國的利益，反共不反共則在其次，其結果不僅影響民主世界的團結，反足增加彼此的猜忌，而大大的減低了對抗共黨的力量。茲特分析如次：

甲　英國在現階段的打算，除恃其社會組織堅强、不虞匪諜滲透、可作持久等待外，她實怕再來一次世界大戰，其國力可能一落千丈，由一等、二等而變爲三等國家，連今日這樣的發言權也沒有了。

乙　法國深恐再來一次大戰，又讓德國抬起頭來，而自己連這個靠人賭賜的「名譽强國」也不可保，故對歐洲唯一能够抵擋赤燄的德國重整軍備一事，千方百計的刁難延宕而不肯爽快答應。至於恐怕戰後殖民地之要求獨立，那正和英國是一樣的。同時法國內部共黨勢力之猖獗，也牽掣了她對蘇俄的防禦工作。

丙　印度緬甸印尼這些國家，對於共黨之包藏禍心，未嘗看不明白，無如他們都是新興的國家，武力既未建立起來，政治經濟的建設又未走上正軌，在這個時候，他們確實受不住戰禍的摧殘，故極力避免共黨之兇燄而虛與委蛇。尤其是接壤中共的印緬，更是這樣的打算。此乃情理之常，無足深怪，我們也可諒解的。惟我們所鄙棄的，乃是他們的實際行動已超出了上述的範圍，有時竟不惜犧牲民主集團的利益，以求取悅於蘇俄和中共。例如去年竟主張分割越南以安撫胡志明，又希望將臺灣交給中共匪幫以緩和世界局勢等等。試問胡志明佔領了北越就能滿足其野心麼？而中共匪幫吞併了臺灣就可止步不前麼？這豈止是飲鴆止渴，簡直是助桀爲虐。尤其可鄙的：他們還想投機取巧，冀走中間路線以收漁人之利，如尼赫魯之輩竟不自量力，妄想做美國和蘇俄的橋樑。我們要特地忠告這些國家：你們也是共黨集團革命的目標，吞併可能有早遲，命運則和其他民主國家完全相同，如果有一天美國一國的力量不足以抵擋蘇俄赤流的時候，你們或你們的子孫除向蘇俄俯首稱臣外，甚麼路線也不會允許走的。你們今日之能够縱橫捭闔玩弄和平者，還是靠着美國這份力量。因有這份力量存在，蘇俄才使出鬼蜮伎倆，利用你們供其驅使耳。

第三　希望由於和平共存的拖延，好讓共產集團自趨崩潰的打算，也是一種「自我陶醉」的想法。鐵幕國家的老百姓誠然痛恨共黨的恐怖統治，但若無外力支援，他們是不會起來反抗的。共黨所到之處，破壞了一切組織，置人民於饑餓線上，人民求生之不遑，焉有餘力以反抗政府呢！至共產國家彼此之間，其矛盾衝突之多，則不言而喩。尤其以蘇俄爲中心的世界政策，必然損害了附庸國家的利益，附庸國家的心中自有怨言。惟共產世界在二次大戰後的擴張，使其勢力範圍日益增大，致令他們深信只要遵守史大林的政策，世界革命不久必可成功。正當與高采烈的和民主國家作殊死鬪爭的時候，鬩牆內訌的事情既不會發生，狄托第二也不會出現。何況今日之狄托已和他們言歸於好。等到共黨統治了全世界以後，他們當然又會自相殘殺的。凡非基於道義的結合，自難維持久遠，這是可以斷言的。

第四　民主集團中還有一種毒疣而無法立刻醫治的，就是陳腐的殖民主義的觀念。例如，法國之對越南和北非，英國之對馬來亞，處處仍欲保持既得權益，而忽視當地人民的願望和利益。因而使民主世界的團結受到極大的挫折，共產黨徒得以肆其離間分化的技倆。美國當局明知殖民主義乃是不合理的事情，爲要拉攏英法而又不願公開反對，於是這些殖民地的人民對美國領導世界反共、拯救人類一事，從正義的立場來看，則大感懷疑和失望，而認爲這個世界仍是强權的世界，不是主張公理的世界。此次聯大決議討論北非法屬阿爾及利亞問題，蘇俄集團投票贊成，美國竟放棄原則而投票反對，迨法國代表團不顧正義退出大會時，美英又出來斡旋，終使聯大討論該案延擱下去。這是一個使美國喪失正義立場、給蘇俄發揮離間以收買弱小民族人心的最好機會。

綜合上文的剖述，可見拖延和等待並不一定是對美國有利，毋寧說是對共產集團的發展有利的。蓋在長期拖延的僵持之下，共黨可大顯身手以發展其滲透和顚覆的工作，使美國的「與國」一個一個的倒下去，最後共黨可能以新式武器和人海戰術而逼使美國屈服。所以說：拖延和等待，對美國是有百害而無一利的。自二次大戰結束後以迄今日的態勢觀之，共黨勢力是蒸蒸日上，一天一天的在擴張，便是最有力的證據。

六

儘管如上文所述，蘇俄是在玩弄和平，想在和平的掩飾下加緊準備，並發展滲透工作，以及和平對美國乃至對整個民主集團的前途都是有害而無利，可是今日民主世界的人們，確實在恐懼戰爭而渴望和平，在大勢所趨的逆流之下，美國自然不便違抗這股逆流。命運之神在播弄，也是無可如何的事情。惟在長期的僵持之下，爲求遏止赤禍蔓延，待機尋求解決辦法，在目前的階段中，美國必須找出一條有利的自衞之道，方可立於不敗之地。故美國今日的世界政策應有一套整個的堅定的作法。因爲拖延的局面，可能拖上十年八載，甚至更長久的時間。

我替美國打算，其作法應該是這樣的：

今日共產集團的主要力量，除蘇俄本身外，其次就是「共產中國。」其他共產國家只不過在旁邊搖旗吶喊助威增勢而已，實際上並沒有甚麼力量可言。

蘇俄現階段所策動的世界革命，其主要對象爲東南亞各國，而執行侵略任務的「劊子手」則是共產中國。因爲大陸上有廣土衆民可以供其利用，而東南亞區域又有衆多華僑可以供其驅策，故蘇俄本身除用陰謀策劃和發號施令之外，只須供給武器和指導人員與技術人員加以協助耳。

在這一策動之下，其犧牲最大而受禍最烈者厥爲中國、韓國和越南。這三個國家不僅裂分爲二——共產中國和自由中國、北韓和南韓、越盟和越南，而自由中國、南韓和越南三個地區現仍繼續遭受威脅。就是共產中國不僅要併吞自由中國，並要協助北韓侵略南韓，支援越盟奪取越南，以遂其南進的目的。是故中共次一目標，東面則指向日本和菲律賓，南方則朝着馬來、印尼、泰國、緬甸和印度等地。在些這地區裏，中共現在正用大力來滲透。我們可以說，共產世界在東南亞區域之所以能夠張牙舞爪而咄咄逼人者，就是靠着共產中國這一巨大的力量來橫撞直衝耳。因此，美國今天如想防堵赤禍向這些區域蔓延，首先要想法對付這個侵略的劊子手——共產中國，使其自顧不暇，只有招架之功，而無還擊之力。這樣，不僅印、緬、泰、馬來、印尼等地可免於侵略之害，美國也可趁着這個小康的機會，來幫助這些落後國家從事經濟建設，培植他們自立自衞的力量。

自由中國、南韓和越南的政府和人民，現在都是枕戈待旦、一心一意的想恢復失土，完成國家的統一，以解放其同胞於水深火熱之中。但是，這三個國家目前本身都無反攻的力量，所謂「心有餘而力不足」，而共產世界尤其是共產中國猶時時刻刻打算來消滅這三個國家，要把他們一齊捲入鐵幕，以爲南進東進的橋樑。自共產世界來看，這也是應有的邏輯。因爲北韓如不能消滅南韓，北韓則一日不能安枕，越盟如不能消滅越南，共產中國如不能消滅自由中國，越盟和中共也不會有片時片刻可以心安理得的。因爲北韓、越盟和中國大陸的人民，除少數共產黨外，沒有一天不是渴望重獲自由的。民主國家的人們試閉目靜思，他們這些年來過的是甚麼日子！

我們更進一步來分析，萬一不幸而南韓、越南和自由中國被敵人消滅掉了，則東南亞的前途將是一個甚麼樣子！不用說得，日本、菲律賓、馬來、印尼、印度和緬甸等地都岌岌可危了。因爲，這三個國家除越南稍差外，都有相當的兵力可以抵抗赤流，而東南亞其他國家，除印度原有一點兵力和日本正從事擴軍外，其餘國家在目前是沒有甚麼兵力可言的。當然抵不住勢若洪水猛獸的赤燄。

南韓、越南和自由中國既願以自己的力量恢復失土，完成統一，美國對他們應該確立一個積極的政策。就是說，美國對這三個國家要積極予以援助，使他們有一天能以自己的力量反攻過去，收復失土，而不再是像目前這樣不生不死的作法，只求保全基地而已！別國姑且不談，美國對越南如果不再急起直追，積極援助，像中共支援胡志明一樣，則吳廷琰的越南，可能很快的被胡志明吞掉。

所謂「積極援助」，就是在軍援方面，美國要供給這三個國家以攻擊用的武器，如噴氣機、火箭炮、重坦克車和遠程大炮之類，使他們充分具備反攻的力量，使他們能够用自己的武力收復失土，而不再是等待挨打而不能打擊敵人，也不再要依賴美國的軍事力量來保護。而且要在一年或短期內裝備完成，讓他們自己去和敵人算帳。美國只要和蘇俄一樣站在旁邊拿着羽毛扇子就够了。

美國人或者要說：他們很願意這樣做的——積極援助、造成勁旅，不過這些援助是不是完全有效？是不是能够達成希望的目的？他們衷心不無懷疑。

這是應有的疑問。我們若處於美國人今天的地位，我們也會這樣想的。惟我要向兩方面——「與援者」和「受援者」——貢獻一點意見。

今天要消滅共產黨的禍害，是一件十分艱鉅的事業，大家都要捨棄小我而誠意合作，方有達成目的的一天。與援者這一方面，要有恢宏的大度，要時時顧到受援者的立場，不要以爲「援助就是恩惠」。在政治上除要堅持民主自由和保障人權這些原則、和在軍事上要造成强有力的軍隊能够獨立反攻外，其他小節小事，都應尊重受援者的意見，而不必以自己的是非爲是非。至於受援者方面，更應該尊重與援者的意見，接受對方的批評，要有「忍辱負重」的精神，不必計較長短，毋須顧慮得失，臥薪嘗膽，埋頭苦幹。尤其重要的，不可固執成見，不要稍存自卑感，不要疑忌人家是來干涉我們的家務。當一個國家援助另一個國家的時候，如果受援國家不大願意接受忠告的時候，這個援助國家必定不大高興援助的，最少是不會起勁的。天下之事，要能易地而思，自會得到合理的解決。

七

北韓之敢於侵略南韓，是靠着中共的援助和直接參加，越盟之能够攻下奠邊府，也是靠着中共的大力支援，故「共產中國」乃是南韓、越南和自由中國的共同敵人。

爲要消滅這個直接迫害的共同敵人，這三個同病相憐的國家，除由美國積極援助反攻外，他們自己應該緊密的結爲「攻守同盟」或「軍事同盟」，俾利害與共而行動一致。而且彼此應該精誠合作，不得中途變卦。

這個陣線結成之後，在精神上可以自壯聲勢，在心理上可給敵人以威脅。三國間彼此互助的地方雖不甚大，但最低限度：可以交換軍事情報，互派軍事代表團，諮商如何對付敵人。迨一旦反攻開始，彼此可互用爲軍事基地，倘若飛機發生故障，亦可自由降落。

這三個國家的利害雖然相同，但互結同盟一事，在目前的階段他們自己尙辦不到。他們彼此之間，過去缺乏連繫，因而缺乏互信，今日誰也不能主動的推動此事，儘管彼此間覺得有其必要。可是這三個國家都是美國的與國，又都受了美國的援助，故美國應從中斡旋，促使三國趕快結爲軍事同盟，而美國則擔任同盟的共同顧問。

三國同盟結成之後，一俟軍事準備完成，應暗中約定日期，以迅雷不及掩耳的速度，同時大舉進攻，逼使中共三面應敵，首尾不能兼顧。此時大陸上必陷於極度混亂之中，而共產黨政府控制下的人民，必會斬木揭竿，乘機響應，於是羣雄蠭起，中原鼎沸矣。這樣內外夾攻，四面楚歌，中共要對外抵抗和對內清剿，內外用兵必至疲於奔命，其不能長久支持可斷言者。

共產中國一旦土崩瓦解之後，蘇俄在世界革命工作上則失去一股很大的力量，也就等於一個人失去一隻臂膀一樣。此時美國爲着僅僅對付蘇俄和其殘餘敵人，即等待和拖延超過了十年八載，亦不足爲懼矣。而印緬等東南亞各國從此亦可高枕無憂矣。

南韓、越南和自由中國爲甚麼必須結爲「軍事同盟」呢？前面已經說過，三國爲要應付共同的敵人，利害彼此相同，在軍事上尤有一致行動的必要。如果三國結成同盟而一齊反攻，共產中國爲應付自由中國的反攻，勢必傾其全力以當之，自無餘力援助北韓和越盟。我們只要稍微回憶過去，卽知所言爲不謬。假使韓國當日不曾停戰，中共決無大力來援助越盟，而越盟也不會攻下奠邊府，掩有整個北越，而形成今日的局面了。如果三國同時反攻，南韓只要進攻北韓，越南只要攻打越盟，南韓和越南只要武器獲得源源供給，其本身的力量即可收回失土，自不需要美國的地面部隊去幫忙了。三國中越南武力最差，故準備時間當然需要多些。

鐵幕內人民之痛恨共產黨人和反對共產政權，這是衆所周知的事情。一旦遇到本國政府誓師反攻、回來解救他們的時候，他們必會簞食壺漿以迎王師，而裏應外合來夾擊共同的敵人，恰如佛朗哥對美國記者所說：「一遇戰爭，所有共黨當局，都要立卽變爲其人民的俘虜」。他們平素雖然痛恨共產政權，如果沒有外力支援，他們仍是無法起來反抗的。其間雖有若干奮不顧身的揭竿之士，但是馬上卽被消滅，決不會釀成大亂來動搖共產政權的。在另外一方面，如果外來解放鐵幕的不是本國政府而是其他國家，卽令是以聯合國的名義出師，以拯救他們爲號召，這些鐵幕國家的人民，不問共產政權有無以保衛祖國相激勵，他們必然認爲這是自己國家遭受外敵侵凌，激於民族情感和祖國危難而奮起應戰，必然支持共產政權而共同禦敵。這種多年培育而根深蒂固的「民族意識」和「祖國光榮」的心理因素，我們要深切加以注意，負領導反共責任的美國人和其政治領袖，尤應密切加以注意。

美國朋友或者有人以爲這樣作法可以引起三次大戰而陷美國於不利。這是極端膚淺的觀察。如果這三個國家一齊發動反攻，蘇俄當然出來幫忙、而且盡其力之所及來幫忙的。惟我要明白指出的，蘇俄此時所幫的忙，仍是供給武器、彈藥和飛機，再加上大批參謀人員爲之策劃應付，相當數額的技術人員爲之協助照料，決不會派遣一兵一卒來參加戰爭的。這就等於美國援助這三個國家，只要供應彈藥武器和參謀人員技術人員，而不用地面部隊是一樣的。最少這一點我們應該想到：蘇俄爲要防備美國的襲擊，決不敢把自己介入這種戰爭而失去將來對美作戰的比重。

總之，蘇俄過去幫助中共來征服中國，幫助北韓來襲取南韓，幫助越盟來僑吞越南，就不會引起三次大戰，獨獨美國幫助這些被侵略國家的南韓、越南和自由中國來收復失土、解救同胞就會引起第三次大戰，那末，民主國家的當局也太沒自信了。

八

這個政策既以消滅共產中國爲主要目標，茲擬對大陸現實情況和自由中國反攻大陸的問題略述一言，俾大家明瞭自由中國反攻大陸不是一件幻想的事情。

第一　現在大陸上人民普遍的厭惡共產政府的暴虐和痛恨共匪幹部的殘忍，這是有目共覩的事情。他們一遇機會到來，必會斬木揭竿的起來報仇雪恨，這是無可懷疑的事情。因爲他們過去遭受共匪的迫害，已經恨之切骨，現在又遇到普遍的歉收，使終日勤勞辛苦而竟不得一飽，更增加了他們的憤怒和咀咒。

大陸上糧食生產的情況，由於頻年戰亂，水利因而失修，過去豐年的時候，僅足人民一飽，一遇荒年歉收，卽需輸入外糧接濟。然自共匪實施土改之後，產糧普遍減少，加以厲行統購統銷政策，共幹只注意統購而忽略統銷，人民僅有的餘糧，遂被收括殆盡，遇上昨今二年廣大區域的水災，糧食遂呈奇缺之象。今年匪區報紙，對於各地歉收和人民搶糧的情形，時有詳細之記載。據研究匪情的統計，匪報所載人民對政府的不滿事件，亦以糧食問題爲最多。中國歷史上每因荒年饑饉、釀成災民暴動而起來反抗政府的事件，正不知凡幾；由於饑民的暴動而導致王朝顚覆的事例，又不知凡幾。匪僞政府有鑒於此，今年特派僞人民代表會常委及代表們分赴各省視察，並表示慰問，冀以緩和人民的不滿情緒。據常委熊克武、李書城和代表雷榮珂等報告：「各地災情嚴重，糧食奇缺，人民普遍不安，生產情形低落」。

現在大陸上儘管遍地呈現不安的現象，惟共匪控制力量加强，匪幹手段毒辣，人民則敢怒而不敢言，至多只作一些消極的抵抗。在這個時候，自由中國如能乘機反攻，各地民衆必會燃起復仇的火燄，擧起反抗的義旗，而共產政權的崩潰，正可計日而待。蓋自由中國的軍隊，如在大陸邊緣上能立定脚跟，或進據一省和二省之地，敵後的人民自會乘機響應，或明隨、或暗助、或明棄暗投的來幫助國軍，打擊共同敵人，以推翻這史無前例的暴虐殘忍的共產政權，這正如鄧主教納奎所說：「如果目前國民黨重返中國，一定可以獲得教育界及許多其他階層的誠意合作」(見自由中國半月刊十三卷七期二二頁)。這決不是我一個人的臆斷，而是任何人都可肯定的事實。

或者有人要問：「自由中國的現在政府，原是由大陸逃亡來的，當時大陸人民遺棄之不遑，爲何今日又會來歡迎呢？是不是這個政府已痛改前非而作了一番很大的改革啊？」

這個反問是有相當理由的。不過今日的情形確和當時截然不同。首先要說的：在三十七八年的時候，大陸上人民受了共匪甜言蜜語的陶醉，尤其看到毛澤東的「新民主主義」所說的那一套仁至義盡的說法，而認爲中共確已放棄殺人放火、淸算鬬爭的手段了。在另一方面，他們眼看當時國民黨政府的腐敗無能，貪汚自私，他們以爲共匪到來之後，政治必會淸明些，生活可能變得好些。其次，他們認爲國民黨政府的崩潰和共產黨政府的君臨，只不過是政權的更迭，和過去的改朝換代，或國民政府北伐而趕走軍閥統治差不多。「有奶就是娘，」只要能安居樂業，誰人來統治也都可以。故他們當時確是歡迎共產黨到來的。可是這一切的希望和幻想，被共黨這幾年的暴政——淸算、鬬爭、坦白、改造、洗腦、學習、土改、屠殺、三反、五反等等——摧毀得一乾二淨，他們現在對共黨的統治，眞是恨之切骨而誓不兩立。

共黨統治之下，人民連不說話的自由都沒有，這是人類有史以來的最大暴政，過去那一朝的最殘酷的暴君也是望塵莫及的。中國人的理想是：「日出而作，日入而息，帝力於我有何哉！」現在連這隱居田園，與世無爭的生活都不可能，其給人之慘痛殘酷，當可想而知了。他們回想過去，當然要懷念過去國民政府一些好處。最少要想到國民政府的一般政策是「寬大爲懷」的，是「與人爲善」的，絕不像共黨那樣作風，處處叫人跟着他們一起爲惡。

其次，國民政府的統治原則，仍是接受中國的文化傳統，以忠孝仁愛信義和平爲施政的中心。這和他們的信仰和思想是一致的。他們嘗試了共匪拋棄中國文化而接受唯物觀點的統治之後，他們內心是非常憤怒和痛恨，因而歡迎國軍的回師。這是很自然的事實，而不是那一個人的假設。

第二　儘管大陸上人民懷有這樣的願望，如果自由中國不去反攻，他們自不敢輕擧妄動。如果自由中國老是偈促於隔海的臺灣小島而無反攻的跡象，久而久之，他們也會淡亡過去而自甘厄運的。如果大陸人民再給共匪奴役一二十年，使受過中國文化薰陶和自由民主教育的人們都死光了，社會上各種組織一齊摧毁完盡了，而年輕的一代已飽受了共匪那一套奴化教育，已習慣於共匪的殘暴統治，他們既不曉得中國文化的傳統精神，更不知道除了共匪的生活方式之外，還有一個根本不同的自由民主的世界存在，到了那個時候，除非有一次世界大戰把他們打垮外，解放鐵幕是不可能的。今日蘇俄的現象，就是一個絕好的證據。如果十月革命之後，當共產政權的基礎尙未鞏固的時候，當時的聯軍若不中途妥協，蘇俄不可能有爾後二十年的安定局面，史大林就不可能殺盡異已以建立恐怖的統治，使其國內有如今日的安定。今日蘇俄人民的絕大多數，可以說是擁護共產政權的。因爲他們只知道這樣的統治才是唯一可能的統治方式，而不知道還有其他不同的統治方式，如民主政府之類。所以，以共黨今日所施行的統治方法，如能在一個地區繼續實行二十年之後，除非用外力擊潰他們，內部革命是不可能的。不僅蘇俄和中共是這樣，無論那塊地方都是一樣的。

第三　解放鐵幕不僅要從實際行動着手，且要在鐵幕的邊緣上動作起來，纔能引起鐵幕內人民的嚮應。過去在雲南邊境的游擊隊之所以成爲中共的大患者，就在他們可隨時掀起鐵幕內的不安情緒，並從而助長之、擴大之。若今日的自由中國遠處隔海的臺灣，是不易引起大陸人民舉旗反抗的。雖然如此，這一個隔海屹立的自由中國，仍爲大陸人民嚮往的目標，對共產政權仍是一個致命的炸彈。共產政權今日要消滅臺灣，正和過去要求緬甸政府驅逐雲南邊境的游擊隊是一樣的。因此，我們若想引起大陸上人民的反抗，必須令自由中國的軍隊進據大陸，即令在大陸的邊緣，也可引起大陸內部普遍的騷動，而使共軍疲於奔命。美國只要供給彈藥武器和登陸所必需的船隻與一些掩護的飛機，決不需要美國一個地面部隊。其幫助的程度，只不過和當時蘇俄幫助中共來奪取大陸一樣。在三十七八年之交，美國政府如果像蘇俄一樣的出力幫助，國民政府如果能接納忠言而整軍經武，國民政府最低限度可能守住長江以南，作長期的對峙，而共產世界決不至如今日這樣瘋狂囂張。懲前毖後，這一着棋美國人應該嘗試一下。

第四　美國人今日保臺的主要目的，在於保住臺灣這塊基地在友好的國家手中，平時可使日本和菲律賓免於恐懼，戰時可作不沉的航空母艦之用。我以爲美國若補助自由中國反攻大陸，成功則剪除蘇俄一支臂膀，減低共產世界的威脅力量，甚至可以免掉第三次大戰的災難。蘇俄若失去中共這一股力量，決不敢再冒三次大戰之險，即如北韓突襲南韓一類的事件也決不會再演的。萬一不幸而反攻失敗了，臺灣海峽仍有第七艦隊可資防守，共產黨儘管喊得震天作響，但決不敢冒險來犯的。所以，自由中國的反攻大陸，對美國的遠東政策乃至世界政策是有百利而無一害的。僅就其對臺政策和對基地政策而言，也是有利無害的。臺灣地小民衆，以現在之人口出生率計算（香港來臺義民尙不包括在內），不出五年的時間，臺灣本島所產之糧食，包括現在興修的石門水庫完成後之生產量在內，就不足以養活屆時在臺灣之人口，那時美國的負擔又要加重了。

第五　我這篇文章是爲民主世界整個反共的策略而着想的，自由中國既是反共鬪爭的一環，故最後擬對自由中國的反共策略，尤其是反攻大陸的策略進獻一言。

過去每和美國人談到美國亟需援助自由中國反攻大陸的時候，他們總是對我們的政治作風搖頭不滿，尤其對我們在這種嚴重關頭仍不能網羅所有反共志士精誠合作而表示不耐。我們這一邊也常有人認爲美國人不應幫助第三勢力，說這毋寧是擾亂了反共的陣營。可是美國人則認爲凡屬反共志士，他們都應該予以援助的；援助其他反共力量和救助自由中國，在他們是在同一出發點而出發的。平情而論，若從整體反共的立場來講，美國人這種看法和作法，也是未可厚非的。

因此，我們今天爲着反攻大陸着想，我們應該切實改變作風，這不是和美國人的意見一致不一致的問題，而是爲要加速我們的反攻，以解救大陸上度日如年的受苦受難的同胞計也。以下特地把這些意見綜合的貢獻出來，知我罪我，在所不計。

一　我們在準備反攻的期間，政府要來一個「政治號召，」不問黨派政見，大家精誠合作，甚麼「會議」也好，必須有一次集會以表示眞誠團結。

二　昭告大陸上的人民，除共黨元兇數人外，其他一律免予追究，共同起來剷除這個反人性、毁滅中國文化的共產政權。

三　反攻登陸成功，軍事發展到相當程度的時候，即召開一「建國會議」，網羅海內外的反共志士，共商建國大計，一切政治問題由與會人員決定之。其唯一目的是要建設一個眞「正的民主國家。」

四　國民黨並要表示在反攻成功後做到下列各點：

a　國民黨退爲普通政黨，眞正還政於民。

b　國民黨退出軍隊，建設一個超黨派的國防軍（暫時不准軍人入黨）。

c　國民黨退出學校，建設民主自由的教育（暫時不許在校學生入黨）。

d　國民黨黨費，不用國庫支給，俾各黨可以平均發展。這樣才能產生有力的反對黨。有了有力的反對黨，國民黨自身纔可以健全起來。有了健全的政黨，民主政治纔可以建立起來。

上項計劃要在反攻開始前預爲宣佈，俾反共志士踴躍效命，誓滅朝食。

總之，反攻大陸，消滅共匪，乃是一件萬分艱鉅的事情，較之辛亥革命和民十五的北伐，其困難何啻萬倍。我們必須網羅海內外的反共志士，羣策羣力，反攻才有成功的希望。國民黨惟有廓然大公，才能結合反共志士，國民黨惟有虛懷若谷，反共志士才能心悅誠歸。政治上的事情，「越是放得寬，越是歸者衆，越是抓得緊，越是離心多」。此乃千古不易之理也。

中華民國四十四年雙十節於臺北。

論質詢權的行使程式(下)

孟浩

四　日本的質問制

日本在現行憲法的體制下，也已完全實施責任內閣制了；由是國會兩院議員都有向內閣提出質詢之權。關於質詢權的行使程式，國會法第七十四條至七十七條的規定，至爲重要，我們且看其原文：

「各議院之議員，如欲向內閣質問，必須得議長之承認。質問須作成簡明之意見書，向議長提出之。

關於議長不承認之質問，而議員有異議時，此項承認與否應徵求議院之意見。

關於議長或議院不承認之質問，議員有要求時，議長應將意見書揭載於會議錄」「第七十四條」。

「經議長或議院承認之質問，由議長將意見書轉送內閣，內閣須於接到質問意見書之日起七日以內答辯之。如於其期間不能答辯時，必須將理由明示之」(第七十五條)。

「有緊急之質問時，得經議院議決口頭質問之」(第七十六條)。

「關於內閣對質問之答辯，得根據議員之動議移付討論或表決」(第七十七條)。

此外，兩院規則(註十四)對於質問權的行使，又還有補充的規定，亦應予注意：

「經議長或議院承認之質問意見書及內閣對此項質問意見書之答辯書，議長應將其印刷，分發各議員」(衆議院規則第一五八條及參議院規則第一五三條)。

「對內閣之答辯書不得要領時，質問者得再提出質問意見書」(衆議院規則第一五九條)。

「內閣得對質問口頭答辯之。

對前項之答辯，質問者得再以口頭質問之」(衆議院規則第一六〇條及參議院規則第一五四號)。

「議長或議院不承認之質問意見書而揭載於會議錄時，議長如認爲該意見書不簡明時，得令其改爲簡明意見書」(衆議院規則第一六一條及參議院規則第一五五條)。

我們就上列國會法及兩院規則各條文觀之，則不難獲得一個觀念，卽日本國會兩院議員所行使的質問權，實有類法國的詰問。但日本爲防杜質問權的濫用起見，設有種種限制質問權的行使辦法：

第一、議員提出的質問意見書，必須得到議長的承認。這種經過議長承認的辦法，可能有二點好處：一則議長得將無關宏旨的瑣細質問，不予承認，事前卽予以打消，可免無謂的質問浪費時間。二則各議員所提出的質問有雷同時，議長事前可予以歸併，以免重複提出，浪費時間。議員對於議長的不承認固然得提出異議，但這一異議提出後，則關於應否承認的問題應由議院來決定，是則到此階段時，質問權已非議員個人可以固執行使，而由議院來決定應否行使了。這種辦法，不但可預防議員個人濫用質問權，而且可以杜絕議長的專擅而濫行否定議員的質問權。

第二、以書面提出質問，並予七天的時間(必要時並得延長之)以資內閣考慮答辯，這是頗有利於政府的；但這種辦法並沒有排斥議員的口頭質問。不過，口頭質問的行使又受有限制，卽須限於情勢緊急，且須經過議院的議決。經過議院議決，卽已成爲議院的意思，而非議員個人的行爲了，這也是用來防止議員個人濫用質問權的。

第三、經議長或議院不承認的質問意見書，雖得有揭載於會議錄以發表其意見的機會，但其意見書必須力求簡明，議長認爲不夠簡明時，得令其改爲簡明，這是限制議員濫行發表無謂的議論而浪費紙張印刷費。

總而論之，日本國會兩院中，關於內閣對質問的答辯，得根據議員的動議移付討論或表決，這種法度，實有類乎法國的詰問；但日本所設計的種種預防辦法，是在企圖避免議員濫用質問權而導致政局的不安定。

正因爲議員行使的質問權受着種種限制，使議員對於國政問題，難得有自由發表意見的機會，爲了彌補這一點，於是在日本國會制度上，有所謂自由討論的會議。國會法第七十八條關於自由討論會議的目的規定曰：「各議院爲與關心國政之議員有自由討論之機會，至少須於三週間開一次此種自由討論會議；但議院管理委員會有決定時，不在此限。」自由討論會議固然在予議員以自由發表意見的機會，但議員的發言也有一定的安排。卽「開自由討論會議時，議長應預先定妥日時及發言時間，向議院報告之；但有議員二十人以上對該日時及發言時間有異議時，議長得經諮詢議院管理委員會後變更之」(衆議院規則第一六二條並參見參議院規則第一四五條及一四八條)。而在參議院中議長對於超過預定時間發言的議員得中止其發言(參議院規則第一五〇條)。又自由討論會議中因應使各議員均有發言的機會，但尤應注意各黨派議員都有發表意見的機會。所以衆議院規則一則曰：「議長得向議院管理委員會諮詢，將自由討論之發言者人數預先依各黨派比例分配之；」再則曰：「各黨派得提名配定自由討論之發言者，預先向議長提出。議長在議場上應就各黨派提名之發言者許可其發言」(衆議院規則第一六七及一六八條並參見參議院規則第一四八及一四九條)。

自由討論會議討論的內容如何呢？「議長得向議院管理委員會諮詢預先決定自由討論之問題。自由討論之問題決定時，其討論不得涉及問題之外；」而

「未決定自由討論之問題時，議員得就國政發表自已之意見，或向國務大臣及政府委員質疑」；「議員於自由討論時得對發言者質疑」(以上參見衆議院規則第一六三至一六五條及參議院規則第一四六、一四七暨一五一等條)。又在自由討論會議中，也可進行表決的。衆議院規則第一六九及一七〇條規定表決的進行如次：「關於自由討論中之問題或意見，議員提出要求表決之動議時，議長應不經討論，逕諮詢議院決定之。」這是說要求表決的動議應否成立，應由議院決定。「在已將問題決定之自由討論中，就該問題要求表決之動議通過時，議長表決應不經討論，即付表決。在問題未經決定之自由討論中，就已發表之意見要求之動議通過時，議長應經討論之後付表決」。這是關於對實質問題表決程序的規定。

總之，自由討論會議是予議員以發表其對國政的意見，並得對國務大臣及政府委員進行質疑。質疑與質問不同，前者是議員與國務大臣及政府委員間以口頭一問一答，以求得事實的瞭解，後者以書面爲原則，口頭爲例外；前者必然由議員個人行使，後者常演至爲議院行使。所以自由討論會議中的質疑，頗似英國的質詢 (question)。

五　美國對於質詢制的計議

美國在總統制的體系下，行政首長不得兼任國會議員。雖說總統可以向國會提出咨文，以表示政府對於國是的意見，並希望國會採取種種立法行動，但國是咨文並不是一種提案。因此，在美國的法制下，行政首長不能出席國會，向議員說明政府的措施；議員除於政府人員在委員會的作證言詞，及總統咨文暨報章電訊上獲得一些政府活動的情形外，對於政務進行的實際情形，不能洞悉其底蘊。這種行政立法隔膜的情勢，實於兩方均有所不利。所以如何溝通行政立法兩方的意見，以期互相諒解而獲得分工合作的情調，這是近年來美國許多政治學者以及政治家所究心的一個課題。在美國說，修改憲法是件嚴重而困難的事；所以對於這一課題的研究，都不想從修改憲法入手，而擬從憲法的運用上着想。在目前已有多種計劃提出，各方認爲其中較爲可行者，乃爲衆議員靳佛爾 (Kefarever) 及參議員福爾布賴德 (Fulbright) 所倡議的「定期質詢」制度 (question period)。靳氏在他所著的「二十世紀之國會」一書中(註十五)，對於這一制度尤作極强調的主張。依他們的計劃之擬議，係將國會兩院的規則加以修正。規定每兩週間，各機關行政首長須應邀出席國會作行政報告，並答覆各議員的質詢。具體些說，每兩星期或一星期的各次院會至少應有一次劃出二個鐘頭，以爲議員向各機關首長質詢的時間。在這二小時內，以一半時間備各首長答覆各議員的書面質詢。這些書面質詢應先經有關委員會核正，然後遞與關係首長備答，並登錄於國會紀錄中。其餘一半時間則備爲各議員提出口頭質詢之用。這種時間必須平均給予提出質詢之委員會的主席及少數黨的顯要議員運用。這種定期質詢進行事宜，除屬機密者外，應附印於國會紀錄，以便衆覽。質詢應限於與國家要政有關係者才得提出，泛漫無邊或瑣屑細故不得提出。這種傳播相當廣泛且頗得各方好評的計劃，雖還沒有爲國會所採用，然而美國人士之重視質詢制度則顯然可見了。

六　我國質詢權的行使程式

從我國憲政史看，現行憲法關於質詢權的規定，不能不說是一種新的創制；因爲過去的憲法及憲草都沒有質詢權的法制，而現行憲法則別創風格，於第五十七條中規定：「行政院依左列規定，對立法院負責：一、行政院有向立法院提出施政方針及施政報告之責，立法委員在開會時，有向行政院院長及行政院各部會首長質詢之權……。」今日立法院立法委員行使的質詢權，即依據憲法這一條文而來。這一質詢制度，不但在國家的最高立法機關已經建樹起來，而且在地方的各級議會中也已運用起來。爲臺灣省各縣市地方自治最高基準法的「臺灣省各縣市實施地方自治綱要」第十六條第八款規定：「聽取縣市政府施政報告及向縣市政府提出詢問。」臺灣省臨時省議會開會時議員對省政府得提出質詢。從而可知我國今日中央及地方立法機關都已普遍施行質詢制度。但在實施程序上，立法院議事規則(註十六)規定頗詳，而地方立法機關的規則則較略，茲即就前者申論之。

有些論者依憲法第五十七條第一款「行政院有向立法院提出施政方針及施政報告之責；立法委員在開會時，有向行政院院長及行政院各部會首長質詢之權」的規定，遂認爲：

第一、立法委員質詢權行使的範圍應以針對行政院提出之施政方針施政報告所列述的問題爲限，此外則不得質詢。這一論斷實過於機械解釋憲文，苟如是說，則質詢權的行使太沒有意義了。所以議事規則第六十五條即作進一步的規定：「立法委員對於行政院院長及各部會首長之施政方針施政報告及其他事項，有疑問時，得提出口頭或書面質詢」，這裏把「其他事項」也置於得質詢之列，於是質詢權的行使範圍乃大爲擴展了。

第二、立法委員惟「在開會時」才能行使質詢權，「在開會時」間外則不得質詢。這種說法可以說一半是對，一半是不對。因爲質詢權的行使方式是得用口頭質詢或書面質詢，口頭質詢惟「在開會時」才能行使，會外不得行之，所以關於口頭質詢的行使，這一說法是對的。但書面質詢則不應以「在開會時」爲限。議事規則第六十七條說：「立法委員依憲法第五十七條第一款行使質詢權除依本規則第六十五條之規定外，應列入議事日程報告事項，並由院長移送被質詢人。」按第六十五條是規定立法委員「在開會時」對政府報告所提出的即席質詢，而本條則補充規定立法委員「在開會時」外提出書面質詢的方式。這種書面質詢已非「在開會時」提出的，所以要列入議事日程報告事項欄中，以便其他委員得悉這種質詢的內容。又從「並由院長移送被質詢人」一語體會，更足證明此項質詢是非在開會時提出，而爲開會時外提出的。從而足徵謂立法委員惟「在開會時」才能行使質詢權的說法對於這種情形是不對的。總之，在我國的法制之下，質詢權的行使不以針對政府的報告爲限，亦不以「在開會時」爲限。但依以往事實所示，立法委員行使質詢權是於政府報告後爲多，然則政府應於何時提出報告呢？議事規則一則曰「本院每會期第一次會議行政院院長應向本院會議提出施政報告並得由各部會首長補充報告」(第六十三條)；再則曰：「行政院或行政院各部會遇有重大事項發生時，行政院院長或有關部會首長應向本院會議提出報告；如有立法委員提議，二十人以上連署或附議，經院會議決，亦得隨時邀請行政院院長或有關部會首長向本院會議報告」(第六十四條)；可見行政院向立法院報告有爲定期的，有爲非定期的，如前者的規定是(即第六十三條的規定)，如後者的規定是(即第六十四條的規定)。此外憲法第六十七條規定：「立法院得設各種委員會，各種委員會得邀請政府人員及社會上有關係人員到會備詢」，於是立法院各委員會委員於委員會審查法案時亦時常行使類似的質詢權。

質詢經提出之後，「被質詢人除爲保守國防外交秘密者外，不得拒絕答覆」(議事規則第七十條)。答覆的方式怎樣呢？議事規則第六十六條有云：「立法委員即席提出之質詢，被質詢人應於每一質詢後即時答覆，但經質詢人同意得定時口頭答覆或改用書面答覆。出席委員對前項答覆仍有疑問時，得再質詢」，可見即席提出的口頭質詢應以即時口頭答覆爲原則，其用定時口頭答覆或改用書面答覆者，應先經徵得質詢人的同意。至於非在開會時提出的書面質詢，則「被質詢人之書面答覆應於收到質詢後十日內送由院長轉知質詢人，並列入本院議事日程報告事項」(議事規則第六十八條)。

總之，我國的質詢制度以一問一答爲了事，質詢人對於被質詢人的答覆雖有極感不滿的情形，但除再質詢之外，亦無其他課責究問的辦法，因爲議事規則有「質詢事項不得作爲討論之議題」(第六十九條第二項)的規定。

七　結　論

英法德日諸國質詢權的行使程式及美國學者對於質詢制度的計劃擬議，已予分別具論；我國行使詢質權的情形，亦經略爲敍述。最後所欲陳者，即我國的質詢制度是否合理呢？各方對於這一問題的體認，各有不同的意味。有些認爲質詢止於疑問的答覆或再答覆，別無課責究問之道，是則質詢談不上什麼效力，沒有什麼意義。有些認爲在質詢期間政府各首長不論當日的質詢有無關係，都在院會中聽候質詢，未免浪費時間，有傷行政效率。更有些認爲我國的質詢制度以口頭質詢及即時答覆爲原則，這不但把被質詢人當作小學生一樣來考驗，且倉卒之間，思考欠周，資料多未隨帶在手，則其答覆亦多不甚中肯。各方對於其所感到的問題也已擬議有其解決的辦法，這裏限於篇幅，恕未能詳。筆者茲所願略陳者仍屬前提觀念的說明：按質詢止於疑問的答覆或再答覆，沒有課責究問的效力，這是配合我國憲法而然。因爲我國憲法雖然富有責任內閣制的意味，但不用不信任投票制和解散議會制。在不用不信任投票制的前提下，則「質詢事項不得作爲討論之議題」乃爲必然的結論。假如將質詢演至如法國的詰問一樣，那是不可想像的事。再進一步想，質詢雖不能演成課責的作用，但使立法者能得瞭解政府行政的情形，並使社會人士能明白政府施政的實況，從而導致輿論的批判，更以輿論的督促而引起政治上的興革，則其效用亦正未可小視。此其一。我國政治制度雖具有責任內閣制的精神，但政府首長不兼任立法委員，於是乃認出席立法院備詢爲一苦事，假如兼任立委，則經常出席，自然不會有此一感覺。但筆者要指陳政府首長的首要任務在政策的抉擇，立法院爲計議政策的機關，則其出席備詢，正於其任務大有裨益。至於行政效率的策進，責在常務次長以次的人員，首長不必斤斤於此。所以認政府首長列席立法院備詢而有傷行政效率的說法，在觀念上似應加以澄清。此其二。至於我國質詢制度以口頭質詢及即席答覆爲原則之是否合理，此乃屬程序上的問題，自然值得考慮。此其三。總而論之，我國質詢權的行使，爲時尚淺，自有許多待改進之處。怎樣改進呢？上述諸國法制，正足供我們參考。融會貫通，斟酌因應，斯爲得之。

——四十四年五月十七日於臺北

附　註

(註一)　以上參考 Frederic Austin Ogg; English Government and Politics. 1936, p. 453.

(註二)　按 Sir Courtenay Ilbert and Sir Cecil Carr; Parliament, 1953, p. 97 謂：「如議員欲求其質詢予以口頭答覆，則他將以一星標誌之……」(If a member wishes his question to be answered orally, he marks it with an asterisk……) 足徵附有星標的質詢即爲希望以口頭答覆的質詢。

(註三)　見薩孟武四十二年六月初版政治學第二四七頁。

(註四)　見同註二。

(註五)　見 Willian Bennet Munro and Morley 'Ayearst; The Governments of Europe, 1954, 4th Edition, p. 173.

(註六)　見 Harold J. Laski; Parliamentary Government in England, 1952, Fifth impression, p. 151.

(註七)　見 James T. Shotwell; Governments of Continental Europe, 1952, Revised Edition, p. 113. 並參考 Willian Bennet Munro and Morley Ayearst; Op. cit. p. 435.

(註八)　薩孟武前書第二五〇頁。

(註九)　見 Frederic A. Ogg; European Governments and Politics, 1936, p. 565.

(註十)　見 James T. Shotwell; Op. cit. p. 114, note 100.

(註十一)　所謂「主席會議」(The Conference of Presidents) 依照議院規則的規定是由議長、副議長、各普通委員會主席 (Presidents of General Committees, 按 General Committees 是與特別委員會 Special Committees 及特種委員會 Particular Specialized Committees 相對稱的) 及各政團主席 (Presidents of the political groups) 所組成，以負責編列議事日程者——見 James T. Shotwell Op. cit, pp. 104, 106.

(註十二)　見 Munro and Ayearst; Op. cit. p. 436 note 10.

(註十三)　參考 A Gnes Headlam-Morley; The New Democratic Constitutions of Europe, 1929, Second Impression, p. 228. 及薩孟武前書第二四九頁。

(註十四)　按日本的國會法(昭和二十二年公布)是規定國會兩院組織的體制兼及兩院職權行使的重要提示，而兩院規則——衆議院規則（昭和二十二年六月二十八日議決）、參議院規則（昭和二十二年六月二十八日議決）則分別規定兩院行使職權的種種程序。

(註十五)　Estes Kefarever and Jack Levin; A Twentieth-Century Congress, 1948.

(註十六)　依據四十二年一月十九日立法院第十會期第三十次會議修正通過條文。

兩個英國間諜使美國在韓戰中受挫

華明譯

兩個重要的間諜，英國的外交官麥克連和柏格斯，被認為是使美國在韓戰中遭受重大犧牲的人。

就是這兩個人，在使用俄式武器的北韓共匪戰敗的時候，幫助引發中國共匪的軍隊參戰。現在，英國外交部已承認他們兩人為俄帝長期間諜了。

在那有決定性的時機，當北平共匪頭子必須決定如不退出北韓便要加入戰爭的時候，這些匪首，需要一項重要的情報：假如中國共匪把他的軍隊投入戰爭，美國將會用她全部軍事力量去迎擊呢？還是接受祇在韓國這個狹長的境內作戰之失敗的命運呢？

中國共匪的頭子，獲得了這項重要的決定。有戰爭經驗的野戰軍，在鴨綠江邊集中了。這兒有將近一百萬中國共匪的最好的軍隊，有着最好的裝備。

美國已有的力量

在美國手上，握有曾經戰敗日本和德國的戰略性的海空軍的力量。這個力量，可以孤立中國共匪的軍隊，切斷共匪的補給來源，毀損共匪的工業，破壞共匪的公路、鐵路、橋梁、飛機場和補給裝卸場，嚴密的封鎖中國大陸的海岸，而且，中華民國的大軍又可由臺灣向大陸反攻。

中國共匪的軍隊，膽敢開入北韓，祇有獲得保證：美國不會努力把牠打回去。

祇有高級的政治和外交官員，纔可以知道：在共匪大舉入侵的事件中的決定是什麼，這種決定，也就是祇有在美國和英國外交機關中的核心份子，纔可以供應敵人的情報。

重大決定的密電，像潮水一般的湧進英國的外交部。

在英國外交部的主管美國事務的辦公桌上，坐着麥克連，他在一九五〇年十一月六日擔任這個職務，恰巧在中國共匪的軍隊介入韓戰之前的十八天。今年九月十八日，英國外交部承認：包括有「極密」情報的公文，曾經經過他的手中。

麥克連於一九三五年進入外交界，是一個職業外交官。當時，曾因病請假六個月，不久纔銷假，在檔案裏面，有重要決定的公文。

至於柏格斯，則為英國駐美大使館的一個二等秘書，其任期為一九五〇年八月至一九五一年五月。這九個月正是韓戰最激烈的時期，他是一個機要人員，對於正在進行的事，都完全知道。

英國知道韓戰的每一件事情。英國在韓國的軍力，和美國比起來，雖然少得不可以道理計，然而，英國在聯合國旗幟之下作戰的國家之決策方面，卻享有充分的發言權。一切秘密的情報，都經由英國駐美國大使館傳到倫敦的英國外交部。英國經常對美國施以壓力，以限制這場戰爭。由於這些壓力所訂製的政策，乃是中國共匪所需要知道的秘密。

幾乎勝利

在一九五〇年十一月初，韓境的戰事，幾乎要終止了。是年九月中在仁川登陸以後，在六月廿五日由北南侵的北韓共匪，有一大股正被聯軍包圍，到十一月底，有些美國部隊，已經打到了鴨綠江邊。

由於五個月的戰爭經驗，美國在這個戰場上已經有了一枝頂好的、身經百戰的軍隊。從日本起飛的大轟炸機隊，正在執行任務，噴氣戰鬥機已經在戰鬥之中試驗過了，第七艦隊的一部份，正在遣送回國。華盛頓方面詢問：遠東是否可以抽調一些軍隊去防衛歐洲。麥克阿瑟將軍回答：他馬上可以調出一師人。其時，並揚言：「戰士們回美國過聖誕節。」

在十月底和十一月初，已有一些中國共匪的軍隊，出現在被俘的共軍裏面。少量中國共匪的部隊正在北韓作戰之說是證實了，共匪的廣播，也提到有「志願軍」在韓幫助作戰。

麥克阿瑟將軍以在他指揮下的力量估計：「中國共匪的軍事頭子，決不敢冒犯聯合國用在朝鮮半島上的大軍。」他的理由，是：「由於缺乏補給之故，他們將會受到極大的毀滅的危險。」

現在，便是中國共匪需要知道「攻擊是否安全」的時候了。他們獲得了答案。直到數星期以後，他們怎樣獲得了答案，還是使當時在那兒服役的將軍們大惑不解的事。

約束的命令

聯合國最高的決策者剛作決定，便作為一項秘密的指令，送給麥克阿瑟將軍。

在一九五〇年九月廿六日，麥克阿瑟將軍接到指令：他的空軍，祇能用作戰術性的攻擊。至於對補給方面的戰略性的轟炸，是在禁止之列的。

第二天，麥克阿瑟將軍又接到了一項命令，他的武力——飛機和部隊一樣——無論如何，不准進入俄帝或中國東北的境界。

當麥克連作為一個重要的外交官，在十一月初接任英國外交部的美國科業務的時候，中國共匪所需要知道的重大的秘密，已經是在外交部的檔案裏面了。

現在，英國外交部表示：麥克連偷竊秘密公文，送給共產黨的間諜去照相。然後，再把牠送回去。在這種事務方面，他是一個老手。到韓戰期間，他如此作為，已經有好幾年了。

在華府方面，柏格斯是與聞這同樣的秘密的。他也是這樣和共產黨打交道的。

基於有關共產黨情報工作方法的已知情形，這兩個人個別的發現，安全相同，確認這件重大的決定沒有錯誤，乃是强有力的證據。

一九五〇年十一月二十四日，中國共匪的軍隊，發動總攻。聯軍的防線被突破了，經驗豐富的美國老戰士，被擊退了。

美國的輿論，爲之譁然。大呼要向中國共匪的軍隊反攻。美國的軍隊，繼續被迫後撤，華府和其他盟國，主張用原子彈去轟炸中國東北的軍事目標。

這使得倫敦方面大起恐慌，英國首相艾德禮飛到華府，和杜魯門會談。結果，維持了最初的決定。

計劃否定

在艾德禮訪美一個月以後，麥克阿瑟將軍仍力促攻擊中國共匪，他提出一項計劃，轟炸中國東北及其他地區。封鎖中國大陸的海岸，增强正在韓境和中國共匪作戰的部隊。到一九五一年一月九日，麥克阿瑟將軍得到復文：「所請仍不准行。」

這項決定，像其他的決定一樣，到達了倫敦的外交部，麥克連是立於知道牠的地位。

中國共匪得到這項消息，美國的軍事首領，馬上就知道了。因爲，中國共匪他們這樣自信：他們的汽車和火車，在晚上竟開着電燈駛過橫跨在鴨綠江上的橋梁，而沒有一點顧忌。補給從東北源源而來。

不久以前快要獲得勝利的美軍，於是被打回來了。從安全的基地上增強的中國共匪，在美國可以站住陣脚之前，攻到了半島的中間。

美國所受犧牲

自從一八一二年以後，美國第一次捨棄了在戰爭中贏得確定的勝利。當停戰協定簽字的時候，戰爭已經進行了三年又一個月，共產黨仍舊佔領着韓國的一半土地。

這祇是一項洩漏的機密，怎樣使美國受到犧牲的這個故事的一部份。

假如這場戰爭在一九五〇年年底，當北韓共匪被擊退之後結束，那美國的傷亡人數爲三萬一千人，其中死亡的爲五千三百名。然而，在中國共匪參戰以後所作的另一次戰爭，美國的傷亡人數，增加到十四萬二千人。其中死亡的爲三萬三千六百名。

在金錢方面，韓戰所耗的美國經費，至少有一百五十億元。其中大部份是在對中國共匪作戰中用去的。

秘密的揭露

這個故事的線索，引導到英國外交部的麥克連，引導到在英國駐美大使館的柏格斯。

這兩個人，在一九五〇年年底，和在以往數年一樣，都在盜竊機密，都在把機密送給共產黨。時代最重要的機密，是：假如中國共匪參加韓戰，美國將要怎樣對付，中國共匪必須要知道這個問題的答案。

柏格斯和麥克連，都處於知道這個答案的地位，都在把這個答案交給他們共產黨的主子。至於軍職人員，則和這個故事沒有什麼關係。

這些軍人裏面，現在，有人認爲：麥克連和柏格斯爲共產黨服務，可能還不只是間諜，有一個參加韓境停戰談判的美國軍官對本社（美國新聞與世界報導）記者說：

「在韓戰的時候，麥克連在英國的外交部擔任美國事務的主管，柏格斯在英國駐美大使館處於一種負責的職務，他們兩人，很可能在這些荒唐可笑的政策決定時，取得了相當主動的地位。」

英國政府承認情形

在英國的外交間諜案中，下列各項重要的問答，來自本年九月十八日新聞界人士和英國外交部發言人會議的英政府公報：

（一）問：倫敦人民報說，麥克連和柏格斯是蘇維埃的長期間諜。你們以爲如何？

答：我們以爲這是眞的。

（二）問：在前蘇維埃秘密警察中的間諜彼得洛夫所發表的文字中，曾述及麥克連和柏格斯知道他們正在被英國政府調查，並把這事告訴了在倫敦的蘇俄方面人員。

答：我們相信這是正確的。

（三）問：他們的逃亡，是莫斯科方面安排的嗎？

答：我們相信這是正確的。

（四）問：他們現在是在莫斯科嗎？

答：這可能是對的，不過，我們並沒有直接的證據。

（五）問：彼得洛夫在他的文章裏說：他們是在劍橋求學時代被招募爲蘇俄的間諜的。

答：那是彼得洛夫先生所說過的，我們相信這是眞的。

（六）何時開始懷疑麥克連？

答：確定對麥克連懷疑，始於一九五一年四月，在那以後，英政府所採的步驟，是使極密的公文，不落到他手中，不過，並沒有把他免職，因爲，需要繼續調查他。

（七）問：柏格斯也是在調查的嗎？

答：對於柏格斯的忠貴，並沒有直接調查。但是，對於他的一般行爲，是不滿意的，他已被免職。

（八）問：他們把公文送到蘇俄駐英和駐美大使館嗎？

答：如採取彼得洛夫的證據，則可以假定公文是送去過的。我們不能斷定。不過，公文一去不回是沒有的事，大概，公文拿去之後，攝了影再退回來。

（九）問：彼得洛夫選擇了一個蘇維埃的關係人，他仍舊在這兒嗎？

答：這個人現在不在這兒。

（十）問：當麥克連和柏格斯離開英國的時候，外交部知道他們所採的路線嗎？

答：不清楚，我們相信：他們穿過鐵幕的路線，是經過捷克的。

（譯自九月三十日美國新聞與世界報導）

檳榔嶼航訊・十一月八日

馬共和談內幕

許屏齋

一

最近這一個多月以來，整個馬來亞和星加坡，以及世界其他各地的人士，全力注視在馬來亞的「和談」。如果在南京看過國共和談的場面，再來看馬來亞的和談，那實在是大巫見小巫了。馬來亞的和談從本年十月七日馬來聯邦首席部長東姑、阿都拉曼宣佈他收到最近馬共一封來信，願意和星島兩地的民選政府，結束戰爭。進行和平的談判。這封信是由另一名馬共代表，用吳興的名字發出的。（按關於上述的通訊，見七月十六日本刊第十三卷二期「馬共的「和平攻勢」」一文。）

東姑、阿都拉曼自然不會明白共產黨和談的目的。拿板門店的和談和南京國共和談的經驗來看，共黨「和談」也是鬭爭的一種。東姑氏於是便在馬來亞廣播電臺，請馬共書記陳平，指明談判時間及地點。東姑的聲明中說得清清楚楚，星馬兩地政府將向陳平澄清對馬共大赦的條件。換言之，所謂大赦，乃是要馬共放下武器投降。這一點在本質上決非馬共可以接受。馬共是希望舉行一個「平等」的談判，這「平等」的談判便是要先承認馬來亞共產黨爲合法政黨，這一點決非星馬兩地政府的後台老闆—英國當局—可以接受的。

到了十月十四日陳平又寫了一封英文信給星加坡首席部長馬紹爾，也約他和東姑氏一同參加和談。這封信的措詞十分文雅客氣。從信封上可以看出這封信是從檳榔嶼寄出的。這封信中顯然是附有和談的條件，星馬兩地政府雖然未公開宣佈條件的內容，但據內幕人士傳出，這個條件計有㈠承認馬共爲合法政黨，㈡解散馬來亞及星加坡兩地的民選代表，重新舉行選舉。㈢英國政府官員限期離境。

關於和談的地點，此間傳聞不一，一說是馬來亞北部或泰國南部邊境。一說在聯合邦首都—吉隆坡—舉行。這兩個傳說，可能以後者爲可靠。因爲馬共希望在吉隆坡舉行，即使談判失望，還可以達到宣傳的目的。如果在窮鄉僻野，宣傳氣氛上似乎趕不上吉隆坡的通都大市。

到了十月十八日，這個戲劇性的和談序幕終於在仁丹（Klian Intan）慢慢底展開了。仁丹這個小鎭是在泰馬邊境上緊靠着原始大森林。如果不是由於此次和談，世人決不會知道這個地方。雙方初步會議的代表，馬來政府方面有教育部次長朱運興，聯邦警察總署副總監威利（此人於抗戰時期，參加一三六部隊，在森林中與以陳平爲首之民抗軍並肩抗日，共方同意他出席），共方代表爲馬共宣傳部部長陳田及嚮導人李進喜。雙方會談使用國語進行，會議的地點在仁丹鄉村委員會進行，爲時一個半小時。這一個半小時，是高度的秘密。

會談的詳情，官方未予公佈，但知道陳田和李進喜與朱威二人見面時先拿出馬共中央的證明書，證明書是用中文寫的。陳田是陳平的助手，一九四六年代表馬共出席在捷克布拉格舉行之國際共產大會，李進喜是一名礦工，一九五一年進入地下工作。當會議結束前，陳田曾告朱運興，大約十天後才能答覆他們，因爲李進喜和陳田向馬共中央復命，須步行十天，始能抵達陳平之總部。因爲森林中的道路頗不好走，加以雨季，更難於行動。此外又傳出第二次的四人會議是決定在高烏。高烏也是在泰馬邊境，這個地點，據說是由朱運興提出的，因爲仁丹設備簡陋，不能容納下一個階段雙方共有數十人的會議。居住，飲食，交通等，都成問題。在高烏那裏有一個礦場，礦公司有現代之設備，且有宿舍。條件上適合許多人作三五天的「閉門」會議。

然而自從仁丹會議後，迄今已有半個多月了，陳平方面仍是音訊杳然。在十一月四五二天，星加坡召開了一個星馬兩地之部長聯席會議。會後星加坡首席部長馬紹爾宣稱：「兩地政府對和談已經決定了一個新的政策。我看不出和談不能從速召開的理由」。聯合邦首席部長東姑氏稱：「我們和陳平談判的態度，和從前的決定，還是一樣，本質上沒有改變。」然而這個和談，仍是叫人有千呼萬喚始出來之感！

二

這個和談到底能不能順利成功呢！根據星加坡立法議會副議長林泉和（此人爲馬紹爾內閣之智囊團首領）的意見，勢在不得不行，因爲星馬兩地民選代表，在參加選擧之前，都向選民許下諾言，當選後一定力圖結束境內的緊急狀態，否則無法對選民「交差」。然而「和談」會不會生效呢？林氏苦笑了一下道：「天知道！」

這個向選民「交差」的第一次會談，終於在十月十八日在仁丹召開。仁丹距離檳榔嶼公路七十哩，然後步行小道，爲時約一個半小時，是位於吡叻州北部及泰國最南部。仁丹在晚上七時以後，所有隘口關卡完全關閉。鎭上約有人口二千人左右。居民以華僑佔多數，華僑中又以客家及粵籍佔多數。全鎭依山地之高下，興建房屋。街道僅有一條。警察局在山上，全山有不少森林部隊駐守。全鎭有一個鎭委會，鎭長名黃就，秘書長爲何良光。這裏僅有一家中文學校，由鎭委會公辦。全校有二百名學生。校長名馬超英，董事長爲張元新。全鎭的出產，乃是拉馬錫鑛。

第一次和談的所在地是在仁丹村

委會樓上，樓下禮堂懸有國父中山先生之遺像，樓上會議室祇有寥寥一張會議桌及幾張椅子而已，顯來十分簡單。

十八日清早仁丹柵門快關時忽然出現了兩個面孔陌生的人。他們大踏步底走入仁丹。仁丹居民，一眼望去，認得其中一位原是錫鑛工人，名叫李進喜。另一位大家認不出來，有許多人以爲是陳平（其實是陳田），他們都穿便裝。二人走至村委員會樓上，這時朱運與次長已在那裏等候。見他們來了，便把陳李二人招呼上樓，不久威利副警監也趕到了。

李進喜原是仁丹地方的居民，其作用乃是在帶路。陳田是正式代表馬共中央。他們是由仁丹山步行到仁丹，這一段山路約十多哩，山嶺十分險要。他們二人穿淺藍短衣，黃色長褲，下穿白帆布膠鞋，完全沒有武器，斯斯文文而行。李進喜一進埠內，東張西望。他們二人的臉色，顯然是營養不足，十分蒼白。

他們四人在這小樓上，從上午十時開始，足足談了一個半小時。威利先行下樓，朱運與次長及馬共的代表，相繼而下。下樓後陳田和李進喜又步行着，朝向來路而返。在經過某一咖啡店時，有一位鑛場書記兼市委秘書長的何良光，正在與朋友飲茶，就起身向陳田招呼道「陳先生，請喝茶！」陳田舉首望了一下，似乎感到詫異，遂卽用國語回答道：「謝謝你。」說罷直奔柵口的客家人村內參觀，並到該村訪問一位八十歲的江老太太，因爲江氏有一位孫子，叫伍金才，現是他們的同志。

江老太太遂卽泡茶待客，他們坐了大約十五分鐘，並對江老太太說：「這次和談空氣非常融洽，大約不久可以和平了。」然後又步出柵門，朝仁丹山而去，向大森林進發……

這一次李進喜和陳田至仁丹，村裏的人，都把陳田誤爲陳平。但陳田自己介紹，名叫陳田，福州人，是陳平的助手。又據說當陳李二人下山時，先遇見一位馬來工人，名叫沙拉曼，他們卽向沙表示身份，要求會見東姑、阿都拉曼，這一來使這位馬來工人，大吃一驚。於是他們再行，和鑛場探測師英人畢萊交談，然後始直入仁丹市區。

這一次和談的消息全星馬的報紙，不論中、英、印、巫文各報，除了星加坡的英文海峽時報及檳榔嶼的光華日報（按該報爲國父手創，居覺生先生及戴天仇先生均曾主持筆政，鼓吹革命）外，完全漏了。自從這兩家報紙把這條消息，大字刋出後，各國駐星記者及本地報紙的記者，均紛紛北上，進行並發掘內幕新聞！

頓時，冷落的仁丹，便熱鬧起來了。然而這小地方，那能容納五六十名外來的記者！

仁丹的名字，立刻響亮起來，它是馬來亞的板門店，馬來亞的範圍（按範圍爲國共在上海和談之處）！馬來亞的人民，天天在渴望和平，希望這七年來的戰火，不再向他們身上無情底燒去……

三

一直到今天，仁丹的許多多的市民們，還在相信那一天代表馬共的人是神秘的陳平，而不是陳田。在仁丹這個地方，公開承認與陳平有過一面之緣的便是拉曼錫鑛書記何良光，何在日本統治時期，曾經參加過人民抗日軍，在森林中聽過陳平的演說。但是據何良光說：「時隔十多年了，一時也記憶不清。」

可是根據聯邦政府公報中稱：仁丹會議的代表，是馬共書記長陳平的全權代表，這充分可以證明決非陳平，而是陳田了。

陳田，自稱是福州人，陳平的助手。然而他究是何等樣人。他除了擔任馬共宣傳部長外，並且是中委的身份。他原姓高，名才傑。他的父母都在星加坡。共產黨員一向沒有眞名字，陳平也是假名字，本名叫王文華。

記者在星加坡商業中心的一家大商店內會見了陳田的父親。高老先生鼻上架了一付玳瑁眼鏡，夫婦二人，同是七十二歲。高老先生完全是一個中國舊商人淳樸的典型。

高家是一個中產階級的家庭。高老夫婦一共生了七個男女。陳田排行第三，今年三十六歲。他出生在星加坡，六歲時曾偕其祖母返廣東澄海縣，並在縣立第一小學讀書，十二歲時才返南洋。

陳田在中國高小，從未唸過英文，回到星加坡以後，他父親便把他送到端蒙小學，十五歲畢業。每天晚上則在家補習英文，由於天資敏慧，十五歲小學畢業後，立刻考入英文學校，讀第五號班。到一九四一年底，他已唸完九號，並在日機轟炸聲中，參加劍橋考試，並且也是及格。

據高老先生說，陳田自小好靜，對運動一項不感興趣，在家時因態度謙恭，故家人都十分喜歡他。……可是不久，陳田便悄悄底離開家庭。他是私自出走的。走後不多天才寫信回家，報告家人他去參加抗日軍了。

馬來亞和平以後，高才傑（卽陳田）忽然在柔佛州一帶出現。他的名義是馬來亞人民抗日軍柔南地區第四獨隊司令員。那時陳田是公開用這個身份出現的。

高老先生說，當陳田應邀代表馬來亞人民抗日軍，和陳平一同前往倫敦，參加勝利大遊行之前夕，他父親曾勸告自己兒子，既然自己英文有根底，何不利用這個去英國的機會，在英倫繼續攻讀，至於費用，高老先生願意想辦法，出去籌劃。但陳田並無此意！

陳田現在是馬共宣傳部長，對於中文，也有相當根底。他從倫敦參加勝利大遊行回來後，卽在吉隆坡，擔任戰友報主編，終年不回家。據高老說：「自從和平以來，我們已經沒見這孩子了！」

星加坡許多人相信，陳平寫給首席部長馬紹爾的那封信，可能是出諸陳田的手筆，因爲那封信，文義措詞都十分文雅暢達，如果沒有九號程度（按英校九號等於高中畢業），但事實上超過吾國高中畢業之水準）決不能寫出這種信。

陳田走起路來頗不方便，一看便

知是個跛子。說話時兩眼喜歡朝下看。在回答一句話時，總喜加以思考一下。

他的四弟名叫高偉傑，戰前是星加坡華僑中學學生，於日本佔領後因參加地下抗日工作，爲日軍捕去監禁了一年半才釋放回家。不久他也私自離家，參加森林中的抗日軍，後來因患病死在林子裏。

那個時候有許多人進入森林，英國人用了潛水艇載運訓練有素的一三六步部——中國華僑——由孟買到馬六甲海峽。可是大英帝國承認了中共，她再也想不到今天回到馬來亞，竟自食其果！這個命運擺佈，眞不知從何說起！昔日的民抗軍，今天變爲馬來亞人民解放軍！是英國人把他們養大的嗎？

四

記者在仁丹停留了幾個小時，覺得仁丹雖只是人口僅二千多的小鎭，然而它在地形上具有得天獨厚的條件。它不但風景秀麗，而且距離馬共在泰南邊境的勿洞(Betong)森林近在咫尺。

根據泰國和馬來亞的情報，勿洞現在是馬共的「延安」，原來是在吡叻州內的加央，但自從一九五三年之底即遷勿洞。據一名經常在勿洞山上伐木的木工說：由勿洞循山路到仁丹，約五小時便可抵達。馬共之所以選擇仁丹作和談初步會議之地點，主要原因，即在於此。

那伐木工人指着馬共代表陳田與李進喜由森林出來的小徑，對記者道：「從這條小徑可直通勿洞。但如沒有熟人帶，一定會失途。」從這一點可以證明馬共的大本營乃在勿洞無疑。由仁丹到勿洞只要五個小時，但爲什麼陳田向朱運與說要十天時間呢？許多觀察家認爲，可能等候中共的決定，因爲今天中共是亞洲國際共產的主席，馬共和中共脫離不了。可能與就近的越共，來往更多。這個觀察，不能說沒有道理。

仁丹的市民都是奉公守法的，他們對馬共方面無所謂恩怨，過去有些同情馬共的份子，有些奔上「梁山」，有些被遣送回中國，經過幾次檢舉後剩下來的，多半是小商人，自食其力的工人，及老弱婦孺。

仁丹鎭，眞有些似世外桃源，不但民風樸實，而且沒有都市的囂擾，這裏可以聽鳥語，聽松濤、聽泉聲。如果要選擇這個地方讀書或寫著，那眞是太理想沒有了。

這裏的天氣特別令人喜歡。白天在七十多度左右，到了晚上約六十多度，有時風雨之夕還能生起火來。許多記者住在這個小山城內，夜間無事打撲克牌，旁邊生起熊熊之火。這種寧靜的氣氛，實在太可愛了。

仁丹由英國人開市以來，到現在已經有五十多年了。它向來平靜得像一湖靜止的水，始終沒有發生過一件値得一提的大事，這次李進喜把陳田引了進來，二千多天眞的村民，那裏經得起這樣的騷動呢！難怪村民們不分男女，天天在談論這件事。

記者在好奇心的驅使下，曾經去訪問陳田在回程中訪問過的伍江氏。這位上了年紀的伍老太太便是伍金財的祖母。從她口中知道伍金財是蘇溪人，今年三十歲。戰前卒業於仁丹公立華校，日本人佔據了馬來亞，在北馬一帶瘋狂殺人，他逃入森林，於是便加入了人民抗日軍。和平後從事新青年團之活動。一九四七年又潛入地下活動，擔任馬共仁丹區的民運第一大隊隊長。

伍金財從小便在仁丹長大，未入山前在仁丹做些散工，一面從事地下活動，他是仁丹居民中最先加入馬共的。後來經常有人在仁丹山邊看見他。因爲馬共的巡邏隊常常分廿多人一批，全付武裝在山區巡邏。伍金財也常常帶隊巡邏。他目下在馬共中是擔任民運工作，是屬宣傳部下面的一個單位。

赴仁丹之路，是由檳榔嶼到高烏，高烏至仁丹必須步行。李白有「蜀道難，難於上青天」。由高烏到仁丹的山徑，羊腸小道，有「眞個行不得也」之勢。偶爾抬頭一望，兩旁高山，密密的森林，難見白日蒼天，林子裏一片陰森的氣氛，不由你不覺得可怕。森林內常常有「猿啼處處，飛鳥點點」。

令記者最不能忘懷的便是仁丹山徑旁的溪水與瀑布。還有母羊帶着一羣羔羊在路旁安靜的吃草。讓這羣代表和平的動物，出沒在這動亂的時代，眞是一個强烈的對照。

仁丹是和平的、美麗的、寧靜的。它身處羣山懷抱中。它正徘徊在「和」與「戰」的十字路口！

仁丹的二千多居民，天天在盼望和平，然而「沒有僞裝」的和平幾時才能到來呢？

五

仁丹的和談從十月十八日舉行後直到現在，一點消息都沒有，像一陣大風刮得無影無踪。近日來星馬人士大家都在猜測下一個和談的地點是在什麼地方。許多人認爲有三個理想的地點，乃是高烏、仁丹及宜力。

這三個地點都可能是馬共選擇的對象。因爲它們地理形勢同是地高山峻，叢林疊立，沿途道上，迂廻曲折，峭壁聳起，同時這三個地區，都是馬共勢力可以伸張的地方。

高烏是傍及峻山，位於泰馬交界之處，是北吡叻州的一個十字路口。公共交通，可言四通八達。由高烏向東南走便是仁丹，相距不足九哩，朝東走約九哩之遙，通過邊界，便可達到在泰國邊上的勿洞。馬共中央便設在勿洞森林內。向南走四英里便是打式，向西走十英里便是華玲，會談時馬共代表可能取道泰馬邊境高山入境，然後搭公共巴士車抵達高埠。這個地點，對馬共唯一不方便的地方，便是在回程時，怕泰國軍警發現，加以掃射。

仁丹的地理環境對馬共代表之易於往返，實在高於高烏。因爲它的四週是叢山峻嶺，森林密密，地勢險要，且它與泰國境上的勿洞及合艾，只有一山之隔，由該地越山，可以分途直抵仁丹。

但自從第一次和談後，這條路已深爲人們所關注，且目前經大批記者

印尼大選眞相

印尼通訊．十月廿九日

史信

一

印尼的普選，是從九月廿九日分別在全國各省同時舉行，到記者發稿爲止，是整整一個月，然而官方始終未發表眞正準確的選票數字。這一次的選舉，不但是印尼開國十年來的大事，而且是全體人民獲得自由獨立後，首次行使他們自己的選舉權，涵義自屬不凡。英、美、蘇、中共派駐雅迦答的外交人員，都在密切注意這一次的選舉，都在注意是那一黨出來領導組織未來的政府。

由於此次普選，在這新興的國度內，還是創舉，所以事先經過了長時期的籌備，及周密之佈置，是以一切工作，都推行得十分順利。關於選舉的方式，特別簡化，連不識字的文盲，亦可自行投票，選民的資格，除了年齡須在十八歲以上外，全不受任何條件之限制。

全印尼的人口總數，據記者從內政部戶口處採訪所得，爲七七．九八七．八七九人，就中具有選擧權之公民爲四三．一四四．四六四人。以百分比來說，已經超過了百分之五十。

全國共分成十六個選區（以原有省區爲標準），九一一．九三一個投票站。在每一選區當中，則按照其人口的數量來分配，選出國會議員的名額：計東爪哇五十八名，中爪哇五十七名，西爪哇四十七名，大雅迦答市六名，蘇南十名，蘇中十一名，蘇北十六名，西加里曼丹四名，南加里曼丹六名；東加里曼丹三名，東南羣島八名，西東南羣島八名，西伊里安三名。在這十六個選區中，爲了西伊里安尚在荷蘭佔有之下，未有合格登記的選民，所以暫時不舉行投票，其國會議員則依照第七號法令第一三四條之規定，由政府委派。至僑居國外之印尼公民，原也有選舉權利，祇因格於時勢，尚難實行。

此外根據中央普選委員會的報告：在全國二〇八縣中，已有一二六縣能依期於九月廿九日舉行投票，其餘有五十六縣的普選委員會業經提出要求，假使治安，經費以及運輸工具問題均能獲得解決，則亦可同時辦理。事實上有許多縣仍遲遲開票，便是爲了上述之原因。其中只有十六縣，因情形特殊，勢須延期舉行。

選舉票的計算，統由地方普選委員會即日在各方投票站分別執行。並限於一星期內，將結果向中央普選委員會提出報告。雖然如此，大選的全部工作仍需要半年的時間，才能結束。屆時現任國會與內閣均須解除職務，由民選的國會與民選的內閣來接替。

此次大選，印尼大小政黨均報名參加，其中亦有以個人身份介入活動者，但大半皆屬自由職業之律師與醫生等。

各政黨的競選活動，有的已在半年以前即開始，可是直到最近一二個月，才達到高潮。從九月廿九日到記者寫稿時爲止，每夜街坊里巷無不有民衆大會之召集。大雅迦答雖然已近尾聲，然而中爪哇正熱烈底在進行，此起彼伏，情況空前。彼此各標榜着擬訂的政綱，以博取選民的同情，投下神聖一票。公共場所，街旁林蔭，以及凡爲人們視線所能接觸到的地方，均懸滿競選人的照片及標幟。其間以馬斯友美黨，印尼國民黨，印尼社會黨，印尼共產黨，印回聯盟及回教學士聯合會的工作，做得最普遍，最深入。如所週知，印尼自從獨立以後，除共產黨外，其餘各黨均參加過政府。馬斯友美黨（或稱大回教黨），印尼國民黨，印尼社會黨且曾擔任了閣揆，現任總理布哈努汀．哈拉哈還是回教黨的巨擘之一呢。

政黨原以爭取政權爲鵠的，普選是它爭取政權的唯一機會，當然誰都不肯放鬆。但照政府的規定，競選運動祇能延續至一定的日期爲止。此一日期是依各地情形有所不同。如大雅迦答市限至九月廿四日午夜爲止。中

，長駐仁丹，又因爲在未能實行達到正式談判前，雙方均不欲將會談的內容公佈，故雙方爲了保持談判內容秘密，可能此次會談是不會在仁丹舉行。復由於馬來亞聯合邦首席部長東姑．阿都拉曼宣稱：「和談的地點與時間將爲絕對秘密，因爲這將會關及雙方代表之安全」，在此一語中，可一明白下一次會談決不會在仁丹擧行了。

至於宜力呢，那是由仁丹通過一條長約廿多華里，但極爲難行而險峻的山中捷徑。在今日和談氣氛甚高的當兒，它也不失爲一個理想的集會地點。這個地方，不僅形勢利於馬共，而且供應和設備方面，也十分週全。這也是一個風景優美的小山城。現在也有不少新聞記者，在那裏租下了房間，等待拍發電報。

至於會談的日期，東姑氏原先通過朱運與向陳田說，希望在十一月六日之前舉行。因爲十一月七日東姑內閣將訪問印尼，在印尼至少有十天逗留。照現在的情勢看，要到十一月十七日以後再說。可能會拖延到十一月底或聖誕節前舉行。（按星加坡首席部長馬紹爾曾告記者：決不會拖過聖誕節，從這一點看來，這句話裏面一定有文章。）

但也有人認爲屆時會出現奇蹟，在柔佛任何一地擧行。因爲至今柔佛州內還有六百名武裝馬共（官方如此宣佈，相信決不止此數）。這是馬共出來直接談判的武力後盾。也有人相信在吉隆坡的成份也不少。

可是截至目下，仍是「山在虛無飄渺間」，沒有一個人能肯定的下結論！

十一月八日檳榔嶼航訊

爪哇便在十月下旬爲止。

全國投票時，自然顯得十分緊張，即以雅迦答一地而論，全市的電話爲了便利普選工作進行，都限止使用。大鵬航空公司除重要航線外，均減少班次，許多男女工人，先期趕回鄉下投票，累得各家主婦，不得不躬操井臼、洗衣、燒飯等一切的勞働。全國各地電影院，白天停業，只映夜晚兩場。記者在日曆(中爪哇)停留了二天，旅舍內沒有工友操作，只好去朋友家，麻煩朋友的太太，否則連吃飯都發生問題。

蘇嘉諾總統在大選的前一週飛往峇厘島休息，歸途裏原擬在泗水和萬隆向民衆大會發表演說，結果爲了紅白旗大會所召集的民衆大會，適當停止競選運動期間，不免有干禁令，所以內閣便趕派第一副總理赴峇厘向蘇氏報答，最後蘇氏決定取消萬隆之行。所以蘇氏始終沒有對普選發表公開的談話，僅僅在中央廣播電臺向全國人民廣播一次而已。

二

印尼大選初步的情形，現在可以略略道出，但總結果，據官方宣佈約在十一月底才能有分曉。然而中爪哇廿一個投票站，發現犯規甚多，哈拉哈總理下令禁絕共黨宣傳品，實行重選，故十一月底是否能見分曉，還是一大疑問。就爪哇本島投票之結果，一般人均認爲㈠標榜印尼國民黨一定領先，可佔五十席，獲六·五〇〇·六〇〇票。㈡出冷門的回教聯合會佔第二位，約三十七席，獲票約五·二二五·七四六票。㈢代表印尼工農階級的印尼共產黨佔第三位，約三十六席，獲票約四·八八三·六五一票。㈣一向被人目爲第一大黨的大回教黨，在決定勝負的爪哇本島却屈居第四位，獲三·六〇七·〇三三票，約卅一席。

以上是初步的選舉結果，時間大約在十月初旬左右。這個結果使現階段在印尼國會中的許多小黨，如喪姥妣，在一種不安定的情狀下搖擺。如國家人民黨，大印尼統一黨，工黨，大印尼黨，基於回教教義的貝爾蒂黨，基於改良主義的印尼社會黨，一向被人目爲極有潛力極左的平民黨等，都失去了繼續生存的基礎。正如一些印尼報紙刋登的漫畫所描述的：印尼人民自已宣佈了這些曾經在印尼政治生活中翻雲覆雨的寡頭政黨的死刑。

印尼大選過程中，最出人意表的乃是㈠社會黨全軍覆沒，㈡大回教黨的在爪哇以外地區—蘇婆地區—獲得大勝，不但可與國民黨分庭抗禮，而且其勢可以直追而上。社會黨之全軍覆沒，使印尼右派人士，大快人心。十月四日的右派「大印尼報」，曾經在社評中諷刺道：「痛哭流涕的應該是社會黨人，因爲他們由最初被目爲大黨的地位，而今終淪爲烏有」。在大選舉以前數天，社會黨黨魁爲了吸引羣衆，曾經在大會上以向選民分發肥皂及沙糖爲號召，這被反對黨譏爲「肥皂黨」，於是聲威一落千丈。同時社會黨入閣的財政部長蘇美特洛博士，在大選前夕，曾用硬性手段把日用物品價格壓低，希望討好選民，但是結果，給他們當頭一棒。印尼社會黨的失敗，歸根於他們標榜在經濟上和資本主義國家合作，在國內容許獨佔資本繼續存在的自由主義政策，這給印尼人民反對了。

第二個奇跡，乃是大回教黨在爪哇以外之地區節節獲勝。在蘇門答臘與婆羅洲獲得大勝。所得票數不但進入第二位，可能壓過國民黨。據非正式估計，在總共二千八百萬票中，國民黨得八百廿萬一千零七票，大回教黨得六百九十萬三千九百九十九票，回教神學會得六百七十萬七千三百四十一票。共黨得六百零五萬五千零三十一票。在蘇婆地，大回教黨獲得最多的票數，該黨所得之票數與回教神學會之票數爲二比一，與國民黨爲三比一，與共黨比率爲四比一。在得到該地區之勝利後，大回教黨的票數即超過一向佔第二位的回教神學會。由於此次蘇婆兩地之大勝，結果已燃起大回黨與國民黨的「無產階級陣線」，一決雌雄。大回教黨許多人士告記者稱：如果他們能保持蘇婆二島之紀錄，在西里伯斯，小巽他羣島與摩鹿加羣島等地繼續勝利，則他們可能在新國會中佔居大多數席位。但是國民黨方面，並不擔心這種情形。蘇門答臘的登記選民共六百萬人，已投票者約三分之一，西婆羅洲的登記選民爲一百五十萬人，已投票者約一百萬人。

三

今天印尼的四個大黨，便是未來內閣的臺柱。印尼第一大黨的國民黨，於一九二七年九月，由現任總統蘇迦諾組織。但在殖民主義高壓之下，黨的組織在形式上暫時消失，直至一九四六年二月一日，在民族革命的高潮中，由「印尼人民協會」，和數個民族主義政黨協議恢復「印尼國民黨」，標榜「民有、民治、民享」的「馬恆主義」(Marhaenism)。印尼國民黨是本屆瑪蘇美社會黨聯合內閣除外的歷屆內閣執政黨。在阿利內閣執政期間，曾召開亞非會議，提高印尼的國際地位，使該黨在人民中擁有很大的好感。該黨曾向外宣佈擁有五百萬黨員，同蘇迦諾總統爲該黨精神上的領導者。前任總理阿利退任後，不辭勞苦，到處爲黨宣傳奔走，展開競選活動……綜合上述各因素，使印尼國民黨處於領先的地位。

由小黨而一躍於大黨之列的回教聯合黨，是遍佈通都大邑和窮鄉僻壤的保守的回教組織。該黨有許多回教長，他們是講授可蘭經典，日夕和農村接近的當權人物，他們在競選活動上引經據典，廣事宣傳，但沒有大回教動輒指摘爲「異教徒」而惹起衆怒，這是回教聯合會在競選宣傳上與大回教黨策略不同之處。在東爪哇一地所獲取的選票達到二百八十萬票的絕對多數，超出佔第二位的印尼共產黨約七十萬票。

印尼共產黨是有着悠久的鬪爭歷史的政黨，從一九二〇年六月起，印共即展開獨立革命的波瀾。一九四五年大革命印共在組織上，一天天走向壯大，一九四七年到一九四八年元月間，印共的沙里夫汀先後兩次組織聯合內閣。荷蘭把主權移交印尼後，印共發展更速，一九五四年三月該黨在雅迦答召開五全大會，通過新的黨章及當前之綱領，號召組織民族統一戰線，黨員自稱發展到五十萬人，但印共擁有印尼工人階級最大組織的印尼總工會，和外圍組織的「印尼人民青年團」，「印尼婦女聯盟」及「印尼農民陣線等」。

印尼共產黨總書記艾廸（D.N. Aidit），巡廻印尼各地展開競選活動的大會上，常常發表動人的演說，吸引以數十萬計的羣衆，在羣衆性的競選活動上，印共動員黨的文娛工作者，文學工作者及藝術工作者，共同參加。在印尼各黨的競選活動上，印共最積極。但「人民的眼睛是雪亮的」。人民知道共產黨是個大騙子，所以印共終於爬不上去！主要的原因，它不能普遍得到民心。

大回教黨自從一九五三年八月，迄一九五五年八月，居於印尼國民黨，回教聯合會內閣反對黨的地位，對達魯依斯蘭非法武裝不表示意見，而在立國基礎與意識上又和達魯依斯同調。兩年來該黨在競選活動上以唯一親西方，反共的回教黨自居。利用宗教狂熱，抨擊異己，對於亞非會議之召開，曾經加以反對。在國內該黨雖樹敵甚多，但人民信奉回教者很多，回教徒大部分支持它。即在十月十四日競選例子來看，國民黨增獲五千票，大回教黨增獲二萬四千票，使大回教黨與國民黨票數之距離，再度拉近，相差僅廿九萬張票，便是一個明證。

四

十月下旬，記者來往於雅迦答、萬隆、泗水、棉蘭各地，走馬看花。對於印尼這一次「馬拉松」式的大選，已經獲得一個大概。在目前國民黨仍居於領導地位，總計得七百七十三萬張票，大回教黨次之，計七百萬票，回教神學會（或回教聯合黨）再次，共產黨則爲殿軍無疑。目前大家正在等待中爪哇之票數的揭曉。但無論如何，新閣必爲一聯合政府，而究竟這今後四年中的執政，是反西方的印尼國民黨或親西方（代表美國）的大回教黨，現在在十一月九日全國大選完結之前無人敢斷言。但無論如何，依據印尼選擧法之比率分配制，目前大回教黨顯然可在國會中得到六十八席，一馬當先；國民黨六十五席，回教聯合黨五十餘席，共產黨約四十五席。這個估計，距離事實，大致是不會太遠的。

根據雅迦答一般政治觀察家及報界批評，從大選的臨時統計中，可已確定沒有一個政黨有壓倒之處，因此新的內閣將是聯合內閣無疑，決不可能是一黨內閣，是以未來內閣之構成，將決於上述之四大黨。

未來的聯合內閣只有兩個可能：第一，可能是重組一個以印尼國民黨和回教聯合黨爲中心，而排除大回教黨，取共產黨之支持的一個內閣。第二，如目前大回教黨所希望的，即由大回教黨、回教聯合黨、印回聯盟黨所組之回教陣線與印尼國民黨合作，組成一個排除印尼共產黨的內閣。

據前任副總理的回教聯合黨巨頭亞利芬報告，回教聯合黨脫離大回教黨後，就決定了一個政治路線，即回教集團必須與民族主義集團作最高意義的合作。他說：「我們到現在還堅持着這個路線。在未來組織聯合內閣時，也是如此」。

關於回教集團與民族主義以及共產主義集團合作，阿利芬說：「在我們黨內還沒有談到這個問題，但回教聯合黨的政治路線，在過去的亞利、亞芬內閣中已表露無遺了」。

雅迦答還有一種觀察，認爲印尼是赤道線下的綠玉，世界上的第六大國。全世界都注視印尼的大選。印尼國民黨和大回教黨的裂痕，幾已陷於不可彌補的境地。證之十月四日印尼國民黨的機關報，在字裏行間，依然攻擊大回教黨。因此大回教黨如不能佔勝，則新閣將以國民黨—回教聯合黨爲核心，聯合印回聯盟黨等小黨，得到印共支持的「聯合內閣」。如果這樣實現，則新閣必然在民選國會中，執行阿利——阿利芬前內閣的政策，可能前任總理阿利將被總統繼續提名再作馮婦，負責組閣，亦未可知。但這個情形，據記者看來，希望不大。阿利本身已經使人民失望了。但他上臺的可能性，並不是沒有的。

國會議長沙多諾發表談話稱，國會議員大選之後，國會和內閣都不能再採取立法和政治的行動，總統可以拒絕簽署任何臨時條例。如有堅强理由時，總統可以解散現在的臨時國會和內閣。這個國會的地位，自九月廿九日後，已進入了一個新的階段，現國會不能再有什麼立法之行動和政治的行動，現在能做的只是處理有關國會內部的問題。

但和沙多諾意見相反的即國會第一副議長覃務南的意見，他說內閣應一直工作下去，直到新國會就職爲止。他認爲大選之後，臨時內閣和國會的地位已經改變了，在外國大選後三日，即可揭曉，但在印尼沒有一個人能知道新國會何時可以組成。

一般觀察，政府黨希望現內閣延續它的生命到今年年底或明年三月爲止，但反對黨及一部份報界，則主張哈拉哈內閣不得戀棧下去，應速把大命交還總統。因此民族復員聯合會要求總統馬上撤回內閣政權，由總統組成一個過渡政府，在元首自己主持下處理國政。但這個主張，「只聽樓梯響，未見人下樓」，只是空喊喊而已。

印尼十日走馬看花，比較著中的觀察，乃是根據國民黨與大回教的領袖們，在大回教黨走上風後，兩黨領袖，互送秋波，十月下旬，雅城頻傳此訊，這更引人相信這兩黨正準備和另一個回教黨合作，組織一個反共的聯合政府。因爲過去十天內，兩黨領袖曾擧行過好多次非正式會議。這是內幕人士透露出來的，但尙未見報章報導呢。（十月廿九日寄自雅迦答）。

本刊園地公開
歡迎讀者賜稿

康伯蘭的秋天

郭嗣汾

『我始終相信，總有一天（雖然不知是什麼時候，也許還遠）我們會明白——悲劇，那時我們便要破涕為笑了。』林前十三章十二節。

一

如今，又是秋天了。

每一個秋天都有雲、晴朗的天空和燦爛而引人遐思的紅葉。但是沒有一個秋天有相同的雲，每一片紅葉也只有一個秋天。

對於艾丹來說：秋天對他很慷慨，也很殘酷！秋天裏，他找到了幸福的鑰匙，找到了生命中最珍貴的愛；可是，在另一個秋天裏，他悄悄地結束了那一個曾屬於他的夢。以後，他把那個故事藏在自己的心底。

從那一個秋天起，他開始懂得『那一天』已成過去，他懂得了生命的『悲劇』。但是，他不能『破涕爲笑』！他還不能了解生命的奧秘，因爲他不是哲人。

倫敦的霧，康伯蘭的山色湖光，大西洋的風浪，對於他都是那末遙遠了。雖然，那些道路對他會依然像往日似地熟稔，雖遙遠却存在。只要是他肯，他總可以找到那些的。但是，他已經不能再找到在那些地方失落的夢，以及他舊夢中的女郎了。

每一年秋天的來到，除了他鬢邊添上一些斑白的華髮外，總禁不想到幾萬里外的那一個海島，他會把自己年輕的心埋葬在那裏……

日子會過去，夢會消失，世事會在複雜的運轉中模糊，終至於忘記，人也會衰老。但是，他忘不了十二年前的往事，在時間與空間的轉換裏，夢境依然混合着眞實。那一小包東西他還永遠保存着，那是代表着那一段金黃色日子的標幟。

如今，那束着小包的紫色絲線已經褪了顏色，不復是當年那樣的鮮艷；封紙也是又皺又破了，他仍舊保存着，因爲那上面還留着她的字蹟。紙裏面，包着有兩本書：一本是華斯華滋的詩集，那裏面夾着一份「月光朔拿大」的鋼琴譜；另一册是一部英國柯林斯所著的長篇小說「白衣女郎」，在它的扉頁上夾着一個用金黃色頭髮編成的圓圈，用着別針小心地釘在書紙上。那圓圈裏寫着一行小字：

『給艾丹，這原是蘿娜給華爾特的禮物，現在，它是珍妮給你的。』

每一次，當他打開了這本書的時候，他都不自禁地吻着它，在書上落下眼淚。那上面，充滿了他的吻，也充滿了他的淚！還洋溢着他一份無可比擬的情感。那情感，超越了時間和空間，飛越了藍天和白雲。想像有如升起的白雲，也像沉落的舊夢；在升起和沉落之間，留下的是生命的落拓與創傷……

二

北行快車從倫敦駛出，開始了他的假期，也開始了他前往康伯蘭省的旅程。

對於艾丹來說，戰爭幾乎是和他這一生永遠糾纏不淸似的，他生長在江南山明水秀的蘇州，一個小康的家庭裏，他在那裏渡過了美滿的童年，那時軍閥們的爭奪地盤，對他却並沒有太大的影響，他還可以安心讀書。抗戰爆發後，江南被捲入熾熱的烽火裏，他流亡到後方，接着考進了海軍派到英國接艦。剛剛他們到達英國不到一個月，歐戰爆發了，德國的轟炸機給英倫三島帶來了燬滅和死亡，也給他們帶來了勇敢和堅定。他們在緊張的空襲中學習各種技術，有的隨着英國戰艦遠航作戰，他們將爲烽火中的祖國帶回新的軍艦和新的戰鬪力。

一九四二年的秋天，他們終於完成了訓練，但是，那時候太平洋戰爭已經爆發，戰火在全球上燒成了一片，於是他們奉命留在英國。

艾丹也有了十天的假期。

對於艾丹來說，康伯蘭對他完全是一個陌生的地方，從到英國之後，他一直在英倫南部過着緊張的訓練生活，只在一次聖誕假期裏，同幾個朋友去過一次愛爾蘭的都柏林城。這一次他所以要選擇康伯蘭來渡他十天的假期，主要的是他接到遠在重慶的一個親戚的來信，有一位在蘇州住過二十年的亞當牧師，返英國後住在康伯蘭省的一個小鄉村裏，希望他去看看他。其次，他認識的一個英國朋友極力向他誇耀康伯蘭湖區風景非常美麗，以他愛靜的個性和有限的金錢來說，那正是他該去渡假的地方，何況他又有了一個熟人在那裏呢。

他照着英國朋友的意見在克西克鎭下車後，突然他改變意見了，那附近美麗的山巒和小湖吸引了他，他覺得需要單獨地去欣賞那酷以故鄉的山水，尤其是那有名的溫德美爾湖，更使他想起太湖的波光船影。於是他找了一家小旅館住下來，解決了食宿問題，然後整天去湖上泛舟，倦下來就躺在山石上，讀幾首生長在康伯蘭湖區的英國詩人華斯華滋的詩句。這些時間內，艾丹感到自己又拾回了童年的無羈的快樂，至少也使他忘記了現實，忘記了山外的戰爭與烽火，把心靈完全寄託在山水之間了。

秋天，是康伯蘭最好的季節，它沒有夏天的燠熱與急劇的雷雨，也沒有冬天的嚴寒和冰雪。秋天，在康伯蘭湖區裏，幾乎都是晴朗的日子，淸晰的湖水，淡淡的泛着紫色烟霞的遠山，燦爛的紅葉，都可以給人帶來一份靜靜的詩情畫意，帶來心靈上無可比擬的享受。

這樣過去了三天，他把亞當牧師的地址還藏在日記本裏，沒有去翻開它，也沒有向別人打聽過。

第四天，他一個人划了一條小船，一直划到溫德美爾湖的對岸，他找到了一條小溪，那溪流歡暢地流着，發出銀鈴似的響聲。他把小船停在岸邊，徘徊在小溪邊，心情也像小溪的流水一樣地平靜和舒暢。

當他沿着小溪轉過了一排白樺樹時，從對面小徑上跑過來一條棕色鬈毛小狗，他和牠幾乎是同時互相發現了對方，那條小狗驚惶地退了兩步，然後狺狺狂吠起來。

他防備地想找一塊小石或者一棵小樹枝，但是，就在這時候，一個蒼老的聲音喚住了那條小狗。

他抬頭，離他十步遠近站着一個五十多歲的老人，高大的身軀顯得有些佝僂，那是時光在他身上留下的痕跡，頭上滿是蕭蕭白髮，白髮使得他增加了慈祥和尊嚴。

「不要緊，」那老人望着他說：「這是黛比歡迎客人的方式……」

「啊，」他整理一下受驚的情緒，望着那條叫做黛比的小狗已經跑到牠主人的脚邊，搖着尾巴。

「我想牠使你受驚了。」老人說。

「是我驚吵了牠。」艾丹說：「因爲我是陌生人。」

老人緩緩地走過來，仔細地端詳着他，平靜中顯得有些興奮，他突然問：

「你是中國人嗎？」

「是的。」艾丹回答。

「啊，我眞高興，你是我回到克西克以後看到的第一個中國人，」老人邀請着他：「快到喝茶的時候了，願意到舍下去喝一杯茶嗎？」

「呵，當然，假如不太打攪的話……」

「我愛中國，」老人忽然改用中國話說：「我在中國住了二十多年……」

艾丹驚奇地看着老人，他想，難道世界上眞有奇蹟？眞會那麼巧合？

「老伯，」他高興地說：「假如我猜得不錯的話，您一定是亞當牧師。」

「上帝保佑你，孩子，」老人叫着說：「如果你是來找他的話，你已經找到了。」

「是的，」艾丹上前兩步，迎接着老人對他祝福的擁抱。他說：「是的，您的老友，東吳大學的胡教授要我向您致意……」

亞當牧師的中國話說得和英文一樣地流利，而且像艾丹一樣，帶着很重的蘇州尾音。

「那麼你一定是蘇州人了，」亞當牧師說：「我歡喜那裏，可是日本人不歡喜我，因此我不得不離開那裏……」

「我聽胡教授講起過，日本人趕您走……」

「我們不要管日本人了，」亞當牧師挽着他，「亞當太太管起我來，比日本人還要兇些。」

亞當牧師的家就在這一排白樺林後面，是英國鄉下常見的紅磚房屋，門口用冬青樹圍成的庭院中，滿植着各種花木，洋溢着一份寧謐高雅的氣氛。

一路上，艾丹簡單地介紹了自己，老亞當却迫不及待地把他帶到胖得像多福餅的亞當太太面前，把他當一個寶貝似地炫耀着：

「我帶回來了一位出色的客人……」他說：「艾丹先生是我們第二故鄉蘇州的人，從倫敦來看我們的。」

老太太張開兩臂歡迎着他。

「歡迎你，孩子，我們很高興能看到你。」

他好容易才把這一個緊張熱烈的歡迎場面對付過去後，第二個風波又起了。當這一對老夫婦知道了他住在克西克鎭的旅館中時，兩個人對他交相責難，聲言決不寬恕他這種不够交情的行爲！艾丹祇好連聲道歉，決定在第二天搬到他們家裏來。這樣，算是才把這兩個激動的老人安靜下來。艾丹倒有些後悔沒有早一點來了。主人的誇張使他想起了家和親人，溶在那親切與熱情中的有一份不可捉摸的淡淡的鄉愁。

正當老太太端着茶具到客廳中時，門外響起了脚踏車的車鈴聲，亞當牧師含着笑意打開了門。

「珍妮，亞當小姐！」像一個喜劇演員，老亞當站在門邊叫着。黛比搖着尾巴跳了出去。

艾丹有點拘謹地站了起來，本來他已在客廳的鋼琴上看到了一張放大照片，那是一個明艷甜美的少女，他猜想那一定是珍妮。現在，他却看見了比照片更眞實的人了。把九月瑩潔的天空，燦爛的陽光，柔美的湖水加在一起，那就是他對珍妮的第一個印象。

首先，他看到的是金黃色的鬈髮，那下面是一個甜美的臉龐，有着兩隻藍色的眸子閃着光，那光芒逼使他不敢正視。接着，牧師用左手圍着她的腰走過來。

「介紹你見一個小同鄉，珍妮，」老亞當說：「艾丹和你一樣在蘇州長大的，希望你們用蘇州話談談觀前街和洞庭山的白沙枇杷吧……」

三

直到天快晚時，艾丹才想起時間過得太快，一半天竟悄悄地溜過去了。

不完全要用蘇州來作他們談話的資料，他已和珍妮談得非常投機了，男女之間談話太投機是一種危險，而他們當時都沒有去想這一點，更談不到爲未來的危險設防了。他們談中國，談文學，談華斯華滋，（康伯蘭人常因他們地方有這一個傑出的天才詩人而驕傲。）然後她爲他在鋼琴上奏出悲多汶的月光朔拿大，她不算是鋼琴名手，但是優美的指法證明她是經過了苦練和有音樂天才的。在他的心中，他覺得珍妮有西洋女孩子外在的美，却在內心中蘊藏着更多的東方情感，那一份沉靜的情感，他覺得份外地親切。他在如此美好的氣圍中陶醉，時光却在悄悄地溜走，像天際抓不住的雲。

等到客廳裏的老壁鐘敲響六下時，他才想到時光過得太快，想到還得划船渡過溫德美爾湖，趕快站起身告辭。

老亞當牧師含着滿意的微笑出現在門口。

「還來得及的，」老人笑着說：「你一定得先參觀一下我書房裏藏的中國古書。」

兩父女交換了一次會心的眼色，然後，帶着他到書房去。他剛走進門去便呆住了。

魔術師可以從空帽子裏變出白鴿和雞蛋來，老亞當的手法却比魔術師還要高明，因爲艾丹看到的比任何魔術更出色，他的行李鋪在一張行軍床上，他的一口手提箱放在床邊。那不是戲法可以變得出來的。

「啊，牧師……」他回身感動地叫着。

牧師愛撫地拍拍他的肩，把手放在他背上，臉上的笑容使得他更慈祥些。

「我們都可以少跑一次路，」老牧師說：「我打電話敎他們送來，並且把小船拖回去了。」

「但是……」

「孩子，把這裏當成你的家，我們都希望你的假期過得很愉快。」老牧師誠懇地說。

「我眞希望能有這樣的家！」艾丹顯得十分激動，這是他來英國兩三年來第一次感到家的溫暖！

「那麼現在你已經找到了，」珍妮眼中也閃着愉快的光輝，像湖水上洒滿了陽光。她問：「不是嗎？」

「是的。」他回答。接着，他像重新整理了一下他的思緒，快步走到床邊去，用鑰匙打開手提箱，從箱底取出一包東西來，從那包着的布來看，可以知道他收藏得很仔細。他打開布包，取出來的是一段湘繡的被面，他輕輕地抖開它，藍色的緞面上繡着鴛鴦戲水的圖案。

「珍妮小姐，」他望着她說：「我沒有更好的東西送給你，不過這東西我是從重慶帶來的，我想你還會懂得『千里送鵝毛』這句話的意思吧！」

珍妮的臉上充滿着快樂的神情，像這時窗外的湖上晚霞，然而她却推辭着說：

「甚麼，我怎麼能收你這麼好的禮物！」

「這禮物只有你才值得我送，我藏了它三年……」

「爸，」珍妮扭過頭 看着 老人，「媽會嫉妒我的。」

「是的，孩子，這是很珍貴的禮物，你該收下來。」

父女兩人相視一笑，珍妮鄭重地接過這珍貴的禮物，輕輕地說了一聲「謝謝你！」在高興中含蘊着幾絲羞意，翻身跑出去了。

「她向媽媽炫耀去了。」老人目送 她的 身影消失在走廊轉角後，回頭笑着說：「我們平時都太放縱她……」

「啊，只有您和亞當太太才配有這樣的女兒的。」

老亞當牧師的臉上浮現着滿意的笑容，他很高興艾丹讚美他的女兒，的確他一直以有這一個女兒引爲驕傲的。

於是，他們兩人坐在書房裏，老人滔滔不絕地向他談珍妮。珍妮是在蘇州生的，長大以後，在上海一家敎會學校裏唸書，當她唸高中二年級時，上海抗日戰爭爆發了，蘇州也在那年冬天淪陷，日本軍隊指摘亞當牧師掩護中國地下工作人員，把他驅逐出境，於是他只好帶了珍妮回英國。珍妮回來讀完高中後，進了曼澈斯特大學；曼澈斯特的紡織業是和伯明罕的鋼鐵，格拉斯哥的造船業同樣聞名世界的。她還在唸三年級。雖然唸工程，却非常喜愛文學和音樂，由於她幼年在中國，對於中國文學尤其有興趣。

艾丹想，也許他已經懂了一點，那就是他和珍妮爲什麼會談得投機的原因了。他自己雖然學的海軍，但是他衷心還是偏愛文學的，假如不是戰爭，他已經決定在大學裏攻讀文學了。

四

早上，艾丹在陽光滿窗中醒來。

帶着幾分歉仄的心情，趕快起床穿好衣服，打開了落地窗，讓陽光和新鮮空氣進來，窗子正對着溫德美爾湖，此刻，陽光灑滿湖上，粼粼的微波翻着金色的浪花，偶爾一條小艇駛過，白色的帆影爲湖水添上顏色，使人神往。

他步出走廊，凉臺下面是一大片園地，園裏盛開着花朵，他認得那些雍容華貴的菊花，伶俐嬌艷的剪秋蘿，黃白相間放着清香的桂花。使他喜愛的還是繞着花園爬滿了竹籬的蔦蘿和牽牛花。盛開着大大小小千百朵的紫色喇叭花在太陽光中鬪艷。他特別歡喜那一種色彩，他不知道在色彩學上給紫色是什麼評價？但他認爲 那是一種會引人深思的色彩。

驀地裏，他看到一叢冬青樹後面有着足以和花媲美的東西出現了，那是她，珍妮在那裏澆花。

他遲疑了一下，終於下去穿過花圃繞到她前面去。

隨着他的脚步聲，她抬起了頭。

「早安！珍妮小姐。」

「早安！」她用一隻手掠着 額前散落的 頭髮說：「昨晚上睡得還好嗎？」

「謝謝你，我睡得簡直忘記起床了。」

「我沒有叫你起床，因爲我不懂海軍的習慣。」

「呵，」他笑着說：「珍妮小姐，你很會諷刺人。」

她不答，只笑了一下，笑得很像綻開的花朵。

「我可以幫你的忙嗎？」艾丹說：「我對澆花很內行，有一次我逾假回營，長官罰我澆了一個星期的花。」

「好吧，水手，請你替我提水來可好？」

「呵，當然！」

他知道水井就在園子旁邊，馬上過去抽了兩桶水提過來。能够作一點事情，他覺得很高興。

「剛才我在想，」他放下水桶說：「如果不是昨天我已經聽你父親介紹過你，我一定以爲你是學的園藝呢。」

「是看到這花園後你這麼想？」

「是的，這花園眞美！」

「是的，這花園很美！」她同意地說：「不過我的工作只比你稍爲多一點，除了澆水之外，有時也用剪刀剪剪敗枝；但是那不是常有的事，因爲我很多時間不在家。」

「呵，這麼大的花園都是亞當牧師一個人弄出來的麼？」他有點不相信地問。

「上帝幫了他不少忙；我們這裏從不缺乏陽光，也不缺乏雨水。」

「亞當牧師一早就出去了麼？」

「呵，爸很忙，教區裏的事務已經弄得他頭昏眼花，又加上他們在鎭上設立了一所孤兒院，收容在戰爭中無家可歸的孤兒們，今天早上他就是到鎭上去處理孤兒院的事務去了。」

「珍妮小姐，有你這樣一個父親眞令人驕傲！」艾丹衷心地讚美着說。

「爸也說，有你這樣遠的朋友肯來看他，眞令他驕傲！」珍妮笑着回答：「媽說該好好招待你。」

「你眞會說話，」艾丹說：「我看，我還是替你去提水吧。」

他提着水桶走開了，他有點慚愧，他沒有想到這一家人對他這麼好，而他却在鎭上住了三天沒有早來，他眞有些後悔了，那不完全是他需要找一個藉口來逃避他們對他的責備，而是覺得他浪費了三天時間，他該早認識這一家人，尤其是珍妮。

他們兩人剛澆完花，亞當太太出現在門口，叫他們進去吃早點。

戰時英國的配給非常嚴格，由於物資缺乏，食物尤其是大鬧恐慌，家裏偶然添了一個客人常使主婦們手足無措。不過亞當太太很能幹，鄉下牛奶很多，她自己作了乳酪和大量的菓醬，家裏養了不少的雞鴨，湖裏的魚產也多。亞當牧師常常出乎意外地帶一兩個孤兒回來住上幾天，所以亞當太太隨時都多準備了食物，艾丹在他們家裏住下來，倒不至於使主婦爲難了。

上午，兩個人划了一條小船到湖中釣魚去，可是他們談話的時間比釣魚時間多。

在談話中最大的喜悅莫過於贏得對方的共鳴，這正好是他們兩個人能夠談得投機的最大原因。他們都懷念蘇州，懷念兒時的往事。當一個人提到兒時所見的一樣東西或是所看的一本書時，另一個馬上熱烈地響應着，儘管兩個人在兒時從未相見過，但是那並沒有影響他們的談話，相反地更增加了談話的題目，人總是對兒時舊事有興趣的。

珍妮很歡喜華斯華滋的詩，尤其是歡喜他的田園詩，她朗誦了一首又一首。然後，他們兩個人又拿來比較他們所讀過的中國舊詩，艾丹朗誦着陶淵明和王維的詩，有的是珍妮讀過的，這引起了她對中國詩更大的興趣。

他們回去却受到了亞當太太的嘲笑，因爲他們兩個人在陽光下晒了半天，晒得幾乎變成印地安人，但是籃子裏釣的魚兒却只有小小的三條。

他們兩個人只相視一笑，他們想得却不同，在湖上半天的收穫不是魚，他們收穫了比魚更珍貴的東西。

在湖濱的七天中，他們爲山水添了彩色，週末在克西克鎭上跳舞，星期天帶着虔誠的心情坐在教堂裏聽亞當牧師講道，千人大合唱把每個人複雜的心情化成一泓碧水。

五

儘管艾丹埋怨晨光起得太遲，晚霞又燒得太早，時光却一成不變地運轉。珍妮的學校開學了，他的假期也已屆滿。於是，他只有在這一家人祝福聲中，坐上南行的火車，當車輛漸漸加快掠過靑葱的原野時，他的情感纖維不自覺地細弱沉重起來。

接着，他回到艦隊報到，一連串鐵血風浪的日子也隨之到來。一九四二年是英國最黯淡的日子，美國忙於在太平洋上作戰，大西洋萬頃波濤裏，處處隱藏着殺機，納粹的潛艇追踪着每一條商船，窒息着大西洋的航運。艾丹被派在一條驅逐艦上，擔任護航隊工作。整天整月，他們生活在風濤險惡的大洋裏，船尾白色的浪花連綴着冰島、直布羅陀和他魂牽夢縈的英倫三島。

海天的單調使他更想起珍妮，在每一個碼頭他寄出了相思，也收得到艦隊轉來的信件，那中間有他在這個世界上的朋友和親人們的祝福，當然也有珍妮的一份。

聖誕節來到了，預計他們該早就回到陸地上的，艾丹也渴望着到康伯蘭去渡聖誕，但是德國潛艇擊沉了一條落伍的商船，領隊艦指定他們的軍艦擔任救護，結果聖誕後三天他們才回到樸資茅斯軍港。艾丹收到了一大批聖誕禮物，其中也有珍妮和亞當牧師的，還有珍妮邀請他去過聖誕的信。讀到這信時，他有幾分欣慰，也有幾分失望！但是，時間還不算太遲，他還來得及趕去過新年。

這一年的最後一天，他趕到了亞當牧師家中，他帶去了幾件出色的禮物，給亞當牧師的是一條圍巾和一雙手套，亞當太太是五磅牛油和兩磅咖啡，珍妮的禮物來得最遠，那是他特地請他的親戚胡教授從重慶寄來的一部仿宋版本陶淵明詩集。還有一家人都歡喜的中國茶葉。

他去，受到了這一家人盛大的歡迎，像對待遠歸的孩子似地，一家人把他擁在熊熊的爐火邊，聽他說海上的故事，他們分擔着他的歡欣，也分擔他的苦惱！英國人懂得海洋對他們的重要，而這一家人把艾丹當成了保衛英國的英雄，這英雄還是他們的朋友，更使他們驕傲！

他把禮物拿出來時，又是一陣驚歎聲，珍妮尤其高興得抱着書本跳了起來。

「呵！」她驚歎着說：「多麼珍貴的禮物！」

「還有你們的禮物更珍貴麼？」艾丹笑着說：「我將永遠穿着你送的毛衣和佩帶着牧師送我的聖經。」

「我歡喜你的禮物，」珍妮說：「我一定要好好地讀它，我想我會慢慢懂得『採菊東籬下，悠然見南山』的意境的。」

她說得那麼鄭重，倒使得亞當牧師笑起來了。

「詩人眞幸運！」老牧師笑着說：「他想不到一千多年以後在英國還有一個知音呢？」

「爸，你說過，藝術是不分畛域的。」

「珍妮，你該先招待客人休息，他會更有興趣和你談陶淵明的。」

珍妮帶着幾分歉意看着艾丹，她說：

「對不起，我只顧自己太高興了。」

「不，」艾丹叫：「我能夠到這裏來已經有我生平最幸福的感覺了，我一點也不覺得累……」

珍妮拖起了他，那動作沒有絲毫矯飾。

「你該來看看你的寢室，是我在聖誕節前幾天就替你佈置好了的。」珍妮拖着他邊走邊告訴他。

那一間書房又換了一個樣子，窗上換上了深色的幃幕，行軍床變了一張彈簧床，壁爐裏裝滿了木柴，墻壁上釘上了幾張聖誕畫片，房裏充滿了舒適的感覺。

「呵，」艾丹有些激動地說：「你會把我慣得不想回海上去了。」

「高興我替你準備的嗎？」

「高興，珍妮。」他感激地過去握着她的雙手。

「那麼答應我一件事情。」她揚着眉望着他。

「當然，任何事。」

「今天晚上陪我到鎮上度歲去。」

「在中國是該在家裏守歲的。」

「這是英國，爸該告訴過你我們的祖先是蘇格蘭人，蘇格蘭人對於舊歲的過去，新年的到臨，是一年中再沒有比這更重要的事情了。」

「我們還趕得回來睡覺嗎？」艾丹想起上一次他們去鎮上跳舞匆匆趕回來的情形。

「傻瓜，」她撲嗤地一笑：「這裏沒有一個人在今夜要睡覺的。」

「牧師會讓我們去？」

「一年一次，爸媽特許的。」

「好的，珍妮。」他說：「你當然知道這是我最大的榮幸……」

「讓你也見見世面，你可以看到新年是怎麼來的。」

「我不要看世面，我也不要守歲，我要守着你！」

珍妮看着他作一個鬼臉，跳跳蹦蹦地走開了。

夜晚十一時半，艾丹站在鎮上郵局的前面，寒風陣陣掠過，他祇好壓低了帽子，翻起大衣領子在那裏呆着。珍妮本來在他一起的，正好他從前住過的那個旅館的老板過來和他打招呼，一轉眼珍妮就不見了。他有些懊惱！街頭站了不少的人，但是，大家都很少說話，人們都變得特別文靜起來，就是談話也是低低地，好像怕驚動了旁人。有人手中拿着酒，也有人拿着鞭炮。偶爾一輛汽車馳過去，帶來了一陣隆隆的聲音和車燈雪白的光亮。在懊惱之外，艾丹覺得有些失望，還差幾分鐘這一年就完了，就這樣算是守歲嗎？他迷惑地自問着。

在寂靜的深夜裏，鐘聲顯得特別清脆，郵局大樓頂上的大鐘敲響了。

鐘聲像是成千噸炸藥的引線，隨着鐘聲響起，街上所有的人都大叫、大鬧、大唱、大跳起來了。沒有一個人沉靜，沒有一個人再站着不動。所有的燈火都亮起來了，教堂的鐘聲彼此呼應，整個鎮上閃耀着火樹銀花，人們互相匆忙地祝福問好。

"Ring out the old, Ring in the new!"

"Happy new year!"

"Come on, drink for the Happy new year!"

旅館老板塞了一瓶酒給艾丹。

「喝吧，朋友！」

剛好把瓶子從嘴邊放下，沒想到一個女孩子抱着他在臉上親了一下。

「親愛的，祝新年快樂！」她說，馬上又跑開了。

他來不及看是什麼人，另一個蘇格蘭兵士抓着他的肩直搖，嘴裏說着模糊不清的祝賀辭，看得出他是剛從酒吧裏跑出來的。

這一切，幾乎都是幾秒鐘內發生的事情，艾丹意識到一九四三年開始了。然而那簡直沒有讓他有思考的時間，他被那個蘇格蘭兵士拖入街中人羣中，那兵士把他推到一個女人懷中就走開了。

街上幾乎都是年青人的世界，人們一碰上就互道祝福，見着女孩子就是一吻，沒有人會考慮誰值得吻，也沒有女孩子會推辭別人獻上的吻，她們都戴上奇奇怪怪的紙帽子，手中拿着樹枝在路邊等着。

艾丹記不清對人說了多少次恭賀新禧！也不記得吻過了幾個女孩子，他被人在郵局廣場上推擠着前進，最後又繞回了原處。

在他原先站着的地方此刻站着一個女孩子，在人叢中他祇能看到側影，紙帽高高地頂在頭上，那上面寫着顯明的大字：

"Kiss me Darling!"

他湊過去，在她臉上吻了一下，他突然看清楚她正是珍妮！

「呵，珍妮！」他驚叫：「我找你好久！」

「謝謝你的吻！」她笑着說。

「我還可以吻你嗎？」他問。

「剛才你已經吻過我了。」她仍然笑着回答：「你可以去吻每一個美麗的女孩子。」

「剛才是爲新年而吻的。」

「下一個呢？」

「因爲我愛你！」

她看了他一眼，嬌羞地低下了頭，把身體移近了他，臉深深地埋在他的胸前。艾丹緊抱着她，用手托起她的下顎，接着是一個深長的吻。

四週仍然是祝福聲，鞭炮聲，鐘聲，像是祝賀這一對情人的幸福和快樂。

人們開始回到酒吧和舞廳中去了，他們兩人也擠進了一間舞廳，每一個人都在狂歡，顯出人類本性的眞純和憨直，也希望新年帶來幸福！

在狂歡中，曙光悄悄地照亮了這歡樂的鎮市。

六

早上冒着清晨的寒冷回到家裏，亞當太太給他們每個人一杯牛奶，兩片三明治，然後把他送到溫暖的床上去。到了下午一點鐘，他才從床上爬起來。

客廳裏靜靜地，亞當牧師攤開一本大書，坐在老式的圈椅裏讀着，壁爐裏跳躍的火焰照亮了他頭上的蕭蕭白髮和臉上掛着的深思的縐紋。

艾丹悄悄地走進客廳，他聽得見壁鐘的擺動聲和自己的心跳。隨着他的脚步聲牧師抬起了頭。

「原諒我打擾了您，牧師。」艾丹說。

「昨晚上玩得很好？」

「那是我畢生難忘的日子了。」

「亞當太太和珍妮一道出去了，我們替你準備了早餐……」亞當牧師說。

「不，謝謝您，我現在不想吃東西。」

「那麼，我們在客廳裏坐一會，我想同你談一談。」

「好的，牧師。」他在火旁邊坐了下來，他覺得這一份氣氛使得他拘泥。

「每到冬天都使我想到蘇州，」牧師取下了那一付老光眼鏡，這使得艾丹感到減少了不少嚴肅的感覺。「我最難忘的是鄧尉的梅花。」

「是的，鄧尉的梅花……」

「在中國各種名花中，我最歡喜梅花，當然我也歡喜所有的花，我在蘇州時庭院裏滿植着各種花木，從春天到冬天，更翻地開着有水仙、芍藥、櫻花、金絲桃、紫錦葵、虞美人、玫瑰、酴醿、菊花、芙蓉、剪秋蘿和梅花。但是我最愛梅花，我覺得它代表着中國人的高風亮節。」

「是的，有人把梅花比喻爲中國的國花。」

「那是非常恰當的，」老牧師同意地說：「我被日本人趕回國的時候，我的行囊中除了許多中國書畫外，還有十幾種梅花的盆景，帶回英國後，也許是康伯蘭的天氣太冷，也許是水土不服，它們先後都死掉了。」

「呵，那眞可惜！」

「這裏有一本照片簿，上面大半是我在蘇州拍攝的庭園照片，也有這些梅花的照片，現在，它們只能存在我的記憶裏了。我一直很少翻開它。」

老牧師從書架上取下一本塵封的照片簿遞給艾丹，他接過一幅幅地欣賞着。

「後來我很後悔，我不應該帶走它們，花的生命是屬於它自己的，它不需要人去欣賞，我自以爲愛它們，結果我却殺了它們。」

「牧師，」艾丹翻着照片簿回答：「我以爲您不需歉仄，那梅花沒有死，因爲你愛它，它會永遠活在您心裏的，您會永遠想念它，是不是？」

「想念使人痛苦，一個人一生總是留下無盡的想念，有時是事物，有時是人。你看見照片簿上有一個穿中國旗袍的少女嗎？」

「我看見了，假如不是那是老式的旗袍，我還以爲是珍妮呢。」

「是她，眞像珍妮，我看到珍妮時總想起她，她是我的親妹妹，我們一起到中國去的。她非常愛中國……」

「她留在中國嗎？」

「如果是那樣，我也不想念她了。」老牧師黯然地說：「她到中國時，在一家教會學校教書，她愛上了一個中國同事，後來他們結了婚，她丈夫帶她回內地去，他們是大家庭，我妹妹無法適應那種古老家庭的生活，她丈夫因爲工作，又不能常常陪着她，她替他生了一個男孩子，但是在兩年以後，她終於生病死了。」

艾丹若有所感，怔怔地望着老人。

「也許我懂您的意思，」艾丹終於說：「讓梅花或者把一個人留在陌生的境地是一件殘酷的事情……」

「不過我也相信愛情可以補救的，任何人都不能操縱自己的命運，也無法勉强自己，英國有一句諺語說：『到了懸岩的邊緣，就不能不跳下去。』……」

「牧師，」艾丹覺得心情很沉重，但是他覺得應該那樣說：「中國也有一句名言是『懸岩勒馬』，我相信時間並不晚，一切還來得及。」

「孩子，」老牧師不再兜圈子，「不要勉强回答我，告訴我，你愛珍妮嗎？」

艾丹嚴肅地點着頭：「除了她我再不會愛任何人。」

「那麼，好好地愛她吧，我們也愛你，請接受一個父親向你的祝福！」

老牧師站起來，擁抱着艾丹，吻他的額。然後，老人冉冉地走出去。留給艾丹的，是一個空曠的客室和他內心裏無數的思潮起伏激盪。

隨後，他走回自己的房間裏去，打開了落地窗。他看到空蕩蕩的湖，朔風在水面上翻着白色的浪花；湖濱的地上到處是一堆堆的皚皚白雪，花圃內雖然每天都在清除，但也有些殘雪積留在黑色的土地上。他想起了老牧師所說的梅花的故事。老牧師無意阻止他和珍妮相愛，但是那兩個故事不能不使他深思！他想到自己多難的祖國，想着不知何時才能獲勝的大戰，想到自己的渺小與未來不可知的命運，想到他週圍那些主張及時行樂的伙伴，當他們出沒於鋒鏑波濤之間時沒有一個人願意作長遠的計劃。

但是，他和他們不同，他愛這一家人，他也愛祖國。過去，他一直沒有想到這些相互衝突矛盾的問題，他只是爲愛而愛，從沒有想到愛情本身以外的事情，現在，他不能不想。他接受到一個純潔得像天使的女孩的愛，他同時接受到一個令他尊敬的老人的祝福！他們把愛與希望全部放在他身邊，他們的心將隨着波濤烽火而升沉激盪，這賭注下得多麼渺茫？

他很清楚自己對祖國與家園的熱愛，英國不是他的國，康伯蘭不是他的家，早遲他要離開這些人與這些地方的，除非他自信能保障珍妮的幸福，否則他將永遠記得老牧師所說的梅花和那個早夭的英國少女的故事。

珍妮把他的思潮變得更混亂，也把他的決心化成了繞指柔情。正在他沈思時，她輕盈得像一個蝴蝶似地闖到他的身邊。

「嗨，親愛的！」珍妮叫。

他回頭，珍妮正迫不及待地脫去大衣，解下頭巾，撲入他的懷抱。

「呵，珍妮……」他吻着她：「你的臉凍得像冰了，紅得像一隻熟蘋果！」

「你也是，爲什麼不生火？」

她擺開他，關上了落地窗，然後在壁爐裏生起火來。

「我站在窗口看你，我以爲你會由前面回來。」艾丹說，有些心不在焉地。

珍妮生好了火，拉着他坐下來，她坐在他旁邊一個小櫈上，那樣她可以抬頭看他。

「爸和你談了些什麼？」她仰着頭問。

「你知道我和他談過話？」

「我和媽出去時，本來我要拉你起來一道去，但是爸說不要吵起你，他說你起床後他會陪你談談。」

艾丹略爲思索了一下，但是他覺得找不出一個完整的想法來，至少他不知道該怎麼向珍妮講。

「我們開始談蘇州的梅花……」他說。

「後來呢？」

「爸沒有告訴你？」

「我回來問他對你說了些什麼，他要我來問你。我相信你們一定說了些什麼，你的臉色不好。」

他不懂，爲什麼女孩子專門會看得見別人的臉色不好？他開始整理好自己的思維，他說：

「今天我是和一位牧師人談話，不是同一位親人談話。」

「爸歡喜談嚴肅的問題。」

「我們談人生，談生命的存在和追求的眞諦究竟是什麼？」艾丹說。

珍妮把頭仰着靠在他腿上，他用一隻手圍着她的背，熊熊的火光正照在她的臉上，她的臉和爐火同樣閃耀着生命的熱情。

「爲了追求幸福與理想。」珍妮說。

「那是『人』的想法，不是牧師的想法。」

「那麼牧師的想法呢？」

「生命的存在，既不是爲了追求幸福，也不是追求痛苦，而是犧牲自我去完成嚴肅的事業；犧牲自我是生命的最高境界，是心靈上的最高解脫。」

「爸是有所謂而說的嗎？」

「不，他是泛指一般的原則。」

「你覺得犧牲需要代價？」珍妮思索一會後再問。

「我們作任何一件事情是爲了心之所安，不是爲了代價。牧師說：這正如我們是爲了信仰而信仰，爲愛而愛，那是毋庸懷疑的。」

「我相信爸說得很對。」

「我也是那樣想。」

「但是，菲立浦（她替他取的英國名字），有一點也毋庸懷疑的，那就是我愛你！」

「你父親爲我們祝福，珍妮，除了你而外我不會愛任何人！」

他低頭吻着她長長的金黃色的鬈髮，她藍色的眸子，她臉上閃着幸福的光輝，而艾丹的心上却想得很遠。

二十四小時以後，艾丹又坐上了南行列車，這一次列車負載的遠比它所能負載的更重，他帶走一腔沉重的心事和一個少女全部的愛情。但是，艾丹也留下了一顆年青的赤熱的心。

七

一九四三年，戰局開始轉變得對民主國家有利了，歐洲和大西洋的局勢已經穩定下來，美國在西南太平洋區開始越島反攻，中國遠征軍在緬北更有輝煌的戰果，打通緬甸到雲南的國際通路，已經是指顧間的事情。英國在大西洋得到了補充，於是，便撥了一支艦隊到印度，配合西太平洋的反攻。艾丹所服務的軍艦，也被派在這支艦隊裏。

這是九月間的事情。

對於艾丹來說，他應該高興這一個消息，印度再過去便是中國，他們在國外幾年，也渴望爲祖國的抗戰一顯身手的。但是無論如何，他終不能想得這麼單純。

八個月來，他沒有再見到珍妮，他的軍艦有時也回到英倫，但是他沒有機會也不想去看她。他衷心熱愛着她，他却不能不想到牧師的故事，那故事和兩個老人的影子時常給他以壓迫，他意識到從他們身邊搶走珍妮是非常殘酷的事情！而且，除非戰事停止，他不能保證自己的平安，他不敢想像自己能否活得那麼久，活到那樣一天到來。可是，即使能等到那一天，他能回到滿目瘡痍的祖國，他還不知道自己將怎麼適應那新的環境，他能保障珍妮的幸福麼？

有人說：缺乏理智的戀愛，容易陷入衝動，不能自拔；太多理智的戀愛，常會因缺乏熱情而流於冷酷。艾丹並不缺乏熱情，而他的顧慮却太多。當然任何一個人不能創造幸福，但他却把已得的幸福拋開。他用全心靈愛上一個二十歲的少女，他獲得了她的愛，他啓廸了她蘊藏在生命中奔騰澎湃的熱情，而最後，他却向她澆上一瓢冷水。爲什麼？

西方人常說有一句名言：「每一個人都會殺死他所愛的人，弱者用吻作工具，强者用利劍。」也許這句話還可以補充一點：最弱者和最强者却殺了自己。艾丹也許永遠不知道他是最弱者還强者呢？也許，他殺了自己，也殺了人家。但是，這算是他的解釋麼？

八個月來，這些觀念在他腦中升沉、衝突、激盪却永遠得不出一個結論來。

可是，馬上他就要繞個半個地球，回到東方去了，事情必需有一個結束，即使對一個普通的朋友，他也該作一次最後的道別。他想，也許他可以在這最後一次康伯蘭之行中，讓一切事情結束。

這樣，他終於坐上了北行火車，最後一次回到了康伯蘭湖區。距他去年第一次來，剛好是一年的時間。

他走上熟稔的路，也受到這一家人熱烈的歡迎。

然而，他的情緒却低沉而且混亂，他勉強自己裝得儘量與高采烈些，結果却反而愈弄愈不自然。

亞當太太和珍妮忙着替他準備吃的和住的房間，老牧師拉了他出去散步。

「孩子，」當他們漫步花圃中時老人說：「別瞞我，我看得出你有心事。」

「是的，」艾丹咬着嘴唇，努力不讓自己情緒激動。他說：「艦隊要調到印緬戰區作戰去，」

「你不知道怎麼告訴珍妮？」

「我不知道該不該告訴她。」艾丹誠懇地望着老人，「不過我認爲不管我心裏想什麼？我不會對她隱瞞。」

「不要對未來發愁，孩子，主的光亮永遠照耀着你的頭頂。來，我有好消息告訴你。」

老人拖他到花圃的中央，那裏放着一個大磁盆，種着一株梅花。

「啊，梅花！」艾丹驚奇地說。

「不錯，是梅花，這是從蘇州帶回來的最後一株，今年春天它復活了，我可以同你打賭，今年冬天它一定會開個滿樹。」

「牧師，我爲你高興！」

「這是好兆頭。」老牧師眨眨眼。他繼續說：「我們談點正經事，上一次你走後，珍妮把你說的話都告訴了我，你說的都是眞理，祇有一點不對。自我犧牲是生命的最高境界，但是並不包括犧牲別人。珍妮太愛你，你不覺得你會傷害她麼？」

艾丹覺得思潮激盪，他再不能隱瞞什麼了，於是，他把自己的想法完全無隱地告訴了老牧師，包括他內心中的矛盾和憂慮。

「這是我闖的禍，」老人聽完他說的一切後，笑了一下，這笑使艾丹覺得很安慰，老人並沒有責備他。老人繼續說：「我不該對你講那兩個故事。不過現在還不晚，勝利已經在望，戰後我帶珍妮到東方來，我打算把幾根老骨頭埋在蘇州，你能在鄧尉替我找到六尺土地？」

「牧師，」他不自覺地流下眼淚，「我不配你這樣愛我的。」

「你是一個幸運的孩子，記住一件事，好好照顧珍妮！」

「終我一生！」艾丹叫着說。

「好的，現在讓我們進去吧，我是一條又老又弱的狗，偏偏給兩個兒女人拴在他們的車上了，亞當太太會罵我對你這麼嘮嘮叨叨的，希望你趕快分一個去嚐嚐韁繩的味道。」

艾丹沒有想到事情又是如此變化，他所躭憂的和顧慮的都給老牧師輕輕地負擔過去了。儘管他還有憂慮，但是，那些都是遙遠的東西，至少不會影響他在康伯蘭最後三天作客時的心情了。

他在那裏過了三天幸福的日子，那是他生命的高潮，像詩，像夢，他在華斯華滋的詩句裏，在月光朔拿大的韻律和珍妮一往情深的熱愛裏徜徉、沉醉。

祇有一件偶然的事情在他心底起了一個小小的渦流，那是一次他和珍妮從湖上泛舟歸來，珍妮指着花圃中的梅花說：

「爸眞愛梅花，這是他一個月前特地去倫敦買來的一盆，聽說花了很高的價錢……」

艾丹的心砰然地跳動了一下，他沒有說什麼，但是，他懂得了老人對他的苦心。

最後一次離別的時候，幾個人的情緒反而平靜些，祇有珍妮哭了，當他們在火車開動前吻別時，珍妮的全身在顫抖，她的聲音嘶啞着，泣不成聲。

艾丹坐在車上，他也發覺自己所看到的人，車站和市街，都蒙上了一層淚光。

八

漫長的海程中，艾丹祇反覆地讀着珍妮在最後分別時交給他的那一包書，那就是以後十幾年來不斷翻着的兩本書和那一份樂譜。最初，他不懂珍妮在許多英國文學作品中爲什麼專挑一本「白衣女郎」來給他，等他讀完後，那本書却惹了他無數的眼淚。那是寫一個英國年輕畫家華爾特愛上了一個貴族女郎蘿娜，他們經過了無數波折，生與死的博鬪，情感與理智的掙扎，最後終於圓滿結合的故事。那故事使他感動，使他隨着故事的進展跟着它笑，跟着它哭，跟着它恨，跟着它愛，尤其那故事發生的地方是在康伯蘭，更使他深刻難忘！

讀完後，他懂得珍妮對他的深情，他更深深地愛着她，他深知他們不過是滄海中的一個泡沫，他們的故事祇是戰爭交響曲中一個微不足道的音符，然而那是他還有珍妮全生命的寄託。

然而，這一個泡沫終於在戰爭中破滅了，也許很突然，但是戰神却慣於對羔羊似的人羣作無情的諷笑。一九四四年二月七日，這一個和平常完全一樣的日子，艾丹服務的艦隊開始對緬甸南部海岸攻擊，遭受到日本九架零式機轟炸，在雨雹般的炸彈攻擊下，艾丹被炸傷了腿部，當天被空運到基地去治療。同樣在那一天，曼徹斯特城遭受到德國大編隊飛機轟炸，全城損失慘重，在死亡的名單中，列上了珍妮，亞當的名字。

他的腿傷不久就告痊愈，然而心上的創傷却永無愈合的一天了，留在英國的朋友首先把這噩耗通知他，然後他收到亞當牧師悲悼的信。儘管勝利已經在望，老人却變得又老又衰，永遠放棄回蘇州終老的計劃了。

也許，老人會在有生之年，懷念他在蘇州的庭園和鄧尉的梅花。而他呢，他把自己的心隨着珍妮的遺體深深地埋葬在康伯蘭的湖濱了。

又是秋天。秋天的落葉和晴朗的天空使他想起康伯蘭湖區、珍妮、和那一包保存了十多年的東西。他愛上了那本書，他決心爲珍妮作一點事情，他用全心靈來翻譯這一本「白衣女郎」。對着晴朗的天空和湛藍的海水，他拿起了筆。

旅美小簡之十六

覓回自己

陳之藩

袞．赫胥黎到美國來開會，商量的主要題目是人類的前途。是兩個月以前，我看到的這樣一個消息，以後卽沒有下文了。並不是人類沒有了前途，而是討論半天，也屬詞費。

赫氏這一家，是時代的幾個極峰，由他們這一家中祖孫三代的氣味不同，也可以感覺到人類脈搏跳動的緩急。

老赫胥黎是十九世紀的人物。十九世紀末葉，究樂觀到什麼程度，我們不難拿老赫胥黎當作代表。我願意重述這個達爾文主義者所講的故事：

「古時候，有一個老人，臨死時，把兒子叫到床前：向他們說：『後花園中埋有金子，你們去掘吧。』老人死後，兒子拼命的在園中挖掘，並沒有金子，而這樣一掘，土地大鬆，翌年的葡萄却大熟了。」

整個的十九世紀，人們的情緒，都像這位老人的兒子，在那裏瘋狂的努力，在那裏忙碌的豐收，飛向天空，游向海底，用鐵脚邁過河流，用鐵拳擊開峭壁，不需要有上帝的幫助，也不需要有祖宗的遺留，人人可以是無冕的帝王，處處可以成極樂的天國，只要努力，就會有成的。

黃金的年月像流水一樣的逝去，人類走入二十世紀了，老赫胥黎死在二十世紀到來的前五年。兩個世代過去以後，他的孫子全長大了，袞．赫胥黎是當代生物學的權威，阿．赫胥黎是文學的鉅子。

而孫子這一代却說些什麼呢？

阿．赫胥黎借用莎士比亞的暴風雨中的詞句，「美麗世界」，作了一本小說：他的看法是：二十世紀的文明，正如暴風雨中的女主人公所驚呼的「美麗」。在這個世界裏具有靈魂的人，想從這個只有流線型而無靈魂的伊甸中逃走。

在「暴風雨」中，是一個在荒島上的女孩子，從未見過生人，長大了，忽然看到有一羣壞人成夥乘船漂到島上來，他們都是衣冠楚楚的，這個孩子說：「美麗新世界」，其實衣冠楚楚的下面所包含的，是禽獸，是罪犯，是無知。這個「美麗」就是現代文明所造成的。

阿．赫胥黎還有一本書叫做「目的與手段」，每一句話都像尖利的匕首，一個一個插到時代的病瘤上。

爲什麼祖父的樂觀情緒，一點都未遺傳給孫輩呢。這該不能不說時代使然吧！

原子能，人造衛星，有色電視，超音飛機，……事物是一日一變，爲什麼悲哀的聲音却越湧越高呢？現在抗議的人已經到了一種不能自制的程度，我曾聽到一個老教授戰慄的說：「我們寧冒盲信的危險，踏上中世紀的門檻，也不能在這大的眞空管中呆着。」

這話是有些悲極而至於憤怒的。

大史家湯比，在今年二月有一篇專文，他看現代文明是沒有希望的，除非有宗教的復興，他相信，西方文明還有這種能力，所以還相當樂觀。

他的所謂宗教，並不是回到中世紀去，大概是像羅曼羅蘭所說：目前人類所急需的，是一個既不壓抑熱情，也不放棄理智的自由人的宗教。

其實，所謂宗教，不過是崇拜一完美的人格，這一派的思潮都是呼喚人要從物質的瘋狂追求，到精神的清明覺醒。用另一句話說，要在淡漠的天空下，褐色的地球上，造出一能站得住的人來。

經過了兩次戰爭的大流血，半個地球的大坍陷，人類逐漸覺出，這百十年來的血汗努力，是贏得了天下，而輸了自己。

贏得天下，而輸了自己，並不是一個合算的算盤，雖然還有無數人在此算盤上下賭注，先知者已經感覺出不是滋味了。

時代主要的精神是給我們增加了財富，但財富的增加結果是什麼呢？正如愛因斯坦所說：「我堅決相信，財富不能引領人類向前，卽使在好人手裏亦屬如此。惟有偉大而純潔的人，才可以導出善的觀念與善的行動來，你能想像摩西、耶穌、甘地成天背着錢口袋亂轉嗎？」

時代需要眞正的人，而眞正的人並不是由原子能所造得成，由噴氣機所趕得到的。

我倒願意替袞．赫胥黎的會談下個結論，目前人類的急需還不僅是如他對記者所說的話，開發落後與節制人口。我們是迷失的世代，首要的努力是先覓回自己。

四四年十月二十二日於費城

書刊評介

評洪譯「凱因斯指南」

陸民仁

原著者：Alvin H. Hansen
譯者：洪　軌
發行者：國際經濟研究社

自凱因斯 (J.M. Keynes) 於一九三六發表其「就業，利息，及貨幣的一般理論」(簡稱就業通論) 一書以後，經濟理論及各國經濟政策卽經過了一種革命性的變化。二十年來，各國學者，對凱氏之學說，無論擁護與否，莫不深受其影響。誠然，單就此書出版後經濟理論所發生的變化，及其對各國政府的經濟政策所發生的影響言，已不是歷史上任何一個經濟學家所可比擬。有人說美國羅斯福政府時代的新政，卽深受凱氏學說的影響，這種說法，雖難肯定，但現代英國所實施的國民經濟預算制度，及美國國會一九四七年所通過的就業法案，無疑是凱氏學說的產物。

由於凱氏學說的富於革命性與創造性，及其對各國經濟政策所產生的影響，今天不懂得凱氏學說，便亦無法了解現代經濟理論與經濟政策。要理解凱氏學說，必須熟讀凱氏「就業通論」，然而就業通論却不是一本好讀的書，這是經濟學中幾本難讀的名著之一。(事實上有份量的學術著作，沒有一本是好讀的) 其難讀的原因，第一、凱氏本書，並非以一般人爲對象，而是專爲經濟學者，尤其是爲深受古典學派薰陶的經濟學者寫的，因此讀者若未深受古典派學說嚴格的訓練，實難於讀懂本書。而受古典派學說嚴格訓練的人，由於成見，亦難於把握本書理論的核心。其次本書結構是破而後立，從批判古典派的賽伊定律 Say's Law 及失業理論着手，以建立自已的就業理論。由於他創造了那麼多新的術語，並對舊的術語賦予新意義，加上全書內容的特殊編排方式，使讀者於讀後很難獲得一個整體的概念。最後凱氏雖從批判古典派學說入手，並未完全揚棄古典派學說，而祇在說明古典派學說僅適用於無非自願失業的特殊情形，而他的學說却是適用於一般情形。由於這三種原因，使得凱氏此書，祇能成爲學者之間論辯的對象，而難於爲一般讀者所接受，不僅在中國如此，在英美亦復一樣。

由於凱氏學說影響之大，及原書閱讀之不易，爲求其能爲一般人所接受，註釋之著乃不可少。最近幾年，對於凱氏學說加以介紹或註釋之論文或著作，除常見於各國有名之學術刊物上之外，還出了幾本專書，其內容較佳爲筆者所看到的有下列數種：(筆者未看到的當更多)

1. Pigou: Keyne's General Theory.
2. Harris (editor): New Economics.
3. Klein: Keynesian's Revolution.
4. Lerner: Economics of Employment.
5. Hansen: A Guide to Keynes.

其中 Pigou 一書，篇幅甚短，爲對凱氏「就業通論」的綜合介紹與批評，內容較深，對未讀過凱氏原書的人，毫無幫助。Harris 主編的「新經濟學」一書，爲紀念凱氏的論文集，分由英美有學術地位的經濟學家執筆，內容包括凱氏傳略，學說，對經濟政策的影響，及其實際貢獻等，範圍甚廣。執筆諸人，並非全屬凱氏信徒，故亦有批評之處。本書對未讀過凱氏原著的人，固可先讀，但仍以讀過凱氏原著之後再讀，效果較好。Klein「凱因斯學派革命」一書，爲介紹凱氏思想發展的過程及其背景，可與凱氏原著相並讀。以上三書內容雖佳，並非爲幫助讀者閱讀凱氏原著而寫。而最後兩種，則專爲幫助讀者閱讀凱氏「就業通論」而寫。Lerner 的「就業經濟學」可稱爲凱氏「就業通論」的通俗化，它是將凱氏的理論體系，用淺近的語言，加以重述，使讀者對凱氏學說，先獲得一個整體的綜合概念，然後再去讀原書，可收事半功倍之效。至於 Hansen「凱因斯指南」一書，則純粹爲凱氏「就業通論」的註釋本，連篇章次序也是依照「就業通論」內的篇章次序排列的。其著書目的，在其原序中已寫出，純爲幫助和誘導學生去讀「就業通論」。因此如能將此書與「就業通論」並讀或先讀，其效果更大。

自由中國近年來學術氣氛甚爲濃厚，對於凱氏學說，逐漸注意，並逐步走向深入一途，這是一種可喜的現象。學術刊物上，亦常有介紹凱氏學說的文章出現，惜均屬片段，而乏系統的介紹。今年文物供應社出版了羅長闓氏翻譯的「就業通論」的全譯本，這是第一本也是唯一的一本中譯本。它的出現，可說是中國學術界的一件大事。但羅氏的翻譯，筆者疑其根據的可能是日譯本，因此在文字上並未能做到流暢通達，人皆可誦的地步。這也難怪，實在原著太難讀，也太難翻譯了，能有這樣的成就，已經很可差强人意。日前看到報上又有洪軌氏翻譯的 Hansen「凱因斯指南」的中譯本出現，筆者大喜過望，以爲今後對自由中國研究凱氏學說的人，又多一工具。筆者本人對凱氏學說亦有研究的興趣，對有關參考書籍，雖屬譯本，亦願購讀，故卽購一冊，以先睹爲快。遺憾的是，讀後竟大失所望，我不知道其他讀者是否與筆者有同感，至少筆者本人無法看懂譯者的文字。原著流暢通達的文字，經譯者一譯，竟完全走了樣，這既非意譯，也不是直譯，而是保持原來文字次序的生吞活剝式的逐「字」硬譯。當然翻譯原不是一件容易的事，但從事翻譯工作的人，至少對於兩種不同文字的不同結構方式，應該有所理解與能加以運用，把 How old are you? 翻成「多老是你？」我想沒有一個中國人會看懂的。因此這本書對英文基礎較差不能直接去讀原文的人，不但沒有幫助，反會使他產生錯誤的觀念，以爲凱氏理論就是這樣的晦澀難懂，因而視爲畏途，喪失了研究的興趣。像這種祇能收到反效果的介紹翻譯工作，實在大可不必多此一舉。至於該翻譯文字究竟如何，茲隨便引錄所譯原序前兩段，及原文第一篇第一章前兩段爲例，以見一斑：

「此書主要的是企圖爲了以研究經濟學爲主要科的學生們和爲一年級的研究院學生們用的。它的目的是幫助，和誘導學生去讀一般理論，現今非常的常有學生讀了許多的關於凱因斯的文獻，但很少讀一般理論的本文。（評者按此句之原文是：Too often nowadays the student reads a good deal of the literature about Keynes but little in the Geueral Theory itself.）

……………………

現時有許多合用的書籍貢獻學生到凱因斯的捷徑 (Short cut)。現在這本書並不屬於這個範疇。它不是凱因斯的一種代替品，捷徑方式似乎不是幫助學生去閱讀一般理論困難的部份，由於努力去使「凱因斯容易」(Make Keynes easy) 他們誠然好像是聽任學生，無疑地完全非故意的，有錯誤的觀念，關於怎樣的凱因斯眞正說過的。

在這冊書內我已經嘗試去面對直向一般理論的困難的部份。而且特別的我已經嘗試去準確的附加記號於下怎樣凱因斯說過的在辯論的爭點。在可重視的限度。（但不是常常的）這爭論一經消失，它變爲清楚的什麼是凱因斯曾經說過的。」(序言第一頁)

「這是一種穩健謹愼的說法即任何經濟學的原理被任何重要集團的够格的經濟學者們已經長時間接受的並非完全無價值的。雖然以後被廢棄，這些原理常常給與視爲最近似的關係重大的洞察這經濟制度的機能。例如，就久已不信任的工資基金理論 (Wages-fund theory) 而言這是實在的情形，和就賽伊的法則 (Say's Law) 而言亦是實在的。在這兩種情形（在著重瑣細的和常無意義的爭論之下）嚴格的和敎條的公式興起——「刻板式的」法則企圖將非常複雜的現象壓縮成爲一種堅硬的模型。但在靈活的手腕，和爲思想活潑的人們，這些理論是能够——而且常常如此的——有啓發和有用的。（評者按此段之原文是：It is safe to say that any economic doctrine long accepted by any considerable group of competent economists was never wholly without merit. Though later discarded, such doctrines often afforded as a first approximation significant insights into the functioning of the economic system. This is true, for example, of the long-since-discredited wages-fund theory, and it is true of Say's law. In both cases (under the stress of petty and often sterile controversy) rigid and dogmatic formulations emerged—stereotyped "law" which sought to compress very complex phenomene into a rigid mold. But in flexible hands, and for those with fluid minds, these theories could be — and often were—illuminating and useful.)

在一種很廣濶的方式，賽伊的法則 (Say's Law) 是一種自由交換經濟 (Free-exchange econcmy) 的描寫。如將它這樣的理解，它可闡明這眞理即需求主要的來源是要素所得的流出量 Flow of factor income 從生產的過程它的本身發生出來的。這使用至今尚未利用的資源，由於增加到循環流出量的所得和產量，是不假外求的因爲它加大所得的流注 Stream 用一種數量相等於（在均衡的情形）透過出售它的產品從所得的流注取出的數量。一種新的生產過程，由於對它的使用的許多要素付出所得，同時產生了需要以致它加入了供給。」(第一篇第一章，原書本文第一——二頁)

全書除一般文字修養欠妥之外，不少專門術語之翻譯，待商榷之處亦甚多：例如 Rate of interest 譯成利息的比率，deflator 譯成消除膨脹器，Slope 譯成斜坡斜面，Period Analysis 譯成時間分析，Expectation and dynamics 譯成預期和動的，Economic Consequences of Peace 一書譯成和平的經濟自然之結果等，多欠確當。

惋惜之餘，筆者祇能說這是譯者一種時間與精力的「耗」費，因爲譯者化了那麼多時間去翻譯，又化了那麼多印刷費出版（本書印刷之精良爲他書所不及），對讀者却無一絲一毫的幫助。筆者衷心希望原譯者能再多化一點時間，將文字重加潤飾修正，重行出版。翻譯原非易事，率爾操觚，草率從事，與其貽笑於士林，何如多加一番工夫，做一番深入的工作。

給讀者的報告

本刊創刊於民國卅八年十一月廿日，發行到現在已經屆滿六個年頭。從本期開始，便已進入了第七年。爲示紀念起見，我們將本期的篇幅，特地多加了六頁。同時，在本期的第一篇社論裏，我們將過去六年的情形，向讀者們作了一個總括的「檢討和報告」。在過去六年之間，我們始終不懈的爲闡揚民主自由的思想而努力。我們不敢自詡我們的努力對國家有偌大的貢獻；即使眞有些微的貢獻，那這份榮譽也應歸於作者的耕耘與讀者的愛護。惟有一點，即是本刊同人之竭智盡忠、不計譭譽，以爲國家獻替的苦心，却是可以告白國人的。在這些方面，還望愛護本刊的讀者與作者，仍能繼續不斷地給予我們鼓勵與支持。

至本期社論的第二篇：「自由選擇，選擇自由」。乃是評論越南公民投票的。我們用自由選擇一詞，以贊揚越南人民之以投票的方式作爲解決國是問題的途逕；而以選擇自由一詞來比喻越南公民投票的結果。這次越南公民投票，百分之九十八的選民都一致支持吳廷琰而摒棄保大。越南從此正式而成爲共和國，並已先後取得多數民主國家的承認。越南公民投票一事給予世人最大的啓示是：自由乃人類嚮往之目標。越南人民之所以反共反法，其原因即在於此。我們在此，要提醒美國與其他西方國家，在與共黨作戰的同時，不應忽視亞洲人民此種嚮往自由的意願。

反共鬬爭是人類爭自由的鬬爭，無分地區，無分人種。在反共鬬爭中，美國居於領導的地位。美國的舉措足以影響整個反共的形勢，與人類今後的命運。美國應如何幫助其他自由國家，發揮反共的力量？在今後一段虛僞的和平對峙之局勢下，美國應採取何種對抵共黨的策略？這應是全世界愛好自由人士所應關心，所應獻替的問題。爲此，雷震先生在本期中貢獻了他個人的意見。他的這篇長文主要是對美國人說的，一部份也是對我們自己說的。反共既是全人類的事，所有自由人，所有自由國家，都應該善盡其最大的努力。

本期我們雖然增加了篇幅，但仍然因爲稿件太多，致不得不將應於本期連載的「權威與個人」之四續，延於下期發表。本期刊出的一篇短的翻譯是報導英國間諜使美國在韓戰中受挫的情形。原文載在九月卅日的「美國新聞與世界報導」。此事雖已過去，但可給民主國家以警覺也。

此外，本期的兩篇通訊，其一在報導「馬共和談內幕」，其一在說明「印尼大選的眞相」。前文揭穿了共黨在馬來發動和談的陰謀，後文剖析了印尼當前政局之形勢。都是極有新聞價值的文字。

自由中國 半月刊 第十三卷 第十期 總第一四五號

中華民國四十四年十一月十六日出版

發行人兼主編　『自由中國』編輯委員會

出版者　自由中國社
社址：臺北市和平東路二段十八巷一號
電話：二 八 五 七 〇

航空版
香港　友聯書報發行公司 Union Press Circulation Company, No. 26-A, Des Voeux Rd. C., 1st Fl. Hong Kong

總經銷
臺灣　自由中國社發行部
美國　自由中國日報 Free China Press 719 Sacramento St., San Francisco 8, Calif. U.S.A.

經售者
日本　東京僑豐企業公司
韓國　漢城裕昌德號
馬尼剌　大中華日報社
新疆書店
印尼　椰嘉達天聲日報
棉蘭新中華報
越南　西貢中原文化印刷公司
緬甸　仰光振成書報店
印度　加爾各答塔梅學校
澳洲　雪梨瑞田公司
北婆羅洲　西利亞坡青年書店
新加坡　檳榔嶼、吉打邦均有出售

印刷者　精華印書館
廠址：臺北市長沙街二段六〇號
電話：二 三 四 二 九號

自由中國　第十三卷　第十期　內政部雜誌登記證內警臺誌字第三八一號　臺灣省雜誌事業協會會員　三三六

本刊經中華郵政登記認為第一類新聞紙類　臺灣郵政管理局新聞紙類登記執照第五九七號　臺灣郵政劃撥儲金帳戶第八一三九號
(每份臺幣四元，美金三角)

自由中國

FREE CHINA

第十三卷　第十一期

要目

中華民國四十四年十二月一日出版
社址：臺北市和平東路二段十八巷一號

半月大事記

十一月十日（星期四）

監察院院會決議交司法委員會澈查胡案判決有無違法失職及遭受行政干涉情事。並決議交經濟財政二委員會澈查最近物價上漲之原因。

中越文化經濟協會正式成立，選出理監事，決議組織赴越訪問團。

德國統一問題陷入僵局以後，四外長會議改商裁軍問題。

聯大特別政治委員會通過調查南非種族隔離政策後，南非宣布退出聯大，以示抗議。

美國務院考慮與中東國家締約。

十一月十一日（星期五）

葉外長自聯大歸來，對聯大不能解決問題，表示遺憾。

杜勒斯在外長會議建議開放領空擴及全球，並拒絕蘇俄所提裁軍建議。

杜勒斯警告蘇俄如用原子武器，美能事先察覺，並使回頭摧毀使用者。

美總統艾森豪病癒出院，飛返華府。

巴西政變，陸軍將領接管政府。

埃及向義商購噴氣機，義政府聲明拒絕發給出口證。

十一月十二日（星期六）

中樞紀念國父九十誕辰。

美空軍參謀長戴寧訪華事畢，離臺飛往東京。行前招待記者表示，臺灣一旦遭受攻擊，中美空軍力能防衛。

我醫護隊廿一人飛往越南服務。

四外長會議中，裁軍問題再陷僵局。發展東西關係案亦未獲協議。

美英法三外長在日內瓦集會，商討中東政策。

巴西京城恢復平靜，藍莫斯就任新總統。

德國新軍誕生，舉行首次召集式。

法國外交部宣佈續對埃及供給武器，因埃及對法國北非論調已和緩。

十一月十三日（星期日）

法國外長訪德，與艾德諾會談，對薩爾問題已獲協議。

西方三外長對中東問題協議，反對在中東進行侵略及軍備競賽。

法衆院通過對傅爾信任案，批准提前選舉計劃。

十一月十四日（星期一）

阿根廷政變再起，羅納第下野，艾藍布繼任臨時總統。

十一月十五日（星期二）

俞院長應邀在立院報告處理胡光麃案經過，並答覆質詢，表示在審詢過程中，決無行政干涉情事。

日政府正式宣佈，任命崛內謙介爲駐華大使。

韓向聯合國提出要求促即廢止停戰協定。

日首相鳩山於自由民主黨成立後，聲明日與俄談判將保持強硬政策。

四外長會議結束。會議三週一事無成。公報中僅表示四外長將向各該國政府提出報告，未來談判應經由外交途逕決定。

「自由中國」的宗旨

第一、我們要向全國國民宣傳自由與民主的真實價值，並且要督促政府（各級的政府），切實改革政治經濟，努力建立自由民主的社會。

第二、我們要支持並督促政府用種種力量抵抗共產黨鐵幕之下剝奪一切自由的極權政治，不讓他擴張他的勢力範圍。

第三、我們要盡我們的努力，援助淪陷區域的同胞，幫助他們早日恢復自由。

第四、我們的最後目標是要使整個中華民國成為自由的中國。

日本自由民主兩黨合併，成立新保守黨，定名自由民主黨。

我聯大代表團表示，堅決反對外蒙加入聯合國。

立法院舉行秘密會，質詢物價問題，行政院長、財政部、及經濟部代部長均列席答復。

四外長會議對東西接觸問題商談無結果。

美民主黨領袖史蒂文生宣布將競選下屆總統。

十一月十六日（星期三）

西方三外長同時發表聲明，表示將續爲德國統一而努力。杜勒斯在閉幕式中，斥俄破壞外長會議。

尤素夫返摩洛哥，受到盛大歡迎。

十一月十七日（星期四）

行政院院會通過特任時昭瀛爲駐巴西大使。

立院三讀通過後備軍人組織通則草案考試院通過博士學位考試細則及博士學位評定會組織規程。

杜勒斯返美向艾森豪報告外長會議經過。

美不顧埃及反對，正研究供應以色列武器要求。

十一月十八日（星期五）

國防部長俞大維偕美新任第七艦隊司令股格索飛金門視察防務。

立院秘密會通過四十四年度中央政府第一次追加預算案。

行政院原子能委員會決議，今後我原子能研究工作以清華研究院爲中心。

薩爾議會通過，定下月十八日舉行選舉。

摩洛哥國王尤素夫宣佈摩將組獨立政府，結束保護國地位。

十一月十九日（星期五）

美太平洋艦隊司令史普敦抵臺訪問。

杜勒斯演說稱，日內瓦會議失敗，使西方對蘇俄諾言所寄之信心完全喪失。

立監兩院教委會決定聯合檢查學校軍訓進展實況。

西柏林市民示威，抗議蘇俄阻擾德國統一。

十一月二十日（星期日）

德駐美大使向美保證，德將負起防衛責任。

十一月廿一日（星期一）

大法官會議通過解釋，公務員被褫奪公權，緩刑期內仍可任職。

日本鳩山內閣提出總辭。

巴格達公約國家舉行防務會議，各代表盼美國參加。

十一月廿二日（星期二）

日衆院選舉鳩山爲首相，鳩山當即宣佈新閣名單。

卜蘭德夫婦由美返臺。

英國指斥蘇俄總理布加寧發表對德問題之聲明。

蘇俄電臺廣播，喬治亞前特工五人被處決。

十一月廿三日（星期三）

美國宣佈與巴格達公約組織建立永久軍經聯繫。

巴西總統要求國會宣佈進入緊急狀態，藉使前總統不能復位。

聯大政委會通過美建議，續謀韓國統一，交下屆聯大進一步考慮。

社論

(一)

論言論與新聞的管制

作爲自由中國復興的基地，同時爲國內外五萬萬嚮往民主自由的人民所屬望的臺灣，其本身有沒有民主政治所必備的言論自由和新聞自由呢？

這句問話不是一個簡單的「有」字或「無」字所可圓滿答覆的。如果你簡單地答以「有」的話，我們相信，凡是關心這個問題的人，都會恥笑你，至少會在心裏罵你自欺欺人。反之，如果你簡單地答以「無」的話，作爲「自由中國」這個刊物的記者，我們也不能輕予同意。我們正在爲言論自由而奮鬪，爲新聞自由而奮鬪，同時我們也深深感幸，我們能够艱苦地以言論來爭取言論自由，以報道來爭取新聞自由。我們昨天如此，今天還能如此，所以我們不能同意一句簡單的說法——「臺灣沒有言論自由，臺灣沒有新聞自由。」

事態之所以不簡單，由於構成的因素太複雜。

從憲法來看，從行憲後立法院通過的法律來看（若干施行細則不算），從政府組織來看（私生子型的機構不算），從政府當局公開的言論和文告來看（小圈子內的訓話和密件不算），無一不在證明我們政府是民主的，是尊重自由的。所以凡是危害言論自由，干涉新聞自由的一切措施，都是於法無據的作爲。因爲如此，所以去年九月間內政部公佈的「戰時出版品禁止或限制事項」那道命令，得以經輿論的攻擊而終於撤銷。

這是問題的一方面。比較簡單的一方面。

另一方面，情形就複雜了。這裏面有決策者和執行者的心理因素、知識問題、以及本身的利害關係等等，錯綜交織，織成了一面似網非網，非網而又似網的東西，使輿論界有動輒得咎的心理危懼。這種心理危懼，並不是由於管制的尺度太嚴，而是由於根本沒有一個固定客觀的尺度。請試看最近幾件事例：

孫立人事件發生後，國內外的輿論甚表關切。這時臺灣省政府新聞處根據新聞局指示對各報刊發出通知，要他們靜候調查委員會的報告，不得再作「揣測性報道與評論」。結果引起香港僑報一番冷諷熱嘲。管制新聞，而其本身反成了新聞笑料。

胡光麃案宣判後，發動本案的立委郭紫峻，寫了一篇寥寥五百字的「初步意見」，於十一月三日交由立法院新聞室發給各報發表。但第二天的報紙並無這條新聞。郭委員的這一文件，大部份爲自我表白，並無甚麼刺激性的話，對於法院的判決書，也只說到「至地方法院之論據，則本人受良心之驅使，不敢稍示苟同。願上帝佑吾國家！」而已。但是由於不許發表，於是謠言四起，傳說郭的意見書長達萬言，內容如何如何。行政干涉司法之傳說，更來得起勁。可是過了幾天，大華晚報和臺灣看得見的香港報紙則全文發表，大家爭相購讀。「天下本無事，庸人自擾之。」何苦來！

球賽場合發生紛擾，本爲極平常的事，沒有任何理由必要隱諱。但在這次三軍球場介壽盃籃球賽的過程中，由於少數觀衆對裁判不滿，因而輾轉誤會，使隊員之間打了一架。這樣一件社會新聞，也經禁止刊佈（有一兩家報紙沒有遵令，居然刊出了），你能想出禁刊的理由來嗎？

臺北市貴陽街發生的小小搶案，轄區的警察分局長撤職留任了，但報上不許登刊這個消息。禁登的理由，據說是怕更影響治安。如果是這種理由的話，政府的自信心未免太薄弱了。

以上只是最近幾月內輿論界與新聞界所遭遇的許多干涉之一部份。由於這些無理或幼稚的干涉，使我們想起四十一年我們接到一個更可笑的指示。他們指示各報刊，凡是提到現任總統蔣公的時候，只能稱「我總統」或「總統」，不得冠以蔣字稱爲「蔣總統」。這項指示我們想來想去，想不出一個道理來。

以上這些事例，很明顯地不應該一律歸咎於政府的決策人。因爲這些管制和干涉，決說不上有甚麼政策性。但是決策人對於這些事件也不是沒有責任的。上有好者，下必有甚焉：「楚王愛細腰，宮中皆餓死」。言論與新聞之管制，鬧得政出多門，鬧得無法無理，鬧得笑話百出，其直接原因，雖在執行人的知識、道德等方面的不够水準。但政府決策人如果有誠意尊重言論自由，新聞自由，那麼對這些執行人必須澈底澄清一番才對。

把複雜事象的成因弄清白了，我們要提供兩點意見：

第一、政府的決策人，對於言論自由和新聞自由之應否尊重，應該好好地重新考慮。現狀再也不容繼續下去了。因爲近一兩年來，我們的政風確有每況愈下之勢。如無輿論制裁，如無新聞報道以資警惕，而一味地以蒙蔽掩飾爲能事，其趨勢是不堪設想的。我們深深地相信，只有在開放的社會中，魑魅魍魎才無所遁形；我們深深地相信，一切罪惡只有在關閉的社會中才可發生、滋長，而至於弄得不可收拾。言論自由，新聞自由是政治的防腐劑。眞心謀國的政治家應該運用它、珍重它，不應該懷疑它、畏懼它，乃至糟踏它。

第二、反共是我們民主世界當前的大問題。我們的國策當然也是以反共爲中心的。我們一方面要尊重言論自由，新聞自由；一方面在反共防諜的考慮上，當然也有些軍事或外交的秘密。爲着這一類的守密，萬不得已而有取締新聞和言論之必要時，執行這種取締政策的機關必須統一；尤其執行的官吏，必須在一個起碼的知識條件下，愼重人選。這樣庶幾可以減少些無法無理的蠻幹，減少些笑話百出的妄爲。國家、政府、官吏，這三個概念，有些人是弄不清白的。有人常常把國家與政府混爲一物，「愛國家就是擁護政府。」又有人常把政府與官吏視同一體，「擁護政府就是敬重官吏。」在這樣的「邏輯」下，官吏的人選更是重要。如果官吏不值得敬重，叫人民如何能够由衷地擁護政府？再向後推，問題更嚴重了。我們政府當局，如其自身是無愧於職位的，也曾環視左右，認眞地來想想這個問題沒有呢？

寫到這裏，沉重的心情，叫我們暫爲擱筆。

社論

(二) 對民青兩黨的期望

民社黨與青年黨是我們當前政治上既有的兩個少數黨。這兩個政黨過去均各有若干年爲民主政治奮鬥的歷史，且均曾參與我國憲法的制定。而這部憲法乃是我們自民國以來經過了多少痛苦與犧牲才換取來的。就理論上說，現在的民青兩黨，應該都是在野的反對黨；在憲法的保障之下，他們有權與執政的國民黨作公開合法的政治鬥爭。

由於國民黨之爲我們今日的執政黨，我們因批評時政得失，不免對國民黨時加督責，而於民青兩黨一向較少進言。這當然不是我們忽視民青兩黨在政治上的地位，也不是說民青兩黨對於政治便沒有責任。反之，在民主政治之下，尤其是在學步民主的國家，作爲反對黨，是有其不可忽視的責任的。基於這種立場，我們對於民青兩黨，自然就有更深一層的愛護，與更殷切的寄望。

那麼，甚麼是民青兩黨在政治上應有的責任呢？回答這個問題，我們得先略一說明政黨與政治的關係。

人們常說：「民主政治就是政黨政治。」這句話的涵義是很確鑿的。凡是推行民主政治的國家，不僅要有一個經由自由選擧所產生的議會，更須具有健全的政黨組織。我們談政治問題，只要一落入實際範疇，便離開不了政黨。政黨是人民參與政治的工具。離開政黨，選擧便是盲目的，任何完善的制度也都會落空的。在此意義之下，政黨政治與任何一黨專政的思想是絕不相容的。任何一黨專政的思想終必至消滅其他的政黨而後已，實際是政黨政治的死敵。因此，眞正的政黨政治應以政黨共存爲第一要義。這些共存的兩個以上的政黨，都應共同遵奉民主的原則。他們彼此具有足以相互制衡的力量，各以政見爭取選民，用和平的手段贏得政權，以實行其主張。故在政黨政治下，執政黨要能容忍反對黨的存在，而在野的反對黨則要隨時監督執政黨，批評其施政。由是政治乃得日臻於進步。

健全的政黨政治應該有如上述。顯然我們今天的實際情形去此境界還有很遠的距離。我們的民青兩黨在政治上的比重與國民黨無法比擬；其在立監兩院的席次，不足以使其發揮反對黨的作用。固然，健全的政黨制度之建立，本非一蹴可幾者。但不幸在中國，政黨政治的發展，其途徑則倍甚坎疴。這實是我們數十年來試行民主政治而絕少成就的主要癥結之所在。反對黨在今日之不能壯大，其原因是多方面的。我們自不能亦不忍苛責民青兩黨。中國的知識份子深受「君子羣而不黨」觀念的影響，對於政黨從來便抱憎惡的態度。這當然是一種非現代的觀念。另一個影響實際政治最深的因素，則是自蘇俄革命以後而傳入中國的一黨專政的思想。它的口號是黨外無黨，黨內無派。這種思想卅年來挾政治權威而大量塑造年青一代之頭腦。在這雙重夾擊之下，民主思想之無法生根，政黨政治之阻折橫陳，乃是執所必然的。而中國之必須實行政黨政治則又爲事勢之必需。蓋中國之必需走上民主之路，已爲國人一致所公認。因此，作爲今日中國反對黨的政黨，一方面須迎接來自過分壯大的執政黨之政治壓力，一方面更須破除國人心目中對於政黨政治的蔽障。故其責任之倍加沉重，實遠非一般民主國家之反對黨所可比擬。

然則，民青兩黨將如何負起此一重大的歷史責任呢？這是民青兩黨人士所應反躬自省的問題。

我們以爲，民青兩黨今日客觀形勢之弱，不足爲病；但其內部分裂的現象，却令人爲之氣短。過去青年黨有大華新村與新生南路之分，其後有中央聯席會議之設，衝突之事雖止，而對立之勢未易。民社黨繼之亦分爲三派，互相詆毁，各不相容。其爭執的中心究竟爲何？不僅局外人無從知悉，卽連他們自己似也不能自圓其說。此不但自我削弱力量，且使反對政黨政治者振振有詞。我們愛護民青兩黨，對此實不勝惋惜。我們以爲，不論民青兩黨內部之爭係起自意見之不同，或利益之衝突，其分裂的事實都是不能同情的。

一個民主的政黨應該具有寬容與妥協的精神。唯其這樣，這個政黨才能日益壯大，才能獲得大多數人的支持。政黨固然是政見相同者的結合；然而「人心不同，猶如其面」，要求彼此意見的絕對相同，那是不可能的。黨內之有反對意見，毋寧說是切磋琢磨的好現象。故卽使有反對意見，亦應容其存在。若强而求同，必欲造成清一色的局面而後已，則這個政黨必日形萎縮，是絕不會有前途的。清一色的思想本是極權政黨的通病，若是這種病症竟亦傳染到民青兩個少數黨內，則中國政黨政治的前途還有甚麼希望？

若說民青兩黨是爲了內部利益之衝突而爭，則更貽人笑柄。政黨所爭的是政權，所爭的是本黨政見之實現。試問今天民青兩黨內部還有什麼可爭的？我們相信，民青兩黨的人士之組織政黨乃是懷抱民主政治的理想。既然如此，又爲什麼不把眼光放到遠處大處？

我們說這些話，也許過於率直，但却是出於愛護的至誠。今天處此反共抗俄的時代，我們如能向民主政治邁進一步，卽是多增强一分防共與反共的力量。現在，世界上凡是自由國家無不日益向民主政治邁進。前不久，韓國有新的有力的反對黨的產生；而最近在日本，先後有社會兩黨與保守兩黨之合併，使日本從不穩定的多黨之治漸趨於理想的兩黨之治。我們眼見別人的政治進步，看看自己的情形，內心誠有無限之惶懼。但望民青兩黨人士從此團結圖强，以發揮反對黨的功能，促進政治的進步，爲我們國家的政黨政治樹起良好的規模。這乃是我們對於民青兩黨殷切的期望。

陽明學說述評(上)

羅鴻詔

陽明學說是明代學術思想的中心，不但其學派之盛至明末而未已，卽其他學派，或直接或間接，亦無不受其影響者。有淸一代，思想上並無建樹，至淸末接受西方思想也大半以功利主義爲依歸，與反功利的陽明固格格不相入。民初以來才漸漸重視陽明，論者或謂儒學至陽明如萬流之歸海。歷史上陽明確實是儒家最後的大思想家，今後的發展如何，乃是思想界關心的問題。我們站在今天的立場，旣不能作全面的贊同，也不致作全盤的否定，能否棄其所當棄而取其所當取呢？「夫學貴得之心，求之於心而非也，雖其言之出於孔子，不敢以爲是也，而況其未及孔子者乎？」（傳習錄中）今卽以此義論陽明，自應爲陽明所許可。

一　無善無惡心之體

現在且從天泉的「四句敎」說起。

照「天泉證道記」說：「德洪與汝中論學。德洪擧先生敎言曰：無善無惡心之體，有善有惡意之動，知善知惡是良知，爲善去惡是格物。汝中曰：此恐未是究竟話頭。若說心體是無善無惡，意亦是無善無惡，知亦是無善無惡，物亦是無善無惡矣；若說意有善惡，畢竟心體還有善惡在。德洪曰：心體是天命之性，原無善惡。」因爲他倆不能一致，乃同去問陽明請正。陽明以爲「汝中之見是我接利根人的，德洪之見是我爲其次立法的。」但是利根之人少，故仍以德洪所擧四句爲宗旨云云。

這便是天泉的四句敎，就中第一句——無善無惡心之體——最成問題。東廓（鄒守益）「靑原贈處記」則謂「至善無惡者心」，改「無」爲「至」，而意義判若天淵。蕺山（劉宗周）則以爲陽明平日常言「至善是心之本體」，雖曾說過「無善無惡者理之靜」，未嘗逕說「無善無惡是心體」。其意若曰：此「記」並不確實，陽明不會有如此主張的。梨洲（黃宗羲）則謂，「天泉證道，龍溪之累陽明多矣。」卽是說，這是龍溪的主張，陽明不會如此說罷了。其實陽明之言前後牴牾者甚多，惟沒有這一句關係重大，故不引人注意。我們以爲，天泉證道只有他們師弟三人，錢王都是陽明的大弟子，其平日所記師說均可取信於人。此「記」出自龍溪（王畿字汝中）手筆，果有錯誤，緒山（錢德洪）自當辯正。且傳習錄下爲緒山所編，亦記載此條，其爲陽明當日所說自無疑義。東廓得自傳聞，乃屬臆改。如果「天泉證道記」都不足信，則全部傳習錄還有一條可信的嗎？。

因爲心之體是性，謂心體無善惡卽是性無善惡了，顯與孟子性善說相違背。涇陽（顧憲成）以爲壞天下敎法自斯言始，梨洲亦以爲無以自別於告子，反對者實居多數。但南都講會，周海門（汝登）特標無善無惡爲宗，許敬菴（孚遠）作九諦以難之，海門亦作九解以伸其說，則擁護者亦大有其人。現在先問：這一句可否不作性無善惡，而作其他的解釋呢？據涇陽所引的解釋是：「所謂無善，非眞無善也，只是不著於善耳。」涇陽駁斥道：「善是心之本色，說恁著不著。如明是目之本色，還得說個不著於明否？……又如孝子還可說莫著於孝否？……昔陽明遭寧藩之變，日夕念其親不置。門人問曰：得無著相？陽明曰：此相如何不著？斯言足以破之矣。」故不著相的解釋是說不通的。梨洲的解釋是：「所謂無善無惡者，無善念惡念耳，非謂性無善惡也。」其實心之體是與念相對而言的，本來無念，說它無善念惡念實沒有甚麼意義。龍溪謂：「若說意有善惡，畢竟心體還有善惡在」，已明明不是就善念惡念而論；至於緒山的答覆，「心體是天命之性，原無善惡」，則更加明白了。傳習錄下還有兩條說：「無善無不善，性原是如此，悟得及時，只此一句便盡了。」「性之本體原是無善無惡的」。這些都是明白主張性無善惡的。梨洲的解釋只是勉强回護，不能成立的。他還要爲龍溪易一字，說：「心是有善無惡之心，則意亦是有善無惡之意，知亦是有善無惡之知，物亦是有善無惡之物。」由此可見，他認定性無善惡爲錯誤了。

現在我們可以斷定：「天泉證道記」是正確的記錄，「無善無惡心之體」是他們師弟三人一致的主張，而且其意卽是說：性無善惡。那麼他們爲甚麼顯與孟子相違？我們還要尋求其理由之所在。

陽明說：「心之體性也，性卽理也。」（傳習錄上、中）故若理無善惡，則性無善惡了。宋明儒者無一不承認「理一分殊」，其實他們所謂理實含有二義，他們並沒有辨別。其一義是邏輯的理，指前提與結論間的必然關係，或科學的理，指現象與現象間的不變關係。其他一義是：天理的理，與人欲相對立而言，是至善而無惡的。由前一義言之，理是無善無惡的。但如此的理只是潛存的，不是超越的。若將此理化爲形而上的心體，則「無善無惡心之體」便可以成立了。龍溪四無之說尤能保持邏輯的一貫，故陽明亦甚贊成；緒山所擧四句，則第一句與後三句之間的聯繫說不通，故陽明以爲爲其次立法，乃權敎而非實敎。梨洲改四無爲四有，也能保持邏輯的一貫，因爲他是用後一義的理，以天理爲心體。陽明則兩義混而不分，有時用前一義，有時又用後一義，遂自陷於矛盾。（以上引用，除注明者外，均見明儒學案。）

我們的立場，則性善說是站得住的，故性無善惡之說應當擯斥（要證明性善，理由甚長，須作專文)。但是只罵他們同于告子而違孟子，只罵他們援儒入釋，實無以服持此說者之心，他們實有所見而云然，自非承認他們的理由不可。惟在陽明則是明明白白的矛盾，只看其最主要的宗旨——良知——便可知道。因爲良知是心體，是性，又是天理，是有善而無惡的，豈不是與性無善惡相反嗎？現在且結束此第一句，來看其第三句——知善知惡是良知——吧！

(第二句問題較小，姑從略。)

二　致良知

涇陽對性無善惡說抨擊甚力，而於良知說則深表贊同。他以爲：「大學言致知，文成恐人認識爲知，便走入支離去，故就中間點出一良字；孟子言良知，文成恐人將這個知作光景玩弄，便走入玄虛去，故就上面點出一致字。其意最爲周密。」由此可見，他對陽明之以孟子解大學，並不以爲東拉西扯了。梨洲以爲：「致良知宗旨，陽明發於晚年，未及與學者深究」，故其及門諸子已不一致。龍溪標當下之一念，東廓揭性體之流行，兩峯(劉文敏)以虛靜爲宗，雙江(聶豹)以歸寂爲主，他如彭山(季本)之龍惕，南野(歐陽德)之獨知，分道揚鑣，各持一說，迨至源遠流分，乃愈摹而愈失其眞。蓋良知之學，直指心原，將宋儒引而未發之旨推闡盡致，爲內心修養開闢一個廣大的境界。但是良知乃是心體，已不能以邏輯證明，又不能以經驗證實，全憑各人之內心印證，自己了悟，則其不能歸一亦自有其充足的理由。我們以爲只要眞有所見，不必强求其同，羣妍競秀，異彩雜呈，正可滙聚以觀其大。現在只看陽明的說法如何。

第一，良知是甚麼？

良知由孟子而來，「人之所不慮而知者其良知也」，故陽明以爲良知是人人固有的，人人心中都有一個聖人，常人與聖人不同，「只是物欲遮蔽，良知在內並不全失，如雲自蔽日，日何嘗失了。」又說，「人孰無根？良知卽是天植靈根，自生生不息。」這麼說來，良知是與生俱來的，天所賦與的了。

因此之故，良知卽是天理。他說，「夫心之本體卽天理也，天理之昭明靈覺，所謂良知也。君子之戒愼恐懼，惟恐其昭明靈覺者或有所昏昧放逸，流於非僻邪妄，而失其本體之正耳。」(與舒國用)又說，「天命之性粹然至善，其靈昭不昧者，此其至善之發見，是乃明德之本體，而卽所謂良知者也。」(大學問)又說，「天地之間，原只有此性，只有此理，只有此良知，只有此一件事耳。」又說，「天理卽是良知，千思萬慮只是要致良知。」又說，「良知者心之本體，卽前所謂恆照者也。」據此則良知，性，理，天理，心之體都是同一的物事。天理是至善而無惡的(陽明也和朱子一樣，教人存天理而去人欲)，則心之體也應該是至善無惡的，性亦復如此，所以他說，性無不善，故知無不良」。這麼說來，與上面所主張的性無善惡，心之體無善惡說完全相反了。照我們的解釋，則因爲陽明主張良知卽是天理，故只能用理字之後一義，不能用理字之前一義，故此處非說「性無不善」不可了。此兩種相反的說法，爲甚麼陽明自己竟不知道，實無從揣測。站在我們的立場，則此後一說卽是性善說，卽經嚴格的理智批判，也還是站得住的。

其次良知又是道。他說，「夫良知卽是道。良知之在人心不但聖賢，雖常人亦無不如此。若無有物欲牽蔽，但循着良知發用流行將去，卽無不是道。」又說，「道卽是良知。良知原是完完全全的，是的還他是，非的還他非，是非只依著他，更無有不是處。」

道只是人所循之而行的，能依着良知而行便無錯誤，則良知卽是道了。最後良知卽是天。他說，「先天而天弗違，天卽良知也；後天而奉天時，良知卽天也。」這所謂天，與天理不同，而與良知一致，已經有些難解了。更進一步，他又說，「良知是造化的精靈，這些精靈生天生地，成鬼成帝，皆從此出，眞是與物無對。人若復得他完完全全無少虧欠，自不覺手舞足蹈，不知天地間更有何樂可代。」

如此的良知可謂奧妙無窮！照這種說法，人若復得良知，似乎便能够生天生地的樣子，果然則我們實無從索解。豈因「學貴反求，非知解可入」，我們都是「知解上轉」，所以無法轉得進去嗎？那麼我們除了信從陽明去著實用功，便沒有方法懂得他的良知了嗎？其實良知已是人人所固有，則必爲人人所能懂(知解)，如果一點不能知解，又何從著實用功呢？現在換過一個方向，且看他的良知知道甚麼。

第二，良知之所知。

他說：「良知只是箇是非之心，是非只是箇好惡。只好惡就盡了是非，只是非就盡了萬事萬變。」此所謂是非卽是善惡，這幾句話便是「知善知惡是良知」的註解。你對於他人的或自己的行爲不是有所評判嗎？不要說，這一行爲是對的，那一行爲是不對的嗎？這評判便是你的良知的發動，良知有甚麼難懂呢？你要致良知嗎？也很容易。他說：「所謂人雖不知而己所獨知者，此正是吾心良知處。然知得善却不依這個良知便做去，知得不善却不依這個良知便不去做，則這個良知便遮蔽了，是不能致知也。」這是專就你自己的行爲而論，更瞞不得你的良知。你是立意爲善去惡呢？還是善不必爲惡不必去呢？他人或許看你不透澈，你自己是十分明白的，這就是你的良知。依照你自己的認定，善念便存，惡念便去，善事便奉行，惡事便不作，這就是致良知，就是着實用功了。這麼說來，豈不是至易至簡，易知易從嗎？(良知認定的善惡是否眞善惡，待下面再說。)

知善知惡以外，良知又是可以前知，而且是無知無不知的。他說：「是故良知常覺常照，常覺常照則如明鏡之懸，而物之來者自不能遁其妍媸矣。何者，不欺而誠，則無所容其欺，苟有欺焉而覺矣。自信而明，則無所容其不信苟不信焉而覺矣。是以易以知險，簡以知阻；子思所謂至誠如神，可以前知者也。然子思謂如神，謂可以前知，猶二而言之，是蓋推言思誠者之功效，猶爲不能先覺者說也。若就至誠而言，則至神之妙用卽謂之神，不必言如神；至誠則無知無不知，不必言前知矣。」這裏以明鏡爲喩，由前知而透到無知無不知，所以他又說：「無知無不知，本體原是如此。譬如日未嘗有心照物，而自無物不照，無照無不照原是日的本體。良知本無知，今却要有知，本無不知，今却疑有不知，只是信不及耳。」惟其是無不知，所以只要致良知，則無事不能成了。

第三，致良知的效驗。

陽明以爲「孟子集義之說固大有功於後學，然亦是因病立方，說得大段，不若大學格致誠正之功，尤極精一簡易，爲徹上徹下，萬世無弊者也。」其實「集義只是致良知。說集義則一時未見頭腦，說致良知卽當下便有實地步可用工，故區區專說致良知。隨時就事上致其良知，便是格物；着實去致良知，便是誠意；着實致其良知而無一毫意必固我，便是正心。」這麼說來，只有一個致知，便可包括其他三事了。故格致誠正本無二功，所以是極其精一簡易的，陽明常常以致良知爲主腦，卽以此故。

不獨格致誠正而已，修齊治平又何嘗不如是？他說：「堯舜三王之聖，言而民莫不信者，致其良知而言之也；行而民莫不說者，致其良知而行之也。是以其民熙熙皞皞，殺之不怨，利之不庸，施及蠻貊，而凡有血氣者莫不尊親，爲其良知之相同也。」故大學雖分爲八條目，而陽明則總之以致良知，簡易的確是簡易了，主腦的確是握住了，究竟能否有如此巨大的效驗呢？且待下面與知行問題一併討論吧。

× × × ×

上面已將陽明對良知的說法陳述得相當詳盡了，讀者或許以爲引用過多了吧。蓋良知之說雖發於晚年，但陽明於此，自信甚强，自以爲放之四海而皆準，百世以俟聖人而不惑者，爲從各方面以觀其全貌起見，不能不多引用些，以免掛一漏萬之譏。概言之，知善知惡的良知，各人都能以體驗自證，但無知無不知的良知，則非平常人所能懂；常覺常照的良知，應由各人內心印證，或許還有方法，可以闡釋，但生天生地的良知，則未免玄想過甚，恐不能以思辨論證了；致良知則誠意，正心，修身均可一往無阻，齊家或許還容易成功，惟治國，平天下則總是不够。我們現在說明「心的主體」之認識，或可爲理解良知之一助吧。

科學家觀察事象（events），事象是變動不居，遷流無常的，但是觀察者的心，並不跟隨事象而變遷。此不變遷的乃是心的主體，是常覺常照（寂而恆照，照而恆寂）的。惟其如此，所以能自作主宰，能够在遷流的事象中構成確實的知識—事象與事象間的不變關係。如果心的主體也跟着事象變遷，則事事相續，永不停留，怎能構成知識呢？這是認識論的主觀—知的主體（常識的知識與科學的知識雖大不相同，就此一點而言，是同一的）。今只就因果律爲例，則執因求果，由果溯因，都是知的主體所做的工作。就行爲而論，則諸般衝動或欲望此生彼滅，也是遷流的，但行爲者的心却不隨這些欲念而遷流，是寂而恆照，照而恆寂的。惟其如此，所以能自作主宰，擇取某些欲念而出之於行爲，其他則舍棄之。這是行的主體。現代心理學所謂意識現象卽是心中之念，此念不論自外來或自內發，都總稱之爲念的話，則念念相續正是所謂意識之流。這些意識現象(卽是念)，平常也叫它做心，如私心，偏心，疑心之類都是。我們現在又說另有心的主體，豈不是一人而有二心嗎？不是的，人心雖只有一個，而其表現却有種種，我們必須以此二概念來理解心，一方有遷流的現象，他方有常覺常照的主體，然後可見心之全，僅用一概念則未免偏於一曲了。意識現象與心的主體既已不能析而爲二，則知的主體與行的主體更不能析而爲二了。我們或許可以說，主體都是行的主體，但有時從事於求知活動，有時從事於實踐活動，其間的區別只是活動方向之不同。惟其方向不同，所以性質有別，故我們還要它倆分開。專就自然現象而論，知的對象是外在的，知的主體則只是觀察，攝取其間不變的關係而固定化之（這固定化，在高級的科學，均以數學的方程式表示之），故現象雖消失而知識仍存於心中。這是攝外以入內，化存在爲觀念。行的欲念則是內發的，縱使受外物引誘而起，仍不失其爲內發。要實現此欲念，則必須有外表的行爲。如看見美的食品，令我垂涎三尺，想去吃它。此「想去吃它」的欲念總是內發的，要實現此欲念則必須攫取此食品而吞進肚裏去。這是自內而之外，使觀念實現爲存在。（這裏所謂內外，只當作身的內外看，便可避免「心外無物」的麻煩議論）知的主體之爲自然現象所限制至爲明顯，然而看它所構成的知識與感覺世界相距之遠，則它的主宰性自不能否認。行的主體也要受限制，如自然環境，社會環境，以及個人的經歷所造成的性格等等，都處處給此主體以影響，但是並不能完全決定它，它的自主性是始終不會失去的。惟其能自作主宰，所以能由悔而悟，能遷善改過，也可以前後判若兩人。總之，此心的主體貫串於念念相續（意識之流）之中，針對一切念，而又自拔於念念相續之外，能握住權衡；前者卽所謂流行，後者卽所謂主宰，若用易傳的說法，主宰則「寂然不動」，流行則「感而遂通天下之故。」

現在將此心的主體和陽明的良知來比較一下。此主體是人人所固有的，和良知一樣。但是對此主體有沒有自覺，則因人而異，而主宰性之强弱實與自覺的程度有關。陽明說：「知來本無知，覺來本無覺，然不知則遂淪埋」，亦卽此意。其次，陽明的良知已名爲知，又以知善知惡，無知無不知爲義，似乎應該是指知的主體而言。求知的行爲只在構成知識，知識則只有眞假，本無善惡，或可說可用之於善也可用之於惡。陽明以為「儀秦亦是窺見得良知妙用處，但用之於不善爾」，及其主張「無善無惡心之體」，都由此知的主體而來。但是陽明的良知又是天理，則是至善而無惡，又是道，可依着它去行為而不會錯的，故更像是行的主體。其實陽明的立場，知行是一而不二的，則他的良知當然也是即知即行，我們所謂知的主體與行的主體都包含着了。此主體說它是無知，指其寂然不動而言，說它是無不知，則指其感而遂通天下之故而言，也還說得通。但說它是生天生地，則斷斷不能。因為心的主體是屬於每一個人的，個人的心怎能够生天生地呢？即使將人的範圍擴大，包括過去現在未來的人而言，如此的人心亦不能生天生地。這裏陽明大概以為人心即天心，故稱之為「造化的精靈」吧。「大人之能以天地萬物為一體也。非意之也，其心之仁本若是其與天地萬物而為一體也。豈惟大人，雖小人之心亦莫不然。」（大學問）人心既與天地萬物為一體，則人心即是天心，天心自可生天生地了。其證明人心即天心的方法，是否有邏輯的飛躍，姑不具論。但是我們所謂心的主體則只指人心而言，與天心無涉，故與陽明的良知畢竟有別。（以上引用，除註明者外，均見傳習錄中、下。）

由此可見，陽明的良知本由人心體認而得，但由良知是天所賦與，所以即是天理，即是天，最後乃成為造化的精靈，能生天生地了。孟子的良知，只是「人之所不慮而知者」，無論如何都是屬於人的，陽明把它推擴到盡頭，竟成為天心，已非復其本來面目了。上面說過，陽明將孟子的良知與大學的致知打成一片，而說致良知。現在我們可以斷定，陽明的良知不是孟子的良知了，那麼，它與大學的致知能否一致呢？這，必須將格物認清，才有定論。現在我們且結束了「四句敎」的第三句，來看其第四句—為善去惡是格物—吧。

三　格物

自程子表章大學，朱子承之，使與論語並列而為四子書之一。明代以四書取士，學子皆童而習之，故諸儒皆精研大學，對於八條目—格物，致知，誠意，正心，修身，齊家，治國，平天下—皆極推崇，尤於格致誠正修的工夫剖析入微。但是宋明諸儒的解經，往往以自立其說為主要，不拘牽於文義，故往往扞格而不通。如大學說：

「物有本末，事有終始，知所先後，則近道矣。」

朱子以此四句為上文的總結，故以明德為本，新民為末，知止為始，能得為終。陽明，在「大學問」上謂親民不應改為新民，而於本末終始之說，一仍朱子之舊，惟反對朱子分本末為兩物。我們以為這解釋是錯誤的，這四句並不是上文的總結，乃是下文的冒頭，故接着即將八條目的先後反覆以申明之。照我們這種解釋，則天下國家身心意是物有本末之「物」，格致誠正修齊治平是事有終始之「事」。下文又說，「自天子至於庶人，壹是皆以修身為本」，則本是修身，末是家國天下，大學的原文已經指明。照我們的解釋，則格物為始，平天下為終，也很明白了。而「知所先後」一句乃是關鍵之所在，即是說，下文所反覆申明的先後是極其重要的，反過來說，不知所先後的則是不近道。只因朱子解錯了本末終始，遂使知所先後一句失了關鍵的作用，至於陽明則先後的次序乃視為無足重輕了。他以為：「蓋其功夫條理雖有先後次序之可言，而其體之惟一，實無先後次序之可分。其條理功夫雖無先後次序之可分，而其用之惟精，固有纖毫不可得而缺焉者。」（大學問）觀其一分一合之間，想把先後的次序輕輕抹去之意至為明顯，惟大學明言先後，不敢完全除去而已。至梨洲直謂：「致知格物無先後之可言，格物者即在致之中，未有能致而不謂之格物者」（明儒學業），則眞眞把先後次序除去了。其實照大學本文看，則先修身而後及於家國天下（就物之形質而論，心意都是屬於身的，故言修身可包括二者），先格物而後致知，以至於治平（就事而論，則格物為先），這先後的次序是不能顚倒的，尤其是不能除去的。陽明一派的解釋，則不但顚倒(參看下面)而且竟想除去，當作大學的註解看，當然是很壞的註解。明儒精研大學，也沒有人把先後次序特別重視。心齋（王艮）謂「知得身是天下國家之本」，對於本末已經認清，而又謂「物格知本也」，「知本知止也」，對物與事之別，先與後之序，依然沒有辨析清楚。見羅(李材)主張修身為本，較心齋更進一層，他釋明格物致知在大學無傳之故，亦大致不錯(參看下面)，然亦不重視先後之序。站在大學的立場來說，則他們都是「不近道」的。由我們今日觀之，明儒所重的在道德修養，不在知識，他們對於格物的解釋，始終不能符合大學作者之意，實為勢之所必至。

我們既已認定，大學之所謂「物」乃指天下國家身心意而言，則他所要格的物便是此六者，所要致的知也只是知此六者罷了，故下文將此六者說明，則格物致知即在其中，不必再加解說。用今天的話來說，格物即是將此六者（社會現象與意識現象）研究清楚，而獲得種種知識便是致知。據此則朱子解格物為窮理，並沒有錯誤；但是他所謂「物」包羅至廣，未免越出大學的範圍，而其補格物傳實為多事。他所謂，「考之事為之著，察之念慮之微，求之文字之中，索之講論之際」，還是在社會現象與意識現象的範圍內。至於「必使學者即凡天下之物，莫不因其已知之理而益窮之，以求至乎其極」，則範圍過大了。如他所說，「一草一木都有理，都要格」，「大黃有大黃之理，附子有附子之理」等等，他所謂物乃包括自然現象而言，並非大學所謂物。

陽明以為「文公格物只是少頭腦，如所謂察之念慮之微，此一句不該與求之文字之中，驗之事為之著，索之講論之際，混作一例看，是無輕重也。」（傳習錄下）則陽明所謂物只是念頭，故物與事無別。他說：「物者事也，凡意之所發必有其事，意所在之事謂之物。格者正也，正其不正以歸於正之謂也。正其不正者，去惡之謂也；歸於正者，爲善之謂也。夫是之謂格。書言格於上下，格於文祖，格其非心，格物之格實兼其義也。」(大學問)這便是「爲善去惡是格物」的註解。可是同在大學問中他又說：「何謂修身，爲善而去惡之謂也」，那麼格物與修身完全相同嗎？陽明以爲：「身心意知物者，是其工夫所用之條理，雖亦各有其所，而其實只是一物；格致誠正修者，是其條理所用之工夫，雖亦皆有其名，而其實只是一事。」(大學問)遂使此五者膠漆一團，不但無先後之序，而且不必分別了。其實此五者果然是同此一物，同此一事，則大學作者花了許多工夫在那裏分析，不是白費嗎？故同以爲善去惡來解說大學的格物與修身，當作註解看，只好說它是很壞的註解，其爲不懂大學作者之意自無疑義。如果允許我們解釋，則格物之爲善去惡是正念頭，卽存善念而去惡念；修身之爲善是外表的行爲，卽諸惡不作，衆善奉行。陽明在大學問並沒有明白如此說，但這大概是他的眞意。甘泉(湛若水)的反駁正是據此。「兄之訓格爲正，訓物爲念頭之發。則下文誠意之意卽念頭之發也，正心之正卽格也，於文義不亦重複矣乎？」(明儒學案)這卽是說，若以格物爲正念頭，則只是誠意正心。都是致知以「後」的事，不會在致知之「先」。卽照陽明自已所說：「良知之善，雖欲好之矣，苟不卽其意之所在之物而實有以爲之，則是物有未格，而好之之意猶有未誠也；良知所知之惡，雖誠欲惡之矣，苟不卽其意之所在之物而實有以去之，則是物有未格，而惡之之意猶爲未誠也。」(大學問)像這種說法，則格物之爲善去惡，或許可解作在誠意之後，無論如何必在致知之後無疑。整菴(羅欽順)的反駁是：「審如所言，則大學當云，格物在致知，知至而後物格矣。」(明儒學案)照大學說，物格而後知至，照陽明說，知至而後物格，這種次序之顚倒實無法可以自圓其說。故梨洲只好說，致知格物無先後之可言了。

照上面的分析，陽明的格物實與大學的格物判然相異，當作大學的註解看，則陽明之說是絕對不能成立的。其受病之根則在以致良知解大學的致知。因爲良知是本體，本體之先還有甚麼東西？這是陽明學派無可解答的難題。只要贊同致良知的宗旨，便不能將格物安置到應有的地位了，而良知說又是陽明學說的菁英，所以是無可救藥的。陽明將格物放在致知之後，梨洲則置之致知之中，雖明明違反大學的原文，而他們竟不覺得其錯誤，卽以此故。

其實豈但格物而已，致知亦然。照我們的解釋，大學的致知只是獲得經驗的知識。而陽明則以爲知善知惡是良知，良知是不慮而知的，故甚麼是善，甚麼是惡，是不要研究的。致良知的宗旨一經成立，則一切經驗的知識均在所不要，卽大學的格物致知皆在排除之列了。整菴謂：「如必以學不資於外求，但當反觀內省以爲務，則正心誠意四字亦何不盡之有？何必於入門之際，便困以格物一段工夫也？」這已經說得很清楚，而陽明始終堅持其說而不自知其謬，蓋在他的思想系統之中，經驗的知識已經除外了。他說：「故致良知是學問大頭腦，是聖人教人第一義。今云專求之聞見之末，則是失却頭腦，而已落在第二義矣。」又說：「多聞擇其善者而從之，多見而識之，既云擇，又云識，其良知未嘗不行於其間，但其用意乃專在多聞多見上去擇識，則已失却頭腦矣。」其實聞見之知豈但落在第二義而已，「正以大端惟在復其心體之同然，而知識技能非所與論也」，則陽明已明白覺悟到不要經驗的知識了。(此節內的引用，除註明者外均見傳習錄中。)

現在我們可以斷定：陽明的致良知，與孟子的良知雖不盡同猶爲相近；而與大學的致知則完全不類，因爲一是非經驗的知，一是經驗之知。陽明高唱拔本塞源之論，欲盡洗聞見之陋，歸併源頭一路。則經驗的知識，已在盡量排除之列，於是知行合一乃是其必至的結論了。

(未完)

由「一窩風」現象談到新聞自由

魏書翰

近半年來，臺北流行着一種「一窩風」的現象，不論大事小事，經過一窩風的掃蕩以後，常是弄得是非不分，黑白不明。在一窩風掃蕩下的犧牲者所處的境遇，是老鼠過街，人人喊打，既被下井而又遭投石。輿論界的一面倒傾向，正相當於議會中缺少有力的反對黨，同樣的造成了不堪收拾的惡劣後果。

胡光麃案的糾紛，李宗芝事件的橫生枝節，都是一窩風主義下的產物。在這種情形下，常常使一種簡單的事件趨於複雜；淸明的局面，變成混沌。最後則使人心虛浮，缺少了沉實，對任何事物，都喪失了信心。這種風氣之流行，久而久之，將使一切呈現虛脫現象，轉而使和祥之氣，化爲暴戾。

爲什麼會產生這種不和祥的一窩風現象？溯本追源，那便是我們還缺乏有如西方國家的新聞自由。儘管我們的官員們可以舉出政府並沒有施行新聞檢查制度，來抑制新聞自由，也沒有一條法律來公然限制新聞自由（惟出版法解釋的廣泛，則常使執筆者頭痛。）但某一件新聞的不能發佈，某一件新聞應該刋在顯著地位，仍然有人用口頭或書面加以「指導」的。也正由於沒有事前新聞檢查制度，所以事後出了亂子，才更麻煩萬分。因此新聞從業員們內心的苦悶是可想而知的。也正因爲如此，翻開國內的報紙，才會感到內容貧乏，缺少可看的文章和電訊。但苦悶總要找到出路發洩一下，於是一旦之間一個水壩開了一個缺口，便波濤洶湧，無法堵塞了。胡光麃、尹仲容案是個好例子，因而當立法委員一提質詢，這口平常吞在肚子裏的怨氣，便如水銀洩地，一發不可收拾。如是小題大做，如是貪污舞弊的字眼，便都出現報端，百喙齊發向尹胡圍剿。讀者們看得新鮮，記者們寫得有趣，編輯們編得起勁，於是產生了一窩風，大家鼓鼓掌，齊曰尹胡可殺。這時大家忘記了法律，喪失了冷靜。在這種情形下，即使法律作了公平的裁判，即使眞的沒有受到行政的干涉，人們也不相信其中沒有文章了。

李宗芝車啓亮事件，亦復如此，當李宗芝被車啓亮打了一槍時，因爲車啓亮服務於聯勤總部，那機關是碰不得的。最初記者們謹愼下筆，懷着試試看的心情來撰寫這段社會新聞，但經過試探的結果，聯勤總部，並沒有出面干涉，於是大家又百喙齊發了！於是車啓亮，又變成了「衆人皆曰可殺」的人物。

這種傾向進一步的演進，是當一個官員在位時，即使作了錯事，沒有人敢於批評，一旦垮了下來，便羣起而攻之，於是形成了一個定律是：在朝無惡吏，下臺無好官。官員們在臺上時，不許人們批評，那個擋箭牌是官員們是在執行國家的政策，如果批評官員們，便將損及政府的威信。但到最後？吃虧的仍然是政府。尹仲容案最後鬧成行政干涉司法的糾紛，其道理便在此。

因此，我們認爲抑制或限制新聞自由，對國家是有百害而無一利的。用報章雜誌作爲爲政者宣傳工具的時代，已經過去了。孔老夫子所說的「民可使由之，不可使知之」的時代，也已成陳跡。然而不幸的是我們的一部份當政者，在廿世紀六十年代的今天，依然迷信於權力。認爲報紙的任務，祇能做政府的傳聲筒。基於這個錯誤的認識，所以也就以爲報紙的「一個調調，一種主張」，才是對的。因而也就把「反對」和「反動」混爲一談，把「政府」與「國家」也揉合爲一。於是錯誤的公式產生了：那是反對的意見便是反動的意見；反對政府的某項措施，便是叛國。（請注意美國共和黨執政，便稱爲共和黨政府，民主黨人批評政府，並沒有那個敢說是民主黨人叛國。）

更不智的是我們從不會運用新聞報導，來看看民意的反應。譬如西方的民主國家，當政府要決定一項重要政策時，時常把消息先透露給一家報紙，看看人民的反響。如果反應良好，便正式宣佈實施；若是反應惡劣，政府輕輕的來個否認。說那件消息，沒有事實根據，便一了百了。但我們的當政者却捨此良好方法而不爲，一項重要決定，既經宣佈，愈是反應不佳，愈要硬幹下去，否則便認爲那是損及政府的威信。這也是權力兩字在從中作祟。

一談到新聞自由，便將涉及到民主政治，因爲沒有眞正的民主政治，便不會有眞正的新聞自由。反之，有了相當寬度的新聞自由，政治才會走向民主。然而新聞自由也並無一定尺度，有些地方是需要新聞從業員們的努力爭取。但爭取新聞自由，却不能也無法寄望於公營報紙（包括政府辦的報紙及黨辦的報紙）。因爲公營報紙，一旦出了麻煩，報紙雖不致關門，而調換一下負責人，却似探囊取物一般容易。因此公營報紙的新聞從業員，也僅能做到「不求有功，但求無過」的地步。

對於近代民主政治沒有素養的人們，也許認爲「一個聲音」和「一個調調」，是團結與步伐一致的好現象。其實眞正的民主政治，對政治見解，幾乎很難產生一致的意見，它必須容納反對意見，才能發生制衡作用，促成政治進步。那種一個聲音，一個調調，只有在極權政治下才會產生。也只有共產黨徒之輩才會奉之爲金科玉律。除了共產黨徒以外，過去的希特勒也是相信這一套的。殊不知那種力量是虛浮的，表面的，不可靠的，它不但經不起考驗，有時還起了反作用。因而一旦垮了下來，便立即土崩瓦解。爲什麼？因爲那種表面一致，是在槍桿與暴力之下，不能不那樣被動的做下去而已。因此我們也更深信，今日爲害世界的共黨勢力雖甚猖獗，但它畢竟是虛浮的，表面的，和不可靠的。我們對於自由中國，終將重返大陸的信心，也便在此。然而在與共黨進行搏鬥的過程中，我們必須使人們知道我們是在爲生存與自由而反共，是爲維護人性的尊嚴而反共，爲了讓我們的子孫過「人」的生活而反共。因此凡是共黨用以束縛人民自由的一切作法，我們應該一概摒棄，毫無保留的摒棄。多培育一分自由的力量，便多一分反共的力量。懂得這個道理，便不該再有人抑制或限制新聞自由。輿論有了正當去路，也便不會形成一窩風。因而環繞於目前的許多困惑，便都可迎刄而解了！

四十四年十一月十日

權威與個人（四）

羅素著
汪仲譯

第四講　技術與人性的衝突

人類在許多方面與禽獸不同。其一就是，他自願從事許多本身並無快意可言的活動，因爲這些活動是爲達成他所希望的目的底手段。從生物學家的觀點而言，禽獸做許多事情，似乎是爲一個目的而勞動：如鳥類建巢，海狸築隄。但牠們做這些事情乃是出自本能，因爲牠們有做這些事情的衝動，而非因爲牠們預先知道這些事情是有用處的。牠們沒有自制克己、審愼持重、深謀遠慮、或以意志力厭抑衝動。人類却具有這一切。當這一切克制厭抑超過人性所能忍耐的程度時，他們就受到一種心理苦刑。在文明生活方式中，這種苦刑的一部份是不可避免的，但大部份却是不必要有的，一種不同的社會組織型態能夠解除這種苦刑。

原始人的方法與衝動之間的衝突就很少。爲了求生存、爲了演化的進步，狩獵、戰鬪和繁殖是必要的活動。但這並非他從事這些活動的理由：他們從事這些活動是因爲他們能夠從這些活動裏得到快樂。後來，狩獵變成飽食終日無所用心的富人們的娛樂；它已經喪失了生物學的效用，但還保持着可資享受的樂趣。直接由衝動激發起來的那種最單純的戰鬪，現在則只允許學童們去做了，但那戰鬪性質還保存着，如果這種好鬪性找不到更適當的發洩機會時，就會在戰爭中獲得最重要的表現。

然而，初民並非完全沒有那些他感覺對生活有用而非由本能激起的活動。在人類進化的最早期，製造石器工具已經開始，而由石器的製造人類又開始了那導向我們今日的精密的經濟制度的長期發展。但在早期的石器時代，藝術創造的樂趣和預期的權力增加所給予人們的快樂，很可能就散佈在勤勞的工作過程裏。從手段走向目的的那段旅程不過長時，如果目的是他迫切需要的，則手段本身就使他感到莫大的快樂。一個孩子背着雪橇，費很大的力量爬上山頭，他的目的就是爲享受滑下山坡時那片刻的歡樂；沒有人强迫他去辛勤工作，然而，他可能累得氣喘吁吁，但他仍感到莫大的快樂。但如他得不到即時的報酬，你答應他在他七十歲的時候給他養老金，他的精力就會很快地減低。

比攜帶雪橇的孩子所做的爲時更久的努力，也可以由一種創造的衝動激發起來，而仍保持其自發性。一個人能够度過幾年的艱苦、危險、貧窮的生活，爲了攀登額菲勒斯峰，或探險北極，或從事科學的新發明，在這段時間內，他的生活是同他自己的衝動相諧一致的，正跟帶雪橇的孩子一樣，如果他熱切地希望實現他的目標，並且在克服困難中寄以無限的榮耀。正如那個紅印第安人所說：「那裏邊有光榮存在。」

奴隸制度的產生，使得工作本身的目標與工作者的目標分離了。金字塔的建築是爲了埃及國王的光榮；從事這種工作的奴隸們並不能分享這種榮耀，他們辛勞地工作着，是害怕監工們的鞭子抽打。由奴隸或農奴們而從事的農業生產工作，同樣不能給從事農耕的人們帶來滿足快樂；他們的滿足只是能免於餓死和很幸運地免於肉體所受的痛苦。

工業革命前的近代，農奴制度的衰微和手工藝的發達增加了獨立自主的工人的數目，這些工人既是自己的主人，因此他們對於自己所生產的物品感到榮耀。由傑佛遜（Jefferson）和法國大革命所倡導的民主便是由這種情勢所孕育的，這種民主所假定的條件是大量的獨立的生產者，而不是現代技術所產生的龐大的經濟組織。

試看一個大工廠，譬如一個汽車製造廠。這一個組織的目的是製造汽車，但那些工人的目的是掙工資。從主觀上講，並沒有一個「共同的」目的。共同一致的目的只存在於工廠的股東與經理人員之間，那些眞正工作的人們恐怕大部份都沒有這共同目的。有些人對於所生產的汽車的品質優良感到光榮，但大多數的工人只是關心工資與工作時間，通過工會而得到他們的要求。

這種弊端是同與龐大組織相結合一起的機械化不能分離的。由於機械化的關係，在製造一輛汽車時，沒有一個人能負責製造一大部份，他只能擔負一小部份的工作；很大部份的工作不需要特殊技術，而且是單調無趣的。由於組織的龐大，集體製造一輛汽車的那羣人，沒有結合一致與利害共同的感覺。譬如在經理人員與雇用的工人之間便是如此。掙薪資的人之間有利害共同感，在經理部門的工作人員中也許有利害共同感。但工人間的利害共同感對於汽車生產並無任何關係；它只涉及到提高工資與減少工作時間。經理人員對於生產品可能有榮耀感，但一種工業完全商業化之後，就有一種只想到利潤的傾向，而利潤之獲得常常是靠廣告宣傳比改進生產技術更容易。

兩件事情促成了對技藝榮耀感的低減。較前的是貨幣的發明；以後則是大量生產，貨幣使得市場買賣的價格成爲衡量一件物品價值的標準，價格不是實質的東西，只是同其他商品所共同享有的一種抽象觀念。不是爲了交換目的而製造的東西，是由它們的實質優劣來估量其價值，而不是以它們能買到甚麼而估量之。鄉村別墅中的花園常常是雅緻可愛的，可以付出很多的勞力才能建好，但在修建花園時並不欲讓它帶來金錢的報酬。有些農民的衣服，現在除了供旅行者的欣賞外，已經不存在了，這些衣服是由織工們的家屬所織成，並沒有價格。雅典衛城中的廟宇，中世紀的教堂，建築時並非爲了金錢的動機，因此也不能交換。但漸漸地，一切物品之製造是爲製造者自己享用的那種舊有經濟制度已經被貨幣的經濟制度所代替了，這一改變就使人們對商品的估價完全基於實用，而非以它給予人們直接的快樂爲基礎了。

大量生產又使這一進程向前跨一大步。假定你是一個鈕扣製造商：不論你的鈕扣做得多麼精美，你自己拿來用的不過幾顆而已。所剩餘的鈕扣，你希望能以之換取食物與住處、汽車和子女的敎育費等。這些東西，除了金錢價值之外，跟鈕扣沒有絲毫關係。甚至鈕扣的金錢價值對你也不重要；對於你，最重要的是「利潤」，就是說，它們的出售價格要超過生產的成本，也許減低鈕扣本質的精美才能增加了贏利。當然，大量生產代替了較原始的方法時，本質的精美就常常會失掉。

除了已經討論過的那些之外，現代組織還有兩種結果能夠減低生產者在生產方面的興趣。一個是：希望從工作中得到的收穫過於間接；另一個則是：經理人員同工人間的隔離。

先說收穫的間接(remoteness)：假設你現在正從事某種出口商品的製造，而且你所擔任的是較不重要的工作——我們再以汽車爲例。別人很强調地告訴你，爲了我們(英國)能夠購買糧食，出口汽車是必需的。然而用你勞動的結果所購買的糧食並不直接送到你的手裏，而是分配給居住在英國的四千萬左右的公民。如果你一天缺席不去工作，對於國家經濟並沒有「顯而易見」的損害。只是由於一種智力的運用(intellectual effort)，使你自己理解你不工作所造成的損害，只是由於一種道德力量(moral effort)，你使自己做出比爲保持那份差事所需要的更多的工作。但當你的需要是明顯而迫切的時候，整個情形就完全不同了，譬如說，在船遭難的時候。在一隻即將沉沒的難船中，水手們服從命令，而不必先由理智判斷一番，因爲他們有一個並不遙遠的共同目標，爲實現這目標所採用的手段也不難了解。但如船長，也跟政府一樣，必先把那些處理這一情勢的諸原則講述一番，以證明他的命令是明智的，恐怕在他的講演未完之前，那船就已沉入水底了。

經理人員與工人間的隔閡有兩方面，一是我們所熟知的勞資間的衝突，一是影響所有龐大組織的更普遍的麻煩。我不想再討論勞資間的衝突，但那管理上的隔閡，不論在政治的或經濟的組織中，不論是在資本主義或社會主義下，是一個不太平凡的問題，值得我們加以考慮。

雖然社會可以組織化，但一般的利益與某一地區的利益之間，不可避免地仍有很大的衝突。提高煤的價格可以有利於採煤工業並能增加煤礦工人的工資，但對另外的每一個人却是有損無益的。當價格與工資由政府來規定的時候，每一決定必會招致某些人失望。應該爲政府所重視的那些考慮是太一般性了，離開工人們的日常生活顯然是太遠了，所以要讓他們服膺政府的考慮實在是很困難的事。一個集中的利益比一個散漫的損害更易爲人所察知。就是爲了這一原因，政府發現阻止通貨膨脹是很困難的，如果它這樣做，就容易變成不孚衆望的政府。一個政府如果眞正爲了一般人的利益而採取必需的措施，它就冒着一種危險，因爲每一個地區都會認爲政府在蠻不講理地忽略了該地區的利益。在一個民主國家裏，這種困難會因着政府管制的程度而增加。

然而，期望政府——即使是民主的政府——能使一切措施都符合一般民衆的利益，就未免太樂觀了。以前我曾經討論過與官僚政府有關的惡弊；現在我將要討論一下官吏對民衆關係的弊端。在一個高度組織化的社會裏，那些執行政府賦予的任務的人們，從部長到地方機關中最低微小雇員，都有他們自己的利益，這些個人利益並不與社會利益完全符合。在這些爲一己的私利而着想的事情中，歡喜權力與討厭工作是主要的。一個文官對於某個計劃說一聲「不能辦」，就覺得洋洋得意，甚爲開心，因爲他能運用他的權威和他能偷懶不去鞠躬盡瘁地做事，就會給他快樂。因此，他似乎是，而且在某種程度上他的確是，那些該接受他之服務的人之公敵。

茲以處理糧食缺乏所採用的必要措施爲例。在糧食缺乏的情況下如果你具有一份土地，則獲得食物的困難會迫使你工作格外努力，如果你能夠被允許以自己的出產品來補助你的口糧的話。但除了從事農耕的人之外，大部份人都必須購買食物。在自由競爭的經濟制度中，物價便飛躍上漲，除了富人之外，所有的人都要營養不足。雖然實情如此，但我們之中很少的人會感激在糧食局爲大衆服務的女職員，在她們之中，更少的人能夠在疲倦與憂煩之中還對一般人民保持慈悲的態度。在一般人看來，這些女職員們簡直是批無知的專制暴君，雖然這種看法十分不公；但在那些女職員們看來，這些老百姓惹人厭倦、小題大做、愚蠢萬分、永遠是丟失東西或改變住址的。在這種情勢中，我們很難想到政府與被它統治的人民間的眞正和諧如何能夠得到。

到現在爲止，爲人所曾發現的那些如何保持個人情感與公共利益間的部份和諧關係的方法，都有值得商榷的餘地。

最容易也是最顯明的一個調諧者是戰爭。在一個極端困難的戰爭中，當國家的自衞安全陷於危極的時候，誘使每一個人熱心工作是很容易的，如果政府被認爲是有能力的政府，它的命令也很容易地被人民接受。這種情勢就和在破船上一樣。但沒有一個人會贊成以破船爲提高海軍紀律的方法，我們也不能因爲戰爭能帶來國家之團結而擁護它。無疑，對戰爭的「恐懼」也能產生同樣的效果，但如對戰爭恐懼的敏感情緒延長的太久時，結果定會走上眞正戰爭之路，這種恐懼雖能增進國家的團結，卻也能產生厭倦與精神的憂鬱不安。

競爭，在能有競爭存在的地方，是一個有力量的激發力。社會主義者們把競爭誹謗爲資本主義社會中的一大罪惡，但蘇俄政府在工業組織中又恢復了它的重要地位。斯泰漢諾夫的方法(註二)就是使包工計件工資(piece-work)制度的復活，對於這種制度，工會曾猛烈而成功地攻擊過，斯泰漢諾夫的方法是：某些工人因其出衆的熟練的受到獎勵。我也相信，在俄國，這些制度有以前爲資本家們所稱贊的優點，也有爲工會所特別强調的那些缺點。以這種方法做爲解決心理問題的手段自然是不相宜的。

雖然許多不同形式的競爭是應當加以反對的，但我以爲，在增進必要的工作努力方面，它仍擔負着重要任務，它也給那種可能導向戰爭的衝動在某些範圍內找到比較無害的發洩機會。如果兩個敵對的足球隊在兄弟愛的影響之下決定合作，彼此把球放在對方的球門裏，這樣就沒有一個人會感到快樂、提高興趣。我們沒有理由認爲從競爭中所得到的興趣只限制在體育活動中。球隊、各地方、各組織之間的爭勝心能夠是一種有用的激發力。如果競爭不變得殘酷無情和過分傷害，則對於失敗者的處罰必定不會是很大的災禍，不會如在戰爭或饑餓中，或毫不加限制的經濟競爭中那樣。充其量失敗只不過是光榮的喪失而已。如果被擊敗的球隊所受的處罰是死刑或挨餓，足球不會成爲大家所希求的運動了。

最近幾年來，英國有一個莊嚴而高貴的嘗試，就是訴諸人們的責任心。在目前，艱苦（austerity）是不可避免的，增加生產是唯一的出路。不可否認，在危機的時代喚起責任心是必需的方法。責任心在某些時候是有價值的，不可缺少的，但却不是永遠的解決辦法，時間拖得過久時，似乎也不會成功。責任心裏邊包含着一種精神緊張，經常壓抑本性的自然衝動，如果繼續下去，一定會使人精疲力竭，使天賦的能力衰凋。如果迫使他努力的不是以十誡那樣單純的傳統道德爲基礎，而是基於複雜的政治經濟的理由，疲倦會使他對於有關的論證發生懷疑，許多人或者因而變得漠不關心，或者採用某種僞的理論，認爲走上繁榮還另有捷徑。人能夠由希望所激勵，爲恐懼所驅使，但欲使希望與恐懼有效而不產生厭倦，它們必須是生動的，迫在目前的，直接的。

部份是爲了這種理由，歇斯底里的宣傳，或者說，至少是計劃煽動起歇斯底里的宣傳，就在近代世界裏產生了如此廣泛的影響。人們概略地知道，他們的日常生活常常受到其他遙遠地區所發生的事情的影響，但是他們並沒有足夠的知識來理解這種影響是怎樣產生的，只有少數的專家才能理解。爲甚麼這裏缺米，爲甚麼香蕉這麼少？爲甚麼牡牛不再有尾巴？如果你歸罪於印度，或官僚習氣，或資本主義制度，或社會主義的政府，你就在人們的心裏召喚來了一個神話式的人格化的惡魔，容易成爲被憎恨的目標的惡魔。在一種不幸裏邊，尋找一個可供責難的目標是人類本性的衝動；野蠻人把疾病歸咎於敵對的巫術。每逢我們所遭遇的麻煩過分困難而不易理解時，我們就傾向於從這種原始解釋中尋替身。一張報紙，如能給我們一個可供憎恨對象的惡漢，就比研究金元缺乏的複雜問題更能引起人們的興趣。第一次世界大戰後德國人在備嘗艱苦之時，大多數人就很容易地相信猶太人該負其咎。

製造一個假想敵人來憎恨，並以它作爲我們日常生活中所遭遇的苦痛的解釋，這種辦法經常是破壞性的並足以招來災難；它刺激起原始的本能的衝動。有許多不同的方法可供減少訴諸於恨的力量。顯而易見地，最好的方法就是把引起我們尋找敵人的那些罪惡根本去掉，如果這些罪惡不能掃除，我們有時還能使大家廣泛地眞正明瞭給我們帶來災難不幸的這些罪惡的原因，但是，政治的和因鼓舞歇斯底里而繁榮起來的報紙擁有强大力量的情況存在時，使人們明瞭災禍的根本原因就很困難。

我不相信光是災禍本身就能產生歇斯底里的恨，譬如說引起納粹的興起的那種恨。除了災禍不幸外，一定還有一種絕望無助的感情存在着。瑞士家庭魯賓遜[註三]在他們的島上發現有做不完的事，他們就不會爲恨而浪費時間了。在一個比較複雜錯綜的情勢中，實際上，那些非常必要的活動也許不可能直接求諸個人。在目前英國的國家經濟窘困之時，我們知道國民的集體的需要是甚麼：增加生產，減少消費，鼓勵出口。但這些都是一般性的重大事情，跟一個特殊男人或婦人的利害關係，並不十分明顯。如果想要使那些基於間接的理由而被視爲重要的活動得以生氣勃勃、精神愉快地實施，我們必須設計很多方法，創造出一些與個人利益有直接關係的理由，使人民樂於從事爲建設國家經濟所必需的一切活動，我想，這需要受管制的轉移(controlled devolution)，以及使個人或規模不太大的團體有從事可引起好奇心，多少有些獨立性的行動的機會。

民主，像在很大的現代國家中的情形，並不能予人發展創造才能的合宜機會，只有少數人是例外的。我們已習慣於指責希臘人所謂的「民主」是有很大缺點的，因爲婦女與奴隸不得享受民主的權利，但我們却不覺察，在許多重要的方面，希臘的民主要比政府統轄區擴大時所可能做的任何事都更民主些。每個公民對於每件事情都能投票表決；他不必把他的權力委託給一個代表。他能夠選舉行政官員，包括將軍在內，如果他們不能滿足大多數人的需要，就可以罷免他們。公民的數目非常少，所以每一個人都感覺自己是很重要的，他覺得同隣人們的討論都可能發生極有意義的影響。我並不是說這種制度全部都是好的；事實上，它也有很嚴重的弊病。但就它允諸個人創造才能一方面而言，的確比現代世界中存在的民主制度要優越。

試以一個普通納稅人與一位海軍大將間的關係爲例。納稅人，就集體的意義而言，是這位海軍大將的雇主。他們在議會中的代表投票決定他的薪額，並且選擇一個政府，它有權力來委派這位海軍大將。但如一個單獨的個人，像習慣上雇主對待他雇傭的人那樣，要對這位海軍大將擺出權威的態度，他就會被提醒別忘了他的身分。海軍大將是位偉大的人物，只慣於運用自己的權威；普通的納稅人則相反。整個公共事務中的情形都是如此，不過程度較淺而已。如果你只希望在郵政局發一封掛號信，郵務員就有片刻的權力；他至少能夠決定甚麼時候去理睬你。如果你要他辦的事情複雜一些，而又正趕上他的脾氣不好，他會給你相當的煩惱；他會指派你去找另一個人，而他又把你指派到原來那個人那兒去；然而這兩個人都被認為是「公僕」。普通的投票人，不但發現自己遠非陸軍、海軍、警察以及文官們所具有的權力的賦予者，反而「覺得」自己是他們的卑賤的臣民，自己的義務是「戰戰兢兢地服從命令。」只要民主管理是間接的，機會稀少的，而公共事務管理是集中的，從中心到四圍都被賦以權威，則在這些權力面前，個人感覺無能之感便難以避免。如果民主要成為感情中的眞實，不只是政府機構中的眞實，這種感覺必須要避免。

我們在這一講中所討論到的諸多罪惡並不是新東西。甚至從文明的黎明期起，在文明社會中的大多數人都過着充滿災難不幸的生活；光榮，冒險，創造才能是屬於少數特權階級的人，大多數人的生活是嚴苛的勞動，有時還受到苛酷無情的虐待。但西方國家首先受到一種新理想的鼓舞，以後漸漸遍及全世界。我們不再滿意於那種少數人享盡快樂，而多數人過着可憐生活的情景了。早期工業主義的罪惡招致來一陣恐怖，而這恐怖在羅馬帝國時代是不會產生的。奴隸制度被廢棄了，因為人不能視作為他人繁榮而被使用的工具。至少在理論上，我們不再承認白人征服者剝削有色人種是合理的現象。希望減少貧富間的鴻溝鼓勵了社會主義的產生。在各方面，都掀起了對於不公與不平等的反抗，也表現了不願在苦痛與退化的基礎上建立一個富麗堂皇的上層建築的意志。

一般人已習於認為這種新信仰是理所當然，所以就未能充分地理解在長期人類歷史上它是具有何等革命性的信仰。從這一觀點而言，最後的一百六十年好像是由這一理想而激勵的連續不斷的革命。像所有具有影響力的新信仰一樣，它是不舒適的，需要困難的調節適應。正同其他的主義一樣，這一信仰也有將方法誤認成目的之危險，其結果是把目的遺忘了。還有一種危險，就是在追求平等過程中，不承認那些難於平均分配的好東西是好的。過去一些不公平的社會給少數人以機會，但如果我們不特別留心，我們所欲建立的新社會又可能不給任何人以機會。當我論及今日的罪惡時，我並不是假定它們比過去的罪惡更大，而只是希望過去的好東西能夠在將來繼續存在，盡可能不要被這一變遷所損害。但要想這一目標能夠達到，我們必須記住一些東西，那是在烏託邦的藍圖中易於被忘記的。

有許多東西會為了民主的平等而做不必要的犧牲，其中最重要的是自尊。我所說的自尊是高傲的好的一面——就是所謂「正當的驕傲(proper pride)」。壞的一面是優越感。自尊可以使一個人雖陷敵手而不沮喪，使他覺得，當整個世界都反對他時，他仍是對的。如果一個人沒有這種特質，他就會覺得多數人的意見，或政府的意見是正確無誤的，如果這樣的感覺普遍起來，道德的與知識的進步就不再可能。

迄今為止，自尊一直是少數人的美德，這也是必要的。凡在有權力不平等的地方，在屈服於別人統治的人民之間，就難以找到自尊。專制政治最令人不能忍受的特色之一，就是它讓那些犧牲於不公下的人們還要向虐待他們的人歌功誦德。羅馬角鬪士(註三)向統治者們致敬，這些統治者要使他們之中一半的人為了一己的娛樂而被殺。杜斯退益夫斯基(註四)和巴枯寧(註五)囚於獄中時，還要假情假意地感激沙皇尼古拉。被蘇俄政府所整肅的人們常常卑陋地坦白承認自己的罪，幸免於淸算的那些人則做出令人作嘔的諂言媚態，並且常常陷同寮於罪。一個民主的政權似乎能避免這種下流粗野的自卑的形式，「能够」給予保持自尊的完整無瑕的機會。但它「可能」做出正相反的事。

因為在過去自尊主要地只限於特權階級的少數人，所以反對既存的寡頭政治的人們很容易地會低估自尊的價值。信仰人民之聲音即上帝之聲音的人們可能推論說，任何非凡的意見或特別的興味差不多是一種不敬神的行為，因而被視為是違反一般老百姓合法權益的犯罪的叛逆行為。如果自由被認為與民主俱有同等的價值，這種態度必須避免，我們必須明白：在一個社會中，如果每個人都是全體的奴隸，那麼，它並不比每個人都是一個暴君的奴隸的社會好多少。所有的人都有自由固是平等而所有人都是奴隸也同樣是平等。這就說明，平等本身並不足以創造一個好的社會。

在一個工業社會中，最重要的一個問題，當然也是最困難的一個問題，就是使得工作本身有興趣，而不「只」是做為掙工資的手段。關於不熟練的工作，特別容易產生這個問題。困難的工作對於那些力能為之的人似乎更富誘惑力。猜縱橫綴字與下棋在性質上是和某些需要技術的工作相類似的，然而許多人願為牠們費很大的力氣，只是為了娛樂。因着機器的增加，其工作異常單調而又異常簡單容易的工人的比例也就繼續增加。阿勃克朗貝教授 (Professor Abercrombie) 在其「大倫敦計劃，一九四四」中偶然而並非特別强調地指出：最現代化的工業不需要專業化的技能，因此沒有必要設置在有傳統技藝存在的地區。他說：「現代化工作的性質更進一步說明了它之不依賴於勞力的聯合，它需要比較小的技藝，只需要高度的穩定與確實 (steadinese and reliability)；在今天勞動階級人民中，差不多到處都能發現這種性質。」

「穩定與確實」當然是很有用處的性質，但如這些性質是由於工作的需要而產生，他將不會發現他的工作是很有趣味的，因此，他要在工作時間以外去尋找他的生活可能給他的樂趣與愉快。我並不相信這種情形是完全不能避免的，即令工作本身是單調無趣的。

第一個必要的條件是使工人恢復某些與所有權有關的感情，像在過去那樣。涉及到機器時，單個的工人的實際所有權是不可能的，但是也可能有許多方法使他獲得那種自尊心，就是讓他感覺這是「我的」工作，或無論如何是「我們的」工作，而這「我們」是指人數不多的小團體，這小團體中每個份子都彼此相識，而且有一種利害一致的感情存在着。這種感情在國有化中是不能獲得的，因爲國營使得經理人員與官員同工人間存在着一條鴻溝，跟資本主義制度下的情形一樣。我們所需要的是局部的內部事務實行小規模的民主，監工與經理人員應由他們所管理的人們投票選擧。

對於工業管理方面所施用的權力中的無獨立意識的、疏遠的特質，對於普通工人的任何所有權的興趣，是一個致命的打擊。勃漢先生 (Mr Burnham) 在其「工業管理的革命 (Managerial Revolution)」中，對於在不久的將來可能發生的情形，繪出一幅令人不快的圖畫。如果我們要想避免他所預言的那種單調寡趣的世界，最重要的一件事就是使管理民主化。詹姆斯·吉勒斯庇 (James Gillespie) 在其「工業中的自由表現 (Free Expression in Industry)」中曾討論這一問題，我最好把他的話援引出來。他說：

「一個人或一小羣人有一個重要的問題，他們又不能把它反應到最高當局，因而便會有一種莫可奈何的絕望感產生。在工業官僚化中，也跟在政府的官僚制度中的情形一樣——總是有無數的拖延擱置的現象，推諉給某甲或某乙，打官腔引述規則條例，沮喪失望的情緒都是可以看到的，『如果我能見到最高當局，他就會了解，他就會看到……』這種要見最高負責人的慾望是眞實而重要的。工人團體的代表每月開一次會自然不無價值，但却不能有效地代替了雇主與雇工間的面對面的關係。一個工場的會計員，或是一位技師，去到監工那裏請教一個問題，監工沒有處理這問題的權力，他也無能爲力，只有再呈上峯管理人。他再呈給工場的經理，經理把這問題載於下次會議的議程上。也許這件事交給福利部門——一個大工場中的規模很大的部門——去辦理，福利部經理或是人事處經理的代理人處理這問題。或再轉呈上峯核示，福利部與人事處的主管自身也是專務監察人 (managing director) 或場主的代理人。

「在大公司裏，不只是有一種莫可奈何的失望感；對於一般普通工人而言，公司的業務實在毫無意義。他不大知道他的工作在整個公司裏有甚麼意義。他不知道誰是公司的眞正老闆；他也常常不知道誰是總經理，工廠經理也常常是不跟他講話。營業部經理，成本會計部經理，計劃部經理，福利部經理，以及其他許多人員，都是差事好、工作時間少的人。他跟他們沒有關係，他們不屬於他那一羣。」

無論在政治上或工業中，只要政府或經理部被視爲是「他們」，一個遠離人民或工人的團體，威風凜凜地自行其是，很自然地人們對它就懷有敵意——除非採取反叛的形式，否則這敵意是無力的，那麼，民主就不是一個心理的眞實。正如吉萊斯庇先生所指出，在工業中，對於這一方面的改革做得很少，管理完全是專制的或寡頭政治式的。如果不加以克制，這種惡弊會因組織的擴大而增加。

自從人類歷史開始之後，大多數人都生活在貧窮、痛苦與無情虐待的重壓下，在敵意的冷酷無情地無獨立意識的權力控制下，他們感到自己是無能無力的。這些罪惡對於文明的存在不再是必需的了；由近代科學與近代技術的幫助，如果以人道精神和對生活與幸福的根源有深刻理解的精神來運用科學與技術，這些罪惡是能够剷除的。如無這種理解，我們可能不知不覺地創造一個新的監獄，也許正因爲沒有一個人能在這大監獄之外，而造成了寂寞凄涼、無樂趣、與精神上的死亡。這樣的大災難怎樣才能防止其發生，我將在最後兩講中加以討論。

附錄

蘇格蘭製呢工業是一個有趣而慘痛的例證，可以說明因近代機器方法而招致的品質的衰落。被大家公認是品質精良的手織毛呢早已在高地 (The Highlands)、赫布里斯羣島 (The Hebrides)、奧克尼羣島 (The Orkney) 及設得蘭羣島 (Shetland) 等地就生產了，但是機器紡織毛呢的劇烈競爭給手織毛呢一個嚴重打擊，購買稅 (purchase tax)，按照議會兩院的辦論，給他們致命的最後一擊。其結果是：那些不能靠其一技之長而生活的人們被迫離開這些高地與羣島到城市中去謀生，或是移民他鄉。

購買稅每年收入總額達一百萬磅到一百五十萬磅，但這短期的經濟收益前面却是個其價難計的長期損失。

第一，在工業革命的盲目而貪婪的全盛時代，我們已經遭受到很多損失，現在，在這些損失外又加添了一個。這一新的損失是比較有地方性的與傳統的技術之喪失，這種技藝使得能够運用它的人對於自己的手藝感到歡欣，給他謀生之路，雖然生活是艱苦的，但能給他榮耀、自尊、以及對於收穫的快樂，在困難與危險的環境中，因着自己的聰明與努力而獲得成績。

第二，不論從審美或實用的觀點而言，生產品的本質的卓越精良都減少了。

第三，這種對於地方性工業的屠殺就造成了大都市興起的不能控制的惡劣傾向，這一傾向正是我們的全國城鎮建設計劃中所要避免的。這些獨立的織工們變成了一個龐大的、可怕的、不健全的人類之蟻塚中的許多個單位。他們的經濟安全不再依賴於自己的技術和自然的力量。它失落在很少的幾個大組織裏邊，在其中，如果一個人失敗全體都隨之失敗，而失敗的原因却不能明白。

兩種因素使得這一進程——工業革命的小世界——在今天是不可饒恕的。一方面，不像早期的工業家，他們不能預見自己行爲所造成的結果，我們今天能清楚地知道其結果所造成的弊端惡果。另一方面，卽使爲了增加生產與提高工人物質生活水準我也已不再需要有這些壞處。電力與機械運輸已經使得小規模的工業在經濟上不但是可以行得通而且是需要的，因爲它們可以節省運輸與組織所花的費用。在農業的工業仍在興盛時，它應該逐漸機械化，但必須要，保存在原處 (in situ) 和小規模的單位。

在那些工業主義尙停在初期的地方，避免我們所曾經歷的那些恐怖的可能性還存在。譬如說，印度在傳統上是許多以鄉村爲單位的社會。如果這一個傳統生活方式以及其連帶的弊端均由都市工業主義的更大的弊端突然而狂暴地代替，而是這些工業主義的弊端都適用於生活程度本來已經低得可悲的人民身上，那實在是一個大悲劇。甘地看出來這些危機，所以他使手搖織布機在這片大陸上復活，以圖把時間之鐘拉回。他只有一半是對的，但拒斥科學賜予我們的利益也是愚蠢的行爲；相反，我們應該熱切地抓住這些利益，使它提高物質的財富，但能够保存那些單純的權利，諸如淸新的空氣，小社會中的現況，對一己的責任與工作成績的驕傲，這些在大工業城中生活的工人們是不大可能獲得的。喜馬拉雅山上河流應該利用來做水力發電的動力，對於印度鄉村工業的逐漸機械化與提高物質生活的水準是很需要的，但却不要帶來工業泥沼中的明顯的災禍或是更細微的損失與退化，在老的傳統被魯莽地打破之後，這些都是必然要產生的結果。

(註一)斯泰漢諾夫的方法 (Stakhanovite methods)：蘇俄在實行五年計劃時，工人斯泰漢諾夫設法提高生產效率，後來成爲改進技術與提高效率的生產競賽運動。實質上，如羅素所說，是對工人勞動力的剝削。

(註二)瑞士家庭魯賓遜 (The Swiss Family Robinson)：是魏斯 (J.R. Wyss) 寫的一部小說，描寫一個牧師、其妻、和四個兒子因所乘之船遇艱，被迫在一荒島上生活，他們能利用荒島上的任何東西，他們在大樹上建屋以避猛獸。生活雖苦，但能盡量發揮其開創力，最後有船來救他們的時候，他們竟不願離此荒島。

(註三)羅馬角鬪士：這種角鬪士多半是奴隸或俘虜，他們以武器彼此相鬪，以供衆人之娛樂。

(註四)杜斯退益夫斯基 (Dostovski 1821-81)：俄國十九世紀最偉大的小說家之一，著有卡拉莫佐夫兄弟、罪與罰、白癡等。一八四九年十二月被沙皇流放到西伯利亞，做苦工四年。

(註五)巴枯寧 (Bakunin 1814-76)：俄國虛無黨人的領袖。

（本講完，本文未完。）

(上接第19頁)

自己做事，自己掙錢，賺够了錢再去讀書。我在臺北時所遇到的青年朋友，不是在臺大讀書，便是在師大攻讀，覺得怎麽臺北那們多大學生？而在此地他(她)們高中畢業後，多半找個事情做，男的多半到銀行當練習生，起碼的月薪是一百四十美元，女的到辦公室裏找個打字工作，如果再會速記，便可拿到一百八十美元，一個大學文科畢業生起碼是二百美元。所以加拿大同美國人一樣，爲了重視「現實」，而不願再到大學裏去受四年的罪。至於讀醫科更非一般人所能負擔。讀醫要先讀三年醫預科，再讀四年醫科，最後再做一年實習醫生。算起來一共八年，等於兩個大學的年限了。而費用之巨，實在驚人。因而造成加拿大醫生缺乏，無形中把加拿大醫生的地位抬高起來。在社會上，醫生是最受人敬重的一種高尙職業。如今香港來此的學生中，有一部份是習醫，這也是値得我們驕傲的。

因加國人員的缺乏，我國留學生旣在他們學校裏訓練而畢了業，同時又在加拿大住够了五年以上，所以他們很容易獲得他們理想中的職位，尤其是讀理科的最起碼的月薪是二百五十美元。

中國人能被加拿大請了來，而特別給予移民居住權；或是卽刻給予籍民證的，也有數位，但爲數少的很。這些人多半身有專長，而加政府對此種人材的訓練尙感不足，而又特別需要，所以特別開例延聘來此。這幾位也都是理化或醫學上的專材，有名望

，有地位，當然加政府也就不計較種族色彩了。

四五十年前來此地的華僑們，他們的子女都已長大成人，受了純粹的加拿大教育，他們是中國人的血統，但已屬於加拿大籍，一輩子住在國外，沒有回過中國。這些人在工作上與其他國加籍人們無何區別，職業上是一律平等的。但在通婚方面，很少有人娶外國太太。也許讀者要說「外國女子根本不想嫁給中國人。」但我確知此地靑年中國學生，很多都交外國女朋友，而且外國小姐也很願嫁給中國人。但是因爲這些靑年們，總以爲風俗、習慣、語言……均大有不同，所以結婚者百不一見！

在加拿大的華僑，百分之九十五是廣東人。大凡每一地方都有牠的區域性。我在馬尼拉遇到的華人都是福建人；在錫蘭首都可倫坡的華人，都是籍屬山東；而在巴黎的兩千華人中，過半數是浙江人。此地的廣東人，不懂國語，像我這北平人說着國語，他們認爲我說的不是中國話，廣東話才是他們所認爲標準的中國話。

以年限來講，華人中百分之八十都是四十年前來的，像我上面所說由「非移民」而來，至今仍住在此地的華人，不過佔百分之十。其中另一大區別是：過去來加拿大的多半屬於勞工階級，知識水準低落，而近廿年來旅居此地的華人，多半是在國內受過良好教育的，固然今天中國人仍是處於被加拿大禁止移民入境的地位，但加拿大的人民已開始另眼評價中國人了！

四四、十、廿九於加拿大奧大瓦

加拿大通訊。十月廿九日

加拿大的移民政策與華僑

焦增煜

加拿大是北美洲的第二大國，從獨立到今天，也不過十四個年頭。但牠一切的進步，却不能以建國的年限來計算；相反的今天除了美國是世界上第一個最先進的國家，而加拿大可以居於第二位。牠天然蘊藏之富，較美國有過之而無不及。其中尤以放射性原素「鈾」的產量佔世界第一位。這在國家財富上佔了很重要的地位。而且世界各國(連英國在內)都在受美援的範圍內，加拿大是唯一不受美援而且是援助他人的一個國家。

十八世紀初，法國人開始自歐洲向加拿大東部移民，同時英國人也向西部大量移民。兩國的利害發生了衝突，遂引起英法之戰。結果法國戰敗，整個加拿大的土地成了英帝國的殖民地。英國人把嚴重的罪犯或是死刑犯，貶到加拿大來，尤以蘇格蘭人為多。這些被放逐到加拿大的英國人，開始與土着民族展開了衝突。土着民族是加拿大的原有紅印地安人。所謂「紅」並不是真的紅，他們的皮色與黃種人相似，只是稍帶褐色而已。土着印地安族被逼北退，或是集中山地，其情形就如今天的臺灣山地同胞一樣。但他們所受的待遇却大不如臺灣山地的同胞。最明顯的一點是不准他們隨意下山。住區附近有警衛，如果發現某土人有離羣逃走的行為，即刻射擊槍殺，與集中營的性質相同。而且土着印地安人不准與白人為伍，不准入白人的學校，最多教他們認識幾個字而已，更不准他們到高等學府去攻讀。如今全加的土着印地安人為數不過二十萬人。當他們戰敗退出了較南部的平原地帶，英國移民便開始經營這些地方。

加拿大的面積，與除去外蒙古的中國大小相仿。但十八世紀時，人口不過五百萬人，是以人口頗感到不足。英國人統治了這麼一大片土地，但他們多半是高高在上的統治者，誰來開墾這個荒涼的地方？於是就不得不獎勵歐洲各國的貧民，大量移殖來此。從十八世紀末，加拿大人口便逐漸增加，在第二次世界大戰前，已經有九百萬的人口了。

亞洲人移居於加拿大是在前清末年開始的，其中以中國人及日本人為最多。他們由亞洲來到加拿大多在西岸溫哥華（Vancouver）登陸，如今這地方仍擁有多數中國人。而且溫哥華的唐人街（Chinatown）是在北美洲僅次於舊金山的第二座中國人集中地。民國初年，第一次歐洲大戰發生，大批的英法移民被送上前線，於是大批的中國勞工由廣東來到加拿大，他們都是赤手空拳，為加拿大修築了橫貫東西的鐵路大幹線。這條路費時五年始完成。因為他們能吃苦耐勞，加拿大也就利用他們重視他們；等到鐵路築成，通車以後，加政府也就認為這批中國工人沒有用了，一脚踢開。即使他們是創路的人，但加拿大鐵路工人協會竟不准中國工人入會，享受不到任何保障與福利。於是數萬華工失業。北伐成功後，一部份華工回了國，另一部份衰老而病死，華人由最高紀錄的六萬人，銳降為三萬人。所剩下的這一批華人，有點積蓄的自已經營洗衣店、開餐館；窮苦的一部份，一直到今天以六十歲左右的年紀，仍在終日工作，為生活奔忙。尤其苛刻的，是英國人妙想天開，除了明文限制不准中國人入境外，像這些為加拿大出過力、有過功的華人，雖已獲得了加拿大籍，但為了怕中國人後裔太多，而影響加拿大的民族色彩，所以即凡獲得加籍的中國人，也只是單身一人在加居住而已，自已的太太孩子們一概不准接來加拿大。這條法律一直從一九一五年保持到一九五四年。在這四十年間，就算是二十歲來加拿大的中國人，已經成了六十歲的老人了，除去你與外國女子結婚外，要想保持純粹中國血統的第二代，是無法辦到的。大家都知道，四十年前中國實行早婚，十幾歲便由父母之命，媒妁之言給訂了親，結了婚，他她們一分別就是三四十年，大多數華工壽終海外，竟沒有機會再見到自己的妻兒老少。說起來，英國人的苛刻限制真是令人痛恨。

在加拿大很明顯的可以看出來，西部中部的五省，是清一色盎格魯撒克遜族的勢力圈。華人在此範圍內，多集中於溫哥華，如今此城仍有一萬五千名華人。他們逐漸由西而東，也可以說越往東部，中國人越少。物以稀為貴，在人種上說，也不例外，在東部華人少的省分裏，華人的地位比較高，也不受歧視，而在西部，尤以溫哥華埠，是加國排華最甚之區，甚至有些場所仍不准華人出入。除了英國人對中國人素來歧視外，另一個原因，這地方華人較多，良莠不齊，往往少數人的吸毒販毒，影響到全體華人的名譽與地位。東部五省，為歐洲大陸各國移民的登陸地，他們來自歐洲各國，有些國家淪落鐵幕之後，有的國家為蘇俄滅亡，有的國家其窮困情形尚甚於中國。這樣，他們背井離鄉，舉家遷來，其本身已失去高傲的地位，在他們的眼裏，中國仍是世界上第一大國，有古老文明，中國人一向又是最講忠恕的民族，所以一大部歐洲大陸移民，對華人的態度，與英國人之視華人，不能同日而語。東部以魁北克省（Quebec）為中心的法國移民勢力範圍，從不重視膚色及人種問題，凡是到過歐洲的，不管你到那一國，他們都會很親切的與你為友，法國人由歐洲大陸搬到加拿大來，其後裔仍保持着這種優良美德，所以東部五省，中國人與其他國人處於同等地位，而不像西部那樣被歧視。

東部各大城市中，魁北克省的 Montreal 城有中國人約五千名，Ontario 省的 Toronto 約有二千華人，國都奧太瓦 (Ottawa) 約有四百餘名，此外其他各省大小城市，都有華人散居，甚至連最北部與冰天雪地裏生活的愛斯基摩人做生意交易的，還有一名中國人。怪不得有人誇稱華僑的偉大說：「中國從未曾用武力征服過一個地方，但是有人的地方就有中國人！」此話說來一點不假。如今全加一共有近四萬的中國人。

在一九五四年，由於華僑的力爭，政府修訂的移民法裏，有這樣一條：「凡是居住加境的加籍中國人，可以把他的直系親屬配偶——父、母、夫、妻、子女——接來加國同居。」這一條法令，也只是對旅居加國三四十年的老華僑們，使他們能歡聚天倫，根據此法，在此一年多以來，已有數百名華僑的配偶子女入境了。這是加拿大政府在四十年來對華人唯一的「恩典」。至於居於大陸及臺灣的中華民國人，想到加拿大來居住，根本就不被考慮。

加拿大現行移民法，是貫澈實行白人政策 (White Policy)。這個政策是高高在上的英國人訂的，我們清楚的看出，其對各民族的不同點：首先談到英國，英國允許加拿大獨立了，但高官厚祿的都是英格蘭人，而且英皇派了一個與香港的港督同樣地位的總督 (Governor General)，駐在加拿大，為英皇的代表。加拿大政令的把持人既是英格蘭人的後裔，所以凡是英國人來加國，既不需申請，又不需簽證，隨意往來出入，從也沒有人問過他(她)們的護照，他們也不自覺的說出「加拿大是我們的領土啊！」就因為英格蘭人永遠存着這種見解，東部以魁北克省為中心的法人區，總是鬧不合作。加籍法人時時在掣加政府的肘。在私人往來上，加籍法人與加籍英人，也時有芥蒂，魁北克省是加拿大最富庶的一省，在國會裏，佔有三分之一的席位，加國一共是十個省，每省有如美國的一州，各省有各省的單行法令，一切都是自治，省長為省的最高行政官，中央政府除了掌握財政、稅收、移民、外交、軍事的權柄外，此外，中央政府無權過問各省的行政。每年為了中央政府向各省征收稅務，魁北克省就屢屢以此為題，聲明牠沒有這份義務，向中央政府繳納如此重稅。在國會上，魁北克省議員常常使政府難堪。但中央政府却一直極力忍耐，盡力向魁北克省討好，以免觸怒加籍法人眞的來個「魁北克自治國」而脫離加拿大。

除了英國人，法國人也可以無條件移民來。但法國人來加拿大的太少了。我由歐洲來加拿大時，那隻船上一共有六百三十名乘客，當移民局上船查驗時，在行列中很難找出幾個法國人來。雖然今天法國本土的人口已經飽和，但他們都不願離開巴黎故土而移居於他們視為沒有歷史，沒有藝術，沒有文化的加拿大來。

其他歐洲大陸人們，在加政府的獎勵下，移民成績也很可觀。除了土耳其、西班牙、葡萄牙三國人民，不受加政府歡迎外，所有歐洲各國，一律歡迎。巴爾幹半島上的七個國家，波羅地海沿岸被蘇俄吞併的四小國，北歐斯堪的那維亞半島一帶的四個國家，中歐的波、德、奧，這些被蘇俄染過色的國家，都是加拿大移民爭取的對象。屬於大西洋聯盟的瑞、荷、比、盧、意，當然更容易來加拿大。這些國家中，以德國人、意大利人、白俄人移來的最多。尤其是德國人，加當局認為日耳曼民族國民性强，更極力鼓勵他們「大搬家」。歐洲各國，人口都有過剩之趨勢，自然淘汰下，低能的下級歐洲人，在國內既得不到足衣足食，所以舉家遷來加拿大的每年約有三百萬人進口。這些人中，百分之九十是屬於勞工階級，有的是歐洲罪犯，有的是下級流氓匪類。但他們都有一付堅强的身體，於是加拿大政府移民部供給他們旅費與船票，使他們不花一文來到加拿大，然後給他們一片土地，叫他們去開墾農田，由政府付以低薪，到他自己的農田能自給自足時為止。換句話說，加政府乃是利用這批人的勞力來開荒，但這些人的劣根性不時發作，胡作非為，姦淫擄掠，時有所聞。有一天我曾遇到一位加政府的官員，由聊天談到這種問題，他沒法掩飾這方面的事實，他說：「一點也不錯，加拿大今天只有一千四百萬人，以面積說比你們臺灣大幾百倍，而人口只比臺灣多五百萬。人口可不是一天可以長大的啊！加拿大需要人來開墾，加拿大也需要人員來鞏固國防，所以就不能計較什麼移民的程度了。只要能工作；這一代他們的品德不好，但他們下一代的子女，在加拿大優良物質條件下培育出來的小國民，自然水準要高明多了。所以我們期望下一代知識道德的增進：：。」這是他們的妙論，另一次，兩位年輕的加拿大人，對於加政府大開歐洲移民之門，頗為不滿。他們說：「我們不懂政治，但我們看得出，由歐洲大陸來的這一批批的移民，沒有一點知識，更沒有一點道德，與流氓一樣。我們深知中國農民是世界上最能吃苦耐勞的，而從來也沒有聽說過在加拿大的中國人殺人搶刼，為什麼不允許中國農民移來開墾加拿大？至於皮膚顏色不同，那也比政府請來的這些下級流氓强得多啊！我們不懂什麼政治，反正我們看到了這一點。」由加政府鼓勵移民的結果，今天加拿大已有一千四百萬人，但移民之中多數都是低能兒，知識與道德水準甚低，高高在上的大官員們，當然希望他們的屬民如此低能，好恣意統治他們，而不會起來造反，更不會與英格蘭人爭官職，爭事業。這些由歐洲大陸遷來的移民中，工程師、律師、醫生等等高尚職業者，為數極少。一則他們身有專長，不願離開本國，（這情形在我國是例外，我國人以為一登美洲，身價十倍，而歐洲高等人則並沒有把新大陸放在眼裏，以法國人爲例，他們以爲巴黎就是法國文化的結晶，十個紐約也比不上一個巴黎。）二則加政府對此等有技能者，不太歡迎，怕他們來了鬧事，更怕來的多了，把英格蘭人的職業都搶了去，對加拿大豈不有嚴重影響？

雖然，加拿大如此鼓勵歐洲移民，但仍有好多人，住不上兩年又回到歐洲本土。第二次大戰前，希特勒聲明，凡欲保有德國國籍的國民，應趕快回國，爲國盡力，爲國輸財。於是大批德國人携帶數年積蓄回歐洲了。每一個國民，都有愛母國的天性，此間鐵幕後各國的移民常說：「如今我們是國破家亡，被共產黨趕到這地方來，將來恢復國家後，我們仍要回祖國去。」由此看來，借移民以增加人口，這個政策究有多大成績？只有將來以事實來回答。

中國人移民來此，根本談不到。加政府從也不考慮亞洲人入境的事。而臺灣今天也正在需要人力，自然更沒有值得一談的價値。至於如今仍不斷有由香港或臺灣來加拿大的中國人，那些都不是屬於移民，而是藉非移民法案 (Non-Immigrant) 來的，所謂「非移民」，對中國人只有兩個理由可藉；一個是遊覽 (Visitor)，另一個是攻讀 (Study)。

到加拿大來遊覽，可以在各地加使館申請遊覽簽證，沒有一點困難，他會給你三至六個月的期限，持此入境的中國人，如期滿後仍願再繼續遊覽，也只能被允許延期三個月，過此便不能延了。我沒有聽說過有人賴在此地，過期不走，若眞賴住不走，加移民局會下令驅逐出境，這與美國對待中國人是一樣。

另一種是攻讀，我所以把 Study 寫成攻讀，而不寫成讀書，因爲 Study 項下包括了許多名堂，來此讀中學、大學、或是在研究院進修、或是到工廠實習、在學校任助教、在醫院做各種不同名稱的駐院醫師，都算是 Study。只要你工作的機關，能爲你出一張證明，那麼你便可以很順利的獲得簽證。這種簽證叫做臨時簽證 (Temporary Visa)，爲期只有一年。但期滿後，你可以親自到移民局去，把繼續在該處工作或讀書的證件叫他們過目，那些移民局官員們，決不刁難你，半小時之內，便給你延期。只要工作機關永不辭退你，你便可以永久在加拿大住下去。這裏的華人都知道，初次入境的簽證是較難一些，及至入境後，海濶天空，每年的延期，只是「公事」而已。如果你與臺北美國領事館或是香港加拿大移民分局打過交道的人，你就可以覺得出，怎麼在中國的洋人，那麼氣勢凌人，不可一世？而在其本國境土內却如此彬彬有理？聰明的讀者們，自可想透此中道理。有人說，英美人在國內都是紳士氣度，一過了地中海馬上變了態度。我以爲一則這些官大人們到了亞洲，由於自己國人們的腐敗而使人家看不起你。第二，一切專吹牛拍馬當洋人爲爺爺的中國人，把他們捧壞了，自己不爭氣！終日給洋人拍馬，奉承獻媚！

在加拿大居住够了五年，你便可以有權申請長期居留此地，經加移民局審核該申請人確爲良民，未曾爲非作歹，於是就發予「居留證」。你有了居留證，便不必每年到移民局申請延期簽證了，彼此相安無事的住下去，以移民法規定在獲得居留證後五年，你可以做第二次申請，入加拿大籍，經加政府考慮後，更可發予籍民證 (Citizenship)，這樣，便成了加拿大人。歷年來許多中國留學生多半走這一條路，因爲他們來讀書，起碼都在加國住够了五年以上。

關於中國人入外國籍，不管外國如何比中國好，我也不同意此點。但有一部份中國人，確以能獲得入加籍爲榮。我以爲生爲一個中國人是莫大的光榮。今天我國遭受空前未有的大災難，我們應當盡力挽回這種厄運。

在人數上的比較，由臺灣到加拿大來的，統計起來，不過十名！而由香港來加拿大的却是成千成百。因爲這些出生在香港的中國青年，他們持有香港的英國護照，而他們的家庭多半也很富有。來此讀書，一年一千二百美元保證金，或是每月一百美元的生活費，在他們看來，如九牛一毛，沒有什麼。他們在香港，既考不進香港大學，而向港府領取護照，更沒有像在臺灣那們多麻煩手續，金錢方面入學及旅費都不成問題，而他們的英文早已在香港的特殊環境下，練的有了根底，加拿大大學的入學，是以審核過去成績來代替書面考試。由於以上種種方便，他們便像一窩蜂似的飛了來，據調查溫哥華的 British Columbia 大學有百名香港學生，Edmonton 的 Alberta 大學及 Saskatoon 的 Saskatchewan 大學共有約百名，Winnipeg 的 Manitoba 大學人數最多，有二百五十名，Ontario 省的 Toronto大學、Ottawa 大學一共也有五十餘名，加拿大第一大城 Montreal 的 Megill 大學也有五十餘名，最東部的三小省及其他不太著名的大學裏，也均有香港學生就讀。這樣算起來要將近千名中國學生了。由於這一批年青的中國學生，已經惹起加當局對中國人的重視與好感，因爲這一代來加拿大的中國人都是在最高學府中，而且舉止濶綽，現實的外國人，已不像從前那樣看待中國人盡如「洗衣服，開飯館」之流了。

加拿大的國民義務敎育一共是十一年，（我們臺灣是六年而已！）也就是說由小學一年級一直到高中畢業，一共十一年。不要以爲人家比我們少了一年，但課程比我們有過無不及。因爲我們的小學校，把練習漢字的時間，已經消耗了不少年頭，他們讀完了高中，除了家庭極富有的，否則，父母不再對兒女負責，願意上大學，自己掙錢去讀，父母決不肯用錢來供一個孩子再讀大學。在加拿大讀大學理科，每年約有七百美元的學費，文科也需要三百元左右，而且每月還要零用。這不是一個普通家庭所能擔負的數字，於是在這個國家裏的風氣是

（下轉第16頁）

漫談教學自由

凡生

費城通訊・十一月七日

我剛一到費城時，學校中有過一串學術講演，我曾將第一個講演的內容寫了封通信寄回去，以後還有好幾個人講，但我未記。

今天一個教授走上臺來說：人類的前途是光明的；明天另一個教授說：人類是毫無希望的；再過一天，又一個說：煤就要挖乾了，油就要用盡了，這個世界在末日貪歡，掙扎垂死；另外一個却說：原子能的無限疆界展開人類面前。

當我聽到一位教授聲淚俱下的說：「我們要跨上中世紀的門檻，寧冒盲信的危險，也不能在此大眞空管裏呆着」。他的聲音還回響於胸際，另一個聲音又衝進來，「近世物理把許多成見都廓清了，我們藉自然科學之光，可以找出一道極平穩的出路。」

一學期過去以後，我逐漸悟出，這種風氣，可能象徵自由園地中的一支花朶。近來，我越來越感覺，花朶不僅此一支。

以敎育制度論，東部這幾所著名的大學，就沒有兩個是相同的。以今年來說，普林斯敦大學注重提拔天才學生，自今年起實行一種新的導師制度，而一年級的學生可以昇到三年級。康乃爾大學的課程，則自今年起，加重人文的訓練，即使到了四年級，還是普通的功課佔多數，而避免專門化。哈佛大學的工學院的學生不知製圖爲何物，他們學校的宗旨在養成領袖人才。賓夕法尼亞大學，工學院的學生可以上商學院。霍布金大學以著重研究院而知名。而聯合大學却以不辦研究院爲傳統。至於一個學校本身也時時在變，今年與明年的課表，可以變動到二分之一。

這些學校全是有名的學校，然而均獨樹一幟以自鳴，彼此只長落學費時商量，其餘的事全是各自爲政。

有人一定要問，爲什麼不要求統一呢，問題的關鍵就在這裏：

要求統一的人，有一個最大的前提，即是認爲自己已經把握到最後的眞理，如果世間果有此事，當然沒有不統一的理由。可惜的是，西方文化摸索了千百年來，有一個寶貴的經驗，即非常清楚自己之無知。由於承認無知，所以不敢大膽，由於不敢大膽，也就不敢妄爲。而任何事情，均要視相當實驗以後再定其眞僞。杜威在哥倫比亞弄過許多奇怪的制度，後來又淘汰了。賢哲的創見是可以由羣衆接受的，但實驗的結果賢哲也必得接受。這樣，才會產生進步，才會產生文明，才不會弄到不可收拾。

許多人嚮往極權國家的急功速效。殊不知極權國家的急功速效，乃是以民命爲孤注的。我們與其冒這種非生即死的孤注一擲的危險，倒不如由參差不齊中求制衡，由穩紮穩打中求改造。

學校敎育制度可以自由臆設，學校敎授可以自由演說，表面看來紛紛萬象，並不整齊；而實際的利益却常因此獲得，至少不可收拾的危險可以免除。

近讀「自由中國」，知敎育部對中學生減輕課業負擔有統一規定。連中學生的課業鐘點分配，都要敎育部操勞，未免也太過份了。假如這個主意經實驗而不成功，是否三十年以後再改回來呢？統一的危險就危險在這裏。

這類瑣事，當應由各中學自由競爭，自由規定。學校的課程固不能以幾個天才學生爲標準，但也不能以幾個濶人子弟爲標準。還是以不管爲好。

想使社會穩定進步，想使得失彼此補償，惟有一個辦法即是自由。

自由，原來不僅是一個很好的目的，更是一個很好的手段。

——四四、十一、七日於費城

老伴兒

咸思

一

為了卓西即將施行手術，幾夜來子建都無法安眠。今天更是坐立不穩，一直守候在卓西榻畔。他眞願醫學已經進步到這一天——在丈夫身上施行手術，能醫治好妻子的病症。他眞願他能代妻遭受肉體上的痛苦，以減輕他心靈上的負荷。其實，卓西在心靈上的負荷，何嘗不是與子建一樣的沉重呢？要不是她那麼疏忽和性急，怎會給子建添了如許的憂顧？

「妻子對丈夫的過份關切，常會替丈夫惹來許多意外的麻煩，不，簡直是災禍。」卓西深深自責着。

「任何關切，祇要是出自妻子的，不管後果如何，永遠是丈夫樂於接受的。」子建這樣安慰她。「過去的，不要再想了。」

但是，怎能讓她不想呢？

去年秋末，卓西參加子建的同學會，幸運地被她摸到一個特獎——一架落地罩收音機。但為了要避免這個過於奢侈的裝飾品和那個佈置簡陋的房間不協調，他們同意把它變為兩件較切實用的冬大衣。

在寄賣掉收音機的那家委託行裏，子建沒有徵得卓西同意，為她買了一件很高貴很流行的冬大衣，以稍解子建幾年來沒有為她添置新衣的歉愧。所餘的錢，祇够他自己買一件晴雨兩用的夾大衣了。

卓西為這事，曾不祇一次想要埋怨子建，但都被子建用無數熱吻給堵了回去。

因此，在卓西領到年終獎金時，她也不徵求子建的同意，買了十兩絲棉，和丈餘裏綢，要為他舖製一件絲棉胎，用拉鍊聯接在夾大衣上，冷時裝上，暖時取下，使它成為一件冷暖晴雨四用的絲棉胎夾大衣。

卓西施展出幼年從母親身旁觀摩得來的那點舖拉絲棉的技術，來主持這項工作，子建則從旁輔佐。他們利用了六七個晚餐後的餘暇，這件絲棉胎就被完成了。那正是除夕前兩天。

「這件大衣太熱了，因為它全是用妳那熱得可以灼死人的愛的絲絡，密密網織而成的。」子建試穿時，把卓西也裹在裏面，這樣對她說。

照理，像他們這樣已經步出「哀樂中年」，跨進「老」的邊緣的人，對於每年一度的「歲序更新」，除了百感交集，似乎再不應提起什麼豪興。偏是卓西這個永遠長不大的老孩子，有着比青年人更年青的心情，比孩子們更天眞的幻想。早在幾天前，她翻看日曆，得知了四十四年元旦，適逢週末，她就計劃着怎樣歡度這兩天假期。現在，這件絲棉胎也已完成，每人有一件簇新的厚大衣可以禦寒，不必恐懼他們不健康的身體，再被風雨所欺，這更增加了她的興緻。

可是，素性不喜遨遊的子建，却以「太遠」、「太高」、「太破舊」、「太平凡」來打消卓西提議去鵝鑾鼻、阿里山、赤坎樓和日月潭的遊興。最後，卓西領悟出應該利用這兩天難得的假期，讓子建那過份勞累的身心有一個好好的休息，而退讓到祇以一場電影來歡送這四十三年的最後一天時，子建實不忍心再潑冷水了。

然而，就在除夕那天，臨下班時，子建接到長途電話報告：「大雨滂沱，溪流怒漲，山洪勢將暴發。」

子建邁着和心情同樣沉重的步伐回到家，迎接他的是卓西那個輕鬆愉快的笑臉，和兩張電影票。

「買到了？眞有妳的！」子建收藏起滿心憂慮，堆起笑來捧卓西的場。

「快上來！快吃飯！吃完飯快走！」卓西拉着子建走上榻榻米，坐到飯桌旁，桌上已擺好兩盤水餃。卓西意外地沒有聽到子建照例的「今天又吃餃子，太好了」的歡呼。她萬分愧疚地說：

「大除夕，祇讓你吃幾個餃子，我很抱歉。」

子建沒有說話，祇輕輕拍了拍卓西的手背。

「鹹嗎？」

「……」子建搖搖頭。

「淡了點吧？」

「……」子建仍搖搖頭，不太踴躍地夾着餃子。

「你有什麼不舒服嗎？」卓西感覺出有點不大對了，不免懷疑而關切地問。

「……」子建還是搖搖頭。他知道豪雨成災，今夜必難倖免。但他更知道，卓西是最能先他之憂而憂的人，他不願在她萬分高興時，讓她分擔他的愁慮，那怕是一屑屑。然而可惜的，他又是個最不善於掩飾的人，因此，心頭的重壓，壓得他沉默起來。正在卓西不明所以，也跟着沉默起來時，又來了長途電話。

當子建掛斷電話，慢慢轉過身來，用歉然的眼光，搜索着卓西時，沙發上早已端端正正放着他的雨衣雨帽，小圓桌上平躺着電筒和點心包，一雙又黑又亮的長統膠靴則必恭必敬地立正在一旁。

「想不到，我還沒有向妳解釋，妳就已先為我抉擇了。」

「太太嘛，太太就是專門為丈夫抉擇應走的途徑的。」

卓西輕鬆的口吻，減輕了子建心頭的重壓。但他深知他太太是怎樣一個多愁善感的人，如今却要留她一人孤寂地度過這個家家團圓的除夕夜！

「找一個人陪妳去看電影吧！」子建溫柔地撫着卓西的肩。

「你放心，我會安排我自己。」堅强的音調之後，忽又變得那麽軟弱：「找一個人？那情趣，那心境，你想會相同嗎？……好了，你快走吧。」

於是，他們緊緊地擁抱在一起，在照例的三九二十七個親吻之後，子建感慨地說：

「我們這一小別，想不到竟跨兩年！更想不到，妳翹盼了這些天的除夕元旦，却讓我們身隔兩地來消度！」

「雖然我們身隔兩地，我們的心靈却是密合得毫無縫隙的，像這樣，你冒着風雨，在工地督促搶修；我則守在家裏，替你接聽長途電話，爲你搶修順利，平安歸來祈禱。哪還有比這更新奇，更有意義，更值得紀念的度歲迎新的方式呢？」

「妳說得對。電影哪一天不能看？山水哪一天不能逛？像那樣的度歲迎新，也就太平凡得不足道了。」

他們幾乎失笑於他們自己這段近乎演講和說教式的對話。

在多少冠冕堂皇的話語背後，一絲絲黯然的滋味，在他倆心頭迴旋飄蕩着。終於，在第二陣熱吻之後，子建鼓足勇氣，奔了出去。

卓西收拾起吃殘的水餃；把那兩張沒有撕去副券的電影票，黏貼在一本紀念冊上；慢條斯理地整理着房裏一些比較凌亂的地方；閱讀幾份當天的報紙，又翻看幾本中外雜誌。她努力尋些工作來打發時間，時間却又像老牛破車那樣不肯邁進。

這間經過她自己藝術心手佈置得頗爲整潔脫俗的房子，往常她和子建常會被迷戀，軟癱在它的溫柔懷抱裏的，今晚，這種溫柔的情調，衹剩餘下一派恬靜的氣氛，恬靜到有些近乎凄涼了。

接聽了幾次長途電話之後，窗外開始有了淅淅瀝瀝的聲音。此地下雨了！出事地點的雨想必更大了！工程車不知已否開出？子建不知已到了什麽地方？

想起子建，她立刻感到驕傲而振奮起來，他是去作一種偉大的征服山洪的工作；他是爲謀多數人的安全、便利，才犧牲了與自己共度除夕的歡樂。而且，就在今夜，不知有多少人，都像子建一樣，暫時拋下妻子獨伴明燈，走出溫暖的家庭，去爲大衆的利益和安全，獻出他們無比的力量，與風雨洪水相抗爭。

她不再想驅走寂寞，她覺得祇有她們自己的這份無法排遣的寂寞，才能配合得上她們丈夫的那份勇於負責的精神！

她拾起子建方才脫換下來的西裝、領帶，爲他掛好在衣櫥裏。就在這一霎那，她忽然看見新做好的那件絲棉胎、晴雨兩用的夾大衣，她萬分懊悔地痛責自己：子建不太健康的身體是最怕冷的，在風雨肆虐的山野，那一件薄薄的單雨衣，如何能够爲他抵禦住風寒？自己因爲所學不同，不能和他並肩携手，一同肩負起這偉大的工作。這一點點丈夫的寒暖，應該是一個爲妻者義不容辭的責任。而自己竟這樣疏忽，隨便給他披上一件單薄的雨衣，就讓他走了。她有說不出的愧疚，忐忑不安地在這間簡樸雅潔的房間裏踱着步。柔和的燈光，籠罩得全屋暖洋洋的漾滿春意。然而從窗戶縫隙間，偶爾擠進來的一絲寒風，竟使卓西不自覺地打着寒噤；那越來越大的雨點，急驟地敲打在玻璃窗上，好似聲聲鞭打着她的心靈。她不能再忍受良心的譴責，她不能再讓她體質素弱的丈夫，穿着單薄的衣服，深宵達旦地工作在狂風急雨中。她不再遲疑，取下那件晴雨寒暖四用的絲棉夾大衣，披上連帽雨披，拉上邊門，奔了出去。

子建搭乘工程車的地點，她是知道的。左轉右彎，霎時來到行人稠密、車輛輻輳的十字大街，風雨驟緊，冷氣逼人。她爲要趕在工程車開出以前到達，好將雨衣親手交給子建，因此不顧一切，急急向前奔去，沒有看到「紅燈」的信號。在一聲緊急凄戾的刹車聲下，她被撞傷了左腿，暈倒在地。那一件四用大衣，却像被母親緊摟着的孩子，毫無損傷地安睡在她的懷抱裏。

在子建第二天受了感冒，換班回來，得到消息時，她已被送進醫院。爲了想保留住這條腿不成殘廢，纏綿床褥好幾個月，醫到最後，仍必須施行一次手術，雖不免要留有一些跛足痕跡，但却可以保存了那條腿。

二

「建，這幾個月來，你爲我忍受得太多了。精神、體力和財力，都不是你能負擔的。」卓西倚在病榻上，不勝抱歉地說。

「快不要這麽說，」子建緊緊握着卓西的手，柔聲地。「明早就要動手術，今晚一定要好好睡一夜。妳的心臟不太健康，醫生不是再三囑咐妳，不要多想，不要激動，不要發愁，不要……」

「……萬一在動手術時，我的心臟突然停止了跳……動……」

「不會的。」子建竭力隱忍住心頭劇烈的絞痛，更緊地握住卓西那細瘦白皙一如江南水芹的手指，這樣堅定地安慰卓西。其實，卓西心臟病的嚴重，除了醫生，沒有別人再比子建更清楚了。

「在這樣紛亂的時候，我們能長期相依，已是不幸中的大幸，何況能嫁得你這樣的好丈夫，上帝賜予我的，實已太多，我原應死而無憾……」

「西。」

「但是，你是個情感內蘊的人……」

「請妳，請妳不要再說下去了……」子建看到卓西柔美的嘴角，浮上兩朶比哭還慘的淡笑時，他的心更加錐刺着。

「我不記得在那裏看到過幾句眞理名言：上帝用苦難考驗我們。又以希望、信心和夢想來武裝我們。假如你一旦放棄了你的武裝，你就將喪失一切。建，我但願在這世界上，沒有任何事物能够奪走你的希望、信心和夢想。」

「難道妳不應該有希望，有信心，有夢想？明天給妳動手術的醫生是位外科權威……」

「可是心臟的跳動，並不……」

「在動手術時，我已特請了一位心臟病專家，在旁陪診。請妳相信我，決不會有危險，妳不要杞憂。」

「我並不杞憂，我祇是不放心你……」

子建的心立即抽痛起來。他很明白：他決不能失去卓西，失去卓西，就等於失去了他自己的靈魂，他將從此徬徨無依。半晌，他才掙扎出來，用卓西說的話來安慰卓西。

「但願妳也永遠保持住妳的希望、信心和夢想。」

「我的夢還會有實現的一天嗎？建，在我的夢還沒有被清晨的曉風吹醒之前，我想要安排一個節目。」

「什麼節目？」

「你覺得婉表妹如何？」

「妳眞傻！」

「怎麼？」

「感情的出路，又豈是別人所能代爲尋求的？妳眞太天眞了。何況，妳我相處二十年，妳還沒有瞭够我這塊鋼鐵的冰冷滋味？」

「你這鋼鐵，也不過是架『水汀』。」

「水汀？」

「冰冷鋼鐵外壳的九曲廻腸裏，却包藏着滿腹可以熔化了人的高熱呢！」

「那也祇因爲有妳這個熱的源泉在啊！假如沒有妳，這水汀絲毫不能發生作用，它將永遠是一架鋼鐵冰硬的空壳。」

「水汀的熱源，却不止一種。」

「不過我這架水汀，除了妳那唯一的一種熱源，可以引起它的作用，其他一概敬謝不銘。」

「建，你何必這樣自苦？」

「西，妳又何必自費心機？妳不想想，我們的生活情趣，又有誰能懂得？能領會？能欣賞？」

天外一道電閃的光芒，穿過玻璃窗，正投射在兩張密合着的嘴唇上；病房裏那一派恬靜的暗綠色，更爲這對廿年如一日的老情人，平添不少柔情蜜意。

「建。」

「嗯？」

「你知道，我心裏是多麼不願離開你嗎？」

「不知道，一架水汀怎麼會知道？」他故意要引她發笑，但是他失敗了。

「到現在，你還要存心氣我？……不過，假如是上帝的意旨，那也就無法違抗的了。」

「喂，我哼個小調兒妳聽，好不？」子建想換個話題。

「什麼小調兒？」

「妳別嫌我俗，我不是讀文學的，不會創作，却有模仿，抄襲的天才。」

「我不擧發你就是了，你哼吧。」

「妳別見笑。」

「快哼吧，我洗耳恭聽。」

「我啊妳呀，如膠似漆。柔情似海，恩愛如蜜。把一塊泥，揉來揉去，分成兩半，捻一個我，塑一個妳……」

「你泥裏有我，」

「不够，妳原就是我，」

「我泥裏有你，」

「差勁，我原就是妳。」

「再說一遍，建。」卓西不勝子建那柔情似水的音調，如醉如癡地低語着。

兩顆心和四瓣唇，同時沉溺在這個模仿來的小調兒裏，載沉載浮，好半天，似乎才游到彼岸。卓西扳住子建的頸子，輕輕地：

「你不會離開我？」

「不會，我不離開妳。」

「明天早上？」

「也不離開妳。」

「施行手術的時候？」

「更不離開妳。」子建堅定地說。

「你眞是太好了。你知道我是多麼神經質啊！局部麻醉，我害怕；全部麻醉，我的心臟又不允許。」

「妳放心，我決不離開妳，我就是妳的神經，我就是妳的心臟……」

忽然，遠天飛來幾道强烈的電閃，像要洞穿他們的心臟；由空劈下幾個驚雷，像要震斷他們的神經；後面緊追着來的是駟馬奔騰般的驟雨。

子建從卓西的唇上抬起頭來，望到窗外，那一對微醺的眼，似還沒從愛潮中淸醒過來。

「又是這樣的大雷雨，」卓西柔弱無力地說。「像那天一樣。」

「這是及時雨，再不下，民生問題就要發生恐慌了。」現在，子建才被飛瀑一樣的雨陣完全澆醒。

「這雨雖能解決民生問題，可是也能引來了山洪暴發……」

「……」子建的臉和心同時沉落下去，默默地望着窗外，心裏暗暗禱告：「千萬不能有什麼事情在這時發生啊！我不能離開她，更不能失去她！」

遠遠的又是一道電閃，雖不太强，却也照出了子建眼底的憂戚。

「你在想什麼？」卓西乏力地握住子建的手。她那一雙顯微鏡似的眸子，雖然被病魔纏得那麼無神，却比窗外的閃電，更能透視，子建心底的隱憂。因此她先替自己消瘦的臉頰，敷上一層驕傲，然後愉快地說：

「你是一個寧願被沉重的負荷，壓彎了腰，壓碎了心，也不肯在人前輕吁一口氣的緘默者。所以你的朋友同事們，祇知道你太太累月臥病醫院，却至今沒有人知道明早就要施行手術的。我則正在相反的極端：所有我心裏的憂愁、鬱悶、煩惱和恐懼，必須向人傾訴，而且就在傾訴的當時，完完全全卸給了那個聽我傾訴的人，由他代我負擔，我自己也就在那同時，從憂、鬱、煩、懼中解脫出來，輕鬆極了。」卓西說到此處，喘不過氣來，不得不暫時停住。子建爲她輕輕撫摸着胸口，稍息，她才又繼續下去：「對於明早施行手術的事，也是一樣。方才我的確很躭心，現在早已不放在心上了。建，你想，你既不是醫師，又不是護士，有你在旁守着，不過徒然擾亂醫師的鎭靜，反而會……」卓西停了一下，故意加濃頰上的驕傲，又接下去：「你忘了，我割治盲腸炎時，多麼鎭定喇！我的心都不會爲那句『不割必死』多跳一下。何況這次手術，還不至『性命交關』呢！」她像忘了自己心臟病的嚴重性，吃力地說完，輭癱在枕上，却顯現着滿臉得意的神色。

子建那兩條憂戚的眉峰，緊緊地密接着，目不轉睛地望進卓西那對碧泉裏，半晌，輕嘆一聲，無限敬愛地捧起卓西的瘦臉兒：

「妳不該和我結婚，西！一個既有着技士頭腦，更兼具文人氣質、藝人性格的人，才更適合妳！」

「兩個相反的極端，却能這樣瞭解，還有什麼比這更應該呢？」

「西！」這最簡單的一聲低喚，搶盡了世間一切最愛最美的辭彙。

就在這時，一個護士闖進來，闖斷了子建的下一個動作。

「鄞先生，您的電話。」

卓西和子建同時一震，兩人的目光，又同時發射出一種未卜先知的預感。

子建輕輕揑一下卓西的手，走了出去。等他再回到病房時，臉上罩着一層不是出自心底的勉强的笑容。

「西。」

「又是山洪暴發？」

「……」子建無言地點點頭。

「在哪兒？」

「還是上回那個老地方。」

「情形很嚴重？」

「坍方很多。」

「卓西！」

「子建！」

幾乎是同時，他倆不約而同地用一種最誠摯，最肅穆的音調，呼喚着對方。每逢他們呼喚出對方的整個名字時，那一定是理智領導着感情的時候。

「請先聽我說，子建。」卓西搶先，急促而又興奮地：「明早施行手術的是外科權威，陪診的又是特請的心臟病專家，我的患處祇在腿部，肺胃都健好；你既不是醫師，又不是護士。我再說一遍：你守在這裏，祇有擾亂醫生的鎭靜。我這裏並不需要你，希望你到那需要你的地方去……」

「可是，卓西，」子建原想委婉地告訴卓西，他不得不去督促搶險的原因。現在，他被卓西那種明理態度所感，反而覺得不忍捨她而去。他說到這裏，突然停住，仔細端詳着卓西那慘白消瘦的龐兒，用力嚥回幾乎脫口而出的「醫生告訴我，妳的心臟病是非常危險的。」

「這裏面用不着『可是』，」卓西微嗔地說。「你想想，你在這裏，祇不過是一個束手無策、待人救援的失足墮海者；你到那裏，却可能成爲迷失於風暴中的船隻的指南針。你想想，孰輕孰重！」卓西眞地有點生氣了。

「我知道妳是個小事優柔不決，大事當機立斷的人。我也知道我不能不去，雖然我不配作指南針。可是，我怎麼能……」

「我不是告訴了你，這裏面用不着『可是』嘛！」卓西翻過身，面向着牆壁。「快去吧，子建。」但忽然又轉過身來：「建，你的長統膠鞋在衣橱下面的抽屜裏，有布袋套着的。」

「那麼，我走了，我還得回家去換一套厚一點的衣服。」

「你把這些餅乾帶在身上吧，」卓西側過身子，在病牀旁邊的小立櫃裏，取出朋友們來探病時送她的餅乾，遞給子建。「整夜站在風雨下，兩腿陷在很深的汚泥裏，一定會又餓又渴的，連這兩個橘子也帶去吧。」

「我倒像去旅行似的……」他本想用諷刺而滑稽的口吻來掩飾他深埋心底的憂懼和依戀，但是這個情感內蘊的人，這次完全喪失了他的自制力，他的聲音變成顫慄而嗚咽。他痛苦地把頭埋在卓西胸前，暗暗吞嚥着眼淚。他不敢想：當他搶險歸來，卓西那瘦骨嶙峋的胸部，不會再像現在這樣熱烘烘時，他將如何活下去！

卓西擧起纖弱的手，輕輕撫摸着他那已有不少白髮的頭，然後，扳起他的臉：

「堅强點，子建。時候已經不早，他們都在盼望你呢！」

「我絕對不能離開妳。在妳的緊要關頭，我怎能忍心離去？我方才怎樣應允妳的？我不能在轉瞬之間就背棄了對自己妻子所作的諾言！我現在就去打電話告訴他們，妳明早要施行手術……」子建一直認爲「言多必失」，這時，他才感到自己的過於緘默，也會誤事。

「等一等，建。我有個兩全的辦法。」卓西看到子建這樣進退維谷時，她感到十分內疚。她知道子建不肯因私廢公，臨陣脫逃的。他所以這樣說，是要減輕他心靈上的負擔。因此她想了一個並非眞正兩全之策，以安子建的心。「你現在先去工地，等到快天亮時，你再趕回來，那時你原也應該休息了。」

這看來確是一個公私兩全的好辦法，子建不再猶疑。

「那麼我走了，妳自己……」

「好，你快去吧。手電筒在你枕頭下面，別忘了帶。……建，不要惦記我。」

「建。」

子建沒有回答，逕直快步走向門去。

「嗯？」子建不得不回過身來，兩雙模糊的淚眼，互望着一對斷腸的離人。

「不要讓任何事物奪走你的希望，信心和夢想！」卓西深知她自己心臟病的嚴重性；她也深知旣到工地，何時能夠趕回的大權，就不再操在子建之手，完全要視災情而定；她更深知，子建失去了她，將會成爲什麼情形，所以她再一次將那句名言來勸勉他。然後，一變她那淒婉的聲調，歡欣地說：「也許，你回來時，會看見護士小姐推着你這個從此變爲跛足的老妻，在醫院門口迎接你。」

子建勉强掀了掀嘴角，顯示了一下笑意，回身大步奔向門口，輕輕一聲「卡擦」，門就把這一對難捨難分的老伴兒，生生隔離開了。

「建，子建！」卓西突然想起了一件最最重要的事，每逢子建公出，無論遠近久暫，卓西總要贈給他三九二十七個熱吻來祝福他。有一次，在子建接受了一連串三九二十七個甜吻後，他暈暈陶陶孩子氣地問：

「爲什麼總是這個數？」

「無法解釋，這祇是我的一種迷信。我認爲九是一個最吉祥的數字。這是一種愛的最偉大的祝福，任何魔鬼邪惡，都要屈服在這無比的愛的力量之下。你一經接受了這樣的祝福，就不會再遭遇到任何不幸不快的事了。」卓西蠻認眞地充滿自信說。她受着新知識的教育，却對於這幼稚的擧動，有着不可動搖、執着的迷信。而子建呢，每次都是如駕雲朶，如飲醇醪，醉醺醺地俯下身來，乖乖地領受這張稚氣的臉，稚氣的唇，所贈給他的稚氣的祝福。

可是現在，在卓西自己將要被推上手術臺的頃刻，子建却要在風雨中去征服山洪。生離死別，俱在不可知之天。她怎麼竟會忘了這最最重要的一件大事！她病在牀上，不能行動；他已走遠，她卽使用力呼喊，他也已不再聽到；這道門把他們隔離在兩個不可知的命運中。她萬分悔恨，痛責自己，何以如此疏忽！她害怕會有什麼厄運臨到子建身上。她把頭蒙在被裏，痛苦地翻轉着，抽咽着。

「卡擦」，輕輕的一聲關門聲，卓西以爲是護士小姐，來量體溫了，更緊地蒙住頭，裝作睡熟。

「西，差點忘了，我特地跑回來，等候妳賜給我那偉大的愛的祝福！」是子建那輭得可以讓人癱瘓的溫柔的聲音。「這次，我也同樣要以愛的祝福來回報妳呢！」

卓西意外驚喜地從被裏探出頭來，像是經過多少憂患和別離，才又重逢似的，他們緊緊地緊緊地擁抱着。直到時間不容許他們再擁抱時，他們才不得已的撒開了。

「卡擦」，子建帶着一臉卓西的熱淚，再度輕輕關上病房的門……

三

兩峯壁立對峙，濃重雲層，低低壓住峯頂。夜色沉沉，山影幢幢。遍山茂密的大樹，無休無止地向天庭搖擺着乞憐的枝條，閃避着狂風的鞭打，傾灑下嚎啕的淚泉。

子建和幾個同事們，吞嚥着襲來的風雨，用電筒微弱得可憐的光線，仔細照射着可以踏穩的地盤，借着兩根木棍的幫助，踩着濕漉漉的荒草，一步一步試探着向山上爬。好不容易，才分別找到一塊僅容立足，尙未被山洪冲擊得動搖的石塊，站穩身軀，矚目下望：

幾十盞二萬燭光的電石燈，閃爍明滅在狂風暴雨的夜空下，照射在浮動於怒漲的水溝邊的幾十張斗笠上，宛如朦朧星光下，蓮花池裏的團團荷葉；又恰似澗邊叢生的朶朶野菇。

刷拉刷拉的風雨聲，一陣緊似一陣，掠過子建耳邊，瘋魔似地廻旋在工地上空，掩蓋了搶修人們熱烈的情緒，和緊張工作的擾攘之聲。

數道急流，由峯頂向山脚直瀉下來，所經之處，大大小小的泥土、石塊，齊被冲下，擁塞、塡滿在路基之上，以致積水無法排洩。

子建爲求儘快恢復交通，將搶修人員分成數批，使他們分工合作，以收事半功倍之效。

一批分佈在高於路基約三公尺之處。在兩山之間，用圓木橫搭一跳板，以便工人在跳板上，往來運土，清除坍方。挖土的將土挖鬆，裝土的則將土鏟置於簸箕內，再由挑土的挑到附近備用的平車上，然後由平車運往可以棄土的地方傾盡。如此周而復始地工作着。

另一批則須攀登到半山腰上，同時作着同樣挖、裝、挑、運的工作。這是避免路基附近的土石，才被清除，山腰上又會有土石被洪水冲積於已經清除的路基上。但這種釜底抽薪的工作，比靠近路基處的清除坍方，較爲危險、困難而費時。

再一批則由山脚到山腰，佔據着幾條縱線，挖掘出幾條水道，一直通到路旁原築的水溝，使那不可理喻的山洪，順着這幾條水道，流入原築的水溝內，以減少山坡上泥土所含的水份，也卽是減少坍方的數量。

在電石燈內爍的光芒下，斗笠、簑衣，三五成羣，此彎彼伸，插遍山腰山脚；洋鎬、板鍬，此起彼落，揮舞出微微閃亮、半圓形的圖案畫。

隆隆滾動的驚雷，忽忽怒吼的狂風，刷刷傾泄的急雨，嘩嘩奔騰的山洪，夾雜着低微到幾乎聽不見的刺魯刺魯的平車運土聲，吭喲吭喲工人們吃力的吁喘聲。這一切交織成一種「人間『誰』得幾回聞」的偉大交響樂。

急雷暴雨，並不因爲這些工作員工忍飢受凍，努力搶修，而稍息雷霆之怒，反而更加瘋狂地肆虐着。洪流更外加深地滲入山坡裏，大小石塊泥土，接連不斷地向路基上坍落下來。

子建他們站立的石塊，看看也勢將被冲動搖，他們不得不遷地爲良，於是半滾半滑地蹓了下來。

忽然，一道鋒直刺目的電閃，從空而降，直撲他們的頭頂。强光下，遠遠一個人影，冒着風雨，向這邊奔來。子建竭力壓抑住强烈的心跳，故作鎭靜地高聲問：「什麼事？」

然而，回答他的，却是一個天崩地陷的霹靂，和跟着響起的一串轟隆雷聲，整個山谷都被震驚得顫抖起來。

待來者穿過工人們，困難地走近喘息稍定，說得出話來時，子建才知道，由工地臨時架設的電話，得到報告：六公里八百公尺之處，塡土路基，被冲毀崩陷約四十公尺長；又九公里二百五十公尺處之大橋，橋墩一座，鋼梁兩孔，同被冲失。

當子建最初聽到是長途電話時，他的心不禁又狂跳起來，他不肯相信：在這樣熱烈緊張的場面下，他居然還深深埋藏着一份對於卓西病況的憂慮。及至聽到原來又有兩處被淹之後，却又不禁要爲交通恢復的日期勢將延緩而焦急。

因此，他暫時按捺下對卓西的想念與憂慮，立刻隨同來者，走到臨時架設電話之處，通知增派工人，到六公里八百公尺，及九公里二百五十公尺兩處，從速搶修。

然後，他仍走回原來修搶之處，沿路視察過去，但是泥輭地滑，舉步維艱，他那雙長統膠靴裏，早已灌滿雨水，外面又沾滿厚厚的黃泥，每行一步，靴內吃噗吃噗地提出抗議。徒具虛名的雨衣，被幾陣大雨淋澆，早已失去效用，貼身的衣褲，已濕透一半。肩脚沉重，混身濕冷，幾乎不易舉步，幸虧借重那兩根木棍，一手撐着一根，才能搖搖欲墜，一脚深、一脚淺地試探着向前邁進。

當他看着平車，載運泥土，一車一車的推出去時，他長長吐出一口氣，擦着臉上的雨水，正要乘車到六公里八百公尺處去視察一下，工程車上一位方先生，拿着一個便當，拖泥帶水地找到他：

「已經三點多了，您要不要先回工程車上去休息一下吃點東西？」

「你和他們都吃了嗎？老方？」

「都先後吃過了。」

「我現在就要到六公里八百公尺處去看一看，不回工程車上去了。」

「那麼，我帶了便當來，您就在這兒吃點吧。」老方揭開盒蓋，傾盆的雨，由他帽沿上，滴到便當裏。

「我還不餓，我這就要到那邊去，然後去看看那個大橋，謝謝你，我不想吃了。」子建插在雨衣袋裏的手，觸摸到卓西遞給他的，現在已經有些發輭的那包餅乾。他和她原約定在明天天亮之前趕回去，但在現在這種情形下，是不允許他回去的了！他不能想像明早施行手術時的卓西將會怎樣！這廿年相依的老伴兒，明天的命運，正徘徊在那最可怕的生死邊緣啊！

他擺擺手，像是要擺去這再次襲上心頭的焦慮和思念，也像是和老方告別：

「請你告訴趙工程師他們，我到那兩處地方去了，謝謝你。」

六公里八百公尺處的路基，崩陷成很深的缺口，必須取土來塡；大橋冲毀的情形相當嚴重：一座橋墩被激流冲去，咆哮洶湧的溪水，洽似無數條翻江倒海的蛟龍，噴射着白色泡沫，要吞吃掉這座僅僅高出水面不多的殘破的橋墩；兩孔鋼梁，早被捲進巨大的浪濤裏，流失得無影無踪。

爲要維持交通，祇有等待溪水退去後，先用挑架搭一座臨時橋墩，以便架設鋼梁。

和負責搶修橋梁的鐵隊長，作了詳盡的商談之後，子建仍又駛回原來的地點，下車走向工地。

這時，遠天已顯現一線灰白，風雨聲勢，已見稍減。

由於搶修工人工作的努力，堵塞路基的土石，已經淸除得稍有眉目。此刻正値工人們才換過班，精疲力盡的一批，已回到工程車上，吃飯休息。另一批精壯的生力軍，接替了這艱巨的工作。在子建回來時，他們正與高彩烈、嘻嘻哈哈地集合了三四十隻强有力的鐵臂，試圖推動一個龐然大物的巨石。這塊正阻擋着路基的巨石，却因具有它剛硬堅强的個性，雖被如許人推挪搖撼，仍是屹立不動。

子建爲要保持這些可貴的人力，來作更多比較容易的工作，以加速恢復交通，他決定用火藥來炸碎這塊不爲人力所制服的巨石。

吩咐過後，子建邁動着那雙十分沉重，發出吃噗吃噗怨言的膠靴，繼續向前困難地行進。遺留在他後面的，是一派鑽孔、安捻，分工合作、振奮的情緒。

肆虐的狂風，像一羣烏合之衆，在困戰了多少回合之後，自知不敵，忽然偃旗息鼓，敗北而去；滂沱的大雨，也像一個過份傷心的人，在幾陣嚎啕痛哭之後，疲倦已極，祇能如有如無地流着幾滴遊絲一樣細弱的淚水了。

天已大白，看來可能有好轉之勢。

子建這時有些感到饑餓了，他撐住木棍，伸手探入雨衣口袋，誰知那包餅乾，早已被滲透雨衣的雨水，浸泡得碎成渣滓了。他祇得把那兩個橋子用來充饑解渴。

過去不遠，因坍方較少，已大半淸除完畢。工人們見目的即將達成，更加精神抖擻地在作着中線測量。測量儀和竹尺都正各盡其職。沒有一個人，爲了被風雨侵襲，工作終宵，而怨天尤人的。

直到這時，子建心裏才稍覺寬慰：「建設是要從最基層做起的。我們有這麼些無名英雄，還怕什麼？所有的崇敬和景仰，都是該贈予他們的！」

他看看手錶，估計着：視察了這一帶就回去，也許可以趕上卓西施行手術的時間。

他這樣邊走，忽然驚覺：方才似乎有一個人，拉着竹尺，向他身後走去，他身後過去，正是要用火藥炸巨石的地方。雖然現在還不致爆炸，雖然那距離並不很近，但可能有一兩塊石片，崩飛得很遠，會擊傷了人。但那拉尺的工人，並不知道，也不會注意到。他自己必須立即返回去告訴他，叫他等爆炸過後再去。他急忙轉過身子，忽然頭有些發暈，搖了兩下，站穩了。他知道這是一夜沒有睡眠的原故，這也是他搶修時經常要犯的老毛病，他從未加以注意。現在爲要爭取時間，他顧不得察看脚下泥塊是否堅硬，顧不得仔細躲避水塘，他一心祇想招呼那個提竹尺的工人，更顧不得想到其他危險。

山坡上原有一些稀泥，仍在繼續地往下流着。這時，有一塊巨石，被它帶動以不太快的速度，向路基下滑。子建沒有警覺到這層危險，仍自顧向前走着。但那拉竹尺的工人，在他偶一抬眼時，遙見滑下來的巨石已開始變成滾動。他估計着石塊滾落到路基上時，正好子建要經過那地方。因此，他大聲急叫道：

「大石頭滾下來了，留神！」

「不是，是那邊在炸石頭，你快躲開！」子建昏昏沉沉的頭腦，竟領悟不出那工人的話，祇這樣高聲回叫着。

就在兩人互相警告着，相向奔跑着的時候，那巨石以加速度滾了下來，子建大吃一驚，心一慌，脚一輭，滑倒在泥塘裏，腿部的劇痛，使他暈了過去。

四

當子建被抬到醫院門口時，太陽像和這些維護交通的工作人員捉够了迷藏，懶得再躲起來，露着一張明媚的紅臉，普照着大地。在它手裏敗退下來的風、雲、雷、雨，却又都不知藏到那裏去了。

子建臉上冒着冷汗，極力忍受着腿部的痛楚，幾次痛暈，都被埋藏心底對卓西施行手術的那份關切支持着，立刻就驚醒過來。現在才到醫院門口，就被他看見一個護士推着一輛車子，上面坐的，正是他縈繞心懷的老伴兒——卓西，臉色雖然蒼白，但却舒眉展眼，毫無痛苦的表情。

「你動過手術之後，居然立刻就好了？」這是不可能的事，但子建偏要這樣希望。他想要跳下擔架來，終被腿痛所制止。

「還沒有動手術呢，今早來了一個新從國外回來的外科醫師，他說不必動手術，也可以完全醫好的。」卓西笑着回答。及至看到子建那一臉的痛苦樣子和被人用擔架抬着時，她才覺出情形有些不對。「你，你怎麼？」卓西掙扎着要想爬下車來，但却被護士按住。

「不必動手術，那……那太好了。」子建在自己腿部萬分痛楚之下，一直爲卓西施行手術一事焦慮着。極度緊張之後，現在突然得到安慰，鬆弛下來，竟自暈了過去。

「子建，子建！」卓西不知子建受了什麼重傷，急得掉下淚來。等到護送子建回來的方先生告訴她，子建是被山上滾下的巨石壓傷了腿時，她倒又破涕爲笑了。因爲她知道有一位外科聖手在此，內臟沒有受傷，是不會有多大危險的。而且她認爲這一定是上帝善意的安排：讓她這終年爲公務操勞得心力交疲的丈夫，能有一個較長時期的休養；也讓她們這一對老伴兒，能够彼此同病相憐，長相厮守。

醫生檢查的結果，子建的傷勢，並不嚴重。他被安置在卓西那間病房裏對床而臥。

「禍福旦夕，眞不可測。本來是發愁妳動手術的，想不到，我自己也睡下了。」

「這才叫『同病相憐』哪。」

「眞倒楣！」

「傷不太重，不久就會好了，倒什麼楣？」

「『望美人兮天一方』，豈不倒楣哉？」子建原本是惦記着搶修不知是否已順利完成，交通不知是否業經恢復。但一轉念間，覺得愁也無用，因而變成取笑的口吻，來引逗卓西。

「去你的，別拿我消閒！你以爲我不懂得你？你一根髮絲的飄拂，我都知道它的動向。既然傷了腿，就安心養病吧，別愁那麼多。天氣好轉了，交通想來很快就可恢復，放心吧。」

「眞有妳的。」子建不得不佩服卓西的「知夫莫若妻」。但他仍禁不住長長吐出一口氣：「讓我快好起來吧！說不定什麼時候那一帶地方又會山洪暴發，豪雨成災呢！」

卓西沒有說話，低頭在一張包藥的小紙片上寫了幾個字，團作一團，微笑着扔過對床來。子建拾起，打開看時，那上面是五個大字：

「傳令嘉獎，西。」

飲一八四二年葡萄酒

光中

晚春某夜，偕夏菁敬羲往謁梁實秋先生。言談甚歡，主人以酒饗客。余畏白蘭地味濃，梁公乃出所藏一八四二年葡萄酒飲予。酒味芳醇，古意盎然，遂有感賦此。

何等芳醇而又鮮紅的葡萄的血液！
如此暖暖地，緩緩地注入了我的胸膛，
使我歡愉的心中孕滿了南歐的夏夜，
孕滿了地中海岸邊金黃色的陽光，
和普羅汪斯夜鶯的歌唱。

當纖纖的手指將你們初次從枝頭摘下，
圓潤而豐滿，飽孕着生命緋色的血漿；
白朗寧和伊麗莎白還不曾私奔過海峽，
但馬佐卡島上已棲息喬治桑和蕭邦，
雪萊初躺在濟慈的墓旁。

那時你們正纍纍倒垂，在葡萄架頂，
被對岸非洲吹來的暖風拂得微微擺蕩；
到夜裏，更默然仰望着南歐的繁星；
也許還有人相會在架底，就着星光，
吮飲甜於我杯中的甘釀。

也許，啊，也許有一顆熟透的葡萄
因不勝蜜汁的重負而悄然墜下，
驚動吻中的人影，引他們相視一笑，
聽遠處是誰歌小夜曲，是誰伴吉打；
生命在暖密的夏夜開花。

但是這一切都已經隨那個夏季枯萎。
數萬里外，一百年前，他人的往事
除了微醉的我，還有誰知道？還有誰
能追憶那一座墓裏埋着採摘的手指？
她寧貼的愛撫早已消逝！

一切都逝了，只有我掌中的這只魔杯
還盛着一世紀前異國的春晚和夏晨！
青紫色的僵屍早已腐朽，化成了草灰，
而遺下的血液仍如此鮮紅，尙有餘溫
來染濕東方少年的嘴唇。

九月廿九夜

書刊評介

「綠天」增訂本讀後所感

周棄子

「人生，就是無盡的痛苦與犧牲！」
——彌琪安基羅——

一

前二十多天，收到蘇雪林先生寄贈的這本書。那時候，正忙於一些所謂「身邊瑣事」，簡直定不下心來仔細讀它。昨天在延平北路，碰到琰如。我知道她跟蘇先生常見面，就請她得便先替我謝謝蘇先生。據琰如說，蘇先生在這之前，還寄贈過一本「歸鴻」給我，（沒有收到，想必郵遞遺失了。）好像希望我寫一點評介之類的文字。這使我非常惶恐！蘇先生是我的前輩，她在學術上的造詣和教育上的成就，都是我久所敬重的。可惜的是，直到現在，還沒有得到與她認識的光榮和向她請益的機會。她的著作，用得着一句朱竹垞的詩：「海內文章有定稱」；不需要任何人向讀者推介。至於批評，那更不是既不懂理論又不能創作的我所能勝任。作爲一個「綠天」的讀者，我能寫些什麼呢？

這幾年，憂患如山。平生一點爲讀書而讀書的興趣，早已被折磨得一乾二淨。有人說我「太閒了」，事實上我是每天都「忙」不過來。以讀書爲消閒樂事；恐怕是永遠不會有那種福份的了。現在是，只有當心靈創痛達於極點的時候，纔會翻開我選擇過的書本。也並非借此逃避痛苦，因爲那根本是無所逃的。相反地，只有能顯示並且印證痛苦的書，纔是我現在所需的讀物。這「綠天」增訂本之於我，就是準此條件而入選的一本書。

從初版到此次重印，中間經過了整整的三十年。增訂的篇幅，較最初超出兩倍以上。依常情，是宜乎換一個書名的。其所以保留「綠天」的原稱，可以從作者自序中得到解答。「綠天」的重印，是爲了紀念她和那一位「命宮的磨羯星」的珠婚。這眞使我爲之黯然！結婚紀念的慶典，依歷年的遠近，而有珠銀金鑽等等名稱，其意義無非象徵愛的結合的輝煌和堅固。作者的婚姻，分明是一場悲劇，三十年痛苦的歲月，何所取義而襲此嘉名？人，就是這樣不善於遺忘的動物，你的記憶力實在是太強了！

二

由現在倒數上去三十年，那正是五四運動後不久，思想文化，都邁進一個新的時代。由於時代思潮的激盪和文學革命的推動，產生了不少優秀的女性作家。其中得名最早的，有陳衡哲、謝冰心、黃廬隱、凌叔華、謝冰瑩、陸晶清、馮沅君等。「綠天」的作者，也就是此一時期嶄露頭角的一人。她們的工作方向和着重之點各有不同，成就高下也不無差別。但以對於新文學運動的努力而言，則無疑的她們都曾經奉獻過篳路開山的血汗。現在，迴顧那一時代，眞也是够遙遠的了。「三十年爲一世」，提到上面那些人的名姓，不免有感於世事的滄桑。那麼，「綠天」的作者今日身在臺灣，她的舊作還能重印，應該說是「此中有天幸」。我想，她重讀自己當年的清詞麗句：「祝福，地下的樂園。祝福，園中的萬物。祝福，這綠天深處的雙影」。就算丟開情感上的創傷不說，只此俯仰三十年間，太平與離亂的對照，也會要歎問一聲人間何世吧！

她的作品是多方面的，而最好的還是散文。「綠天」原本，曾經重版六次，昔年風行紙貴的盛況，那是我所曾目睹的。如今，她却自稱爲「幼稚淺薄的東西」，「久落時代之後的作品」。這當然是對讀者的一種謙詞，但同時也說明了作者的進境。「悔其少作」，從來大文學家莫不皆然。但決不因此而稍貶「綠天」的價值。平心而論，「綠天」的文筆是很優越的，它基本的特色，在於一個「清」字和一個「眞」字。至於「妥貼」有餘而「排奡」不足，或者說剪裁甚巧而深度稍差，凡人各有短長，倒不必悉以爲諱。增訂本出版後，好評潮湧，作者大致都可以當之無愧。但也有若干超過分際的稱讚，所謂不虞之譽，也許並非作者所願意接受的。如果因此而使作者應份得到的好評，被一律誤認爲阿私的標榜，那就對作者對讀者都更不好。我這幾句話，不一定是有所指而說，偶然想到而已。

三

我對「綠天」增訂本，並非以文學欣賞的心情和目光去讀它。而是嚴肅地探索一個故事，想與我所看到的人生相印證，希望能夠幫助我了解人生。

「玫瑰與春」，「小小銀翅蝴蝶故事之一」和「之二」；這三篇文章，提供了一個故事的全部資料。童話的體裁給這故事披上美麗的外衣，故事的內容則是極悽惻的。

她和他，在那沒有會過面的時候，就訂了婚。(母親代訂的)她是一隻「小小銀翅蝴蝶」，多情，良善，而有文采。他則是一匹「蜜蜂」，講究實用的工藝家。她爲了愛她的母親，所以也愛他。她給他去信，要他來。他則不懂也不接受她的愛，回信拒絕了。一直到她與他無意間相遇，據說是消除了誤會，後來她們結了婚。婚後，她們的家庭生活甚不協調，他是實利主義，認爲她浮華無用。他對她說：咱們分手吧。她一氣之下，離開了他。但既未完全斷絕，而且又苦念他不已。她又回了家，他對她極端冷漠，她的愛活先生給餓死了，逼得她只好又悄悄的走了。從此，她們再沒有在一起，而名義上却還是夫妻。參商出沒，已經是數十寒暑了！

──這就是「綠天」作者自己的故事的全貌。

淺而言之，故事的主角，只不過是「父母之命」制度下的一雙怨耦。類此的情形，三十年前那是太多，到如今也相當不少，誠然也是所謂平凡的悲劇。這制度下的犧牲者，通常總是女方。其所以不能反抗者，不僅習俗觀念的束縛，還有一個力量問題。舊的女性，如不嫁雞隨雞，卽無法生存。有此事實，「三從」的理論乃能迫使女子就範。但這種情形；於「綠天」的作者並不存在。她並非「往何處去」的娜拉；而是有十足獨立生活能力的人。旣然那隻蜜蜂說過了「咱們分手吧」，而且事實上也分手幾十年了，為什麼還要維持那夫妻的名義呢？假如說，還是那些舊的女性一般想法：「認了命」。那麼件同這一想法的應該只有沉默的悲哀，為什麼歷久如新，再三再四的形諸楮墨，乃至重印一本三十年前的書，還要以之作為珠婚慶典的紀念呢？這是對人生的諷刺嗎？也許是。但會否感覺到對自己是太殘忍？

四

我想，這問題的答案恐怕是：為了愛。

這答案一定會被認為不通。怨耦之間，那裏會有愛呢？何況她之與他結合，僅憑「母命」，也並沒有經過戀愛的歷程。是的，這一常識的說法我並非不懂。無奈人生有許多方面，不能像二加二等於四那樣簡單。因而它有許多問題，不能以常識的說法作答。否則，憑人類的智慧，原子發電月球旅行都已有可能性，區區「身邊瑣事」如愛情婚姻者，老早就應該解決了，沒有問題了。

愛，只是一種幻想的綜合；不斷的追求與永恆的超越。因為它是幻想的，所以被追求的「對象」只是幻想的「賦形物」，這也就是每一個人看到他所愛的對象都是十全十美的原因。對象的發現與認定，常出於命運的偶然，很少決定於理性的選擇。所謂愛情盲目的說法，其故就在此。愛的追求通常是雙方交互的，但也可能由一方片面進行，這就是所謂單戀。如以佔有對方為目的，單戀也並非絕對不能達到。因為佔有的最高形式是結婚，而僅要實現結婚，則除愛情之外，世間還不少其他條件可資憑藉。

不過，不管是互戀也好，單戀也好，一落到婚姻的現實上，愛情的幻想也定必隨之破滅。為什麼說結婚是戀愛的墳墓呢？那是因為愛情本來是要不斷追求的，不斷追求而求之不得，那就是永恆的超越。愛情的本質是如此，海枯石爛，不會影響愛，只有結婚要打破它；沒有一對男女能逃此鐵律。

但世間相安無事的夫婦還是非常多，那是因為同樣進了「墳墓」，而個別的感受可以各有不同。那些互戀成功者，於認識婚姻與愛情是截然兩事後，大多數接受現實而把幻想拋開。卽或有一點空虛的遺憾吧，也止於惘惘不甘，讓一絲歎息埋藏在心底，因為說起來總算是愛過了。其次，雙方都沒有愛過，但也並無惡感，渾渾噩噩的結了婚。這種人多半是頭腦比較簡單，重現實而輕理想，他們沒有愛過也不會想到愛。他們的境界比較低，而毋寧是有福的，他們竟然有福到字典中沒有「愛」字！

最不幸的，是那些單戀而終於也達到結婚目的的人。他(她)們的情感是豐富而眞摯的，性格是剛決而堅強的。當邱比德的箭射中他們的時候，悲劇的命運就被註定了。因為對方沒有愛，所以他們的結合還談不到幻想的破滅。相反地，在他們看來，正是追求還沒有完成。要他們放棄是不肯的──春蠶到死絲方盡！

不必多抄書，只摘出「蝴蝶」兩句話就够了：

「誰說我不愛蜜蜂？我倆雖不在一起，我却始終在愛着他呢。」

文學作品中的情節，本來當不得眞。為「童話」作「索隱」，也是無益之事。尤其對一個受傷的心靈，更不應該觸及它的創口。不過作者在本書「自序」中，旣已不再諱言所指，則對於一個忠實讀者發乎同情的共鳴同響，想必也不致斥為妄誕吧。

五

本書卷首的自序，是一篇情詞斐叠的好文章。筆調那麼自然，意境那麼寧濬。與書中第一篇「綠天」相比較，眞是「波瀾入老成」了。三十年的工力，畢竟是不等閒的。她把那痛苦的婚姻，只比作一場不愉快的夢。「想想也不過『夢』而已，沒有認眞的價值和認眞的必要」。我願為她的平靜的心情祝福！我羨慕這種境界，而無法企及她，也許是由於光陰的口袋還裝得不够滿。夢是癡人說的，既然還沒有滲透，請准許這樣說下去罷！

四十四年十一月二十七日黎明稿

讀者投書

談立院對胡案判決質詢的問題

胡學古

中央日報十一月十六日社論「立法、行政、司法——三權之間的一個問題」，讀悉之餘，頗有感懷。社論中所稱問題的發生，係由臺北地方法院對胡光麃等案之判決，行政院長近受立法院立法委員之質詢而起。其雖對立法委員之如何質詢，行政首長之如何答覆，表抱疑慮。而就其論旨之引申，即司法權的判決，立法權應否質詢？行政權可否答詢？關此，窺其主張，似是否定的。此一問題，既提出討論，則討論問題，意見自難全同，但就民主政治言，則爲極富意義之舉。因此願說出個人對此一問題的看法和意見。

法治之最爲重要者，即「法官獨立」。法官之「獨立」，不是謂法官不受任何拘束，而是謂法官承審案件之時，成爲中立的裁判人，不必顧慮政治上的結果，得憑客觀的法律而作公正的判決。故法官獨立是「審判上」的，而非「行政上」的。法官是法治的維護者，唯能獨立的審判，才顯法律的尊嚴！而法官仍不失爲公務員之一，則於行政法上，仍負有官紀上之責任。苟其審判之獨立性，爲人疑慮，則其「不獨立」之原因爲何？疑慮者自必追探，斯乃人情之常，似無是非之可言。況其探討者，僅爲損害獨立審判的不正當因素，而非「審判本身」。

在分權制之下，司法者之判決，立法者固不可提出質詢，縱其審判上發生問題，行政者亦無法爲之解答，因爲審判是法律知識的運用，而法律問題，不是每個常人知識所能及的。但此僅限于獨立之審判而言。若其審判時，受到不正當因素的影響以致顯失獨立，斯乃已屬「辱職損責」的問題了。民主政治一方面是「法治政治」，一方面又是「責任政治」。在法治政治之下，法官之判決，固値尊重，但在責任政治之下，苟法官行使審判權之時，受到干涉，似更應追查「干涉」的責任！而輿論之可以評論，立法院之可以質詢，應無疑義。

胡案之判決，及其現已由原告檢察官循法律程序，提出上訴，均乃法律範圍內之事。而一般民意及輿論所關注和疑慮者乃另一回事，此於各報所載立法委員張子揚先生對行政院兪院長的書面質詢中，已可見及。故立法院對胡案所提之質詢，並非法官之判決，而是由此審判所發生的另一個干涉審判之質疑。明乎此，則不但立法委員可以質詢，監察委員尤該澈查。

若依孫中山先生的「權能劃分」和五權憲法之理論和主張，則立法院只具立法之「能」，不但不能課問司法事件，就是行政措施，也不可問。但在我國現行的憲法規定之下，立法院並非如此。立法委員對行政院的一切措施，有其質詢權。司法行政部隸屬行政院，則行政院有其「司法行政上之職權」，自亦只有「司法行政上之責任」！現在一審二審兩級法院，均歸司法行政部管轄，而屬行政院之系統。此二級法院之法官，其任用和考核均爲司法行政部權責之事，而其行使審判權之時，固是獨立，法院以外之機關，雖不敢公然干涉，但也許由於各種原因，不能不仰承其他機關的鼻息，欲防這個弊端，民意機關和輿論均可提出檢討。因之張委員所提質詢中之各點，是極堪注意的！此非單純的事件問題，而是一個獨立的司法制度之檢討問題。

總之，立法委員對胡案所提質詢之中心：是其審判是否受到干涉？而非其判決之本身，其間分際已明，似不宜置疑。質詢中各點疑問，只須解答明白卽可，似無影響其判決和其被原告不服上訴後繫屬法院訴訟之審理，或更可由之增强二審法官獨立審判之自尊性！反之，質疑若不釋清，則凡對獨立審判之心懷疑慮者，其疑慮徒更加深！而於法治的前途，恐不堪想！

作于十一月十六日夜。

此稿付郵之際，讀十一月十七日各報知行政院兪院長和谷部長已應立法之邀請，答覆質詢謂「胡案之審判，並未干涉」。羣疑當可釋慰，而靜候二審法官之判決也。筆者附誌。

自由中國　第十三卷　第十一期　內政部雜誌登記證內警臺誌字第三八一號　臺灣省雜誌事業協會會員　三五八

給讀者的報告

新聞自由與言論自由是人民的基本權利，同時也是實行民主政治的必要條件。民主國家對於新聞自由與言論自由從來都是十分重視的。一個社會有新聞自由與言論自由，這個社會的政治才能清明，道德才能提高。這些道理原都是現代國民應有的常識。然而竟有很多政府官吏昧於這些道理。他們常爲了一己的方便，隨意對新聞與言論加以干涉與箝制，而所持的理由常是那麼幼稚而無知。這些行爲的本身已屬愚不可及；更可痛惜者，乃是由於這些少數官吏對於人權的侵害，因而使政府的威信也蒙受了甚大的損失。在本期社論(一)裏，我們指陳這些事象的原因，從而提供若干具體的意見，希望當局採納。

民主政治就是政黨政治。要實行民主政治必須要有健全的政黨。在政黨政治之下，不僅執政黨要對政治負責，即是在野的反對黨也應有其責任。反對黨的責任是要監督政府，批評執政黨的施政，以促進政治的進步。我們的國家之必須走向民主政治，已是公認的事實。因而，處於反對黨地位的民青兩黨，實有其不可忽視的責任。民青兩黨應該當仁不讓的負起反對黨的任務。然而，民青兩黨今日却陷於四分五裂的局面，使人爲之氣短。我們殷望民青兩黨，首先要了解自己的責任，迅謀團結，然後發揮監督的力量，爲我國政黨政治奠立良好的基礎。

陽明學說是明代學術思想的中心，其學派之盛至明末而不衰，即清代的學術思想，亦極受其影響。從歷史上看，陽明實是儒家最後的大思想家。晚近在臺灣，當局對陽明之說提倡甚力，故於陽明之研究，甚爲風行。但眞正從思想上了解陽明，批評陽明的，似尚不多見。本期羅鴻詔先生以學術研究的態度，總覽陽明的思想體系，述評陽明學說，當是思想界所關心的論著。

魏書翰先生的大文批評最近半年來臺北社會上流行的一種甚爲不好的現象。作者將此種現象稱之爲「一窩風」，並指出這種現象的造成是由於新聞自由的尺度太狹的緣故。魏先生的這種觀察與分析是十分深刻而銳利的。足見新聞自由與社會風氣影響之深。此義與本期社論（一）所指陳者實不謀而合。

「權威與個人」一文之第四講乃討論「技術與人性的衝突」者。本講原應於上期登載，因爲稿擠的緣故而延於本期刊出。本文共分六講，除本講以外，尚有五六兩續，將繼續於下兩期載完。

本期的加拿大通訊報導「加拿大移民政策與華僑」。文字流暢，敍述詳實，是關心僑務問題者所應一讀的。

再本期尚有楊承厚先生的「六年來的新臺幣制度之檢討」，周祥光先生的「印度的大學教育」等文均因篇幅關係，未能登出，須改於下期刊載，謹向作者致歉。

自由中國 半月刊 第十三卷第十一期 總第一四六號
中華民國四十四年十二月一日出版
發行人兼主編：『自由中國』編輯委員會
出版者：自由中國社
社址：臺北市和平東路二段十八巷一號
電話：二八五七〇

航空版
香港：友聯書報發行公司 Union Press Circulation Company, No. 26-A, Des Voeux Rd. C., 1st Fl. Hong Kong

總經銷
臺灣：自由中國社發行部
美國：自由中國日報 Free China Daily 719 Sacramento St., San Francisco 8, Calif. U.S.A.

經售者
日本：東京僑豐企業公司
韓國：漢城裕昌德號
馬尼剌：大中華日報社
　　　　新疆書店
印尼：椰嘉達天聲日報
　　　棉蘭新中華報
越南：西貢中原文化印刷公司
緬甸：仰光振成書報店
印度：加爾各答塔梅學校
澳洲：雪梨瑞田公司
北婆羅洲：西利亞坡青年書店
新加坡：檳榔嶼、吉打邦均有出售

印刷者：精華印書館
廠址：臺北市長沙街二段六〇號
電話：二三四二九號

本刊經中華郵政登記認爲第一類新聞紙類　臺灣郵政管理局新聞紙類登記執照第五九七號　臺灣郵政劃撥儲金帳戶第八一三九號
(每份臺幣四元，美金三角)

自由中國

FREE CHINA

第十三卷第十二期

要目

中華民國四十四年十二月十六日出版

社址：臺北市和平東路二段十八巷一號

半月大事記

十一月廿四日（星期四）
美太平洋艦隊司令史普敦離華飛日。
美原子能委會發表聲明，俄境曾有一次巨大氫彈爆炸。
巴西衆院通過法案，宣布全國進入緊急狀態，防止前任總統嘉斐復職。

十一月廿五日（星期五）
我國代表通知國際糖業會議，退出國際糖業協會。
美共和黨衆議員傑克遜抵臺訪問。
唐代玄奘三藏大師靈骨，由日運歸我國。
聯大通過將阿爾及利亞問題自本屆聯大議程中剔除。

十一月廿六日（星期六）
以色列向安理會控埃及與約但侵略。
國防部長俞大維飛美就醫，部務由馬紀壯暫代。
法內閣會議決定即將返囘聯大。
俄帝公開承認，確曾試爆氫彈。
越南外長透露，中越交換使節，短期內即可實現。
美代表洛奇在裁軍委會保證，除爲抵抗侵略美不使用原子武器。

十一月廿七日（星期日）
俄帝試爆氫彈後，美議員促政府再度檢討防務。
韓國促請聯合國要求匪軍撤離韓境，否則韓國將以武力達成統一。

十一月廿八日（星期一）
美國防部長威爾森呼籲，美軍事計劃必須維持至無限期的將來。

十一月廿九日（星期二）
我駐聯合國代表團宣佈，必要時決使用否決權，以阻止外蒙進入聯合國。
立院通過修正議事規則第四十七條條文案，使立院會議中採用點名投票與無記名投票表決的程序加以簡化。
美參議員賈克森抵臺訪問。
杜勒斯在記者招待會中表示，民主世界應繼續努力，謀取德國自由統一。
聯大政委會通過暫緩考慮摩洛哥案。
臺北市議會發表坡心地皮案調查報告書，認議員四人涉嫌舞弊，市府非法失職。

十一月三十日（星期三）
美駐華安全分署長卜蘭德稱，中美正採有效步驟安定物價。
法閣未獲議會信任，考慮解散議會。
法代表團結束抵制，恢復出席聯大。
蘇俄對東柏林管理權，揚言已交東德接管。

十二月一日（星期四）
阿根廷臨時政府下令解散斐倫黨。
新任經濟部長江杓、常次王撫洲接事。
美總統艾森豪赴大衞營，召開國家安全會議。
西方三國訓令駐德大使向俄代表提出警告，要求對東柏林問題提出進一步資料。
西德外長在國會聲明，俄如阻德統一，德俄難望復交。
美國公佈日內瓦四外長會議紀錄。

十二月二日（星期五）
我代表蔣廷黻在聯大安理會演說，闡明我對外蒙立場。
立院通過修正兵役法施行法兩條文案。
西德議會向俄籲請，要求接受以自由選擧恢復德國統一。
法總理傅爾下令解散衆院，定元旦擧行總選。
臺省警務處長陳仙洲辭職獲准，省府任命樂幹繼任。

十二月三日（星期六）
美國勞工聯盟與工業組織大會合併。
蔣廷黻在聯大政委會演說，謂整批入會交易如獲協議，無異聯合國對蘇俄投降。
古巴提入會修正案，建議包括韓國越南，俄代表表示反對。

『自由中國的宗旨』

第一、我們要向全國國民宣傳自由與民主的真實價值，並且要督促政府（各級的政府），切實改革政治經濟，努力建立自由民主的社會。

第二、我們要支持並督促政府用種種力量抵抗共產黨鐵幕之下剝奪一切自由的極權政治，不讓他擴張他的勢力範圍。

第三、我們要盡我們的努力，援助淪陷區域的同胞，幫助他們早日恢復自由。

第四、我們的最後目標是要使整個中華民國成為自由的中國。

聯大決定自議程上撤消摩洛哥問題。
高棉總理兼外長施亞努過華赴日。
英埃兩國宣佈同意蘇丹自決。

十二月四日（星期日）
諾蘭訪艾森豪後表示，美爲反對外蒙入聯合國，應使用否決權。
美衆院周以德等七議員訪華。

十二月五日（星期一）
美英兩國同時宣佈，艾登下月訪美。

十二月六日（星期二）
古巴代表在安理會仗義執言，反對外蒙入聯合國。
伊朗答覆蘇俄抗議照會，譴責蘇俄干涉伊朗內政。
杜勒斯在記者招待會中，指控蘇俄關於果阿的聲明，意在煽惑印葡仇恨。
美英法俄四國正式承認奧國永久中立地位。
西德召囘駐外使節，商討冷戰策略。

十二月七日（星期三）
藍欽訪葉外長談外蒙問題，我態度堅決。
俄酋自緬甸再飛印度訪問，俄甸發表聯合聲明，保證「和平共存」。
摩洛哥新內閣就職，成立委員會與法談判。
聯大特別政委會以五十二票對二票，五票棄權，通過整批入會案。

十二月八日（星期四）
葉外長與藍欽赴日月潭訪蔣總統，蔣總統已拒絕美國不使用否決權之請求。
蘇俄再度拒絕美國所提空中視察計劃。
聯大表決通過整批入會案，我與古巴仍投票反對。
聯大本屆會期決定延至十六日結束。

十二月九日（星期五）
我向安理會提十三國個別入會案。
杜勒斯發表演說，主張自由世界加強防務，對付蘇俄欺騙新策略。

社論

(一) 尼赫魯先生當心點！

一個剛從殖民地獨立起來的國家，其政治領袖之好勝心切、急於事功，這是可以理解的。因此，我們對於印度總理尼赫魯先生近年來外交上的行徑，毫不引以爲怪。

大家都知道，今日印度是民主國家中所謂「非共」而不反共的國家。她所標榜的外交政策，中立於美蘇兩大壁壘之間。「中立」，本屬消極性的；但尼赫魯手法下的中立，則是栖栖遑遑於莫斯科而欲大有作爲。說得確切一點，今天的印度是在民主世界中藉蘇聯集團以自重的。

就民族間的道義講，作爲中華民族一份子的我們，對於尼赫魯外交上的「中立路線」，有理由加以斥責。但客觀事實，我們也得承認：這幾年的「中立路線」確把新德里的國際地位相當提高了。對於他的國家，尼赫魯不無一時的功績。但是，急於近功者，每每疏於遠慮。尤其在目前的事態發展中，尼赫魯先生要特別當心！

由於今年六月間尼赫魯之訪蘇，布加寧和赫魯雪夫於十一月十八日飛印，前後有三週的期間在印度作各種活動。這期間，我們從電訊報道中，看到印度歡迎他們的情形，同時也看到布、赫二人的僞善表演。歡迎情形的熱烈，爲外交禮節中所少見；僞善的表演，也做到了興致淋漓。在這熱烘烘的場合中，尼赫魯先生能否保持冷靜，從下列一兩件事象上作一今昔比照呢？

今天，蘇聯黨政兩方面的第一號巨頭親身訪印；當年印度第一任駐蘇大使潘迪第夫人，到任後一年見不到史達林一面。

蘇聯現仍流行的百科全書，罵甘地爲「反動」；但布、赫這次親赴甘地墓地，遵照印度的習俗，脫鞋致敬。

時間的距離並不太遠，蘇聯對印的面貌變得全非。這其間，尼赫魯先生是自鳴得意呢，還是有所警覺？現在印蘇之間，已否達成某種協議，我們暫置不論，即僅就已知的事實來講，布、赫二人的僞善表演，已大大地迷惑了印人的耳目，而有利於印共的蔓延。如果印度再進一步接受蘇聯的所謂經濟「援助」和技術「援助」，則是給國際共產黨徒廣開滲透的大門。印度的社會階級如此複雜，語言文字如此差異，貧窮與愚昧如此普遍，如再讓共黨大規模滲透與煽動，三五年後，尼赫魯所慘澹經營的獨立國家，不淪爲蘇聯附庸，才怪哩！

經驗，是人類行爲最正確的指導。受過現代化教育而其才智又爲戰後新興國家數一數二的政治家尼赫魯先生，當不否認這句話的眞實性。這裏我們願把我們中國最慘痛的經驗毫不隱諱地說出，想已足够尼赫魯先生警惕了：

當民國十一年到十三年(一九二二——二四)的期間，中國是在軍閥混亂、四分五裂的割據局面下，我們國父中山先生所領導的革命勢力，處處受到打擊，幾無立足之地。國民黨中央幹部當時曾有聯德的主張，中山先生對於聯美且有所接洽，但被美方拒絕（見革命文獻第九輯編者前言第五頁）。在這一刺激之下，恰好蘇俄以放棄不平等條約，聯合被壓迫民族的主張相號召，並向在艱苦中的中國革命勢力表示同情、尊敬與協助。尤其是放棄不平等條約這個聲明，對我們無異是一個福音。當時我們受列强不平等條約的桎梏已到了忍無可忍的程度，聽到蘇俄這一聲明，眞可使人感激得流淚。在這種氣氛下，以救國救民爲職志的中山先生就與蘇俄携手，於一九二三年一月間同蘇俄特命全權大使越飛發表聯合宣言於上海。接着國民黨改組，並確定「聯俄、容共、擁護農工」三大政策。這期間，蘇俄對我的同情與協助，確也做得實實在在，並不是徒託空言。例如它幫助國民革命軍的裝備，不取分文，並用自己的船舶運抵廣州；加倫、鮑羅廷等在共黨羽毛未豐時，確也忠誠地協助中山先生策劃革命。可是後來隨着北伐軍的進展，共產黨滲透顚覆的活動大大發作。把華南數省，鬧得民不聊生。嗣後對日抗戰又給共黨以滲透顚覆的好機會，於是整個大陸得了今天這樣一個結局。這一連串的慘痛史實，自然還有許多其他的原因，但中山先生的信任蘇俄，確實是一個無法否認的遠因。

中山先生的聯俄，是受了蘇俄的欺騙。這是事實證明了的，我們不必爲他隱諱。當時中山先生所處的環境和其政治目標，雖與今天尼赫魯的不一樣，但蘇俄所施的騙術，則今昔相同。我們試把孫越聯合宣言與今天印蘇兩國政治首領的講話作一對照，就可看出。

孫越聯合宣言第一條明白地說：「孫逸仙博士以爲共產組織，甚至蘇維埃制度，事實上均不能引用於中國，因中國並無使此項共產組織或蘇維埃制度可以成功之情況也。此項見解，越飛君完全同意。且以爲中國最要最急之問題乃在民國的統一之成功，與完全國家的獨立之獲得。關於此項大事業，越飛君並確告孫博士，中國當得俄國國民最摯熱之同情，且可以俄國援助爲依賴也。」

從這一條文看來，可知中山先生聯俄的目的，是在於國家的統一與獨立，且明白表示共產組織及蘇維埃制度不適於中國，不能因聯俄的關係而被接受。越飛對於此項意見不僅表示完全同意，而且提供援助的諾言。

今天，尼赫魯與蘇俄鬧得這麼親密，照他自己的說法，是在促進世界和平，加强國內的經濟建設。在其所謂「五項原則」的和平方案中，有「互不干涉內政」一項。布、赫這次一到印度，即表示接納「五項原則」，也即是說蘇俄同意互不干涉內政。這與越飛同意共產組織及蘇維埃制度不能引用於中國是一樣的。關於協助印度的經濟建設，布、赫也提供了不少的諾言，這也與越飛對中山先生的承諾同樣地慷慨。總而言之，蘇俄只要有滲透的機會可以獲得，它總可同意你所說的話，它總可滿足你一時的需求。一切都是手段，滲透顛覆才是目的。史達林如此，布、赫亦如此。不如此則共產黨徒不成其爲共產黨徒了。

這是我們的經驗。我們把中印兩大民族當作一家人來看，可引用印第安酋長一句名言作爲本文的結論：「我被欺騙一次，是欺騙者的恥辱，被欺騙二次，則是我的恥辱。」尼赫魯先生是否願繼中山先生之後，再受蘇俄一次大騙呢？請當心點！

社論

(二) 論物價問題

自十月初旬開始的物價漲風，經政府多方努力，現在大體總算抑止了，朝野上下可以鬆一口氣。從以往大漲小回的例看來，此番已經漲上去的物價，要回到原來的水準，是很困難的；要跌到原有水準以下，那更是不可能的妄想。

物價是經濟健康的指標，由整個國民經濟立場來說，物價下跌，並不一定是可喜的現象。物價下跌，往往被迫減產，經濟蕭條，增加失業，反不如上昇，可以刺激生產，繁榮經濟，提高人民生活水準。但是急激的暴漲，則足以招致國民經濟破產，政治崩潰。過去的法幣和金元券時代物價之汎濫，記憶猶新，前事之鑑，萬不能再蹈覆轍。這次的暴風雖已過去，留給我們的打擊則是永不復原的創傷。我們痛定思痛，必須對於此次物價暴漲之原因，加以檢討，今後物價的安定，縝密計劃。因爲現有脆弱的國民經濟基礎，實不堪再受打擊，八百萬軍民生活苦痛，萬不宜無限增加。

此次物價波動，有兩點值得特別注意，一爲範圍廣泛，無論民生日用物品，工業所需原料，土產洋貨，無一不漲。二爲幅度極大，少者一成左右，多者超過五成。

	米價	粉價	紗價	圓鐵價
十月一日	一六〇元	七〇元	七、一五〇元	五、三〇〇元
十一月十日		九〇		七、三〇〇
十一月十二日	二四			
十一月十五日			一一、七〇〇	

由上表可知與我們日常生活關係密切的幾項重要物資，無不上漲，且其漲幅竟有超出上月五成以上者，實爲改幣以來最大的波動，不僅消費者感受莫大苦痛，生產者亦爲之增加了極大困難。

此次物價波動之大，原因至爲複雜，而下列各端，實爲其主因，其責任則應由官民共負。

㈠發行增加，信用膨脹：通貨與物價關係密切，這是稍有經濟學常識的人都知道的。通貨數量與物資供應不相適應，市面籌碼多，物資少，物價自必昂揚，這是經濟的必然現象，也是這次漲風原因之一。臺灣銀行九月底的發行，因季節的關係（月底正是中秋節）突然增加爲一、四〇二百萬元，較上月增發了一二〇百萬元之巨，膨脹幾達一成。在物資方面，雖無確切統計數字可以比論，惟從三月至七月生產指數低落之情勢推斷，其增加決無如此之速。此次發出通貨直至十月底尚祇收回一半，其餘仍在市場，成爲游資，物價焉得不漲。此外銀行放欵之擴大，亦爲物價上漲之要因。自本年下期以來，銀行放欵即逐漸大幅擴大，各行庫放欵，七月底爲三、一九九百萬元，九月爲三、五五五百萬元，至十月急增二億五千萬元，出現改幣以來空前的高額三、八〇一百萬元。十一月放欵數額，在政府未抽緊銀根以前，其數當必更大。這些放欵，除極小數屬於同業外，餘皆爲一般性放欵，而游動於市場。此可由各月存欵中，活存增加率大於與定存及票據之交換額由七月之二、五一六百萬元增至十月之三、三九五百萬元觀之，即可見行庫大量放出之欵，均在市場活動。在物資缺乏之臺灣，如此巨額的信用膨脹，安得不掀起物價之漲風。向來每逢年節，物價皆不免若干波動，今年九月底適逢中秋，貨品已有昂揚之勢，通貨之大量出籠，行庫之擴大放欵，正如火上加油，釀成星火燎原，幾至不可收拾。倘當局能見微知著，早爲防範，漲風之來，縱不可避免，亦當不至如此之凶暴。一着之差，遺害全盤，這個寶貴的教訓，值得我們記取。

㈡供求失衡：供不應求，物價必漲。此次棉紗之漲，係因不能滿足織廠之需要。廢鐵鋼胚缺乏，以致鋼鐵製品價格高昂。小麥之遲遲不到，實爲麵粉漲價原因之一。建築材料之高漲，則係建築工程發達，供不應求所致。其他物品，亦多以供求失衡爲其暴漲主因。查以上各項原料，大都依賴輸入，而外滙又控制於政府手中，倘當局能隨時留心市場情形，注意業者意見，（聞早在春季，鋼鐵機械業者卽已請求政府撥欵輸入廢鐵，未蒙允准。）預爲輸入補充，當不至發生暴漲。人謀不臧，致釀大亂，良堪惋惜。

㊂財政金融措施的影響：一、官有物品加價。今年來政府爲增加收入，先後有煤油汽油(增加二次)棉花黃豆等之加價，木材小麥售價之提高，統一發票辦法之修改，滙率之調整。此等措施或則增加商品成本，或則刺激人心，均足以影響物價之安定。成本增加，業者自必設法轉嫁，卽無成本增加之可言，眼看官家放火，人民安得不想點燈。二、節省外滙。今年政府爲節省外滙，力求減少輸入。出超所存外滙，爲數高達二千萬美元，存在日本的易貨外滙，卽有一千餘萬美元之多，當局以存積不易，不肯輕易動用，省內缺乏物資，以是無從補充，供不應求，物價高漲。

對於政府以上兩項金融措施，我們雅不願爲求全之責。我們深知爲財政的需要，提高官有物資售價，事非得已。減少輸入，節省外滙，在外滙不足的現階段，亦非完全不明智之舉。惟祇顧物價之提高，而不預爲防範其後果，祇顧積存外滙，而忽略必要物資的供應，以致物價飛騰，我們不能不承認這是財經措施的一失着。

㊃浪費：一切爲反攻，生活須克難的口號雖聲震雲霄，而奢靡生活，則到處可見。所謂克難，祇是少數人的事。電影院的客滿，酒樓的繁榮，新式轎車的滿街飛馳，明暗舞場的熱鬧，在在都可看出奢侈浪費情形。有錢的人儘可窮奢極侈，盡情享受。節約消費的宣傳，固然從未生效，現在連這口號都聽不見了。我們雖是處在準戰時，可是在一般人民生活中，連半點的準戰時氣氛也找不出，臥薪嘗膽的氣象，固然沒有，卽抗戰時期後方的刻苦生活也不多見。整個國民的消費，遠超過自己的實力。不僅民衆如此，政府的開支亦有可省而未省的浪費，如許多不必要的出國參觀考察的外滙支出，黨員自淸的印刷等費用，不必要的訓練班研究院之設置，做壽、喜慶和喪葬之舖張，都是可省而未省的浪費。此外尙有應省未省者不在少數，公私如此浪費，物價之高漲又何能避免。

物價騰貴的原因至爲複雜，以上所述，不過爲其中之較爲主要因素，亦爲各種因素中的經濟因素。物價問題，爲經濟問題，我們要安定物價，必須從消除這些經濟因素着手，換句話說，必須用經濟的方法，才能眞正解決物價問題。自上月下旬政府開始抽緊銀根，疏導物資以來，物價已漸回穩，其措施之正確與負責之表現，值得讚揚，惟我們於此尙有不能已於言者。

一、抽緊銀根，收縮信用，固可平抑物價，然亦可使生產萎縮，經濟蕭條。如何方爲適度，於此有益，於彼無損，當局必須縝密研討，隨時機動，務求適可而止，方無過猶不及之弊。更須記取此次敎訓，今後務必避免發行之增加，對於信用之消長，更應隨時嚴加控制，以免再行影響物價，增加人民苦痛。事先的預防實遠甚於事後的挽救。

二、抽緊銀根祇可治標，欲求物價長期安定，惟有充裕物資，物資之生產供需，更應有通盤的計劃。臺灣現行經濟政策，旣非絕對自由，亦非澈底管制，似管而非管，不應自由而許與自由。因此，在經濟上常常發生矛盾混亂現象。如此次棉紗之漲，雖是由於棉紗供不應求，而棉紗之供不應求，實基因於布廠漫無限制之增設。麵粉之漲價，亦爲粉廠設置過多，原料不能適應生產能力之結果。倘政府能根據供需情形，事先通盤計劃，善爲管制，則漫無限制，盲目濫設布廠、粉廠之事，定能避免。對於現行經濟政策之臧否，本文不擬多所議論，惟須使其不致成爲物價波動之因素。但我們强調經濟行爲，必須要有計劃，然後才能有良好的結果。同時更强調臺灣必須要有正確的統計，因爲這是一個完美計劃不可缺乏的前提要件。我們雖有不少主持統計調查機構，但是到現在爲止，我們沒有確實的供需數字，究竟每年需要何種物品若干，自已能生產多少，需要進口多少，從無正確的調查統計可以作爲擬定財經計劃的根據。多年來物價之迄未安定，經濟措施之未如理想，實以此爲主要原因之一。今後我們必須於物資的生產供需，切實作一番調查統計功夫，求得其正確數字，然後據以擬定生產運銷分配計劃，務求生產方面沒有浪費，物資充裕，供求相應，則物價自必安定了。反攻大陸戰爭的開始，祇是時間問題，爲應付戰時物價，我們必須預爲之謀。戰爭開始後，物資的控制配給等將爲不可避免的措施，故前項的調查統計與物資的供需計劃，不僅平時物價所關，亦爲反攻勝利的關鍵。

三、改幣以來，因朝野的努力，臺灣的經濟年有進步，而國民所得則大都耗於浪費，此於物價之波動，資本之儲蓄，影響莫大。我們要爲反攻戰爭積存物資，要爲發展經濟儲積資本，如何切實引導人民節約消費，實爲政府當前急要之務。過去官樣文章式的宣傳，無補於事，必須妥定辦法，切實推行，尤須政府以身作則，不達目的不止。

四、最後我們更有切望於政府者，爲預算之核實與緊縮。各機關編擬預算，向喜浮列以備剔減。而總其事者，則往往重視情面照案通過，以致預算年年膨脹，人民不勝負擔。

這種討價還價之惡習，實多年來我國財政未上軌道的癥結。値此國難嚴重民族存亡絕續的關頭，這種不良作風，必須澈底消除。國家民族的利益，決不可作爲私人的酬庸，遠大的眼光和公正無長的精神，應是公忠體國者的必具要件。我們必須明白財政問題的解決，應從發展經濟着手，經濟的發展，必須安定物價，而急激過大的財政支出，勢必引起物價波動。如果祇顧目前開支，經濟必被侵蝕，經濟危而財政勢將無可挽救，反攻復國的努力，亦將付之東流了。

日在發展中的語意學

徐道鄰

我們人類開始在這個地球上生活，據說已經有一百多萬年。然而一直到了最近的三百多年以前，我們才知道我們身體裏面的血液，是一天到晚在循環流動着的（哈爾維，William Harvey; Exercitatio de Motu Cordis et Sanguinis, 1628）。這一個發現，對於我們一般人來說，實在是沒有甚麼大的影響。但是對於研究生理學的、生物學的、醫藥學的人們來說，這却是這些學科的一切正確知識的最基本的開始。不明白血液循環的作用，我們就不能了解我們為甚麼要吃飯，要喝水，要呼吸，要排洩，我們也不能了解我們是怎麼樣會喝醉酒，會中風，會中毒，和怎麼樣去治療這些病患。

同樣的，我們人類之會說話，大概有五六十萬年。會寫字晚的多，大概也有五六千年。然而也是一直到了最近的二三十年來，我們才知道對於我們的語言行為，加以密切的注意和研究。我們才知道問：人類為什麼要說話？人類說話的作用是甚麼？人類應該怎麼樣去運用語言才能達到他們說話的目的？人類在運用語言時，是否也會被語言所運用，所控制？語言怎麼樣在影響一個人的思想和行為？怎麼樣在規範一個民族的生活方式和思想方式？凡此種種，都是我們現在稱之為語意學（Semantics）的這一門學科所要討論和研究的問題。

語意學之被有系統的研究，到現在祇有二三十年的歷史。至於它有力的發展，尤其不過是最近三五年間的事。我現在把這一門學問近年來發展的經過，簡單的向大家介紹一下。

一

我們中國語言，雖然是全世界中文學生命最長的語言。——世界上沒有另外一個民族，能像我們中國人似的，那麼樣自然地欣賞和背誦一千多年到兩千多年前的詩歌，和背誦得那樣的多——但是對於語言在人類生活中的作用（role），則似乎極少有人予以注意。孔子曾經特別稱贊宰我子貢在「言語」上的成就，（論語先進：「言語：宰我，子貢。」）到了孟子的時代，還依然被人稱道。（孟子公孫丑上：「宰我子貢，善為說辭。」）然而，據解經者的說法，（邢昺疏：「用其言語辨說，以為行人，使適四方。」）則他們祇是擅長詞令的外交家，而不是研究行為心理的語言學者。孟子是自命為「知言」之人，他說：「我知言」，（公孫丑上）然而趙注解釋為「我聞人言，能知其情所趨，」那麼「知言」就是「知人」；朱注解釋作「知言者，盡心知性，於凡天下之言，無不有以究極其理，而識其是非得失之所以然也。」那麼「知言」就是「知理」，兩種說法，全都還沒有接近語言問題的邊緣。孟子在談詩經的時候，說：「故說詩者不以文害辭，不以辭害志，以意逆志，是為得之。」（萬章上）趙注說「文，詩之文章，所引以興事也，」但是他並沒有說出來「詩之文章」是什麼？朱注說：「說詩之法，不可以一字而害一句之義，不可以一句而害設辭之志。當以己意迎取作者之志，乃可得之，」就是說大家不可以過於拘泥於字面的解釋（literal interpretation），而失掉了作者眞正要表達的意義。這一段話的適用，當然不以讀詩經為限，但是可惜也不過是一般「常識」性的陳述而已。

據我讀中國書的淺薄的經驗，我認為對運用文字最認眞的，莫過於注三國志的裴松之。中國書中，文字最能確切的表達意志，一句話不允許作兩樣解釋的（unambiguous），也莫過於三國志注。陳壽評論袁渙邴原張範（魏志卷十一），說他們「躬履清蹈，進退以道。」松之說：「蹈猶履也，躬履清蹈，近非言乎！」這樣子嚴格的來指出「冗語」pleonasm 的錯誤，在中國文字批評中，我還沒有能作第二次的發現。

此外還有作後漢書的范蔚宗，對於語言的認識，比起其他人來，不能說不是特別深刻。他在獄中與甥姪書，說一般人作文章的毛病，是「事盡於形，情急於藻，義牽其旨，韻移其意。」他認為：「情志所託，故當以意為主，以文傳意。以意為主，則其旨必見；以文傳意，則其詞不流。」這幾句話，倒很充份的透露出來語意學的思考。此後千餘年，文章，詩詞，訓詁，音韻，吸引和消耗了無數人的思想和精力，然而他們始終都祇是在中國語言文字的裏面來翻觔斗，再沒有人能超出這個範圍，而對於語言和思考與行為的這些深一層的問題上去加以注意了。

二

西洋人的思考，很早就注意到語言的符號作用，就是說，注意到語言和它所指示的實際事物的關係。犬儒派的開山大師安提斯提尼斯（Antisthenes, 444–368）所提倡的哲學，就說人的幸福是建立在道德上，而道德是建立在知識上的。而知識的取得，就是在探求語言的意義。一個人眞正瞭解了一個字的意義，同時就瞭解了這個字所指示的事物。而一個人獲得了這種瞭解之後，是再也不會把它失掉的。柏拉圖描寫克拉提勒斯（Cratylus，蘇格拉底同時代人），就說他認為凡是人間的一個字，祇要是在和它的意義適合的場合上來運用它，就再也不會錯誤，所以這個世界上可以說是不可能有「假」，不可能有「錯」的。斯圖噶派（300 B.C.–260 A.D.）的學者，把這一種研究符號現象的學問，看成了哲學的主要學科之一，把知識論和邏輯都歸併到裏面而統稱之為邏輯學，而與物理學（包括物元學、物理學、神學）和倫理學為哲學全體的三大部份。

這實在是一項非常重要的認識，可惜當時許多相關的科學都尚未成立——尤其是心理學和人類學；我個人認為語意學在今日之有如是的發展，主要的是靠了近年來這兩門學科的重要進步。——所以得不到它所必需的營養而未能繼續生長，同時，邏輯和形而上學正在控制着當時一切主要學者的思考，所以許多語意學上重要的理解（insights），不去參加形式邏輯的概念的行列，就牽附在各種形而上學的叢蔓中去寄生。亞里斯多德在他的龐大的哲學系統中對於許多語意學問題的處理方法，就是這一個事實的最具體的說明。

這一個現象，在中古及近代的哲學裏，一直在繼續着。就是說，許多大思想家，常常獲得了極深刻的語意理解（semantical insights），但是他們祇是用以改良和加强他們自己的思考，却很少把這些規則向大家傳說出來。就是有，也祇是三言兩語的片段的陳述，從未有人大規模的去作一個有系統的探究。在這裏面，十六七世紀中英國的幾位大哲，像洛克，柏克萊，休謨，貢獻最多。（關於此三人在語意學上的理論，可讀 J. Holloway, Language and Intelligence, 1951）洛克會經說過這樣一段話：

「含混的和瑣碎的語調，濫用的語句，多少年來，一直被認為學術的玄秘。不易解釋的，錯誤使用的名詞，它們是很少意義，甚至於毫無意義的，但是大家却全都理直言順的，一定要把它們看成是學問的淵深和想像的高超。那些說這些話和聽這些話的人，我們很難說服他們，使他們相信，這些名詞祇是無知的掩護，和眞正知識的障碍而已。」（見 Hayakawa, Language in Thought and Action, p. 38）

這句話，說它是一位一九五〇年代的語意學家說的，誰也不會懷疑。還有邊沁，對於語意學，也有非常重要的見解。現代英國的語意學家先進奧格登 C. K. Ogden，就是主要的受了他的影響。（參閱 Ogden, Bentham's Theory of Functions, 1932）至於歐洲大陸上的哲人，則有萊布尼茲，第一個看出了語言和符號作用的重要性。他會經想創造一套普遍語言（一種萬國通用的語言系統），代表宇宙間的一切事物，再研究一套有形式的推算方式，使之成為最正確最有效的思考——這就是現代符號邏輯的出發點。——然而萊布尼茲這一套思想，在歐陸並沒有太發生影響。而後來最能承其衣鉢的，最能使其發揚光大的，却還是一位英國的學人，那就是至今健在的八十三歲老人羅素。所以英國被稱為分析哲學（Analytical Philosophy）的故鄉，實在是當之不愧的。

三

近年來語意學的發展，可以說是從三個方向，得到它主要的動力。而最初的動力，就是來自英國的哲學方面。韋爾貝夫人（Lady Viola Welby）在一九〇三年發表了一部書，叫做「意義是什麼」（What is Meaning?）。她在這一部書裏，指出語言和經驗的相互關係，而使人注意到語言對於知識的重要性。這可以說是二十世紀中的第一個呼聲。接着在一九一〇年，懷海德和羅素共同發表了他們的「數學原理」（Principia Mathematica）。這是一部討論數學基礎的巨著，而同時牽涉到許多邏輯和語言的問題。在這裏羅素第一次解決了一千多年來一直使人困惑的一個哲學難題——詭論（Paradox）：

這個方塊裏
所記載的話
全都是假的

上面這一段話，你如若認為它不合事實，便得承認它是一句眞話，如若你認為它合乎事實，便得承認它是一句假話。那麼這一句話到底是眞的還是假的呢？（同樣的，如若一個騙子說：「我一輩子都是在說假話騙人。」那麼他這一句話，如若是眞的，就是假話，如若是假的，就是眞話。）羅素就在這一個問題上，建立了他的「型範論」（Theory of Types）。他指出了這一類難題的產生，是由於語言運用的不適當。一個種類的總稱，不能是一個種類的一份子，如同不論力氣多大的人，不能把自己舉起來一般。（一本書目的目錄，用不着把自己列為內容。）因之，我們在這裏所面對的，不是一個邏輯問題，不是哲學問題，而是一個語言問題。

羅素在「數學原理」中對於邏輯和語言的嚴密的探討，對於當時的哲學家，發生了極大的影響。後來號稱「維也納學派」（也被稱為邏輯實證派）的這一羣學人，就是從他這裏得到他們主要的動力。羅素的一位德國學生維根什坦（Ludwig Wittgenstein），對於語言在哲學中的作用，評論得最為淋漓盡致。在他的「邏哲論叢」（Tractatus Logico-Philosophicus, 1922），他把傳統哲學眞批評的一文不值。他認為所有傳統哲學裏的高深命題，我們根本都沒有方法證實其為眞或假，所以它們實在說起來完全是毫無意義的。傳統哲學裏有許多命題，都是因為我們對於我們語言的邏輯沒有了解，才產生出來的。因之，許多我們認為是有關事實問題的討論，實際上祇是語言問題的討論而已。他書中這樣說：

「很多有關哲學的命辭和問題，並不是錯誤，而祇是沒有意義（senseless）。所以這一類的問題，我們根本無法回答，而祇能指出它們的無意義。許多哲學家的命辭和問題之產生，大多數是因為我們不了解我們語言的邏輯的緣故。（例如問「善和美是否多少有些相同」。許多哲學問題，都是這一類性質的。）因之，我們不能奇怪，那些最深秘的問題，實在說起來，根本不是問題。（Op. cit. pro. 4.003）

維根什坦從一九二九起，一直在英國教學（從一九二九到一九三九皆在劍橋，前幾年故去。）他對於英國哲學（尤其在邏輯和語意學方面）所發生的影響，其深刻和廣泛，是無法估計的。

從哲學的訓練出發，邏輯和語意學是無法分開的。所以維也納學派大師卡納普（Rudaolf Carnap, 1891，現在芝加哥大學任敎）所寫的關於語意學的書（例如 Introduction to Semantics, 1942），也可以說是純邏輯的書。尤其是關於「語言的系統化」(Systematization of Language)。對這個問題，他有特別深刻和澈底的研究（對於這一類研究的批評，可參看 Holloway, Op. cit. p. 153）。他不愧是現代最深刻最嚴格的研究語意學的邏輯學者。查爾斯・摩立斯（Charles W. Morris, 美國人，現亦在芝加哥大學任敎）在學術上的訓練多少是和維也納學派接近的。不過，在語意學的探究上，他是想自己建立起一套完整的系統，而他這一套系統是完全建立在一個行爲學派的心理學的基礎之上的。他的「符號，語言和行爲」(Sign, Language and Behavior, 1946)是語意學中一部劃時代的巨著和傑作(批評者有 Dewey-Bentley, Knowing & the Known, 1949, p. 233)。以上所述，都代表從哲學(邏輯，知識論)出發的語意學的思考。想對這一門學問作嚴格的探究的，非在這上面多下一番功夫不可。

四

哲學家對於語意學的思考，在過去三十年前，多少祇是在研究哲學的學人們中間打圈圈。把語意學思考從哲學家的圈子裏拖出來，使其他學科的學者們認識和注意，主要的是英國兩位文學批評家的功勞。奧格登（C.K. Ogden, 1889）和李察茲（I. A. Richards, 1893，他在北平清華敎過書〔一九三〇〕，寫過一本有關孟子論性的著作）在一九二三年共同發表了一本書，叫做「意義的意義」（The Meaning of Meaning），這是從韋爾貝夫人之後第一本專門討論語言問題的傑作。語言怎樣影響思想，怎樣影響行動，人類生活中各種符號標記的種種作用，全都是第一次在這裏精密的有系統的被分析和說明。他們在這裏首次提出他們那個著名的「符號三角形」：

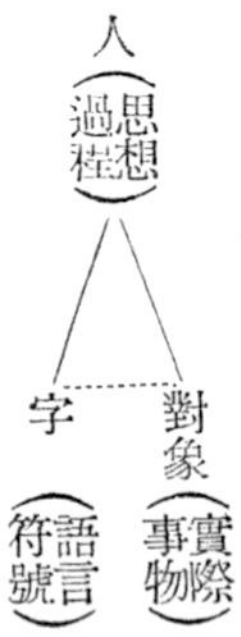

一隻狗的形狀，射進了我們的眼簾，我們的頭腦中聯接起過去關於狗的回憶，於是「狗」字就脫口而出。這是從「東西」想到「語言」。或者我們聽見一個「狗」字，這個符號就在我們頭腦中，掀起來我們關於狗的回憶，而使我們的想像中有一隻狗，彷彿我們眞的面對着一隻狗一樣，這是從「語言」想到「東西」。一個最確實的語言，最不容易發生誤會的語言，是一個三角形完整的語言。如若三角祇有兩角，左邊有的是字句，而你在右邊指不出具體的事物來，那麼你的語言就步入危險地帶了。

奧李兩氏這部書一出版，馬上就廣泛的被各學科的學者所重視，而逗引起他們在這一個方向上共同繼續思考。有不少很有地位的學者，例如醫藥學者克魯善克（F. G. Crookshank），人類學者馬林諾夫斯基（B. Malinowsky），全都深深的受了這一部書的影響。而語意學的思考，就這樣的透過這些作家，再廣泛的滲透到另外許多學人們的頭腦裏面。所以，威爾斯（H. G. Wells）在他的小說「未來世界」(Shape ofT hings to Come, 1933）中，就特別提出這一本書來，而說它是設法改良語言使用中最早的一個嘗試。這一本成了語意學的經典的著作，在英美兩國，已經印行了十幾版，到今天還依然在銷行。英國一位大文學家吳洛坡（H.S. Walpole, 1884-1941），五體投地的崇拜這一本書。他曾經採取它的要點，寫過一本「語意學」(Semantics），在一九四一年出版。對於語意學在近年來的發達，他這一本書是很有貢獻的。

五

奧格登和李查茲雖然把語意學從哲學家的看護中解放出來，但是語意學的探究，一直的仍然是一羣比較成熟的學者們玩弄的把戲。後來把語意學眞正大衆化（popularized）的，使那些不是專門 研究 學問的 普通老百姓也能從語意學的進步得到一些益處的，乃是生活在美國的一位波蘭學者科爾西布斯基，(Alfred Korzybsky, 1879-1950）和他的一羣信徒。

科爾西布斯基的成就，在純學術界的圈子裏，是毀多於譽的。他費了十年功夫，寫了一本書，叫做「科學和健康」(Science and Sanity)，一九三三出版）。他這一本書（七百八十巨頁，引用書籍六百十九部）差不多討論到世界上任何一門科學（人類學、生物學、植物學、反應心理學、敎育學、昆蟲學、遺傳學、數理學、邏輯學、數理物理學、神經學、眼科病理學、生理學、精神病學），並且常常討論到這些科學中的重要問題。(所以司徒蔡思 Stuart Chase 說他這一本書比世界上所有哲學家的全部著作合在一起還要難讀。）有人挖苦他，說他這本書裏重要的部份不新穎，新穎的部份不重要。也有人譏笑他在這許多學科中所表現的假內行。然而他的知識的廣泛，用功的勤苦（他研究這許多學科，就在探討語言在這些學科中的作用和變化），治學的眞誠，說道的狂熱，使他得到一羣信徒，把他所創造的「一般語意學」（"General Semantics"），看成一種宗教，把他個人看成這一個敎的敎主，而「科學和健康」則是他們這一羣人所供養背誦的經典。

科氏認爲人類的思想和行爲，一切皆受他們腦袋裏的語言組織所控制。人們思想之錯誤，行爲之錯誤，發精神病，作事和交友的失敗，無一不是因爲他們的語言組織發生了毛病，所以人們一定要學語意學——語意學不是祇有邏輯家才應該去學，而是任何人都應該去學的，這就是他選擇了「一般」語意學(General Semantics）這一個名稱的道理——如果人人都學語意學，都能學好語意學，人類就將再不會有精神病，將再不會有誤會和爭執，而世界上的永久和平就會來臨。(「一般語意學」之能使其信徒有宗教性的狂熱，主要的就在這一點。)

科氏認爲人類用語言說明事物，這一作用，如同一張地圖之代表實際地區一樣。因此我們要注意：㈠地圖祇是地形的說明，而不是地形本身。(有人說張三是個壞人，則這祇是張三有壞批評，而他並不一定就眞的是個壞人。)㈡地圖所表達的，祇是地形的一部份，而不是包涵該地形的一切。(有人說張三是個「壞人」，我們不可因此就認爲他也是個「窮光蛋」。)而一般人的習慣，則是過份拘泥於亞里斯多德的形式邏輯，認爲㈠我們說一個東西「是」甚麼，它就「是」甚麼(「壞蛋永遠是壞蛋！」)；㈡天下的東西，不是黑，就是不黑的(「不是我的朋友者，就是我的敵人」)；㈢天下沒有一樣又是黑，又是不黑的東西(「你不能又想發財，又怕黑心！」)。科氏認爲這是一切不正確思考的來源，這是亞里斯多德邏輯系統的罪過，所以他又驕傲的命名他的思想系統爲「非亞系統」。(實則他對於亞里斯多德這一點，似乎多少有些誤解，參看 Lionel Ruby, The Art of Making Sense, 1954, p. 159–170)

科西布斯基毫無疑問的是一位天才人物，但他也是一位極不能接受批評的人，所以他始終是一位怪人，他的書也始終是一部怪書。但是他研究語意學的出發點，到底是正確的，而他那許許多多新奇見解，也有不少是非常有價值的，所以從他那許多學生中，也出了不少成名的學者，如李伊文(Irving Lee)，溫德爾强生 (Wendell Johnson)，凱斯 (Kenneth Keyes)，拉波波特 (A. Rapoport)，每一位都有好幾部很好的語意學的著作行世。科氏的最大的兩位功臣，一位是他的日本學生早川 (S.I. Hayakawa)，寫的有「在行動中的語言」(Language in Action, 1941)，後來擴充在爲「思想中和在行動中的語言」Language in Thought and Action, 1949，去年又編了一本「語言，意義和成熟」(Language, Meaning and Maturity, 1954)。一位是司徒蔡思 (Stuart Chase)，寫的有「語言的暴虐」(The Tyranny of Words, 1938)，和「語言的力量」(The Power of Words, 1954)。蔡氏在他的許多書裏，一直在介紹和推崇科氏的學說，祇因爲也有時加以批評，所以始終不爲科氏所諒解，而一直被其排斥。這幾部書，都是在英語國家翻印過許多版的非常暢銷的書，尤其是早川「在思想中和在行動中的語言」那一部書，內容十分有價值，而寫得又異常流利易解，生活在二十世紀的人們，實在每人都有一讀該書的必要。

現在研究語意學的，在美國有兩個研究所 (Institute of General Semantics 和 International Society for General Semantics)，一個季刊 (名叫 ETC，出版已經有十二年)。開這一門功課的，有一百多個大學，和許多訓練班。在許多中學小學裏，也有人在作語意學訓練的試驗。語意學能有這樣强有力的發展，科爾西布斯基和其門徒們的功勞，是不可埋沒的。

(上接第19頁)

印度政府每年設有亞洲學生奬學金。中共亦獲得五名。中共爲酬謝印方起見，特邀請印度各大學教授及學生組團赴大陸觀光，此事已在上月實現，印度大學教授及學生訪問團由印度敎大學副校長阿耶博士率領，於上月赴大陸訪問。阿耶博士 (Dr. P.C. Ramaswamiaiyar) 爲印度著名之學者，又是一位政治家，曾任英印時代之司法部長及南印度首席部長，英印在倫敦開圓桌會議時，阿耶博士即隨甘地代表印度前往出席，阿耶博士已於本月初先行回來，並於三日在國立德里大學作公開演講。其要點：(一)中共希望與印度作朋友。(二)中共政府之體制是管制與集權。(三)紀律在中國大陸是一顯著之事件，可是此種紀律基於無產階級領導之哲理，故有獨裁之存在。(四)我們印度人心目中之個人自由思想之概念，是不存在於大陸的。

印度大學的學術自由與英美各國無異，任何思想主義均可談論，但不能形諸行動，觸及國家安全法律。孔子所謂道並行而不相背，由於印度大學之講學自由，故其高等敎育發達，研究標準亦高，印度學人以自由職業爲尙，不願走入官途。此亦極得欽敬之一點。我國學人受「學而優則仕」之影響，大家爭向機關裏設法，得一官半職爲榮，棄學術於不顧，因此官場中形形色色，而學人之氣節亦失矣。國家之衰敗，此亦一重要因素也。

中華民國四十四年十一月十五日作於印度阿拉哈巴大學

六年來新臺幣制度之檢討

楊承厚

新臺幣制度創立於卅八年六月，到了本年六月已經有六年的歷史了。在這篇短文裏，筆者預備用檢討過去、展望將來的態度，把六年來新臺幣制度的演變，加以客觀的和科學的分析。第一、根據卅八年六月十五日公佈的幣制改革方案和各種有關法令，分析新臺幣制度的原始內容和特點；第二、從客觀環境的變遷，說明六年來新臺幣制度重要的興革；第三、綜合六年來新臺幣制度演進的大勢，說明它過去已有的成就和將來應有的改進。

一　新臺幣制度之內容及特點

卅八年本省通貨繼增不已，物價一日數漲，地下錢莊活躍，金鈔市價全面狂升。省政府乃於六月十五日公佈「臺灣省幣制改革方案」說明新幣制要旨及實施要旨。同時公佈四項辦法：①新臺幣發行辦法，②新臺幣發行準備監理委員會組織規程，③臺灣省進出口貿易及滙兌金銀管理辦法，④修正臺灣銀行黃金儲蓄辦法。玆根據上述改革方案及各項辦法，綜述新臺幣制度最初之重要內容如次：

(一)發行機關　新臺幣發行辦法第一條規定：「臺灣省政府自本辦法公佈之日起，特指定由臺灣銀行發行新臺幣。」

(二)發行限額　新臺幣發行辦法第二條規定：「新臺幣發行總額以二億元為度。」

(三)新臺幣之單位及面額　新臺幣之單位為一元。新臺幣券面額分為一元、五元、十元及百元等四種。新臺幣之輔幣為「角」及「分」，以十分為一角，十角為一元；輔幣券面額分為一分、五分、一角及五角四種。(關于輔幣，另有單行法，上述規定已修正。)

(四)新臺幣之對外價值　新臺幣發行辦法第五條規定：「新臺幣對美金之滙率，為新臺幣一元兌美金兩角。」即美金一元等於新臺幣五元。

(五)新臺幣對舊臺幣之折合率　新臺幣發行辦法第六條規定：「自本辦法公佈之日起，臺灣銀行以前發行之舊臺幣，以四萬元折合新臺幣一元；限于中華民國卅八年十二月三十一日以前無限制兌換新臺幣。在兌換期間，舊臺幣暫照上列折合率流通行使。」在實際上，兌換工作係于卅九年一月十四日截止。

(六)新臺幣的準備　新臺幣發行辦法第九條規定：「新臺幣以黃金、白銀、外滙及可以換取外滙之物資十足準備。」

(七)新臺幣的兌現　新臺幣發行辦法第十條規定：「凡持有新臺幣者，得照臺灣省進出口貿易及滙兌金銀管理辦法之規定，結購外滙；或照黃金儲蓄存欵辦法之規定折存黃金儲蓄存欵。」

(八)公私會計及債權債務之處理　新臺幣發行辦法第七條規定：「自本辦法公佈之日起，本省公私會計之處理，一律以新臺幣為單位……。」同法第八條規定：「……所有以舊臺幣計算之公私債權債務，均應按……規定之折合率，折合新臺幣清償。」

(九)新臺幣之檢查　據新臺幣發行辦法之規定，新臺幣發行準備之檢查、保管，由「新臺幣發行準備監理委員會」辦理之。臺灣銀行對于新臺幣發行數額應于每月終列表報告省政府及該會。該會應于每月終了後，檢查新臺幣發行數額及準備情形，作成檢查報告書公告之，同時報告省政府。該會如發現新臺幣發行準備不足時，應卽通知臺灣銀行停止發行，收回其超過發行準備之新臺幣，並報告省政府。臺灣銀行接到該會通知後，應卽收回其超過部份之新臺幣或補足其發行準備，非經該會檢查認可後不得繼續發行。

我們把幣制改革方案及同時公佈之各項辦法加以綜合分析之後，可以看出初期新臺幣制度具有下述各項特點：㈠新臺幣是一種地方性的通貨：根據新臺幣發行辦法之規定，新臺幣是由地方銀行(臺灣銀行)根據地方政府(臺灣省政府)的行政命令所發行的紙幣；既未經過立法機關的審議，亦不交中央銀行統一發行。當然祇能算作地方性的通貨。在新臺幣發行之時，在法理上我國仍以金元券為本位幣(事實上已不能使用)；卅八年七月二日以後，在法理上我國係以銀元券為本位幣，直至今日並未正式廢止。所以在新臺幣法令中，我們找不到「本位幣」或「無限法償」的字樣。都在表示新臺幣是一種因時因地制宜的一種地方性的貨幣。㈡新臺幣雖與黃金外滙有密切的聯系，但在本質上仍屬於不兌現紙幣的範疇：人民持有新臺幣者雖可通過黃金儲蓄辦法而取得黃金，但市面上既無金幣之流通，黃金出口又受有相當嚴格的限制，自然不能算「金本位」。新臺幣雖與美金定有固定之比價，但臺灣銀行並未無限制買賣外滙，人民須經申請始可取得外滙物資，所以新臺幣也不能算作「元滙本位」。所以初期新臺幣雖與黃金美元具有密切之聯系，仍祇能算作紙本位。迨黃金儲蓄取消及外滙審核加嚴之後，自然更是紙本位了。㈢新臺幣發行有限額，價值有保障，是一種管理非常嚴密的幣制：新臺幣的發行是在通貨膨脹之後，重建一個新幣制，所以管理方面異常嚴密。第一、發行總額以二億元為度，不得增發；第二、有八十萬兩黃金為基金，準備極為充實；第三、對內可以兌取黃金，對外可以購買外滙，價值極有保障。新臺幣管理雖然非常嚴密，但因我國金融組織不健全，政府缺乏管理信用的工具(如貼現率政策，公開市場政策)，所以尚不能構成完全的「管理通貨制」。四綜觀上述各項特點，可見新臺幣制度的主旨完全在防止通貨膨脹之發展，諸如行使範圍之限制，最高發行限額之規定，十足準備之實施，以及對內兌取黃金，對外與美金聯繫等條件的設立，其目的均在積極的提高人民的信仰，和消極的防止幣制之走入歧途。在當時大陸已成貨幣眞空和本省舊臺幣已經形成惡性通貨膨脹的情況之下，實在是一項非常適宜和必要的措施。

二　六年來新臺幣制度之重要變革

根據上述新臺幣制度的基本內容和特點觀察，可以看出它是一個以反通貨膨脹爲主旨，而極端缺乏彈性的貨幣制度。因爲制度的本身規定得過於嚴格和具體，所以很難百分之百的長期維持。在事實上，新臺幣的基本內容，祇維持了一年；其後各種限制條件逐件放寬，而使人發生面目全非的印象。此種變革的造成，並不是因爲金融當局沒有堅決維持原來制度的決心；而是因爲客觀環境發生了非常的變化，而不得不採取順應實際需要的措施。第一、貨幣需求的增加：新臺幣制度的設計，原以一省的貨幣需要爲對象。當時人口不過六百餘萬，農工生產的水準均在日據時代的水準之下。新臺幣制度實施之後，不但人口增加了百萬以上，就是農工生產也都逐漸超過了過去的最高紀錄。所以貨幣需求總量當然也要隨之增加。第二、政府收支之未能相抵：新臺幣制度之設計，建築在政府收支可以平衡的假定上。在當時，中央在臺軍公欵已有具體財源，此項假定本可完全兌現。但其後大陸全部淪陷，局勢爲之一變。臺省以蕞爾小島，竟須擔負六十餘萬現代化軍隊之支出；最初尚可用變賣黃金及剩餘物資辦法勉强應付，但終難避免財政發生赤字之命運。近年美援增加，局勢雖已好轉，但政府收支仍難實現澈底之平衡。第三、進口需要之擴大：新臺幣實施之後，因爲進口需求不斷增加，同時因出口彈性有限，且受出口品國際價格變動之影響，故國際收支曾經一度失衡。四十年以後因美援物資增加，及本省改採「量入爲出」的貿易政策，表面上局面已呈好轉。但是在實際上因實行滙兌統制的關係，仍有相當數量進口需求不能獲得滿足；因而影響新臺幣之對內價值及對外價值。

以上所舉三者，僅其犖犖大者；其他原因尚多，不克一一備述。至於新臺幣制度方面因此而發生之重要變革，計有左述各端：

(一)發行數額　新臺幣發行辦法第二條規定：「新臺幣發行總額以兩億元爲度」。此種規定係新臺幣制度的特點之一，其目的原在利用最高限額的規定，來保證新臺幣不會走上通貨膨脹的老路。此制實施不久，大陸即告全部淪陷，中央政府遷臺後軍政費用隨之激增，加以入口增加及農工增產等原因，促成市面通貨不足之現象。其間雖曾通過黃金儲蓄及拋售剩餘物資等方式大量吸收貨幣回籠，但亦祇使此項限額維持一年的時間。卅九年七月最高限額打破，開始發行「限外」臺幣；以後逐年均有增加，愈發愈多，遂造成反客爲主的趨勢。截至本年六月底止，本省通貨發行總額，除了「限內」二億元已發足額之外，尚有「限外」發行九億五千餘萬元，輔幣發行一億一千餘萬元，及「省外」發行三千萬元；四者合計已達十三億餘元。換言之，目前本省通貨發行總額已達新臺幣制度所定最高限額之六點五倍，或淨超過五點五倍（此僅就官方發表數字而言）。

(二)發行準備　新臺幣制度之次一特色，即在以十足準備來堅定人民對於幣制的信仰。故新臺幣發行辦法第九條規定：「新臺幣以黃金、白銀、外滙及可以換取外滙之物資十足準備」。新臺幣發行六年後之今日，其準備之內容在大體上尚能符合上述規定。唯因發行數額增加，幣值逐漸貶低之關係，以致準備估價之標準一再調整；結果遂使每單位新臺幣之準備大爲減少。例如，今日每單位新臺幣之黃金準備的重量，僅爲幣改時的百分之四十。

(三)黃金政策　新臺幣制度下之原始的黃金政策，在透過黃金儲蓄的方式，實行變相的紙幣兌現。其主要目的，在使新臺幣與黃金發生聯繫，藉以穩定新臺幣的幣值，並加强人民對它的信仰。其附帶目的則在吸收新臺幣回籠，藉以補足政府財政的赤字(當時中央軍政費用之調度，大部份倚賴用黃金向臺銀調換新臺幣之方式)。在過去六年之中，此項基本政策一共維持了十一個半月。其後因爲客觀環境改變，政策逐漸改變：先之以提高黃金官價，繼之以停止出售，最後則禁止黃金之自由交易。較之幣改時之原始政策，可謂大相逕庭矣。

(四)滙率政策　新臺幣制度下之滙率政策，係使新臺幣與美金發生固定之聯繫，藉以提高人民對新臺幣之信心及安定對新臺幣之對外價值。爲了達到此項目的，所以新臺幣發行辦法第五條特別硬性規定：「新臺幣對美金之滙率爲新臺幣一元兌美金兩角」。六年以來政府雖然極力維持此項政策，但因客觀環境之困難，終難避免多次調整滙率之事實；且因在技術上採用結滙證及加徵防衞捐等方式，更使我國滙率構造在偏高之外，更呈現差別化和多元化的特質。目前之實際滙率(新臺幣廿四元七角八分折美金一元)較之幣改時五比一的比率超過將近四倍矣。

三　新臺幣制度之成就及今後之改進

綜合前面的分析和檢討，我們可以看出在實施六年後的今天，新臺幣制度已經發生了非常顯著的變動。

但是從本省整個經濟的立場來看，新臺幣制度本身的變化，並不妨害它推行的成功。如果我們把六年來客觀環境的演變，一併加以通盤的計算，就可以看出它在許多方面都有令人滿意的貢獻：①惡性通貨膨脹的遏止：在新臺幣發行之前，舊臺幣正在逐漸邁上後期法幣及金元券等惡性通貨膨脹的方向。當時幣信崩潰，人民重物輕幣，搶購金鈔及囤積實物，一時蔚成風氣；地下錢莊盛行，黑市利息飛漲。影響所及，物價一日數升，人心極度動盪。在此種環境之下，新臺幣制度乃以限制發行數額，十足充分準備，對內與黃金聯繫及對外與美金聯繫等姿態，展開反通貨膨脹的鬪爭。因爲限制嚴格，辦法具體而毫無彈性，一時人心由浮動而趨於安定，社會經濟由動盪而歸於平靜；在新臺幣發行之第一年中，始終勉力維持發行辦法所定之各項防線。故能收取「撥亂反正」之功，獲得反通貨膨脹運動之第一回合的勝利。②戰時支出之融通：新臺幣實施之後，適值大陸淪陷，中央政府全部遷臺。本省以蕞爾小島，除了應付數以百萬新增人口之經濟壓力之外，尙須擔負六十餘萬現代化軍隊之支出。數年以來雖無大規模之戰爭發生，但却應付了多次戰時性質之支出：遠之如海南島舟山羣島之撤退，駐越國軍及緬甸游擊隊之來歸，近之如金門之砲戰，大陳官兵及義民之撤退與安置，以及退役官兵之輔導轉業等；均屬事出非常，數額龐大。而同時政府稅收缺乏彈性，公債無法發行，苟非運用新臺幣制度加以融通疏導，則其結果之惡劣勢將無法想像。由此可見，在「需要不知法律」的壓力之下，新臺幣制度所定各項防線之突破，其犧牲都是有相當的代價。③生產建設之協助：卅九年七月臺灣銀行開始限外發行，其最初十次(總額約達三億元)均係用於生產資金之週轉；以後各次限外發行雖未公佈用途，但吾人相信當有相當成數用於生產建設之協助。其次，外滙之分配對於生產建設之需要（如工業器材及原料，和農業用之化學肥料等)，均予以優先之待遇。最後，本省自幣改以後極力推行低利率政策，不但銀行放欵利息降低很多，卽市場暗息亦不斷下降(幣改時每百元月息高達二三十元，現已降至四元)，對於生產成本之降低，亦有極大之貢獻。根據經濟部統計處所編以卅七年(幣改前半年)爲基期之指數，截至四十三年底，本省農業生產指數爲一六一(淨增百分之六十一)；截至本年三月底，本省工業生產指數爲三四四（淨增二倍半）。此項良好成績之造成，幣制方面的協助之功殊不可沒。④遞減性的溫和膨脹：不可諱言的，新臺幣的發行是在逐漸膨脹和增加之中。但因爲它的增加率呈現遞減性的特質，所以本省各項金融指標（如物價，美鈔價格，黃金價格，貨幣供給量及活期存欵額等)，亦均能維持遞減性的溫和上升。對於一個正在努力增產的經濟落後地區，此項溫和上升是一種極爲有利的刺激因素。

綜上所述，可見六年以來新臺幣制度所定各項主要防線雖已逐漸破壞無遺，但對惡性通貨膨脹之遏止，本省戰時支出之應付及生產建設之協助，却都有相當令人滿意的貢獻，所以就是最苛刻的批評家，對於新臺幣制度推行的成績，在大體上也都予以適度的好評。

但是這並不是說，我們對於新臺幣制度六年來的成就，可以引爲滿意，而故步自封的不求進步。也不是說，我們對於新臺幣制度將來的困難和危機，可加以忽略而熟視無睹的不求防止。在實際上，新臺幣制度發展到今天，已經蘊育了許多急待解除的缺點和問題。爰就管見所及，擇其比較重要者，提供改進意見數端如次：

（一）發行辦法之修正與合法化　「新臺幣發行辦法」公佈於卅八年六月十五日，除卅九年十一月八日修改第四條(關于輔幣)之外，一直沿用至今。但是在實際上，這個辦法的實際有效期間祇能算半年有餘。因爲自從卅九年二月實行多元滙率以後，中美貨幣之固定聯繫卽不存在；同年七月限外發行的出現，又打破了原定二億元的限額；同年十二月停止黃金儲蓄，斬斷了新臺幣與黃金的聯繫。在制度內容發生上述重要變化之後，政府對于新臺幣發行辦法既不加以廢止，又未予以修正，一直拖了五年的時間，從任何觀點說來，都是一件說不過去的事。所以爲求名實相符起見，筆者主張修改新臺幣發行辦法，將本省目前幣制情況列入修正案之中，以崇我國尊重法治之實。

其次，幣制爲政府重要權限之一，我國憲法一〇七條將其列入應「由中央立法並執行之」的事項之一。新臺幣的發行係由省政府指定臺灣銀行辦理，僅向行政院備案，並未經過正式立法程序。故在新臺幣發行辦法中，僅規定其爲處理本省公私會計之單位，而並未將其列爲具有無限法償資格之「本位幣」(在實際上，司法罰欵今日仍以銀元爲計算單位)。本省情況特殊，光復後幣制一直適用特殊辦法，新臺幣初建之時，中央政府尙未遷臺，沿用過去成例，原屬不可厚非。但自政府遷臺之後，本省已成唯一復興基地，自不應長期放任此種現象繼續存在。所以筆者主張在修改幣制法令之同時，應當使其完成合法程序。

（二）加强防止通貨膨脹的努力　自卅九年七月「限外發行」開始之後，新臺幣制度防止通貨膨脹的堤防，就出現了缺口。所幸最初金融當局尙屬審慎，故未造成鉅大之金融波動。四十二年一月以後，「限內」數額完全發足，限外發行條件放欵(既不另頒特殊辦法，亦不公佈運用途徑)，數額愈發愈多。至是「限內發行」之地位已不重要，「限外發行」竟以反客爲主之姿態成爲新臺幣發行制度之主體。故就今日言，新臺幣增加發行在法律上幾乎已無任何限制之可言。在事實上，乃以需要多寡爲「上限」(upper limit)，準備有無爲「下限」(lower limit)；實際增發數額則折衷於二者之間。

目前這種辦法，除了尙能維持適當準備之外，與後期法幣、金元券及舊臺幣所走的路線極端相似。就金融當局言，也許是最容易走的路線；就本省整個經濟言，則實在是最危險的路線。爲了防止新臺幣蹈入過去惡性通貨膨脹的覆轍，筆者建議採行下述防範性的措施：①依據經濟需要，重訂發行限額：規定貨幣限額，在理論上並不是十分進步的辦法；但是爲了防止通貨膨脹的需要，則有限額畢竟優於無限額。如果所訂限額不是政治的限額，也不是法律的限額，而是以經濟要求爲基本考慮的限額，則尤屬利多而害少。根據這種觀點，筆者主張斟酌本省當前經濟需要，重新訂立新臺幣發行新限額。此項新限額確定之後，卽作爲新臺幣制度對抗通貨膨脹之新的最後防線；②凍結現在發行數額，嚴密增發程序：如果認爲新限額不易確定，或者認爲牽涉太大時，則不妨在牽就現況之條件，實行消極性的限制辦法。具體言之，卽將現在限內限外發行總額(十二億不到)加以凍結，以後如需增加發行，必須適用嚴密的程序。所謂嚴密的程序，係指新臺幣之增發，事前須經立法機關的審核和通過，事後須公佈增發金額及用途，以爭取民衆之同情與支持。如此雙管齊下，一方面不致犧牲新臺幣伸縮之彈性，一方面又可妨止濫發。雖屬消極性的限制，但對通貨膨脹之防止仍可發生極大的效力。③堅守「十足準備」的最後防線：自從限外發行逐漸增加，限內發行失去重要性之後，各方面頗多主張將限內限外兩種發行加以合併者。據臺灣銀行董事長本年八月廿六日在臺北發表之談話，此事正由有關機關商討合併技術之中。可見限內限外合併已經邁入實行階段。筆者認爲此事僅能承認既成事實之合法性，對於防止新臺幣之膨脹並無補益。所以提出上述兩種方式，提供當局採擇；務期在進行合併之際能够注入防止膨脹的精神。最後，筆者認爲要想達到反膨脹的目的，不論當局對于新臺幣制度加以何種興革，在任何情形之下，均應堅守十足準備的最後防線。除了應當更進一步增加黃金外滙所佔準備比例之外，更應防止提高現貨準備估價標準現象的發生。在現行制度之下，保持十足準備除了可以維持人民信仰之外，至少還可以消極限制新臺幣的繼續增加。

(三)改善外滙政策　新臺幣制度最初所定與美金固定聯繫辦法祇能維持半年有餘。就目前情況觀察，政府已無再度恢復此項硬性釘住政策的勇氣和把握。唯如實行比較合理之外滙政策，對於新臺幣價值之安定，仍有極大之幫助。特提下列各項原則，用供當局決策之參考：①建立接近中美貨幣平價的滙率：六年以來新臺幣對美滙率一直呈現「偏高」的傾向。在表面上對於新臺幣對外價值似可發生穩定的作用，在實際上則發生阻礙出口及增加進口需求的影響，最後仍不免一再被迫加以調整。今後似應以中美貨幣購買力平價爲標準，建立比較合理之對美滙價；雖不能完全消滅偏高現象，但絕不應過於懸殊。唯有這種滙率始能代表新臺幣的眞正價值，始能維持比較悠長的時期，減少本省經濟波動的頻繁。②取消多元性的差別滙率：多元性的差別滙率就短期看也許有許多利益，就長期看則或者利害相抵，或者利少害多。我國現在已行滙兌統制，差別待遇可以用外滙分配的多寡來區分，畫蛇添足的多元滙率實無存在的必要。唯有在滙率一元化之後，新臺幣對外價值的衡量始有正確的標準。③加徵進口防衛捐辦法應轉移於關稅系統：加徵進口防衛捐係以金融手段來解決財政困難，殊非國家政策之常經。此項辦法實行愈久，財政對金融的倚賴愈深，財政對金融的壓力愈大。極應早日將其移歸關稅系統，其差別作用之保留在技術上亦無任何困難。④管理進口品在臺售價：本年三月實行之外滙新辦法，原有管理進口品在臺售價之規定。但數月以來迄未認眞執行。今後爲了減削進口商暴利及防止進口品價格波動起見，至少應在批發階段實行此項辦法。⑤外滙運用應注意時間上的配合：本省外滙收支有季節性(每年上季有出超，下季有入超)，過去外滙運用忽視此種事實，上半年分配較常寬鬆，以致下半年常鬧恐慌(卅九年底的笑話最爲顯著)。今後外滙預算應作通盤打算，全年平均分配，以免年底再生困難，造成本省物價之不必要的循環性的波動。

(四)加强信用控制機構，實行管理通貨制度　自從一九三〇年代各國紛紛放棄金本位之後，世界幣制大都走上管理通貨制 (Managed Currency System)的方向。新臺幣制本來也屬於此一類型，可惜因爲條件不够，尙不能稱爲完全的管理通貨制。要想達到這個理想，必須充實中央金融機構控制信用的工具。除了前述控制發行數額及實行外滙管理之外，尙須具備下述各項可使信用能伸能縮的主要工具：①再貼現率：在市面資金充斥時，提高再貼現率，以增加使用貨幣之成本；在市面資金缺短時，降低貼現率，以減少使用貨幣之成本。②公開市場政策：在市面資金充斥時，賣出有價證券，以吸收通貨回籠；在市面資金缺短時，買入有價證券，以增加交易籌碼。③銀行存欵準備金政策：在市面資金充斥時，提高銀行存欵準備金的比例，以防止游資作祟；在市面資金缺短時，降低存欵準備金的比例，以活潑社會金融。就本省運用這三種主要工具的條件言，再貼現率政策隨時可以運用，但因金融體系問題(後詳)未解決。始終未能加以有效的運用。公開市場政策的運用，因爲過去本省有價證券上市者太少，所以無從運用；但自土地債券糖米債券及四大公司股票相繼出現之後(此外尙有少量愛國公債)，此項基礎漸具規模。銀行存欵準備金政策的運用，因爲銀行法所定標準缺乏彈性，所以不易發生大效；唯有修改銀行法，始能增加金融管理機構的權力。

最後我們運用信用管理工具的最大障礙，就是金融體系問題的懸而未決，上述各項工具的運用，在各國中央銀行法(包括我國在內)中均列爲中央銀行的重要特權與職能。我國中央銀行遷臺以後，因爲本身沒有鈔票發行權，所以就同時喪失了發揮這些職能的實力；臺灣銀行雖有發行權，但因本身僅爲地方銀行，所以也不敢越俎代庖的行使這三項職權。換言之，這三種工具的運用，在中央銀行是「有權無力」，在臺灣銀行是「有力無權」；結果是誰也不能管，誰也管不了。影響所及，遂將最有效的信用管理工具棄而不用；新臺幣制度永遠是祇能「伸」而不能「縮」，永遠不能達到管理通貨制的理想。

要想打破這種僵局，或者由中央銀行收回發行權，恢復原來法定的地位；或者由政府多授臺灣銀行一些權力，成爲事實上的金融領導者。如果認爲前者牽涉太大，後者於法無據，則不妨採取折衷辦法。具體言之，卽由財政部中央銀行及臺灣銀行三機構共同組織「信用管理委員會」，作爲運用上述三項信用管理工具的決策機構；然後再以具有通貨發行權的臺灣銀行負責執行。爲了鞏固新臺幣將來的基礎，我們希望當局早作明智的抉擇。

以上各點改進意見，卑之無甚高論。但在大體上均係針對過去缺點而發。愚者千慮，或有一得；尙希各方高明加以教正。

——四十四年八月末脫稿

陽明學說述評（下）

羅鴻詔

四　知行合一

照陽明的說法，良知是知，致良知便是行，則知行便是合一了。說詳細一些，則你的良知所認定的善惡，善念即存，惡念即去，善事即為，惡事即不為，這便是他所以要說知行合一的宗旨。這實在是儒家一貫的宗旨，自孔孟以來，都是如此教人的。但是平常的人却是明知其善而不為，知其惡而為之，這又是甚麼緣故？陽明以為：「此已被私欲隔斷，不是知行的本體了。未有知而不行者，知而不行，只是未知。」他又說，「知之眞切篤實處卽是行，行之明覺精察處卽是知。」這麼一來似乎知與行完全無別了。我曾寫過一篇「知與行之概念的分析」（本刊九卷九期）對此已多所辨析，讀者如認為必要，可以參看。現在只舉一個簡單的例以為說明。今有一心理學家，對於人的「發怒」一現象作了仔細的觀察，用科學的語言作成精確的紀錄，但他自己並沒有發怒。這卽是他有了關於發怒的知識，而沒有發怒的行為。我們可以跟着陽明來說，他的正確知識便是為要發怒起見嗎？他有此知識而不去發怒，便是沒有關於發怒的知識嗎？從來的中國人幾乎全部是為行動而求知識的，故「眞知卽所以為行，不行不可謂之知」或許可以說得過去。但在西方，則希臘人確有為知識而求知識的精神，近代的科學家都以此精神而建立輝煌的成績。故站在今天的立場，則陽明的知行合一說是站不住的，理應擯斥之。

上面已經說過，陽明以為經驗的知識都是聞見之陋，非掃除淨盡不可，他所謂知只是良知，只是知善知惡而已。其實卽就此而論，也還有問題。天賦的良知卽是是非之心，這只是說，對於行為要評判其善惡，人人都秉賦此可能性（potentiality）罷了。至某一行為是善，某一行為是惡，依然由經驗而知，並不是初生的小孩子都會評判的。卽在成人，如此的評判也往往要深思熟慮，並不是僅憑各人的良知便不會有誤的。因為要評定某一行為是善是惡，必須依據當時的社會制度，基本價值觀念，以及其他而後可。如果良知是人之所不慮而知者，則評定某一行為的善惡的，並不是良知；若把良知當作心的主體，固然能够評定，但此主體已含有經驗的知識於其中，縱使他自己是不慮而知，也還是受着經驗的影響。在陽明時代，社會上都用儒家的標準，以孝弟為中心的教訓是大衆所公認的，故憑各人的主觀（良知）所評定的善惡也就是社會所公認的善惡，能够「是的還他是，非的還他非。」故循着此評定而行事，便不會有多大的錯誤了。

但是就陽明而論陽明是一回事，我們今天應不應追隨陽明又是另外一回事。現在各國並立，各自有其習俗、制度、價值觀念等等，對於同一行為儘可下不同的評判，我們究竟何去何從呢？有許多熱心改造社會的理想家，只因認定馬列主義為眞理（良知），便去參加共黨革命（致良知），他們自以為行善，其實乃是作惡。試問：馬列主義是否眞理，豈是各人的良知所能認識清楚的嗎？豈是不慮而知的嗎？不能認淸馬列主義是否眞理，便不能知善惡，便要認惡為善，知識之重要還不明白嗎？幾十年來中國的社會上，至少有三種道德標準——儒家的，英美的，蘇維埃的——並列而爭奪領導權，實際上每一種都有人在良心（良知）上贊同的。我常說，這是良心的分裂。要判定這些標準孰是孰非，並不是簡易直截的。故應將基本價值觀念，社會現象，意識現象等等加以澈底的研究（格物），求得倫理學，社會學，心理學，及其他有關的知識（致知），才可求得客觀的善惡，才有眞是眞非。由此誠正修齊的工夫乃可施行，而獲得預期的效果。至於治國平天下則需要甚多知識，不論自然科學，社會科學，乃至哲學，等等無不需要，這只有用羣才，並非一二人所能勝任了。陽明以為堯舜三王只致良知而天下治。其實致良知只是治平的必要條件，並不是充足條件，陽明於此依然不知知識之重要，眞是錮蔽太深了。

中山先生深知此義，故力闢陽明知行合一之說，而提倡知難行易。他的論證雖不免粗疏，但是他的着重點在乎「能知必能行」，只要其知之眞，必見其行之易，其强調知識的重要顯而易見。「當今科學昌明之世，凡造作事物者，必先求知而後乃敢從事於行，所以然者，蓋欲免錯誤而防費時失事，以冀收事半功倍之效也。是故凡能從知識而構成意像，從意像而生出條理，本條理而籌備計劃，按計劃而用工夫，則無論其事物如何精妙，工程如何浩大，無不指日可以樂成者也。」（孫文學說第六章）現在先進各國都已進入於「知而後行的時期」了，我們中國知識之落後至為明顯，正須急起直追，迎頭趕上，還可以跟着陽明來主張不要經驗的知嗎？

其實陽明自己的知識是很豐富的，比之當時的其他學者並無遜色。只因其學說主張不要知識，至其學派的末流，眞眞高談心性，不要知識，乃流於空疏而為世人所詬病。今天是鬭智的世界，更不能不要知識了。總之，陽明的知行合一說含有二義。其一義是：你自己認定為善的卽須奉行，惡的不要做，此一義是可取的。其另一義是：只要致良知，不要經驗的知識，此一義是不足取的。

五　心與理一

「心卽理也」，「心與理一」為陽明有力的主張，也正是朱陸異同之所在。此心與理的關係有兩種不同的解釋。第一，伊川說，「在物爲理，處物爲義」。朱子說，「天下之物莫不有理」，要窮理於事事物物，又有理先氣後之說。據此可以說，程朱主張理在心外。而陸王則主張理在心中。第二，朱子兩取伊川「性卽理也」及橫渠「心統性情」之說，據此則性在心中，但性之外還有情，性是理而情則不是理。陽明及其一派力斥朱子析心與理爲二之非，則似乎主張心之中只有理，而沒有異於理的。關於理在心外之說待下節再論，現在先論心在理中，來察看心之中有沒有異於理的。

陽明說：「人心是天淵。心之本體無所不賅，原是一個天；只爲私欲障碍，則天之本體失了。心之理無窮盡，原是一個淵；只爲私欲窒塞，則淵之本體失了。但今念念致良知，將此障碍窒塞一齊去盡，則本體已復，便是天淵了。」(傳習錄下)信如所言，則「私欲」也的確厲害了。現在要問：如此厲害的私欲何自而來？凡欲都是念，而念必在心中，故私欲亦必在心中。但既不是心之體，因爲它是會障碍心之體的；又不是心之理，因爲它是會窒塞心之理的。那麽私欲是不是理呢？如果私欲是理，則此一理何以能够窒塞其他無窮盡之理，很難說得通。如果私欲不是理，則心中除理以外至少還有私欲一物了。故「心與理一」，「心卽理也」，若解作心之中只有理而無其他，則此主張根本不能成立。

其次，陽明以爲，「心之體性也，性卽理也」(傳習錄上、中)，似乎與朱子相同。但朱子以爲心中除性外還有情，陽明則以爲，「七情俱是人心合有的。……七情順其自然之流行，皆是良知之用，但不可有所著，七情有著俱謂之欲。」(傳習錄下)據此則情也是理，至少不背於理，而欲在於著。但是著是怎麽講？甚麽東西使七情有所著？這問題陽明並沒有答案，我們以爲，所謂著卽是心的主體委身於其中，往往自己陷溺，而失却其主宰性罷了。

總之，照陽明所謂理，則謂心之中沒有非理的或不合理的因素，實在說不通。那麽只好說，心之體是理，而心之用則並不全是理了。然而如此將體用劃分又非陽明所能贊同者。惟此問題牽涉太廣，非將理與氣，心與性澈底辨明，無從解決。現在姑止於此，不再推究了。

六　心外無物

可是，陽明不獨主張理在心中，而且進一步要主張物在心中。說者謂，他的主張究竟是認識論的觀念論，還是形而上學的唯心論(或精神主義)，並不明瞭。現在先看他的說法如何。

「先生遊南鎭。一友指岩中花樹問曰：天下無心外之物，如此花樹在深山中自開自落，於我心亦何相關？先生曰：你未看此花時，此花與汝心同歸於寂；你來看此花時，則此花顏色一時明白起來；便知此花不在你的心外。」(傳習錄下)

這裏只說「我心」，「汝心」，則是指個人的心而言，故此說雖好像是認識論的觀念論，而究竟有別。傳習錄又有兩條：——

「朱本思問：人有虛靈方有良知，草木瓦石之類亦有良知否？先生曰：人的良知就是草木瓦石的良知。若草木瓦石無人的良知，不可以爲草木瓦石矣。豈惟草木瓦石爲然，天地無人的良知，亦不可爲天地矣。蓋天地萬物與人原是一體，其發竅之最精處是人心一點靈明。風雨露雷，禽獸草木，山川土石，與人原只一體。故五穀禽獸之類皆可以養人，藥石之類皆可以療疾；只爲同此一氣，故能相通耳。」

這條好像是形而上學的唯心論，惟此處的證明，不及「大學問」中以仁心爲證之充分。

「可知充天塞地中間只有這個靈明。人只爲形體自間隔了，我的靈明便是天地鬼神的主宰。天沒有我的靈明，誰去仰他高？地沒有我的靈明，誰去俯他深？……天地鬼神萬物離却我的靈明，便沒有天地鬼神萬物了；我的靈明離却天地鬼神萬物，亦沒有我的靈明。如此便是一氣流通的，如何與他間隔得？」

這一條也還是「良知是造化的精靈」的意思，但其證明則頗有認識論的意味。關於類似形而上學的說法，現在不談，只就認識論的立場，對「心外無物」略加解說於下。

第一，內外是甚麽意思？常識上，內外是空間關係，大家以爲心在身內，物在身外，據此而推，則物當然在心外無疑。若照笛卡兒的說法，則物是有廣袤的，卽是占空間的，心是思惟的，不占空間的；果然則物自物而心自心，截然兩判。但在知識論上，則物必成爲心中之象然後能爲人所知，故所謂物都是通過心的物，所謂客觀都是通過主觀的客觀。如果完全不通過心的物，縱使有其獨自的存在，也必在知識的範圍之外，乃是知識論的「彼岸」，我們只能猜測，不能構成確實的知識。由此義言之，我們所知的物固無一不在心內者，祝無功(世祿)所謂「身在心內」也是不錯的。

其次，所謂心，是指一個人的心，還是指全人類──包括過去現在未來的所有人類──的心，必須分別。上面所引傳習錄的問答，只說到「我心」「汝心」，似乎是指一個人的心，果然則「天下無心外之物」一命題不能成立。因爲一人直接接觸的物有限得很，凡沒有親自接觸的都是在他心外的。但是陽明著重人心之同然，故他所謂心儘可解作全人類的心。在人心中沒有象的物，卽使存在，也不能爲人所知。如未有顯微鏡以前的微菌，雖然有其獨自的存在，因爲人們無從感覺著它，心中沒有它的象，也就根本不知道它了。如果有一種東西，永遠不能爲人所感覺，縱使它確實存在，依然和人類的感覺世界或知識世界無關。其實既已永遠不能爲任何一人所感覺，又何以知道它確實存在呢？故若指全人類的心而言，則「心外無物」一命題，儘有其可以成立的理由。

最後，所謂物，若照經驗派的說法，是永遠可能的經驗，則不能被人經驗的便不是物，心外當然是無物了。但是唯物論者堅持物質是獨存意識之外，他們所要反對的正是心外無物一個命題。其實謂物獨存於心外，乃是推論的結果，其推論的依據還是我們的知覺(心中物象)。一般地說，物之存在並非人心所使之然。比方剛剛有顯微鏡時，人們在鏡下所見的微菌，其存在之非人心所使然，是明白不過的，由此而推，自可說物獨存於心外。然此只就其存在而言，一經說到物之性質，狀態等等便是心內之物，不在心外了。總括一句話說，如果心是指全人類的心，物是指人所知的物，則「心外無物」一命題是可以成立的。

×　×　×　×

物已不在心外，則理當然更不在心外了。陽明說：「夫物理不外於吾心，外吾心而求物理，無物理矣，遺物理而求吾心，吾心又何物耶？心之體性也，性卽理也，故有孝親之心卽有孝之理，無孝親之心卽無孝之理矣。有忠君之心卽有忠之理，無忠君之心卽無忠之理矣。理豈外於吾心耶？」又說，「朱子所謂格物云者，在卽物而窮其理也。卽物窮理是就事事物物上求其所謂定理者也。是以吾心而求理於事事物物之中，析心與理而爲二矣。夫求理於事事物物者，如求孝之理於其親之謂也。求孝之理於其親，則孝之理，其果在於吾之心邪，抑果在於親之身邪？假而果在於親之身，則親沒之後，吾心遂無孝之理歟？」(傳習錄中)

這裏，陽明竟沒有堅持心外無物之說，如果持此說，則物已在心內，物之理還有不在心內的嗎？故外吾心以求物理，乃是不可能的事體。若孝之理在吾心中，固不必論；從使它在「親之身」，此親之身乃是吾心中之物，故它依然是在心中。而陽明竟以爲求孝之理於其親，乃是在心外求理，與他的心外無物之說實不能保持邏輯的一貫。如果將親之身當作心外之物，則所謂理在心中云者，只要反觀內省便能盡天下之理了。陽明的眞意似乎如此。

今卽就忠孝而論之。在今日的中國，君臣之義業已消亡，則忠君之理不復存在；父子之親雖然依舊，而孝親之理則已有所改變。這還是人心的根本構造業經變更，今人的良知不同於古人的良知嗎？陽明要維持其「心體之同然」，「良知之明萬古一日」之說，決不能如此說吧。如果認定人心有其同然，良知今昔無異，則忠君之理，孝親之理，不是僅僅存於心中，僅僅反觀內省不能求而得之了。其實孝是子對父的關係，忠是臣對君的關係，這些都是社會的關係，社會的制度(禮)對這些關係必有規定，便是所謂孝親之理，忠君之理。社會制度變更，則各種關係的規定亦必隨之而變，禮是古今異宜的。這麼說來，孝之理固不能僅求之於親之身，亦不是僅僅反觀內省所能求得，乃是人與人的關係之特殊一種，因地因時而不同，不像物理關係之永恆不變。如果堅持心外無物之說，固然仍可說忠孝之理在心中，若如陽明之說，以親之身爲在心外，則孝之理也不能說在心中了。

七　結　論

陽明學說自相衝突者頗多，其甚者上面業經指出。且他喜合而不喜分，使多數概念膠漆一團，混而同之。如謂「性卽是氣，氣卽是性，原無性氣之分」；又謂「天地間只有此性，只有此理，只有此良知，只有此一件事」；又謂「天命之謂性，命卽是性，率性之謂道，性卽是道，修道之謂教，道卽是教。」(均見傳習錄) 據此則性、氣、理、良知、命、道、教都融合而爲一了。由西方哲學(愛智之學)的眼光來看，其思想可謂極其混亂。我個人性愛分析，早歲讀傳習錄，越讀越糊塗，只好歸之於不可解而已。以後讀明儒學案，見梨洲爲之分疏辯護，似較有理致，但是依然無以自圓其說。我有好多朋友崇敬陽明，且時人之談思想史者，大都以爲象山太偏，未能奪朱子之席，至陽明始能與朱子分廷抗禮。我才換過一個方向來看，知道陽明不是愛智者，他的思想也不是西方所謂哲學，其全部力量集中於作聖之功，卽是教人如何作道德修養，在此一點，陽明自有其獨到的地方。說他是偏向，也是自孟子以來儒家思想發展的偏向。朱子頗有將知識與道德等量齊觀之意，然畢竟以道德爲主要，至陽明乃掃除知識而專講道德了。現在將陽明學說與朱子較而論之，以見其長短之所在。

第一，良知之說倡而心的主體顯。宋儒受了佛學的影響，對於心的主體已有所體認，所謂主敬，所謂常惺惺，無非要使主體凸顯出來，常能自作主宰罷了，但仍未至深處。自陽明提倡致良知以後，不獨其學派中人天天在做體認主體的工夫，卽其他學派亦莫不致力於此。主宰，流行，念慮等等分析極其入細，其磨勘心境的工夫特別到家，他們各有造詣，滙合而爲心學之洋洋大觀。今天取明儒學案而讀之，已可見其琳瑯滿目，若再研究各家的專書，更是美不勝收了。朱子是愛智者，他要把濂溪，康節，橫渠的學說納入於其思想系統之中，可謂極其廣大。但雖能致廣大，而未能盡精微。陽明偏重道德修養，廣大處當然不及，然於精微處確有以過之。就心境之精微而論，明儒較之宋儒確能突進一步，殆成定論。這實由陽明提倡之功。因爲講道德修養必須能够自作主宰，然後能日起有功；而有確實的進步。倘若將權威 (不論來自那一方面的權威)的命令照樣奉行，縱使事事循規蹈矩，也不外康德所謂適法性(legality)罷了，斷斷沒有道德性 (morality) 的。致良知的精義卽在乎此。各人的良知所認定的善惡固然不一定是眞善惡—客觀究竟的善惡，但是必須照着他自己所認定的去實踐，才可激發其責任感，結果的好壞他才應該一肩挑盡。服從命令而行爲，則其結果不論是好是壞，他都不負道德的責任，至少他自己不會有責任感。如果這裏還要課以道德的責任，只有在服從上，換句話說，與他的良知相反的事他不應服從罷了。良知所認定的善惡，縱使錯誤了，也要它自知其錯誤而改過遷善，才說得上道德的進步。故致良知確實是存養的主腦，要自覺加深，主宰性增强，必須從此著緊用力。

第二，濂溪提出聖人可學，伊川繼之，標出「學以至聖人之道」的口號，爾後宋明諸儒都以作聖之功爲爲學之第一要義。但是要照朱子的方法，將自然現象，社會現象，意識現象通通都研究清楚，必待「衆物之表裏精粗無不到」，而後「吾心之全體大用無不明」，則作聖之功豈不是難於上青天嗎？宋明諸儒都是研究禪宗的，禪宗不是簡易直截嗎？以佛教經論之多，要一一參透才能成佛，確是難乎其難。禪宗則不立文字，只要明心見性便可成佛，唐末五代以後，全中國佛學界乃成爲禪宗的天下。陽明提出良知，人人只要致其固有的良知，便可成爲聖人，一切知識都不要，多麼輕而易學呢？攻擊陸王者都說他們近禪，就此一點而論，他們確實是近禪。他們將禪宗的佛改爲儒家的聖，其體認主體的工夫多半是藉助於佛學的。我以爲近禪正是他們的長處。其實與作聖之功有關的知識只是辨別善惡而已。在當時以孝弟爲中心的道德是獨一不二的標準，一般讀書人要辨別甚麼是善甚麼是惡，並不是多大的難事。故只要致良知，只要爲善去惡，便是作聖之功，便可入於聖人之域，豈不是易則易知，簡則易從嗎？因爲參禪易而作聖難，故士多去儒而入釋，現在作聖也如此容易，又何必去學佛呢？惟其近禪所以能闢禪，職由於此。

第三，作聖之功在乎心的主體之軒豁呈露，即是在提高自覺性，而求知的活動則往往使此主體隱晦不明。知識是要客觀的，求知的態度也需要客觀，所謂客觀，便是旁觀，個人感情上的好惡要除掉，意志上的願望也不要攙進去。知識的結果也是客觀的，是人人同意的，所以要極力除掉個人的主觀，始能求得眞正的知識。心的主體不是最主觀的嗎，不是要除掉的嗎？本來心的主體雖爲人人所固有，而能自覺者已是無多，孟子所謂「行矣而不著焉，習矣而不察焉，終身由之而不知其道者衆也」，亦即指此。現在求知者又要除掉，還會有此自覺嗎？科學强調客觀，擁護科學的人們，聽見主體之說總以爲是玄虛，乃採取擯斥的態度。即朱子學派的末流，天天考究訓詁，名物，度數等等，也未免支離。象山詆朱子爲支離，朱子亦嘗以支離自警，且以此誡其門人。所謂支離，即是埋頭於身外物的研究，以致心的主體，不能軒豁呈露，不能常惺惺，不能自拔於念念相續之外罷了。陽明立致良知爲宗旨，專心致力於作聖之功，把經驗的知識掃開，求知的態度也不要，正是握住道德修養的關鍵，叫學者吃緊用力，以提高其自覺，增强其主宰性，他所以能使一世靡然從風者即在乎此。

至於玄虛問題，多數的議論均未免誤解。主體與主觀不同。所謂主觀，大半是指某一意見而言，而心的主體却是一般的，不是特定的。科學家雖然極力避免主觀，但最後判定某一命題是眞是假的，必然是他的心的主體，縱使他自己沒有自覺，也是一樣。下判斷的根據必須是客觀的，乃能得人人的同意；但下此判斷者，實在是他的心的主體，否則這判斷不是他下的了。同理，我認定某一行爲是善是惡，其根據或是客觀的或是主觀的尙屬未定，但這判斷是我下的，必然出自我心的主體無疑。故此主體，凡有自覺者，返觀即是，故實而不虛；要不到甚麼想像力即可知道，故著而不玄。但是，上面已經說過，此主體貫串於念念相續之中，而又自拔於念念相續之外。今若只重後者而拋却前者，則未免玄虛了。佛家往往如此，他們知道此主體自拔於念念相續之外，遂悟到四大皆空，六塵不染，以歸於常、樂、我、淨的涅槃世界。站在他們的立場，這是否玄虛，固然還是一個不易解決的問題，但在常人看來，則難免說是玄虛了。儒家則雖體認到心體能自拔於念念相續之外，却仍須著重其貫串於念念相續之中，而求出事事物物之當然之則來。陽明常教人要在事上磨練，亦即此意。此當然之則亦是宋明諸儒所謂理或天理，他們以爲儒釋之分界即在一要理而不一要理。閒嘗推求其故。佛家的和尙獨處空山，與社會交涉少；他們不做官，沒有政治問題，不娶妻生子，沒有經濟問題。他們的行動當然不俗，不必循理而自可中節。儒家的君子則日處於社會之中，政治、經濟等等問題無不臨到頭上來，要事事做到恰到好處，自非據理以爲斷不可。故存天理而去人欲，實爲宋明諸儒一致的主張，不像佛家之以理爲障。陸王雖近禪，畢竟與禪有別。蓋生活不同，則評判行爲的標準不能不兩樣，日嘗社會生活的儒者，縱使理論上未免玄虛，實踐上不會走入玄虛去的。(明末忠節之士，有好多都是篤信佛學的)

最後，總覽陽明的思想系統，若與大學的八條目相較，則前無格致，後無治平，其爲偏向已顯而易見；若與西方大思想家的廣博系統相較，尤足見其褊狹。但是儒家做學問的第一要義是教人如何做人，陽明緊握此點而發揮盡致，故不但當時能風靡一世，即在今天也還有好多人衷心嚮往的。

印度通訊・十一月十五日

印度的大學教育

周祥光

印度的人口約有三億七千萬，受過基本四年教育的，還不到總人口百分之二十。所以上次印度舉行大選時，為了顧全選民不能書寫候選人之姓名起見，竟以各種符號來代替。如茅蓬代表國民大會黨，油燈代表全印人民黨，鐮刀代表共產黨。至於個別競選人之用各種日常用品以代表其姓名者，更是光怪陸離，作者親眼看到有用剪刀或梯子者，於此可見印人識字之少。可是話又有說回來，印度的普通教育雖不發達，而大學教育似比中國創立得早，水準方面亦足與我人相埒。我國之設立京師大學堂時在滿清末年，至今不過五十餘年歷史，印度之有現代化的大學組織，迄今有一百四十年左右歷史了。雖然，在一九四四年間，蔣夢麟博士由渝赴美道經印度與作者談及中國之有大學有二千年歷史，如古代之辟雍國子監等，便是大學。夢老之見我總保持懷疑態度也。印度現代教育的開始，遠在一八一七年印度婆羅門會創建人羅墨翰 (Ram Mohan Roy) 之在加爾各答創立印度學院 (Hindu College)，教授英文及理化數學等科。一八三四年間有阿爾菲斯頓學院 (Elphinstone College) 在孟買創立。迄一八三五年間，印度總督班汀克爵(士Lord Bentinck)及其行政會議通過麥高萊之教育計劃，以介紹英國文學及西歐科學於印度為其目的。同時，英國在印政府宣佈今後印度文官任用，應選取通曉英文及歐西科學者為主。於是若干學院分別在各地成立。迄一八四四年間，印度政府批准在加爾各答、孟買及馬多拉斯三省省會設立大學。大學行政組織與教學方法，幾仿英國之教育制度，故印度大學之學位亦經英國各大學所承認，其故在此。嗣後印回兩教領袖亦各自創辦學校。如詩人泰戈爾於一九〇一年間，在孟加拉省之和平鄉 (Santiniketan) 創立小學，到一九二一年擴充為大學，此即我人所熟知之國際大學 (Visva-Bharati)，以溝通東西洋文化為旨趣。同年回教學人哈生 (Zakil Hussain) 於德里近郊創伊斯蘭民族學院 (Jamia Millia Islamia)，以學教合一為教學主旨。一九二五年甘地在中央省之華爾陀村 (Wardha) 設眞理書院，以勞動為主，日常功課，不外種菜、紡紗、挑糞、禱告等，從勞動中追求眞理。此外尚有沙彌陀耶難陀 (Swami Dayananda) 所創辦之民族文化大學 (Gurukul Kangri)，完全依照古印度教法實施。上列各學校，均在印度獨立後，始經政府批准立案。

自一九四七年英國還政於印後，印度政府對於大學教育制度及實質方面，予以澈底改革，一掃過去英人所施之殖民地教育，而代以民族本位教育。為改革教育起見；印度政府特令組大學教育委員會，由羅達克立須那博士 (Dr. Radhakrishnan) 任主委，經考察各地大學與夫印度實情，於一九四九年八月間提出報告：(一)印度教育宗旨，在於發揚民族本位文化；(二)普遍設立鄉村大學，以國際大學與伊斯蘭民族學院為範例；(三)教育經費至少應佔國家總預算百分之十二；(四)增加獎學金額，使貧苦子弟有進修機會；(五)以印地文為國語，英文逐漸予以停止；(六)高級中學及大學，不妨男女同校；(七)各大學所附屬之每一學院，應招收一千名左右學生為宜；(八)大學教學人員，分為四等，即教授、副教授、講師及教員。這個報告現在已經付諸實施。

全印大學計有三十二個，其中四個為國立，即德里大學、國際大學、印度教大學、及回教大學，餘均省立，在此三十二所大學中，共包括四百二十多所學院，在校學生，據政府發表，男生約二十五萬，女生約三萬二千左右，所以印度在高等教育方面，尚稱發達，唯基本教育尚差耳。

印度大學之行政組織，大致相同。各省立大學校長以所在地之最高行政長官為之，如加爾各答大學，屬孟加拉省，則其校長即由孟加拉省長任之，實際校務之責，由副校長負之。校長祇在每年學位授予典禮中，來校主持，或有其他典禮前來講話而已。惟國立大學校長之聘任，則與省立大學微有不同。例如國立德里大學校長一職，由印度副總統羅達克立須那博士擔任，在校長下又設校長附 (Pro-Chancellor) 一人，由印度最高法院院長薩斯德里擔任；國立國際大學校長一職，則由尼赫魯擔任。今日德里大學因羅達克立須那博士親自擔任校長職，故規模宏大，學生水準亦高，且位在首都，萬方觀瞻所繫，故印度中央政府在財政上亦全力支持。此次美國哥倫比亞大學校長基爾克博士 (Dr. Grayson Kirk) 來印訪問，及俄共總理布加寧與俄共第一書記赫魯雪夫到印德里大學，均被授予名譽博士學位。基爾克博士學德崇隆，受之無愧；惟布加寧及赫魯雪夫亦獲博士學位，則對他們怕有受寵若驚之慨了。印度所有大學除校長外，設副校長一人，負校務管理之責。校內又設有行政會議，凡職員任免、財政收支、校務改革事項屬之；至於學術研究事項，則由學術研究委員會負之。副校長下在日常事務方面，由註冊主任管理，教務方面則由各科學長分別負責。譬如在國立德里大學，設有文科、理科、法科、醫科、農科、教育科、工科等學長；每科下分若干系，如在文科方面，設有英文、現代外國語文、算學、歷史、哲學、人類學、圖書館學、國際關係、公共行政、梵文、阿拉伯文、波斯文、印地文及烏都文等系，每系修學期限為二年；考試畢業，授予文學碩士學位，而學生入學資格，須持有學士學位，方可申請入學。在碩士學位之上者則爲哲學博士考試，其應試資格須持有甲等碩士學位。在校研究三年以上，提出論文，審核及格，授予哲學博士學位。在全印各大學中，獲取德里大學哲學博士學位較難，因各大學規定，論文審查人常爲三人，其中一人則爲該研究員之指導教授，故當其提出論文時，一人已經通過，再得校外一人認可，學位卽可通過。惟德里大學之論文審查人，必須校外人，二人聘自外國，一人聘自內地，其指導教授不能擔任審查之責，此爲其困難之所在。所以，在德里大學獲取博士學位者，每年祇有一二人而已。印度各大學之地位完全自由獨立，不受政府之任何管束，政府之對大學所負責任，祇是在財政上予以協助，不能干涉校務或人事行政，這一點值得我人效法，假若政府干涉，焉有學術獨立之可言？每一大學轄有若干學院，普通之文理學院，則修學期間爲四年，學生入學資格須在高級中學畢業。其他特殊學院，則爲研究院，如德里大學所屬經濟學院、教育學院、肺病研究院、哈定女子醫學院、國際問題研究院、及社會工作學院、森林學院等，學生入學資格均須考取學士學位後方可申請入學。惟此等學院祇負教的責任，至於考試及學位授予，均由德里大學主持，他們無發給文憑之權。總之，不論你在那個學院畢業，其文憑仍以德里大學名義發給之。可是有些大學，祇負考試之責，而不管教書之責者，如阿格拉大學 (Agra University)，其本身祇有一座大洋房，但所轄普通文理學院，則有四十餘所，分佈於北方省各地，便是一例。印度各大學之考試制度，有似我國的科舉制度，儘管讀下去，考下去，考取了才算完事。同時大學考試制度亦極嚴格，教授祇管教書，出試題的與閱卷的，亦分別由校外人擔任，故教授們無從在考試上協助其心愛之學生。印度各大學校中，亦有各黨各派學生混入，但不發生作用，因爲進入政府各機關任事，須經中央或地方文官考試合格方可，大學畢業祇是證明你有參加公職考試之資格而已。並非像匪區一樣，你替黨團做了幾年工作，便可得到高官厚祿。在印度，亦無黨辦政治學校，訓練自己一黨之黨員，去充國家之行政幹部。印度之民治規模，值得我人參考。

印度各大學之碩士考試計有八種試卷，學士考試有四種試卷，每一試卷都包括幾種學科，如考學士學位，則英文一門試卷爲必修，此一試卷又包括論文、詩歌、戲劇、小說及聖經五種學科，如歷史一試卷，則在學院四年修業期中，包括羅馬史、希臘史、英國史、印度史等四學科。學院教學，注重課本及教師講解。如讀研究院時，卽進入大學本部，而應考碩士學位時，其教學方面，則着重自我啓發，教授祇指示要點與參考用書而已。碩士學位考試試卷有八個，每個試卷又包括若干學科目。如德里大學歷史系之八種試卷中，有一種是亞洲現代史，包括中國、日本、暹羅、緬甸及印尼各國歷史便是。各系科目均相當多，所以印度學生少管閒事，而埋頭於書案者，其故在此。

亦有若干大學爲便利公務人員之進修及婦女不能到校聽講，而有開辦夜校與在家自修准予參加考試之例。譬如德里大學法學院設有法學碩士、民法碩士及法學士等學位考試，其中法學士考試方面，開設夜間部，准公務人員參加，兩年進修，考試合格，授予法學士學位。加爾各答大學文科語言學系，在夜間開設各種外國語文班，如俄文、法文、中文、德文、阿拉伯文、日本文等，學生修畢各該種語文，考試合格發給畢業證書。又若阿格拉大學，對於職業婦女及家庭主婦之無法到校聽講者，可申請免聽而得參加考試，考試合格，亦受予學位，但限於文科各系。這些措施，我人不妨酌予採用，以鼓勵讀書之風氣。

學生費用方面亦不多，大學每月學費一律十五盾，其他運動費圖書費等全年亦不過數盾。據我所見，在阿拉哈巴大學求學之學生每月四十盾，約合臺幣一百二十元，卽可維持下去。每週上課時間約十七小時，另加教授指導數小時，統計每週二十小時左右，各系有學會組織，經常聚集討論。惟因印度習俗關係，大學雖男女同校，但彼此不相聞問，鮮有相聚談話之機會。然時勢推移，此種情形將隨時間而進步。

近十五年來，因中印關係之復活，我國人士來印留學者頗多。據我所知，國人在印度大學攻讀，而獲取博士學位者先後計有七人；其他獲得碩士學位者，亦有數人；至於獲取學士學位者則甚多，均係當地僑胞子弟，畢業後從事經商。今日印度承認中共政權後，華僑子弟既不願進中共所辦之中小學；同時，國府立案之學校又辦理不善，雖然，加爾各答尚有一所比國天主教所辦之聖心中華學校，由余志偉、李英明及熊燈和諸氏辦理，成績斐然，但學額有限，故當地僑胞子弟紛紛進入印度之英文中學唸書，其數目當在一百左右。我們在印度各學校求學之中國青年甚多，所可惜者，我國教育部似採不聞不問態度，不免遺憾。雖然，中印無正式邦交，但這一批中國兒女在印，不可因政府外交關係斷絕，而與他們關係斷絕。我們政府應該設法爭取這一批有志青年，站在青天白日旗幟下！

印度學界對於中國學問之研究，亦日漸注重。印度國際大學設有中國學院，由國人譚雲山任院長；阿拉哈巴大學設有中文系，由作者主持。此外印度教大學，加爾各答大學，國防部外語學院及陸軍軍官學校均置有中文講師，聘由國人擔任。中印兩國學者，對於有關中國學術文化之著作亦多，如羅達克立須那博士所著之「中國與印度」，此爲彼在一九四四年遊華時之講稿；師覺月博士 (Dr. P. C. Bagchi)，所著「中印歷史」；張君勱先生所著之「孔子，老子與甘地」；作者所著「中國佛學史」、「中國近代史」及「中國政治思想」；(以上均屬英文本) 頗獲印度人士之重視。國父所著之「三民主義」，已由中印學會及中國國民外交協會分別譯爲印地文及孟加拉文，蔣總統所著「中國之命運」亦經譯成印地文。(下轉第9頁)

檳榔嶼航訊

馬共二次和談之眞相

許屏齋

馬共第二次下山，出來與馬來亞聯合邦政府的和談，與第一次和談的時間，相隔一個半月。第二次和談的日期是在十一月十七日。和談的代表，馬共方面仍是第二號人物宣傳部長陳田，和帶路的李進喜；聯合邦政府的代表仍爲副教育部長朱運興及副警察總監威利上校。地點仍是泰馬邊境上的仁丹小村鎮。

第二次眞正和談的日期乃是十一月十八日。十七日陳田和李進喜抵達仁丹客人村吳進才家（一說爲伍進才，伍爲馬共，其祖母爲江老太太，住客人村鎮上，詳情見本刊第十三卷第十期）。他們二人到達客人村江老太太家中後，已經有數十名的中外記者在那裏包圍着。許多記者乃向陳田提出問題。

陳田是循着馬列主義及辯證論法的一套來答復記者。他首先指出：希望此次會議後，正式和談可以順利召開。記者問他，自從上次會議後，何以遲到一個多月始下山。陳田答復道：本來是要提早出來的。但因爲回抵森林後，接到仁丹同志報告，說仁丹已駐有很多軍隊，且常常有飛機在上頭偵查。同時當他離開仁丹時，在森林中也聽到有槍聲，但不知這槍聲是從仁丹或高烏發生。

一位英國記者提出：正當和談之際，在柔佛州森林裏的武裝馬共，忽然一反以往之平靜，出來燒殺，這個行爲是不是外傳柔佛馬共違抗中央和談的命令。陳田用英語回答（按談話時陳田完全用英語，因高烏警察局長丹諾不准他用中文談話。丹諾本人是英人。）道：「不知有此事發生，也就是破壞者的宣傳，如有這回事發生，因爲現在還有一部份人不願和談。」

陳田和中外記者作了近四十分鐘之談話後，乃向在場之記者散發一九五五年十一月一日印好之中文書面聲明。聲明共包括五點：

一、雙方代表的會議是安排和談的會議。在第一次會議上，我方代表不能同意對方代表所提出的具體安排方法。雙方因而對必須首先解決的部署——地方性停火問題，進行了協商。我們希望對和談的安排能早日達成協議，因爲廣大人民亟望和談早日實施。我們認爲在和談上應該解決的，首先是關於本黨總書記陳平同志及其代表團在參加和談期間及來往路途上的人身安全和行動自由的切實保證，其次是議定和談的議程。

二、廣大人民希望和談的雙方在對待一切有關和談的問題上，採取眞誠和解、及忍讓的態度。人民的這個希望是必須予以實現的。眞正的社會輿論反對聯合邦政府在「大赦聲明」中所提出結束戰爭辦法，因爲這是不合理且不能實現的招降辦法，絲毫無助於結束戰爭。因此，任何企圖誘騙解放軍人員投降的叫囂，祇有造成一種不利於和談的氣氛，都是違背民意的。

三、今天誰也沒有理由懷疑和談實現並達成合理協議的可能。前年的朝鮮停戰，去年的印支停戰，今年的亞非會議和四國首腦會議，已經大大鼓舞了和平運動和反對殖民主義運動。處在這種空前有利的形勢下，經歷了八年戰爭的馬來亞人民，他們對於結束戰爭、實現民主和爭取獨立的熱烈願望和堅强決心，就是和談實現並達成合理協議的可靠保證。

四、我們也注意到馬來亞人民爲實現正義和平的鬪爭可能遭遇到困難的障碍。因爲今天在馬來亞還有人不喜歡和談，不願意和談達成合理協議。他們是極少數有權勢的好戰份子。他們不願意接受八年來槍炮不能帶來和平的敎訓，幻想採用軍事壓力和糧食封鎖來强迫解放軍人員屈服。幻想散播謠言，例如中傷解放軍內部政策不一致來動搖解放軍的意志。這種言行就是和談順利實現、並達成合理協議的障碍。

五、多年來，在全馬來亞各愛國政黨和廣大人民，通過各種不同鬪爭形式的共同努力之下，今天，馬來亞已經出現了空前規模的爭取和平、民主、獨立的鬪爭浪潮。這個浪潮勢必愈來愈高漲。儘管和談可能遭遇到困難和障碍，祇要各愛國政黨和廣大人民不屈不撓地繼續努力，勝利必屬於爭取和平、民主、獨立的馬來亞人民！

十八日上午第二次和談會議仍在仁丹市區委員會樓上展開。雙方仍是威利、朱運興、李進喜、陳田四人。自上午十時廿五分開始至十二時四十五分結束。前後共歷二小時十五分。會議結束，雙方對會談內容均未作詳細發表。會後，陳田李進喜仍返客人村過夜，次日進入森林。

但是第二次和談到底其中談些什麼？根據十八日下午聯合邦首席部長東姑．鴨都拉曼向記者透露：乃爲㊀陳田要求馬共代表團之安全，應該確保，和談期間，共黨人員之糧食，應由聯合邦政府供給。㊁和談地點，馬共要求在聯合邦首都吉隆坡。並要求下榻於英國政府特設之官員招待所(Rest House)。㊂組織一個如印支戰場之國際監督停火委員會，監督停火。

關於這三個條件：東姑的兩名代表答復陳田時說：㊀可以負責確保馬共人員之安全及食宿問題。㊁不同意在吉隆坡召開和談。但提出怡保、檳榔嶼、或玻璃市（泰馬邊境之一大城市）三個地區中，任選一地。㊂國際監督停火委員會之建議，東姑指斥爲「胡說」，嚴詞拒絕。以目前的情勢看，如果馬共要談，下次可能在檳榔嶼展開。

十八日的晚上，東姑在吉隆坡發表了一篇怒氣沉沉底書面談話：他首先指出：「我不是和陳平舉行協商，我也不是把他視作相等的地位而談。我是以聯合邦首席部長之身份，向他解釋大赦令。我決不會接受陳平的威脅，馬共威脅不了聯合邦政府。政府有足够的糧食、資源及人力，淸剿他們。」

他又說：「陳平可對大赦令有任何建議，我願意聽取並考慮之。」他對於陳田向記者發表談話，以及散發十一月一日之書面聲明，大爲震怒。他指出：這是共產黨利用和談的面具，對外作宣傳。他說：「今天早上我再度訓令朱運興教他告訴陳田，如果共產黨再利用記者作宣傳，我可以在任何時間中決定不見陳平，也不必會談了。」

這一個火藥性的聲明，當天晚上由英、美各大報記者爭先恐後底拍發至倫敦與紐約，這是說明東姑對「和談」的眞正態度。然而正當陳田和李進喜進入森林的時候，便在十九日的淸晨，——拂曉前兩個小時——大約有一百多名武裝馬共在季方新村（Kea Farm New Village），大肆槍殺。這個季方新村是距離金馬侖高原（馬來亞的避暑勝地，拔海五千餘呎）的塔娜‧拉塔（Tanah Rata）約有五英里之遙。這個新村在羣山之中，凡是到金馬侖高原去避暑的旅客，一定要先經過一個大茶園（按金馬侖產錫蘭紅茶，但品質不及錫蘭與臺灣紅茶），然後到達該村。此村爲登金馬侖高原必經之要道。這裏的居民大都是採茶爲業的，他們在這裏已經和和平平的住了許多年，決沒有想到在十一月十九日淸晨出了個大亂子。

這裏治安的維持，僅靠六十名的保安隊，和三十多名的警察，一共不足百名。在十一月九日，森林巡邏隊在金馬侖高原森林內發現幾個大規模的營帳，相信這是武裝馬共曾在這裏集結過，而且判明他們集結的日期不過是一二天以前，馬共可能在這裏開會，放出去的哨兵相信在一百五十人以上。那末集結的馬共人員，必在五百人以上。這是一個大規模的森林武裝步隊的集合。

十九日淸晨二時，當季方新村保安隊哨兵正在換防時，柵門內的哨兵，走出柵門，而柵門堡內的哨兵步出守堡時，馬共乃立刻佔據守堡。他們是分兩路進入堡下，顯然把外面的鐵絲網及電話線完全割斷。他們把保安隊小隊長綑綁起來，進而教他帶路，便把中隊長也從牀上捉將起來。然後挨家搜索，特別是搜索短槍。接着又要求村子裏的人交出兩個人來，一個有姓有名，是個商人，一個是保安隊員，僅僅說明了他的容貌。

在搜索進行之時，馬共未放一槍，所以山上的警察局根本一點動靜也沒有。馬共把每一家的糧食也搜索完了。於是包圍警局，要全體警局人員交出武器，實行投降。警長見情不妙，正擬轉身取槍時，馬共先行開火。警方於是電話塔娜‧拉塔，發現電話線被割斷了，於是一場混戰，警員死傷甚衆。當馬共在離場時，擬取火燒去警局，但因匆忙，未能實現。天明時揚長而去。

這是馬共同意和談以來最大一次的襲擊，不但如此，也是實行緊急法令以來最大一次的「出擊」。相信這一次「出擊」便是在金馬侖高原十一月十九日發現的五百餘名武裝馬共。

在四個小時以後，這個消息立刻傳至吉隆坡，全馬來亞……直抵倫敦。這是一個驚人的消息。

聯合邦首席部長與剿匪總司令波恩中將立刻合商，認爲事態嚴重。在廿一日下午發表恢復對付馬共採全面作戰狀態。（按聯合邦民選內閣成立後，曾宣佈幾個地區，解除作戰狀態，金馬侖高原因避暑勝地，故亦在解除作戰狀態之中。）他們兩人發表了一個聯合聲明，各線各區全面警戒，凡見有馬共，立刻可以開槍射擊，另一方面大赦令仍繼續有效。所有過去所宣佈安全地帶（按即解除作戰地區），在十二月一日開始，宣佈無效。

剿匪總司令部發言人指出：季方新村的事件，在今日馬來亞和談聲中是不容忽視的。今後可能有許多季方新村事件，繼之展開。但政府不得不維持地方安全，以保護人民生命與財產。另外，在吡叻地區，加緊戒嚴。這個地區一向是馬共出沒無常的地帶，所以採取特別措施。

記者從剿總一位高參那裏探詢。他判斷季方新村事件是馬共和談中的一種策略，是馬共企圖在馬來亞奪取政權的另一套手法。他說：和談現在暫時是不會破裂的，今後可能演變到「邊打邊談」的局面。但是政府的軍旅已經有了新的警惕，相信可以壓制得住。

自從季方新村事件以後，聯合邦境內又連續發生了幾件槍殺事件。例如不久以前又發生西人樹膠園英籍經理爲馬共圍剿槍殺等事件。這些事件，在在說明馬來亞又恢復了一九五一年時代的恐怖。和談的希望在這密集槍聲中，實在遙遠得很呢！

政府情報處認爲季方新村事件，是說明柔佛州武裝馬共，違抗馬共中央和談之動議。這個可能性，雖然經陳田在仁丹向記者羣否認，但仍有人相信着。在柔佛州的馬共實力，政府宣稱有三四千人，其實不止此數，應該在七千人左右。這是馬來亞森林裏最大的一枝馬共武力。他們不但是照正規軍之編制，而且服裝整齊，武器精良。八年來政府對於這一枝實力始終未能消除，這充份說明了這一枝實力的頑強。

東姑‧鴨都拉曼與陳平的會談，根據東姑日前傳出之意見，將在本年十二月底前舉行。可能是在耶穌聖誕之前後舉行。會談時，相信雙方帶的人員都很多，應該是在四五十人以上的一個會議。在星加坡方面只有首席部長馬紹爾一人參加。直到現在爲止，馬來亞比較有頭腦的人們，已經可以看到這和談的結果了。

（十一月廿八日航郵）

蓉子

沙玉華

一

八月，巴士海峽上空，堆積着鵝絨一般的捲雲，太陽的金線，從雲層的罅隙之間斜射下來，照耀在波動的海上，海水溫暖而明淨。一艘船從那裏悄然滑過。

這是一艘普通的捕魚小船，船身破舊不堪，從那塗抹在船縫中的油泥上，可以看出年月的痕跡。這是個平靜的傍晚，海風微弱地鼓動着破舊的船帆，當小船從水面滑過時，强烈的魚腥便由艙中蒸騰起來，隨着暮色而加濃了。

船尾的舵臺上面，阿順坐在那裏，他赤着膊，露出古銅一般堅實的肌肉，他那習慣性的沉默與嚴肅的神情，顯示出一個以海洋爲生的人的性格。此刻，他舒適地伸張着兩腿，一隻手扶住那精光的檜木舵柄，他那有點凝滯的眼睛，向西方海面看了一眼之後，便盯在船首一位青年陳岡身上。

「多美啊！」陳岡嘆息着，他是被海景陶醉了。

陳岡是從城市來的，由他的衣著同舉止可以毫不費力地看出，他的身材碩長，穿着一條黃卡其短褲，爲了在船上活動方便，他赤着脚。現在他依在船首，一隻手掛在水裏，風拂弄着他乾軟的長髮，整日來被海風吹紅了的臉上，流露着迷惘的神色。

「多美啊！」他重複着，扭動一下身體，轉過臉來看着阿順：「阿順，我眞羨慕你這種生活！」

「嗯！」阿順漫聲應着。

「今天運氣不壞啊！」

陳岡指着艙中的魚簍。在艙裏，堆着魚網，上面還留着濕淋淋的水藻；另外是釣竿、戽斗、繩索，以及其他篙槳之類的器具。而在這些灰黯之中，閃出一片銀色的淺光，這是他們捕獲的魚。

「不壞！」阿順同意了，也許由於魚身發出的腥味使他變得愉快起來，他張大鼻孔用力吸着，臉上那嚴峻的氣概，爲微笑所替代。他將草帽推向腦後，揭起艙板，找出一包新樂園來：「陳先生，抽一支？」

「不。」他搖搖頭說：「這裏雖然有些寂寞，但是這沉默的海洋，在今天給我很多的啓示。」

「你說什麼？」阿順吸一口烟問。

「噢！」他笑了：「我的意思是，在這又深又濶的海上，會感覺到自己多麼渺小，與魚有何差異？」

「沒有分別。」阿順用兩個指頭捏住烟蒂，長長地吸了一口，悠閒地吐出來：「今天我捉住牠，我就有飯吃，有酒喝，明天他捉住我，我就該喂牠。」

海風習習地吹着，兩隻水鳥緩緩地由船邊掠過，牠們相互追逐着，逐漸變小，終於消失在薔薇色的雲彩之中。這使得他們的眼光長久地追縱着。

「阿順，你怎不想法換一條新船！」他敲着已經朽損的船板，跨過那些船具，爬到船尾來：「船太老了。」

「老？它平穩輕快，靠着它，我活了十多年啦！」

「十多年？」陳岡不相信地盯着阿順：「它怎能經得起海峽的風浪？」

「它却慣於同風浪搏鬬。」

「阿順，告訴我，關於大海，關於你自己的故事。」

阿順笑了一下，他並沒有卽刻回答，只是靜靜地抽着烟，他轉臉有趣地看着這好奇的青年，然後指着太陽落下的方向說：「我是福建人，祖父年輕時飄流到這裏，爲什麼？我不曉得，也許這裏魚羣多，容易謀生，也許出海時被風飄過來。

「我五歲時，便跟着出海。祖父已經七十多歲，老得不能動了。有一年夏天，我病了，整整躺在床上一個月。那天，到深夜父親的船還沒回來！現在想來，大概他到深海裏撈捕去了，那季眞怪，海峽裏的魚好像搬了家，網網是空。沒錢抓藥，什麼偏方都吃過，只是不好，媽整夜跑來跑去，到處打聽，但是沒有人知道，一直到今天還是沒有人知道！可是我的病却好了。」他將烟蒂丟在海裡：「我到十歲時，祖父同媽都死了，媽先死，祖父後死。我變成孤零零一個了，我開始幫工，我發誓要買一隻船，十八歲時，八年啦！總算如我的願。陳先生，你說的不錯，我們同魚蝦差不多，可是牠們，在水裏自由自在地吃喝，而人，却要做苦工，有時還要挨餓！」

太陽已經墜落在海平線下，天空煊染成一片火紅，海峽上空的雲彩，如將熄的煤球一般，逐漸灰黯下去，海面珊瑚般的色彩，也消退而變成深褐的色調。阿順的敍述，使他先前產生的對於海的美感，一掃而空，他彷彿看到一個焦急的父親，在海中掙扎，記掛着病了的兒子，終於沉到黑黝黝的海水之下。想到這裡，他不覺感到寒意。

燈塔開始放光了，像一柄黃色的利劍刺破這網一般罩下來的黑暗。

「爲什麼你不成家？」隔了一會他問。

「窮！」阿順看着燈塔轉動的光芒，簡短地回答一句之後，便咬緊嘴唇。

黑暗中，海岸的燈光已可隱約看到，那些疏落的光點，就如飄浮在水上的星星一般，隨波起伏。風似乎强了，這艘老漁船，好像回復了年輕的生命，劃破水波向前疾馳。

船將近岸時，阿順把帆落下來。在那些幽黯的礁岩之間，有一個人影。

「那是蓉子。」阿順說。

「啊，蓉子小姐，對了，是蓉子小姐。」

阿順用篙抵着岸上石塊，使漁船緩緩靠攏，然後跳下船，將纜繩繫在碼頭的木椿上面。

「阿順哥，啊，陳先生。」

「蓉子小姐。」他提着鞋站在船上說，一面跳到碼頭上來，他立在她的面前，覺得那一對晶黑的眼睛閃射出愉快的光輝。

「蓉子，喏，你帶幾條回去。」阿順走到他們跟前來，提着幾條魚交給蓉子。

「你今天玩得怎樣？啊！阿順哥，爺要你到他那裏去，爺有酒。」

「告訴你爺，我弄好了就來。」他說着走到船上去。

「阿順，我們等着你啦。」陳岡向阿順說，一面穿好鞋：「走吧，還來得及把魚煎出來，我的確餓了。」

於是他們並排踏上沙岸，穿過野菠蘿叢，向燈塔那裏走去。

二

陳岡是一位年輕的畫家，同所有窮而缺乏天才的青年一樣，對藝術傾注着全部熱情，可是數年來，在繪畫上他一無成就，線條與色彩，僵滯而缺少變化，每一張畫面，使人從第一眼便感到似乎缺少點什麼，但這些失敗，却無損於他的熱情與信心。

他愛上了一個女人，他確曾歡度了一些黃昏，但同樣地在性格上他缺少了某種東西，結果這一方面的失敗，較繪畫更慘，簡明地說：他的偶像，離開他同別人結婚了。眼淚，甚至乞求，都挽救不了命運的打擊，他開始覺到生命的虛幻。婚禮那天，他忍受不住這心靈的刺痛，遠遠地逃到鄉下，整天在山野裏亂走。他被一陣瘋狂的情緒捉住，想要毁滅自己，以便結束這種苦惱的生命！

他退縮了，當他走到生命的邊緣上時，他突然戰抖起來，於是頹然地拖着沉重的脚步回到寓所，將自己鎖在房內。人，有時需要同情與鼓勵，在他情感陷入一個低潮時，他的朋友用這樣的話語來規勸他了：

「你的藝術生命斷絕了嗎？藝術才具有永久價值！愛情，不過是這短促的生命歷程中的點綴，生命之樹的一枝花朵而已！」

「那創造這個世界的主宰，給予了我們的身體，但不要忘記，也賦予我們的靈魂，在這兩者之間，何種具有長久的價值呢？」

「旅行，去旅行，大自然並沒有拋棄你！」

「…………」

於是，他在朋友的介紹下，携了畫板來到這裏。

管燈塔的老人，六十多歲了，有着灰白而稀疏的短髮，由於終年接觸海風，眼睛四周圍着一層紅圈；他身材瘦小，然而却是挺直的，從他突出的肩胛上，還可以看出年輕時健壯的形迹。當那天晚間，老人接過陳岡交給他的介紹信，並由陳岡說明來意後，便指給他一間面海的廂房。

室內的陳設非常簡陋，僅一床一桌一椅，而且都被蟲蝕着，在面海的一方，有一扇頗大的窗戶，被一排生銹的鐵柵攔着。

「要什麼時，告訴我，或我的孫女。」老人啣着烟袋倚在門邊對他說。

「多謝，不要什麼，而且……今晚也不再吃東西了。」

老人辭退後，他將門插上，擰熄燈，立在窗前，他稍稍感到一些寬慰。「讓你的心平靜下來吧！」他記起一位友人的話語。

他疲倦地看向窗外，黑暗的海上，閃熠着巴士海峽上空的星光，海岸上的野樹，聚成一簇簇幽黯的影子，那裏有燈光透露過來，此刻四周是靜寂的，偶然聽到老人說話的聲音外，便是海潮的嗚嘯。

他轉身躺到床上，然而並沒有馬上閉起眼來，他環視着這有朦朧夜光的小屋，這陌生的四壁，彷彿也在注視着他，他分不清這裏面含有什麼樣的感情，歡迎？憎惡？不關心？……他睡着了。一切都安睡了。

第二天，他被敲門聲弄醒。接着，有人喊他。

「陳先生，早飯預備好啦。」

這是屬於年輕女性的聲音，他覺得有一股無名的力量使他從迷糊的狀態中霍然驚醒，他翻身坐起。

「我就來。」他回答，這時，才想到老人昨夜提到的他的孫女。

一陣木屐聲從門前走開了。窗外一片絢爛。他收拾好床，拉開門走到院子裏來。忽然他停住了，在他眼前，矗立着高大偉岸的燈塔，燈塔是白色圓柱形的建築，沐着陽光，高插入蔚藍的天空裏面，多藍的天啊！這是一種透明而細膩的藍色。晨間，由海上升起的薄霧，就如一襲輕紗般在塔頂盪漾。

「陳先生，你把最好的時間疏忽了。」老人含笑召呼他。

「哦！城市的習慣！」他笑着回答，感到老人的仁慈。

在一棵合抱的菩提樹下，老人靠在一把椅裏，一陣陣翠色的烟在他滿是縐褶的面上依偎。另外兩隻椅子圍住一張木桌。昨夜大概落了陣雨，地上還是濕漉漉的。此時，一位少女從一扇門裏走出，手中端着食盤。女郎迎着陽光走過來，如一朵薔薇，臉上綻開笑容，向他微微地點頭。

「這是蓉子——我的孫女。」老人快慰地介紹着。

「昨晚沒有看到你。」

「我到村裏去了。」她回答。

他匆忙地在井邊洗完臉便走過來，在一隻空着的椅子裏坐下。早餐是簡單的，陳岡靜靜地吃着，一面說了些感謝的話，然而他的內心有着相當的惶亂，坐在他對面的是一位怎樣的少女啊！她有二十歲了，熾烈的巴士海峽上空的太陽，替她的皮膚鍍上一層黧黑，她穿着一襲綠色衣裙，赤着脚，沒有修飾，那水似的眼光，時時在他的臉上流動。

「蓉子可以帶你到海邊去玩，如要到海上，阿順可以帶你去。」老人說，一面向樹根下吐了口濃痰，開始抽起烟袋。

「阿桂爺，我給你送來幾對海蝦。」

從院門那裏，進來一個建壯的水手。褲子高捲在膝蓋上面，披着一件沒有扣的襯衣。

「我們剛才說你哩。」蓉子跑過去。

水手將蝦交給蓉子，便坐在她的椅中，蓉子提着蝦到厨房去了。

「阿順，幾天來海上怎樣？這是陳先生，昨晚搬來的。」

他向陳岡點點頭，便談起最近海上發生的一切：颱風，破船，魚羣。

「阿順。」老人咬着烟袋：「陳先生想到海上看看。」

「好。」他看着陳岡：「只要不碰上風，浪是常有的。」

「我不會暈船。」他說。

「這不是輪船，不過，我們可以靠近岸點。」他轉向老人：「我還有事，晚間來陪你喝一杯。」

他站起來向陳岡告別。

「阿順哥。」蓉子從厨房裏走出喊他，他停住了，那平板的臉上多了一絲微笑。她走過來，兩人並排消失在門外。

「他很好。」老人向陳岡說，噴出一口烟，拉着上唇稀疏的髭尖：「我看他生出來的。」

五天之後，在一個明媚的天氣之下，陳岡隨着阿順的漁船，作了一次海上旅行。

三

半個月的時間很快過去了，一種新的情緒替代了陳岡心中的悲戚之感。他覺得他很喜歡蓉子，他喜歡她在歡笑時展露出的潔白的牙齒，那半張的口唇；他喜歡那像海浪般被風吹起的濃髮，幻想自己駕着漁舟飄浮其間；他喜歡她在沙上行走時那對赤着的脚，以及長裙的擺動。他喜歡燈塔的的寧靜，他喜歡沒有人的海岸，他喜歡躺在草上聽成熟的野菠蘿墜在地上的響聲。但這一切，都因爲有蓉子陪伴在他的身邊。

「蓉子小姐，我送你一件東西。」

一天，他對剛從漁村那邊回來的少女說。

「什麼？」她斜睨着他：「又是一個貝殼？」

「你看到便知。」

她隨着走進他的房間。

「昨天完成的。」他指着畫架上的一幅畫。

這是幅燈塔的寫景。畫布左邊，是一望無際的海洋，波濤起伏着，向右延展過來，終於成爲洶湧的巨浪，沉重地撞擊在陡峭的礁岸之上，彷彿有一種匉訇的巨聲，從畫面躍然而出。岩岸之顚，矗立着白色燈塔。天空是灰黯的，而燈塔左邊，襯托着一些墨綠的樹林，正受着風暴的襲擊，樹枝低低地向一個方向彎曲着。主題平淡而單純，然却給人一種嚴峻的感覺。

「蓉子小姐，看到塔的頂端嗎？」他用一支筆指着說。

「看到了。」她低聲說。

在塔的頂端，一扇開着的窗口裏，一位女郎將身探出，手臂伸向海岸。

「這是我多少日來的渴想，我以爲是較爲滿意的一幅……」他忽然停住了。

蓉子那坦率而柔和的面龐上，微笑像凝住在那裏一般，微微扭歪的嘴角上，好像有一絲悲戚在顫動。

「怎麼了？」他茫然地問。

「很好。」她說，對他嫣然一笑，便退出房間。

「蓉子，你！」他跑出去。

她回過頭來微笑一下，並不解釋，便飄然而去。

他神志迷惑地看着她消失在一扇門裏，而後轉到房內，迷惘地注視着那幅圖畫，從他的腦中，不停地響着一種持續而堅定的海濤的聲浪。

晚飯時，他默坐着，蓉子依然像平時一樣的歡暢，她敍述着村裏的見聞。而他，却不敢把眼光停留在她的臉上，像往常一樣。老人因爲夜來受了寒，不住地咳嗽。晚飯便這樣悶悶地結束了。

傍晚，太陽已經落海，淡淡的餘暉仍在相思樹林的枝葉之間閃耀。他順着林間的小道向漁村走去，寄一封信給城市中的朋友，述說自己的近況，但是他並沒有提到蓉子。漁村，只有兩家買賣雜貨的店舖，他在一家兼營鄉村郵政的小店中，將信投入郵箱，每隔一天，有一位騎着單車的郵差來到這裏。他無目的地走着，這些矮小而破陋的石屋，不知從什麼年代開始便遺留在這裏了，一羣赤裸的孩子，在路邊水溝中嘻戲。阿順家的門仍然鎖着。於是他無聊地走回來，順着那螺旋形的銅梯，爬上塔頂。

海已經昏晦，一些捕魚船在暗中浮動，天空中，只留下一抹殘紅。他打開一扇窗，風吹進來，非常涼爽，他伏着，兩手支着頭，那易受刺激的頭腦，不住反復思索，他不能了解蓉子的反應。「命運在作弄我？還是對我微笑？」這又使他想起那個拋棄他的女人。

「蠢蟲，爲這些女人！」他喃喃說着。

突然，他身後有一陣縩綷縩綷的聲音。他轉過來。

「你！蓉子小姐。」

「我來點燈。」她平靜地說。

她過去摸索了一會，將燈點燃，一道强烈的光流，照射到海上，她走到他的面前來。

「你是光明的天使！」他說。

「陳先生。」她沉思了一會，笑了：「我想告訴你一件事。」

「什麼事？」

「我喜歡那張畫。」

「但是，我不懂……」

「你不會懂的。」她打斷了他的話說。

「告訴我。」

「我問你，」她說，一面盯住他：「你愛海，還是恨海？」

「這個……」他沉吟了一會看向窗外，而後又轉過來：「爲什麼要恨海呢？」

「我恨海。」她堅定地說：「每一個依海爲生的人都恨海。然而我又喜歡海。」

「我不懂，不懂。」

「海給我很多美麗的幻想。」她說：「小時候，爺常帶我爬到這裏來，他指給我說在那很遠的地方有一個島，上面開滿花，只有些女孩子住在那裏。我說：『爺爺，帶我去，我要去。』

『噢！再長大一點，高一點。』爺比給我看，接着就笑了。我不知道爲何要長高一點，但是我從此盼望着長高一點吧！」

「你的確長高了。」他情不自禁地抓住她的手說。

她笑笑，讓手繼續被他握着：「我同爸住在村裏，他到海上時，我就到爺這裏來玩，因爲媽早死了！我唸過書，先生是日本人，後來他應徵入伍，臨走時，我們唱着歌，可是忍不住大家都哭了，後來他死在海裏。

「光復那年夏天，海上突然起了颱風，我整日站在這裏等爸，渾身濕透，浪在湧，我差不多暈過去了！但是看不到爸的船！我恨海！怕海！我想離開這裏，但是怎麼能够！」

她停住不說了，彷彿被一陣抑制不住的悲哀擊倒。

「我沒想到！」隔了一會他說。

「不是你的錯。」她似是平靜了，笑着說：「我要那張畫，會給我嗎？」

「我是爲你畫的。」他忽然口吃起來，有點急促地說：「蓉子，你，你還想離開這裏？……跟我走吧！」

「跟你走？」

「我們結婚。」

「嘻嘻！怎麼能够，而且爺也老了。」她笑起來，然後又很認眞地說：「你此刻要我，過一會就要討厭我。」

「我……。」

她忽然把他抱住，踮起脚，在他的嘴上親了一下便跑開了。這突然的舉動，使他驚駭住，全身血液，在這一接觸之下，都湧集到臉上來了。很久，他的神智恢復平靜後，才聽到一陣急促的脚步聲順着樓梯跑了下去。

「蓉子！蓉子！」他喊，然而在燈塔下面傳來一陣空洞的回響。

四

一天傍晚，他同蓉子緩步向海灘走去。下午曾落過一陣雨，空氣十分清新，那些結在野草亂枝之間的蛛網，還掛着一串串水珠，瑩潔而晶明。小徑使他們靠得那樣近，當他們從幽黯的樹林裏走出時，兩個人的頭髮上都掛滿了水滴。自從那大膽的一吻之後，他們之間，彷彿建立了似曙光般的友誼。

「看。阿順哥。」蓉子立在那裏，指着一艘靠在碼頭上的漁船說。有一個人彎腰在那裏工作。「我們去看看。」她說着便向那裏跑去。

沙灘是潮濕的，他看着留在沙上的蓉子的脚印，她跑着，海風蓬蓬地吹起她的長裙，這使他覺得她更爲嫵媚。這時阿順也看到他們了，他張着手站起來。於是他也向那裏跑去。

「阿順，今天運氣怎樣？」他跑過去大聲問。

「好極了。魚會自己跳到船上來。」他說，一面從腰裏抽出一條手巾在額上擦拭。

「他在說笑話。」蓉子笑着說，這時她正掂着一條顫動的魚。

「你沒去，怎會知道？」阿順反駁着：「噢！蓉子，我替你帶來一件東西。」

他說着跳到漁船上去，在艙尾的船板下面摸索一會便走過來，在他手上托着一支鮮艷的珊瑚：「漁網帶上來的。」

她欣喜地接了。

海吐着泡沫，在溫柔地吻着沙岸。陳岡幫着阿順把船上的器具收拾好。阿順坐在石上休息，點起一根烟看着他們，然後說：「陳先生，還想到海上去玩嗎？魚多極了，有時海都會變色。」

「好。」

「我明早喊你。」他把剩下的半截烟丟進水裏，扛起地上的東西：「蓉子，你多拿點魚回去。」

「阿順，我們等你喝酒。」陳岡說。

「不啦，我還有多少事要做呢。」他說着向海岸那邊走去。

第二天清晨，阿順便來叫醒陳岡，向海岸走去。霧氣流動着，燈塔的光芒變得柔和了，海在輕聲囈語着，一些蟹，在沙上幽靈般迅速而無聲地爬動。此時已有船出海了。

他們跳上船，阿順便划出海去，海水在黑暗中閃閃發光。他們沒有交談過一句，阿順專心操縱漁船，而陳岡，則陷入深深的沉思之中。

小船在水上滑行着，間或發出咿呀的槳聲。太陽出來後，海上有風了，阿順收起槳，將帆張起，然後坐下來點燃一支烟。海波動着，像一塊縐褶的藍緞。遠處浮着叠積着的雲塊。天空是明淨的，淡下去的殘月，逐漸消失在蔚藍的深處。燈塔熄了，這使陳岡的神經震動一下，他想到蓉子也許正在向海上眺望，然而，那高大的白色建築，被一團海霧包圍着。他開始整理魚竿，將釣絲垂下海裏。

「陳先生，你想回去嗎？」

「那裏？」他看着阿順疑惑地問。

「你來的地方！」阿順重重地說。

「噢！不。」他很快地回答，並且補充了一句：「至少目前我不。」

「不！」阿順低聲咕嚕着，又恢復了沉默。

燈塔變小了，而燈塔後面那帶赭色的山丘，也逐漸模糊起來，緩緩地沒入地平線下。

「有魚了。」阿順說。

果然，浮標已沉下去。陳岡連忙向上提，他感到一股掙扎的力量，這使他滿心高興。這是條鯖魚，他已看到那銀色鱗片在水裏閃來閃去，他巧妙地把牠拉離水際。

「有三斤重呢！」他歡呼着，在手中掂了一下。那魚顫抖着張開鰭翅，在陽光下閃着斑爛的光來。當牠被丟進魚簍中時，還拼命地掙扎了好一會，最後，彷彿力竭似的不住地張着嘴。

他重將釣絲垂入海裏。這新的收獲，使他活潑起來，他開始與阿順攀談，由於剛才阿順的問話，他談論着城市，最後將話題轉到蓉子身上。

「你們是老隣了，蓉子你以為怎樣？」他睜大眼，等着阿順回答。

他沒有批評，祇簡單地說了一句：「很好！」

墜落在幸福之中的人，常疏忽周圍的環境。如果陳岡稍稍留意到阿順的臉色時，便會覺出在他平板的臉上有着苦惱的痕跡，自從他坐在舵臺上以來，便不停地抽烟，沒有一點想碰碰魚網的意思。然而陳岡是太醉心自己的歡樂了。

不知從什麼時候開始，巴士海峽中的海水顯得陰黯起來，漁船被重雲包圍了。海水在澎漲着，發出一陣被壓抑着的咆哮，船身開始猛烈地顛簸。風在撒野了，漁船的破帆被颳得瑟瑟作響。當小船被高高地擧在浪尖之上，又陡然落在黝黑的海面之下時，陳岡的臉變得蒼白了，覺得心臟就要從口中飛去。他非常害怕，雖然在畫面上他曾毫無忌憚地塗抹，那祇是由於他藝術家瘋狂的構想。在小船陷落的一刹那，整個海的色調，給予他一種緊壓的感覺。他本能地緊抓住船舷，防止在下一個瞬間，被拋到那毀滅的海裏去。阿順將頭上的草帽壓低，那暴露着筋肉的右臂緊握住柁柄，他的臉，有着老水手特具的嚴肅與冷峻。

「阿順，回去吧！」他高聲喊叫。

「看。」阿順指着左舷。

濃黑的雲塊沉重地移動過來，就如醮滿水的海棉一般，將要整個地落在海上。空氣使人窒悶，充滿了鹹濕的味道，在這晦暗有如黃昏般的微光中，他看到死亡的危機。

「回去吧！」他嘶吼着，想爬到船尾來，然而船身猛烈地扭動一下，幾乎將他扔下海裏。

「我們跑不脫了。」阿順揪下頭上的草帽扔進海裏：「陳先生，如果你依我一件事，我有本領把船駕回去。」

「怎樣？」他軟弱地問。

「你走。」阿順忽然憤怒起來：「你走，流氓，不準你再留在這裏。」

他驚駭於阿順惡魔般的臉孔，同他渾身肌肉的戰動，這不是一個人，這是匹癲狂的野獸！突然，陳岡省悟過來了，他明白在他們之間癥結之所在了。

「你！你！」他口吃地說：「卑鄙！無恥！」

漁船發出可怕的轢音，似乎在支解着。當第一個浪潮從小船上面掠過時，帶去了破帆，只一轉眼，便已消沒無縱，船一半積了海水。但是阿順並不顧到這些，他抬頭向天，用似乎要蓋過這浪潮的聲音喊。

「蓉子，我不能讓你帶走！答應吧！」他低下頭看着躺在艙裏的陳岡。

這是生與死的抉擇。陳岡無助地躺着，他的思想十分惶亂，他不時看着阿順，又看着滔天的巨浪，在那些浪花之間，他好像看到死神在張着饑餓的巨口，他對着那些巨口懼怕，急望着能儘速離開。

「答應吧！」

這是阿順的呼號。這裏面有生，有陸地。此刻，他多麼强烈地期望着脚下踩着的是土地啊！然而，他們却在流動的滿溢着死亡氣息的海洋之上，他要答應，他願意生，因為他還年輕，他還有無窮的希望！可是，他看到了蓉子的臉，那對黑眼在注視他。

「答應吧！」

他覺得，如果因此而活着回到岸上，這羞愧的記憶，將常存在他以後的日子裏！於是，他堅定地對着阿順，搖了搖頭。

阿順抄起一根篙，要向陳岡胸部插下，他停住了，氣憤地將篙擲進海裏。他爬過去，俯向陳岡：「我不勉强你了，來，我們誰能游到岸上，誰便可以得到她！」

「你在發瘋！」

「對，我發瘋！」他冷冷地說。

「阿順，你看！」陳岡忽然興奮地喊。

在層雲密佈之中，燈塔的光芒軟弱地透射過來，他們只能看到一個慘淡的光點，這彷彿是一個希望，燃亮了陳岡的心。

「我求你，回去吧！」

「你答應了？」

他們離得這樣近，陳岡清楚地看到阿順臉上扭曲的肌肉，他的眼中充滿了熠熠的光輝，威逼着陳岡，使他閉上了眼。

「哈哈！哈哈！」阿順在笑了，這是他對命運搏鬥的呼號，這笑聲，似皮鞭般抽在陳岡心上，使人的骨頭都冷了。他睜開眼，他們的眼光相遇了。這裏面是憤恨，熾烈的憤恨。

當他們的眼光相離時，阿順便縱身投入海中。海水震蕩於暴烈的氣息之下，大滴雨點傾注到海上，巴士海峽上空，就如魔鬼的鐵騎在那裏往來奔馳一般。漁船在海上有如枯葉般旋轉，終於被巨浪擊碎，在下一個巨浪將漁船的殘渣擧向天空時，碎木片上抱着一個垂死的青年，他那昏濛的眼睛偶然碰到燈塔微弱的光流時，蒼白的臉微笑了。像一個愛的嘆息，拔越於浪尖之上。

「再會吧！蓉子！」他喃喃地說着。

「情感的花朵」前記

張秀亞

寂靜的日午，獨坐廊前，我望着那一地日影，秋天的日影，淡得有如烟雲。

也許，在人生的前門，我曾經快樂過，憂愁過，但這些快樂與憂愁，都已成了過眼的烟雲。生活曾經把我的杯子裏裝滿了苦酒，我並未拒絕，却一飲而盡，涓滴未留，如果我曾經是個怯懦的人，由那時起，我已是個勇敢的人。

我不再怨嗟，這就是人生。我反而懷着感謝來接受一切，連同那一束束悲哀的黑色鬱金香。我記得一個作家曾經說過：

「唯有在痛苦與煩悶中，方能產生精神的境界，犧牲與痛苦便是藝術者的命運。」他更說：

「故凡受到人生的庇護的人，在創造上是處於最壞的環境當中。」

感謝命運，剪刈了窗前有蔭涼的樹，使我在世紀末的暴風雨中，獨立於澄明的天宇之下，清楚的看着一隻隻素羽的天鵝，引吭唱完一支悲涼的歌，我將那些音符抄在紙上，成了一篇篇也許可以稱爲「作品」的東西。

雖然這幾年小說寫得較少，但是較之寫詩與散文，我是懷了更嚴肅的心情執筆的。

這本小書「情感的花朵」裏，包含六篇小說，六篇的風格却參差各異，細心的讀者也許感到納罕。莫笑我這枝筆還不曾「定型」吧，它永遠不滿意走過的道路。文字，在一個作者的筆端，我總覺得如一塊黏土在匠人手裏，他急切的希望它能如意的表現出心中所懸想的，因爲太急切了，所以不免要摔擲它，搓揉它，直到它能比較的盡到了表達的責任。

一日日的生活下去，我盡量的蒐集一些人生的斷片，我曾試着分析並綜合它們了，留下的工作，便是如何來圖繪顯示它。然而，問題就在這兒：「藝術是重現，但決不是事物之重現，而是內在生活的再現，以及我們眞情實感的再現。」於是，我試着在內在生活及眞實情感上，探尋奧賾，但是，重門深鎖，我的技巧始終鑄不成一把合適的鑰匙。

書中的六篇，有四篇是寫愛情的，這是一個多麼古老的題目呵，但在寫作上它又多麼的千變萬化永遠新鮮。而人類最能表現出其「自我」來時，莫過於在「愛的追求」的辰光了。這書裏面的「洄瀾」，「萊茜」，「娥姐」以及「情感的花朵」幾篇，除了「娥姐」一篇而外，我避免正面的寫法，而只向愛神攝取了一個側影。至於其他的兩篇，我則試濡着淡淡的墨汁，拋開了愛情，去描繪人生平凡的悲劇了。

黃昏落照，是一幅悽惻的畫圖，最令人感到悲涼的，莫過於孤獨的老年。閃着美麗的回憶微光，面臨死蔭，其中實有最高度的悲劇的美，每讀夏芝那首名詩的首句：

「當你年老，髮蒼，昏然思睡。」常爲之低徊不已。這本書中「暮年」一篇中的主角，是我故鄉中的老者，他的善良，他的悲慘遭遇，形成鮮明的對比，也在我心中留下不能磨滅的印象。

「靜靜的日午」這篇是一個試驗，由於經驗不足，魄力不够，我從未敢寫人生大事，紀錄半世紀來的哀樂，而只企圖自一粒砂中，描繪世界。

人生的不平凡處，便在於它的平凡，人類的故事，便在於它那一串沒有故事的平淡無奇。如果能把悲歡離合參透，則一切皆不過芥子之微。同時，人，這個複合性的動物，絕不能單純定義其爲聖賢或爲魔鬼，人生只是一長串的苦悶，掙扎，矛盾合成的組曲，不同者，環境及時空予以變調，而形成輕快或悲愴的旋律而已，且悲劇或喜劇，至其頂峯往往混然不分，造成喜劇的是愚昧，造成悲劇的也依然是它。在「靜靜的日午」這一篇，我試着寫出當炎炎晝午，一個平凡小人物的平凡病症，一種靈魂上的焦灼與饑渴。他的痛苦也該是一般與他相似的人們的，而這「痛苦」或竟是沒有結論的。

在寫小說的途程中，我摸索了很久了，感謝一些朋友們說有「智慧」閃爍其中，實際上，我所有的也只是愚昧。我曾避開大道，尋覓一道通幽的蹊徑，我更不會寫有「起承轉合」的故事，因爲實際的人生中，也許沒有那麼整齊而規律的起承轉合，我缺少曲折的想像，所以更寫不好傳奇，我有的，只是G．盧奧手中坊者的泥鏝吧？此外，我有的是一點點對生的執着。

有人曾在文字中敲出引人深思的鐘聲，有人發出悲憫的呼籲，我只願有一天能如一個朋友所說的：

「寫出地球表面，一片愴痛的呼聲。」在我的想像中有一個人獨立蒼茫，以蘆管蘸着他的心靈之泉，默默的寫着人性中永恒的那一點……我舉步向他走去，但是，他置身於高山之阿，顯得是多麼的迢遙呵！

吳爾芙夫人，曾在一篇評文中，形容那個才高早死的C．布朗特，她說在其作品中，看出她是以全力在說：

「我愛，我恨，我受苦。」

而我，一個低能的學寫者，在這些色素淺淡的篇章中，所說出的只是：

「我觀察，我思索，我同情，我潸然淚下。」

這裏所謂的情感的花朵，不是早玫瑰，也不是百合花，只是一把雛菊，淺淡是它的顏色，却有着黃色的心子，像星光一般。寫至此我不禁憶起E. N. Sohroeder 在那篇「賣花女兒」中的句子：

她將花束擎向過路的人：

「雛菊花，五分錢一束！」

而她的雛菊是那麼素朴，所以引不起人家的注意。

書刊評介

介紹張佛泉著：「自由與人權」

東方旣白

——論個人與社會——

（自由與人權，香港亞洲出版社出版，定價港幣貳元伍角）

新近讀書不少，但求可敬可愛之作，千不得一。原因還在自己讀書爲解悶，處此環境，旣無心研究什麼，也無錢可搜求什麼書籍。所讀的書，不是在朋友桌上看到借來，就是由什麼出版社惠贈的。

我所謂可敬可愛，可敬指有些作家的工力與才氣而言；可愛則指許多思想意見與我所想者不謀而合。許多可敬的作品不見得可愛，當然也有可愛之作不見得可敬；所以眞正可敬可愛之書，實在不多。

近讀張佛泉先生所著的「人權與自由」，則是所謂千不得一之一種著作。他在序言中說：「……避居來臺，侘傺幽憂，不能自釋，乃下帷讀書，專心于英美人權學說及民主制度之探究。……」這使我對自己感到說不出的慚愧。因爲自己讀書，祇爲消愁，而張先生的讀書，則能專心有所探究，終于「旣自信對英美人權學說略得其綱領，爰於去年四月開始屬稿，閱十四月，將本書完成。」這已經令我敬佩無已。而其所謂「本書」，所論種種，大都是我平常片斷所想而未能成體系者，或我自己頗以爲有些系統，而在他的論證中見到自己的殘缺者，或是仔細想過而未敢貿然自信的問題，在他的論證中使我自信心油然而生者。

這本書，除是本好書以外，還正是我們當今文化界期待的一本著作，其重要性不是幾句話所能介紹的。

到香港後，與無數愛慕民主的人士接觸；幾年來，我漸漸發現口中民主的人，心中並不民主；我還發現許多談民主提倡民主的人並不了解人權與自由，也卽對民主的本質毫無了解；我還發現有些搞政治講民生的人，目的祇是反對別人的極權，一旦有權，也不會民主；我還發現，有些民主人士，專論政治，其生活與行爲完全與所謂近代民主社會的道德無法調和。我還發現有些民主論者不了解個人主義，或反對個人主義；贊成個人主義者又把它當作自私與自大的護身符……。諸如此類，使我實在感到非常失望。

張佛泉先生的「人權與自由」，可以說是澈底地闡明了民主的意義。他把自由分爲二種指稱，清楚地給予分別，又肯定地將人權清單放在憲法之前，這不但是學理上奠定了民主政治的基礎，在建國上也的確尋出了一條康莊的大道。

近年來對于民主政治的理論討論很多，或追溯儒教，或窮源西哲，所見不一，而論爭又涉意氣。張著所見，則對此種意見，覺得不關重要，開門見山，從人權清單入手。我覺得這才是人人的意見。因人權是人人的事，說人權來自孔孟的遺教抑自西哲的淵源，則是少數學者之事，大可不提。這是一個了不得的見解。

我常以爲如果要談到民主，就必須提倡個人主義，許多人以爲個人主義就是自私自大，或以爲是小資產的意識型態——祇求個人爬上去，不謀階級鬥爭。有人還以爲個人主義是與社會矛盾的。這不是無知，就是極權主義者的故意侮蔑。個人主義正是個體單位主義，由彼此承認個人的單位，才有融洽的社會；由彼此了解個體的單位，才可以有不是「衆暴寡，强凌弱」的社會。張著第五章「權利之源與權利主體」，對于個人的單位論有明確的主張。

作者很清楚地引用各種的說法劃分了極權主義與自由主義的不同。但我覺得太學院氣一些。比方說他引用意大利柔寇的話：

「……自由主義以『社會』係爲了個人，法西斯主義以社會爲目的，以個人爲工具……。」認爲最好的鑑別法。

我則覺得這說法是很含糊的。我以爲作者從人權清單說起奠定了一個邦國，這個社會爲保證與保衞人權清單而存在，個人爲爭取人權，所以也要維護自己所屬的社會。反之，極權主義則是奴役了整個的社會在爲一個獨裁者的工具。從這個角度來看，自由主義的個人才是爲社會，而獨權主義的社會可說完全是爲個人。祇要不說邦國是有機體，人爲社會正是爲人權，這是沒有說不通的地方。從著者的整個體系來看，我覺得其結論應當是自由主義的個人爲自己的人權，所以也一定是願爲社會，而這社會是人的社會，是人組成的社會。極權主義的社會是沒有的，他所謂社會祇是人羣或者說奴羣，而這個所謂社會實際上爲幾個人的工具而已。

我覺得爲說明民主與極權的區別，用社會爲個人與個人爲社會的說法，是一種誘人相信社會主義的糖衣。因爲事實上個人在民主社會裏的努力，也可以說是都是爲社會。問題就在這社會是屬于個人，也卽是個人所屬的。極權論所說個人爲社會，其「個人」與「社會」的概念實在與我們所說的「個人」與「社會」完全是同名異義的。

假如說人生是一個舞臺，民主的社會正是大家在演一齣大家所心愛的劇本。每個人是一個演員，每個人都是在發揮自己天才表演自己愛演的角色。極權的社會則是在演傀儡戲，臺上的角色都是木製的。所有木人的對白與動作都由一個人或幾個人在幕後牽線代言。其中木人與木人間毫無表達傳遞的關係。而每個木人的四肢都有線操縱在拉人的手裏。

這才是極權與民主根本的不同，所以極權主義所謂「人」與「社會」這兩個概念，其意義與民主的所謂「人」與「社會」完全是不同的。民主社會的個人才說得到是爲社會，極權社會裏的個人就無所謂爲社會的。

因爲作者在這點上用了「人爲社會」「社會爲人」這種區別，所以以後論到個人與個人間的傳遞與同意，因爲要强調「個人」的孤立，所以有許多論證，就不夠圓熟了。

作者說到個人與個人間之不可穿越時，有以下的話：

「人與人之間天然的分離，更使人主體性成爲不可穿越。人之主體感覺與意識是各自關閉。彼此之苦樂，無法直接傳達，而唯有恃推測或意會始能略知一二。人之苦悶在此，人之至樂在此。」

但雖是各自關閉，人與人是需要彼此傳達的，這傳達雖不能澈底或完全，但因文化之進步，其傳達也隨之進步。這個作者是承認的。他說：

「理智比起主感之傳達則頗不同。人與人之間知識傳達，仗有言語文字及其他符號當工具，此種傳達可準確至某種程度，使彼此之討論得以進行無阻，特別如自然科學的發展，使我們相信人與人對理性智識的傳達，可到一極精密的程度。……」

作者在這裏似乎忽略了所謂「主感」之傳達，所謂彼此之苦樂的傳達。他引用了莊子與惠子梁上觀魚所引起的魚樂與否的辯論，作推測意會的例證，是不夠的。事實上，這類主感的傳達正是藝術與文學的淵源，基于繪畫詩歌音樂的演進，人與人間都可以賴此傳達內心的苦樂。

我在這裏並不是說由于這些傳達的可能而推論到人與人間可「同證爲一」。我祇是說作者的體系似乎無須要把人與人的距離說得這樣不自然。作者的目的要說明「人與人不可能化爲一體」，我覺得生物學上的證據已經足夠了。

人與人之可以傳達與傳達之可能性愈深廣，正是社會的可能與進步，人之需要傳達也是社會起源的一個因素。但是這社會是人的社會。是人人可以求傳達的社會。

這點非常重要。自由主義的社會是人人可以求傳達情意，彼此可以盡量表達與聽取別人的表達的社會，是「以諸個人爲始，以諸個人爲終」的社會。是一個一個人的社會。這個社會不是有機體，可是由有機體的人組合而成。極權主義並沒有社會，他所謂「社會」同他所說的「人民」「階級」一些名詞一樣完全是一個幽靈，所以人與人間無傳達之存在，既無表達的自由也無聽取別人表達的自由。因此他之所說「個人爲社會」，倒是社會在爲獨裁者的個人。

作者對于人權中之言論出版自由看得很重，他引哈克英的話說：「言論及出版自由乃是接近所有自由之中心意義的。在人們不能傳遞他們的思想給他人的地方，其他的諸自由都是不安全的。……」

這句話當然是再對沒有。可是仔細分析起來，也還有未盡之意。我想加一句：「在人們不能傳達他們的感情(喜怒哀樂……)給他人的地方，其他的諸自由一定已經完全失去了。」

所以藝術與文學的自由爲一切自由的風標。我覺得人與人之往還與接近都是從苦樂的彼此傳達而來，我們辦公辦事的接洽都是屬于「組織」的(必須的)，而友誼的往還則是「組合」的，(用張著的組織與組合的意義)前者屬于法制的，後者屬于自然的。

我以爲自由社會與極權社會的分別，就是表達的自由。蟻螻不會表達，無所表達，所以牠們的社會與人的社會不同。極權主義沒有表達，不許表達，所以他沒有人的社會。

表達的自由當然是包括傳遞的自由，也即是言論出版的自由。我們由此談到多數的問題，我覺得也較爲輕易。我倒並不是說民主政治要以機械的「多數」爲基礎。而是說在民主社會中我們可以看到多數，而在獨裁社會中是沒有多數的問題的。

這因爲人的社會有一個個活生生的人，有一個一個在表達、能表達、會表達的人，自然有多數與少數的存在。在不是人的社會中，裏面沒有一個個在表達、能表達、會表達的人，當然無所謂多數與少數。

作者談到民主的會議時，引用了發來特「創造的經驗」之說，作以下的敍述：

「會議乃是『團體的討論』。團體的討論是以一問題爲中心，各獻所見，有正有駁，有予有取，彼此啓沃，互相開廸，正所謂『論難往來，務期至當』，『至當』既得，人人頓覺昇入一更高境界，豁然開朗，聞見一新，無不意滿心喜。衆人更同覺融洽協一，如失間隔，是之謂創造的經驗。」

我覺得這種說法，祇是一種理想。這種理想，如要實現，則這個會議必須是單純的個人參加才對。如有所代表，或有團體之屬，很難有這種境界；鑒于英美法議會的開會，就可以知道。事實上都是兩個或多個團體的爭執，並不是一個「團體的討論」。

作者似乎爲反對先天共同意志之傳統主權論與「集中」主義者之論證，特別强調「創造的經驗」之說。可是一方面作者覺得需要一個「共同意志」，或「求共同意志」，不過說，「却無有待于民主程序之創造或演化。」因此，作者不得不說：

「民主政府之工作，非在登記『同意』，乃在保證一種環境，使人民得以創造並再創造『和一』。『和一』當然是最高的理想，可是事實上是沒有的。因此我以爲：

「民主政府之工作，正是登記各種『異意』，乃在保證一環境，使人民在各種『異意』中求一個『至當』。」這樣的說法比較自然。

作者在否認共同意志，說：「民主國非有一已在的共同意志支配一切，有如傳統的主權論者所言。」

我則覺得邦國主權意志說固然不能成立。但如說民主國人民有一個共同意志，與邦國意志論是不會相混淆的。作者既然有人權清單在構成法的前面，則成立邦國前就需要一個共同意志。所以與其說民主國沒有共同意志，毋如說民主國的人民祇有一個共同意志，這個共同意志正是「已有的」，這即是保證並保衞這個「人權淸單」的共同意志。也因爲要求保證保衞這個「人權淸單」，——也卽憑這個共同意志——所以才有了邦國。邦國靠人民這個共同意志而成立，所以也祇有依靠這個共同意志才可以存在，而邦國才可以爲人民所依歸。

以上所言，不敢說到對這本具有十分工力之作批評，因我個人敬愛之心，覺得這是「反共抗俄」最有力之理論，故敢以個人所見所想的求正于作者及民主的學者與戰士。

其次，我覺得我與作者對極權主義有同樣的厭憎，但作者因爲反極權主義之故，在書中許多地方極力避免用極權主義者所用的名詞，甚至句語。近些時來，我也發現許多作者也都有意在作此種避免，我覺得這是不必的。倒是許多名詞的意義，我們要同他們弄淸楚才對。避免用共產黨的名詞，我以爲在心理戰上是一種退却。爲讀者着想，我以爲我們尤需爭取這些名詞。因爲有曾經讀過共產主義理論的人，或以後會讀到共產主義理論的人，看到不同的名詞，往往以爲所指非一，很容易使人糊塗。作者對于許多名詞的翻譯，有特別的見地，我們當然看得出作者用心所在，但我覺得也有過分的地方。譬如「假設」，作者改爲「基設」，我以爲是不必的。原因是這一類字實在沿用太久，不但已成了習慣，而且中學以上的學生也知道合于英文何字。如今突然一改，如不註英文，很難使人了解。作者以爲「假」字不好。實則中國文字，當兩個字用在一起，立刻就成立了一個新的意義，無須乎再拆開來一一計較。這也祇是我個人的一些私見。

近來大家漸漸知道，反極權的路徑是祇有民主自由的一條路了。可是我見到許多提倡民主自由的人，多不知民主自由的眞諦，我想這本書正是愛民主的人所該細讀的；我還碰見到許多歐洲的朋友，他們有一種成見，說：「你們東方從來沒有民主這個東西，爲什麼你們一定要主張民主呢？」這本書也正可以給他們一種答覆；我還從報上看到，所謂自由中國的臺灣，有許多官吏甚至立法委員的言論似乎都不了解「自由」「民主」的意義，那麼這本書倒是他們必須細續，否則在海外碰到英美人士問起來，實在遮不了醜。如果中國眞正想成一個民主國家，我們必須對于下一代的人要培養成爲健全的公民，那麼，這本書正可以做學生的補充讀物。爲適應中小學的程度當然要另編教材。我記得以前五色旗時代，中小學有修身，後來有公民一科，使兒童有一些道德的公民的教養，北代以後改爲黨義。現在爲建立民主主義的中國着想，似乎要重新澈底將「人權」「自由」等的眞諦傳與兒童才對，這本書正是編這項教科書最好的參考材料。聽說現在許多高級中級的官吏都到革命實踐學院去進修了，他們所研究的都是立身建國的問題，那麼，我想這本張佛泉的「人權與自由」也正是他們最值得研究的一本書。

爲這些理由，敢以至誠推薦這本好書。

四四、一一、二八。香港。

讀者投書

爲「自由談」作一次義務廣告

芥子

兩年以前，我是頗喜歡讀「自由談」的。「自由談」以描寫山水人物爲主要內容，同時也登載點小說、散文、詩歌等文藝作品，讀起來頗爲輕鬆。所以我從它的創刋號起，差不多每期都要讀它一兩篇。可是，不幸得很，有一次在該刋的某一期上，看到一位老牌文藝作家寫的一篇游記(好像是寫蘇花路上的)，其中有這樣一句：「牧童騎在牛背上，邊走邊嚼草。」(在這篇大作的題目下編者還有一段介紹的話，說此文是作者字斟句酌的精心之作！)從那時起，我再也不買「自由談」來看了。其實，這是不對的。「自由談」的文章，不見得都是這一類老牌文藝作家的大手筆，新進作家的好文章也不太少，怎能一概漠視呢？這是由於我個性的怪僻，莫可如何。飯碗內發現了半顆老鼠矢，鏊鍋的飯我都不要吃了。

前幾天，有位朋友特別向我推薦本月份的「自由談」，並指點裏面的一篇文章，說是「非讀不可！」我一看，果然，非讀不可！當時，我打了好幾個電話給朋友們，現在，我還要以文字來介紹，介紹「自由談」第六卷第十二期（十二月一日出版的）。因爲那篇「非讀不可」的文章，確實是一篇可歌可泣而可以傳世的文章。把這篇文章放聲朗誦一遍，保證你可將近來的滿腔悲憤（如果你也有悲憤的話），在狂笑中化得一乾二淨。你試想，痛快不痛快？

這篇文章，是「塡表之歌」。作者，周君亮。作者說，「造表乃爲政之大經，照塡是爲人之要道」，可知塡表這件事，由來久矣。作者又爲甚麼要在此時很着力地來寫這篇文章呢？換句話說，他在目前何所爲而發此浩歌呢？這個問題，歌的本身，就可給你一個答覆。請看：

「伊尹接表，未免心驚。五就湯而五就桀，此事怎好塡明。湯王瞧見，豈不疑心？澈底追究，可能判刑。從輕處置，也碍前程。嗚乎宰相，留資停薪！」

「孔明接表，深感徬彷……。親屬一欄，尤爲可歎。兄弟三人，各自分散。投吳的那一個還可原，投曹的那一個豈非昏蛋。想將起來，好不難辦！」

文中妙句甚多，「版權所有」，不便多抄。讀者頂好去找原文一讀，我包你要叫好。同時我還相信；這篇文章，如遇到史才史識如司馬遷其人者，一定要把它珍藏起來，作爲修纂中華民國史的好材料。

自由中國　第十三卷　第十二期　內政部雜誌登記證內警臺誌字第三八一號　臺灣省雜誌事業協會會員　三九〇

給讀者的報告

本刊第十三卷第九期的社論「自清運動要不得」一文發表後，十一月廿九、卅兩日中央日報登了一篇反駁我們的東西。我們看了以後，覺得這位作者的思想方法(姑名之曰思想方法)，是無法與之討論問題的。儘管國民黨的機關報登載它，但由於我們對於國民黨員的素質向不低估，所以不敢認為這篇東西有甚麼代表性，因此我們不作答辯。關於這件事，明智的讀者，是可以看得出是非得失來的。

這幾天聯合國正在討論的新會員入會問題，乃舉世注目的一件事。可惜當本刊(半月刊)這一期出版時，這件事或將告一段落，我們無法在付排的今天，預測一個結果而加以評論。但我們在這裏要鄭重表示一點意見的，就是整批表決，這個辦法是違反聯合國憲章的。作為一個聯合國的忠實會員國，第一個義務就是維護憲章，不容違反。中華民國在這一立場上，必須堅持到底。整批表決的提案打消了，則我們對外蒙入會問題，才可以自由行使投票權而無所顧慮。

以下，我們再介紹本期的各篇文章：

社論(一)是我們對印度政府提出的忠告。印度現在標榜所謂中立路線，而實際則是討好共黨。照目前這種情形下去，我們甚為印度耽憂。回憶民國十一年至十三年間，我們國父中山先生聯俄容共，受了一次大騙，種下後來共黨在中國得勢的遠因。現在我們願將這一慘痛的歷史經驗說出來，以供印度人民借鑑，但望尼赫魯先生能翻然覺悟！

社論(二)是討論「物價問題」的。最近這次的物價波動是卅八年改幣以來最嚴重的一次漲風。現在，總算經政府的多方努力而稍告遏止了。但它留給我們的打擊則是十分沉痛的。我們分析此次物價波動的諸種經濟因素，希望政府從這些方面，力求今後物價之穩定。

「語意學之被有系統的研究，到現在祇有二三十年的歷史。至於它有力的發展，尤其不過是最近三五年的事。」而在國內，首先以淺易的文字將語意學的知識介紹給國人的，則當推徐道鄰先生。自徐先生的「語意學漫談」在「自由人」連續發表以來，甚為國內文化學術界所注意。現徐先生再為文介紹「日在發展中的語意學」，可示初學者以門徑。

新臺幣制度自卅八年創立以來，迄今六年，中間經過若干重大的演變，目前的新臺幣制度之內容與幣改時的規定已有很大的不同。本期楊承厚先生特為文加以檢討。說明其過去的成就，並建議將來應作的改進。楊先生所提的四點主張，是值得財經當局考慮的。

本期通訊兩篇：印度通訊在介紹「印度的大學教育」。作者周祥光先生係德里大學哲學博士，現任印度阿拉哈巴大學中文系主任，對印度學術界情形了解很深。檳榔嶼通訊報導馬共和談的最近發展，實為前在第十期發表的「馬共和談內幕」一文之續篇。

張佛泉先生的「自由與人權」是國內學術思想界一本甚有價值的著作，本期東方既白先生特為讀者推薦。評者對個人與社會的關係有更深一層的發揮，並強調主感之傳達在自由社會中的功能。

此外本期還有甚多佳作因稿擠未及一併登出，如朱伴耘先生的「一篇來自月球的世局分析」，齊佑之先生的「越南局勢及其瞻望」以及「權威與個人」之五續等文，只有延於下卷發表了。

自由中國 半月刊 第十三卷第十二期 總第一四七號
中華民國四十四年十二月十六日出版

兼發行人 主編　『自由中國』編輯委員會
出版者　自由中國社
社址：臺北市和平東路二段十八巷一號
電話：二 八 五 七 〇

航空版
香港　友聯書報發行公司 Union Press Circulation Company, No. 26-A, Des Voeux Rd. C., 1st Fl. Hong Kong

總經銷
臺灣　自由中國社發行部
美國　自由中國日報 Free China Daily 719 Sacramento St., San Francisco 8, Calif. U.S.A.

經售者
日本　東京僑豐企業公司
韓國　漢城裕昌德號
馬尼剌　大中華日報社
新疆書店
印尼　椰嘉達天聲日報
棉蘭新中華報
越南　西貢中原文化印刷公司
緬甸　仰光振成書報店
印度　加爾各答塔梅學校
澳洲　雪梨瑞田公司
北婆羅洲　西利亞坡青年書店
新加坡　檳榔嶼、吉打邦均有出售

印刷者　精華印書館
廠址：臺北市長沙街二段六〇號
電話：二 三 四 二 九 號

本刊經中華郵政登記認為第一類新聞紙類　臺灣郵政管理局新聞紙類登記執照第五九七號　臺灣郵政劃撥儲金帳戶第八一三九號
(每份臺幣四元，美金三角)

自由中國
第十二集

第十三卷第一期至第十三卷第十二期
1955.07-1955.12

數位重製・印刷　秀威資訊科技股份有限公司
http://www.showwe.com.tw
114 台北市內湖區瑞光路 76 巷 65 號 1 樓
電話：+886-2-2796-3638
傳真：+886-2-2796-1377
劃　撥　帳　號　19563868　戶名：秀威資訊科技股份有限公司
讀者服務信箱：service@showwe.com.tw
網　路　訂　購　秀威網路書店：https://store.showwe.tw
網路訂購：order@showwe.com.tw

2013 年 9 月
全套精裝印製工本費：新台幣 50,000 元（不分售）

Printed in Taiwan